BURME
ENGLIS
DICTIONARY

By
Nance Cunningham
Aung Soe Min

PAIBOON
PUBLISHING

Burmese-English English-Burmese Dictionary
Copyright ©2009 by Nance Cunningham and Aung Soe Min
Printed in Thailand

Paiboon Publishing
582 Nawamin Road 90
Bungkum, Bangkok 10230
THAILAND
Tel 662-509-8632
Fax 662-519-5437

orders@paiboonpublishing.com
www.paiboonpublishing.com

Paiboon Publishing
PMB 256, 1442A Walnut Street
Berkeley, California 94709
USA
Tel 1-510-848-7086, 1-800-837-2979
Fax 1-510-666-8862, 1-866-800-1840

Cover design by Douglas Morton, 72 Studio Chiang Mai

ISBN 9781887521581

TABLE OF CONTENTS

Burmese is one of the major South-east Asian languages, being the native language of over 30 million people. It is part of the the Tibeto-Burman language family.

This practical dictionary is designed to allow easier communication between English and Burmese speakers. It focuses on words useful in the Burmese context, as well as cultural, medical, legal, and scientific terms which are of particular importance to foreigners travelling or working in Burmese-speaking areas, and for Burmese speakers who are living or travelling abroad.

For those who do not know the script, or are unsure of a spelling, this dictionary includes a section organised by Burmese pronunciation, as well as a Burmese – English, and English – Burmese sections. The pronunciation system will already be familiar to those who have used it in the Paiboon Publishing's *Burmese for Beginners* book. Each sound and tone is shown clearly and consistently, based on the most common colloquial pronunciation. A short time studying the pronuciation tables, if possible with a native speaker, will reward the language learner with familiarity with the sounds of the language, even without the script. However, the Burmese writing system is fairly rationally organised, learning it is not overly difficult, and knowing it will bring many benefits.

The writers wish to thank all their teachers, and many friends who have helped us. In particular we wish to mention John Okell, whose advice has always been invaluable.

Organisation of dictionary and definition:

➤ Each entry begins with a headword, part of speech, and then definition. Definition words in italics are loanwords from English

➤ Parts of a headword in round brackets are parts that can be put in or left out with no change of meaning, e.g., ရွေး(ချယ်)သည် means that ရွေးသည် is the same as ရွေးချယ်သည်။

➤ Words or phrases in brackets after definition words allow the user to understand which word to use in which context

  o these may be synonyms or close words e.g., **chopper** *n.* yə-ha'-yin ရဟတ်ယာဉ် (helicopter); tha:-hli:-da: သားလှီးဓါး (knife)

  o or they may be common uses, e.g., **claw** *n.* chi-the: ခြေသည်း (cat's ~); le'-ma̱ လက်မ (crab's ~) i.e., when referring to claws of animals such as cats and bears the proper word is chi-the: ခြေသည်း, but a crab or lobster claw is called le'-ma̱ လက်မ

  o the ≠ shows a word defined by its opposite or contrasting term, e.g., **wild** *adj.* yain:-dḛ ရိုင်းသော (≠ tame); tɔ:-hsan-dḛ တောဆန်သော (≠ domesticated)

➤ Highly regular derivations are not given, unless there is a specific English word to add, i.e., သရက် is defined as *mango* but သရက်ပင် *mango tree*, သရက်ယို *candied mango*, သရက်သီး *mango (fruit)* are not given, as these are the same for every tree, fruit, root, tuber, bark, etc

  o Irregular derivations, such as သရက်သီးသနပ် *mango pickle* and သရက်ရွက် *spleen* will be defined

  o In cases such as နံနံ where English has a different word for the plant or seed *coriander* and the leaf *cilantro (Am)*, an entry for the relevant word is included

➤ The Burmese script section is in a slightly modified 'spelling book' order. The ◌ၱ is placed among the –ိၗ။ See Alphabetical order section below for more detail

- The Burmese pronunciation section is ordered as though in English, with a few phonetic symbols. The ə comes first, and is followed by the a; the ɔ comes directly after the o, and the j̥ comes after the j. The glottal stop ' ' ' is sorted as the last symbol. Aspirated consonants follow their unaspirated counterparts, so hn is found directly after n
- Official spelling has changed several times since Independence. The words in this dictionary are in the official spellings at the time of publication. In older writings and in people's personal writing, other spellings appear. In cases where the word is not found under a certain spelling, the pronunciation section can provide the current standard spelling
- Both British and American spelling and usage are included

Symbols and Abbreviations:

abbr	abbreviation
adj	adjective
adv	adverb
conj	conjunction
cosm	cosmology
exp	expression
gram	grammar
inf	informal
n	noun
orth	orthography
part	particle
phr	phrase
pl	plural
pref	prefix
prep	preposition
pron	pronoun
relig	religion
sb	somebody, someone
suff	suffix
sthg	something
v	verb
=	same as, synonym
≠	contrast, antonym
~	[use headword here]

📖	literary form
👄	colloquial form
🗣	slang
⌘	astrology, fortunetelling
🔭	astronomy
💰	economics
♂	male
♀	female
⚓	marine, sailing, nautical term
🌍	political term, geographic term
⚛	technical term, scientific term
🌿	botanical term, plant name
♬	musical term
⚕	medical term
☸	Buddhist term
☪	Islamic term
✝	Christian term
🏛	historical term
⚔	military term
⚠	derogatory, vulgar or offensive word
☂	royal term
🐾	zoological term, animal name
⚖	legal term
✒	literature term

The Burmese Language

As Burmese has no larger closely related languages, it has characteristics which many language learners will be encountering for the first time. Following is a very brief description of the language. Note that written and spoken Burmese are more different from each other than they are in English. Many people who will teach you new words and phrases are likely to teach you the written form, which is usually longer and may be pronounced differently from the spoken form. In this dictionary, the spoken form is favoured, though written forms are also given in many cases.

Tones

Burmese (which, especially in written form, is also called Myanmar) is a tonal langauge. In addition to the three commonly mentioned tones, there is a stopped tone, ending in a glottal stop, represented by the '. There is also a reduced tone, with a short, neutral vowel represented by the symbol ə. While speakers of non-tonal languages may find the tones difficult to hear and use at first, many non-tonal languages have tonal features. A native English speaker saying 'the White House' and 'the white house' will say them differently. Also, 'a Chinese teacher' (someone who teaches Chinese), and 'a Chinese teacher' (a teacher from China) are said differently. You probably hear these differences, and know the meaning without being conscious of it. In these examples, the changing English word, while having a somewhat different meaning, is essentially the same word. But in Burmese, the tone is just as much an element of the word as the sounds that start and end it. Do not think of ပု pṵ, ပူ pu, and ပူး pu: as 'the "same" word in three tones'. They are three different words. Some speakers of tonal languages are unaware of tones as such, simply recognising the different words.

Burmese tones do not have an absolutely fixed character, but are influenced by adjacent sounds. As a learner, it is good to be aware of this, but there is no need to learn the theory of how they change. As you imitate native speakers, you will naturally get a feel for the tones. The high tone, marked with ':' symbol in the romanisation, should be given more emphasis than the low tone (unmarked) when speaking. The creaky tone (marked with a '.') is short, and choked off in the throat, as you might choke off 'Hey!' when surprised.

Word order and basic grammar concepts

The general order of sentences and phrases is *subject + object + verb.* The subject is commonly left out when it is clear from context. The connections between the words are made with a part of speech called a 'particle' which is often used when prepositions, conjunctions, tag questions, and similar forms are used in English. Sometimes a preposition is necessary in English but no particle is needed in Burmese; sometimes there is a particle required in Burmese where there is no equivalent in English.

Verbs are generally of two kinds, active verbs, such as ဖွင့်သည် hpwiṇ-de *to open*, and descriptive verbs such as ပွင့်သည် pwiṇ-de *to be open*, and လှသည် hlạ-de *to be beautiful* (which are generally expressed with adjectives in English). As verbs, they usually appear after the nouns they describe. There are no conjugations – verbs are fixed in form, and their meanings are modified by particles affixed to them.

Time and tenses

There are no tenses in Burmese. Time and relationships are shown by context and by adding grammatical particles. While some of these correspond fairly well to English grammatical concepts, such as the past tense, continuous verb form, or plural, often the match is not exact.

Romanisation

There is no commonly used official romanisation for Burmese, although certain words are commonly romanised in a certain way. However, these romanisations use different letters for the same sound, and the same romanisation is used to represent up to four different sounds, as well. The romanisation used here is simple and consistent.

The pronunciation system is detailed below. The glottal stop is occasionally used in English, but has no spelling. When you say *no* by say *hun-uh*, there is a glottal stop in between the syllables. The Burmese glottal stop is a little stronger than that. You can practice it by starting with a word that ends in a 'k' sound, like 'stake'. Say it, but when you say the 'k' do not let out the puff of air after the 'k' sound. You will see this sound romanised in various ways in Burmese writings, frequently as 'k', 't', 'tt', 'p' or sometimes 'q', but it is always the same glottal stop with no variation in character.

Initials

b	as in baby
ch	as in change
d	as in door
dh	similar to th in there
g	as in gold
h	as in hat
hk	as K in Kate
hl	like hm, but with 'l'
hm	as in hmmmm, I wonder
hn	like hm but with 'n'
hng	like hm but with 'ng'
hp	as in pare
hs	as in cylinder, but breathier
ht	as t in take, but breathier
hw	as wh in where
j	similar to jet, but lighter, not voiced
j̣	as j in jet
k	as in skate
l	as in love
m	as in man
n	as in north
ng	as in singer, with a glide, not a a hard g
p	as in spare
r	rolled, but short
s	as in sun
t	as in stake
th	similar to th in think
w	as in world
y	as in you
z	as in zoo

Vowels and closed syllables

a	similar to father
a'	similar to ack in lack but with a glottal stop in place of 'ck'
ai'	as ike in like, but with a glottal stop
ain	as ine in fine, but with a nasalised glide instead of a full 'n'
an	as in ban, but with a glide instead of a full 'n' sound
aun	similar to own in town, but with a glide instead of a full 'n'
au'	similar to out, but with a glottal stop
e	as in end
e'	as ech in tech, but with a glottal stop
ei	as ei in vein, but only the pure early part of the vowel sounds
ein	as in vein, but with a glide instead of a full 'n' sound
ei'	as ake in lake, but with a glottal stop in place of the 'k'
i	as i in media
i'	as ick in tick, but with a glottal stop in place of the 'ck'
in	as in thin, but with a glide instead of a full 'n' sound
o	as in ho ho ho
o'	as in poke, but with a glottal stop in place of the 'k'
on	as in own, but with a glide instead of a full 'n' sound
u'	similar to the ut in put, but with a glottal stop in place of 't'
un	no equivalent in English. It has the same medial vowel as the u', and is somewhat similar to the French un

Alphabetical order of rhymes for standard spellings

အ	အက်	အိုက်	အုန်း
အာ	အောက်	အိုက့်	အုပ်
အား	အိုက်	အိုက်း	အိပ်
အိ	အင်	အုက်	အုပ်
အီ	အင့်	အုက့်	အမ်
အီး	အင်း	အုက်း	အဲ
အု	အောင်	အိုက်	အမ့်
အူ	အောင့်	အိုက့်	အံ
အူး	အောင်း	အိုက်း	အမ်း
ဘော	အစ်	အတ်	အိမ်
ဘေ့	အည့်	အိတ်	အိမ့်
ဘေး	အည့်	အုတ်	အိမ်း
အဲ	အည်း	အန်	အုပ်
အဲ့	အည့်	အန့်	အုံ
ဘော	အည့်	အန်း	အုပ့်
ဘော့	အည်း	အိန်	အုံ့
ဘော်	အဉ့်	အိန့်	အုပ်း
အို	အက်	အိန်း	အုံး
အို့	အက့်	အုန်	အယ်
အိုး	အက်း	အုန့်	အယ့်

Entries are ordered first by the initial character, i.e., the က, ခ, အ, etc. Although the ေ– and ြ are written to the left of the initial, but they do not come first in the ordering. Within the entries for each initial, the basic vowels come first in order, as shown at the bottom of the odd-numbered pages. These entries are followed by the closed syllables, which end with a 'killed' consonant. These are ordered first by their closing consonant, and within that, by the vowel order of their medial vowels. So just as ◌ိ comes before ◌ု, မိန့် is followed by မုန့်. Irregular spellings are ordered by these principles as well, so မဝ် appears between မိုက် and မင်း and မေတ္တာ comes after

ဖုတ်. After these come syllables with a medial 'y' 'w' or 'h' and their combinations. The order of the medials is:

ျ ြ ွ ှ ျွ ြွ ျှ ြှ ွှ ျွှ ြွှ

Some Burmese words are affected by voicing, in which some consonants are voiced (i.e., a written တ or ထ *t* or *ht* is pronounced as *d,* စ or ဆ *s* or *hs* as *z*) when they are in a following or bound position in a compound word or phrase. This includes compound nouns but not verbs, and most particles. For example, higher numbers are compounds of lower ones, so hse ဆယ် *ten* is pronounced ze in lei:-ze လေးဆယ် *forty*. As these changes are regular, they are reflected in the pronunciation section only when these words are shown in these compounds.

It is not unusual for each root word to take several forms, for example, in English, there are *eager, eagerly, eagerness*. It is common for one of these forms to be most commonly used in English, and a different one in Burmese. For example, in English you might be most likely to say that someone *is eager,* where in Burmese you would be more likely to say that they were doing something *eagerly*. In a few cases, the part of speech of the two entries are different, reflecting grammatical and usage differences.

In particular, note that while English is strong on adjectives, and in the English – Myanmar part, these adjectives are shown in an adjectival form in Burmese, when you hear or use them in Burmese it will usually be in verb form. For example, in English you say 'It's a good book.' In the dictionary *good* is translated according to its English sense, as kaun:-dẹ ကောင်းသော။ In Burmese, you can say kaun:-dẹ-sa-o' ကောင်းတဲ့စာအုပ် *good book*. But as Burmese usually uses verbs where English uses adjectives, the most usual expression would be sa-o'-kaun:-de စာအုပ်ကောင်းတယ် *The book is good*.

In this dictionary, similar English forms are given where there is additional vocabulary or meanings in the variations of the words. Where a form, such as a noun, is reflected simply by adding a regular affix, or where the reader will be able to identify the connection, entries are left out, in order to be able to include a greater variety of words in a small book.

A - a ei အေ

a₁ *n* kạ က (first in a series)

a₂ *art* tə တစ် (ခု၊ လုံး၊ ကောင်၊ ယောက်၊ စသည်)

a₃ *prep* tə-hkụ-zi တစ်ခုစီ (per, in every, to each)

abacus *n* bei-thi:-dwe'-gon ပေသီးတွက်ခုံ

abandon *v* sun̞-de စွန့်သည်၊ pyi'-hta:-de ပစ်ထားသည်

abase *v* hnein-de နှိမ်သည်၊ hneiṇ-de နှိမ့်သည်

abate *v* shɔ-de လျော့သည်၊ yɔ-de လျော့သည်

abbey *n* ✝ hkə-ri'-yan-hpon:-ji:-jaun ခရစ်ယာန်ဘုန်းကြီးကျောင်း

abbot *n* ▥ ✝ hsə-ya-dɔ ဆရာတော်

abbreviation *n* ə-to-kau' အတိုကောက်

ABCs *n* kạ-ji:-hkạ-gwei: ကကြီးခခွေး

abdomen *n* wun:-bai' ဝမ်းဗိုက်

abduct *v* ⚖ lu-hko:-de လူခိုးသည်၊ ə-də-mạ-hkɔ-hsaun-de အဓမ္မခေါ်ဆောင်သည်

abet *v* a:-pei:-de အားပေးသည်

abetment *n* ⚖ a:-pei:-ku-nyi-

hmụ အားပေးကူညီမှု

abhor *v* se'-hso'-te စက်ဆုပ်သည်၊ yun-mon:-de ရွံမုန်းသည်

ability *n* ə-swan:, ə-sun အစွမ်း၊ swan:-yi, sun:-yi စွမ်းရည်၊ ə-yi-ə-jin အရည်အချင်း၊ ə-yi-ə-thwei: အရည်အသွေး

able *adj* ta'-nain-de တတ်နိုင်သည်၊ swan:-de, sun:-de စွမ်းသည်

-able *suff* sə-bwe စဖွယ်၊ sə-ya စရာ၊ yan ရန်

abnormal *adj* thə-ba-wạ-mə-ho'-tẹ သဘာဝမဟုတ်သော (≠ natural); tha-man-mə-ho'-tẹ သာမန်မဟုတ်သော (≠ usual); lun-ke:-dẹ လွန်ကဲသော (excessive)

abolish *v* hpye'-thein:-de ဖျက်သိမ်းသည်

aborigine *n* dei-thə-gan-dain:-yin:-dha ဒေသခံတိုင်းရင်းသား

abort *v* ⚕ ko-wun-hpye'-te ကိုယ်ဝန်ဖျက်သည်၊ ⚕ tha:-shɔ-de သားလျှောသည်

abortion *n* ⚕ ko-wun-pye'-chin: ကိုယ်ဝန်ပျက်ခြင်း

about *prep* lau' လောက်၊ hkaṇ

ခန့် (approximately); ə-ni:-ə-na: အနီးအနား (nearby)

about to *prep* hka-ni: ခါနီး၊ lu̯-(hse:-ze:) လု(ဆဲဆဲ)၊ lu̯-(ni:-ba:) လု(နီးပါး)

above *adv* ə-hte' အထက်၊ ə-pɔ အပေါ်

abridge *v* ə-jin:-cho' အကျဉ်းချုပ်

abroad *adv* nain-gan-ja: နိုင်ငံခြား

abrupt *adj* yo'-tə-ye'-hpyi'-tȩ ရုတ်တရက်ဖြစ်သော

abscess *n* ə-nə-zein: အနာစိမ်း

absent *adj* pye'-tȩ ပျက်သော (~ from school); li' လစ် (missing)

absent-mindedly *adv* ə-mei̯-mei̯-ə-yɔ̯-yɔ̯ အမေ့မေ့ အလျော့လျော့

absolute *adj* ə-jwin:-mȩ-dȩ အကြောင်းမဲ့သော

absolutely *adv* mə-hpyi'-mə-nei မဖြစ်မနေ၊ lon:-wa̯ လုံးဝ၊ ə-jwin:-mȩ အကြောင်းမဲ့

absolutely not *adv* mə...yei:-cha-(hma)-mə-(hpyi') မ...ရေးချ(မှ) မ(ဖြစ်)

absolve *v* hkwiṇ-hlu'-tȩ ခွင့်လွှတ်သည်

absorb *v* so'-tȩ စုပ်သည် ။။ be absorbed in sei'-win-za:-de စိတ်ဝင်စားသည်

abstain *v* shaun-jin-de ရှောင်ကြဉ်သည်

abstract₁ *adj* sei'-ku:-dhe'-the' စိတ်ကူးသက်သက်

abstract₂ *n* ə-jin: အကျဉ်း (of article, etc)

absurd *adj* ə-dei'-be-mə-shi̯-dȩ အဓိပ္ပာယ်မရှိသော (meaningless); yi-zə-ya-kaun:-dȩ ရယ်စရာ ကောင်းသော (ridiculous)

abundant *adj* pɔ:-dȩ ပေါသော၊ mya:-bya:-dȩ များပြားသော

abuse *v* hnei'-se'-tȩ နှိပ်စက်သည် (mistreat); ə-lwe:-thon:-za:-de အလွဲသုံးစားသည် (misuse); hnein-cha-de နှိမ်ချသည် (insult)

acacia *n* kin-bun: ကင်ပွန်း

academic₁ *n* thu̯-de-thi သုတေသီ၊ pyin-nya-shin ပညာရှင်

academic₂ *adj* pyin-nya-ya'-hsan-dȩ ပညာရပ်ဆန်သော

academy *n* thei'-pan-jaun: သိပ္ပံကျောင်း ။။ *military academy* si'-te'-kə-tho စစ်တက္ကသိုလ်

accelerate *v* ə-shein-to:-de အရှိန်တိုးသည် (go faster); myan-zei-de မြန်စေသည် (make faster)

acceleration n ə-shein အရှိန်

accelerator n li-ba လီပါ

accent n lei-yu-lei-thein: လေယူ လေသိမ်း ။။ *have an accent* ə-than-we:-de အသံဝဲသည်

accept v hkan-yu-de ခံယူသည် (~ a gift); le'-khan-de လက် ခံသည် (~ a proposal); the'-win-de သက်ဝင်သည် (~ a religion)

access n ə-hlan:-mi-jin: အလှမ်း မီခြင်း၊ thon:-nain-jin: သုံးနိုင်ခြင်း၊ thon:-gwiṇ သုံးခွင့် ။။ *be accessible* ə-hkwiṇ-shi-de အခွင့် ရှိသည် (be able to reach or use); ə-hlan:-mi-de အလှမ်းမီသည် (within reach)

accessory n ə-po-pyi'-si: အပို ပစ္စည်း (part); ⚒ ku-nyi-a:-pei:-dhu ကူညီအားပေးသူ၊ jan-ya-ba ကြံရာပါ (~ to a crime)

accident n mə-dɔ-tə-hsə-hpyi'-chin: မတော်တဆဖြစ်ခြင်း (mischance); ka:-tai'-hmṵ ကားတိုက်မှု (car ~)

accidentally, by accident adv mə-dɔ-tə-hsa မတော်တဆ၊ ə-hma'-tə-mẹ အမှတ်တမဲ့

acclaim v kaun:-chi:-ɔ-ba-pei:-de ကောင်းချီးသြဘာပေးသည်

acclimate v nei-tha:-jə-de နေသားကျသည် (~ to new environment)

accommodate v nei-ya-htain-gin:-pei:-de နေရာထိုင်ခင်းပေး (give a place to stay); ə-shɔ-pei:-de အလျှော့ပေးသည် (adjust)

accommodation n nei-ya-htain-khin: နေရာထိုင်ခင်း

accompany v lai'-pọ-de လိုက်ပို့သည် (take sb somewhere); ə-hpɔ-lo'-te အဖော်လုပ်သည် (go or come along with)

accomplice n jan-ya-pa ကြံရာပါ၊ ə-lo-du-ə-lo-ba အလိုတူအလိုပါ

accomplish v pi:-myau'-te ပြီးမြောက်သည်၊ ə-hta-myau'-te အထမြောက်သည်

accomplishment n pi:-myau'-chin: ပြီးမြောက်ခြင်း၊ pain-nain-hmṵ ပိုင်နိုင်မှု

accord n nyi-nyu'-ye: ညီညွတ် ရေး ။။ *in accordance with* ə-yạ အရ၊ ə-nyi အညီ ။။ *of one's own accord* ə-lyau'-ba-dha အလျောက်ဘာသာ

according to adv ə-nei-nẹ အနေနဲ့၊ ə-nei-hnin အနေနှင့်၊

accost *v* chin:-ka'-te
ချဉ်းကပ်သည်

account *n* sə-yin: စာရင်း ။။ *bank account* ngwei-sụ-sə-yin: ငွေစု
စာရင်း ။။ *on account of* ◦ mọ-
(lọ) မို့(လို့)

accountancy *n* sə-yin:-kain-
pyin-nya စာရင်းကိုင်ပညာ

accountant *n* sə-yin:-gain
စာရင်းကိုင်

accumulate *v* sụ-pon-la-de
စုပုံလာသည်

accumulation *n* ə-sụ-ə-pyon
အစုအပုံ

accuracy *n* tị-jạ-hman-kan-jin:
တိကျမှန်ကန်ခြင်း

accurate *adj* tị-jạ-hman-gan-dẹ
တိကျမှန်ကန်သော

accusation *n* zə-gə-na စကားနာ၊
☙ su'-swe:-je' စွပ်စွဲချက်

accuse *v* le'-hnyo:-hto:-de
လက်ညှိုးထိုးသည်၊ ☙ su'-swe:-de
စွပ်စွဲသည်

accused *n* ☙ ə-su'-swe:-gan
အစွပ်စွဲခံ

accustom *v* nei-dha:-jạ-zei-de
နေသားကျစေသည်

ace *n* ti'-hpe: တစ်ဖဲ (~ of spades);
htei'-thi: ထိပ်သီး (expert)

ache₁ *v* kai'-hke:-de ကိုက်ခဲသည်၊
nyaun:-de ညောင်းသည်

ache₂ *n* ə-kai'-ə-hke:
အကိုက်အခဲ၊ nyaun:-jin:
ညောင်းခြင်း

achieve *v* ə-htạ-myau'-te
အထမြောက်သည်၊ pau'-myau'-te
ပေါက်မြောက်သည်၊ ya-shị-de
ရရှိသည်

achoo *n* ha'-cho: ဟတ်ချိုး

acid *n* e'-si' အက်စစ်

acknowledge *v* ə-thị-ə-hma'-
pyụ-de အသိအမှတ်ပြုသည်

acknowledgement *n* wun-gan-
je' ဝန်ခံချက် (~ of your mistake); ə-
thị-ə-hma'-pyụ-jin: အသိအမှတ်
ပြုခြင်း (~ of your efforts)

acne *n* ☤ we'-chan-yɔ:-ga
ဝက်ခြံရောဂါ

acquaintance *n* ə-thị အသိ

acquire *v* sha-hmi:-de
ရှာမှီးသည်၊ yạ-yu-de ရယူသည်

acquisition *n* yạ-shị-jin: ရရှိခြင်း
(getting); yạ-thɔ:-pyi'-si:
ရသောပစ္စည်း (thing aquired)

acquit *v* ☙ kwin:-lon:-ju'-hlu'-
te ကွင်းလုံးကျွတ်လွှတ်သည်

acre *n* e-kạ ဧက

acrid *adj* nan-sɔ-dẹ နံစော်သော

acrimony *n* thwei:-kwe:-jin:
သွေးကွဲခြင်း

acrobat *n* jun:-thə-ma:
ကျွမ်းသမား

acrobatics *n* jun: ကျွမ်း

acronym *n* ə-to-kau'
အတိုကောက်

across *adv* kaṇ-laṇ ကန့်လန့်
(crosswise); jɔ ကျော် (over)

across from *prep* mye'-hna-jin:-
hsain မျက်နှာချင်းဆိုင်

act₁ *v* thə-yo'-hsaun-de
သရုပ်ဆောင်သည်

act₂ *n* pyu-mu-hmụ ပြုမှုမှု၊ hsaun-
ywe'-hmụ ဆောင်ရွက်မှု၊ hlo'-
sha:-hmụ လှုပ်ရှားမှု (sthg done);
ə̱e'-ṳ-pə-dei အက်ဥပဒေ

action *n* ə-ta' အတတ် ‖‖ **take**
action ə-yei:-yu-de အရေး
ယူသည်

activate *v* ə-the'-win-ze-de
အသက်ဝင်စေသည်၊ sạ-tin-de
စတင်သည် (~ a credit card); hno:-
zɔ-de နှိုးဆော်သည်၊ sei:-zɔ-de စေ့
ဆော်သည် (make active)

active *adj* te'-jwạ-de တက်
ကြွသော၊ no:-ja:-dẹ နိုးကြားသော
‖‖ **become active** te'-jwạ-de
တက်ကြွသည်

activity *n* ə-lo' အလုပ်၊ lo'-
ngan: လုပ်ငန်း၊ hlo'-sha:-hmụ
လှုပ်ရှားမှု

actor *n* yo'-shin-min:-dha:
ရုပ်ရှင်မင်းသား၊ thə-yo'-hsaun
သရုပ်ဆောင်

actress *n* yo'-shin-min:-dhə-
mi: ရုပ်ရှင်မင်းသမီး၊ thə-yo'-
hsaun သရုပ်ဆောင်

actual₁ *adv* də-gẹ တကယ့်

actual₂ *adj* ə-hman-hpyi'-tẹ
အမှန်ဖြစ်သော

actually *adv* də-ge-dan: တကယ်
တန်း၊ ə-ke အကယ်၊ də-ge-(ywei)
တကယ်(၍)၊ sin-zi'-a:-hpyiṇ
စင်စစ်အားဖြင့်

act up *v* htaun-tai'-te
ထောင်တိုက်သည်

acupuncture *n* a'-sai'-pyin-nya
အပ်စိုက်ပညာ

acute *adj* ə-yei:-bɔ အရေး
ပေါ်(အန္တရာယ်) (~ danger, ~
crisis); su:-shạ-dẹ စူးရှသော (~
observation); a-gạ-nụ အာဂန္တု (~
illness)

ad *n* jɔ-nga ကြော်ငြာ

adapt *v* hmi:-de မီးသည် (~ a
story); hsi-lə-yɔ-aung-pyu-de
ဆီလျော်အောင်ပြုသည် (~ to an

environment)

adaptation n ə-hmi: အမှီး

add v paun:-de ပေါင်းသည် (~ numbers); htẹ-de ထည့်သည် (put in)

addict n swe:-dhu စွဲသူ (drug ~)

addictive adj swe:-lan:-ta'-tẹ စွဲလန်းတတ်သော

addition n ə-paun: အပေါင်း (math); hpyei-swe'-che' ဖြည့်စွက်ချက် (to complete); ə-po အပို (added later) ။။ **in addition** le: လည်း၊ bi: ပြီး

additional adj hta' ထပ် (တိုး၊ ဖြည့်၊ စသည်)

add-on n ə-hswe အဆွယ်

address₁ v lei'-sa-ta'-te လိပ်စာတပ်သည် (~ an envelope); mwe'-te မွှက်သည် (~ the crowd); kain-twe-de ကိုင်တွယ်သည် (~ an issue)

address₂ n ne-ya' နေရပ် (place); lei'-sa လိပ်စာ (~ on a letter)

add to v yɔ:-swe'-te ရောစွက်သည်

add up v paun:-de ပေါင်းသည် (total); hpyei-de ဖြည့်သည် (come to a large amount)

adequate adj lon-lau'-tẹ

လုံလောက်သော

adhere v swe:-zei-de စွဲစေသည်၊ ka'-sei-de ကပ်စေသည်

adhesive n kɔ ကော်

ad hoc phr ya-yi ယာယီ(အဖွဲ့၊ ဖြေရှင်းမှု၊ စသည်)

adjective n na-mə-wị-thei-thə-nạ နာမဝိသေသန

adjoin v hpe'-sa'-te ဖက်စပ်သည်

adjust v hnyị-de ညှိသည်

adjustment n ə-lyɔ-ə-tin: အလျော့အတင်း

administer v si-man-hkaṇ-hkwe:-de စီမံခန့်ခွဲသည်၊ o'-cho'-te အုပ်ချုပ်သည်

administration n o'-cho'-yei: အုပ်ချုပ်ရေး (management)

administrator n o'-cho'-yei:-hmu: အုပ်ချုပ်ရေးမှူး

admirable adj a:-jạ-sə-ya အားကျစရာ

admiral n ♪ ⚓ bo-jo'-ji: ဗိုလ်ချုပ်ကြီး

admire v ji-nyo-de ကြည်ညိုသည်၊ a:-jạ-de အားကျသည် (think highly of)

admirer n chi'-hni'-the'-thu ချစ်နှစ်သက်သူ

admission n win-gwiṇ ဝင်ခွင့်

(entry); win-jei: ဝင်ကြေး (fee); wun-gan-je' ဝန်ခံချက် (confession)

admit v win-gwiṇ-pei:-de ဝင်ခွင့်ပေးသည် (let in); wun-hkan-de ဝန်ခံသည် (≠ deny); le'-hkan-de လက်ခံသည် (≠ reject)

admonish v hson:-mạ-de ဆုံးမသည်

admonishment n ɔ:-wa-dạ ဩဝါဒ

admonition n ə-hson:-ə-mạ အဆုံးအမ

adolescence n ♂ lu-byo-bɔ-win-ə-ywe လူပျိုဖော်ဝင်အရွယ်၊ ♀ ə-pyo-bɔ-win-a-ywe အပျိုဖော်ဝင် အရွယ်၊ ji:-kaun-win-zạ-a-ywe ကြီးကောင်ဝင်စအရွယ်

adolescent n ♀ ə-pyo-bau' အပျို ပေါက်၊ ♂ lu-pyo-bau' လူပျိုပေါက်

adopt v mwei:-za:-de မွေးစားသည် (bring into family)

adopted child n mwei:-za:-hkə-lei: မွေးစားကလေး

adoptive parents n mwei:-za:-mị-bạ မွေးစားမိဘ

adorable adj chi'-sə-ya-kaun:-dẹ ချစ်စရာကောင်းသော

adoration n chi'-mya'-no:-jin: ချစ်မြတ်နိုးခြင်း

adore v chi'-te ချစ်သည်၊ mya'-no:-de မြတ်နိုးသည်

adult n lu-ji: လူကြီး (≠ child); ə-ywe-yau'-thu အရွယ်ရောက်သူ (≠ minor)

adulterate v yɔ:-de ရောသည်

adultery n hpau'-pya:-jin: ဖောက်ပြားခြင်း

advance₁ v shei̯-to:-de ရှေ့ တိုးသည် (go forward); to:-te'-te တိုးတက်သည် (improve)

advance₂ n jo-tin-ngwei ကြိုတင် ငွေ၊ sə-yan စရံ (payment); to:-te'-hmụ တိုးတက်မှု (development); ⚔ si'-te'-chin: စစ်တက်ခြင်း (≠ retreat)

advance adj jo-tin ကြိုတင်

advanced adj ə-hsiṇ-myiṇ-dẹ အဆင့်မြင့်သော

advancement n to:-te'-chin: တိုးတက်ခြင်း (improvement); ya-du:-to:-jin: ရာထူးတိုးခြင်း (promotion)

advantage n ə-jo:-ə-mya' အကျိုးအမြတ် (benefit); tə-pan:-tha တစ်ပန်းသာ (good position)
‖ ‖ **look for one's own advantage** ə-hkwiṇ-ə-yei:-sha-de

အခွင့်အရေးရှသည်၊ ။ ။ *take*
advantage of mə-yo:-mə-tha:-
lo'-te မရိုးမသားလုပ်သည် (abuse);
ə-tha:-yu-de အသားယူသည်
(take opportunity); si:-po:-de
စီးပိုးသည် (exploit)

adventure *n* suṇ-sa:-khan:
စွန့်စားခန်း

adverb *n* kə-rḭ-ya-wḭ-thei-thə-
na̰ ကြိယာဝိသေသန

advert *n* jɔ-nya ကြော်ငြာ

advertise *v* jɔ-nya-de
ကြော်ငြာသည်

advertisement *n* jɔ-nya
ကြော်ငြာ

advice *n* ə-jan-(nyan)
အကြံ(ဉာဏ်)၊ ə-jan-pei:-je'
အကြံပေးချက်၊ ɔ:-wa-da̰ ဩဝါဒ

advise *v* ə-jan-pei:-de
အကြံပေးသည်၊ ə-jan-pyṵ-de
အကြံပြုသည်

adviser, advisor *n* ə-jan-bei:
အကြံပေး၊ ə-tain-bin-gan
အတိုင်ပင်ခံ

aesthetics *n* ya̰-tha̰-pyin-nya
ရသပညာ

afar *prep* ə-wei: အဝေး

affair *n* kei'-sa̰ ကိစ္စ၊ ə-yei:-ə-ya
အရေးအရာ (matter); ein-daun-

yei:-hpau'-pyan-hmṵ အိမ်
ထောင်ရေးဖောက်ပြန်မှု (romance);
ko-yei:-ko-ta ကိုယ်ရေးကိုယ်တာ
(personal ~)

affairs *n* yei:-ya ရေးရာ

affect *v* htḭ-hkai'-te ထိခိုက်သည်၊
ə-jo:-the'-yau'-te အကျိုးသက်
ရောက်သည်

affectionate *adj* chi'-hkin-dḛ
ချစ်ခင်သော

affidavit *n* jan:-jein-hso-je'
ကျမ်းကျိန်ဆိုချက်

afford *v* ta'-nain-de
တတ်နိုင်သည်

afraid *adj* jau'-tḛ ကြောက်သော

after *adv* pi:-nau' ပြီးနောက်

afternoon *n* nya̰-nei ညနေ

afterward *adv* nau'-pain:
နောက်ပိုင်း

again *adv* nau'-hta' နောက်ထပ်၊
pyan ပြန်

against *prep* hsaṇ-jin ဆန့်ကျင်
(anti-); ju:-lun ကျူးလွန် (violating)

agar *n* jau'-jɔ: ကျောက်ကျော

age *n* hki' ခေတ်၊ ka-la̰ ကာလ
(period); ə-the' အသက် (years of
life); ywe ရွယ် (time of life)

agenda *n* ə-si-ə-sin အစီအစဉ်
(schedule); dain-ya-ri ဒိုင်ယာရီ

(appointment book)

agent *n* ə-jo:-zaun အကျိုးဆောင် (employee); da-dụ-pyi'-si: ဓာတုပစ္စည်း (chemical) ။။ ***sole agent*** tə-u:-de:-ko-zə-le တစ်ဦးတည်းကိုယ်စားလှယ်

aggression *n* yan-pyụ-hmụ ရန်ပြုမှု၊ yan-pyu-sei: ရန်ပြုစိတ်

aggressive *adj* swa-dẹ စွာသော၊ yan-lo-dẹ ရန်လိုသော

agitate *v* hno:-hswạ-de နှိုးဆွသည် (activate); hlo'-sha:-de လှုပ်ရှားသည် (disturb)

ago *prep* ton:-gạ တုန်းက

agony *n* hsin:-ye:-do'-hkạ ဆင်းရဲဒုက္ခ၊ na-jin-hmụ နာကျင်မှု

agree *v* thə-bɔ:-tu-de သဘော တူသည် (concur); le'-hkan-de လက်ခံသည် (accept); kai'-te ကိုက်သည် (match up)

agreement *n* thə-bɔ:-tu-sa-jo' သဘောတူစာချုပ် (contract); gə-dị ကတိ (promise)

agriculture *n* sai'-pyo:-yei: စိုက်ပျိုးရေး

ahead *adv* jo-ywei ကြို၍ (before); ə-shei-hma အရှေ့မှာ (≠ behind); shei-gạ ရှေ့က (onward)

aid₁ *v* ku-nyi-de ကူညီသည်

aid₂ *n* ə-htau'-ə-ku အထောက်အကူ

AIDS *n* ⚕ hkụ-khan-a:-jạ-yɔ:-gạ ခုခံအားကျရောဂါ၊ ei-ain-di-e' အေအိုင်ဒီအက်စ်

aim₁ *v* chein-ywe-de ချိန်ရွယ်သည်၊ yi-hman:-de ရည်မှန်းသည်

aim₂ *n* yi-ywe-je' ရည်ရွယ်ချက်၊ a-thi-thạ အာသီသ၊ yi-hman-je' ရည်မှန်ချက်

aimlessly *adv* la'-ya:-la'-ya: လတ်လျားလတ်လျား၊ u:-ti-che'-mẹ-zwa ဦးတည်ချက်မဲ့စွာ

air *n* lei လေ

air force *n* ⚔ lei-ta' လေတပ်

airfield *n* lei-yin-gwin: လေယာဉ်ကွင်း

airline *n* lei-jaun: လေကြောင်း

airmail *n* lei-yin-sa လေယာဉ်စာ

airplane *n* lei-yin-byan- လေယာဉ်ပျံ

airport *n* lei-zei' လေဆိပ်

airsick *adj* lei-yin-mu:-dẹ လေယာဉ်မူးသော

airstrip *n* lei-yin-gwin: လေယာဉ်ကွင်း

airtight *adj* lei-lon-dẹ လေလုံသော

airways *n* lei-jaun: လေကြောင်း

aisle *n* ja:-lan: ကြားလမ်း

a.k.a. *abbr* hkɔ ခေါ်၊ wa ဝါ (also known as)

Akha *n* ə-hka အခါ

à la carte *adv* tə-bwe:-jin:-(hma) တစ်ပွဲချင်း(မှာ)

alarm₁ *v* hlan-de လှုန့်သည်

alarm₂ *n* hno:-ze'-(na-yi) နှိုးစက် (နာရီ) (clock); dhə-di-pei-je' သတိပေးချက် (signal)

alarmed *adj* chau'-cha:-de ချောက်ချားသော၊ htei'-lan-de ထိတ်လန့်သော

album *n* e-ban အယ်(လ်)ဘမ်

alchemist *n* ə'-gi-ra'-thə-ma: အဂ္ဂိရတ်သမား၊ hpo-hto:-thə-ma: ဖိုထိုးသမား

alchemy *n* ə'-gi-ra'-အဂ္ဂိရတ်

alcohol *n* ə-ye' အရက် ‖ ‖ *denatured alcohol, rubbing alcohol* ə-ye'-pyan အရက်ပြန်

alcoholic *n* ə-ye'-thə-ma: အရက်သမား

alert₁ *v* hno:-hsɔ-de နှိုးဆော်သည်

alert₂ *adj* no:-ja:-de နိုးကြားသော

algebra *n* e'-hkə-ya-thin-cha အက္ခရာသင်္ချာ

alias *n* na-me-du နာမည်တု

alien *n* lu-myo:-ja: လူမျိုးခြား၊ nain-gan-ja:-dha: နိုင်ငံခြားသား

alien *adj* myo:-ja:-de မျိုးခြားသော

alight *v* hsin:-de (ကား၊ ရထား၊ စသည်က) ဆင်းသည်

alike *adj* hsin-tu-de ဆင်တူသော

alive *adj* shin-de ရှင်သော၊ ə-the'-shi-de အသက်ရှိသော

all *pron* ə-kon-(lon:) အကုန်(လုံး)၊ a:-lon: အားလုံး၊ tə-...-lon: တစ်...လုံး (all ... long)

allegation *n* ◇ su'-swe-je' စွပ်စွဲချက်

allergy *n* mə-te-jin: မတည့်ခြင်း၊ tau'-jin: တောက်ခြင်း

allergic to ... *adv* ... ne-mə-te ... နဲ့မတည့်

alley *n* ja:-lan: ကြားလမ်း

all in all *adv* yei-bon-ya ယေဘုယျ

all in one *n* tə-sa'-de: တစ်စပ်တည်း၊ tə-lon:-de: တစ်လုံးတည်း

all over *adv* ə-hnan-ə-pya: အနှံ့အပြား

allow *v* hkwin-pyu-de ခွင့်ပြုသည်

allowance *n* zə-yei' စရိတ် (travel ~); mon-bo: မုန့်ဖိုး (weekly ~)

a b c d e f g h i j k l m n o p q r s t u v w x y z

alloy *n* tha'-tu̱-sa' သတ္တုစပ်

all right *adj* ə-hsin-pyei-dẹ အဆင်ပြေသော

ally *n* be'-tə-dha: ဘက်တော်သား၊ mə-ha-mei' မဟာမိတ်

almost *adv* ni:-hse:-ze: နီးဆဲဆဲ၊ ni:-ni: နီးနီး၊ lu̱-ni:-ba: လုနီးပါး၊ hkə-man: ခမန်း

alms *n* ⬚ hsun ဆွမ်း

alms bowl *n* ⬚ hsun:-o' ဆွမ်းအုပ်

alone *adv* tə-yau'-hte: တစ်ယောက်တည်း၊ thi:-thaṇ သီးသန့်၊ hti:-di: ထီးထီး

along *adv* tə-shau' တစ်လျှောက် (alongside); nẹ-ə-tu နဲ့အတူ၊ nẹ-tə-kwạ နဲ့တကွ (with)

aloud *adv* ə-than-ja:-aun အသံကြားအောင် ။။ read aloud hpa'-pya-de ဖတ်ပြသည်

alphabet *n* e'-hkə-ya အက္ခရာ၊ kạ-ji:-hkə-gwei: ကကြီးခခွေး

alphabetical order *n* e'-hkə-yə-zin အက္ခရာစဉ်

already *adv* hpyi'-pi: ဖြစ်ပြီး၊ nei-bi: နေပြီး

alright *adv* ə-hsin-pyei အဆင်ပြေ

also *adv* le: လည်း

also known as, a.k.a. *adv* hkɔ ခေါ်၊ wa ဝါ

altar *n* hpə-ya:-zin ဘုရားစင်

alter *v* pyin-de ပြင်သည် (correct); pyaun:-le:-de ပြောင်းလဲသည် (change)

alteration *n* pyin-je' ပြင်ချက် (correction); ə-pyaun:-ə-le: အပြောင်းအလဲ (change)

alternately *adv* tə-hlẹ-zi တစ်လှည့်စီ၊ tə-yau'-tə-hlẹ တစ်ယောက်တစ်လှည့် (one person, then the another)

alternating *adv* ti'-hlẹ-si တစ်လှည့်စီ

alternative *adj* ə-cha: အခြားသော၊ tə-cha:-ywei:-zə-ya တခြားရွေးစရာ

alternatively *adv* mə-ho'-yin မဟုတ်ရင်၊ da-hma̱-mə-ho' ဒါမှ မဟုတ်

although *conj* thọ-thɔ-le: သို့သော်လည်း၊ pei-mẹ ပေမဲ့၊ ⬚ pei-dhị ပေသည့်

altogether *adv* lon:-lon: လုံးလုံး (entirely); lon:-lon:-hke:-ge: လုံးလုံးခဲခဲ (all at once); sụ-sụ-baun: စုစုပေါင်း (totalling)

altruism *n* ko-jo:-suṇ-jin:

ကိုယ်ကျိုးစွန့်ခြင်း

aluminium, aluminum *n* ə-lu-mi-ni-yan အလူမီနီယံ၊ dan ဒန်

always *adv* ə-mye:-dan: အမြဲ တမ်း (at all times); ə-chein-mə-ywei: အချိန်မရွေး (at any time)

a.m. *abbr* nan-ne', mə-ne' နံနက်

amaranth *n* ✿ hin:-nu-ne ဟင်းနုနယ်

amateur *adj* ə-pyɔ-dan:-hpyi'-tẹ အပျော်တမ်းဖြစ်သော

amaze *v* aṇ-a:-thiṇ-zei-de အံ့အားသင့်စေသည် ‖‖ **be amazed** aṇ-ɔ:-de အံ့ဩသည်

ambassador *n* 🌐 than-ə-ma'-ji: သံအမတ်ကြီး

amber *n* pə-yin: ပယင်း

ambiguous *adj* tə-hku-hte'-po-dẹ (အဓိပ္ပာယ်)တစ်ခုထက်ပိုသော (~ remark)

ambition *n* yi-hman:-je' ရည် မှန်းချက် (goal); ji:-pwa:-lo-sei' ကြီးပွားလိုစိတ် (drive)

ambitious *adj* ə-jan-ji:-dẹ အကြံ ကြီးသော (ruthless); yi-ywe-je'-ji:-dẹ ရည်ရွယ်ချက်ကြီးသော (determined)

ambulance *n* ✚ lu-na-tin-ka: လူနာတင်ကား

ambush *v* ⚔ chaun:-myaun:-tai'-hkai'-te ချောင်းမြောင်းတိုက် ခိုက်သည်

amid, amidst *adv* ə-le-hma အလယ်မှာ၊ ə-ja:-hma အကြားမှာ

amnesia *n* ✚ ə-tei'-meị-yɔ:-ga အတိတ်မေ့ရောဂါ

amnesty *n* lu'-nyein:-chan:-dha-gwiṇ လွတ်ငြိမ်းချမ်းသာခွင့်

amoeba *n* ✚ ə-mi:-ba: အမီးဘား

among, amongst *adv* ə-le-hma အလယ်မှာ၊ ə-ja: အကြား၊ ə-ne' အနက်

amount *n* pa-ma-nạ ပမာဏ

amount to *v* ə-htạ-myau'-te အထဖြောက်သည်

amp *n* ə-than-chẹ-ze' အသံ ချဲ့စက် (amplifier); ⚡ an-pi-ya အမ်ပီယာ (ampere)

amphetamine *n* ✚ sei'-jwạ-zei: စိတ်ကြွဆေး

amplifier *n* ə-than-chẹ-ze' အသံချဲ့စက်

amplify *v* chẹ-de ချဲ့သည်

amulet *n* ə-kwe-ə-ka အကွယ် အကာ၊ ə-hsaun အဆောင်၊ le'-hpwẹ လက်ဖွဲ့

amuse *v* hpyɔ-hpyei-de ဖျော်ဖြေသည်၊ chọ-hmyu-de

ချော့မြှူသည်

amusement *n* ə-pyɔ အပျော်

amusement park *n* gə-za:-gwin: ကစားကွင်း

amusing *adj* ha-thə-hpyi'-tẹ ဟာသဖြစ်သော၊ yi-zə-ya-hpyi'-tẹ ရယ်စရာဖြစ်သော

anaemia *n* ♥ thwei:-a:-ne:-jin: သွေးအားနည်းခြင်း

anaesthetic *n* ♥ mẹ-zei: မေ့ဆေး (general ~); hton-zei: ထုံဆေး (local ~)

analgesic *n* ♥ ə-kai'-ə-hke:-pyau'-hsei: အကိုက်အခဲပျောက်ဆေး

analogy *n* ✿ tin-za: တင်စား

analyse *v* hkwe:-chan:-sei'-hpya-de ခွဲခြင်းစိတ်ဖြာသည်၊ sị-si'-te စိစစ်သည်

analysis *n* sị-si:-hmụ စိစစ်မှု (activity); si'-tan: စစ်တမ်း (written)

analyst *n* hsan:-si'-thu ဆန်းစစ်သူ (research ~)

anarchism *n* 🌐 min:-mẹ-wa-dạ မင်းမဲ့ဝါဒ၊ 🌐 ə-so:-yạ-mẹ-wa-dạ အစိုးရမဲ့ဝါဒ

anarchist *n* 🌐 min:-mẹ-wa-di မင်းမဲ့ဝါဒီ၊ 🌐 ə-so:-yạ-mẹ-wa-di

အစိုးရမဲ့ဝါဒီ

anarchy *n* 🌐 min:-mẹ-sə-yai' မင်းမဲ့စရိုက်၊ 🌐 ə-so:-yạ-mẹ-sə-yai' အစိုးရမဲ့စရိုက်

anatomy *n* ✿ hkan-da-bei-dạ ခန္ဓာဗေဒ

ancestor *n* bo:-be: ဘိုးဘေး

anchor *n* ⚓ jau'-hsu: ကျောက်ဆူး ‖ **news anchor** dhə-din:-jei-nya-dhu သတင်းကြေညာသူ

ancient *adj* shei:-haun: ရှေးဟောင်း

and *conj* nẹ နဲ့၊ pi: ပြီး၊ hnin̄ နှင့်၊ yɔ: ရော၊ lə-gaun: လည်းကောင်း၊ lə-gaun: ၎င်း

anecdote *n* hpyi'-ya'-pon-pə-ma ဖြစ်ရပ်ပုံပမာ

anemia *n* ♥ thwei:-a:-ne:-jin: သွေးအားနည်းခြင်း

anew *adv* hta' ထပ်၊ ə-thi' အသစ်

angel *n* dei-wa ဒေဝ na'-tha: နတ်သား (celestial being); ke-tin-shin ကယ်တင်ရှင် (savior); kaun:-gin-tə-man ကောင်းကင်တမန် (messenger)

anger *n* dɔ:-dhạ ဒေါသ ə-mye' အမျက်

angle₁ *v* saun- hta:-de စောင်း ထားသည် (slant); nga:-hmya:-de

ငါးမျှားသည် (fish)

angle₂ *n* htauṇ ထောင့် (corner); shụ-dauṇ ရှုထောင့် (point of view)

angry *adj* sei'-hso:-dẹ စိတ်ဆိုးသော၊ dɔ:-dhạ-htwe'-tẹ ဒေါသထွက်သော

Anglican *n* ✝ yei-hpyan: ရေဖျန်း

Anglo-Indian *n* bo-kạ-bya: ဗိုလ်ကပြား

animal *n* tə-rei'-hsan တိရစ္ဆာန်၊ tha'-tə-wa, dhə-də-wa သတ္တဝါ

animal husbandry *n* mwei:-myu-yei: မွေးမြူရေး

anise *n* ✿ sə-mon-zə-ba: စမုန်စပါး

ankle *n* chi-jin:-wu' ခြေချင်းဝတ် (above foot); chi-mye'-sị ခြေမျက်စိ (bone)

anniversary *n* hni'-myau' နှစ်မြောက်၊ hni'-pa'-le နှစ်ပတ်လည်

announce *v* jei-nya-de ကြေညာသည်

announcement *n* jei-nya-je' ကြေညာချက်

announcer *n* dhə-din:-jei-nya-dhu သတင်းကြေညာသူ

annoy *v* nauṇ-she'-te နှောင့်ယှက်သည်

annoyance *n* ə-nauṇ-ə-she' အနှောင့်အယှက်

annoying *adj* ə-hnauṇ-ə-she'-pei:-dẹ အနှောင့်အယှက်ပေးသော၊ mye'-sị-nau'-tẹ မျက်စိနောက်သော

annual *adj* hni'-cho နှစ်ချုပ် (summarising the year); hni'-pa'-le နှစ်ပတ်လည် (yearly)

annul *v* chei-hpye'-te ချေဖျက်သည်၊ hpye'-thein:-de ဖျက်သိမ်းသည်

anonymous *adj* ə-myi-mə-thị အမည်မသိ

another *pron* tə-cha: တခြား (different); nau'-hta' နောက်ထပ် (again); hta' ထပ် (additional)

answer₁ *v* hpyei-de ဖြေသည် (~ a question); pyeị-de ပြည့်သည် (~ a prayer); kain-de ကိုင်သည် (~ the telephone)

answer₂ *n* ə-hpyei အဖြေ

ant *n* ✿ pə-ywe'-hsei: ပုရွက်ဆိတ်၊ hka-jin ခါချဉ်၊ jin ကျဉ်

antacid *n* ✿ le-zei: လေဆေး

ante up *phr* lyɔ လျော်

antenna *n* ə-than-hpan:-jo: အသံဖမ်းကြိုး (aerial); a-yon-gan-kə-rị-ya အာရုံခံကိရိယာ (feeler)

anthem *n* nain-gan-dɔ-thə-chin: နိုင်ငံတော်သီချင်း

anthrax *n* htauṇ-than:-na ထောင့်သန်းနာ

anthropology *n* mə-no'-thạ-be-dạ မနုဿဗေဒ

anti- *part* pə-dị ပဋိ၊ hsaṇ-jin-be' ဆန့်ကျင်ဘက်

antibiotics *n* pə-dị-zi-wạ-zei: ပဋိဇီဝဆေး

anticipate *v* jo-tin-bi:-pyin-hsin-de တင်ကြို၍ပြင်ဆင်သည် (prepare); jo-sin:-za:-de ကြိုစဉ်းစားသည် (plan); twei:-hmyɔ-de တွေးမြော်သည် (look forward to)

anticlockwise *adv* le'-we:-yi' လက်ဝဲရစ်

antidote *n* hpyei-zei: ဖြေဆေး

antihistamine *n* hpyei-zei: ဖြေဆေး

antiperspirant *n* chwei:-naṇ-pyau'-zei: ချွေးနံ့ပျောက်ဆေး

antipyretic *n* ə-hpya:-jạ-zei: အဖျားကျဆေး

antique *n* shei:-haun:-pyi'-si: ရှေးဟောင်းပစ္စည်း

antiserum, antivenom *n* mwei-hsei'-hpyei-zei: မြွေဆိပ်ဖြေဆေး

anus *n* sə-o စအို

anxiety *n* so:-yein-jin: စိုးရိမ်ခြင်း၊ pu-pan-jin: ပူပန်ခြင်း

anxious *adj* so:-yein-dẹ စိုးရိမ်သော (worried); sei'-sɔ:-dẹ စိတ်စောသော (excited)

any *pron* ba-mə-hso ဘာမဆို

Anyathian *adj* ə-nya-dha:-yin-jei-hmụ အညာသားယဉ်ကျေးမှု

anybody *pron* də-zon-tə-yau' တစ်စုံတစ်ယောက်၊ be-dhu-mə-hso ဘယ်သူမဆို

anyeint *n* ə-nyeiṇ အငြိမ့်

anyhow *adv* be-ni:-nẹ-mə-hso ဘယ်နည်းနဲ့မဆို

anyone *pron* də-zon-tə-yau' တစ်စုံတစ်ယောက်၊ be-dhu-mə-hso ဘယ်သူမဆို

anything *n* də-zon-tə-khụ တစ်စုံတစ်ခု၊ də-zon-tə-ya တစ်စုံတစ်ရာ၊ ba-hpyi'-hpyi' ဘာဖြစ်ဖြစ်

any time *adv* ə-chein-mə-ywei: အချိန်မရွေး

anyway₁ *adv* be-lo-hpyi'-hpyi' ဘယ်လိုဖြစ်ဖြစ် (however)

anyway₂ *phr* ke: ကဲ၊ kain: ကိုင်း (so, well, right)

anywhere *pron* be-nei-ya-mə-hso ဘယ်နေရာမဆို၊ be-hma-hpyi'-hpyi' ဘယ်မှာဖြစ်ဖြစ်

apart *adv* tə-cha:-zi တခြားစီ၊ tha'-tha' သတ်သတ်၊ tə-kwe:-tə-pya: တကွဲတပြား

apart from *prep* ə-pạ အပါ၊ ə-pyin အပြင်၊ hmạ-tə-pa: မှတပါး၊ lwe: လွဲ ။ ။ *apart from that* hto-hmạ-də-ba: ထိုမှတစ်ပါး

apartment *n* tai'-hkan: တိုက်ခန်း

apartment house *n* tai' တိုက်

ape *n* 🐒 myau'-wun မျောက်ဝံ၊ lu-wun လူဝံ

apologise *v* taun:-ban-de တောင်းပန်သည်

apparent *adj* htin-sha:-dẹ ထင်ရှားသော

appeal₁ *v* ⚖ ə-yu-hkan-de အယူခံသည် (legal request); hnyọ-de ညှို့သည် (attract)

appeal₂ *n* ⚖ ə-yu-gan အယူခံ (legal request); hnyọ-da' ညှို့တတ် (attraction)

appear *v* pɔ-pau'-te ပေါ်ပေါက်သည် (emerge)

appearance *n* ə-hsin: အဆင်း၊ ə-pyin အပြင်၊ ə-thwin အသွင် (looks); pɔ-la-jin: ပေါ်လာခြင်း

(emergence)

appendicitis *n* ☤ u-ə-te'-yaun-jin: အူအတက်ရောင်ခြင်း

appendix *n* nau'-hse'-twe: နောက်ဆက်တွဲ (annex); ☤ u-ə-te' အူအတက် (intestine)

appetite *n* sa:-jin-sei' စားချင်စိတ် ။ ။ *lose one's appetite* gə-dwin:-pye'-te ခံတွင်းပျက်သည်

appetizer *n* ə-myi: အမြည်း

applaud *n* le'-hko'-ti:-de လက်ခုပ်တီးသည်

applause *n* ɔ:-ba သြဘာ၊ le'-hko'-than လက်ခုပ်သံ

apple *n* 🍎 pan:-dhi: ပန်းသီး

appliance *n* se'-kə-rị-ya စက်ကိရိယာ

applicant *n* shau'-thu လျှောက်သူ

application *n* shau'-hlwa လျှောက်လွှာ

apply *v* shau'-te လျှောက်သည် (~ for a position); lein:-de လိမ်းသည် (~ lotion)

appoint *v* khan-de ခန့်သည်၊ tin-hmau'-te တင်မြှောက်သည်

appointment *n* chein:-hso-je' ချိန်းဆိုချက် (~ with); hkan-za ခန့်စာ (~ to a position)

appraise *v* tan-bo:-hpya'-te

တန်ဖိုးဖြတ်သည် (value); ə-ke:-
hpya'-te အကဲဖြတ်သည်
(evaluate)

appreciate v ə-dhị-ə-hma'-pyu-
de အသိအမှတ်ပြုသည်
(acknowledge); pyɔ-mwei̯-de
ပျော်မွေ့သည် (like)

apprehend v hpan:-de ဖမ်းသည်
(arrest); thị-myin-de သိမြင်သည်
(perceive)

apprehension n ə-hpan:-ə-hsi:
အဖမ်းအဆီး (arrest); so:-yein-
sei̯ စိုးရိမ်စိတ် (anxiety)

apprentice n ə-lo'-thin
အလုပ်သင်

approach₁ v chin:-ka'-te
ချဉ်းကပ်သည်

approach₂ n chin:-ka'-pon-ni:-
sə-ni' ချဉ်းကပ်ပုံနည်းစနစ်

appropriate adj ə-hsin-pyei-dẹ
အဆင်ပြေသော (convenient); htai'-
thiṇ-dẹ ထိုက်သင့်သော (proper);
thiṇ-dɔ-dẹ သင့်တော်သော (right)

approval n hkwiṇ-pyụ-jẹ'
ခွင့်ပြုချက် (consent)

approve v thə-bɔ:-tu-nyi-de
သဘောတူညီသည်

approximately adv ə-jan:-byin:
အကြမ်းဖျင်း၊ lau' လောက်

April n ei-byi ဧပြီ

aquarium n nga:-bya̱-tai'
ငါးပြတိုက်

Arab n 🌐 a-ra' အာရပ်

Arakan(ese) n 🌐 yə-hkain ရခိုင်

arbitrarily adv ə-jaun:-mẹ
အကြောင်းမဲ့၊ the'-the'-mẹ သက်
သက်မဲ့ (for no reason); tə-ya:-le'-
lu' တရားလက်လွတ် (not according
to law, rules, etc); 🌐 naiṇ-hte'-
si:-nin နိုင်ထက်စီးနင်း (with
unlimited power)

arbitration 🔍 n sei̯-sa'-hpyan-
byei-yei: စေ့စပ်ဖျန်ဖြေရေး

arch n paun:-gu ပေါင်းကူး၊ ə-
hkon အခုံး (bridge ~)

archaeology, archeology n
shei:-haun:-thụ-tei-thə-na̱
ရှေးဟောင်းသုတေသန

archipelago n jun:-zụ ကျွန်းစု

architect n bị-thụ-ka ဗိသုကာ

architecture n bị-thụ-ka-pyin-
nya ဗိသုကာပညာ

archive n mɔ-gun:-tai'
မော်ကွန်းတိုက်

area n pa'-wun:-jin ပတ်ဝန်းကျင်၊
ə-na: အနား (nearby); dei-tha̱
ဒေသ (region); ə-je-ə-wun:
အကျယ်အဝန်း (place); ei-ri̱-ya

ေရိယာ (math)

area code *n* thin-kei-tạ-nan-pa' သေက်တန်ပါတ်

areca nut *n* ✻ kun:-dhi: ကွမ်းသီး

areca palm *n* ✻ kun:-dhi:-bin ကွမ်းသီးပင်

arena *n* gạ-za:-gwin: ကစားကွင်း (sports ~); tha'-gwin: သတ်ကွင်း (place of conflict)

argue *v* nyin:-hkon-de ငြင်းခုံသည် (dispute); zạ-gạ:-mya:-de စကားများသည် (quarrel)

arhat *n* ▥ ya-han:-da ရဟန္တာ

Arimettaya *n* ▥ ə-rị-mi'-tə-ya အရိမေတ္တေယျ

arise *v* htạ-de ထသည်၊ pɔ-de ပေါ်သည်

arithmetic *n* gạ-nan:-thin-cha ဂဏန်းသချာ

arm *n* le' လက် (body part); le'-maun: လက်မောင်း (machine part); ⚔ le'-ne' လက်နက် (weapon)

armed forces *n* ⚔ si'-ta' စစ်တပ်၊ ta'-mə-dɔ တပ်မတော်

armor, armour *n* ⚔ than-ja' သံချပ်

army *n* ⚔ ji:-ta' ကြည်းတပ်

aroma *n* ə-hmwei: အမွှေး၊ ə-nan့ အနံ့

around *adv* ə-jan:-byin: အကြမ်းဖျင်း (approximately); pa'-le ပတ်လည် (in a circle); na:-tə-wai' နားတဝိုက် (nearby)

arrange *v* jo-tin-si-sin-de ကြိုတင်စီစဉ်သည် (organise); hkin:-de ခင်းသည် (display)

arrangement *n* ə-si-ə-sin အစီအစဉ် (plan); ə-hkin:-ə-jin: အခင်းအကျင်း (display)

arrest₁ *v* hpan:-de ဖမ်းသည်

arrest₂ *n* ə-hpan:-ə-hsi အဖမ်းအဆီး

arrival *n* ə-yau' အရောက်

arrive *v* yau'-te ရောက်သည်

arrogance *n* man-ma-nạ မာန်မာန၊ mau'-ma-jin: မောက်မာခြင်း

arrogant *adj* ma-nạ-ji:-dẹ မာနကြီးသော၊ mau'-ma-dẹ မောက်မာသော

arrow *n* hmya: မြား

arse *n* hpin ဖင်

art *n* ə-nu-pyin-nya အနုပညာ

arthritis *n* ☙ lei:-be'-na လေးဘက်နာ

article *n* hsaun:-pa: ဆောင်းပါး (magazine ~); pyi'-si: ပစ္စည်း (item)

artificial *adj* tṵ-dḛ တုသော

artisan *n* pyin-nya-dhe ပညာ
သည်၊ le'-hmṵ-pyin-nya-dhe
လက်မှုပညာသည်

artist *n* ə-nṵ-pyin-nya-shin
အနုပညာရှင် (talented ~); bə-ji-
hsə-ya-(mạ) ပန်းချီဆရာ(မ)
(painter)

as *prep* thə-lo သလို၊ kḛ-thọ့ ကဲ့သို့၊
ə-tain: အတိုင်း၊ ə-nei-nẹ အနေနဲ့

as ... as *prep* lau' လောက်

ascend *v* te'-te တက်သည်

ascending *adj* nge-zin-ji:-lai'
ငယ်စဉ်ကြီးလိုက်

ASEAN *n* 🌐 a-hsi-yan အာဆီယံ

as for *prep* jạ-dọ ကျတော့၊ ə-hpọ
အဖို့

ash *n* pya ပြာ

ashamed *adj* ə-she'-kwe:-dḛ
အရှက်ကွဲသော

ashtray *n* pya-gwe' ပြာခွက်

Asia *n* 🌐 ə-shạ အာရှ

aside *adv* bei:-hma ဘေးမှာ (out
of the way); ə-pạ အပ (besides)

as if *prep* pon-zan ပုံစံ၊ thə-lo
သလို

as is *adv* mye'-myin မျက်မြင်

ask *v* mei:-de မေးသည် (~ a
question); taun:-de တောင်းသည်

(request)

asleep *adj* ei'-pyɔ-dḛ
အိပ်ပျော်သော

as many as, as much as *prep*
hmya̱ မျှ

aspertame *n* hsei:-dhə-ja:
ဆေးသကြား

ass *n* hpin ဖင် (body part); ✤ myi:
မြည်း (animal); ngə-don:-ngə-
jaun ငတုံးငေကြောင် (foolish person)

assault₁ *v* hto'-hne'-te
ထိုးနှက်သည်

assault₂ *n* le'-yau'-hmṵ
လက်ရောက်မှု

assemble *v* sṵ-de စုသည်
(gather); ta'-hsin-de
တပ်ဆင်သည် (put together)

assembly *n* ə-sṵ-ə-wei:
အစုအဝေး

assert *v* hto'-pyɔ-de ထုတ်
ပြောသည် (say as statement); hto'-
pya̱-de ထုတ်ပြသည် (~ authority)

assign *v* khan-hta:-de
ခန့်ထားသည်၊ ta-wun-pei:-de
တာဝန်ပေးသည်

assignment *n* ta-wun တာဝန်
(posting); ein-za အိမ်စာ (school ~)

assist *v* ku-nyi-de ကူညီသည်

assistance *n* ə-ku-ə-nyi

အကူအညီ၊ ə-htau'-ə-ku အထောက်အကူ

assistant *n* le'-htau' လက်ထောက်

associate₁ *v* twe:-de တွဲသည်၊ paun:-de ပေါင်းသည်

associate₂ *n* ə-paun:-ba အပေါင်းပါ၊ ə-thin:-ə-pin အသင်းအပင်း၊ twe:-be' တွဲဖက်

association *n* ə-si:-ə-yon: အစည်းအရုံး၊ ə-thin:-ə-hpwe̞ အသင်းအဖွဲ့

assume *v* twei:-htin-de တွေး ထင်သည်၊ yu-hsa̞-de ယူဆသည် (think); yu-de ယူသည် (take on)

assumption *n* ə-htin အထင်၊ yu-hsa̞-je' ယူဆချက်

asterisk *n* * hkə-yei-pwiṇ ခရေပွင့်

asthma *n* ♀ pan:-na ပန်းနာ

astonished *adj* aṇ-a:-thiṇ-de̞ အံ့အားသင့်သော

astonishing *adj* hsan:-je-de̞ ဆန်းကြယ်သော

astrologer *n* ⚹ bei-din-hsə-ya-(ma̞) ဗေဒင်ဆရာ(မ)

astrology *n* ⚹ bei-din ဗေဒင်

astronomy *n* ⬛ ne'-hka'-ta̞-bei-da̞ နက္ခတ္တဗေဒ

as well *prep* le: လည်း

as well as *prep* le:-be: လည်းပဲ

asylum *n* ⚏ kho-hlon-gwiṇ ခိုလှုံခွင့် (sanctuary); ♀ sei'-yɔ:-ga-ku̞-hsei:-yon စိတ်ရောဂါကုဆေးရုံ (mental hospital)

at *prep* ka̞ က၊ twin တွင်၊ hma မှာ

at least *prep* ə-ne:-zon: အနည်းဆုံး

at once *prep* ə-hku̞-che'-chin: အခုချက်ချင်း

atheist *n* ba-tha-me̞-thu ဘာသာမဲ့သူ

athlete *n* a:-gə-za:-dhə-ma: အားကစားသမား

atlas *n* myei-bon-paun:-jo' မြေပုံပေါင်းချုပ်

atmosphere *n* lei-du̞ လေထု (air); ə-chei-ə-nei အခြေအနေ (mood)

atom *n* ⚛ ə-nu̞-myu အဏုမြူ

Atsi *n* ə-zi: အဇီး

attach *v* pu:-dwe:-de ပူးတွဲသည်

attaché ◉ *n* than-hmu: သံမှူး

attack₁ *v* yan-pyu̞-de ရန်ပြုသည်၊ tai'-hkai'-te တိုက်ခိုက်သည်

attack₂ *n* ə-tai'-ə-hkai' အတိုက်အခိုက်

attain v pyḭ-myau'-te
ပြည့်မြောက်သည်

attempt v jo:-za:-jḭ-de ကြိုးစား
ကြည့်သည်

attend v te'-te တက်သည် (~
school); win-de ဝင်သည် (meeting)

attendant n ə-sei-ə-pa: အစေ
အပါး။ ။ *flight attendant* or lei-
yin-maun လေယာဉ်မောင်း ၊ lei-
yin-me လေယာဉ်မယ်

attention n dhə-dḭ သတိ

attitude n thə-bɔ: သဘော၊ sei'-
hta: စိတ်ထား

attorney n ⚖ sheḭ-nei ရှေ့နေ

attract v hswe:-hsaun-de
ဆွဲဆောင်သည်

attractive adj mye'-hna-pan:-
hlạ-de မျက်နှာပန်းလှသော

aubergine n 🍆 hkə-yan: ခရမ်း

auction n lei-lan-bwe: လေလံပွဲ

audience n pə-rei'-tha' ပရိသတ်

audit v sə-yin:-si'-te
စာရင်းစစ်သည်

auditor n sə-yin:-si' စာရင်းစစ်

August n ɔ:-go' သြဂုတ်

aum phr aun: ဩောင်း၊ on ဥုံ

aunt n ə-dɔ အဒေါ်

auspiciousness n min-ɡə-la
မင်္ဂလာ၊ ə-hpo:-htai'-chin: အဖိုး

ထိုက်ခြင်း

authentic adj mu-hman-dẹ
မူမှန်သော၊ si'-hman-dẹ
စစ်မှန်သော

author n sa-yei:-hsə-ya-(mạ)
စာရေးဆရာ(မ)

authoritative adj ɔ:-za-a-na-
shḭ-dẹ ဩဇာအာဏာရှိသော

authority n 🌐 ə-hkwiṇ-ə-na
အခွင့်အာဏာ (power); 🌐 a-na-
bain အာဏာပိုင် (group in control);
lo'-pain-gwiṇ လုပ်ပိုင်ခွင့်
(permission to act); jun:-jin-dhu
ကျွမ်းကျင်သူ (expert)

autobiography n ko-dain-yei:-
ə'-hto'-pa'-tḭ ကိုယ်တိုင်ရေး
အတ္ထုပ္ပတ္တိ

autograph n ɔ:-to အော်တို

automatically adv ə-lo-lo
အလိုလို၊ ə-lo-ə-hlyau'
အလိုအလျောက်

automobile n mɔ-tɔ-ka:
မော်တော်ကား

autonomy 🌐 n ko-bain-o'-
cho'-yei: ကိုယ်ပိုင်အုပ်ချုပ်ရေး

available adj yạ-nain-dẹ
ရနိုင်သော (obtainable)

avante garde adj hki'-sheḭ-
pyei:-dẹ ခေတ်ရှေ့ပြေးသော

avenge *v* kə-lẹ-sa:-chei-de ကလဲ့စားချေသည်

avenue *n* (yei'-tha)-lan: (ရိပ်သာ)လမ်း

average *n* pyan:-hmyạ ပျမ်းမျှ

avocado *n* ✾ htɔ:-ba' ထောပတ်

avoid *v* kin:-de ကင်းသည်၊ shaun-de ရှောင်သည်

awake *v* no:-de နိုးသည်

award$_1$ *v* hsụ-pei:-de ဆုပေးသည်

award$_2$ *n* hsụ ဆု

aware *adj* gə-yụ-pyụ-dẹ ဂရုပြုသော၊ dhə-dị-shị-dẹ သတိရှိသော (mindful)

awareness *n* dhə-dị သတိ (attention); thị-sei' သိစိတ် (knowledge)

away *prep* wei: ဝေး

awe *n* so:-yuṇ စိုးရွံ့

awful *adj* se'-hso'-sə-ya-kaun:-de စက်ဆုပ်စရာကောင်းသည်

awhile *adv* hkə-nạ ခဏ

awkward *adj* kə-thị-kə-au'-hpyi'-tẹ ကသိကအောက်ဖြစ်သော (inconvenient)

ax(e) *n* pə-hsein ပုဆိန်

B, b *n* bi ဘီ

BA *n* (Bachelor of Arts) bi-ei ဘီအေ

baby *n* hkə-lei: ကလေး၊ pau'-sạ ပေါက်စ

babysit *v* hkə-lei:-dein: ကလေးထိန်း

bachelor *n* lu-byo လူပျို

back$_1$ *v* nau'-hso'-te နောက်ဆုတ်သည်

back$_2$ *adv* pyan ပြန်

back$_3$ *n* jɔ:-gon: ကျောကုန်း (of body); nau'-jɔ: နောက်ကျော (of book, etc)

back and forth *adv* ə-pyan-byan-ə-hlan-hlan အပြန်ပြန်အလှန်လှန်

backache *n* hka:-na ခါးနာ

background *n* nau'-hkan နောက်ခံ

backing *n* ə-htau'-ə-hkan အထောက်အခံ

backpack *n* jɔ:-bo:-ei' ကျောပိုးအိတ်

backward *adv* nau'-pyan နောက်ပြန် (≠ forward); pyaun:-pyan ပြောင်းပြန် (wrong way round)

bacteria *n* ❀ be'-ti:-ri:-ya: ဗက်တီးရီးယား

bad *adj* hso:-dẹ ဆိုးသော

badge *n* (yin-hto:)-də-zei'

(ရင်ထိုး)တံဆိပ်

badminton *n* je'-daun-yai'-chin: ကြက်တောင်ရိုက်ခြင်း

bag *n* ei' အိတ်

Bagan 🌐 *n* bə-gan ပုဂံ

baggage *n* ə-hto' အထုပ်

baggy *adj* pwạ-dẹ ပွသော

baht *n* ba'-(ngwei) ဘတ်(ငွေ)

bail *n* a-mạ-hkan အာမခံ

bake *v* hpo'-te ဖုတ်သည်

balance *n* chein-gwin ချိန်ခွင် (scale); ti-nyein-jin: တည်ငြိမ်ခြင်း (equilibrium); han-je' ဟန်ချက် (stability); sə-yin:-le'-jan စာရင်းလက်ကျန် (bank ~)

balcony *n* wə-ran-ta ဝရန်တာ

bald *adj* gaun:-pyaun ခေါင်းပြောင်

ball *n* 🎾 bɔ:-lon: ဘောလုံး

balloon *n* bu-baun: ပူဖောင်း
‖‖ *hot air balloon* mi:-bon:-byan မီးပုံးပျံ

balm *n* pə-yo'-hsi ပရုတ်ဆီ

bamboo *n* 🎋 wa: ဝါး

bamboo shoot *n* hmyi' မျှစ်

bamboo strip *n* hni: နှီး

ban *v* ta:-myi'-te တားမြစ်သည်

banana *n* 🎋 ngə-pyɔ:, hngə-pyɔ: ငှက်ပျော

band *n* si:-jo: စည်းကြိုး (binding

strip); lu-thai' လူသိုက် (group)

bandage *n* 🎗 pa'-ti: ပတ်တီး

bandit *n* də-mya: ဓားပြ

bank *n* ban ဘဏ် (money in the ~); kan:-jei ကမ်းခြေ (river ~); hkon-shei ခုံရှည် (bench); le'-kain လက်ကိုင်, gə-za:-dain ကစားဒိုင် (in gambling)

bankrupt *adj* dei-wa-li-hkan ဒေဝါလီခံ

banner *n* jɔ-nya-sa-dan: ကြော်ငြာစာတန်း

banyan *n* 🌳 nyaun ညောင်

baptism *n* ✝ hni'-chin:-min-gə-la နှစ်ခြင်းမင်္ဂလာ

Baptist *n* ✝ hni'-chin: နှစ်ခြင်း

bar *n* ə-chaun: အချောင်း (rod); ba: ဘား (counter); ə-ye'-hsain အရက်ဆိုင် (go out to a ~)

barbecue *n* ə-kin အကင် (food); ə-kin-mi:-bo အကင်မီးဖို (grill)

barbed wire *n* than-hsu:-jo: သံဆူးကြိုး

barber *n* hsə-bin-hnya'-thə-ma: ဆံပင်ညှပ်သမား

bare *adj* pyaun-dẹ ပြောင်သော

barefoot *adj* chi-bə-la ခြေဗလာ

barely *adv* ə-nain-nain အနိုင်နိုင်

bargain *v* zei:-hsi'-te ဈေး

ဆစ်သည် (haggle); ‖ ‖ *be a bargain* zei:-cho-de ဈျ်ီ စျ်းချိုသည်
barge *n* ⚓ ton-kin: တုန်ကင်း၊ ⚓ twe: တွဲ

bark *n* 🌿 ə-hkau' အခေါက် (tree ~); 🐕 hkwei:-haun-dhan ခွေးဟောင်သံ (~ing all night)

barrel *n* si စည်၊ tain-ki တိုင်ကီ၊ pi-pa ပီပါ (~ of water); pyaun: ပြောင်း (~ of a gun)

barrier *n* ə-hsi:-ə-ta: အဆီး အတား၊ ə-yan-ə-ta: အရံအတား

barter *v* hpə-hle-de ဖလှယ်သည်

base *n* ə-hkan အခံ (stand); ə-chei အခြေ၊ ə-yin အရင်း၊ hpin ဖင် (lowest part); ə-chei-gan အခြေခံ (fundamental principle); sə-hkan: စခန်း (military ~)

basement *n* myei-dai'-hkan: မြေတိုက်ခန်း

base on *v* ə-jaun:-pyu̯-de အကြောင်းပြုသည်၊ ə-chei-hkan-de အခြေခံသည်၊ ə-chei-ti-de အခြေတည်သည်

basic *adj* ə-chei-gan အခြေခံ

basil *n* 🌿 pin-zein: ပင်စိမ်း

basin *n* zə-lon ဇလုံ

basis *n* ə-chei-gan အခြေခံ

basket *n* chin:-daun ခြင်းတောင်း

(container); tin: တင်း (~ of rice)

bat *n* 🦇 lin:-no̯ လင်းနို့၊ 🦇 lin:-zwe: လင်းဆွဲ၊ be'-tan ဘက်တံ (cricket ~)

bathe *v* yei-cho:-de ရေချိုးသည် (shower); yei-ku:-de ရေကူးသည် (swim)

bathing suit *n* yei-ku:-wu'-son ရေကူးဝတ်စုံ

bathroom *n* yei-cho:-gan: ရေချိုးခန်း (for bathing); ein-dha အိမ်သာ (toilet)

batik *n* pa-tei' ပါတိတ်

battalion *n* ⚔ ta'-yin: တပ်ရင်း

battery *n* da'-hke: ဓာတ်ခဲ၊ da'-o: ဓာတ်အိုး

battle *n* ⚔ tai'-pwe: တိုက်ပွဲ

battlefield, battleground *n* ⚔ si'-tə-lin: စစ်တလင်း၊ si'-myei-byin စစ်မြေပြင်

battleship *n* ⚔ ⚓ tai'-thin:-bɔ တိုက်သဘော်

bay ⚓ *n* pin-le-ə ပင်လယ်အော်

bazaar *n* zei: ဈျ်း

be *v* hpyi'-te ဖြစ်သည်၊ shi̯-de ရှိသည်၊ nei-de နေသည်

beach *n* (pin-le)-kan:-chei (ပင်လယ်)ကမ်းခြေ

bead *n* ə-sei̯ အဈျေ့၊ bə-di: ပုဈျ်း

beam n yaun-ji ရောင်ခြည်

bean n ❀ pe:-(sei) ပဲ(စေ့)

bean sprout n ❀ pe:-bin-bau' ပဲပင်ပေါက်

bear₁ v mwei:-hpwa:-de မွေးဖွားသည် (child); thi:-khan-de သည်းခံသည် (tolerate)

bear₂ n we'-wun ဝက်ဝံ

beard n mo'-hsei: မုတ်ဆိတ်

beat₁ v yai'-te ရိုက်သည် (hit); nain-de နိုင်သည် (defeat); hkon-de ခုန်သည် (heart ~s)

beat₂ n ♪ hsi:-che' စည်းချက်

beautiful adj hla-dẹ လှသော

beauty n ə-hlạ-ə-pạ အလှအပ

beauty parlor n ə-hlạ-pyin-zain အလှပြင်ဆိုင်

because conj jaun̄ ကြောင့်၊ mọ̀ မို့၊ lọ̀ လို့

because of conj ə-twe'-jaun̄ အတွက်ကြောင့်

become v hpyi'-myau'-te ဖြစ်မြောက်သည်၊ hpyi'-la-de ဖြစ်လာသည်

bed n ei'-ya အိပ်ရာ (place to sleep); gə-din ခုတင် (bedstead)

bedbug n ❀ jə-bo: ကြမ်းပိုး

bedroom n ei'-hkan: အိပ်ခန်း

bee n ❀ pya: ပျား

beef n ə-me:-dha: အမဲသား

beer n bi-ya ဘီယာ

before adv mə...hkin မ...ခင်၊ mə...mi မ...မီ (~ leaving); mə-dain-gin မတိုင်ခင်၊ shei̯-hma ရှေ့မှာ (in front of)

beg v taun-sa:-de တောင်းစားသည် (~ for money); taun-yan:-de တောင်းရမ်းသည် (plead)

beggar n thə-daun:-za: သူတောင်းစား

begin v sạ-tin-de စတင်သည်

beginner n le'-thin လက်သင်

beginning n ə-sạ အစ (start); ə-u:-zon အဦးဆုံး (early part)

behalf n ▥▥ **on behalf of, on sb's behalf** ko-za: ကိုယ်စား၊ ə-twe' အတွက်

behave v pyụ-mu-de ပြုမူသည်၊ ə-po:-tha'-te အပိုးသတ်သည် ▥▥ **well-behaved** lein-ma-dẹ လိမ္မာသော

behavior n ə-pyụ-ə-mu အပြုအမူ၊ ə-mu-ə-jin̄ အမူအကျင့်၊ ə-nei အနေ

behind adv nau' နောက် (in back of); nau'-jạ နောက်ကျ (late)

being *n* ə-hpyi' အဖြစ် (existing); bə-wa̰ ဘဝ (life); tha'-tə-wa, dhə-də-wa သတ္တဝါ (creature)

belief *n* hkan-yu-je' ခံယူချက် (conviction); ə-yu-ba-dha အယူဘာသာ (religion)

believe *v* yon-ji-de ယုံကြည်သည် (trust); ko:-kwe-de ကိုးကွယ်သည် (~ in a deity)

bell *n* hkaun:-laun ခေါင်းလောင်း၊ hkə-lau' ခလောက်

belly *n* bai' က ဗိုက်၊ wun:, wan ဝမ်း

belong to *v* the'-hsain-de သက်ဆိုင်သည် (concern); pain-de ပိုင်သည် (be owned by)

belongings *n* pain-dḛ-pyi'-si: ပိုင်သောပစ္စည်း

beloved *n* chi'-thu ချစ်သူ

below *adv* au' အောက်

belt *n* hkə-ba' ခါးပတ် (clothing); pa'-jo: ပတ်ကြိုး (loop)

bench *n* hkon-shei ခုံရှည် (bank); tə-ya:-thu-ji: တရားသူကြီး (judge)

bend *v* kwei-de ကွေ့သည် (curve); hnyu'-te ညွတ်သည် (bow); kon:-de ကုန်းသည် (~ at the waist)

beneath *adv* au' အောက်

benefactor *n* jei:-zu:-shin ကျေးဇူးရှင်၊ jei:-zu:-pyṵ-dhu ကျေးဇူးပြုသူ

beneficial *adj* ə-jo:-shḭ-dḛ အကျိုးရှိသော

beneficiary *n* ə-mwei-hkan-dhu အမွေခံသူ (heir); ə-jo:-hkan-za:-dhu အကျိုးခံစားသူ (recipient)

benefit *n* kaun-jo: ကောင်းကျိုး

bent *v* kau'-te ကောက်သည်၊ kon:-de ကုန်းသည်၊ kwei-de ကွေးသည်

beside *adv* be:-(hma) ဘေး(မှာ)

besides *prep* htǫ-pyin ထို့ပြင်၊ hto-hma̰-tə-pa: ထိုမှတစ်ပါး၊ ŋin:-pyin ရင်းပြင် lə-gaun-pyin-

best *n* ə-kaun:-zon: အကောင်းဆုံး

bet₁ *v* htǫ-de ထိုးသည်၊ laun:-de လောင်းသည်

bet₂ *n* laun:-jei: လောင်းကြေး

betel *n* kun:-dhi:, kwan:-dhi: ကွမ်းသီး (~ nut); kun:-ya, kwan:-ya ကွမ်းယာ (~ quid)

betray *v* thi'-sa-hpau'-te သစ္စာဖောက်သည်

better *adj* po-kaun:-dḛ ပိုကောင်းသော၊ tha-lun-dḛ သာလွန်သော ။။ *get better* the'-tha-de သက်သာသည် (recover)

between *adv* ə-ja: အကြား

a b c d e f g h i j k l m n o p q r s t u v w x y z

beverage *n* thau'-sə-ya
သောက်စရာ

beware *v* dhə-di-hta:-de
သတိထားသည်

beyond *adv* jɔ ကျော်၊ ə-pạ အပ

bhikkhu *n* ⬚ bei'-hkụ ဘိက္ခု၊
hpon:-ji: ဘုန်းကြီး

bhikkhuni *n* ⬚ bei'-hkụ-ni
ဘိက္ခုနီ

bias *n* ə-gə-tị အဂတိ (partiality)

biased *adj* be'-lai'-tẹ
ဘက်လိုက်သော

Bible *n* ✝ thə-ma-jan:
သမ္မာကျမ်း

bicycle *n* se'-bein:, sə-bein:
စက်ဘီး

big *adj* ji:-dẹ ကြီးသော

bike *n* se'-bein:, sə-bein: စက်ဘီး

bill *n* ngwei-se'-ku ငွေစက္ကူ
(note); nan-yan-ka'-po-sə-ta
နံရံကပ်ပိုစတာ (poster); ✿ hno'-
thi: နှုတ်သီး (beak); ☯ ụ-bə-dei-
jan: ဥပဒေကြမ်း (law)

billboard *n* hsain:-bo' ဆိုင်းဘုတ်

billiards *n* bị-lị-ye' ဘီလိယက်

billion *n* thein:-baun:-tə-thaun:
၁,၀၀၀,၀၀၀,၀၀၀ သိန်းပေါင်း
တစ်သောင်း (US); thein-baun:-tə-
gə-dei သိန်းပေါင်းတစ်ကုဋေ

၁,၀၀၀,၀၀၀,၀၀၀,၀၀၀ (UK)

bind *v* si:-de စည်းသည်၊ chi-de
ချည်သည်

binoculars *n* hman-byaun:
(အဝေးကြည့်)မှန်ပြောင်း

biography *n* a'-hto'-pa'-tị
အတ္ထုပ္ပတ္တိ

biology *n* ✾ zi-wạ-bei-dạ
ဇီဝဗေဒ

bird *n* ✿ hnge' ငှက်

birth *n* mwei:-hpwa:-jin:
မွေးဖွားခြင်း

birth certificate *n* mwei:-le'-
hma' မွေးလက်မှတ်

birth control *n* pa-dei'-than-dei-
ta:-jin: ပဋိသန္ဓေတားခြင်း (contra-
ception); ta:-zei: တားဆေး (the
Pill)

birthdate *n* mwei:-the'-kə-ri'
မွေးသက္ကရာဇ်

birthday *n* mwei:-neị မွေးနေ့

birthmark *n* sa စၥ ə-hma'
အမှတ်

birthplace *n* mwei:-ya' မွေးရပ်၊
za-tị-(che'-hmyo') ဇာတိ(ချက်မြှုပ်)

biryani *n* dan-bau' ဒံပေါက်

bit *n* ə ne:-nge အနည်းငယ် (a
little)

bite *v* kai'-te ကိုက်သည်

bitter *adj* hka:-dẹ ခါးသော
(taste); hka:-thi:-dẹ ခါးသီးသော
(harsh)

bizarre *adj* htu:-hsan:-dẹ
ထူးဆန်းသော

black *adj* ne'-tẹ နက်သောၢ me:-
dẹ မည်းသော

black market 🍃 *n* hmaun-hko-
zei: မှောင်ခိုဈေး

black out *v* thə-dị-mei-de
သတိမွေသည် (lose consciousness)

black tea *n* lə-hpe'-yei လက်
ဖက်ရည် (~ with milk and sugar); ə-
jə-yei အကျရည်ၢ hna'-yei နှပ်ရည်
(drink); ə-cho-jau' အချိုခြောက်
(leaves)

blackboard *n* jau'-thin-bon:
ကျောက်သင်ပုန်း

blacksmith *n* bə-be:-hsə-ya
ပန်းပဲဆရာ

bladder 🍃 *n* hsi:-ein ဆီးအိမ်

blade *n* da:-dhwa: ဓားသွား (knife
~); 🌿 mye'-ywe' မြက်ရွက် (~ of
grass)

blame *v* kẹ-yẹ-pyi'-tin-de ကဲ့ရဲ့
ပြစ်တင်သည်ၢ ə-pyi'-pyɔ:-de
အပြစ်ပြောသည်

bland *adj* pɔ-dẹ ပေါ့သော (taste)

blank *n* kwe'-la' ကွက်လပ်

blanket *n* saun စောင်

blast *n* lei-pyin:-dai'-jin:
လေပြင်းတိုက်ခြင်း (gust); pau'-
kwe:-hmụ ပေါက်ကွဲမှု (explosion)

bleach₁ *v* ə-yaun-chu'-te
အရောင်ချွတ်သည်

bleach₂ *n* ə-yaun-chu'-hsei:
အရောင်ချွတ်ဆေး

bleed *v* thwei:-htwe'-te
သွေးထွက်သည်

blend *v* yɔ:-sa'-te ရောစပ်သည်

bless *v* kaun:-chi:-pei:-de
ကောင်းချီးပေးသည်

blessing *n* je'-thə-yei-min-gə-
la ကျက်သရေမင်္ဂလာ kaun:-chi:-
pei:-hmụ ကောင်းချီးပေးမှု

blind *adj* kan:-dẹ (မျက်စိ)
ကန်းသော

blinds *n* lai'-ka လိုက်ကာ

blink *v* mye'-taun-hka'-te
မျက်တောင်ခတ်သည်

blister *n* ə-hpụ အဖု (~ from the
heat); hpə-na'-pau' ဖိနပ်ပေါက်
(~ from tight shoes)

block₁ *v* ta:-hsi:-de တားဆီးသည်
(prevent); pei'-te ပိတ်သည် (~
the road); pei'-hsọ-de ပိတ်
ဆို့သည် (~ the drain)

block₂ *n* ə-ton:-ə-hke: အတုံးအခဲ
(lump); bə-lau' ဘလောက် (city ~)

blood *n* thwei: သွေး

blood type ♀ *n* thwei:-o'-su
သွေးအုပ်စု

blood vessel ♀ *n* thwei:-jɔ:
သွေးကြော

bloom, blossom₁ *v* pwiṇ-de
ပွင့်သည်

bloom, blossom₂ *n* pan:-bwiṇ
ပန်းပွင့်

blouse *n* in:-ji, ein:-ji အင်္ကျီ

blow *v* hmo'-te မှုတ်သည်

blue *adj* pya-de ပြာသော (color);
wun:-ne:-dẹ ဝမ်းနည်းသော (sad)

blush *v* mye'-hna-pu-de
မျက်နှာပူသည်

board *n* pyin-bya: ပျဉ်ပြား (plank);
ə-hpwẹ အဖွဲ့ (committee)

boarder *n* bɔ-da ဘော်ဒါ

boast *v* jwa:-de ကြွားသည်

boat *n* ⚓ hlei လှေ

body *n* hkan-da-ko ခန္ဓာကိုယ်

body shop *n* wa'-shɔ ဝပ်ရှော့

bodyguard *n* the'-tɔ-sauṇ
သက်တော်စောင့်

boil₁ *v* hsu-de ဆူသည် (~ water);
pyo'-te ပြုတ်သည် (~ noodles)

boil₂ *n* ♀ ə-na-zein: အနာစိမ်း၊ ə-

pu-jei' အပူကျိတ်

bold *adj* ə-tiṇ-ye:-dẹ အတင့်
ရဲသော၊ ye:-tin:-dẹ ရဲတင်းသော

bolt *n* kaṇ-laṇ ကန့်လန့်

bomb ⚔ *n* bon: ဗုံး

bond *n* than-yɔ:-zin သံယောဇဉ်
(attachment); ⚖ kə-ti-hkan-wun-
jo' ကတိခံဝန်ချုပ် (certificate)

bone *n* yo: ရိုး၊ ə-yo: အရိုး

bonfire *n* mi:-bon မီးပုံ

bonus *n* hsu-jei: ဆုကြေး

book₁ *v* hma-de မှာသည်

book₂ *n* sa-o' စာအုပ် (read a ~);
sə-yin: စာရင်း (keep the ~s)

bookkeeper *n* sə-yin:-gain
စာရင်းကိုင်

bookkeeping *n* sə-yin:-gain-
pyin-nya စာရင်းကိုင်ပညာ

bookmaker *n* dain-gan ဒိုင်ခံ

boom *n* ə-than-ne'-ji: အသံ
နက်ကြီး (noise); maun-dan
မောင်းတံ (pole); ⚖ ə-hlyin-ə-
myan-to:-te'-chin: အလျှင်အမြန်
တိုးတက်ခြင်း (rapid growth)

booth *n* te တဲ

border *n* ne-zi: နယ်စည်း၊ ne-za'
နယ်စပ် (boundary); ə-na: အနား
(decoration)

bore *v* nyi:-ngwei-aun-lo'-te

ဦးရွေ့ အောင်လုပ်သည်
bored *adj* pyin-dẹ ပျင်းသော
boring *adj* pyin-zə-ya-kaun:-dẹ ပျင်းစရာကောင်းသော
born *adj* mwei:-hpwa:-dẹ မွေးဖွားသော
borrow *v* hnga:-de ငှားသည် (~ a shirt); chi:-de ချေးသည် (~ money)
boss *n* ə-lo'-shin အလုပ်ရှင်၊ hsə-ya ဆရာ၊ thə-htei: သူဌေး
botany *n* ✳yo'-hka-bei-dạ ရုက္ခဗေဒ
both *pron* hni'-hkụ-sə-lon: နှစ်ခုစလုံး
bother *v* hnauŋ-she'-te နှောင့် ယှက်သည်၊ do'-hkạ-pei:-de ဒုက္ခပေးသည်
bottle *n* pə-lin: ပုလင်း (glass ~); bu: ဘူး (plastic ~); nọ-bu: နို့ဘူး (baby ~)
bottle opener *n* hpau'-tan ဖောက်တံ
bottom *n* au'-hkan အောက်ခံ၊ hpin ဖင်
bouquet *n* hpan:-zi: ပန်းစည်း
bow₁ *v* kain:-nyu'-te ကိုင်း ညွတ်သည်၊ u:-hnyu'-te ဦး ညွတ်သည်

bow₂ *n* lei: လေး (weapon); ♪ bo:-dan ဘိုးတံ (violin ~)
bowl *n* hkwe' ခွက်၊ bə-gan-zau' ပန်းကန်စောက်၊ hpə-la: ဖလား
box₁ *v* le'-hwei-hto:-de လက်ဝှေ့ ထိုးသည်
box₂ *n* thi'-ta သေတ္တာ၊ bu: ဘူး
box ears *v* nə-ban-jin:-de နားပန်ကျင်းသည်
boxers *n* au'-hkan-baun:-bi-to အောက်ခံဘောင်းဘီတို
boy *n* kaun-gə-lei: ကောင်ကလေး
boycott *n* thə-bei'-hmau' သပိတ် မှောက်၊ bwain:-kau' ဘွိုင်းကောက်
boyfriend ♂ *n* yi:-za: ရည်းစား
bracelet *n* le'-kau'-(kwin:) လက် ကောက်(ကွင်း)
bracket *n* kwin: ကွင်း ([ ); nə-yan-ka'-sin နံရံကပ်စင် (wall shelf); ə-htau' အထောက် (supports)
Brahman, Brahmin *n* pon-na: ပုဏ္ဏား၊ bya-mə-nạ ဗြဟ္မဏ
brain *n* on:-nau' ဦးနှောက်
brainstorm *v* ə-jan-thi'-hto'-te အကြံသစ်ထုတ်သည်၊ ə-jan-gaun:-sha-hswei:-nwe:-de အကြံ ကောင်းဆွေးနွေးသည်
brainwave *n* ə-jan-gaun:

အကြုံကောင်း

brainy *adj* nyan-kaun:-dẹ
ဉာဏ်ကောင်းသော

brake₁ *v* bə-rei'-o'-te
ဘရိတ်အုပ်သည်

brake₂, brakes *n* bə-rei' ဘရိတ်

branch *n* thi'-kain: သစ်ကိုင်း (tree
branch); yon:-gwe: ရုံးခွဲ (office) –

brand *n* də-zei' တံဆိပ်

brand new *adj* ə-thi'-ja'-chu'-
hpyi'-tẹ အသစ်စက်ျပ်ချွတ်ဖြစ်သော

brandy *n* bə-ran-di ဘရန်ဒီ

brass *n* jei:-wa ကြေးဝါ (metal)

brassiere *n* bə-ra-si-ya
ဘရာစီယာ

brave *adj* ye:-dẹ ရဲသော၊ tha'-tị-
kaun:-dẹ သတ္တိကောင်းသော

bravery *n* tha'-tị သတ္တိ၊ ye:-yiṇ-
hmu ရဲရင့်မှု

bread *n* baun-moṇ ပေါင်မုန့်
။။ *flatbread* nan-bya: နံပြား

break₁ *v* cho:-de ချိုးသည် (snap);
hkwe:-de ခွဲသည် (~ open); pye'-
te ပျက်သည် (stop functioning) kə-
dị-hpye'-te ကတိဖျက်သည် (~ a
promise); ya'-na:-de ရပ်နားသည်
(~ for lunch); ju:-lun-de
ကျူးလွန်သည် (~ a rule)

break₂ *n* ə-na: အနားား (rest, lunch

~, take a ~); ja: ကြား (interval)

break down *v* pye'-te ပျက်သည်

break even *v* htei-de ထေသည်၊
ka-mị-te ကာမိသည်

breakfast *n* mə-ne'-sa, nan-na'-
sa နံနက်စာ

break off *v* cho:-de ချိုးသည်
(snap); ə-hse'-hpya'-te အဆက်
ဖြတ်သည် (~ relations)

break out *v* pɔ-pau'-te ပေါ်
ပေါက်သည် (arise); ≠ si'-hpyi'-te
စစ်ဖြစ် (war may ~)

break through *v* hto:-hpau'-te
ထိုးဖောက်သည်

break up *v* lan:-hkwe:-de
လမ်းခွဲသည်

breast *n* nọ နို့၊ yin-dha: ရင်သား
(woman's ~); yin-bon ရင်ပုံ (meat)

breastfeed *v* nọ-tai'-te
နို့တိုက်သည်

breath *n* ə-the' အသက် ။။ *be
short of breath, be out of breath*
ə-the'-shu-ja'-te အသက်ရှူ
ကျပ်သည်၊ yin-ja'-te ရင်
ကျပ်သည်

breathe *v* shu-de ရှူသည်

breather *n* ə-na: အနား

breed *v* mwei:-myu-de
မွေးမြူသည်

breeze *n* lei-nyin: လေညင်း

brew *v* hpyɔ-de ဖျော်သည် (~ tea); che'-te ချက်သည် (~ beer)

bribe₁ *v* la'-hto:-de လာဘ်ထိုးသည်

bribe₂ *n* la' လာဘ်

bribery *n* la'-pe:-la'-yu လာဘ်ပေးလာဘ်ယူ

brick *n* o'-hke: အုတ်ခဲ

bride *n* thə-dɔ-dhə-mi: သတို့သမီး

bridegroom *n* thə-dɔ-dha: သတို့သား

bridesmaid *n* ə-pyo-yan အပျိုရံ

bridge *n* də-da: တံတား (~ over a river); thwa:-dṵ သွားတု (dental ~)

brief *adj* to-de တိုသော

briefcase *n* le'-hswe:-ei' လက်ဆွဲအိတ်

briefly *adv* ə-to-jo' အတိုချုပ်

brigade *n* ♪ ta'-mə-ha တပ်မဟာ

bright *adj* lin-de လင်းသော (~ light); nyan-shwin-de ဉာဏ် ရွှင်သော (~ child); so-de စိုသော၊ tau'-te တောက်သော (~ colours)

brilliant *adj* tau'-pə-de တောက်ပသော (~ flash); htu:-chun-de ထူးချွန်သော (~ guitarist)

brim *n* hnə-hkan နှုတ်ခမ်း

bring *v* yu-la-de ယူလာသည် ‖ **bring (sb) along** khɔ-de (အတူ)ခေါ်သည်

brisk *adj* thwe'-tḛ သွက်သော၊ lyin-myan-dḛ လျင်မြန်သော

bristle *n* ə-mwei:-ə-hmin အမွေးအမှင်

Britain 🌏 *n* byḭ-tein-(nain-gan) ဗြိတိန်(နိုင်ငံ)

British 🌏 *adj* byḭ-tḭ-sha ဗြိတိသျှ၊ in:-gə-lei' အင်္ဂလိပ်

broad *adj* je-de ကျယ်သော

broadcast *v* pyo-je:-de ပျိုး ကြသည် (seeds); yo'-than-hlwiṇ-de ရုပ်သံလွှင့်သည် (~ radio, tv)

brochure *n* jɔ-nya-sa-zaun ကြော်ငြာစာစောင်

broil *v* kin-de ကင်သည်

broke *adj* ngwei-pya'-tḛ ငွေပြတ်သော

broken *adj* pye-te' ပျက်သော၊ kwe:-dḛ ကွဲသော၊ jo:-de ကျိုးသော

broken off *adj* pe-dḛ ပဲ့သော

broker *n* ə-jo:-zaun အကျိုးဆောင်၊ pwe:-za: ပွဲစား

bronze *n* jei: ကြေး

brook *n* chaun ချောင်း (stream)

broom *n* tə-bye'-si: တံမြက်စည်း

brother n ə-ko အကို (older ~); nyi ညီ (man's younger ~); maun မောင် (woman's younger ~)

brother-in-law n yau'-hpa ယောက်ဖ၊ hke:-o ခဲအို (older ~); ma' မတ် (younger ~)

brothers n nyi-naun ညီနောင်၊ nyi-ə-ko ညီအစ်ကို

brown n ə-nyo-yaun အညိုရောင်

bruise n ə-nyo-ə-me: အညို အမည်း

brush₁ v gaun:-hpi:-de ခေါင်း ဖြီးသည် (~ hair); tai'-te တိုက်သည် (~ teeth)

brush₂ n bi: ဘီး (hair~); so'-tan စုတ်တံ (paint~); bə-ra' ဘရပ်ရှ် (scrub~)

brutal adj ye'-se'-te ရက်စက်သော

BSc abbr bi-e'-si ဘီအက်(စ်)စီ

bubble n bu-baun: ပူဖောင်း

bucks n ə-sein: အစိမ်း (US$)

bucket n pon:, bon: ပုံး

buckle n gaun: ခေါင်း (belt ~)

bud n ✿ ə-ngon အငုံ၊ ə-hpu: အဖူး

Buddha n ☸ bo'-da ဗုဒ္ဓ၊ hpə-ya: ဘုရား (the ~); hsin:-du ဆင်းတု၊ hpə-ya: ဘုရား (image) ⚫⚫ life of the Buddha bo'-da-win ဗုဒ္ဓဝင်

⚫⚫ teachings of the Buddha bo'-da-tha-thə-na ဗုဒ္ဓသာသနာ ⚫⚫ lacquer Buddha man-hpə-ya: မံဘုရား ⚫⚫ reclining Buddha lyaun:-də-mu-hpə-ya: လျောင်း တော်မူဘုရား

Buddhism n ☸ bo'-da-ba-dha ဗုဒ္ဓဘာသာ

Buddhist n bo'-da-ba-dha-win ဗုဒ္ဓဘာသာဝင်

Buddhist Order n ☸ than-ga သံဃာ

buddy n bə-da ဘော်ဒါ၊ thə-nge-jin: သူငယ်ချင်း

budget n ba'-je' ဘတ်ဂျက်၊ ⚜ ban-da-yei: ဘဏ္ဍာရေး

buffalo n ✿ jwe: ကျွဲ

bug n ✿ po: ပိုး

build v hsau'-te ဆောက်သည်၊ ti-htaun-de တည်ထောင်သည်

builder n le'-thə-ma: လက်သမား

building n ə-hsau'-ə-on အဆောက်အအုံ

bulb n hpan-dhi: ဖန်သီး (light~); ✿ pan:-u ပန်းဥ (flower ~); ə-lon အလုံး (lump)

bulge v hpaun:-de ဖောင်းသည်၊ pyu:-de ပြူးသည် (her eyes ~); pu-de ပူသည် (his stomach ~s)

bulk *n* ə-htụ အထု ။။ ***in bulk*** lon:-gə-ne: လုံးခနဲ

bulky *adj* ji:-dẹ ကြီးသော (large); htu-dẹ ထူသော (thick)

bull *n* nə-hti: နွားထီး

bulldozer *n* bu-do-za ဘူဒိုဇာ

bullet *n* ji-zan ကျည်ဆံ၊ yan:-daun̥ ယမ်းတောင့်

bulletin *n* dhə-din:-hlwa သတင်းလွှာ

bullhorn *n* ɔ-lan အော်လံ

bully$_1$ *v* ə-nain-jiṇ-de အနိုင်ကျင့်သည်၊ bo-jạ-de ဗိုလ်ကျသည်

bully$_2$ *n* lu-yan:-ka: လူရမ်းကား

bum *n* hpin ဖင် (buttocks); lu-byin: လူပျင်း (lazy person)

bump$_1$ *v* tai'-mị-de တိုက်မိသည်

bump$_2$ *n* ə-hpụ-lei: အဖုလေး

bumper *n* ban-pa ဘန်ပါ

bun *n* zə-don: ဆံထုံး (hair ~); ban:-moṇ ဘန်းမုန့် (bread)

bunch *n* (ə)-hkain (အ)ခိုင် (~ of grapes); hpi: ဖီး (~ of bananas); ə-si: အစည်း (~ of flowers); ə-mya: အများ (a lot)

bundle *n* ə-si: အစည်း၊ ə-hto' အထုပ်

bunk *n* ei'-sin အိပ်စင်

bunker *n* ban-ka ဘန်ကာ

burden *n* wun ဝန်

bureau *n* bi-do ဘီရို

bureaucracy *n* byu-ro-kə-rei-si ဗျူရိုကရေစီ

bureaucrat *n* byu-ro-kə-re' ဗျူရိုကရက်

burger *n* ba-ga ဘာဂါ

burglary *n* hpau'-htwin:-hmụ ဖောက်ထွင်းမှု

burgundy *n* wain-ə-ni ဝိုင်အနီ (red wine); ni-nyo-yaun နီညိုရောင် (dark red)

Burman *n* bə-ma ဗမာ

Burmese *n* bə-ma ဗမာ၊ myə-ma မြန်မာ၊ myə-ma-za မြန်မာစာ (written language); bə-ma-zə-ga: ဗမာစကား (spoken language)

burn *v* mi:-shọ-de မီးရှို့သည် (~ old papers); mi:-laun-de မီးလောင်သည် (a ~ing house, be on fire); nei-laun-de နေလောင်သည် (sun~); sa'-te စပ်သည် (sting)

burnt *adj* laun-jun:-dẹ လောင်ကျွမ်းသော (scorched); tu:-dẹ တူးသော (~ rice)

burp *v* jọ-hto:-de ကြို့ထိုးသည်

burst *v* pau'-kwe:-de ပေါက်ကွဲသည်

bury *v* myei-hmyo'-te

မြေမြှုပ်သည် (~ treasure); myei-
cha-de မြေချသည် (~ a body)

bus *n* ba'-sə-ka: ဘတ်စကား၊ ka:
ကား

bush ⚘ *n* chon ချုံ

business *n* kei-sə ကိစ္စ (matter);
si:-bwa:-yei: စီးပွားရေး (~ trip)

business cycle ⚘ *n* si:-bwa:-
yei:-than-dhə-ya စီးပွားရေး
သံသရာ

business person *n* si:-bwa:-
yei:-dhə-ma စီးပွားရေးသမား

bus stop *n* hma'-tain မှတ်တိုင်

busy *adj* ə-lo'-mya:-dẹ အလုပ်
များသော (≠ idle); mə-a:-la'-tẹ
မအားလပ်သော (≠ free)

but *prep* da-bei-mẹ ဒါပေမဲ့
‖‖ *not only...but (also)...* ə-
pyin...le: အပြင်...လည်း၊ mə-
ka...le:-be: မက...လည်းပဲ

butcher *n* tha:-tha'-thə-ma:
သားသတ်သမား

butt₁ *v* hkwei-de ခွေ့သည်

butt₂ *n* hpin ဖင်

butter *n* htɔ:-ba' ထောပတ်

butterfly *n* ⚘ lei'-pya လိပ်ပြာ

butt in *v* win-swe'-te
ဝင်စွက်သည်

buttocks *n* tin-zon တင်ဆုံ

button *n* je-dhi: ကြယ်သီး (shirt
~); hnei'-hkə-lo' နှိပ်ခလုတ် (off
~)

buy *v* we-de ဝယ်သည်

by *prep* bei:-hma ဘေးမှာ (next
to); na နား (near); nẹ နဲ့ (travel ~);
ə-yạ အရ (listed ~); yei:-dẹ
ရေးသော (a book ~)

by accident, by chance *prep* ə-
hma'-mə-htin အမှတ်မထင်

by luck *prep* kan-kaun:-lọ
ကံကောင်းလို့

by mistake *prep* ə-hma'-mə-
htin အမှတ်မထင်၊ hma:-bi: မှားပြီး

by oneself tə-yau'-hte: တစ်
ယောက်တည်း (alone); ko-dain
ကိုယ်တိုင် (personally)

by the way *prep* zə-ga:-sa'-lọ
စကားစပ်လို့၊ ə-jaun:-tai'-hsain-
lọ အကြောင်းတိုက်ဆိုင်လို့(ပြော)

C - c *n* si စီ

cab *n* te'-kə-si တက္ကစီ

cabbage ⚘ *n* gɔ-bi-do' ဂေါ်ဖီထုပ်

cabinet *n* bi-do' ဘီရို (cupboard)
🌐 wun-ji:-ə-hpwẹ ဝန်ကြီးအဖွဲ့

cable *n* kei-be-jo: ကေဘယ်ကြိုး
(electric); jei:-nan: ကြေးနန်း
(telegraph); than-jo:-(za)

သံကြိုး(စာ)

cactus n 🌵 sha:-zaun: ရှားစောင်း

cadet n ⚔ bo-laun: ဗိုလ်လောင်း

cadre n 🌐 kei-da ကေဒါ

café n kə-hpi: ကဖီး၊ lə-hpe'-yei-zain လက်ဖက်ရည်ဆိုင်

cage n hlaun-jain လှောင်ချို၌၊ hlaun-ein လှောင်အိမ်

cake n kei'-moṇ ကိတ်မုန့် ။။ *piece of cake* htə-min:-sa:-yei-thau' ထမင်းစားရေသောက်

cakkavattin, cakravartin n 🕉 se'-ja-min: စကြာမင်း၊ 🕉 se'-ja-wə-dei:-min: စကြဝတေးမင်း

calamari n 🦑 pyi-ji:-nga: ပြည်ကြီးငါး

calcium n hton:-da' ထုံးဓာတ်

calculate v twe'-te တွက်သည်

calculator n gə-nan:-twe'-se' ဂဏန်းတွက်စက်

calendar n pye'-hkə-dein ပြက္ခဒိန်

calf n 🐄 nwa:-gə-lei: နွားကလေး (young cattle); chei-dhə-lon:, chi-dhə-lon: ခြေသလုံး (~ of leg)

call n hkɔ-de ခေါ်သည် (summon, be named); hpon:-hse'-te ဖုန်းဆက်သည် (~ on the phone); ɔ-de အော်သည် (shout)

calligraphy n le'-yei:-hlə လက်ရေးလှ (writing); le'-yei:-hlə-ə-ta' လက်ရေးလှအတတ် (skill)

call names v hse:-yei:-tain:-htwa-de ဆဲရေးတိုင်းထွာသည်

call of nature n hkin:-ji:-hkin:-nge ခင်းကြီးခင်းငယ်

call roll v lu-si'-te လူစစ်သည်

callus n ə-tha-ma အသားမာ

calm₁ v chɔ-de ချော့သည် (soothe)

calm₂ adj nyein-de ငြိမ်သော (tranquil); gaun:-ei:-de ခေါင်းအေးသော (level-headed); sei'-ei:-ei:-hta:-de စိတ်အေးအေးထားသော (stay ~)

calmly adv ei:-ei:-hsei:-zei: အေးအေးဆေးဆေး

camel n 🐪 kə-lə-o' ကုလားအုတ်

camera n kin-mə-ra ကင်မရာ

camp₁ v sə-hkan:-chə-de စခန်းချသည်

camp₂ n sə-hkan: စခန်း ။။ *labour camp* ⚒ ye:-be'-sə-hkan: ရဲဘက်စခန်း

campaign₁ v 🌐 me:-hswe-de မဲဆွယ်သည်

campaign₂ n ⚔ si'-hsin-yei: စစ်ဆင်ရေး၊ 🌐 me:-hswe-bwe: မဲဆွယ်ပွဲ

campfire *n* mi:-bon မီးပုံ

camphor *n* pə-yo' ပရုတ်

campus *n* ne-myei နယ်မြေ၊ win:ဝင်း

can₁ *v* (ta')-nain-de (တတ်) နိုင်သည်

can₂ *n* than-bu: သံဘူး

canal *n* tu:-myaun: တူးမြောင်း
‖ *irrigation canal* hse-myaun: ဆည်မြောင်း

cancel *v* pe-hpye'-te ပယ်ဖျက်သည်

cancer *n* ♋ kin-hsa ကင်ဆာ

candidate *n* 🌐 ə-ma'-laun: အမတ်လောင်း

candied fruit *n* thi'-thi:-yo သစ်သီးယို

candle *n* hpə-yaun:-dain ဖယောင်းတိုင်

candy *n* thə-ja:-lon: သကြားလုံး၊ cho-chin ချိုချဉ်

cane *n* jein ကြိမ် (rattan stick, furniture); taun-hwei: တောင်ဝှေး (walking stick); ✿ jan ကြံ (sugar~)

caneball *n* chin:-lon: ခြင်းလုံး

cane juice *n* jan-yei ကြံရည်

canine tooth *n* ə-swe အစွယ်

canna lily *n* ✿ bo'-də thə-ra-nə ဗုဒ္ဓသရဏာ

cannon *n* ⚔ a-myau' အမြောက်

canoe *n* ⚓ kə-nu:-hlei ကနူးလှေ

canopy *n* ə-mo: အမိုး

canvas *n* kin-ba' ကင်းဗတ်

cap *n* ə-hpon: အဖုံး (bottle ~); o'-hto' ဦးထုပ် (baseball ~)

capability *n* lo'-yei-kain-yei လုပ်ရည်ကိုင်ရည်၊ ə-yi-ə-chin: အရည်အချင်း

capable *adj* ta'-tẹ တတ်သော

capacity *n* lo'-yei-kain-yei လုပ်ရည်ကိုင်ရည် (ability) ‖ *have a capacity of* hsaṇ-de ဆံ့သည်

cap and gown *n* bwẹ-wu'-son ဘွဲ့ဝတ်စုံ

cape *n* mo:-kə-ein:-ji မိုးကာအကျႌ

capital *n* 🌐 myọ-dɔ မြို့တော် (~ city); 💰 ə-yin:-ə-hni: အရင်းအနှီး (investment ~)

capitalism 🌐 💰 *n* ə-yin:-shin-wa-dạ အရင်းရှင်ဝါဒ

capitalist 🌐 💰 *n* ə-yin:-shin အရင်းရှင်

capital punishment ⚖ *n* thei-dan သေဒဏ်

capsize *v* tein:-hmau'-te တိမ်းမှောက်သည်

capsule *n* ♋ hsei:-dauṇ

ဆေးတောင့်

captain *n* ♪ bo-ji: ဗိုလ်ကြီး၊ ⚓ ke'-pə-tein ကက်ပတိန်

capture *v* hpan:-mị-de ဖမ်းမိသည်

capuchin monkey *n* ✿ myau'-thu-dɔ မျောက်သူတော်

car *n* ka: ကား၊ twe: တွဲ (railroad)

carambola ✖ *n* saun:-lya: စောင်းလျား

carat *n* kə-ye' ကရက်၊ ka-ye' ကာရက်

carbon *n* ❅ ka-bun ကာဗွန်

carbon paper *n* ka-bun-se'-ku ကာဗွန်စက္ကူ

carbuncle *n* ♈ a-nạ-pə-hsoʻ အနာ့ပဆုပ်

card *n* ka' ကတ် (thick paper); hpe: ဖဲ (playing card) ⅠⅠ *play cards* hpe:-yai'-te ဖဲရိုက်သည်

cardamom ✖ *n* hpa-la ဖာလာ

cardboard *n* ka:-ja' ကားချပ်၊ ja'-htu ချပ်ထူ

cardigan *n* hswe-ta ဆွယ်တာ

care₁ *v* gə-yụ-sai'-te ဂရုစိုက်သည်၊ ə-yei:-hta:-de အရေးထားသည် ⅠⅠ *not care* jɔ:-hkain:-de ကျော်ခိုင်းသည်

care₂ *n* ə-pyụ-ə-sụ အပြုအစု

care about *v* ə-yei:-hta:-de အရေးထားသည်

care for *v* ji-shụ-de ကြည့်ရှုသည်၊ saun:-shau'-te စောင့်ရှောက်သည်

career *n* lain: လိုင်း (ə-loʻ)-lan:-jaun: (အလုပ်)လမ်းကြောင်း

careful *adj* gə-yụ-sai'-tẹ ဂရုစိုက်သော၊ dhə-dị-shị-dẹ သတိရှိသော

carefully *adv* gə-yụ-tə-sai' ဂရုတစိုက်

careless *adj* pɔ-hsạ-dẹ ပေါ့ဆသော

carelessly *adv* kə-chɔ-kə-chu' ကချော်ကချွတ်၊ ə-hma'-tə-mẹ အမှတ်တမဲ့

caricature *n* pon-byaun ပုံပြောင်

carom *n* ze-tauʻ ဇယ်တောက်

carom board *n* ze-gon ဇယ်ခုံ

carousel *n* cha: ချား

carp *n* ✿ ngə-jin: ငါးကြင်း

car park *n* ka:-yaʻ-yan-nei-ya ကားရပ်ရန်နေရာ

carpenter *n* leʻ-thə-ma: လက်သမား

carpet *n* kɔ-zɔ: ကော်ဇော

carriage *n* kə-lei:-leʻ-tun:-hle: ကလေးလက်တွန်းလှည်း (baby ~); twe: တွဲ (railway ~)

carrot *n* ✼ mon-la-ṵ-wa မုန်လာဥဝါ

carry *v* the-de သယ်သည် (~ over there); ywe'-te ရွက်သည် (~ on the head); htan:-de ထမ်းသည် (~ a box on the shoulder); pọ-hsaun-de ပို့ဆောင်သည် (transport); lwe-de လွယ်သည် (~ a shoulder bag)

carry off *v* hko:-de ခိုးသည်၊ hswe:-de ဆွဲသည်

carry on *v* hse'-lo'-te ဆက်လုပ်သည်

carry out *v* ə-kaun-ə-hte-hpọ-de အကောင်အထည်ဖော်သည်၊ hsaun-ywe'-te ဆောင်ရွက်သည်၊ pyṵ-lo'-te ပြုလုပ်သည်

car sick *adj* ka:-mu:-dẹ ကားမူးသော

cart *n* hle: လှည်း

carton *n* ka-tun: ကာတွန်း၊ bu: ဘူး

cartoon *n* ka-tun: ကာတွန်း

carve *v* yo'-htṵ-htṵ-de ရုပ်ထုထုသည် (image)

carve away *v* hpẹ-hto'-te ဖဲ့ထုတ်သည်

case *n* ei' အိတ်၊ pa-kin ပါကင် (~ of soda); kei'-sạ ကိစ္စ (matter); ✍ ə hmṵ အမှု ။။ **in case** tə-ge-lọ တကယ်လို့ ။။ **in that case** da-

hso-yin ဒါဆိုရင်

cash *n* ngwei (လက်ထဲရှိ)ငွေ ။။ **in cash** le'-ngin: လက်ငင်း

cashew *n* ✼ thi-ho သီဟိုင့်၊ thi-ho-zei သီဟိုင့်စေ့ (~ nuts)

cask *n* si စည်

cassava *n* ✼ pi-lɔ:-pi-nan ပီလောပီနံ

cassette *n* tei'-hkwei တိပ်ခွေ

cassette deck, cassette recorder *n* ke'-hse' ကက်ဆက်

cast₁ *v* pyi'-te ပစ်သည်၊ je:-de ကြဲသည် (~ seeds); thun:-laun-de သွန်းလောင်းသည် (~ metal)

cast₂ *n* pi-o-pi ပီအိုပီ (plaster ~)

castanet *n* ♪ wa: ဝါး

cast aside *v* pyi'-pe-de ပစ်ပယ်သည်

caste *n* za' ဇာတ်၊ myo:-nwe မျိုးနွယ်

cast iron *n* than-jṵ' သံကြွပ်

castle *n* ye:-tai' ရဲတိုက်

cast off *v* mei̞-hta:-de မေ့ထားသည်

castor oil *n* je'-hsu-zi ကြက်ဆူဆီ

castor-oil plant *n* ✼ je'-hsu-bin ကြက်ဆူပင်

castrate *n* ku'-te ကွပ်သည်၊

thin: -de သင်းသည်

casual *adj* lu'-lu'-la'-la' လွတ်လွတ်လပ်လပ် (≠ formal); ə-lwe အလွယ် (≠ systematic)

casual leave *n* shaun-tə-hkin-gwiṇ ရှောင်တခင်ခွင့်

casually *adv* lwe-lwe လွယ်လွယ်

casualty *n* ə-thei-ə-pyau' အသေအပျောက်၊ ♪ ə-jạ အကျ (dead); ə-hti-ə-hkai' အထိအခိုက် (injured and dead)

casual work *n* jạ-pan:-ə-lo' ကျပန်းအလုပ်

casuarina *n* ❀ kə-bwi: ကဗွီး

cat *n* ❀ jaun ကြောင် ‖‖ *let the cat out of the bag* hno'-hsọ-de နှုတ်ဆော့သည်

catalogue *n* ke'-tə-lau' ကက်တလောက်

catapult *n* lei:-gwạ လေးခွ

cataract *n* ❦ tein တိမ် (in eye); yei-də-gun ရေတံခွန် (waterfall)

catastrophe *n* bei:-do'-hkạ ဘေးဒုက္ခ

catch₁ *v* hpan:-de ဖမ်းသည် (~ a ball); hkan-de ခံသည် (~ in a basket); hmi-de မိသည် (~ the bus)

catch₂ *n* hkə-lo' ခလုတ်၊ je' ဂျက်

(window ~); ə-pyi'-hso-zə-ya အပြစ်ဆိုစရာ (hidden disadvantage)

catch cold *v* ə-ei:-pa'-te အအေးပတ်သည်၊ ə-ei:-mị-de အအေးမိသည်

catch fire *v* mi:-swe:-de မီးစွဲသည်

catch up with *v* ə-hmi-lai'-te အမီလိုက်သည်

catechu *n* ❀ sha: ရှား

categorise *v* ə-myo:-ə-sa:-hkwe:-jạ-de အမျိုးအစား ခွဲခြားသည်

category *n* ə-myo:-ə-sa: အမျိုးအစား

caterpillar *n* ❦ hku ခု၊ ❦ bau'-hpa' ပေါက်ဖတ်

catfish *n* ❦ kạ-gə-do: ကကတိုး

Catholic *n* ✝ ke'-thə-li' ကက်သလစ်

cat's eye *n* jaun-mye'-ywe: ကြောင်မျက်ရဲ

cattle *n* ❦ nwa: နွား

cattlehand *n* nwa:-jaun:-dha: နွားကျောင်းသား

caught *adj* ə-li'-mị-dẹ အလစ် မိသောၚ hpan:-hta:-dẹ ဖမ်း ထားသော

cauliflower *n* ❀ pan:-gə-bi

ပန်းဂေါ်ဖီ

cause₁ *v* hpyi'-sei-de
(အကြောင်း)ဖြစ်စေသည်

cause₂ *n* ə-jaun:-tə-ya:
အကြောင်းတရား ။ ။ *root cause* ə-
jaun:-yin: အကြောင်းရင်း

cause and effect *n* ə-jaun:-ə-
jo:-tə-ya: အကြောင်းအကျိုးတရား

cauterise *v* ☙ than-bu-ka'-te
သံပူကပ်သည်

caution *n* dhə-di̩ သတိ (care);
dhə-di̩-pei:-je' သတိပေးချက်
(warning)

cautious *adj* thə-di̩-hta:-dẹ
သတိထားသော

cave *n* gu ဂူ

cavity *n* ə-hkaun: အခေါင်း

CD *n* si-di စီဒီ

cease *v* ya'-se:-de ရပ်စဲသည်

ceasefire *n* ⚔ ə-pyi'-ə-hka'-ya'-
se:-yei အပစ်အခတ်ရပ်စဲရေး

ceasefire line *n* ⚔ ə-pyi'-ə-
hka'-ya'-se:-yei:-myin:-jaun:
အပစ်အခတ်ရပ်စဲရေးမျဉ်းကြောင်း

ceaseless *adj* mə-se:-dẹ
မစဲသော၊ mə-ya'-tẹ မရပ်သော

ceaselessly *adv* ə-hse'-mə-pya'
အဆက်မပြတ်

cedi *n* ▥ zei-di ေစဒီ

ceiling *n* mye'-hnə-je' မျက်နှာ
ကြက်

celebrate *v* jin:-pa̩-de
ကျင်းပသည်

celebration *n* ə-hkan:-ə-na:
အခမ်းအနား

celebrity *n* jo-ja:-dhu
ကျော်ကြားသူ

cell *n* ✳ kə-la'-se: ကလာပ်စည်း
(blood ~); ə-cho'-hkan: အချုပ်
ခန်း (jail ~)

cellar *n* myei-tai'-hkan:
မြေတိုက်ခန်း

Celsius *n* sin-ti-gə-rei' စင်တီ
ဂရိတ်၊ hse-si:-ya' ဆယ်စီးယပ်

cement *n* bi̩-la'-myei ဘိလပ်မြေ

cemetery *n* thin:-jain: သချႌုင်း

censor₁ *v* si̩-si'-te စိစစ်သည်
(check); hsin-za-hpya'-te
ဆင်ဆာဖြတ်သည် (cut)

censor₂ *n* hsin-za ဆင်ဆာ

censored *adj* hsin-hsa-hti̩-dẹ
ဆင်ဆာထိသော

center *n* ə-le အလယ်၊ bə-ho ဗဟို

centigrade *n* sin-ti-gə-rei'
စင်တီဂရိတ်

centipede *n* ☙ kin:-chi-mya:
ကင်းခြေများ

central *adj* bə-ho ဗဟို

central point *n* ə-che'-ə-cha
အချက်အချာ

centre *n* ə-le အလယ်၊ bə-ho ဗဟို

century *n* ya-zu ရာစု ။။ *turn of the century* ya-zu-hni' ရာစုနှစ်

ceramics *n* myei-de-jwei-de
မြေထည်ကြွေထည်

ceremony *n* ə-hkan:-ə-na:
အခမ်းအနား၊ pwe: ပွဲ

certain *adj* thei-ja-de
သေချာသော

certainly *adv* thei-ja-bau'
သေချာပေါက်၊ mə-lwe:-mə-
dhwei မလွဲမသွေ၊ tə-ge တကယ်

certificate *n* le'-hma' လက်မှတ်

certificate of health *n* ♥ hsei:-
le'-hma' ဆေးလက်မှတ်

cesspit *n* mə-sin-dwin: မစင်
တွင်း၊ mein-la-gan မိလ္လာကန်

chafe *v* pu'-tai'-te
ပွတ်တိုက်သည်

chaff *n* -ə-thaun:-ə-hpyin:
အသောင်းအဖျင်း

chain *n* chein:-jo: ချိန်းကြိုး၊ than-
jo: သံကြိုး

chair *n* kə-lə-htain ကုလားထိုင်
(table and ~); o'-kə-htə ဥက္ကဋ္ဌ
(chairman)

chairman *n* o'-kə-htə ဥက္ကဋ္ဌ

chakra *n* se'-ja စကြာ

chalk *n* myei-byu-ge: မြေဖြူခဲ

chalkboard *n* jau'-thin-bon:
ကျောက်သင်ပုန်း

challenge *v* sein-hkɔ-de
စိန်ခေါ်သည်

chance *n* ə-hka-ə-hkwin အခါ
အခွင့်၊ ə-hkwin-ə-yei: အခွင့်
အရေး၊ ə-hkwin-gaun: အခွင့်
ကောင်း ။။ *by chance* jon-jai'-lɔ
ကြုံကြိုက်လို့

chandelier *n* pə-dain:-bwin-mi:-
ein ပဒိုင်းပွင့်မီးအိမ်

change₁ *v* le:-hle-de လဲ
လှယ်သည်၊ pyaun:-de ပြောင်းသည်
(exchange); ə-to:-ə-shɔ-lo'-te
အတိုးအလျှော့လုပ်သည် (adapt)

change₂ *n* ə-le:-ə-hle အလဲ
အလှယ်၊ ə-pyaun: အပြောင်း
ə-le: အလဲ (alteration); ə-jwei အကြွေ
(money) ။။ *small change* ə-no'
အနုပ်

change clothes *v* ə-hte-le:-de
အထည်လဲသည်

change money *v* ngwei-le:-de
ငွေလဲသည်

change the subject *v* zə-ga:-
hlwe:-de စကားလွှဲသည်

channel *n* yei-jaun: ရေကြောင်း

(river ~); lain: လိုင်း (tv ~)

chant v yei-yu'-te ရေရွတ်သည်၊
yu'-hpa-thə-yi'-ze-de
ရွတ်ဖတ်သရဇျယ်သည်

chaos n sho'-htwei:-hmụ
ရှုပ်ထွေးမှု (mess); kə-zin-kə-lya:-
hpyi'-hmụ ကစဉ်ကလျားဖြစ်မှု
(disorganisation)

chap v ə-tha:-pa'-te အသား
ပပ်သည် (~ped lips)

chapati n chə-pa-ti ချပါတီ

chapter n ə-hkan: အခန်း

character n sei'-thə-bɔ:
စိတ်သဘော (nature); ə-mu-ə-jin
အမူအကျင့် (moral ~); za'-kaun
ဇာတ်ကောင် (main ~); e'-hkə-ya
အက္ခရာ (letter)

characteristic n thə-bɔ:-thə-
gan သဘောသကန်၊ le'-hkə-na
လက္ခဏာ

charcoal n mi:-dhwei: မီးသွေး

charge₁ v a:-thwin:-de အား
သွင်းသည် (~ a battery); ngwei-
taun:-hkan-de ငွေတောင်းခံသည်
(~ €100); ə-jwei:-we-gwin-ka'-
nẹ-pei:-de အကြွေးဝယ်ခွင့်ကတ်
ဖြင့်ပေးသည် (~ to my card); su'-
swe:-de စွပ်စွဲသည် (~ with a crime)

charge₂ n ə-hka အခ၊ ə-hkạ-jei:-

ngwei အခကြေးငွေ (fee); swe:-
je' စွဲချက် (legal ~); a: အား (full ~)

charitable adj tha'-da-bau'-tẹ
သဒ္ဓါပေါက်သော

charity n da-nạ ဒါန

charlatan n thə-ma:-yaun
သမားယောင်

charm n hkə-me: ခမည်း၊ ə-hsaun
အဆောင် (amulet); chi'-sə-ya-
kaun:-jin ချစ်စရာကောင်းခြင်း
(attractive character)

charming adj chi'-sə-ya-kaun:-
dẹ ချစ်စရာကောင်းသော

chart n gə-ra' ဂရပ် (graph); yei-
jaun:-pyạ-myei-bon
ရေကြောင်းပြမြေပုံ (nautical)

charter n pə-dein-nyin ပဋိညာဉ်

chase v pyei:-lai'-te
ပြေးလိုက်သည်

chasm n jau' ချောက်

chastity n ə-pyo-yei အပျိုရည်

chat₁ v zə-ga:-sạ-myi-pyɔ:-de
စကားစမြည်ပြောသည်၊ a-lu:-hpo'-
te အာလူးဖုတ်သည်

chat₂ n zə-ga:-pɔ စကားပေါ့

chatterbox n zə-ga:-o: စကားအိုး

chauffeur n də-rain-ba ဒရိုင်ဘာ

cheap v zei:-cho-de ဈေးချိုသည်
(low priced); pɔ:-de ပေါသည်၊

nyaṇ-de ညံ့သည် (poor quality); ka'-sei:-ne:-dẹ, ka'-si:-ne:-dẹ ကပ်စေးနဲသော (stingy)

cheapskate *n* kɔ-tə-ya ကော်တရာ

cheat₁ *v* lein-(nya)-de လိမ်(ညာ)သည်၊ nyi'-pa'-te ညစ်ပတ်သည်၊ tə-pa'-yai'-te တစ်ပတ်ရိုက်သည် (~ sb out of money); hko:-chạ-de ခိုးချသည် (~ on an exam)

cheat₂ *n* lu-lein လူလိမ်၊ lu-nya လူညာ

cheat on *v* the'-sa-hpau'-te သစ္စာဖောက်သည်

check₁ *v* ə-hma'-chi'-te အမှတ်ခြစ်သည် (mark with a check); si'-hsei:-te စစ်ဆေးသည် (inspect); htein:-cho'-te ထိန်းချုပ်သည် (restrain)

check₂ *n* si'-hsei:-hmụ စစ်ဆေးမှု (inspection); che' ချက် (mark); che' ချက် (pay by ~); ja:-gwe' ကျားကွက် (pattern of squares); che' ချက် (in chess) ။ ။ ***medical check-up*** hse:-si'-chin: ဆေးစစ်ခြင်း

checkerboard n. ja:-gwe' ကျားကွက်

checkers *n* ja: ကျား

checking account *n* sə-yin:-shin စာရင်းရှင်

checkmate *n* che'-mei' ချက်မိတ်

checkpoint *n* si'-hsei:-yei:-gei' စစ်ဆေးရေးဂိတ်

cheek *n* pa: ပါး

cheeky *adj* mə-hti-mẹ-myin-lo'-tẹ မထိမဲ့မြင်လုပ်သော

cheekily *adv* shu'-nau'-nau' ရှုတ်နောက်နောက်၊ nau'-ti:-nau'-tau' နောက်တီးနောက်တောက်

cheer *v* kaun:-chi:-ɔ:-ba-pei:-de ကောင်းချီးသြဘာပေးသည်

cheerful *adj* pyon:-cho-dẹ ပြုံးချိုသော

cheerfully *adv* ji-ji-shwin-shwin ကြည်ကြည်ရွှင်ရွှင်

cheese *n* dein-ge: ဒိန်ခဲ

chemical *n* da'-tụ-pyi'-si: ဓာတုပစ္စည်း

chemise *n* shin-mi: ရှင်မီး

chemistry *n* da'-tụ-bei-dạ ဓာတုဗေဒ

chemist's *n* hsei:-zain ဆေးဆိုင်

cheque *n* che' ချက် (pay with a ~)

chequer *n* ja:-kwe' ကျားကွက်

chequerboard *n* ja:-gwe' ကျားကွက်

cherish *v* mya'-no:-de
မြတ်နိုးသည်

cheroot *n* hsei:-pɔ-lei'
ဆေးပေါ့လိပ်

chess *n* si'-tụ-yin စစ်တုရင်

chest *n* yin ရင် (part of body); thi'-
ta သေတ္တာ (box)

chestnut *n* ✹ thi'-cha သစ်ချ

Chettyar *n* chi'-ti: ချစ်တီး

chevrotain *n* ✹ nge ငယ်

chew *v* wa:-de ဝါးသည်

chew out *v* ngau'-te ငေါက်သည်

chic *adj* sə-tain-jạ-de
စတိုင်ကျသော

chick *n* ✹ je'-pau'-sạ
ကြက်ပေါက်စ

chicken *n* ✹ je' ကြက်

chicken pox *n* ✻ (yei)-jau'
(ရေ)ကျောက်

chickpea *n* ✹ zə-dɔ-be:
စားတော်ပဲ

chief₁ *adj* ə-dị-kạ အဓိက

chief₂ *n* ə-ji:-ə-ke: အကြီးအကဲ၊
gaun:-zaun ခေါင်းဆောင်

chief of staff *n* u:-zi:-ə-ya-shị-
jọ' ဦးစီးအရာရှိချုပ်

chignon *n* zə-don: ဆံထုံး

child *n* hkə-lei: ကလေး

childhood *n* hkə-lei:-bə-wạ

ကလေးဘဝ

childish *adj* kə-lei:-kə-la:-hpyi'-
tẹ ကလေးကလားဖြစ်သော၊ hkə-
lei:-hsan-dẹ ကလေးဆန်သော

childlike *adj* hkə-lei:-lo
ကလေးလို

children *n* hkə-lei:-mya:
ကလေးများ၊ tha:-thə-mi:
သားသမီး

chili, chilli *n* ✹ ngə-yo'-thi:
ငရုတ်သီး

chilli sauce *n* ngə-yo'-hsi
ငရုတ်ဆီ၊ ə-sa' အစပ်

chilly *adj* ei:-dẹ အေးသော၊ chan:-
dẹ ချမ်းသော

chilly bin *n* yei-ge:-bu: ရေခဲဘူး

chimney *n* hkaun:-dain (မီးခိုး)
ခေါင်းတိုင်

chimp, chimpanzee *n* ✹ chin-
pin-zi-myau' ချင်ပင်ဇီမျောက်

Chin *n* chin: ချင်း

chin *n* mei:-zị မေးစေ့

China ⊕ *n* tə-yo'-nain-gan
တရုတ်နိုင်ငံ

china *n* jwei-de ကြွေထည်

Chinese ⊕ *n* tə-yo' တရုတ်

chip *n* ə-sạ-ə-nạ အစအန၊ a-lu:-
ə-pya:-jɔ အလူးအပြားကြော၊ a-
lu:-ə-chaun:-jɔ အလူးအချောင်း

ကြော်

chipped adj pe̱-de̱ ပွဲ့သော

chirp n so'-hto:-dhan စုတ်ထိုးသံ

chit-chat v ho-ho-di-di-pyo:-de ဟိုဟိုဒီဒီပြောသည်၊ zə-ga:-zə-mi-pyo:-de စကားစမြည်ပြောသည်

chocolate n cho:-kə-le' ချောကလက်

choice n sei'-jai' စိတ်ကြိုက် (sthg favoured); ရွေးချယ်စရာ (sthg to choose); le'-ywei:-zin လက်ရွေးစင် (sthg selected)

choke₁ v hso̱-de ဆို့သည် (~ on a bone); hso̱-nin̲-de ဆို့နှင့်သည် (~ with emotion); i'-te အစ်သည် (strangle)

choke₂ n cho' ချုပ် (valve, coil)

choker n le-ga' လည်ကပ်၊ le-daun လည်ထောင်

cholera n ♈ ka-lə-wun:-yo:-ga ကာလဝမ်းရောဂါ

choose v ywei:-(che)-de ရွေးချယ်သည်

choosy adj ji:-mya:-de̱ ချေးများသော

chop v hko'-te ခုတ်သည် (~ wood); sin:-de စဉ်းသည် (mince); ton:-de တုံးသည်၊ ti'-te တစ်သည် (~ meat)

chopper n yə-ha'-yin ရဟတ်ယာဉ် (helicopter); tha:-hli:-da: သားလှီးဓါး (knife)

chopping block n sin:-hni-don စဉ်းတီတုံး

chopsticks n tu တူ

chores n ein-hmu̱-kei'-sa̱ အိမ်မှုကိစ္စ

chorus n than-byain-ə-hpwe̱ သံပြိုင်အဖွဲ့ (group); than-byain သံပြိုင် (refrain)

Christ n ✝ hkə-ri'-to̱ ခရစ်တော်

christen v na-me-pei:-de နာမည်ပေးသည်၊ kin-mun:-ta'-te ကင်ပွန်းတပ်

Christian n ✝ hkə-ri'-yan ခရစ်ယာန်

Christmas n ✝ hkə-ri'-sə-ma' ခရစ္စမတ်

chronic illness n ♈ na-da-shei နာတာရှည်

chrysanthemum n ✿ gan-də-ma ဂန္ဓမာ

chubby adj to'-to'-hke:-hke: တုတ်တုတ်ခဲခဲ၊ wa̱-wa̱-ki'-ki' ဝဝကစ်ကစ်၊ pyei-hpyo:-de̱ ပြည့်ဖြိုးသော

chunk n ə-ton: အတုံး

church n ✝ hpə-ya:-jaun:

ဘုရားကျောင်း

chutney *n* thə-na' သနပ်

cicada *n* ✿ dɔ̰-yin:-gaun ဒေါ့ရင်း ကောင်၊ bə-zin:-yin-gwe: ပုစဉ့်ရင်းကွဲ

cigar *n* hsei:-byin:-lei' ဆေးပြင်း လိပ်

cigarette *n* si:-gə-re' စီးကရက်၊ hsei:-lei' ဆေးလိပ်

cilantro *n* ❀ nan-nan-bin နံနံပင်

cinema *n* yo'-shin-yon ရုပ်ရှင်ရုံ

cinnamon *n* thi'-jə-bo: သစ်ကြံပိုး

circa *prep* hkaṇ ခန့်

circle₁ *v* wain:-pyạ-de ဝိုင်းပြသည် (~ your answer); hlẹ-pa'-te လှည့် ပတ်သည် (move around)

circle₂ *n* ə-wain: အဝိုင်း (round shape); se'-wain: စက်ဝိုင်း (geo-metric ~); ə-thain:-ə-wain: အသိုင်းအဝိုင်း (group) ‖‖ **go round in circles** yaun-le-yaun-le-hpyi'- te ယောင်လည်ယောင်လည် ဖြစ်သည်

circuit *n* pa'-lan: ပတ်လမ်း

circuitously *adv* wei̇-le-jaun- pa' ဝေ့လည်ကြောင်ပတ်

circular₁ *adj* ə-wain: bon အဝိုင်းပုံ

circular₂ *n* hsa-ju-la: ဆာကျူလား hpyaṇ-wei-za ဖြန့်ဝေစာ (memo)

circulation *n* hlẹ-pa'-hmụ လှည့်ပတ်မှု၊ le-pa'-hmụ လည် ပတ်မှု

circumstance(s) *n* ə-chei-ə- nei အခြေအနေ

circus *n* hsa:-ka' ဆပ်ကပ်

citizen 🌐 *n* nain-gan-dha: နိုင်ငံသား၊ tain:-dhu-pyi-dha: တိုင်းသူပြည်သား

city *n* myọ-ji: မြို့ကြီး ‖‖ **royal capital** nei-pyi-dɔ နေပြည်တော်

city wall *n* myọ-yo: မြို့ရိုး

civet *n* ✿ jaun-gə-do: ကြောင် ကတိုး

civil *adj* myọ-pyạ မြို့ပြ (concern-ing citizens); yin-jei:-dẹ ယဉ် ကျေးသော (polite)

civil disobedience 🌐 *n* a-na- hpi-hsan-hmụ အာဏာဖီဆန်မှု

civilian *n* ə-ya'-tha: အရပ်သား

civilization *n* yin-jei:-hmụ ယဉ်ကျေးမှု

civil servant 🌐 *n* wun-dan: ဝန်ထမ်း

civil war ⚔ *n* pyi-dwin:-si' ပြည်တွင်းစစ်

claim *v* ə-yei:-hso-de အရေး
ဆိုသည်၊ taun:-hso-de တောင်း
ဆိုသည် (demand); pyɔ:-de
ပြောသည် (assert)

clam *n* 🐚 gon:-gaun ခုံးကောင်

clammy *adj* ei:-se'-so-su'
အေးစက်စိုစွတ်

clamp₁ *v* hnya'-te ညှပ်သည်

clamp₂ *n* hnya' ညှပ်

clandestine *adj* shọ-hwe'-tẹ
လျှို့ဝှက်သော

clap *v* le'-kho'-ti:-de လက်ခုပ်
တီးသည် (~ hands); po'-te
ပုတ်သည် (~ on the shoulder)

clapper *n* hkə-lau'-hsan
ခလောက်ဆန်

clappers ♪ *n* wa:-le'-hko'
ဝါးလက်ခုပ်

clarification *n* shin:-lin:-je'
ရှင်းလင်းချက်

clarified butter *n* htɔ:-ba'
ထောပတ်

clarify *v* shin:-lin:-de
ရှင်းလင်းသည်

clarity *n* shin:-lin:-hmụ ရှင်းလင်းမှု

clark *n* sə-yei: စာရေး

clash₁ *v* tai'-hkai'-jạ-de
တိုက်ခိုက်ကြသည် (fight); mə-tẹ
မတည့် (not match); sei'-wan:-

kwe:-de စိတ်ဝမ်းကွဲသည်
(disagree)

clash₂ *n* ə-tai'-ə-hkai' အတိုက်
အခိုက် (conflict); htị-hkai'-than
ထိခိုက်သံ (sound)

clasp₁ *v* she'-te ယှက်သည်

clasp₂ *n* jei' ချိတ် (fastener); hso'-
kain-hmụ ဆုပ်ကိုင်မှု (hold)

class *n* thin-dan: သင်တန်း (French
~); ə-tan:-ə-sa: အတန်းအစား၊ ə-
hsiṇ-ə-tan: အဆင့်အတန်း (level);
lu-dan:-za လူတန်းစား (social ~)
‖‖ *first class* ə-htu:-dan: အထူး
တန်း ‖‖ *second class* yo:-yo:-
dan: ရိုးရိုးတန်း ‖‖ *upper class* ə-
hte'-tan: အထက်တန်း ‖‖ *middle
class* lu-la'-tan:-za:
လူလတ်တန်းစား ‖‖ *lower class*
au'-tan:-za: အောက်တန်းစား

classic *n* gan-də-win ဂန္ထဝင်၊ pi-
thạ ပိဋ

classical *adj* gan-də-win-myau'-
tẹ ဂန္ထဝင်မြောက်သော၊ jan:-gan
ကျမ်းဂန်

classifier *n* 🖋 yei-twe'-pon
ရေတွက်ပုံ

classify *v* hkwe:-cha:-de
ခွဲခြားသည်၊ myo:-tu-sụ-de
မျိုးတူစုသည်

classmate *n* jaun:-nei-be' ကျောင်းနေဖက်

classroom *n* sa-thin-gan: စာသင်ခန်း

classy *adj* ə-hte'-tan:-jạ အထက် တန်းကျ၊ ə-kaun:-za: အကောင်း စား

claw₁ *v* ko'-chi'-te ကုတ်ခြစ်သည်

claw₂ *n* le'-the: လက်သည်း၊ chi-the: ခြေသည်း (cat's ~); le'-mạ လက်မ (crab ~); than-hno' သံနှုတ် (tool)

clay *v* myei-zi: မြေစေး၊ shun ရွှံ့

clean₁ *v* thaṇ-shin:-yei:-lo'-te သန့်ရှင်းရေးလုပ်သည်

clean₂ *adj* thaṇ-shin:-dẹ သန့် ရှင်းသော (~ room); hpyu-sin-dẹ ဖြူစင်သော (~ shirt; ~ character); ji-lin-dẹ ကြည်လင်သော (~ water)

clean-cut *adj* tị-tị-yị-yị တိတိရိရိ

cleaning woman *v* thaṇ-shin:-yei:-ə-lo'-thə-mạ သန့်ရှင်းရေး အလုပ်သမ

clean one's teeth *v* thwa:-tai'-te သွားတိုက်သည်

clean out *v* ə-pya'-shin:-de အပြတ်ရှင်းသည်

cleanse *v* jei:-chu'-te ကြေးချွတ်သည်၊ tai'-chu'-te တိုက်ချွတ်သည်

clean up *v* tho'-thin-de သုတ်သင်သည်

clear₁ *v* shin:-de ရှင်းသည် (~ the table); lu'-te လွတ်သည် (~ an obstacle); haṇ-de ဟန့်သည် (~ one's throat)

clear₂ *adj* ji-de ကြည်သည် (transparent); shin:-lin:-de ရှင်း လင်းသည် (~ meaning); kin:-shin:-de ကင်းရှင်းသည် (~ of corruption); the:-kwe-de သဲကွဲသည် (~ view); pya'-tha:-de ပြတ်သားသည် (distinct); pi-de ပီသည် (~ pronunciation) ။။ **be cleared up** ə-yei-le-de အရည်လည်သည်

clearly *adv* pi-pi-pyin-pyin ပီပီပြင်ပြင်၊ shin:-shin: ရှင်းရှင်း

clench *v* ji'-ji'-hso'-te ကျစ်ကျစ်ဆုပ်သည်

clergyman *n* ☙ hpon:-ji: ဘုန်းကြီး

clerk *n* sə-yei: စာရေး

clever *adj* tɔ-de တော်သည်၊ nyan-kaun:-de ဉာဏ်ကောင်းသည် (sharp); pa:-na'-te ပါးနပ်သည် (shrewd)

cliché *n* kə-li-shei: ကလီရှေး

clichéd *adj* hpan-tə-ya-tei-dẹ ဖန်တစ်ရာတေသော၊ haun:-myin:-dẹ ဟောင်းမြင်းသော

click *v* tau'-hkə-ne:-myi-de တောက်ခနဲးမြည်သည် (the switch ~s); 🖳 hnei'-te (ခလုတ်)နှိပ်သည် (~ on the button);

client *n* ə-hmụ-dhe အမှုသည် (~ of a lawyer); hpau'-the ဖောက်သည်၊ ə-lo'-shin အလုပ်ရှင် (person who gets service)

climate *n* ya-dhi-ụ-dụ ရာသီဥတု (tropical ~)

climb *v* te'-te တက်သည်

cling *v* twe-ka'-te တွယ်ကပ်သည်

cling to *v* hpe'-twe-de ဖက်တွယ်သည် (~ his hand); than-yɔ:-zin-shị-de သံယောဇဉ်ရှိသည် (cherish)

clinic *n* ⚕ hsei:-gan: ဆေးခန်း

clip₁ *v* hnya'-te ညှပ်သည် (~ fingernails); twe:-de (စာရွက်) တွဲသည် (~ papers); sha'-htị-de လျှပ်ထိသည် (strike)

clip₂ *n* kə-li' ကလစ်

clock *n* na-yi နာရီ ∥∥ *wall clock* tain-ka'-na-yi တိုင်ကပ်နာရီ

clockwise *adv* le'-ya-yi' လက်ယာရစ်

close₁ *v* pei'-te ပိတ်သည် (shut); ə-pi:-tha'-te အပြီးသတ်သည် (finish); sə-yin:-pei'-te စာရင်း ပိတ်သည် (~ an account)

close₂ *adj* ni:-dẹ နီးသော (near); ə-jun:-win-dẹ အကျွမ်းဝင်သော၊ yin:-hni:-dẹ ရင်းနှီးသော (~ friends)

close by, close to *adj* ə-ni:-ə-na: အနီးအနား

closed *adj* pei'-tẹ ပိတ်သော

closely *adv* ə-jun:-tə-win အကျွမ်းတဝင် (familiarly); sị-zị-sa'-sa' စေ့စေ့စပ်စပ် (thoroughly)

close up shop *v* hsain-pei'-te ဆိုင်ပိတ်သည်

clot *n* ə-hke: အခဲ ∥∥ *blood clot* ⚕ thwei:-ge: သွေးခဲ

cloth *n* ə-wu'-(ə-hte) အဝတ် (အထည်)၊ ə-hte-ə-lei' အထည်အလိပ်၊ pei'-sạ ပိတ်စ

clothes, clothing *n* ə-wu'-(ə-sa:) အဝတ်(အစား) ∥∥ *change clothes* ə-wu'-le:-de အဝတ် လဲသည် ∥∥ *set of clothing* wu'-son ဝတ်စုံ ∥∥ *winter clothing, warm clothes* ə-nwei:-de အနွေးထည်

cloud *n* (mo:)-dein (မိုး)တိမ်

cloudy *adj* mo:-oṇ-dẹ မိုးအုံ့သော

clown *n* lu-bye' (ဆပ်ကပ်)လူပြက်

club *n* ə-thin:-ə-hpwɛ̨ အသင်း
အဖွဲ့၊ kə-la' ကလပ် (association);
yai'-tan ရိုက်တံ (golf); tin:-bo'
တင်းပုတ် (cudgel)

clubs *n* hnyin: ညှင်း (card suit)

clue *n* the:-lun-zą သဲ့လွန့်စၥ၊ chi-
ya-le'-ya ခြေရာလက်ရာ

cluster *n* ə-twe: အတွဲ၊ ə-pyu'
အပြွတ်

clutch *n* kə-la' ကလပ် (of car)

coach *n* (ba'-sə)-ka: (ဘတ်စ)
ကား (long-distance bus); twe: တွဲ၊
yə-hta-lon: ရထားလုံး (of train)

coal *n* jau'-mi:-dhwei: ကျောက်
မီးသွေး (fuel); mi:-ge: မီးခဲ
(ember)

coalition *n* nyun̨-baun: ညွန့်ပေါင်း

coarse *adj* jan-(htɔ)-dɛ̨
ကြမ်း(တော်)သော

coast *n* kan:-chei ကမ်းခြေ၊ kan:-
yo:-dan:-dei-tha ကမ်းရိုးတန်း
ဒေသ

coat *n* ko'-(in:-ji) ကုတ်(အကျႌ)

coax *v* kə-nwę-kə-lyą-pyɔ:-de
ကနွဲ့ကလျပြောသည်

cobra *n* ☸ mwei-hau' မြွေဟောက်

cock₁ *v* saun:-hta:-de
စောင်းထားသည် (tilt); maun:-tin-

de (သေနတ်)မောင်းတင်သည် (~ a
gun)

cock₂ *or n* ☸ je'-hpą ကြက်ဖ
(chicken); ba: ဗား (valve)

cockerel *n* ☸ je'-hpą-gə-lei:
ကြက်ဖကလေး

cockfight *n* je'-tai'-pwe: ကြက်
တိုက်ပွဲ၊ je'-wain: ကြက်ဝိုင်း

cockroach *n* ☸ po:-ha' ပိုးဟပ်

cocoa *n* ko-ko: ကိုကိုး

coconut ☸ *n* on: အုန်း

coconut meat *n* on:-dhi:-zan
အုန်းသီးဆံ

coconut milk *n* on:-nǫ အုန်းနို့
(white); on:-yei အုန်းရည် (clear)

coconut oil *n* on:-zi အုန်းဆီ

code *n* e'-hkə-ya-hwe' အက္ခရာ
ဝှက် (cipher); thin-gei-tą
သင်္ကေတ (symbol); ⚖ ko-dą-ų-
pə-dei ကိုဒ္ဥပဒေ (of law); jin̨-
wu' ကျင့်ဝတ် (of conduct)

coffee *n* kɔ-hpi ကော်ဖီ

coil *n* hkwei: (ကြိုး)ခွေ (~ of
rope); kwain ကွိုင် (heating ~)

coin *n* ə-jwei-zi အကြွေစေ့ (small
change); din:-ga: ဒင်္ဂါး (gold ~)

coincide *v* tai'-hsain-de
တိုက်ဆိုင်သည်၊ jon-jai'-te
ကျုံ့ကြိုက်သည်

coincidence *n* tai'-hsain-hmu တိုက်ဆိုင်မှု

coincidentally *adv* mə-tɔ-tə-hsa̱ မတော်တဆ၊ ə-hma'-mə-htin အမှတ်မထင်

cold *adj* ei:-de̱ အေးသော (~ beer); chan:-de̱ ချမ်းသော (feel ~) ။ ။ *catch cold* ə-ei:-mi̱-de အအေးမိသည်၊ ə-ei:-pa'-te အအေးပတ်သည်

collapse *v* pyo-le:-de ပြိုလဲသည်

collar *n* kɔ-la ကော်လာ

colleague *n* lo'-hpɔ-kain-be' လုပ်ဖော်ကိုင်ဖက်၊ ə-paun:-ə-hpɔ အပေါင်းအဖော်

collect *v* su̱-wei:-de စုဝေးသည် (gather); kau'-te ကောက်သည် (~ taxes); tho-hmi:-de သိုမှီးသည်၊ su̱-zaun:-de စုဆောင်းသည် (~ stamps); hkan-de ခံသည် (~ donations)

collection *n* ə-su̱ အစု၊ ə-su̱-su̱ အစုစု၊ ə-su̱-ə-wei: အစုအဝေး (compilation); paun:-jo' ပေါင်းချုပ် (~ of essays); su̱-zaun:-hmu̱ စုဆောင်းမှု (stamp ~)

collective₁ *adj* wain:-lo'-wain:-sa ဝိုင်းလုပ်ဝိုင်းစား၊ su̱-paun:-de̱ စုပေါင်းသော

collective₂ *n* ə-su̱-ə-paun: အစုအပေါင်း

collective farm *n* su̱-paun:-le-ya စုပေါင်းလယ်ယာ

collectively *adv* wain:-wun:-bi: ဝိုင်းဝန်းပြီး

college *n* kɔ:-lei' ကောလိပ်

collide *v* tai'-te တိုက်သည်

colloquial *adj* zə-ga:-pyɔ: စကားပြော

colon *n* ⚕ u-mə̱-ji: အူမကြီး (intestine); kɔ-lan ကော်လံ (':' punctuation)

colonel ⚔ *n* bo-hmu:-ji: ဗိုလ်မှူးကြီး

colonialism 🌐 *n* ko-lo-ni-wa-da̱ ကိုလိုနီဝါဒ၊ ne-che̱-sə-ni' နယ်ချဲ့စနစ်

colonise 🌐 *v* ne-che̱-de နယ်ချဲ့သည်

colony *n* 🌐 ko-lo-ni ကိုလိုနီ

color, colour *n* ə-yaun အရောင်

colors, colours *n* ə-lan အလံ (flag)

colt *n* 🐎 myin:-gə-lei: မြင်းကလေး

column *n* kɔ-lan ကော်လံ (of print); zə-ya:-gwe' ဇယားကွက် (in table); tain တိုင်(ကြီး) (pillar)

coma *n* ⚕ mei̱-myɔ:-jin:

မွေမြောခြင်း

comb₁ v gaun:-hpi:-de ခေါင်း ဖြီးသည်

comb₂ n bi: ဘီး

combine v paun:-de ပေါင်းသည်

come v la-de လာသည်၊ lai'-te လိုက်သည်

come across v twei-jon-de တွေ့ကြုံသည် (find by chance); to:- de တိုးသည် (meet unexpectedly)

come and go v thwa:-la-de သွားလာသည်

comedian n ha-dha-tha-yo'- hsaun ဟာသသရုပ်ဆောင် (movie ~); lu-shwin-dɔ လူရွှင်တော်၊ lu- hpe' လူပြက်၊ hsain:-nau'-hta̯ ဆိုင်းနောက်ထ (anyeint ~)

come down v hsin:-de ဆင်းသည်

come down with v mi̯-de မိသည်၊ ya̯-de ရသည်

comedy n ha-tha̯ ဟာသ

come in v win-de ဝင်သည် (en- ter); hsai'-te ဆိုက်သည် (ships ~)

come off v ju'-te ကျွတ်သည်

come out v htwe'-te ထွက်သည်၊ htwe'-pɔ-de ထွက်ပေါ်သည်၊ htwe'- la-de ထွက်လာသည်

comet n 🔊 je-dɔ-gun ကြယ်တံခွန်

come to v thwa:-de သွားသည် (~

to the show); dhə-di̯-ya̯-de သတိရသည် (regain conscious- ness); yau'-te ရောက်သည် (add up to)

come to an end v pi:-hson:-de ပြီးဆုံးသည်၊

come to pass v hpyi'-la-de ဖြစ်လာသည်၊ kein:-hsai'-te ကိန်းဆိုက်သည်

come together v paun:-hson-de ပေါင်းဆုံသည်

come up v pɔ-de ပေါ်သည် (arise); htwe'-te ထွက်သည် (the sun will ~); ni:-la-de နီးလာသည် (approach)

come with v lai'-te လိုက်သည်

comfort₁ v hni'-thein̯-de နှစ်သိမ့်သည်

comfort₂ n. the'-tha-jin: သက် သာခြင်း (physical); sei'-the'-tha- hmu̯ စိတ်သက်သာမှု (reassurance); zein ဇိမ် (prosperity)

comfortable adj the'-tha-de̯ သက်သာသော (pleasant); chaun- chi̯-de̯ ချောင်ချိသော (~ clothing)

comfortably adv the'-thaun̯- the'-tha သက်သောင့်သက်သာ၊ chaun-chi̯-de̯ ချောင်ချိသော

comic n ka-tun: ကာတွန်း

(cartoon); lu-bye' လူပြက်
(comedian)

comma n kɔ-ma ကော်မာ

command₁ v ə-meiṇ-pei:-de
အမိန့်ပေးသည်

command₂ n ə-meiṇ အမိန့်
(order); a-na အာဏာ (𝄖 officer's
~) ‖‖ **regional command** 𝄖 si'-
tain: စစ်တိုင်း

commander n 𝄖 ə-hmu: အမှူး
‖‖ **regional commander** tain:-
hmu: တိုင်းမှူး

commemorate v ə-htein:-ə-
hma'-lo'-te အထိမ်းအမှတ်
လုပ်သည်

commemoration n ə-htein:-ə-
hma' အထိမ်းအမှတ်

comment₁ v hma'-che'-cha-de
မှတ်ချက်ချသည်၊ wei-ban-de
ဝေဖန်သည်

comment₂ n hma'-che' မှတ်ချက်

commerce n ku:-than:-yaun:-
we-yei: ကူးသန်းရောင်းဝယ်ရေး

commercial₁ adj si:-bwa:-yei:-
hsain-ya စီးပွားရေးဆိုင်ရာ

commercial₂ n ti-bi-jɔ-nya
တီဗွီကြော်ငြာ

commit v ju:-lun-de ကျူး
လွန်သည် (~ a crime); jun-de

(စကား:)ကျွသည် (~ to a plan); sei'-
pain:-hpya'-te စိတ်ပိုင်းဖြတ်သည်
(dedicate)

committee n ə-hpwẹ အဖွဲ့၊ kɔ-
mə-ti ကော်မတီ

common adj ə-mya:-hsain-dẹ
အများဆိုင်သော၊ bon-bain ဘုံပိုင်
(public); tha-man သာမန် (≠
specialised); yei-bon-yạ
ယေဘုယျ (usual)

common noun n ə-mya:-hsain-
nan အများဆိုင်နာမ်

commons n bon ဘုံ

communicate v ə-jaun:-ja:-de
အကြောင်းကြားသည် (inform); hse'-
thwe-de ဆက်သွယ်သည် (~ with
sb)

communication n ə-hse'-ə-
thwe အဆက်အသွယ် (exchange of
information); ə-thwa:-ə-la
အသွားအလာ (movement)

communications n hse'-thwe-
yei: ဆက်သွယ်ရေး

communism n 🌐 kun-myu-ni'-
wa-dạ ကွန်မြူနစ်ဝါဒ၊ bon-sə-ni'
ဘုံစနစ်

communist n 🌐 kun-myu-ni'
ကွန်မြူနစ်

community n lu-ə-hpwẹ-ə-si:

လူ့အဖွဲ့အစည်း (society); lɔ:-kạ
လောက (circles) ။ ။ *community
property* bon-bain ဘုံပိုင်

compact₁ *adj* ji'-(li')-te
ကျစ်(လျစ်)သည်

compact₂ *n* thə-bɔ:-tu-nyi-je'
သဘောတူညီချက် (agreement)

companion *n* ə-hpɔ-(ə-hpe')
အဖော်(အဖက်)

companions *n* ə-paun:-ə-thin:
အပေါင်းအသင်း

company *n* 🏢 kon-pə-ni ကုမ္ပဏီ
(business); ẹ-the ဧည့်သည်
(visitor); 🗡 ta'-hkwe: တပ်ခွဲ

compare *v* hnain:-shin-de
နှိုင်းယှဉ်သည်

comparison *n* hnain:-shin-je'
နှိုင်းယှဉ်ချက်

compartment *n* ə-kaṇ အကန့်

compass *n* kun-pa ကွန်ပါ
(magnetic ~; geometry ~)

compassion *n* kə-rụ-na, gə-yụ-
na ကရုဏာ၊ ə-jin-na အကြင်နာ

compassionate *adj* jin-na-dẹ
ကြင်နာသော၊ kə-rụ-na-hta:-dẹ
ကရုဏာထားသော

compatible *adj* lai'-(hpe'-)tẹ
လိုက်(ဖက်)သော

compensate *v* ə-sa:-pei:-de

အစားပေးသည်၊ yɔ-jei:-pei:-de
လျော်ကြေးပေးသည်

compensation *n* ni'-na-jei:
နစ်နာကြေး (for suffering); a-mạ-
hkan-yɔ-jei: အာမခံလျော်ကြေး
(as insured)

compete *v* shin-pyain-de
ယှဉ်ပြိုင်သည်

competence *n* ə-yei-ə-thwei:
အရည်အသွေး

competent *adj* ə-yei-ə-thwei:-
hmi-de အရည်အသွေးမီသော

competition *n* pyain-hsain-hmụ
ပြိုင်ဆိုင်မှု (rivalry); si:-pwa:-byain
စီးပွားပြိုင် (business rival); pyain-
bwe: ပြိုင်ပွဲ (contest)

competitor *n* pyain-hsain-dhu
ပြိုင်ဆိုင်သူ၊ pyain-be' ပြိုင်ဖက်

compilation *n* paun:-ɟo'
ပေါင်းချုပ်

complain *v* tain-(ja)-de
တိုင်(ကြား)သည်

complainant *n* ⚖ tə-ya:-lo
တရားလို

complaint *n* ə-tain-ə-tɔ: အတိုင်
အတော

complement *n* ə-hpyei အဖြည့်၊
hpyɛi-be' ဖြည့်ဖက်

complete₁ *v* ə-hson:-tha'-te

အဆုံးသတ်သည်၊ le'-sạ-tha'-te
လက်စသတ်သည် (reach the end);
hpyei-de ဖြည့်သည် (fill in)

complete₂ *adj* pyei-zon-dẹ
ပြည့်စုံသော

completed *adj* pi:-pya'-tẹ
ပြီးပြတ်သော

completely *adv* ə-pyei-ə-son
အပြည့်အစုံ၊ ə-jwin:-mẹ အကြွင်းမဲ့၊
ə-son-ə-lin အစုံအလင်၊ lon:-lon:
လုံးလုံး

completion *n* ə-pi:-tha'-chin:
အပြီးသတ်ခြင်း

complexion *n* ə-tha:-(ə-yei)
အသား(အရေ)

complicate *v* sho'-aun-lo'-te
ရှုပ်အောင်လုပ်သည်

complicated *adj* sho'-htwei:-dẹ
ရှုပ်ထွေးသော (complex); htwei-
pya:-dẹ ထွေပြားသော (confusing)

compliment₁ *v* chi:-mun:-de
ချီးမွမ်းသည်

compliment₂ *v* chi:-ju:-de
ချီးကျူးသည်

comply *v* lai'-yɔ:-de
လိုက်လျောသည်

compose *v* ♪ tei:-hpwẹ-de
တေးဖွဲ့သည်; sa-hpwẹ-de
စာဖွဲ့သည် (~ poetry)

composer *n* ♪ gi-tạ-sa-zo
ဂီတစာဆို

composition *n* sa-si-sa-kon:
စာစီစာကုံး

compound₁ *v* po-hso:-zei-de
ပိုဆိုးစေသည် (worsen); paun:-sa'-
te ပေါင်းစပ်သည် (combine)

compound₂ *n* win: ဝင်း (school
~); də-ra'-paun ဒြပ်ပေါင်း (com-
posite) ။ ။ *compound verb* paun:-
sa'-kə-rị-ya ပေါင်းစပ်ကြိယာ

comprehend *v* na-le-de နား
လည်သည်၊ thə-bɔ:-pau'-te
သဘောပေါက်သည်၊ yei-le-de
ရေလည်သည်

comprehension *n* na-le-nain-
hmụ နားလည်နိုင်မှု (ability to
understand); na-le-thə-bɔ:-pau'-
jin: နားလည်သဘောပေါက်ခြင်း
(grasp)

comprehensive *adj* be'-son
ဘက်စုံ၊ son-lin-dẹ စုံလင်သော

compromise *v* hnyị-de ညှိသည်
(settle dispute); shɔ:-pei:-de
လျှော့ပေးသည် (accept lower
standard)

computer *n* kun-pyu-ta
ကွန်ပျူတာ

comrade *n* ye:-bɔ ရဲဘော်

comrades *n* ə-paun:-(ə-pa)
အပေါင်း(အပါ)၊ ə-paun:-ə-hpɔ
အပေါင်းအဖော်

con₁ *v* lein-le-de လိမ်လည်သည်

con₂ *n* lein-le-jin: လိမ်လည်ခြင်း
(confidence trick); ə-pyi' အပြစ်
(pros and ~s); ▮▮ **con man, con
artist** nyan-dhə-ma: ဉာဏ်သမား၊
lu-lein-lu-kau' လူလိမ်လူကောက်
(confidence man) ▮▮ **ex-con** htaun-
dwe' ထောင်ထွက် (ex-convict)

conceal *v* hpon:-hwe'-te
ဖုံးဝှက်သည်၊ htein-chan-de
ထိမ်ချန်သည်

concentrate *v* a-yon-sai'-te
အာရုံစိုက်သည် (focus mind); su:-
sai'-te စူးစိုက်သည် (focus energy);
▮▮ **concentrate efforts on** zaun:-
pei:-de ဇောင်းပေးသည်

concentration *n* ə-su-ə-yon:
အစုအရုံး (gathering); thə-ma-di
သမာဓိ (mental ~); ✱ pa-win-
hmṵ ပါဝင်မှု pyin:-a: ပြင်းအား
(chemical ~)

concept *n* sei'-ku: စိတ်ကူး

concern₁ *v* the'-hsain-de
သက်ဆိုင်သည်၊ pa'-the'-te
ပတ်သက်သည် (be relevant); sei'-
pu-de စိတ်ပူသည်

concern₂ *n* pu-pan-hmṵ ပူပန်မှု၊
jaun-ja-hmṵ ကြောင့်ကြမှု (worry,
cause of anxiety); si:-bwa:-yei:-
lo'-ngan: စီးပွားရေးလုပ်ငန်း
(business, firm)

concerned *adj* sei'-pu-de
စိတ်ပူသော (worried about); the'-
hsain-dẹ သက်ဆိုင်သော (~ with)

concert *n* sə-tei'-sho: စတီတ်ရှိုး
(rock ~); pwe: (ဂီတ)ပွဲ (musical
performance)

conclude *v* ni-gon:-jo'-te နိဂုံး
ချုပ်သည် (sum up); ə-pi:-tha'-te
အပြီးသတ်သည်၊ ə-sạ-tha'-te အစ
သတ်သည်၊ ə-sạ-thein:-de အစ
သိမ်းသည် (terminate); chon-ngon-
thon:-tha'-te ခြွေငုံသုံးသပ်သည်၊
kau'-che'-chạ-de ကောက်ချက်
ချသည် (reason); pi:-hson:-de
ပြီးဆုံးသည် (come to an end)

conclusion *n* kau'-che'
ကောက်ချက် (reasoned decision);
za'-thein: ဇာတ်သိမ်း (end)

concrete *n* kun-kə-ri' ကွန်ကရစ်၊
in:-gə-tei အင်္ဂတေ

concrete floor *n* thə-man-tə-
lin: သမံတလင်း

concretely *adv* ə-hkain-ə-ma
အခိုင်အမာ

condemn v ◈ pyi'-dan-chạ-de
ပြစ်ဒဏ်ချသည်၊ ခ-pyi'-tin-hkan-
yạ-de အပြစ်တင်ခံရသည်

condensation n ခ-hni'-cho'
အနှစ်ချုပ် (summary); chwei: ချွေး
(~ on a cold glass)

condense v ခ-hni'-cho'-te
အနှစ်ချုပ်သည်၊ ခ-jin:-chon:-de
အကျဉ်းချုံးသည် (~ a novel); jo-de
ကျိုသည် (~ soup stock); chwei:-
pyan-de ချွေးပြန်သည်၊ ✳ ngwei̯-
yei-hpwẹ-de ငွေ့ရည်ဖွဲ့သည်၊ yei-
ngwei̯-yai'-te ရေငွေ့ရိုက်သည် (~
on glass)

condition n ခ-chei-ခ-nei အခြေ
အနေ (state); si:-gan:-je' စည်း
ကမ်းချက် (in negotiation); jan:-ma-
yei:-ခ-chei-ခ-nei ကျန်းမာရေး
အခြေအနေ (physical fitness);
✚ yɔ:-ga ရောဂါ (heart ~)

condom n kun-don: ကွန်ဒုံး

conduct n ခ-mu-ခ-jịn
အမူအကျင့်

conductor n sခ-pe-ya စပယ်ရာ၊
yin-lai: ယာဉ်လိုက်၊ le'-hma'-si'
လက်မှတ်စစ် (ticket ~); mo:-jo:-
hlwe: မိုးကြိုးလွှဲ (lighting ~)

cone n kခ-dɔ̣ ကတော့၊ kခ-dɔ̣-pon
ကတော့ပုံ

conference n ခ-si:-ခ-wei:
အစည်းအဝေး (meeting); nyi-la-
gan ညီလာခံ (congress); kun-hpခ-
riṇ ကွန်ဖရင့် (forum); sa-dan:-
hpa'-pwe: စာတမ်းဖတ်ပွဲ (aca-
demic ~) ▪▪ **press conference**
dhခ-din:-za-shin:-lin:-bwe:
သတင်းစာရှင်းလင်းပွဲ

confess v wun-hkan-de
ဝန်ခံသည်

confidence n yon-ji-hmụ ယုံ
ကြည်မှု ▪▪ **lose confidence in** yon-
ji-hmụ-pye'-te ယုံကြည်မှု
ပျက်သည်

confidential adj shọ-hwe'-tẹ
လျှို့ဝှက်သော၊ kaṇ-tha'-tẹ
ကန့်သတ်သော၊ ခ-twin:-yei:-
hpyi'-tẹ အတွင်းရေးဖြစ်သော

confinement n ခ-jin:-hkan-yạ-
jin: အကျဉ်းခံရခြင်း (detention);
✚ mi:-dwin: မီးတွင်း (~ near birth)

confirm v ခ-ti-pyụ-de
အတည်ပြုသည်

confiscate v thein:-pai'-te
သိမ်းပိုက်သည်

conflict n pခ-hti̯-be'-hkạ ပဋိပက္ခ

confluence n 🌏 myi'-hson
မြစ်ဆုံ

conform v lai'-na-de

လိုက်နာသည်

confront *v* yin-hsain-de ရင်
ဆိုင်သည် (~ the truth); hpi-la-
pyu̯-de ဖီလာပြုသည် (be against)

confrontation *n* htei'-tai'-yin-
hsain-hmu̯ ထိပ်တိုက်ရင်ဆိုင်မှု

confuse *v* sho'-htwei:-(ze)-de
ရှုပ်ထွေး(စေ)သည်

confused *adj* gaun:-sho'-te̯
ခေါင်းရှုပ်သော၊ sei:-sho'-te̯
စိတ်ရှုပ်သော၊ sei:-dwi̯-ha̯-hpyi'-
te̯ စိတ်ဒွိဟဖြစ်သော

confusion *n* sho'-htwei:-hmu̯
ရှုပ်ထွေးမှု htwei:-pya:-hmu̯
ထွေပြားမှု

congee *n* hsan-byo' ဆန်ပြုတ်

congregate *v* su̯-yon:-de
စုရုံးသည်

congress *n* 🌐 pyi-thu̯-hlu'-tɔ
ပြည်သူ့ လွှတ်တော်၊ kun-gə-re'
ကွန်ဂရက်

conjecture *v* hman:-hsa̱-de
မှန်းဆသည်၊ twei:-htin-de
တွေးထင်သည်

conjuction *n* than-ban-da̱ သမ္ဗန္ဓ၊
zə-gə-hse' စကားဆက် (connect-
ing word); jon-jai'-hmu̱
ကြုံကြိုက်မှု (concurrence)

connect *v* chei'-hse'-te

chyo'-hse'-te (link); hse'-thwe-
de ဆက်သွယ်သည် (communicate)

connected *adj* hse'-nwe-de
ဆက်နွယ်သည်

connection *n* ə-hse'-ə-thwe
အဆက်အသွယ်၊ ə-hse'-ə-sa'
အဆက်အစပ် (link); lain: လိုင်း
(phone ~)

connotation *n* hsin̯-pwa:-ə-ne'
ဆင့်ပွားအနက်

conquer *v* nain-de နိုင်သည်၊ aun-
myin-de အောင်မြင်သည်

conscience *n* lei'-pya-than̯-sei'
လိပ်ပြာသန့်စိတ် ။။ **have a clear
conscience** sei'-than̯-de
စိတ်သန့်သည် ။။ **have a guilty
conscience** sei'-mə-lon စိတ်မလုံ

conscious *adj* dhə-di̱-shi̱-de̯
သတိရှိသော

consciousness *n* dhə-di̱-sei'
သတိစိတ် (mind); dhə-di̱ သတိ
(awareness) ။။ **lose conscious-
ness** dhə-di̱-mei̱-de သတိ
မေ့သည် ။။ **regain consciousness**
dhə-di̱-ya̱-de သတိရသည်
။။ **political consciousness** nain-
gan-yei:-ə-thi̱-no:-ja:-hmu̯
နိုင်ငံရေးအသိနိုးကြားမှု

conscript *v* 🔫 hswe:-thwin:-de

(စစ်တပ်ထဲ)ဆွဲသွင်းသည်

consecutively *adv* ခ-sin-lai'
အစဉ်လိုက်၊ shei̠-hsin̠-nau'-hsin̠
ရှေ့ဆင့်နောက်ဆင့်

consent (to) *v* lai'-lyɔ:-de
လိုက်လျောသည်

consequence *n* ခ-jɔ:-ze' အကျိုး
ဆက်၊ ya̠-la' ရလဒ် (result); ခ-yei:-
(ji:) အရေး(ကြီး) (importance)

consequently *adv* ခ-jɔ:-ze'-
hma အကျိုးဆက်မှာ

conservative *adj* shei:-yo:-swe:-
de̠ ရှေးရိုးစွဲသော (culturally ~)

conservatively *adv* mခ-yo'-mခ-
lun မယုတ်မလွန်

conserve *v* htein:-thein̠-de
ထိန်းသိမ်းသည်

consider *v* htau'-hta:-de ထောက်
ထားသည် (~ from another angle);
sin:-sa:-de စဉ်းစားသည်၊ twei:-tɔ:-
de တွေးတောသည် (think carefully);
thon:-tha'-te သုံးသပ်သည်
(review)

considerate *adj* ko-jin:-sa-de̠
ကိုယ်ချင်းစာသော၊ htau'-hta:-de̠
ထောက်ထားသော

consideration *n* ko-jin:-za-tခ-
ya: ကိုယ်ချင်းစာတရား၊ htau'-hta:-
jin: ထောက်ထားခြင်း (sympathy);

hnya-tခ-jin: ညှာတာခြင်း
(concern)

consistency *n* tခ-thခ-ma'-hte:-
hpyi'-chin: တသမတ်တည်း
ဖြစ်ခြင်း (conformity); ခ-pyi'-ခ-je:
အပျစ်အကဲ (thickness)

consistent *adj* swe:-mye:-de̠
စွဲမြဲသော၊ lai'-lyɔ:-nyi-htwei-de̠
လိုက်လျောညီထွေသော

consistently *adv* tခ-thခ-ma'-
hte: တစ်သမတ်တည်း၊ ခ-mye:-
dan: အမြဲတမ်း

console *v* hpyei-thein̠-de
ဖြေသိမ့်သည်၊ chwei:-thei'-te
ချွေးသိပ်သည်

consonant *n* byi: ဗျည်း

conspicuous *adj* htin-sha:-de̠
ထင်ရှားသော

conspicuously *adv* ခ-htin-ခ-
sha: အထင်အရှား၊ ခ-htin-dha:
အထင်းသား

conspiracy *n* ✎ pu:-paun:-jan-
si-hmu̠ ပူးပေါင်းကြံစည်မှု၊ tခ-jei'-
hte:-tခ-nyan-de: တစ်ကျိတ်တည်း
တစ်ညဏ်တည်း

conspire *v* hsin-jan-jan-de
ဆင်ကြံကြံသည်

constant₁ *adj* pon-dhei ပုံသေ
(unchanging)

constant₂ *n* kein:-dhei ကိန်းသေ

constantly *adv* swe:-zwe:-mye:-mye: စွဲစွဲမြဲမြဲ၊ dau'-shau' တောက်လျှောက် (continuously); tə-yə-dhei တရားသေ (always)

constellation *n* 🌠 je-zų ကြယ်စု

constipated *adj* ♀ wun:-cho'-tę ဝမ်းချုပ်သော

constitution *n* hpwę-si:-bon pwę̂-si:-bon ဖွဲ့စည်းပုံ (structure); 🔨 🌏 ə-chei-gan-ų-pə-dei အခြေခံဥပဒေ (national ~); thin:-hpwę-si:-myin: သင်းဖွဲ့စည်းမျဉ်း (of organization)

constrain *v* cho'-che-de ချုပ်ချယ်သည်

constraint *n* ə-kaṇ-ə-tha' အကန့်အသတ်၊ ə-cho'-ə-hnaun အချုပ်အနှောင်

construct *v* (ti)-hsau'-te (တည်)ဆောက်သည်

construction *n* hsau'-lo'-yei:-lo'-ngan: ဆောက်လုပ်ရေးလုပ်ငန်း

consul *n* 🌏 kaun-si'-wun ကောင်စစ်ဝန်

consulate *n* 🌏 kaun-si'-wun-yon: ကောင်စစ်ဝန်ရုံး

consult *v* ə-jan-taun: de အကြံတောင်းသည် (ask for advice); tain-

pin-de တိုင်ပင်သည် (discuss)

consultant *n* ə-jan-bei:-(nyan-pei:) အကြံပေး(ဉာဏ်ပေး)၊ ə-tain-bin-gan အတိုင်ပင်ခံ

consume *v* sa:-thon:-de စားသုံးသည်

consumer *n* sa:-thon:-dhu စားသုံးသူ

contact₁ *v* twei-hti-de တွေ့ထိသည် (touch); hse'-thwe-te ဆက်သွယ်သည် (get in touch with)

contact₂ (lens) *n* mye'-ka'-hman မျက်ကပ်မှန်

contain *v* pa-win-de ပါဝင်သည်၊ thein:-hsi:-de သိမ်းဆည်းသည်

container *n* bu: ဘူး

contaminate *v* nyi'-nyan:-zei-de ညစ်ညမ်းစေသည်

contamination *n* nyi'-nyan:-jin: ညစ်ညမ်းခြင်း၊ ə-sun:-(ə-htin:)-hpyi'-chin: အစွန်း(အထင်း)ဖြစ်ခြင်း

contemplate *v* chiṇ-chein-te ချင့်ချိန်သည်၊ twei:-tɔ:-de တွေးတောသည်

contemporary *adj* hki'-pyain ခေတ်ပြိုင်၊ hki'-pɔ ခေတ်ပေါ်

contempt *n* mə-hti-lei:-za:-pyu-jin မထီလေးစားပြုခြင်း၊ se'-hso'-

yun-sha-jin: စက်ဆုပ်ရွံ့ရှာခြင်း

contemptuous adj mə-hni'-myɔ:-dẹ မနှစ်မြို့သော

contend v a:-pyain-de အားပြိုင်သည် (compete); ə-nain-lṵ-de အနိုင်လုသည် (struggle with); hto'-pyɔ:-de ထုတ်ပြောသည် (assert)

content₁ v jei-na'-(yauṇ-ye:)-de ကျေနပ်(ရောင့်ရဲ)သည်၊ tin:-tein-de တင်းတိမ်သည်

content₂ n pa-win-dẹ-ə-ya ပါဝင်သည့်အရာ၊ pa-win-dẹ-ə-jaun:-ə-ya ပါဝင်သည့်အကြောင်း အရာ ။။ **table of contents** ma-tị-kạ မာတိကာ

contented adj jei-na'-yauṇ-ye:-dẹ ကျေနပ်ရောင့်ရဲသော

contest₁ v hkụ-hkan-nyin:-pe-de ခုခံငြင်းပယ်သည် (disagree); tə-ya:-hsain-de တရား ဆိုသည်

contest₂ n pyain-bwe: ပြိုင်ပွဲ

context n zə-gə-za' စကားစပ်၊ hse'-sa'-hmụ ဆက်စပ်မှု

continent n 🌐 tai' တိုက်

continually adv ə-sin-tə-sai' အစဉ်တစိုက်၊ ze'-tai' ဆက်တိုက်၊ twin-twin တွင်တွင်

continue v hse'-le' ဆက်လက်

(ပြုသည်၊ လုပ်သည်)

continuously adv ə-hse'-mə-pya' အဆက်မပြတ်၊ ə-hmyin-mə-pya' အမျှင်မပြတ်

contract₁ v sa-jo'-cho'-te စာချုပ်ချုပ်သည် (sign a contract); ☿ yạ-de (ရောဂါ)ရသည် (~ malaria); joṇ-de ကျုံ့သည် (shrink)

contract₂ n sa-jo' စာချုပ်၊ thə-bɔ:-tu-nyi-je' သဘောတူညီချက်၊ kan-htə-rai' ကန်ထရိုက်

contractor n kan-htə-rai'-ta ကန်ထရိုက်တာ

contradict v nyin:-hso-de ငြင်း ဆိုသည်၊ hsaṇ-jin-de ဆန့် ကျင်သည်၊ kə-byaun:-kə-byan-hpyi'-te ကပြောင်းကပြန်ဖြစ်သည်

contradiction n nyin:-je' ငြင်း ချက် (opposing statement); hsaṇ-jin-be' ဆန့်ကျင်ဘက် (opposing ideas); mə-kai'-nyi-jin: မကိုက်ညီခြင်း (conflicting elements)

contradictory adj hsaṇ-jin-be' ဆန့်ကျင်ဘက်၊ ə-myi:-ə-mau'-mə-tẹ-dẹ အမြီးအမောက်မ တည့်သော

contrary adj htɔ-lɔ-kaṇ-laṇ-dẹ ထော်လော်ကန့်လန့်ဖြစ်သော၊ ywẹ-dẹ ရဲ့သော (disagree)

contribute *v* htɛ-win-de ထည့်ဝင်သည်၊ pa-win-pei:-de ပါဝင်ပေးသည် (be part of); hlu-de လှူသည် (donate)

contribution *n* ə-hlu အလှူ (donation); ə-ku-ə-nyi အကူ အညီ၊ ku-nyi-hmṵ ကူညီမှု (help)

contributor *n* ə-hlu-shin အလှူရှင် (donor); pa-win-thu ပါဝင်သူ (participant)

control₁ *v* htein:-cho'-te ထိန်း ချုပ်သည်၊ cho'-ti:-de ချုပ် တည်းသည်၊ jo:-kain-de ကြိုး ကိုင်သည်၊ che-hle-de ခြယ် လှယ်သည်

control₂ *n* cho'-kain-hmṵ ချုပ် ကိုင်မှု၊ htein:-thein:-hmṵ ထိန်း သိမ်းမှု ။။ *lose control* le'-lun-de လက်လွန်သည် ။။ *self-control* si:-gan: စည်းကမ်း ။။ *take control* ji:-so:-de ကြီးစိုးသည်

controlled substance *n* ⚕ kan-tha'-kon ကန့်သတ်ကုန်၊ htein:-cho'-kon ထိန်းချုပ်ကုန်

controversial *adj* ə-nyin:-pwa:-bwe အငြင်းပွားဖွယ်

controversy *n* ə-nyin:-pwa:-zə-ya အငြင်းပွားစရာ

convene *v* hkɔ-de (အစည်း

အဝေး)ခေါ်သည် (a meeting)

convenient *adj* ə-hsin-pyei-dε အဆင်ပြေသော (no trouble); le'-hlan:-mi-dε လက်လှမ်းမီသော (nearby)

convention *n* ə-sin-ə-la အစဉ် အလာ (usual way); thə-bɔ:-tu-nyi-je' သဘောတူညီချက် (treaty); nyi-la-gan ညီလာခံ၊ ə-si:-ə-wei: အစည်းအဝေး (meeting)

conventional *adj* thə-ma:-yo:-jə-hpyi'-tε သမားရိုးကျဖြစ်သော

conversant *adj* le-pa'-tε လည်ပတ်သော

conversation *n* zə-ga: စကား

converse₁ *v* zə-ga:-pyɔ:-de စကားပြောသည်

converse₂ *n* byaun:-byan ပြောင်းပြန်

conversion *n* pyaun:-le:-jin: ပြောင်းလဲခြင်း

convert₁ *v* pyaun:-le:-de ပြောင်း လဲသည် (change); thu'-thwin:-de သွတ်သွင်းသည် (~ religiously)

convert₂ *n* be'-pyaun:-dhu ဘက် ပြောင်းသူ (one who changed sides); ba-dha-pyaun:-dhu ဘာသာပြောင်းသူ (Jewish ~)

convex *adj* hkon-nei-dε ခုံး

ေနေသာ၊ mau'-nei-dẹ ေမာက်
ေနေသာ

convey v the-yu-de သယ်ယူသည်
(~ goods); pa:-de ပါးသည်၊ hpo-
pya-de ေဖာ်ပြသည် (~ meaning)

convict₁ v pyi'-dan-chạ-de
ပြစ်ဒဏ်ချသည်

convict₂ n ၀ ə-jin:-dha:
အကျဉ်းသား၊ ? ə-jin:-dhu အကျဉ်း
သူ (prisoner); ye:-be' ရဲဘက် (~ in
a labour camp); lo'-a:-shin
လုပ်အားရှင် (~ in New Life Camp)

conviction n hkan-yu-je'
ခံယူချက် (belief); pyi'-dan-ja-
jin: ပြစ်ဒဏ်ကျခြင်း

convince v na:-thwin:-de နား
သွင်းသည်၊ hswe:-hsaun-de
ဆွဲေဆာင်သည်

convinced adj na:-win-dẹ
နားဝင်ေသာ

cook₁ v che'-(pyo')-te ချက်
(ပြုတ်)သည် (make a meal); hna'-
te နှပ်သည် (~ until soft)

cook₂ n hta-min:-je' ထမင်းချက်

cooked adj je'-tẹ ကျက်ေသာ၊ na'-
tẹ နှပ်ေသာ

cookery, cooking n ə-che'-ə-
pyo' အချက်အပြုတ်

cool adj ei:-de ေအးေသာ (cold);

chan:-de ချမ်းေသာ (feel cold);
mai'-te မိုက်ေသာ (fine) ▯▯ *have
a cool head* gaun:-ei:-de ေခါင်း
ေအးသည်

cooler n yei-ge:-bu: ေရခဲဘူး (ice
chest)

coop n je'-chan ကြက်ခြံ

coöp, co-op n thə-mạ-wa-yə-
mạ သမဝါယမ

coöperate v pu:-paun:-(hsaun-
ywe')-de ပူးေပါင်း(ေဆာင်
ရွက်)သည်၊ wain:-lo'-te ဝိုင်း
လုပ်သည်

coöperative n thə-mạ-wa-yə-
mạ သမဝါယမ

coördinate v hnyị-hnyain:-de
ညှိနှိုင်းသည်၊ paun:-sa'-hnyị-
hnain:-de ေပါင်းစပ်ညှိနှိုင်းသည်

coördinator n hnyị-hnyain:-yei:-
hmu: ညှိနှိုင်းေရးမှူး

cop n ye: ရဲ

copier n mei'-tu-ze' မိတ္တူစက်

cop out v pi:-lwe-si:-lwe-lo'-te
ပြီးလွယ်စီးလွယ်လုပ်သည်

copper n jei:-ni ေကြးနီ (metal);
ye: ရဲ (police)

copy₁ v ku:-de ကူးသည်၊ pwa:-de
ပွားသည် (reproduce, replicate);
hko:-chạ-de ခိုးချသည် (cheat)

copy₂ *n* mei'-tu မိတ္တူ (photo~); ə-tṣ̄ အတု (imitation); o' အုပ် (~ of a book)

copy book *n* bə-la-sa-o' ဗလာ စာအုပ်

copy machine *n* mei'-tu-ze' မိတ္တူစက်

copyright *n* mu-bain-(gwin̥) မူပိုင်(ခွင့်)

coral *n* jau'-hke' ကျောက်ခက် (~ formation); than-da သန္တာ (~ pendant); o'-ni-ge:-yaun အုတ်နီခဲရောင် (colour)

coral reef *n* than-da-jau'-tan: သန္တာကျောက်တန်း

cord *n* jo: ကြိုး

core *n* ə-hni အနှစ် (essence); man-dain မဏ္ဍိုင် (centre); u-dain အူတိုင် (of fruit)

coriander ☘ *n* nan-nan နံနံ

cork *n* bu:-zɔ̥ ဘူးဆို့

cormorant *n* ☙ din-ji: တင်ကျီး

corn *n* kau'-hnan-bin ကောက်နှံ ပင် (grain); ☘ pyaun:-bu: ပြောင်းဖူး (maize); ☙ ə-dhə-ma အသားမာ (~ on your foot)

corner *n* htauṇ ထောင့်၊ lan:-htei' လမ်းထိပ် (street~); lṃyauṇ မြှောင့် (~ of polygon)

corporal ♯ *n* ta'-ja' တပ်ကြပ်

corporation *n* 🛡 kɔ-po-rei:- shin: ကော်ပိုရေးရှင်း

corps *n* ♯ ta'-mə-ji: တပ်မကြီး၊ ♯ ta'-hpwɛ̥ တပ်ဖွဲ့၊ o'-sṣ̄ အုပ်စု

corpse *n* lu-dhei-gaun လူသေ ကောင်၊ mə-dha မသာ၊ yo'-jwin: ရုပ်ကြွင်း၊ yo'-kə-la' ရုပ်ကလာပ်

correct₁ *v* pyin-de ပြင်သည် (~ errors); sa-si:-te စာစစ်သည် (~ text); hso-hson:-mə-de ဆို ဆုံးမသည် (~ behaviour)

correct₂ *adj* hman-kan-dɛ̥ မှန်ကန်သော (right)

correctly *adv* ni:-hman-lan:- hman နည်းမှန်လမ်းမှန်

correspond *v* kai'-nyi-de ကိုက် ညီသည်၊ sa-yei:-hse'-thwe-de စာရေးဆက်သွယ်သည်

correspondence *n* sa-dhwa:-sa- la စာသွားစာလာ ∥ *correspondence university* ə-wei:-thin-te'- kə-dho အဝေးသင်တက္ကသိုလ်၊ sa- pei:-sa-yu-te'-kə-dho စာပေး စာယူတက္ကသိုလ်

correspondent *n* dhə-din:-dau' (အဝေး)သတင်းထောက် (reporter)

corridor *n* sin:-jan စင်္ကြံ

corrupt *adj* ə-jiṇ-pye'-tɛ̥

a b c d e f g h i j k l m n o p q r s t u v w x y z

အကျင့်ပျက်သော၊ la'-sa:-tẹ လာဘ်စားသော (~ official); yo-ywin:-dẹ ယိုယွင်းသော (~ version)

corruption n ạ-gə-dị-lai'-sa:-jin: အဂတိလိုက်စားခြင်း၊ la'-pei:-la'-yu လာဘ်ပေးလာဘ်ယူ (bribery); yo-ywin:-hmụ ယိုယွင်းမှု (errors)

cosmetics n mei'-ka' မိတ်ကပ်၊ ə-hlạ-gon အလှကုန်

cost₁ v (kon)-ja-de (ကုန်)ကျသည်

cost₂ n kon-jạ-zə-yei' ကုန်ကျ စရိတ်

costume n ə-wu'-ə-sa: အဝတ် အစား: (national ~, fancy dress)

⫼⫼ *costume jewellery* che'-jau' ချက်ကျောက်

cot n hkau'-gə-din ခေါက်ခုတင် (field ~); pə-hke' ပုခက် (child's ~)

cotton n ✻ wa-(bin) ဝါ(ပင်) (~ plant); chi-de ချည်ထည် (cloth)

cotton wool n gun: ဂွမ်း

couch n hso-hpa ဆိုဖာ၊ nyaun-zaun: ညောင်စောင်း

cough v chaun:-hso:-de ချောင်းဆိုးသည်

could > *see:* **can** ကိုကြည့်ပါ

council 🌐 n kaun-si ကောင်စီ

counsel₁ v ə-jan-pei:-de အကြံ ပေးသည်

counsel₂ n ə-jan-pei:-je' အကြံ ပေးချက် (advice); ⚖ shei̯-nei ရှေ့နေ (lawyer)

counsellor n ə-jan-pei: အကြံ ပေး (marriage ~); 🌐 kaun-hse-la ကောင်ဆယ်လာ

count₁ v yei-twe'-te ရေ တွက်သည်

count₂ n ne-za:-myọ-za: နယ်စား၊ မြို့စား (nobleman); ə-yei-ə-twe' အရေအတွက် (number)

counter n kaun-ta ကောင်တာ

⫼⫼ *under the counter* le'-thei'-hto:-de လက်သိပ်ထိုးသည်

counterclockwise adv le'-we:-yi' လက်ဝဲရစ်

counterfeit adj ə-tụ အတု

countless adj mə-yei-twe'-nain-de မရေတွက်နိုင်သော

country n 🌐 tain:-pyi တိုင်းပြည်၊ nain-gan နိုင်ငံ၊ ne နယ်

countryside n tɔ: တော၊ ne နယ်

coup (d'état) n 🌐 a-na-thein:-hmụ အာဏာသိမ်းမှု

couple n hni: နှစ်၊ thon:-lei: သုံးလေး (a few); ə-twe အတွဲ၊ zon-dwe: စုံတွဲ (romantic ~); lin-mə-ya: လင်မယား: (married ~)

coupon *n* ku-pun ကူပွန်

courage *n* tha'-tị သတ္တိ

courageous *adj* ye:-yin̲-dẹ ရဲရင့်သော၊ tha'-tị-kaun:-dẹ သတ္တိကောင်းသော

courageously *adv* ye:-ye:-tau' ရဲရဲတောက်

courier *n* hse'-tha: ဆက်သား

course *n* lan:-jaun: လမ်းကြောင်း (way); thin-yo: သင်ရိုး၊ thin-dan: သင်တန်း (training ~); ♀ hsei:-ba' ဆေးပတ် (~ of antibiotics) ‖‖ *of course* da-bọ ဒါပေါ့

court₁ *v* po:-de ပိုးသည်

court₂ *n* ⚖ (tə-ya:-)yon: (တရား)ရုံး၊ ♔ nan:-dwin: နန်းတွင်း ‖‖ *go to court* ə-hmụ-hsain-de အမှုဆိုင်သည်

court case ⚖ ə-hmụ အမှု

court date ⚖ *n* yon:-jein: ရုံးချိန်း

court martial ⚔⚖ *n* si'-hkon-yon: စစ်ခုံရုံး

cousin *n* maun-hnə-mạ-wun:-gwe: မောင်နှမဝမ်းကွဲ

cover₁ *v* hpon:-o'-te ဖုံးအုပ်သည် (with lid, etc); hsaun:-hta:-de ဆောင်းထားသည် (with basket, etc); ka-de ကာသည် (screen off); lai'-te လိုက်သည် (~ news); ka-

kwe-pei:-de ကာကွယ်ပေးသည် (protect)

cover₂ *n* ə-hpon: အဖုံး (lid); ə-su' အစွပ် (slip-on ~); ♪ kə-pi-thə-chin: ကော်ပီသီချင်း (song)

covers *n* saun စောင်

cow *n* 🐄 nə-mạ နွားမ

coward *n* ngə-jau' ငကြောက်၊ thwei:-jaun-dhu သွေးကြောင်သူ၊ jau'-ta'-thu ကြောက်တတ်သူ၊ thə-ye:-bə:-jaun-dhu သူရဲဘောကြောင်သူ

cowhand, cowherd *n* nwa:-jaun:-dhu နွားကျောင်းသူ

co-worker *n* lo'-hpə-kain-be' လုပ်ဖော်ကိုင်ဖက်

coxcomb *n* 🐓 je'-mau' ကြက်မောက်

crab *n* 🦀 gə-nan: ကဏန်း ‖‖ *king crab, horseshoe crab* 🦀 pi-la: ပီလား

crack₁ *v* kwe:-e'-te ကွဲအက်သည်

crack₂ *n* e'-jaun: အက်ကြောင်း၊ ə-kwe: အကွဲ

cradle *n* pə-hke' ပုခက်

craft *n* le'-hmụ-pyin-nya လက်မှုပညာ (arts and ~s); ə-tə'-pyin-nya အတတ်ပညာ (skill)

craftiness *n* kə-lein-nyan

ကလိမ်ဉာဏ်

craftsman n le'-hmụ-pyin-nya-dhe လက်မှုညာသည်

craftsmanship n le'-ya လက်ရာ

crafty adj nyan-mya:-dẹ ဉာဏ်များသော

cram v hto:-jei:-htẹ-de ထိုးကြိတ်ထည့်သည်၊ thei'-htẹ-de သိပ်ထည့်သည် (stuff)၊ sa-hpị-je'-te စာဖိကျက်သည် (study)

cramp n jwe'-te'-te ကြွက်တက်သည် (muscle ~s)၊ wun:-yi'-te ဝမ်းရစ်သည် (stomach ~)

cramped adj jin:-ja'-tẹ ကျဉ်းကျပ်သော

crane n 🐦 jo:-ja ကြိုးကြာ; kə-rein: ကရိန်း (construction ~)

crank v hlẹ-de လှည့်သည်

crap n chi: ချေး

crash v tai'-te တိုက်သည်

crater n jin: ကျင်း၊ twin: တွင်း၊ htei'-wạ ထိပ်ဝ (volcanic ~)

crave v gə-dwin:-taun:-de ခံတွင်းတောင်းသည်၊ chin:-jin:-ta'-te ချင်ခြင်းတပ်သည် (~ chocolate); ta'-me'-te တပ်မက်သည် (~ power)

crawl v twa:-thwa:-de တွားသွားသည်

crazy adj yu:-dẹ ရူးသော

creak v tə-jwị-jwị-myi-de တကြွိကြွိမြည်သည်

creaky adj e'-tẹ အက်သော

creaky tone n the'-than သက်သံ၊ than-to သံတို

cream n mə-lain မလိုင် (whipping ~); lein:-zi လိမ်းဆီ (skin ~)-

creamy adj hsein̠-dẹ ဆိမ့်သော (rich); hpyu-hpwei:-dẹ ဖြူဖွေးသော (~ white)

create v hpan-ti:-de ဖန်တီးသည်၊ hpan-hsin:-de ဖန်ဆင်းသည်

creativity n hpan-ti:-nain-sun: ဖန်တီးနိုင်စွမ်း၊ hpan-ti:-hmụ ဖန်တီးမှု

creature n tha'-tə-wa, dhə-də-wa သတ္တဝါ

crèche n nẹ̀i-hkə-lei:-dein:-jaun: နေ့ကလေးထိန်းကျောင်း (nursery)

credit n jwei:-we-gwin̠ ကြွေးဝယ်ခွင့်၊ 💰 yạ-ngwei ရငွေ (≠ debit); na-me နာမည် (get ~ for); na-me-sə-yin: နာမည်စာရင်း (movie ~)

credit card n 💰 ə-jwei:-we-gwin̠-ka' အကြွေးဝယ်ခွင့်ကတ်

creek n chaun: ချောင်း

creeper n 🌿 nwe နွယ်

cremate *v* mi:-dhin-jo-de
မီးသဂြိုဟ်သည်

crescent *n* la̱-gwei: လကွေး

crew *n* ♓ thin:-bɔ:-dha:-ə-zu̱
သင်္ဘောသားအစု၊ ə-hpwɛ̱ အဖွဲ့

crew cut *n* bo-kei ဗိုလ်ကော၊ gə-
don:-zə-dau' ခေါင်းတုံးဆံထောက်

cricket *n* ♥ pə-yi' ပုရစ်

crime *n* ⚖ ə-hmu̱-ə-hkin:
အမှုအခင်း၊ pyi'-hmu̱ ပြစ်မှု
(offence); pyi'-hmu̱-ju:-lun-jin:
ပြစ်မှုကျူးလွန်ခြင်း (illegal activity)

criminal *n* ⚖ ya-zə-wu'-tha:
ရာဇဝတ်သား

criminal case *n* ⚖ ya-zə-wu'-
hmu̱ ရာဇဝတ်မှု (≠ civil case)

cripple *n* do'-hki̱-ta̱ ဒုက္ခိတ

crisis *n* ə-jin:-ə-ja' အကျဉ်း
အကျပ်၊ ə-ja'-ə-te: အကျပ်
အတည်း

crisp *adj* ju'-tɛ̱ ကြွပ်သော

critic *n* wei-ban-yei:-dhə-ma:
ဝေဖန်ရေးသမား

critical *adj* wei-ban-dɛ̱ ဝေဖန်
သော (analytical); po'-hka'-tɛ̱
ပုတ်ခတ်သော (judgmental); ə-yei:-
ji:-dɛ̱ အရေးကြီးသော (important)

criticise *v* wei-ban-de
ဝေဖန်သည်

criticism *n* wei-ban-yei:
ဝေဖန်ရေး

crochet *v* chi-hto:-de
ချည်ထိုးသည်

crockery *n* bə-gan-hkwe'-yau'
ပန်းကန်ခွက်ယောက်

crocodile 🐊 *n* mi̱-jaun: မိကျောင်း

crook *n* thə-hko: သူခိုး (thief); lu-
lein-lu-kau' လူလိမ်လူကောက်
(dishonest person)

crooked *adj* lein-kau'-te လိမ်
ကောက်သော (≠ honest); kau'-tɛ̱
ကောက်သော (≠ straight)

crop *n* ə-thi:-ə-hnan အသီးအနှံ

cross₁ *v* hpya'-te ဖြတ်သည် (~ a
river); ku:-de ကူးသည် (~ street)

cross₂ *adj* sei:-kau'-tɛ̱
စိတ်ကောက်သော

cross₃ *n* je'-chei ကြက်ခြေ (x
mark); ✝ ka:-zin ကားစင်၊
✝♀ myo:-za' မျိုးစပ်

crossing *n* lan:-zon လမ်းဆုံ
(junction); lu-ku:-myin:-ja:
လူကူးမျဉ်းကျား (pedestrian ~)

crossroads *n* lan:-lei:-gwa̱
လမ်းလေးခွ

crosswalk *n* lu-ku:-myin:-ja:
လူကူးမျဉ်းကျား

crosswise *adj* ka̱n̩-lan̩-dɛ̱

ကန့်လန့်သော

crow₁ *v* tun-de (ကြက်စသည်) တွန်သည်

crow₂ 🐦 *n* ji:-gan: ကျီးကန်း

crowd *n* lu-zu-lu-wei: လူစုလူဝေး

crowded *adj* ja'-te ကျပ်သော၊ lu-mya:-de လူများသော၊ htu-hta'-te ထူထပ်သော

crown *n* 👑 tha-ra-hpu သရဖူ (king's ~); thwa:-du သွားတု (false tooth) ‖‖ *put in a crown* thwa:-sai'-te သွားစိုက်သည်

crown prince *n* 👑 ein-shei-min:-dha အိမ်ရှေ့မင်းသား

crown princess *n* 👑 ein-shei-mi-hpa-ya အိမ်ရှေ့မိဖုရား

crucifix *n* ✝ le'-wa:-ka'-tain လက်ဝါးကပ်တိုင်

crude *adj* jan:-tan-te ကြမ်းတမ်းသော (rough); yin-thi:-de ရင့်သီးသော (rude)

crude oil *n* yei-nan-zein: ရေနံစိမ်း

cruel *adj* ye'-se'-te ရက်စက်သော

crumble *v* chei-de ချေသည်

crumple *v* tun-jei-de တွန့်ကြေသည်

crunchy *adj* ju'-ywa-de ကြွပ်ရွသည်

crush *v* jei-de ကြေသည် ‖‖ *have a crush on* ja-de ကျသည်

crushed *adj* sei'-pye'-te စိတ်ပျက်သော

crushing *adj* pyin:-htan-de ပြင်းထန်သော

crust *n* jo: ချိုး (~ of rice); a-na:-dha အနားသား (bread ~)

crutches *n* jain:-dau' ချိုင်းထောက်

crux *n* a-hka-ya အခရာ၊ tha-je' သော့ချက်

cry *v* ngo-de ငိုသည် ‖‖ *a far cry* a-wei:-ji: အဝေးကြီး

crystal *n* ❋ pon-hsaun-ge: ပုံဆောင်ခဲ၊ a-pwin အပွင့် (salt ~, sugar ~); tha-lin:, sa-lin: သလင်း (ကျောက်) (quartz)

cub *n* 🐻 chin-thei-pau' ခြင်္သေ့ပေါက်၊ 🐅 ja-pau' ကျားပေါက်

cube *n* ku-ba-don: ကုဗတုံး၊ ❋ ku-ba ကုဗ

cubic *adj* ku-ba ကုဗ

cubism *n* ku-ba-wa-da ကုဗဝါဒ

cucumber *n* 🥒 tha-hkwa: သခွား

cuisine *n* a-che'-a-pyo' အချက်အပြုတ်

abcdefghijklmnopqrstuvwxyz

cultivate *v* sai'-pyo:-de စိုက်ပျိုးသည် (~ a field); pyo:-htaun:-de ပျိုးထောင်သည် (~ one's mind); mwei:-te မွေးသည် (~ a habit)
cultivation *n* sai'-pyo:-yei: စိုက်ပျိုးရေး (agriculture)
culture₁ *v* mwei:-de မွေးသည် (~ bacteria)
culture₂ *n* yin-jei:-hmụ ယဉ်ကျေးမှု (customs); sai'-pyo:-yei: စိုက်ပျိုးရေး (growing plants)
cumin *n* ✂ sə-mon-ne' စမုန်နက်
cunning *adj* kau'-ji'-tẹ ကောက်ကျစ်သော
cup *n* hkwe' ခွက်
cupboard *n* bi-do ဘီရို
curb₁ *v* htein:-cho'-te ထိန်းချုပ်သည်
curb₂ *n* pə-le'-hpaun:-baun ပလက်ဖောင်းဘောင်
cure *v* kụ-thạ-de ကုသသည်
curfew *n* ə-pyin-mə-htwe'-yạ-ə-meiṇ အပြင်မထွက်ရအမိန့်
curiosity *n* sa'-sụ-hmụ စပ်စုမှု
curious *adj* sa'-sụ-dẹ စပ်စုသော (interested); htu:-hsan:-dẹ ထူးဆန်းသော (strange)
curl *v* kọ-de ကော့သည်၊ kọ-lan-de ကော့လန်သည်၊ kwei:-kau'-te ကွေးကောက်သည်
curl up *v* lan-de လန်သည်၊ lei'-te လိပ်သည်
curly *adj* kau'-tẹ ကောက်သော၊ hkwei-dẹ ခွေသော
currency *n* ngwei ငွေ
current₁ *adj* ka-lạ-pɔ ကာလပေါ်၊ mye'-hmau' မျက်မှောက်
current₂ *n* yei-si:-jaun: ရေစီးကြောင်း (flow); hlya'-si: လျှပ်စီး (electric ~)
currently *adv* ə-hkụ အခု၊ la'-tə-lɔ: လတ်တလော၊ 📖 yə-hkụ ယခု
curriculum vitae, CV *n* ko-yei:-ya-zə-win ကိုယ်ရေးရာဇဝင် (အကျဉ်းချုပ်)
curry *n* hin: ဟင်း
curse₁ *v* hse:-de ဆဲသည် (swear); jein-za-tai'-te ကျိန်စာတိုက်သည် (harm with a magic spell)
curse₂ *n* ə-hse: အဆဲ (swear word); jein-za ကျိန်စာ (evil spell)
curt *adj* to-taun:-dẹ တိုတောင်းသော
curtain *n* kə-lə-ga ကန့်လန့်ကာ၊ lai'-ka လိုက်ကာ၊ hkan:-zi: ခန်းဆီး
curtly *adv* ju'-hsa'-hsa' ကြွပ်ဆတ်ဆတ်၊ to-do-taun:-daun:

တိုတိုတောင်းတောင်း

curve₁ *v* kwei:-de ကွေးသည်

curve₂ *n* ə-kwei: အကွေး

cushion *n* ku-shin ကူရှင်၊ hpon ဖုံ၊
hso-hpa ဆိုဖာ

custard apple *n* ⚘ ɔ:-za သြဇာ

custody *n* ⚖ ə-cho'-ə-hnaun
အချုပ်အနှောင်၊ o'-htein:-hmu
အုပ်ထိန်းမှု ။။ *take into custody*
hpan:-de ဖမ်းသည်

custom *n* sə-ni' စနစ်၊ hton:-zan
ထုံးစံ၊ yo:-ya-də-lei ရိုးရာဓလေ့

customer *n* zei:-we-dhu
ဈေးဝယ်သူ ။။ *regular customer*
hpau'-the ဖောက်သည်

custom-made *adj* tain:-ywei-
lo'-tɛ တိုင်းရှုလုပ်သော

Customs *n* 🌐 ə-kau'-hkun
အကောက်ခွန်

cut₁ *v* hko'-te ခုတ်သည် (chop);
hpya'-te ဖြတ်သည် (cut off, cut in
two; ~ supply); shạ-de ရှသည်
(skin); hnya'-te ညှပ်သည် (with
scissors); hkwe:-de ခွဲသည် (split,
with knife, axe, etc); shọ-de
လျှော့သည် (~ price)

cut₂ *n* shọ-chạ-jin: လျှော့ချခြင်း
(budget ~); dan-ya ဒဏ်ရာ
(injury); wei-zụ ဝေစု (~ of profit)

cutch *n* sha:-ze: ရှားဆေး

cutting board *n* sin:-hni-don:
စင်းနှီတုံး

CV *see:* **curriculum vitae**
ကိုကြည့်

cycle₁ *v* se'-bein:-si:-de
စက်ဘီးစီးသည် (bicycle)

cycle₂ *n* ə-pa' အပတ် (repeated
series); se'-bein: စက်ဘီး (bicycle)

cyclone *n* hsain-kə-lon:-mon-
dain: ဆိုင်ကလုန်းမုန်တိုင်း

cylinder *n* ə-tauṇ အတောင့်
(container); hsə-lin-da ဆလင်ဒါ
(shape; engine part)

cymbals ♪ *n* lə-gwin: လင်းကွင်း

cyst *n* ⚕ pyi-te-ei'
ပြည်တည်အိတ်

D - d di ဒ

dab₁ *v* tọ-de တို့သည် (~ mouth
with napkin)

dab₂ *n* mə-hpyi'-sə-lau'
မဖြစ်စလောက် (small amount)

Dabaung *n* də-baun: တပေါင်း

Dabodwe *n* də-bọ-dwe: တပို့တွဲ

dacoit *n* də-myạ ဓားပြ

dad, daddy *pron* hpei-hpei
ဖေဖေ

Dagu *n* də-gu: တန်ခူး

dahlia *n* ✿ dei-li-ya ဒေလီယာ

daily₁ *adv* nei̯-dain: နေ့တိုင်း၊ nei̯-zin နေ့စဉ် (every day)

daily₂ *n* dhə-din:-za သတင်းစာ (newspaper)

daintily *adv* ywa̯-ywa̯ ရွရွ၊ hlo'-li-hlo'-le̯ လှုပ်လီလှုပ်လဲ့

dainty *adj* nṵ-nṵ-thei:-dhei: နုနုသေးသေး

dairy *n* no̯-htwe'-pyi'-si: နို့ထွက်ပစ္စည်း

dais *n* hkon ခုံ၊ sin-myin̯ စင်မြင့်

dam *n* hse ဆည်၊ tə-man တမံ

damage *n* ə-pye'-ə-si: အပျက်အစီး၊ ə-na အနာ၊ dan-ya-dan-je' ဒဏ်ရာဒဏ်ချက်

damaged *adj* hti̯-hkai'-hta:-de̯ ထိခိုက်ထားသော

damp *adj* so-htain:-de̯ စိုထိုင်းသော

damson (plum) *n* ✿ me'-man: မက်မန်း

dance₁ *v* ka̯-de ကသည်

dance₂ *v* ə-ka̯ အက

dancer *n* ka̯-chei-the ကချေသည်၊ ə-nyein̯-min:-tha-mi: အငြိမ့်မင်းသမီး (*anyeint ~*)

dandruff *n* bau' ဗောက်

danger *n* bei:-yan ဘေးရန်၊ an-də-

ye အန္တရာယ်၊ bei:-u̯-pa' ဘေးဥပဒ်

dangerous *adj* an-də-ye-mya:-de̯ အန္တရာယ်များသော

dangle *v* hpa'-lap-ja̯-de ဖတ်လတ်ကျသည်၊ yi-lei:-hko-de ယီးလေးခိုသည်

dangling *adj* to:-lo:-twe:-laun:-hpyi'-te̯ တိုးလိုးတွဲလောင်းဖြစ်သော

Danu *n* də-nṵ ဓနု

dare *v* sun̯-za:-de စွန့်စားသည်၊ ye:-de ရဲသည်

daring *adj* ə-tin̯-ye:-de̯ အတင့်ရဲသော

dark *adj* hmaun-de̯ မှောင်သော

darken *v* hmaun-la-de မှောင်လာသည်

darkness *n* ə-hmaun အမှောင်

darkroom *n* ə-hmaun-gan: အမှောင်ခန်း

darling *pron* ə-the:-lei: အသည်းလေး

dart₁ *v* ə-myan-pyei:-de အမြန်ပြေးသည်

dart₂ *n* hmya:-lei: မှားလေး

dash₁ *v* ə-myan-pyei:-de အမြန်ပြေးသည်၊ don:-sain:-de ဒုန်းစိုင်းသည် (run); pyi'-hkwe:-de ပစ်ခွဲသည်၊ hpyon-gə-ne:-pyi'-

te ဖြုန်ခနဲပစ်သည် (throw against)

dash₂ *n* ton:-shei တိုးရှည် (—); ə-ne:-nge အနည်းငယ် (a little); ta-do-pyei:-bwe: တာတိုပြေးပွဲ (race)

dashboard *n* dain-gwe:-bo' ဒိုင်ခွက်ဘုတ်

data *n* ə-che'-ə-le' အချက် အလက်

date *n* ye'-swe: ရက်စွဲ (day of the month); chein:-hso-hmụ ချိန်းဆိုမှု (appointment); ✾ sun-pə-lun စွန်ပလွံ (fruit of a palm) ‖ ‖ *fix a date* ye'-tha'-hma'-te ရက်သတ် မှတ်သည်၊ ye'-chein:-pei:-de ရက်ချိန်းပေးသည် ‖ ‖ *out of date* hki'-nau'-jạ-de ခေတ်နောက် ကျသည် ‖ ‖ *international date-line* gə-bạ-ye'-tha'-myin: ကမ္ဘာ့ ရက်သတ်မျဉ်း

daughter *n* thə-mi: သမီး

daughter-in-law *n* chwei:-mạ ချွေးမ

dawdle *v* zein-hswe:-de ဇိမ်ဆွဲသည်

dawn *n* mo:-thau' မိုးသောက်၊ a-yon အရုဏ် ‖ ‖ *dawn breaks* a-yon-jin:-de အရုဏ်ကျင်းသည်

day *n* neị နေ့ (≠ night, ~ of the week); ye' ရက် (how many ~s)

‖ ‖ *day breaks* yaun-ni-pə-de ရောင်နီပေါ်သည်

day after day *adv* neị-zin-ye'-hse' နေ့စဉ်ရက်ဆက်

day by day *adv* tə-neị-tə-cha: တစ်နေ့တစ်ခြား

daycare *n* neị-hkə-lei:-htein:-jaun: နေ့ကလေးထိန်းကျောင်း

daydream *n* sei'-ku: စိတ်ကူး၊ neị-gin:-ei'-me' နေ့ခင်းအိပ်မက်

day labourer *n* neị-za: နေ့စား

daylight *n* neị-ə-lin:-yaun နေ့ အလင်းရောင် (natural light); neị-gin:-jaun-taun နေ့ခင်း ကြောင်တောင် (in broad ~)

day off *n* na:-ye' နားရက်၊ a:-la'-ye' အားလပ်ရက်

Dazaungmon *n* da-zaun-mon: တန်ဆောင်မုန်း

daze *n* twei-jin: တွေခြင်း၊ ngain-jin: ငိုင်ခြင်း၊ mein:-mu:-jin: မိန်းမူးခြင်း

dazed *adj* dwei-wei-dẹ တွေ ဝေသော၊ jaun-si-zi-hpyi'-tẹ ကြောင်စီစီဖြစ်သော

dead *adj* thei-dẹ သေသော (≠ alive); mə-kaun:-tọ-dẹ မကောင်း တော့သော (≠ working)

dead body *n* lu-thei-kaun

လူသေကောင်

dead end *n* lan-zon: လမ်းဆုံး

deadline *n* tha'-hma'-ye'
သတ်မှတ်ရက်

deaf *adj* na:-htain:-dẹ နား
ထိုင်းသော (hard of hearing); na:-
pin:-dẹ နားပင်းသော (stone ~)

deafening *adj* je-laun-dẹ
ကျယ်လောင်သော

deal₁ *v* ə-yaun:-ə-we-lo'-te
အရောင်းအဝယ်လုပ်သည် (trade
in); ə-shə̣-ə-tin:-lo'-te အလျှော့
အတင်းလုပ်သည် (bargain); hpe:-
wei-de ဖဲဝေသည် (~ cards)

deal₂ *n* ə-pei:-ə-yu အပေးအယူ၊
thə-bɔ:-tu-nyi-jẹ' သဘော
တူညီချက် (business ~); ə-yei:
အရေး (matter)

dealer *n* dain နိုင် (cards); pwe:-
za: ပွဲစား၊ kon-dhe ကုန်သည်
(trader)

deal with *v* kain-twe-de ကိုင်
တွယ်သည် (handle); ə-yei:-yu-de
အရေးယူသည် (take action on)

dear₁ *v* zei:-ji:-de ဈေးကြီးသည်၊
zei:-mya:-de ဈေးများသည်

dear₂ *adj* hkin-min-dẹ
ချစ်မင်သော

dear₃ *n* ə-the:-lei: အသည်းလေး၊

ə-chi'-kə-lei: အချစ်ကလေး

dearth *n* hkaun:-pa:-jin:
ခေါင်းပါးခြင်း

death *n* ə-thei အသေ၊ thei-hson:-
jin: သေဆုံးခြင်း

death certificate *n* thei-sə-yin:
သေစာရင်း

debate₁ *v* nyin:-hkon-de
ငြင်းခုံသည်

debate₂ *n* zə-gə-yi-lụ-bwe:
စကားရည်လုပွဲ (~ club); zə-ga:-ə-
chei-ə-tin စကားအချေအတင်
(argument)

debit *n* myi-za: မြီစား

debris *n* ə-sə̣-ə-nạ အစအန

debt *n* ə-jwei: အကြွေး

debtor *n* myi-za: မြီစား

debut₁ *v* mei'-hse'-pei:-de
(စာအုပ်စသည်)မိတ်ဆက်ပေးသည်၊
pɔ-htwe'-te ပေါ်ထွက်သည်

debut₂ *n* pwe:-u:-dwe' ပွဲဦးထွက်

decay₁ *v* hswei:-myị-de
ဆွေးမြည့်သည်

decay₂ *n* ə-hswei: အဆွေး

decease *n* kwe-lun-jin:
ကွယ်လွန်ခြင်း

deceased *n* kwe-lun-dhu
ကွယ်လွန်သူ

deceit *n* hlẹ-hpya:-hmụ

လှည့်ဖြားမှု

deceitful *adj* kau'-ji'-tẹ ကောက်
ကျစ်သော၊ lein-kau'-tẹ လိမ်
ကောက်သော၊ ma-ya-mya:-dẹ
မာယာများသော

deceitfully *adv* kə-lein-kə-ji'
ကလိမ်ကကျစ်

deceive *v* kə-li-kə-ma-lo'-te
ကလိကမာလုပ်သည်၊ tə-pa'-yai'-
te တစ်ပတ်ရိုက်သည်၊ hlẹ-sa:-de
လှည့်စားသည်၊ lein-nya-de
လိမ်ညာသည်

December *n* di-zin-ba ဒီဇင်ဘာ

decency *n* ə-lein-ma အလိမ္မာ

decent *adj* ə-htai'-ə-lyau'-tẹ
အထိုက်အလျောက်သော

decently *adv* thiṇ-tɔ-zwa
သင့်တော်စွာ၊ lyau'-pa'-swa
လျောက်ပတ်စွာ

deception *n* hlẹ-gwe' လှည့်ကွက်၊
nya-lon: ညာလုံး၊ pə-rị-ye
ပရိယာယ်

decide *v* hson:-hpya'-te ဆုံး
ဖြတ်သည်၊ si-yin-de စီရင်သည်၊
sei'-pain:-hpya'-te စိတ်ပိုင်း
ဖြတ်သည်

decimal (point) *n* də-dhə-mạ
ဒသမ

decimal system *n* hse-li-sə-ni'

decision *n* hson:-hpya'-che'
ဆုံးဖြတ်ချက်၊ ə-hson:-ə-hpya'
အဆုံးအဖြတ်

decisive *adj* pya'-tha:-dẹ ပြတ်
သားသော (making decisions
quickly); ə-hkə-ya-hpyi'-tẹ
အခရာဖြစ်သော (pivotal, ~ victory)

decisively *adv* pya'-pya'-tha:-
dha: ပြတ်ပြတ်သားသား

deck *n* ⚓ kon:-ba' ကုန်းပတ်၊ nin:-
jan: နင်းကြမ်း (bridge ~); hpe:-
hto' ဖဲထုပ် (~ of cards); lạ-dha-
zaun လသာဆောင် (balcony)
▪▪ **tape deck** ke'-hse' ကက်ဆက်

declaration *n* jei-nya-je' ကြေ
ညာချက် (statement); jei-nya-sa-
dan: ကြေညာစာတမ်း (document)

declare *v* jei-nya-de
ကြေညာသည်

decline *v* jạ-de ကျသည်၊ jạ-hsin:-
de ကျဆင်းသည်၊ ə-chei-pye'-te
အခြေပျက်တည်၊ neiṇ-jạ-de နိမ့်
ကျသည်

decorate *v* che-thạ-de ခြယ်
သသည်၊ si-che-de စီခြယ်သည်၊
mun:-man-pyin-hsin-de
မွမ်းမံပြင်ဆင်သည်

decoration *n* ə-pyin-ə-hsin

အပြင်အဆင်

decrease v hso'-yo'-te ဆုတ်
ယုတ်သည်၊ yo'-yɔ̰-de ယုတ်
လျော့သည်၊ yɔ̰-ne:-de လျော့
နည်းသည်

dedicate v ə-lei:-pei:-de
အလေးပေးသည် (devote to
exclusively); yi-zu:-de ရည်စူးသည်
(~ a book); hmyo'-hnan-hta:-de
မြှုပ်နှံထားသည် (~d to a cause)

deduce v kau'-che'-chḁ-de
ကောက်ချက်ချသည် (reason)

deduct v hto'-hno'-te ထုတ်
နုတ်သည် (subtract); hpya'-te
ဖြတ်သည် (cut)

deduction n kau'-che' ကောက်
ချက် (conclusion); hto'-yu-hsin-
chin-hmṵ ထုတ်ယူဆင်ခြင်မှု
(reasoning); ə-hno'-pyḁ-jin:
အနုတ်ပြုခြင်း (reduction)

deed n kan kɔ̀၊ ə-jaun:-yin:
အကြောင်းရင်း (action with
consequences); lo'-ya' လုပ်ရပ်
(act); sa-jo'-sa-dan: (ပိုင်ဆိုင်မှု)
စာချုပ်စာတမ်း (certificate)

deep adj ne'-tḛ နက်သော (~
water); ne'-ne:-dḛ နက်နဲ့သော၊
myin̰-dḛ မြင့်သော (profound); tɔ:-
ne'-tḛ တောနက်သော (remote)

deep-water rice n yei-ne'-zə-
ba: ရေနက်စပါး

deep-water rice field n yei-ne'-
kwin: ရေနက်ကွင်း

deer n də-ye ဒရယ်၊ hsa' ဆတ်
(pl. deer) ။။ **brow-antlered deer**
thə-min သမင် ။။ **barking deer** ji
ချေ

defeat₁ v nain-de နိုင်သည်၊ ə-
nain-yu-de အနိုင်ယူသည်

defeat₂ n ə-shon: အရှုံး

defeated adj shon:-nein̰-dḛ
ရှုံးနိမ့်သော (losing); sei'-pye'-tḛ
စိတ်ပျက်သော (dispirited)

defecate v chi:-pa-de
ချေးပါသည်

defect₁ v be'-pyaun:-de ဘက်
ပြောင်းသည်

defect₂ n ə-pyi အပြစ်၊ ə-na-ə-
hsa အနာအဆာ (damage); chu'-
ywin:-je' ချွတ်ယွင်းချက်
(manufacturing ~)

defective adj chu'-ywin:-dḛ
ချွတ်ယွင်းသော

defence n ka-kwe-yei: ကာ
ကွယ်ရေး (resisting attack); ko-lon-
pyin-nya ကိုယ်လုံပညာ၊ ko-hkan-
pyin-nya ကိုယ်ခံပညာ (self-~)

defend v ka-kwe-de ကာ

ကွယ်သည်၊ hku-hkan-de ခုခံသည်

defendant *n* ⚖ tə-yɔ-gan
တရားခံ

defense *n* ka-kwe-yei: ကာ
ကွယ်ရေး (resisting attack); ko-lon-
pyin-nya ကိုယ်လုံပညာ၊ ko-hkan-
pyin-nya ကိုယ်ခံပညာ (self-~)

defer *v* hsain:-(ngan)-de ဆိုင်း
(ငံ့)သည် (do later); lai'-yɔ:-de
လိုက်လျောသည်၊ na-hkan-de
နာခံသည် (submit)

deference *n* yo-jo:-jin:
ရိုကျိုးခြင်း

deferentially *adv* ə-lei:-tə-mu
အလေးတမူ၊ ə-nu:-ə-nyu' အနူး
အညွတ်

defiance *n* a-hkan-jin: အာခံခြင်း၊
hpi-hsan-jin: ဖီဆန်ခြင်း

deficiency *n* lo-a'-che' လိုအပ်
ချက်၊ ha-gwe' ဟာကွက်၊ chɔ-tə-
hmu ချို့တဲ့မှု

deficient *adj* li'-la'-tə လစ်
လပ်သော (be missing); chɔ-tə-dę
ချို့တဲ့သော (not have enough)

deficit *n* lo-ngwei လိုငွေ

definite *adj* jein:-thei-dę ကျိန်း
သေသော၊ yei-ya-dę ရေရာသော

definitely *adv* thei-ja-pau' သေ
ချာပေါက်၊ jein:-thei ကျိန်းသေ

definition *n* ə-dei'-pe-(hpwin-
hso-je') အဓိပ္ပါယ်(ဖွင့်ဆိုချက်)

deflation *n* 🌐 ngwei-jon-win-
hmu ငွေကျုံ့ဝင်မှု

deflect *v* lan:-jaun:-lwe:-de
လမ်းကြောင်းလွဲသည်

defog *v* yei-ngwei-hpe-de
ရေငွေ့ဖယ်သည် (defog, ~ window)

deform *v* pye'-ywin:-de
ပျက်ယွင်းသည်၊ chɔ-ywin:-de
ချို့ယွင်းသည်၊ pon-pye'-tę
ပုံပျက်သည်

deformity *n* pye'-ywin:-bon
ပျက်ယွင်းပုံ၊ chɔ-ywin:-bon
ချို့ယွင်းပုံ

defraud *v* lein-le-de
လိမ်လည်သည်

defray *v* zə-yei'-jei-de
စရိတ်ကျေသည်

defrost *v* yei-ge:-hpe-sha:-de
ရေခဲဖယ်ရှားသည် (~ freezer);
nwei:-la-zei-de နွေးလာစေသည်
(thaw, ~ food); yei-ngwei-hpe-
de ရေငွေ့ဖယ်သည် (defog, ~ the
window)

deft *adj* thei-tha'-myan-hsan-dę
သေသပ်မြန်ဆန်သော

defy *v* hpi-hsan-de ဖီဆန်သည်၊
lun-hsan-de လွန်ဆန်သည်

degenerate *v* hso'-yo'-te ဆုတ်ယုတ်သည်၊ pye'-ywin:-de ပျက်ယွင်းသည်

degrade *v* hneiṇ-de နှိမ့်သည် (humiliate); pye'-si:-de ပျက်စီးသည် (deteriorate)

degree *n* di-gə-ri ဒီဂရီ (°); bwẹ ဘွဲ့ (university ~); ə-tain:-ə-ta အတိုင်းအတာ (extent)

dehydrate *n* ə-chau'-hkan-de အခြောက်ခံသည်

deity *n* na'-hpə-ya: နတ်ဘုရား

dejected *adj* sei'-da'-ja̰-dẹ စိတ်ဓါတ်ကျသော၊ sei'-nyi'-tẹ စိတ်ညစ်သော၊ a:-nge-dẹ အားငယ်သော

dejectedly *adv* sei'-pye'-le'-pye' စိတ်ပျက်လက်ပျက်၊ sei'-hnyo:-nge-zwa စိတ်ညှိုးငယ်စွာ

delay *v* ə-chein-hswe:-de အချိန်ဆွဲသည် ။။ *without delay* ə-hsɔ:-tə-lyin အဆောတလျင်

delegate₁ *v* hkwe:-de (တာဝန်) ခွဲသည် (~ responsibility)

delegate₂ *n* ko-zə-le ကိုယ်စား လှယ်

delegation *n* ko-zə-le-ə-hpwẹ ကိုယ်စားလှယ်အဖွဲ့

delete *v* (pe)-hpye'-te (ပယ်)

ဖျက်သည်

deliberate₁ *v* chin-chein-de ချင့်ချိန်သည်၊ twei:-hsạ-de တွေးဆသည်

deliberate₂ *adj* yi-ywe-tẹ ရည်ရွယ်သော

deliberately *adv* tə-min-the'-the' တမင်သက်သက်၊ tə-min-tə-ga တမင်တကာ

deliberation *n* lei:-ne'-swa-twei:-jin: လေးနက်စွာတွေးခြင်း

delicacy *n* sa:-kaun:-thau'-hpwe စားကောင်းသောက်ဖွယ် (special food); thein-mwei̥-hmụ သိမ် မွေ့မှု (sensitivity); nu:-nyaṇ-hmụ နူးညံ့မှု (fragility)

delicate *adj* thein-mwei̥-dẹ သိမ်မွေ့သော (~ situation, ~ movement); nụ-ne-tẹ နုနယ်သော (~ hands)

delicately *adv* ywạ-ywạ ရွှရွှ

delicatessen *n* ə-htu:-sa:-bwe-ə-yaun:-zein အထူးစားဖွယ် အရောင်းဆိုင်

delicious *n* sa:-lọ-kaun:-dẹ စားလို့ကောင်းသော

delight *n* san စံ၊ pi-tị ပီတိ

delighted *adj* hni'-chai'-tẹ နှစ်ခြိုက်သော

delightedly *adv* hni'-hni'-chai'-chai' နှစ်နှစ်ခြိုက်ခြိုက်

delinquent₁ *adj* hso:-thun:-dẹ ဆိုးသွမ်းသော

delinquent₂ *n* hso:-tei ဆိုးတော၊ lu-pei-lu-tei လူပေလူတေ

delirious *adj* ♥ ngan:-hpan:-dẹ ငန်းဖမ်းသော (~ from fever); myu:-tu:-dẹ မြူးတူးသော (~ly happy)

deliver *v* pọ-hsaun-de ပို့ဆောင်သည် (bring to); ke-hse-de ကယ်ဆယ်သည် (rescue); ♥ mi:-hpwa:-de မီးဖွားသည် (give birth)

delta *n* 🌏 myi'-wạ-jun:-pɔ မြစ်ဝကျွန်းပေါ်

deluxe *adj* ə-htu: အထူး

demand₁ *v* taun:-hso-de တောင်းဆိုသည်၊ ə-yei:-hso-de အရေးဆိုသည်

demand₂ *n* 🏛 we-lo-a: ဝယ်လိုအား (≠ supply); taun:-hso-je' တောင်းဆိုချက် (strong request)

demanding *adj* pin-pan:-tẹ ပင်ပန်းသော (~ work); le'-pau'-ka'-tha'-tẹ လက်ပေါက်ကတ်သတ်သော၊ ka'-tha'-tẹ ကတ်သတ်သော (~ person)

democracy *n* 🌏 di-mo-kə-rei-si ဒီမိုကရေစီ

democratic *adj* 🌏 di-mo-kə-re'-ti' ဒီမိုကရက်တစ်

demon *n* na'-mei'-hsa နတ်မိစ္ဆာ

demonstrate *v* pya-de ပြသည်၊ thə-yo'-pya-de သရုပ်ပြသည် (show); hsan-dạ-pya-de ဆန္ဒပြသည် (strike)

demonstration *n* pya-tha-jin: ပြသခြင်း (showing); hsan-dạ-pya-bwe: ဆန္ဒပြပွဲ (march)

demote *v* ya-du:-chạ-de ရာထူးချသည်

den *n* tha:-ye:-dwin: သားရဲတွင်း (lion's ~); hko-aun:-ya-nei-ya ခိုအောင်းရာနေရာ (hideout); sa-jị-gan: စာကြည့်ခန်း (room)

dengue haemorrhagic fever *n* ♥ thwei:-lun-to'-kwei: သွေးလွန်တုပ်ကွေး

denial *n* nyin:-je' ငြင်းချက်၊ ə-nyin: အငြင်း

denim *n* zin ဇင်

denounce *v* tain-de တိုင်သည်၊ le'-hnyo:-hto:-de လက်ညှိုးထိုးသည်၊ hpwịn-hạ-pyɔ:-de ဖွင့်ဟပြောသည်

dense *adj* htu-dẹ ထူသော၊ htu-hta'-tẹ ထူထပ်သော (thick); htu-ạ-dẹ ထူအသော (~ person)

density *n* thei'-thi:-hsạ
သိပ်သည်းဆ

dent *n* chaịn-ya ချိုင့်ရာ

dental *adj* thwa: သွား

dentist *n* thwa:-hsə-ya-wun
သွားဆရာဝန်

dentures *n* an-ka' အံကပ်

deny *v* nyin:-pe-de ငြင်းပယ်သည်

deodorant *n* ə-naṇ-pyau'-hsei:
အနံ့ပျောက်ဆေး၊ jain:-naṇ-pyau'-
hsei: ချိုင်းနဲ့ ပျောက်ဆေး
(underarm ~)

depart *v* thwa:-de သွားသည်၊
htwe'-hkwa-te ထွက်ခွာသည်

department *n* hta-nạ ဌာန

department store *n* kon-tai'-
ji: ကုန်တိုက်ကြီး

departure *n* ə-htwe' အထွက်၊
htwe'-hkwa-jin: ထွက်ခွာခြင်း

depend *v* hmi-hko-de မှီခိုသည်၊
a:-ko:-de အားကိုးသည်၊ mu-ti-de
မူတည်သည်၊ a:-hta:-de အား
ထားသည်

dependable *adj* a:-ko:-ya-dẹ
အားကိုးရသော

dependant *n* hmi-hko မှီခို

dependence *n* hmi-hko-nei-jin:
မှီခိုနေခြင်း (needing support); swe:-
jin: စွဲခြင်း (addiction)

dependent *adj* hmi-hko-nei-dẹ
မှီခိုနေသော

deport *v* ⚓ ne-pyi-hnin-de
နယ်ပြည်နှင်သည်

deportation *n* ⚓ pyi-hnin-dan
ပြည်နှင်ဒဏ်

deposit *v* ngwei-thwin:-de
ငွေသွင်းသည်

deposit book *n* ban-sa-o'
ဘဏ်စာအုပ်

depot *n* dain ဒိုင်၊ kon-hlaun-yon
ကုန်လှောင်ရုံ

depress *v* sei'-da'-jạ-zei-de
စိတ်ဓာတ်ကျစေသည် (make sad);
hnei'-te နှိပ်သည် (press)

depressed *adj* sei'-nyi'-tẹ
စိတ်ညစ်သော

depression *n* chaịn-gwe' ချိုင့်
ခွက် (low spot); 💰 si:-bwa:-pye'-
ka စီးပွားပျက်ကပ် (economic ~);
sei'-da'-jạ-jin: စိတ်ဓာတ်ကျခြင်း
(sadness); 🩺 sei'-da'-jạ-yo:-ga
စိတ်ဓာတ်ကျရောဂါ (clinical ~)

deprive *v* hpya'-tau'-hta:-de
ဖြတ်တောက်ထားသည် (deny use
of); yu-thwa:-de ယူသွားသည်
(take away)

depth *n* ə-ne' အနက်၊ zau' ဇောက်
‖‖ *in depth* ne'-ne'-shain:-

shain: နက်နက်ရှိုင်းရှိုင်း

deputy *n* le'-htau' လက်ထောက်၊ dụ-tị-ya ဒုတိယ

descend *v* hsin:-(the')-de ဆင်း (သက်)သည်

descendant *n* ə-hse' (ə-nwe) အဆက်(အနွယ်)

descent *n* ə-jạ အကျ၊ ə-hsin: အဆင်း

describe *v* hpɔ-pyạ-de ဖော်ပြသည်

description *n* hpɔ-pyạ-je' ဖော်ပြချက်၊ thə-yo'-hpɔ-je' သရုပ်ဖော်ချက်

desert₁ *v* htwe'-pyei:-de ထွက်ပြေးသည်

desert₂ *n* gan-da-yạ ကန္တာရ

deserted *adj* lu-pya'-tẹ လူပြတ်သော

deserter *n* ♣ si'-pyei: စစ်ပြေး၊ ♣ ta'-pyei: တပ်ပြေး

deserve *v* htai'-tan-de ထိုက်တန်သည်

design₁ *v* di-zain:-lo'-te ဒီဇိုင်း လုပ်သည်

design₂ *n* di-zain: ဒီဇိုင်း

designer *n* di-zain:-na ဒီဇိုင်းနာ

desire₁ *v* lo-jin-de လိုချင်သည်

desire₂ *n* ə-lo-hsan-dạ အလိုဆန္ဒ၊

yə-me' ရမ္မက်

desk *n* zə-bwe: (စာရေး)စားပွဲ (writing ~)

despair *v* a:-nge-de အားငယ်သည်၊ a:-pye'-te အားပျက်သည်

desperate *adj* a:-nge-dẹ အား ငယ်သော၊ a:-pye'-tẹ အား ပျက်သော (hopeless); mə-hpyi'- mə-nei မဖြစ်မနေ (in great need)

despite *prep* pei-mẹ ပေမဲ့ thọ- thə-le: သို့သော်လည်း

dessert *n* ə-cho-bwe: အချိုပွဲ

destination *n* thwa:-mẹ-nei-ya သွားမယ့်နေရာ (place); pan:-dain ပန်းတိုင် (goal)

destined *adj* kan-pya'-htan:-dẹ ကံပြဋ္ဌာန်းသော၊ yei-ze'-pa-dẹ ရေစက်ပါသော

destiny *n* kan ကံ

destroy *v* hpye'-hsi:-de ဖျက်ဆီးသည်

destroyer *n* ⚓ ♣ hpye'-thin:-bɔ: ဖျက်သင်္ဘော

destruction *n* hpye'-hsi:-jin: ဖျက်ဆီးခြင်း

destructive *adj* ə-hpye' အဖျက်၊ ə-pye' အပျက်

detach *v* hpyo'-te ဖြုတ်သည်

detail *n* ə-thei:-zei' အသေးစိတ်

detain *v* hpan:-hsi:-de ဖမ်း ဆီးသည် (arrest); cho'-hnaun-de ချုပ်နှောင်သည် (keep in custody); ta:-hsi:-de တားဆီးသည် (prevent from doing)

detect *v* sha-twei-de ရှာတွေ့သည်

detective *n* son-dau' စုံထောက်

detention *n* ə-cho' အချုပ်

detergent *n* hsa'-pya-hmon ဆပ်ပြာမှုန့်

deteriorate *v* hso'-yo'-te ဆုတ် ယုတ်သည်၊ pye'-si:-thwa:-de ပျက်စီးသွားသည်

determination *n* hson:-hpya'-che' ဆုံးဖြတ်ချက် (designation); pain:-hpya'-hmu ပိုင်းဖြတ်မှု (resolution)

determine *v* pain:-hpya'-te ပိုင်းဖြတ်သည် (decide); sha-de ရှာသည် (establish); ə-hson:-ə-hpya'-pei:-de အဆုံးအဖြတ် ပေးသည် (be the cause of)

determined *adj* sei'-pain:-hpya'-tẹ စိတ်ပိုင်းဖြတ်သော

detour *n* lan:-hlwe: လမ်းလွဲ

devastate *v* lon:-wa̱-hpye'-hsi:-de လုံးဝဖျက်ဆီးသည်

develop *v* 🌐 hpuṇ-hpyo:-de ဖွံ့ ဖြိုးသည် (be prosperous); to:-te'-te တိုးတက်သည် (improve); hpyi'-la-de ဖြစ်လာသည် (happen)

developed country *n* 🌐 hpuṇ-hpyo:-bi:-nain-gan ဖွံ့ဖြိုးပြီးနိုင်ငံ

deviate *v* lwe:-de လွဲသည်၊ kwe:-pya:-de ကွဲပြားသည်

deviation *n* lwe:-hma:-jin: လွဲမှားခြင်း၊ kwe:-pya:-jin: ကွဲပြားခြင်း

device *n* se' စက် (machine); kə-ri̱-ya ကိရိယာ (tool)

devil *n* ngə-ye:-min: ငရဲမင်း (king of hell); mə-kaun-hso:-wa: မကောင်းဆိုးဝါး (demon); ngə-hso: ငဆိုး (person)

devious *adj* nyan-mya:-dẹ ဉာဏ်များသော၊ pwei-li-dẹ ပွေလီသော

devise *v* jan-hpan-de ကြံဖန်သည်

devoid of *adj* kin:-lu'-tẹ ကင်း လွတ်သော

devote *v* hni'-myo'-te နှစ်မြုပ်သည် (~ oneself, ~ time)

devoted *adj* mya'-no:-dẹ မြတ်နိုးသော၊ hni'-hni'-ka-ga-hpi'-tẹ နှစ်နှစ်ကာကာဖြစ်သော

devotee *n* mya'-no:-dhu

မြတ်နိုးသူ

devotion *n* swe:-lan:-hmụ
စွဲလန်းမှု

devout *adj* kain:-shain:-dẹ
(ဘာသာရေး)ကိုင်းရှိုင်းသော

dew *n* hnin:-(ze') နှင်း(စက်)

dhal *n* kə-lə-be:-hin: ကုလားပဲ
ဟင်း

dhamma, dharma *n* ▥ dam-mạ-
tə-ya: ဓမ္မ(တရား:)

dhoti *n* do-ti ဒိုတီ

diabetes *n* ♈ hsi:-jo-yɔ:-ga
ဆီးချိုရောဂါ

diagnose *v* ♈ yɔ:-ga-sha-hpwei-
de ရောဂါရှာဖွေသည်

diagnosis *n* ♈ yɔ:-ga-si'-che'
ရောဂါစစ်ချက်

diagonal *n* dauŋ-hpya'-myin:
ထောင့်ဖြတ်မျဉ်း

diagram *n* thə-yo'-pyạ-pon-ka:-
ja' သရုပ်ပြပုံကားချပ်

dial₁ *v* (nan-pa') hnei'-te
(နံပါတ်)နှိပ်သည် (~ a number)

dial₂ *n* dain-gwe' ဒိုင်ခွက်

dialect *n* dei-dhị-ya-zə-ga:
ဒေသိယစကား

dialogue *n* ə-pyan-ə-hlan-zə-
ga: အပြန်အလှန်စကား

diameter *n* ə-chin: အချင်း

diamond *n* sein စိန် (gem); ya-zə-
ma'-kwe' ရာဇမတ်ကွက် (◇)

diaper *n* ə-hni: အနှီး

diarrhoea *n* ♈ wun:-pye'-chin:
ဝမ်းပျက်ခြင်း၊ ♈ wun:-shɔ:-jin:
ဝမ်းလျှောခြင်း၊ ♈ wun:-thwa:-jin:
ဝမ်းသွားခြင်း

diary *n* dain-ya-ri ဒိုင်ယာရီ၊ neị-
zin-hma'-tan: နေ့စဉ်မှတ်တမ်း

dice *n* an-(za-don:)-mya:
အန်(စာတုံး)များ

dictate *v* hno'-tai'-pyɔ:-de
နှုတ်တိုက်ပြောသည် (~ text); cho'-
kain-de ချုပ်ကိုင်သည် (impose)

dictation *n* hno'-tai'-pyɔ:-jin:
နှုတ်တိုက်ပြောခြင်း (take ~)

dictator *n* ☺ a-na-shin
အာဏာရှင်

dictatorship *n* ☺ a-na-shin-sə-
ni' အာဏာရှင်စနစ်

dictionary *n* ə-bei'-dan, ə-bị-
dan အဘိဓာန်

die₁ *v* thei-de သေသည်

die₂ *n* an-za-don အန်စာတုံး

die out *v* nyein:-de ငြိမ်းသည်
(stop burning); pyon:-de
ပြုန်းသည်၊ myo:-pyo'-te
မျိုးပြုတ်သည် (become extinct)

diesel *n* di-ze ဒီဇယ်

diet₁ *v* ə-sa:-shaun-de အစား ရှောင်သည် (low salt ~); ə-sa:-sh̥ɔ-de အစားလျှော့သည် (eat less)

diet₂ *n* da'-sa ဓာတ်စာ (special ~); ə-sa အစာ (food eaten)

differ *v* kwa-cha:-de ကွာခြားသည်၊ kwe:-pya:-de ကွဲပြားသည်၊ kwe:-lwe:-de ကွဲလွဲသည်၊ cha:-na:-de ခြားနားသည်

difference *n* kwa-hḁ-je' ကွာဟချက် (gap); cha:-na:-je' ခြားနားချက် (dissimilarity)

different *adj* kwa-hḁ-de̥ ကွာ ဟသော (deviating); htu:-cha:-de̥ ထူးခြားသော (unusual)

differentiate *v* thə-yo'-hkwe:-de သရုပ်ခွဲသည်၊ hkwe:-cha:-de ခွဲခြားသည်

differently *adv* kwe:-pya:-cha:-na:-zwa ကွဲပြားခြားနားစွာ

difficult *adj* hke'-te̥ ခက်သော၊ hke:-yin:-de̥ ခဲယဉ်းသော (~ task); ka'-tha'-te ကပ်သတ်သည် (~ person) ။။။ *being difficult* gə-ji-gə-jaun-lo'-te ကကြီကကြောင် လုပ်သည်

difficulty *n* ə-jin:-ə-ja' အကျဉ်း အကျပ်၊ ə-hke'-ə-hke: အခက်

အခဲ၊ ə-ja'-ə-te: အကျပ်အတည်း

dig *v* tu:-de တူးသည်

digest *v* ə-sa-chei-de အစာခြေသည်

digestion *n* ə-sa-jei-jin: အစာ ကြေခြင်း၊ ə-sa-chei-jin: အစာ ခြေခြင်း

digit *n* gə-nan: ဂဏန်း

digital *adj* di'-ji'-te ဒစ်ဂျစ်တယ်

dignified *adj* gon-thei'-hka-shi̥-de̥ ဂုဏ်သိက္ခာရှိသော၊ hkan-nya:-de̥ ခံ့ညားသော၊ hkaṇ-hte-de̥ ခံ့ထည်သော

dignity *n* gon-thei'-hka ဂုဏ်သိက္ခာ၊ ə-thə-yei အသရေ

dike *n* tə-man တမံ၊ ta-yo: တာရိုး

dill *n* 🌿 sə-myei' စမြိတ်

dilute *v* yei-yɔ:-de ရေရော့သည်၊ je:-aun-lo'-te ကျဲအောင်လုပ်သည်

dim *adj* hmein-de̥ မှိန်သော

dimension *n* ə-tain-ə-ta အတိုင်အတာ၊ pə-ma-nḁ ပမာဏ (measurement); ✵ dain-mi'-shin: ဒိုင်မစ်ရှင်း (3 ~s)

diminish *v* yo'-yɔ-de ယုတ် လျော့သည်

dimple *n* pə-jaiṇ ပါးချိုင့်

dine *v* hta-min:-sa-de ထမင်း စားသည်

dining room *n* htǝ-min:-sa:-gan: ထမင်းစားခန်း

dinner *n* nyạ-za ညစာ

dinosaur *n* ✸ dain-no-hsɔ: ဒိုင်နိုဆော

dip₁ *v* tọ-de တို့သည် (~ into sauce); hmyo'-te မြှုပ်တေ (~ into water)

dip₂ *n* ǝ-chaịn အချိုင့်

dipavali *n* di-pa-wǝ-li ဒီပါဝလီ

diploma *n* di-pǝ-lo-ma ဒီပလိုမာ၊ aun-le'-hma' အောင်လက်မှတ်

diplomacy *n* 🌐 than-gin:-tǝ-man-gin: သံခင်းတမန်ခင်း (international ~); hno'-yei:-hno'-ya နုတ်ရေး(နုတ်ရာ) (tact)

diplomat *n* 🌐 (than)-tǝ-man (သံ)တမန် (official); ja:-lu ကြားလူ (intermediary)

diplomatic *adj* than-tǝ-man-yei:-ya-nẹ-hsain-dẹ သံတမန်ရေးရာ နှင့်ဆိုင်သော (official); zǝ-ga:-hlạ စကားလှ (tactful)

dipper *n* yei-hmo' ရေမှုတ်၊ zun:-ji: ဇွန်းကြီး

diptheria *n* ☤ hson-zọ-na ဆုံဆို့နာ

direct₁ *v* lan:-hnyun-de လမ်း ညွှန်သည် (give directions); o'-cho'-te အုပ်ချုပ်သည် (administer); hnyun-ja:-de ညွှန်ကြားသည် (~ an operation)

direct₂ *adj* tai'-yai' တိုက်ရိုက်

direction *n* be' ဘက်၊ mye'-hna မျက်နှာ

directions *n* hkǝ-yi:-lan:-hnyun ခရီးလမ်းညွှန် (~ for travel); lan:-hnyun-je' လမ်းညွှန်ချက် (~ for use) ❙❙❙ **give directions** lan:-pyạ-de လမ်းပြသည်

directly *adv* tai'-yai' တိုက်ရိုက် (straight); ka' ကပ် (~ beside); che'-chin: ချက်ချင်း (immediately); dẹ-do: တဲ့တိုး (frankly)

director *n* hnyun-ja:-yei:-hmu: ညွှန်ကြားရေးမှူး (company ~); da-rai'-ta ဒါရိုက်တာ (movie ~) ❙❙❙ **managing director** u:-hsaun-hnyun-ja:-yei:-hmu: ဦးဆောင် ညွှန်ကြားရေးမှူး

directory *n* lan:-hnyun လမ်းညွှန် ❙❙❙ **telephone directory** te-li-hpon:-lan:-hnyun တယ်လီဖုန်း လမ်းညွှန်

dirt *n* mei-ji: မြေကြီး (soil); ji:-chei:၊ ǝ-nyi'-ǝ-jei: အညစ်အကြေး (grime); hpon-hmoṇ ဖုန်မှုန့် (dust)

dirty *adj* nyi'-pa'-tẹ

ညစ်ပတ်သော၊ sun:-pei-dẹ
စွန်းပေသော

disability n mə-than-mə-sun:-
jin: မသန်မစွမ်းခြင်း

disable v thon:-mə-yạ-aun-lo'-
tẹ သုံးမရအောင်လုပ်သည်
(deactivate)

disabled adj mə-swan:-nain-dẹ
မစွမ်းနိုင်သော (~ person); ə-lo'-
mə-lo'-tẹ အလုပ်မလုပ်သော (not
working)

disadvantage n a:-ne:-jẹ'
အားနည်းချက်

disagree v thə-bɔ:-mə-tu
သဘောမတူ (have a different
opinion); kwe:-lwe:-dẹ ကွဲလွဲသည်
(differ)

disagreeable adj mə-hni'-myọ-
bwe-hpyi'-tẹ မနှစ်မြို့ဖွယ်
ဖြစ်သော (≠ enjoyable); gə-dau'-
gə-hsa-hpyi'-tẹ ကတောက်ကဆ
ဖြစ်သော (unpleasant)

disagreement n ə-nyin: အငြင်း
(debate); thə-bɔ:-kwe:-lwe:-jin:
သဘောကွဲလွဲခြင်း (difference)

disappear v pyau'-thwa:-dẹ
ပျောက်သွားသည်၊ kwe-dẹ
ကွယ်သည်

disappearance n pyau'-kwe-

jin: ပျောက်ကွယ်ခြင်း

disappointed adj sei'-pye'-tẹ
စိတ်ပျက်သော

disappointing adj sei'-pye'-sə-
ya-kaun:-dẹ စိတ်ပျက်စရာ
ကောင်းသော (discouraging); htin-
dhə-lo-mə-ho'-tẹ ထင်သလို
မဟုတ်သော (~ results)

disappointment n sei'-pye'-
chin: စိတ်ပျက်ခြင်း

disapproval n mə-hni'-chai'-
jin: မနှစ်ခြိုက်ခြင်း

disapprove v thə-bɔ:-mə-jạ
သဘောမကျ

disarm v ♪ le'-ne'-yo'-thein:-de
လက်နက်ရှုပ်သိမ်းသည် (~ a
militia); ♪ le'-ne'-chạ-de
လက်နက်ချသည် (~ oneself)

disaster n bei:-zo: ဘေးဆိုး၊ ka'-
hso: ကပ်ဆိုး

disastrous adj do'-hkạ-ji:-zwa-
yau'-(zei)-tẹ ဒုက္ခကြီးစွာ
ရောက်စေသော

disburse v ngwei-hto'-pe:-de
ငွေထုတ်ပေးသည်

disc n ə-cha' အချပ်

discard v suṇ-(pyi')-te
စွန့်ပစ်သည်၊ pyi'-pe-de
ပစ်ပယ်သည်၊ hpe:-pyi'-te

ဖဲပစ်သည် (cards)

discharge₁ *v* hsaun-ywe'-te
ဆောင်ရွက်သည် (~ my duty);
hsin:-zei-de ဆင်းစေသည် (~ a
patient); hpyo'-te ဖြုတ်သည် (~
from job); maun-hpyo'-te
မောင်းဖြုတ်သည် (~ a weapon)

discharge₂ *n* ə-lo'-hpyo'-chin:
အလုပ်ဖြုတ်ခြင်း (~ from job); hto'-
hlu'-chin: ထုတ်လွှတ်ခြင်း၊ yo-
chin: ယိုသည် (release of liquid or
gas); yo-jin: ယိုခြင်း (~ pus from
infection); hsaun-ywe'-chin:
ဆောင်ရွက်ခြင်း (~ duty)

discipline *n* si:-gan: စည်းကမ်း

disclaimer *n* nyin:-zo-je'
ငြင်းဆိုချက်

disclose *v* hpwin-cha-de
ဖွင့်ချသည်

discolour *v* sun:-htin:-de စွန်း
ထင်းသည် (~ed a shirt); ə-yaun-
pye'-te အရောင်ပျက်သည် (fade)

discomfort *n* mə-the'-mə-tha-
hpyi'-jin: မသက်မသာဖြစ်ခြင်း၊ kə-
thi:-kə-au'-hpyi'-chin: ကသိ
ကအောက်ဖြစ်ခြင်း

disconnect *v* (ə-hse')-hpya'-te
(အဆက်)ဖြတ်သည်

disconnected *adj* (ə-hse')-pya'-

te (အဆက်)ပြတ်သည်

discontent *n* mə-jei-na'-chin:
မကျေနပ်ခြင်း

discontented *adj* mə-jei-na'-tε
မကျေနပ်သော

discontinue *v* ya'-(hsain:)-de
ရပ်(ဆိုင်း)သည်

discord *n* ə-kwe:-ə-pye:
အကွဲအပြဲ

disco(theque) *n* kə-la' ကလပ်

discount₁ *v* zei:-shɔ-de
ဈေးလျှော့သည်

discount₂ *n* shɔ-zei: လျှော့ဈေး

discourage *v* sei'-pye'-se-de
စိတ်ပျက်စေသည်၊ a:-pye'-se-de
အားပျက်စေသည်

discover *v* (sha-hpwei)-twei-shi-
de (ရှာဖွေ)တွေ့ရှိသည်

discovery *n* twei-shi-hmu
တွေ့ရှိမှု

discredit *v* yon-ji-hmu-pye'-si:-
de ယုံကြည်မှုပျက်စီးသည်

discreet *adj* ə-lein-ma-hpe'-dε
အလိမ္မာဖက်သော၊ ə-lein-ma-
thon:-dε အလိမ္မာသုံးသော (~
questioning); hno'-lon-dε နှုတ်
လုံသော (~ person)

discrete *adj* thi:-cha: သီးခြား

discretion *n* hson:-hpya'-nain-

gwiṇ ဆုံးဖြတ်နိုင်ခွင့် (freedom to
decide); ə-lein-ma-thon:-jin:
အလိမ္မာသုံးခြင်း (tact)

discriminate v hkwe:-cha:-nain-
de ခွဲခြားနိုင်သည် (tell apart);
hkwe:-cha:-hse'-hsan-de ခွဲခြား
ဆက်ဆံသည် (~ against)

discuss v hswei:-nwei:-de
ဆွေးနွေးသည်၊ hni:-hnɔ:-de
နှီးနှောသည်

discussion n hswei:-nwei:-jin:
ဆွေးနွေးခြင်း၊ hswei:-nwei:-bwe:
ဆွေးနွေးပွဲ

disease n ☙ yɔ:-ga ရောဂါ

disembark v hsin:-de ဆင်းသည်

disgrace v thei'-hka-cha-de
သိက္ခာချသည် (~ sb); na-me-
hpye'-te နာမည်ဖျက်သည်၊ ə-she'-
kwe:-ze-de အရှက်ကွဲစေသည်

disguise₁ v yo'-pyaun-de
ရုပ်ပြောင်းသည်၊ yo'-hlwe:-de
ရုပ်လွဲသည်၊ yo'-hpye'-te
ရုပ်ဖျက်သည်၊ yo'-hpyau'-te
ရုပ်ဖျောက်သည်

disguise₂ n yo'-pyaun-wu'-son
ရုပ်ပြောင်းဝတ်စုံ

disgust v se'-hso'-te
စက်ဆုပ်သည်၊ yun-mon:-de
ရွံမုန်းသည်

dish n pə-gan ပန်းကန် (plate); hin:
ဟင်း (main ~)

dishonest adj kau'-ji'-tẹ
ကောက်ကျစ်သော၊ sin:-le:-dẹ
စဉ်းလဲသော၊ mə-yo:-tha:-dẹ မရိုး
သားသော၊ nyi:-pa'-tẹ ညစ်
ပတ်သော၊ lein-kau'-tẹ လိမ်
ကောက်သော

dishonestly adv kə-lein-kə-ji'
ကလိမ်ကကျစ်

dishonourable adj mə-thə-ma-
dẹ မသမာသော၊ je'-thə-yei-yo'-
tẹ ကျက်သရေယုတ်သော

dish up v hka'-te ခပ်သည်၊ hku:-
de ခူးသည်

dishwasher n pə-gan-hsei:-ze'
ပန်းကန်ဆေးစက်

disinfect v po:-tha'-thaṇ-sin-de
ပိုးသတ်သန့်စင်သည်

disintegrate v pyo-kwe:-de
ပြိုကွဲသည်

disk n ə-cha အချပ်

dislike v mə-jai' မကြိုက်၊ mon:-
de မုန်းသည်

dislocate v pyo'-te ပြွတ်သည်
‖ ‖ **dislocate a joint** ə-hsi'-pyo'-
te အဆစ်ပြွတ်သည်

dislodge v hpyo'-chạ-de
ဖြွတ်ချသည်

disloyal *adj* thi'-sa-hpau'-teౖ
သစ္စာဖောက်သော

dismiss *v* hpe-sha:-de
ဖယ်ရှားသည်၊ hpyo'-te ဖြုတ်သည်၊
hto'-te ထုတ်သည် (~ from a job);
tan-bo:-mə-hta တန်ဖိုးမထား (~
a warning)

disobey *v* nyin:-de ငြင်းသည်၊ lun-
hsan-de လွန်ဆန်သည်၊ mə-na-
gan မနာခံ (~ an order)

disorder *n* kə-siṇ-kə-ye:-hpyi'-
chin: ကစဉ့်ကရဲဖြစ်ခြင်း၊ kə-mau'-
kə-mə-hpyi'-chin: ကမောက်
ကမဖြစ်ခြင်း ။ ။ *in disorder* ko:-
yo:-kə-ya: ကိုးရိုးကားရား၊ kə-siṇ-
kə-ye: ကစဉ့်ကရဲ၊ kə-siṇ-kə-lya:
ကစဉ့်ကလျား၊ kə-byaun:-kə-
byan ကပြောင်းကပြန်

disorderly *adv* si:-hpau' စည်း
ဖောက်၊ si:-mẹ-kan:-mẹ စည်းမဲ့
ကမ်းမဲ့ bə-yan:-bə-da ပရမ်းပတာ

disorganized *adj* sho'-pwei-de
ရှုပ်ပွေသော (~ desk); ə-si-ə-sin-
mə-jạ-de အစီအစဉ်မကျသော (~
plans)

disoriented *adj* mye'-si̇-le-de
မျက်စိလည်သော၊ yaun-le-yaun-
le-hpyi'-tẹ ယောင်လည်ယောင်
လည်ဖြစ်သော

disown *v* suṇ-hlu'-te
စွန့်လွှတ်သည်

dispensary *n* hsei:-gan: ဆေးခန်း

disperse *v* kwe:-de (လူစု၊ နှင်း၊
စသည်) ကွဲသည်

dispersed *adj* pyaṇ-je:-dẹ
ပြန့်ကျဲသော

displace *v* ne-ya-win-yu-de
နေရာဝင်ယူသည်

displaced person *n* do'-hkạ-
dhe (ရွှေ့ပြောင်းခံရသော)ဒုက္ခသည်-

display *v* pyạ-thạ-de ပြသသည်၊
hkin:-jin:-de ခင်းကျင်းသည်၊ te-
hkin:-de တည်ခင်းသည်

displeased *adj* mə-jei-na'-tẹ
မကျေနပ်သော၊ nyu-su-dẹ
ငြှူစူသော

disposable *adj* tə-hka-thon:
တစ်ခါသုံး

dispose of *v* pyi'-te ပစ်သည်၊
hluṇ-de လွှင့်သည်

disprove *v* chei-hpye'-te ချေ
ဖျက်သည်၊ ⚓ htụ-chei-de
ထုချေသည်

dispute *v* nyin:-de ငြင်းသည်
(question); ə-nyin:-pwa:-de
အငြင်းပွားသည် (argue); pyain-
hsain-de ပြိုင်ဆိုင်သည် (compete
for)

disqualify v ja̱-de ကျသည်၊ pe-de ပယ်သည် (~ from competition); ə-yi-ə-chin:-mə-hmi အရည် အချင်းမမီ (~ from service)

disregard v li'-lyu-shu̱-de လျစ်လျူရှုသည် hte̱-mə-twe' ထည့်မတွက်၊ mye'-kwe-pyu̱-de မျက်ကွယ်ပြုသည်၊

disrepair n mə-pyin-be:-hta:-jin: မပြင်ဘဲထားခြင်း

disrespect v ə-yo-ə-thei-tan-de အရိုအသေတန်သည်

disrespectfully adv mə-lei:-mə-sa: မလေးမစား

dissatisfaction n ə-hku̱-ə-hkan အခုအခံ၊ mə-jei-na'-chin: မကျေ နပ်ခြင်း

dissatisfied adj mə-jei-na'-te̱ မကျေနပ်သော

dissatisfiedly adv. hko:-lo:-hku̱-lu̱ ခိုးလိုးခုလု၊ mə-jei-mə-na' မကျေမနပ်၊ a:-mə-lo-a:-mə-ya̱ အားမလိုအားမရ

dissent₁ v thə-bɔ:-kwe-lwe:-de သဘောကွဲလွဲသည်

dissent₂ n ə-kwe:-ə-pye: အကွဲအပြဲ

dissertation n pa-rə-gu-bwe̱ yu-sa-dan: ပါရဂူဘွဲ့ယူစာတမ်း

dissident n ə-tai'-ə-hkan-lo'-thu အတိုက်အခံလုပ်သူ

dissolve v pyɔ-de ပျော်သည် (melt); yɔ:-hnɔ:-de ရောနှောသည် (mix); pyɔ-win-de ပျော်ဝင်သည် (~ salt in water); hpye'-thein:-de ဖျက်သိမ်းသည် (~ an organisation)

distance n ə-kwa-ə-wei: အကွာ အဝေး။။။ *long distance (phone call)* ne-wei: နယ်ဝေး

distant adj kwa-wei:-de̱ ကွာ ဝေးသော (far); hka'-tan:-tan:-nei-de̱ ခပ်တန်းတန်းနေသော (not friendly)

distilled water n mo:-yei မိုးရေ

distinct adj pya'-tha:-de̱ ပြတ်သားသော၊ the:-kwe:-de̱ သဲကွဲသော (clear); kwe:-pya:-de̱ ကွဲပြားသော (distinctive)

distinction n kwa-cha:-je' ကွာခြားချက် (difference); gon-du: ဂုဏ်ထူး (honours); htu:-cha:-jin: ထူးခြားခြင်း (unusual characteristic)

distinctly adv kwe:-gwe:-pya:-bya: ကွဲကွဲပြားပြား၊ kwe'-kwe'-kwin:-gwin: ကွက်ကွက်ကွင်းကွင်း၊ pi-bi-pyin-byin ပီပီပြင်ပြင်

distinguish v hkwe:-cha:-de ခွဲခြားသည် (tell apart); pɔ-lwin-ze-de ပေါ်လွင်စေသည် (~ herself)

distinguished *adj* htun:-dun:-pau'-pau'-hpyi'-tẹ ထွန်းထွန်း ပေါက်ပေါက်ဖြစ်သော၊ htu:-ke:-dẹ ထူးကဲသော

distort *v* mẹ-ywẹ-de မဲ့ရွဲ့သည် (~ed his face); ywẹ-saun:-de ရွဲ့စောင်းသည်၊ pon-pye'-zei-de ပုံပျက်စေသည် (~ the truth); bə-lon-bə-htwei:-hpyi'-tẹ ဗလုံ ဗထွေးဖြစ်သည် (~ed speech)

distract *v* a-yon-pyaun:-de အာရုံပြောင်းသည် (~ a child); lan:-hlwe:-de လမ်းလွဲသည် (~ from work); hnauṇ-she'-te နှောင့် ယှက်သည် (bother)

distress₁ *v* pu-pan-jaun-jạ-ze-de ပူပန်ကြောင့်ကြစေသည်

distress₂ *n* sei'-do'-hkạ-yau'-chin: စိတ်ဒုက္ခရောက်ခြင်း (worry); an-də-ye-jạ-yau'-chin: အန္တရာယ်ကျရောက်ခြင်း

distribute *v* hkwe:-wei-de ခွဲဝေသည်၊ hpyaṇ-wei-de ဖြန့်ဝေသည်

distribution *n* hpyaṇ-chi̱-yei: ဖြန့်ချိရေး

district *n* hkə-yain ခရိုင်

disturb *v* hnauṇ-she'-te

နှောင့်ယှက်သည်

disturbance *n* ə-hnauṇ-ə-she' အနှောင့်အယှက် (annoyance); ə-yei:-ə-hkin အရေးအခင်း (unrest)

disturbed *adj* hnauṇ-she'-tẹ နှောင့်ယှက်သော (disrupted); sei'-mə-ji-dẹ စိတ်မကြည်သော (troubled); sei'-mə-nyein-dẹ စိတ်မငြိမ်သော (emotionally ~); sei'-mu-mə-hman-dẹ စိတ်မှုမမှန်သော (mentally ~)

ditch₁ *v* yei-zin:-myaun: ရေဆင်းမြောင်း

ditch₂ *n* tu:-myaun: တူးမြောင်း၊ yei-myaun: ရေမြောင်း

ditto₁ *exp* htọ-ə-tu ထို့အတူ၊ lə-gaun: ၎င်း

ditto₂ *n* mei'-tu မိတ္တူ။

dive *v* dain-bin-hto'-de ဒိုင်ဗင် ထိုးသည် (~ into a pool); yei-ngo'-te ရေငုပ်သည် (~ and see the reef)

diver *n* yei-ngo'-thə-ma: ရေငုပ်သမား

diverse *adj* htu:-htwei-dẹ ထူး ထွေသော၊ kwe:-pya:-cha:-na:-dẹ ကွဲပြားခြားနားသော

diversify *v* hpyaṇ-hto'-te ဖြန့်ထုတ်သည်

diversion *n* lan:-jaun:-pyaun:-

jin: လမ်းကြောင်းပြောင်းခြင်း

diversity n hpyaṇ-htwe'-kwe:-pya:-hmụ ဖြန့်ထွက်ကွဲပြားမှု

divert v lan:-jaun:-pyaun:-de လမ်းကြောင်းပြောင်းသည် (~ from route); a-yon-pyaun:-de အာရုံ ပြောင်းသည် (~ attention from)

divide₁ v hkwe:-de ခွဲသည် (split); sa:-de စားသည် (≠ multiply) ‖‖ **divide and rule** thwei:-hkwe:-myei-hkwe:-o'-cho'-yei: သွေးခွဲ မြေခွဲအုပ်ချုပ်ရေး

divide₂ n 🌐 yei-wei-kon:-dan: ရေဝေကုန်းတန်း

divine adj kaun:-kin-bon-nẹ-hsain-dẹ ကောင်းကင်ဘုံနှင့် ဆိုင်သော (~ beauty); hpə-ya:-thə-hkin-nẹ-hsain-dẹ ဘုရားသခင်နှင့် ဆိုင်သော (~ intervention)

division n ə-hkwe:-ə-sei' အခွဲ အစိတ် (act of dividing); ə-sei' အစိတ်၊ ə-pain: အပိုင်း (part); ✂ ta'-mə တပ်မ၊ ə-sa: အစား (maths); hta-nạ-zụ ဌာနစု (office); tain: တိုင်း (Mandalay Division)

divorce₁ v ein-daun-kwe:-de အိမ်ထောင်ကွဲသည် (~ my husband); pya'-se:-de ပြတ်စဲသည် (separate)

divorce₂ n kwa-shin:-jin: ကွာရှင်းခြင်း (≠ marriage)

dizzy adj gaun:-mu:-dẹ ခေါင်းမူးသော

djenkol bean n 🌿 də-nyin:-dhi: တညင်းသီး

do v pyụ-de ပြုသည်၊ lo'-te လုပ်သည် (~ this); lo'-te လုပ်သည် (~ for a living) ‖‖ **have to do with** hsain-de ဆိုင်သည် ‖‖ **do not, don't ...** mə...nẹ မ...နဲ့

dock₁ v ⚓ ka'-te ကပ်သည်၊ hpya'-tau'-te ဖြတ်တောက်သည်

dock₂ n ⚓ lun:-jin: လွန်းကျင်း၊ ⚓ thin:-bɔ:-jin: သင်္ဘောကျင်း (dry~); ⚓ hsei'-hkan ဆိပ်ခံ (~yard); 🌿 we'-chan ဝက်ခြံ

doctor n hsə-ya-wun ဆရာဝန် (medical ~); dau'-ta ဒေါက်တာ (PhD)

doctorate n dau'-ta-bwẹ ဒေါက်တာ ဘွဲ့၊ pa-rə-gu-bwẹ ပါရဂူဘွဲ့

document₁ v hma'-tan:-tin-de မှတ်တမ်းတင်သည်

document₂ n sa-ywe'-sa-dan: စာရွက်စာတမ်း

documentary n hma'-tan:-yo'-shin မှတ်တမ်းရုပ်ရှင်

dodge *v* shaun-de ရှောင်သည်

doe *n* ❀ hsa'-ma ဆတ်မ၊ tha-min-ma သမင်မ၊ ji-ma ခြေမ၊ də-ye-ma ဒရယ်မ

dog *n* ❀ hkwei: ခွေး

dogma *n* tə-yə-dhei တရားသေ

dogmatic *adj* tə-yə-thei တရားသေ

dogmatism *n* tə-yə-dhei-wa-də တရားသေဝါဒ၊ tə-yu-than-wa-də တစ်ယူသန်ဝါဒ

doll *n* ə-yo' အရုပ် (baby ~) yə-min:-yo' ယမင်းရုပ်

dollar *n* dɔ-la ဒေါ်လာ

dolphin *n* ❀ lə-pain လင်းပိုင်

dome *n* paun:-chaun ပေါင်းချောင်၊ lei'-hkon: လိပ်ခုံး

domestic₁ *adj* ❀ ⊙ pyi-dwin: ပြည်တွင်း (within the country); ein-dwin: အိမ်တွင်း (within household)

domestic₂ (help) *n* ein-bɔ အိမ်ဖော် (housekeeper)

dominant *adj* ji:-so:-dẹ ကြီးစိုးသော၊ so:-mo:-dẹ စိုးမိုးသော

dominate *v* ji:-so:-de ကြီးစိုးသည်၊ so:-mo:-de စိုးမိုးသည်

domineer *v* bo-jạ-de ဗိုလ်ကျသည်၊ ə-nain-jin-de အနိုင်ကျင့်သည်

domino *n* hpe: ဖဲ (play ~es)

donate *v* də-ga-hkan-de ဒကာခံသည်၊ hlu-de လှူသည်

donation *n* ə-ku-ə-nyi အကူ အညီ (~ to disaster relief); ə-hlu အလှူ (collect ~s)

done *adj* pi:-dẹ ပြီးသော (task); je'-tẹ ကျက်သော၊ na'-tẹ နပ်သော (food);

donkey *n* ❀ myi: မြည်း

donor *n* ♂ ⊞ də-ga ဒကာ၊ ku-dho-shin ကုသိုလ်ရှင်၊ ə-hlu-shin အလှူရှင်

door *n* də-ga: တံခါး

doorbell *n* be: ဘဲလ်

doorman *n* də-gə-sauṇ တံခါးစောင့်

doormat *n* chi-dho' ခြေသုတ်

dope *n* ngə-ạ ငအ (idiot); hsei: ဆေး (drug)

dormitory *n* ə-hsaun အဆောင်၊ ei'-hsaun အိပ်ဆောင်

dosa *n* to-shei တိုရှေ

dosage *n* hsei:-hnyun:-pə-ma-nạ ဆေးညွှန်းပမာဏ

dose *n* pə-ma-nạ (သောက်ရမည့် ဆေး)ပမာဏ

dot *n* ə-se' အစက်၊ ə-pyau' အပြောက် (spot); dọ ဒေါ့ (.com)

double₁ v hnə-sə-hpyi'-te
နှစ်ဆဖြစ်သည်၊ hnə-sə-to:-de
နှစ်ဆတိုးသည် (twice the amount);
hnə-myo:-thon:-de နှစ်မျိုး
သုံးသည် (have two uses, ~ as a)

double₂ adj hnə-hsa နှစ်ဆ၊ hnə-
hku̞ နှစ်ခု၊ စသည်

double bed n hnə-yau'-ei'-gə-
din နှစ်ယောက်အိပ်ခုတင်

double-cross v thi'-sa-hpau'-te
သစ္စာဖောက်သည်

double-sided adv jɔ:-ka'
ကျောကပ် (~ copy)

doubt₁ v mə-htin မထင် (think
not); mə-yon-thin-ga-hpyi'-te
မယုံသက်ဂဖြစ်သည် (be suspicious)

doubt₂ n sei'-hnə-hkwə̞ စိတ်
နှစ်ခွ၊ dwi̞-ha ဒွိဟ (uncertainty);
than-thə-ya သံသယ (suspicion)
‖‖ **without a doubt** ə-jwin:-me̞
အကြင်းမဲ့

doubtful adj ə-ke:-mə-ya̞-de̞
အကဲမရသော၊ mə-thei-ja-de̞
မသေချာသော

doubtfully adv zə-wei-zə-wa
ဇဝေဇဝါ၊ zə-nauṇ-zə-nin:
စနောင့်စနင်း

dough n moṇ-hni' မုန့်နှစ်

doughnut n le'-kau'-moṇ

(ဂျူ)လက်ကောက်မုန့်

dove n ❀ hko ချိုး၊ jo: ချိုး

down₁ adv au'-ko အောက်ကို၊ au'-
hpe' အောက်ဖက်

down₂ n mwei:-nu̞ (ဘဲ စသည်)
မွေးနု

downhill adv kon:-zin: ကုန်းဆင်း

downpour n mo:-ji မိုးကြီး

downstairs n au'-hta' အောက်
ထပ်

downtown n myo̞-de: မြို့ထဲ၊
myo̞-le မြို့လယ်

downward adv au'-hpe'-ko
အောက်ဘက်သို့

downwind adv & adj lei-au'
လေအောက်

doze v ngai'-myi:-de
ငိုက်မျဉ်းသည်

dozen n da-zin ဒါဇင်

draft₁ v yei:-hswe:-de (ပုံကြမ်း)
ရေးဆွဲသည် (~ a letter); ⚔ hswe:-
thwin-de ဆွဲသွင်းသည် (conscript)

draft₂ n mu-jan: မူကြမ်း၊ pon-
jan: ပုံကြမ်း (rough ~); lei-zein:
လေစိမ်း (cold ~) ‖‖ **final draft** sa-
jɔ: စာချော၊ ə-chɔ: အချော
‖‖ **rough draft** sa-mu-jan:
စာမူကြမ်း၊ ə-jan: အကြမ်း

draft beer n si-bi-ya စည်ဘီယာ

draftsman n sə-ni'-pon-hswe:-dhu စနစ်ပုံဆွဲသူ

drag v də-yu'-tai'-hswe:-de တရွတ်တိုက်ဆွဲသည်

dragon n nə-ga: နဂါး

dragonfly n ✿ bə-zin: ပုစဉ်း

drain₁ v (yei)-hto'-te (ရေ) ထုတ်သည် (~ the tank); si'-te စစ်သည် (~ the oil)

drain₂ n yei-zin:-bau' ရေဆင်း ပေါက် (bathtub ~); yei-hno'-myaun: ရေနတ်မြောင်း (ditch); yo-si:-hmu ယိုစီးမှု (brain ~)

drainage n yei-zin: ရေဆင်း

drainpipe n yei-zin:-pai' ရေဆင်းပိုက်

drama n pyə-za' ပြဇာတ်

dramatic adj si-ka-pa'-kon: စီကာပတ်ကုံး (~ style); mə-yon-nain-zə-ya မယုံနိုင်စရာ (amazing); ə-ji:-ə-je အကြီးအကျယ် (large)

drape v chon-de ခြုံသည် (~ a shawl); hlwa:-hta:-de လွှားထားသည် (~ a cloth over)

drapery, drapes n lai'-ka လိုက်ကာ kə-lə-ga ကန့်လန့်ကာ

drastically adv ə-ji:-ə-je အကြီးအကျယ်

draught n lei-zein: လေစိမ်း

draughts n ja: ကျား

draughtsman n sə-ni'-pon-hswe:-dhu စနစ်ပုံဆွဲသူ

draw₁ v hswe:-de ဆွဲသည် (~ a picture; ~ curtains, ~ diagram, ~ a card, ~ a cart); hto'-te ထုတ်သည် (~ on an account, ~ a gun); hka'-te ခပ်သည် (~ water); chə-hma'-te ချမှတ်သည် (~ plan); thə-yei-ja-de သရေကျသည် (~ the match)

draw₂ n kan-zan:-me: ကံစမ်းမဲ (lucky ~); thə-yei သရေ (tie); hswe:-hsaun-hmu ဆွဲဆောင်မှု (attraction)

drawback n a:-ne:-je' အားနည်းချက် (disadvantage)

drawbridge n də-da:-ə-shin တံတားအရှင်

drawer n an-zwe: အံဆွဲ

drawers n baun:-bi (အောက်ခံ) ဘောင်းဘီ

drawing n pon (ဆွဲထားသော)ပုံ

drawing pin n hnei'-hmo နှိပ်မှို

drawing room n ę-gan: ဧည့်ခန်း

draw on n hto'-yu-de ထုတ်ယူသည်

draw out v yei-shei-hswe:-de ရေရှည်ဆွဲသည် (~ a task); i'-hto'-

te အစ်ထုတ်သည် (~ information)
dread *v* jau'-yuṇ-de ကြောက်ရွံ့သည်
dream₁ *v* ei'-me'-me'-te အိပ်မက်မက်သည်
dream₂ *n* ei'-me' အိပ်မက် (nightly ~s); sei'-ku:-yin စိတ်ကူးယဉ် (thought)
dress₁ *v* wu'-te ဝတ်သည်
dress₂ *n* ga-wun ဂါဝန်
dresser *n* bi-do ဘီရို
dress up *v* wu'-sa:-hsin-yin-de ဝတ်စားဆင်ယင်သည်
dressing *n* hsɔ̣ ဆော့ (salad ~); pa'-ti: ပတ်တီး (wound ~)
dressing table *n* hman-tin-gon မှန်တင်ခုံ
dressmaker's *n* a'-cho'-hsain အပ်ချုပ်ဆိုင်
dribble *v* yo-jạ-de ယိုကျသည် (~ out of a jar); lein-pi:-hswe:-de လိမ်၍ဆွဲသည် (~ the ball)
dried *adj* chau'-tẹ ခြောက်သော
drift₁ *v* myɔ:-de မျောသည် (~ in water); lwiṇ-de လွင့်သည် (~ in the air)
drift₂ *n* thə-bɔ: သဘော (meaning)
drill₁ *v* htwin:-de ထွင်းသည်၊ hpau'-te ဖောက်သည် (~ a hole); ✗ si'-yei:-pyạ-de စစ်ရေးပြသည်
drill₂ *n* su: စူး၊ lun လွန် (tool)
drill bit *n* su:-dhwa: စူးသွား၊ lun-dhwa: လွန်သွား
drink₁ *v* thau'-te သောက်သည်
drink₂ *n* thau'-sə-ya သောက်စရာ (beverage); thei-yi သေရည် (alcoholic ~) ॥॥ ***fizzy drink, soft drink*** ə-ei: အအေး
drinker *n* ə-ye'-thə-ma: အရက်သမား
drinking water *n* thau'-yei သောက်ရေ၊ yei-thaṇ ရေသန့်
drip₁ *v* yo-de ယိုသည်
drip₂ *n* yo-jin: ယိုခြင်း (from a tap, etc); pai'-chei'-chin: ပိုက်ချိတ်ခြင်း (intravenous ~)
drive₁ *v* maun:-de မောင်းသည်
drive₂ *n* lan: လမ်း (road); chan-win-lan: ခြံဝင်လမ်း (driveway)
drive away *v* hnin-hto'-te နှင်ထုတ်သည်
drive belt *n* dhə-yei-pa'-jo: သားရေပတ်ကြိုး
drive out *v* maun:-hto'-te မောင်းထုတ်သည်
driver *n* də-rain-ba ဒရိုင်ဘာ၊ yin-maun: ယာဉ်မောင်း
driveway *n* chan-win-lan:

ချွင်ဝင်လမ်း

drizzle₁ v hsan:-de ဆမ်းသည်

drizzle₂ n mo:-thei:-mo:-hpwe: မိုးသေးမိုးဖွဲ

droop v kain:-hnyu'-te ကိုင်းညွတ်သည်

drop₁ v cha-de ချသည် (let fall); ja-hsin:-de ကျဆင်းသည် (go down); jwei-de ကြွေသည် (fall off)

drop₂ n ə-se' အစက် (~ of water); ja-jin: ကျခြင်း (fall); ə-myin အမြင့် (vertical distance)

drop off v ei'-pyo-thwa:-te အိပ်ပျော်သွားသည် (to sleep); po-pei:-de ပို့ပေးသည်၊ cha-pei:-de ချပေးသည် (~ at the bus stop)

dropper n ə-se'-cha-dan အစက်ချတံ

drought n mo:-hkaun-jin: မိုးခေါင်ခြင်း

drown v ni'-myo'-te နစ်မြှုပ်သည် (in the river); hni'-hmyo'-te နှစ်မြှုပ်သည် (~ puppies)

drowned adj ni'-mun:-de နစ်မွန်းသော

drowse v ngai'-te ငိုက်သည်

drowsy adj gaun:-lei:-ei'-ngai'-te ခေါင်းလေးအိပ်ငိုက်သော

drug v hsei:-(wa:) ဆေး(ဝါး)

(pharmaceutical ~); mu:-yi'-hsei:-wa: မူးယစ်ဆေးဝါး (recreational ~)

druggist n hsei:-wa:-jun:-jin-dhu ဆေးဝါးကျွမ်းကျင်သူ

drug resistance n hsei:-mə-to:-jin: ဆေးမတိုးခြင်း

drug store n hsei:-zain ဆေးဆိုင်

drum n ♫ o:-si အိုးစည်၊ bon ဗုံ၊ də-ran ဒရမ် (instrument); pi-pa ပီပါ၊ tain-ki တိုင်ကီ (oil ~)

drumstick n je'-paun ကြက်ပေါင် (chicken leg); ♫ le'-hka'-tan လက်ခတ်တံ

drunk₁ adj mu:-de မူးသော

drunk₂ drunkard n ə-ye'-thə-ma: အရက်သမား

dry₁ v ə-chau'-hkan-de အခြောက်ခံသည် (air ~); nei-pu-hlan:-de နေပူလှန်းသည် (sun ~)

dry₂ adj chau'-te ခြောက်သော

dry cleaner n ə-chau'-sho-zain အခြောက်လျှော်ဆိုင်

dryer n lei-hmo'-se' လေမှုတ်စက်

dry up v hkan:-de ခန်းသည်

dual adj hnə-khu-twe:-de နှစ်ခုတွဲသော

dub v na-me-pei:-de နာမည်ပေးသည် (name); than-htə-thwin:-de (စကားပြော)သံထည့်သွင်းသည်

(~ a movie)

duck₁ *v* gaun:-tein:-de ခေါင်း
တိမ်းသည်

duck₂ 🦆 be: ဘဲ

duckling 🦆 be:-pau'-sa̱
ဘဲပေါက်စ

duct *n* pai'-lon: ပိုက်လုံး (air ~);
pau' ပေါက် (tear ~)

dud *n* ji-a̱ ကျည်အ

due *adj* hmyɔ-hman:-de
မျှော်မှန်းသော (expected); htai'-
thin:-de ထိုက်သင့်သော (proper)

due date *n* mwei:-me̱-ye' မွေး
မည့်ရက် (baby's ~); pyan-a'-ya̱-
me̱-ye' ပြန်အပ်ရမည့်ရက် (book's
~)

dues *n* jei: (နှစ်စဉ်၊ လစဉ်)ကြေး

duet *n* 🎵 son-dwe:-tha̱-chin:
စုံတွဲသီချင်း

due to *v* jaun̠-(mo̱-(lo̠)) ကြောင့်
(မို့(လို့))

dugong *n* 🦭 yei:-we' ရေဝက်

dull *adj* pyin:-zə-ya̱-kaun:-de
ပျင်းစရာကောင်းသော (boring);
ton:-de̠ တုံးသော (≠ sharp);
hmain:-de̠ (အရောင်)မှိုင်းသော
(drab); gaun:-on-de̠ ခေါင်းအုံသော
(feel ~); hton-de̠ ထိုသော (stupid)

dumb *adj* hsun̠-a̱-de̠ ဆွံ့အသော

(mute); ton:-a̠-de̠ တုံးအသော
(stupid)

dumbstruck *adj* je'-thei-thei-
de̠ ကြက်သေသေသော

dummy *n* ngə-ton: ငတုံး (idiot);
lu-yo'-tu လူရုပ်တု (mannequin);
pon-zan-jan: ပုံစံကြမ်း (mock-up)

dump₁ *v* pyi̠-te (အမှိုက်)ပစ်သည်

dump₂ *n* ə-hmai'-pon-ji:
အမှိုက်ပုံကြီး

dumpling *n* pau'-si ပေါက်စီ

dupe *v* ə-kwe'-hsin-de
အကွက်ဆင်သည်

duplicate *v* mei'-tu-ku:-de မိတ္တူ
ကူးသည်

duplicate *n* mei'-tu မိတ္တူ

durable *adj* ə-jan:-hkan-de̠
အကြမ်းခံသော၊ hkain-hkan̠-de̠
ခိုင်ခံ့သော၊ ə-thon:-hkan-de̠
အသုံးခံသော

duration *n* ja-myin̠-jein
ကြာမြင့်ချိန်၊ ə-chein အချိန်

durian *n* 🌿 du:-yin: ဒူးရင်း

during *adv* ə-tɔ:-ə-twin: အတော
အတွင်း၊ ton: တုန်း၊ sin စဉ်၊ ə-hka
အခါ

dusk *n* hsi:-za ဆည်းဆာ

dust *n* hpon ဖုန်

dustpan *n* gɔ-bya: ဂေါ်ပြား

a b c d e f g h i j k l m n o p q r s t u v w x y z

duty *n* ta-wun တာဝန် (responsibility); ခ-hkun အခွန် (tax)

duty free *adj* ခ-kau'-hkun-lu' အကောက်ခွန်လွတ်

DVD *n* di-bi-di ဒီဗွီဒီ၊ ဒီဗီဒီ

dye₁ *v* hsei:-hso:-de ဆေးဆိုးသည်

dye₂ *n* hso:-ze: ဆိုးဆေး

dying *adj* thei-ga-ni: သေခါနီး

dynamic *adj* hlo'-sha:-de လှုပ်ရှားသော (≠ static); te'-jwa-de တက်ကြွသော (~ person)

dynasty *n* min:-ze' မင်းဆက်

dysentery *n* thwei:-wun: သွေးဝမ်း

E - e အီ

each *pron* tခ-hku-jin: တစ်ခုချင်း၊ ခ-thi:-dhi: အသီးသီး

each other *pron* ခ-chin:-jin: အချင်းချင်း

eager *adj* sei'-hte'-than-de စိတ်ထက်သန်သော

eagerly *adv* a:-yခ-pa:-yခ အားရပါးရ

eagle *n* lin:-yon လင်းယုန်

ear *n* na: နား၊ nခ-ywe' နားရွက် (body part); ခ-hnan အနှံ (rice ~)

earache *n* na:-kai'-jin: နားကိုက်ခြင်း

eardrum *n* na:-zi နားစည်

early *adv* so:-so: စောစော

earn *v* yခ-de ရသည်၊ win-de ဝင်သည် (~ money)

earnestly *adv* ခ-lei:-ခ-ne' အလေးအနက် (seriously); ti-ti-tan-tan တည်တည်တံ့တံ့ (≠ joking)

earnings *n* win-ngwei ဝင်ငွေ (income); nei-dwe' နေ့တွက် (daily profit, wage)

earphone *n* nခ-ja' နားကြပ်

earring *n* nခ-daun: နားတောင်း (pierced ~); nခ-zwe: နားဆွဲ (dangling ~); nခ-gwin: နားကွင်း (sleeper, hoop); ka'-nခ-ga' ကပ်နားကပ် (clip earrings)

earth *n* myei-ji: မြေကြီး (soil); gခ-ba-jo ကမ္ဘာကြိုဟ် (world); myei-zai'-jo: မြေစိုက်ကြိုး (~ wire)

earthenware *n* jwei-de-myei-de ကြွေထည်မြေထည်

earthquake *n* ngခ-lyin-hlo'-chin: လျှင်လှုပ်ခြင်း

earthworm *n* ti-gaun တီကောင်

ease₁ *v* the'-tha-ze-de သက်သာစေသည်၊ hpyei-de ဖြေသည် ။ ။ *at ease* ei:-ze အေးစေ

ease₂ *n* lwe-ku-jin: လွယ်ကူခြင်း (≠ difficulty); zein ဇိမ် (luxury);

a b c d e f g h i j k l m n o p q r s t u v w x y z

the'-thaun-the'-tha-hpyi'-jin:
သက်သောင့်သက်သာဖြစ်ခြင်း (~ of
use)

easily *adv* e:-e:-hsei:-zei:
အေးအေးဆေးဆေး၊ tha-dha-lei:
သာသာလေး၊ lwe-lwe-lei: လွယ်
လွယ်လေး (without difficulty); sho:-
sho:-shu-shu ရှောရှောရှုရှု (~ in
time)

east *n* ə-shei အရှေ့

easy *adj* lwe-ku-de လွယ်ကူသည်၊
the'-tha-de သက်သာသည်

easy-going *adj* thə-bɔ:-lwe-dẹ
သဘောလွယ်သော၊ (sei')-e:-dẹ
(စိတ်)အေးသော

eat *v* sa:-de စားသည်

**eau de cologne, eau de
toilette** *n* yei-hmwei: ရည်မွှေး

eaves *n* də-ze'-mei' တံစက်မြိတ်

eccentric *n* lu-jaun လူကြောင်

echo₁ *v* pe-tin-de ပဲ့တင်သည်

echo₂ *n* pe-tin-dhan ပဲ့တင်သံ

eclipse *n* (nei, lạ) ja' (နေ၊ လ)
ကြတ်

ecology *n* ❀ pa'-wun:-jin-bei-
dạ ပတ်ဝန်းကျင်ဗေဒ

economical *adj* the'-tha-dẹ
သက်သာသော

economics *n* si:-bwa:-yei:-pyin-

nya စီးပွားရေးပညာ၊ bɔ:-gạ-bei-
dạ ဘောဂဗေဒ

economise *n* chwei-ta-de
ချွေတာသည်

economy *n* ❀ si:-bwa:-yei:
စီးပွားရေး

economy class *n* zei:-cho-dẹ-ə-
tan: ဈေးချိုသောအခန်း၊ the'-tha-
tan: သက်သာတန်း

eczema *n* ❦ hnin:-hku နှင်းခူ

edema *n* ❦ hpyin: ဖျဉ်း

edge *n* zaun: စောင်း၊ (table ~);
kan: ကမ်း (water's ~); ə-na: အနား
(hem); ə-thwa: အသွား (knife ~)

edible *n* sa:-nain-dẹ စားနိုင်သော

edit *v* ti:-hpya'-te
တည်းဖြတ်သည်

editor *n* sa-di: စာတည်း (magazine
~); e-di-ta အယ်ဒီတာ၊ ti:-hpya'-
thu တည်းဖြတ်သူ (movie ~, book
~)

editorial *n* gaun:-ji: ခေါင်းကြီး

educate *v* pyin-nya-pei:-de
ပညာပေးသည်

educated *adj* pyin-nya-ta'-tẹ
ပညာတတ်သော

education *n* pyin-nya ပညာ
(schooling); pyin-nya-yei:
ပညာရေး (childhood ~)

eel *n* 🐟 ngə-shiṇ ငါးရှဉ့်

effect₁ *v* ə-jo:-the'-yau'-te အကျိုးသက်ရောက်သည်

effect₂ *n* ə-jo: အကျိုး၊ yə-la' ရလဒ် ‖‖ *take effect* ə-ni-thin-pyə-de အာနိသင်ပြသည် (the medicine will ~); ə-the'-win-de အသက်ဝင်သည် (laws ~)

effective *adj* htị-yau'-tẹ ထိရောက်သော

efficiency *n* sun:-hsaun-yi စွမ်းဆောင်ရည်

effort *n* a:-hto'-hmụ အားထုတ်မှု

egg *n* ụ ဉ၊ je'-ụ ကြက်ဉ

egg on *v* hmyau'-pei:-de မြှောက်ပေးသည်၊ hloṇ-hsɔ-de လှုံ့ဆော်သည်

eggplant *n* 🍆 hkə-yan: ခရမ်း

egotism *n* nga-zwe: ငါစွဲ၊ a'-tə-wa-dạ အတ္တဝါဒ

egret *n* 🐦 byain: ဗျိုင်း

eid *n* ☪ i' အစ်

eight *n* shi' ရှစ်

eighth *n* a'-htə-mạ အဋ္ဌမ

eighty *n* shi'-hse ရှစ်ဆယ်

either *conj* thɔ-lə-gaun: သော်လည်းကောင်း

either ... or *conj* ...hpyi'-hpyi'...hpyi'-hpyi' ...ဖြစ်ဖြစ်

...ဖြစ်ဖြစ်

eject *v* hto'-pyi-te ထုတ်ပစ်သည်

elaborate *adj* ə-je-chẹ-dẹ အကျယ်ချဲ့သော

elaborately *adv* hpwẹ-hpwẹ-nwẹ-nwẹ ဖွဲ့ဖွဲ့နွဲ့နွဲ့

elapse *v* ja-myiṇ-de ကြာမြင့်သည်

elastic (band) *n* shoṇ-jo: ရှုံ့ကြိုး

elation *n* pi-tị ပီတိ၊ nyein-jin: ငြိမ့်ခြင်း

elbow *n* də-daun တံတောင်

elder *n* lu-ji:-thu-mạ လူကြီးသူမ

elderly *adj* a the'-ji:-ywe-o သက်ကြီးရွယ်အို

eldest *adj* ə-ji:-zon အကြီးဆုံး ‖‖ *eldest son* tha:-ji: သားကြီး၊ *eldest daughter* thə-mi:-ji: သမီးကြီး

elect *v* 🏛 ywei:-kau'-te ရွေးကောက်သည်၊ 🏛 tin-hmyau'-te တင်မြှောက်သည်

election *n* 🏛 ywei:-kau'-pwe: ရွေးကောက်ပွဲ

electric(al) *adj* mi:၊ hlya'-si' မီး၊ လျှပ်စစ်

electrician *n* hlya'-si'-thə-ma: လျှပ်စစ်သမား

electricity *n* (hlya'-si')-mi:

(လျှပ်စစ်)မီး

electronic *adj* i-le'-htə-rɔ:-ni' အီလက်ထရောနစ်

electronics *n* i-le'-htə-rɔ:-ni' အီလက်ထရောနစ်

elegant *adj* jɔ̀-mə̣-dẹ ကြော့မော့သော၊ tiṇ-te-dẹ တင့်တယ်သော

element *n* ☿ dra'-sin ဒြပ်စင် (chemical ~); da'-ji: ဓာတ်ကြီး (four ~); ə-ya အရာ (factor)

elementary *adj* ə-chei-gan အခြေခံ (basic); yo:-sin:-dẹ ရိုးစင်းသော (uncomplicated)

elementary school *n* mu-lạ-dan:-jaun: မူလတန်းကျောင်း

elephant *n* ☙ hsin ဆင်

elephantiasis *n* ☩ hsin-chi-dau'-yɔ:-ga ဆင်ခြေထောက်ရောဂါ

elevate *v* hmyiṇ-(tin)-de မြှင့်(တင်)သည်၊ hmyau'-te မြှောက်သည်

elevation *n* ə-myiṇ အမြှင့်

elevator *n* da'-hlei-ga: ဓာတ်လှေကား

eleven *n* hsẹ-ti' ဆယ့်တစ်

eliminate *v* shin:-pyi:-te ရှင်းပစ်သည်၊ hpyau'-hpye'-te ဖျောက်ဖျက်သည် (get rid of); pe-

hpye'-te ပယ်ဖျက်သည်၊ sə-yin:-hpye'-te စာရင်းဖျက်သည် (~ from a tournament)

élite₁ *adj* shei-tan:-yau'-tẹ ရှေ့တန်းရောက်သော၊ hte'-mye'-tẹ ထက်မြက်သော

élite₂ *n* ə-hte'-hlwa အထက်လွှာ

ellipse *n* be:-ụ-bon ဘဲဥပုံ

elope *v* hko:-pyei:-de ခိုးပြေးသည်

eloquent *adj* hno'-yei:-kaun:-dẹ နှုတ်ရေးကောင်းသော၊ ə-pyɔ:-pain-dẹ အပြောပိုင်သော

else *adv* tə-cha: တခြား၊ ə-cha: အခြား ။။။ *or else* da-hma-mə̣-hoʼ ဒါမှမဟုတ်

embankment *n* kan-baun ကန်ပေါင်၊ kə-thin:-yo: ကန်သင်းရိုး (lake ~); ta-yo: တာရိုး (paddy ~)

embargo *v* ⚖ si-bwa:-yei:-pei'-hsɔ-hmụ စီးပွားရေးပိတ်ဆို့မှု (oil ~); hsain:-de ဆိုင်းသည် (~ a press release)

embarrass *v* ə-she'-hkwe:-de အရှက်ခွဲသည်

embarrassed *adj* she'-nei-dẹ ရှက်နေသော၊ ə-nei-hke'-tẹ အနေခက်သော၊ mye'-hna-pu-dẹ မျက်နှာပူသော

embarrassing *adj* she'-sə-ya-kaun:-dẹ ရွက်စရာကောင်းသော၊ a:-na-zə-ya-kaun:-dẹ အားနာစရာကောင်းသော

embassy n 🌐 than-yon: သံရုံး

embed v hmyo'-te မြှုပ်သည်

ember n mi:-ge: မီးခဲ

embezzle v ⚖ ə-lwe:-thon:-za:-lo'-te အလွဲသုံးစားလုပ်သည်

embezzlement n ⚖ ə-lwe:-thon:-za:-hmụ အလွဲသုံးစားမှု

emblem n (ə-hma')-də-zei' (အမှတ်)တံဆိပ်

embrace v htwei:-pai'-te ထွေးပိုက်သည်၊ pwei-hpe'-te ပွေ့ဖက်သည် (hug); pa-win-de ပါဝင်သည် (include)

embroider v pan:-hto:-de ပန်းထိုးသည်

embroidery n pan: ပန်း

embryo n 🌱 thə-dei-tha:-laun: သန္ဓေသားလောင်း

emerald n myạ မြ

emerge v pɔ-htwe'-te ပေါ်ထွက်သည်၊ pɔ-pau'-te ပေါ်ပေါက်သည်

emergency n ə-yei:-bɔ အရေး ပေါ် ။။။ *emergency exit* ə-yei:-bɔ-htwe'-pau' အရေးပေါ်ထွက်ပေါက်

emigrant n pyi-bạ-ə-chei-chạ-

thu ပြည်ပအခြေချသူ

emigrate v pyi-bạ-ə-chei-chạ-de ပြည်ပအခြေချသည်

emission n hto'-hlu'-hmụ ထုတ်လွှတ်မှု

emit v hto'-hlu'-te ထုတ်လွှတ်သည်

emotion n hkan-za:-je' ခံစားချက်

emperor n 🌐 👑 ei-kə-ri' ကေရာဇ်

emphasis n ə-lei:-pei:-jin: အလေးပေးခြင်း

emphasize v ə-lei:-pei:-de အလေးပေးသည်

empire n 🌐 in-pa-ya အင်ပါယာ

employ v ə-lo'-hkaṇ-de အလုပ်ခန့်သည်

employee n ə-lo'-thə-ma: အလုပ်သမား၊ wun-dan: ဝန်ထမ်း

employer n ə-lo'-shin အလုပ်ရှင်

employment n ə-lo'-ə-kain အလုပ်အကိုင်

empower v sei'-khun-a:-shị-ze-de စိတ်ခွန်အားရှိစေသည်

empress n 🌐 👑 ei-kə-ri ကေရီ

emptiness n bə-la ဗလာ၊ na'-htị နတ္တိ

empty₁ v ə-pyaun-shin:-de

အပြောင်ရှင်းသည်

empty₂ *adj* lu'-tɛ̣ လွတ်သောၢ shin:-tɛ̣ ရှင်းသော

empty₃ *n* ə-hkun အခွံ

enamel *n* jwei ကြေ (~ paint, ~ cup)

encounter *v* twei̯-jon-de တွေ့ကြုံသည်

encourage *v* tai'-tun:-de တိုက်တွန်းသည်ၢ a:-pei:-de အားပေးသည်

encouragement *n* a:-pei:-hmṵ အားပေးမှု

encyclopaedia, encyclopedia *n* swe-zon-jan: စွယ်စုံကျမ်း

end₁ *v* pi:-de ပြီးသည်ၢ kon-hson:-de ကုန်ဆုံးသည်ၢ ə-hson:-tha'-te အဆုံးသတ်သည်ၢ cho'-nyein:-de ချုပ်ငြိမ်းသည်ၢ ya'-hsain:-de ရပ်ဆိုင်းသည်

end₂ *n* ə-son: အဆုံး

endanger *v* an-də-ye-hpyi'-te အန္တရာယ်ဖြစ်သည်

endeavor, endeavour₁ *v* jo:-za:-de ကြိုးစားသည်

endeavor, endeavour₂ *n* jo:-pan:-a:-hto'-hmṵ ကြိုးပမ်း အားထုတ်မှု

ending *n* za'-thein:-gan:

ဇာတ်သိမ်းခန်းၢ za'-paun:-gan: ဇာတ်ပေါင်းခန်း

endless *adj* ə-nan-dḛ အနန္တ

endorse *v* ə-ti-pyṵ-de အတည် ပြုသည်ၢ htau'-hkan-de ထောက် ခံသည် (approve of); le'-hma'-hto:-de လက်မှတ်ထိုးသည် (sign)

endurance *n* hkan-nain-yei ခံနိုင်ရည်

endure *n* hkan-de ခံသည် (suffer); ti-taṇ-de တည့်တံ့သည် (last long)

enema *n* ☿ wun:-chu-jin: ဝမ်းချုပ်ခြင်း

enemy *n* yan-dhu ရန်သူၢ yan-be' ရန်ဖက်

energetic *adj* te'-jwa-tɛ̣ တက်ကြွသော (an ~ person); a:-pa-dɛ̣ အားပါသော (~ efforts)

energy *n* sun:-in စွမ်းအင် (solar ~); in-a: အင်အား (strength)

engage *v* hnga:-de ငှားသည် (hire); pa'-the'-te ပတ်သက်သည် (involve); lo'-te လုပ်သည် (do); sei̯-sa'-te စေ့စပ်သည် (affiance)

engagement *n* sei̯-sa'-jaun:-lan:-jin: စေ့စပ်ကြောင်းလမ်းခြင်း (agree to marry); pa'-the'-chin: ပတ်သက်ခြင်း (involvement)

engine *n* in-jin အင်ဂျင် (motor);

mi:-yə-hta:-gaun:-dwe: မီးရထားခေါင်းတွဲ (train ~)

engineer n in-jin-ni-ya အင်ဂျင်နီယာ

England n 🌐 in-gə-lan အင်္ဂလန်

English n 🌐 in-gə-lei' အင်္ဂလိပ်

engrave v htwin:-de (ပုံ စသည်) ထွင်းသည်

enhance n po-kaun:-zei-de ပိုကောင်းစေသည်

enjoy v thə-bɔ:-jə-de သဘော ကျသည် (~ reading); hkan-za:-de ခံစားသည် (~ rights)

enjoyment n ə-pyɔ အပျော်

enlarge v chɛ-de ချဲ့သည်

enlighten v mye'-si-hpwin-de မျက်စိဖွင့်သည်၊

enlightenment n nyan-pwin-jin: ဉာဏ်ပွင့်ခြင်း၊ 🕮 nyan-zin-pau'-chin: ဉာဏ်စဉ်ပေါက်ခြင်း

enormous adj ei-ya-mə ဧရာမ

enough adj lon-lau'-tɛ လုံလောက်သော ။။ **that's enough** tə-bi တော့ပြီ

enroll v sə-yin:-thwin:-de စာရင်း သွင်းသည်

enter v win-de ဝင်သည် (~ a room, ~ a contest); htɛ-thwin:-de ထည့်သွင်းသည် (~ data)

enterprise n lo'-ngan: လုပ်ငန်း

enterprising adj lo'-ta'-kain-ta'-shi-dɛ လုပ်တတ်ကိုင်တတ် ရှိသော

entertain v hpyɔ-hpyei-de ဖျော် ဖြေသည် (~ the audience); ḛ-hkan-de ဧည့်ခံသည် (~ guests)

entertainment n hpyɔ-hpyei-hmṵ ဖျော်ဖြေမှု (amusement); hpyɔ-hpyei-hmṵ-lo'-ngan: ဖျော်ဖြေမှု လုပ်ငန်း (~ news)

enthusiasm n sei'-a:-hte'-than-hmṵ စိတ်အားထက်သန်မှု၊ te'-jwḛ-hmṵ တက်ကြွမှု

enthusiastically adv hte'-hte'-than-dhan ထက်ထက်သန်သန်၊ a:-yḛ-pa:-yḛ အားရပါးရ၊ pyin:-pyḛ-zwa ပြင်းပြစွာ

entire adj ə-kon-lon အကုန်လုံး၊ a:-lon အားလုံး

entirely adv lon:-lon: လုံးလုံး၊ ə-jwin:-mɛ့ အကြွင်းမဲ့

entrails n kə-li-za ကလီစာ

entrance n ə-win အဝင်၊ win-bau' ဝင်ပေါက်

entrance fee n win-jei: ဝင်ကြေး

entrée n hin: ဟင်း (main dish)

entrepreneur n 👤 suṇ-u:-si:-bwa:-yei:-lo'-ngan:-shin စွန့်ဦး

စီးပွားရေးလုပ်ငန်းရှင်

entrust *v* a'-hnan-de အပ်နှံသည်

entry *n* ə-win အဝင် (dramatic ~); win-lan: ဝင်လမ်း (way in); ti-bo', te-bo' တည်ပုဒ် (dictionary ~); win-gwin ဝင်ခွင့် (right to enter)
‖‖ *illegal entry* ⚘ hpau'-htwin:-hmụ ဖောက်ထွင်းမှု

envelope *n* sa-ei' စာအိတ်

envious *adj* mə-na-lo-hpyi'-tẹ မနာလိုဖြစ်သော

environment *n* pa'-wun:-jin ပတ်ဝန်းကျင်

environmental *adj* pa'-wun:-jin-nẹ-hsain-dẹ ပတ်ဝန်းကျင်နှင့်ဆိုင်သော

envy₁ *v* mə-shụ-zein-hpyi'-te မရှုစိမ့်ဖြစ်သည်၊ mə-na-lo-hpyi'-te မနာလိုဖြစ်သည်

envy₂ *n* mə-shụ-zein-hmụ မရှုစိမ့်မှု၊ mə-na-lo-hmụ မနာလိုမှု

epidemic *n* ⚕ ka'-yɔ:-ga ကပ်ရောဂါ

epilepsy *n* ⚕ we'-yu:-pyan-yɔ:-ga ဝက်ရူးပြန်ရောဂါ

episode *n* ə-hkan: အခန်း (incident); ə-pain: (~ in a tv series)

epoch *n* hki' ခေတ်

equal *adj* nyi-hmyạ-dẹ ညီမျှသော (same as); tan:-tu-dẹ တန်းတူသော (socially ~)

equality *n* nyi-hmyạ-jin: ညီမျှခြင်း

equalize *v* hnyị-de ညှိသည်

equal sign, equals sign *n* nyi-hmyạ-jin: ညီမျှခြင်း၊ ' = '

equate *v* nyi-hmyạ-de-lọ-tha'-hma'-te ညီမျှသည်ဟုသတ်မှတ်သည်၊ nyi-tu-de-lọ-tha'-hma'-te ညီတူသည်ဟုသတ်မှတ်သည်၊ tan:-tu-de-lọ-tha'-hma'-te တန်းတူသည်ဟုသတ်မှတ်သည်

equation *n* i-kwei:-shin: အီကွေးရှင်း

equator *n* i-kwei-ta အီကွေတာ

equilibrium *n* ti-nyein-jin: တည်ငြိမ်ခြင်း

equip *n* ta'-hsin-de တပ်ဆင်သည်

equipment *n* kə-rị-ya ကိရိယာ၊ ə-thon:-ə-hsaun အသုံးအဆောင်

equivalent *adj* nyi-hmạ-de ညီမျှသည်

-er *suff* hte'-(po) ထက်(ပို) (more than); the သည်၊ ဝ thə-ma: သမား၊ ♀ thə-mạ သမ (person who)

era *n* hki' ခေတ်

eradicate *v* hpyau'-hpye'-te

ဖျောက်ဖျက်သည်၊ tai'-hpye'-te တိုက်ဖျက်သည်
erase *n* hpye'-te ဖျက်သည်
eraser *n* hke:-bye' ခဲဖျက်၊ hpọ-bye' ဖော့ဖျက် (pencil ~); bɔ:-bye' ဘောဖျက် (blackboard ~)
erasure *n* hpye'-ya ဖျက်ရာ
erect *v* htaun-de ထောင်သည်၊ htu-de ထူသည် (~ a wall)
erode *v* tai'-sa:-de တိုက်စားသည်
erotic *adj* ə-chi'-hkan-za:-hmụ-nẹ-hsain-dẹ အချစ်ခံစားမှုနှင့်ဆိုင်သော
err *v* hma:-ywin:-de မှားယွင်းသည်
errand(s) *n* thwa:-sə-ya သွားစရာ
erratic *adj* kə-pau'-chị-kə-pau'-cha-dẹ ကပေါက်ချိကပေါက်ချာသော၊ bwei-hpau'-tẹ ဗွေဖောက်သော
erroneously *adv* tə-lwe:-tə-chɔ တလွဲတချော်
error *n* ə-hma: အမှား
erupt *v* pau'-kwe:-de ပေါက်ကွဲသည် (volcano); ⚕ htạ-de ထသည် (~ in a rash)
escalate *v* to:-hmyiṇ-de တိုးမြှင့်သည်
escalator *n* se'-hlei-ga: စက်လှေကား
escape₁ *v* htwe'-pyei:-lu'-myau'-te ထွက်ပြေးလွတ်မြောက်သည်
escape₂ *n* htwe'-pau' ထွက်ပေါက်၊ ge-pau' ကယ်ပေါက်
escort₁ *v* lai'-pọ-de လိုက်ပို့သည်
escort₂ *n* the'-tɔ-zauṇ သက်တော်စောင့် (security ~); ə-hpɔ အဖော် (person accompanying)
especially *adv* ə-htu:-dhə-hpyiṇ အထူးသဖြင့်
espionage *n* htau'-hlan:-yei: ထောက်လှမ်းရေး
essay *n* sa-dan: စာတန်း (literary ~); sa-si-sa-gon: စာစီစာကုံး (school ~)
essence *n* ə-hni'-tha-rạ အနှစ်သာရ (nature); ə-si အဆီ (rose ~)
essential *adj* mə-shị-mə-hpyi'-tẹ မရှိမဖြစ်သော
essentially *adv* tə-ge-hso-yin တကယ်ဆိုရင်
-est *suff* ə...hson: အ...ဆုံး
establish *v* ti-htaun-de တည်ထောင်သည်
established *adj* ə-chei-jạ-dẹ အခြေကျသော

estate *n* o:-ein-tai'-ta အိုးအိမ်တိုက်တာ (property); pain-hsain-hmụ ပိုင်ဆိုင်မှု (property left at death)

esteem₁ *v* tan-bo:-hta:-de တန်ဖိုးထားသည်

esteem₂ *n* gon-thei'-hka ဂုဏ်သိက္ခာ

estimate₁ *v* hkaṇ-hman-de ခန့်မှန်းသည်

estimate₂ *n* hkaṇ-hman:-je' ခန့်မှန်းချက်၊ htwe'-che' ထွက်ချက် (~ of charged); ya-hta:-je' လျာထားချက် (budget ~)

estimation *n* ə-htin အထင်၊ ə-twei: အတွေး

estranged *adj* sein:-thwa:-de စိမ်းသွားသည်

etc, et cetera *exp* sạ-thi စသည်

etch *v* htwin:-de ထွင်းသည်၊ chi'-te ခြစ်သည်

eternal *adj* hta-wə-rạ ထာဝရ

eternally *adv* ə-sin-hta-wə-rạ အစဉ်ထာဝရ

eternity *n* ə-nan-dạ အနန္တ၊ hta-wə-rạ ထာဝရ

ethic(s) *n* jiṇ-wu'-tə-ya: ကျင့်ဝတ်တရား

ethical *adj* jiṇ-wu'-nyi-dẹ ကျင့်ဝတ်ညီသော

ethnic *adj* tain:-yin:-dha: တိုင်းရင်းသား

ethnic group *n* lu-myo: လူမျိုး

etiquette *n* yin-jei:-hpwe-ya-hmụ ယဉ်ကျေးဖွယ်ရာမှု၊ ə-lei-ə-hta အလေ့အထ

etymology *n* zə-gə-lon:-zi'-myi' စကားလုံးဇစ်မြစ်

eucalyptus *n* ※ yu-kə-li' ယူကလစ်

eugenia *n* ※ thə-byei သပြေ

Europe *n* ụ-rɔ:-pạ ဥရောပ

evacuate *v* shaun-de ရှောင်သည် (~ before the storm); shaun-hkain:-de (အန္တရာယ်)ရှောင်ခိုင်းသည် (~ the town)

evade *v* shaun-de ရှောင်သည် (~ taxes); ə-lu'-yon:-de အလွတ်ရှန်းသည် (~ the police search)

evaluate *v* ə-ke:-hpya'-te အကဲဖြတ်သည်၊ si'-tan:-hto'-te စစ်တမ်းထုတ်သည်

evaluation *n* thon:-tha'-che' သုံးသပ်ချက်၊ ə-ke:-hpya'-che' အကဲဖြတ်ချက်

evaporate *v* ə-ngwei-pyan-de အငွေ့ပျံသည်

evasively *adv* wei-le-jaun-pa'

ဝှေလည်ကြောင်ပတ်

eve *n* ə-jo-neị အကြိုနေ့ (New Year's ~); ə-jo အကြို (~ of WWI)

even$_1$ *v* hnyị-de ညှိသည်

even$_2$ *adj* nyi-dẹ ညီသော (be ~) be'-nyi-dẹ ဘက်ညီသော (~ fight); nyi-nya-dẹ ညီညာသော (~ surface) ॥॥ ***break even*** ə-yin:-jei-de အရင်းကျေသည် ॥॥ ***get even*** le'-sa:-chei-de လက်စားချေသည်

even$_3$ *adv* taun တောင်၊ hmạ မှ

even if *adv* hso-yin-taun-hmạ ဆိုရင်တောင်မှ

evening *n* nyạ-nei-jan: ညနေချမ်း

evenly *adv* ə-nyi-ə-hmyạ အညီအမျှ

even number *n* son-gə-nan: စုံဂဏန်း

even out *v* nyi-hmyạ-ze-de ညီမျှစေသည်

even so *adv* thọ-tə-ze သို့တစေ၊ be-lo-hpyi'-hpyi' ဘယ်လိုဖြစ်ဖြစ်

event *n* ə-hpyi'-ə-pye' အဖြစ်အပျက် (happening); pwe: ပွဲ (occasion) ॥॥ ***in the event of*** သောအခါ

eventful *adj* ə-hpyi'-ə-pye'-mya:-dẹ အဖြစ်အပျက်များသော (full of events); ə-yei:-ji:-dẹ အရေးကြီးသော (important)

ever *adv* hpu: ဖူး (have you ~) ॥॥ ***for ever*** အပြီး၊ ə-mye: အမြဲ

ever after *adv* ə-mye:-dan: အမြဲတမ်း

evergreen *n* ə-mye:-zein: အမြဲစိမ်း (not losing leaves)

everlastingly *adv* ə-sin-hta-wə-rạ အစဉ်ထာဝရ

every *adv* tain: တိုင်း

everybody *n* lu-dain: လူတိုင်း၊ a:-lon: အားလုံး

every day *adj* neị-dain: နေ့တိုင်း

everyday *adj* tha-man သာမန်

every one *n* ə-kon-lon: အကုန်လုံး၊ a:-lon: အားလုံး

everyone *n* lu-dain: လူတိုင်း၊ a:-lon: အားလုံး

everyplace *n* nei-ya-ə-hnaṇ နေရာအနှံ့

every so often *adv* yan-hpan-yan-hka ရံဖန်ရံခါ၊ tə-hka-tə-lei တခါတလေ

everything *n* ə-kon-lon: အကုန်လုံး၊ ə-ya-ya အရာရာ

every time *adv* ə-hka-dain: အခါတိုင်း

everywhere *n* nei-ya-tə-ga

ေနရာတကာ၊ nei-ya-ə-hnaṇ
ေနရာအနှံ့

evict v maun:-hto'-te
ေမာင်းထုတ်သည်

evidence n ə-htau'-ə-hta:
အေထာက်အထား (~ for); ☌ the'-
thei-gan-pyi:-si: သက်ေသခံ
ပစ္စည်း (~ in court)

evident adv htin-sha: ထင်ရှား၊ thi̱-
tha သိသာ

evil n hso:-nyi'-hmụ ဆိုးညစ်မှု၊
mei'-hsa မိစ္ဆာ၊ mə-kaun:-hso:-
wa: မေကာင်းဆိုးဝါး

evolution n hsiṇ-ge:-hpyi'-sin
ဆင့်ကဲဖြစ်စဉ်

evolve v tə-hpyei:-byei:-hpyi'-
te တဖြည်းဖြည်းဖြစ်သည်

ex- pref ə-yin အရင်

exactly adv ə-ti̱-ə-jạ အတိအကျ၊
kwe'-ti̱ ကွက်တိ

exaggerate v chẹ-ka:-pyɔ:-de
ချဲ့ကားေပြာသည်၊ pon-ji:-chẹ-de
ပုံကြီးချဲ့သည်

exam, examination n sa-mei:-
bwe: စာေမးပွဲ (final ~); si'-hsei:-
hmụ စစ်ေဆးမှု (~ of a suspect)
‖‖ **medical examination** ⚕ hsei:-
si'-chin: ေဆးစစ်ခြင်း

examine v si'-hsei:-de

စစ်ေဆးသည်

example n na-mu-na နမူနာ၊ ụ-
pə-ma ဥပမာ

exasperate v do'-hkạ-pei:-de
ဒုက္ခေပးသည်

exasperated adj sei:-do'-hkạ-
yau'-te ဒုက္ခေရာက်သည်၊ sei:-
kon-de စိတ်ကုန်သည်

excavate v tu:-hpɔ-de
တူးေဖာ်သည်

exceed v lun-ke:-te လွန်ကဲသည်၊
lun-ju:-de လွန်ကျူးသည်

exceedingly adv ə-lun-ə-jun
အလွန်အကျွံ

excel v htu:-ke:-de ထူးကဲသည်၊
tha-lun-de သာလွန်သည်

excellence n htu:-ke:-hmụ
ထူးကဲမှု၊ tha-lun-hmụ သာလွန်မှု

excellent adj ə-lun-kaun:-dẹ
အလွန်ေကာင်းေသာ

except, excepting adv lwe:-lọ
လွဲလို့၊ hmạ-tə-ba: မှတပါး

exception n chwin:-je' ခြွင်းချက်

exceptionally adv ə-htu:-tə-le
အထူးတလည်

excerpt n kau'-hno'-che'
ေကာက်နုတ်ချက်

excess n ə-po အပို

excessively adv ə-lun-ə-jun

အလွန်အကျွံ

exchange₁ *n* le:-hle-de
လဲလှယ်သည်

exchange₂ *n* ə-le:-ə-hle အလဲ
အလှယ် ။။။ *foreign exchange*
nain-gan-ja:-ngwei နိုင်ငံခြားငွေ

exchange rate *n* ngwei-le:-
hnon: ငွေလဲနှုန်း

excite *v* sei'-hlo'-sha:-de
စိတ်လှုပ်ရှားသည်

excitement *n* sei'-hlo'-sha:-
hmụ စိတ်လှုပ်ရှားမှု (avoid all ~);
sei'-win-za:-sə-ya စိတ်ဝင်စား
စရာ၊ yin-hkon-sə-ya ရင်ခုန်စရာ
(the ~s of travel)

exciting *adj* yin-hkon-sə-ya-
kaun:-dẹ ရင်ခုန်စရာကောင်းသော

exclaim *v* yei-yu'-te
ရေရွတ်သည်

exclamation *n* a-mei-dei'
အာမေဋိတ်

**exclamation mark, exclama-
tion point** *n* a-mei-dei'-thin-
kei-tạ အာမေဋိတ်သင်္ကေတ (!)

exclude *v* hto'-pe-de
ထုတ်ပယ်သည်

exclusive *adj* mə-pa-win-dẹ
မပါဝင်သော

exclusively *adv* tha'-tha'

သတ်သတ်

excrement *n* mə-sin မစင်

excrete *v* pa-de ပါသည်
(defecate); hto'-te ထုတ်သည်

excuse₁ *v* hkwiṇ-hlu'-te ခွင့်
လွှတ်သည် (forgive); hkwiṇ-pyụ-
de ခွင့်ပြုသည် (allow); hsin-chei-
pei:-de ဆင်ခြေပေးသည် (~
myself)

excuse₂ *n* ə-jaun:-pyạ-je'
အကြောင်းပြချက် (pretext, just an
~); hkwiṇ-pyụ-je' ခွင့်ပြုချက်
(reason for not doing)

execute *v* ə-hson:-si-yin-de
အဆုံးစီရင်သည်

executive₁ *adj* ə-hmụ-zaun
အမှုဆောင်၊ si-man-yei:-nẹ-
hsain-dẹ စီမံရေးနှင့်ဆိုင်သော

executive₂ *n* ə-hmụ-zaun
အမှုဆောင်

executive officer *n* ə-hmụ-
zaun-ə-ya-shị အမှုဆောင်အရာရှိ

exempt(ed) *adj* lu'-kin:-dẹ
လွတ်ကင်းသော

exemption *n* lu'-nyein:-gwiṇ
လွတ်ငြိမ်းခွင့်

exercise₁ *v* lei-jiṇ-gan:-lo'-te
လေ့ကျင့်ခန်းလုပ်သည် (~ daily); ə-
thon:-cha-de အသုံးချသည် (~

power, ~ your right to)

exercise₂ *n* lei̯-jin̯-gan: လေ့ကျင့်
ခန်း (physical training, practice ~)

exercise book *n* bə-la-sa-o'
ဗလာစာအုပ်

exhale *v* shu-hto'-te ရှူထုတ်သည်

exhange *v* hpə-hle-de
ဖလှယ်သည်

exhaust₁ *v* kon-de ကုန်သည် (~ a
supply); pin-pan:-zei-de ပင်ပန်း
စေသည် (tire out)

exhaust₂ *n* mi:-go:-ngwei̯
မီးခိုးငွေ့

exhausted *adj* pin-pan:-dẹ
ပင်ပန်းသော၊ a:-kon-dẹ အား
ကုန်သော၊ chi-kon-le'-pan:-jạ-
dẹ ခြေကုန်လက်ပန်းကျသော

exhausting *adj* pin-pan:-dẹ
ပင်ပန်းသော

exhaustively *adv* sei̯-zei̯-sa'-
sa' စေ့စေ့စပ်စပ်

exhibit *v* pya̯-tha̯-de ပြသသည်

exhibit, exhibition *n* pya̯-bwe:
ပြပွဲ

exhibition hall *n* pya̯-gan: ပြခန်း

exile₁ *v* ne-hnin-de နယ်နှင်သည်

exile₂ *n* pyi-hnin-dan ပြည်နှင်
ဒဏ် (punishment); pyi-hnin-dan-
hkan-ya̯-jin: ပြည်နှင်ဒဏ်ခံရခြင်း

(living in ~); pyi-byei̯ ပြည်ပြေး
(person in ~)

exist *v* shi̯-de ရှိသည်၊ ti-shi̯-de
တည်ရှိသည်

existence *n* hpyi'-ti-hmṵ
ဖြစ်တည်မှု (being); bə-wạ ဘဝ
(life)

exit *n* htwe'-pau' ထွက်ပေါက်

expand *v* to:-chẹ-de တိုးချဲ့သည်
(get larger); pyan-ka:-de
ပြန့်ကားသည် (spread out)

expanse *n* pyin-je ပြင်ကျယ်

expansion *n* pyan-ka:-hmṵ
ပြန့်ကားမှု

expatriate *n* pyi-pạ-dwin-nei-
htain-dhu ပြည်ပတွင်နေထိုင်သူ

expect *v* hmyɔ-(lin̯)-de
မျှော်(လင့်)သည်

expectant mother *n* ♀ ko-wun-
zaun ကိုယ်ဝန်ဆောင်

expectation *n* hmyɔ-hman:-je'
မျှော်မှန်းချက်

expecting *adj* ko-wun-zaun
ကိုယ်ဝန်ဆောင်

expel *v* hto'-te ထုတ်သည်

expenditure, expenses *n* kon-
ngwei̯ ကုန်ငွေ၊ kon-jạ-zə-yei'
ကုန်ကျစရိတ်

expenses included *adj* ə-pi:-ə-nyein: အပြီးအငြိမ်း

expensive v zei:-ji:-de
ဈေးကြီးသည်၊ zei:-mya:-de
ဈေးများသည်

experience₁ v twei-jon-de
တွေ့ကြုံသည်၊ hkan-za:-de
ခံစားသည်

experience₂ n ə-twei-ə-jon
အတွေ့အကြုံ (a memorable ~);
hkan-za:-hmu ခံစားမှု (a bad ~); ə-
hti-ə-twei အထိအတွေ့ (practical
~)

experienced adj ə-twei-ə-jon-
shi-de အတွေ့အကြုံရှိသော၊ yin-
je'-te့ ရင့်ကျက်သော

experiment₁ v hsan-ji-de
စမ်းကြည့်သည်

experiment₂ n san:-tha'-hmu
စမ်းသပ်မှု

expert n ə-ta'-pyin-nya-shin
အတတ်ပညာရှင်၊ jun:-jin-dhu
ကျွမ်းကျင်သူ

expertise n ə-htu:-jun:-yin-
hmu အထူးကျွမ်းကျင်မှု

expire v ye'-lun-de
ရက်လွန်သည်

expiration date, expiry date
n ye'-lun-ye' ရက်လွန်ရက်

explain v pyɔ:-pya-de

ပြောပြသည်၊ shin:-pya-de
ရှင်းပြသည်

explanation n shin:-lin:-je'
ရှင်းလင်းချက် (clarification); hpyei-
shin:-je' ဖြေရှင်းချက် (reason)

explicit adj shin:-lin:-pya'-tha:-
de ရှင်းလင်းပြတ်သားသော

explicitly adv ə-ti-ə-ja
အတိအကျ

explode v pau'-kwe:-de
ပေါက်ကွဲသည်၊ hpau'-te
ဖောက်သည်

exploit v ə-mya:-hto'-te အမြတ်
ထုတ်သည်၊ gaun:-bon-hpya'-te
ခေါင်းပုံဖြတ်သည်

exploitation n gaun:-bon-hpya'-
chin: ခေါင်းပုံဖြတ်ခြင်း

exploration n chɛ-htwin-hmu
ချဲ့ထွင်မှု၊ yau'-shi-jin: ရောက်
ရှိခြင်း

explore v chɛ-htwin-de
ချဲ့ထွင်သည်၊ sha-hpwei-de
ရှာဖွေသည်

explosion n pau'-kwe:-jin:
ပေါက်ကွဲခြင်း

explosive adj pau'-kwe:-nain-
de ပေါက်ကွဲနိုင်သော

export v tin-pɔ-te (နိုင်ငံခြား)
တင်ပို့သည်

exports *n* tin-pọ-kon တင်ပို့ကုန်၊
hto'-kon ထုတ်ကုန်၊ htwe'-kon
ထွက်ကုန်

expose *v* hpɔ-pya̱-de ဖော်ပြသည်
(reveal); pya̱-de ပြသည် (~ to)

exposed *adj* hin:-lin:-hpyi'-tẹ
ဟင်းလင်းဖြစ်သော

exposure *n* ə-hti̱-ə-htwei̱ အထိ
အတွေ့ (contact); hpɔ-pya̱-jin:
ဖော်ပြခြင်း၊ hto'-hpɔ-hmu̱
ထုတ်ဖော်မှု (revelation); ə-ka-ə-
kwe-mẹ-hpyi'-chin: အကာ
အကွယ်မဲ့ဖြစ်ခြင်း (die of ~)

exposure trip *n* lei̱-la-yei:-hkə-
yi: လေ့လာရေးခရီး

express₁ *v* hpɔ-pya̱-de
ဖော်ပြသည်

express₂ *n* ə-myan အမြန်
‖‖ *express mail* ə-myan-chɔ:
အမြန်ချော ‖‖ *express train* ə-
myan-yə-hta: အမြန်ရထား

expression *n* mye'-hna-bei:
မျက်နှာပေး (facial ~); hpɔ-pya̱-je'
ဖော်ပြချက် (~ of feelings, freedom
of ~); ə-thon:-ə-hnon: အသုံး
အနှုန်း (idiomatic ~)

expressive *adj* hkan-za:-je'-pɔ-
lwin-dẹ ခံစားချက်ပေါ်လွင်သော

expressly *adj* tə-min-the'-the'
တမင်သက်သက်

extend *v*; hsan̜-de ဆန့်သည်
(stretch out); kan:-de ကမ်းသည်
(~ one's hand); to:-de တိုးသည် (~
validity); pyan̜-de ပြန့်သည် (~ in
every direction); hpyan̜-de
ဖြန့်သည်၊ chẹ-htwin-de
ချဲ့ထွင်သည် (~ territory)

extended version *n* ə-je
အကျယ်

extension *n* lain:-gwe လိုင်းခွဲ
(phone ~); to:-chẹ-ə-hsau'-ə-on
တိုးချဲ့အဆောက်အအုံ (building); ə-
chein-to:-chin: အချိန်တိုးခြင်း (~
of deadline)

extensive *adj* je-pyan̜-dẹ
ကျယ်ပြန့်သော

extensively *adv* ə-je-tə-win̜
အကျယ်တဝင့်

extent *n* ə-tain:-ə-ta အတိုင်း
အတာ ‖‖ *to what extent* be-ə-
hti̱ ဘယ်အထိ

exterior *n* ə-pyin အပြင်

exterminate *v* ə-pya'-shin:-de
အပြတ်ရှင်းသည်၊ le'-sa̱-ton:-de
လက်စတုံးသည်

exterminator *n* po:-tha'-thu
ပိုးသတ်သူ (pest control)

external *adj* pyin-pa̱ ပြင်ပ

extinct *v* myo:-ton:-de
မျိုးတုံးသည်

extinguish *v* tha'-te (မီး)
သတ်သည်၊ hnyein:-de ငြိမ်းသည်

extinguisher *n* mi:-tha'-bu:
မီးသတ်ဘူး

extort *v* mai'-jei:-hkwe:-de
မိုက်ကြေးခွဲသည်

extra *n* ə-po အပို

extract₁ *v* kau'-hno'-te ကောက်
နုတ်သည် (~ excerpts); hto'-yu-
de ထုတ်ယူသည် (~ minerals);
hno'-te နုတ်သည် (~ a tooth)

extract₂ *n* kau'-hno'-che'
ကောက်နုတ်ချက် (~ from a larger
work); ə-hni အနှစ် (vanilla ~)

extraordinary *adj* htu:-cha:-de
ထူးခြားသော

extravagant *adj* ə-thon-ji:-de
အသုံးကြီးသော (~ gift); ə-pyɔ:-ji:-
de အပြောကြီးသော (~ claims);
hkan-za:-je'-mya:-de ခံစားချက်
များသော (~ expression)

extreme₁ *adj* ə-sun:-yau'-tɛ
အစွန်းရောက်သော

extreme₂ *adj* ə-sun: အစွန်း၊ ə-
hpya: အဖျား

extremely *adv* ə-yan: အရမ်း၊ ə-
lun-ə-jun အလွန်အကျွံ၊ in-mə-

dan အင်မတန်

extremism *n* ə-sun:-yau'-wa-
da အစွန်းရောက်ဝါဒ

extremist *n* ə-sun:-yau'-wa-di
အစွန်းရောက်ဝါဒီ

eye *n* mye'-lon: မျက်လုံး (pair of
~s); nə-hpa: နှာဖား (~ of a needle)
▯▯▯ ***keep an eye on*** saun̠-ji-de
စောင့်ကြည့်သည်

eyebrow *n* mye'-hkon: မျက်ခုံး

eyedrops *n* mye'-sin: မျက်စဉ်း

eyeglasses *n* mye'-hman
မျက်မှန်

eyelash(es) *n* mye'-daun
မျက်တောင်

eyelid *n* mye'-hkun မျက်ခွံ

eyesight *n* ə-myin-a-yon အမြင်
အာရုံ၊ mye'-si̠ မျက်စိ

eyetooth *n* thə-de' သွားတက်၊
thwa:-zwe သွားစွယ် ▯▯▯ ***eyetooth
of the Buddha*** swe-dɔ စွယ်တော်

eyewitness *n* mye'-myin-the'-
thei မျက်မြင်သက်သေ

F - f e' အက်ဖ်

fable *n* pon-wu'-htu ပုံဝတ္ထု

fabric *n* ə-hte အထည်

fabricate *v* se'-yon-hma-hto'-
te စက်ရုံမှာထုတ်သည် (pre-~d);

hsin-de ဆင်သည်၊ lein-de လိမ်သည် (~ a story)

fabrication *n* hto'-lo'-hmṵ ထုတ်လုပ်မှု (production); hsin-lon: ဆင်လုံး၊ htwin-lon: ထွင်လုံး

fabulously *adv* aṇ-mə-hkan: အံ့မခန်း

façade *n* mye'-hna-za မျက်နှာစာ

face₁ *v* mye'-hna-mu-de မျက်နှာ မူသည် (~ east); yin-hsain-de ရင်ဆိုင်သည် (~ up to problems); mye'-hnə-jin:-hsain-de မျက်နှာ ချင်းဆိုင်သည် (~ each other)

face₂ *n* mye'-hna မျက်နှာ (pretty ~, lose ~); dain-gwe' ဒိုင်ခွက် (clock ~) ‖‖ **lose face** mye'-hna-pye'-te မျက်နှာပျက်သည် ‖‖ **save face** mye'-hna-htau'-te မျက်နှာ ထောက်သည် ‖‖ **pull faces, make a face** mẹ-ywẹ-pyạ-de မဲ့ရဲ့ ပြသည်

face up *adv* pe'-le' ပက်လက်

fact *n* ə-che'-ə-le' အချက် အလက် (piece of information, just the ~s); ə-hman အမှန် (≠ fiction) ‖‖ **in fact** də-ge တကယ်၊ ə-hman-sin-si' အမှန်စင်စစ်

factor *n* ə-sei'-ə-pain: အစိတ် အပိုင်း (part); sin:-za:-yạ-mẹ-ə-

che'-ə-le' စဉ်းစားရန်အချက် (consideration); hsạ-gwe:-gein: ဆခွဲကိန်း (least common ~)

factory *n* se'-yon စက်ရုံ

fad *n* pɔ-pin ပေါ်ပင်

fade *v* hmein-de မှိန်သည် (become dark); lwiṇ-de လွင့်သည် (colours ~); nei-sa:-de နေစားသည် (~ in the sun); hmon-wa:-de မှုန် ဝါးသည် (memory ~s); pye-de ပြယ်သည် (~d beauty)

fade away *v* tein-myo'-te တိမ်မြုပ်သည်

faeces *n* jin-ji: ကျင်ကြီး

faery *n* na'-thə-mi: နတ်သမီး

fail *v* jạ-de ကျသည် (~ the exam, ≠ pass); pye'-kwe'-te ပျက် ကွက်သည် (~ to) ‖‖ **without fail** mə-pye'-mə-kwe' မပျက်မကွက်

failing *n* a:-ne:-je' အားနည်းချက်

failure *n* pye'-kwe' ပျက်ကွက် (~ to do); ə-jạ အကျ၊ ə-shon: အရှုံး (test ~)

faint₁ *v* dhə-dị-li'-te သတိ လစ်သည်

faint₂ *adj* to:-de တိုးသော (~ sound); hmon-wa:-dẹ မှုန်ဝါးသော (~ mark); gaun:-mu:-dẹ ခေါင်းမူးသော (dizzy, feel ~)

fair₁ *adj* hmya̱-ta̱-de̱ မျှတသော (~ deal); hpyu-de̱ ဖြူသော (~ skin); tɔ-tɔ-lei: တော်တော်လေး (~ chance); pwịn-de̱ ပွင့်သော (~ weather)

fair₂ *n* pwe: ပွဲ

fairly *adv* tɔ-tɔ တော်တော် (quite); nyi-tu-nyi-hmya̱ ညီတူညီမျှ၊ thịn-dɔ-zwa သင့်တော်စွာ (justly)

fairness *n* ta̱-ya:-hmya̱-ta̱-jin: တရားမျှတခြင်း

fairy *n* na'-tha̱-mi: နတ်သမီး

fairy tale *n* pon-byin ပုံပြင်

faith *n* a̱-yu-ba-dha အယူဘာသာ (religion); yon-ji-hmṵ ယုံကြည်မှု (belief)

faith healer *n* pyau'-sei-hsa̱-ya ပျောက်စေဆရာ

faith healing *n* pyau'-sei-kṵ-ni: ပျောက်စေကုနည်း

faithful *adj* thi'-sa-sauṇ-de̱ သစ္စာစောင့်သော၊ thi'-sa-shị-de̱ သစ္စာရှိသော

faithfully *adv* swe:-zwe:-mye:-mye: စွဲစွဲမြဲမြဲ

fake₁ *adj* tṵ-de̱ တုသော (imitation); lo'-jan-hta:-de̱ လုပ်ကြံထားသော (made-up)

fake₂ *n* a̱-tṵ-(a̱-yaun) အတု

(a̱-yaun) (phony); a̱-lein-a̱-hkau' အလိမ်အခေါက် (in sports)

falafel *n* ba̱-ya-jɔ ဗယာကြော်

fall₁ *v* ja̱-(hsin:)-de̱ ကျ(ဆင်း)သည် (descend); ja̱-hson:-de̱ ကျဆုံးသည် (die in action); jwei-de̱ ကြွေသည် (~ing leaves); ywa-de̱ ရွာသည်၊ kha̱-de̱ ခသည် (~ing snow); le:-de̱ လဲသည် (~ down); chɔ-le:-de̱ ချော်လဲသည် (slip and ~); yo'-yɔ̱-de̱ ယုတ်လျော့သည် (decline); pyo-de̱ ပြိုသည် (collapse) ။ ။ *fall under a curse* se'-kwin:-mị-de̱ စက်ကွင်းမိသည်၊ jein-za-mị-de̱ ကျိန်စာမိသည်

fall₂ *n* a̱-ja̱ အကျ (descent); hsaun:-u:-ya-dhi ဆောင်းဦးရာသီ (autumn)

fall in *v* ✎ tan:-si-de̱ တန်းစီသည်

fall off *v* pyo'-ja̱-de̱ ပြုတ်ကျသည် (drop); lwịn-sin-de̱ လွင့်စင်သည် (blown off); si:-bwa:-ja̱-de̱ စီးပွားကျသည် (economic ~); shɔ:-de̱ လျှော့သည် (clothes ~); jwei-de̱ ကြွေသည် (mangoes ~ the tree)

fall out *v* ju'-te̱ ကျွတ်သည် (feathers ~); yan-hpyi'-te̱ ရန်ဖြစ်သည် (quarrel)

falls *n* yei-da̱-gun ရေတံခွန်

fall through v pye'-pya:-de
ပျက်ပြားသည်

false adj tu̞-de̞ တု̞သော (fake);
hma:-de̞ မှားသော (wrong)

falsehood n nya-lon: ညာလုံး၊ mə-
ho'-mə-ha' မဟုတ်မဟတ်၊ mo'-
tha: မုသား၊ lo'-jan-hmṵ လုပ်ကြံမှု

false teeth n thwa:-dṵ သွားတု̞

faluda n fa-lu-da ဖာလူဒါ

fame n jɔ-ja:-hmṵ ကျော်ကြားမှု

familiar adj yin:-hni:-de̞
ရင်းနှီးသော၊ jun:-win-de̞ ကျွမ်း
ဝင်သော၊ mye'-hman:-tan:-de̞
မျက်မှန်းတန်းသော။။ **overly
familiar** pə-lu:-de̞ ပလူးသော

familiarly adv ə-jun:-tə-win
အကျွမ်းတဝင်၊ le'-pun:-tə-ti:
လက်ပွန်းတတီး

family n mi̞-dha:-zṵ မိသားစု၊
hswei-myo: ဆွေမျိုး၊ ein-daun-zṵ
အိမ်ထောင်စု

family business n le'-ngo'-le'-
yin: လက်ငုတ်လက်ရင်း၊ mi̞-dha:-
zṵ-ə-lo' မိသားစုအလုပ်

family name n myo:-yo:-ə-myi
မျိုးရိုးအမည်

family tree n hswei-myo:-zṵ-zə-
ya: ဆွေမျိုးစုဇယား

famine n nga'-mu'-hkaun-pa:-

jin:-(ka') ငတ်မွတ်ခေါင်းပါးခြင်း
(ကပ်)

famished adj nga'-te̞ ငတ်သော၊
nga'-mu'-te̞ ငတ်မွတ်သော

famous adj jɔ-ja:-de̞ ကျော်
ကြားသော၊ htin-pɔ-de̞ ထင်
ပေါ်သော၊ yei-ban:-sa:-de̞
ရေပန်းစားသော

famous person n na-me-jɔ
နာမည်ကျော်

fan₁ v ya'-hka'-te̞ ယပ်ခတ်သည်

fan₂ n pan-ka ပန်ကာ (electric ~);
ya'-daun ယပ်တောင် (hand-held
~); htau'-hkan-dhu ထောက်ခံသူ၊
chi'-thu ချစ်သူ (sports ~)

fanatic n ə-yu:-ə-mu: အရူးအမူး
ဖြစ်သူ (religious ~); thə-da-lun-
thu သဒ္ဒါလွန်သူ (extremist)

fanatical adj thə-da-lun-de̞
သဒ္ဒါလွန်သော

fancier n wa-dhə-na-o:
ဝါသနာအိုး

fanciful adj sei'-ku:-yin-hsan-
de̞ စိတ်ကူးယဉ်ဆန်သော

fancy₁ v jai'-te̞ ကြိုက်သည် (I ~
him); sei'-ku:-de̞ စိတ်ကူးသည် (~
a tasty snack); htin-de̞ ထင်သည် (I
~ I smell coffee)

fancy₂ adj jwa̞-ywa̞-de̞

ကြရှသော၊ hpan-si ဖန်စီ

fancy oneself *v* myau'-jwạ-myau'-jwạ-hpyi'-te မြောက်ကြမြောက်ကြဖြစ်သည်

fang *n* ə-swe အစွယ်

fantasize *v* sei-ku:-yin-de စိတ်ကူးယဉ်သည်

fantastic *adj* aṇ-mə-hkan: အံ့မခန်း

fantasy *n* sei'-ku:-yin စိတ်ကူးယဉ်

far *adj* wei:-(kwa)-dẹ ဝေး(ကွာ)သော-

far away *adj* wei:-lan-dẹ ဝေးလံသော

fare *n* yin-si:-gạ ယာဉ်စီးခ၊ ka:-gạ ကားခ

Far East *n* 🌐 ə-shei̧-a-shạ အရှေ့အာရှ

farewell *n* hno'-hse'-chin: နှုတ်ဆက်ခြင်း၊ hno'-hse'-pwe: နှုတ်ဆက်ပွဲ

far-fetched *adj* sha-sha-hpwei-bwei-twei:-dẹ ရှာရှာဖွေဖွေ တွေးသော၊ ə-twei:-khaun-dẹ အတွေးခေါင်သော

far from *adv* ə-wei:-ji: အဝေးကြီး၊ nei-nei-tha-dha နေနေသာသာ

farm *n* le-ya လယ်ယာ ။။ *poultry farm* je'-chan ကြက်ခြံ

farmer *n* taun-dhu တောင်သူ (vegetable ~); le-dha-ma: လယ်သမား (rice ~)

farming *n* le-ya-sai'-pyo:-ye: လယ်ယာစိုက်ပျိုးရေး ။။ *terrace farming* hlei-gạ-di'-sai'-ni: လှေကားထစ်စိုက်နည်း

far-sighted *adj* ə-ni:-hmon-dẹ အနီးမှုန်သော (≠ near-sighted); ə-myɔ-ə-myin-ji:-dẹ အမြော်အမြင် ကြီးသော (visionary)

fart₁ *v* lei-le-de လေလည်သည်၊ i:-pau'-te အီးပေါက်သည်

fart₂ *n* i: အီး

fascinate *v* hswe:-hsaun-de ဆွဲဆောင်သည်

fascism *n* 🌐 hpe'-hsi'-wa-dạ ဖက်ဆစ်ဝါဒ

fascist *n* 🌐 hpe'-hsi' ဖက်ဆစ်

fashion₁ *v* pon-thwin:-de ပုံ သွင်းသည် (make)

fashion₂ *n* hpe'-shin ဖက်ရှင် (style); pon ပုံ (way) ။။ *old-fashioned* shei:-hsan-dẹ ရှေး ဆန်သော

fashionable *adj* hki'-sa:-dẹ ခေတ်စားသော၊ hki'-hsan-dẹ

ခေတ်ဆန်သော၊ sə-tain-jạ-dẹ
စတိုင်ကျသော

fashionably *adv* sə-tain-jạ-jạ
စတိုင်ကျကျ

fast₁ *v* u:-bo'-saun-de ဥပုသ်
စောင့်သည် (restrict food); mə-sa:-
be:-nei-de မစားဘဲနေသည်၊ ə-
nga'-hkan-de အငတ်ခံသည်

fast₂ *adj* (lyin)-myan-dẹ (လျင်)
မြန်သော (rapid); ja'-tẹ ကျပ်သော
(tight) ‖ *playing fast and loose*
pə-li-pə-la ပလီပလာ ‖ *pull a
fast one* tə-pa'-yai'-te တစ်ပတ်
ရိုက်သည်

fast₃ *n* u:-bo' ဥပုသ် (Ramadan ~);
ə-sa-nga'-hkan-jin: အစာငတ်
ခံခြင်း (not eating)

fasten *v* chi-de ချည်သည်၊ chei'-
te ချိတ်သည်၊ to'-te တုပ်သည်၊ pu:-
twe:-de ပူးတွဲသည် (bind); hka'-te
ခတ်သည် (~ the padlock)

fat₁ *adj* wạ-dẹ ဝသော

fat₂ *n* (ə)-hsi (အ)ဆီ

fatal *adj* thei-zei-dẹ သေစေသော

fate *n* kan ကံ

fated *adj* kan-pa-dẹ ကံပါသော

father *n* ə-hpei အဖေ၊ ə-bạ အဘ

father-in-law *n* ơ yau'-hkə-mạ
ယောက္ခမ

fatigue *n* pin-pan:-hmụ ပင်ပန်းမှု၊
mɔ:-pan:-hmụ မောပန်းမှု

fatso *n* wạ-to' ဝတုတ်

fattening *adj* wạ-zei-dẹ
ဝစေသော

fatty₁ *n* wạ-to' ဝတုတ်

fatty₂ *n* ə-hsi-mya:-dẹ အဆီ
များသော

faucet *n* pai'-gaun: ပိုက်ခေါင်း

fault *n* ə-na-ə-hsa အနာအဆာ
(flaw); ə-pyi အပြစ် (responsibili-
ty); ə-hma:-(ə-ywin:) အများ
(အယွင်း) (~ in my method); hma:-
ywin:-je' မှားယွင်းချက် (my
greatest ~) ‖ *find fault* (with) ə-
pyi'-sha-de အပြစ်ရှာသည်

faultlessness *n* the:-the:-zin
သဲသဲစင်

faulty *adj* chu'-ywin:-dẹ
ချွတ်ယွင်းသော

faux *adj* tụ-dẹ တုသော

favor, favour₁ *v* mye'-hnə-dha-
pei:-de မျက်နှာသာပေးသည်၊ ə-
lei:-pei:-de အလေးပေးသည်၊ pạ-
za:-pei:-de ပစားပေးသည်၊ ə-yei:-
pei:-de အရေးပေးသည်၊

favor, favour₂ *n* ə-ku-ə-nyi
အကူအညီ (Do me a ~?); mye'-
hnə-dha မျက်နှာသာ (approval)

favorably, favourably *adv* ə-kaun: အကောင်း

favorite, favourite *n* ə-jai'-zon: အကြိုက်ဆုံး၊ ə-the:-zwe: အသည်းစွဲ

fax *n* hpe' ဖက်စ်

fear *v* jau'-(jun)-de ကြောက် (ရ့ဲ)သည်

fear *n* ə-jau' အကြောက်

fearful *adj* ə-jau'-ji:-dę အကြောက်ကြီးသော၊ thə-ye:-bɔ:-jaun-dę သူ့ရဲ့ဘောကြောင်သော

fearfully *adv* ji:-laṇ-sa-sa: ကြီးလန့်စာစား၊ jau'-jau'-yuṇ-yuṇ ကြောက်ကြောက်ရ့ဲ ရ့ဲ (with fear); ə-lun အလွန် (very)

fearless *adj* tha'-tị-pyaun-dę သတ္တိပြောင်သော

fearlessly *adv* ə-jau'-ə-laṇ-mə-shị အကြောက်အလန့်မရှိ

feast *n* sa:-bwe:-ji: စားပွဲကြီး

feather *n* (ə-mwei:)-ə-taun (အမွေး)အတောင် (of birds) ‖‖ **tailfeather** mi:-zan (ၿမီး)မီးဆံ

featherback *n* ✺ ngə-hpe ငါးဖယ်

feature₁ *v* tin-hse'-te တင်ဆက်သည်

feature₂ *n* in-ga-ya' အင်္ဂါရပ်၊ ə-thin-ə-pyin အသွင်အပြင်

(characteristic); mye'-hna-pau' မျက်နှာပေါက် (facial ~)

feature film *n* yo'-shin-ka:-ji: ရုပ်ရှင်ကားကြီး

February *n* hpei-hpɔ-wa-ri ဖေဖော်ဝါရီ

feces *n* jin-ji: ကျင်ကြီး

federation *n* ə-hpwẹ-jo' အဖွဲ့ ချုပ်၊ 🌐 hpe'-də-rei:-shin: ဖက်ဒရေးရှင်း

fed up *adj* sei'-kon-dę စိတ်ကုန်သော (exasperated); nyi:-ngwei-dę ၿငီးငွေ့သော (bored)

fee *n* jei: ကြေး (monthly ~); lo'-hka လုပ်ခ (~ for work) ‖‖ **annual fee** hni'-sin-jei: နှစ်စဉ်ကြေး ‖‖ **entrance fee** win-jei: ဝင်ကြေး

feeble *n* a:-ne:-dę အားနည်းသော (~ effort); hka:-chị-de ခါးချည့်သည် (~ person)

feed *v* jwei:-(mwei:)-de ကျွေး (မွေး)သည် (give food to); hkuṇ-de ခွံ့သည် (spoonfeed); htẹ-de ထည့်သည် (~ into a machine)

feedback *n* toṇ-pyan-hmụ တုံ့ပြန်မှု ‖‖ **positive feedback** hpyi'-shein-hmyiṇ-toṇ-pyan-hmụ ဖြစ်ရှိန်မြှင့်တုံ့ပြန်မှု ‖‖ **negative feedback** hpyi'-shein-shɔ-

ton-pyan-hmụ ဖြစ်ရှိန်လျော့
တုံ့ပြန်မှု

feel v twei̇̂-htị-de တွေ့ထိသည်
(touch); hkan-za:-de ခံစားသည်
(~ emotion); san:-de စမ်းမိသည်
(~ inside a bag) ‖‖ **get a feel for** ə-
hta-pau'-te အထာပေါက်သည်

feeler u:-hmin ဦးမျှင် a-yon-hkan-
le'-tan အာရုံခံလက်တံ ‖‖ **put out
feelers** hmyɔ̀-thwei:-san:-de
မျှော်သွေးစမ်းသည်

feel for v thə-na:-de သနားသည်
(sympathise with); jwei:-de
ကြွေးသည် (like)

feel good v pyɔ-de ပျော်သည်

feeling n hkan-za:-hmụ ခံစားမှု
(emotion); wei-də-na ဝေဒနာ
(suffering)

feint₁ v ə-yaun-pyạ-de အယောင်
ပြသည်

feint₂ n ə-lein-ə-hkau'
အလိမ်အခေါက်

feldspar n myɔ: မျော

fell v kho'-hle:-de ခုတ်လှဲသည်

fellow n kaun-(lei:) ကောင်(လေး)
(person); ə-hpwɛ̀-win အဖွဲ့ဝင် (~
of a society); wain:-dɔ-dha:
ဝိုင်းတော်သား (research ~)

female₁ adj mạ မ

female₂ n mein:-mạ မိန်းမ

feminine adj mein:-mạ-hsan-de
မိန်းမဆန်သော (≠ masculine); kə-
nwẹ-kə-lyạ-lo'-tẹ ကန့်ကလျ
လုပ်သော၊ hlo'-li-hlo'-lẹ-tẹ
လုပ်လီလုပ်လဲ့သော (≠ macho)

fence₁ v chan-zi:-yo:-hka'-te
ခြံစည်းရိုးခတ်သည်

fence₂ n ə-ka အကာ၊ ə-ka-ə-
kwe အကာအကွယ်၊ ə-ka-ə-yan
အကာအရံ၊ chan-zi:-yo: ခြံစည်းရိုး
‖‖ **sit on the fence** hnə-hkwạ-
lo'-te နှစ်ခွလုပ်သည်

feng shui n hpon:-shwei ဖုန်းရွှေ

ferment v ə-chin-te-de အချဉ်
တည်သည်၊ ə-chin-hpau'-te
အချဉ်ဖောက်သည်

Ferris wheel n cha:-yə-ha'
ချားရဟတ်

ferry n ⚓ gə-dɔ̀ ကူးတို့၊ ze' ဇက်
(car ~, passenger ~)

fertile adj myo:-aun-dẹ
မျိုးအောင်သော

fertility n myei-zi-myei-hni'
မြေဆီမြေနှစ် (soil ~)

fertiliser n da'-myei-ɔ:-za
ဓာတ်မြေဩဇာ

fester v ☠ yin:-de (အနာ)
ရင်းသည်၊ ☠ pyi-te-de ပြည်တည်

တည်သည်

festival n pyɔ-pwe:-shwin-pwe: ပျော်ပွဲရွှင်ပွဲ၊ pwe:-dɔ ပွဲတော် ‖‖ *pagoda festival* hpə-ya:-bwe:-dɔ ဘုရားပွဲတော်

fetch v thwa:-yu-de သွားယူသည် (go and bring); thwa:-hkɔ-de သွားခေါ်သည် (go get someone)

feudalism n 🌐 ♙ kan-jwei:-chə-sə-ni' ကံကျွေးချစနစ်၊ pə-dei-thə-ri'-sə-ni' ပဒေသရာဇ်စနစ်၊ myei-pain-shin-sə-ni' မြေပိုင်ရှင်စနစ်

feudal lord n 🌐 ne-za:-pe-za: နယ်စားပယ်စား

feudal period n 🌐 bə-yin-hki' ဘုရင်ခေတ်

fever n 💉 ə-hpya: အဖျား ‖‖ *have a fever* hpya:-de ဖျားသည်၊ ko-pu-de ကိုယ်ပူသည် ‖‖ *cyclical fever* te'-hpya:-jə-hpya: တက်ဖျားကျဖျား

few adj ne:-dẹ နည်းသော၊ ə-ne:-nge အနည်းငယ်

fiber, fibre n ə-hmyin အမျှင်

fiction n wu'-htṵ ဝတ္ထု (story); sei'-ku:-yin စိတ်ကူးယဉ်၊ htwin-lon: ထွင်လုံး (≠ reality)

fiddle₁ v kə-lị-de ကလိသည်၊ le'-hsɔ̱-de လက်ဆော့သည်၊ 🎵 tə-yɔ:-

fiddle₂ n 🎵 tə-yɔ: တယော

fidelity n thi'-sa သစ္စာ

fidget v le'-mə-nyein လက်မငြိမ်

fidgety adj hpin-tə-jwạ-jwạ-hpyi'-tẹ ဖင်တကြွကြွဖြစ်သော

field n ya ယာ (corn~); le လယ် (rice paddy); kwin:-byin ကွင်းပြင် (open space); gə-za:-gwin: ကစားကွင်း (pitch); ne-pe နယ်ပယ် (of study, etc)

fifth n pyin-sə-mạ ပဉ္စမ

fifty n nga:-ze ငါးဆယ်

fig n 🌿 thə-hpan: သဖန်း

fight v yan-hpyi'-te ရန်ဖြစ်သည်၊ ə-chin:-pwa:-de အချင်းပွားသည်၊ ⚔ si'-tai'-te စစ်တိုက်သည်

fight back v pyan-tai'-te ပြန်တိုက်သည်

fighting n ə-tai'-ə-hkai' အတိုက်အခိုက်

figure₁ v twe'-te တွက်သည် ‖‖ *figure out* ə-hpyei-hto'-te အဖြေထုတ်သည် ‖‖ *can't figure it out* sin-za:-lọ-mə-yạ-bu: စဉ်းစားလို့မရဘူး

figure₂ n ə-yo' အရုပ်၊ pon-yei' ပုံရိပ် (form); kein:-gə-nan: ကိန်းဂဏန်း (number)

file *n* hpain ဖိုင် (dossier); ja:-sha
ကျားလျှာ၊ də-zin: တံစဉ်း (tool)
‖‖ *start or open a file (on)* hpain-
hpwiṇ-de ဖိုင်ဖွင့်သည် ‖‖ *close
the file* hpain-pei'-te ဖိုင်
ပိတ်သည်

filigree *n* nan:-(jo:) နန်းကြိုး

fill *v* hpyeị-de ဖြည့်သည် (~ a
glass); ə-hsa-thu'-te အဆာ
သွတ်သည် (stuff)

filled *adj* pyei-dẹ ပြည့်သော

fill in *v* hpyeị-de ဖြည့်သည်၊ kwe'-
la'-hpyeị-de ကွက်လပ်ဖြည့်သည်

fill up *v* hpyeị-swe'-te ဖြည့်
စွက်သည်

film *n* yo'-shin-(ka:) ရုပ်ရှင်
(ကား)၊ za'-ka: ဇာတ်ကား (movie);
hpə-lin ဖလင် (photographic ~)
‖‖ *develop film* da'-pon-ku:-de
ဇာတ်ပုံကူးသည်

film star *n* ♀ yo'-shin-min:-dhə-
mi: ရုပ်ရှင်မင်းသမီး ♂ yo'-shin-
min:-dha: ရုပ်ရှင်မင်းသား

filter₁ *v* si'-te (ရေ စသည်)
စစ်သည်

filter₂ *n* zə-ga စကာ၊ ə-si' အစစ်
‖‖ *water filter* yei-zi' ရေစစ်

filth *n* ə-nyi'-ə-htei: အညစ်
အထေး၊ ji: ချေး၊ ə-po'-ə-sa'

အပုပ်အစပ်

filthily *adv* nyi'-ti:-nyi'-pa'
ညစ်တီးညစ်ပတ်

filthy *adj* ji:-htu-dẹ ချေးထူသော၊
nyi'-pa'-tẹ ညစ်ပတ်သော (very
dirty); yuṇ-zə-ya-kaun:-tẹ
ရွံ့စရာကောင်းသော (disgusting)

fin *n* hsu:-daun ဆူးတောင်၊ ə-taun
အတောင်

final₁ *adj* nau'-hson: နောက်ဆုံး၊ ə-
hson:-sun-dẹ အဆုံးစွန်သော

final₂ *n* bo-lu-bwe: ဘိုလုလပွဲ
(football ~); sa-mei:-bwe:
စာမေးပွဲ (~ exam)

final draft *n* ə-chɔ: အချော၊ mu-
chɔ: မူချော

finale *n* za'-thein: ဇာတ်သိမ်း

finally *adv* nau'-hson:-hma
နောက်ဆုံးမှာ

finance *n* ngwei-yei:-jei:-yei:
ငွေရေးကြေးရေး၊ ban-da-yei:
ဘဏ္ဍာရေး

finances *n* ban-da ဘဏ္ဍာ

find *v* twei-de တွေ့သည်၊ sha-
hpwei-de ရှာဖွေသည်

finding *n* twei-shị-je'
တွေ့ရှိချက်၊ si'-che' စစ်ချက်

fine₁ *v* ⚖ dan-ta'-te ဒဏ်
တပ်သည်၊ dan-yai'-te ဒဏ်

ရိုက်သည်

fine₂ *adj* kaun:-dę ကောင်းသော (good); ə-hsin-pyei-dę အဆင် ပြေသော (okay); jan:-ma-dę ကျန်းမာသော (healthy); nye'-tę ညက်သော (~ grind); hlą-pą-dę လှပသော (beautiful); pwiṇ-dę ပွင့်သော (~ weather)

fine₃ *n* ⚒ dan-ngwei ဒဏ်ငွေ

fine arts *n* ə-nu-pyin-nya အနုပညာ

fine clothes *n* wu'-kaun:-sə-hlą ဝတ်ကောင်းစားလှ

fine-looking *adj* thaṇ-pyaṇ-dę သန့်ပြန့်သော

finger *n* le'-chaun: လက်ချောင်း

fingernail *n* le'-the: လက်သည်း

fingerprint₁ *v* le'-bwei-hnei'-tę လက်ဗွေနှိပ်သည်

fingerprint₂ *n* le'-bwei လက်ဗွေ (on finger); le'-bwei-ya လက်ဗွေ ရာ (on object)

fingertip *n* le'-htei' လက်ထိပ်၊ le'-hpya: လက်ဖျား

finish₁ *v* kon-de ကုန်သည်၊ kon-hkan:-de ကုန်ခန်းသည်၊ kon-hson:-de ကုန်ဆုံးသည် (~ dinner); ə-cho:-tha'-tę အချောသတ်သည် (put on ~ing touches); ə-hson:-

tha'-tę အဆုံးသတ်သည်၊ ə-pi:-tha'-tę အပြီးသတ်သည် (complete)

finish₂ *n* ə-pi: အပြီး (end)

finish line *n* pan:-dain ပန်းတိုင်

finish off *v* le'-sə-tha'-tę လက်စ သတ်သည် (do last part); tha'-tę သတ်သည် (kill)

fire₁ *v* pyi'-tę ပစ်သည် (~ a gun); ə-lo'-hto'-tę အလုပ်ထုတ်သည်၊ ə-lo'-hpyo'-tę အလုပ်ဖြုတ်သည် (~ from job)

fire₂ *n* mi: မီး ။။ *campfire, bonfire* mi:-bon မီးပုံ ။။ *forest fire* tɔ:-mi: တောမီး ။။ *set fire to* mi:-shǫ-de မီးရှို့သည်

firearm *n* thə-na' သေနတ်

firebrick *n* mi:-gan-o' မီးခံအုတ်

fire brigade *n* mi:-tha'-ta'-hpwę̀ မီးသတ်တပ်ဖွဲ့

firecracker *n* byau'-(ɔ:) ဗြောက် (အိုး)

fire department *n* mi:-tha'-ta'-hpwę̀ မီးသတ်တပ်ဖွဲ့

fire engine *n* mi:-tha'-ka: မီးသတ်ကား

fire escape *n* nau'-hpei:-hlei-ka: နောက်ဘေးလှေကား

fire extinguisher *n* mi:-tha'-bu: မီးသတ်ဘူး

firefighter *n* mi:-tha'-thə-ma:
မီးသတ်သမား

firefly *n* ☘ po:-sun:-ju: ပိုးစုန်းကြူး

fire insurance *n* mi:-a-mə-gan
မီးအာမခံ

fireman *n* mi:-tha'-thə-ma:
မီးသတ်သမား

fireproof safe *n* mi:-gan-thi'-ta
မီးခံသေတ္တာ

fire resistant, fireproof *adj* mi:-gan မီးခံ

firewood *n* htin: ထင်း၊ pau'-chan: ပေါက်ခြမ်း ။။ *split firewood* hkwe:-chan:-de ခွဲခြမ်းသည်

fireworks *n* (mi:-shu:)-mi:-pan: (မီးရှူး)မီးပန်း

firm *adj* ma-de မာသော (hard); hkain-de ခိုင်သော၊ hkain-ma-de ခိုင်မာသော၊ hkain-mye:-de ခိုင်မြဲသော (~ resolution)

firmly *adv* ə-hkain-ə-ma အခိုင်အမာ၊ swe:-zwe:-mye:-mye: စွဲစွဲမြဲမြဲ

first *n* pə-htə-mạ ပထမ (1st); kə-nə-u: ကနဦး (earliest); htei'-hson: ထိပ်ဆုံး (best); ə-yin အရင် (arrive ~) ။။ *put first* shei-tan:-tin-de ရှေ့တန်းတင်သည်

first aid *n* shei:-u:-thu-na-pyụ-jin: ရှေးဦးသူနာပြုခြင်း

firstborn *n* thə-u: သားဦး၊ thə-mi:-u: သမီးဦး

firstly *adv* shei:-u:-zwa ရှေးဦးစွာ၊ ə-yin-zon အရင်ဆုံး၊ pə-htə-mạ-zon: ပထမဆုံး

first name *n* shei̯-ə-myi ရှေ့အမည်

first place *n* htei'-tan: ထိပ်တန်း

first-rate *adj* ə-hte'-tan:-jạ-de အထက်တန်းကျသော

fish₁ *v* ngạ:-hpan:-de ငါးဖမ်းသည် (~ with a net); ngạ:-hmya:-de ငါးမျှားသည် (~ with hook and line); hse-de ဆယ်သည် (~ the bags out of the river)

fish₂ *n* ☘ ngạ: ငါး ။။ *dried fish* ngə-chau' ငါးခြောက် ။။ *pickled fish* ngə-chin ငါးချဉ် ။။ *smoke fish* ngạ:-jạ'-tai'-de ငါးကျပ်တိုက်သည် ။။ *flying fish* ☘ ngə-pyan ငါးပျံ

fishballs *n* ngə-hso' ငါးဆုပ်

fish crackers *n* ngə-moṇ-(jo:) ငါးမုန့်(ကြော်)

fisheries *n* yei-lo'-ngan: ရေလုပ်ငန်း

fisherman *n* tə-ngạ တံငါ၊ yei-lo'-tha: ရေလုပ်သား

fishery products *n* yei-htwe'-pyi'-si: ရေထွက်ပစ္စည်း

fishhook *n* nga:-hmya:-jei'ငါးမျှားချိတ်

fishing rod, fishing pole *n* nga:-hmya:-dan ငါးမျှားတံ

fishpaste *n* ngə-pị ငါးပိ

fish sauce *n* ngan-bya-yei ငံပြာရည်

fist *n* le'-hso' လက်ဆုပ်၊ le'-thi: လက်သီး

fit₁ *v* kai'-(nyi)-te ကိုက်(ညီ)သည်

fit₂ *adj* taun̠-tin:-dẹ တောင့်တင်းသော (healthy and strong)

fitting *adj* an-kai' အံကိုက်၊ hkwin-jạ-dẹ ခွင့်ကျသော

five *n* nga: ငါး

fix *v* tha'-hma'-te သတ်မှတ်သည် (~ a time); pyin-de ပြင်သည် (repair); ta'-hsin-de တပ်ဆင်သည် (attach)

fixed *adj* ə-thei အသေ၊ pon-thei-dẹ ပုံသေသော

flag *n* ə-lan အလံ ။။။ ***national flag*** nain-gan-dɔ-ə-lan နိုင်ငံတော်အလံ

flagman *n* ə-lan-gain အလံကိုင်

flagpole *n* ə-lan-dain အလံတိုင်၊ tə-gun-dain တံခွန်တိုင်

flake *n* ə-hlwa အလွှာ

flamboyantly *adv* han-tə-lon:-pan-tə-lon: ဟန်တစ်လုံးပန်တစ်လုံး

flame *n* mi:-tau' မီးတောက်၊ mi:-zwe မီးစွယ်၊ mi:-nyuṇ မီးညွန့်

flameback *n* ☘ thi'-tau'-hnge' သစ်တောက်ငှက်

flamingo *n* ☘ jo:-ja-ni ကြိုးကြာနီ

flare *n* mi:-ji မီးကျည်

flare gun *n* mi:-ji-thə-na' မီးကျည်သေနတ်

flare up *v* htạ-de ထသည်

flashback *n* za'-jaun:-pyan ဇာတ်ကြောင်းပြန်

flashlight *n* (le'-hnei')-da'-mi: (လက်နှိပ်)ဓာတ်မီး၊ to'-mi: တုတ်မီး

flask *n* da'-bu: ဓာတ်ဘူး

flat₁ *adj* pya:-dẹ ပြားသော

flat₂ *n* tai'-hkan: တိုက်ခန်း (apartment); kon-dwe ကုန်တွဲ (railcar)

flatten *v* pị-pya:-ze-de ပိပြားစေသည်

flattery *n* hmyau'-lon:-pịn-lon: မြှောက်လုံးပင့်လုံး

flavor, flavour *n* ə-yạ-dha အရသာ

flaw *n* ə-na-ə-hsa အနာအဆာ၊ ə-pyi'-ə-hsa အပြစ်အဆာ

a b c d e f g h i j k l m n o p q r s t u v w x y z

flawless *adj* sin:-lon:-chɔ:-dɛ̣ စင်းလုံးချောသော

flawlessness *n* the:-le:-zin သဲလဲစင်

flea *n* ✹ hlei: လှေး

fledgling *n* ✹ ə-pyan-dhin-zạ အပျံသင်စ

flee *v* htwe'-pyei:-de ထွက်ပြေးသည်

flesh *n* ə-tha: အသား (human ~, the ~ of the fruit); ə-thwei:-ə-tha: အသွေးအသား (family)

flexibility *n* pyɔ̣-pyaun:-hmụ ပျော့ပြောင်းမှု (~ of materials); ə-shɔ̣-ə-tin:-lo'-nain-hmụ အလျှော့အတင်းလုပ်နိုင်မှု (price ~)

flexible *adj* pyɔ̣-pyaun:-dɛ̣ ပျော့ ပြောင်းသော (~ material); thə-bɔ:-lwe-dɛ̣ သဘောလွယ်သော (~ person)

flicker *v* mye'-daun-hka'-te မျက်တောင်ခတ်သည်

flickering *adj* hmei'-to'-hmei'-to' မှိတ်တုတ်မှိတ်တုတ်

flight attendant *n* ♀ lei-yin-me လေယာဉ်မယ်၊ ♂ lei-yin-maun လေယာဉ်မောင်

fling₁ *v* pyi' te ပစ်သည်

fling₂ *n* ə-tu-twe:-chin: အတူတွဲခြင်း (it was just a ~)

flip *v* hlan-de လှန်သည် (turn over); hmau'-te မှောက်သည် (turn on front); jun-hto:-de ကျွမ်း ထိုးသည် (gymnastics) ‖‖ *flip a coin* gaun:-pan:-hlan-de ခေါင်း ပန်းလှန်သည်

flip-flops *n* hnya'-hpə-na' ညှပ်ဖိနပ်

flirt *v* nyu-de ညှုသည်၊ pyi-ti-ti-lo'-te ပြိတီတီလုပ်သည်

flirtatiously *adv* pyan-tan-dan-naṇ-taṇ-daṇ ပျံတံတံနှင့်တန့်တန့်

float *v* pɔ-de ပေါ်သည် (come to top of water); myɔ:-de မျောသည် ‖‖ *float downstream* yei-son-myɔ:-de ရေစုန်မျောသည်

flood *v* yei-ji:-de ရေကြီးသည် ‖‖ *be a flood tide* yei-te'-te ရေတက်သည်

flooded *adj* yei-hlun-dɛ̣ ရေလွှမ်းသော

floodgate *n* yei-də-ga: ရေတံခါး

floodlight *n* hsa-lai' ဆလိုက်၊ mi:-maun: မီးမောင်း

floor *n* jan:-gin: ကြမ်းခင်း (surface); hlwa လွှာ၊ hta' ထပ် (storey) ‖‖ *ground floor* myei-nyi hta' မြေညီထပ် ‖‖ *wood floor* pyingin: ပျဉ်ခင်း ။။ **concrete floor** thə-man-tə-lin: သမံတလင်း

flour n jon-hmoṇ ဂျုံမုန့်၊ hmoṇ-hnye' မုန့်ညက်၊ moṇ-hmoṇ မုန့်မှုန့် ။။ **rice flour** hsan-hmoṇ ဆန်မုန့်

flour mill n jon-ze' ဂျုံစက်

flourish n htun:-ka:-de ထွန်းကားသည်၊ ji:-pwa:-de ကြီးပွားသည်၊ pwa:-mya:-de ပွားများသည်

flow₁ v si:-de စီးသည် (~ down-hill); ja-de ကျသည်၊ lai'-te လိုက်သည် (~ out of a tap)

flow₂ n ə-lyin အလျဉ်

flower n ✿ pan: ပန်း၊ ✿ pan:-pwiṇ ပန်းပွင့် (blossom); ə-nyuṇ-ə-hpu: အနျုန်အဖူး (~ of its kind)

flower pot n pan:-o: ပန်းအိုး

flowery adj wei-hsa-dẹ ဝေဆာသော

fluency n a-thwe'-sha-thwe' အာသွက်လျှာသွက်

fluent adj zə-ga:-jwe-dẹ စကား ကြွယ်သော၊ zə-ga:-pyo:-nye'-tẹ စကားပြောညက်သော (articulate); zə-ga:-pyo:-jun:-jin-dẹ စကားပြောကျွမ်းကျင်သော၊ hmu'-tẹ မှုတ်သော (speaking easily)

fluently adv si-ka-pa'-kon:

စီကာပတ်ကုံး၊ kaun:-mun-ja-nạ-zwa ကောင်းမွန်ကျနစွာ

fluid n ə-yei အရည်

flush v yei-laun:-de ရေ လောင်းသည် (rinse with water); ngwei-zạ-shwin-de ငွေစရွင်သည် (have cash)

flush toilet n yei-zwe:-ein-dha ရေဆွဲအိမ်သာ

flute n ♪ pə-lwei ပလွေ

fly v pyan-de ပျံသည် (~ing birds); htu-de ထူသည် (~ a flag); hlu'-te လွှတ်သည်၊ hlwiṇ-de လွှင့်သည် (~ a kite)

fly n ✺ yin-gaun ယင်ကောင်

flyscreen n chin-zə-ka ခြင်ဇကာ

FM n hlain:-shei လှိုင်းရှည်

foal n ✺ myin:-gə-lei: မြင်းကလေး

foam n ə-hmyo' အမြှုပ်၊ yei-hmyo' ရေမြှုပ်

focus n hson-hma' ဆုံမှတ်

foe n yan-be' ရန်ဖက်၊ yan-dhu ရန်သူ

fog n hnin: နှင်း

foggy adj oṇ-hsain:-dẹ အုံ့ဆိုင်းသော

fold v hkau'-te ခေါက်သည်၊ hkau'-cho:-cho:-de ခေါက်ချိုးချိုးသည် ။။ **folding screen** lai'-ka

လိုက်ကာ

folded *adj* hkau'-hta:-dẹ
ခေါက်ထားသော

folder *n* hpain ဖိုင်

folk *adj* dɔ: တော၊ jei:-le' ကျေး
လက် ။။ *country folk* tɔ:-dhu-
taun-dha: တောသူတောင်သား

folk dance *n* jei:-le'-ə-kạ
ကျေးလက်အက

folk medicine *n* hsei:-myi:-do
ဆေးမျိုးတို၊ tain:-yin:-hsei:
တိုင်းရင်းဆေး

folk song *n* ♪ jei:-le'-thə-chin:
ကျေးလက်သီချင်း

follow *v* lai'-te လိုက်သည် (go
after); lai'-na-de လိုက်နာသည်၊
na-hkan-de နာခံသည် (~ an
order, ~ rules); ə-tụ-yu-de
အတုယူသည် (~ an example)

follower *n* tə-bẹ တပည့်၊ nau'-
lai' နောက်လိုက်၊ (au'-le')-nge-
dha: (အောက်လက်)ငယ်သား၊
chwei-yan-thin:-bin: ခြွေရံသင်း
ပင်း ။။ *followers* ə-swe-ə-pwa:
အစွယ်အပွား

folly *n* yu:-mai'-chin: ရူးမိုက်ခြင်း
(≠ wisdom, foolish act)

fond of *adj* thə-bɔ:-jạ-de
သဘောကျသည်

font *n* ◫le'-kwe' လက်ကွက်၊ ◫sə-
lon:-pon စာလုံးပုံ၊ ◫hpaun̰ ဖောင့်

food *n* ə-sa:-ə-sa အစားအစာ၊ ə-
sa:-ə-thau' အစားအသောက်
။။ *food offered to monks*
᧚ hsun: ဆွမ်း

food colouring *n* ə-yaun-tin-
hmon̰ အရောင်တင်မှုန့်

foodstuffs *n* sa:-thau'-kon
စားသောက်ကုန်

fool₁ *v* ə-jaun-yai'-te အကြောင်
ရိုက်သည်၊ pwei-de ပွေသည်၊ ə-
nya-mị-de အညာမိသည်

fool₂ *n* ə-yu: အရူး၊ ə-pɔ: အပေါ၊
thu-mai' သူမိုက်

foolish *adj* yu-mai'-tẹ
ရူးမိုက်သော

foolishness *n* mai'-me:-hmụ
မိုက်မဲမှု

foot *n* chi-dau' ခြေထောက် (end
of leg); pe ပေ (12 inches) ။။ *on
foot* chi-jin, che-lyin ခြေလျင်

football *n* bɔ:-lon:, bə-lon:, bɔ-
lon:, ဘောလုံး ။။ *play football* bɔ:-
lon:-kan-de ဘောလုံးကန်သည်

footfall *n* chi-dhan ခြေသံ

foothold *n* chi-ko' ခြေကုပ်

footnote *n* au'-chei-hma'-sụ
အောက်ခြေမှတ်စု

footprint n chei-ya ခြေရာ

footrest n chei-nin: ခြေနင်း

footstep n chei-hlan: ခြေလှမ်း၊ chi-dhan, chei-dhan ခြေသံ

footwear n hpə-na' ဖိနပ်၊ chi-nin: ခြေနင်း

for prep ə-twe' အတွက်

forbear v thi:-hkan-de သည်းခံသည်

forbid v ta:-(myi')-te တား (မြစ်)သည်၊ pei'-pin-de ပိတ်ပင်သည်၊ pyi'-nya'-te ပယ်နှုတ်သည်

forbidden adj pei'-pin-hta:-de ပိတ်ပင်ထားသည်

force₁ v ə-ja'-kain-de အကျပ်ကိုင်သည်

force₂ n in-a: အင်အား၊ tun:-a: တွန်းအား (pressure); ⚡le'-ne'-kain-ta'-hpwe̯ လက်နက်ကိုင်တပ်ဖွဲ့ (armed group) ။ ။ **by force** ə-tin:-ə-ja' အတင်းအကျပ်၊ ə-nain-ə-hte' အနိုင်အထက်

forcibly adv ə-nain-ə-hte' အနိုင်အထက်၊ ə-tin:-ə-ja' အတင်းအကျပ်

fore n shei̯ ရှေ့၊ u: ဦး

forearm n le'-hpyan လက်ဖျံ

foreboding n sei'-htin̯-jin: စိတ်ထင့်ခြင်း

forecast n twe'-kein: တွက်ကိန်း၊ hkan̯-hman:-je' ခန့်မှန်းချက်

forefinger n le'-hnyo: လက်ညှိုး

forehead n nə-hpu: နဖူး

foreign adj nain-gan-ja: နိုင်ငံခြား၊ pyi-pa̯ ပြည်ပ

foreign affairs n 🌐 nain-gan-ja:-yei: နိုင်ငံခြားရေး

foreign exchange n 💰 nain-gan-ja:-ngwei နိုင်ငံခြားငွေ

foreigner n nain-gan-ja:-dha: နိုင်ငံခြားသား၊ bo ဗိုလ်

foreman n hpo-min ဖိုမင်၊ ə-lo'-gaun: အလုပ်ခေါင်း

foremost n bwei-zɔ ဖွေဆော်၊ u:-u:-zon ဦးဦးဆုံး (earliest); ə-mun အမွန် (best)

forerunner n hki'-shei̯-byei: ခေတ်ရှေ့ပြေး

foresee n jo-myin-de ကြိုမြင်သည်

foresight n ə-myɔ-ə-myin အမြော်အမြင်

forest n (thi')-tɔ: (သစ်)တော

forest fire n tɔ:-mi: တောမီး

foretell v ✡ nə-mei'-hpa'-te နိမိတ်ဖတ်သည်

forever adv hta-wə-zin ထာဝစဉ်၊

hta-wə-rạ ထာဝရ

foreword *n* ə-hma-za အမှာစာ၊ jan:-u:-zə-ga: ကျမ်းဦးစကား

forget *v* mei-de မေ့သည်၊ dhə-dị-mei-de သတိမေ့သည်၊ dhə-dị-li'-te သတိလစ်သည် (≠ remember); mei-jan-de မေ့ကျန်သည် (leave behind)

forget about *v* ə-hmụ-mə-hta: အမှုမထား၊ gə-yụ-mə-sai' ဂရုမစိုက်

forgive *v* hkwiṇ-hlu'-te ခွင့်လွှတ်သည်

forgiving *adj* thə-bɔ:-da:-ji:-dẹ သဘောထားကြီးသော

for good *prep* ə-pi: အပြီး

fork *n* hkə-yin: ခက်ရင်း (cutlery); ə-gwạ အခွ (tree ~, ~ in road)

form₁ *v* hpwẹ-si:-de ဖွဲ့စည်းသည်၊ sạ-tin-de စတင်သည်

form₂ *n* ə-hsin အဆင် (shape); hpaun ဖောင်၊ pon-zan ပုံစံ (questionnaire)

formal *adj* pon-zan-jạ-dẹ ပုံစံကျသော (dignified); tə-yə-win တရားဝင် (official)

formal education *n* jaun:-pyin-nya-yei: ကျောင်းပညာရေး

formally *adv* pon-zan-tə-jạ

pon-zan-tə-kyạ ပုံစံတကျ (≠ casually); tə-yə-win ရ တရားဝင် (officially)

former *adj* yə-hkin ယခင်၊ ə-yin အရင်

formerly *adv* shei:-u:-zwa ရှေးဦးစွာ

formula *n* pon-dhei-ni: ပုံသေနည်း (method); hpɔ-myu-la ဖော်မြူလာ (mathematical ~)

for now *prep* lɔ:-lɔ:-ze လောလောဆယ်

fort *n* ⚔ hkan-da' ခံတပ်

forthrightly *adv* tị-dị-lin:-lin: တိတိလင်းလင်း၊ tẹ-dẹ-hpyauṇ-byauṇ တည့်တည့်ဖြောင့်ဖြောင့်

fortress *n* ⚔ hkan-da' ခံတပ်

fortunate *adj* ə-jaun:-kaun:-dẹ အကြောင်းကောင်းသော၊ kan-kaun:-dẹ ကံကောင်းသော

fortune *n* kan ကံ၊ kụ-dho-(kan) ကုသိုလ်(ကံ) (fate); ngwei-ə-lon:-lai'-ə-yin:-lai' ငွေအလုံးလိုက်အရင်းလိုက် (make a ~) ။။။ *ill fortune* jan-ma-yain: ကြမ္မာရိုင်း

fortune teller *n* ☿ bei-din-hsə-ya ဗေဒင်ဆရာ

fortune telling *n* ☿ bei-din ဗေဒင်

fossil *n* jau'-hpyi'-yo'-jwin:

ကျောက်ဖြစ်ရုပ်ကြွင်း

foul₁ *adj* hso:-dẹ ဆိုးသော၊ nyi'-tẹ ညစ်သော၊ po'-haun-dẹ ပုပ်ဟောင်သော

foul₂ *n* ə-pyi'-lo'-chin: အပြစ်လုပ်ခြင်း (technical ~); hpaun:-bɔ: ဖောင်းဘော (foul ball)

found *v* (ti)-htaun-de (တည်)ထောင်သည်၊ (hpwẹ)-si:-de (ဖွဲ့)စည်းသည်

foundation *n* o'-myi' အုတ်မြစ် (building ~); ə-chei-gan အခြေခံ၊ ə-chei-ə-myi' အခြေအမြစ် (~ of knowledge); ə-hpwẹ-ə-si: အဖွဲ့အစည်း (organisation)

founder *n* ti-htaun-dhu တည်ထောင်သူ

fountain *n* yei-ban ရေပန်း

fountain pen *n* hpaun-tein ဖောင်တိန်

four *n* lei: လေး

fourth *n* sə-do'-hta စတုတ္ထ (the ~ in a series); ə-sei' အစိတ်၊ lei:-bon-tə-bon လေးပုံတစ်ပုံ (quarter)

fox *n* ❀ myei-hkwei: မြေခွေး

fraction *n* ə-pain:-gein: အပိုင်းကိန်း၊ ə-pain:-gə-nan: အပိုင်းဂဏန်း

fragile *adj* thein-mwei-dẹ

သိမ်မွေ့သော၊ kwe:-ta'-tẹ ကွဲတတ်သော

fragment *n* ə-pain:-ə-sạ အပိုင်းအစ

fragrance *n* ə-hmwei:-(naṇ-dha) အမွှေး(နံ့သာ)

fragrant *adj* hmwei:-(jain)-dẹ မွှေး(ကြိုင်)သော

frame₁ *v* baun-hka'-te ဘောင်ခတ်သည်၊ baun-thwin:-de ဘောင်သွင်းသည် (~ a picture); ə-kwe'-hsin-de အကွက်ဆင်သည် (~ someone for a crime)

frame₂ *n* baun ဘောင်

framework *n* baun ဘောင်၊ sin စင်

frangipani *n* ❀ tə-yo'-zə-ga: တရုတ်စံကား

frangrance *n* yə-naṇ ရနံ့

frank *adj* pwiṇ-lin:-dẹ ပွင့်လင်းသော

frankly *adv* pwiṇ-pwiṇ-lin:-lin: ပွင့်ပွင့်လင်းလင်း၊ tẹ-to: တဲ့တိုး၊ byaun ပြောင်

frantically *adv* mye'-kə-le:-hsan-pya မျက်ကလဲဆန်ပြာ

fraud *n* ə-lein-ə-kau' အလိမ်အကောက်၊ lein-le-hmu လိမ်လည်မှု

fray *v* ə-na:-hpwa-de အနား ဖွာသည်

freckle *n* hmẹ-jau' မှဲ့ခြောက်၊ tin:-dei' တင်းတိပ်

free₁ *v* hlu'-te လွှတ်သည်

free₂ *adj* lu'-la'-tẹ လွတ် လပ်သော (~ choice); a:-la'-tẹ အားလပ်သော (~ time); kin:-kwa-dẹ ကင်းကွာသော lu'-kin:-dẹ လွတ်ကင်းသော၊ lu'-nyein:-dẹ လွတ်ငြိမ်းသော (~ from) ။။ **for free** ə-lə-ga: အလကား၊ ə-hkạ-mẹ အခမဲ့

freedom *n* lu'-myau'-yei: လွတ် မြောက်ရေး (getting independent); lu'-la'-yei: လွတ်လပ်ရေး (issue of ~); lu'-la'-hmụ လွတ်လပ်မှု (state of ~)

freelance *adj* lu'-la'-tẹ လွတ် လပ်သော(စာရေးဆရာ စသည်)

freely *adv* lu'-lu'-la'-la' လွတ်လွတ်လပ်လပ်

freeze *v* ei:-hke:-de အေးခဲသည် (turn to ice); chan:-de ချမ်းသည် (feel very cold); mə-hlo'-nẹ-ya' မလှုပ်နဲ့ရပ် (Don't move!)

freezing point *n* yei-ge:-hma' ရေခဲမှတ်

freighter *n* ⚓ kon-thin:-bɔ:

ကုန်သင်္ဘော

French *adj* 🌐 pyin-dhi' ပြင်သစ်

frenziedly *adv* ə-yu:-mi:-wain: အရူးမီးဝိုင်း

frequency *n* jein-hnon: ကြိမ်နှုန်း

frequently *adv* hkə-nạ-hkə-nạ ခဏခဏ

fresco *n* nə-yan-hsei:-yei:-bə-ji နံရံဆေးရေးပန်းချီ

fresh *adj* ə-thi' အသစ် (unused, new); la'-hsa'-tẹ လတ်ဆတ်သော (recent); sein:-dẹ စိမ်းသော၊ so-dẹ စိုသော (≠ dried, ≠ preserved); lan:-hsan:-dẹ လန်းဆန်းသော (lively); cho-dẹ ချိုသော (~ water)

friction *n* pu'-tai'-a: ပွတ်တိုက် အား

Friday *n* thau'-ja သောကြာနေ့

fridge *n* yei-ge:-thi'-ta ရေခဲ သေတ္တာ

friend *n* mei'-hswei မိတ်ဆွေ၊ thə-ngə-jin: သူငယ်ချင်း၊ bɔ-da ဘော်ဒါ

friendly *adv* yin:-yin:-hni:-hni: ရင်းရင်းနှီးနှီး၊ hpɔ-hpɔ-ywei-ywei ဖော်ဖော်ရွေရွေ

friendship *n* mei'-hswei-hmụ မိတ်ဆွေမှု

fright *n* ə-jau' အကြောက်

frighten v chau'-te ခြောက်သည်၊ chau'-hlan-de ခြောက်လှန့်သည်

frightened adj jau'-tẹ ကြောက်သော၊ jau'-yuṇ-tẹ ကြောက်ရွံ့သော၊ jau'-laṇ-dẹ ကြောက်လန့်သော

frighteningly adv jau'-hkə-man:-lị-lị ကြောက်ခမန်းလိလိ

fringe n ə-sun အစွန် (edge); ə-mei' အမြိတ် (edge threads left loose); hsan-mei' ဆံမြိတ် (hair)

frivolous adj hsa'-kɔ-la'-kɔ ဆတ်ကော့လတ်ကော့

frivolously adv pye'-chɔ-chɔ ပြက်ချော်ချော်

frock n ga-wun ဂါဝန်

frog n ☀ hpa: ဖား

frog spawn n hpa:-ụ ဖားဥ

from prep kạ က၊ kạ-nei ကနေ၊ hsi-gạ ဆီက၊ htan-gạ ထံက၊ htan-hmạ ထံမှ

frond n ❀ le' (ထန်း၊ အုန်း စသည်) လက် (coconut ~)

front n ✈ si'-mye'-hna စစ်မျက်နှာ၊ shei̯-dan ရှေ့တန်း (front-line); mye'-hna-ban: မျက်နှာပန်း (façade)

front room n ẹ-gan ဧည့်ခန်း

frontier n ne-ja: နယ်ခြား၊ ə-sun

ə-hpya: အစွန်အဖျား

frost n hnin: နှင်း

frown v mye'-hmaun-jo'-te မျက်မှောင်ကြုတ်သည်

fruit n ❀ thi'-thi: သစ်သီး၊ ə-thi: အသီး

fruit bat n ☀ lin:-hswe လင်းဆွဲ၊ lin:-the' လင်းသက်

fruit cocktail n thi:-zon-dho' သီးစုံသုပ်

fruit juice n hpyɔ-yei ဖျော်ရည်

fruitlessly adv ə-chi:-hni: အချည်းနှီး

frustrated adj sei'-pye'-tẹ စိတ်ပျက်သော၊ sei'-mɔ:-dẹ စိတ်မောသော

fry v jɔ-de ကြော်သည် (~ eggs)

fuel n laun-za လောင်စာ

fugitive n wə-yan:-byei: ဝရမ်းပြေး

fulfil(l) v hsụ-daun:-pyei̯-de ဆုတောင်းပြည့်သည် (~ a wish); jei-byun-ze-de ကျေပြွန်စေသည် (~ obligations); pyi-myau'-te ပြည့်မြောက်သည် (~ an ambition); ti-de တည်သည် (~ a promise)

fulfilled adj pi:-pyị-son-dẹ ပြီးပြည့်စုံသော

full adj pyị-dẹ ပြည့်သော (filled);

(pyị)-wạ-dẹ (ပြည့်)ဝသော၊ bai'-pyị-dẹ ဗိုက်ပြည့်သော (eat until ~) ။။ **be full (of)** htu-pyɔː-dẹ ထူပြောသော

full moon n lạ-byị လပြည့်

full on, full out adv ə-sun:-gon အစွမ်းကုန်

full-scale adv ə-kon အကုန်၊ ə-pyị-ə-wạ အပြည့်အဝ

full stop n bo'-ji: ပုဒ်ကြီး၊ bo'-mạ ပုဒ်မ

fully adv ə-jwin:-mẹ အကျွင်းမဲ့၊ ə-pyei-(ə-son) အပြည့်(အစုံ)

fumes n ə-ngwei အငွေ့

fun n ə-pyɔ် အပျော် ။။ **for fun** ə-pyɔ် အပျော် ။။ **have fun** pyɔ်-de ပျော်သည် ။။ **make fun of, poke fun at** pye'-ye-pyụ-de ပြက်ရယ်ပြုသည်၊ hlaun-de လှောင်သည်၊ yi-thun:-thwei:-de ရယ်သွမ်းသွေးသည်

fund₁ v htau'-paṇ-de ထောက်ပံ့သည်

fund₂ n yan-bon-ngwei ရန်ပုံငွေ (emergency ~); htau'-paṇ-ngwei ထောက်ပံ့ငွေ (support)

fundamental adj ə-chei-gan-jạ-dẹ အခြေခံကျသော၊ ə-dị-kạ အဓိက

funeral n zə-pə-nạ ဈာပန၊ mə-dha မသာ၊ ə-dhụ-bạ အသုဘ

fungus n hmo မှို (mushroom); ✲ pwei: ပွေး (ringworm); ✲ hnyin: ညှင်း (dermal fungus); ✲ the:-we: သဲဝဲ (athlete's foot); ✲ ju' ဂျွတ် (jock itch); hpa:-ụ ဖားဥ (mildew)

funnel n gə-dɔ် ကတော့၊ ♃ gaun:-dain ခေါင်းတိုင်

funny adj yi-zə-ya-kaun:-dẹ ရယ်စရာကောင်းသော

fur n tha:-mwei: သားမွေး

furious adj dɔː-tha-bon-htạ-dẹ ဒေါသူပုန်ထသော

furiously adv dɔː-ji:-mɔː-ji: ဒေါကြီးမောကြီး

furlong n hpa-lon ဖာလုံ

furnace n mi:-bo မီးဖို

furnish v pə-rị-bɔː-gə-htẹ-de ပရိဘောထည့်သည် (~ a room); hpyei-zi:-de ဖြည့်ဆည်းသည်

furnished adj pə-rị-bɔː-gə-pa-dẹ ပရိဘောပါသော (~ with a sofa)

furniture n pə-rị-bɔː-gə ပရိဘော

further adv 📖 po-ywei ပို၍၊ hta'-ywei ထပ်၍

fury n dɔː-thạ-ji: ဒေါသကြီး

fuse *n* hpyụ ဖြူ(ဝ်)၊ hpu: ဖြူး၊ dan-hkan-jo: ဒဏ်ခံကြိုး (blow a ~); sə-ne'-tan စနက်တံ (light the ~)

fusebox *n* hpyụ-sə-bon ဖြူ(ဝ်)ပုံး

fussy *adj* za-chẹ-dẹ ဇာချဲ့သော၊ zi-za-jẹ-dẹ ဇီဇာကျယ်သော

future *n* ə-na-ga' အနာဂတ်၊ naun-yei: နောင်ရေး၊ shẹi-yei:-(nau'-yei:) ရှေ့ရေး(နောက်ရေး) ။။ *in the future* naun-hso-yin နောင်ဆိုရင်၊ nau'-naun နောက်နောင်

future *adj* laun: လောင်း၊ nau' နောက်၊ naun နောင်

fuze *n* sə-ne'-tan စနက်တံ

fuzzy *adj* ə-mwei:-htaun-dẹ အမွေးထောင်သော (~ tail); ei'-chin-mu:-tu အိပ်ချင်မူးတူး၊ yi-wei-dẹ ရီဝေသော (~ mind); mə-the:-mə-kwẹ-dẹ မသဲမကွဲသော (unclear, ~ logic)

G - g ji ဂျီ

gag *v* hsọ-de ဆို့သည် (~ with); hno'-pei'-te နှုတ်ပိတ်သည်၊ bə-za'-pei'-te ပါးစပ်ပိတ်သည် (stop from speaking)

gain₁ *v* to:-de တိုးသည် (~ weight); ə-jo:-jei:-zu:-yạ-de

အကျိုးကျေးဇူးရသည် (get); mya'-te မြတ်သည် (increase in value)

gain₂ *n* ə-jo:-jei:-zu: အကျိုး ကျေးဇူး (benefit); (ə-jo:)-ə-mya' (အကျိုး)အမြတ် (increase)

gain on *v* hmi-la-de မှီလာသည်

galaxy *n* 🔭 gə-le'-hsi ဂလက်ဆီ

gall bladder *n* 💉 the:-jei-ei' သည်းခြေအိတ်

gallery *n* pyə-gan: ပြခန်း

gallon *n* ga-lan ဂါလံ

gamble *v* laun:-(gə-za:-lo')-te လောင်း(ကစားလုပ်)သည်

gambler *n* gə-za:-thə-ma: ကစားသမား

gambling *n* laun:-gə-za: လောင်းကစား

game *n* gə-za:-bwe: ကစားပွဲ (When's the ~?); gə-za:-ni: ကစားနည်း (play a ~)

gang *n* gain: ဂိုဏ်း၊ ə-hpwẹ အဖွဲ့

gangster *n* dụ-zə-yai'-gain:-dha: ဒုစရိုက်ဂိုဏ်းသား

gangaw *n* 🌿 gaṇ-gɔ ကံ့ကော်

gangplank *n* ⚓ kon:-baun ကုန်းပေါင်

gaol *n* ə-jin:-daun အကျဉ်းထောင်

gaoled *adj* ə-jin:-jạ-dẹ အကျဉ်းကျသော၊ htaun-jạ-de

ထောင်ကျသော

gaoler *n* htaun-hmu: ထောင်မှူး

gap *n* ə-ja: အကြား၊ kwa-hə-je' ကွာဟချက်၊ kwe'-la' ကွက်လပ်၊ sa'-ja: စပ်ကြား၊ ha-gwe' ဟာကွက်

garage *n* ka:-go-daun ကားဂိုဒေါင်၊ ka:-yon ကားရုံ (parking ~)၊ wa'-shə ဝပ်ရှော့ (repair shop)

garbage *n* ə-hmai' အမှိုက်

garbage truck *n* ə-hmai'-thein:-ka: အမှိုက်သိမ်းကား

garden₁ *v* chan-sai'-te ခြံ စိုက်သည်

garden₂ *n* chan-(myei) ခြံ(မြေ)၊ u-yin ဥယျာဉ် ။။ *botanical garden* yo'-hkə-bei-də-u-yin ရုက္ခဗေဒ ဥယျာဉ်

garden cart *n* le'-tun:-hle: လက်တွန်းလှည်း

gardener *n* chan-dhə-ma: ခြံသမား၊ ma-li မာလီ၊ u-yin-hmu: ဥယျာဉ်မှူး

gargle *v* pə-lo'-jin:-de ပလုတ် ကျင်းသည်၊ a-lo'-jin:-de အာလုတ်ကျင်းသည်

garland *n* pan:-gon: ပန်းကုံး

garlic *n* ※ je'-thun-byu ကြက်သွန်ဖြူ

garment *n* ə-wu'-ə-hte အဝတ် အထည်

garnet *n* gə-mo' ဂါးမုတ်

garnish₁ *v* o'-te အုပ်သည်

garnish₂ *n* ə-hsa အဆာ (~ of parsley)

garuda *n* gə-lon ဂဠုန်

gas *n* ge'-ဂက်စ် (~ lighter); da'-hsi ဓာတ်ဆီ (gasoline); lei လေ (intestinal ~) ။။ *natural gas* thə-ba-wə-da'-ngwei သဘာဝဓာတ် ငွေ့

gasoline *n* da'-hsi ဓာတ်ဆီ

gasp *n* pin̩-the'-hpo-de ပင့်သက် ဖိုသည်

gate *n* gei-də-ga: ဂိတ်တံခါး၊ chan-də-ga: ခြံတံခါး

gateway *n* tə-ga:-bau' တံခါး ပေါက်၊ win:-bau' ဝင်းပေါက်

gather *v* kau'-te ကောက်သည်၊ jon:-de ကျုံးသည် (~ the pieces); su̩-de စုသည် (~ at the corner)

gather around *v* wain:-hpwe̩-de ဝိုင်းဖွဲ့သည်

gathering *n* ə-su̩-ə-wei: အစု အဝေး၊ lu-su̩ လူစု

gather up *v* thein:-de သိမ်းသည်၊ jon:-de ကျုံးသည်

Gautama *n* ⊡ gɔ:-də-mə ဂေါတမ

gay *n* mein:-mə-sha မိန်းမလျာ၊ ⚠ə-chau' အခြောက် (man who loves men); gan-du: ဂန်ဒူး (cross-dresser); yau'-gə-sha ယောက်ျားလျာ (woman who loves women)

gaze *v* ngei:-(mɔ:)-de ငေး(မော)သည်

gazette *n* gei-ze' ဂေဇက်၊ pyan-dan: ပြန်တမ်း

gazetted *adj* pyan-dan:-win-dẹ ပြန်တမ်းဝင်သော

gazetteer *n* gei-ze'-ti:-ya: ဂေဇက်တီးယား

gear *n* gi-ya ဂီယာ (of car, etc); ə-thon:-ə-hsaun အသုံးအဆောင် (equipment) ▯▯ *low gear* gi-ya-ji: ဂီယာကြီး ▯▯ *high gear* ge-ya-thei: ဂီယာသေး ▯▯ *put into gear* gi-ya-htẹ-de ဂီယာထည့်သည် ▯▯ *shift gears* gi-ya-hto:-de ဂီယာထိုးသည်၊ gi-ya-pyaun:-de ဂီယာပြောင်းသည်

gear shift *n* gi-ya-dan ဂီယာတံ

gearbox *n* gi-ya-on ဂီယာအုံ

gecko *n* ✿ein-hmyaun အိမ်မြှောင် (~ on the ceiling); ✿tau'-tẹ တောက်တဲ့ (forest ~)

gelato *n* yei-ge:-mon̮ ရေခဲမုန့်

gem(stone) *n* jau'-mye'-yə-də-

na ကျောက်မျက်ရတနာ

gender *n* lein လိင်

general₁ *adj* ə-htwei-htwei အထွေထွေ (~ issue); ə-jan:-hpyin: အကြမ်းဖျင်း (~ idea) ▯▯ *in general* yei-bon-yạ ယေဘုယျ

general₂ *n* ⚔ bo-jo'-ji: ဗိုလ်ချုပ်ကြီး ▯▯ *senior general* ⚔ bo-jo'-hmu:-ji: ဗိုလ်ချုပ်မှူးကြီး ▯▯ *major general* ⚔ bo-jo' ဗိုလ်ချုပ်

general election *n* 🌐 a-htwei-dwei-ywei:-kau'-pwe အထွေထွေ ရွေးကောက်ပွဲ

general secretary *n* ə-htwei-dwei-ə-twin:-yei:-hmu: အထွေထွေအတွင်းရေးမှူး

general term *n* pin-mạ-zə-ga:-lon: ပင်မစကားလုံး၊ ə-chei-gan-wɔ:-ha-rạ အခြေခံဝေါဟာရ

generalise *n* yei-bon-yạ-pyu-de ယေဘုယျပြုသည်

generally *adv* yei-bon-yạ ယေဘုယျ၊ ə-mya:-a:-hpyin̮ အများအားဖြင့်

generation *n* myo:-ze' မျိုးဆက်၊ ə-ywe အရွယ်

generator *n* mi:-ze' မီးစက်

generosity *n* ye'-yɔ:-hmụ ရက်ရောမှု

generous *adj* ye'-yɔ:-dẹ ရက်ရောသော၊ thə-bɔ:-hta:-ji:-dẹ သဘောထားကြီးသော၊ thə-bɔ:-hta:-pyị-dẹ သဘောထားပြည့်သော၊ thə-da-pau'-tẹ သဒ္ဓါပေါက်သော

genesis *n* ə-sạ-kə-nạ-u: အစကနဦး

genetic *adj* ə-myo:-lai'-tẹ အမျိုးလိုက်သော

genetically *adv* mị-lai'-hpạ-pa မိလိုက်ဖပါ

genetics *n* myo:-yo:-bi-zạ-pyin-nya မျိုးရိုးဗီဇပညာ

genitals *n* tə-za တန်ဆာ၊ lein-in-ga လိင်အင်္ဂါ

genius *n* pa-rə-mi-shin ပါရမီရှင် (musical ~); ə-sauṇ အစောင့်၊ taun-zauṇ-na' တောင်စောင့်နတ်၊ taun-pain-na' တောင်ပိုင်နတ် (spirit)

genocide *n* myo:-hpyo'-tha'-chin: မျိုးဖြုတ်သတ်ခြင်း

gentle *adj* nyin-tha-dẹ ညင်သာသော (≠ harsh); thein-mweị-dẹ သိမ်မွေ့သော (~ manner)

gentleman *n* lu-ji:-min: လူကြီးမင်း၊ thu-gaun: သူကောင်း

gently *adv* tə-hpyei:-byei: တဖြည်းဖြည်း (slowly); hpyei:-byei:-tha-dha ဖြည်းဖြည်းသာသာ၊ ywạ-ywạ ရွရွ (softly)

genuine *adj* si'-tẹ စစ်သော

geography *n* pə-htə-wi-win ပထဝီဝင်

geology *n* bu-mị-bei-dạ ဘူမိဗေဒ

geometry *n* ji-ɔ:-mei-tri ဂျီဩမေတြီ

geopolitics *n* pə-htə-wi-nain-gan-yei: ပထဝီနိုင်ငံရေး

germ *n* (yɔ:-ga)-po: (ရောဂါ)ပိုး

gesture *n* chi-han-le'-han ခြေဟန်လက်ဟန် (hand ~s); ə-mu-ə-ya-pyạ-jin: အမူအရာပြခြင်း (a kind ~)

get *v* yạ-de ရသည် (receive); yạ-shị-de ရရှိသည် (obtain); thə-bɔ:-pau'-te သဘောပေါက်သည် (understand)

get along *v* ə-hsin-pyei-de အဆင်ပြေသည်၊ (ə-pau')-tẹ-de (အပေါက်)တည့်သည်

getaway *n* lụ-pyei:-jin: လုပြေးခြင်း (~ car); ə-pyɔ-hkə-yi:-do အပျော်ခရီးတို (short holiday)

get down *v* wu'-te ဝပ်သည်

get in *v* win-de ဝင်သည် (~ bed); te'-te တက်သည် (~ car, ~ bus)

get into v win-de ဝင်သည် (~ the water); te'-te တက်သည် (~ bus, ~ train)

get nowhere v cha-lə-ba'-le-de ချာလပတ်လည်သည်

get off v hsin:-de ဆင်းသည် (~bus, ~ train)

get on v te'-te တက်သည် (~ the train; climb onto); ə-lo'-hpyi'-te အလုပ်ဖြစ်သည် (make progress); ə-hsin-pyei-de အဆင်ပြေသည် (be friendly)

get out v htwe'-thwa:-de ဖယ်သည်

get out of the way v hpe-de ဖယ်သည်

get to v yau'-te ရောက်သည်

get up v hta-de ထသည်

ghost n tə-hse tə-ဆွေ့ thə-ye: သရဲ

giant adj ə-lun-ji:-dẹ အလွန်ကြီးသော

giddy v gaun:-mu:-de ခေါင်းမူးသည်၊ gaun:-on-de ခေါင်းအုံသည်၊ yi-wei-wei-hpyi'-te ရီဝေဝေဖြစ်သည်

gift n le'-hsaun လက်ဆောင်၊ le'-hpwẹ လက်ဖွဲ့၊ pə-na ပဏ္ဏာ

giggle v tə-hkị-hkị-yi-de တခိခိရယ်သည်

gild v shwei-chạ-de ရွှေချသည်

gin n jin ဂျင်

ginger n ❀ jin: ချင်း

ginseng n ❀ kɔ:-lị-dhein ကောလိသိန်

giraffe n ❀ thi'-kə-lə-o' သစ်ကုလားအုတ်

girl n mein:-kə-lei: မိန်းကလေး၊ kaun-mə-lei: ကောင်မလေး

girlfriend n yi:-za ရည်းစား၊ chi'-thu ချစ်သူ

gist n ə-hni'-cho' အနှစ်ချုပ်

give v pei:-de ပေးသည်၊ kan:-de ကမ်းသည်

give and take n ə-pei:-ə-yu အပေးအယူ

give away v sụn-je:-de စွန့်ကြဲသည်၊ pei:-kan:-de ပေးကမ်းသည်

give up v sei'-shọ-de စိတ်လျှော့သည် (stop trying); ə-shon:-pei:-de အရှုံးပေးသည် (admit defeat); sụn-hlu'-te စွန့်လွှတ်သည် (~ ownership)

give way v hpe-de ဖယ်သည်၊ lan:-pei:-de လမ်းပေးသည်

given name n ə-myi-yin: အမည်ရင်း၊ na-me-ə-yin: နာမည်အရင်း

glacier n yei-ge:-myi' ရေခဲမြစ်

glad *n* wun:-tha-de ဝမ်းသာသည်၊ pyo-de ပျော်သည်

gladly *adv* a:-ya-wun:-tha အားရဝမ်းသာ

glance *n* ə-ji̱ အကြည့်

gland *n* ✿ ə-jei̱ အကျိတ်

glare *v* su:-de စူးသည်၊ tau'-pa-de တောက်ပသည်

glass *n* hman မှန် (pane of ~); hpan-gwe' ဖန်ခွက် (drinking ~); hman (ကြည့်)မှန် (mirror) ‖‖ *magnifying glass* hman-bə-lu: မှန်ဘီလူး

glass palace *n* ♆ ⌂ hman-nan:-dɔ မှန်နန်းတော်

glasses *n* mye'-hman မျက်မှန် ‖‖ *dark glasses, sunglasses* nei-ka-mye'-hman နေကာမျက်မှန် ‖‖ *reading glasses* sa-ji̱-mye'-hman စာကြည့်မျက်မှန်

glassware *n* hpan-de ဖန်ထည်

glide down *v* shɔ:-cha-de လျှောချသည်

glimpse *n* sha'-tə-bya'-ə-myin လျှပ်တပြက်အမြင်

glisten *v* so-le'-te စိုလက်သည်

glitter *v* tə-hpei'-hpei'-le'-te တဖိတ်ဖိတ်လက်သည်

globalisation, globalization *n*

♆ ☾ gə-lo-be-lai'-zei:-shin: ဂလိုဘယ်လိုက်ဇေးရှင်း

globe *n* gə-ba-lon: ကမ္ဘာလုံး (earth); gə-ba-lon: ကမ္ဘာလုံးပုံ (spherical map); ə-lon: အလုံး (sphere)

glory *n* gon ဂုဏ်၊ je'-thə-yei ကျက်သရေ

glossary *n* hke'-hsi ခက်ဆစ်

glottal stop *n* than-ya' သံရပ်

glove *n* le'-ei လက်အိတ်

glow *v* tau'-te တောက်သည်

glucose *n* hsei:-dhə-ja ဆေးသကြား၊ gə-lu:-kɔ̱ ဂလူးကို့(စ်)

glue₁ *v* kɔ-ka'-te ကော်ကပ်သည်

glue₂ *n* kɔ ကော်

go *v* thwa:-de သွားသည် ‖‖ *be gone* pyau'-te ပျောက်သည် (disappear); thei-thwa:-de သေသွားသည် (be dead)

goad₁ *v* jein-tɔ̱-de ကြိမ်တို့သည်၊ nə-gan-ne̱-tɔ̱-de နှာခန်နဲ့တို့သည် (~ cattle); pi̱n-de ပင့်သည် (~ into action)

goad₂ *n* chun: ချွန်း၊ nə-gan နှာခန်

go after *v* lai'-te လိုက်သည်၊ lai'-lan-de လိုက်လံသည်

go ahead *v* hse'-lo'-te ဆက်လုပ်သည်

goal *n* yi-hman:-je' ရည်မှန်းချက်၊ u:-ti-je' ဦးတည်ချက် (aim); go: ဂိုး (point scored); go:-bau' ဂိုးပေါက် (space on field)

goal line *n* go:-zi: ဂိုးစည်း

goalie, goalkeeper *n* go:-zauṇ ဂိုးစောင့်၊ go:-dhə-ma: ဂိုးသမား

go along with *v* lai'-lyo:-de လိုက်လျှောသည်၊ yei-lai'-nga:-lai'-lo'-te ရေလိုက်ငါးလိုက် လုပ်သည်

goalpost *n* go:-(dain) ဂိုး(တိုင်)

goat *n* ❧ hsei' ဆိတ်

go away *v* hpe-de ဖယ်သည် (remove oneself); htwe'-thwa:-de ထွက်သွားသည် (leave)

go bad *v* po'-tho:-de ပုပ်သိုးသည်၊ pye'-te ပျက်သည်

go-between *n* ja:-lu ကြားလူ၊ aun-dhwe အောင်သွယ်

God *n* ☾ ✞ hpə-ya:-thə-hkin ဘုရားသခင်

god *n* hpə-ya ဘုရား၊ na' နတ်

goddess *n* na'-hpə-ya:-mạ နတ်ဘုရားမ၊ dei-wi ဒေဝီ

godown *n* go-daun ဂိုဒေါင်

gofer *n* hkain:-ba' ခိုင်းဖတ်

goiter, goitre *n* ⚕ le-bin:-ji:-yɔ:-ga လည်ပင်းကြီးရောဂါ

gold *n* shwei ရွှေ ‖‖ **white gold** shwei-byu ရွှေဖြူ

gold sheet *n* pə-rə-bai'-hkau'-shwei ပုရပိုက်ခေါက်ရွှေ

goldsmith *n* (shwei)-bə-dein (ရွှေ)ပန်းထိမ်

golf *n* gau' ဂေါက် ‖‖ **play golf** gau'-thi:-yai'-te ဂေါက်သီး ရိုက်သည်

golf ball *n* gau'-thi: ဂေါက်သီး

golf course, golf links *n* gau'-kwin: ဂေါက်ကွင်း

golfer *n* gau'-thə-ma: ဂေါက်သမား

gong *n* ♫ maun: မောင်း၊ jei:-naun ကြေးနောင်၊ ▥ ji:-zi ကြေးစည် (triangle brass ~); kə-lə-de' ကလတက် (hollowed log ~)

good₁ *adj* kaun:-dẹ ကောင်းသော (pleasing, appropriate, etc); lein-ma-dẹ လိမ္မာသော (be ~ now)

good₂ *n* kaun-ya-kaun:-jaun: ကောင်းရာကောင်းကြောင်း (common ~); kon ကုန် (product) ‖‖ **for good** ə-pi: အပြီး

good at *adj* tɔ-dẹ တော်သော

good deed *n* thụ-zə-yai' သုစရိုက်

good person *n* lu-hman လူမှန်

good-for-nothing *n* ə-hpyin:
အဖျင်း

good-looking *adj* thaṇ-pyaṇ-dẹ
သန့်ပြန့်သော

good-luck charm *n* hkə-me:
ခမည်း၊ ə-hsaun အဆောင်

goodness *n* kaun-mya'-chin:
ကောင်းမြတ်ခြင်း

goods *n* kon-(pyi'-si:) ကုန်
(ပစ္စည်း)၊ kon-zi ကုန်စည်
‖‖ *manufactured goods* kon-jɔ:
ကုန်ချော ‖‖ *Buddhist goods* nei'-
ban-gon နိဗ္ဗာန်ကုန် ‖‖ *semi-
refined goods* ə-jan:-de အကြမ်း
ထည် ‖‖ *restricted goods* kaṇ-
tha'-kon ကန့်သတ်ကုန် ‖‖ *dry
goods* kon-jau' ကုန်ခြောက်

goodwill *n* sei-də-na စေတနာ၊
chi'-ji-yei: ချစ်ကြည်ရေး

go on *v* hse'-(lo')-te ဆက်
(လုပ်)သည်

goose *n* ✻(be:)-ngan: (ဘဲ)ငန်း (*pl*
geese)

goose bumps *n* je'-thein: ကြက်
သီး ‖‖ *have goose bumps, have
gooseflesh, have goose pimples*
je'-thein:-(mwei:-nyin:)-hta-de
ကြက်သီး(မွေးညင်း)ထသည်

gorgeous *adj* hlạ-pạ-dẹ လှ

ပသော၊ tiṇ-te-dẹ တင့်တယ်သော

gorilla *n* ✻gɔ-ri-la-myau'-wun
ဂေါရီလာမျောက်ဝံ

go smoothly *v* ə-hsin-pyei-de
အဆင်ပြေသည်

gossip₁ *v* ə-tin:-pyɔ:-de အတင်း
ပြောသည်

gossip₂ *n* ə-tin:-(zə-ga:) အတင်း
(စကား)၊ thu-pyɔ:-nga-pyɔ:
သူပြောငါပြော

Gotama *n* 📖 gɔ-də-mạ ဂေါတမ

go through *v* hpya'-than:-de
ဖြတ်သန်းသည်

go together *v* lai'-hpe'-te
လိုက်ဖက်သည်၊ ha'-te ဟပ်သည်

Goun *n* gon-shan: ဂုံရှမ်း

gourd *n* ❀ bu:-dhi: ဘူးသီး

gourd bottle *n* ❀ bu:-ga: ဘူးခါး

gourd snake *n* ✻ pe:-lin:-mwei
ပဲလင်းမြွေ

gout *n* ☤ gau' ဂေါက်

govern *v* o'-cho'-te
အုပ်ချုပ်သည်

government 🌐 *n* ə-so:-yạ
အစိုးရ (governing body); o'-cho'-
pon အုပ်ချုပ်ပုံ (way of governing)
‖‖ *form a government* ə-so:-yạ-
hpwẹ-de အစိုးရဖွဲ့သည် ‖‖ *care-
taker government* ein-zauṇ-ə-

so:-ya̰ အိမ်စောင့်အစိုးရ ။။ **puppet government** yo'-thei:-ə-so:-ya̰ ရုပ်သေးအစိုးရ

government circles n ⊕ a-so:-ya̰-ə-thain:-ə-wain: အစိုးရ အသိုင်းအဝိုင်း

government exam n ə-so:-ya̰-si' အစိုးရစာစစ်

governance n o'-cho'-yei: အုပ်ချုပ်ရေး

governor n ⊕ ♠ bə-yin-gan ဘုရင်ခံ

go well v ə-pau'-tḛ-de အပေါက် တည့်သည်၊ ə-hsin-pyei-de အဆင် ပြေသည်

go with v lai'-hpe'-te လိုက်ဖက်သည်

gown n ga-wun ဂါဝန် (evening ~); wu'-yon ဝတ်ရုံ (college ~)

grab v hswe:-kain-de ဆွဲကိုင်သည်

graceful adj nwḛ-hnaun:-dḛ နွဲ့နောင်းသော

gracious adj yin-dḛ ယဉ်သော

grade n ə-hsin̰ အဆင့် (classification); ə-hma' အမှတ် (test ~)

grader n jaun:-dha: ကျောင်းသား (pupil in a certain grade); myei-hnyḭ-ze' မြေညှိစက် (leveler)

gradually adv tə-hpyei:-byei: တဖြည်းဖြည်း

graduate₁ v bwḛ-ya̰-de ဘွဲ့ရသည်

graduate₂ n jaun:-zin: ကျောင်းဆင်း

graduation n jaun:-hsin:-bwe: ကျောင်းဆင်းပွဲ (ceremony); bwḛ-yu-jin: ဘွဲ့ယူခြင်း (getting degree)

grain n jɔ: ကြော (wood~); ə-lon: အလုံး၊ ə-seḭ စေ့၊ ə-hsan အဆံ (~ of rice)

gram n gə-ran ဂရမ်

grammar n thə-da သဒ္ဒါ

gramme n gə-ran ဂရမ်

granary n ji ကျီ

grand adj ji:-dḛ ကြီးသော၊ hkan:-na:-dḛ ခမ်းနားသော

grandchild n myei: မြေး ။။ **great-grandchild** myi' မြစ်

granddaughter ♀ n myei: မြေး

grandfather n ə-hpo: အဘိုး ။။ **great-grandfather** ə-bei: အဘေး ။။ **great-great-grandfather** (ə)-bi (အ)ဘီ

grandma, grandmother n ə-hpwa: အဘွား ။။ **great-grand-mother** အဘေးမ ။။ **great-great-grandmother** (ə)-bi-ma̰ (အ)ဘီမ

grandparents *n* ə-hpo:-ə-hpwa: အဘိုးအဘွား

grandson ♂ *n* myei: မြေး

grandstand₁ *v* sho:-pya̱-de ရှိုးပြသည်

grandstand₂ *n* pwe:-ji:-zin ပွဲကြီးစင်

granny *n* hpwa:-hpwa: ဘွားဘွား

grant₁ *v* hkwiṇ-pei:-de ခွင့်ပေးသည်

grant₂ *n* htau'-paṇ-jei: ထောက်ပံ့ကြေး (academic ~); gə-yu̱-na̱-jei: ကရုဏာကြေး (charitable ~)

grape *n* 🍇 zə-byi' စပျစ်

grapevine *n* 🍇 zə-byi'-pin စပျစ်ပင် (plant); ə-ya'-dhə-din: အရပ်သတင်း (circulation of rumours)

graph *n* gə-ra' ဂရပ်

graphic *adj* yo'-pya̱ ရုပ်ပြ၊ ə-thei:-zei' အသေးစိတ် (~ violence)

grapple *v* nə-ban:-lon:-de နပန်းလုံးသည်

grasp *v* kain-de ကိုင်သည် (hold); nyan-hmi-de ဉာဏ်မီသည် (~ a concept)

grass *n* 🌿 mye' မြက် (lawn); hsei:-jau' ဆေးခြောက် (marijuana)

grasshopper *n* 🦗 hnan-gaun နံကောင်

grateful *adj* jei:-zu:-thi̱-de̱ ကျေးဇူးသိသော

gratified *adj* ə-lo-pyei̱-de̱ အလိုပြည့်သော

gratify *v* ə-lo-lai'-te အလိုလိုက်သည်

gratis *adj* ə-hka̱-me̱ အခမဲ့

gratitude *n* jei:-zu: ကျေးဇူး

gratuity *n* moṇ-bo: မုန့်ဖိုး၊ ə-po-hsaun:-ngwei အပိုဆောင်းငွေ

grave *n* o'-gu အုတ်ဂူ

gravity *n* ✻ hswe:-ngin-a: ဆွဲငင်အား

gravy *n* ə-hsi-ə-hni' အဆီအနှစ်

gray *n* mi:-go:-yaun မီးခိုးရောင်၊ ə-nyo-yaun အညိုရောင်

grease *n* ə-hsi အဆီ (oily matter); ə-me:-zi အမဲဆီ (lubricant)

great *adj* ji:-de̱ ကြီးသော၊ mya'-te̱ မြတ်သော၊ mə-ha မဟာ

greatly *adv* ə-ji:-ə-je အကြီးအကျယ်

greed *n* lɔ:-ba̱ လောဘ

greediness *n* mə-dɔ-lɔ:-ba̱ မတော်လောဘ၊ lɔ:-ba̱-zɔ: လောဘဇော

greedy *adj* lɔ:-ba̱-ji:-de̱ လောဘကြီးသော

Greek *n* 🌐 gə-ri̱ ဂရိ

green₁ *adj* sein:-dẹ စိမ်းသော (~ leaf; raw)

green₂ *n* ə-sein: အစိမ်း (bright ~); mye'-hkin: မြက်ခင်း (golf ~)
‖ ‖ *putting green* bə-li-gwe' ပလီ ကွက်

greenbacks *n* ə-sein: အစိမ်း (US$)

greengrocer *n* kon-zein:-dhe ကုန်စိမ်းသည်

greenish *adj* sein:-hpaṇ-baṇ စိမ်းဖန့်ဖန့်

greet *v* hno'-hse'-te နှုတ်ဆက်သည်

greeting *n* mei'-hse'-zə-ga: မိတ်ဆက်စကား

gregarious *adj* hpɔ-ywei-dẹ ဖော်ရွေသော

grenade *n* ⚔ le'-pyi'-bon: လက်ပစ်ဗုံး

grey *n* mi:-hko:-yaun မီးခိုးရောင်၊ ə-nyo-yaun အညိုရောင်

grief *n* jei-kwe:-hmụ ကြေကွဲမှု၊ thɔ:-kạ သောက

grievance *n* mə-jei-na'-che' မကျေနပ်ချက်

grieve *n* jei:-kwe:-de ကြေ ကွဲသည်၊ pu-hswei:-de ပူဆွေးသည်

grill₁ *v* kin-de ကင်သည် (barbecue); ə-mei:-ə-myan:-htu:-de အမေးအမြန်းထူသည် (interrogate)

grill₂ *n* ə-kin အကင် (food); ə-kin-zain အကင်ဆိုင် (bar and ~)

grille *n* than-də-ga: သံတံခါး

grim *adj* ə-chei-mə-hlạ အခြေမလှ (~ prospects); ma-de မာသည် (~ expression)

grimace *v* mẹ-de မဲ့သည်

grime *n* ə-nyi'-ə-jei: အညစ်အကြေး

grimy *adj* jei:-htu-dẹ ကြေးထူသော

grin₁ *v* pyon-de ပြုံးသည်

grin₂ *n* ə-pyon: အပြုံး

grind *v* jei'-te ကြိတ်သည် (~ coffee); thwei:-de သွေးသည် (~ thanakha)

grindstone *n* jau'-pyin ကျောက်ပျဉ်

grip₁ *v* hso'-kain-de ဆုပ်ကိုင်သည်

grip₂ *n* le'-kain လက်ကိုင်

gripe *v* pwạ-sị-pwạ-sị-pyɔ:-de ပွစိပွစိပြောသည်

grit *n* the: သဲ

grit one's teeth *v* an-jei'-te အံ့ကြိတ်သည်

groan *v* nyi:-de ညည်းသည်
grocer *n* kon-zein:-dhe ကုန်စိမ်းသည်
groceries *n* sa:-thau'-kon စားသောက်ကုန်
groove *n* ə-jaun: အကြောင်း
grope *v* san:-de စမ်းသည်
gross₁ *adj* yun-zə-ya ရွံစရာ
gross₂ *n* gə-yu' ဂရွတ်
grotesque *adj* pon-mə-ja̰-pan:-mə-ja̰ ပုံမကျပန်းမကျ
grotto *n* gu ဂူ
ground₁ *n* jei'-tḛ ကြိတ်သော
ground₂ *n* kon: ကုန်း၊ myei-byin မြေပြင် (earth); myei-sai'-jo: မြေစိုက်ကြိုး (~ wire)
grounding *n* ə-chei အခြေ
grounds *n* win: ဝင်း
groundwater *n* myei-au'-yei မြေအောက်ရေ
group *n* lu-zṵ လူစု (~ of people); o'-sṵ အုပ်စု၊ ə-thin: အသင်း၊ ə-hpwḛ-ə-si: အဖွဲ့အစည်း (organisation)
grow *v* ji:-htwa:-de ကြီးထွားသည် (a ~ing child); sai'-pyo:-de စိုက်ပျိုးသည် (~ rice); to:-de တိုးသည် (income ~s)
growl *v* hein:-de ဟိန်းသည်
grown person, grown-up *n* lu-ji: လူကြီး
growth *n* ji:-htwa:-jin: ကြီးထွားခြင်း (growing); ə-jei' အကျိတ် (~ on the liver); ə-nyuṉ အညွန့် (outgrowth)
grow up *v* ji:-de ကြီးသည် (~ in a village); ji:-la-de ကြီးလာသည် (~ fast)
grub₁ *v* tu:-de တူးသည်
grub₂ *n* twin:-bo: တွင်းပိုး (beetle ~); sa:-zə-ya စားစရာ (food)
grudge *n* ə-jei'-ə-hke: အကျိတ်အခဲ၊ ə-nyo: အငြိုး၊ a-ga-ta̰ အာဃာတ ။ ။ ***bear a grudge*** ə-nyo:-hta:-de အငြိုးထားသည်
grudging *adj* sei'-mə-pa-be: စိတ်မပါဘဲ(ပေးသော၊ လုပ်သော)
grumble *v* nyi:-nyu-de ညည်းညူသည်
guarantee₁ *v* a-ma̰-hkan-de အာမခံသည်
guarantee₂ *n* a-ma̰-gan အာမခံ
guarantor *n* a-ma̰-hkan-dhu အာမခံသူ
guaranty *n* a-ma̰-gan အာမခံ
guard₁ *v* sauṉ-ja'-te စောင့်ကြပ်သည်
guard₂ *n* kin:-zauṉ ကင်းစောင့်၊

gei'-saun့ ဂိတ်စောင့်၊ lon-jon-yei:
လုံ့ခြုံရေး (security ~); dhə-dị
သတိ (attention) ။ ။ **be caught
with one's guard down** ə-ngai'-
mị-de အဂိုက်မိသည် ။ ။ **catch off
guard** ə-ngai'-hpan:-de အဂိုက်
ဖမ်းသည် ။ ။ **be on one's guard**
dhə-dị-hta:-de သတိထားသည်
။ ။ **when one is off one's guard** ə-
li' အလစ်

guard dog n ✤ ein-saun့-hkwei:
အိမ်စောင့်ခွေး

guardian n ə-saun့-ə-ja'
အစောင့်အကြပ် (protector); o'-
htein:-thu အုပ်ထိန်းသူ (child's ~)

guardian spirit n ə-saun့
အစောင့် (~ of a place); ein-dwin:-
na' အိမ်တွင်းနတ် (~ of a home)

guava n ✖ ma-lə-ga မာလကာ

guerilla n ⚔ pyau'-ja:
ပျောက်ကျား

guerilla warfare n ⚔ pyau'-ja:-
si' ပျောက်ကျားစစ်

guess₁ v hman:-(hsa)-de
မှန်းဆသည်၊ twei:-htin-de
တွေးထင်သည်

guess₂ n hman:-je' မှန်းချက်၊ ə-
htin အထင်

guest n ę-dhe ဧည့်သည်

guesthouse n te:-hko-gan:
တည်းခိုခန်း

guffaw v khwe'-hto:-hkwe'-lan-
yi-de ခွက်ထိုးခွက်လန်ရယ်သည်

guidance n hnyun-ja:-je' ညွှန်
ကြားချက် ။ ။ **give guidance** pę-
pyin-de ပဲ့ပြင်သည်၊ hson:-mạ-de
ဆုံးမသည်

guide₁ v lan:-hnyun-de လမ်း
ညွှန်သည် (show the way); hson:-
mạ-de ဆုံးမသည် (admonish)

guide₂ n lan:-hnyun လမ်းညွှန်
(~book); ę-jo ဧည့်ကြို (tour~)

guidebook n hkə-yi:-lan:-
hnyun-sa-o' ခရီးလမ်းညွှန်စာအုပ်

guilt n ə-pyi' အပြစ် (≠ innocence)

guilty adj sei'-mə-than-dẹ
စိတ်မသန့်သော (feel ~); ə-pyi'-
shị-dẹ အပြစ်ရှိသော (~ person)

guinea pig n ✤ pu: ပူး (animal);
san:-tha'-hkan-dha'-də-wa စမ်း
သပ်ခံသတ္တဝါ (experimental subject)

guitar n ♪ gi-ta ဂစ်တာ၊ gi-ta
ဂီတာ

gulf n 🌐 pin-le-gweị ပင်လယ်
ကွေ့

gull n ✤ zin-yɔ စင်ရော်

gully n jau' ချောက်

gulp v jai'-te ကျိုက်သည်

gum *n* kɔ ᴄᴇᴏ̄ (glue); pi-kei ᴘᴏ̄ᴄᴇ (chewing gum); thə-hpon: သွားဖုံး (teeth and ~s); ə-sei: အစေး (resin)

gum-kino *n* ℀ pə-dau' ᴘᴏ̄ᴄᴏᴋ

gums *n* thə-hpon: သွားဖုံး

gum tree *n* ℀ yu-kə-li' ယူကလစ်

gun *n* thə-na' သေနတ် ‖‖ **machine gun** ⚔ se'-ji: စက်ကြီး

gunboat *n* ⚔ ⚓ tai'-yei-yin တိုက်ရေယာဉ်

gunman *n* thə-na'-thə-ma: သေနတ်သမား

gunny sack *n* gon-(ni)-ei' ဂုန်(နီ)အိတ်

gunpowder *n* yan: ယမ်း

gunshot *n* thə-na'-pyi'-chin: သေနတ်ပစ်ခြင်း၊ thə-na'-pyi'-than သေနတ်ပစ်သံ

Gurkha *n* gɔ-rə-hka: ဂေါ်ရခါး

gurney *n* tun:-hle: တွန်းလှည်း (hospital ~)

gush *v* ngau'-hkə-ne:-pan:-de ငေါက်ခဲ့ပန်းသည်

gust *n* lei-bon: လေပုန်း

gut *n* ə-sa-ein အစာအိမ် (stomach)

gut feeling *n* hkan-za:-mị-jin: ခံစားမိခြင်း

guts *n* kə-li-za ကလီစာ (internal organs); tha'-tị သတ္တိ (courage)

gutter *n* yei-də-shau' ရေတံလျောက် (~ at edge of roof); yei-hno'-myaun: ရေနုတ်မြောင်း (~ at edge of street)

guy *n* ə-kaun အကောင်၊ be: ဘဲ ‖‖ **bad guy** lu-zo: လူဆိုး

Gwe *n* gwei-shan: ဂွေးရှမ်း

gymnast *n* jun:-ba:-thə-ma: ကျွမ်းဘားသမား

gymnastics *n* jun:-ba: ကျွမ်းဘား

gynaecologist *n* ⚕ ə-myo:-thə-mi:-ə-htu:-kụ-hsə-ya-wun အမျိုးသမီးအထူးကုဆရာဝန်

H - h ei' အိတ်ချ်

habit *n* ə-jin အကျင့်၊ ə-hton အထုံ၊ zə-yai' စရိုက်၊ ə-lei-ə-hta အလေ့အထ၊ wu'-thi ဝတ္ထိ၊ ə-mu-ə-jin အမှုအကျင့်

habitat *n* ə-lei-jạ-nei-ya အလေ့ကျနေရာ

habituated *adj* nei-tha:-jạ-dẹ နေသားကျသော

hack *v* hko'-te ခုတ်သည်

haemorrhoids *n* ⚕ lei'-gaun: လိပ်ခေါင်း

haemorrhage *v* ⚕ thwei:-lun-de သွေးလွန်သည်

haggle *v* zei:-hsi'-te
ဈေးဆစ်သည်

haiku *n* hai'-ku ဟိုက္ကူ

hail(stone) *n* mo:-dhi: မိုးသီး

hair *n* zə-bin ဆံပင် (~ of the
head); ə-hmwei: အမွေး (body ~)

haircut *n* zə-bin-hnya'-chin:
ဆံပင်ညှပ်ခြင်း (getting hair cut); zə-
bin-bon ဆံပင်ပုံ (hairstyle)

hairdo *n* zə-bin-bon ဆံပင်ပုံ

hairdresser *n* hsan-thə-hsə-ya
ဆံသဆရာ

hairdresser's *n* ə-hlə-pyin-zain
အလှပြင်ဆိုင်၊ hsan-thə-zain
ဆံသဆိုင်

hairpin *n* hsə-hnya' ဆံညှပ် (U-
shaped pin)

hairstyle *n* zə-bin-pon ဆံပင်ပုံ

half *n* tə-we' တစ်ဝက် (~ a cup, ~
hour); tə-chan: တစ်ခြမ်း (~ a
mango); hkwe: ခွဲ (~ five o'clock)

half(way) *adv* tə-we'-tə-pye'
တစ်ဝက်တစ်ပျက်

hall *n* hkan:-mə ခန်းမ၊ hɔ: ဟော
(large room); zin:-jan စင်ကြို
(corridor)

hallo *exp* byo ဗျို၊ byɔ ဗျို့

hallucinate *v* a-yon-hmau'-
hma:-de အာရုံမှောက်မှားသည်

hallucination *n* a-yon-hmau'-
hma:-jin: အာရုံမှောက်မှားခြင်း

hallway *n* zin:-jan စင်ကြို

halt *v* ya'-te ရပ်သည်

halter top *n* yin-zi:-ein:-ji
ရင်စည်းအင်္ကျီ

haltingly *adv* toṇ-hnei:-toṇ-
hnei: တုံ့နှေးတုံ့နှေး

halve *v* chan:-de ခြမ်းသည်၊ hnə-
pain:-hkwe:-de နှစ်ပိုင်းခွဲသည်
(cut into ~s); tə-we'-shɔ-de တစ်
ဝက်လျှော့သည် (reduce by half)

ham *n* we'-paun-jau' ဝက်ပေါင်
ခြောက်

hamburger *n* ə-me:-dha:-jei'-
tha: အမဲသားကြိတ်သား (meat); ba-
ga ဘာဂါ (sandwich)

hamlet *n* ywa-thein ရွာသိမ်

hammer₁ *v* (tu-ne̩)-yai'-te
(တူဖြင့်)ရိုက်သည် (~ in the nail);
htu-de ထုသည် (hit)

hammer₂ *n* tu တူ

hammock *n* pə-hke' ပုခက်

hamper₁ *v* cho'-hta:-te
ချုပ်ထားသည်

hamper₂ *n* chin:-daun:
ခြင်းတောင်း (basket)

hand₁ *v* hlan:-pei:-de လှမ်း
ပေးသည်

hand₂ *n* le' လက် (arm and ~); le'-tan လက်တံ (hour ~); le'-ya လက် ရာ (he had a ~ in this); le'-yei: လက်ရေး (handwriting); ə-lo'-thə-ma: အလုပ်သမား (farm~, deck~); hpi: ဖီး (~ of bananas); kain-hta:-dẹ-hpe: ကိုင်ထားသောဖဲ (~ of cards) ‖‖ **shake hands** le'-hswe:-hno'-hse'-te လက်ဆွဲနှုတ်ဆက်သည် ‖‖ **back of the hand** le'-hpə-mo: လက်ဖမိုး ‖‖ **heel of the hand** le'-hpə-nauṇ လက်ဖနောင့် ‖‖ **wash one's hands of** le'-shaun-de လက်ရှောင်သည် ‖‖ **get the upper hand** ə-pɔ-zi:-yạ-de အပေါ်စီးရသည်, ə-tha-zi:-yạ-de အသာစီးရသည် ‖‖ **empty-handed** le'-bə-la လက်ဗလာ ‖‖ **hired hand** lu-hnga: လူငှား ‖‖ **old hand** le'-haun: လက်ဟောင်း ‖‖ **be right-handed** nya-than-de ညာသန်သည် ‖‖ **be left-handed** be-than-de ဘယ်သန်သည် ‖‖ **on hands and knees** lei:-be'-htau' လေးဖက်ထောက် ‖‖ **hold hands** le'-chei'-te လက်ချိတ်သည် ‖‖ **change hands** le'-pyaun:-le'-hlwe:-lo'-te လက်ပြောင်းလက်လွှဲလုပ်သည် ‖‖ **cup-**

ped hands le'-hko' လက်ခုပ် ‖‖ **join hands with** le'-twe:-de လက်တွဲသည် ‖‖ **at hand** le'-tə-gan:-hma လက်တစ်ကမ်းမှာ ‖‖ **have on hand** shị-de ရှိသည် ‖‖ **open-handed** le'-lwe-dẹ လက်လွယ်သော ‖‖ **in one's hands** le'-hte:-hma လက်ထဲမှာ

handbag *n* le'-hswe:-ei' လက်ဆွဲ အိတ်

hand basin *n* le'-hsei:-gan လက်ဆေးကန်

handbasket *n* hswe:-chin: ဆွဲခြင်း

handbill *n* jɔ-nya-za ကြော်ငြာစာ

handbook *n* le'-swe:-(sa-o') လက်စွဲ(စာအုပ်)

hand-chosen *adj* le'-ywei:-zin-hpyi'-te လက်ရွေးစင်ဖြစ်သော

handcraft *n* le'-hmụ-pyin-nya လက်မှုပညာ, le'-hmụ-pyi'-si: လက်မှုပစ္စည်း

handcuff *v* le-htei'-hka'-te လက်ထိတ်ခတ်သည်

handcuffs *n* le'-htei' လက်ထိတ်

handful *n* le'-tə-hso' လက်တစ်ဆုပ်

hand grenade *n ⚔* le'-pyi'-bon: လက်ပစ်ဗုံး

handicap v ə-jɔ:-pei:-de
အကျောပေးသည်

handicapped v chọ-tẹ-dẹ
ချို့တဲ့သော

handicraft n le'-hmụ-pyin-nya
လက်မှုပညာ (skill); le'-hmụ-pyi'-
si: လက်မှုပစ္စည်း (object)

hand in v tin-de တင်သည်

hand in hand adv le'-twe:-bi:
လက်တွဲ၍

handiwork n le'-ya လက်ရာ

handkerchief n le'-kain-bə-wa
လက်ကိုင်ပဝါ

handle₁ v kain-twe-de
ကိုင်တွယ်သည်

handle₂ n le'-kain လက်ကိုင် (cup
~); ə-yo: အရိုး (axe ~)

handlebars n le'-kain လက်ကိုင်

handling n ə-kain-ə-twe အကိုင်
အတွယ်

hand-me-downs n le'-jạ
လက်ကျ

hand out v wei-de ဝေသည်

handout n le'-kan:-sa
လက်ကမ်းစာ (flyer); le'-hsaun
လက်ဆောင် (present); ‖‖ *live off
handouts* taun:-yan:-sa:-thau'-
te တောင်းရမ်းစားသောက်သည်

hand over v le'-hlwe:-de
လက်လွှဲသည်

hand-picked adj le'-ywei:-zin-
hpyi'-tẹ လက်ရွေးစင်ဖြစ်သော

handprint n le'-ya လက်ရာ

handrail n le'-yan: လက်ရန်း

hand-sewn adj le'-cho'
လက်ချုပ်

handshake n le'-hswe:-hno'-
hse'-chin: လက်ဆွဲနှုတ်ဆက်ခြင်း

handsome ♂ adj yo'-chɔ:-dẹ
ရုပ်ချောသော

handstand n kin:-mi:-kau'-
htaun-jin: ကင်းမီးကောက်
ထောင်ခြင်း

hand-stitched adj le'-cho'
လက်ချုပ်

hand to hand adv le'-tə-kan:
လက်တစ်ကမ်း

hand to mouth adv gụ-lo'-gụ-
sa: ခုလုပ်ခုစား

handwoven cloth n ye'-hte
ရက်ထည်

handwriting n le'-yei: လက်ရေး

handy adj ə-lwe-də-gu အလွယ်
တကူဖြစ်သော (easy to use); le'-
hlan:-mi-dẹ လက်လှမ်းမီသော
(close by); jun:-jin-dẹ
ကျွမ်းကျင်သော (skilful)

handyman n le'-swe:-dɔ

လက်စွဲတော်

hang v chei'-hta:-de ချိတ်
ထားသည် (~ on a hook); hswe:-
de ဆွဲသည် (~ on a string); ngoṇ-
de ငုံ့သည် (~ one's head); jo:-pei:-
de ကြိုးပေးသည်၊ jo:-jạ-de ကြိုး
ကျသည် (execute by hanging)
‖ *get the hang of* lo'-yin:-ta'-
te လုပ်ရင်းတတ်သည်၊ ə-hta-pau'-
te အသာပေါက်သည်

hanged adj jo:-pei:-hkan-yạ-dẹ
ကြိုးပေးခံရသော

hanger n jei' ချိတ်

hanger-on n nau'-lai'
နောက်လိုက်

hangman n jo:-zwe: ကြိုးဆွဲ

hang on v hkə-na-lei:-sauṇ-de
ခဏလေးစောင့်သည် (wait); kain-
hta:-de ကိုင်ထားသည် (hold)

hang up v hpon:-chạ-de
ဖုန်းချသည် (end a phone call);
chei'-te ချိတ်သည် (~ clothes)

hang out v hlan:-de (အဝတ်)
လှန်းသည် (~ to dry); shau'-le-de
လျှောက်လည်သည် (~ with friends)

hangover n ə-ye'-na-jạ-jin:
အရက်နာကျခြင်း

hang together v nyi-nyu'-te
ညီညွတ်သည် (his story doesn't ~);

si:-lon:-de စည်းလုံးသည် (we
have to ~)

Hansen's disease n ⚕ ə-na-ji:-
yɔ:-ga အနာကြီးရောဂါ

haphazard adj jon-thə-lo
ကြုံသလို၊ hpyi'-thə-lo ဖြစ်သလို

happen v hpyi'-te ဖြစ်သည်၊
hpyi'-pwa:-de ဖြစ်ပွားသည် (~ as
a result of); ə-kwe'-win-de
အကွက်ဝင်သည် (~ as planned);
kein:-hsai'-te ကိန်းဆိုက်သည် (~
as foretold) ‖ *happen to (do)*
(lo')-mi̱-de (လုပ်)မိသည်

happening n ə-hpyi'-ə-pye'
အဖြစ်အပျက်

happily adv a:-yạ-wun:-dha
အားရဝမ်းသာ၊ pyɔ-byɔ-shwin-
shwin ပျော်ပျော်ရွှင်ရွှင်

happiness n pyɔ-shwin-hmụ
ပျော်ရွှင်မှု၊ thụ-hkạ သုခ

happy adj pyɔ-de ပျော်သော၊
wun:-tha-dẹ ဝမ်းသာသော

harass v ə-pu-tai'-te အပူ
တိုက်သည်၊ le'-kə-myin:-de
လက်ကမြင်းသည် (~ sexually)

harbour n ⚓ hsei'-kan: ဆိပ်ကမ်း

hard₁ adj ma-dẹ မာသည် (firm);
hke'-te ခက်သည်၊ hke:-yin:-dẹ
ခဲယဉ်းသော (difficult) ‖ *hard of*

hearing na:-lei:-de နားလေးသည်

hard₂ *adv* tə-ko'-ko' တကုပ်ကုပ် လုပ်၊ hpi-bi̧-si:-zi: ဖိဖိစီးစီး (work ~)-

hard-core *adj* ə-ma-hkan-dȩ အမာခံသော

hard disk, hard drive *n* 🖫 ha'-di' ဟတ်ဒစ်

harden *v* ma-la-de မာလာသည်၊ ma-thwa:-de မာသွားသည် (old rice ~s); ma-ze-de မာစေသည် (~ steel)

hardened *adj* jin̠-tha:-ya̧-dȩ ကျင့်သားရသော (~ by experience)

hardly *adv* hke: ခဲ၊ ə-nain-nain အနိုင်နိုင်

hardship *n* do'-hka̧ ဒုက္ခ

hard up *adj* ja'-te:-de ကျပ်တည်းသည်

hardwood *n* thi'-ma သစ်မာ

hare *n* ☙ yon ယုန်

harelip *n* hna-hkan:-kwe: (မွေး ရာပါ)နှုတ်ခမ်းကွဲ၊ hna-hkan:-pȩ နှုတ်ခမ်းပဲ့

harm₁ *v* hti̧-hkai'-te ထိခိုက်သည်၊ ‖‖ *come to harm* bei:-hti̧-de ဘေးထိသည်

harm₂ *n* bei: ဘေး၊ an-də-ye, an-nə-ye အန္တရာယ်

harmonica *n* 🎜 ha-mo-ni-ka ဟာမိုနီကာ၊ 🎜 ba-ja ဘာဂျာ

harmonise *v* 🎜 ha-mo-ni-lai'-te ဟာမိုနီလိုက်သည်၊ nyi-nyu-zei-de ညီညွတ်စေသည် (make consistent); lai'-hpe'-sei-de လိုက်ဖက်စေသည် (~ colours)

harmony *n* 🎜 ha-mo-ni ဟာမိုနီ၊ nyi-nyu'-yei ညီညွတ်ရေး

harness *n* ka̧-jo: (မြင်း စသည်) ကကြိုး

harp *n* 🎜 saun: စောင်း၊ saun:-gau' စောင်းကောက်

harp on *v* tə-byi'-tau'-tau'-pyɔ:-de တပြစ်တောက်တောက် ပြောသည်

harrass *v* ə-pu-tai'-te အပူ တိုက်သည်၊ le'-kə-myin:-de လက်ကမြင်းသည် (~ sexually)

harrow *n* htun-don: ထွန်တုံး

harry *v* ə-pu-tai'-te အပူတိုက်သည်

harsh *adj* jan:-de ကြမ်းသော (~ conditions); yon̠-yin:-dȩ ရှုန့် ရင်းသော၊ mə-hnya-ta-dȩ မညှာ တာသော (unsympathetic); ye'-se'-tȩ ရက်စက်သော၊ jan:-tan:-dȩ ကြမ်းတမ်းသော (~ treatment)

harvest₁ *v* yei'-te ရိတ်သည်

harvest₂ n yei'-thein:-jein ရိတ်သိမ်းချိန် (after the ~); yei'-thein:-jin: ရိတ်သိမ်းခြင်း (process of bringing in crops); ခ-htwe' အထွက် (a good ~)

hash n hin:-baun: ဟင်းပေါင်း (mix of foods)

hash browns n a-lu:-tau'-tau'-jɔ အာလူးတောက်တောက်ကြော်

hash out v hswei:-nwei:-ခ-hpyei-hto'-te ဆွေးနွေးအဖြေ ထုတ်သည်

hasp n myau'-le' မျောက်လက်

hasten v lɔ:-de လောသည်

hasty adj yei:-ji:-tho'-pya-hpyi'-tḛ ရေးကြီးသုတ်ပျာဖြစ်သော (~ departure); ခ-lɔ:-tခ-ji:-hpyi'-tḛ အလောတကြီးဖြစ်သော (~ decision)

hat n o'-hto' ဦးထုပ် (cloth ~); hkခ-mau' ခမောက် (bamboo ~)

hatch₁ v ṵ-hpau'-pi:-htwe'-te ဥဖောက်၍ထွက်သည်

hatch₂ n ခ-pau' အပေါက် ။။ **escape hatch** ke-bau' ကယ်ပေါက်

hatchet n ye:-tin: ရဲတင်း

hate v mon:-de မုန်းသည်

hatred n mon:-ti:-hmṵ မုန်းတီးမှု

haughty adj mau'-ma-dḛ မောက်မာသော၊ man-te'-tḛ မာန်တက်သော၊ htaun-hlwa:-dḛ ထောင်လွှားသော

haunt v chau'-te ခြောက်သည် (a ghost ~s); pon-nခ-kခ-tai'-te ပုဏ္ဏကတိုက်သည် (~ed by poltergeist)

haul v hswe:-de ဆွဲသည် ။။ **the long haul** yei-shei ရေရှည်

have v shḭ-de ရှိသည် (own); pa-de ပါသည် (~ with); sa:-dḛ စားသည်၊ thau'-te သောက်သည် (~ some tea)

have ever v hpu: ဖူး

haven n lu:-nyein:-ya လွတ်ငြိမ်းရာ

have-nots n mခ-shḭ-hsin:-ye:-dhu-mya: မရှိဆင်းရဲသူများ

have (sb) on v ခ-lခ-gခ-pyɔ:-de အလကားပြောသည်

haversack n jɔ-po:-ei' ကျောပိုးအိတ်

haves n chan:-tha-thu-mya: ချမ်းသာသူများ

have to ... v yḛ-de ...ရသည်

have to do with v hsain-de ဆိုင်သည်၊ pa'-the'-te ပတ်သက်သည်

hawk₁ v chwe:-he'-te

ချဲ့ဟက်သည် (clear throat); zei:-
yaun:-de ဈေးရောင်းသည် (~
snacks)

hawk₂ n ☀ sun စွန် (bird of prey);
☉ si:-wa-di စစ်ဝါဒီ (pro-war
politician)

hawker n lan:-bei:-zei:-dhe
လမ်းဘေးဈေးသည်

hay n mye'-chau' မြက်ခြောက်

hay fever n ya-dhi-lai'-ə-hpya:
ရာသီလိုက်အဖျား

hazard n an-də-ye အန္တရာယ်၊
hpyi'-nain-chei ဖြစ်နိုင်ခြေ

hazardous adj an-də-ye-mya:-
dẹ အန္တရာယ်များသော

haze n myu မြူ

hazy adj myu-htu-dẹ မြူထူသော၊
hmon-wei-dẹ မှုန်ဝေသော၊ hmon-
yi-dẹ မှုန်ရီသော (~ day); hmon-
wa:-dẹ မှုန်ဝါးသော၊ mə-shin:-lin:-
dẹ မရှင်းလင်းသော (~ idea)

he ợ pron thu သူ

head₁ v u:-ti-de ဦးတည်သည် (~
for); u:-kain-de ဦးကိုင်သည် u:-
si:-de ဦးစီးသည် (~ an organis-
ation); gaun:-tai'-te
ခေါင်းတိုက်သည် (~ the ball)

head₂ n gaun: ခေါင်း (body part);
gaun:-zaun ခေါင်းဆောင် (~ of

company); ə-htei' အထိပ် (top);
myi'-hpya: မြစ်ဖျား (~ of river); lu-
ji: လူကြီး (village ~); gaun: ခေါင်း
(~ of a coin) ။။ **shaven head** gə-
don: ခေါင်းတုံး ။။ **shave one's
head** ꞓa-don:-ton:-de ခေါင်းတုံး
တုံးသည် ။။ **lose one's head** sei'-
yu:-hta-de စိတ်ရှုးထသည် ။။ **put
our heads together** gaun:-jin:-
hsain-de ခေါင်းချင်းဆိုင်သည် ။။ **be
cool-headed** gaun:-ei:-de ခေါင်း
အေးသည်

headache v gaun:-kai'-chin:
ခေါင်းကိုက်ခြင်း

headband n nə-hpu:-zi:
နဖူးစည်း

head covering, headdress n
gaun:-zaun ခေါင်းဆောင်း

head first adv zau'-hto:
ဇောက်ထိုး

headgear n gaun:-zaun:
ခေါင်းဆောင်း

heading n gaun:-zi: ခေါင်းစီး၊
gaun:-zin ခေါင်းစဉ်

headland n ə-ngu အငူ

headline n gaun:-zin ခေါင်းစဉ်

headlong adv u:-zau'-jun:-byan
ဦးစောက်ကျွမ်းပြန် (fall ~); gaun:-
hni'-pi ခေါင်းနှစ်၍ (plunge ~ into)

headman *n* lu-ji: လူကြီး

headmaster *ơ*, **headmistress**
♀ *n* jaun:-o' ကျောင်းအုပ်

head of state *n* 🌏 nain-gan-dɔ-
o'-shaun နိုင်ငံတော်ဦးသျှောင်

head on *adv* htei'-tai' ထိပ်တိုက်

head over heels *adv* u:-zau'-
jun:-byan ဦးစောက်ကျမ်းပြန်

headphone *n* nə-ja' နားကြပ်

headquarters *n* hta-nə-jo'
ဌာနချုပ်၊ yon:-jo' ရုံးချုပ်

headrest *n* gaun:-hmi ခေါင်းမှီ

headrush *n* mu:-mai'-thwa:-jin:
မူးပိုက်သွားခြင်း

headstand *n* on:-bin-sai'-chin:
အုန်းပင်စိုက်ခြင်း

headstone *n* hma'-tain မှတ်တိုင်

headstrong *adj* gaun:-ma-dẹ
ခေါင်းမာသော

headwaters *n* 🌏 myi'-hpya:
မြစ်ဖျား

headway *n* hkə-yi:-twin-jin:
ခရီးတွင်ခြင်း

headwind *n* lei-zan လေဆန်

headword *n* ti-bo' တည်ပုဒ်

heal *n* je'-te ကျက်သည် (the sore
~s); kụ-de ကုသည် (cure)

health *n* jan:-ma yei:
ကျန်းမာရေး

health certificate *n* jan:-ma-
yei:-hsei:-le'-hma' ကျန်းမာရေး
ဆေးလက်မှတ်

healthy *adj* jan:-ma-dẹ
ကျန်းမာသော (~ person)

heap *n* ə-pon အပုံ

heaping *adj* ə-pyei̯-ə-mau'
အပြည့်အမောက်

hear *v* ja:-de ကြားသည်

hearing *n* ja:-jin: ကြားခြင်း (sense
of ~); ⚖ yon:-jein: ရုံးချိန်း (court
~)

hearing aid *n* nə-ja' နားကြပ်

hearsay *n* lu-pyɔ:-thu-pyɔ:
လူပြောသူပြော၊ ⚖ tə-hsiṇ-ja:
တစ်ဆင့်ကြား

hearse *n* nei'-ban-yin
နိဗ္ဗာန်ယာဉ်

heart *n* hnə-lon နှလုံး (~ disease);
hnə-lon:-dha: နှလုံးသား၊ sei'-hnə-
lon: စိတ်နှလုံး၊ ə-the:-hnə-lon:
အသည်းနှလုံး (mind); ə-the:-bon
အသည်းပုံ (heart-shape) ▯▯ *be
down-hearted* a:-nge-de အား
ငယ်သည် ▯▯ *lose heart* a:-pye'-
te အားပျက်သည် ▯▯ *harden one's
heart* sei'-ma-ze-de စိတ်မာ
စေသည် ▯▯ *have at heart* hnə-
lon:-pai'-te နှလုံးပိုက်သည် ▯▯ *to*

one's heart's content sei'-tain:-jạ စိတ်တိုင်းကျ ။။ **with heart and soul** a:-jo:-man-te' အားကြိုးမာန်တက် ။။ **take to heart** hnə-lon:-thwin:-de နှလုံးသွင်းသည် ။။ **good-hearted** hnə-lon:-hlạ-de နှလုံးလှသည် ။။ **touch one's heart** hnə-lon-dha:-go-htị-de နှလုံးသားကိုထိသည် ။။ **learn by heart** ə-lu'-je'-te အလွတ်ကျက်သည်၊ ə-yạ-je'-te အရကျက်သည်၊ a-gon-hsaun-de အာဂုံဆောင်သည်

heartache n pu-hswei:-jin: ပူဆွေးခြင်း

heartbeat n hnə-lon:-hkon-dhan နှလုံးခုန်သံ၊ yin-hkon-dhan ရင်ခုန်သံ

heartbreak n ə-the:-hkwe:-jin: အသည်းခွဲခြင်း

heartbroken adj ə-the:-kwe:-dẹ အသည်းကွဲသော

heartburn n yin-hkan-jin: ရင်ခံခြင်း

heart disease n ♥ hnə-lon:-yɔ:-ga နှလုံးရောဂါ

heartened adj a:-te'-tẹ အားတက်သော၊ a-yạ-dẹ အားရသော

hearth n mi:-hpo မီးဖို

heartily adv hlai'-hlai'-hle:-hle: လိုက်လိုက်လဲ့လဲ့၊ a:-pa:-tə-yạ အားပါးတရ

heartless adj ye'-se'-tẹ ရက်စက်သော

heart rate n hnə-lon:-hkon-hnon: နှလုံးခုန်နှုန်း

hearts n pein̂-bi̇̀၊ hpu:-ni ဖူးနီ

heat n ə-pu အပူ ။။ **apply heat** ə-pu-tai'-te အပူတိုက်သည်၊ ə-pu-pei:-de အပူပေးသည်

heated adj ə-shein̂-myin̂-dẹ အရှိန်မြင့်သော (~ argument)

heater n ə-pu-pei:-ze' အပူပေးစက် (electric ~); gau' ကောက် (element)

heathen n tei'-htị တိတ္ထိ

heatstroke n ♥ ə-pu-ngo'-chin: အပူငုပ်ခြင်း၊ ə-pu-win-jin: အပူဝင်ခြင်း

heat wave n ə-pu-hlain: အပူလှိုင်း

heaven n ☪ ♱ kaun:-gin-bon ကောင်းကင်ဘုံ

heavens n mo:-yan မိုးယံ

heavy adj lei:-dẹ လေးသော၊ on အုံသော (~ head)

heavy-duty adj ə-jan:-hkan-nain-dẹ အကြမ်းခံနိုင်သော

hectare *n* he'-ta ဟက်တာ

hectic *adj* daun-cha-sain:-dẹ ဒေါင်ချာစိုင်းသော

hedge₁ *v* zə-ga:-hnə-hkwạ-pyɔ:-de စကားနှစ်ခွပြောသည်

hedge₂ *n* chan-si:-yo:-bin ခြံစည်းရိုးပင်

heel *n* chi-hpə-naun ခြေဖနောင့်

heels *n* hkon-myiṇ-hpə-na' ခုံ မြင့်ဖိနပ်၊ dau'-hpə-na' ဒေါက်ဖိနပ်

hefty *adj* lei:-lan-de လေးလံသော

height *n* ə-ya' အရပ် (person's ~); ə-myiṇ အမြင့် (mountain's ~)

heighten *n* myin-zei-de မြင့်စေသည် (make taller, make greater)

heir ♂, **heiress** ♀ *n* ə-mwei-gan အမွေခံ

heirloom *n* bo:-bwa:-pain-(pyi'-si) ဘိုးဘွားပိုင်(ပစ္စည်း)

helicopter *n* yə-ha'-yin ရဟတ်ယာဉ်

helium *n* ☀ hi-li-yan ဟီလီယံ

hell *n* ngə-ye: ငရဲ

hello *exp* he:-lo ဟဲလို

helm *n* pẹ-zin ပဲ့စင်

helmet *n* ⚡ si'-kə-mau'

စစ်ခမောက် (steel ~); o'-hto' ဦးထုပ် (motorcycle ~)

help₁ *v* ku-nyi-de ကူညီသည် (assist); htau'-paṇ-de ထောက်ပံ့သည် (support); yu-de ယူသည် (~ oneself to) ‖‖ *can't help but...* mə...mə-nei-nain မ...မနေနိုင်

help₂ *n* ku-bə-laun-be' ကူဖော်လောင်ဖက်

helper *n* ə-ku အကူ

helpful *adj* ku-nyi-ta'-tẹ ကူညီ တတ်သော၊ ku-nyi-yạ-tẹ ကူညီ ရသော

helpless *adj* a:-ko:-ya-mẹ-hpyi'-tẹ အားကိုးရာမဲ့ဖြစ်သော

helter-skelter *adv* gə-ziṇ-gə-ye: ကစဉ့်ကရဲ၊ gə-ziṇ-gə-lya: ကစဉ့်ကလျား

hem *n* ə-na: အနားၤ ə-ku' အကွပ်

hemisphere *n* kə-ba-lon:-jan ကမ္ဘာလုံးခြမ်း

hemiplegia *n* ⚕ ko-tə-chan:-thei-yɔ:-ga ကိုယ်တစ်ခြမ်းသေ ရောဂါ

hemorrhoids *n* ⚕ lei'-gaun: လိပ်ခေါင်း

hemorrhage *v* ⚕ thwei:-lun-de သွေးလွန်သည်

hemp *n* ❀ hsei:-jau' ဆေးခြောက်

(marijuana plant)

hen *n* ❀ je'-mạ ကြက်မ

hence *conj* thọ-hpyi'-ywei သို့ဖြစ်၍

henceforth *conj* ə-hkụ-hmạ-sạ-bi: ယခုမှစ၍

henna *n* dan: ဒန်း

hepatitis A *n* ☥ ei-yɔ:-ga အေ ရောဂါ၊ ei-bo: အေပိုး၊ ə-the:-yaun-ə-thə-wa-ei အသည်းရောင် အသားဝါအေ

hepatitis B *n* ☥ bi-yɔ:-ga ဘီ ရောဂါ၊ bi-bo: ဘီပိုး၊ ə-the:-yaun-ə-thə-wa-bi အသည်းရောင် အသားဝါဘီ

hepatomegaly *n* ☥ ə-the:-ji:-na အသည်းကြီးနာ

her ♀ *pron* thu သူ၊ thu သူ့

herb *n* hin:-hka'-ywe' ဟင်းခတ်ရွက် (~s and spices)

herbal medicine *n* bein-dɔ: ဗိန္ဓော

herd *n* o' အုပ် (~ of cattle)

here₁ *adv* di-hma ဒီမှာ

here₂ *int* yọ ရော့ (~ you are)

hereditary *adj* myo:-yo:-lai'-tẹ မျိုးရိုးလိုက်သော

heredity *n* myo:-yo:-lai'-chin: မျိုးရိုးလိုက်ခြင်း (passing through

generations); myo:-yo: မျိုးရိုး (ancestry)

heretic *n* tei'-htị တိတ္ထိ

heritable *adj* ə-myo:-lai'-nain-tẹ အမျိုးလိုက်နိုင်သော

heritage *n* ə-mwei-ə-hni' အမွေအနှစ်

hermit *n* yə-thei ရသေ့

hermit crab *n* ❀ win-kə-su' ဝင်ကစွပ်

hernia *n* ☥ u-jə-jin: အူကျခြင်း

hero *n* thə-ye:-gaun: သူရဲကောင်း၊ lu-zun:-gaun လူစွမ်းကောင် (national ~); za'-lai' ဇာတ်လိုက် (~ of a novel)

heroin *n* bein:-byu ဘိန်းဖြူ

heroine ♀ *n* thə-ye:-gaun: သူရဲကောင်း

heroism *n* thə-ye:-gaun:-sei'-da' သူရဲကောင်းစိတ်ဓာတ်

heron *n* ❀ ngə-hi' ငှက်ဗျိုင်း

herpes *n* ☥ yei-yon ရေယုန်

hers ♀ *pron* thụ သူ့

herself ♀ *pron* thụ-go-thu သူ့ ကိုယ်သူ၊ thu-go-dain သူကိုယ်တိုင်

hesitantly *adv* mə-wuṇ-mə-ye: မဝံ့မရဲ၊ tọn-hnei:-tọn-hnei: တုံ့နှေးတုံ့နှေး

hesitate *v* lei:-kan-de လေး

ကန်သည်၊ toṇ-hsain:-de တို့
ဆိုင်းသည် ။ *without hesitation*
mə-hsain:-mə-twa မဆိုင်းမတွ

heterosexual *n* hsaṇ-jin-be'-
lein-go-hswe:-hsaun-dẹ ဆန့်
ကျင်ဘက်လိင်ကိုဆွဲဆောင်သော

hexadecimal *n* hse-chau'-li-sə-
ni' ဆယ့်ခြောက်လီစနစ်

hexagon *n* hse'-htə-gan ဆဋ္ဌဂံ

hey *exp* heị ဟေ့

hibernate *n* hsaun:-hko-de
ဆောင်းခိုသည်

hibiscus *n* ※ khaun-yan: ခေါင်ရန်း

hiccough, hiccup *n* jọ-hto:-de
ကြို့ထိုးသည်၊ lei-jọ-te'-te လေ
ကြို့တက်သည်

hide₁ *v* hpwe'-hta:-de ဖွက်
ထားသည် (conceal); ka-de
ကာသည် (screen off); pon:-de
ပုန်းသည် (~ behind a tree); hko-
aun:-de ခိုအောင်သည် (~ in a
safe house); kwe-hwe'-te ကွယ်
ဝှက်သည် (~ evidence)

hide₂ *n* thə-yei-zein: သားရေစိမ်း

hide-and-seek *n* tu-tu-pon:-
dan: တူတူပုန်းတမ်း

hideaway *n* ə-kwe အကွယ်

hideous *adj* yo'-pye'-hsin:-pye'
ရုပ်ပျက်ဆင်းပျက်

hide out *v* ko-yaun-hpyau'-te
ကိုယ်ယောင်ဖျောက်သည်

hideout, hiding place *n* ə-kwe
အကွယ်၊ pon:-hko-ya ပုန်းခိုရာ

hieroglyph *n* ə-yo'-sa အရုပ်စာ

high *adj* myiṇ-de မြင့်သည် (~ up,
≠ low); ji:-de ကြီးသည်၊ mya:-de
များသည် (~ price); mu-yi'-te
မူးယစ်သည် (intoxicated, ≠ sober)

highlands *n* kon:-byin-myiṇ
ကုန်းပြင်မြင့်

highlight *v* mi:-maun-hto:-de
မီးမောင်းထိုးသည် (shine light on);
myin:-dha:-hta:-de မျဉ်းသား
ထားသည် (mark); ə-lei:-pei:-de
အလေးပေးသည် (emphasise)

high school *n* ə-hte'-tan:-jaun:
အထက်တန်းကျောင်း

high street *n* lan:-mạ လမ်းမ၊ lu-
si-dẹ-lan: လူစည်သောလမ်း

high tide *n* yei-myin-jein
ရေမြင့်ချိန် (≠ low tide)

high tone *n* than-lei: သံလေး၊ jạ-
dhan ကျသံ

highway *n* ə-wei:-pyei:-lan:-mạ
အဝေးပြေးလမ်းမ

highwayman *n* də-mya ဓားပြ

hijack *v* pyan-pei:-hswe:-de
(လေယာဉ်စသည်)ပြန်ပေးဆွဲသည်

hike *v* tɔ:-nin:-te တောနင်းသည်
(~ in the forest); hswe:-tin-de
ဆွဲတင်သည် (~ prices)

hill *n* taun-on: တောင်ကုန်း

hilltop *n* taun-on:-htei' တောင်
ကုန်းထိပ်

hilsa *n* ❀ ngə-thə-lau'
ငါးသလောက်

him *pron* thu သူ

Himalaya *n* 🌐 hi̱-mə-wan-da
ဟိမဝန္တာ

himself *pron* thu̱-go-thu
သူ့ကိုယ်သူ၊ thu̱-go-dain
သူ့ကိုယ်တိုင်

Hinayana *n* 📖 hi̱-na-ya-na̱-
(gain:) ဟီနယာန(ဂိုဏ်း)

hinder *v* cho'-hta:-de
ချုပ်ထားသည်၊ nau'-hswe:-de
နောက်ဆွဲသည်

Hindi *n* 🌐 hein-di ဟိန္ဒီ

hindrance *n* ə-hnaun-ə-hpwe̱
အနှောင့်အဖွဲ့

Hindu *n* 🌐 hein-du ဟိန္ဒူ

hinge *n* pa'-ta ပတ္တာ

hint *v* zə-ga:-yei'-pya-de စကား
ရိပ်ပြသည်၊ ə-yei'-ə-yaun-pya-
de အရိပ်အယောင်ပြသည်၊ ə-sa̱-
hpɔ-de အစဖော်သည် ‖‖ *get the
hint* ə-yei'-pya-ə-kaun-htin-de

အရိပ်ပြအကောင်ထင်သည်

hip *n* tin တင်

hippopotamus, hippo *n* ❀ yei-
myin: ရေမြင်း

hips *n* tin-zon တင်ဆုံ

hire *v* hnga:-de ငှားသည် (rent); ə-
lo'-hkaṇ-de အလုပ်ခန့်သည်
(employ)

his *pron* thu̱ သူ့၊ thu̱-ye̱ သူ့ရဲ့

hiss *n* mwei-tun-dhan မြွေတွန်သံ
(sound a snake makes)

historic *adj* ya-zə-win-pyaun-
de̱ ရာဇဝင်ပြောင်းသော (moment-
ous); thə-main:-win-de̱ သမိုင်း
ဝင်သော (remarkable in the past)

history *n* ya-zə-win ရာဇဝင်၊ thə-
main: သမိုင်း ‖‖ *oral history* bə-
za'-ya-zə-win ပါးစပ်ရာဇဝင်
‖‖ *natural history* thə-ba-wa̱-
thə-main: သဘာဝသမိုင်း
‖‖ *history of Buddhism* 📖 tha-
thə-na-win သာသနာဝင်

hit₁ *v* yai'-te ရိုက်သည်၊ hto:-de
ထိုးသည် (punch); tai'-hkai'-te
တိုက်ခိုက်သည် (attack) ‖‖ *hit it
off* te̱-de တည့်သည်

hit₂ *n* hti̱-jin: ထိခြင်း၊ hti̱-je'
ထိချက် (≠ miss); lu-tha'-chin: လူ
သတ်ခြင်း (murder); yau'-chin:

ရောက်ခြင်း (website ~s) ‖ ‖ **be a hit** pau'-te ပေါက်သည်-

hit-and-run n ⚘ ka:-ne-tai'-pi:-pyei:-hmu ကားနှင့်တိုက်ပြီးပြေးမှု (car accident)

hitchhike v ka:-ta:-si:-de ကားတားစီးသည်

hive n on အုံ

hives n ⚕ in-pyin အင်ပျဉ်

hluttaw n 🌐 hlu'-tɔ လွှတ်တော်

hoarse adj pya-de-(ə-than) ပြာသော(အသံ)၊ win-de ဝင်သော

hoax v kə-lein-zi-nyan:-hsin-de ကလိမ်စေ့ငြင်းဆင်သည်

hobby n wa-thə-na ဝါသနာ

hockey n hɔ-ki ဟော်ကီ

hog n 🐷 we'-hti ဝက်ထီး

hold v kain-de ကိုင်သည် (~ a handle); jin:-pə-de ကျင်းပသည် (~ a meeting); hsaɲ-de ဆံ့သည် (~ 4 people); chi-de ချီသည် (~ a baby); win-de ဝင်သည် (~ 10 gallons); hpan:-cho'-te ဖမ်းချုပ်သည် (~ for interrogation); auɲ-de အောင့်သည် (~ your breath); hso'-te ဆုပ်သည် (~ tightly)

hold back v cho'-ti:-de ချုပ်တည်းသည်

holder n hte-zə-ya ထည့်စရာ

hold up v htaun-de (လက်) ထောင်သည် (~ your hand); ta:-hta:-de တားထားသည် (delay); si:-de စီးသည် (~ a bank)

hole n ə-pau' အပေါက် (~ in the roof); jin: ကျင်း (dig a ~); twin: တွင်း (mouse~)

holiday n pei:-ye' ပိတ်ရက် (bank ~); ye'-a: ရက်အား (two weeks' ~)

holistic adj be'-son ဘက်စုံ

hollow n ə-hkaun: အခေါင်း (~ in a log); ə-chaiɲ အချိုင့် (~ in a field)

holy adj myiɲ-mya'-te မြင့်မြတ်သော

home n ein အိမ်၊ za-ti ဇာတိ (~town); nei-ya' နေရပ် (residence); o:-ein အိုးအိမ် (house and possessions)

home affairs n 🌐 pyi-de:-yei: ပြည်ထဲရေး

homeless adj ein-me-ya-me အိမ်မဲ့ရာမဲ့

homemade n ein-hma-lo'-te အိမ်မှာလုပ်သော

homemaker n hmi-hko မှီခို

home remedy n ein-thon:-hsei: အိမ်သုံးဆေး

homesick adj ein-lwan:-de အိမ် လွမ်းသော

hometown *n* za-tị ဇာတိ

homework *n* ein-za အိမ်စာ

homicide *n* ⚔ lu-tha'-hmụ လူသတ်မှု

homonym *n* than-tu-jaun:-kwe: သံတူကြောင်းကွဲ

homosexual *n* mein-mə-sha မိန်မလျှာ (a man like a woman); yau'-jə-sha, yau'-gə-sha ယောက်ျားလျှာ (a woman like a man); gan-du: ဂန်ဒူး (cross-dresser); △ə-chau' အခြောက် (queer △)

honest *adj* yo:-tha:-dẹ ရိုးသားသော

honesty *n* yo:-tha:-hmụ ရိုးသားမှု

honey *n* pya:-yei ပျားရည်

honeymoon *n* pya:-yei-hsan:-hkə-yi: ပျားရည်ဆမ်းခရီး

Hong Kong *n* 🌐 haun-kaun ဟောင်ကောင်

honk *v* (hun:)-ti:-de ဟွန်းတီးသည် (~ a horn)

honor, honour₁ *v* gon-pyụ-de ဂုဏ်ပြုသည် (~ a person); saun̥-htein:-de စောင့်ထိန်းသည် (~ an agreement)

honor, honour₂ *n* gon ဂုဏ်၊ ə-thə-yei အသရေ

honors, honours *n* gon-du:-dan: ဂုဏ်ထူးတန်း

honorarium *n* nyan-pu-zɔ-gạ ဉာဏ်ပူဇော်ခ

honorary *adj* gon-du:-zaun ဂုဏ်ထူးဆောင် (~ degree)

hood *n* gaun:-zaun: ခေါင်းဆောင်း (~ of a coat); ə-hpon: အဖုံး (~ of a car)

hoof *n* hkwa ခွာ

hook *n* ɹei' ချိတ် (fish~); chun:-dhi: ချွန်းသီး (~ fastener)

hooker *n* △ə-pya-me အပြာမယ်

hookey *n* ‖‖ *play hookey* jaun:-pyei:-de ကျောင်းပြေးသည်

hook up with *v* chei'-te ချိတ်သည်

hoop *n* gwin: ကွင်း

hop *v* hkon-de ခုန်သည်

hope₁ *v* hmyɔ-lin̥-de မျှော်လင့်သည်

hope₂ *n* hmyɔ-lin̥-je' မျှော်လင့်ချက်

hope for *v* taun̥-tạ-de တောင့်တသည်၊ hmyɔ-hman:-de မျှော်မှန်းသည် ‖‖ *give up hope* le'-shɔ-de လက်လျှော့သည်

horizon *n* mo:-go'-se'-wain: မိုးကုပ်စက်ဝိုင်း

horizontal *adj* kaṇ-laṇ ကန့်လန့်
(≠ vertical)

hormone *n* hɔ-mon: ဟော်မုန်း

horn *n* jo ချို (buffalo ~); hun: ဟွန်း (car ~)

hornet *n* 🐝 pə-don: ပိတုန်း

horoscope *n* za-ta-gwin ဇာတာခွင်

horrible *adj* jau'-hkə-man:-li̩-li̩ ကြောက်ခမန်းလိလိ (frightening); mə-shu̩-mə-hla̩ မရှုမလှ (~ death); so'-pye'-tẹ စုတ်ပြက်သော (very bad)

horrify *v* ton-hlo'-se-de တုန်လှုပ်စေသည်

horror *n* jau'-me'-hpwe ကြောက်မက်ဖွယ်

horror film *n* thə-ye:-ka: သရဲကား

hors-d'oeuvre *n* ə-myi: အမြည်း

horse *n* 🐴 myin: မြင်း

horserace *n* myin:-bwe: မြင်းပွဲ

horseshoe *n* than-gwa သံခွာ

hose *n* pai'-pyɔ̣ ပိုက်ပျော့ (garden ~); nain-lun-chi-ei'-shei နိုင်လွန်ခြေအိတ်ရှည် (tights, panty~)

hospital *n* 🏥 hsei:-yon ဆေးရုံ

hospitality *n* ẹ-wu' ဧည့်ဝတ်

hospitalise *v* 🏥 hsei:-yon-tin-de ဆေးရုံတင်သည်

host *n* ein-shin အိမ်ရှင်

hostage *n* də-za-gan ဓားစာခံ

hostel *n* ə-hsaun အဆောင်၊ bɔ-da-zaun ဘော်ဒါဆောင်

hostess *n* ein-shin အိမ်ရှင်

hostile *adj* yan-saun-dẹ ရန်စောင်သော

hostility *n* yan-sha-jin: ရန်ရှာခြင်း (ill will); ≠ si' စစ် (war)

hot *adj* nwei:-dẹ နွေးသော၊ pu-dẹ ပူသော (very warm); ai'-tẹ အိုက်သော (feel hot); sa'-tẹ စပ်သော (spicy); hko:-ya-pa ခိုးရာပါ (stolen)

hot dog *n* hɔ-dɔ-(-ə-me:-dha:-u-jaun:) ဟော့ဒေါ့(အမဲသားအူချောင်း)

hot sauce *n* chin-yei ချဉ်ရည်၊ ə-sa' အစပ်၊ ngə-yo'-hsi ငရုပ်ဆီ

hot spring *n* yei-bu-san: ရေပူစမ်း

hotel *n* ho-te ဟိုတယ်

hot-water bottle *n* yei-nwei:-ei' ရေနွေးအိတ်

hound *n* hkwei: ခွေး

hour *n* na-yi နာရီ

hourglass *n* the:-na-yi သဲနာရီ

hourly *n* tə-na-yi-tə-hka တစ်နာရီတစ်ခါ (each hour); tə-na-yi-go တစ်နာရီကို (per hour)

house *n* ein အိမ် (building); dain
ဒိုင် (bank in cards or casino)

house arrest *n* ◇ ə-je-jo'
အကျယ်ချုပ်

housebreaking *n* ◇ hpau'-
htwin:-hmụ ဖောက်ထွင်းမှု

household *n* mị-tha:-zụ မိသားစု
(family); ein-jei အိမ်ခြေ
(population); o:-ein အိုးအိမ် (home
and possessions)

housekeeper *n* ein-bɔ အိမ်ဖော်

housemate *n* ə-hkan:-bɔ အခန်း
ဖော်

housewarming *n* ein-thi'-te'-
pwe: အိမ်သစ်တက်ပွဲ

housewife *n* ein-shin အိမ်ရှင်

housework *n* ein-dwin:-hmụ
အိမ်တွင်းမှု

housing *n* nei-zə-ya နေစရာ
(living space); ein-ya အိမ်ရာ
(development)

how *adv* be-lo ဘယ်လို

how about *exp* yạ-aun ရအောင်၊
jạ-zɔ ကြစို့

how come *adv* ba-pyi'-lọ
ဘာဖြစ်လို့၊ ba-jauṇ ဘာကြောင့်

how many *adv* be-hnə ဘယ်နှ(စ်)

how much *adv* be-lau'

ဘယ်လောက်

however *adv* thọ-dhɔ-(le:)
သို့သော်(လည်း) thọ-pei-mẹ
သို့ပေမဲ့ (but)

howl *v* u-de အူသည် (~ at the
moon); hi'-pi: ဟစ်၍(ငိုသည်
စသည်) (~ with laughter)

hpongyi *n* ☗ hpon:-ji: ဘုန်းကြီး

HQ *n* hta-nạ-jo' ဌာနချုပ်၊ yon:-jo'
ရုံးချုပ် (headquarters)

htamein *n* htə-mein ထဘီ

hub *n* hson ဆုံ

hubby *n* yau'-ja: ယောက်ျား

huddle *v* pu:-ka'-te ပူးကပ်သည်
(~ in the cold); gaun:-jin:-yai'-te
ခေါင်းချင်းရိုက်သည် (~ and discuss)

hug *v* hpe'-te ဖက်သည်၊ htwei:-
pai'-te ထွေးပိုက်သည်၊ htwei:-
pwei̯-de ထွေးပွေ့သည်၊ pwei̯-
hpe'-te ပွေ့ဖက်သည်

huge *adj* ə-lun-ji:-ma:-dẹ
အလွန်ကြီးမားသော၊ ei-ya-mạ
ရောမ

hull *n* ə-hkun အခွံ

hum₁ *v* nyi:-de ညည်းသည်

hum₂ *n* tə-wi-wi-myi-dhan
တဝီဝီမြည်သံ (~ of bees)

human (being) *n* lu-(dha:)
လူ(သား)

humane *adj* lu-hsan-dẹ
လူဆန်သော

human resources *n* lu-in-a:
လူအင်အား၊ lụ-swan:-a:-yin:-
myi' လူ့စွမ်းအားရင်းမြစ်

humanitiarian *adj* lu-tha:-hsan-
dẹ လူသားဆန်သော (~ treatment);
lu-dha-jin:-sa-na-dẹ လူသား
ချင်းစာနာသော (~ relief)

humanitiarianism *n* lu-lu-jin:-
sa-na-htau'-hta:-jin:
လူလူချင်းစာနာထောက်ထားခြင်း

humanities *n* lu-hmụ-pyin-nya-
mya: လူမှုပညာများ

humanity, humankind *n* lu-
dha: လူသား

humble *adj* jo:-nun-dẹ ကျိုး
နွံသော၊ neiṇ-jạ-dẹ နှိမ့်ကျသော (≠
proud); yo:-dẹ ရိုးသော (≠ grand)

humble oneself *v* hneiṇ-chạ-de
နှိမ့်ချသည်၊ au'-jọ-de အောက်
ကျိုးသည်

humbled *adj* ə-swe-jo:-dẹ
အစွယ်ကျိုးသော၊ u:-jo:-dẹ
ဦးကျိုးသော

humbly *adv* yo-yo-jo:-jo:
ရိုရိုကျိုးကျိုး၊ hkạ-gạ-yạ-yạ
ခခယယ

humid *adj* so-htain:-dẹ

စိုထိုင်းသော

humidity *n* so-htain:-hmụ
စိုထိုင်းမှု

humiliate *v* hnein-de နှိမ်သည်၊ ə-
she'-hkwe:-de အရှက်ခွဲသည်

humiliate oneself *v* au'-jạ-
hkan-de အောက်ကျခံသည်၊ au'-jọ-
de အောက်ကျိုသည်

humiliated *adj* ə-she'-hkwe:-
hkan-yạ-dẹ အရှက်ခွဲခံရသော

humiliating *adj* au'-jạ-dẹ
အောက်ကျသော

humility *n* thein-nge-sei'
သိမ်ငယ်စိတ်၊ a:-na-sei'
အားနာစိတ် (≠ pride)

humor, humour *n* ha-thạ ဟာသ

humorous, humourous *adj* yi-
zə-ya-kaun:-dẹ ရယ်စရာ
ကောင်းသော

hump *n* lə-bọ လပို့ (cattle ~); bọ
ဘို့ (camel ~); gə-mu ကမူ (bump)

humpback, hunchback *n* hka:-
gon: ခါးကုန်း

hunched *adj* kon:-dẹ ကုန်းသော

hundred *n* ya ရာ

hundred thousand *n* thein:
သိန်း

hunger *n* ə-nga' အငတ်၊ nga'-
mu'-hmụ ငတ်မွတ်မှု (starvation);

abcdefghijklmnopqrstuvwxyz

hsa-laun-hmụ ဆာလောင်မှု (need for food)

hunger strike *n* ə-nga'-hkan-hsan-dạ-pya-jin: အငတ်ခံဆန္ဒ ပြခြင်း

hungry *adj* hsa-de ဆာသည်; nga'-te ငတ်သည်

hunk *n* ə-ton:-ə-hke: အတုံးအခဲ

hunt₁ *v* ə-me:-lai'-te အမဲ လိုက်သည်၊ tɔ:-lai'-te တော လိုက်သည် (~ large animals); hka'-te (ငှက်)ခတ်သည် (~ birds)

hunt₂ *n* ə-me:-lai'-chin: အမဲ လိုက်ခြင်း၊ tɔ:-lai'-chin: တော လိုက်ခြင်း

hunter *n* mo'-hso: မုဆိုး

hunting dog *n* ☙ ə-me:-lai'-hkwei: အမဲလိုက်ခွေး

hurricane *n* lei-mon-dain: လေမုန်တိုင်း

hurriedly *adv* ə-lɔ:-tə-ji: အလောတကြီး၊ ə-lyin-ə-myan အလျင်အမြန်၊ ə-pyei-ə-hlwa: အပြေးအလွှား

hurry *v* lɔ:-de လောသည်၊ myan-myan-lo'-te မြန်မြန်လုပ်သည်၊ te'-tho'-yai'-te တက်သုတ်ရိုက်သည်

hurt *v* na-de နာသည် (Does it ~?); sei'-na-de စိတ်နာသည် (feel ~);

hti̱-hkai'-te ထိခိုက်သည် (injured)

husband *n* yau'-ja: ယောက်ျား၊ lin လင်၊ ə-myo:-dha: အမျိုးသား၊ hkin-bun: ခင်ပွန်း

hush *v* (tei'-tei'-nei-bọ) dhə-dị-pei:-de (တိတ်တိတ်နေဖို့)သတိ ပေးသည်

hush up *v* hno'-pei-te နှုပ်ပိတ်သည်

husk *n* ə-hkun အခွံ

husky *adj* pya-de ပြာသည် (~ voice); taụn-de တောင့်သော (stocky)

hustle *v* lɔ:-de လောသည် (hurry); lein-de လိမ်သည် (cheat)

hut *n* te:-gɔ' တဲကုပ်

hybrid *n* myo:-za' မျိုးစပ် (~ plant, ~ animal); paun:-sa' ပေါင်းစပ် (~ car, ~ economy)

hydrant *n* yei-ngo' ရေငုတ်

hydropower *n* yei-a:-hlya'-si' ရေအားလျှပ်စစ်

hygiene *n* jan:-ma-yei:-pyin-nya ကျန်းမာရေးပညာ၊ də-go-yei-than̲-shin:-yei: တစ်ကိုယ်ရေ သန့်ရှင်းရေး

hygienic *adj* than̲-shin:-de သန့်ရှင်းသော

hypertension *n* ☙ thwei:-tɔ:-yɔ:-

ga သွေးတိုးရောဂါ

hyphen *n* ton:-(to) တုံး(တုံ)

hyphenate *v* ton:-hte̯-de တုံးထည့်သည်

hypnotise *v* sei'-hnyo̯-de စိတ်ညှို့သည်၊ ei:-hmwei̯-cha̯-de အိပ်မွှေ့ချသည်

hypnotism *n* sei'-hnyo̯-pyin-nya စိတ်ညှို့ပညာ

hypochondriac *n* ☥ yo:-ga-shi̯-de-lo̯-htin-nei-de̯-sei'-yo:-ga ရောဂါရှိသည်ဟုထင်နေသော စိတ်ရောဂါ

hypocrisy *n* shei̯-tə-myo:-kwe-ya-tə-myo:-lo'-chin: ရှေ့တစ်မျိုး ကွယ်ရာတစ်မျိုးလုပ်ခြင်း

hypocrite *n* jaun-thu-dɔ ကြောင် သူတော်၊ thi-lə-jaun သီလကြောင်

hypodermic *n* ☥ hsei:-hto:-a' ဆေးထိုးအပ်

hypotension *n* ☥ thwei:-ja̯-yo:-ga သွေးကျရောဂါ

hypothesis *n* jo-tin-htin-myin-je' ကြိုတင်ထင်မြင်ချက်

hypothetical *adj* sei'-ku:-the'-the' စိတ်ကူးသက်သက်

hysteria *n* sei'-gə-zin̯-gə-lya:-hpyi'-chin: စိတ်ကစဉ့်ကလျား ဖြစ်ခြင်း

hysterical *adj* sei'-gə-zin̯-gə-lya:-hpyi'-te̯ စိတ်ကစဉ့်ကလျား ဖြစ်သော (frantic)၊ u-hnei'-nei-ya̯-de̯ အူနှိပ်နေရသော (very funny)

hysterectomy *n* ☥ thə-ein-hto'-chin: သားအိမ်ထုတ်ခြင်း

I - i ain အိုင်

I *pron* ɔ jə-nɔ ကျွန်တော်၊ ♀ jə-ma̯ ကျွန်မ (formal); nga ငါ (informal)

ice *n* yei-ge: ရေခဲ

iceberg *n* yei-ge:-don:-ji: ရေခဲတုံးကြီး

icebox *n* yei-ge:-thi'-ta ရေခဲ သေတ္တာ

ice cream *n* yei-ge:-mon̯ ရေခဲမုန့်

iced *adj* yei-ge:-sein-de̯ ရေခဲစိမ်သော (~ beer cans); ei: အေး (~ tea)

ice lolly *n* yei-ge:-jaun: ရေခဲ ချောင်း

icy *adj* hnin:-hpon:-de̯ နှင်း ဖုံးသော (ice-covered); ei:-se'-te̯ အေးစက်သော (very cold)

ID *n* hma'-pon-tin မှတ်ပုံတင်၊ the'-thei-gan-ka' သက်သေခံ ကတ်

id *n* ☾ i' အစ်

idea *n* ə-jan အကြံ၊ sei'-ku:-nyan စိတ်ကူးဉာဏ်၊ ə-twei: အတွေး ။။ *fresh idea* ə-jan-thi-nyan-thi' အကြံသစ်ဉာဏ်သစ် ။။ *have an idea* ə-twei:-pau'-te အတွေး ပေါက်သည်၊ ə-jan-ya̱-de အကြံ ရသည်၊ ။။ *have no idea* sin:-za:-lo̱-mə-ya̱-bu: စဉ်းစားလို့မရဘူး၊ lon:-wa̱-mə-thi̱-bu: လုံးဝမသိဘူး ။။ *give up an idea* ə-jan-hpye'-te အကြံဖျက်သည်

ideal₁ *adj* ə-kaun:-zon: အကောင်း ဆုံး (most suitable); san-hpyi'-te̱ စံဖြစ်သော (perfect)

ideal₂ *n* san-nə-mu-na စံနမူနာ (model); san-hmyɔ-hman:-je' စံမျှော်မှန်းချက် (principle)

idealise *v* san-pyu-de စံပြုသည်၊ san-hta:-de စံထားသည်

idealism *n* sei'-ku:-yin-san-wa-da̱ စိတ်ကူးယဉ်စံဝါဒ

identical *adj* hta'-tu-de̱ ထပ်တူသော

identification *n* thi̱-tha-aun-lo'-chin: သိသာအောင်လုပ်ခြင်း (accurate ~); hma'-pon-tin မှတ်ပုံတင် (Show me your ~.)

identify *v* kwe:-pya:-ze-de ကွဲပြားစေသည် (distinguish); thi̱-

tha-aun-pya̱-de သိသာအောင် ပြသည် (~ yourself)

identity *n* ə-myo:-ə-myi အမျိုး အမည်၊ wi̱-thei-tha̱ ဝိသေသ

identity card *n* hma'-pon-tin မှတ်ပုံတင်၊ the'-thei-gan-ka' သက်သေခံကတ်

ideology *n* ə-yu-wa-da̱ အယူဝါဒ၊ thə-bɔ:-tə-ya သဘောတရား

idiot *n* ngə-don: ငတုံး၊ lu-mai' လူမိုက်

idiotic *adj* hpyin:-de̱ ဖျင်းသော

idle *adj* pyin:-de ပျင်းသည် (lazy); lu'-te လွတ်သော (≠ in use)

idler *n* lu-byin: လူပျင်း

idly *adv* ba-ye-mə-ho' ဘာရယ်မဟုတ်

idol *n* yo'-tu̱ (ကိုးကွယ်သော) ရုပ်တု (image to worshop); san-pyu-ya̱-dhu စံပြုရသူ (sb admired)

if *prep* (hso)-yin (ဆို)ရင်၊ tə-ge-lo̱ တကယ်လို့

if only *prep* hma̱-dha မှသာ၊ hkє-yin ခဲ့ရင်

ignite *v* hnyi̱-de ညှိသည် (~ the fuse); mi̱-swe:-de မီးစွဲသည် (catch fire)

ignoramus *n* lu-an-da̱ လူအ

ignorance *n* mə-thi̱-hmu̱ မသိမှု၊

📖 mɔ:-hạ မောဟ

ignorant *adj* mə-thị မသိ

ignore *v* li'-lyu-shụ-de လျစ်လျူ
ရှုသည် (≠ pay attention to); ụ-pyi'-
hka-pyụ-de ဥပေက္ခာပြုသည်
(disregard)

ill *adj* hpya:-na-dẹ ဖျားနာသော (≠
healthy); mə-kaun:-dẹ
မကောင်းသော (~ will)

illiterate *adj* sa-mə-ta'-tẹ
စာမတတ်သော

illness *n* 🌱 ə-hpya:-ə-na အဖျား
အနာ၊ yɔ:-ga ရောဂါ ▥▥ *acute
illness* a-gə-nụ-yɔ:-ga အာဂန္တု
ရောဂါ ▥▥ *chronic illness* na-ta-
shei နာတာရှည် ▥▥ *mental illness*
sei'-yɔ:-ga စိတ်ရောဂါ

illogical *adj* yo'-tị-mẹ ယုတ္တိမဲ့

ill-treat *v* hnei'-se'-te
နှိပ်စက်သည်

illuminate *n* lin:-aun-lo'-te
လင်းအောင်လုပ်သည် (light up);
shin:-lin:-zei-de ရှင်းလင်း
စေသည် (enlighten)

illumination *n* ə-lin:-yaun
အလင်းရောင်

illusion *n* hlẹ-za:-hmụ လှည့်
စားမှု၊ htin-yaun-htin-hma:-hpyi'-
chin: ထင်ယောင်ထင်မှားဖြစ်ခြင်း

illustrate *v* thə-yo'-hpɔ-de
သရုပ်ဖေါ်သည်

illustration *n* thə-yo'-hpɔ-bon
သရုပ်ဖေါ်ပုံ

illustrator *n* thə-yo'-hpɔ-dhu
သရုပ်ဖေါ်သူ

image *n* ə-yo' အရုပ်၊ yo'-tụ
ရုပ်တု (representation); pon-yei'
ပုံရိပ် (good ~) ▥▥ *Buddha image*
📖 hpə-ya:-bon ဘုရားပုံ

imaginary *adj* sei'-ku:-pon
စိတ်ကူးပုံ

imagination *n* sei'-ku:-sei'-
than: စိတ်ကူးစိတ်သန်း၊ sei'-ku:-
nyan စိတ်ကူးဉာဏ်

imaginative *adj* sei'-ku:-sei'-
than:-jwe-dẹ စိတ်ကူးစိတ်သန်း
ကြွယ်သော

imagine *v* sei'-ku:-de
စိတ်ကူးသည်

imbalance *n* han-je'-mə-nyi-
jin: ဟန်ချက်မညီခြင်း

imitate *v* hko:-chạ-de ခိုးချသည်၊
tụ-pạ-de တုပသည်

imitation *n* ə-tụ အတု၊ ə-tụ-ə-pạ
အတုအပ

immaterial *adj* yo'-mə-ho'-tẹ
ရုပ်မဟုတ်သော

immature *adj* mə-yiṇ-je'-tẹ

မရင့်ကျက်သော (~ person); nṵ-dẹ
နူသော (~ attitude)

immediately adv che'-chin:
ချက်ချင်း၊ le'-ngin: လက်ငင်း

immense adj ə-lun-ji:-dẹ
အလွန်ကြီးသော

immerse v hni'-te နှစ်သည်

immigrant n nain-gan-shwei-la-
dhu နိုင်ငံရွှေ့လာသူ

immigrate v nain-gan-shwei-la-
de နိုင်ငံရွှေ့လာသည်

Immigration Department n lu-
win-hmṵ-ji:-ja'-yei:-hta-nạ
လူဝင်မှုကြီးကြပ်ရေးဌာန၊ lạ-wạ-kạ
လဝက

imminent adj ni:-dẹ နီးသော

immoral adj thọ-thun:-dẹ
သော့သွမ်းသော

immune adj ♥ pi:-dẹ ပြီးသော
(~ to disease); ⚖ lu'-nyein:-dẹ
လွတ်ငြိမ်းသော (~ from
prosecution)

immunise v ♥ ka-kwe-de
(ရောဂါကို)ကာကွယ်သည်

immunity n ♥ hkṵ-hkan-a:
ခုခံအား (~ to disease); ⚖ lu'-
nyein:-gwiṇ လွတ်ငြိမ်းခွင့်
(diplomatic ~)

impact n tai'-chin: တိုက်ခြင်း၊

impartial adj be'-mə-lai'-tẹ
ဘက်မလိုက်သော

impatient adj sei'-to-dẹ စိတ်
တိုသော (short-tempered); hsan-
dạ-sɔ:-dẹ ဆန္ဒစောသော (eager)

impede v cho'-te ချုပ်သည်၊ ə-
hnauṇ-ə-she'-hpyi'-tẹ အနှောင့်
အယှက်ဖြစ်သော

imperative adj mə-hpyi'-mə-
nei မဖြစ်မနေ

imperfection n ə-na-ə-hsa
အနာအဆာ၊ ə-pyi' အပြစ်

imperialist n 🌐 ne-chẹ-dhə-
ma: နယ်ချဲ့သမား

impermanence n ə-nei'-sạ
အနိစ္စ၊ mə-ti-mye:-hmṵ
မတည်မြဲမှု

impersonal adj tin-ja'-tẹ တင်း
ကျပ်သော (~ bureaucracy); ko-yi-
ko-thwei:-mẹ-dẹ ကိုယ်ရည်
ကိုယ်သွေးမဲ့သော (an ~ room)

implement₁ v ə-kaun-ə-hte-
hpɔ-de အကောင်အထည်ဖော်သည်
(~ a plan)

implement₂ n kə-rị-ya ကိရိယာ

implicate v hse'-nwe-de
ဆက်နွယ်သည်

implication n zə-gə-yei'
စကားရိပ်

imply v zə-gə-yei'-pyạ-de
စကားရိပ်ပြသည်၊ ခ-dei'-be-the'-
yau'-te အဓိပ္ပါယ်သက်
ရောက်သည်

impolite adj mə-yin-jei:-dẹ
မယဉ်ကျေးသော

import₁ v tin-thwin:-de
တင်သွင်းသည်

import₂ n thwin:-gon သွင်းကုန်
(≠ export); ə-hni' အနှစ် (great ~)

importance n ə-dị-kạ အဓိက၊ ခ-
yei:-ə-jaun အရေးအကြောင်း

important adj ə-yei:-ji:-dẹ
အရေးကြီးသော၊ ခ-yei:-pa-dẹ
အရေးပါသော

impose v ta'-te တပ်သည် (~ new
regulations); tin-hta:-de
တင်ထားသည် (~ his decision)

imposing adj hkaṇ-hte-dẹ
ခံ့ထည်သော

impossible adj mə-hpyi'-nain-
dẹ မဖြစ်နိုင်သော

impotence n ♥ pan:-thei-yɔ:-ga
ပန်းသေရောဂါ

impound v thein:-de သိမ်းသည်

impoverish v chu'-chon-jạ-zei-
de ချွတ်ခြုံကျစေသည်

impoverished adj hsin:-ye:-dẹ
ဆင်းရဲသော

impress v ə-htin-ji:-de အထင်
ကြီးသည်၊ ခ-thị-ə-hma'-pyụ-zei-
de အသိအမှတ်ပြုစေသည်

impression n ə-htin-ə-myin
အထင်အမြင် ။။ **make a good
impression** ə-myin-kaun:-de
အမြင်ကောင်းသည်

impressive adj ə-htin-ji:-zə-ya-
hpyi'-tẹ အထင်ကြီးစရာဖြစ်သော

imprison v htaun-chạ-de
ထောင်ချသည်၊ ခ-jin:-chạ-de
အကျဉ်းချသည်

imprisonment n htaun-dan
ထောင်ဒဏ်

improbable adj jan-jan-hpan-
ban ကြုံကြုံဖန်ဖန်၊ sha-sha-hpwei-
bwei ရှာရှာဖွေဖွေ

impromptu adj jạ-pan: ကျပန်း၊
le'-tan: လက်တန်း

improper adj mə-thiṇ-lə-yɔ-dẹ
မသင့်လျော်သော

improperly adv mə-tɔ-də-yɔ
မတော်တရော်

impropriety n mə-hpwe-mə-ya
မဖွယ်မရာ

improve v te'-te တက်သည်၊ tɔ:-
te'-te တိုးတက်သည် (get better);
pyụ-pyin-de ပြုပြင်သည် (make
better)

improvise v le'-tan:-lo'-te လက်တန်းလုပ်သည်

impulsively adv sei'-lai'-man-ba စိတ်လိုက်မာန်ပါ

in₁ prep hte: ထဲ၊ ə-hte: အထဲ (~ my hand); jə-hma ကျမှ (~ 5 hours); hma မှာ (~ 1995); lo လို (~ French)

in₂ adv hte:-go ထဲကို၊ ə-hte:-go အထဲကို (~ my room)

in order to prep aun အောင်၊ yan ရန်

invent v hpan-ti:-de ဖန်တီးသည်

inactive adj htain-nei-de ထိုင်နေသော၊ mə-hlo'-sha:-de မလှုပ်ရှားသော၊ ə-the'-mə-win-de အသက်မဝင်သော

inaccurate adj mə-hman-kan-de မမှန်ကန်သော၊ mə-ti-ja-de မတိကျသော

inadequate adj ma-hmi-de မမီသော၊ mə-lon-lau'-te မလုံ လောက်သော၊ cho-de ချို့သော

inadvertently adv ə-hma'-tə-me အမှတ်တမဲ့

inane adj pɔ:-de ပေါသော

inanimate adj the'-me-de သက်မဲ့သော

inappropriate adj ə-myin-mə-tɔ အမြင်မတော်၊ mə-hsi-mə-lə-

yɔ မဆီမလျော်

incarcerate v ə-jin:-chạ-de အကျဉ်းချသည်၊ htaun-chạ-de ထောင်ချသည်

incarnation n bə-wạ ဘဝ၊ win-za:-hmụ ဝင်စားမှု

incense n ə-hmwei: အမွှေး

incense stick n ə-hmwei:-dain အမွှေးတိုင်

incentive n me'-lon မက်လုံး

incessantly adv ə-hse'-mə-pya' အဆက်မပြတ်

inch n le'-mạ လက်မ

incident n ə-hpyi'-ə-pye' အဖြစ်အပျက်၊ hpyi'-ya' ဖြစ်ရပ်

incidentally adv mə-tɔ-tə-hsạ မတော်တဆ၊ ə-hma'-mə-htin အမှတ်မထင်၊ tai'-tai'-hsain-hsain တိုက်တိုက်ဆိုင်ဆိုင်

incidentally exp zə-ga:-mə-sa' စကားမစပ်

incinerate v pya-chạ-de ပြာချသည်

incision n hkwe:-sei'-ya ခွဲစိတ်ရာ

incline v kain:-nyu'-te ကိုင်း ညွတ်သည် (slant); sei'-shị-de စိတ်ရှိ (tend)

include v htẹ-de ထည့်သည်၊ ə-jon:-win-de အကျိုးဝင်သည်

included *adj* pa-de ပါသော

including *adj* ne-tə-gwa̱ နဲ့တကွ

inclusive *adv* zə-yei:-nyein: စရိတ်ငြိမ်း (price ~ of taxes); ə-jon:-win အကျိုးဝင် (≠ exclusive)

incoherent *adj* kə-yaun-kə-tan: ကယောင်ကတမ်း၊ mə-thi̱-mə-tha:-hso:-wa:-de မသိသားဆိုးဝါးသော (~ ramblings); ə-mi:-ə-mau'-mə-te̱-de အမှီအမောက်မတည့်သော (~ argument)

income *n* win-ngwei ဝင်ငွေ

income tax *n* 🏛 win-ngwei-gun ဝင်ငွေခွန်

incompatible *adj* mə-te̱ မတည့်

incompetent *adj* ə-hpyi'-mə-shi̱ အဖြစ်မရှိ

inconsiderate *adj* mə-thi̱-ta'-te̱ မသိတတ်သော

inconvenient *adj* ə-hsin-mə-pyei-de̱ အဆင်မပြေသော (~ time)

inconvenience *n* ə-hsin-mə-pyei-jin: အဆင်မပြေခြင်း၊ do'-hka̱ ဒုက္ခ

increase *v* ji:-la-de ကြီးလာသည်၊ to:-bwa:-de တိုးပွားသည်၊ mya:-la-de များလာသည်

incredible *adj* an̠-mə-hkan: အံ့မခန်း

incriminate *v* ya-zə-wu'-thin̠-de ရာဇဝတ်သင့်သည်၊ ə-pyi'-shi̱-de အပြစ်ရှိသည်

incur *v* ya̱-de ရသည်

incurable *adj* 🏥 ku̱-mə-ya̱-de̱ ကုမရသော၊ ku̱-tha̱-lo̱-mə-ya̱-de̱ ကုသလို့မရသော (~ disease)

indebted *adj* ə-jwei:-tin-hta:-de̱ အကြွေးတင်ထားသော (owing money); kyе:-zu:-shi̱-thео ကျေးဇူးရှိသော (~ to a benefactor)

indecent *adj* mə-thin̠-tə-de̱ မသင့်တော်သော၊ yon̠-yin:-de̱ ရုန့်ရင်းသော၊ 🔞 mə-hpwe-mə-ya မဖွယ်မရာ (~ exposure)

indecisive *adj* dwei-wei-de̱ တွေဝေသော

indeed *exp* da-po̱ ဒါပေါ့၊ ho'-po̱ ဟုတ်ပေါ့

indefinite *adj* ə-kan̠-ə-tha'-mə-shi̱-de̱ အကန့်အသတ်မရှိသော (~ period); mə-yei-mə-ya မရေမရာ (not clearly expressed)

indemnity *n* yo:-jei လျော်ကြေး

indent *n* kon-ə-hma-za ကုန်အမှာစာ (order)

indentation *n* ə-hti' အထစ်၊

independence *n* lu'-la'-yei: လွတ်လပ်ရေး

independent *adj* lu'-la'-tẹ လွတ်လပ်သော (free); thi:-cha:-hpyi'-tẹ သီးခြားဖြစ်သော (separate); ko-a:-ko-ko: ကိုယ့်အား ကိုယ်ကိုး၊ ə-hmi-ə-hko-kin:-dẹ အမှီအခိုကင်းသော (self-reliant)

index *n* ə-hnyun: အညွှန်း

index finger *n* le'-hnyo: လက်ညှိုး

India *n* 🌐 ein-dị-ya အိန္ဒိယ

Indian *n* 🌐 ein-dị-ya အိန္ဒိယ (~ citizen); △kə-la: ကုလား (~ food)

Indian almond *n* 🌿 ban-da ဗာဒံ

Indian trumpet *n* 🌿 jaun-sha ကြောင်လျှာ

indicate *v* pya-de ပြသည်၊ hnyun:-de ညွှန်းသည်

indication *n* le'-hkə-na လက္ခဏာ၊ ə-che' အချက်၊ ə-yei' အရိပ်၊ ə-htein:-ə-hma' အထိမ်း အမှတ်၊ ə-yei'-ə-hsin အရိပ် အဆင်း၊ ə-yei'-ə-yaun အရိပ် အယောင်

indicator *n* hnyun: ညွှန်း (~ light); htau'-pya ထောက်ပြ (economic ~)

indifference *n* ụ-pyi'-hka ဥပေက္ခာ

indifferent *adj* thu-lo-ko-lo သူလိုကိုယ်လို (not very good or bad); ụ-pyi'-hka-pyụ-dẹ ဥပေက္ခာပြုသော (not caring)

indifferently *adv* pi:-sə-lwe ပီးစလွယ်၊ pi:-bi:-pyau'-byau' ပီးပီးပျောက်ပျောက်၊ ba-tha-lə-wa ဘာသာလဝါ၊ ba-dhị-ba-dha ဘာသိဘာသာ၊ mə-thị-lai'-mə-thị-ba-dha မသိလိုက်မသိဘာသာ

indigenous *adj* tain:-yin: တိုင်းရင်း

indigestion *n* 🌡 wun:-taun:-jin: ဝမ်းတောင့်ခြင်း၊ 🌡 ə-sa-mə-jei-jin: အစာမကြေခြင်း

indigo *n* 🌿 me:-ne မဲနယ်၊ me:-ne-yaun မဲနယ်ရောင် (dark blue)

indirectly *adv* tə-hsin တဆင့် (via); hlẹ-pa' လှည့်ပတ် (say ~); wei:-le-jaun-pa' ဝေ့လည်ကြောင် ပတ်

indiscreetly *adv* haun-hpwa-haun-hpwa ဟောင်ဖွာဟောင်ဖွာ

indisputable *adj* mə-nyin:-nain-de မငြင်းနိုင်သော

indistinct *adj* mə-kwe:-pya-dẹ မကွဲပြာသော၊ wei-wa:-dẹ ဝေဝါးသော

individual₁ *adj* tə-thi:-po'-ko

တစ်သီးပုဂ္ဂိုလ်

individual₂ *n* po'-ko ပုဂ္ဂိုလ်

indivisible *adj* tə-tha:-de: တစ်သားတည်း

indoors *n* ə-hte: အထဲ

indulge *v* ə-lo-lai'-te အလို လိုက်သည် (~ someone); lai'-sa:- de လိုက်စားသည် (~ in)

industrial *adj* se'-hmụ စက်မှု

industrialised country *n* 🌍 🏭 hpuṇ-hpyo:-bi:-nain-gan ဖွံ့ဖြိုးပြီးနိုင်ငံ

industrious *adj* jo:-za:-a:-hto'- tẹ ကြိုးစားအားထုတ်သော၊ jei'-lo'- tẹ ကြိတ်လုပ်သော

industry *n* se'-hmụ စက်မှု (manu- facturing); loṇ-lạ လုံ့လ (hard work)

inevitable *adj* mə-hlwe:-mə- shaun-nain-dẹ မလွှဲမရှောင် နိုင်သော

inexpensive *adj* zei:-cho-dẹ ဈေးချိုသော zei:-the'-tha-dẹ ဈေး သက်သာသော

infamous *adj* jɔ-sɔ:-dẹ ကျော် စောသော၊ na-me-hso:-htwe'-tẹ နာမည်ဆိုးထွက်သော

infancy *n* nọ-sọ-hkə-lei:-hə-wạ နို့စို့ကလေးဘဝ

infant *n* hkə-lei:-thə-nge ကလေး သူငယ်၊ mwei:-kin:-zạ မွေးကင်းစ

infantry *n* ⚔ chi-hta' ခြေတပ်

infect *v* ku:-se'-te ကူးစက်သည်

infection *n* yɔ:-ga-swe:-jin: ရောဂါစွဲခြင်း

infer *v* kau'-che'-chạ-de ကောက်ချက်ချသည်၊ kau'-te (အနက်)ကောက်သည်

inferior *adj* nyaṇ-dẹ ညံ့သော (not very good); neiṇ-dẹ နိမ့်သော (≠ superior)

infidelity *n* hpau'-pyan-hmụ ဖောက်ပြန်မှု

infinite *adj* ə-nan-dạ အနန္တ

infinity *n* ə-nan-dạ အနန္တ

infirm *adj* mə-jan:-mə-ma မကျန်းမမာ

inflammable *adj* laun-ta'-tẹ လောင်တတ်သော

inflammation *n* ⚕ yaun-yan:- jin: ရောင်ရမ်းခြင်း

inflate *v* lei-hto:-de လေထိုးသည်

inflation *n* 💰 ngwei-hpaun:- pwạ-hmụ ငွေဖေါင်းပွမှု

inflexible *adj* ə-thei-hta:-dẹ အသေထားသော

influence₁ *v* hlwun:-mo:-de လွှမ်းမိုးသည်၊ ɔ:-za-shị-de

သြဇာရှိသည်

influence₂ *n* ɔ:-za-a-na သြဇာ
အာဏာ

influential *adj* ɔ:-za-ji:-dẹ
သြဇာကြီးသော၊ ɔ:-za-shị-dẹ
သြဇာကြီးသော

influenza *n* ♥ to'-kwei: တုပ်ကွေး

inform *v* ə-jaun-ja:-de
အကြောင်းကြားသည်၊ dhə-dị-pei:-
de သတိပေးသည် (~ sb); lei-la-
de လေ့လာသည် (~ oneself)

informal *adj* ə-ya'-thon: အရပ်
သုံး (~ usage); yo:-yo: ရိုးရိုး၊ tha-
man သာမန် (~ dress); jạ-pan:
ကျပန်း (~ work)

informally *adv* ə-lo'-thə-bɔ:
အလွတ်သဘော

informant *n* dhə-din:-pei:-dhu
သတင်းပေးသူ (sb who tells sthg);
hpɔ-gaun ဖော်ကောင် (police ~)

information *n* ə-che'-ə-le'
အချက်အလက်၊ pyan-ja:-yei:
ပြန်ကြားရေး၊ dhə-din: သတင်း

information technology *n* hse'-
thwe-hmụ-ni:-pyin-nya ဆက်
သွယ်မှုနည်းပညာ (IT)

informer *n* hpɔ-gaun ဖော်ကောင်

infrastructure *n* jɔ:-htau'-nau'-
hkan ကျောထောက်နောက်ခံ

infuriate *v* dɔ:-thạ-htwe'-se-de
ဒေါသထွက်စေသည်

infusion *n* pyo'-hsei: ပြွတ်ဆေး

-ing *suff* nei နေ၊ pi: ပြီး

ingenious *adj* jan-jan-hpan-ban
ကြံကြံဖန်ဖန် (an ~ solution)

ingredient *n* hin:-hka'-pyi'-si:
ဟင်းခတ်ပစ္စည်း (an ~ of a dish);
♥ hsei:-ə-me ဆေးအမယ် (~ of
medicine)

inhabitant *n* nei-htain-dhu
နေထိုင်သူ

inhale *v* shu-de ရှူသည်

inherit *v* ə-mwei-hkan-de အမွေ
ခံသည် (~ property); hse'-hkan-
de ဆက်ခံသည် (~ a title); myo:-
yo:-lai'-te မျိုးရိုးလိုက်သည် (~ a
disease)

inheritance *n* ə-mwei အမွေ

inhibit *v* ta:-myi'-te
တားမြစ်သည်

inhuman *adj* lu-mə-hsan-dẹ လူ
မဆန်သော (~ roar); mə-jin-na-
dẹ မကြင်နာသော (cruel)

initial₁ *adj* yin: ရင်း

initial₂ *v* ə-to-kau'-le'-hma'-
hto:-de အတိုကောက်လက်မှတ်
ထိုးသည်

initial₃ *n* e'-hkə-ya-yin: အက္ခရာ

ရင်း

initially *adv* ə-sạ-hma အစမှာ

initials *n* ə-to-kau' အတိုကောက်

initiate *v* ə-sạ-htwin-de
အစတွင်သည်၊ ə-sạ-pyo:-de
အစပျိုးသည်

initiative *n* ko-sun:-ko-sạ ကိုယ်
စွမ်းကိုယ်ရ (ability to start inde-
pendently); sạ-tin-lu'-hsaun-
hmụ စတင်လုပ်ဆောင်မှု (fresh
approach) ။။ *take the initative* ə-
jan-u: အကြံဦး

inject *v* hto:-de (ဆေး စသည်)
ထိုးသည်

injection *n* ♥ hsei:-hto:-jin:
ဆေးထိုးခြင်း (give by ~); hto:-
hsei: ထိုးဆေး (antibiotic ~)

injure *v* htị-hkai'-te ထိခိုက်သည်

injury *n* dan-ya ဒဏ်ရာ

injustice *n* ạ-də-ma အဓမ္မ၊ mə-
tə-ya:-hmụ မတရားမှု

ink *n* hmin မင်

in-laws *n* ein-daun-hmạ-tə-hsin-
tə-sa'-thu-mya: အိမ်ထောင်မှ
တဆင့်တော်စပ်သူများ ။။ *mother
in-law, father-in-law* yau'-hkə-
mạ ယောက္ခမ ။။ *sister-in-law* mə-
yi: မရီး၊ hke-mạ ခယ်မ ။။ *brother
in-law* hke-:o ခဲအို၊ yau'-hpạ

ယောက်ဖ ။။ *daughter-in-law*
chwei:-mạ ချွေးမ ။။ *son-in-law*
thə-me' သမက်

Inlay, Inle *n* ⊕ in:-lei:
အင်းလေး

inn *n* te:-hko-gan တည်းခိုခန်း

innocence *n* ə-pyi'-kin:-ַjin:
အပြစ်ကင်းခြင်း

inner *adj* ə-twin: အတွင်း

inner tube *n* ju'-ကွ္sစ္ ဂျူးကွက်

innocent *adj* ə-pyi'-kin:-dẹ
အပြစ်ကင်းသော၊ hpyu-hsin-dẹ
ဖြူစင်သော၊ ə-pyi'-mẹ အပြစ်မဲ့

inpatient *n* ♥ ə-twin:-lu-na
အတွင်းလူနာ

input *n* ə-thwin: အသွင်း (electric
~); ə-jan အကြံ (thoughts); ⊛ htẹ-
win-hmụ ထည့်ဝင်မှု

inquire *v* su:-san:-de စူးစမ်းသည်၊
thə-din-mei:-de သတင်းမေးသည်

inquiry *n* ə-su:-ə-san:
အစူးအစမ်း၊ dhə-din-lai'-chin:
သတင်းလိုက်ခြင်း

insane *adj* △ yu:-dẹ ရူးသော၊ sei'-
nau'-tẹ စိတ်နှောက်သော

insanity *n* sei'-yɔ:-ga စိတ်ရောဂါ

inscription *n* jau'-sa ကျောက်စာ
(~ in stone); ə-yei:-ə-jaun:
အရေးအကြောင်း

insect n ❀ po: ပိုး၊ in:-hse'
အင်းဆက်

insecticide n po:-tha'-hsei-
ပိုးသတ်ဆေး

insert v hto:-hte-de
ထိုးထည့်သည်

inside adv ə-twin: အတွင်း၊ ə-hte:
အထဲ

inside out adv pyaun:-pyan
ပြောင်းပြန်

insight n hto:-htwin:-jin:
ထိုးထွင်းခြင်း၊ ▥ wi̱-pa'-thə-na
ဝိပဿနာ (~ meditation)

insignificant adj mə-hmu̱-lau'-
tẹ မမှုလောက်သော

insincere adj ə-yo:-gan-mə-ho'-
tẹ အရိုးခံမဟုတ်သော

insist v zu'-pyɔ:-de ဇွတ်
ပြောသည် (~ on going); ə-hkain-
ə-ma-pyɔ:-de အခိုင်အမာ
ပြောသည် (He ~ed he knew
nothing.)

insomnia n mye'-si̱-jaun
မျက်စိကြောင်

inspect v ji̱-shu̱-de ကြည့်ရှုသည်၊
si'-hsei:-de စစ်ဆေးသည်

inspection n ə-si'-ə-hsei:
အစစ်အဆေး

inspector n si:-gan:-dein:
စည်းကမ်းထိန်း

inspiration n sei'-ku:-nyan-
pwin:-jin: စိတ်ကူးဉာဏ်ပွင့်ခြင်း၊
sei'-ku:-nyan-kuṇ-myu:-jin:
စိတ်ကူးဉာဏ်ကွန့်မြူးခြင်း

instability n mə-ti-nyein-jin:
မတည်ငြိမ်ခြင်း

install v ta'-hsin-de
တပ်ဆင်သည်

installment n ə-yi' အရစ်၊ ə-li
အလီ

instance n nə-mu-na နမူနာ
▥▥ **for instance** hso-ba-zɔ̱ ဆိုပါစို့

instant n sha'-tə-pye'
လျှပ်တစ်ပြက်

instantaneously adv yo'-chi:
ရုတ်ခြည်း၊ shu'-hkə-ne: ရှုတ်ခနဲ၊
che'-chin: ချက်ချင်း

instead of adv ko-za: ကိုယ်စား

instruct v thin-pei:-de သင်
ပေးသည် (teach); hson:-mə-de
ဆုံးမသည် (guide)

instruction n ə-hma အမှာ၊ hma-
ja:-je' မှာကြားချက်၊ hnyun-ja:-je'
ညွှန်ကြားချက်

instrument n kə-ri̱-ya ကိရိယာ
▥▥ **musical instrument** ♪ tu-ri̱-
ya တူရိယာ

insulate n ka-de ကာသည်

insulation *n* ə-ka အကာ

insulin *n* ✚ in-hsu-lin အင်ဆူလင်

insult₁ *v* sɔ-ka:-de စော်ကားသည်

insult₂ *n* sɔ-ka:-hmụ စော်ကားမှု၊ hto:-hne'-zə-ga: ထိုးနှက်စကား၊ htei̯-jin: ထွေ့ခြင်း

insurance *n* a-mạ-gan အာမခံ ‖‖ *life insurance* ə-the'-a-mạ-gan အသက်အာမခံ

insure *v* a-mạ-gan-hta:-de အာမခံထားသည်

intact *adj* mə-pye'-si:-dẹ မပျက်စီးသော

intellect *n* ə-thị-nyan အသိဉာဏ်

intellectual₁ *adj* ə-thị-nyan-pa-dẹ အသိဉာဏ်ပါသော

intellectual₂ *n* ə-thị-pyin-nya-shin အသိပညာရှင်

intelligence *n* nyan-kaun:-jin: ဉာဏ်ကောင်းခြင်း (mental ability); htau'-hlan:-yei ထောက်လှမ်းရေး (espionage)

intelligent *adj* nyan-pyin-nya-shị-dẹ ဉာဏ်ပညာရှိသော၊ pa:-na'-tẹ ပါးနပ်သော

intend *v* jan-ywe-de ကြံ့ရွယ်သည်၊ yi-ywe-de ရည်ရွယ်သည်

intense *adj* pyin:-htan-dẹ ပြင်းထန်သော

intensely *adv* pyin:-byin:-pyạ-byạ ပြင်းပြင်းပြပြ

intent *adj* sei'-sɔ:-dẹ စိတ်စောသော၊ zɔ:-ka'-tẹ ဇောကပ်သော

intensive *adj* ye'-to ရက်တို (~ course)

intention *n* jan-ywe-je' ကြံ့ရွယ်ချက်၊ yi-ywe-je' ရည်ရွယ်ချက် ‖‖ *good intention* sei-tə-na-kaun: စေတနာကောင်း

intentionally *adv* tə-min-the'-the' တမင်သက်သက်

inter- *pref* ə-ja: အကြား (between); ə-pyan-ə-hlan အပြန်အလှန် (reciprocally)

interest *n* sei'-win-za:-hmụ စိတ်ဝင်စားမှု (arouse my ~); 🪙 ə-to: အတိုး (8% ~); wa-dhə-na ဝါသနာ (an ~ in old books); ko-jo: ကိုယ်ကျိုး (self-~); pain-hsain-hmụ ပိုင်ဆိုင်မှု (ownership)

interested *adj* sei'-pa-win-za:-dẹ စိတ်ပါဝင်စားသော

interesting *adj* sei'-win-za:-zə-ya-kaun:-dẹ စိတ်ဝင်စားစရာ ကောင်းသော

interfere *v* swe'-hpe'-te စွက်

ဖက်သည်၊ pa-win-pa'-the'-te ပါဝင်ပတ်သက်သည်၊ win-yau'-swe'-hpe'-te ဝင်ရောက် စွက်ဖက်သည်

interior *n* ə-twin: အတွင်း

intermediate *adj* ə-la'-hsin အလတ်ဆင့်

intermission *n* ə-na: အနား

intern *n* ə-lo'-thin အလုပ်သင်

internal *adj* (a)-twin: (အ)တွင်း

international *adj* gə-bə̩ ကမ္ဘာ၊ nain-gan-də-ka နိုင်ငံတကာ၊ ə-pyi-byi-hsain-ya အပြည်ပြည် ဆိုင်ရာ၊ gə-ba-lon:-hsain-ya ကမ္ဘာလုံးဆိုင်ရာ

Internet *n* in-tə-ne' အင်တာနက်

interpret *v* zə-gə-byan-lo'-te စကားပြန်လုပ်သည် (translate speech); ə-dei'-pe-kau'-te အဓိပ္ပာယ်ကောက်သည်၊ hpwin:-hso-de ဖွင့်ဆိုသည် (explain)

interpretation *n* ə-kau' အကောက်၊ ə-yu-(ə-hsə̩) အယူ (အဆ)

interpreter *n* zə-gə-byan စကားပြန်

interrogate *v* si'-hsei:-de စစ်ဆေးသည်

interrogation *n* ə-mei:-ə-

myan: အမေးအမြန်း၊ ə-si'-ə-jɔ: အစစ်အကြော၊ si'-hsei:-jin: စစ်ဆေးခြင်း

interrupt *v* win-pyɔ:-de ဝင် ပြောသည် (~ a conversation); hnaun-she'-te နှောင့်ယှက်သည်

intersection *n* lan:-zon လမ်းဆုံ

interval *n* ja: ကြား

intervene *v* ja:-win-de ကြားဝင်သည်

interview₁ *v* byu:-de မျိုးသည်

interview₂ *n* in-tə-byu: အင်တာမျိုး

intestine *n* u အူ

Intha *n* in:-dha အင်းသား

intimacy *n* jun:-win-jin: ကျွမ်းဝင်ခြင်း၊ yin:-hni:-jin: ရင်းနှီးခြင်း

intimate *adj* jun:-win-de̩ ကျွမ်းဝင်သော၊ yin:-hni:-de̩ ရင်း နီးသော (~ relations); hti-sa'-te̩ ထိစပ်သော (~ knowledge)

intimately *adv* ə-jwun:-tə-win အကျွမ်းတဝင်၊ ə-yɔ:-tə-win အရောတဝင်

intimidate *v* chein:-chau'-te ခြိမ်းခြောက်သည်၊ kain-pau'-te ကိုင်ပေါက်သည်

into *prep* ə-hte:-go အထဲကို

intolerable *adj* mə-hkan-mə-ya'-nain-dẹ မခံမရပ်နိုင်သော၊ mə-chị-dẹ မချိသော

intolerably *adv* mə-chị-tə-yị မချိတရိ

intolerance *n* mə-hni'-myọ-zei' မနှစ်မြို့စိတ်၊ thi:-mə-hkan-nain-jin: သည်းမခံနိုင်ခြင်း၊ mə-tẹ-jin: မတည့်ခြင်း

intonation *n* ə-than-nei-ə-than-hta: အသံနေအသံထား

intoxicate *v* mu:-yi'-sei-dẹ မူးယစ်စေသည်

intravenous *adj* ə-jɔ: အကြော

intrigue *v* jan-si-dẹ ကြံစည်သည် (plot); hswe:-hsaun-dẹ ဆွဲ ဆောင်သည် (fascinate)

introduce *v* mei'-hse'-pei-dẹ မိတ်ဆက်ပေးသည် (~ two people); hswei-pya-myo:-pyạ-lo'-te ဆွေပြမျိုးပြုပြုလုပ်သည် (~ to family); ə-sạ-pyo:-dẹ အစပျိုးသည် (~ a new plan); nị-dan:-pyo:-dẹ နိဒါန်း ပျိုးသည် (~ a book); tin-thwin:-de တင်သွင်းသည် (~ a product)

introduction *n* mei'-hse'-jin: မိတ်ဆက်ခြင်း (make the ~s); ə-hma အမှာ၊ nị-dan: နိဒါန်း (~ to a book)

introvert *n* oṇ-bon: အုံ့ပုန်း

intrude *v* chin:-nin:-win-yau'-te ချင်းနင်းဝင်ရောက်သည်၊ ə-hkwiṇ-mə-shị-be:-win-de အခွင့် မရှိဘဲဝင်သည်

intuition *n* ə-lo-lo-thị-zei' အလိုလိုသိစိတ်

invade *v* ju:-jɔ-de ကျူး ကျော်သည်

invalid₁ *adj* tə-ya:-mə-win-dẹ တရားမဝင်သော (~ passport); pye'-pye-dẹ ပျက်ပြယ်သော (cancelled)

invalid₂ *n* na-mə-jan:-dẹ-thu နာမကျန်းသောသူ၊ chu-na-dhe ချူနာသည်

invalidated *adj* pye'-pye-dẹ ပျက်ပြယ်သော

invaluable *adj* ə-hpo:-ə-ne'-gạ အဖိုးအနဂ္ဃ

invariable *adj* mə-pyaun:-le:-dẹ မပြောင်းလဲသော

invasion *n* ju:-jɔ-jin: ကျူးကျော်ခြင်း

invent *v* ti-htwin-de တီထွင်သည်၊ hpan-di:-de ဖန်တီးသည်

invention *n* hpan-di:-jin: ဖန်တီးခြင်း၊ ti-htwin-jin: တီထွင်ခြင်း

inventor *n* ti-htwin-dhu တီထွင်သူ

invest *v* 🏵 ngwei-hmyo'-te ငွေ မြှုပ်သည်၊ ə-yin:-sai'-te အရင်း စိုက်သည်၊ hmyo'-hnan-de မြှုပ်နှံသည်

investigate *v* son-san:-de စုံ စမ်းသည်၊ su:-san:-de စူးစမ်းသည်

investigation *n* son-san:-hmu စုံစမ်းမှု၊ ə-son-ə-san: အစုံအစမ်း

investment *n* 🏵 yin:-ngwei ရင်းငွေ၊ ə-yin:-ə-hni: အရင်းအနှီး၊ ngwei-lon:-ngwei-yin: ငွေလုံး ငွေရင်း၊ yin:-hni:-ngwei ရင်းနှီးငွေ

investor *n* ngwei-yin:-hmyo'-thu ငွေရင်းမြှုပ်သူ

invisible *adj* mə-myin-yạ-de မမြင်ရသော

invitation *n* hpei'-sa ဖိတ်စာ

invite *v* hpei'-hkɔ-te ဖိတ်ခေါ်သည်

invoice *n* kon-pɔ-hlwa ကုန်ပို့လွှာ

involve *v* win-pa-zei-de ဝင်ပါစေသည် (~ sb in)

involved *adj* win-pa-de ဝင်ပါသော၊ pa-the'-tẹ ပတ် သက်သော (get ~ with); sho'-tẹ ရှုပ်သော (an ~ explanation)

iodine *n* 🜨 ain-o-din: အိုင်အိုဒင်း

IOU *n* ɔ-di-min အော်ဒီမင်

IQ *n* ain-ju အိုင်ကျူ

iridescent *adj* ə-yaun-pyei:-dẹ အရောင်ပြေးသော

iris *n* mye'-ne' မျက်နက်၊ mye'-wun: မျက်ဝန်း (~ of the eye)

iron₁ *v* mi:-pu-tai'-te မီးပူ တိုက်သည် (~ shirts)

iron₂ *n* than သံ (metal); mi:-pu မီးပူ (electric ~)

ironic *adj* ngɔ-dẹ ငေါ့သော

irony *n* ngɔ-lon ငေါ့လုံး

irrational *adj* yo'-tị-mẹ ယုတ္တိမဲ့ (~ belief); sei'-nau'-tẹ စိတ် နောက်သော (~ behaviour)

Irrawaddy *n* 🌐 ei-ya-wə-di ဧရာဝတီ (Ayeyarwady)

irregular *adj* ə-hpụ-ə-hti'-shị-dẹ အဖုအထစ်ရှိသော၊ mə-nyi-nya-dẹ မညီညာသော (not smooth); pon-hman-mə-ho'-tẹ ပုံမှန်မ ဟုတ်သော (not in the same way)

irregularity *n* ə-hpụ-ə-hti' အဖုအထစ် (roughness); pon-mə-hman-hmụ ပုံမမှန်မှု (not following a normal pattern); le'-hkan-nain-hpwe-mə-shị-dẹ လက်ခံနိုင်ဖွယ် မရှိသော (impropriety)

irrelevant *adj* tə-cha: တခြား၊ mə-hsi-mə-hsain မဆီမဆိုင်

irresistible *adj* hswe:-hsaun-a:-ji:-dę ဆွဲဆောင်အားကြီးသော

irresponsible *adj* ta-wun-mę-dę တာဝန်မဲ့သော

irrigate *v* yei-pei:-de ရေပေးသည်

irrigation canal *n* hse-myaun: ဆည်မြောင်း

irritable *adj* sei'-ju'-tę စိတ်ကြွပ်ဆတ်သော

irritate *v* kə-li-de ကလိသည်၊ hnaun-she'-te နှောင့်ယှက်သည် (bother)

Islam *n* ⊙ i'-sə-lan အစ္စလမ်

island *n* jun: ကျွန်း

-ism *n* wa-dą ဝါဒ

isolate *v* jin-de ကြဉ်သည်

isolated *adj* hkaun-dę ခေါင်သော (remote); ə-hti:-jan-dę အထီးကျန်သော (alone); thi:-cha:-hpyi'-tę သီးခြားဖြစ်သော (singular)

issue *v* hto'-te ထုတ်သည် (~ an order); ję-de (အမိန့်)ကျသည်

issue *n* ə-jaun:-ə-ya အကြောင်းအရာ (matter); ə-twe: အတွဲ (~ of a magazine)

-ist *suff* wa-di ဝါဒီ

it *pron* e:-da အဲဒါ၊ yin: ယင်း

IT *n* ain-ti အိုင်တီ (information technology)

italics *n* sə-lon:-zaun: စာလုံးစောင်း

itch *n* ya:-jin: ယားခြင်း

itchy *adj* ya:-dę ယားသော

item *n* ə-che' အချက်၊ ə-ya အရာ

itinerary *n* hkə-yi:-zin ခရီးစဉ်

itself *pron* thu သူ ။ ။ **by itself** thu-ha-thu သူ့ဟာသူ

IV *adj* ə-jɔ: အကြော (intravenous)

ivory *n* hsin-zwe ဆင်စွယ်

J - j jei ဂျေ

jab₁ *v* hto:-de ထိုးသည်

jab₂ *n* ♥ hto:-jin: (ဆေး)ထိုးခြင်း

jack *n* je' ဂျက်၊ jai' ဂျိုက် (put the ~ under the car); je' ဂျက် (~, queen, king)

jacket *n* ein-ji, in-ji အကျႌ

jackfruit *n* ✿ pein:-ne: ပိန္နဲ

jackknife *n* maun:-cha-da: မောင်းချားား

jade *n* jau'-sein: ကျောက်စိမ်း

jagged *adj* mə-nyi-mə-nya-hpyi'-tę မညီမညာဖြစ်သော

jaggery *n* htə-nye' ထန်းလျက်

jail₁ *v* htaun-cha-de ထောင်ချသည်

jail₂ n ə-jin:-daun အကျဉ်းထောင်

jailed adj htaun-ja-de
ထောင်ကျသော

jam₁ v ja'-te ကျပ်သည်၊ nya'-te
ညှပ်သည်

jam₂ n yo ယို

January n zan-nə-wa-ri ဇန်နဝါရီ

jar₁ v htei'-lan-ton-hlo'-ze-de
ထိတ်လန့်တုန်လှုပ်စေသည်

jar₂ n bu: ဘူး (glass ~); sin-o:
စဉ့်အိုး (pottery ~)

jargon n ə-hkɔ-ə-wɔ
အခေါ်အဝေါ်

jasmine n zə-be စံပယ်

jataka n za'-tɔ ဇာတ်တော်

jaundice n ə-thə-wa-jɔ:-ga
အသားဝါရောဂါ

jaw n mei: မေး၊ mei:-yo: မေးရိုး

jealous adj thə-wun-to-de
သဝန်တိုသော၊ mə-na-lo-de
မနာလိုသော၊ u-to-de အူတိုသည်

jealousy n wun-to-hmu ဝန်တိုမှု

jeans n zin ဇင်

jeep n ji'-ka: ဂျစ်ကား

jeer v pyaun-hlaun-de
ပြောင်လှောင်သည်၊ ha:-tai'-te
ဟားတိုက်သည်

jelly n yo ယို (grape ~); jau'-jɔ:
ကျောက်ကျော (agar ~)

jellyfish n ❀ pin-le-hku
ပင်လယ်ခူ

jerk₁ v hsaun-hswe:-de
ဆောင့်ဆွဲသည်

jerk₂ n lei'-myo: လိပ်မျိုး (selfish
person)

jerkily adv hsa'-tau'-hsa'-tau'
ဆတ်တောက်ဆတ်တောက်

Jesus n ✝ yei-shu ယေရှု

Jesus Christ n ✝ hkə-ri'-tɔ
ခရစ်တော်

jet n je'-lei-yin ဂျက်လေယာဉ်

jetty n ⚓ hsei' ဆိပ်

Jew n ju: ဂျူး၊ yə-hu-di ရဟူဒီ

jewel n jau'-(mye'-yə-tə-na)
ကျောက်(မျက်ရတနာ)

jeweler, jeweller n ya-də-na-
kon-the ရတနာကုန်သည်

jewellery, jewelry n le'-wu'-
le'-sa: လက်ဝတ်လက်စား၊ ə-hsin-
də-za အဆင်တန်ဆာ

Jewish n ju: ဂျူး၊ yə-hu-di ရဟူဒီ

jhana n ▭ zan ဈာန်

jicama n ❀ sein-za:-u စိမ်းစားဥ

jiffy n le'-hpyi'-tə-twe' လက်ဖျစ်
တစ်တွက်

jiggle v hnan-de နှန့်သည်၊ nan-
de နန့်သည်

jigsaw puzzle n ji'-hsɔ:

ဂျစ်ဆော

jilt *v* jan-yi'-te ကျန်ရစ်သည်

Jinghpaw *n* jein:-hpɔ: ဂျိန်းဖော၊ jin:-hpɔ ဂျင်းဖော

jingle₁ *v* tə-chwin-chwin-dhan တချွင်ချွင်သံ

jingle₂ *n* ti:-lon: တီးလုံး

jingle bell *n* chu ချူ

job *n* ə-lo' အလုပ်

jobless *adj* ə-lo'-le'-mẹ အလုပ်လက်မဲ့

jog *v* pyei:-de ပြေးသည် (run); tai'-mị-de တိုက်မိသည် (bump); ə-sạ-hpɔ-de အစဖော်သည် (~ my memory)

join *v* pu:-twe:-de ပူးတွဲသည် (~ hands); win-de ဝင်သည် (~ a group); chei'-hse'-te ချိတ်ဆက်သည် (connect); pu:-paun:-de ပူးပေါင်းသည် (~ forces); hsɔ-de ဆော်သည် (weld); thwe-de သွယ်သည် (string)

joiner *n* le'-thə-ma: လက်သမား

join in *v* paun:-de ပေါင်းသည်

joint₁ *adj* hpe'-sa' ဖက်စပ်

joint₂ *n* ə-hsi' အဆစ် (finger ~s); (ə-chei')-ə-hse' (အချိတ်)အဆက် (pipe ~s)

joint venture *n* 🏵 hpe'-sa'-lo'-ngan: ဖက်စပ်လုပ်ငန်း

joke₁ *v* pye'-te ပြက်သည်၊ yi-zə-ya-pyɔ:-de ရယ်စရာပြောသည်၊ nau'-te နောက်သည်၊ pyaun-de ပြောင်သည် ။။ ***as a joke*** ə-lə-ga: အလကား ။။ ***you're joking*** mə-ho'-be:-nẹ မဟုတ်ဘဲနဲ့

joke₂ *n* pye'-lon: ပြက်လုံး၊ ha-thạ ဟာသ၊ ə-shu'-ə-nau' အရွှတ်အနောက်၊ ə-pyaun-ə-pye' အပြောင်အပြက်၊ ha:-gwe' ဟားကွက် ။။ ***dirty joke*** au'-lon: အောက်လုံး

joker *n* jo-ka ဂျိုကာ၊ po-ka ပိုကာ

joss stick *n* ə-hmwei:-dain အမွှေးတိုင်

jostle *v* jei'-jei'-to:-de ကြိတ်ကြိတ်တိုးသည်

jot down *v* ə-myan-hma'-tha:-de အမြန်မှတ်သားသည်

journal *n* dhə-din:-za သတင်းစာ (newspaper); ja-ne ဂျာနယ် (weekly ~); neị-zin-hma'-tan: နေ့စဉ်မှတ်တမ်း (diary)

journalist *n* dhə-din:-za-hsə-ya သတင်းစာဆရာ၊ ja-ne-li' ဂျာနယ်လစ်၊

journey *n* hkə-yi: ခရီး

joy *n* pi-tị ပီတိ၊ thɔ:-mə-ne'-thạ

 သောမနဿ

joyful, joyous adj pyɔ-shwin-
dẹ ပျော်ရွှင်သော၊ shwin-myu:-dẹ
ရွှင်မြူးသော

joyously adv a:-yạ-wun:-tha
အားရဝမ်းသာ၊ wun:-pan:-tạ-tha
ဝမ်းပန်းတသာ

jubilant adj shwin-myu:-dẹ
ရွှင်မြူးသော

jubilee n yạ-dụ ရာတု၊ hni'-myau'
နှစ်မြောက်

judge₁ v ə-ke'-hpya'-te အကဲ
ဖြတ်သည်၊ si-yin-de စီရင်သည်

judge₂ n ⚖ tə-ya:-thə-ji: တရား
သူကြီး (~ and jury)၊ ə-ke'-ə-
hpya'-lu-ji: အကဲဖြတ်လူကြီး
(contest ~)

judgement, judgment n ⚖ si-
yin-je' စီရင်ချက်၊ ə-hson:-ə-
hpya' အဆုံးအဖြတ်၊ yu-hsạ-je'
ယူဆချက်

judgemental, judgmental adj
ə-wei-ban-than-dẹ အဝေဖန်
သန်သော

judo n ju-do ဂျူဒို

jug n tə-gaun တကောင်း၊ ja: ဂျား

juice n hpyɔ-yei ဖျော်ရည်၊ ə-yei
အရည်

juicy adj shun:-dẹ ရွှမ်းသော

jujube n ❀ zi: ဆီး

July n zu-lain ဇူလိုင်

jumble v yɔ-htwei:-de
ရောထွေးသည်

jumbled adj sho'-htwei:-pwei-li-
dẹ ရှုပ်ထွေးပွေလီသော

jump v hkon-de ခုန်သည်

jumper n hswe-ta ဆွယ်တာ

jumper cable n be'-tə-ri-jo:
ဘက်ထရီကြိုး

junction n lan:-zon လမ်းဆုံ

June n zun ဇွန်

jungle n tɔ: တော

jungle cat n ❀ tɔ:-jaun တော
ကြောင်

jungle fowl n ❀ tɔ:-je' တော
ကြက်

junior n ə-nge အငယ်

junk n kə-chə-la ကချလာ၊ ə-
hpyin: အဖျင်း၊ pau'-kə-yạ
ပေါက်ကရ

Jupiter n ✦ ja-thə-bə-dei:-jo
ကြာသာပတေးဂြိုဟ်

juror n ⚖ ju-ri-ə-hpwẹ-win
ဂျူရီအဖွဲ့ဝင်

jury n ⚖ ju-ri ဂျူရီ

just₁ adj tə-ya:-hmạ-tạ-dẹ
တရားမျှတသော

just₂ adv pe: ပဲ၊ ji: ချည်း၊ yon ရုံ၊

the'-the' သက်သက်၊ hmya-dha
မျှသာ

just about *adv* ni:-ni: နီးနီး၊ lo-lo
လိုလို

just as *adv* thə-kẹ-dhọ သကဲ့သို့

justice *n* tə-ya: တရား

justification *n* ə-jaun:-tə-ya
အကြောင်းတရာ

justify *v* hsin-chei-te'-te ဆင်ခြေ
တက်သည်၊ ə-jaun:-sha-de
အကြောင်းရှာသည် (~ my actions);
sa-hnyi-de စာညှိသည် (~ text)

justify oneself *v* ə-jaun:-pyạ-
de အကြောင်းပြသည်

just in case *adv* lo-yạ-me-yạ
လိုရမည်ရ၊ lo-lo-me-me လိုလို
မည်မည်

just-in-time system *n* ə-chein-
kai'-sə-ni' အချိန်ကိုက်စနစ်

just like *adv* ə-tu အတူ

justness *n* thə-ma-thə-ma'
သမာသမတ်

just now *adv* hkụ-nạ ခုန၊ hkụ-
lei:-din ခုလေးတင်

just right *adv* ə-nei-dɔ-be:
အနေတော်ပဲ

jut out *vn* ngɔ:-htwe'-te
ငေါထွက်သည်

juvenile *n* lu-nge လူငယ်

K *abbr* htaun ထောင်

Kachin *n* kə-chin ကချင်

Kahson *n* kə-hson ကဆုန်

Kahtain *n* kə-htein ကထိန်

kamma *n* ▣ kam-mạ ကမ္မ၊ ▣ jam-
ma ကြမ္မာ

kangaroo *n* ✿ tha:-pai'-kaun
သားပိုက်ကောင်

kapok *n* ✾ hmọ မို့

karate *n* hkə-ra-tei: ကရာတေး

karaweik *n* kə-rə-wei' ကရဝိက်

Karen *n* kə-yin ကရင်

karma *n* ▣ kam-mạ ကမ္မ၊ ▣ jam-
ma ကြမ္မာ

Karenni, Kayah *n* kə-yin-ni
ကရင်နီ၊ kə-ya: ကယား

Kayin *n* kə-yin ကရင်

keen *adj* hte'-tẹ ထက်သော (~
blade); sei:-hte'-than-dẹ စိတ်
ထက်သန်သော (he's really ~)

keep *v* hta:-de ထားသည် (store);
ti-de (ကတိ)တည်သည် (~ a
promise); thein:-hta:-de
သိမ်းထားသည် (not give back)
‖‖ *for keeps* ə-pain အပိုင်

keep away from *v* shaun-de
ရှောင်သည်၊ wei:-wei:-ne-de

ဝေးဝေးသည်

keep back *v* htein-chan-de ထိမ်ချန်သည်

keep on *adv* hse'-le' ဆက်လက်

keepsake *n* ə-hma'-tə-ya̱-pyi'-si: အမှတ်တရပစ္စည်း

keep up with *v* gon-tṳ-gon-pyain-lo'-te ဂုဏ်တုဂုဏ်ပြိုင် လုပ်သည်

keep with one *v* hsaun-de ဆောင်သည်

keg *n* si̱ စည်

kennel *n* hkwei:-ein ခွေးအိမ်

kerb *n* pə-le'-hpaun:-baun ပလက်ဖောင်းပေါ်

kerchief *n* pə-wa ပဝါ

kernel *n* si̱ စေ့၊ ə-hsan အဆန်

kerosene, kerosine *n* yei-nan-zi ရေနံဆီ

ketchup *n* hkə-yan:-jin-dhi:-hsɔ ခရမ်းချဉ်သီးဆော့

kettle *n* yei-nwei:-o: ရေနွေးအိုး

key *n* thɔ-dan သော့(တံ) (lock and ~); hkə-lo' ခလုတ် (computer ~); ə-che'-ə-cha အချက်အချာ၊ ə-hkaun-ə-chɔ' အခေါင်အချုပ် (most important piece); ♪ mu-ti-dhan မူတည်သံ (~ of C); ပေါင်း ကူးကျောက် (~stone) ‖‖ **key**

person ə-hkə-ya-ja̱-dhu အခရာကျသူ

keyboard₁ *v* ▢kun-pyu-ta-yai'-te ကွန်ပျူတာရိုက်သည်၊ sa-yai'-te စာရိုက်သည်

keyboard₂ *n* ▢le'-kwe' လက် ကွက်၊ ♪ ki:-bo' ကီးဘုတ်

khaki *n* ka-ki ကာကီ

khakis *n* ka-ki-baun:-bi ကာကီ ဘောင်းဘီ (trousers)

kick *v* kan-de ကန်သည်

kickback *n* hpya'-sa:-ya'-sa: ဖြတ်စားလျှပ်စား

kick in *v* ə-sun:-pya̱-de အစွမ်း ပြသည် (the medicine will ~)

kick out *v* hpe-sha:-de ဖယ်ရှားသည်

kid₁ *v* nau'-te နောက်သည်၊ sə-de စသည်

kid₂ *n* hkə-lei: ကလေး (child); ❀ hsei'-gə-lei: ဆိတ်ကလေး (baby goat) ‖‖ **just kidding** ə-lə-ka:-(pyɔ:-ta) အလကား(ပြောတာ) ‖‖ **you've got to be kidding** mə-ho'-be:-nɛ̱ မဟုတ်ဘဲနဲ့

kidnap *v* ⚔ pyan-bei:-hswe:-de ပြန်ပေးဆွဲသည်

kidney *n* jau'-ka' ကျောက်ကပ်

kill *v* tha'-te သတ်သည် ‖‖ **killed**

in action ja̱-hson:-de ကျဆုံးသည်

kilo(gram) *n* ki-lo-(gə-ran) ကီလို(ဂရမ်)

kilometre *n* ki-lo-mi-ta ကီလိုမီတာ

kin *n* hswei-myo: ဆွေမျိုး

kind₁ *adj* jin-na-de̱ ကြင်နာသော

kind₂ *n* ə-myo:-(ə-sa:) အမျိုး (အစား) (sort); pon ပုံ (type)

kindergarten *n* mu-lə-dan:-jo-jaun: မူလတန်းကြိုကျောင်း၊ mu-jo မူကြို၊ thə-nge-dan: သူငယ်တန်း

kindness *n* sei-tə-na စေတနာ၊ myi'-ta မေတ္တာ

king *n* 🌍 👑 bə-yin ဘုရင်၊ min: မင်း (monarch); kin: ကင်း (~, queen, jack)

kingfisher *n* 🐦 tein-nyin: တိန်ညင်း

Kinnara *n* kein-nə-ra ကိန္နရာ

Kinnari *n* kein-nə-ri ကိန္နရီ

kiosk *n* te: တဲ (small shop); le'-hma'-hta-na̱ လက်မှတ်ဌာန (ticket office)

kiss *v* nan:-de နမ်းသည်

kit *n* pyi'-si:-zon ပစ္စည်းစုံ (model ~); kə-ri̱-ya-də-za-pə-la ကိရိယာတန်ဆာပလာ (repair ~) ‖‖ **first aid kit** hsei:-ei' ဆေးအိတ်

kitchen *n* mi:-bo-jaun မီးဖိုချောင်

kite *n* sun စွန် (fly a ~); 🐦 sun စွန်

kitten, kitty *n* 🐱 jaun-gə-lei: ကြောင်ကလေး

kiwi *n* 🐦 ki-wi ကီဝီ

knack *n* ‖‖ **get the knack, have a knack for** ə-hta-pau'-te အထာ ပေါက်သည်

knapsack *n* jo:-po:-ei' ကျောပိုးအိတ်

knead *v* tei-de တေသည် ne-de နယ်သည် hne-de နဲ့သည်

knee *n* du: ဒူး၊ du:-hsi: ဒူးဆစ်

kneecap *n* gon-nyin: ခုံညင်း (patella)

kneel *v* du:-htau'-te ဒူးထောက်သည်

knickers *n* (au'-hkan)-baun:-bi (အောက်ခံ)ဘောင်းဘီ

knife *n* da: ဓား

knight *n* myin:-the-jə-bwe̱ မြင်း သည်ကျော်ဘွဲ့ (rank); myin: မြင်း (chessman)

knit *v* chi-hto:-de ချည်ထိုးသည်၊ tho:-mwei:-hto:-de သိုးမွေး ထိုးသည်

knob *n* le'-kain လက်ကိုင် (door~); bu̱-lon: ဘုလုံး (brass ~); hpu̱-hti' ဖုထစ် (lump)

knock *v* hkau'-te ခေါက်သည် (~ on a door); yai'-hka'-te ရိုက်ခတ်သည် (~ together)

knot₁ *n* hton:-de (ကြိုး၊ ဆံပင်၊ အဝတ် စသည်)ထုံးသည်

knot₂ *n* ə-hton: အထုံး (~ in a rope); hpu-hti' ဖုထစ် (lump); thi'-mye' သစ်မျက် (~ in wood); ⚓ yei-main-hnon: ရေမိုင်နှုန်း (speed)

knotty *adj* hke'-tẹ ခက်သော (~ problem) thi'-mye'-pa-tẹ သစ်မျက်ပါသော (~ pine)

know *v* thị-de သိသည်၊ na:-le-de နားလည်သည်၊ jun:-jin-de ကျွမ်းကျင်သည်

knowledge *n* ə-thị-nyan အသိဉာဏ်၊ bə-hu-thu-dạ ဗဟုသုတ

knuckle *n* le'-hsi' လက်ဆစ်

Kokaing *n* ko:-kaṇ ကိုးကန့်

Koran *n* ⚙ ko-ran ကိုရန်(ကျမ်းစာ)

kung fu *n* thain: သိုင်း၊ kun-hpu: ကွန်ဖူး

kutho *n* ⚙ ku-dho ကုသိုလ်

kyat *n* ja' ကျပ်

L - l e အယ်
___

label₁ *v* də-zei'-ka'-te တံဆိပ်ကပ်သည်

label₂ *n* də-zei' တံဆိပ်

lab, laboratory *n* da'-hkwe:-gan: ဓာတ်ခွဲခန်း

labor, labour *n* lo'-a: လုပ်အား၊ ə-lo'-thə-ma အလုပ်သမား (manpower); ə-lo'-jan: အလုပ်ကြမ်း (manual ~); ⚕ bai-na-jin: ဗိုက်နာခြင်း (time just before childbirth) ‖ ‖ *casual labour* ja-pan:-ə-lo' ကျပန်းအလုပ်

labour camp, labour camp *n* ye-be'-sə-hkan: ရဲဘက်စခန်း

laborer, labourer *n* ə-lo'-thə-ma: အလုပ်သမား

labyrinth *n* win-gə-ba ဝင်္ဂဘာ

lace *n* za ဇာ

lack *v* chọ-de ချို့သည်၊ mə-shị မရှိ

lacquer(ware) *n* yun:-(de:) ယွန်း(ထည်)

lactate *v* nọ-lai'-te နို့လိုက်သည်

lad *n* kaun-lei: ကောင်လေး

ladder *n* hlei-ka: လှေကား

ladies' fingers *n* ✽ yon:-bə-di ရုံးပဲတီ

ladies' room *n* ə-myo:-thə-mi:-ein-dha အမျိုးသမီးအိမ်သာ

ladies and gentlemen *exp* lu-ji:-min:-mya: လူကြီးမင်းများ

ladle *n* hmo' မှုတ် (water ~); yau'-cho ယောက်ချို (soup ~)

lady *n* ə-myo:-thə-mi: အမျိုးသမီး (woman); gə-dɔ ကတော် (wife)

Lahu *n* la:-hu လားဟူ

lake *n* yei-gan ရေကန်

lakh *n* thein: သိန်း

lamb *n* ✿ tho:-gə-lei: သိုးကလေး၊ tho:-dha: သိုးသား (meat)

lamp *n* mi: မီး (table ~); si-mi:-gwe ဆီမီးခွက် (oil ~)

lamppost *n* mi:-tain မီးတိုင်

lampshade *n* mi:-o'-hsaun: မီးအုပ်ဆောင်း

lance *v* ✦ hkwe:-de (အနာစိမ်း) ခွဲသည် (~ a boil)

land₁ *v* hsai'-te ဆိုက်သည်

land₂ *n* myei မြေ (soil); kon: ကုန်းကြည်း (≠ water); myei-ya မြေရာ၊ chan-myei ခြံမြေ (plot of ~); 🌐 tain:-pyi တိုင်းပြည် (country)

landing *n* ⚓ hsei: ဆိပ် (ferry ~); hlei-gə-de' လှေကားတက် (stairway ~)

landing strip *n* lei-yin-gwin: လေယာဉ်ကွင်း

landlady, landlord *n* ein-shin အိမ်ရှင်

landmark *n* hma'-tain မှတ်တိုင်

landmine *n* ⚔ myei-hmyo'-main: မြေမြှုပ်မိုင်း

landowner *n* myei-bain-shin မြေပိုင်ရှင်

landscape *n* shṵ-gin: ရှုခင်း

landslide, landslip *n* gə-pa:-pyo-jin: ကမ်းပါးပြိုခြင်း၊ taun-pyo-jin: တောင်ပြိုခြင်း၊ myei-pyo-jin: မြေပြိုခြင်း ။ ။ *by a landslide* ə-pya'-ə-tha' အပြတ်အသတ်

lane *n* lan: လမ်း (two-~ road); lan-thwe လမ်းသွယ် (narrow ~)

language *n* ba-dha-zə-ga: ဘာသာစကား (Arabic ~); zə-ga: စကား (spoken ~); sa စာ (written ~)

lantern *n* hpan-mi:-ein ဖန်မီးအိမ်၊ hman-ein မှန်အိမ်

Laos *n* 🌐 la-o-nain-gan လာအိုနိုင်ငံ

Laotian, Lao *adj* 🌐 la-o လာအို

lap *n* paun-gwin ပေါင်ခွင် (two children sitting on my ~)

lapidary *n* jau'-thwei:-thə-ma: ကျောက်သွေးသမား

lapse *n* ə-li' အလစ် (~ of attention); ə-chein-to အချိန်တို (~ of time)

lap up *v* ye'-te လျက်သည်

larceny n ⚖ hko:-hmụ ခိုးမှု
lard n we'-hsi ဝက်ဆီ
large adj ji:-dẹ ကြီးသော
larva n 🐛 po:-laun ပိုးလောင်း
larynx n 🫁 ə-than-o: အသံအိုး
laser n ✹ lei-hsa-yaun-chi လေဆာရောင်ခြည်
lash n ja-bu' ကျာပွတ် (whip); che'-cḥ'k ချက် (stroke of a whip); mye'-taun-mwei: မျက်တောင်မွေး (eyelash)
last₁ v ja-de ကြာသည် (the show ~s an hour); hkan-de ခံသည် (the batteries ~ all night) ▪▪ **at last** nau'-hson:-hma နောက်ဆုံးမှာ (in the end); nau'-hson:-dọ̣ နောက်ဆုံးတော့ (~ you arrived!)
last₂ adj nau'-hson:-(pei) နောက်ဆုံး(ပိတ်) (the ~ one); pi:-gẹ-dẹ ပြီးခဲ့တဲ့၊ lun-gẹ-dẹ လွန်ခဲ့တဲ့ (~ year); ə-yin အရင် (~ time); lɔ:-lɔ:-la'-la' လောလောလတ်လတ် (latest)
last name n myo:-nwe-ə-myi မျိုးနွယ်အမည်
lasting adj ə-ti-tə-ja-dẹ အတည်တကျသော
latch n thọ̣ သော့
late adj nau'-jạ-dẹ နောက်

lately adv tə-lɔ:-gạ တစ်လောက
later adv nau'-naun-hmạ နောက်နောင်မှ၊ htọ-nau' ထိုနောက်
latest adj nau'-hson:-pɔ-dẹ နောက်ဆုံးပေါ်သော
Latin n le'-tin လက်တင် (~ language); rɔ:-mạ ရောမ (~ letters)
latitude n 🌐 la'-ti-tu' လတ္တီတွဒ်၊ la'-ti-jụ လတ္တီတွဒ် (deceased)
latrine n ein-dha အိမ်သာ
latter n nau' နောက်
laugh₁ v yi-de ရယ်သည်
laugh₂ n yi-dhan ရယ်သံ
laugh at v hlaun-yi-de လှောင်ရယ်သည်
launch v hlu'-tin-de လွှတ်တင်သည် (~ a satellite); hto'-te ထုတ်သည် (~ a book)
launch n ⚓ mɔ-tɔ မော်တော်
launder v shɔ-hpu'-te လျှော်ဖွပ်သည် (~ clothes); ngwei-hpyu-lo'-te ငွေဖြူလုပ်သည် (~ money)
laundry n do-bi-zain ဒိုဘီဆိုင် (shop); ə-wu' (လျှော်ဖို့၊ လျှော်ထားသော)အဝတ် (clean ~)

a b c d e f g h i j k l m n o p q r s t u v w x y z

lavatory *n* yei-ein ရေအိမ်၊ ein-dha အိမ်သာ

law *n* ṵ-pə-dei ဥပဒေ၊ tə-ya: တရား၊ də-ma ဓမ္မ

lawful *adj* tə-ya:-win-dẹ တရားဝင်သော

lawn *n* mye'-hkin: မြက်ခင်း

lawsuit *n* ə-hmṵ အမှု

lawyer *n* shei-nei ရှေ့နေ

lax *adj* pɔ-yɔ-dẹ ပေါ့လျော့သော၊ yɔ-ye:-dẹ လျော့ရဲသော၊ si:-kan:-mẹ-dẹ စည်းကမ်းမဲ့သော

laxative *n* wun:-hno'-hsei: ဝမ်းနှုတ်ဆေး

lay *v* tin-de တင်သည်၊ chạ-de ချသည် (set down); ṵ-de ဥသည် (~ eggs)

layer *n* ə-hlwa အလွှာ၊ ə-hta' အထပ်

layman *n* tha-man-lu သာမန်လူ

lay out *v* hkin:-jin:-de ခင်းကျင်းသည်

layout *n* ə-hkin:-ə-jin: အခင်း အကျင်း (the magazine's ~); le'-kwe' လက်ကွက် (keyboard ~); ə-hta:-ə-tho အထားအသို (display)

lazy *adj* pyin:-dẹ ပျင်းသော (too ~ to do anything)

lb *abbr* paun ပေါင်

lead₁ *v* gaun:-hsaun-de ခေါင်း ဆောင်သည်၊ shei-hsaun-de ရှေ့ ဆောင်သည်၊ u:-hsaun-de ဦးဆောင်သည်၊ u:-ti-de ဦး တည်သည် (≠ follow)

lead₂ *n* hke: ခဲ (grey metal); le-pa'-jo: လည်ပတ်ကြိုး (leash)

leader *n* gaun:-zaun ခေါင်းဆောင်၊ ə-ji:-ə-ke: အကြီးအကဲ၊ lu-ji: လူကြီး၊ shei-hsaun-dhu ရှေ့ ဆောင်သူ၊ u:-zi: ဦးစီး

lead to *v* pau'-yau'-te ပေါက်ရောက်သည်

leaf *n* ywe' ရွက်

league *n* ə-hpwę-jo' အဖွဲ့ချုပ်၊ ə-thin:-jo' အသင်းချုပ်၊ ə-si:-ə-yon: အစည်းအရုံး

leak *v* yo-de ယိုသည် (~ing pipe); pau-ja:-de ပေါက်ကြားသည် (the news ~ed) ‖ *take a leak* shu:-shu:-pau'-te ရှူးရှူးပေါက်သည်

lean₁ *v* saun:-de စောင်းသည်၊ yain-de ယိုင်သည်

lean₂ *adj* pein-de ပိန်သည် (~ person); ə-hsi-ne:-dẹ အဆီ နည်းသော (~ meat)

lean against *v* hmi-de မှီသည်

lean-to *n* ə-hpi အဖိ

leap *v* khon-de ခုန်သည်

leap year *n* ye'-hta'-hni' ရက်ထပ်နှစ်

learn *v* thin-(yu)-de သင်(ယူ)သည် (~ in school); hma'-tha:-de မှတ်သားသည် (notice)

learned *adj* pyin-nya-shị-dẹ ပညာရှိသော

learner *n* thin-dan:-dha: သင်တန်းသား၊ le'-thin လက်သင်

learning *n* pyin-nya ပညာ

lease₁ *v* hnga:-de (လရှည်) ငှားသည်

lease₂ *v* ə-hnga:-sa-ɉo' အငှားစာချုပ်

least *adv* ə-ne:-zon: အနည်းဆုံး

leather *n* thə-yei သားရေ

leave₁ *v* htwe'-te ထွက်သည်၊ thwa:-de သွားသည်၊ hkwa-de ခွာသည် (depart); jan-de ကျန်သည် (~ behind)

leave₂ *n* hkwiṇ ခွင့် (annual ~)

leave alone *v* ə-tha-hta:-de အသာထားသည်

leave out *v* chan-hta:-de ချန်ထားသည်၊ chwin:-chan-de ခြွင်းချန်သည်

leave to *v* hlwe:-de လွှဲသည်

lecture *n* hɔ:-pyɔ:-bwe: ဟောပြောပွဲ

lecturer *n* kə-htị-kạ ကထိက

ledge *n* hsiṇ ဆင့်

ledger *n* le-ɉa လယ်ဂျာ

leech *n* ❀ ju' ကျွတ်၊ hmọ မျှော့

left *adj* be ဘယ်၊ we: ဝဲ

left over *adj* jwin:-jan-dẹ ကြွင်းကျန်သော

leftovers *n* ə-jwin:-ə-jan အကြွင်းအကျန် (remainders); sa:-jwin:-sa:-jan စားကြွင်းစားကျန် (table scraps); htə-min:-ɉan: ထမင်းကြမ်း (yesterday's rice)

leg *n* chi-dau' ခြေထောက်

legacy *n* ə-mwei အမွေ

legal *adj* ⚖ tə-ya:-win, tə-yə-win တရားဝင်

legend *n* dan-də-yi ဒဏ္ဍာရီ

legislation *n* ⚖ ụ-pə-dei ဥပဒေ (law); ụ-pə-dei-pyụ-ɉin: ဥပဒေပြုခြင်း (lawmaking)

legislature *n* 🌏 ⚖ pyi-thụ-hlu'-tɔ ပြည်သူ့လွှတ်တော်

legitimate *adj* tə-ya:-win, tə-yə-win တရားဝင်

legumes *n* ✿ pe: ပဲ

leisure *n* a:-chein အားချိန် ॥ ॥ ***at one's leisure*** ei:-ei:-hsei:-hsei: အေးအေးဆေးဆေး

leisurely *adv* na:-na:-nei-nei

နားနားနေနေ၊ ei:-ei:-lu-lu
အေးအေးလူလူ

lemon *n* ※ than-mə-yo သံပရိုရှ်

lemonade *n* than-mə-yo-yei
သံပရိုရည်

lemongrass *n* ※ zə-bə-lin
စပါးလင်

lend *v* jwei:-chạ-de ကြွေးချသည်၊
chi:-de ချေးသည် (≠ borrow)

length *n* ə-shei အရှည်၊ ə-lya:
အလျား (~ and breadth); ə-myiṇ
အမြင့် (~ of time) ‖‖ **at length** ə-
je-tə-wiṇ အကျယ်တဝင့်

lengthwise *adv* lya:-lya:
လျားလျား

lenient *adj* yọ-ye:-de
လျော့ရဲသည်၊ the'-hnya-de
သက်ညှာသည် (≠ strict)

leniently *adv* yọ-tị-yọ-ye:
လျော့တိလျော့ရဲ

lens *n* hman မှန် (contact ~,
eyeglasses ~); hman-bə-lu:
မှန်ဘီလူး (magnifying ~)

lentil *n* ※ kə-lə-be: ကုလားပဲ

leopard *n* ❀ jə-thi' ကျားသစ်

leotard *n* ə-tha:-ka'-ein:-ji
အသားကပ်အက်ို

leprosy *n* ❦ ə-na-ji:-yɔ:-ga
အနာကြီးရောဂါ

lesbian *n* yau'-kə-sha, yau'-jə-
sha ယောက်ျားလျာ

lesion *n* ə-na အနာ

less *adj* ne:-dẹ နည်းသော

-less *suff* mẹ မဲ့

lessen *v* shọ-de လျော့သည်၊ yọ-
ne:-zei-de လျော့နည်းစေသည် (~
the amount); hpyei-de ဖြေသည်
(counteract)

lesson *n* thin-gan:-za သင်ခန်းစာ၊
lei-jin-gan: လေ့ကျင့်ခန်း ‖‖ **let
this be a lesson to you** hma'-kə-
yọ မှတ်ကရော့

let *v* hkwiṇ-pei:-de ခွင့်ပေးသည်
(~ her by); pa-zei ပါစေ (~ him
be); hnga:-chạ-de ငှားချသည်
(room to ~)

let alone, let be *v* ə-tha-hta:-de
အသာထားသည်

let go *v* hlu'-te လွှတ်သည်
(release); ə-lo'-hto'-te အလုပ်
ထုတ်သည်၊ ə-lo'-hpyo'-te
အလုပ်ဖြုတ်သည် (dismiss)

lethal *adj* thei-ze-nain-dẹ
သေစေနိုင်သော

let in *v* win-gwiṇ-pei:-de ဝင်ခွင့်
ပေးသည် (allow to enter); lan:-pei:-
de လမ်းပေးသည် (yield, give way)

let it be *v* nei-ba-zei နေပါစေ

let know v ə-jo:-ə-jaun:-pyo:-de အကျိုးအကြောင်းပြောသည်၊ ə-thị-pei:-de အသိပေးသည်

let off (the hook) v hkwiṇ-hlu'-te ခွင့်လွတ်သည်

let out v hlu'-te လွတ်သည်

let's exp sọ စို့၊ yạ-aun ရအောင်

let's say exp hso-ba-zọ ဆိုပါစို့

letter n sa စာ (a long ~); e'-hkə-ya အက္ခရာ (~ of the alphabet)

letterbox n sa-dai'-bon: စာတိုက်ပုံး

lettuce n ❀ hsə-la' ဆလပ်

let up v sho:-de လျှော့သည်

leukaemia, leukemia n ☤ thwei:-kin-hsa သွေးကင်ဆာ

level₁ v hnyị-de ညှိသည် (~ an area); ə-hman-pyo:-de အမှန်ပြောသည် (~ with me)

level₂ adj nyi-de ညီသော (~ ground); ei:-de အေးသော (~ head)

level₃ n ə-hta' အထပ် (upper ~); ə-hsiṇ-ə-tan: အဆင့်အတန်း (a certain ~); ə-tan:-ə-sa: အတန်းအစား (~ of quality); yei-jein ရေချိန် (carpenters' ~)

lever n ko' ကုတ်

lexicon n ə-bị-dan, ə-bei'-dan

liability n pei:-yan-ta-wun ပေးရန်တာဝန် (responsibility)

liable adj ta-wun-shị-de တာဝန် ရှိသော (~ for, responsible); hpyi'-ta'-tẹ ဖြစ်တတ်သော (subject to); hpyi'-nain-chei-shị-dẹ ဖြစ်နိုင် ခြေရှိသော (~ to, likely to)

liana, liane n ❀ jein-nwe ကြိမ်နွယ်

liar n lu-lein-(lu-kau') လူလိမ် (လူကောက်)

libel ⚖ ə-thə-yei-hpye'-hmụ အသရေဖျက်မှု

liberal adj le'-lwe-de လက် လွယ်သော၊ 🌐 li'-bə-re လစ်ဘရယ်

liberate v hlu'-te လွတ်သည်

liberation n 🌐 lu'-myau'-yei: လွတ်မြောက်ရေး

liberty n 🌐 lu'-la'-yei: လွတ် လပ်ရေး (freedom); mə-yo:-mə-tha:-lo'-chin မရိုးမသားလုပ်ခြင်း (take liberties with)

librarian n sa-ji-dai'-hmu: စာကြည့်တိုက်မှူး

library n sa-jị-dai' စာကြည့်တိုက်

licence n lain-sin လိုင်စင်

licence plate n nan-pa'-pya:

a b c d e f g h i j k l m n o p q r s t u v w x y z

နံပါတ်ပြား

lichee *n* ✳ lai'-chi: လိုက်ချီး

lick *v* ye'-te လျက်သည်

lid *n* ə-hpon: အဖုံး

lie₁ *v* nya-de ညာသည် (deceive);
le:-de လဲသည် (~ down)

lie₂ *n* ə-nya အညာ

lieutenant *n* ≠ bo ဗိုလ်

lieutenant colonel *n* ≠ du-ti-
ya-bo-hmu:-ji: ဒုတိယဗိုလ်မှူးကြီး

lieutenant general *n* ≠ du-ti-
ya-bo-jo'-ji: ဒုတိယဗိုလ်ချုပ်ကြီး

life *n* bə-wạ ဘဝ၊ ə-the' အသက်
‖‖ *previous life* ə-yin-bə-wạ
အရင်ဘဝ ‖‖ *next life* nau'-bə-
wạ နောက်ဘဝ ‖‖ *matter of life
and death* thei-yei:-shin-yei:
သေရေးရှင်ရေး ‖‖ *prime of life* ə-
ywe-gaun: အရွယ်ကောင်း ‖‖ *risk-
ing one's life* the'-sun-jo:-pan:
သက်စွန့်ကြိုးပမ်း ‖‖ *way of life* lu-
nei-hmụ-pon-zan လူနေမှုပုံစံ
‖‖ *shelf life* the'-tan: သက်တမ်း

lifeboat *n* ⚓ ə-the'-ke-hlei
အသက်ကယ်လှေ

life insurance *n* ə-the'-a-mạ-
gan အသက်အာမခံ

lifeless *adj* the'-mẹ သက်မဲ့၊

life sentence *n* ⚖ tə-the'-tə-

jun: တစ်သက်တစ်ကျွန်း

lifespan *n* the'-tan: သက်တမ်း

lifetime *n* tə-the' တစ်သက်

lift₁ *v* mạ-de မသည်

lift₂ *n* da'-hlei-ga: ဓာတ်လှေကား

light₁ *v* hnyị-de ညှိသည် (~ a
cigarette); htun:-de ထွန်းသည်
(illuminate)

light₂ *adj* lin:-dẹ လင်းသော (≠
dark); nụ-dẹ နုသော (~ colour); pa-
dẹ ပါးသော (≠ thick); pɔ-dẹ
ပေါ့သော (≠ heavy)

light₃ *n* mi: မီး (electric ~); ə-lin:-
yaun အလင်းရောင် (≠ darkness);
mi:-pwain မီးပွိုင့် (traffic ~)

light bulb *n* mi:-dhi: မီးသီး၊ mi:-
lon: မီးလုံး

lighter *n* mi:-chi' မီးခြစ်

lightheaded *adj* ☿ gaun:-mu:-
dẹ ခေါင်းမူးသော

lighthouse *n* ⚓ mi:-pya-dai'
မီးပြတိုက်

lightning *n* hlya'-si:-jaun:
လျှပ်စီးကြောင်း

**lightning conductor, light-
ning rod** *n* mo:-jo:-hlwe:
မိုးကြိုးလွှဲ

like₁ *v* jai'-te ကြိုက်သည်၊ thə-bɔ:-
jạ-de သဘောကျသည်

like₂ *prep* lo လို၊ nɛ̰-tu နဲ့တူ၊ kɛ̰-thọ ကဲ့သို့ (~ children); ə-tain: အတိုင်း (~ this)

likelihood *n* hpyi'-nain-chei ဖြစ်နိုင်ခြေ

likely *adv* pon-ya̰ ပုံရ၊ pon-pɔ ပုံပေါ်

liken *v* hnain:-de နှိုင်းသည်

likeness *n* pon-tu ပုံတူ

likewise *adv* hto-ni:-tu-zwa ထိုနည်းတူ(စွာ)၊ htọ-ə-tu ထို့အတူ

liking *n* ə-jai' အကြိုက်၊ sei'-tain:-ja̰ စိတ်တိုင်းကျ

lily *n* ❀ hnin:-ban နှင်းပန်း

lima bean *n* ❀ htɔ:-ba'-pe: ထောပတ်ပဲ

limb *n* thi'-kain: သစ်ကိုင်း (tree ~); chi-dau' ခြေထောက် (leg); le' လက် (arm)

lime *n* hton: ထုံး (~stone); ❀ than-mə-ya သံပုရာ (~ juice)

limit₁ *v* kaṇ-tha'-te ကန့်သတ်သည်

limit₂ *n* kaṇ-tha'-che' ကန့်သတ်ချက်၊ baun ဘောင်

limitation *n* ə-kaṇ-ə-tha' အကန့်အသတ်

limp₁ *v* htɔ-nɛ̰-htɔ-nɛ̰-lan:-shau'-te ထော့နဲ့ထော့နဲ့လမ်း လျှောက်သည်

limp₂ *adj* pyɔ̰-dḛ ပျော့သော

line *n* myin:-jaun မျဉ်းကြောင်း (draw a ~); jo: ကြိုး (rope); sa-jaun: စာကြောင်း (~ of text); tan: တန်း (queue); lain: လိုင်း (phone ~) ။။ *in line with* ə-nyi အညီ

line up *v* si-de စီသည်

liner *n* yei-hkan-de ရေခံထည်၊ ⚓ pin-le-ku:-thin:-bɔ: ပင်လယ်ကူးသင်္ဘော

linger *v* hse'-shḭ-de ဆက်ရှိသည်

linguistics *n* ba-dha-bei-da̰ ဘာသာဗေဒ

lining *n* ə-hte:-gan အထဲခံ

link₁ *v* chei'-te ချိတ်သည်

link₂ *n* ə-chei'-ə-hse' အချိတ်အဆက်

link up *v* chei-hse'-te ချိတ်ဆက်သည်

lion *n* ☙ chin-thḛ ခြင်္သေ့

lioness *n* ☙ chin-thḛ-ma̰ ခြင်္သေ့မ

lip *n* hnə-hkan: နှုတ်ခမ်း

lipstick *n* hnə-hkan:-ni နှုတ်ခမ်းနီ

liquid *n* ə-yei အရည်

liquidate *v* 💰 ngwei-hpɔ-de ငွေဖေါ်သည်

liquor *n* ə-ye' အရက်

liquorice *n* ❀ nwe-jo နွယ်ချို

lisp *n* mə-pi-gə-la-pi-gə-la-pyɔ:-de မီကလာပီကလာ ပြောသည်

list₁ *v* sə-yin:-kau'-te စာရင်း ကောက်သည်

list₂ *n* sə-yin: စာရင်း

listen *n* na:-htaun-de နား ထောင်သည် (hear); na-hkan-de နာခံသည် (obey)

listless *adj* thwei:-htain:-dẹ သွေးထိုင်းသည်

Lisu *n* li-hsu လီဆူ

liter *n* li-ta လီတာ

literacy *n* sa-ta'-myau'-hmụ စာတတ်မြောက်မှု

literal *adj* dai'-yai' တိုက်ရိုက် (အဓိပ္ပာယ်)

literally *adv* lon:-kau' လုံးကောက်

literary *adj* sa-pei စာပေ (~ works); zə-gə-byei-han စကားပြေဟန် (~ style)

literature *n* sa-pei စာပေ

litigate *v* tə-ya:-hsain-de တရားဆိုင်သည်

litre *n* li-ta လီတာ

litter₁ *v* ə-hmai'-pyi'-te (စည်းကမ်းမဲ့)အမှိုက်ပစ်သည်

litter₂ *n* ə-hmai' အမှိုက် (scattered rubbish); tha:-bau' သားပေါက် (~ of kittens)

little₁ *adj* thei:-dẹ သေးသော၊ nge-dẹ ငယ်သော

little₂ *n* ne:-ne: နည်းနည်း

live₁ *v* nei-de နေသည် (reside); shin-de ရှင်သည် (≠ die)

live₂ *adj* tai'-yai'-hlwiṇ-dẹ တိုက်ရိုက်လွှင့်သော (~ broadcast); ko-tain-ji-dẹ ကိုယ်တိုင် ကြည့်သော (~ audience); hlya'-si'-shị-dẹ လျှပ်စစ်ရှိသော (~ wire); pau'-kwe:-nain-dẹ ပေါက်ကွဲ နိုင်သော (~ ammunition)

livelihood *n* ə-the'-mwei:-wun:-jaun: အသက်မွေးဝမ်းကျောင်း

lively *adj* shwin-lan:-dẹ ရှင်လန်းသော

liver *n* ə-the: အသည်း

living *n* nei-hmụ နေမှု၊ ə-lo'-ə-kain အလုပ်အကိုင်၊ the'-mwei:-wun:-jaun:-hmụ သက်မွေးဝမ်း ကျောင်းမှု

load₁ *v* tin-de တင်သည် (~ a car); hto:-de (ကျည်)ထိုးသည် (~ a gun)

load₂ *n* wun ဝန်

loan₁ *v* chi:-de ချေးသည်၊ sai'-pei:-te စိုက်ပေးသည် (= lend, ≠ borrow)

loan₂ *n* ə-jwei: အကြွေး

loathe *v* mon:-ti:-de မုန်းတီးသည်

lobster *n* 🦐 jau'-pə-zun ကျောက်
ပုစွန်

local *adj* ne-gan-hpyi'-tẹ နယ်ခံ
ဖြစ်သောၤ dei-tha-dwin:-hpyi'-
tẹ ဒေသတွင်းဖြစ်သောၤ pyi-dwin:
ပြည်တွင်း (~ goods); lɔ-ke
လောကယ် (~ train)

locate *v* che-chạ-de ချေချသည်
(base, situate); sha-twẹ-de
ရှာတွေ့သည် (find)

location *n* nei-ya နေရာ၊ ə-ya'
အရပ်

lock₁ *v* thɔ-hka'-te သော့
ခတ်သည်၊ thɔ-pei'-te
သော့ပိတ်သည်

lock₂ *n* thɔ-(lon:) သော့(လုံး)
(pad~); zə-zụ ဆံစု (~ of hair)

locket *n* lɔ-ke'-thi: လော့ကက်သီး

lockjaw *n* 💉 mei:-hkain-yɔ:-ga
မေးခိုင်ရောဂါ

locust *n* 🦗 jain: ကျိုင်း

lodge *v* sai'-te စိုက်သည်၊ ti'-te
တစ်သည် (stick in); te:-de
တည်းသည် (live)

loft *n* hta'-hko: ထပ်ခိုး

lofty *adj* myin-ma:-dẹ
မြင့်မားသော

log *n* thi'-ton: သစ်တုံး (wood);
hma'-tan: မှတ်တမ်း (notes)

logic *n* yo'-tị-(yo'-ta)
ယုတ္တိ(ယုတ္တာ)

logistics *n* si-man-kein:-pyin-
nya စီမံကိန်းပညာ

logo *n* lo-go လိုဂို၊ ə-hma'-də-
zei' အမှတ်တံဆိပ်

loiter *v* yaun-le-yaun-le-lo'-te
ယောင်လည်ယောင်လည်လုပ်သည်

lonely *adj* ə-hti:-jan-dẹ
အထီးကျန်သော

loner *n* tə-ko-dɔ တစ်ကိုယ်တော်

long *adj* shei-dẹ ရှည်သော (~
hair); ja-dẹ ကြာသော (~ wait)
‖ ‖ *no longer* mə...tọ မ...တော့

long ago *adv* shei:-shei:-don:-gạ
ရှေးရှေးတုန်းက

long for *v* nga'-te ငတ်သည်၊ lun:-
de, lwan:-de လွမ်းသည်၊ tạ-de
တသည်၊ au'-mei-de အောက်
မေ့သည်

longing *n* ə-lwan: အလွမ်း

longingly *adv* tạ-tha-dha
တသသ

longitude *n* 🌐 laun-ji-tu'
လောင်ဂျီတွဒ်

long-term *adj* yei-shei ရေရှည်

longyi *n* lon-ji လုံချည်

loo *n* ein-dha အိမ်သာ

loofah *n* thə-bu'-u သပွတ်အူ

look₁ *v* ji-de ကြည့်သည် (~ here); shụ-de ရှုသည် (~ at); pon-yạ-de ပုံရသည် (~s pretty good)

look₂ *n* ə-ji အကြည့်၊ ng̣e-ji ့ကြည့် (a long ~); mye'-hnə-hta: မျက်နှာထား (the ~ on his face)

look after *v* ji-shụ-de ကြည့် ရှုသည်၊ saun-shau'-te စောင့် ရှောက်သည်၊ pyụ-sụ-de ပြုစုသည် (~ a sick person); htein:-thein:-de ထိန်းသိမ်းသည် (maintain)

look down *v* ngon-ji-de ငုံ့ကြည့်သည်

look down on *v* ə-htin:-thei:-de အထင်သေးသည်

look for *v* sha-de ရှာသည်

look forward to *v* saun-za:-de စောင့်စားသည်၊ saun-hmyɔ-de စောင့်မျှော်သည်

look good *v* hlạ-de လှသည် (you ~); mye'-hna-pan:-hlạ-de မျက် နှာပန်းလှသည် (the possibilities ~)

looking glass *n* hman (ကြည့်)မှန်၊ jei-mon ကြေးမုံ (mirror)

look over *v* mye'-ke:-hka'-te မျက်ကဲခတ်သည် (assess)

looks *n* yo'-yei ရုပ်ရည်၊ ə-yaun-

look the other way *v* ma-thị-jin-aun-han-hsaun-de မသိချင် အောင်ဟန်ဆောင်သည်

look up *v* ji-de ကြည့်သည်၊ sha-de ရှာသည် (~ on the Internet); mɔ-ji-de မော့ကြည့်သည် (~ at the sky); mye'-hna-pan:-hlạ-de မျက် နှာပန်းလှသည် (looking up at last)

look up to *v* ə-htin-ji-de အထင်ကြီးသည်

loom *n* ye'-kan: ရက်ကန်း၊ ja' ဂျပ်

loop *n* gwin: ကွင်း

loophole *n* ə-the'-shu-bau' အသက်ရှူပေါက်

loose *adj* chaun-dẹ ချောင်သော (a ~ screw); pwạ-(yaun:)-dẹ ပွ (ရောင်း)သော (a ~ shirt); pyei-dẹ ပြေသော (untied); nẹ-dẹ နဲ့သော (~ post); yɔ-ye:-dẹ လျော့ရဲသော (~ control); ə-lu' အလွတ် (~ end)

loosely *adv* yɔ-tị-yɔ-ye: လျော့တိလျော့ရဲ

loosen *v* hpyei-shɔ-de ဖြေ လျှော့သည် (≠ tighten); ə-shɔ-pei:-de အလျှော့ပေးသည် (~ control); hswạ ဆွသည် (~ the soil)

loot *n* tai'-ya-pa-pyi:-sị: တိုက်

ə-hsin: အရောင်အဆင်း (appearance) mye'-hnə-pei: မျက်နှာပေး (expression)

ရာပါဝစ္စည်း

lopsided *adj* tə-hpe'-saun:-nin:-hpyi'-tẹ တစ်ဖက်စောင်းနင်းဖြစ်သော

loquat *n* ❀ tə-yo'-hnin: တရုတ်နင်း

Lord *n* hpə-ya:-thə-hkin ဘုရားသခင် (God)

lord *n* thə-khin သခင်၊ ə-shin အရှင်၊ 🌐 ne-za:-pe-za: နယ်စားပယ်စား၊ 🌐 ne-shin-pe-shin နယ်ရှင်ပယ်ရှင်

lorry *n* (kon-tin)-ka: (ကုန်တင်)ကား

lose *v* pyau'-te ပျောက်သည် (~ the key); pyo'-te ပြုတ်သည် (~ a job); shon:-de ရှုံးသည် (~ the game); le'-lu'-te လက်လွတ်သည် (~ control); pein-thwa:-de ပိန်သွားသည် (~ weight); lan:-lwe:-de လမ်းလွဲသည် (~ the way); pye'-te ပျက်သည် (~ face)

loss *n* ə-hson အဆုံး၊ ə-pyau'-ə-shạ အပျောက်အရှ၊ ə-shon အရှုံး၊ ə-hpei'-ə-sin အဖိတ်အစဉ် (~ of life) ‖‖ *at a loss* ə-jan-ton:-nyan-ton: အကြံတုံးဉာဏ်တုံး၊ yi:-ti:-yaun-taun ယီးတီးယောင်တောင်

lost *adj* pyau'-hson:-dẹ ပျောက်

ဆုံးသော (missing); shon:-thwa:-dẹ ရှုံးသွားသော (~ the game); pye'-si:-dẹ ပျက်စီးသော (ruined); lan:-pyau'-tẹ လမ်းပေါက်သော (~ the way); ni'-nei-dẹ နစ်နေသော (~ in thought); na:-mə-le-dẹ နားမလည်သော (≠ understand)

lot *n* me: မဲ (draw ~s); kan ကံ (~ in life); ə-sụ-ə-pyon အစုအပုံ (large amount); myei-gwe' မြေကွက် (piece of land, vacant ~)

lotion *n* lein:-zei: လိမ်းဆေး (calamine ~); ə-hlạ-zi အလှဆီ (hand ~)

lots *adv* ə-mya:-ji: အများကြီး၊ tə-bon-tə-hkaun: တစ်ပုံတစ်ခေါင်း

lottery *n* hti ထီ (government ~); che: ချဲ (illegal ~)

lotus *n* ❀ ja ကြာ ❀ pə-don-ma ပဒုမ္မာ

loud *adj* hsu-nyan-dẹ ဆူညံသော (~ music); je-laun-dẹ ကျယ်လောင်သော (~ noise)

loudspeaker *n* ə-than-chẹ-ze' အသံချဲ့စက် (stereo ~s); ɔ-lan အော်လန် (bullhorn)

louse *n* 🐛 than: သန်း (*pl* lice)

lousy *adj* cha-tu:-lan-dẹ ချာတူးလံသော၊ nyaṇ-dẹ ညံ့သော

(bad); than:-htu-dḛ သန်းထူသော
(with many lice)

love₁ *v* chi'-te ချစ်သည်၊ myi'-ta-shḭ-de မေတ္တာရှိသည်

love₂ *n* ə-chi' အချစ်၊ myi'-ta မေတ္တာ

lovely *adj* yo'-chɔ:-dḛ ရုပ်ချောသော

lover *n* chi'-thu ချစ်သူ (sexual partner); mə-ya:-nge မယားငယ် (~ of a husband); lin-nge လင်ငယ် (~ of a wife); wa-thə-na-o: ဝါသနာအိုး (art ~)

lovingly *adv* chi'-sə-no: ချစ်စနိုး

low *adj* neiṇ-dḛ နိမ့်သော (~ table); ne:-dḛ နည်းသော (~ offer); hmein-hpyɔ-dḛ မှိန်ဖျော့သော (~ light); au'-jə-dḛ အောက်ကျသော (~ position) ‖‖ **have a low opinion of** ə-htin-thei:-de အထင် သေးသည်

low tone *n* te'-than တက်သံ၊ than-shei သံရှည်

lower *v* chə-de ချသည်

Lower Myanmar *n* 🌐 au'-pyi အောက်ပြည်

loyal *adj* thi'-sa-shḭ-dḛ သစ္စာရှိသော

loyalty *n* thi'-sa သစ္စာ

lozenge *n* thə-ja:-ge: သကြားခဲ (throat ~); hman-gu-kwe' မှန်ကူကွက်၊ ya-zə-ma'-gwe' ရာဇမတ်ကွက် (◇)

lubricant *n* chɔ:-zi ချောဆီ

luck *n* kan ကံ

lucky *adj* kan-kaun:-dḛ ကံကောင်းသော

Ludo *n* pə-hsi ပဆစ်

luggage *n* ə-hto' အထုပ်

lukewarm *adj* je'-thein:-nwei:-dḛ ကြက်သီးနွေးသော

lullaby *n* ♪ tha:-chɔ-tei: သားချောတေး

lumbago *n* ⚕ hka:-na-jin: ခါးနာခြင်း

lumber *n* pyin ပျဉ်၊ thi'-tha: သစ်သား

lumber mill *n* thi'-se' သစ်စက်

lump₁ *v* ə-tu-twe:-sin-za:-de အတူတွဲစဉ်းစားသည်

lump₂ *n* ə-hke: အခဲ၊ ə-ton: အတုံး (piece); ⚕ ə-jei' အကျိတ် (tumour) ‖‖ **have a lump in one's throat** ə-lon:-hsɔ-de အလုံးဆို့သည်

lunar *n* lə-nḛ-hsain-dḛ လနှင့်ဆိုင်သော

lunar month *n* san-də-rə-ma-tha စန္ဒြမာသ

lunatic *n* ə-yu: အရူး

lunch *n* nei̯-le-za နေ့လယ်စာ

lung(s) *n* ə-hso' အဆုတ်

lurk *v* chaun-de ချောင်းသည်

lush *adj* sein:-so-de စိမ်းစိုသောၢ
sein:-lan:-de စိမ်းလန်းသော

lust *n* ka-mə ကာမၢ tə-hna တဏှာ

luxuriant *adj* wei-de ဝေသော

luxuriate *v* zein-hkan-de
ဇိမ်ခံသည်

luxury *n* zein ဇိမ်

-ly *suff* swa စွာၢ thə-hpyin̯ သဖြင့်

lychee *n* ❀ lai'-chi: လိုက်ချီး

lyrics *n* ♪ thə-chin:-sa-dha:
သီချင်းစာသား

M - m *n* an အမ်

---

mace *n* ❀ zə-dei'-po-dhi:
ဇာတိပ္ဗိုလ်သီး

machete *n* da:-mə ဓားမ

machine *n* se' စက်

machine gun *n* ✈ bə-rin:-gan:
ဘရင်းဂန်း

machinery *n* se' စက်ၢ yan:-də-
ya:, yan-nə-ya: ယန္တရား

machinist *n* se'-hsə-ya
စက်ဆရာ

mackerel *n* ❀ ngə-kun:-sha'
ငါးကွမ်းရှပ်

mackintosh *n* mo:-ka-ein:-ji
မိုးကာအက်ီ

mad *adj* sei'-hta̯-de စိတ်ထသောၢ
yu:-de̯ ရူးသော (crazy); dɔ:-dha-
htwe'-te̯ ဒေါသထွက်သော (angry)

madam *n* hsə-ya-mə ဆရာမ
(Please come in, ~.); pyi̯-də-za-
gaun: ပြည့်တန်ဆာခေါင်း (head of
brothel)

magazine *n* me'-gə-zin: မဂ္ဂဇင်း

maggot *n* ❀ po: ပိုးၢ lau' လောက်

magic *n* hmyɔ မှော် (supernatural
power); le'-we:-lan:-pyin-nya
လက်ဝဲလမ်းပညာ

magic trick *n* mye'-hle̯
မျက်လှည့်ၢ pyin-sə-le' ပဉ္စလက်

magician *n* hmyɔ-hsə-ya
မှော်ဆရာ

magistrate *n* ⚖ tə-ya:-thə-ji:
တရားသူကြီး

magnet *n* than-lai' သံလိုက်

magnetic field *n* than-lai'-se'-
kwin: သံလိုက်စက်ကွင်း

magnificence *n* ə-hwun-ə-wa
အဟွန်အဝါ

magnificent *adj* hkan:-na:-de̯
ခမ်းနားသော

magnify *v* che̯-de ချဲ့သည်

magnifying glass *n* hman-bə-

---

lu: မှန်ဘီလူး

magnitude *n* ə-tain:-ə-ta
အတိုင်းအတာ

magnolia *n* ✵ tə-tain:-hmwei:
တတိုင်းမွှေး

Mahayana *n* ▥ mə-ha-ya-nə
မဟာယာန

mahjongg *n* ma-jau' မာကျောက်၊
ma-jaun မာကျောင်

mahogany *n* ✵ mə-hɔ-gə-ni
မဟော်ဂနီ

mahout *n* hsin-u:-zi: ဆင်ဦးစီး

maid *n* ein-bɔ အိမ်ဖော် ။ ။ *old
maid* ə-pyo-ji: အပျိုကြီး

maidan *n* si'-tə-lin: စစ်တလင်း

mail₁ *v* sa-htε-de စာထည့်သည်

mail₂ *n* sa စာ (letters); than-ja'
သံချုပ် (armour)

mailbox *n* sa-dai'-bon:
စာတိုက်ပုံး

mailman *n* sa-pɔ-lu-lin စာပို့
လူလင်

main *adj* mə မ၊ mein: မိန်း၊ ə-di-
kə-jə-dε အဓိကကျသော၊ ə-yei:-
ə-ji:-hson:-hpyi'-tε အရေးအကြီး
ဆုံးဖြစ်သော

main road *n* lan:-mə လမ်းမ

mainstream *n* pin-mə-yei-zi:
ပင်မရေစီး

maintain *v* htein:-thein:-de
ထိန်းသိမ်းသည် (keep up); ya'-ti-
de ရပ်တည်သည် (assert)

maize *n* ✵ pyaun: ပြောင်း

majesty *n* ə-thə-yei အသရေ

major *n* ⚔ bo-hmu: ဗိုလ်မှူး၊ mei-
ja မေဂျာ (~ in college)

majority *n* ə-mya: အများ (largest
part); lu-mya:-zu လူများစု

make *v* pyu-de ပြုသည်၊ lo'-te
လုပ်သည် (do); hpan-ti:-de ဖန်
တီးသည် (create); hto'-lo'-te
ထုတ်လုပ်သည် (produce); mya'-te
မြတ်သည် (~ money); hpyɔ-de
ဖျော်သည် (~tea); chə-hma'-te
ချမှတ်သည် (~ a rule)

make fun of *v* nau'-te
နောက်သည်

make over *v* hlwε:-pyaun:-de
လွှဲပြောင်းသည်၊ a'-hnin:-de
အပ်နှင်းသည် (~ property to); ə-
thi'-pyin-de အသစ်ပြင်သည် (give
a new style)

make sthg happen *v* sei စေ

make up *v* htwin-de ထွင်သည်
(invent); pyan-paun:-hto'-te ပြန်
ပေါင်းထုပ်သည် (≠ break up); mei'-
ka'-lein:-de မိတ်ကပ်လိမ်းသည်
(~ my face)

make-up n hpwɛ-si:-bon pʰwɛ̀.si:bon ဖွဲ့စည်းပုံ (~ of an organisation); mei-ka' မိတ်ကပ် (cosmetics)

make up for v hpa-htei:-de ဖာထေးသည်၊ hpyei-swe'-te ဖြည့်စွက်သည်

make way v lan:-hpe-de လမ်းဖယ်သည်

malaria n ✤ hngə-hpya: ငှက်ဖျား

Malay n 🌏 mə-lei: မလေး၊ pə-shu: ပသျှူး

Malaysia n 🌏 mə-lei:-sha မလေးရှား

male n ja: ကျား၊ yau'-ja: ယောက်ျား (≠ female); ə-hti: အထီး၊ ə-hpo အဖို (~ horse)

malicious adj hso:-nyi'-tɛ ဆိုးညစ်သော

maliciously adv hpye-lo-hpye'-hsi: ဖျက်လိုဖျက်ဆီး

malign adj hso:-thwan:-dɛ ဆိုးသွမ်းသော (≠ benign)

malignant adj hso:-thwan:-dɛ ဆိုးသွမ်းသော (≠ benign)

mall n hsain-dan: ဆိုင်တန်း

malnutrition n ⚕ a-ha-rə-cho'-tɛ-chin: အာဟာရချို့တဲ့ခြင်း

mammal n ✤ nɔ-tai'-tha'-tə-wa နို့တိုက်သတ္တဝါ

man n ə-myo:-dha: အမျိုးသား၊ yau'-ja: ယောက်ျား

manage v si-man-de စီမံသည်၊ kain-twe-de ကိုင်တွယ်သည် (~ a project); nain-de နိုင်သည် (Can you ~?)

managing director n u:-hsaun-hnyun-ja:-yei:-hmu ဦးဆောင်ညွှန်ကြားရေးမှူး

management n si-man-hkaṇ-hkwe:-hmu စီမံခန့်ခွဲမှု၊ ə-kain-ə-twe အကိုင်အတွယ်၊ ja'-ma'-hmu ကြပ်မတ်မှု

manager n man-nei-ja မန်နေဂျာ

Manau festival n mə-nɔ:-bwe: မနောပွဲ

mange tout n ✿ shwei-pe: ရွှေပဲ

mango n ✿ thə-ye' သရက်

mango bird n ✤ hnge'-wa ငှက်ဝါ

mangosteen n ✿ min-gu' မင်းကွတ်

mangrove n ✿ lə-mu လမု

maniac n ə-yu: အရူး

manicure n le'-the:-ə-hla-pyin-jin: လက်သည်းအလှပြင်ခြင်း

manifesto n jei-nya-sa-dan: ကြေညာစာတမ်း

manipulate v kain-de ကိုင်သည် (~ the levers); jo:-kain-de

ကြိုးကိုင်သည် (~ sb)

manipulative *adj* ma-ya-mya:-
de မာယာများသည်

mankind *n* lu-dha: လူသား

mannequin *n* lu-yo'-tụ လူရုပ်တု

manner *n* ə-mu-ə-ya အမူအရာ၊
ə-cho: အချိုး၊ gai' ဂိုက်၊ han-pan
ဟန်ပန် (style); ni: နည်း (way)

manners *n* yin-jei:-thein-mwei-
hmụ ယဉ်ကျေးသိမ်မွေ့ မှု

manoeuvres *n ♪* si'-kə-za:
စစ်ကစား

manpower *n* lu-a: လူအား

mansion *n* ein-ji:-ein-gaun:
အိမ်ကြီးအိမ်ကောင်း (grand house);
⌗ ne'-hka' နက္ခတ် (lunar ~)

manslaughter *n* ⚖ lu-thei-hmụ
လူသေမှု

mantra *n* ⚲ man:-tə-ya: မန္တရား

manual₁ *adj* la' က် ‖‖ *manual
labour* ə-lo'-jan: အလုပ်ကြမ်း

manual₂ *n* le'-swe: လက်စွဲ၊ lan:-
hnyun လမ်းညွှန် ‖‖ *users' manual*
lan:-hnyun-je' လမ်းညွှန်ချက်

manually *adv* le-chi:-the'-the'
လက်ချည်းသက်သက်

manufacture *n* hto'-lo'-chin:
ထုတ်လုပ်ခြင်း

manuscript *n* sa-mu စာမူ

many *pron* ə-mya:-ə-pya:
အများအပြား

map *n* myei-bon မြေပုံ

marathon *n* ta-wei:-ə-pyei:-
pyain-bwe: တာဝေးအပြေးပြိုင်ပွဲ

marble *n* jau'-do: ကျောက်ဒိုး
(stone); gə-li ဂေါ်လီ (toy)

march *v ♪* chi-te'-te ချီတက်သည်

March *n* ma' မတ်

mare ♀ *n* ⚘ myin:-mạ မြင်းမ

margarine *n* ma-jə-rin: မာဂျရင်း

margin *n* ma-jin မာဂျင် ‖‖ *by a
large margin* ə-pya'-ə-tha'
အပြတ်အသတ်

margosa *n* 🌿 tə-ma တမာ

marigold *n* 🌿 hta'-tə-ya
ထိပ်တရာ၊ 🌿 shwei-din-ga:-ban:
ရွှေဒင်္ဂါးပန်း

marijuana *n* 🌿 hsei:-jau'
ဆေးခြောက်

marine *adj* ⚓ pin-le ပင်လယ်

marionette *n* yo'-thei: ရုပ်သေး

mark₁ *v* ə-hma:-pei:-de အမှတ်
ပေးသည် (~ exams); pya-de
ပြသည် (~ the spot)

mark₂ *n* ə-hma: အမှတ် (point;
symbol); ə-ya အရာ၊ ə-pau'
အပေါက် (spot)

market₁ *n* zei:-gwe'-tin-yaun:-

de ဈေးကွက်တင်ရောင်းသည်

market₂ *n* zei: ဈေး (central ~);
🌏 zei:-gwe' ဈေးကွက် (world ~)

marks *n* ခ-hma' အမှတ်

marmalade *n* lein-mɔ-yo
လိမ္မော်ယို

maroon *n* ni-nyo-yaun
နီညိုရောင်

marriage *n* ein-daun အိမ်ထောင်

marrow *n* 🦴 jau'-hpɔ-yon
ကျောက်ဖရို၊ 🌿 chin-zi ခြင်ဆီ
(bone ~)

marry *v* le'-hta'-te လက်
ထပ်သည်၊ nya:-de ညားသည်၊ yu-
de ယူသည်၊ yɔ-de ရသည်

Mars *n* in-ga-jo အင်္ဂါဂြိုဟ်

marsh *n* nun နွံ

mart *n* zei: ဈေး

martial *n* ⚔ si'-be' စစ်ဘက်

martial art *n* thain: သိုင်း

martial law *n* ⚔ si'-u-pɔ-dei
စစ်ဥပဒေ

martyr *n* a-za-ni အာဇာနည်

masala *n* mɔ-sɔ-la မဆလာ

masculine *adj* ja: ကျား၊ pon:-lein
ပုလ္လိင်

mash *v* jei'-ne-te ကြိတ်နယ်သည်

masjid *n* ☪ bɔ-li ဗလီ

mask₁ *n* mye'-hnɔ-hpon:-su'-te
မျက်နှာဖုံးစွပ်သည်

mask₂ *n* mye'-hnɔ-hpon:
မျက်နှာဖုံး

mason *n* pɔ-yan ပန်းရန်

masonry *n* pɔ-yan ပန်းရန်

masquerade₁ *v* mye'-hnɔ-hpon:-
su'-te မျက်နှာဖုံးစွပ်သည် (put on a
disguise); ခ-yaun-hsaun-de
အယောင်ဆောင်သည် (pretend to
be)

masquerade₂ *n* mye'-hnɔ-
hpon:-su'-bwe: မျက်နှာဖုံးစွပ်ပွဲ
(costume party); han-hsaun-jin:
ဟန်ဆောင်ခြင်း (false show)

mass *n* dɔ-ra'-htu ဒြပ်ထု (quanti-
ty of matter); ခ-hke: အခဲ (lump);
lu-du လူထု (public); ခ-su-ခ-pon
အစုအပုံ (bulk, greater part)

massage₁ *v* hnei'-te နှိပ်သည်

massage₂ *n* ခ-hnei' အနှိပ်

masses *n* 🌐 pyi-dhu-lu-du
ပြည်သူလူထု

masseur ♂ *n* ခ-hnei'-the
အနှိပ်သည်

masseuse ♀ *n* ခ-hnei'-the
အနှိပ်သည်

massive *adj* lei:-lan-de
လေးလံသော (heavy); ji:-ma:-de
ကြီးမားသော (large)

mast *n* ⚓ ywe'-tain ရွက်တိုင်၊ tain တိုင်

master₁ *v* pain-de ပိုင်သည်

master₂ *n* hsə-ya ဆရာ (expert); thə-hkin သခင် (owner); mu-yin: မူရင်း (~ copy)

master of ceremonies *n* ə-hkan:-ə-na:-hmu: အခမ်းအနားမှူး

masterly *adj* pyaun-myau'-tẹ ပြောင်မြောက်သော

mastermind₁ *v* ə-hka-pei:-de အခါပေးသည်

mastermind₂ *n* hsə-ya-ji: ဆရာကြီး၊ jo:-kain-dhu ကြိုးကိုင်သူ

master's degree *n* ma-sə-ta-bwẹ မာစတာဘွဲ့

mat *n* hpya ဖျာ

match₁ *v* lai'-hpe'-te လိုက်ဖက်သည် (go with); kai'-te ကိုက်သည် (fit)

match₂ *n* pyain-bwe: ပြိုင်ပွဲ (game); be' ဖက်၊ tan:-tu တန်းတူ (met his ~); mi:-chi' မီးခြစ် (~box)

matchmaker *n* aun-thwe အောင်သွယ်

matchstick *n* mi:-chi'-hsan မီးခြစ်ဆံ

match up *v* sa'-ha'-te စပ်ဟပ်သည်

mate₁ *v* ⚥ mai'-lai'-te မိတ်လိုက်သည်

mate₂ *n* bə-da ဘော်ဒါ (friend); (tə)-hpe' (တစ်)ဖက် (one of a pair); che'-mei' ချက်မိတ် (check~)

-mate *suff* hpe' ဖက်၊ hpɔ ဖော်

material *n* kon-jan: ကုန်ကြမ်း (raw ~); ə-hte အထည်၊ ə-tha: အသား၊ pei'-sạ ပိတ်စ (cloth); yo'-wu'-htụ ရုပ်ဝတ္ထု (≠ spiritual)

materialise *v* (ə-kaun-ə-hte)-pɔ-de (အကောင်အထည်)ပေါ်သည် (appear); ko-htin-pya-de ကိုယ်ထင်ပြသည် (the nat ~d)

materialism *n* yo'-wa-dạ ရုပ်ဝါဒ

maternity *adj* ko-wun-hsaun ကိုယ်ဝန်ဆောင်

maternity ward *n* ⚕ tha:-hpwa:-gan: သားဖွားခန်း

mathematics *n* thin-cha သင်္ချာ

matinee *n* mwei-ya မွေ့ရာ

matriculation exam *n* me'-htə-ri' မက်ထရစ်

matter₁ *v* kei:-sạ-shị-de ကိစ္စရှိသည်၊ ə-jaun:-shị-de အကြောင်းရှိသည်

matter₂ *n* kei'-sạ ကိစ္စ၊ ခ-yei: အရေး၊ ခ-jaun: အကြောင်း (issue); ✳ dra' ဒြပ် ။။ ***no matter what*** mə-yạ-mə-kạ မရမကာ be-lo-hpyi'-hypi' ဘယ်လိုဖြစ်ဖြစ်

mattress *n* mwei-ya မွေ့ရာ

mature *adj* yiṇ-je'-tẹ ရင့်ကျက်သော

maximum *n* ခ-myiṇ-zon: အမြင့်ဆုံး

May *n* mei မေ

may *v* nain-de နိုင်သည် (it ~ rain); yạ ရ(လား) (~ I?)

maybe *adv* ...chin...me ...ချင် ...မယ်

mayor *n* 🌐 myọ-dɔ-wun မြို့တော်ဝန်

maze *n* win-gə-ba ဝင်္ကပါ

me *pron* ɔ jə-nɔ ကျွန်တော်(ကို)၊ ♀ jə-mạ ကျွန်မ(ကို)

meadow *n* mye'-hkin: မြက်ခင်း

meal *n* sa စာ၊ na' နပ်

mean₁ *v* hso-ta ဆိုတာ ('short' ~s 'not long'); jan-ywe-de ကြံ ရွယ်သည် (intend); thə-bɔ:-shị-de သဘောရှိသည် (This ~s I win.)

mean₂ *adj* ka'-si:-ne:-dẹ ကပ်စေးနဲ့သော (stingy); sei'-po'-tẹ စိတ်ပုပ်သော (≠ nice)

mean₃ *n* hpyan:-hmyạ ဖျမ်းမျှ

meantime *adv* ခ-tɔ:-ခ-twin: အတောအတွင်း၊ ja-de:-hma ကြားထဲမှာ

meaning *n* ခ-dei'-pe အဓိပ္ပာယ်၊ ခ-ne' အနက်၊ thə-bɔ: သဘော ။။ ***extended meaning*** ခ-ne'-pwa: အနက်ပွား ။။ ***literal meaning*** ခ-ne'-yin အနက်ရင်း

meaninglessly *adv* the'-the'-mẹ သက်သက်မဲ့

means *n* ခ-yin:-ခ-myi အရင်း အမြစ် (resources); ni: နည်း (method)

meant for *adj* ခ-twe'-hpyi'-tẹ အတွက်ဖြစ်သော

meanwhile *adv* ခ-tɔ:-ခ-twin: အတောအတွင်း၊ ja-de:-hma ကြားထဲမှာ

measles *n* ⚕ we'-the' ဝက်သက်

measure₁ *v* tain:-de တိုင်းသည်

measure₂ *n* ခ-tain:-ခ-ta အတိုင်း အတာ (size); ခ-si-ခ-man အစီအမံ (preventive ~)

measurement *n* ခ-tain: အတိုင်း

measuring tape *n* pei-jo: ပေကြိုး

meat *n* ခ-tha: အသား

mechanic *n* se'-hsə-ya

စက်ဆရာ၊ se'-pyin စက်ပြင်

mechanical *adj* se' စက်

mechanical engineering *n* se'-hmu-pyin-nya စက်မှုပညာ

medal *n* hsu̱-də-zei' ဆုတံဆိပ်

meddle *n* swe'-hpe'-te စွက်ဖက်သည်၊ win-swe'-te ဝင်စွက်သည်

mediate *v* hpyan-hpyei-de ဖျန်ဖြေသည်၊ si̱-sa'-te စေ့စပ်သည်

mediator *n* ja:-lu ကြားလူ

medical *adj* ✚ hsei: ဆေး

medical certificate *n* ✚ hsei:-le'-hma ဆေးလက်မှတ်

Medical Corps *n* ⚔ ✚ hsei:-ta' ဆေးတပ်

medicine *n* ✚ hsei:-(wa:) ဆေး (ဝါး) ▪▪▪ *injectible medicine* hto:-zei: ထိုးဆေး ▪▪▪ *topical medicine* lein:-zei: လိမ်းဆေး ▪▪▪ *oral medicine* thau'-hsei: သောက်ဆေး ▪▪▪ *indigenous medicine* tain:-yin:-hsei: တိုင်းရင်းဆေး

meditate *v* ▦ tə-ya:-htain-de တရားထိုင်သည်

meditation *n* ▦ tə-ya:-htain-jin: တရားထိုင်ခြင်း; kə-ma'-htan: ကမ္မဋ္ဌာန်း၊ thə-mə-htạ သမထ wi̱-pa'-thə-na ဝိပဿနာ

medium₁ *adj* ə-la' အလတ်၊ zə-gạ စက

medium₂ *n* na'-kə-dɔ နတ်ကတော် (spirit ~)

meet *v* jo-de ကြုံသည် (~ at the station); hson-de ဆုံသည်၊ twei-de တွေ့သည် (~ in a café)

meeting *n* ə-si:-ə-wei: အစည်းအဝေး

megaphone *n* ɔ-lan အော်လန်

melancholy *n* lə-dạ-hmain-hmain လင်းတမှိုင်မှိုင်

mellow *adj* ei:-de̱ အေးသော

melody *n* ♪ than-zin သံစဉ်

melon *n* 🍉 thə-hkwa:-hmwei: သခွားမွေး

melt *v* pyɔ-de (အရည်)ပျော်သည်

member *n* ə-hpwe̱-win အဖွဲ့ဝင်

membrane *n* ə-hmei:, ə-hmyei: အမွှေး

memo *n* hmyɔ:-za မျှောစာ၊ yon:-dwin:-za ရုံးတွင်းစာ

memoir *n* ko-dain-yei:-ə'-hto'-pa'-ti̱ ကိုယ်တိုင်ရေးအတ္ထုပ္ပတ္တိ

memorandum *n* ə-hma-za အမှာစာ၊ hmyɔ:-za မျှောစာ၊ yon:-dwin:-za ရုံးတွင်းစာ

memorial *n* ə-htein:-ə-hma' အထိမ်းအမှတ်

memorise v swe:-hma'-te
စွဲမှတ်သည်၊ ə-ya̱-je'-te အရ
ကျက်သည်

memory n hma'-nyan မှတ်ဉာဏ်
(ability to remember); ə-hma'
အမှတ်၊ ə-hmya'-thin-nya
အမှတ်သညာ (in ~ of)

menace n bei:-yan ဘေးရန်

mend v pyan-pyin-de
ပြန်ပြင်သည်၊ hpa-de ဖာသည်
(repair); kaun:-la:-de
ကောင်းလာသည် (heal)

meningitis n ☿ mə-nin:-ji-
hmyei:-yaun-yan:-na မနင်းဂျိုမွှေး
ရောင်ရမ်းနာ

menopause n ☿ thwei:-hson:-
jin: သွေးဆုံးခြင်း

menstruate v ya-thi-pɔ-de
ရာသီပေါ်သည်

menstruation n ya-thi ရာသီ

mental adj sei'-pain:-hsain-ya
စိတ်ပိုင်းဆိုင်ရာ၊ yu:-de̱ ရူးသော

mentality n sei'-nei-sei'-hta:
စိတ်နေစိတ်ထား

mentor n hsə-ya ဆရာ၊ u̱-pyi'-
ze-hsə-ya ဥပဇ္ဈာယ်ဆရာ

menu n mi-nu: မီနူး

mercenary n ⚔ jei:-za: ကြေးစား

merchandise n kon-pyi'-si:
ကုန်ပစ္စည်း

merchant n kon-dhe-ji:
ကုန်သည်ကြီး

Mercury n bo'-də-hu:-jo
ဗုဒ္ဓဟူးဂြိုလ်

mercury n pya-da: ပြဒါး၊ ma-ju-
ri မာကျူရီ

mercy n gə-yu̱-na-hta:-jin:
ကရုဏာထားခြင်း ။။ **at sb's mercy**
le'-hko'-twin: လက်ခုပ်တွင်း
။။ **have mercy** myi'-ta-shei̱-hta:-
ba မေတ္တာရှေ့ထားပါ

mere adj pe: ပဲ

merely adv ka-hmya̱-hpyin
ကာမျှဖြင့်

merge v hnɔ:-de နှောသည်၊ paun:-
hson-de ပေါင်းဆုံသည်

merger n pu:-paun:-hmu̱
ပူးပေါင်းမှု

merit n ▥ ku̱-tho ကုသိုလ် (make
~)၊ ə-yi-ə-chin: အရည်အချင်း
(good feature)

mermaid n yei-thu-ma̱ ရေသူမ

merry adj shwin-myu:
ရွှင်မြူးသည်

merry-go-round n cha: ချား

Meru n myin:-mo မြင်းမိုရ်

mesh n pai'-kwe' ပိုက်ကွက်၊ than-
zə-ga သံဆန်ခါ

mesmerise v sei'-hnyọ-de စိတ်ညှို့သည်

mess₁ v win-sho'-te ဝင်ရှုပ်သည်

mess₂ n jwe'-thai' ကြွက်သိုက်၊ bo'-thai' ဖုတ်သိုက် ‖‖ **be in a mess** hpwa-hsan-je:-de ဖွာဆန်ကြဲသည် ‖‖ **making a mess of** ə-hma:-hma:-ə-ywin:-ywin: အမှားမှားအယွင်းယွင်း

mess around v mye'-hna-mya:-de မျက်နှာများသည်

message n ə-jaun: အကြောင်း၊ ə-hma-zə-ga: အမှာစကား၊ ə-hma-za အမှာစာ

messenger n hse'-tha: ဆက်သား

messiah n ☾ ✝ ke-tin-shin ကယ်တင်ရှင်

messily adv hto:-do:-htaun-daun ထိုးထိုးထောင်ထောင်

mess up v hpwạ-de ဖွသည်

messy adj sho'-pwei-dẹ ရှုပ်ပွေသော

metal n tha'-tụ သတ္တု

metamorphosis n ə-thwin-pyaun:-le:-jin: အသွင်ပြောင်းလဲခြင်း

metaphor n ✿ tin-za:-zə-ga: တင်စားစကား

meteor n 🜨 o'-ka ဉက္ကာ

meteorite n 🜨 o'-ka-ge: ဉက္ကာခဲ

meteorology n mo:-lei-wə-dhạ-pyin-nya မိုးလေဝသပညာ

meter n mi-ta မီတာ (100 cm; electric ~)

methanol n ❀ ə-ye'-pyan အရက်ပြန်

method n ni:-lan: နည်းလမ်း (way); sə-ni' စနစ် (system); lo'-hton:-lo'-ni: လုပ်ထုံးလုပ်နည်း (working ~)

methodical adj ni:-jạ-dẹ နည်းကျသော

methodically adv sə-ni'-tə-jạ စနစ်တကျ

meticulous adj seị-sa'-tẹ စေ့စပ်သော၊ ə-kwe'-sị-dẹ အကွက်စေ့သော

metre n mi-ta မီတာ

metric adj me'-htə-ri' မက်ထရစ်

metropolis n ✪ myọ-ji:-pyạ-ji: မြို့ကြီးပြကြီး

metropolitan myọ-ji:-nẹ-hsain-dẹ မြို့ကြီးနှင့်ဆိုင်သော

metta n ✺ myi'-ta မေတ္တာ

mettle n ə-chin: အချင်း၊ ə-sun: အစွမ်း

mezzanine n hta'-hko: ထပ်ခိုး

microbe n ❀ po: ပိုး

microphone *n* mai' မိုက်၊ da'-hkwe' ဓာတ်ခွက်

microscope *n* ə-nụ-ji̱-kə-ri̱-ya အဏုကြည့်ကိရိယာ၊ ə-nụ-ji̱-hman-bə-lu အဏုကြည့်မှန်ဘီလူး

midday *n* neị-le နေ့လယ်

middle *n* ja: ကြား၊ ə-le-ə-la' အလယ်အလတ် (≠ edge; ≠ beginning or end); ⫿ mi'-zi̱-ma မရ္ဂိုမ၊ ə-le-bə-ho အလယ်ဗဟို (~ of the crowd); hka: ခါး (waist area)
ııı *middle C* ♪ than-hman သံမှန်

middle class *n* lu-la'-tan:-za: လူလတ်တန်းစား

middle finger *n* le'-hkə-le လက်ခလယ်

middle-age *n* the'-la' သက်လတ်

middleman *n* pwe:-za: ပွဲစား (broker); ja:-lu ကြားလူ (intermediary)

midget *n* pụ-to ပုတို

midland *n* myei-la' မြေလတ်

midnight *n* thə-gaun သန်းခေါင်

midst *n* hkə-le ခလယ်

midway *adv* tə-we'-tə-pye' တစ်ဝက်တစ်ပျက်

midwife ⚕ *n* tha:-hpwa:-hsə-ya-mạ သားဖွားဆရာမ (trained ~); le'-the လက်သည် (traditional ~) -

might₁ *v* nain နိုင်၊ ...chin...me ...ချင်...မယ်

might₂ *n* in-a: အင်အား

migraine *n* ⚕ gaun-tə-chan:-kai'-chin ခေါင်းတစ်ခြမ်းကိုက်ခြင်း

migrate *n* shwei̱-pyaun:-de ရွှေ့ပြောင်းသည်

migration *n* lu-win-lu-htwe' လူဝင်လူထွက်

mike *n* mai' မိုက် (microphone)

mild *adj* pyɔ-de ပျော့သော၊ cho-tha-de ချိုသာသော

mildew *n* hmo မှို၊ hpa:-ụ ဖားဥ

mile *n* main မိုင်

miles per hour *n* na-yi-main-hnon: နာရီမိုင်နှုန်း

militant *adj* si'-thwei:-jwạ-de စစ်သွေးကြွသော

militarist *n* 🌐 si'-wa-di စစ်ဝါဒီ

military₁ *adj* ⚔ si' စစ်၊ ta' တပ်

military₂ *n* ⚔ si'-ta' စစ်တပ်

military academy *n* ⚔ si'-te'-kə-tho စစ်တက္ကသိုလ်

military attaché *n* 🌐 si'-than-hmu: စစ်သံမှူး

militia *n* ⚔ ka-kwe-yei: ကာကွယ်ရေး၊ pyi-thu-si' ပြည်သူ့စစ်

milk *n* nwa:-nọ နွားနို့၊ ııı *condensed milk* nọ-zi နို့ဆီ ııı *evapora-*

ted milk nọ-zein: နို့စိမ်း ။။ *pas-teurised milk* nọ-ə-je' နို့အကျက် ။။ *powdered milk* nọ-hmoṇ နို့မှုန့် ။။ *soy milk* pe:-nọ ပဲနို့

Milky Way *n* 🔹 nə-ga:-ngwei-dan: နဂါးငွေ့တန်း

mill *n* se' စက်

millennium *n* htaun-pyị-hni' ထောင်ပြည့်နှစ်

millet *n* 🌾 pyaun:-hsan ပြောင်းဆန်၊ hsa' ဆပ်

milli- *pref* mi-li မီလီ (one/1000th)

million *n* than: သန်း

millionaire *n* than:-jwe-thə-htei: သန်းကြွယ်သူဌေး

millipede *n* 🐛 kin:-nə-than ကင်းနားသန်၊ po:-nə-than ပိုးနားသန်

mimic *v* pon-tu-ku: ပုံတူကူး

mimosa *n* 🌾 htị-gə-yon: ထိကရုံး

mince₁ *v* sin:-de စဉ်းသည်

mince₂ *n* sin:-gə: စဉ်းကော

mind₁ *v* htein:-de ထိန်းသည် (~ the child); dhə-dị-hta:-de သတိ ထားသည် (~ the gap, ~ your head); ə-hnauṇ-ə-she'-hpyi'-te အနှောင့်အယှက်ဖြစ်သည် (be bothersome for, ~ if I smoke?); lai'-na-de လိုက်နာသည် (obey)

mind₂ *n* sei' စိတ် (on my ~, of two ~s); on:-hnau' ဦးနှောက် (a sharp ~); thə-dị သတိ (slipped my ~, presence of ~); ə-myin အမြင် (a narrow ~)

mindful *adj* gə-yụ-pyụ-dẹ ဂရုပြုသော

mindfulness *n* 📿 dhə-dị-tə-ya: သတိတရား

mine₁ *v* tu:-hpɔ-de တူးဖော်သည် (~ rubies); ⚒ main:-htaun-de မိုင်း ထောင်သည် (~ the road)

mine₂ *pron* jə-nɔ-ha ကျွန်တော့် ဟာ၊ jə-mə-ha ကျွန်မဟာ၊ ngə-ha ငါ့ဟာ၊ ngə-ye ငါ့ရဲ့

mine₃ *n* twin: တွင်း (gold ~); ⚒ main: မိုင်း (land~)

minefield *n* ⚒ main:-gwin: မိုင်းကွင်း

mineral *n* tha'-tụ-da' သတ္တုဓာတ် (vitamins and ~s); tha'-tụ သတ္တု (~ resources)

mineralogy *n* tha'-tụ-bei-da သတ္တုဗေဒ

mingle *v* yɔ:-hnɔ:-de ရောနှောသည်

minister *n* 🌐 wun-ji: ဝန်ကြီး (health ~); ✝ hpon:-ji: ဘုန်းကြီး (preacher) ။။ *prime minister*

🌐 wun-ji:-jo' ဝန်ကြီးချုပ်

ministry *n* 🌐 wun-ji:-hta-na̩
ဝန်ကြီးဌာန

minor₁ *adj* ə-thei:-za: အသေးစား၊
ə-ywe-mə-yau'-tẹ အရွယ်
မရောက်သော

minor₂ *n* hkə-lei: ကလေး (≠
adult)

minority *n* lu-ne:-zu̩ လူနည်းစု (~
ethnic group); ə-ne:-zu̩ အနည်းစု
(≠ majority)

mint *n* 🌿 pu-si-nan ပူဒီနာ၊ pu-
shein-bya: ပုရှိမ်းပြား (~ candy)

mint condition *n* ə-thi'-se'-se'
အသစ်စက်စက်

minus *prep* hno' နုတ်

minus sign *n* ə-hno'-le'-hkə-na
အနုတ်လက္ခဏာ၊ '–'

minute₁ *adj* thei:-thei:-lei:
သေးသေးလေး

minute₂ *n* mi̩-ni' မိနစ်

minutes *n* ə-si:-ə-we:-hma'-
tan: အစည်းအဝေးမှတ်တမ်း

minutiae *n* ə-thei:-zei' အသေး
စိတ်

mirror *n* hman (ကြည့်)မှန်၊ je:-
mon ကြေးမုံ

mis- *pref* hma: မှား၊ lwe: လွဲ

misbehave *v* mə-lein-ma
မလိမ္မာ

miscarriage *n* ⚕ ko-wun-pye'-
chin: ကိုယ်ဝန်ပျက်ခြင်း

miscarry *v* ⚕ tha:-shɔ:-de
သားလျှောသည်၊ ⚕ tha:-pye'-te
သားပျက်သည်

miscellaneous *adj* ə-hpya-bya
အဖြာဖြာ

mischief *n* do'-hkə-pei:-jin:
ဒုက္ခပေးခြင်း

misconduct *n* ⚖ si:-gan:-hpau'-
hmu̩ စည်းကမ်းဖောက်မှု

misconstrue *v* ə-htə-ə-na̩-kau'-
te အထအနကောက်သည်

misdeed *n* ə-pyi' အပြစ်

**misdemeanor, misde-
meanour** *n* ⚖ ə-pyi'-nge
အပြစ်ငယ်

miser *n* ka'-si:-ne:-dhu
ကပ်စေးနဲသူ

miserable *adj* sei'-hsin:-ye:-dẹ
စိတ်ဆင်းရဲသော

misery *n* sei'-hsin:-ye:-hmu̩
စိတ်ဆင်းရဲမှု၊ do'-hka ဒုက္ခ

misfortune *n* ə-hpyi'-hso:
အဖြစ်ဆိုး

mishear *v* na:-ja:-lwe:-de
နားကြားလွဲသည်

mish-mash *n* ə-yu:-lwe-ei'

အရှုးလွယ်အိတ်

misinterpret *n* na:-le-hmṵ-lwe:-de နားလည်မှုလွဲသည်

misjudge *v* ə-htin-hma:-de အထင်မှားသည်

mislead *v* kə-li-kə-ma-lo'-te ကလီကမာလုပ်သည်

misled *adj* yon-hma:-dḛ ယုံမှားသော

misplace *v* ə-hta:-hma:-de အထားမှားသည် (~ your keys); yon-za:-hma:-de ယုံစားမှားသည် (~ your trust)

miss₁ *v* lwe:-de လွဲသည်၊ chɔ-de ချော်သည် (~ the target); lwan:-de လွမ်းသည်၊ dhə-dḭ-yḁ-de သတိရသည်၊ au'-mei-de အောက်မေ့သည် (~ your mother); pye'-te ပျက်သည် (~ a day of school)

miss₂ *n* ə-lwe: အလွဲ (≠ hit); me မယ် (~ World)

missile *⚔ n* bon:-pyan ဗုံးပျံ၊ don:-ji ဒုံးကျည်

missing *adj* pyau'-thwa:-dḛ ပျောက်သွားသော (lost); chḛ-ywin:-dḛ ချို့ယွင်းသော (lacking)

mission *n* 🌐 ko-zə-le-ə-hpwḛ ကိုယ်စားလှယ်အဖွဲ့ (diplomatic ~);

ə-htu:-ta-wun အထူးတာဝန် (an important ~)

missionary *n* tha-dhə-na-byṵ သာသနာပြု

mist *n* hnin: နှင်း

mistake₁ *v* hma:-de မှားသည်၊ mye'-sḭ-le-de မျက်စိလည်သည်

mistake₂ *n* ə-hma:-(ə-ywin:) အမှား(အယွင်း) ။။ *by mistake* mə-tɔ-lo̰ မတော်လို့

mistaken *adj* ə-htin-lwe:-dḛ အထင်လွဲသော၊ hma:-dḛ မှားသော

mistakenly *adv* tə-lwe: တလွဲ hma:-bi: မှား၍

Mister *n* u: ဦး (Mr)

mistreat *v* hnei'-se'-te နှိပ်စက်သည်

mistress ♀ *n* mə-ya:-nge မယားငယ် (her husband's ~); ə-lo'-shin အလုပ်ရှင် (≠ servant); thə-hkin-mḁ သခင်မ (owner); dɔ ဒေါ် (Mrs)

misunderstand *v* na:-le-hmṵ-lwe:-de နားလည်မှုလွဲသည်၊ ə-htin-hma:-de အထင်မှားသည်

mitt *n* le'-ei လက်အိတ် (oven ~, baseball ~); le'-ji: လက်ကြီး (hand, Get your ~s off me!)

mitten *n* le'-ei လက်အိတ် (woolen ~s)

mix₁ *v* yɔ:-hmwei-de ရော
မွှေသည်၊ sa'-te စပ်သည် (~
together)

mix₂ *n* ə-yɔ:-ə-hnɔ: အရော
အနှော၊ sụ-paun-sa'-paun:
စုပေါင်းစပ်ပေါင်း (combination); ə-
yɔ: အရော၊ (mohinga ~)

mixed up *adj* sei'-sho'-tẹ စိတ်
ရှုပ်သော (confused); sho'-htwei:-
dẹ ရှုပ်ထွေးသော (disordered); yɔ:-
htwei:-dẹ ရောထွေးသော

mixture *n* ə-yɔ:-ə အရောအနှော

mix-up *n* ə-chɔ:-ə-lwe:
အချောအလွဲ

Mizoram *n* 🌐 mi-zo-ran မီဇိုရမ်

mêlée *n* yai'-pwe: ရိုက်ပွဲ၊ sho'-
twei:-dẹ-tai'-pwe: ရိုက်ပွဲ

mm-hmm *exp* in: အင်း

moan *v* nyi:-de ညည်းသည်

moat *n* jon: ကျုံး

mock₁ *v* pyaun-hlaun-de ပြောင်
လှောင်သည်၊ thə-yɔ-pyɔ:-de
သရော်ပြောသည်

mock₂ *adj* tụ tụ၊ ə-tụ အတု၊ tụ-dẹ
တုသော

model *n* san စံ (ideal); pon-zan
ပုံစံ (scale ~); ko-han-pyạ
ကိုယ်ဟန်ပြ (fashion ~)

moderate₁ *v* hpyan-hpyei-de

ဖြန်ဖြေသည် (~ a discussion); the'-
tha-zei-de သက်သာစေသည်
(reduce effect)

moderate₂ *adj* ə-le-ə-la'
အလယ်အလတ် (≠ extreme)

moderately *adv* ə-tan-ə-thiṇ
အတန်အသင့်

modern *n* hki'-pɔ ခေတ်ပေါ်၊ mɔ-
dan မော်ဒန်

modest *adj* hka'-ko'-ko'-nei-
de ခပ်ကုပ်ကုပ်နေသော (≠ proud);
she'-ta'-tẹ ရှက်တတ်သော (shy);
hka'-yo:-yo:-dẹ ခပ်ရိုးရိုးသော (≠
grand)

modify *v* pon-zan-pyaun:-de ပုံစံ
ပြောင်းသည်၊ ə-htu:-pyụ-de
အထူးပြုသည်

Mohammed *n* ☪ mo-ha-me'
မိုဟာမက်

mohinga *n* moṇ-hin:-ga:
မုန့်ဟင်းခါး

mohur *n* 🌿 sein-pan: စိန်ပန်း

moist *adj* htain:-dẹ ထိုင်းသော

moisture *n* ə-so-da' အစိုဓာတ်

molar *n* an-dhwa: အံသွား

mold *n* thun:-gwe' သွန်းခွက်
(shaping container); hmo မှို
(fungus)

mole *n* 🐾 pwei: ပွေး၊ hmẹ mẲ့ (~ on

the cheek, beauty mark)

molest *v* hti̱-kə-ba:-yi̱-kə-ba:-lo'-te ထိကပါးရိကပါးလုပ်သည်

moment *n* hkə-na̱ ခဏ (short time); ə-chein အချိန် (time); ə-yei:-ə-jaun: အရေးအကြောင်း (importance)

momentous *adj* ya-zə-win-pyaun-dẹ ရာဇဝင်ပြောင်သော

momentum *n* ə-shein-ə-hon အရှိန်အဟုန်

mom(my) *pron* mei-mei မေမေ

Mon *n* mun မွန်

monarch *n* 🗺 🌏 ɔ bə-yin ဘုရင်၊ ♀ bə-yin-ma̱ ဘုရင်မ

monastery *n* 🏛 hpon:-ji:-jaun: ဘုန်းကြီးကျောင်း

Monday *n* tə-nin:-la-neị တနင်္လာနေ့

money *n* ngwei ငွေ၊ pai'-hsan ပိုက်ဆံ

money order *n* nwgei-pọ-hlwa ငွေပို့လွှာ

mongoose *n* 🐾 mwei-pa မွှေပါ

monitor *n* si:-gan:-dein: စည်းကမ်းထိန်း (observer); 🖥 mɔ-ni-ta မော်နီတာ၊ 🐾 hpu' ဖွတ် (~ lizard)

monk *n* 🏛 u̱-pə-zin: ပဉ္စင်း၊ 🏛 hpon:-ji: ဘုန်းကြီး၊ 🏛 yə-han:

ရဟန်း

monkey *n* 🐾 myau' မျောက်

monopoly *n* ⚖ le'-wa:-ji:-o'-si:-bwa:-yei: လက်ဝါးကြီးအုပ် စီးပွားရေး

monosodium glutamate, MSG *n* ə-cho-hmoṇ အချိုမှုန့်၊ hin:-cho-hmoṇ ဟင်းချိုမှုန့်

monotonous *n* nyi:-ngwei̱-zə-ya-kaun:-dẹ ညီးငွေ့စရာ ကောင်းသော

monsoon *n* taun-pyan-lei တောင်ပြန်လေ၊ mo'-thon-lei မုတ်သုံလေ

monster *n* mə-kaun:-hsɔ:-wa: မကောင်းဆိုဝါး၊ mei'-hsa မိစ္ဆာ

month *n* lạ̃ လ

monthly *adv* lạ̃-zin လစဉ်

monument *n* ə-htein:-ə-hma' အထိမ်းအမှတ်

mood *n* ə-ke: အကဲ

moon *n* lạ̃ လ

moon cake *n* lạ̃-moṇ လမုန့်

moonstone *n* myɔ:-jau' မျောကျောက်

mop₁ *v* tho'-te သုတ်သည်

mop₂ *n* jan:-tho'-tan ကြမ်းသုတ်တံ

mope *v* hmain-de မှိုင်သည်

moral₁ *adj* jiṇ-wu'-tə-ya:-nẹ-nyi-dẹ ကျင့်ဝတ်တရားနှင့်ညီသော (good); ə-jiṇ-zə-yei'-tə-kaun:-de အကျင့်စာရိတ္တကောင်းသော

moral₂ *n* thin-gan:-za သင်ခန်းစာ (~ of the story); thi-lạ သီလ (standard of behaviour)

morale *n* sei'-da' စိတ်ဓာတ်

moralise *v* tə-ya:-chạ-de တရားချသည်

morality, morals *n* ko-jiṇ-tə-ya: ကိုယ်ကျင့်တရား

more *n* htọ-hte'-po-bi: ထို့ထက်ပို၍ ။ ။ *the more ... the more ...* ...lei-lei...lei-lei ...လေလေ ...လေလေ

more or less *exp* ə-jan:-byin: အကြမ်းဖျင်း

moreover *prep* hto-hmạ-tə-ba: ထိုမှတစ်ပါး

more than *v* mə-kạ မက၊ jɔ ကျော်

morning *n* nan-ne', mə-ne' နံနက်၊ မနက်

moron *n* ngə-ạ ငအ

mortal *adj* thei-zei-nain-dẹ သေစေနိုင်သော၊ thei-da'-tẹ သေတတ်သော

mortality *n* ə-nei'-sạ အနိစ္စ၊ thei-

mortar *n* hson-ji ဆုံကျည် (~ and pestle); in:-gə-dei အင်္ဂတေ (brick and ~); ♪ mɔ-ta မော်တာ၊ ♪ sein-byaun: စိန်ပြောင်း ။ ။ *mortar and pestle* ngə-yo'-hson ငရုတ်ဆုံ

mortgage *n* paun (အိမ်)ပေါင်

mortified *n* she'-te ရှက်သည်

mosaic *n* si-che စီခြယ်၊ hman-si မှန်စီ

Moslem *n* ℂ mu'-sə-lin မွတ်စလင်

mosque *n* ℂ bə-li ဗလီ

mosquito *n* ❀ chin ခြင်

moss *n* ❀ yei-hnyị ရေညှိ

most₁ *pron* ə-mya: အများ

most₂ *adj* hson: ဆုံး

moth *n* ❀ hpə-lan ဖလံ

mothball *n* pə-yo'-lon: ပရုတ်လုံး

mother *n* ə-mei အမေ

mother-in-law ♀ *n* yau'-hkə-mạ ယောက္ခမ

mother-of-pearl *n* kə-nụ-kə-ma ကနုကမာ

motion₁ *v* le'-pyạ-chei-pyạ-lo'-te လက်ပြခြေပြလုပ်သည်

motion₂ *n* hlọ-sha:-jin: လှုပ်ရှားခြင်း

motivate *v* sẹ-hsɔ-de

စေ့ဆော်သည်

motive *n* ə-jaun:-yin:
အကြောင်းရင်း၊ hei' ဟိတ်

motor *n* mɔ-ta မော်တာ

motorboat *n* ⚓ mɔ-tɔ မော်တော်၊
⚓ pe-jei' ပဲ့ချိတ်

motorcycle *n* mɔ-tɔ-hsain-ke
မော်တော်ဆိုင်ကယ်

motto *n* hsaun-po' ဆောင်ပုဒ်

mould₁ *n* thun:-gwe' သွန်းခွက်
(shaping container); hmo မှို
(fungus)

mound *n* kon:-mu ကုန်းမှု၊ ə-pon
အပုံ

mount₁ *v* ka'-te ကပ်သည်၊ chei'-
te ချိတ်သည် (~ on the wall); te'-
te တက်သည် (~ a horse)

mount₂ *n* taun တောင် (~ Everest);
maun̩ မောင့် (matt)

mountain *n* taun တောင်

mountain range *n* 🌏 taun-dan:
တောင်တန်း၊ yo:-ma ရိုးမ

mountaineer *n* taun-te'-thə-
ma: တောင်တက်သမား

mourn *v* myi-tan: မြည်တမ်း

mouse *n* 🐭 jwe' ကြွက် (*pl.* mice)

mousetrap *n* jwe'-htaun-jau'
ကြွက်ထောင်ချောက်

moustache *n* hno'-hkan:-mwei:
နှုတ်ခမ်းမွေး

mouth *n* pə-za' ပါးစပ် (open your
~); ə-wa̩ အ၀ (opening); hno'
နှုတ် (dirty ~)

move *v* shwei-pyaun:-de ရွှေ့
ပြောင်းသည် (~ house); hlo'-sha:-
de လှုပ်ရှားသည် (~ your hand);
hto:-de ထိုးသည် (~ over); shwei-
de ရွှေ့သည် (~ the cup over) hti-
hkai'-te ထိခိုက်သည် (affect
emotionally)

moveable *adj* ə-shin အရှင်

movement *n* hlo'-sha:-jin:
လှုပ်ရှားခြင်း (motion); hlo'-sha:-
hmu̩ လှုပ်ရှားမှု (Red Cross ~); ə-
win-ə-htwe' အဝင်အထွက်၊ ə-
thwa:-ə-la အသွားအလာ (~
across the bridge) pɔ-hsaun-hmu̩
ပို့ဆောင်မှု (~ of supplies)

movie *n* yo'-shin ရုပ်ရှင်

mow *v* yei'-te (မြက်)ရိတ်သည်၊
hko'-te (မြက်)ခုတ်သည်

MP *abbr* 🌏 ə-ma' အမတ်
(member of parliament); 🚓 ta'-
htein: တပ်ထိန်း (military police)

MPH *n* na-yi-main-hnon:
နာရီမိုင်နှုန်း (miles per hour)

Mr *abbr* u: ဦး

Mro *n* mro မြို

Mrs, Ms *abbr* dɔ ဒေါ်

MSG *n* hin:-cho-hmoṇ ဟင်း
ချိုမှုန့်၊ ə-cho-hmoṇ အချိုမှုန့်၊

much *adv* thei' သိပ်၊ ə-mya:-ji:
အများကြီး၊ ə-mya:-ə-pya:
အများအပြား

much as *adv* thọ-kə-lo သို့ကလို

mucus *n* chwe: ချဲ၊ hna-yei
နှာရည်

mud *n* bwe' ဗွက်၊ shuṇ ရွှံ့

muddle *n* thɔ:-gɔ:-yɔ:-gɔ:
သောကောရောကော ။။။ *in a*
muddle bə-yo'-thɔ'-hkạ
ဗရုတ်သုတ်ခ

muddled *adj* gaun:-sho'-tẹ
ခေါင်းရှုပ်သော၊ on:-hnau'-sho'-tẹ
ဦးနှောက်ရှုပ်သော

mudguard *n* shuṇ-ka ရွှံ့ကာ

muffler *n* ma-hpə-la မာဖလာ၊ le-
ba' လည်ပတ် (scarf); e'-hsɔ
အက်ဆော့ (car ~)

mug *n* ma'-hkwe' မတ်ခွက်၊ tain-
ki တိုင်ကီ (large cup); mye'-hna
မျက်နှာ (face)

muggy *adj* ai'-sa'-sa' အိုက်
စပ်စပ် (a ~ April day)

Muhammad *n* ◑ mo-ha-me'
မိုဟာမက်

mulberry *n* ⚘ po:-za ပိုးစာ

(silkworms eat ~ leaves); ⚘ se'-ku-
shɔ စက္ကူလျှော့ (~-bark paper)

mule *n* ⚘ la: လား၊ gaun:-ma-dhu
ခေါင်းမာသူ (stubborn person)

multi- *pref* bə-hu ဗဟု

multiple *n* ə-hsa အဆ

multiplication *n* ə-myau'
အမြှောက်

multiply *v* hmyau'-te
မြှောက်သည် (x); to:-pwa:-de
တိုးပွားသည်၊ hsạ-pwa:-de
ဆပွားသည် (become more)

mum *pron* mei-mei မေမေ

mumble *v* lei:-lon:-mə-kwe:
လေးလုံးမကွဲ

mummy *pron* mei-mei မေမေ

mumps ☥ *n* pə-jei'-yaun-na
ပါးချိတ်ရောင်နာ၊ mɔ-na မော်နာ

mundane *adj* yo:-dẹ ရိုးသော

mung bean *n* ⚘ pe:-di-wa ပဲတီဝါ

munia *n* ⚘ hnge'-pə-di: ၄က်ပုတီး

muntjac *n* ⚘ ji ချေ

murder *n* lu-tha'-hmụ လူသတ်မှု

murky *adj* hmaun-dẹ မှောင်သော

muscle *n* jwe'-tha: ကြွက်သား

museum *n* pya-dai' ပြတိုက်

mushroom *n* hmo မှို

mushy *adj* pyọ-ị-dẹ ပျော့အိသော

music *n* ♪ gi-tạ ဂီတ (~ study); ti:-

lon: တီးလုံး၊ tei:-dhan တေးသံ
(words and ~); thə-chin: သီချင်း
(put on some ~)

musician *n* ♫ gi-tə-dhə-ma:
ဂီတသမား

musk deer *n* ♣ gə-do: ကတိုး
ဆေး

musk melon *n* ✺ thə-hkə-mə
သခွားမ၊ ✺ thə-hkwa:-hmwei:
သခွားမွေး

Muslim *n* ☪ mu'-sə-lin
မွတ်စလင်

muslin *n* pei'-sein:-pa:
ပိတ်စိမ်းပါး

mussel *n* ♣ yau'-thwa:
ယောက်သွား

must *v* ya̧-de ရသည်

mustard *n* ✺ mon-hnyin: မုန်ညင်း

mute *adj* hsun:-a̧-de ဆွံ့အသော

mutter *v* lei:-lon:-mə-kwe:-pyɔ-
de လေးလုံးမကွဲပြောသည်

mutton *n* tho:-dha: သိုးသား

mutual *adj* ə-pyan-ə-hlan
အပြန်အလှန်

muzzle *n* hno'-thi: နှုတ်သီး (dog's
~); pa:-cho' ပါးချုပ် (guard to
prevent biting or feeding); pyaun:-
wa̧ ပြောင်းဝ (~ of a gun)

my *pron* dɔ̧ တို့၊ nga ငါ့ (informal);

σ jə-nɔ̧ ကျွန်တော့၊ ၃ jə-ma̧ ကျွန်မ
(formal)

my! *exp* ha̧ ဟာ၊ ə-mə-lei: အမလေး

Myanmar *n* myə-ma မြန်မာ
▍▍ *Union of Myanmar* ◐ pyi-
daun-zu̧-myə-ma-nain-gan-dɔ
ပြည်ထောင်စုမြန်မာနိုင်ငံတော်

myna *n* ♣ hse:-ya' ဆက်ရက်

myopia *n* ə-wei:-hmon-jin:
အဝေးမှုန်ခြင်း

myself *pron* kɔ̧-ko-ko
ကိုယ့်ကိုယ်ကို

mystery *n* shɔ̧-hwe'-hsan:-je-
hmṵ လျှို့ဝှက်ဆန်းကြယ်မှု

myth *n* dan-də-yi ဒဏ္ဍာရီ

mythun *n* ♣ nwa:-nau' နွားနောက်

N - n an အန်

nab *v* ko'-te ကုပ်သည်

Nadaw *n* nə-dɔ နတ်တော်

nag *v* na:-pu-de နားပူသည်

naga *n* nə-ga နဂါး

Naga *n* na-ga̧ နာဂ

nail *n* than သံ (hammer the ~); le'-
the: လက်သည်း (finger~); chi-
dhe: ခြေသည်း (toe~)

nail polish *n* le'-the:-hso:-zei:
လက်သည်းဆိုးဆေး

naïve *adj* yo:-ta-de̞ ရိုးတာသော

naked *adj* ko-ton:-lon: ကိုယ်
တုံးလုံး၊ ko-lon:-ti: ကိုယ်လုံးတီး
naked eye *n* pə-gə-dị-mye'-sị
ပကတိမျက်စိ
name₁ *v* na-me-pei:-de နာမည်
ပေးသည်၊ ə-myi-ta'-te အမည်
တပ်သည် (We ~d him Kyaw Hsan);
pyɔ:-de ပြောသည် (~ your price.)
name₂ *n* na-me နာမည်၊ ə-myi
အမည် (write your ~); na-me
နာမည် (reputation) ‖‖ **call names**
hse:-yei:-tain:-htwa-de ဆဲရေး
တိုင်းထွာသည် ‖‖ **pen name** kə-
laun-na-me ကလောင်နာမည်
‖‖ **last name, family name** myo:-
nwe-ə-myi မျိုးနွယ်အမည်
‖‖ **given name, first name** ə-myi-
yin: အမည်ရင်း
nan *n* nan-bya: နံပြား
nanny *n* hkə-lei:-dein:
ကလေးထိန်း
nap *n* tə-yei:-tə-mɔ: တစ်ရေး
တစ်မော
nape *n* ze' ဇက်
napkin *n* ə-hni: အနီး (diaper); le'-
tho' လက်သုတ် (serviette)
nappy *n* ə-hni: အနီး
narcotic *n* mu:-yi'-hsei:-wa:
မူးယစ်ဆေးဝါး

narrow *adj* jin:-de ကျဉ်းသော
narrowly *adv* pu'-ka-thi-ka
ပွတ်ကာသိကာ
narrows *n* 🌏 myi'-jin: မြစ်ကျဉ်း
nasal *adj* hnə-(hkaun:) နှာ(ခေါင်း)
nasty *adj* sei'-po'-tẹ စိတ်
ပုပ်သော (~ person); hso:-dẹ
ဆိုးသော (~ cut, ~ weather)
nat (spirit) *n* na' နတ်
nat medium *n* na'-kə-dɔ
နတ်ကတော်
nation *n* 🌏 nain-gan, nain-ngan
နိုင်ငံ (country); lu-myo: လူမျိုး
(people)
national *n* 🌏 nain-gan-dha:
နိုင်ငံသား
national *adj* ə-myo:-dha:
အမျိုးသား
nationalise *v* 🏛 pyi-thu-pain-
thein:-de ပြည်သူ့ပိုင်သိမ်းသည်
nationalism *n* 🌏 ə-myo:-dha:-
sei' အမျိုးသားစိတ် (patriotism);
🌏 lu-myo:-ji:-wa-dạ လူမျိုးကြီး
ဝါဒ (nationalistic chauvinism); 🌏 ə-
myo:-dha:-yei:-wa-dạ အမျိုး
သားရေးဝါဒ (policy favouring
independence)
nationality *n* 🌏 ə-myo:-dha:
အမျိုးသား

native *adj* dei-thạ-gan ဒေသခံ (~ plants); tain:-yin: တိုင်းရင်း (indigenous); wun:-twin:-pa ဝမ်းတွင်းပါ (~ intelligence)

natural *adj* thạ-ba-wạ သဘာဝ (~ state); wun:-twin:-pa ဝမ်းတွင်းပါ (~ talent)

nature *n* thạ-ba-wạ သဘာဝ (mother ~); sei'-yin: စိတ်ရင်း (inner ~)

naughty *adj* hso:-de ဆိုးသည်

nausea *n* ♥ pyọ-chin: ပျို့ခြင်း

navel *n* che' ချက်

navy *n* ♪ ⚓ yei-da' ရေတပ်

Nayon *n* nạ-yon နယုန်

near *adv* ə-ni: အနီး၊ ə-na: အနား

nearly *adv* ni:-ni: နီးနီး lụ-lụ လုလု

neat *adj* ji'-li'-tẹ ကျစ်လျစ်သော၊ tha'-ya'-tẹ သပ်ရပ်သော

neaten *v* shin:-de ရှင်းသည်

necessary *adj* mə-hypi'-mə-nei မဖြစ်မနေ၊ lo-dẹ လိုသော

necessity *n* lo-a'-che' လိုအပ်ချက်

neck *n* le-bin: လည်ပင်း (body part); le-dan လည်တံ (bottle~); le-bin:-bau' လည်ပင်းပေါက် (~ of shirt)

necklace *n* hswe:-jo: ဆွဲကြိုး

necktie *n* le-zi: လည်စည်း

need₁ *v* lo-de လိုသည်

need₂ *n* ə-lo အလို

needle *n* a' အပ်

neem *n* ❀ tə-ma တမာ

negative *adj* ə-hno'-le'-hkə-na အနှုတ်လက္ခဏာ (~ number); ne'-gə-ti' နက်ဂတစ် (HIV-~); ə-hpye'-thə-bo: အဖျက်သဘော (~ attitude)

neglect *v* ta-wun-pye'-te တာဝန်ပျက်သည်

negotiate *v* kan:-hlan:-de ကမ်းလှမ်းသည်၊ hsain-de ဆိုင်သည်၊ sị-sa'-te စေ့စပ်သည်

neighbor, neighbour *n* ein-ni:-jin: အိမ်နီးချင်း

neighborhood, neighbourhood *n* ya'-kwe' ရပ်ကွက်

neither *adv* le: လည်း

neo- *pref* thi' သစ်

neocolonialism *n* 🌐 ko-lo-ni-le'-thi'-wa-dạ ကိုလိုနီလက်သစ်ဝါဒ

neon light *n* ni-yun-mi: နီယွန်မီး

nephew ♂ *n* tu တူ

nerve *n* ə-jo: အကြော

nervous *adj* jau'-tẹ

ကြောက်သော

nest *n* ə-thai' အသိုက်

net₁ *v* tin-de တင်သည်

net₂ *n* kun ကွန်၊ pai' ပိုက်
|||| *mosquito net* chin-daun
ခြင်ထောင်

nettle *n* ❀ hpe'-ya: ဖက်ယား

network *n* kun-ye' ကွန်ရက်

neutral *adj* 🌐 ja:-nei ကြားနေ

neutrality *n* 🌐 ja:-nei-yei:-wa-
dạ ကြားနေရေးဝါဒ

never *adv* tə-hkạ-hmạ တစ်ခါမှ၊
lon:-wạ လုံးဝ (~ do); mə...hpu:
မ...ဖူး (have ~)

nevertheless *adv* thọ-bei-mẹ
သို့ပေမဲ့၊ thọ-thɔ-(le:) သို့သော်
(လည်း)

new *adj* thi'-tẹ သစ်သော၊ ə-thi'
အသစ် (≠ old); hsan:-dẹ
ဆန်းသော (unfamiliar)

New Year *n* hni'-thi' နှစ်သစ်

newbie *n* ə-sein: အစိမ်း

newborn *n* mwei:-kin:-zạ
မွေးကင်းစ

newlyweds *n* jin-zạ-u: ကြင်စဦး

news *n* dhə-din: သတင်း

newspaper *n* dhə-din:-za
သတင်းစာ

next *adj* nau' နောက်

next to *adv* bei:-hma ဘေးမှာ၊
sei' စိပ်

ngapi *n* ngə-pị ငါးပိ

NGO *n* ə-so:-yạ-mə-ho'-tẹ-ə-
hpwẹ-ə-si: အစိုးရမဟုတ်သော
အဖွဲ့အစည်း

nibbana *n* 🕮 nei'-ban နိဗ္ဗာန်

nice *adj* thə-bɔ:-kaun:-dẹ
သဘောကောင်းသော (~ person);
tha-ya-dẹ သာယာသော (~ place)

nickname *n* ə-myi-pyaun
အမည်ပြောင်

niece ♀ *n* tu-mạ တူမ

night *n* nyạ ည |||| *all night* nyạ-
lon:-bau' ညလုံးပေါက်

nightclub *n* kə-la' ကလပ်

nightmare *n* chau'-ei'-me'
ခြောက်အိပ်မက်

nine *n* ko: ကိုး

nineteen *n* hsẹ-ko: ဆယ့်ကိုး

ninety *n* ko:-ze ကိုးဆယ်

ninth *n* nə-wə-mạ နဝမ

nipa *n* ❀ də-nị ဒနိ

nipple *n* nọ-thi: နို့သီး (~ of
breast); nọ-pon နို့ပုံ (~ of bottle)

nirvana *n* 🕮 nei'-ban နိဗ္ဗာန်

no *exp* hiṇ-in: ဟင့်အင်း |||| *say no*
nyin:-de ငြင်းသည်

noble *adj* mun-mya'-tẹ

မွန်မြတ်သော

nobody₁ *pron* tə-yau'-hmạ တစ်ယောက်မှ၊ be-thu-hmạ ဘယ်သူမှ

nobody₂ *n* mye'-hna-mẹ မျက်နှာမဲ့

nocturnal *adj* nyạ ည

nod *v* gaun:-nyei'-te ခေါင်းညိတ်သည် (~ in agreement); ngai'-te ငိုက်သည် (~ off)

noise *n* ə-than အသံ (hear a ~); hsu-nyan-dẹ-ə-than ဆူညံသောအသံ

noisy *adj* hsu-nyan-dẹ ဆူညံသော

nominate *v* ə-hso-pyụ-de အဆိုပြုသည်

nominee *n* 🌍 ə-ma'-laun: အမတ်လောင်း

noncommittal *adj* ə-shin အရှင်

none *n* ba-hmạ-mə-shị-jin: ဘာမှမရှိခြင်း

non-flammable *adj* mi:-hkan-dẹ မီးခံသော

non-governmental organisation *n* ə-so:-yạ-mə-ho'-tẹ-ə-hpwẹ-ə-si: အစိုးရမဟုတ်သောအဖွဲ့အစည်း

non-profit *n.* ə-jo:-ə-mya'-mə-yu-dẹ-ə-hpwẹ-ə-si: အကျိုးအမြတ်မယူသောအဖွဲ့အစည်း

nonsense *n* mə-ho'-kạ-ho'-kạ မဟုတ်ကဟုတ်က

nonstop *adv* tə-hse'-hte: တစ်ဆက်တည်း၊ mə-na:-dan: မနားတမ်း၊ dau'-shau' တောက်လျှောက်

non-violence *n* ə-nụ-ni: အနုနည်း

noodle *n* hkau'-hswe: ခေါက်ဆွဲ၊ ja-zan ကြာဆံ၊ mon̥-hpa' မုန့်ဖတ်

noon *n* mun:-tẹ မွန်းတည့်၊ nẹ-le နေ့လည်

no one *pron* tə-yau'-hmạ တစ်ယောက်မှ၊ be-thu-hmạ ဘယ်သူမှ

norm *n* san-hnon: စံနှုန်း

normal *adj* yo:-yo: ရိုးရိုး၊ tha-man သာမန် (≠ unusual); bə-gə-dị ပကတိ (original)

normally *adv* pon-hman ပုံမှန်၊ mya:-thɔ:-a:-hpyiṇ များသောအားဖြင့်

north *adj* myau' မြောက်

nose *n* hnə-hkaun: နှာခေါင်း

nosey *adj* sa'-sụ-dẹ စပ်စုသော

nostalgic *adj* shei:-hpyi'-haun:-au'-meị-dẹ ရှေးဖြစ်ဟောင်းအောက်မေ့သော

not *adv* mə မ

notary (public) *n* ✍ no-tə-ri နိုတြီ

note₁ *v* hma'-sụ-yei:-de မှတ်စု ရေးသည် (write down); hma'-hta:-de မှတ်ထားသည် (notice)

note₂ *n* hma'-che' မှတ်ချက်၊ hma'-sa မှတ်စာ၊ hma'-sụ မှတ်စု (write a ~); ♬ gi-tạ-thin-kei-tạ ဂီတ သင်္ကေတ (musical notation); ♬ ə-than အသံ (the first ~s)

noted *adj* na-me-ji:-dẹ နာမည်ကြီးသော

note of hand *n* ✍ ɔ-di-min အော်ဒီမင်

nothing *n* ba-hmạ ဘာမှ (have ~); mə-hso-sə-lau' မဆိုစ လောက် (very small amount) ॥॥ ***be for nothing, come to nothing, all for nothing*** ə-lə-ga: အလကား

notice₁ *v* dhə-dị-yạ-mị-de သတိ ရမိသည် dhə-dị-pyụ-de သတိ ပြုသည်

notice₂ *n* jei-nya-za ကြေညာစာ၊ hno:-zɔ-za နှိုးဆော်စာ (public ~); jɔ-nya-je' ကြော်ငြာချက် (~ in a newspaper); dhə-dị-pei:-je' သတိ ပေးချက် (one month's ~)

noticeable *adj* thị-tha သိသာ

noticeboard *n* hsain:-bo' ဆိုင်းဘုတ်

notification *n* pyan-dan: ပြန်တမ်း

notify *v* jei-nya-de ကြေညာသည်၊ jei-nya-je'-hto'-pyan-de ကြေညာချက်ထုတ်ပြန်သည်

notion *n* ə-htin အထင်

not only ... but... *prep* ...ə-pyin...le: ...အပြင်...လည်း

notorious *adj* na-me-hso:-dẹ နာမည်ဆိုးသော

notwithstanding *prep* thọ-hpyi'-thɔ-le: သို့ဖြစ်သော်လည်း

noun *n* nan နာမ် ॥॥ ***common noun*** ə-mya:-zain-nan အများ ဆိုင်နာမ် ॥॥ ***compound noun*** paun:-sa'-nan ပေါင်းစပ်နာမ် ॥॥ ***proper noun*** tə-u:-zain-nan တစ်ဦးဆိုင်နာမ်

nourishing *adj* a:-shị-dẹ အား ရှိသော

nourishment *n* ə-sa-ə-ha-rạ အစာအာဟာရ

novel₁ *adj* hsan:-dẹ ဆန်းသော

novel₂ *n* wu'-htụ-(shei) ဝတ္ထု (ရှည်)

novelty *n* ə-thi'-ə-hsan: အသစ်အဆန်း

November *n* no-win-ba နိုဝင်ဘာ

novice *n* ko-yin ကိုရင်

now *adv* ə-hkụ အခု ॥॥ ***for now*** lɔ:-lɔ:-hse လောလောဆယ် ॥॥ ***from now on*** naun-hso-yin နောင်ဆိုရင် ॥॥ ***up till now*** ə-hkụ-htị အခုထိ

now and then *adv* yan-hpan-yan-kha ရံဖန်ရံခါ

nowadays *adv* hkụ-tə-lɔ: ခုတလော

no way *exp* lon:-wạ-mə-hpyi' လုံးဝမဖြစ်

nowhere$_1$ *adv* be-go-hmạ (~ else); be-hmạ ဘယ်မှ (~ to be found);

nowhere$_2$ *pron* be-hmạ ဘယ်မှ (~ to sit) ॥॥ ***out of nowhere*** yo'-tə-ye' ရုတ်တရက်

nude *adj* ko-ton:-lon: ကိုယ်တုံးလုံး

nudge *n* twe'-te တွက်သည်

nugget *n* ə-ton:-lei: အတုံးလေး

nuisance *n* ə-hạn-ə-ta: အဟန့်အတား (inconvenience) ॥॥ ***be a nuisance*** yo'-yo'-yo'-yo'-lo'-te ရုတ်ရုတ်ရုတ်ရုတ်လုပ်သည်

null *n* thon-nyạ သုည (no value)

null and void *adj* pye'-pye ပျက်ပြယ်

nullify *v* pe-hpye'-te ပယ်ဖျက်

numb *adj* hton-dẹ ထုံသော

number *n* nan-pa' နံပါတ်၊ ə-hma' အမှတ် (house ~, serial ~); gə-nan: ဂဏန်း (1, 2 ...); ə-yei-ə-twe' အရေအတွက် (the ~ of people); jein ကြိမ် (~ of times);

number plate *n* nan-pa'-pya: နံပါတ်ပြား

numeral *n* gə-nan: ဂဏန်း ॥॥ ***Roman numerals*** rɔ:-mạ-gə-nan: ရောမဂဏန်း

numerator, numerical classifier *n* yei-twe'-pon ရေတွက်ပုံ

numerous *adj* myau'-mya:-dẹ မြောက်မြားသော

nun *n* si'-sə-ta စစ္စတာ၊ thi-lạ-shin သီလရှင် (devotee); bei'-hkụ-ni ဘိက္ခုနီ (full nun)

nurse$_1$ *v* nọ-tai'-te နို့တိုက်သည် (~ a baby, breastfeed); lu-na-pyụ-sụ-de လူနာပြုစုသည် (~ a sick person)

nurse$_2$ *n* thu-na-byụ သူနာပြု

nursery *n* pyo:-gin: ပျိုးခင်း (~ bed); mu-jo မူကြို (~ school); neị-hkə-lei:-dein:-jaun: နေ့ကလေးထိန်းကျောင်း (crèche)

nursing home *n* bo:-bwa:-yei'-

tha ဘိုးဘွားရိပ်သာ

nurture *v* mwei:-de မွေးသည် (~
a talent)

nut *n* ə-hsan အဆန်၊ ə-si̯ အစေ့
(Brazil ~); za-wi̯ ဇဝီ (~ and
bolt); ə-yu: အရူး (crazy person)

nutmeg *n* ☘ za-dei'-bo
ဇာတိပွိုလ်

nutrient *n* ɔ:-za-da' သြဇာဓာတ်

nutrition *n* a-ha-rạ အာဟာရ

nutritious *adj* a:-shi̯-de̯
အားရှိသော

nylon *n* nain-lun နိုင်လွန်

O - o o အို

oar *n* hlɔ-te' လှော်တက်

oath *n* gə-di̯-thi'-sa ကတိသစ္စာ

obedient *adj* lein-ma-de
လိမ္မာသော (~ child); na-hkan-de
နာခံသည် (~ employee)

obese *adj* wạ-lun-de ဝလွန်သော

obey *v* na-hkan-de နာခံသည် (~
an order); na:-htaun-de နား
ထောင်သည် (~ your mother); lai'-
na-de လိုက်နာသည် (~ rules)

obituary *n* na-yei:-jɔ-nya
နာရေးကြော်ငြာ

object₁ *v* kaṇ-kwe'-te ကန့်ကွက်

object₂ *n* ə-ya-wu'-htụ

ə-ra-wu̯ttụ (thing); yi-hman:-je'
ရည်မှန်းချက် (purpose); kaṇ ကံ
(direct ~); hte̯-twe'-ya-de̯-kei'-
sa̯ ထည့်တွက်ရသောကိစ္စ (money is
no ~)

objection *n* ə-kaṇ-ə-kwe'
အကန့်အကွက်

objective *n* yi-hman:-je' ရည်
မှန်းချက်၊ u:-ti-je' ဦးတည်ချက်

obligation *n* wu'-tə-ya: ဝတ္တရား

obnoxious *n* ə-myin-ka'-sə-ya-
kaun:-de̯ အမြင်ကတ်စရာ
ကောင်းသော

obscene *adj* nyi'-nyan:-de̯
ညစ်ညမ်းသော

obscenely *adv* nyi'-ti:-nyi'-pa'
ညစ်တီးညစ်ပတ်

obscenity *n* nyi'-nyan:-hmụ
ညစ်ညမ်းမှု

obscure₁ *v* kwe-de ကွယ်သော

obscure₂ *adj* mə-shin:-de̯
မရှင်းသော (~ meaning); mə-htin-
sha:-de̯ မထင်ရှားသော (~ poem)

observation *n* ə-hma'-ə-tha:
အမှတ်အသား၊ hma'-che'
မှတ်ချက်၊ lei̯-la-hmụ လေ့လာမှု

observatory *n* 🔭 ne'-hka'-
hmyɔ-zin နက္ခတ်မျှော်စင်

observe *v* hma'-tha:-de မှတ်

သားသည် (notice); ji̱-de
ကြည့်သည် (watch); lei̱-la-de
လေ့လာသည် (learn); sau̱n-de
စောင့်သည်၊ lai'-na-de လိုက်
နာသည်၊ ji̱n-thon:-de ကျင့်
သုံးသည် (follow rules)

obsess v swe:-me'-te စွဲမက်သည်

obsession n ə-swe: အစွဲ၊ sei'-
swe:-hmṵ စိတ်စွဲမှု

obstacle n ə-hsi:-ə-ta:
အဆီးအတား၊ ə-kan̠-ə-kwe'
အကန့်အကွက်၊ ə-han̠-ə-ta:
အဟန့်အတား

obstinate adj gaun:-ma-de̱
ခေါင်းမာသော

obstinately adv zu' ဇွတ်

obstruct v pei'-te ပိတ်သည်၊ ta:-
hsi:-de တားဆီးသည်

obstruction n ə-pei'-ə-hso̱
အပိတ်အဆို့၊ ə-ta:-ə-hsi:
အတားအဆီး

obtain v ya̱-de ရသည်

obvious adj po-lwin-de̱
ပေါ်လွင်သော

occasion n ə-hka အခါ၊ ə-yei:-ə-
jaun: အရေးအကြောင်း

occasionally adv tə-hka-tə-lei
တစ်ခါတစ်လေ

occupant n nei-htain-dhu

နေထိုင်သူ

occupation n ə-lo'-(ə-kain)
အလုပ်(အကိုင်) (work); thein:-ji̱n:
သိမ်းခြင်း (~ of a country)

occupy v nei-de နေသည် (~ a
room); te'-te တက်သည် (~ a
city); lo'-te လုပ်သည် (~ oneself)

occur v hpyi'-te ဖြစ်သည်
(happen); pau'-te ပေါက်သည် (it
~s to me that)

occurence n ə-hpyi'-ə-pye'
အဖြစ်အပျက်

ocean n pin-le ပင်လယ်

o'clock n na-yi-(hto:) နာရီထိုး

octa-, octo- pref a'-hta အဋ္ဌ

October n au'-to-ba
အောက်တိုဘာ

octopus n ❋ bə-we: ဘဝဲ

odd adj ə-htu:-ə-hsan: အထူး
တဆန်း (sthg ~); jaun-de̱
ကြောင်သော၊ gau'-te̱ ဂေါက်သော
(~ person); ma̱ မ (~ number)

odds and ends n to-li-mo-li
တိုလီမိုလီ

odema, oedema n ✚ ə-hpo:
အဖော

odor, odour n ə-nan̠ အနံ့

of prep ka̱ က၊ pa ပါ၊ hma မှာ

off adj pei'-hta-de̱ ပိတ်ထားသော

(the radio is ~, ≠ on)

offence *n* ə-pyi' အပြစ်၊ ≠ tai'-si' တိုက်စစ်

offencive₁ *adj* hso:-dẹ ဆိုးသော (~ smell); lu-myin-ka'-tẹ လူမြင်ကတ်တေ့ (deeply ~); niṇ-thi:-dẹ နှင့်သီးသော hno'-pu-le'-jan: နှုတ်ပူလက်ကြမ်း (~ language)

offencive₂ *n* ə-pyi' အပြစ်၊ ≠ tai'-si' တိုက်စစ်

offend *v* sei'-na-aun-lo'-te စိတ်နာအောင်လုပ်သည် (~ sb); ju:-lun-de (ဥပဒေ)ကျူးလွန်သည် (break the law)

offender *n* tə-yə-gan တရားခံ

offense *n* ə-pyi' အပြစ်၊ ≠ tai'-si' တိုက်စစ်

offensive₁ *adj* hso:-dẹ ဆိုးသော (~ smell); lu-myin-ka'-tẹ လူမြင်ကတ်တေ့ (deeply ~); niṇ-thi:-dẹ နှင့်သီးသော hno'-pu-le'-jan: နှုတ်ပူလက်ကြမ်း (~ language)

offensive₂ *n* ə-pyi' အပြစ်၊ ≠ tai'-si' တိုက်စစ်

offer₁ *v* kan-hlan:-de ကမ်းလှမ်းသည် (present to); tin-de တင်သည် (~ at a shrine); ka'-te ကပ်သည် (~ to monks)

offer₂ *n* kan-hlan:-jin:

office *n* yon: ရုံး

office hours *n* yon:-jein: ရုံးချိန်း

officer *n* hmu: မှူး ≠ ə-ya-shị အရာရှိ

official₁ *adj* tə-ya:-win တရားဝင်

official₂ *n* ə-ya-shị အရာရှိ

often *adv* mə-ja-hkə-nạ မကြာခဏ

ogre *n* bə-lu: ဘီလူး

ogress *n* bə-lu:-mạ ဘီလူးမ

oh *exp* ə-mə-lei: အမလေး (Oh!); ɔ ဩော် (~ is that so?)

oil *n* hsi ဆီ (peanut ~); yei-nan ရေနံ (~ well); chɔ:-zi ချောဆီ (lubricant)

oily *adj* hsi-mya:-dẹ ဆီများသော

ointment *n* ne-zi နယ်ဆီ၊ lein-zei: လိမ်းဆေး

OK, okay₁ *v* hkwiṇ-pyụ-de ခွင့်ပြုသည်

OK, okay₂ *adj* ə-hsin-pyei-dẹ အဆင်ပြေသော (alright); mə-htu မထူး (neither good nor bad); yạ-de ရသည် (acceptable)

OK, okay₃ *exp* kaun:-bi ကောင်းပြီ၊ ho'-pi ဟုတ်ပြီ

okra *n* yon:-pə-di ရုံးပတီ

old *adj* haun:-dẹ ဟောင်းသော (≠

a b c d e f g h i j k l m n o p q r s t u v w x y z

new; ~ thing, ~ friend); o-dẹ
အိုသော (≠ young, ~ person); yiṇ-
de ရင့်သည် (~ tree); ji:-dẹ
ကြီးသော (~er sister); shei: ရှေး
(~-fashioned)

olive n ✿ than-lwin သံလွင်

-ology suff bei-dạ ဗေဒ

Olympic Games n o-lan-pi'-
pyain-bwe: အိုလံပစ်ပြိုင်ပွဲ

omelette n je'-ụ-lei'-jɔ ကြက်ဥ
လိပ်ကြော်

omit v chan-de ချန်သည်

on prep pwiṇ-dẹ ပွင့်သော (≠ off,
the light is ~); pɔ ပေါ်၊ ə-pɔ အပေါ်
(~ the table); hma မှာ (~ the
Internet)

once adv tə-hka တစ်ခါ (one time);
ə-yin-don:-gạ အရင်တုန်းက (in
the past) ‖ *at once* che'-chin:
ချက်ချင်း

once again adv hta' ထပ်

once and for all adv tə-hka-de:-
ə-pi: တခါတည်းအပီး၊ tə-hka-de:-
nau'-hson: တခါတည်းနောက်ဆုံး

once more adv hta' ထပ်

one n ti' တစ်

one day adv tə-nei-nei
တစ်နေ့နေ့

one's pron kọ ကိုယ့်၊ mị-mị မိမိ

oneself pron kọ-ko ကိုယ့်ကိုယ်၊
ko-dain ကိုယ်တိုင်၊ ko-hnai'-kạ
ကိုယ်နှိုက်က

one-sided adj tə-hpe'-si:-nin
တစ်ဖက်စီးနင်း

one-way adj tə-lan:-maun:
တစ်လမ်းမောင်း (~ traffic)

onion n ✿ je'-thun-ni ကြက်သွန်နီ

onlooker n bei:-lu ဘေးလူ

only adv pe: ပဲ၊ yon ရုံ၊ ka ကာ၊ chi:
ချည်း၊ the'-the' သက်သက်

only if, only when prep (pa)-
hmạ (ပါ)မှ

oolong tea n ə-hka:-jau' အခါး
ခြောက် (~ leaves); yei-nwei:-jan:
ရေနွေးကြမ်း (drink ~)

ooze v sein-de စိမ့်သည်

open₁ v hpwiṇ-de ဖွင့်သည် (~ a
door); hpau'-te ဖောက်သည် (~ a
bottle); hpyei-de ဖြေသည် (~ a
parcel)

open₂ adj pwiṇ-de ပွင့်သော၊ hạ-
de ဟသော

opening n ə-wạ အဝ၊ ə-pau'
အပေါက် (gap); hpwiṇ-bwe: ဖွင့်ပွဲ
(gallery ~)

openly adv ə-tị-ə-lin: အတိ
အလင်း၊ pwiṇ-bwin-lin:-lin:
ပွင့်ပွင့်လင်းလင်း (do ~); shin:-

shin: ရှင်းရှင်း (say ~)

operate v kain-de ကိုင်သည် (~ a
device); maun-de မောင်းသည် (~
a machine); ♥ hkwe:-sei'-te
ခွဲစိတ်သည် (~ on a person)

operation n lo'-ngan: လုပ်ငန်း
(undertaking); ⚔ si'-hsin-yei:
စစ်ဆင်ရေး (military ~); thon:-
swe:-jin: သုံးစွဲခြင်း (use of a
device); ♥ hkwe:-sei'-jin:
ခွဲစိတ်ခြင်း (surgery)

opinion n ə-htin အထင်၊ htin-
myin-je' ထင်မြင်ချက်၊ ə-yu-ə-
hsạ အယူအဆ၊ thə-bɔ: သဘော

opium n bein:-me ဘိန်းမည်း

opponent n hsan-jin-be'
ဆန့်ကျင်ဘက်၊ pyain-be' ပြိုင်ဖက်

opportune adj ə-hkwin-tha-de
အခွင့်သာသော

opportunist n ə-chaun-dhə-ma:
အချောင်သမား၊ ə-hkwin-ə-yei:-
thə-ma: အခွင့်အရေးသမား

opportunistic adj ko-jo:-sha-
de ကိုယ်ကျိုးရှာသော

opportunity n ə-hkwin-ə-yei:
အခွင့်အရေး၊ ə-hkwin-ə-lan:
အပေါက်အလမ်း

oppose v hsan-jin-de ဆန့်
ကျင်သည်၊ hpi-hsan-de

ဖိဆန်သည်

opposite₁ n hsan-jin-be' ဆန့်
ကျင်ဘက် (black is the ~ of white);
byaun:-byan ပြောင်းပြန် (do the ~)

opposite₂ adj mye'-hnə-jin:-
zain မျက်နှာချင်းဆိုင် (it is ~ the
teashop)

opposition n ə-tai'-ə-hkan
အတိုက်အခံ

oppress v hpi-hnei'-te ဖိနှိပ်သည်

optician, optometrist n ♥
mye'-sị-kụ-hsə-ya မျက်စိကု
ဆရာ

or prep da-hmə-mə-ho'
ဒါမှမဟုတ်၊ thọ-mə-ho' သို့မဟုတ်

oral adj hno'-နှုတ် (~ promise);
thau' သောက် (~ medicine)

orange n 🍊 kə-bə-la ကမ္ဘလာ၊
🍊 lein-mɔ လိမ္မော်၊ lein-mɔ-yaun
လိမ္မော်ရောင် (~ and red)

orchard n chan ခြံ

orchestra n ♪ than-zon-ti:-
wain: သံစုံတီးဝိုင်း၊ ♪ hsain: ဆိုင်း

orchid n 🌸 thi'-hkwa သစ်ခွ

order₁ v hma-de မှာသည်၊ hkain:-
de ခိုင်းသည်၊ ə-mein-pei:-de
အမိန့်ပေးသည်

order₂ n ə-mein အမိန့် (give an
~); ə-sɔ အစဉ် (alphabetical ~); nge-zin-

ji:-lai' ယၚ်စဉ်ကြီးလိုက် (in ~); ၁-
da အော်ဒါ (put in an ~) ‖‖ *in
order to* aun အောၚ် ခ-twe'
အတွက်

orderly *adj* sə-ni'-jə-dḛ စနစ်ကျ

ordinary *adj* tha-man သာမန်

organ *n* ᐧ ခ-twin:-in-ga
အတွၚ်းအင်္ဂါ။ ♪ ၁-gin အော်ဂင်

organic *adj* da-tṵ-pyi'-si:-mə-
pa-dḛ ဓါတုပစ္စည်းမပါသော

organisation, organization *n*
ခ-hpwḛ-ခ-si: အဖွဲ့အစည်း
(group); hpwḛ-si:-bon ဖွဲ့ စည်းပုံ
(structure); si-man-yei: စီမံရေး
(orderly approach)

organise, organize *v* si-sin-de
စီစဉ်သည် (~ an excursion); si:-
yon:-de စည်းရုံးသည် (~ people)

orgasm *n* pi:-jin: (လိၚ်မှုကိစ္စ)
ပြီးခြင်း

Orient *n* 🌐 ခ-shei̱-dain:
အရှေ့တိုၚ်း

origin *n* ခ-sa̱ အစ၊ mu-la̱ မူလ၊
myi' မြစ်

original *n* mu-yin: မူရင်း pin-go
ပၚ်ကို

ornament *n* tခ-za တန်ဆာ

orphan *n* mi̱-bခ-mḛ-hkခ-lei:
မိဘမဲ့ကလေး

orphanage *n* mi̱-bခ-mḛ-hkခ-
lei:-jaun: မိဘမဲ့ကလေးကျောင်း

orthopaedic, orthopedic *adj*
ᐧ ခ-yo:-ခ-htu:-kṵ အရိုးအထူးကု

other *pron* tခ-cha: တခြား
‖‖ *every other* cha: ခြား

other than *prep* ခ-pyin အပြၚ်၊
lwe: လွဲ

others *pron* thu-mya: သူများ

otherwise₁ *prep* da-hmခ-mခ-
ho' ဒါမှမဟုတ်

otherwise₂ *adv* ခ-cha: အခြား (~
employed); ခ-pyin အပြၚ် (other
than)

otter *n* 🐾 hpyan ဖျံ

ought (to) *v* thiṇ သၚ့်

ounce *n* aun-sa̱ အောၚ်စ

our *pron* ♂ jခ-nခ-dọ ကျွန်တော်တို့၊
♀ jခ-mခ-dọ ကျွန်မတို့၊ tọ တို့

ourselves *pron* kọ-ko-ko
ကိုယ့်ကိုယ်ကို

out *prep* ခ-pyin-go အပြၚ်ကို၊ ခ-
hte:-ga̱ အထဲက ‖‖ *be out of* kon-
de ကုန်သည်

outcome *n* yခ-la' ရလဒ်၊ ခ-shon:-
ခ-nain အရှုံးအနိုၚ်

outline *n* pon-jan: ပုံကြမ်း

outpatient *n* ᐧ ခ-pyin-lu-na
အပြၚ်လူနာ

a b c d e f g h i j k l m n o p q r s t u v w x y z

output *n* ə-htwe' အထွက်

outrageously *adv* mə-tan-tə-hsə မတန်တဆ

outright *adv* ə-pain အပိုင် (win ~); hpyauṇ-ma'-pwiṇ-lin: ဖြောင့်မတ်ပွင့်လင်း (say ~)

outset *n* ə-sə-kə-nə-u: အစကနဦး

outside *n* ə-pyin အပြင်

outstanding *adj* htu:-ke:-dę ထူးကဲသော (very good); shin:-bọ-jan-dę, lo'-hpọ-jan-dę လုပ်ပိ၊ ရှင်း၊ စသည် ဖို့ ကျန်သော (remaining to be done)

oval *n* be:-ụ-pon ဘဲဥပုံ

ovary *n* ♀ ụ-ein ဥအိမ်

oven *n* hpo ဖို

over₁ *prep* jɔ ကျော် (~ 50); pɔ ပေါ် (~ the window)

over₂ *adv* pyan ပြန်၊ hta' ထပ်

over- *pref* lun လွန်

overcast *adj* oṇ-dę (မိုး)အုံ့သော

overcharge *v* zei:-tin-de ဈေးတင်သည်

overcrowded *adj* jei'-jei'-to:-dę ကြိတ်ကြိတ်တိုးသော

overdo *v* ke:-de ကဲသည်၊ lun-thwa:-de လွန်သွားသည်

overdose *n* ♀ hsei:-pei:-lun-jin: ဆေးပေးလွန်ခြင်း

overdue *adj* jɔ-lun-dę ကျော်လွန်သော၊ ye'-lun-dę ရက်လွန်သော

overeat *v* ə-sa:-po'-te အစားပုပ်သည်၊ zə-po:-niṇ-de စားပိုးနိုင်သည်၊ ə-sa:-ju:-de အစားကြူးသည်

overexcited *adj* sei'-sɔ:-dę စိတ်စောသော

overflow *v* shan-de လျှံသည်

overheat *v* pu-htu-thwa:-de ပူထူသွားသည်

overload *v* wun-mya:-zei-de ဝန်များစေသည်၊ wun-po-zei-de ဝန်ပိုစေသည်

overloaded *adj* niṇ-dę နှင့်သော

overlook *v* si:-mo:-de စီးမိုသည် (~ing the ocean); li'-lyu-pyụ-de လျစ်လျူပြုသည်၊ bei:-mẹ-pei:-de ဘေးမဲ့ပေးသည် (excuse, ~ his faults); mye'-sị-shan:-de မျက်စိလျှမ်းသည် (not find)

overly *adv* ə-luṇ-ə-lun အလွန့်အလွန်

overnight *adv* nyạ-lon:-pau' ညလုံးပေါက် (work ~); nyạ-ei'-nyạ-nei ညအိပ်ညနေ (stay ~)

overpass *n* gon:-də-da:

ခုံတံတား

overpower *v* nain-de နိုင်သည်

overseas *n* nain-gan-ja: နိုင်ငံခြား

oversee *v* saun-ja'-te
စောင့်ကြပ်သည်

overshadow *v* hlwan:-mo:-de
လွှမ်းမိုးသည်

overstay *v* ye'-jɔ-nei-de
ရက်ကျော်နေသည်

overtake *v* jɔ-de ကျော်သည်

overtime *n* ə-chein-bo အချိန်ပို
⚫ o အို

overturn *v* hmau'-te မှောက်သည်

overweight *adj* wa̱-de̱ ဝသော

overwhelm *v* hlwan:-mo:-de
လွှမ်းမိုးသည်

overwhelmingly *adv* ə-pya'-ə-
tha' အပြတ်အသတ်

owl *n* 🐦zi:-gwe' ဇီးကွက်

own *v* ko-bain ကိုယ်ပိုင်

owner *n* pain-shin ပိုင်ရှင်

ownership *n* pain-hsain-hmu̱
ပိုင်ဆိုင်မှု

ox *σ n* 🐂nwa:-di: နွားထီး

oyster *n* 🐚kə-ma ကမာ

ozone *n* ❄o-zon: အိုဇုန်း

P - p pi ပီ

pace *n* chi-hlan: ခြေလှမ်း

Pachisi *n* pə-hsi' ပဆစ်

pacifier *n* cho-lein ချိုလိမ်၊ nɔ̱-
lein နို့လိမ်

pacify *v* chɔ̱-de ချော့သည်၊ sei'-
jei-aun-lo'-te စိတ်ကျေအောင်
လုပ်သည်

pack₁ *v* hto'-hta:-de ထုပ်
ထားသည် (~ in paper); thein:-de
သိမ်းသည် (~ for a trip); on-de
အုံသည် (~ in ice); hto:-jei'-te
ထိုးကြိတ်သည် (~ into a small car)

pack₂ *n* jɔ:-po:-ei' ကျောပိုးအိတ်
(backpack); hto' ထုပ် (~ of cards,
~ of cigarettes)

package *n* pa-hse ပါဆယ်၊ ə-hto'
အထုပ်

packaging *n* ə-hkun ခွံ

packed *adj* ja'-te ကျပ်သည်

packet *n* ə-hto'-thei: အထုပ်သေး

pad *n* ə-hkan အခါံ၊ ə-hku̱ အခု
(cushioning ~); se'-ku-ka'
စက္ကူကပ် (~ of paper)

Padaung *n* pə-daun ပဒေါင်

paddle₁ *v* hlɔ-de လှော်သည် (~ a
boat)

paddle₂ *n* te' တက်

paddy *n* le လယ် (field); 🌾zə-ba:
စပါး (rice)

padlock *n* thɔ̱-hkə lau' သော့

ခလောက်၊ thə-lon: သော့လုံး

paediatrician *n* ❦ hkə-lei:-ə-htu:-kụ-hsə-ya-wun ကလေးအထူးကုဆရာဝန်

Pagan *n* 🌏 bə-gan ပုဂံ

page *n* sa-mye'-hna စာမျက်နှာ

pagoda *n* 🏯 hpə-ya: �’ဘုရား၊ 🏯 zei-di စေတီ

pail *n* (yei)-bon: (ရေ)ပုံး

pain *n* na-jin: နာခြင်း (constant ~); ə-kai'-ə-hke: အကိုက်အခဲ (aches and ~s)

painkiller *n* ❦ ə-kai'-ə-hke:-pyau'-hsei အကိုက်အခဲပျောက်ဆေး

painstaking *adj* sị-sa'-tẹ စေ့စပ်သော

paint₁ *v* hsei:-tho'-te ဆေးသုတ်သည် (~ a wall); bə-ji-hswe:-de ပန်းချီဆွဲသည် (~ a picture)

paint₂ *n* hsei: ဆေး (oil ~)

painter *n* bə-ji-hsə-ya-(mạ) ပန်းချီဆရာ(မ)

painting *n* bə-ji ပန်းချီ

pair *n* tə-zon တစ်စုံ (~ of eyes); tə-yan တစ်ရန် (~ of shoes)

palace *n* 👑 nan:-dɔ နန်းတော်

Palaung *n* pə-laun ပလောင်

pale *adj* hpyu-dẹ ဖြူသော

Pali *n* pa-lị ပါဠိ

palm *n* hpə-wa: (လက်)ဖဝါး (~ of the hand); 🌴 pin (ထန်း၊ အုန်း စသည်)ပင် (coconut ~) ။ *read a palm* le'-hkə-na-jị-de လက္ခဏာကြည့်သည်

palm leaf (manuscript) *n* pei-za ပေစာ

palm oil *n* sa:-on:-zi စားအုန်းဆီ

palm sugar *n* htə-nye' ထန်းလျက်

palmyra *n* 🌴 htan: ထန်း

palpitate *v* ❦ hnə-lon:-hkon-mə-hman (နှလုံး)ခုန်မမှန်

pamphlet *n* jɔ-nya-za ကြော်ငြာစာ၊ le'-kan:-sa-zaun လက်ကမ်းစာစောင်

pan *n* de ဒယ်၊ o: အိုး

pancreas *n* ❦ pan-kə-rị-ya ပန်ကရိယာ၊ thə-ye'-ywe' သရက်ရွက်

pandal *n* man:-da' မဏ္ဍပ်

pane *n* hman-də-ga: မှန်တံခါး

pangolin *n* 🦎 thin:-hkwei-cha' သင်းခွေချပ်

panic *v* lan̞-de လန့်သည်

panorama *n* myin-gwin:-je မြင်ကွင်းကျယ်

pant *v* ə-mɔ:-hsai'-te

အမောဆိုက်သည်

panther *n* ❀ thi'-ne' သစ်နက်

panties ♀ *n* ə-twin-gan-baun:-bi အတွင်းခံဘောင်းဘီ

pants *n* baun:-bi ဘောင်းဘီ (in the US); ə-twin-gan-baun:-bi အတွင်းခံဘောင်းဘီ (in the UK)

Pa-o *n* pə-ọ ပအိုဝ့်

papa *pron* hpei-hpei ဖေဖေ

papaya *n* ❀ thin:-bɔ: သခော်

paper *n* se'-ku စက္ကူ (price of ~); sa-ywe' စာရွက် (piece of ~); sa-dan စာတမ်း (present a ~); dhə-din:-za သတင်းစာ (news~)

paper clip *n* kə-li' ကလစ်

parabaik *n* pə-rə-bai' ပုရပိုက်

parable *n* pon-tə-pa'-sạ ပုံတိုပတ်စ၊ ụ-pə-ma ဥပမာ

parachute *n* lei-di: လေထီး

parade *n* ✦ si'-yei:-pyạ-bwe: စစ်ရေးပြပွဲ

paradise *n* ▨ na'-pyi နတ်ပြည်၊ ☾ ✝ kaun:-gin-bon ကောင်းကင်ဘုံ

paraffin *n* yei-nan-zi ရေနံဆီ

paragraph *n* sa-bai' စာပိုဒ်

parakeet *n* ❀ jei: ကျေး၊ ❀ je'-tɔ: ကြက်တော

parallel *adj* ə-pyain အပြိုင်

parallels *n* myin:-pyain မျဉ်းပြိုင် (parallel lines)

paralysed *adj* ə-jɔ:-hsain:-dẹ အကြောဆိုင်း၊ ə-jɔ:-thei-dẹ အကြောသေသော

paralysis *n* ⚕ ko-tə-chan:-thei-yɔ:-ga ကိုယ်တစ်ခြမ်းသေရောဂါ (hemiplegia); ⚕ ko-tə-bain:-thei-yɔ:-ga ကိုယ်တစ်ပိုင်းသေရောဂါ၊ ⚕ au'-pain:-thei-yɔ:-ga အောက်ပိုင်းသေရောဂါ (paraplegia)

paraphernalia *n* ə-thon:-ə-hsaun-pyi'-si: အသုံးအဆောင် ပစ္စည်း

paraphrase *v* zə-ga:-hle-thon:-de စကားလှယ်သုံးသည်

paraplegia *n* ⚕ au'-pain:-thei-yɔ:-ga အောက်ပိုင်းသေရောဂါ

parasite *n* ⚕ ka'-pa: ကပ်ပါး

parasite plant *n* ❀ ka'-pa:-bin ကပ်ပါးပင်

parasol *n* hti: ထီး

parata *n* pə-la-ta ပလာတာ

parcel *n* pa-hse ပါဆယ်၊ chɔ:-hto' ချောထုပ်၊ ə-hto' အထုပ်

pardon *v* hkwiṇ-hlu'-te ခွင့် လွှတ်သည်၊ chan:-tha-pei:-de ချမ်းသာပေးသည် ။ ။ *I beg your pardon* hkwiṇ-hlu'-pa ခွင့်ပြုပါ၊ tə-hsei'-lau' တစ်ဆိတ်လောက်

pardon n ⚖ the'-tha-gwiṇ
သက်သာခွင့်

parentheses, parenthesis n
kwin: ကွင်း၊ kwin:-sạ-kwin:-pei'
ကွင်းစကွင်းပိတ်

parents n mị-bạ မိဘ ။။ **adopt-
ive parents, foster parents**
mwei-za:-mị-bạ မွေးစားမိဘ

parents-in-law n yau'-hkə-mạ
ယောက္ခမ

park₁ v ka:-ya'-te ကားရပ်သည်

park₂ n pan:-jan ပန်းခြံ၊ ụ-yin
ဥယျာဉ်

parliament n 🌐 pa-li-man
ပါလီမန်၊ hlu'-tɔ လွှတ်တော်
။။ **member of parliament, MP** ə-
ma' အမတ်

parlor, parlour n ẹ-gan: ဧည့်ခန်း

parrot n 🐦 jei: ကျေး၊ je'-tu-ywei:
ကြက်တူရွေး

parrot tree n 🌿 pau' ပေါက်

Parsee n pə-thi ပသီ hpa-rə-si
ဖာရစီ

part₁ v hkwe:-de ခွဲသည်၊ sei'-te
စိတ်သည် (divide); hkwe:-hkwa-
de ခွဲခွာသည် (~ company)

part₂ n ə-hkan အခန်း (~ One);
wei-zụ ဝေစု (share); ə-sei'-ə-

pain: အစိတ်အပိုင်း (piece) ။။ **play
a part** thə-yo'-hsaun-de သရုပ်
ဆောင်သည်

part of speech n wa-sin-gạ
ဝါစင်္ဂ

partial adj ə-pain:-hpyi'-tẹ
အပိုင်းဖြစ်သော (≠ complete); be'-
lai'-tẹ ဘက်လိုက်သော၊ mye'-
hna-ywei:-dẹ မျက်နှာရွေး (biased)

partially adv tə-we'-tə-pye'
တစ်ဝက်တစ်ပျက်

participate v pa-win-de
ပါဝင်သည် (in sports, games, etc)

participant n pa-win-dhu
ပါဝင်သူ (in sports, games, etc); te'-
yau'-thu တက်ရောက်သူ (~ in a
meeting)

particle n ə-hmon အမှုန့် (dust ~);
pyi'-si: ပစ္စည်း၊ wị-ba' ဝိဘတ်
(grammatical ~)

particular adj ə-htu: အထူး
(special); thi:-thaṇ-hpyi'-tẹ
သီးသန့်ဖြစ်သော (separate)

particularly adv ə-htu:-thə-
hpyiṇ အထူးသဖြင့်၊ thi:-thaṇ-a:-
hpyiṇ သီးသန့်အားဖြင့်

particulars n ə-thei:-zei'
အသေးစိတ်၊ ə-jo:-ə-jaun:
အကျိုးအကြောင်း

partition *n* ə-ka-ə-yan အကာ အရံ (divider); ə-kaṇ အကန့် (cubicle)

partly *adv* də-zei'-də-bain: တစ်စိတ်တစ်ပိုင်း၊ də-zei'-də-dei thạ တစ်စိတ်တစ်ဒေသ၊ tə-we'-tə-pye' တစ၀က်တစ်ပျက်

partner *n* hpe' ဖက်၊ sa'-tu စပ်တူ (business ~); gə-za:-be' ကစားဖက် (tennis ~)

partnership *n* 🏛 ə-sụ-za' အစုစပ်

partridge *n* 🐦 hka ခါ

parts *n* se'-pyi'-si: စက်ပစ္စည်း

party *n* pa-ti-bwe: ပါတီပွဲ mei'-hson-bwe: မိတ်ဆုံပွဲ (celebration); 🌐 pa-ti ပါတီ (political); ə-hpwẹ အဖွဲ့ (search ~); tə-hpe'-lu တစ်ဖက်လူ (the other ~)

party member *n* 🌐 pa-ti-win ပါတီဝင်

pass₁ *v* kan:-de ကမ်းသည်၊ le'-ku:-le'-pyaun:-lo'-te လက်ကူး လက်ပြောင်းလုပ်သည် (hand to); jə-de ကျော်သည် (~ a car); ụ-pə-dei-hto'-te ဥပဒေထုတ်သည် (~ a law); thei-de သေသည် (die); aun-de အောင်သည် (~ an exam); si-yin-de စီရင်သည် (~ judgment);

lun-myau'-te လွန်မြောက်သည် (time ~es); jạ-de ကျသည် (~ censorship)

pass₂ *n* taun-ja:-lan: တောင် ကြားလမ်း

passable *adj* thiṇ-de သင့်သည်

passage *n* zin:-jan စင်္ကြံ (aisle); sa-pai' အပိုဒ် (~ of a book); hkə-yi: ခရီး (journey)

pass away *v* kwe-lun-de ကွယ်လွန်သည်၊ thei-hson:-de သေဆုံးသည်

passbook *n* ngwei-sụ-sa-o' ငွေစုစာအုပ်၊ ban-sa-o' ဘဏ်စာအုပ်

passenger *n* hkə-yi:-the ခရီးသည်

passenger car, passenger carriage *n* lu-si:-dwe: လူစီးတွဲ (~ of a train)

passer-by *n* bei:-lu ဘေးလူ

passion *n* zɔ: ဇော

passionate *adj* sei'-pa-dẹ စိတ်ပါသော

passionately *adv* me'-me'-se'-se' မက်မက်စက်စက်၊ a:-yạ-ba:-yạ အားရပါးရ

passionfruit *n* 🍈 pin-hmẹ ပင်မှည့်

pass off *v* cho-le:-yɔ:-htain-lo'-te ချော်လဲရောထိုင်လုပ်သည်

pass on *v* pei:-de ပေးသည် (~ his phone number); thei:-hson:-de သေဆုံးသည် (die)

pass out *n* dhə-di̱-mei̱-de သတိမေ့သည် (faint); hkwe:-wei-de ခွဲဝေသည် (hand out)

passport *n* nain-gan-ku:-le'-hma' နိုင်ငံကူးလက်မှတ်

pass through *v* hpya'-te ဖြတ်သည်

password *n* zə-gə-hwe' စကားဝှက်

past *n* ə-tei' အတိတ်၊ hki'-haun: ခေတ်ဟောင်း၊ nau'-jaun: နောက်ကြောင်း

pasta *n* hkau'-hswe: ခေါက်ဆွဲ

paste₁ *v* ka'-te ကပ်သည်

paste₂ *n* kɔ ကော် (glue); che'-jau' ချက်ကျောက် (imitation gem)

pastor *n* ☩ hpon:-ji: ဘုန်းကြီး

pasture *n* zə-je' စားကျက်
‖‖ *greener pastures* yei-ji-ya-mye'-nu̱-ya ရေကြည်ရာမြက်နုရာ

pat *v* po'-te ပုတ်သည်

patch₁ *v* hpa-(htei:)-de ဖာ(ထေး)သည်

patch₂ *n* ə-hpa-(ə-htei:)
အဖာ(အထေး)

patchwork *n* sa'-hte စပ်ထည်

patent *n* ⚒ mu-pain-gwiṇ မူပိုင်ခွင့်၊ hma'-pon-tin မှတ်ပုံတင်

patent holder *n* ⚒ mu-bain မူပိုင်

path *n* lan:-jaun လမ်းကြောင်း

patience *n* thi:-hkan-hmu̱ သည်းခံမှု၊ sei'-shei-hmu̱ စိတ်ရှည်မှု

patient₁ *adj* sei'-shei-de̱ စိတ်ရှည်သော

patient₂ *n* lu-na လူနာ

patriot *n* myo:-chi'-po'-go မျိုးချစ်ပုဂ္ဂိုလ်

patriotism *n* myo:-chi'-sei' မျိုးချစ်စိတ်၊ ◉ myo:-chi'-wa-da̱ မျိုးချစ်ဝါဒ

patrol₁ *v* kin:-hle̱-de̱ ကင်းလှည့်သည်

patrol₂ *n* kin: ကင်း၊ pa'-tə-yaun ပတ္တရောင်

patrol car *n* ye:-ka: ရဲကား

patron *n* na-yə-ka̱ နာယက

patronage *n* tə-be̱-mwei:-hsə-ya-mwei:-jin: တပည့်မွေးဆရာ မွေးခြင်း

patronise *v* a:-pei:-de အားပေးသည် (~ a shop); thwei:-ji:-

mwei:-ji:-lo'-te သွေးကြီးမွေးကြီး
လုပ်သည် (look down on)

pattern n ə-hsin-ə-kwe'
အဆင်အကွက်

paunchy adj bai'-shwe:-dẹ
ပိုက်ရှဲသော

pause₁ v ngaṇ-de ငံ့သည်၊ hsain:-
de ဆိုင်းသည်၊ hkə-nə-ya'-te
ခဏရပ်သည်

pause₂ n ə-na: အနား

pave v lan:-hkin:-de
(လမ်း)ခင်းသည်

pavement n pə-le'-hpaun:
ပလက်ဖောင်း (footpath, sidewalk)

pavilion n man-da' မဏ္ဍပ်

paw n le' (တိရစ္ဆာန်)လက်၊ chi ခြေ

pawn₁ v paun-hnan-de ပေါင်
နှံသည်၊ ə-paun-hta:-de
အပေါင်ထားသည်

pawn₂ n ne နယ် (chessman)

pawnshop n ə-paun-zain
အပေါင်ဆိုင်

pay₁ v pei:-de (ပိုက်ဆံ)ပေးသည်၊
shin:-de ရှင်းသည် (~ a bill);
hsaun-de ဆောင်သည် (~ taxes)

pay₂ n lə-gạ လခ၊ lə-za လစာ၊ lo'-
hkạ လုပ်ခ

pay back v ə-jwei:-hsa'-te
အကြွေးဆပ်သည် ‖‖ **pay back in**

kind gə-lẹ-za:-chei-de ကလဲ့စား
ချေသည်

pay for v zə-yei'-hkan-de စရိတ်
ခံသည် (~ dinner); hkan-yạ-de
ခံရသည် (suffer, ~ that tomorrow)

payment n lə-gạ လခ၊ lə-za
လစာ၊ lo'-hkạ လုပ်ခ

pay off v ə-jwei:-hsa'-te
အကြွေးဆပ်သည် (~ a loan);
ngwei-ne-shin:-de ငွေနှင့်
ရှင်းသည် (I paid him off)

payoff n hse'-jei: ဆက်ကြေး (pro-
tection ~); ə-yɔ အလျော် (insur-
ance ~); yạ-la' ရလာဒ် (benefit)

pay up v ngwei-chei-de
ငွေချေသည်

pea n ✿ pe: ပဲ

peace n ☯ ♪ nyein:-chan:-yei:
ငြိမ်ချမ်းရေး (war and ~); chan:-
myẹ-hmụ ချမ်းမြေ့မှု (~ of mind)

peaceful adj ☯ ♪ nyein:-chan:-
de ငြိမ်ချမ်းသည်၊ ei:-chan:-de
အေးချမ်းသည် (tranquil)

peaceful coexistence n ☯
nyein:-jan:-zwa-ə-tu-shin-twe:-
nei-htain-yei: ငြိမ်ချမ်းစွာအတူ
ယှဉ်တွဲနေထိုင်ရေး

peacefully adv ə-tha-də-ji
အသာတကြည်

peace treaty *n* 🌐 ✄ nyein:-chan:-yei:-thə-bɔ:-tu-nyi-jeʼ ငြိမ်းချမ်းရေးသဘောတူညီချက်

peacock *n* ❀ daun: ဒေါင်း(ဖို)

peak *n* htei' ထိပ်၊ ə-htu' အထွတ်

peanut *n* 🌾 myei-be: မြေပဲ

peanut oil *n* pe:-zi ပဲဆီ

pear *n* 🌾 thi'-tɔ သစ်တော်

pearl *n* pə-le: ပုလဲ ‖‖ *cultured pearl* mwei:-pə-le: မွေးပုလဲ ‖‖ *natural pearl* thə-ba-wə-pə-le: သဘာဝပုလဲ

peasant *n* taun-thu-le-thə-ma: တောင်သူလယ်သမား

pebble *n* jauʼ-sə-yiʼ ကျောက်စရစ်

peck *v* hto:-hsei'-te ထိုးဆိတ်သည်

peculiar *adj* ə-taʼ-hsan:-dҽ အတတ်ဆန်းသော၊ tə-myo: တမျိုး

pedal *n* chi-nin: ခြေနင်း

peddle *v* lai'-yaun-de လိုက်ရောင်းသည်

pediatrician *n* ☤ hkə-lei:-ə-htu:-ku-hsə-ya-wun ကလေးအထူးကု ဆရာဝန်

pee *v* si:-thwa:-de ဆီးသွားသည်၊ thei:-pauʼ-te သေးပေါက်သည်၊ shu:-shu:-pauʼ-te ရှုးရှူး

peak (ပေါက်သည်)

peek *v* hkə-nạ-jị-de ခဏ ကြည့်သည်

peel₁ *v* kwa-de ကွာသည်၊ hkwa-de ခွာသည်

peel₂ *n* ə-hkun အခွံ

peep *v* chaun:-jị-de ချောင်းကြည့်သည်

peer *n* ə-hpe' အဖက် (jury of ~s); ywe-du-tan:-du ရွယ်တူတန်းတူ (~ education)

pelican *n* ❀ wun-bo ဝန်ပို

pen *n* bɔ:-pin ဘောပင် (write with a ~); hlaun-jain့ လှောင်ခြံင်၊ chan ခြံ (goat ~)

penalty *n* dan ဒဏ်

pencil *n* hke:-dan ခဲတံ ‖‖ *coloured pencils* yaun-zon-hke:-dan ရောင်စုံခဲတံ ‖‖ *mechanical pencil* hke:-bɔ:-pin ခဲဘောပင်

pencil sharpener *n* chun-ze' ချွန်စက်

pending *adj* saun-za:-nei-yə-dҽ စောင့်စားနေရသော

penetrate *v* su:-win-de စူးဝင်သည်

penguin *n* ❀ pin-gwin ပင်ဂွင်း

penicillin *n* ☤ pin-nə-sə-lin ပင်နီစလင်

peninsula n 🌐 jun:-zwe
ကျွန်းဆွယ်

penis n yau'-ja:-in-ga ယောက်ျား
အင်္ဂါ

pension n pin-sin ပင်စင်

pensioner n ə-nyein:-za:
အငြိမ်းစား

pent(a)- pref pin-sạ ပဉ္စ

pentagon n pin-sạ-gan ပဉ္စဂံ

people n lu လူ (pl/ of 'person');
🌐 pyi-dhu-pyi-dha: ပြည်သူ
ပြည်သား (citizens); lu-myo: လူမျိုး
(nation, ethnic group)

pepper n ngə-yo'-kaun:
ငရုတ်ကောင်း (black ~); 🌿 ngə-yo'
ငရုတ် (bell ~, chilli ~)

peppermint n 🌿 pu-si-nan ပူဒီနာ

per prep hma မှာ၊ ko ကို

perceive v myin-de မြင်သည်၊ a-
yon-hkan-de အာရုံခံသည်၊ a-yon-
yạ-de အာရုံရသည်

per cent, percent n ya-gain-
hnon: ရာခိုင်နှုန်း

percussion n 🎵 yai'-ti:-dẹ-tu-rị-
ya (ချပ်၊ ဗုံ၊ လင်းကွင်း စသည်)
ရိုက်တီးသောတူရိယာ

perfect adj pyei-son-dẹ ပြည့်
စုံသော၊ pi-thạ ပီသ

perforate v hpau'-te (အပေါက်)
ဖောက်သည်

perform v kạ-pyạ-de ကပြသည်
(dance); thə-yo'-hsaun-de သရုပ်
ဆောင်သည် (~ before an audi-
ence); lo'-hsaun-de လုပ်
ဆောင်သည် (~ one's duties)

performance n pyạ-bwe: ပြပွဲ
(10 ~s); kạ-pyạ-jin: ကပြခြင်း
(dance); thə-yo'-hsaun-jin:
သရုပ်ဆောင်ခြင်း (a brilliant ~); lo'-
hsaun-hmụ လုပ်ဆောင်မှု (~ at
work)

perfume n ə-hmwei: အမွှေး၊ yei-
hmwei: ရေမွှေး

peridot n pyaun-gaun:-zein:
ပြောင်ခေါင်းစိမ်း

period n ka-lạ ကာလ၊ hki' ခေတ်
(independence ~); we'-jạ-ə-
hson:-pyạ-thin-gei-tạ ဝါကျ
အဆုံးပြသောသင်္ကေတ (., full
stop); we'-jạ ဝါကျ (sentence); ya-
thi ရာသီ (menstruation)

periodicals n sa-ne-zin:
စာနယ်ဇင်း

perjury n ⚖ mụ-tha:-the'-thei-
hkan-hmụ မုသားသက်သေခံမှု

perm n zə-bin-kau'-chin:
ဆံပင်ကောက်ခြင်း (permanent
wave)

permanence *n* nei'-ṣa နိစ္စ၊ ti-nyein-hmụ တည်ငြိမ်မှု

permanent *adj* mye:-dẹ မြဲသော၊ ə-mye:-dan: အမြဲတမ်း၊ pon-thei'-ti-mye:-dẹ ပုံသေတည်မြဲသော

permission *n* hkwiṇ-gẹ̈၊ hkwiṇ-pyụ-je' ခွင့်ပြုချက်

permit₁ *v* hkwiṇ-pei:-de ခွင့်ပေးသည်

permit₂ *n* pa-mi' ပါမစ်

perpendicular *adj* dauṇ-hman-jạ-dẹ ထောင့်မှန်ကျသော

perpetrator *n* ✎ tə-yə-hkan တရားခံ၊ le'-the လက်သည်

perpetual *adj* dau'-shau' တောက်လျှောက်

persecute *v* hnyin:-pan:-hnei'-se'-te ညှင်းပန်းနှိပ်စက်သည်

persimmon *n* ✿ te တည်

persistance *n* zwe: ဇွဲ (not giving up); tə-thə-ma'-hte:-pyi'-chin: တသမတ်တည်းဖြစ်ခြင်း (constancy)

persistant *adj* kyã-ṛhi-ṛhi-dẹ သော (lasting long); tə-thə-ma'-hte:-lo'-tẹ တသမတ်တည်းလုပ်သော (maintaining effort)

person *n* lu လူ၊ po' ပုဂ္ဂိုလ်၊ yau' ယောက် ။ ။ *in person* ko-dain ကိုယ်တိုင်

personal *adj* ko-pain ကိုယ်ပိုင်၊ ko-yei:-ko-ta ကိုယ်ရေးကိုယ်တာ

personality *n* ko-yei:-ko-thwei: ကိုယ်ရည်ကိုယ်သွေး

personally *adv* ko-dain-ko-jạ ကိုယ်တိုင်ကိုယ်ကျ

perspective *n* shụ-myin-bon ရှုမြင်ပုံ (point of view); ə-ni:-ə-wei:-pyạ-jin: အနီးအဝေးပြခြင်း (depth)

perspiration *n* chwei: ချွေး

persuade *v* si:-yon:-de စည်းရုံးသည်၊ hswe:-hsaun-de ဆွဲဆောင်သည်

pertinent *adj* hsain-ya ဆိုင်ရာ

perturb *v* sei'-sho'-sei-de စိတ်ရှုပ်စေသည်

perverse *adj* pon-hman-mə-ho'-tẹ (စိတ်)ပုံမှန်မဟုတ်သော

pest *n* ✿ po: ပိုး

pester *v* nə-pu-nə-hsa-lo'-te နားပူနားဆာလုပ်သည်

pestle *n* jạ-bwei ကျည်ပွေ့

pet₁ *v* tha'-te သပ်သည်

pet₂ *n* ein-mwei:-tə-rei'-hsan အိမ်မွေးတိရစ္ဆာန် (animal); ə-chi'-tə အချစ်တော် (favourite)

petal *n* pwiṇ-jạ' ပွင့်ချပ်

petition *n* shau'-hlwa

လျှောက်လွှာ

petrol *n* da'-hsi မော်တ်ဆီ

petroleum *n* yei-nan ရေနံ

petty *adj* tha-bo:-hta:-thei:-dẹ
သဘောထားသေးသော (narrow-
minded); thei:-no'-tẹ သေး
နုတ်သော (≠ important)

pharmacy *n* ♥ hsei:-zain
ဆေးဆိုင်

phase *n* ə-hsiṇ အဆင့်

Ph.D. *n* dau'-ta ဒေါက်တာ; pa-rə-
gu ပါရဂူ

pheasant *n* ♥ yi' ရစ်

phenomenon *n* ə-thwin-ə-pyin
အသွင်အပြင်

philosophy *n* de'-thə-nə-pyin-
nya ဒဿနပညာ (study of basic
questions); wa-dạ ဝါဒ (theoretical
basis)

phlegm *n* ♥ chwe: ချွဲ၊ thə-lei'
သလိပ်

phone₁ *v* hpon:-hse'-tẹ ဖုန်း
ဆက်သည်

phone₂ *n* hpon: ဖုန်း

phony *adj* ə-tụ-ə-yaun
အတုအယောင်

photocopier *n* mei'-tu-(ku:)-se'
မိတ္တူ(ကူး)စက်

photocopy₁ *v* mei'-tu-ku:-de

မိတ္တူကူးသည်

photocopy₂ *n* mei'-tu: မိတ္တူ

photograph₁ *v* da'-pon-yai'-te
ဓာတ်ပုံရိုက်သည်

photograph₂ *n* da'-pon ဓာတ်ပုံ

physical *adj* ka-yə-kan-myau'-
te ကာယကံမြောက်၊ yo'-pain:-
hpyi'-tẹ ရုပ်ပိုင်းဖြစ်သော

physically ကိုယ်ထိလက်ရောက်

physician *n* ♥ hsə-ya-wun
ဆရာဝန်

physics *n* ❀ yu-pạ-bei-dạ
ရူပဗေဒ

piano *n* ♫ san-də-ya: စန္ဒရား

pick *v* hku'-de ခူးသည် (~
flowers); hsu'-te ဆွတ်သည် (~
fruit); ywei-de ရွေးသည် (choose);
sha-de ရှာသည် (~ a fight)

pickpocket *n* gə-bai'-hnai'
ခါးပိုက်နှိုက်

pick up *n* kau'-te ကောက်သည်
(lift); hkɔ-de ခေါ်သည် (~ sb)

pickle *n* thə-na' သနပ်၊ chin-
ba-ချဉ်ဖတ်

picky *adj* ji:-htu-de ချေးထူသည်၊
zi-za-je-de ဇီဇာကျယ်သည်

picnic *n* pyɔ-bwe:-za: ပျော်ပွဲစား

picture *n* yo'-pon ရုပ်ပုံ (image);
da'-pon ဓာတ်ပုံ (photograph); za'-

ka: ဇာတ်ကား (movie)

piece *n* ə-sei'-ə-pain: အစိတ်
အပိုင်း (~ of); ze ဇယ် (game ~)
‖‖ *piece of cake* hta-min:-za:-
yei-thau' ထမင်းစားရေသောက်

pier *n* hsei'-hkan-də-da:
ဆိပ်ခံတံတား

pierce *v* hpau'-te ဖောက်သည်၊
hto:-de ထိုးသည်

pig *n* ✿ we' ဝက်၊ ə-sa:-po'
အစားပုပ် (gluttonous person)

pigeon *n* ✿ hko ခို

pigeon pea *n* ❀ pe:-zin:-ngon
ပဲစင်းငုံ

piglet *n* ✿ we'-hkə-lei:
ဝက်ကလေး

pigsty *n* we'-chan ဝက်ခြံ (dirty as
a ~)

pilaf *n* dan-bau' ဒံပေါက်

pile₁ *v* sụ-pon-de စုပုံသည်

pile₂ *n* ə-sụ-ə-pon အစုအပုံ

piles *n* ❦ lei'-gaun: လိပ်ခေါင်း

pilgrimage *n* ▣ hpə-ya:-bu:
ဘုရားဖူး

pill *n* ❦ hsei:-lon: ဆေးလုံး၊ hsei-
bya: ဆေးပြား ‖‖ *the Pill* ta:-zei:
တားဆေး

pillar *n* jau'-tain ကျောက်တိုင်

pillar-box *n* sa-tai'-bon:

စာတိုက်ပုံး

pillow *n* gaun:-on: ခေါင်းအုံး

pillow case *n* gaun:-on:-zu'
ခေါင်းအုံးစွပ်

pilot *n* lei-yin-hmu: လေယာဉ်မှူး
(airplane ~); ⚓ yei-jaun-bya
ရေကြောင်းပြ (river ~)

pimp *n* (zein)-gaun: (ဇိမ်)ခေါင်း

pimple *n* we'-chan ဝက်ခြံ (~s on
his cheeks)

pin₁ *v* pin-hto:-de ပင်ထိုးသည်၊
hpi-hta:-de ဖိထားသည်

pin₂ *n* pin-a' ပင်အပ် (sewing ~);
sọ စို့ (peg); hmo-a' မှိုအပ်
(drawing ~) ‖‖ *safety pin* twe-jei'
တွယ်ချိတ်

pincers *n* za-gə-na ဇာဂနာ၊
hnya' ညှပ် ‖‖ *crab's pincers* gə-
nan:-le'-mạ ကဏန်းလက်မ

pinch *v* hsei'-te ဆိတ်သည်၊ hswe:-
lein-de ဆွဲလိမ်သည်

pine₁ *v* lwan:-na-jạ-de
လွမ်းနာကျသည်၊ tạ-thạ-de
တသသည်

pine₂ *n* ❀ htin-shu: ထင်းရှူး
‖‖ *whistling pine* ❀ kə-bwi: ကဗွီး

pineapple *n* ❀ na-na' နာနတ်

ping-pong *n* pin-paun ပင်ပေါင်

pink *n* pan:-yaun ပန်းရောင်

pinkie n nyi-pụ-lei: ညိုပုလေး၊ le'-than: လက်သန်း

pint n paiṇ ပိုင့်

pinwheel n lei-se'-ja လေစက်ကြာ

Pinya n 🌐 ♨ pin:-yạ ပင်းယ

pioneer n hki'-shei-pyei:-dhu ခေတ်ရှေ့ပြေးသူ၊ lan:-htwin-dhu လမ်းထွင်သူ

pip n ze ဇယ်၊ ə-zị့ အစေ့

pipal n 🌿 bɔ:-dị-nyaun ဗောဓိ ညှောင်

pipe n pai' ပိုက် (water ~); hsei:-dan ဆေးတံ (smoke a ~)

pirate₁ adj ⚓ ə-tụ အတု (copied)

pirate₂ n ⚓⚓ pin-le-də-myạ ပင်လယ်ဓားပြ

piss v thei:-pau'-te သေး ပေါက်သည်၊ ə-pɔ-thwa:-de အပေါ့သွားသည်

pistol n byau' ပြောက်

pit n jin: ကျင်း (hole); zị့ စေ့၊ ə-zị့ အစေ့ (large seed)

pitaka n 💻 pi'-tə-ka' ပိဋကတ်

pitch₁ v sə-hkan:-chạ-de စခန်းချသည် (~ camp); pyi'-te ပစ်သည် (throw); lu:-leiṇ-de လူးလိမ့်သည် (roll and turn); u:-sau'-jạ-de ဦးစောက်ကျသည် (fall)

pitch₂ n bɔ:-lon:-gwin ဘောလုံး

ကွင်း (football ~); 🌿 htin:-shu:-zi ထင်းရှူးဆီ (tree ~); 🎵 lei-dhan လေသံ (of voice)

pitch dark adj ne'-hmaun-dẹ နက်မှောင်သော

pitcher n ja: ဂျား၊ tə-gaun: တကောင်း

pitiful adj thə-na:-zə-ya-kaun:-dẹ သနားစရာကောင်းသော

pitiless adj ye'-se'-tẹ ရက်စက်သော

pity₁ v kə-yụ-na-the'-te ကရုဏာသက်သည်၊ thə-na:-de သနားသည်

pity₂ n thə-na:-hmụ သနားမှု

‖‖ **what a pity** do'-hkạ-be: ဒုက္ခပဲ

pivot v hlẹ-de လှည့်သည်

pivotal issue n ə-yin:-hkan-kei'-sạ အရင်းခံကိစ္စ

place₁ v tin-de တင်သည်၊ hta:-de ထားသည်၊ chạ-de ချသည်

place₂ n nei-ya နေရာ၊ hta-nạ ဌာန၊ ti-nei-ya တည်နေရာ

placenta n ⚕ ə-chin: အချင်း

plague n ⚕ ka'-yɔ:-ga ကပ်ရောဂါ

‖‖ **bubonic plague** ⚕ pə-lei'-yɔ:-ga ပလိပ်ရောဂါ

plain₁ adj pyaun-dẹ ပြောင်သော (no pattern); pə-lein: ပလိန်း

(nothing added); yo:-shin:-dᵊ ရိုးရှင်းသော (not fancy)

plain₂ n myei-pyaṇ မြေပြန့်၊ lwin-pyin လွင်ပြင်

plainly adv ə-tain:-tha: အတိုင်းသား၊ yo:-yo: ရိုးရိုး

plaintiff n ⚖ tə-ya:-lo တရားလို

plait n ji'-hsan-mi ကျစ်ဆံမြီး

plan₁ v si-sin-de စီစဉ်သည်၊ si-man-de စီမံသည်၊ jan-si-de ကြံစည်သည်

plan₂ n si-man-gein: စီမံကိန်း (5-year ~); ə-si-ə-man အစီအမံ (business ~); ə-si-ə-sin အစီအစဉ် (holiday ~s) ‖‖ **short-term plan** yei-to-si-man-gein: ရေတို စီမံကိန်း ‖‖ **long-term plan** yei-shei-si-man-gein: ရေရှည် စီမံကိန်း

plane n lei-yin လေယာဉ် (airplane); pyin-nyi ပြင်ညီ (flat surface); 📖 bon ဘုံ (of existence)

planet n 🌟 jo ဂြိုဟ်

plank n pyin-bya: ပျဉ်ပြား

plant₁ v 🌿 sai'-(pyo:)-de စိုက်(ပျိုး)သည်

plant₂ n 🌿 ə-pin အပင်

plaster n pə-la-sə-ta ပလာစတာ (bandage); tha-yu' သရွတ် (~ on

the wall); jau'-pa'-ti:-hmoṇ ကျောက်ပတ်တီးမှုန့်၊ pi-o-pi ပီအိုပီ (plaster of Paris)

plastic n pə-la'-sə-ti' ပလတ်စတစ်၊ kə ကော်

plate n ə-cha' အချပ် (flat object); pə-gan-bya: ပန်းကန်ပြား

plateau n kon:-pyin-myiṇ ကုန်းပြင်မြင့်

platform n sin စင် (raised place); zin:-jan စင်ကြို (railway ~); 🔵 lan-jaun: လမ်းကြောင်း

platinum n pə-le'-ti-nan ပလက်တီနမ်

platoon n 🎖 ta'-su တပ်စု

play₁ v gə-za:-de ကစားသည် (~ a game); hto:-de ထိုးသည် (~ chess, ~ the lottery); yai'-te ရိုက်သည် (~ cards); 🎵 ti:-hmo'-te တီးမှုတ်သည် (music); pwiṇ-de ဖွင့်သည် (~ a song, ~ a CD)

play₂ n pyạ-za' ပြဇာတ် (drama); gə-za:-jin: ကစားခြင်း (balance between work and ~)

play around v mye'-hna-mya:-de မျက်နှာများသည် (some married people still ~)

player n hpwiṇ-se' (ကက်ဆက်၊ ဗွီဒီယို စသည်) ဖွင့်စက် (DVD ~)

playground *n* gə-sa:-gwin: ကစားကွင်း (children's ~)

playmate *n* gə-za:-bɔ ကစားဖေါ်၊ gkə-za:-be' ကစားဖက်

plaything *n* gə-za:-zə-ya ကစား စရာ (toy)

plaza *n* yin-byin ရင်ပြင် (square); zei:-dan: ဈေးတန်း (shopping area)

plead *v* pan-ja:-de ပန်ကြားသည် (~ for understanding); ၛ shau'-te လျှောက်သည် (~ guilty)

pleasant *adj.* cho-tha-dẹ ချိုသာသော၊ tha-ya-dẹ သာယာသော

please₁ *v* jei-na'-sei-de ကျေနပ် စေသည်၊ thə-bɔ:-jạ-zei-de သဘောကျစေသည်

please₂ *exp* pa ပါ (~ may I); jei:-zu:-pyụ-ba ကျေးဇူးပြုပါ (be so kind as to)

pleased *adj* hni'-chai'-tẹ နှစ်ခြိုက်သော၊ thə-bɔ:-jạ-dẹ သဘောကျသော

pleasure *n* ə-pyɔ အပျော်

plebiscite *n* 🌏 lu-dụ-hsan-dạ-hkan-yu-bwe: လူထုဆန္ဒခံယူပွဲ

plectrum *n* ♪ le'-hka' လက်ခတ် (guitar pick)

pledge₁ *v* gə-dị-pyụ-de ကတိပြုသည်၊ a-mạ-hkan-de အာမခံသည်

pledge₂ *n* gə-dị-hkan-wun-je' ကတိခံဝန်ချက် (promise); ၛ a-mạ-gan-pyi-si: အာမခံပစ္စည်း (security)

plentiful *adj* pɔ:-mya:-dẹ ပေါများသော

plenty *n* po-lun-jin: ပိုလွန်ခြင်း၊ ə-mya:-ə-pya: အများအပြား

pliers *n* pə-la-ya ပလာယာ

plot *n* za'-kwe' ဇာတ်ကွက် (storyline); myei-gwe' မြေကွက် (of land); jan-si-jin: ကြံစည်ခြင်း (criminal ~)

plough, plow₁ *v* hte-hto:-de ထယ်ထိုးသည်

plough, plow₂ *n* hte ထယ်

pluck *v* khu:-de ခူးသည်၊ hsu'-te ဆွတ်သည်၊ ♪ hka'-te ခတ်သည် (~ a guitar)

plug₁ *v* pei'-hsọ-de ပိတ်ဆို့သည် (~ your ears)

plug₂ *n* pə-la' ပလတ် (electric ~); ə-hsọ အဆို့ (stopper) ▐▐ **pull the plug, unplug** pə-la'-hpyo'-te ပလတ်ဖြုတ်သည်

plug in *v* pə-la'-hto:-de ပလတ်ထိုးသည်

plum n ❀ zi: ဆီး

plump adj pyi̱-hpyo:-dẹ ပြည့်ဖြိုးသော၊ hpaun:-dẹ ဖောင်းသော

plural n bə-hụ-wo'-kein: ဗဟုဝုစ်ကိန်း

pluralism n 🌐 bə-hụ-wa-dạ ဗဟုဝါဒ

plus prep ə-paun: အပေါင်း

plus sign n ə-paun:-le'-hkə-na အပေါင်းလက္ခဏာ၊ '+'

Pluto n 🪐 pə-lu-to ပလူတို

plywood n ə-hta'-tha: အထပ်သား

p.m. n neị-gin: နေ့ခင်း (noon to midnight)

pneumonia n ☤ ə-hso'-pwə-yɔ:-ga အဆုတ်ပွရောဂါ၊ ☤ ə-hso'-yaun-yɔ:-ga အဆုတ်ရောင်ရောဂါ

pock n ə-pau'-ə-pau' အပေါက်အပေါက်

pocket₁ adj hkə-yi:-hsaun ခရီးဆောင်၊ ei'-hsaun အိတ်ဆောင်

pocket₂ n ei' အိတ် (shirt ~)

pocketbook n pai'-hsan-ei' ပိုက်ဆံအိတ်၊ le'-kain-ei' လက်ကိုင်အိတ် (bag to carry cash etc in); hma'-tan:-sa-o' မှတ်တမ်းစာအုပ် (notebook)

pocketknife n maun:-chạ-da: မောင်းချားား

pocket money n moṇ-bo: မုန့်ဖိုး

pod n ə-tauṇ အတောင့်

poem, poetry n ✿ kə-bya ကဗျာ

poet n ✿ kə-bya-hsə-ya-(mạ) ကဗျာဆရာ(မ)

poetic adj ✿ kə-bya-hsan-dẹ ကဗျာဆန်သော

point₁ v hto:-de ထိုးသည်၊ hnyun-de ညွှန်သည် (~ a finger)

point₂ n ə-chun အချွန်၊ ə-chun: အချွန်း (a sharp ~); ə-che' အချက် (I want to make two ~s); ə-hma' အမှတ် (score a ~); ə-se' အစက် (~s and lines); lo-yin: လိုရင်း၊ ə-jaun: အကြောင်း (what's the ~) ။။။ *starting point* ə-sạ အစ ။။။ *on the point of* lụ-hse:-hse: လုဆဲဆဲ ။။။ *be to to the point* ə-che'-jạ-de အချက်ကျသည် ။။။ *weak point* htau'-kwe' ထောက်ကွက် ။။။ *focal point* hson-je' ဆုံချက် ။။။ *highest point* ə-htu' အထွတ် ။။။ *turning point* tə-hsi'-cho တစ်ဆစ်ချိုး

pointed adj chun-hte'-tẹ ချွန်ထက်သော

pointer n hnyun-dan ညွှန်တံ

point of view n ə-htin-ə-myin

အထင်အမြင်၊ shụ-dauṇ ရှုထောင့်

point out *v* hnyun-de ညွှန်သည်၊
htau'-pya-de ထောက်ပြသည်

poison *n* ə-hsei' အဆိပ်

poisoned *adj* ə-hsei'-thiṇ-dẹ
အဆိပ်သင့်သော၊ tau'-tẹ
တောက်သော

Po Karen *n* po:-kə-yin ပိုးကရင်

poke *v* hto:-de ထိုးသည်

poke fun at *n* yi-thun:-thwei:-
de ရယ်သွမ်းသွေးသည်၊ ha:-de
ဟားသည်

poker *n* sho: ရှိုး (card game)

polar bear *n* ✿ we'-wun-byu
ဝက်ဝံဖြူ

Polaris *n* ◼ du-wun ဓ္ရုဝ်

pole *n* tain တိုင် (post); ə-tan အတံ
(long stick) ‖ ‖ **shoulder pole** də-
bo: ထမ်းပိုး ‖ ‖ **magnetic pole** than-
lai'-win-yo:-zun: သံလိုက်
ဝင်ရိုးစွန်း

polestar *n* ◼ du-wun ဓ္ရုဝ်

police *n* ye: ရဲ၊ pə-lei' ပုလိပ်

police force *n* ye:-ta'-hpwẹ
ရဲတပ်ဖွဲ့

police officer *n* ♂ ye:-dha:
ရဲသား၊ ♀ ye:-mei ရဲမေ

police station *n* ye:-sə-hkan:
ရဲစခန်း

policy *n* mu-wa-dạ မူဝါဒ၊ pɔ-lə-
si ပေါ်လစီ (plan or principle for
action); a-mạ-gan-sa-jo' အာမခံ
စာချုပ် (insurance ~) ‖ ‖ ***make
policy*** mu-chạ-de မူချ

polio *n* ⚕ po-li-yo ပိုလီယို

polish₁ *v* tai'-chu'-te တိုက်
ချွတ်သည် (clean); thwei:-de
သွေးသည် (~ gems); hpu'-te
ဖွပ်သည် (~ rice)

polish₂ *n* ə-yaun-tin-zei:
အရောင်တင်ဆေး (furniture ~)

polite *adj* yin-jei:-dẹ
ယဉ်ကျေးသော၊ lein-ma-dẹ
လိမ္မာသော၊ nyin-tha-dẹ
ညင်သာသော

political *adj* ◍ nain-gan-yei:
နိုင်ငံရေး

political consciousness *n* ◍
nain-gan-yei:-ə-thị-no:-ja:-
hmụ နိုင်ငံရေးအသိနိုးကြားမှု

politician *n* ◍ nain-gan-yei:-
dhə-ma: နိုင်ငံရေးသမား

politics *n* ◍ nain-gan-yei:
နိုင်ငံရေး၊ pyi-yei:-pyi-ya
ပြည်ရေးပြည်ရာ

poll *n* ◍ hsan-dạ-hkan-yu-bwe:
ဆန္ဒခံယူပွဲ၊ ywei:-kau'-pwe: ရွေး
ကောက်ပွဲ

pollen *n* 🌾 wu'-hmon ဝတ်မှုန်

polling booth *n* 🌐 me:-yon မဲရုံ

polluted *v* nyi'-nyan:-dẹ ညစ်ညမ်းသော

pollution *n* nyi'-nyan:-hmụ ညစ်ညမ်းမှု

polo *n* po-lo ပိုလို

poltergeist *n* pon-nə-kạ ပုဏ္ဏက

poly- *pref* bə-hụ ဗဟု

polygon *n* bə-hụ-gan ဗဟုဂံ

polyp *n* 🌱 ə-thə-bo အသားပို

pomelo *n* 🌾 jwe:-gɔ: ကျွဲကော

pond *n* kan ကန်၊ yei-ain ရေအိုင်

ponder *v* jan-hsạ-de ကြံဆသည်၊ twei:-hsạ-de တွေးဆသည်

pony *n* 🐎 myin: မြင်း

ponytail *n* hsə-bin-nau'-si: ဆံပင်နောက်စည်း

poo *n* chi: ချေး

pool *n* kan ကန် (pond); yei-ku:-gan ရေကူးကန် (swimming ~)

poor *adj* hsin:-ye:-dẹ ဆင်းရဲသော၊ nun:-pa:-dẹ နွမ်းပါးသော၊ mwe:-dẹ မွဲသော

poorly *adv* nyan̲-hpyin:-swa ညံ့ဖျင်းစွာ

popcorn *n* pau'-pau' ပေါက်ပေါက်

poppy *n* 🌾 bein: ဘိန်း

poppy seed *n* bein:-zị ဘိန်းစေ့

popsicle *n* yei-ge:-chaun: ရေခဲချောင်း

popular *adj* hki'-sa:-dẹ ခေတ်စားသော၊ yei-pan:-sa:-dẹ ရေပန်းစားသော (~ song); san:-pwiṇ-dẹ စန်းပွင့်သော (~ person)

population *n* lu-u:-yei လူဦးရေ

porcelain *n* jwei ကြွေ၊ jwei-de ကြွေထည်

porcupine *n* 🐾 hpyu ဖြူ

pore *n* chwei:-bau' ချွေးပေါက်

pork *n* we'-tha: ဝက်သား

pork rind *n* we'-hkau' ဝက်ခေါက်

pornography *n* lein-hmụ-sa-pei, lein-hmụ-yo'-shin လိင်မှုစာပေ၊ ရုပ်ရှင် စသည်

porpoise *n* 🐾 lin:-shu လင်းရှူး

porridge *n* hsan-byo' ဆန်ပြုတ်

port *n* ⚓ hsei'-kan: ဆိပ်ကမ်း

portable *adj* hkə-yi:-zaun ခရီးဆောင်၊ le'-hswe: လက်ဆွဲ

porter *n* ə-htan:-dhə-ma: အထမ်းသမား (hotel ~); 🧳 pɔ-ta ပေါ်တာ

portico *n* hsin-win ဆင်ဝင်

portion *n* ə-sei'-ə-pain: အစိတ်အပိုင်း (piece); wei-zụ ဝေစု၊ wei-bon ဝေပုံ (share)

portrait *n* pon-du ပုံတူ၊ pon-tuka: ပုံတူကား ။ ။ *self portrait* ko-tain-yei:-pon-du ကိုယ်တိုင်ရေး ပုံတူ

pose₁ *v* ko-nei-han-hta:-pya-de ကိုယ်နေဟန်ထားပြသည် (~ for a portrait); han-hsaun-de ဟန် ဆောင်သည် (~ as a doctor); hwe'-te ဝှက်သည် (~ a riddle)

pose₂ *n* ko-nei-ko-hta: ကိုယ်နေကိုယ်ထား

position *n* ə-hsiṇ အဆင့် (high ~); ya-du: ရာထူး (rank); ə-nei-ə-hta: အနေအထား (place); ya'-ti-je' ရပ်တည်ချက် (take a ~)

positive *adj* thei-cha-de သေချာသော (sure); ə-kaun:-myin-de အကောင်းမြင်သော (~ attitude); pɔ-zi'-ti' ပေါဇစ်တစ် (~ test result); ə-paun: အပေါင်း (+)

possess *v* pain-de ပိုင်သည် (own); si:-de စီးသည် (na')-pu:-de (နတ်)ပူးသည် (~ed by a spirit)

possession *n* pain-hsain-hmu ပိုင်ဆိုင်မှု (ownership); pyi-si:-o'-sa ပစ္စည်းဥစ္စာ (thing owned); pu:-jin: ပူးခြင်း (spirit ~)

possessive *adj* wun-to-de ဝန် တိုသော (jealous); pain-hsain hmu-pya-de ပိုင်ဆိုင်မှုပြသော ('s)

possibility *n* hpyi'-nain-jei ဖြစ်နိုင်ခြေ

possible *adj* hpyi'-nain-de ဖြစ်နိုင်သော

possibly *adv* ...chin...me ...ချင်...မည်(မယ်)

post₁ *v* hte-de (စာ)ထည့်သည် (~ a letter); ka'-te ကပ်သည် (~ a notice)

post₂ *n* tain တိုင် (goal~); ya-du: ရာထူး (position); sa-dai' စာတိုက် (~ office)

post- *pref* lun လွန်၊ pi: ပြီး

post office *n* sa-dai' စာတိုက်

post office box *n* sa-dai'-thi'-ta စာတိုက်သေတ္တာ

postbox *n* sa-dai'-bon: စာတိုက်ပုံး

poster *n* nan-yan-ka'-po-sə-ta နံရံကပ်ပိုစတာ

postman *n* sa-po-lu-lin စာပို့လုလင်

postnatal *adj* ☤ mi:-dwin: မီးတွင်း

postpone *v* shwei-hsain:-de ရွှေ့ဆိုင်းသည်

postscript *n* sə-ga:-cha' စကားချပ်

posture *n* han ဟန်၊ han-nei-han-hta: ဟန်နေဟန်ထား

pot n o: အိုး (pan, flower ~);
⚕ hsei:-jau' ဆေးခြောက်
(marijuana)

potato n ⚕ a-lu: အာလူး ။။ **sweet
potato** ⚕ gə-zun:-ṇ ကန်စွန်းဥ

potency n a-nị-thin အာနိသင်

potent adj ə-sun:-hte'-tẹ
အစွမ်းထက်သော

potential n ə-la:-ə-la အလား
အလာ

potentially adv ...chin...me
...ချင်...မည်(မယ်)

pothole n chaiṇ-gwe' ချိုင့်ခွက်

potsticker n hpe'-hto' ဖက်ထုပ်

pottery n siṇ-de စဉ့်ထည်၊ myei-
de မြေထည် (unglazed ~) jwei-de
ကြွေထည် (glazed ~)

poultice n ⚕ on-zei: အုံဆေး

poultry n ⚕ je' ကြက်၊ ⚕ be: ဘဲ၊
⚕ ngan: ငန်း

poultry farm n je'-chan ကြက်ခြံ၊
be:-chan ဘဲခြံ

pound₁ v htaun:-de ထောင်းသည်
(~ chillies); htu-de ထုသည် (~ in a
nail)

pound₂ n paun ပေါင် (lb, £)

pour v laun:-de လောင်းသည် (~
water); hngẹ-de ငဲ့သည် (~ tea);

mo:-kaun:-de မိုးကောင်းသည် (~
rain)

pout v hno'-hkan:-su-de
နှုတ်ခမ်းစူသည်

poverty n hsin:-ye:-jin:
ဆင်းရဲခြင်း၊ mə-shị-nun-pa-jin:
မရှိနွမ်းပါးခြင်း

POW n ⚔ si'-thoṇ-ban: စစ်သုံ့ပန်း
(prisoner of war)

powder n ə-hmoṇ အမှုန့်

power n a-na အာဏာ၊ də-go:
တန်ခိုး (~ struggle); ɔ:-za ဩဇာ
(influence); in:-a အင်အား
(strength); mi: (လျှပ်စစ်)မီး
(generate ~)

powerful adj a:-pyin:-dẹ
အားပြင်းသော (~ explosion); a:-
kaun:-dẹ အားကောင်းသော (~
muscles); hpon:-ji:-dẹ
ဘုန်းကြီးသော (~ influence)

pox n ⚕ jau' ကျောက်

PR n lu-du-hse'-hsan-yei:
လူထုဆက်ဆံရေး (public relations)

practical adj le'-twei-jạ-dẹ
လက်တွေ့ကျသော

practice₁ practise v lei-jiṇ-de
လေ့ကျင့်သည်၊ jiṇ-thon:-de
ကျင့်သုံးသည်

practice₂ n ə-lei-ə-jiṇ

အလေ့အကျင့် (custom) ။ ။ **in practice** le'-twei̯ လက်တွေ့

pragmatism n le'-htwei̯-wa-da̯ လက်တွေ့ဝါဒ

praise v chi:-ju:-de ချီးကျူးသည်

Prakrit n pya-ka-rai' ပြာကရိက်

pram n hka-lei:-le'-hun̯-hle: ကလေးလက်တွန်းလှည်း

prank n ji-sa:-hmu̯ ကျီစားမှု

prawn n ✿ ba-zun ပုစွန်

pray v hsu̯-taun:-de ဆုတောင်းသည်၊ shi'-hko:-de ရှိခိုးသည်

prayer n taun-hsu̯ တောင်းဆု

prayer beads n sei'-ba-di: စိပ်ပုတီး

praying mantis n ✿ da:-hko'-kaun ဓားခုတ်ကောင်၊ shi'-hko:-kaun ရှိခိုးကောင်

preach v ta-ya:-cha̯-de တရားချသည်၊ ta-ya:-ho:-de တရားဟောသည်

preacher n ☩ hpon:-ji: ဘုန်းကြီး

pre- pref jo-tin ကြိုတင်၊ a-jo အကြို

prearrange v jo-tin-si-sin-de ကြိုတင်စီစဉ်သည်၊ za'-tai'-te ဇာတ်တိုက်သည်

precedent n si-yin-don:

စီရင်ထုံး၊ hton:-haun ထုံးဟောင်း

preceding adj a-yin-hpyi'-te̯ အရင်ဖြစ်သော

precept n ▥ thi-la̯ သီလ

precious adj a-hpo:-tan-de̯ အဖိုးတန်သော

precious stone n ya-da-na ရတနာ၊ jau'-mye ကျောက်မျက်

precise adj ti̯-ja-de̯ တိကျသော၊ thei-ja-de̯ သေချာသော

precisely adv a-ti̯-a-ja̯ အတိအကျ၊ ga̯-ga̯-na̯-na̯ ဂဏနဏ

predetermined adj jo-tin-hson-hpya'-te̯ ကြိုတင်ဆုံးဖြတ်သော

predicament n a-ja'-yai'-chin: အကျပ်ရိုက်ခြင်း

predicate n wa-sa-ka̯ ဝါစက (subject and ~)

predict v hkan̯-hman:-de ခန့်မှန်းသည်

prediction n ✳ ho:-gein: ဟောကိန်း (fortuneteller's ~); hkan̯-hman:-je̯ ခန့်မှန်းချက်

preface n jan:-u:-za-ga̯ ကျမ်းဦးစကား၊ a-chi: အချီး၊ ni̯-dan: နိဒါန်း

prefer v po-jai'-te ပိုကြိုက်သည်

preference n sei'-jai' စိတ်ကြိုက် (one better liked); u:-sa:-pei:-jin:

ဦးစားပေးခြင်း (priority)

prefix *n* shei'-ze' ရှေ့ဆက်

pregnancy *n* ☿ ko-wun ကိုယ်ဝန်၊ pə-dei'-thə-dei ပဋိသန္ဓေ

pregnant *adj* ☿ ko-wun-hsaun-dẹ ကိုယ်ဝန်ဆောင်သော

prehistory *n* thə-main:-mə-tin-hmi-hki' သမိုင်းမတင်မီခေတ်

preliminary *adj* ə-jo အကြို

premature *adj* sɔ:-dẹ စောသော (~ decision); ye'-mə-zei ရက်မစေ့ (~ baby)

premiere *n* pwe:-hto'-chin: ပွဲထုတ်ခြင်း၊ pwe:-u:-htwe' ပွဲဦးထွက်

premium₁ *adj* ə-yei-ə-thwei:-myin-dẹ အရည်အသွေးမြင့်သော

premium₂ *n* pə-ri-mi-yan ပရီမီယံ၊ a-mə-gan-jei: အာမခံ ကြေး (insurance ~)

preparation *n* jo-tin-pyin-hsin-jin: ကြိုတင်ပြင်ဆင်ခြင်း

prepare *v* jo-tin-byin-hsin-de ကြိုတင်ပြင်ဆင်သည်

preschool *n* mu-jo-jaun: မူကြိုကျောင်း

prescribe *v* hnyun:-de ညွှန်းသည်

prescription *n* hsei:-ə-hnyun: ဆေးအညွှန်း

presence *n* mye'-si-shei မျက်စိရှေ့၊ shei-hmau' ရှေ့မှောက်

present₁ *v* gə-dɔ-de ကန် တော့သည် (give formally); tin-hse'-te တင်ဆက်သည် (~ a movie); pɔ-la-de ပေါ်လာသည် (an idea ~ed itself)

present₂ *adj* le'-shị လက်ရှိ (current)

present₃ *n* mye'-hmau'-hki' မျက်မှောက်ခေတ်၊ pyi'-sọ-pan ပစ္စုပ္ပန် (current time); le'-hsaun လက်ဆောင်၊ le'-hpwẹ လက်ဖွဲ့ (gift)

presenter *n* hpa'-ja:-tin-thwin:-dhu ဖတ်ကြားတင်သွင်းသူ (news ~)

presently *adv* la'-tə-lɔ: လတ်တ လော

preserve₁ *v* yei-shei-hkan-aun-lo'-te ရေရှည်ခံအောင်လုပ်သည် (~ fruit); htein:-thein:-de ထိန်း သိမ်းသည် (~ a historical site)

preserve₂ *n* htein:-thein:-hmụ-ei-rị-ya ထိန်းသိမ်းမှုဧရိယာ၊ bei:-mẹ-dɔ: ဘေးမဲ့တော် (wildlife ~)

president *v* 🌐 thə-mə-dạ သမ္မတ

press₁ *v* hnei'-te နှိပ်သည် (~ a button); hpị-de ဖိသည် (squash); ə-

pu-ka'-te အပူကပ်သည်၊ ə-pu-
tai'-te အပူတိုက်သည် (~ for an
answer)

press₂ n sa-pon-hnei'-se'
စာပုံနှိပ်စက် (printing ~); sa-pon-
hnei'-tai' စာပုံနှိပ်တိုက် sa-pei-
tai' စာပေ(တိုက်) (publisher)

press conference n dhə-din:-
za-shin:-lin:-bwe: သတင်းစာ
ရှင်းလင်းပွဲ

pressing adj ə-yei:-ji:-dẹ
အရေးကြီးသော

press stud n hnei'-je-dhi:
နှိပ်ကြယ်သီး၊ hnei'-sẹ နှိပ်စေ့

pressure n hpị-a: ဖိအား

prestige n gon-pə-ka-thə-nạ
ဂုဏ်ပကာသန

presume n yu-hsạ-de ယူ
ဆသည်၊ htin-hma'-te ထင်
မှတ်သည်

pretend v han-hsaun-de
ဟန်ဆောင်သည်

pretense n nya-lon: ညာလုံး၊
hleiṇ-lon: လှိမ့်လုံး

pretentious adj wiṇ-wa-dẹ
ဝင့်ဝါသော

pretext n ə-jaun:-pyạ-jin:
အကြောင်းပြခြင်း

pretty₁ adj cho:-mo:-dẹ ချော
မောသော

pretty₂ adv ə-tɔ-lei: အတော်
လေး၊ hka' ခပ်

prevent v ka-kwe-de (မှ)
ကာကွယ်သည်၊ ta:-hsi:-de
တားဆီးသည်

previous adj yạ-hkin-gạ
ယခင်က၊ ə-yin အရင်၊ haun:
ဟောင်း

previously adv yə-hkin-gạ
ယခင်က

prey n ☙ tha:-gaun သားကောင်

price n zei: ဈေး၊ tan-bo: တန်ဖိုး

priceless adj ə-hpo:-mə-hpya'-
nain-dẹ အဖိုးမဖြတ်နိုင်သော

pricey adj tan-bo:-ji:-dẹ တန်ဖိုး
ကြီးသော

prick₁ v hto:-de ထိုးသည်

prick₂ n △ yau'-ja:-də-za
ယောက်ျားတန်ဆာ (penis); △ ə-lə-
ga:-gaun အလကားကောင် (jerk)

prickle v su:-de စူးသည်၊ tə-ywạ-
ywạ-hpyi'-te တရွရွဖြစ်သည်

prickly heat n ☙ mei' မိ်တ်

pride n ma-nạ မာန ။॥ **take pride
in** ə-tha:-yu-de အသားယူသည်

prideful adj bə-win-myiṇ-dẹ
ဘဝင်မြင့်သော

priest n ✝ hpon:-ji: ဘုန်းကြီး

primary *adj* ə-yin အရင်၊ shei:-u: ရှေးဦး (fundamental); ə-chei-gan အခြေခံ (~ school)

prime *adj* ə-di̱-ka̱ အဓိက (most important); ə-kaun:-zon: အကောင်းဆုံး (highest quality); tho'-da̱ သုဒ္ဓ (~ number)

prime minister *n* 🌐 wun-ji:-jo' ဝန်ကြီးချုပ်

primer *n* thin-pon:-ji: သင်ပုန်းကြီး

primitive *adj* ə-yain:-ə-sain: အရိုင်းအစိုင်း

prince *n* ♟ min:-tha: မင်းသား ‖‖ *crown prince* ♟ ein-shei̱-min:-tha: အိမ်ရှေ့မင်းသား

princess *n* ♟ min:-thə-mi: မင်းသမီး ‖‖ *crown princess* ♟ ein-shei̱-mi̱-hpə-ya: အိမ်ရှေ့မိဖုရား

principal *n* ə-di̱-ka̱ အဓိက (main); jaun-o' ကျောင်းအုပ်၊ jaun-o'-hsə-ya-(ma̱)-ji: ကျောင်းအုပ်ဆရာ(မ)ကြီး (headmaster, headmistress)

principle *n* si:-myin: စည်းမျဉ်း (basic ~); mu̱ မူ (my ~s); thə-bɔ:-tə-ya သဘောတရား (the ~s of science)

print₁ *v* pon-hnei'-te ပုံနှိပ်သည်၊ yai'-te ရိုက်သည်

print₂ *n* sa စာ (in ~); ə-hsin-ə-kwe' အဆင်အကွက် (flower ~)

printer *n* pon-hnei'-tai' ပုံနှိပ် တိုက် (commercial ~); pə-rin-ta ပရင်တာ (laser ~)

prior *adj* ə-yin အရင်

priority *n* shei̱-dan: ရှေ့တန်း ‖‖ *give priority to* u:-sa:-pei:-de ဦးစားပေးသည်

prison *n* (ə-jin:)-daun (အကျဉ်း)ထောင်

prisoner *n* ♂ ə-jin:-dha: အကျဉ်း သား၊ ♀ ə-jin:-dhu အကျဉ်းသူ

prisoner of war *n* ⚔ 🌐 (si')-thon:-ban: (စစ်)သုံ့ပန်း

private₁ *adj* ko-pain ကိုယ်ပိုင်၊ 🏛 po'-gə-li̱-ka̱-pain ပုဂ္ဂလိကပိုင် (≠ public); ko-yei:-ko-ta ကိုယ်ရေးကိုယ်တာ (~ matters)

private₂ *n* ⚔ ta'-tha: တပ်သား

private school *n* ə-lu'-pyin-nya-thin-jaun အလွတ်ပညာ သင်ကျောင်း

private secretary *n* ə-twin:-yei:-ə-twin:-wun အတွင်းရေး အတွင်းဝန်

a b c d e f g h i j k l m n o p q r s t u v w x y z

private voluntary organisa-tion, PVO n po-gə-li̱-gə-sei-də-na̱-shin-ə-thin: ပုဂ္ဂလိကစေတနာနဲ့ ရှင်အသင်း

privately adv lu-mə-thi̱-thu-mə-thi̱ လူမသိသူမသိ

privatise, privatize v 🔖 po'-gə-li̱-ka̱-pain-pyu̱-lo'-te ပုဂ္ဂလိကပိုင်ပြုလုပ်သည်

privilege n ə-hkwin̠-du: အခွင့်ထူး

privileged adj ə-hkwin̠-du:-hkan-de̱ အခွင့်ထူးခံသော

prize n hsu̱ ဆု၊ hsu̱-la' ဆုလာဘ်

probability n hpyi'-nain-chei ဖြစ်နိုင်ခြေ

probably adv hpyi'-kaun:-hpyi'-me ဖြစ်ကောင်းဖြစ်မယ်

problem n pye̱-thə-na ပြဿနာ၊ ə-hke'-ə-hke: အခက်အခဲ (difficulty); po'-hsa ပုစ္ဆာ (math ~)

procedure n lo'-hton:-lo'-ni: လုပ်ထုံးလုပ်နည်း

proceed v hse'-lo'-te ဆက်လုပ်သည်

process n hpyi'-sin ဖြစ်စဉ်၊ lo'-ngan:-zin လုပ်ငန်းစဉ် (production ~); ni:-lan: နည်းလမ်း (method)

proclaim v jei-nya-de

proclamation n jei-nya-je' ကြေညာချက်

procrastinate v ə-chein-hswe:-de အချိန်ဆွဲသည်

prod v hto:-hswa̱-de ထိုးဆွသည် (~ with a stick); tai'-tun:-de တိုက်တွန်းသည် (urge on)

prodigy n pa-rə-mi-shi̱-dhu ပါရမီရှိသူ

produce₁ v hto'-te ထုတ်သည်၊ htwe'-te ထွက်သည်

produce₂ n kon-zein: ကုန်စိမ်း

product n kon ကုန်၊ htwe'-kon ထွက်ကုန် (finished ~)

production n 🔖 kon-hto'-lo'-hmu̱ ကုန်ထုတ်လုပ်မှု

profession n ə-lo'-ə-kain အလုပ်အကိုင်

professional₁ adj jun:-jin-de̱ ကျွမ်းကျင်သော (skilled); ə-thi̱-tə-ya:-myin̠-de̱ အသိတရားမြင့်သော (conscientious)

professional₂ n jei-sa: ကြေးစား (≠ amateur); pyin-nya-shin ပညာရှင် (expert)

professor n pa-mau'-hka̱ ပါမောက္ခ

proficiency n jun:-jin-hmu̱

a b c d e f g h i j k l m n o p q r s t u v w x y z

ကျွမ်းကျင်မှု (ability); jun:-jin-hmu̱-pya̱-jin: ကျွမ်းကျင်မှုပြခြင်း (~ exam)

proficient *adj* jun-jin-dẹ ကျွမ်းကျင်သော

profile *n* bei:-tai'-pon ဘေးတိုက်ပုံ (portrait in ~); yo'-pon-hlwa ရုပ်ပုံလွှာ (biography); ə-jin-jo' အကျဉ်းချုပ် (summary)

profit *n* 💰 ə-mya' အမြတ် (financial gain); ə-jo:-jei:-zu: အကျိုးကျေးဇူး (benefit)

profiteer *v* ə-mya'-ji:-sa:-de အမြတ်ကြီးစားသည်

profound *adj* ne'-ne:-dẹ နက်နဲသော lei:-ne'-tẹ လေးနက်သော

program(me) *n* ə-si-ə-sin အစီအစဉ် (plans); pə-ro-gə-ran ပရိုဂရမ် (computer ~, tv ~)

progress *n* to:-te'-hmu̱ တိုးတက်မှု (development); hkə-yi:-twin-hmu̱ ခရီးတွင်မှု (forward movement)

prohibit *v* ta:-myi'-te တားမြစ်သည်၊ pei'-pin-de ပိတ်ပင်သည်

prohibition *n* ə-pei'-ə-hsọ အပိတ်အဆို့

project₁ *n* sun:-htwe'-te စွန့်ထွက်သည် (stick out); hto:-de တိုးသည် (~ a picture); hkaṇ-hman:-de ခန့်မှန်းသည် (~ the trend)

project₂ *n* pə-rɔ:-je' ပရောဂျက်၊ si-man-gain: စီမံကိန်း

projector *n* hsə-lai'-pya̱-ze' ဆလိုက်ပြစက်

prolong *v* ə-chein-hswe:-de အချိန်ဆွဲသည်

prominent *adj* jɔ-sɔ:-dẹ ကျော်စောသော၊ htin:-sha:-dẹ ထင်ရှားသော

promiscuous *adj* mye'-hna-mya:-dẹ မျက်နှာများသော

promise₁ *v* gə-dị-pei:-de ကတိပေးသည်

promise₂ *n* gə-dị ကတိ (pledge); ə-la:-ə-la-kaun:-hmu̱ အလား အလာကောင်းမှု (potential)

promote *v* to:-hmyiṇ-de တိုး မြှင့်သည် (further); ya-du:-to:-de ရာထူးတိုးသည် (increase rank)

promotion *n* hmyiṇ-tin-yei: မြှင့် တင်ရေး (new product ~); ya-du:-to:-jin: ရာထူးတိုးခြင်း (higher position)

prompt *v* zə-ga:-htau'-te စကား

ထောက်သည်

promptly *adv* ə-hsɔ:-tə-lyin
အဆောတလျင်

pronoun *n* nan-za: နာမ်စား
‖‖ ***personal pronoun*** po'-gə-lə-
nan-za: ပုဂ္ဂလနာမ်စား

pronounce *v* ə-than-htwe'-te
အသံထွက်သည်၊ hso-de ဆိုသည်
(~ the words); jei-nya-de
ကြေညာသည် (announce)

pronunciation *n* ə-than-dwe'
အသံထွက်

proof *n* ə-htau'-ə-hta: အထောက်
အထား၊ the'-thei သက်သေ
(evidence); ə-ye'-pyin-a:
အရက်ပြင်းအား (alcohol content)

-proof *suff* lon လုံ (water~)

proofread *v* ə-jə-ə-pau'-pyin-
de အကျအပေါက်ပြင်သည်

prop₁ *v* htau'-te ထောက်သည်

prop₂ *n* ə-htau' အထောက်

propaganda *n* pyan-ja:-yei:
ပြန်ကြားရေး

propeller *n* ⚓ pan-ka ပန်ကာ

proper *adj* thin-tɔ-de
သင့်တော်သော၊ htai'-thin-de
ထိုက်သင့်သော၊ lə-yɔ-kan-de
လျော်ကန်သော

proper noun *n* tə-u:-hsain-nan
တစ်ဦးဆိုင်နာမ်

properly *adv* tin-taun-tin-te
တင့်တောင့်တင်တယ်၊ sə-ni'-tə-jə
စနစ်တကျ

property *n* ko-pain-pyi'-si:
ကိုယ်ပိုင်ပစ္စည်း (possession); myei-
gwe' မြေကွက် (land); ⚕ gon-thə-
ti̱ ဂုဏ်သတ္တိ (quality)

prophylactic *adj* ⚕ jo-tin-ka-
kwe-yan ကြိုတင်ကာကွယ်ရန်

prophylaxis *n* ⚕ ka-kwe-hsei:
ကာကွယ်ဆေး

proportion *n* ə-cho:-ə-sa:
အချိုးအစား၊ ə-cho:-ə-hsa̱
အချိုးအဆ

**proportionally, proportion-
ately** *adv* ə-cho:-jə အချိုးကျ၊
wei-pon-jə ဝေပုံကျ

proportionate *adj* pon-jə-de̱
ပုံကျ၊ hmyạ မျှ

proposal *n* ə-hso အဆို (sugges-
tion); shau'-hlwa လျှောက်လွှာ
(grant ~)

propose *v* kan:-hlan:-de ကမ်း
လှမ်းသည် (offer); ə-hso-pyụ-de
အဆိုပြုသည် (suggestion); si̱-sa'-
te စေ့စပ်သည် (the parents ~d
marriage) le'-hta'-hkwiṇ-taun:-
de လက်ထပ်ခွင့်တောင်းသည် (he

~d to her on Valentine's Day)

proprietor n pain-shin ပိုင်ရှင်

propriety n ə-she'-ə-jau' အရှက်အကြောက် (conforming to moral standards)

pros and cons n ə-jo:-ə-jaun: အကျိုးအကြောင်း

prose n ꜀zə-gə-pyei စကားပြေ

prosecute v ⚖ swe:-hso-de စွဲဆိုသည်၊ tə-ya:-swe:-de တရားစွဲသည်

prosecution n ⚖ tə-ya:-swe:-be' တရားစွဲဘက်

prospect n ə-la:-ə-la အလားအလာ (good ~s); hpyi'-nain-chei ဖြစ်နိုင်ခြေ (possibility)

prosper v si:-pwa:-hpyi'-te စီးပွားဖြစ်သည်၊ kaun-sa:-de ကောင်းစားသည်၊ ji:-pwa:-de ကြီးပွားသည်

prosperity n kaun-sa:-yei: ကောင်းစားရေး၊ ji:-pwa:-yei: ကြီးပွားရေး၊ ə-si:-ə-pwa: အစီးအပွား

prostate n ♀ hsi:-jei' ဆီးကျိတ်

prosthetic adj tụ tụ (~ leg)

prostitute n pyị-də-za ပြည့်တန်ဆာ၊ zein-me ဇိမ်မယ်

prosyletise v tha-thə-na-pyu-

de သာသနာပြုသည်

protect v ka-kwe-de ကာကွယ်သည်၊ saun-shau'-te စောင့်ရှောက်သည်

protected adj lon-dẹ လုံသော

protection n ə-ka-ə-kwe အကာအကွယ်၊ hko-hlon-hmụ ခိုလှုံမှု၊ bei:-si:-yan-ka ဘေးဆီးရန်ကာ

protégé n tə-bẹ တပည့်

protein n pə-ro-tin: ပရိုတင်း၊ ə-tha:-da' အသားဓာတ်

protest₁ v kaṇ-kwe'-te ကန့်ကွက်သည် (object to); hsan-dạ-pya-de ဆန္ဒပြသည် (~ wage cuts)

protest₂ n hsan-dạ-pya-bwe: ဆန္ဒပြပွဲ (steet ~); kaṇ-kwe'-hlwa ကန့်ကွက်လွှာ (submit a ~)

proud adj gon-yu-dẹ ဂုဏ်ယူသော၊ mau'-ma-de မောက်မာသည်

prove v the'-thei-pyạ-de သက်သေပြသည်

proverb n zə-gə-bon စကားပုံ၊ hso-yo:-zə-ga ဆိုရိုးစကား

provide v pei:-de ပေးသည်၊ hpyei-tin-de ဖြည့်တင်သည်၊ hpyei-zi:-de ဖြည့်ဆည်းသည်၊ htau'-paṇ-de

ထောက်ပံ့သည်

province *n* ⓔ tain: တိုင်း၊ ⓔ pyi-ne ပြည်နယ်

provisional *adj* ja:-hpya' ကြားဖြတ် (temporary)

provoke *v* hswa̱-de ဆွသည်

proximity *n* ə-ni: အနီး

proxy *n* ko-za-le ကိုယ်စားလှယ်

prudent *adj* sin-za:-pi: စဉ်းစားပြီး

prune *n* ✿ zi: ဆီး

pruritus *n* ⚕ ya:-na ယားနာ

pry *v* kə-lɔ-de ကလော်သည်၊ kaṇ-de ကန့်သည်

PS *n* zə-gə-ja' စကားချပ်

pseudonym *n* na-me-hwe' နာမည်ဝှက်

psychology *n* sei'-pyin-nya စိတ်ပညာ

psychosomatic *adj* ⚕ sei'-htaun:-ko-jei-hpyi'-te̱ စိတ်ထောင်းကိုယ်ကြေဖြစ်သော

puberty *n* ♀ ə-pyo-bɔ-win-jin: အပျိုဖော်ဝင်ခြင်း or lu-pyo-bɔ-win-jin: လူပျိုဖော်ဝင်ခြင်း

public₁ *adj* pyi-dhu-lu-du̱ ပြည်သူလူထု၊ ə-mya:-thon: အများသုံး

public₂ *n* pyi-dhu-lu-du̱ ပြည်သူလူထု

public relations, PR *n* lu-du̱-hse'-hsan-yei: လူထုဆက်ဆံရေး

public servant *n* pyi-thu̱-wun-dan: ပြည်သူ့ဝန်ထမ်း

publicise *v* jɔ-nya-de ကြော်ငြာသည်

publish *n* hto'-te ထုတ်သည်

publisher *n* sa-o'-tai' စာအုပ်တိုက်၊ hto'-wei-dhu ထုတ်ဝေသူ

pudding *n* ə-cho-bwe: အချိုပွဲ (dessert); pu-tin: ပူတင်း (custard)

puddle *n* yei-ain ရေအိုင်၊ bwe' ဗွက်

puff *n* hpwa ဖွာ

puffer fish *n* ⚥ ngə-pu-din: ငါးပူတင်း

puke *v* o'-ɔ:-hswe:-de ဦးသဆွဲသည်၊ an-de အန်သည်

pull *v* hswe:-de ဆွဲသည်

pull away *v* hkwa-de ခွာသည်

pull out *v* hno'-te နုတ်သည် (~ a tooth); hno'-htwe'-te နုတ်ထွက်သည် (~ of a group)

pullover *n* hswe-ta ဆွယ်တာ

pulp *n* pyɔ-hpa' ပျော့ဖတ်၊ ə-tha: အသား

pulpy *adj* pyɔ-si̱-zi̱ ပျော့စိစိ

pulse *n* ⚕ yin-hkon-hnon: ရင်ခုန်နှုန်း (heart rate); pe: ပဲ

a b c d e f g h i j k l m n o p q r s t u v w x y z

(legume)

pump₁ v tin-de (ရေ)တင် (~ water); hto:-de (လေ)ထိုးသည် (~ air)

pump₂ n lei-hto'-dan လေထိုးတံ (bicycle ~); yei-so'-se' ရေစုပ်စက် (water ~)

pumpkin n ☘ shwei-hpə-yon ရွှေဖရုံ

punch₁ v hto:-de ထိုးသည် (~ with a fist); hpau'-te ဖောက်သည် (~ a hole)

punch₂ n hpau'-se' ဖောက်စက် (hole~); che' ချက် (a ~ landed on his jaw)

punctual adj ə-chein-hman-de အချိန်မှန်သော (~ train); ə-chein-lei:-za:-de အချိန်လေးစားသော (~ person)

punctuation n ə-hpya'-ə-tau' အဖြတ်အတောက်၊ ə-hpya'-ə-ya' အဖြတ်အရပ်

puncture n ə-pau' အပေါက်

punish v ə-pyi'-pei:-de အပြစ်ပေးသည်၊ ə-pyi'-pyu-de အပြစ်ပြုသည်

punishment n dan ဒဏ်၊ ə-pyi'-dan အပြစ်ဒဏ်

punk n lu-jan: လူကြမ်း (rowdy);

♪ paṇ ပန့် (~ hairstyle)

pupil n ♂ jaun:-dha: ကျောင်းသား၊ ♀ jaun:-dhu ကျောင်းသူ (student); thə-nge-ein သူငယ်အိမ် (~ of eye)

puppet n yo'-thei:-yo' ရုပ်သေးရုပ်၊ ə-yo' အရုပ်

puppeteer n jo:-gain ကြိုးကိုင်

puppy n ☙ hkwei:-gə-lei: ခွေးကလေး

purchase v we-de ဝယ်သည်

pure adj kin:-sin-de ကင်းစင်၊ kin:-shin-de ကင်းရှင်း၊ sin-si'-te စင်စစ်သော၊ hpyu-sin-de ဖြူစင်သော

purify v thaṇ-zei-de သန့်စေသည်

purple n hkə-yan:-yaun ခရမ်းရောင်

purpose n ə-jaun: အကြောင်း (reason); yi-hman:-je' ရည်မှန်ချက်၊ yi-ywe-je' ရည်ရွယ်ချက် (goal); ə-dei'-pe အဓိပ္ပာယ် (~ in life) ။ **on purpose** tə-min တမင်

purposely adv tə-min-the'-the' တမင်သက်သက်

purse n ngwei-ei' ငွေအိတ်၊ le'-kain-ei' လက်ကိုင်အိတ်၊ le'-hswe:-ei' လက်ဆွဲအိတ်

pursue v lai'-te လိုက်သည်

pus n ♥ pyi ပြည်

push v tun:-de တွန်းသည်၊ to:-de

တိုးသည် (~ a car); hnei'-te
နှိပ်သည် (~ a button); hpi̱-a:-pei:-
de ဖိအားပေးသည် (pressure)

pushbutton *n* hkə-lo' ခလုတ်

pushpin *n* than-hmo သံမှို

pushy *adj* lu-je-lo'-te
လူကျယ်လုပ်သည်

pussy, pussycat *n* ✲ jaun-gə-
lei: ကြောင်ကလေး

put *v* tin-de တင်သည်၊ hta:-de
ထားသည် thwin:-de သွင်းသည်

put aside *v* bei:-chei'-hta:-de
ဘေးချိတ်ထားသည်

put away *v* thein:-hsi:-de
သိမ်းဆည်းသည် (tidy up); ə-jin:-
cha̱-de အကျဉ်းချသည် (imprison)

put off *v* ə-chein-hswe:-de
အချိန်ဆွဲသည်

put on *v* wu'-te ဝတ်သည် (~
clothing); te'-te တပ်သည် (~
glasses, mask, etc); te-de
တည်သည် (~ pot, kettle, etc); za'-
hkin:-de ဇာတ်ခင်းသည် (~ play);
hswe:-de ဆွဲသည် (~ sb on trial);
hpwin:-de ဖွင့်သည် (~ the light)

put together *v* hsin-de ဆင်သည်

puzzle *n* nyan-san: ဉာဏ်စမ်း၊ po'-
hsa ပုစ္ဆာ

PVO *n* po-gə-li̱-gə-sei-də-nə-

shin-ə-thin: ပုဂ္ဂလိကစေတနာ့
ရှင်အသင်း (private voluntary
organisation)

Pwakanyaw *n* kə-yin ကရင်

Pyatho *n* pya-tho ပြာသို

python *n* ✲ zə-bə-ji: စပါးကြီး၊
✲ zə-bə-on: စပါးအုံး

Pyu *n* ⌂ 🌐 pyu ပျူ

Q - q ju ကျူ

quack *n* be:-myi-dhan ဘဲမည်သံ
(sound a duck makes); ☤ thə-ma:-
yaun သမားယောင် (imcompetent
medical practitioner)

quad(ri-/ru) *pref* sa-tu̱ စတု

quail *n* ✲ ngon: ငုံး

quake₁ *v* hpein-hpein-ton-de
ဖိမ့်ဖိမ့်တုန်သည် (~ with fear)

quake₂ *n* ngə-lyin-hlo'-chin:
ငလျင်လှုပ်ခြင်း (earth~)

qualification *n* ə-yi-ə-chin:
အရည်အချင်း

qualifier *n* wi̱-the-thə-na̱
ဝိသေသန

qualify *v* ə-htu:-pyu̱-de
အထူးပြုသည်

quality *n* zə-yai' စရိုက်
(characteristic); ə-sa: အစား
(standard); sun:-yei စွမ်းရည်

(healing ~)

quantity n ə-yei-ə-twe' အရေအတွက်

quarantine n ✚ thi:-thaṇ-hkwe:-hta:-jin သီးသန့်ခွဲထားခြင်း (separation); thi:-thaṇ-hkwe:-hta:-ka-lạ သီးသန့်ခွဲထားကာလ (time in isolation)

quarrel v yan-hpyi'-te ရန်ဖြစ်သည်၊ zə-ga:-mya:-de စကားများသည်

quart n hnə-paiṇ နှစ်ပိုင့် (about 1L)

quarter n tə-sei' တစ်စိတ်၊ tə-ma' တစ်မတ် (one fourth); ya'-kwe' ရပ်ကွက် (neighbourhood)

quarters n ein-ya' အိမ်ရာ၊ nei-zə-ya နေစရာ ။။။ *at close quarters* ə-ni:-ka' အနီးကပ်

quartz n jau'-hpyu ကျောက်ဖြူ (carved from ~); thə-lin:, sə-lin: သလင်း (~ crystal)

quatra, quatro pref sə-tụ စတု

quay n ⚓ thin:-bɔ:-zei' သင်္ဘောဆိပ်

queasy adj mə-i-mə-le မအီမလည်

queen n ♛ 🌍 bə-yin-mạ ဘုရင်မ (ruler); ♛ mị-hpə-ya: မိဖုရား (wife of ruler); kwin: ကွင်း (king,

~, jack; ~ of spades)

queer adj hsan:-pya:-dẹ ဆန်းပြားသော (odd); mein:-mə-sha-yau'-kə-sha-bə-wạ-nẹ-hsain-dẹ မိန်းမလျော၊ ယောက်ျားလျော ဘဝနှင့်ဆိုင်သော (related to minority sexualities)

quench v ə-nga'-hpyei-de အငတ်ဖြေသည်

query n ə-mei: အမေး၊ mei:-gun: မေးခွန်း

quest n sha-bon-dɔ ရှာပုံတော်

question₁ v mei:-myan:-de မေးမြန်းသည်၊ si'-hsei:-de စစ်ဆေးသည် (interrogate); hsan:-si'-te ဆန်းစစ်သည် (doubt)

question₂ n mei:-gun: မေးခွန်း (ask a ~); ə-mei: အမေး၊ po'-hsa ပုစ္ဆာ (~s and answers, answer ~s 1–5) ။။။ *no question* ə-wei:-ji: အဝေးကြီး ။။။ *out of the question* ma...yei:-chạ-(hmạ)-mẹ... မ...ရေးချ(မှ)မ...

questionnaire n pon-zan ပုံစံ (fill out the ~); mei:-gun:-hlwa မေးခွန်းလွှာ

queue₁ v tan:-si-de တန်းစီသည်

queue₂ n tan: တန်း

quick adj myan-hsan-dẹ

မြန်ဆန်သောၣ thwe'-tɛ
သွက်သောၣ pɔ-dɛ ပေါ့သော (~
wit, ~ tongue)

quickly *adv* myan-myan မြန်မြန်ၣ
ə-lyin-tə-sɔː အလျင်တစော

quicksand *n* the:-shin သဲ့ရှင်

quid *n* kun:, kwan: ကွမ်း (betel ~);
paun ပေါင် (£)

quiet *adj* to-dɛ တိုသော (~ voice);
tei'-hsei'-tɛ တိတ်ဆိတ်သော (~
place)

quietly *adv* to:-to: တိုးတိုး (≠
loudly); to:-to:-tei'-tei' တိုးတိုး
တိတ်တိတ် (discreetly); nyein-
nyein ငြိမ်ငြိမ် (calmly)

quilt *n* gun:-zaun ဂွမ်းစောင်

quit *v* hpya'-te ဖြတ်သည်

quite *adv* tɔ-tɔ တော်တော်ၣ ə-tɔ
အတော်(အတန်)

quits *n* pe:-tin:-pe:-jei
ပဲတင်းပဲကြေ

quiver *v* ton-de တုန်သည်

quiz *n* nyan-zan: ဉာဏ်စမ်း

quotation *n* ə-hso-ə-mein
အဆိုအမိန့်

quote *v* ko:-ka:-de ကိုးကားသည်
‖‖ *quote a price* zei:-hso-de ဈေး
ဆိုသည်

Quran, Qur'an *n* ☪ jan:-za

ကျမ်းစာ၊ ko-ran ကိုရန်

R - r a အာ

rabbit *n* ☙ yon ယုန်

rabies *n* ☥ hkwei:-yu:-pyan-yɔ:-
ga ခွေးရူးပြန်ရောဂါ

race₁ *v* ə-pyei-pyain-de အပြေး
ပြိုင်သည် (compete in running);
don-:pyei:-de ဒုန်းပြေးသည် (run
fast); yin-hkon-de ရင်ခုန်သည်
(makes the heart ~)

race₂ *n* pyei:-bwe: ပြေးပွဲ (contest
of speed); lu-myo: လူမျိုး (people
of all ~s)

rack *n* sin စင် ‖‖ *off the rack*
yaun:-dan: ရောင်းတမ်း

racket, racquet *n* be'-tan
ဘက်တံ; re'-ka' ရက်ကတ်

radar *n* rei-da ရေဒါ

radiate *v* hpya-htwe'-te
ဖြာထွက်သည်

radical *adj* ə-sun:-yau'-tɛ
အစွန်းရောက်သော

radio *n* rei-di-yo ရေဒီယို

radioactive *adj* ☢ rei-di-yo-
tha'-tị-jwə-dɛ ရေဒီယိုသတ္တိ
ကြွသော

radish *n* ☙ mon-la မုန်လာ

raffle *n* kan-san:-me: ကံစမ်းမဲ

raft *n* ⚓ hpaun ဖောင်

rag *n* ə-wu'-so' အဝတ်စုတ်

rage₁ *v* sei'-hta-de စိတ်ထသည်၊ dɔ-thạ-ji:-de ဒေါသကြီးသည်

rage₂ *v* dɔ:-thạ ဒေါသ၊ ə-mye' အမျက်

rail *n* shau'-lan: လျှောက်လမ်း (bar); le'-yan: လက်ရန်း (hand~); than-lan: သံလမ်း (train track)

railroad, railway *n* mi:-yə-hta: မီးရထား

rain₁ *v* mo:-ywa-de (မိုး)ရွာသည်

rain₂ *n* mo: မိုး

rainbow *n* the'-tan သက်တံ

raincoat, raingear *n* mo:-ka-ein:-ji မိုးကာအင်္ကျီ

rainy season *n* mo: မိုး၊ mo:-dwin: မိုးတွင်း၊ mo:-ya-dhi မိုးရာသီ

raise₁ *v* to:-(hmyiṇ)-de တိုး(မြှင့်)သည် (salary); tin-de တင်သည် (price); mwei:-myu-de မွေးမြူသည် (animals); htaun-de ထောင်သည် (~ your hand)

raise₂ *n* lạ-gạ-to:-jin: လခ တိုးခြင်း (higher salary)

rake *n* jo'-gyä' ဂျို့ဂျက်၊ htun-ji' ထွန်ခြစ်

rake in *v* ye'-te ယက်သည်

Rakhine *n & adj* yə-hkain ရခိုင်

ram₁ *v* win-tai'-te ဝင်တိုက်သည်

ram₂ 🐑 tho:-hti သိုးထီး

Ramadan *n* ☾ ra-mə-dan ရာမဒန်၊ ☾ ra-mə-zan ရာမဇန်

rambutan *n* 🌿 je'-mau' ကြက်မောက်

ramp *n* də-da: တံတား (highway entrance ~); zin:-shɔ: ဆင်းလျှော (wheelchair ~)

randomly *adv* ə-jaun:-mẹ အကြောင်းမဲ့၊ bə-la ဗလာ

range *n* taun-dan: တောင်တန်း (mountain ~); le'-tə-hlan လက်တစ်လှမ်း (area reached); ne-pe နယ်ပယ် (area covered or used); kwin: ကွင်း (practice ~); sa:-je' စားကျက် (~land)

rank *n* ə-hsiṇ-ə-tan: အဆင့် အတန်း (high ~); ya-du: ရာထူး (military ~); gei' ဂိတ် (taxi ~)

ransom *n* ywei:-jei: ရွေးကြေး

rape₁ *v* 🔒 mə-dein:-jiṇ-de မုဒိမ်းကျင့်သည်၊ hpye'-hsi:-de ဖျက်ဆီးသည်

rape₂ *n* 🔒 mə-dein:-hmụ မုဒိမ်းမှု (crime); 🌿 mon-nyin: မုန်ညင်း

rapid *adj* myan-lyin-dẹ မြန် လျင်သော myan-hsan-de

မြန်ဆန်သည်

rare *adj* sha:-pa:-de ရှားပါးသည်

rarely *adv* hke: ခဲၚ sha:-yei-pa:-yei ရှားရေပါးရေ

rascal *n* ngə-tei ငတေ

rash *n* ə-hpu-ə-pein အဖုအပိမ့်

rashly *adv* yu:-yu:-mai'-mai' ရူးရူးမိုက်မိုက်၊ kə-mu:-shu:-hto: ကမူးရှူးထိုး၊ sei'-nau'-ko-pa စိတ်နောက်ကိုယ်ပါ

rat *n* 🐀 jwe' ကြွက်

rate₁ *v* ə-hma'-pei:-de အမှတ်ပေးသည် (~ 4 stars); tan-bo:-hman:-de တန်ဖိုးမှန်းသည် (how do you ~); ə-hsin̄-yau'-te အဆင့်ရောက်သည် (they ~ as medium)

rate₂ *n* hnon: နှုန်း ။ **at any rate** ba-be:-hpyi'-hpyi' ဘာပဲဖြစ်ဖြစ်

rather *adv* hka' ခါ၊ tə-tɔ တော်တော်

rather like *adv* lo-lo လိုလို

ratio *n* (ə-cho:)-ə-sa: (အချိုး) အစား

rational *adj* sə-ni'-jə-dę စနစ်ကျသော

rationalisation *n* ə-jaun:-pyə-je' အကြောင်းပြချက်

rationalise *v* ə-jaun:-pyə-de အကြောင်းပြသည် (she ~s her

mistakes); thin̄-tin̄-aun-lo'-te သင့်တင့်အောင်လုပ်သည်၊ ə-jaun:-ə-jo:-nyi-nyu'-sei-de အကြောင်းအကျိုးညီညွတ်စေသည်

rationally *adv* sə-ni'-tə-jə စနစ်တကျ

rattan *n* jein ကြိမ်

rattle₁ *v* (tə-chu'-chu')-ə-than-myi-de (တချွတ်ချွတ်)အသံမြည်သည်

rattle₂ *n* pə-lo'-tɔ' ပလုတ်တုတ်၊ hkə-lau' ခလောက်၊ jau'-je' ကျောက်ဂျက်

raven *n* 🐦 ji:-ə ကျီးအ၊ tɔ:-ji:-gan: တောကျီးကန်း

ravine *n* chau' ချောက်

raw *adj* sein:-dę စိမ်းသော (~ garlic); jan:-dę ကြမ်းသော (~ materials)

Rawang *n* yə-wun ရဝမ်

ray *n* chi ခြည် (~ of light); 🐟 ngə-lei'-jau' ငါးလိပ်ကျောက်

rayon *n* rei-yun ရေယွန်

razor *n* mo'-hsei'-yei'-da: မုတ်ဆိတ်ရိတ်ဓား၊ thin-don-da: သင်တုန်းဓား (straight razor)

re- *pref* pyan-pyan-(le) ပြန်ပြန်(လည်)

reach₁ *v* yau'-te ရောက်သည် (get

to); hlan:-de လှမ်းသည် (can you
~); pyei-de ပြည့်သည် (~ the
brim) ။။ *easy to reach* ə-hlan:-
thin-de အလှမ်းသင့်သည်

reach₂ *n* ə-hlan: အလှမ်း ။။ *be
within reach* le'-hlan:-mi-de
လက်လှမ်းမီသည်

reach out *v* le'-kan:-de
လက်ကမ်းသည်

react *v* toṇ-pyan-de တုံ့ပြန်သည်

read *v* sa-ji-de စာကြည့်သည်၊ sa-
hpa'-te စာဖတ်သည် (~ a book);
twe'-te တွက်သည် (horoscope)

reader *n* hpa'-sa ဖတ်စာ (first
grade ~); sa-hpa'-thu စာဖတ်သူ
(~s are better informed); pə-rei'-
tha' ပရိသတ် (reading audience)

readily *adv* lwe-lwe လွယ်လွယ်း
sho:-sho:-shu-shu ရှောရှောရှူရှူ

readiness *n* ə-thiṇ-ə-nei-ə-hta:
အသင့်အနေအထား

ready *adj* ə-thiṇ-pyin-dẹ
အသင့်ပြင်သော (prepared); ta-su-
de တာစုသော (planning to)

real *adj* si'-tẹ စစ်သော၊ hman-dẹ
မှန်သော (genuine); tə-gẹ တကယ့်
(actual); pi-thạ ပီသ (ideal); yin:-
dẹ ရင်းသော (~ name)

real estate *n* ein-chan-myei

အိမ်ခြံမြေ

real estate agent *n* ein-chan-
myei-pwe:-za: အိမ်ခြံမြေပွဲစား

realise *v* thə-bɔ:-pau'-te
သဘောပေါက်သည် (understand);
ə-jan-myau'-te အကြံ
မြောက်သည်၊ ə-jan-aun-de
အကြံအောင်သည်၊ ə-kaun-ə-hte-
pɔ-de အကောင်အထည်ပေါ်သည်
(implement)

realistic *adj* yo'-tị-shị-de
ယုတ္တိရှိသည်၊ thə-ba-wạ-jạ-de
သဘာဝကျသည်

reality *n* ə-si'-ə-hman အစစ်
အမှန်

really *adv* də-ge တကယ်၊ ə-hó'-
də-ge အဟုတ်တကယ်

reap *v* yei'-te, yei'-thein:-de
ရိတ်(သိမ်း)သည်

rear *v* nau'-pain: နောက်ပိုင်း၊ nau'-
hpe နောက်ဖယ်၊ mi: မီး (back
side); nau'-mi: နောက်မီး (~ of a
car)

reason *n* ə-jaun: အကြောင်း
(cause); hsin-chei-hsin-le'
ဆင်ခြေဆင်လက်၊ yo'-tị-yo'-ta
ယုတ္တိ(ယုတ္တာ) (logic)

reasonable *adj* thiṇ-tiṇ-dẹ
သင့်တင့်သော၊ hmyạ-tạ-dẹ

မျှတသော (~ person); ə-hsin-pyei-dẹ အဆင်ပြေသော the'-tha-dẹ သက်သာသော (~ price); ə-jaun:-ə-jo:-nyi-dẹ အကြောင်းအကျိုးညီသည် (~ plan)

reasonably adv tɔ-yon-tan-yon တော်ရုံတန်ရုံ (≠ extremely)

reasoning n hsin-chin-ton-tə-ya: ဆင်ခြင်တုံတရား

reassure v chọ-dẹ ချော့သည်

rebel₁ v ⊕ pon-kan-dẹ ပုန်ကန်သည်၊ htạ-jwạ-dẹ ထကြွသည်၊ thə-bon-htạ-dẹ သူပုန်ထသည်

rebel₂ n ⊕ thə-bon သူပုန် (insurgent); kạn-lạn-thə-ma: ကန့်လန့်သမား

recall v hma'-mị-dẹ မှတ်မိသည် (remember); pyan-hkɔ-yu-dẹ ပြန်ခေါ်ယူသည် (~ defective product)

recede v hso'-tẹ ဆုတ်သည်

receipt n bau'-cha ဘောက်ချာ

receipts n ⊛ yạ-ngwei ရငွေ

receive v hkan-dẹ ခံသည်၊ yạ-shị-dẹ ရရှိသည်၊ le'-hkan-dẹ လက်ခံသည်

receiver n pyi' si:-dein: ပစ္စည်းထိမ်း (~ of goods); ə-than-hpan:-

ze' အသံဖမ်းစက် (radio ~)

recent adj mə-ja-gin မကြာခင်၊ mə-ja-mi-ga မကြာမီက ။။ **most recent** nau'-hson:-pɔ နောက်ဆုံးပေါ်

recently adv tə-lɔ:-gạ တစ်လောက

reception n jo-hso-jin: ကြိုဆိုခြင်း (welcome); jo-hso-bwe: ကြိုဆိုပွဲ၊ ẹ-hkan-bwe: ဧည့်ခံပွဲ (party, event)

recession n si:-bwa:-jạ-jin: စီးပွားကျခြင်း၊ ⊛ si:-bwa:-yei:-tan-thwa:-hmụ စီးပွားရေးတန့်သွားမှု

reciprocate v pyan-hlan-pyụ-dẹ ပြန်လှန်ပြုသည်

reciprocity n ə-ton-ə-hlẹ အတုံ့အလှည့်

recite v ⊛ yu'-tẹ ရွတ်သည် (~ a poem); sa-pyan-dẹ စာပြန်သည် (~ your lessons)

reckless adj mə-hsin-mə-chin-pyụ-dẹ မဆင်မခြင်ပြုသော

recklessly adv sei'-nau'-ko-pa စိတ်နောက်ကိုယ်ပါ (without thinking); tə-zau'-kan: တဇောက်ကန်း

reckon v twe'-tẹ တွက်သည်

reckoning n ə-twe' အတွက်

recline *v* hle:-de လှဲသည်၊ lyaun:-de လျောင်းသည်

recluse *n* yə-theị ရသေ့ (hermit); ein-dwin:-bon: အိမ်တွင်းပုန်း (solitary person)

recognise *v* hma'-mị-de မှတ်မိသည် (know); ə-thị-ə-hma'-pyu-de အသိအမှတ်ပြုသည် (acknowledge as valid)

recollect *v* hma'-mị-de မှတ် မိသည် (remember); ə-hma'-yạ-de အမှတ်ရသည် (recall)

recommend *v* ə-jan-pei:-de အကြံပေးသည် (advise); hnyun:-de ညွှန်သည် (What can you ~?)

recommendation *n* ə-jan-pei:-je' အကြံပေးချက် (advice); htau'-hkan-jin: ထောက်ခံခြင်း ။။ *letter of recommendation* htau'-hkan-za ထောက်ခံစာ

reconcile *v* hpyan-hpyei-de ဖျန်ဖြေသည်

reconciled *adj* pyei-le-de ပြေလည်သည်

record₁ *v* mɔ-gun:-tin-de မော်ကွန်းတင်သည် (~ events); ə-than:-thin:-de အသံသွင်းသည် (~ a voice)

record₂ *n* hma'-tan: မှတ်တမ်း၊ ə-

hma'-ə-tha: အမှတ်အသား (keep ~s); mɔ-gun: မော်ကွန်း (permanent ~); san-jein စံချိန် (Olympic ~); da'-pya: ဓာတ်ပြား (33rpm ~) ။။ *off the record* ə-lu'-(pyɔ:-de) အလွတ်(ပြောသည်)

recorder *v* ə-than-hpan:-ze' အသံဖမ်းစက်၊ ♫ pə-lwei ပလွေ(တစ်မျိုး)

recount *v* za'-jaun:-pyan-de ဇာတ်ကြောင်းပြန်သည် (tell); pyan-yei-de ပြန်ရေသည် (~ votes)

recover *v* the'-tha-de သက် သာသည် (~ from illness); pyan-yạ-de ပြန်ရသည် (~ stolen property); htei-de ထေသည် (~ a loss)

recruit₁ *v* ⚔ sụ-hsaun:-de စုဆောင်းသည်

recruit₂ *n* ⚔ ta'-tha:-thi' တပ်သားသစ်၊ ə-hpwẹ-win-thi' အဖွဲ့ဝင်သစ် (new member)

rectangle *n* lei:-dauṇ-pon လေးထောင့်ပုံ၊ sə-tụ-gan စတုဂံ

red *adj* ni-dẹ နီသော ။။ *be in the red* ə-hno'-le'-hkə-na-pyạ-de အနုတ်လက္ခဏာပြသည်

Red Cross *n* je'-chei-ni ကြက်ခြေနီ

redeem *v* ywei:-de ရွေးသည် (~ a coupon, ~ a pawned item)

red tape *n* jo:-ni-sə-ni' ကြိုးနီစနစ်

reduce *v* choṇ-de ချုံ့သည် (make smaller); shọ-de လျှော့သည် (~ the price)

redundant *adj* po-dẹ ပိုသော

reed *n* ♫ ju ကျူ။ ♫ ə-hkin အခင်

reef *n* jau'-tan ကျောက်တန်း

reek *v* nan-sɔ-de နံစော်သည်

reel *n* yi'-lon: ရစ်လုံး

refer *v* ko:-ka:-de ကိုးကားသည်၊ yi-hnyun:-de ရည်ညွှန်းသည်

referee *n* dain-(lu-ji:) ဒိုင်(လူကြီး)

reference *n* ə-hnyun: အညွှန်း၊ ə-ko:-ə-ka: အကိုးအကား၊ ə-ko:-ə-htau' အကိုးအထောက်

reference book *n* yi-hnyun:-sa-o' ရည်ညွှန်းစာအုပ်

referendum *n* 🌐 hsan-dạ-hkan-yu-bwe: ဆန္ဒခံယူပွဲ

refill *v* pyan-hpyeị-de ပြန်ဖြည့်သည်

refined *adj* thein-mweị-dẹ သိမ်မွေ့သော (cultured); thaṇ-dẹ သန့်သော (purified)

reflect *v* htin-ha'-te ထင်ဟပ်သည် (~ in a mirror); twei:-shụ-de တွေးရှုသည် (think back)

reflection *n* yaun-pyan ရောင်ပြန်၊ ə-lin:-pyan အလင်းပြန် (~ on the wall); ə-myin-ə-twei: အမြင်အတွေး၊ the'-ji:-zə-ga: သက်ကြီးစကား (a lifetime's ~)

reform₁ *v* pyụ-pyin-de ပြုပြင်သည်

reform₂ *adj* sə-ni'-thi' ə-pyụ-ə-pyin အပြုအပြင်

refrain₁ *v* shaun-jin-de ရှောင်ကြဉ်သည်၊ pe-sha:-de ပယ်ရှားသည်

refrain₂ *n* ♫ than-pyain သံပြိုင်

refresh *v* ə-pan-hpyei-de အပန်းဖြေသည် (relax); pyan-hpyei-de ပြန်ဖြည့်သည် (refill)

refreshed *adj* lan-hsan-dẹ လန်းဆန်းသော၊

refresher course *n* nyan-thi'-laun:-thin-dan: ဉာဏ်သစ်လောင်းသင်တန်း၊ mun:-man-thin-dan: မွမ်းမံသင်တန်း

refreshments *n* ə-jwei:-ə-mwei: အကျွေးအမွေး၊ sa:-myein-za စားမြိန်စာ

refrigerator *n* yei-ge:-thi'-ta ရေခဲသေတ္တာ

refuge *n* hko-hlon-nei-ya ခိုလှုံနေရာ၊ hmi-hko-ya မှီခိုရာ၊ bei:-mẹ-ya ဘေးမဲ့ရာ ။ ။ ***take refuge*** hko-hlon-de ခိုလှုံသည်
refugee *n* ✈ si'-byei: စစ်ပြေး၊ si'-pyei:-do'-hkạ-the စစ်ပြေးဒုက္ခသည်၊ do'-hkạ-the ဒုက္ခသည်
refund *n* pyan-an:-ngwei ပြန်အမ်းငွေ
refusal *n* nyin:-je' ငြင်းချက်၊ nyin:-hmụ ငြင်းမှု
refuse *v* nyin:-de ငြင်းသည်၊ twe'-te တွက်သည်
refutation *n* nyin:-je' ငြင်းချက်
refute *v* chei-pạ-de ချေပသည်
regard *v* htin-hma'-te ထင်မှတ်သည်
region *n* dei-thạ ဒေသ
regional *adj* dei-than-tə-rạ ဒေသန္တရ
register *v* hma'-pon-tin-de မှတ်ပုံတင်သည်
register *n* hma'-tan: မှတ်တမ်း
registration card *n* hma'-pon-tin မှတ်ပုံတင်
regret *v* naun-tạ-yạ-de နောင်တရသည် (~ coming); wun:-ne:-de ဝမ်းနည်းသည် (~ to inform)
regular *adj* pon-hman ပုံမှန်၊ tha-man သာမန်၊ pin-dain ပင်တိုင်
regularise *v* baun-win-aun-lo'-te ဘောင်ဝင်အောင်လုပ်သည်
regularly *adv* pon-hman ပုံမှန်၊ ə-chein-hman အချိန်မှန်
regulations *n* si:-myin: စည်းမျဉ်း
regurgitate *v* ọ-an-de အော့အန်သည်
reheat *v* hnwei:-de နွှေးသည်
rein *n* ze'-jo: ဇက်ကြိုး၊ nə-gan-jo: နှားကန်ကြိုး
reject *v* nyin:-pe-de ငြင်းပယ်သည်၊ pe-chạ-de ပယ်ချသည်၊ pe-sha:-de ပယ်ရှားသည်
rejection *n* nyin:-je' ငြင်းချက် (written ~); wain:-pe-jin: ဝိုင်းပယ်ခြင်း (~ of society)
rejects *n* ywei:-jạ ရွေးကျ၊ ywei:-jan ရွေးကျန်
relate *v* hse'-sa'-te ဆက်စပ်သည်၊ pa'-the'-te ပတ်သက်သည် (connect); za'-jaun:-hlan-de ဇာတ်ကြောင်းလှန်သည် (~ a story) ။ ။ ***be related to*** ə-myo:-tɔ-de အမျိုးတော်သည်
relation *n* ə-myo: အမျိုး၊ ə-hse'-ə-nwe အဆက်အနွယ် (friends and ~s); hse'-sa'-hmụ ဆက်စပ်မှု (~s between)

relationship *n* ku:-lu:-hse'-hsan-hmụ ကူးလူးဆက်ဆံမှု

relative *n* hswei-myo: ဆွေမျိုး

relax *v* hpyei-shɔ-de ဖြေ လျှော့သည်၊ ə-pan:-hpyei-de အပန်းဖြေသည်

relay *v* le'-hsiṇ-kan:-de လက်ဆင့်ကမ်းသည်

release *v* hlu'-te လွတ်သည်၊ chu'-te ချွတ်သည်

relevant *adj* the'-hsain-dẹ သက်ဆိုင်သော၊ hsain-ya ဆိုင်ရာ

reliable *adj* sei'-chạ-dẹ စိတ်ချသော၊ a:-ko:-yạ-dẹ အားကိုးရသော၊ a:-hta:-yạ-dẹ အားထားရသော

relic *n* mwei-dɔ မွေတော်

relief *n* pyau'-chin: ပျောက်ခြင်း၊ pyei-jin: ပြေခြင်း (pain ~); sei'-the'-tha-ya-yạ-jin: စိတ်သက်သာ ရာရခြင်း (~ from worry); ke-ze-yei: ကယ်ဆယ်ရေး (aid, emergency ~); lu-za: လူစား (~ shift); yo'-jwạ ရုပ်ကြ (bas ~)

relieve *v* hpyei-de ဖြေသည်၊ the'-tha-zei-de သက်သာစေသည် (~ pain); sei'-ei:-zei-de စိတ်အေး စေသည် (~ concerns); hlwe:-yu-de လွှဲယူသည် (~ you of your

suitcase); hpyo'-te ဖြုတ်သည် (~ of job); nau'-hpei:-thwa:-de နောက်ဖေးသွားသည် (~ oneself)

religion *n* ba-tha-yei: ဘာသာရေး

religiously *adv* pon-hman-ə-tị-ə-jạ ပုံမှန်အတိအကျ

relinquish *v* suṇ-hlu'-te စွန့်လွှတ်သည်

relish *n* ə-chin အချဉ် (condiment)

reluctant *adj* sei'-mə-pa-dẹ စိတ်မပါသော၊ hso'-kan-kan ဆုတ်ကန့်ကန့်

rely (on) *v* hmi-hko-de မှီခိုသည်၊ a:-hta:-de အားထားသည်၊ a:-ko:-de အားကိုးသည် (depend); sei'-jạ-de စိတ်ကျသည် (you can ~ on me)

remain *v* jan-(yi')-de ကျန်(ရစ်)သည်၊ jwin:-jan-de ကြွင်းကျန်သည်၊ nei-gẹ-de နေခဲ့သည်

remainder *n* ə-jwin: အကြွင်း၊ ə-ka'-ə-tha' အကပ်အသတ်

remark *n* hma'-che' မှတ်ချက်

remarkable *adj* htu:-chun-dẹ ထူးခြွန်သော၊ htu:-cha:-dẹ ထူး ခြားသော၊ aṇ-ɔ:-zə-ya အံ့သြစရာ

remedy *n* hsei: ဆေး

remember *v* hma'-mị-de

မှတ်မိသည် (I ~ his number.); dhə-di-yạ-de သတိရသည် (~ your schooldays); hma'-hta:-de မှတ်ထားသည် (~ my name.)

remind v hno:-hsɔ-de နိူးဆော်သည်

reminder n ə-hma'-yạ-zei-dẹ-pyi'-si: အမှတ်ရစေသောပစ္စည်း၊ dhə-di-yạ-zei-dẹ-pyi'-si: သတိရစေသောပစ္စည်း (souvenir); hno:-hsɔ-za နိူးဆော်စာ (note)

remorse n naun-tạ နောင်တ

remote adj kwa-wei:-dẹ ကွာဝေးသော၊ hkaun-dẹ ခေါင်သော

remove v hto'-te ထုတ်သည် (take out); hno'-te နုတ်သည် (~ a tooth); chu'-te ချွတ်သည် (~ clothes); hpyo'-te ဖြုတ်သည် (~ from office)

renaissance, renascence n nyan-thi'-laun-ə-yei:-dɔ-pon ဉာဏ်သစ်လောင်းအရေးတော်ပုံ

renew v the'-tan-to:-de သက်တမ်းတိုးသည် (~ a license); pyan-lo'-te ပြန်လုပ်သည် (start again); ə-thi'-le:-de အသစ်လဲသည် (~ old parts)

rendezvous n chein:-twẹ-jin: ချိန်းတွေ့ခြင်း (meeting); hson-ya' ဆုံရပ် (meeting place)

renounce v sun̥-pe-de စွန့်ပယ်သည်

renovate v pyan-pyin-de ပြန်ပြင်သည် (~ a house)

rent₁ v hnga:-de ငှားသည်

rent₂ n ə-hnga:-gạ အငှားခ

rental n ə-hnga: အငှား (~ car)

repair v pyụ-pyin-de ပြုပြင်သည်

repairman n se'-pyin စက်ပြင်

repay v hsa'-te ဆပ်သည်

repeat v pyan-pyɔ:-de ပြန်ပြောသည် (~ after me. Please don't ~ this.); hta'-lo'-te ထပ်လုပ်သည် (do again)

repeatedly adv ə-jein-jein-(ə-hta'-hta') အကြိမ်ကြိမ်(အထပ်ထပ်)၊ hta'-tə-le:-le: ထပ်တလဲလဲ

repel v tun:-hlan-de တွန်းလှန်သည် ▫▫ *mosquito repellent* chin-zei: ခြင်ဆေး

repetition n hta'-lo'-chin: ထပ်လုပ်ခြင်း၊ jein ကြိမ်၊ pa' ပတ်

replace v ə-sa:-htẹ-de အစားထည့်သည် (~ parts); lu-za:-hto:-de လူစားထိုးသည် (~ a worker)

replacement n lu-gwe: လူခွဲ၊ lu-za: လူစား

replenish v hpyei-swe'-te ဖြည့်စွက်သည်

replica n pon-tu ပုံတူ

replicate v pwa:-de ပွားသည်

reply₁ v hpyei-de ဖြေသည်

reply₂ n ə-hpyei အဖြေ (answer); pyan-za ပြန်စာ (letter)

report₁ v ə-jaun:-pyan-de အကြောင်းပြန်သည်၊ ə-jaun:-ja:-de အကြောင်းကြားသည် (inform); tain-de တိုင်သည် (~ a crime)

report₂ n ə-si-yin-hkan-za အစီရင်ခံစာ (write a ~)

reporter n dhə-din:-dau' သတင်းထောက်

represent v thə-yo'-pyə-de သရုပ်ပြသည် (show); ko-za:-pyu-de ကိုယ်စားပြုသည် (~ someone)

representative n ko-zə-le ကိုယ်စားလှယ်

reproduce v ku:-de ကူးသည်၊ hsin-pwa:-de ဆင့်ပွားသည် (make more); myo:-pwa:-de မျိုးပွားသည် (have babies)

reproduction v mu-bwa: မူပွား၊ pon-tu ပုံတူ (imitation); ku:-jin: ကူးခြင်း၊ hsin-pwa:-jin: ဆင့်ပွားခြင်း (make more); myo:-pwa:-jin: မျိုးပွားခြင်း (have babies)

reptile n 🐢 twa:-thwa:-tha'-ta-wa တွားသွားသတ္တဝါ

republic n 🌐 thə-mə-də-nain-gan သမ္မတနိုင်ငံ

reputation n mye'-hna မျက်နှာ၊ na-me-gaun: နာမည်ကောင်း၊ ə-thə-yei အသရေ

request₁ v hma-de မှာသည်၊ hkain:-de ခိုင်းသည် (ask sb to do); taun:-de တောင်းသည် (ask for sthg)

request₂ n taun:-hso-je' တောင်းဆိုချက်

require n lo-(a')-te လို(အပ်)သည်

requirement n lo-a'-che' လိုအပ်ချက်

rescue v ke-de ကယ်သည်၊ hse-de ဆယ်သည်

rescuer n ke-tin-shin ကယ်တင်ရှင်

research n ə-son-ə-san: အစုံအစမ်း (investigation); thu-dei-thə-na သုတေသန (academic ~)

resemblance n hsin-tu-jin: ဆင်တူခြင်း

resemble v tu-de တူသည်

resent v sei'-na-de စိတ်နာသည်

resentment n ə-jei'-ə-hke:

အကျိုတ်အခဲ

reservation *n* jo-hma-jin:
ကြိုမှာခြင်း

reserve₁ *v* jo-yu-hta:-de ကြိုယူ
ထားသည်၊ jo-hma-hta:-de
ကြိုမှာထားသည်

reserve₂ *n* ə-saun အစောင်၊ ə-
yan အရန်

reservoir *n* yei-gan ရေကန်၊
hlaun-gan လှောင်ကန်

reside *v* nei-de နေသည်

residence *n* nei-ya' နေရပ်၊ nei-
ein နေအိမ်

resident *n* dei-tha-gan ဒေသခံ

residue *n* ə-ka' အကပ်

resign *v* hno'-htwe:-de နုတ်
ထွက်သည်

resist *v* hku-hkan-de ခုခံသည်

resistance *n* hku-gan-a: ခုခံအား၊
hsei:-yin-pa:-hmu ဆေးယဉ်ပါးမှု

resolution *n* ə-hson:-ə-hpya'
အဆုံးအဖြတ်

resolve *v* hson:-hpya'-te
ဆုံးဖြတ်သည် (decide); hpyei-
shin:-de ဖြေရှင်းသည်

resort *n* ə-pan:-hpyei-ya
အပန်းဖြေရာ

resource *n* thə-yan-za-tə
သယံဇာတ (natural ~); a: အား

(financial ~); ə-htau'-ə-mạ
အထောက်အမ (support)

resourceful *adj* nyan-ku-dẹ
ဉာဏ်ကူသော၊ jan-hpan-ta'-tẹ
ကြံဖန်တတ်သော

respect₁ *v* lei-za:-de လေး
စားသည်၊ yo-thei-de ရိုသေသည်၊
ji-nyo-de ကြည်ညိုသည်

respect₂ *n* ə-yo-ə-thei
အရိုအသေ

respectively *adv* tə-thi:-tə-cha:
တသီးတခြား

**respiratory disease, respira-
tory infection** *n* ✚ ə-the'-shu-
lan:-jaun:-yɔ:-ga အသက်ရှူ
လမ်းကြောင်းရောဂါ၊ ✚ ə-hso'-yɔ:-
ga အဆုတ်ရောဂါ၊

respire *v* ə-the'-shu-de အသက်
ရှူသည်၊ shu-shai'-te ရှူရှိုက်သည်

respite *n* ə-na: အနား၊ the'-tha-
gwiṇ သက်သာခွင့်

respond *v* hpyei-de ဖြေသည်၊
pyan-pyɔ:-de ပြန်ပြောသည်
(answer); toṇ-pyan-de
တုံ့ပြန်သည် (react)

response *n* ə-hpyei အဖြေ၊ ə-
chei အချေ (answer); toṇ-pyan-
hmụ တုံ့ပြန်မှု (reaction)

responsibility *n* ta-wun တာဝန်၊

ə-pain: အပိုင်း၊ wu'-tə-ya:
ဝတ္တရား၊ hsaun-ta ဆောင်တာ

responsible *adj* ta-wun-shị-dẹ
တာဝန်ရှိသော (~ for); ta-wun-thị-
dẹ တာဝန်သိသော (a ~ person)

rest₁ *v* na:-de နားသည်၊ ə-pan:-
hpyei-de အပန်းဖြေသည် ‖ ‖ *put to
rest* pyei-le-zei-de ပြေလည်
စေသည်

rest₂ *n* ə-na: အနား (have a ~); ə-
jan အကျန် (the ~ of it); ə-ka'-(ə-
tha') အကပ်(အသတ်) (Just throw
away the ~)

rest assured *v* sei'-chạ-de
စိတ်ချသည်

restaurant *n* sa:-thau'-hsain
စားသောက်ဆိုင်

resthouse *n* zə-ya' ဇရပ်

restless *adj* yo:-to:-ywạ-tạ-
hpyi'-tẹ ရိုးတိုးရွတာဖြစ်သော

restore *v* nə-go-ə-tain:-hpyi'-
aun-lo'-te နဂိုအတိုင်းဖြစ်အောင်
လုပ်သည် (return to former condi-
tion); pyan-le-pyin-hsin-de ပြန်
လည်ပြင်ဆင်သည်၊ pyụ-pyin-de
ပြုပြင်သည် (~ antiques); na-lan-
htu-de နာလန်ထူသည် (~ to
health)

restrain *v* cho'-ti:-de ချုပ်

တည်းတည်၊ htein:-de ထိန်းသည်

restrict *v* kaṇ-tha'-te ကန့်
သတ်သည်

restriction *n* ə-kaṇ-ə-tha'
အကန့်အသတ်၊ ə-cho'-ə-hnaun
အချုပ်အနှောင်၊ ə-ta:-ə-hsi:
အတားအဆီး

restroom *n* ein-dha အိမ်သာ

rest upon *v* ə-chei-hkan-de
အခြေခံသည်

result *n* ə-twe' အတွက်၊ ə-jo:-ze'
အကျိုးဆက်၊ yạ-la' ရလဒ် (conse-
quence); ə-hpyei အဖြေ (solution);
ə-shon:-ə-nain အရှုံးအနိုင် (~ of
the tournament)

resume *v* pyan-lo'-te
ပြန်လုပ်သည်

résumé *n* hma'-tan: မှတ်တမ်း၊ ko-
yei:-ya-zə-win ကိုယ်ရေးရာဇဝင်

retail *adj* 🐟 le'-li လက်လီ

retail outlet, retail shop *n* le'-
li-zain လက်လီဆိုင်

retain *v* thein:-hta:-de
သိမ်းထားသည် (keep); hma'-hta:-
de မှတ်ထားသည် (remember, ~
information)

retaliate *v* gə-lẹ-za:-chei-de
ကလဲ့စားချေသည်၊ toṇ-pyan-de
(ရန်၊ လက်)တုံ့ပြန်သည်

retard v hnei:-zei-de နှေးစေသည်

retell v za'-jaun:-pyan-de
ဇာတ်ကြောင်းပြန်သည်

retina n ꙮ myin-hlwa မြင်လွှာ

retire v ə-nyein:-za:-yu-de
အငြိမ်းစားယူသည် (~ on a
pension); ei'-te အိပ်သည် (~ for
the day)

retrace v nau'-jaun:-pyan-de
နောက်ကြောင်းပြန်သည်

retract v yo'-te ရုပ်သည်

retreat v nau'-hso'-te
နောက်ဆုတ်သည်

retrieve v pyan-kau'-te
ပြန်ကောက်သည်

retriever n ꙮ in:-hkwei: အင်းခွေး

return₁ v pyan-de ပြန်သည် (go
home); pyan-la-de ပြန်လာသည်၊
pyan-yau'-te ပြန်ရောက်သည်
(come back, ~ to this place); pyan-
pei:-de ပြန်ပေးသည်၊ an:-de
အမ်းသည် (give back)

return₂ n pyan-lan: ပြန်လမ်း (way
back); ə-thwa:-ə-pyan အသွား
အပြန် (round trip); pyan-pei:-hta:-
de̠-pyi̠-si: ပြန်ပေးထားသော
ပစ္စည်း (thing given back); ꙮ ə-
mya' အမြတ်၊ ə-htwe' အထွက်
(high ~ on an investment)

reunite v pyan-paun:-hto'-te
ပြန်ပေါင်းထုတ်သည်၊ pyan-hson-
zei-de ပြန်ဆုံစေသည်

reveal v hto'-pyɔ:-de
ထုတ်ပြောသည်၊ hpɔ-pya̠-de
ဖော်ပြသည်

revenge v le'-sa:-chei-de
လက်စားချေသည်၊ yan-ton-de
ရန်တုံ့သည်

revenue n 🌐 ꙮ ə-hkun အခွန်
(government ~); win-ngwei ဝင်ငွေ

revere v yo-thei-lei:-mya'-te
ရိုသေလေးမြတ်သည်

Reverend n ✝ thei'-hka-dɔ-ya̠
သိက္ခာတော်ရ

reverse v nau'-hso'-te
နောက်ဆုတ်သည် (back up); hlan-
de လှန်သည် (~ position)

review₁ v si'-tan:-hto'-te
စစ်တမ်းထုတ်သည် (~ a project);
hsan-si'-te ဆန်းစစ်သည်
(examine); thon:-tha'-te
သုံးသပ်သည် (critique)

review₂ n si'-tan: စစ်တမ်း (~ of
evidence); wei-ban-je' ဝေဖန်ချက်
(movie ~)

revise v hnu:-de နှုးသည် (~
lessons); pyu̠-pyin-de ပြုပြင်သည်
(~ opinion)

revolt v thə-bon-hta-de သူပုန်ထသည်၊ tɔ-hlan-de တော်လှန်သည်

revolution n ∮ 🌍 (hki'-pyaun:)-tɔ-hlan-yei: (ခေတ်ပြောင်း) တော်လှန်ရေး (industrial ~); tə-pa'-le-jin: တစ်ပတ်လည်ခြင်း (make a full circuit)

revolutionary n ∮ 🌍 tɔ-hlan-yei:-dhə-ma: တော်လှန်ရေးသမား

revolve v le-de လည်သည်

revolver n chau'-lon:-byu: ခြောက်လုံးပြူး

reward₁ v hsu̯-pei:-de ဆုပေးသည်

reward₂ n kaun:-jo: ကောင်းကျိုး (fair return); hsu̯-ngwei ဆုငွေ (~ for information)

régime n 🌍 ə-so:-ya̯ အစိုးရ

rheumatism n ⚕ lei:-be'-na လေးဘက်နာ

rhino, rhinoceros n 🐾 jaṇ ကြံ့

rhododendron n 🌺 taun-zə-la' တောင်ဇလပ်

rhyme n 🎵 ka-yan ကာရန်

rhythm n 🎵 ri'-than ရစ်သမ်

rib n nan-yo: နံရိုး

ribbon n hpe:-jo: ဖဲကြိုး၊ si:-jo: စည်းကြိုး

rice n 🌾 zə-ba: စပါး၊ 🌾 kau' ကောက် (~ planting); zə-ba: စပါး (unmilled ~); hsan ဆန် (uncooked ~); htə-min: ထမင်း (cooked ~) ။။ **white rice** htə-min:-byu ထမင်းဖြူ ။။ **sticky rice** kau'-hnyin: ကောက်ညှင်း။။ **black sticky rice** ngə-chei' ငချိပ် ။။ **brown rice** hsan-lon:-ti: ဆန်လုံးတီး၊ hsan-lon:-nyo ဆန်လုံးညို

rice cooker n htə-min:-paun:-o: ထမင်းပေါင်းအိုး

rice flour n hsan-hmoṇ ဆန်မှုန့်

rice mill n hsan-ze' ဆန်စက်

rice paddy n le-gwin: လယ်ကွင်း

rich adj chan:-tha-de̯ ချမ်းသာသော၊ htei:-de̯ ထေးသော (wealthy); hsein-de̯ ဆိမ့်သော၊ i-de̯ အီသော (~ food) ။။ **strike it rich** kɔ-de ကောသည်

rickets n ⚕ ə-yo:-pyɔ-na အရိုးပျော့နာ

rickety adj tə-hlo'-hlo' တလှုပ်လှုပ်

rickshaw n sai'-ka: ဆိုက်ကား

rid v shin:-de ရှင်းသည်

riddle n zə-gə-hta စကားထာ၊ zə-gə-hwe' စကားဝှက်

ride *v* si:-de စီးသည်
ridge *v* kon:-dan: ကုန်းတန်း
ridicule *v* pyaun-hlaun-de ပြောင်လှောင်သည်၊ thə-yɔ-de သရော်သည်
ridiculous *adj* yi-zə-ya-kaun:-dẹ ရယ်စရာကောင်းသော
rifle *n* rain-hpe ရိုင်ဖယ်
rift *n* ə-kwe:-ə-pye: အကွဲအပြဲ
right$_1$ *v* pyan-tẹ-de ပြန်တည့်သည် (~ the boat)
right$_2$ *adj* hman-(kan)-dẹ မှန်(ကန်)သော၊ ho'-tẹ ဟုတ်သော (correct); thiṇ-dẹ သင့်သော (the ~ choice)
right$_3$ *adv* tẹ-tẹ တည့်တည့် (fell ~ in a puddle)
right$_4$ *n* ə-hkwiṇ-ə-yei: အခွင့်အရေး၊ yạ-pain-gwiṇ ရပိုင်ခွင့် (legal ~); nya-be' ညာဘက်၊ le'-ya လက်ယာ (≠ left)
rim *n* hnə-hkan: နှုတ်ခမ်း
rind *n* ə-hkun အခွံ၊ ə-hkau' အခေါက်
ring$_1$ *v* hto:-de ထိုးသည်၊ hkau'-te ခေါက်သည် (~ a bell); myi-de မြည်သည် (the phone is ~ing); hpon:-hse'-te ဖုန်းဆက်သည် (phone sb); u-de အူသည် (makes your ears ~)
ring$_2$ *n* le'-su' လက်စွပ် (gold ~); gwin: ကွင်း (circle, sports area)
ringworm *n* pwei: ပွေး
rinse *v* jin:-de ကျင်းသည်၊ hsei:-de ဆေးသည် (~ with cold water)
riot *n* hsu-pu-hmụ ဆူပူမှု၊ ə-yei:-ə-hkin: အရေးအခင်း
rip *v* so'-te စုတ်သည်
ripe *adj* hmẹ-dẹ မှည့်သော
rip off *v* lein-de လိမ်သည် (cheat); hko:-ku:-de ခိုးကူးသည် (copy)
rise$_1$ *v* to:-de တိုးသည်၊ te'-te တက်သည်၊ ji:-de ကြီးသည် (prices, etc ~); htạ-de ထသည် (get up); pyan-de ပျံသည် (into the air)
rise$_2$ *n* ə-te' အတက် (increase); to:-jin: တိုးခြင်း (~ in salary); kon:-gə-mu ကုန်း(က)မူ (small hill)
risk$_1$ *v* suṇ-(za:)-de စွန့်(စား)သည် ‖ ***risk one's life*** ə-thei-hkan-de အသေခံသည်
risk$_2$ *n* an-də-ye, an-nə-ye အန္တရာယ်
rite *n* min-gə-la မင်္ဂလာ
ritual *n* min-gə-la မင်္ဂလာ
rival$_1$ *v* pyain-de ပြိုင်သည်
rival$_2$ *n* pyain-be' ပြိုင်ဖက်

rivalry *n* pyain-hsain-jin:
ပြိုင်ဆိုင်ခြင်း

river *n* myi' မြစ်

river delta *n* myi'-wạ-jun:-pɔ
မြစ်ဝကျွန်းပေါ်

roach *n* ✿ po:-ha' ပိုးဟပ် (cock~)

road *n* lan: လမ်း

roar *v* hein:-de ဟိန်းသည်

roast *v* kin-de ကင်သည်

rob *v* tai'-te တိုက်သည်

robber *n* də-myạ ဓားပြ၊ thə-hko:
သူခိုး

robbery *n* ə-kho: အခိုး

robe *n* wu'-yon ဝတ်ရုံ၊ ▥ thin-
gan: သင်္ကန်း

robot *n* se'-yo' စက်ရုပ်

rock₁ *v* hnyaun-de ညှောင့်သည် (~
back and forth); hlwe:-de လွဲသည်
(~ a cradle)

rock₂ *n* jau'-hke: ကျောက်ခဲ

rocket *n* don:-byan ဒုံးပျံ

rod *n* ə-chaun: အချောင်း၊ tan တံ

roe *n* nga:-ụ ငါးဥ

rôle *n* ə-hkan: အခန်း (movie ~); ə-
pain: အပိုင်း (part)

roll₁ *v* lei'-te လိပ်သည် (~ up a
mat); yi'-te ရစ်သည် (~ string);
hmau'-te မှောက်သည် (~ a car);
lu:-lein-de လူးလိမ့်သည် (~ in
pain)

roll₂ *n* ə-lei' အလိပ် (~ of tissue);
bai'-hkau' ဘိုက်ခေါက် (~ of fat)
‖ ‖ ***spring roll*** kɔ-pyaṇ-lei'
ကော်ပြန့်လိပ် (fried ~); kɔ-pyaṇ-
sein: ကော်ပြန့်စိမ်း

romance *n* ə-chi'-yei: အချစ်ရေး

romantic *adj* ə-chi' အချစ် (~
song)

roof *v* hkaun-mo: ခေါင်မိုး၊ ə-mo:
အမိုး (~ of house); ə-hkaun
အခေါင် (~ of mouth)

room *n* hkan: ခန်း (~ in a house);
nei-ya နေရာ (space)

roommate *n* ə-hkan:-bɔ
အခန်းဖော်

rooster *n* ✿ je'-hpa ကြက်ဖ

root *n* ə-myi' အမြစ် (~ of a
plant); ə-jaun:-yin: အကြောင်းရင်း
(basic cause)

rope *n* jo: ကြိုး

rosary *n* sei'-bə-di စိပ်ပုတီး

rose *n* ✿ hnin:-zi နှင်းဆီ

rosella, roselle *n* ✿ chin-maun
ချဉ်ပေါင်

rot *v* po'-te ပုပ်သည်၊ hswei:-de
ဆွေးသည်

rotate *v* le-de လည်ပတ်သည်
‖ ‖ ***in rotation*** tə-yau'-tə-le:

တစ်ယောက်တစ်လဲ

rough *adj* jan:-dẹ ကြမ်းသော (≠ smooth); pyin:-htan-dẹ ပြင်းထန်သော (≠ gentle); hke'-tẹ ခက်သော (≠ easy)

roughly *adv* ə-jan:-pə-dan: အကြမ်းပတမ်း (handle ~); ə-jan:-byin: အကြမ်းဖျင်း (≠ in detail)

round *adj* wain:-dẹ ဝိုင်းသောၢ lon:-dẹ လုံးသော

roundabout₁ *adj* weị-le-le ဝေ့လည်လည် (in a ~ way)

roundabout₂ *n* ə-wain: အဝိုင်း

round trip *n* ə-thwa:-ə-pyan အသွားအပြန်

route *n* lan: လမ်း (direct ~); jaun: ကြောင်း (land ~); ka:-lain: ကားလိုင်း (bus ~)

routine₁ *adj* tha-man သာမန်ၢ yo:-yo: ရိုးရိုး

routine₂ *n* lo'-yo:-lo'-sin လုပ်ရိုးလုပ်စဉ်

row₁ *v* ⚓ hlo-dẹ လှော်သည်ၢ hka'-te ခတ်သည်ၢ ye'-te ယက်သည်

row₂ *n* tan: တန်း (line); gə-dau'-gə-hsa'-hpyi'-chin: ကတောက်ကဆဖြစ်ခြင်း (argument) ‖‖ *first row* htei'-tan: ထိပ်တန်း ‖‖ *in rows, in a row* tan:-si တန်းစီ

(lined up); ze'-tai' ဆက်တိုက် (without stopping)

rowboat, rowing boat *n* ⚓ hka'-hlei (ခတ်)လှေ

rowdy *n* lu-jan: လူကြမ်း

royal *adj* ♛ tɔ-win-dẹ တော်ဝင်သော

rub *v* pu'-tai'-te ပွတ်တိုက်သည်

rubber *n* ra-ba ရာဘာ (~ sole); hke:-hpye' ခဲဖျက် (pencil eraser); kun-don: ကွန်ဒုံး (condom)

rubber band *n* thə-yei-gwin: သားရေကွင်း

rubbish *n* ə-hmai' အမှိုက်

rubella *n* ☤ jai'-tho: ဂျိုက်သိုး

rub out *v* hpye'-te ဖျက်သည်

ruby *n* bə-də-mya: ပတ္တမြား ‖‖ *balas ruby* ə-nyaṇ-ban: အညံ့ပန်း

rucksack *n* jɔ:-bo:-ei' ကျောပိုးအိတ်

rudder *n* ⚓ te'-ma တက်မ

rude *adj* yain:-dẹ ရိုင်းသောၢ yin̠:-thi:-tẹ ရင့်သီးသော

rug *n* kɔ-zɔ: ကော်ဇော (carpet); saun စောင် (wrap)

rugged *adj* ə-jan:-hkan-dẹ အကြမ်းခံသော

ruin₁ *v* hpye'-hsi:-de

ဖျက်ဆီးသည်

ruin₂ *n* tai'-pye' တိုက်ပျက်

rule *v* 🌐 so:-mo:-de စိုးမိုးသည်၊
🎵 nan:-san-de နန်းစံသည် (~ a
country); tha:-de သားသည် (draw
lines); 🔍 si-yin-de စီရင်သည် (~
in a case)

rule *n* si:-myin: စည်းမျဉ်း
(regulation); 🌐 o'-cho'-hmụ
အုပ်ချုပ်မှု ə-so:-yạ အစိုးရ
(government) ‖‖ *as a rule* pon-
hman ပုံမှန်

ruler *n* 🎵 bə-yin ဘုရင် (monarch);
pei-dan ပေတံ (12" straightedge)

rum *n* ran ရမ်

rummy *n* po-ka ပိုကာ

rumor, rumour *n* kɔ:-la-hạ-lạ
ကောလာဟလ

run *v* pyei:-de ပြေးသည် (go fast);
maun:-de မောင်းသည် (operate)
‖‖ *in the long run* ə-shei-thə-
hpyiṇ အရှည်သဖြင့်

run away *v* htwe'-pyei:-de
ထွက်ပြေးသည်

runaway *n* ein-byei: အိမ်ပြေး

run out *v* kon-de ကုန်သည်၊ pya'-
te ပြတ်သည်

runway *n* lei-yin-pyei:-lan:
လေယာဉ်ပြေးလမ်း

rural *adj* tɔ: တော၊ jei:-le'
ကျေးလက်

rush *v* lɔ:-de လောသည်

Russell's viper *n* 🐍 mwei-bwei:
မြွေပွေး

rust *n* than-chi: သံချေး

rut *n* bein:-jaun: ဘီးကြောင်း ‖‖ *be
caught in a rut* than-thə-ya-le-
de သံသရာလည်သည်

Rx *abbr* hsei:-za ဆေးစာ

S - s e' အက်(စ်)

‐'**s** *suff* yẹ ရဲ့၊ ḭ ၏

sabbath *n* ụ-po'-nei ဥပုသ်နေ့

saccharine *n* hsei:-dhə-ja:
ဆေးသကြား

sack *n* ei' အိတ်

sacred *adj* htu:-mya'-tẹ
ထူးမြတ်သော

sacrifice *v* ə-ni'-na-hkan-de
အနစ်နာခံသည် (give up); ko-jo:-
suṇ-jin: ကိုယ်ကျိုးစွန့်ခြင်း (~ one's
interest)

sad *adj* sei'-mə-kaun:-dẹ
စိတ်မကောင်းသော၊ wun:-ne:-dẹ
ဝမ်းနည်းသော

saddle *n* kạ က

sadistic *adj* ye'-se'-tẹ
ရက်စက်သော

safe *adj* lon-jon-dẹ လုံခြုံသော

safely *adv* bei:-kin:-zwa
ဘေးကင်းစွာ

safety *n* lon-jon-yei: လုံခြုံရေး
(security); maun:-dein: မောင်း
ထိန်း (on a gun)

safety pin *n* twe-jei' တွယ်ချိတ်

saffron *n* ※ gon-gə-man ကုံကုမံ
(herb); lein-mə-yaun လိမ္မော်
ရောင် (yellow-orange)

sag *v* hnyu'-te ညွတ်သည်

sage *n* thụ-hkə-mein သုခမိန်
(wise man)

sago *n* ※ tha-gu သာဂူ

sail *v* si:-de လွေ၊ သင်္ဘော
စသည်၊ စီးသည်၊ ⚓ ywe'-tai'-te
ရွက်တိုက်သည်၊ lwin-de လွင့်သည်

sail *n* ⚓ ywe' ရွက်

sailboat, sailing boat *n* ⚓ ywe'-
hlei ရွက်လှေ

sailor *n* ⚓ thin:-bɔ:-dha:
သင်္ဘောသား

saint *n* thu-dɔ-gaun သူတော်
ကောင်း (good person); ✞ thu-dɔ-
zin သူတော်စင်၊ sein စိန့်

sake *n* ə-jo: အကျိုး ။။ *for the
sake of* ə-lọ-hnga အလို့ငှာ၊ ə-jo:-
hnga အကျိုးငှာ

salad *n* ə-thɔ' အသုပ်၊ ə-ywe'-

sein:-thɔ' အရွက်စိမ်းသုပ်

salary *n* lạ-gạ လခ၊ lạ-za လစာ

sale *n* ə-yaun: အရောင်း (the ~
has not gone through yet); zei:-
shọ-yaun:-chạ-jin: ဈေးလျှော့
ရောင်းချခြင်း (summer ~)

sales *n* ⚙ yaun:-yei:-we-ta
ရောင်းရေးဝယ်တာ၊ ə-yaun:
အရောင်း

sales manager *n* hsain-dain
ဆိုင်ထိုင်၊ ə-yaun:-man-nei-ja
အရောင်းမန်နေဂျာ

saline (solution) *n* ⚕ hsa:-yei
ဆားရည်၊ hsə-lain: ဆလိုင်း

saliva *n* thə-yei သွားရည်

salt *n* hsa: ဆား

salty *adj* ngan-dẹ ငန်သော

salute *v* ə-lei:-pyụ-de
အလေးပြုသည်

salvation *n* ke-tin-jin:
ကယ်တင်ခြင်း

Salween River *n* than-lwin-
myi' သံလွင်မြစ်

same *adj* hsin-tu-dẹ ဆင်တူသော

sambur *n* ⚘ hsa' ဆတ်

samosa *n* sə-mu-hsa စမူဆာ

sample *n* nə-mu-na နမူနာ

samsara *n* ▦ than-thə-ya
သံသရာ

sanctuary *n* hko-hlon-ya ခိုလှုံရာ
။ ။ *animal sanctuary* bei:-me-tɔ:
ဘေးမဲ့တော

sand *n* the: သဲ

sandal *n* hpə-na' ဖိနပ်

sandalwood *n* ❀ san-də-gu:
စန္ဒကူး၊ ❀ nə-thə-hpyu နံ့သာဖြူ

sandpaper *n* kɔ-ba' ကော်ဖတ်

sandwich *n* ə-tha:-hnya'-mon
အသားညှပ်မုန့်

sane *adj* sei'-kaun:-dẹ စိတ်
ကောင်းသော၊ sei'-hta:-hman-dẹ
စိတ်ထားမှန်သော (≠ insane); nyan-
shi-thei:-dẹ ဉာဏ်ရှိသေးသော
(sensible)

sangha *n* ⬜ than-ga သံဃာ

sanitary *adj* thaṇ-sin-dẹ
သန့်စင်သော

sanitation *n* pa'-wun:-jin-thaṇ-
shin:-yei: ပတ်ဝန်းကျင်သန့်ရှင်းရေး

Sanskrit *n* the'-kə-tạ သက္ကတ၊
thin-than-kə-rai' သံသကရိုက်

saohpa *n* 🌎 👑 sɔ-bwa: စော်ဘွား

sap *n* ❀ thi'-yei သစ်ရည်၊ thi'-zei:
သစ်စေး

sapphire *n* ni-la နီလာ

sarcastic *adj* nɔ-dẹ ငေါ့ htei-dẹ
ထေ့

sardines *n* nga-thi'-ta ငါး
သေတ္တာ (a tin of ~)

sarong *n* lon-ji လုံချည်

satellite *n* jo-tụ ဂြိုဟ်တု (~ tv); ə-
yan-jo အရံဂြိုဟ် (the moon is
Earth's ~)

satellite town *n* myọ-thi'
မြို့သစ်၊ hsin-chei-bon: ဆင်ခြေဖုံး

satin *n* hpe: ဖဲ

satire *n* thə-yɔ-za သရော်စာ

satisfaction *n* sei'-tain:-jạ-jin:
စိတ်တိုင်းကျခြင်း၊ jei-na'-hmụ
ကျေနပ်မှု

satisfied *adj* jei-na'-tẹ ကျေ
နပ်သော၊ sei'-tain:-jạ-dẹ စိတ်
တိုင်းကျသော၊ ə-lo-jạ-dẹ အလို
ကျသော၊ a:-yạ-dẹ အားရသော

satisfy *v* jei-na'-sei-tẹ
ကျေနပ်စေသော

Saturday *n* sə-nei-neị စနေနေ့

Saturn *n* sə-nei-jo စနေဂြိုဟ်

sauce *n* ə-hni အနှစ် (gravy); nga-
yo'-hsi ငရုတ်ဆီ (hot sauce); hsɔ
ဆော့ (cream ~, salad dressing)

saucer *n* au'-hkan-bə-gan-pya:
အောက်ခံပန်းကန်ပြား

sausage *n* we'-u-jaun: ဝက်အူ
ချောင်း

sauté *v* jɔ-de ကြော်သည်

savage *adj* yain:-dẹ ရိုင်းသော

save *v* ke-de ကယ်သည်၊ hse-de ဆယ်သည် (rescue); su̱-de စုသည် (~ money)

savoury *adj* ə-ngan အငန် (food which is not sweet)

saw *n* hlwa̱ လွ

sawbwa *n* 🌐 ♈ sɔ-bwa: စော်ဘွား

say *v* pyɔ:-de ပြောသည်၊ hso-de ဆိုသည်

saying *n* zə-gə-pon စကားပုံ၊ hso-yo:-zə-ga: ဆိုရိုးစကား

scab *n* ♈ ə-nə-hpei: အနာဖေး

scabies *n* ♈ we: ဝဲ

scaffolding *n* nyan: ငြမ်း

scald *v* ə-pu-laun-de အပူလောင်သည်

scale₁ *v* te'-te တက်သည် (climb); ə-jei-hto:-de အကြေးထိုးသည် (remove fish scales)

scale₂ *n* ə-jei: အကြေး (fish ~, snake ~); sə-kei: စကေး (salary ~, map ~); ♪ than-zin သံစဉ် (musical)

scale down *v* ə-jin:-chon:-de အကျဉ်းချုံးသည်

scales *n* ə-jei:-gun အကြေးခွံ (fish ~); chein-gwin ချိန်ခွင်၊ paun-jein-ze' ပေါင်ချိန်စက် (weighing instrument)

scale up *v* ə-je-che̱-de အကျယ်းချဲ့သည်

scallop *n* ✿ gon:-kaun ခုံးကောင် (shellfish)

scalp *n* u:-yei ဦးရေ

scam *n* ə-lein-ə-kau' အလိမ်အကောက်

scampi *n* ✿ bə-zun ပုစွန်

scan *v* ə-ke:-hka'-te အကဲ ခတ်သည် (look over); sə-kan-hpa'-te စကန်ဖတ်သည် (use a scanner)

scandalised *adj* ton-hlo'-te̱ (သတင်းကြောင့်)တုန်လှုပ်သော

scapegoat *n* də-za-gan ဒါးစာခံ

scar *n* ♈ ə-ma-yu' အမာရွတ်

scarce *adj* sha:-pa:-de̱ ရှားပါးသော

scare *v* chau'-te ခြောက်သည်

scarecrow *n* sa-chau'-yo' စာခြောက်ရုပ်

scared *adj* jau'-te̱ ကြောက်သော (~ of ghosts); lan̥-de လန့်သည် (~ by a ghost)

scare off *v* maun:-hto'-te မောင်းထုတ်သည်

scarf *n* chon-de ခြုံထည်၊ pə-wa ပဝါ

scarf down *v* oʼ-te အုပ်သည်

scary *adj* jauʼ-sə-ya-kaun:-dẹ ကြောက်စရာကောင်းသော

scatter *v* je-de ကြဲသည် (~ seeds); pya:-de ပြားသည်၊ pyan̲-je:-de ပြန့်ကြဲသည် (the crowd ~ed)

scene *n* shụ-hmyɔ-gin: ရှုမျှော်ခင်း (view); ə-hkan အခန်း (love ~ in a movie); hpyiʼ-pwa:-ya ဖြစ်ပွားရာ (crime ~)

scenery *n* shụ-gin: ရှုခင်း

scent *n* ə-naṇ အနံ့ (smell); ə-hmwei:-yei အမွှေးရည် (perfume)

sceptical *adj* wei-ban-taʼ-tẹ ဝေဖန်တတ်သော၊ mə-yon-nain-dẹ မယုံနိုင်သော၊ than-thə-ya-shị-dẹ သံသယရှိသော

scepticism *n* hnain:-chein-hmụ နှိုင်းချိန်မှု wei-ban-hmụ ဝေဖန်မှု

schedule *n* ə-chein-zə-ya: အချိန်ဇယား (bus ~); ə-si-ə-sin အစီအစဉ်

scheme *n* ə-si-ə-man အစီအမံ (income generation ~); ə-jan-ə-si အကြံအစည် (plot); sə-niʼ-pon စနစ်ပုံ (system)

scholar *n* pyin-nya-shin ပညာရှင်

school *n* jaun: (စာသင်)ကျောင်း

scholarship *n* pyin-nya-thin-zụ ပညာသင်ဆု (money awarded for study); pyin-nya-yaʼ-hsan-hmụ ပညာရပ်ဆန်မှု (high level of ~)

science *n* theiʼ-pan သိပ္ပံ

scientist *n* theiʼ-pan-pyin-nya-shin သိပ္ပံပညာရှင်

scissors *n* kaʼ-ji: ကတ်ကြေး

scold *v* hsu-de ဆူသည်၊ hauʼ-te ဟောက်သည်

scoop *n* gɔ-bya: ဂေါ်ပြား (large spoon); dhə-din:-u: သတင်းဦး (first news)

scope *n* ə-tain:-ə-ta အတိုင်း အတာ၊ baun ဘောင်

scorch *v* ə-pu-laun-de အပူလောင်သည်

scorched *adj* tu:-dẹ တူးသော

score₁ *v* go:-thwin:-de ဂိုးသွင်းသည်

score₂ *n* yə-hmaʼ ရမှတ် (score of 2–3); hnə-jei: နှစ်ကျိပ် (20)

scorpion *n* ❀ kin:-myi:-kauʼ ကင်းမြီးကောက်

scout *n* kin:-dauʼ ကင်းထောက်

scowl *v* myeʼ-hna-poʼ-te မျက်နှာပုပ်သည်

scramble *v* hmwei-de မွှေသည် (~ eggs); wain:-lụ-de ဝိုင်းလုသည်

(~ for the ball); yɔ:-hmwei-de
ရောမွှေသည် (~ the letters, ~ the tv
signal)

scrap *n* hpya'-sa̱ ဖြတ်စ၊ ə-sa̱
အစ၊ ə-jwin:-ə-jan အကြွင်း
အကျန်

scrape *v* chi'-te ခြစ်သည်၊ hkwa-
sha'-te ခွာရှပ်သည်၊ chu'-te
ချွတ်သည်

scratch *v* ko'-te ကုတ်သည်၊ chi'-
te ခြစ်သည်

scream *v* ə-de အော်သည်

screen *n* zə-ga ဆန်ခါ (grille);
chin-zə-ga ခြင်ဇကာ (window ~);
ə-ka အကာ (standing ~); pei'-ka:
ပိတ်ကား (movie ~); sə-kə-rin
စကရင် (tv ~)

screw *n* we'-u ဝက်အူ

screwdriver *n* we'-u-hle̱
ဝက်အူလှည့်

scribble *v* yei:-chi'-te
ရေးခြစ်သည်

script *n* e'-hkə-ya အက္ခရာ
(writing system); za'-hnyun:
ဇာတ်ညွှန်း (movie ~)

scripture *n* jan:-za ကျမ်းစာ

scrub *v* pu'-tai'-te
ပွတ်တိုက်သည်

sculpture *n* yo'-lon: ရုပ်လုံး

sea *n* 🌏 pin-le ပင်လယ်

seafood *n* pin-le-ə-sa:-ə-sa
ပင်လယ်အစားအစာ

seagull *n* 🐦 zin-yɔ စင်ရော်

seal₁ *v* pei'-te ပိတ်သည် (~ a
letter)

seal₂ *n* də-zei' တံဆိပ် (official ~);
🐦 pin-le-hpyan ပင်လယ်ဖျံ၊ ə-hsɔ̱
အဆို့ (the ~ on the bottle)

seam *n* cho'-yo: ချုပ်ရိုး

seaman *n* 🚢 thin:-bɔ:-dha:
သင်္ဘောသား

seamstress *n* a'-cho'-thə-ma̱
အပ်ချုပ်သမ

seance *n* na'-pwe: နတ်ပွဲ

seaport *n* 🌏 hsei'-kan:-myo̱
ဆိပ်ကမ်းမြို့

search₁ *v* sha-(hpwei)-de ရှာ
(ဖွေ)သည်

search₂ *n* sha-hpwei-yei:
ရှာဖွေရေး

seashell *n* hkə-yu̱-ein ခရုအိမ်

seasick *v* hlain-mu:-de
လှိုင်မူးသည်

seashore *n* pin-le-kan:-chei
ပင်လယ်ကမ်းခြေ

season *n* ya-dhi ရာသီ

seat *n* htain-hkon ထိုင်ခုံ၊ kə-lə-
htain ကုလားထိုင်

seatbelt *n* htain-hkon-gə-ba'
ထိုင်ခုံခါးပတ်

seaweed *n* ⅋ pin-le-jau'-pwiṇ
ပင်လယ်ကျောက်ပွင့်

second₁ *n* dụ-tə-ya ဒုတိယ

second₂ *n* se'-kaṇ စက္ကန့် (60 ~ in
a minute); ywei:-jan ရွေးကျန်
(rejects)

secondhand *adj* haun: ဟောင်း
(~ books); tə-hsiṇ-ja: တစ်ဆင့်
ကြား (~ information)

secret₁ *adj* shọ-hwe'-tẹ
လျှို့ဝှက်သော

secret₂ *n* shọ-hwe'-che'
လျှို့ဝှက်ချက်

secretary *n* sə-yei: စာရေး (~ of
a department); ə-twin:-yei:-hmu:
အတွင်းရေးမှူး (~ of an association)

secretary general *n* ə-htwei-
dwei-ə-twin:-yei:-hmu:-jo'
အထွေထွေအတွင်းရေးမှူးချုပ်

sect *n* gain: (ဘာသာရေး)ဂိုဏ်း

section *n* ə-pain: အပိုင်း၊ ə-kaṇ
အကန့် (part); hta-nạ-sei'
ဌာနစိတ် (departmental ~); ⚓ po'-
mạ ပုဒ်မ

secure *adj* lon-chon-dẹ
လုံခြုံသော

security *n* lon-jon-yei: လုံခြုံရေး

(safety); a-mạ-hkan-pyi'-si:
အာမခံစွပ်စည်း (guarantee)

sedative *n* ⅋ ei'-hsei: အိပ်ဆေး

see *v* myin-de မြင်သည်၊ twei-de
တွေ့သည်

seed *n* sei့ စေ့၊ myo:-sei့ မျိုးစေ့၊ ə-
hsan အဆန်

seek *v* sha-de ရှာသည်

seem *v* htin-de ထင်သည်၊ nẹ-tu-
dẹ နှင့်တူသော

see off *v* lai'-pọ-de လိုက်ပို့သည်

seep *v* sein-de စိမ့်သည်

segment *n* ə-kaṇ အကန့်၊ ə-
hmwa အမွှာ

seize *v* hswe:-de ဆွဲသည် (grab);
hpan:-de ဖမ်းသည်၊ thein:-de
သိမ်းသည် (confiscate)

seizure *n* ⅋ te'-chin: တက်ခြင်း၊ ə-
hpan:-ə-hsi: အဖမ်းအဆီး

seldom *adv* hke: ခဲ

select₁ *v* ywei:-de ရွေးသည်

select₂ *adj* le'-ywei:-zin
လက်ရွေးစင် (carefully chosen)

selection *n* ywei:-che-jin:
ရွေးချယ်ခြင်း (choosing); le'-ywei:-
zin လက်ရွေးစင် (~ of athletes)

self *n* a'-tạ အတ္တ

self- *pref* ko ကိုယ်

self-control *n* sei'-hkain-hmụ

စိတ်နိုင်မှု (control of emotions); si:-
gan: စည်းကမ်း၊ sei'-nain-hmu
စိတ်နိုင်မှု (control of behaviour);
sei'-htein:-nain-hmu စိတ်ထိန်း
နိုင်မှု (control of mind)

self-defence, self-defense *adj*
ko-lon-pyin-nya ကိုယ်လုံပညာ

self-employed *adj* ko-pain-lo'-
ngan:-lo'-tẹ ကိုယ်ပိုင်လုပ်ငန်း
လုပ်သော

self-important *adj* ma-na-te'-
tẹ မာနတက်သော

self-interest *n* ko-jo: ကိုယ်ကျိုး

selfish *adj* ko-jo:-ji-dẹ
ကိုယ်ကျိုးကြည့်သော၊ ko-jo:-sha-
dẹ ကိုယ်ကျိုးရှာသော

selfless *adj* ko-jo:-sun-dẹ
ကိုယ်ကျိုးစွန့်သော

self-respect *n* ma-na မာန

sell *v* yaun:-de ရောင်းသည်၊ zei:-
yaun:-de ဈေးရောင်းသည်

seller *n* ə-the အသည်၊ zei:-the
ဈေးသည်

sell off *v* yaun:-sa:-de
ရောင်းစားသည်

semen *n* tho'-yei သုက်ရည်

semi- *pref* mə...tə... မ...တ...၊ ə-
jo အကြို

seminar *n* hswei:-nwei:-bwe:

ဆွေးနွေးပွဲ၊ hni:-hnə:-hpə-hle-
bwe: နှီးနှော့ဖလှယ်ပွဲ

senate *n* 🌐 hsi:-nei' ဆီးနိုတ်

send *v* hte-de (စာ)ထည့်သည် (~ a
letter); pọ-de ပို့သည် (~ a
message, ~ a present);

send for *v* hkɔ-de ခေါ်သည်

send off *v* lai'-pọ-de
လိုက်ပို့သည်

senile *adj* thə-nge-pyan-de
သူငယ်ပြန်သော

senior₁ *adj* ji:-de ကြီးသော

senior₂ *n* lu-ji: လူကြီး

sensation *n* hkan-za:-hmu
ခံစားမှု (feeling); sei'-hlo'-sha:-
hpwe-kaun:-ta စိတ်လှုပ်ရှားဖွယ်
ကောင်းတာ (excitement)

sense *n* ə-dei'-be အဓိပ္ပာယ်
(meaning); a-yon အာရုံ (~ of
taste); sei' စိတ် (~ of importance);
hkan-yu-ta'-chin: ခံယူတတ်ခြင်း
(~ of humour)

sensible *adj* ə-dei'-be-shị-de
အဓိပ္ပာယ်ရှိသော (a ~ statement);
nyan-shị-de ဉာဏ်ရှိသော၊ ə-thị-
shị-de အသိရှိသော (a ~ person)

sensitive *adj* ə-htị-mə-hkan-de
အထိခံသော (~ skin); thị-myin-
da'-te သိမြင်တတ်သော (a ~

writer); hti̧-hkai'-lwe-dȩ
ထိခိုက်လွယ်သော (I shouldn't be
so ~.); thein-mwei̧-dȩ သိမ်
မွေ့သော (~ issue)

sensitive plant n ❀ hti̧-gə-yon:
ထိကရုံး

sensuality n ka-mə-gon
ကာမဂုဏ်

sentence₁ v ⚖ ə-mein-cha̧-de
အမိန့်ချသည်၊ pyi'-dan-cha̧-de
ပြစ်ဒဏ်ချသည်

sentence₂ n we'-ja̧ ဝါကျ
(complete ~); ⚖ (pyi') -dan
(ပြစ်)ဒဏ်

sentiment n hkan-za:-hmṵ
ခံစားမှု

sentimental adj hkan-za:-lwe-
dȩ ခံစားလွယ်သော (overly
emotional); hkan-za:-hmṵ-shi̧-
dȩ ခံစားမှုရှိသော (~ value)

separate₁ v hkwe:-dȩ ခွဲသည်

separate₂ adj thi:-cha:-dȩ
သီးခြားသော၊ thi:-than̩-dȩ
သီးသန့်သော၊ kwe:-hta:-dȩ
ကွဲထားသော၊ lon:-jin: လုံးချင်း

separately adv tə-cha:-zi
တခြားစီ၊ the'-the' သက်သက်

sept- pref tha'-tə-mə သတ္တမ

September n se'-tin-ba

စက်တင်ဘာ

septic adj ⚕ yin:-dȩ ရင်းသော

septic tank n mein-la-gan
မိလ္လာကန်

septum n ⚕ hna-nṵ နှာနု

sequel n ə-hse' အဆက် (a ~ to);
nau'-hse'-twe: နောက်ဆက်တွဲ

sequence n ə-sin အစဉ်

serene adj chan:-myei̧-dȩ
ချမ်းမြေ့သည်

sergeant n ✠ ta'-ja'-ji:
တပ်ကြပ်ကြီး

serial number n ə-hma'-sin
အမှတ်စဉ်

series n ə-sin အစဉ်

serious adj lei:-ne'-tȩ လေး
နက်သော၊ ə-yei:-ji:-dȩ အရေး
ကြီးသော

seriously adv ə-the:-ə-than
အသည်းအသန် (~ ill); ə-ji:-ə-je
အကြီးအကျယ် (~ affect)

sermon n tə-ya:-ho:-bwe:
တရားဟောပွဲ

servant n ə-ku-lo'-tha: အကူ
လုပ်သား (household ~); wun-dan:
ဝန်ထမ်း (public ~)

serve v jwei:-de ကျွေးသည် (~
someone a meal); hte̩-de
ထည့်သည် (~ food); wun-htan:-

de ဝန်ထမ်းသည်၊ pei:-hsa'-te
ပေးဆပ်သည် (~ one's country)

service *n* wun-hsaun-hmụ
ဝန်ဆောင်မှု

sesame *n* ✿ hnan: နှမ်း

set₁ *v* tin-de တင်သည် (~ on the
table, ~ a record); chạ-ma'-te
ချမှတ်သည် (~ a limit); tha'-hma'-
te သတ်မှတ်သည် (~ a date, ~
rules, ~ limits); (ə-chein)-tai'-te
(အချိန်)တိုက်သည် (~ the clock);
tha'-hma'-pei:-de သတ်မှတ်
ပေးသည် (~ the alarm); hpya'-te
ဖြတ်သည် (~ a price); ei'-te
အိပ်သည်၊ hke:-de ခဲသည် (the
paint is ~); win-de ဝင်သည် (the
sun ~s)

set₂ *n* ə-sụ အစု၊ ə-twe: အတွဲ
(group); se' စက် (tv ~)

set aside *v* chan-hta:-de
ချန်ထားသည်၊ hpe-pei:-de
ဖယ်ပေးသည်

set free *v* hlu'-te လွှတ်သည်

set right *v* pyụ-pyin-de
ပြုပြင်သည်

settle *v* nei-htain-de နေထိုင်သည်
(live in a place); ə-nei-jạ-de
အနေကျသည် (~ in); (sa-yin:)-
shin:-de (စာရင်း)ရှင်းသည် (~ with

the sales office)

set up *v* ti-htaun-de တည်
ထောင်သည်၊ htu-htaun-de
ထူထောင်သည်

set-up *n* hpwẹ-si:-bon ဖွဲ့စည်းပုံ

seven *n* hkun-hni' ခုနှစ်၊ hkun ခုန်

seventeen *n* hsẹ-hkun ဆယ့်ခုန်၊
hsẹ-hkun-hni' ဆယ့်ခုနစ်

seventh *n* tha'-tə-mạ သတ္တမ

seventy *n* hkun-hnə-hse
ခုနစ်ဆယ်

several *pron* ə-chọ အချို့၊ thon:-
lei:-nga သုံးလေးငါး

severe *adj* ji:-lei:-dẹ
ကြီးလေးသော၊ pyin:-htan-dẹ
ပြင်းထန်သော

severely *adv* pyin:-byin:-htan-
dan ပြင်းပြင်းထန်ထန်၊ ə-pyin:-ə-
htan အပြင်းအထန်၊ ə-the:-ə-than
အသည်းအသန်

sew *v* cho'-te ချုပ်သည်

sewage, sewerage *n* yei-zo:
ရေဆိုး

sewer *n* yei-zo:-myaun
ရေဆိုးမြောင်း

sewing machine *n* a'-cho'-se'
အပ်ချုပ်စက်

sex *n* lein လိင် (male ~); lein-hmụ
လိင်မှု (activity)

sexual *adj* hpo-mạ ဖိုမ၊ ka-mạ ကာမ

sexually transmitted infection, STI *n* ☤ lein-hmạ-ku:-dẹ-yɔ:-ga-mya: လိင်မှကူးသော ရောဂါများ

sex worker *n* pyị-dạ-za ပြည့်တန်ဆာ

Sgaw Karen *n* sạ-gɔ-kạ-yin စကောကရင်

shabby *adj* so'-tẹ စုတ်သော

shade *n* ə-yei' အရိပ် (in the ~); ka ကာ (sun ~); o'-hsaun: အုပ်ဆောင်း (lamp~)

shades *n* nei-ka-mye'-hman နေကာမျက်မှန်

shadow *n* ə-yei' အရိပ် (a long ~)

shaft *n* yo: ရိုး

shake *v* ton-hlo'-tẹ တုန်လှုပ်သည် (tremble); hka-dẹ ခါသည် (~ your head); hswe:-dẹ ဆွဲသည် (~ hands)

shaky *adj* ton-chị-dẹ တုန်ချည့်သော (~ legs); tə-hlo'-hlo'-hpyi'-tẹ တလှုပ်လှုပ်ဖြစ်သော (~ table)

shallot *n* ✿ je'-thun-ni ကြက်သွန်နီ

shallow *adj* tein-dẹ တိမ်သော

shame *n* ə-she' အရှက် ॥ ॥ *what a shame* do'-hkạ-be: ဒုက္ခပဲ

shampoo *n* gaun:-shɔ-yei ခေါင်းလျှော်ရည်

Shan *n* shan: ရှမ်း၊ သျှမ်း

shape *n* pon ပုံ၊ thə-dan သဏ္ဌာန်

share₁ *v* hkwe:-wei-dẹ ခွဲဝေသည်၊ hmyạ-thon:-dẹ မျှသုံးသည်

share₂ *n* wei-zụ ဝေစု

shark *n* ☙ ngə-man: ငါးမန်း

sharp *adj* hte'-tẹ ထက်သော (~ knife); chun-dẹ ချွန်သော (~ pencil); pa:-dẹ ပါးသော (~ mind)

sharpener *n* chun-ze: ချွန်စက်

shatter *v* jei-mwa-dẹ ကြေမွသည်

shave *v* yei'-te (ခေါင်း၊ မုတ်ဆိတ်) ရိတ်သည် (~ head, ~ beard); chi'-te ခြစ်သည် (~ ice)

shaver *n* mo'-hsei'-yei'-se' မုတ်ဆိတ်ရိတ်စက်

shawl *n* chon-dẹ ခြုံထည်၊ pə-wa ပဝါ

she *pron* thu သူ

shears *n* ka'-ji: ကတ်ကြေး

shed *n* te: တဲ

sheep *n* ☙ tho: သိုး

sheer *adj* pa:-tẹ ပါးသော (~ fabric); ma'-tẹ မတ်သော (~ cliff);

the'-the' သက်သက် (pure)

sheet *n* ei'-ya-gin အိပ်ရာခင်း
(bed~); ə-ywe' အရွက် (~ of
paper); ə-hlwa အလွှာ (layer)

shelf *n* sin စင်

shell *n* hkə-yu̱-gun ခရုခွံ (sea~);
ə-hkun အခွံ (egg~, coconut ~)

shellfish *n* ✿ hkə-yu̱ ခရု

shelter *n* ə-kwe အကွယ်၊ ə-mo:-
ə-ka အမိုးအကာ

sherbet *n* yei-ge:-moṇ ရေခဲမုန့်

shield *n* ka ကာ၊ ✿ dain: ဒိုင်း

shift *v* pyaun:-de ပြောင်းသည်
(move); hto:-de ထိုးသည် (~
gears)

shin *n* nyo̱-dhə-ji: ညို့သကျည်း

shine *v* lin:-de လင်းသည်၊ htun:-
de ထွန်းသည်

shiny *adj* pyaun-le'-tə
ပြောင်လက်သော

ship *n* ✿ thin:-bɔ: သင်္ဘော

shirt *n* in:-ji, ein:-ji အင်္ကျီ

shiver *v* hkai'-hkai'-ton-de
ခိုက်ခိုက်တုန်သည်

shock₁ *v* hlaṇ-de လန့်သည်

shock₂ *n* da'-lai-chin: ဓာတ်
လိုက်ခြင်း (electric ~); chau'-cha:-
hmu̱ ချောက်ချားမှု (she's still in ~);
thwei:-laṇ-jin: သွေးလန့်ခြင်း

(pass out from ~)

shoe *n* hpə-na' ဖိနပ်

shoelace, shoestring *n* hpə-
na'-chi-jo: ဖိနပ်ချည်ကြိုး

shoo *v* maun:-hto'-te မောင်း
ထုတ်သည်

shoot *v* pyi'-te ပစ်သည် (~ a gun,
~ an elephant, ~ pellets); yai'-te
ရိုက်သည် (~ a photo)

shooting star *n* 🔅 o'-ka-pyan
ဥက္ကာပျံ

shop₁ *v* zei:-we-de ဈေးဝယ်သည်

shop₂ *n* hsain ဆိုင်

shoplift *v* ə-li'-tho'-te အလစ်
သုတ်သည်

shore *n* kan:-jei ကမ်းခြေ

short₁ *adj* to-dẹ တိုသော (≠
long); pu̱-dẹ ပုသော (≠ tall); yɔ-
dẹ လျော့သော (500 kyat ~); sha:-
pa:-dẹ ရှားပါးသော (run ~); tin:-
dẹ တင်းသော (15 minutes ~ of an
hour)

short₂ *n* pe' ပက် (a ~ of rum); shɔ̱
ရှော့ (~ circuit)

shortcut *n* hpya'-lan: ဖြတ်လမ်း

shorten *v* ə-jin:-cho'-te အကျဉ်း
ချုပ်သည်၊ to-zei-de တိုစေသည်

shortly *adv* hkə-na̱-jin: ခဏချင်း

shorts *n* baun:-bi-do

�‌ဘောင်းဘီတို

short-sighted *adj* ə-wei:-hmon-
dẹ အဝေးမှုန်သော (nearsighted,
myopic, ≠far); ə-myin-to-dẹ
အမြင်တိုသော (≠ imaginative)

short-term *adj* yei-to ရေတို

shot *n* pyi'-chin: ပစ်ခြင်း (his ~
missed); thə-na'-than သေနတ်သံ
(hear a ~); ə-hlẹ အလှည့် (turn);
₩ hto:-zei: ထိုးဆေး (injection);
pe' ပက် (~ of brandy)

should *v* thiṇ-de သင့်သည်

shoulder *n* pə-hkon: ပခုံး

shout *v* ɔ-de အော်သည်၊ hi'-te
ဟစ်သည်

shove *v* hto:-de ထိုးသည်

shovel *n* gɔ-bya: ဂေါ်ပြား

show₁ *v* pya-de ပြသည်၊ hpɔ-de
ဖော်သည်

show₂ *n* pwe: ပွဲ၊ pya-bwe: ပြပွဲ

shower₁ *v* yei-cho-de
ရေချိုးသည်

shower₂ *n* yei-cho:-jin: ရေ
ချိုးခြင်း (take a ~); yei:-cho:-gan:
ရေချိုးခန်း (in the ~)

show off *v* jwa:-de ကြွားသည်

shred *v* hpya'-te ဖြတ်သည်၊
hpye:-de ဖြဲသည်

shrewd *adj* pa:-dẹ ပါးသော

shrimp *n* 🦐 bə-zun ပုစွန်

shrine *n* sin စင်

shrink *v* choṇ-de ချုံ့သည်

shrug *n* pə-hkon:-tuṇ-de
ပခုံးတွန့်သည်

shrub *n* 🌿 chon ချုံ

shuffle *v* kə-lə-hpan-hto:-de
ကုလားဖန်ထိုးသည် (~ cards); sha'-
tai'-te ရှပ်တိုက်သည် (~ off)

shun *v* jin-de ကြဉ်သည်၊ shaun-
de ရှောင်သည်

shut *v* pei'-te ပိတ်သည် (~ the
door); hmei'-te မှိတ်သည် (~ your
eyes)

shut off *v* pei'-te ပိတ်သည် (~
the light)

shutter *v* bə-din:-də-ga: ပြတင်း
တံခါး (close the ~s); sha'-ta
ရှပ်တာ (~ speed)

shuttle *n* lun:-byan-yin
လွန်းပြန်ယာဉ်

shuttlecock *n* je'-taun
ကြက်တောင်

shut up *v* hno'-pei'-te
နှုတ်ပိတ်သည်

shy *adj* she'-tẹ ရှက်သော

Siam *n* 🌏 yo:-də-ya: ယိုးဒယား

sick *adj* ₩ hpya:-na-dẹ
ဖျားနာသော၊ ɔ-an-jin-dẹ

အော့အန်ချင်သော၊ tau'-tẹ
တောက်သော

sickly adj chu-cha-dẹ ချူချာသော

sickness n ☿ yɔː-ga ရောဂါ

sick of adj nyi:-ngwei-dẹ
ငြီးငွေ့သော

side n chan: ခြမ်း (~ of the river);
nə-bei: နံဘေး၊ be' ဘက်

side dish n pwe:-yan ပွဲရံ၊ hin:-
yan ဟင်းရံ

side effect n be:-dwe'-hso:-jo:
ဘေးထွက်ဆိုးကျိုး

sideline n bei:-bau' ဘေးပေါက်

sidewalk n pə-le'-hpaun:
ပလက်ဖောင်း

sideways adv bei:-zaun:
ဘေးစောင်း

sieve n zə-ga ဆန်ခါ

sigh v the'-pyin:-chạ-de
သက်ပြင်းချသည်

sight n mye'-sị မျက်စိ (ability to
see); myin-gwin: မြင်ကွင်း (what
can be seen); le-zə-ya လည်စရာ
(go ~seeing)

sign₁ v hsain:-hto:-de ဆိုင်း
ထိုးသည်

sign₂ n hsain:-bo' ဆိုင်းဘုတ်
(shop ~); thin-gei-tạ သင်္ကေတ le'-
hkə-na လက္ခဏာ (indication)

signal₁ v ə-than-pei:-de အသံ
ပေးသည်

signal₂ n ə-che' အချက် (give a
~); mi:-pwaiṇ မီးပွိုင့် (traffic ~)

signature n hsain:၊ le'-
hma' လက်မှတ်

significance n ə-yei:-ə-jaun:
အရေးအကြောင်း

significant adj ə-yei:-pa-dẹ
အရေးပါသော

signpost n hma'-tain မှတ်တိုင်

silence n tei'-hsei-chin:
တိတ်ဆိတ်ခြင်း

silent adj hsei'-te ဆိတ်သည်၊ tei'-
te တိတ်သည်

silk n po: ပိုး (~ cloth); hmyin မျှင်
(spider ~); ⫶⫶⫶ **raw silk** po:-hpyin
ပိုးဖျင်၊ po:-yain: ပိုးရိုင်း

silly adj pɔ:-dẹ ပေါသော၊ yi-zə-
ya-kaun:-dẹ ရယ်စရာ
ကောင်းသော

silver n ngwei ငွေ

silverware n ngwei-de ငွေထည်
(items of silver); zun:-hkə-yin:
ဇွန်းခက်ရင်း (forks, spoons, knives)

similar adj hsin-tu-dẹ
ဆင်တူသော၊ hsan-dẹ ဆန်သော

simmer v pyo:-te ပြုတ်သည်

simple adj yo:-dẹ ရိုးသော (clear,

simulate *v* han-hsaun-de ဟန်
ဆောင်သည်

simultaneously *adv* tə-che'-
hte: တစ်ချက်တည်း၊ tə-pyain-ne'
တစ်ပြိုင်နက်၊ htei'-tai' ထိပ်တိုက်

since *prep* kə-te:-gạ ကတည်းက

sincerely *adv* yo:-yo:-tan:-dan:
ရိုးရိုးတန်းတန်း

sin *n* ə-pyi' အပြစ်

sinful *adj* ə-pyi'-shị-dẹ
အပြစ်ရှိသော (~ person)

sing *v* ♫ hso-de (သီချင်း)ဆိုသည်

Singapore, Singaporean *n* 🌏
sin-ka-pu စင်္ကာပူ၊ စင်ကာပူ

singer *n* ♫ ə-hso-dɔ အဆိုတော်

single *adj* ein-daun-mə-jạ-dẹ
အိမ်ထောင်မကျသော

single person *n* lu-lu' လူလွတ်

single-use *adj* tə-hka-thon:
တစ်ခါသုံး

sink₁ *v* ni'-te နစ်သည်

sink₂ *n* le'-hsei:-gan
လက်ဆေးကန်

sinusitis *n* ⚕ hsaun:-hpyi:-na
ဆောင်းဖြီးနာ၊ ⚕ htei'-ka'-na
ထိပ်ကပ်နာ

Sir *n* hsa ဆာ

siren *n* o'-ɔ:-hswe:-dhan
ညံသဲ့ဆွဲသံ

sister *n* ə-mạ အမ၊ အစ်မ (older
~); nyi-mạ ညီမ (younger ~)

sister-in-law *n* mə-yi: မရီး၊ hke-
mạ ခယ်မ

sit *v* htain-de ထိုင်သည် (~ on the
floor); sa-mei:-bwe:-hpyei-de
စာမေးပွဲဖြေသည် (~ an exam)

site *n* nei-ya နေရာ

situation *n* ə-chei-ə-nei
အခြေအနေ၊ ə-nei-ə-hta:
အနေအထား

six *n* chau' ခြောက်

sixteen *n* hsɛ-chau' ဆယ့်ခြောက်

sixth *n* hse'-htə-mạ ဆဋ္ဌမ

sixty *n* chau'-hse ခြောက်ဆယ်

size *n* ə-tain:-ə-shei
အတိုင်းအရှည်၊ ə-ywe-ə-sa:
အရွယ်အစား၊ ə-je အကျယ်

skate *v* shɔ:-si:-de လျှောစီးသည်

skeleton *n* ə-yo:-zụ အရိုးစု

skeptical *adj* wei-ban-ta'-tẹ
ဝေဖန်တတ်သော၊ mə-yon-nain-
dẹ မယုံနိုင်သော၊ than-thə-yạ-shị-
dẹ သံသယရှိသော

skepticism *n* hnain:-chein-hmụ
နှိုင်းချိန်မှု wei-ban-hmụ ဝေဖန်မှု

sketch₁ *v* pon-jan:-hswe:-de ပုံကြမ်းဆွဲသည်

sketch₂ *n* pon-jan: ပုံကြမ်း (rough ~); kau'-jaun: ကောက်ကြောင်း (outline); pye'-lon: ပြက်လုံး (comedy ~)

skewer *n* tə-zǫ တံစို့

ski *v* shɔ:-si:-de လျှောစီးသည်

skid *v* lan:-chɔ:-de လမ်းချောသည်

skill *n* swan:-yi, sun:-yi စွမ်းရည်၊ le'-swan:, le'-sun: လက်စွမ်း

skilled *adj* jun:-jin-dę ကျွမ်းကျင်သော

skillful *adj* tɔ-dę တော်သော

skim *v* thę-de သဲ့သည်

skin *n* ə-yei-bya: အရေပြား (~ of the arm); ə-tha: အသား (fair ~); ə-hkun အခွံ (plum ~)

skin disease *n* ☿ ya:-na ယားနာ၊ ə-yei-bya:-yɔ:-ga အရေပြား ရောဂါ

skinny *adj* pein-dę ပိန်သော

skip *v* chan-de ချန်သည်၊ ja-de ကျသည်၊ jɔ-de ကျော်သည် (~ an item); jaun:-pyei: ကျောင်းပြေးသည် (~ school)

skirt *n* sə-ka' စကတ်

skull *n* u:-hkun ဦးခွံ

sky *n* kaun:-kin ကောင်းကင်၊ mo:- yan မိုးယံ

skylight *n* ə-lin:-win-bau' အလင်းဝင်ပေါက်

slack *adj* yǫ-dę လျှော့သော၊ chaun-dę ချောင်သော (≠ tight); htain:-dę ထိုင်းသော (~ sales)

slacks *n* baun:-bi ဘောင်းဘီ

slam *v* hsauņ-pei'-te ဆောင့်ပိတ်သည် (~ the door); kɔ:-de ကောသည် (attack)

slang *n* ban:-zə-ga: ဗန်းစကား

slant *v* saun:-de စောင်းသည်

slap *v* hka'-te ခတ်သည်၊ hsa'-te ဆတ်သည်၊ po'-te ပုတ်သည်၊ yai'-te ရိုက်သည် (~ his face)

slash₁ *v* hko'-te ခုတ်သည်

slash₂ *n* myin:-zaun: မျဉ်းစောင်း ('/'); hko'-ya ခုတ်ရာ (large cut)

slate *n* jau'-thin-bon: ကျောက်သင်ပုန်း

slave *n* jun ကျွန်

sleep *v* ei'-pyɔ-de အိပ်ပျော်သည်

sleep around *v* kə-myin:-de ကမြင်းသည်

sleeper *n* ei'-hkan: (ရထား၊ သင်္ဘော စသည်) အိပ်ခန်း (sleeping berth); zə-li-hpa:-don: ဇလီဖားတုံး (crosstie)

sleeping pill, sleeping tablet

n ei'-hsei: အိပ်ဆေး

sleepy *adj* ngai'-tę ငိုက်သော

sleeve *n* le' လက်

slice₁ *v* hli:-dę လှီးသည်

slice₂ *n* ə-cha' အချပ်

slick *adj* chwe:-dę ချွဲသော

slide₁ *v* shɔ:-si:-de လျှောစီးသည်၊
shɔ:-thwa:-de လျှောသွားသည်
(slip); htoː-de ထိုးသည် (move
over); shɔː-tai'-te လျှော
တိုက်သည် (~ across the floor)

slide₂ *n* hsə-lai' ဆလိုက်
(photographic ~); kan:-ba:-pyo-
jin: ကမ်းပါးပြိုခြင်း (land~); shɔː
လျှော (structure for sliding down)

slight *adj* ə-ne:-nge အနည်းငယ်
(small)

slightly *adv* ne:-ne: နည်းနည်း

slim *adj* pein-dę ပိန်သော

slime *n* ə-ji̧-ə-chwe: အကျိအချွဲ၊
yei-hnyi̧ ရေညှိ

sling *n* thain:-jo: သိုင်းကြိုး

slingshot *n* le:-gwạ လေးခွ

slip₁ *v* chɔ-de ချော်သည် (~ on the
ice); li'-te လစ်သည် (~ped my
mind); shan:-de လျှမ်းသည် (make
a mistake); hsa'-hsɔ-de
ဆတ်ဆော့သည် (say the wrong
thing)

slip₂ *n* sa-ywe' စာရွက်၊ hlwa လွှာ
(~ of paper); ə-twin:-gan-ga-
wun အတွင်းခံဂါဝန် (women's
clothing)

slipknot *n* hkau'-toṇ-gwin:
ခေါက်တုံ့ကွင်း

slip on *v* su'-te စွပ်သည်

slipper *n* (ein-dwin:-si:)-hpə-
na' (အိမ်တွင်းစီး)ဖိနပ်၊ gwin:-htoː-
hpə-na' ကွင်းထိုးဖိနပ် (shoes to
slip on)

slippery *adj* chɔː-dę ချောသော

slip up *v* chɔ-chu'-te
ချော်ချွတ်သည်

slit *n* ə-kwe: အကွဲ၊ ə-pau'
အပေါက်

sliver *n* hnyauṇ ညှောင့်

slogan *n* jwei:-jɔ-dhan ကြွေး
ကြော်သံ၊ hsaun-bo' ဆောင်ပုဒ်

slope *n* kon:-zaun: ကုန်းစောင်း

sloppily *adv* pi:-kə-pyi' ပြီးကပစ်

SLORC *n* 🌐 ⌂ nain-gan-dɔ-
nyein-wu'-pi̧-pya:-hmu̧-ti-
hsau'-yei-kaun-si နိုင်ငံတော်
ငြိမ်ဝပ်ပိပြားမှုတည်ဆောက်ရေး
ကောင်စီ (State Law and Order
Restoration Council)

slot *n* ə-pau' အပေါက်

slow *v* hnei:-dę နေးသော၊ lei:-dę

လေးသော

slowly *adv* hpyei:-byei: ဖြည်းဖြည်း

slug *n* ❀ pe'-ji ပက်ကျိ

sluggish *adj* lei:-de့ လေးသော

slum *n* hsin:-ye:-dha:-ya'-kwe' ဆင်းရဲသားရပ်ကွက်

slur *v* zə-ga:-lon:-de စကား လုံးသည်

slurpee *n* yei-ge:-chi' ရေခဲခြစ်

sly *adj* le-de့ လည်းသော၊ mə-ya-mya:-de့ မာယာများသော

smack *v* po'-te ပုတ်သည် (~ a child); nan:-sho'-te နမ်းရှုပ်သည် (~ the lips)

small *adj* the:-de့ သေးသော (≠ large); nge-de့ ငယ်သော (young)

small change *n* ə-jwei အကြွေ

small intestine *n* ❦ u-dhein အူသိမ်

smart₁ *v* sa'-te စပ်သည်

smart₂ *adj* tə-de့ တော်သော၊ nyan-kaun:-de့ ဉာဏ်ကောင်းသော (clever); pon-jə-de့ ပုံကျသော (~ suit); tho'-te့ သုတ်သော (quick)

smash *v* chei-de ခြေသည်၊ yai'-hkwe:-de ရိုက်ခွဲသည် (crush); tai'-mi̱-de တိုက်မိသည် (~ into)

smear *v* lu:-de လူးသည်၊ lein:-de

လိမ်းသည်

smell₁ *v* hmwei:-de မွှေးသည်၊ ə-naṇ-hkan-de အနံ့ခံသည်

smell₂ *n* ə-naṇ အနံ့

smile *v* pyon:-de ပြုံးသည်

smith *n* bə-dein: ပန်းထိမ်

smoke₁ *v* thau'-te သောက်သည်၊ shu-de ရှူသည် (~ cigarettes); hmain:-tai'-te မှိုင်းတိုက်သည် (~ fish)

smoke₂ *n* mi:-go မီးခိုး

smooth₁ *v* san-de စန့်သည်၊ pu'-te ပွတ်သည်

smooth₂ *adj* chɔ:-nye'-te့ ချော ညက်သော (~ surface); pyei-pyi'-te့ ပြေပြစ်သော (~ road); chɔ:-mɔ:-de့ ချောမောသော (~ progress)

smuggle *v* hko:-hto'-te ခိုး ထုပ်သည် (~ out); hko:-thwin:-de ခိုးသွင်းသည် (~ in)

smuggler *n* hmaun-hko မှောင်ခို

snack *n* thə-yei-za သွားရည်စာ၊ moṇ မုန့်

snag *n* ə-haṇ-ə-ta: အဟန့်အတား (obstacle); chi-je:-ə-sin:-jaun: ချည်ကျဲအစင်းကြောင်း (~ in cloth)

snail *n* ❀ hkə-yu-(pe'-ji) ခရု (ပက်ကျိ)

snake *n* ❀ mwei မြွေ

snap₁ n cho:-de ချိုး (break); (le')-hpyau'-ti:-de (လက်)ဖျောက်တီးသည် (~ your fingers)

snap₂ n hnei:-je-dhi: နှိပ်ကြယ်သီး၊ hnei'-si̱ နှိပ်စေ့

snapshot n da'-pon ဓာတ်ပုံ

snare v hpan:-de (ကျော့ကွင်းဖြင့်) ဖမ်းသည်

snatch v lu̱-de လုသည်

sneak v hko:-win-de ခိုးဝင်သည်

sneakers n a:-gə-za:-hpə-na' အားကစားဖိနပ်

sneer v me̱-ywe̱-pya̱-de မဲ့ရွဲ့ပြသည်

sneeze v hna-chi-de နှာချေသည်

sniff v hna-hmo'-te နှာမှုတ်သည်

snip v hnya'-te ညှပ်သည်

snob n hpa:-ta'-thu ဖားတတ်သူ

snoop v sa'-su̱-de စပ်စုသည်

snooze v tə-hmei:-ei'-te တစ်မှေးအိပ်သည်

snore v hau'-te ဟောက်သည်

snot n hna-yei နှာရည်၊ hna'-chi: နှပ်ချေး

snout n hno'-thi: နှုတ်သီး

snow n hnin: နှင်း

snowflake n hnin:-bwin̠ နှင်းပွင့်

snow pea n ❁ shwei-pe: ရွှေပဲ

so₁ adv ə-lun အလွန် (It's so ~

hot); di-lo ဒီလို၊ hto-tho̱ ထိုသို့ (He told me ~.)

so₂ conj hto̱-jaun̠ ထို့ကြောင့် (~ I told him); aun အောင်၊ yan ရန် (~ it would) ။။ **and so forth, and so on** sa̱-thi စသည်

soak v sein-de စိမ်သည်

soaked adj so-shwe:-de̱ စိုရွှဲသော

soak up v so'-te စုပ်သည်

soap n hsa'-pya ဆပ်ပြာ

soap (opera) n za'-lan:-dwe: ဇာတ်လမ်းတွဲ

soar v pyan-de ပျံသည်၊ we:-de ဝဲသည် (fly high); te'-te တက်သည် (rise quickly)

sob v ngo-shai'-te ငိုရှိုက်သည်

sober adj mə-mu:-de̱ မမူးသော၊ mu:-mə-ne-de̱ မူးမနေသော

soccer n bɔ:-lon: ဘောလုံး

social adj lu-hmu̱-yei:-ne̱-hsain-de̱ လူမှုရေးနှင့်ဆိုင်သော

socialism n 🌐 hso-she-li'-sə-ni' ဆိုရှယ်လစ်စနစ်

socialise v ə-paun: အပေါင်း အသင်းလုပ်သည် (~ with my friends); ə-mya:-bain-lo'-te အများပိုင်လုပ်သည် (~d health care)

society n lu-ə-hpwe̱-ə-si:

လူ့အဖွဲ့အစည်း (modern ~); ခ-
thin:-ခ-hpwę အသင်းအဖွဲ့ (group)

sock n chi-su' ခြေစွပ်

socket n pə-la'-pau' ပလပ်ပေါက်
(electric ~); (mye'-lon:)-ein
(မျက်လုံး)အိမ် (eye ~); mi:-gaun:
မီးခေါင်း (light ~)

soda n hsɔ-da ဆိုဒါ၊ hsɔ-da
ဆော်ဒါ

sofa n hsɔ-hpa ဆိုဖာ

so far adv ə-hku̧-hti̧ အခုထိ

soft adj pyɔ-dę ပျော့သော (~
cushion); to:-dę တိုးသော (~
voice)

soft drink n ə-ei: အအေး

software n hsɔ-we: ဆော့ဝဲ

soil n myei-ji: မြေကြီး

soiled adj sun:-pei-dę
စွန်းပေသော၊ nyi'-pa'-tę
ညစ်ပတ်သော

soldier n ≠ si'-tha: စစ်သား

sole₁ adj tə-yau'-hte: တစ်
ယောက်တည်း (~ owner); tə-hku̧-
de: တစ်ခုတည်း (~ possession)

sole₂ n chi-hpə-wa: ခြေဖဝါး (~ of
foot); hpə-na'-hkwa ဖိနပ်ခွာ
(shoe ~)

solicit v ngwei-kau'-te
ငွေကောက်သည် (~ donations);

taun:-de တောင်းသည် (~ opinions)

solicitor n ⚖ shei'-nei ရှေ့နေ

solid adj ə-hke အခဲ (≠ liquid); ə-
pyaun အပြောင် (≠ patterned)

solitary adj ə-hti:-jan-dę
အထီးကျန်သော

solitude n ə-hti:-jan-hpyi'-jin:
အထီးကျန်ဖြစ်ခြင်း

solo adj tə-yau'-hte:
တစ်ယောက်တည်း၊ ♪ tə-pin-dain
တစ်ပင်တိုင်

solution n hpyei-shin:-je'
ဖြေရှင်းချက် ()၊ ə-hpyei အဖြေ၊ ə-
twe' အတွက် (answer)

solve v hpyei:-shin:-de
ဖြေရှင်းသည်

some pron tə-chọ တချို့ (~ of us);
ne:-ne: နည်းနည်း (I'll have ~)

somebody pron tə-yau'-yau'
တယောက်ယောက်၊ tə-son-tə-
yau' တစ်စုံတစ်ယောက်

someday adv tə-nei̧-nei̧
တစ်နေ့နေ့

someone pron tə-yau'-yau'
တယောက်ယောက်၊ tə-son-tə-
yau' တစ်စုံတစ်ယောက်

somersault v jun:-hto:-de
ကျွမ်းထိုးသည်

something pron tə-son-tə-hku̧

တစ်စုံတစ်ခုၫ tə-hku-hku တစ်ခုခု

sometimes *adv* tə-hka-tə-hka
တစ်ခါတစ်ခါၫ tə-hka-tə-lei
တစ်ခါတစ်လေ

somewhat *adv* tɔ-tɔ-tan-tan
တော်တော်တန့်တန်ၫ ə-thin̥-ə-tin̥
အသင့်အတင့်

son *n* tha: သား

song *n* ♪ thə-chin: သီချင်း

songwriter *n* ♪ gi-tə-sa-hso
ဂီတစာဆို

son-in-law *n* thə-me' သမက်

soon *adv* mə-ja-mi မကြာမီ

sooner or later *adv* ə-hnei:-ə-
myan အနေးအမြန်

soothe *v* chɔ-de ချော့သည်

sophisticated *adj* ə-hsin-myin̥-
de̥ အဆင့်မြင့်သော (~ technology);
ə-hte'-tan:-jḁ-de̥
အထက်တန်းကျသော (~ city
dweller)

sore₁ *adj* na-de နာသည်ၫ kai'-te
ကိုက်သည်

sore₂ *n* ə-na အနာ

sorrow *n* jei-kwe:-hmu̥ ကြေကွဲမှု

sorry *exp* hsɔ:-ri: ဆောရီးၫ mə-tɔ-
lo̥ မတော်လို့ၫ gə-tɔ̥ ကန်တော့ (~
for stepping on your toe); sei'-mə-
kaun:-bu: စိတ်မကောင်းဘူး (~ to

hear that); taun:-pan-de
တောင်းပန်သည် (I'm ~.)

sort₁ *v* hkwe:-cha:-de ခွဲခြားသည်
(~ by first letter)

sort₂ *n* ə-myo:-ə-sa: အမျိုးအစား
(kind); lu လူ (a good ~) ▯▯ *of all
sorts* baun:-zon ပေါင်းစုံ ▯▯ *feel
out of sorts* mə-i-mə-tha
မအီမသာ

soul *n* lei'-pya လိပ်ပြာၫ wi̥-nyin
ဝိညာဉ်

sound *n* ə-than အသံ

soup *n* su'-pyo စွပ်ပြုတ်ၫ hin:-jo
ဟင်းချိုၫ chin-yei-hin:
ချဉ်ရည်ဟင်း

sour *adj* chin-de̥ ချဉ်သော

source *n* ə-sḁ အစၫ ə-yin:-ə-
myi' အရင်းအမြစ်

soursop *n* ✿ du:-yin:-ɔ:-za
ဒူးရင်းသြဇာ

south *n* taun တောင်

South-east Asia *n* ☯ ə-shei̥-
daun-a-shḁ အရှေ့တောင်အာရှ

souvenir *n* ə-hma'-tə-yḁ-pyi'-
si: အမှတ်တရပစ္စည်း

soybean, soya bean *n* ✿ pe:-
po'-pe: ပဲပုပ်ပဲ

soy sauce *n* pe:-ngan-pya-yei
ပဲငံပြာရည်

space n ne-ya နေရာ၊ kwe'-la' ကွက်လပ် (room); a-ka-tha အာကာသ (outer ~); hkwe:-da ခွဲထား (type a ~)

spacious adj je-dẹ ကျယ်သော၊ chaun-dẹ ချောင်သော

spade n gɔ-bya: ဂေါ်ပြား

spades n hpu: ဖူး (♠)

spanner n gɔ-nan:-le'-mạ ကန္တန်းလက်မ

spare n ə-po-pyi'-si: အပိုပစ္စည်း

spark n mi:-bwa: မီးပွား

sparkle v hpei'-hpei'-tau'-te ဖိတ်ဖိတ်တောက်သည်

sparkling adj pyaun-le'-tẹ ပြောင်လက်သော (~ clean); ə-hmyo'-htạ-de အမြှုပ်ထသော (~ wine)

sparrow n ❀ sa-gə-lei: စာကလေး

sparse adj pa:-dẹ ပါးသော

spasm n ♈ te'-chin: (ကြွက်) တက်ခြင်း

spatter v pe'-te ပက်သည်

spatula n than-yau'-mạ သံယောက်မ၊ kɔ-yau'-mạ ကော်ယောက်မ

SPDC n 🌐 nain-gan-dɔ-ei:-chan:-tha-ya-yei:-nẹ-hpuṇ-hpyo:-yei:-kaun-si နိုင်ငံတော် အေးချမ်းသာယာရေးနှင့်ဖွံ့ဖြိုးရေး ကောင်စီ (State Peace and Development Council)

speak v pyɔ:-de ပြောသည်

special adj htu:-dẹ ထူးသော

Special Region n 🌐 ə-htu:-dei-thạ အထူးဒေသ

specialise v ə-htu:-pyụ-de အထူးပြုသည်

specialist n jun:-jin-dhu ကျွမ်းကျင်သူ (marketing ~); ♈ ə-htu:-kụ အထူးကု

specially adv tə-min တမင်၊ ə-htu:-tə-le အထူးတလည်

species n ə-myo: အမျိုး (kinds); ❀ myo:-zei' မျိုးစိတ် (Panthera tigris ~)

specifically adv ti-di-pa-bạ တိတိပပ

specimen n nə-mu-na နမူနာ

speck n ə-se' အစက်

spectacle n ji-zə-ya ကြည့်စရာ

spectacles n mye'-hman မျက်မှန်

spectators v pə-rei'-tha' ပရိသတ် (audience); pwe:-ji-dhu ပွဲကြည့်သူ (~ at a match)

speculate v twei:-htin-de တွေးထင်သည်၊ hman-hsạ-de မှန်းဆသည်

speech *n* mein̥-gun: မိန့်ခွန်း hɔ:-pyɔ:-bwe: ဟောပြောပွဲ (give a ~); zə-ga: စကား (spoken words) ။ ။ ***part of speech*** wa-sin-ga̰ ဝါစင်္ဂ

speed *n* ə-shein အရှိန် (high ~); na-yi-main-hnon: နာရီမိုင်နှုန်း (mlles per hour)

spell$_1$ *v* (sə-lon:)-paun:-de (စာလုံး)ပေါင်းသည်

spell$_2$ *n* ə-hmaun̥ အမှောင့်၊ hmɔ မှော် (cast a ~, evil ~); ə-hle̥ အလှည့်၊ ə-chein အချိန် (period, turn)

spelling *n* sə-lon:-paun:-(tha'-pon) စာလုံးပေါင်း(သတ်ပုံ)

spend *v* kon-de (ငွေ၊ အချိန်) ကုန်သည်

sperm *n* tho' သုက်

sphere *n* ə-lon: အလုံး

spice *n* hin:-hka'-hmwei: ဟင်းခတ်မွှေး (seasoning); ə-sa' အစပ် (chilli)

spider *n* pin̥-gu ပင့်ကူ

spider's web, spiderweb *n* pin̥-gu-ein ပင့်ကူအိမ်

spike *n* ə-hsu: အဆူး

spill *v* hpci'-te ဖိတ်သည်

spin *v* hle̥-de လှည့်သည်၊ pa'-cha-le-de ပတ်ချာလည်သည်

spine *n* jɔ:-yo: ကျောရိုး

spiral *v* hkə-yu̥-pa' ခရုပတ်

spirit *n* na' နတ် (~ shrine); sei'-da' စိတ်ဓာတ် (morale); ə-ye' အရက် (alcoholic ~); thə-ye: သရဲ (ghost)

spit$_1$ *v* htwei:-de ထွေးသည်

spit$_2$ *n* də-zo̥ တံစို့ (skewer); sə-dwei: တံတွေး (saliva)

spite *n* yan-nyo: ရန်ငြိုး ။ ။ ***in spite of*** tho̥-hpyi'-thɔ-le: သို့ဖြစ်သော်လည်း၊ be: ဘဲ

splash *v* pe'-te (ရေ)ပက်သည်

spleen *n* ə-hpyin: အဖျဉ်း၊ thə-ye'-ywe' သရက်ရွက်

splendid *adj* hkan:-na:-de̥ ခမ်းနားသော

splint *n* ja'-si: ကျပ်စည်း

splinter *n* ə-sa̰-ə-na̰ အစအန

split *v* hkwe:-de ခွဲသည်၊ kwe:-de ကွဲသည်၊ pe̥-htwe'-te ပွဲထွက်သည်

spoil *v* hpye'-hsi:-de ဖျက်ဆီးသည် (ruin); chin-thwa:-de ချဉ်သွားသည် (go bad); ə-lo-lai'-te အလိုလိုက်သည် (~ a child)

spoke *n* sə-po'-tan စပုတ်တံ၊ dau'-tain ဒေါက်တိုင်

spokesman, spokesperson *n*

pyɔ:-yei:-hso-gwin̩-shi̩-dhu
ပြောရေးဆိုခွင့်ရှိသူ

sponge₁ *v* tho'-te (ရေမြှုပ်ဖြင့်)
သုတ်သည် (clean); ka'-ya'-te
ကပ်ရပ်သည်၊ twe-ka'-te တွယ်
ကပ်သည် (~ off rich friends)

sponge₂ *n* yei-hmo' ရေမြှုပ် (bath
~); ❀ pin-le-yei-hmyo' ပင်လယ်
ရေမြှုပ် (); ကိတ်မုန့် (~ cake)

sponsor *n* də-ga ဒကာ၊ ə-hlu-
shin အလှူရှင်

spontaneously *adv* ə-lo-me̩
အလိုမဲ့၊ ə-lo-ə-lyau' အလို
အလျောက်

spool *n* tə-nyin:-lon: တစည်းလုံး

spoon *n* zun: ဇွန်း

sporadic *adj* jo:-ja:-jo:-ja:
ကြိုးကြားကြိုးကြား

sports *n* a:-gə-za: အားကစား

spot₁ *v* twei̩-de တွေ့သည်

spot₂ *n* nei-ya နေရာ (place); (ə-)
se' (အ)စက်၊ (ə-)pau' (အ)ပေါက်
(small mark); we'-chan ဝက်ခြံ
(pimple); ne:-ne: နည်းနည်း (a
little)

spouse *n* ein-daun-be'
အိမ်ထောင်ဖက်

spout *n* hno'-thi: (ကရား)နှုတ်သီး

sprain *v* ə-jɔ:-mye'-te

အကြောမျက်သည်

sprawl *v* ton:-lon:-pe'-le'-htain-
de တုံးလုံးပက်လက်ထိုင်သည်

spray₁ *v* hmo'-te မှုတ်သည်၊
hpyan:-de ဖြန်းသည်

spray₂ *n* yei-hmon-yei-hmwa:
ရေမှုန်ရေမွှား

spread *v* ka:-de ကားသည် (~
arms); tho'-te သုတ်သည် (~
butter); ku:-se'-te ကူးစက်သည်
(~ disease); hpyan̩-de ဖြန့်သည်
(distribute); che:-de ချဲသည် (~ to
new area)

spring₁ *n* hkon-de ခုန်သည်

spring₂ *n* san: စမ်း (mountain ~);
nwe-u: နွေဦး (~ and summer); sə-
pə-rin စပရင် (watch~) ⅱⅱ *hot
spring* yei-pu-zan: ရေပူစမ်း

sprinkle *v* hsan:-de ဆမ်းသည် (~
oil on); hpyan:-de ဖျန်းသည်၊
hpyu:-de ဖြူးသည် (~ sugar on);
pe'-te ပက်သည် (~ with water);
mo:-pa:-de မိုးပါးသည် (It ~d this
morning.)

sprinkler *n* yei-ban: ရေပန်း
(garden ~)

sprint *v* don:-sain:-pyei:-de
ဒုန်းစိုင်းပြေးသည်

sprint *n* ta-to-pyei:-bwe:

တာတိုပြေးပွဲ

sprout₁ v pau'-te ပေါက်သည်

sprout₂ n ✿ ə-pin-pau' အပင်ပေါက်

spur v sei̯-hsɔ-de စ့ဆော်သည်
‖‖ *on the spur of the moment* kau'-ka-ngin-ka ကောက်ကာ ငင်ကာ

sputum n ⚕ thə-lei' သလိပ်

spy₁ v htau'-hlan:-de ထောက်လှမ်းသည်

spy₂ n də-sho သူလျှို

squander v thon:-hpyon:-de သုံးဖြုန်းသည်

square₁ v kai'-te ကိုက်သည် (that doesn't ~ with my memory); ə-ti-pyu̯-de အတည်ပြုသည် (confirm)

square₂ adj sə-tu̯-yan:-bon စတုရန်းပုံ (a ~ table); jei-de ကျေသော (I paid him back, we're ~ now.); pa'-le ပတ်လည် (10 feet ~)

square₃ n sə-tu̯-yan: စတုရန်း (~s and circles); ə-kwe' အကွက် (put a check mark in the ~); hnə-hta'-kein: နှစ်ထပ်ကိန်း (the ~ of 3 is 9); lu-ei လူအေး (he's such a ~); yin-pyin ရင်ပြင် (the market ~)

square root n hnə-hta'-kein:-

squat v hsaun̯-jaun̯-htain-de ဆောင့်ကြောင့်ထိုင်သည်

squatter n ju:-jɔ-nei-htain-dhu ကျူးကျော်နေထိုင်သူ

squeak n kwi̯-kwi̯-ə-dhan ကွိကွိ အသံ

squeeze v hnyi'-te ညှစ်သည်

squid n ✿ pyi-ji:-nga: ပြည်ကြီးငါး

squint v hmei:-de (မျက်လုံး)မှေး သည် (~ in the bright light)

squirrel n ✿ shin ရှဉ့်

stab v hto:-de ထိုးသည် ‖‖ *take a stab at* lo'-ji̯-de လုပ်ကြည့်သည် ‖‖ *stab someone in the back* lu-yon-tha'-te လူယုံသတ်သည်

stability n ti-nyein-hmu̯ တည်ငြိမ်မှု

stable₁ adj nyein-de̯ ငြိမ်သော (~ stool, ~ prices); hkain-mye:-de̯ ခိုင်မြဲသော (≠ changing)

stable₂ n myin:-zaun: မြင်းဇောင်း (put the horse in the ~)

stack₁ v hsin̯-de ဆင့်သည်၊ hta'-hta:-de ထပ်ထားသည်

stack₂ n ə-pon အပုံ

stadium n a:-gə-za:-gwin: အားကစားကွင်း

staff n wun-dan:-mya:

ဝန်ထမ်းများ (office ~); taun-hwei: တောင်ဝှေး (cane)

stage n za'-hkon ဇာတ်ခုံ (on ~); man:-da' မဏ္ဍပ် (roadside ~); ə-hsiŋ အဆင့် (in the first ~)

stagger v yein:-hto:-shau'-te ယိမ်းထိုးလျှောက်သည်

stain n ə-sun; အစွန်း (~ on his shirt); ə-yaun-tin-hsi အရောင်တင်ဆီ (wood~)

stair n hlei-ga:-hti' လှေကားထစ်; လှေကားထစ်

staircase n hlei-ga: လှေကား ‖ ‖ **spiral staircase** jaun-lein-hlei-ga: ကြောင်လိမ်လှေကား

stake n ngo'-tain ငုတ်တိုင် (wooden ~); laun-jei: လောင်းကြေး (money wagered)

stakeholder n pa'-the'-tḙ-lu ပတ်သက်သောလူ

stale adj tho:-dḙ သိုးသော

stalk₁ v chi-ya-hkan-de ခြေရာခံသည် (~ a criminal); lai'-te လိုက်သည် (~ a celebrity, ~ a victim)

stalk₂ n ə-yo: အရိုး၊ (ə)-hkain (အ)ခိုင် (flower ~)

stall n zei:-zain ဈေးဆိုင်၊ te: တဲ

stamina n hkan-nain-yei

(အမော)ခံနိုင်ရည်

stammer v hti'-te (စကား) ထစ်သည်

stamp₁ v hsauṇ-de ဆောင့်သည် (~ed her foot); də-zei'-yai'-te တံဆိပ်ရိုက်သည် (~ the document)

stamp₂ n də-zei'-gaun: တံဆိပ် ခေါင်း (postage ~); də-zei' တံဆိပ် (seal)

stamp pad n hmin-gan မင်ခံ

stand₁ v (ma'-ta')-ya'-nei-de (မတ်တတ်)ရပ်နေသည် (~ next to me); htaun-de ထောင်သည် (~ it against the wall); hkan-de ခံသည် (How long can you ~ it?)

stand₂ n hkon ခုံ (book ~); hsain ဆိုင် (lemonade ~); gei' ဂိတ် (taxi ~); ya'-ti-je' ရပ်တည်ချက် (take a ~)

standard n san စံ၊ ə-hsiŋ အဆင့် (up to ~); ə-lan အလံ (flag)

standard of living n lu-nei-hmṵ-ə-hsiŋ-ə-tan: လူနေမှုအဆင့် အတန်း

stand-by n ə-yan အရန်

stand-in n ko-gwe: ကိုယ်ခွဲ၊ ə-sa: အစား

standing n mye'-hna မျက်နှာ (status)

standpoint *n* thə-bɔ:-da:
သဘောထား

stand up *v* htạ-de ထသည်

stanza *n* ♪ pai' ပိုဒ်

staple *n* pin ပင် (pin); hsan-yei-
zə-ba: ဆန်ရေစပါး (~ food)

stapler *n* cho'-se' ချုပ်စက်

star *n* 🔲 je ကြယ် (~ in the sky);
ơ min-tha: မင်းသား၊ ၃ min:-thə-
mi: မင်းသမီး (movie ~); ♪ pwiṇ
ပွင့် (one-~ general)

star anise *n* 🌿 na-na'-pwiṇ
နာနတ်ပွင့်

starch *n* kə-zi-da' ကစီဓာတ် (~es
like rice, potatoes); kɔ ကော် (~ for
clothes)

stare *v* ngei:-de ငေးသည်၊ sai'-jị-
de စိုက်ကြည့်သည်

starfish *n* ✳ je-nga: ကြယ်ငါး

starflower *n* 🌿 hkə-yei ခရေ

starfruit *n* 🌿 zaun:-ya:
စောင်းလျား

start *v* sạ-de စသည် (begin); hno:-
de နှိုးသည် (~ the engine)

startle *v* hlaṇ-de လှန့်သည်

starve *v* nga'-te ငတ်သည်

starve oneself *v* ə-nga'-hkan-
de အငတ်ခံသည်

stash *v* tho-hlaun-de
သိုလှောင်သည်

state₁ *v* hto'-hpɔ-hyɔ:-de
ထုတ်ဖော်ပြောသည်

state₂ *n* ə-nei အနေ (situation);
🌐 ə-sɔ:-yạ အစိုးရ (government);
🌐 pyi-ne ပြည်နယ် (Kachin ~)

**State Law and Order Restor-
ation Council** *n* 🌐 nain-gan-
dɔ-nyein-wu'-pị-ṇ ya:-hmụ-ti-
hsau'-yei:-kaun-si နိုင်ငံတော်
ငြိမ်ဝပ်ပိပြားမှုတည်ဆောက်ရေး
ကောင်စီ

stately *adj* khaṇ-nya:-dẹ
ခံ့ညားသော

statement *n* hpɔ-pyạ-je'
ဖော်ပြချက်၊ si'-che' စစ်ချက်

**State Peace and Develop-
ment Committee** *n* 🌐 nain-
gan-dɔ-ei:-chan:-tha-ya-yei:-
hniṇ-hpuṇ-hpyo:-yei:-kaun-si
နိုင်ငံတော်အေးချမ်းသာယာရေးနှင့်
ဖွံ့ဖြိုးရေးကောင်စီ

static₁ *adj* nyein-the'-te
ငြိမ်သက်သော၊ ə-thei အသေ၊ ə-ti-
sun:-in အတည်စွပ်အင်

static₂ *n* lain:-pyau'-ə-se'-mya:
လိုင်းပျောက်အစက်များ (~ on the
tv); lei-dhan လေသံ (~ on the
radio); hnyọ-a: ညို့အား (~

station₁ *v* ta-wun-chạ-de
တာဝန်ချသည်

station₂ *n* ka:-gei' ကားဂိတ် (bus
~); bu-ta-(yon) ဘူတာ(ရုံ) (train
~, railway ~); ə-dan:-ə-sa:
အတန်းအစား (~ in life)

stationary *adj* ti-nyein-dẹ
တည်ငြိမ်သော၊ ညှို့အား

stationery *n* sa-yei:-kə-rị-ya
စာရေးကိရိယာ

statistics *n* sə-yin:-in:
စာရင်းအင်း

statue *n* jau'-yo' ကျောက်ရုပ်
(stone ~); yo'-lon: ရုပ်လုံး

status *n* ə-chei အခြေ (~ update);
mye'-hna mျက်နှာ၊ gon-yi
ဂုဏ်ရည် (high ~)

statute *n* ni:-ụ-pə-dei
နည်းဥပဒေ

stay *v* te:-de တည်းသည်၊ nei-de
နေသည်

STD *n* ka-lạ-dha:-yo:-ga
ကာလသားရောဂါ၊ lein-hma-ku:-
dẹ-yo:-ga လိင်မှကူးသောရောဂါ

steady *adj* ti-nyein-dẹ
တည်ငြိမ်သော

steak *n* bị-sə-tei' ဘိစတိတ်

steal *v* hko:-de ခိုးသည်၊ lụ-ye'-te
လုယက်သည်

stealth *n* hko:-jaun-hko:-hwe'-
lo'-chin: ခိုးကြောင်ခိုးဝှက်လုပ်ခြင်း

steam₁ *v* paun:-de ပေါင်းသည်

steam₂ *n* ngwei ငွေ့

steamer *n* ⚓ mi:-thin:-bɔ:
မီးသင်္ဘော (steamship); paun:-o:
ပေါင်းအိုး (vegetable ~)

steel *n* sə-ti: စတီး(လ်)

steep *adj* sau'-tẹ စောက်သော (~
side); (zei:)-ji:-dẹ (ဈေး)ကြီးသော
(~ price)

steer₁ *v* maun:-de မောင်းသည်

steer₂ *n* nə-byi: နွားပီး

stem *n* ə-yo: အရိုး၊ ə-hnya အညှာ

stench *n* ə-nan-zo အနံ့ဆိုး

step₁ *v* chi-hlan:-de
ခြေလှမ်းသည်

step₂ *n* chi-hlan: ခြေလှမ်း (pace);
hlei-ga:-hti' လှေကားထစ် (stair);
ə-hsiṇ အဆင့် (another ~)

step down *v* hsin:-de ဆင်းသည်

stepfather *n* pə-htwei ပထွေး

stepmother *n* mị-dwei မိထွေး

step on *v* chi-chạ-de ခြေချသည်၊
nin:-de နင်းသည်

stereo *n* sə-ti-ri-yo စတီရီယို

sterilise *v* ⚕ tha-jɔ:-hpya'-te
သားကြောဖြတ်သည် (make in-

fertile); thaṇ-sin-aun-lo'-te
သန့်စင်အောင်လုပ်သည် (clean)

stern n ⚓ pẹ-pain: ပဲ့ပိုင်း

stethoscope n ☤ nə-ja: နားကြပ်

stevia n ⚘ hsei:-thə-ja: ဆေး
သကြား

stew n su'-pyo' စွတ်ပြုတ်

STI n ☤ lein-hmạ-ku:-dẹ-yɔ:-ga
လိင်မှကူးသောရောဂါ

stick₁ v kɔ-ka'-te ကော်ကပ်သည်
(~ with glue); twe-ka'-te တွယ်
ကပ်သည် (~ to the side); hnya'-
thwa:-de ညှပ်သွားသည်

stick₂ n do'-te တုတ်

sticker n ka'-hkwa ကပ်ခွါ

sticky adj si:-ka'-dẹ စေးကပ်
သော၊ si:-hne:-dẹ စေးနဲသော၊

stick out v ə-sun:-htwe'-te
အစွန်းထွက်သည်

stiff adj tauṇ-dẹ တောင့်သော

still₁ adj nyein-dẹ ငြိမ်သော (≠
moving); hsei:-nyein-dẹ
ဆိတ်ငြိမ်သော (quiet)

still₂ prep thei: သေး၊ thọ-tə-zei
သို့တစေ

stimulant n ☤ sei'-jwạ-zei:
စိတ်ကြွဆေး

stimulate v hswạ-de ဆွသည်၊
hloṇ-hsɔ-de လှုံ့ဆော်သည်

sting v to'-te တုပ်သည် (bees ~);
sa'-te စပ်သည် (my eyes ~)

stingy adj ka'-si:-ne:-dẹ
ကပ်စေးနဲသော

stink v nan-de နံသည်

stipend n htau'-paṇ-jei:
ထောက်ပံ့ကြေး

stir v hmwei-de မွှေသည်

stitch v cho'-te ချုပ်သည်

stocking n chi-su' ခြေစွပ်

stole n pə-wa ပဝါ

stomach n ☤ ə-sa-ein အစာအိမ်၊
bai' ဗိုက်

stomachache n ☤ bai'-na-jin:
ဗိုက်နာခြင်း

stomach cramp n ☤ wun:-yi'-
chin: ဝမ်းရစ်ခြင်း

stomp v nin:-de နင်းသည်

stone n jau' ကျောက် ။။။ **precious
stone** ya-də-na ရတနာ

Stone Age n jau'-hki'
ကျောက်ခေတ်

stool n htain-hkon ထိုင်ခုံ၊ hkwei:-
chi ခွေးခြေ (sit on a ~); jin-ji:
ကျင်ကြီး (~ sample)

stoop₁ v nyu'-te ညွတ်သည်

stoop₂ n ein-shẹ-hlei-ga:
အိမ်ရှေ့လှေကား

stop₁ v ya'-te ရပ်သည် (~

moving); se:-de စဲသည် (~
raining); ta:-de တားသည် (~ from
doing); pei'-hso-de ပိတ်ဆို့သည်
(~ a hole); na:-de နားသည် (rest)

stop₂ n (ka:)-hma'-tain (ကား)
မှတ်တိုင် ('bus ~); ya'-taṇ-jin:
ရပ်တန့်ခြင်း (halt)

stoppage n ə-pei'-ə-hso
အပိတ်အဆို့

stopper n ə-hso အဆို့

store₁ v hlaun-hta:-de
လှောင်ထားသည်၊ tho-hlaun-de
သိုလှောင်သည်

store₂ n hsain ဆိုင်

store(house) n tho-hlaun-yon
သိုလှောင်ရုံ

storey n hta' ထပ်၊ hlwa လွှာ

stork n ✻hnge'-kə-la:
ငှက်ကုလား (black-necked ~);
✻hnge'-ja: ငှက်ကျား (painted ~);
✻chi-gin-zu' ချည်ခင်စွပ် (white-
necked ~)

storm n mon-dain: မုန်တိုင်း

story n wu'-htu-do ဝတ္ထုတို (this
~ is about); pon-byin ပုံပြင် (tale);
hsaun-ba: ဆောင်းပါး (newspaper
~); za'-lan: ဇာတ်လမ်း (What a
~!); htwin-lon: ထွင်လုံး (that's just
a ~) hta' ထပ်၊ hlwa လွှာ (floor)

stove n mi:-bo မီးဖို

straddle v hkwa̱-htain-de
ခွထိုင်သည်

straight₁ adj hpyauṇ-de̱
ဖြောင့်သော (≠ curved); mə-yo:-
hta:-de̱ မရောထားသော (~ rum);
tha'-hta:-de̱ သတ်ထားသော (a ~
face); shin-hta:-de̱ ရှင်းထားသော
(keep your desk ~)

straight₂ adv te̱-te̱ တည့်တည့် (go
~ ahead); ma-ta' မတ်တတ်
(stand up ~); dau'-shau' တောက်
လျှောက် (talk for 4 hours ~); tai'-
yai' တိုက်ရိုက် (go ~ home); ze'-
tai' ဆက်တိုက် (drink 3 cups ~)

straight away adv che'-chin:
ချက်ချင်း

straightedge n myin:-dan
မျဉ်းတံ

straighten v hsaṇ-de ဆန့်သည်
(~ legs); hpyauṇ-de ဖြောင့်သည်
(~ hair); ma'-te မတ်သည် (≠
bend over)

straighten out v hsaṇ-de
ဆန့်သည် (~ your fingers); shin-
de ရှင်းသည် (~ misunderstandings)

straightforward adj pwiṇ-lin:-
de̱ ပွင့်လင်းသော (~ negotiations);
shin-lin:-de̱ ရှင်းလင်းသော (a ~

problem)

strain$_1$ *v* a:-sai'-te အားစိုက်သည် (exert strength); si'-te စစ်သည် (~ the water out of); mye'-te မျက်သည် (~ your ankle)

strain$_2$ *n* myo: မျိုး (kind, ~ of rice); yon:-a: ရုံးအား (stress)

strainer *n* ə-si' အစစ်

strait *n* pin-le-le'-ja: ပင်လယ်လက်ကြား

strand$_1$ *v* thaun-tin-de သောင်တင်သည် (beach, run aground)

strand$_2$ *n* ə-hmyin အမျှင် (~ of cotton); kan:-na: ကမ်းနား (walk along the ~)

strange *adj* gau'-tẹ ဂေါက်သော (he's a little ~); htu:-hsan:-dẹ, htu:-zan:-de ထူးဆန်းသော (That's ~.); sein:-dẹ စိမ်းသော (a ~ place)

stranger *n* də-zein: သူစိမ်း

strangle *v* hnyi'-tha'-te ညှစ်သတ်သည် (kill by choking); le-bin:-hni'-te လည်ပင်းညှစ်သည် (squeeze the neck)

strap *n* jo: ကြိုး

strategy *n* mə-ha-byu-ha မဟာဗျူဟာ

straw *n* kau'-yo: ကောက်ရိုး

strawberry *n* sə-tɔ-be-ri စတော်ဘယ်ရီ

stray *adj* ə-shin-mə-shị အရှင်မရှိ (~ dog); lwiṇ-dẹ လွင့်သော (~ hairs)

streak *n* ə-tan: အတန်း (a ~ of dirt on your cheek); ə-jɔ: အကြော (a mean ~)

stream *n* chaun: ချောင်း

streamer *n* də-gun တံခွန်

street *n* lan: လမ်း

streetlight *n* mi:-dain မီးတိုင်

streetside *adj* lan:-bei: လမ်းဘေး

strength *n* hkun-a: ခွန်အား

stress *n* sei'-hpị-zi:-hmụ စိတ်ဖိစီးမှု၊ ə-pu အပူ (under a lot of ~); ə-than-nei-ə-than-hta: အသံနေအသံထား (~ the last word)

stretch *v* hswe:-de ဆွဲသည် (pull); ə-nyaun:-hsaṇ-de အညောင်းဆန့်သည် (~ your legs)

stretcher *n* htan:-zin ထမ်းစင်

strict *adj* tin:-ja'-tẹ တင်းကျပ်သော

stride *n* chi-hlan: ခြေလှမ်း

strife *n* yan ရန်

strike$_1$ *v* hto:-de ထိုးသည် (~ with a weapon); chi'-te ခြစ်သည် (~ a match); ti:-de တီးသည် (~ a

gong); na-yi-hto:-de နာရီ
ထိုးသည် (~ 9); hsan-da̠-pya̠-de
ဆန္ဒပြသည် (~ for higher wages);
cha̠-de ချသည် (We will ~ at
night.)

strike₂ *n* hsan-da̠-pya̠-bwe:
ဆန္ဒပြပွဲ (go on ~); ə-che' အချက်
(a ~ against you)

string₁ *v* thi-de သီသည် (~ beads)

string₂ *n* jo: ကြိုး

strip₁ *v* chu'-te ချွတ်သည် (take
off clothing); hno'-thein:-de
နုတ်သိမ်းသည် (~ of possessions)

strip₂ *n* hpya'-sa̠ ဖြတ်စ (~ of
cloth); lei-yin-gwin: လေယာဉ်
ကွင်း (air~)

stripe *n* sin: စင်း၊ ə-sin:-jaun:
အစင်းကြောင်း

strive *v* jo:-za:-de ကြိုးစားသည်၊
ko'-lo'-te ကုပ်လုပ်သည်

stroke₁ *v* tha'-te သပ်သည်

stroke₂ *n* ♥ lei-hpya'-chin:
လေဖြတ်ခြင်း (survived a ~); myin-
zaun: မျဉ်းစောင် ('/'); ə-che'
အချက်၊ yai'-che' ရိုက်ချက် (golf
~)

stroll *v* the'-thaun̠-the'-tha-lan:-
shau'-te သက်သောင့်သက်သာ
လမ်းလျှောက်သည်

strong *adj* a:-kaun:-theo အားကောင်းသော (a ~
man); than-de̠ သန်သော (~ will);
pyin-htan-de̠ ပြင်းထန်သော (~
blow); ja̠-ja̠ ကျကျ (~ coffee)

structure *n* ə-hsau'-ə-on
အဆောက်အဦ (building); hpwe̠-
si:-bon ဖွဲ့စည်းပုံ (organisational ~)

struggle₁ *v* yon:-kan-de ရုန်း
ကန်သည် (~ free); jo:-pan:-de
ကြိုးပမ်းသည် (~ to survive)

struggle₂ *n* yon:-kan-hmu̠
ရုန်းကန်မှု

stub₁ *v* hkai'-mi̠-de ခိုက်မိသည်
(~ your toe)

stub₂ *n* hpya'-pain: ဖြတ်ပိုင်း
(ticket ~)

stubble *n* ə-ngo' အငုတ်

stubborn *adj* gaun:-ma-de̠
ခေါင်းမာသော

stucco *n* tha̠-yu' သရွတ်

stuck up *adj* sei'-ji:-win-de̠
စိတ်ကြီးဝင်သော

stud *n* kə-myin-di: ကမြင်းထီး
(He's a stud!); hto'-thi: ထုတ်သီး
(shirt collar ~); nə-ka' နားကပ်
(ruby ~s); ♣ la: (သားတင် နွား၊
မြင်း စသည်)လား (breeding male)

student *n* ♂ jaun:-dha: ကျောင်း
သား၊ ♀ jaun:-dhu ကျောင်းသူ

study *n* sa-je'-te စာကျက်သည်
(~ after school); thin-yu-de
သင်ယူသည်၊ jaun:-te'-te ကျောင်း
တက်သည် (~ at university); lei-la-
de လေ့လာသည်၊ hsan:-si'-te
ဆန်းစစ်သည် (~ a problem)

stuff₁ *v* hto:-jei'-htẹ-de
ထိုးကြိတ်ထည့်သည် (~ into a bag);
ə-hsa-thu'-te အဆာသွတ်သည်
(~ with onions)

stuff₂ *n* pyi/-si: ပစ္စည်း (things)

stuffing *n* ə-sa အစာ၊ ə-hsa
အဆာ

stuffy *adj* hlaun-de လျှောင်သော
(a ~ room); hei-han-mya:-de
ဟိတ်ဟန်များသော (~ people)

stumble *v* hkə-lo'-tai'-te ခလုတ်
တိုက်သည်

stumbling block *n* hkə-lo'
ခလုတ်

stump *n* ngo'-to ငုတ်တို (only a
~); thi'-ngo' သစ်ငုတ် (tree ~)

stun *v* jaun-te'-te'-hpyi'-sei-de
ကြောင်တက်တက်ဖြစ်စေသည် (hit
on the head and ~ned); aṇ-a:-thiṇ-
aun-lo'-te အံ့အားသင့်
အောင်လုပ်သည် (~ned by the
beauty)

stunt *n* sə-taṇ စတန့်

stunted *adj* jon-hli-dẹ
ကြုံလှီသော

stupa *n* ⚏ zei-di စေတီ၊ hpə-ya:
ဘုရား

stupid *adj* htu-de ထူသော၊ lei:-
dẹ လေးသော၊ hton-de ထုံသော

stupidity *n* ə-mai အမိုက်

sturdy *adj* jaṇ-hkain-de ကြံ့
ခိုင်သည်၊ ə-jan:-hkan-de အကြမ်း
ခံသော

stutter *v* zə-ga-hti'-te
စကားထစ်သည်

sty *n* mye'-sị-sun မျက်စိစွန် (~ in
the eye); we'-chan ဝက်ခြံ (pig~)

style *n* sə-tain စတိုင်၊ han ဟန်

sub-committee *n* ə-hpwẹ-gwe:
အဖွဲ့ခွဲ

subconscious *n* mə-thị-zei'
မသိစိတ်

subcontinent *n* 🌏 tai'-nge
တိုက်ငယ်

subject *n* ə-jaun:-ə-ya
အကြောင်းအရာ (~ of a letter); ba-
dha-ya' ဘာသာရပ် (~ of study);
ka'-ta: ကတ္တား (~ of a sentence)

subjective *adj* po'-kə-lạ-dei'-
htan ပုဂ္ဂလဒိဋ္ဌာန်

submarine *n* ⚓ yei-ngo'-thin:-
bə: ရေငုပ်သင်္ဘော

submerge v ngo'-te ငုပ်သည်၊ hni'-te နှစ်သည်

submissive adj yo-jo:-dẹ ရိုကျိုးသော

submit v tin-shau'-te တင်လျှောက်သည် (~ for approval); jan:-tin-de ကျမ်းတင်သည် (~ a thesis); ɔ:-za-hkan-de သြဇာခံသည် ə-nyaṇ-hkan-de အညံ့ခံသည် (~ to foreign rule)

subordinate n nge-dha: ငယ်သား

subscription n hni'-sin-jei: နှစ်စဉ်ကြေး

sub-section n po'-mạ-gwe: ပုဒ်မခွဲ

subsequent adj nau'-hse'-twe:-hpyi'-tẹ နောက်ဆက်တွဲဖြစ်သော

subside v se:-de စဲသည် (the rain ~d); yo'-yɔ-de ယုတ်လျော့သည် (prices ~); nyein-de ငြိမ်သည် (the wind ~s)

subsidise v htau'-paṇ-de ထောက်ပံ့သည်

substance n ə-hte အထည်၊ ə-hni' အနှစ်၊ ə-tha: အသား

‖‖ *controlled substances* kaṇ-tha'-kon ကန့်သတ်ကုန်

substantial adj ə-sa:-hkan-dẹ အစားခံသော၊ ə-hni'-shị-dẹ

အနှစ်ရှိသော

substitute₁ v ə-sa:-hto:-de အစားထိုးသည်

substitute₂ n ə-sa: အစား၊ lu-za: လူစား

subterranean adj myei-au' မြေအောက်သော

subtle adj nye'-tẹ ညက်သော၊ nụ-dẹ နုသော၊ thein-mwei-dẹ သိမ်မွေ့သော

subtly adv mə-thị-mə-tha မသိမသာ

sub-township n ⓝ myọ-ne-gwe: မြို့နယ်ခွဲ

subtract v hno'-te နုတ်သည်

subtraction n ə-hno' အနုတ်

suburb n hsin-chei-bon: ဆင်ခြေဖုံး၊ myọ-zun မြို့စွန်

subvert v hpye'-te ဖျက်သည်

succeed v aun-myin-de အောင်မြင်သည်၊ nain-de နိုင်သည်၊ hpyi'-myau'-te ဖြစ်မြောက်သည် (reach goal); pau'-te ပေါက်သည် (become popular); ⓣ hse'-hkan-de ဆက်ခံသည် (~ as monarch)

success n aun-myin-hmụ အောင်မြင်မှု၊ aun-myin-dhu အောင်မြင်သူ

succinct adj pya'-tha:-dẹ

ပြတ်သားသော

succulent *adj* ə-yi-shun:-dẹ
အရည်ရှမ်းသော

suchlike *pron* ba-twei-nya-twei
ဘာတွေညာတွေ

suck *v* so'-te စုပ်သည်

sucker *n* so'-hkwe စုပ်ခွက် (place
a ~ on the window); ə-chin အချည်
(victim of scam)

suddenly *adv* yo'-tə-ye' ရုတ်
တရက်၊ byon:-gə-ne: ပြုန်းခနဲ

suds *n* hsa'-pya-hmyo'
ဆပ်ပြာမြှုပ်

sue *v* ﹩ tə-ya:-swe:-de တရားစွဲ

suffer *v* hkan-za:-de ခံစားသည်
(feel very bad); hkan-yạ-de
ခံရသည် (~ a loss); htị-hkai'-te
ထိခိုက်သည် (~ damage); do'-hkạ-
yau'-te ဒုက္ခရောက်သည် (they are
~ing)

sufficient *adj* lon-lau'-tẹ
လုံလောက်သော

suffix *n* nau'-hse' နောက်ဆက်

sugar *n* thə-ja: သကြား။။။ *palm
sugar* htə-nye: ထန်းလျက်

sugarcane *n* ⚘ jan ကြံ

sugar palm *n* ⚘ tan: ထန်း

sugar pea *n* ⚘ shwei-pe: ရွှေပဲ

suggest *v* ə-jan-pei:-de

အကြံပေးသည်

suggestion *n* ə-jan-pei:-je'
အကြံပေးချက် (advice); ə-yei'-ə-
ngwei အရိပ်အငွေ့ (very small
amount)

suicide *n* kọ-ko-go-tha'-thei-
jin: ကိုယ့်ကိုယ်ကိုသတ်သေခြင်း
(commit ~); kọ-ko-go-tha'-thei-
dhu ကိုယ့်ကိုယ်ကိုသတ်သေသူ
(person who killed himself)

suicide squad *n* ⚔ ə-thei-gan-
ta' အသေခံတပ်

suit *n* ⚖ ə-hmụ တရားမှု၊ ⚖ tə-
ya:-hmụ (file a ~); wu'-hson
ဝတ်စုံ (three-piece ~); ə-pwiṇ
အပွင့် (card ~)

suitable *adj* thiṇ-tɔ-dẹ သင့်
တော်သော၊ han-jạ-dẹ ဟန်
ကျသော

suite *n* ə-hkan:-dwe: အခန်းတွဲ

sulk *v* sei'-kau'-te စိတ်
ကောက်သည်၊ ngu-de ငူသည်

sum *n* ə-paun: အပေါင်း

summarise *v* ə-jin:-cho'-te
အကျဉ်းချုပ်သည်၊ ə-to-cho'-te
အတိုချုပ်သည်

summary *n* ə-jin: အကျဉ်း၊ ə-to-
jo' အတိုချုပ်

summer *n* nwei-ya-dhi နွေရာသီ

summit *n* htei' ထိပ် (~ of the mountain); htei'-thi:-nyi-la-gan ထိပ်သီးညီလာခံ (~ conference)

summon *v* hsin-hkɔ-de ဆင့်ခေါ်သည်

summons *n* ə-hkɔ အခေါ်၊ hsin̞-za ဆင့်စာ

sum up *v* ə-hni'-cho'-te အနှစ်ချုပ်သည်

sun *n* nei နေ (the ~ is rising); nei-bu နေပူ (keep out of the ~)

sunburn *n* nei-laun-jin: နေလောင်ခြင်း

Sunday *n* tə-nin:-gə-nwei-nei တနင်္ဂနွေနေ့(နေ့)

sun dry *v* ə-chau'-hlan:-de အခြောက်လှန်းသည်

sunflower *n* ✿ nei-ja နေကြာ

sunglasses *n* nei-ka-mye'-hman နေကာမျက်မှန်

sunlight *n* nei-yaun နေရောင်

sunny *adj* nei-tha-de နေသာသော

sunrise *n* nei-htwe' နေထွက်

sunset *n* nei-win နေဝင်

sunshine *n* nei-yaun နေရောင်

sunstroke *n* nei-bu-mi̞-jin: နေပူမိခြင်း

suntan *n* ə-tha:-me:-jin: (နေပူခံလို့)အသားမည်းခြင်း၊ ə-tha:-nyo-jin: အသားညိုခြင်း

super *adj* ə-lun-kaun:-dẹ အလွန်ကောင်းသော

superficial *adj* tein-dẹ တိမ်သော၊ ə-pɔ-yan-hpyi'-tẹ အပေါ်ယံဖြစ်သော

superfluous *adj* po-nei-dẹ ပိုနေသော

superintendent *jn* ə-hmu: အမှူး

superior *adj* ə-hsin-myin-dẹ အဆင့်မြင့်သော (better quality); man-tin:-dẹ မာန်တင်းသော (~ attitude)

superior *n* ə-hte'-lu-ji: အထက်လူကြီး

superstitious *adj* ə-yu-thi:-dẹ အယူသီးသော

supervise *v* ji:-ja'-te ကြီးကြပ်သည်

supervisor *n* ə-lo'-ja' အလုပ်ကြပ်

supper *n* nyạ-za ညစာ

supplement₁ *v* hpyei̞-swe'-te ဖြည့်စွက်သည်

supplement₂ *n* nau'-hse'-twe: နောက်ဆက်တွဲ၊ hpyei̞-swe'-che' ဖြည့်စွက်ချက် (sth additional); a:-zei: အားဆေး (nutritional ~); ə-htu:-hto' အထူးထုတ် (Sunday ~)

supplies *n* yei'-hka ရိက္ခာ (food ~)

supply₁ *v* pei:-de ပေးသည်၊ ə-thon:-hkan-de အသုံးခံသည်

supply₂ *n* 🦌 yaun:-(lo)-a:-ရောင်း(လို)အား (~ and demand)

support₁ *v* a:-pei:-de အားပေးသည် (~ environmental protection); htau'-hkan-de ထောက်ခံသည် (~ a proposal); htau'-paṇ-de ထောက်ပံ့သည် (~ through school); lo'-jwei:-de လုပ်ကျွေးသည် (~ my family)

support₂ *n* ə-ku-ə-paṇ အကူအပံ့၊ ə-ku-ə-ma အကူအမ (financial ~); ə-ji-ə-shu အကြည့်အရှု (care); ə-hkan အခါ၊ dau'-tain ဒေါက်တိုင် (roof ~)

supporter *n* be'-tɔ-dha: ဘက်တော်သား

supposing *prep* hso-pa-zɔ ဆိုပါစို့

suppress *v* hnein-nin:-de နှိမ်နင်းသည် (~ an uprising); myo-thei'-te မျိုသိပ်သည် (~ feelings)

supreme *adj* ə-htu'-ə-htei' အထွတ်အထိပ် (highest); ə-hson:-sun-de အဆုံးစွန်သော (greatest)

supremo *n* u:-gin: ဦးကင်း

surcharge *n* ə-po-jei: အပိုကြေး

sure *adj* thei-ja-de သေချာသော
‖‖ **be sure of** sei'-ja-de စိတ်ကျသည်

surely *adv* də-ge တကယ်၊ ə-hman-mo'-cha အမှန်မုချ၊ mə-lwe:-dan: thei-ja-pau' မလွဲတမ်း သေချာပေါက်

surety *n* ⚖ gə-di-hkan-wun-jo' ကတိခံဝန်ချုပ်၊ ə-mə-gan-pyi'-si: အာမခံပစ္စည်း

surf₁ *v* hlain:-si:-de လှိုင်းစီးသည်

surf₂ *n* di-hlain: ဒီလှိုင်း

surface₁ *v* (yei)-pɔ-htwe'-te (ရေ)ပေါ်ထွက်သည်

surface₂ *n* mye'-hna-pyin မျက်နှာပြင်၊ pyin-nyi ပြင်ညီ
‖‖ **surface area** ə-wa အဝ
‖‖ **surface route** kon:-jaun:-yei-jaun: ကုန်းကြောင်းရေကြောင်း

surge *v* hlain:-hta-de လှိုင်းထသည်

surgeon *n* 🩺 hkwe:-sei'-kə-hsə-ya-wun ခွဲစိတ်ကုဆရာဝန်

surgery *n* hkwe:-sei'-kə-pyin-nya ခွဲစိတ်ကုပညာ (learning ~ is required); ə-hkwe:-ə-sei' အခွဲအစိတ် (the ~ was successful);

surname *n* myo:-nwe-ə-myi
မျိုးနွယ်အမည်

surplus *n* ə-po အပို

surprise₁ *v* ə-ngai'-mi-de
အံ့ကိုက်မိသည် (~ in the act); an̠-a:-
thin̠-aun-lo'-te အံ့အားသင့်
အောင်လုပ်သည် (~ him with a
present)

surprise₂ *n* an̠-a:-thin̠-zə-ya
အံ့အားသင့်စရာ၊ mə-hmyɔ-lin̠-da
မမျှော်လင့်တာ (sthg unexpected);
an̠-a:-thin̠-jin အံ့အားသင့်ခြင်း (to
my great ~); shaun-tə-gin ရှောင်
တခင်ဖြစ်ခြင်း (the attack was a ~)

surrender *v* sun̠-hlu'-te စွန့်
လွှတ်သည် (~ your weapons); ə-
nyan̠-hkan-de အညံ့ခံသည်၊ ə-lan-
hle:-de အလံလဲသည် (the battalion
~ed)

surreptitiously *adv* hko: ခိုး

surrogate *n* ko-za: ကိုယ်စား၊ ə-
sa: အစား

surround *v* wain:-yan-de
ဝိုင်းရံသည်

surroundings *n* pa'-wun:-jin
ပတ်ဝန်းကျင်

survey₁ *v* si'-tan:-kau'-te
စစ်တမ်းကောက်သည် (~ mothers);
myei-tain:-de မြေတိုင်းသည် (~

the land)

survey₂ *n* mei:-gun:-hlwa
မေးခွန်းလွှာ

survival *n* wun-yei: ဝမ်းရေး
(reduced to bare ~); ə-the'-shin-
hmu̠ အသက်ရှင်မှု

survive *v* shin-than-de
ရှင်သန်သည်၊ ə-the'-shin-jan-ge̠-
de အသက်ရှင်ကျန်ခဲ့သည် (~ a
disaster); ə-hpa'-tin-de
အဖတ်တင်သည် (two childred ~d)

suspect₁ *v* than-thə-ya̠-shi̠-de
သံသယရှိသည်

suspect₂ *n* than-thə-ya̠-hpyi'-
hkan-ya̠-dhu သံသယဖြစ်ခံရသူ

suspend *v* hswe:-de ဆွဲသည် (~
from the ceiling); hsain:-ngan̠-de
ဆိုင်းငံ့သည် (stop activity)

suspense *n* tə-htei'-htei'-hpyi'-
chin: တထိတ်ထိတ်ဖြစ်ခြင်း

suspicion *n* mə-thin-ga မသင်္ကာ၊
than-dhə-ya သံသယ

suspicious *adj* than-thə-ya̠-shi̠-
de̠ သံသယရှိသော (I'm ~ of my
neighbour.); than-thə-ya̠-hpyi'-
hpwe-kaun:-de̠ သံသယဖြစ်ဖွယ်
ကောင်းသော (a ~ noise)

sustenance *n* ə-sa-yei-sa
အစာရေစာ၊ wun:-yei: ဝမ်းရေး

sutra, sutta *n* ⬜ tho' သုတ်

suture *n* ⚕ cho'-yo: ချုပ်ရိုး

swagger *v* yin-kɔ-de ရင်ကော့

swallow₁ *v* myo-de မျိုသည်

swallow₂ *n* ❀ pyan-hlwa: ❀ mo:-hswei-hnge' မိုးသွေငှက် (small bird); jai' ကျိုက် (a ~ of water)

swamp₁ *v* yei-hlwan-de ရေ လွှမ်းသည် (a wave ~ed the boat)

swamp₂ *n* nun နွံ

swan *n* ❀ ngan: ငန်း

swarm₁ *v* wain:-on-de ဝိုင်းအုံသည်

swarm₂ *n* pya:-zwe: ပျားစွဲ

swastika *n* se'-ja စကြာ

sway₁ *v* tein:-de တိမ်းသည်၊ yein:-de ယိမ်းသည်

sway₂ *n* ɔ:-za ဩဇာ

swear *v* gɔ-dị-thi'-sa-pyụ-de ကတိသစ္စာပြုသည် (~ an oath); hse:-de ဆဲသည် ,

sweat₁ *v* chwei:-htwe'-te ချွေးထွက်သည်၊ chwei:-pyan-de ချွေးပြန်သည်

sweat₂ *n* chwei: ချွေး

sweater *n* hswe-ta ဆွယ်တာ

sweep *v* hle:-de လှည်းသည်

sweet₁ *adj* chu-dẹ ချိုသော

sweet₂ *n* cho-chin ချိုချဉ်၊ thɔ-ja:-lon: သကြားလုံး

sweetener *n* hsei:-thɔ-ja: ဆေးသကြား

sweetheart *n* chi'-thu ချစ်သူ

sweetsop *n* ❀ ɔ:-za ဩဇာ

swell *v* hpu:-yaun-de ဖူးရောင်သည်၊ hpaun-de ဖောင်းသည်

swelter *v* pu-ai'-te ပူအိုက်သည်

swerve *v* kwei:-de ကွေ့သည်

swift *adj* myan-hsan-dẹ မြန်ဆန်သော

swiftlet *n* ❀ zi-wɔ-zo: ဇီဝရိုး

swig *v* mɔ:-de မောသည်

swim *v* yei-ku:-de ရေကူးသည်

swim suit, swimming costume *n* yei-ku:-wu'-son ရေကူးဝတ်စုံ

swimming pool *n* yei-ku:-gan ရေကူးကန်

swindle *v* kɔ-lein-jạ-de ကလိမ်ကျသည်၊ tɔ-pa'-yai'-te တစ်ပတ်ရိုက်သည်

swindler *n* lu-lein လူလိမ်

swine *n* ❀ we' ဝက်

swing₁ *v* hlwe:-de လွှဲသည် (~ your arms); dan:-si:-de ဒန်းစီးသည် (~ on the swingset)

swing₂ *n* dan: ဒန်း

swipe *v* ka'-pu'-te ကပ်ပွတ်သည်
(~ your card); li'-te လစ်သည်
(steal)

switch₁ *v* pei'-te ပိတ်သည် (~
off); hpwiṇ-de ဖွင့်သည် (~ on)

switch₂ *n* hkə-lo' ခလုတ် (light
~); nə-gan နွားကန် (hit with a ~)

switchback *n* lun:-hto:-lan:
လွန်းထိုးလမ်း

swivel *v* hson-le-de ဆုံလည်သည်

swollen *adj* yaun-yan:-dẹ
ရောင်ရမ်းသော

swoop *v* hto:-hsin:-de
ထိုးဆင်းသည်

sword *n* ♪ da: ဓား

syllable *n* wun-nạ ဝဏ္ဏ

syllabus *n* thin-yo:-ma-tị-ka
သင်ရိုးမာတိကာ

symbol *n* thin-kei-tạ သင်္ကေတ၊ ə-
htein:-ə-hma' အထိမ်းအမှတ်

symmetrical *adj* hkau'-cho:-nyi-
dẹ ခေါက်ချိုးညီသော

symmetry *n* ə-cho:-nyi-jin:
အချိုးညီခြင်း

sympathetic *adj* htau'-hta:-dẹ
ထောက်ထားသော

sympathise *v* ko-jin:-sa-de
ကိုယ်ချင်းစာသည်

sympathiser *n* be'-tɔ-dha:
ဘက်တော်သား

sympathy *n* kə-yụ-na ကရုဏာ၊
ko-jin:-sa-tə-ya:
ကိုယ်ချင်းစာတရား

symposium *n* hni:-hnɔ:-hpə-hle-
bwe: နှီးနှောဖလှယ်ပွဲ

symptom *n* le'-hkə-na လက္ခဏာ

synchronise *v* chein-kai'-te
ချိန်ကိုက်သည်၊ an-kai'-sei-de
အံကိုက်စေသည်

syndicate *n* hsin-di-kei'
ဆင်ဒီကိတ်

synonym *n* jaun:-to-than-kwe:
ကြောင်းတူသံကွဲ

synopsis *n* ə-jin: အကျဉ်း

syphillis *n* ☿ hsi'-hpə-li'
ဆစ်ဖလစ်

syringe *n* ☿ hsei:-hto:-pyun
ဆေးထိုးပြွန်

system *n* sə-ni' စနစ်

systematic *adj* sə-ni'-jạ-dẹ
စနစ်ကျသော

systematically *adv* sə-ni'-tə-jạ
စနစ်တကျ

T - t ti တီ

table *n* zə-bwe: စားပွဲ (dining ~);
zə-ya: ဇယား (~s and charts)
‖‖ *under the table* le'-thei'-hto:

လက်သိပ်ထိုး

tablecloth n zə-bwe:-gin: စားပွဲခင်း

table of contents n ma-ti̱-ka မာတိကာ

tablet n ☥ hsei:-bya: ဆေးပြား

table tennis n zə-bwe:-tin-tin-ni' စားပွဲတင်တင်းနစ်

tack n than-hmo သံမှို (drawing pin)

tackle v win-hsaun̠-de ဝင် ဆောင့်သည် (~ the player); kain-twe-de ကိုင်တွယ်သည် (~ the problem)

tact n ə-lein-ma အလိမ္မာ

tactful adj ə-lein-ma-hpe'-tẹ အလိမ္မာဖက်သော

tactic n ni:-byu-ha နည်းဗျူဟာ၊ gə-za:-gwe' ကစားကွက်

tad n mə-hpyi'-sə-lau' မဖြစ် စလောက်

tadpole n ✿ hpa:-tə-pain:-nga:-tə-pain: ဖားတစ်ပိုင်းငါးတစ်ပိုင်း၊ ✿ hpə-laun: ဖားလောင်း

tag n twe-jo: တွယ်ကြိုး (price ~); sein-pyei:-dan: စိန်ပြေးတမ်း (children's game)

tag along v tə-kau'-kau'-lai'-te တကောက်ကောက်လိုက်သည်

tahini n hnan:-daun: နှမ်းထောင်း

tail n ə-myi: အမြီး

tailbone n myi-nyaun-yo: မြီးညှောင့်ရိုး

tailor n ə-cho'-thə-ma အချုပ် သမား

tailor-made n a'-hte အပ်ထည်

tails n pan: ပန်း (heads or ~)

tailwind n lei-zon လေစုန်

taint n ə-sun အစွန်း

Tai Yai n shan: ရှမ်း၊ သျှမ်း

take v yu-de ယူသည်၊ kau'-te ကောက်သည်

take along v hkɔ-de ခေါ်သည် (~ friends ~); hsaun-de ဆောင်သည်

take away v pa-hse-yu-thwa:-de ပါဆယ်ယူသွားသည် (~ coffee); hswe:-de ဆွဲသည်၊ thein:-de သိမ်းသည် (confiscate)

take back v hno'-thein-de နှုတ်သိမ်းသည်၊ pyan-kau'-te ပြန်ကောက်သည်

take care v gə-yu̱-sai'-te ဂရုစိုက်သည်

take care of v pyu̱-zu̱-de ပြုစုသည်

take charge of v o'-htein-de အုပ်ထိန်းသည်

take down v pyo'-te ပြုတ်သည်၊

hpye'-te ဖျက်သည်

take off v chu'-te ချွတ်သည် (~ your jacket); htwe'-te ထွက်သည် (When does the plane ~?)

take out v hto'-te ထုတ်သည် (~ from the package); hlwuṇ-de လွှင့်သည် (~ the rubbish)

take over v thein:-pai'-te သိမ်းပိုက်သည်

take place v hpyi'-pwa:-de ဖြစ်ပွားသည်

talcum powder n paun-da ပေါင်ဒါ

tale n pon-byin ပုံပြင်

talent n sun:-yei စွမ်းရည်၊ wa-tha-na ဝါသနာ

talk v zə-ga:-pyɔ:-de စကား ပြောသည်

talk back v pyan-pyɔ:-de ပြန်ပြောသည်

tall adj ə-ya'-myiṇ-de အရပ် မြင့်သော

tamarind n ⚘ mə-ji: မန်ကျည်း

tame adj yin-de ယဉ်သော (≠ wild)

tan n ə-tha:-yaun အသားရောင် (light brown); (ə-tha:)-me:-jin: အသားမည်းခြင်း (sun~)

tangerine n ⚘ lein-mɔ လိမ္မော်

tangle n ə-sho'-ə-htwei: အရှုပ်အထွေး

tangled adj sho'-htwei:-dẹ ရှုပ်ထွေးသော

tangy adj chin-hpyoṇ-byoṇ ချဉ်ဖြုံ့ဖြုံ့

tank n kan ကန်၊ tain-ki တိုင်ကီ (water ~); ⚙ tiṇ-ka: တင့်ကား

tanker n ⚓ yei-nan-tin-thin:-bɔ: ရေနံတင်သင်္ဘော

tank top n su'-je စွပ်ကျယ်

tantalise v hswa̰-de ဆွသည်၊ hmyɔ-liṇ-je'-pei:-de မျှော်လင့်ချက်ပေးသည်

tantamount adj ja̰ ကျ၊ yau' ရောက် (the same as)

tap₁ v po'-te ပုတ်သည် (~ on the shoulder); ə-si:-chi'-te အစေးခြစ်သည် (~ rubber); hko:-na:-htaun-de (ဖုန်းလိုင်း)ခိုး နားထောင်သည် (~ the phone lines)

tap₂ n pai'-gaun ပိုက်ခေါင်း (kitchen ~); yei-dain ရေတိုင် (public ~)

tape₁ v tei'-nẹ-ka'-te တိပ်ဖြင့် ကပ်သည် (~ a note to the door); ə-than-hpan:-de အသံဖမ်းသည် (record, ~ the interview)

tape₂ n tei' တိပ် (seal with ~); tei'-

hkwei တိပ်ခွေ (cassette ~)

tape deck n ke'-hse' ကက်ဆက်

tape measure n pei-jo: ပေကြိုး

taper v shu:-de ရှူးသည်

tape recorder n tei'-ri-kɔ-da ရီကော်ဒါ

tapeworm n ☥ than-(gaun) သန်(ကောင်)

tapioca n pə-lɔ:-pi-nan ပီလောပီနံ (~ pudding)

tapir n ☙ jan-thu-dɔ ကြံ့သူတော်

tar n ka'-tə-ya-zi: ကတ္တရာစေး (~ road)

tardy adj nau'-jə-de နောက်ကျသည်

target n se'-kwin: စက်ကွင်း၊ pyi'-hma' ပစ်မှတ် (hit the ~); yi-ywe-je' ရည်ရွယ်ချက် (aim)

taro n ✿ pein:-ṵ ပိန်းဥ

tarp, tarpaulin n ta-pɔ-lin တာပေါ်လင်၊ mo:-ka မိုးကာ

tart adj chin-tin-din ချဉ်တင်တင်

tartar n thə-chi:-jau' သွားချေးကျောက် (~ between your teeth)

task n lo'-hkin: လုပ်ခင်း

taste₁ v myi:-de မြည်းသည် (~ the punch); ə-yạ-dha-shḭ-de အရသာရှိသည် (~s of fish)

taste₂ n ə-jai' အကြိုက် (my ~ in art); ə-yạ-dha အရသာ (flavour); ə-myi: အမြည်း (just have a ~)

tattle n ə-tin:-zə-ga: အတင်းစကား

tattoo₁ v hsei:-hmin-jaun-hto:-de မင်ကြောင်ထိုးသည်

tattoo₂ n hsei:-hmin-jaun ဆေး မင်ကြောင်

taut adj ja'-tẹ ကျပ်သော၊ tin:-dẹ တင်းသော

Tawthalin n tɔ-dhə-lin: တော်သလင်း

tax n ə-kau' အကောက်၊ ə-hkun အခွန်

taxi n te'-kə-si တက္ကစီ

TB n ☥ ti-bi-yɔ:-ga တီဘီရောဂါ

tea n lə-hpe'-yei လက်ဖက်ရည် (black ~ with milk); ə-cho-jau' အချိုခြောက် (black ~ leaves); yei-nwei:-jan ရေနွေးကြမ်း (oolong ~); lə-hpe'-chau' လက်ဖက်ခြောက် (oolong ~ leaves); lə-hpe' လက်ဖက် (pickled ~)

teach v thin-(pei:)-de သင်(ပေး)သည်

teacher n ♂ hsə-ya (စာသင်) ဆရာ၊ ♀ hsə-ya-ma ဆရာမ

teak n ✿ jun ကျွန်း

team *n* hpe' (be') ဖက် (sports ~);
ə-hpwẹ အဖွဲ့ (group)

teammate *n* gə-za:-be' ကစား
ဖက်

tear₁ *v* hpye:-te ဖြဲသည် (~ cloth);
mye'-yei-jạ-de မျက်ရည်ကျသည်
(eyes are ~ing)

tear₂ *n* mye'-yei မျက်ရည် (a ~ in
her eye); hpye:-ya ဖြဲရာ (a ~ in
his shirt)

tease *v* sạ-de စသည်၊ nau'-te
နောက်သည်

technical school *n* se'-hmụ-le'-
hmụ-jaun စက်မှုလက်မှုကျောင်း

technician *n* jun:-jin-wun-dan:
ကျွမ်းကျင်ဝန်ထမ်း

technique *n* ni:-sə-ni: နည်းစနစ်၊
lo'-ni:-(lo'-han) လုပ်နည်း
(လုပ်ဟန်)

technology *n* ni:-pyin-nya
နည်းပညာ

tedious *adj* pyin:-zə-ya-kaun:-
dẹ ပျင်းစရာကောင်းသော

teenager *n* hse-jɔ-the'-lu-nge
ဆယ်ကျော်သက်လူငယ်

teens *n* hse-jɔ-the' ဆယ်ကျော်
သက်

teeny *adj* hlei:-dẹ လေးသော

teeth *n* thwa: သွား။။။ *brush your*

teeth, clean your teeth thwa:-
tai'-te သွားတိုက်သည် ။။။ *false
teeth* thwa:-dụ သွားတု

teetotaler *n* ə-thau'-ə-sa:-kin:-
dhu အသောက်အစားကင်းသူ

telecommunications *n* jei:-
nan:-hse'-thwe-yei:
ကြေးနန်းဆက်သွယ်ရေး

telegram *n* jei:-nan: ကြေးနန်း

telegraph *v* jei:-nan:-yai'-te
ကြေးနန်းရိုက်သည်

telephone *n* te-li-hpon: တယ်လီ
ဖုန်း

telescope *n* hman-byaun: မှန်
ပြောင်း

television *n* ti-bi တီဗွီ၊ yo'-myin-
than-ja: ရုပ်မြင်သံကြား

tell *v* pyɔ:-de ပြောသည် (~ her);
pyɔ:-de ပြောသည် (~ a joke, ~
the truth); hkwe:-cha:-de ခွဲ
ခြားသည် (~ right from wrong)

telling *adj* je'-pain-dẹ
ချက်ပိုင်သော

tell off *v* hsu-de ဆူသည်

tell on *v* zə-ga:-tin:-hso-de
စကားတင်းဆိုသည်

telly *n* ti-bi တီဗွီ

temper *n* sei'-to-jin: စိတ်တိုခြင်း
(a bad ~); sei'-hta: စိတ်ထား (an

even ~)

temperate *adj* thə-ma-hmyạ-tạ-
dẹ သမမျှတသော

temperate zone *n* thə-ma-bain:-
zon သမပိုင်းဇုန်

temperature *n* ə-pu-jein
အပူချိန် (today's ~); ə-hpya:
အဖျား (fever)

temple *n* jaun: ဘုရားကျောင်း
(religious building); nə-htin
နားထင် (place near ear)

temporary *adj* ya-yi ယာယီ

tempt *v* sei'-pa-zei-de စိတ်ပါ
စေသည်၊ sei'-yau'-sei-de စိတ်
ရောက်စေသည် ။။ *resist temptation* sei'-nain-de စိတ်နိုင်သည်

ten *n* tə-hse တစ်ဆယ်၊ hse ဆယ်၊
jei' ကျိပ်

tenant *n* ein-hnga: အိမ်ငှား

tend *v* htein:-thein:-de ထိန်း
သိမ်းသည်၊ pyụ-zụ-de ပြုစုသည်၊
gə-yụ-sai'-te ဂရုစိုက်သည် (~ the
garden); lo'-ta'-te လုပ်
တတ်သည်၊ hpyi'-da'-te ဖြစ်
တတ်သည်၊ tein:-hnyu'-te
တိမ်းညွတ်သည် (~ to go wrong)

tender *adj* nụ-de နူသော (~
spot); na'-tẹ နပ်သော (cook until
~); yụ-yạ-dẹ ယုယသော (~

care); jin-na-dẹ ကြင်နာသော
(kind)

tendon *n* Ⓨ ə-yu' အရွတ်

tendril *n* ə-nyuṇ အညွန့်

tense *adj* tin:-dẹ တင်းသော (keep
the rope ~); tin:-ma-dẹ
တင်းမာသော (a ~ situation)

tent *n* mo:-ka-de: မိုးကာတဲ

tentacle *n* san:-le'-tan
စမ်းလက်တံ

tenth *n* da'-thə-mạ, də-thə-mạ
ဒသမ

ten thousand *n* thaun: သောင်း

tepid *adj* je'-thein:-nwei:-dẹ
ကြက်သီးနွေးသော (~ water)

term *n* wɔ:-ha-rạ ဝေါဟာရ၊ ə-
hkɔ အခေါ် (technical ~); si:-gan:-
je' စည်းကမ်းချက် (~ of agreement); ka-lạ ကာလ (school ~)
။။ *in terms of* a:-hpyiṇ အားဖြင့်၊ ə-
yạ အရ ။။ *general term* pin-mạ-
zə-gạ:-lon ပင်မစကားလုံး၊ pin-
mạ-ə-hkɔ-ə-wɔ ပင်မအခေါ်ဝေါ်
။။ *come to terms* hnyi-hnain:-
de ညှိနှိုင်းသည် ။။ *be on good
terms* tẹ-de တည့်သည်

terminal₁ *adj* ə-hson:-hpyi'-tẹ
အဆုံးဖြစ်သော

terminal₂ *n* ka:-gci' ကားဂိတ်

(bus ~); zin:-jan (လေဆိပ်)စကြို
(airport ~); bu-ta ဘူတာ (rail ~);
⌨kun-pyu-ta ကွန်ပျူတာ
(computer ~)

terminate v ə-hson:-tha'-te
အဆုံးသတ်သည်၊ pi:-pya'-te
ပြီးပြတ်သည် (end); ə-lo'-hpyo'-
te အလုပ်ဖြုတ်သည် (~ an
employee)

terminus n gei' ဂိတ် (bus ~); ə-
hson: အဆုံး (end)

termite n ☙ chə ခြ ။။ *flying
termite* ☙ bə-lu ပလု

terrified adj jau'-lan̲-de̲
ကြောက်လန့်သော

territory n ne နယ်

terror n ə-jau'-ji:-hmṵ
အကြောက်ကြီးမှု (fear); do'-hkə-
pei:-dhu ဒုက္ခပေးသူ (a rabid dog
was the ~ of the street for weeks)

terrorist n ə-jan:-be'-dhə-ma:
အကြမ်းဖက်သမား

terry-cloth n mwei:-so'-tə-be'
မွေးစုတ်တဘက်

terse adj to-de̲ တိုသော

test₁ v sa-si:-te စာစစ်သည် (~ a
student); pyin-nya-san:-de
ပညာစမ်းသည် (~ knowledge); san-
de စမ်းသည် (~ an idea); si'-te

စစ်သည် (~ blood)

test₂ n sa-mei:-bwe: စာမေးပွဲ
(exam); ə-san:-po'-hsa
အစမ်းပုစ္ဆာ (IQ ~); ə-san: အစမ်း
(trial)

testament n ♱ də-mạ-jan:
ဓမ္မကျမ်း ။။ *last will and
testament* ⚖ thei-dan:-za
သေတမ်းစာ ။။ *old testament*
♱ də-mạ-thi:-jan: ဓမ္မသစ်ကျမ်း
။။ *old testament* ♱ də-mạ-haun:-
jan: ဓမ္မဟောင်းကျမ်း

testicle n ♂ ka'-pe ကပ်ပယ်၊
hwei:-zi̲ ဝှေးစေ့၊ gwei:-ṵ ဝွေးဥ

testify v the'-thei-lai'-te
သက်သေလိုက်သည်

testimonial n htau'-hkan-za
ထောက်ခံစာ

test tube n hpan-byun ဖန်ပြွန်

testy adj ə-ke:-hsa'-te̲
အကဲဆတ်သော

tetanus n ♂ mei:-hkain-yɔ:-ga
မေးခိုင်ရောဂါ

text n sa စာ၊ sa-dha: စာသား

textbook n jaun:-thon:-sa-o'
ကျောင်းသုံးစာအုပ်၊ pya'-htan:-je'-
sa-o' ပြဌာန်းချက်စာအုပ်

textile n ə-hte-ə-lei'
အထည်အလိပ်

texture *n* ə-tha: အသား

Thadingyut *n* thə-din:-ju' သီတင်းကျွတ်

Thai *adj* ⊕ htain: ထိုင်း

Thailand *n* ⊕ htain:-nain-gan ထိုင်းနိုင်ငံ

than *prep* hte' ထက်

thanakha *n* thə-nə-hka: သနပ်ခါး

thank *v* jei:-zu:-tin-de ကျေးဇူးတင်သည်

thank God! *exp* hpə-ya:-mə-dạ-be: ဘုရားမတော၀ဲ

thankful *adj* jei:-zu:-thị-dẹ ကျေးဇူးသိသော

thanks to *prep* jaun̲-(mọ-(lọ)) ကြောင့်(မို့(လို့))

that₁ *prep* tẹ တဲ့

that₂ *pron* hto ထို၊ ho ဟို၊ e:-da အဲဒါ၊ yin: ယင်း

that's all *exp* da-be: ဒါပဲ

thaw *v* pyɔ-de ပျော်သည်

theater, theatre *n* za'-yon ဇာတ်ရုံ (playhouse); yo'-shin-yon ရုပ်ရှင်ရုံ (movie ~); ¥ hkwe:-sei'-hkan: ခွဲစိတ်ခန်း (operating ~)

theft *n* ⚒ hko:-hmụ ခိုးမှု၊ hko:-jin: ခိုးခြင်း

theme *n* hso-lo-yin: ဆိုလိုရင်း၊ ə-jaun:-ə-ya အကြောင်းအရာ

then *prep* da-hso-yin ဒါဆိုရင် (in that case); nau'-pi: နောက်ပြီး (after that); pi:-dọ ပြီးတော့

theory *n* thi-o-ri သီအိုရီ

therapy *n* ¥ kụ-hton:-kụ-ni: ကုထုံးကုနည်း၊ hsei:-kụ-jin: ဆေးကုခြင်း

Theravada *n* ⊞ htei-yạ-wa-dạ ထေရဝါဒ

therefore *prep* htọ-jaun̲ ထို့ကြောင့်

thermometer *n* tha-mo-mi-ta သာမိုမီတာ

Thermos® *n* da'-bu: ဓာတ်ဘူး

thesis *n* jan: ကျမ်း၊ sa-dan: စာတမ်း

they *pron* thu-mya: သူများ

thick *adj* htu-de ထူသော (≠ thin); pyi'-tẹ ပျစ်သော (viscous, ≠ runny)

thicket *n* chon-bo' ချုံပုတ်

thickness *n* ə-htu အထူ

thief *n* thə-hko: သူခိုး

thigh *n* paun ပေါင်

thimble *n* a'-htau' အပ်ထောက်

thin *adj* pein-dẹ ပိန်သော (≠ fat); pa:-dẹ ပါးသော (≠ thick); je:-dẹ ကျဲသော (~ soup)

thing *n* pyi'-si: ပစ္စည်း၊ ə-ya အရာ၊ o'-sa ဥစ္စာ

Thingyan *n* thin:-jan, thə-jan သကြန်

think *v* sin:-za:-de စဉ်းစားသည်၊ sei'-ku:-de စိတ်ကူးသည်၊ yu-hsa-de ယူဆသည်၊ htin-de ထင်သည်

third *n* tə-tị-ya တတိယ

thirst *n* ə-nga' အငတ်

thirsty *adj* yei-nga'-tẹ ရေငတ်သော၊ yei-hsa-dẹ ရေဆာသော

thirty *n* thon:-ze သုံးဆယ်

this *pron* da ဒါ၊ di ဒီ၊ hto ထို

thong *n* the:-jo: (ဖိနပ်)သည်းကြိုး (sandal ~); jo: ကြိုး (tie with a ~)

thorn *n* hsu: ဆူး

thorough *adj* sei-za'-tẹ စေ့စပ်သော၊ thei-ja-dẹ သေချာသော

though *prep* thɔ-le: သော်လည်း၊ thɔ-thɔ သို့သော်

thought *n* ə-jan အကြံ၊ sei'-ku ə-twei: အတွေး

thoughtless *adj* mai'-kan:-gan: မိုက်ကန်းကန်း၊ ə-yan:-mẹ အရမ်းမဲ့

thousand *n* htaun ထောင် ‖‖ *ten thousand* thaun: သောင်း ‖‖ *hundred thousand* thein: သိန်း

thread₁ *v* kon:-de ကုံးသည်

thread₁ *n* ə-hmyin အမျှင် (fibre);

chi ချည် (needle and ~); ə-yi' အရစ် (screw ~)

threadworm *n* to' တုတ်

threat *n* chau'-lon: ခြောက်လုံး၊ chein:-chau'-hmu ခြိမ်းခြောက်မှု (~ of violence); bei:-yan ဘေးရန် (~ to the environment)

threaten *v* chein:-chau'-te ခြိမ်းခြောက်သည်

three *n* thon: သုံး

threshold *n* tə-ga:-gon တံခါးခုံ

thrift *n* chwei-ta-yei: ချွေတာရေး

thrifty *adj* chwei-ta-dẹ ချွေတာသော၊ ə-thon:-sei-za'-tẹ အသုံးစေ့ဇပ်သော

thrill *n* yin-hkon-jin: ရင်ခုန်ခြင်း

thrive *v* ji:-pwa:-de ကြီးပွားသည် (business is ~ing); ə-nyuṇ-lu-de အညွန့်လှူသည် (plants ~)

throat *n* le-jaun လည်ချောင်း ‖‖ *sore throat* le-jaun:-kwe:-de လည်ချောင်းကွဲသည်

throne *n* pə-lin ပလ္လင်

throng *n* ə-pyein: အပြိန်း

through *prep* tə-hsiṇ တစ်ဆင့် (via); hpya'-lye' ဖြတ်လျက် (~ the doorway); lon:-pau' လုံးပေါက် (~ the night)

through and through *exp* ə-

abcdefghijklmnopqrstuvwxyz

twin: -jạ-jạ အတွင်းကျကျ

throughout *adj* tə-shau' တစ်လျှောက်၊ lon:-lon: လုံးလုံး၊ ə-hnaṇ အနှံ့ (~ the state)

throw *v* pyi'-te ပစ်သည် (~ a stone); jin:-pạ-de ကျင်းပသည် (~ a party)

throw away *v* suṇ-pyi'-te စွန့် ပစ်သည်၊ hlwiṇ-pyi'-te လွှင့် ပစ်သည်

throw-away *adj* tə-hka-thon: တစ်ခါသုံး (disposable)

throw off *v* lwiṇ-sin-de လွှင့်စဉ်သည်

throw out *v* suṇ-pyi'-te စွန့် ပစ်သည်၊ hlwiṇ-pyi'-te လွှင့် ပစ်သည်

throw up *v* an-de အန်သည် (vomit)

thrush *n* ✡ hme'-hkə-yụ မှက်ခရု (fungal infection)

thrust₁ *v* hto:-de ထိုးသည်

thrust₂ *n* tun:-a: တွန်းအား

thud *n* don: ဒုန်း (fall with a ~)

thug *n* lu-jan: လူကြမ်း

thumb *n* le'-mạ လက်မ ။။ **give a thumbs up** le'-mạ-htaun လက်မထောင်သည်

thumbtack *n* than-hmo သံမှို

thump *v* htụ-de ထုသည်

thunder *v* mo:-chein:-dhan မိုးခြိမ်းသံ

thunderbolt *n* mo:-jo: မိုးကြိုး

Thursday *n* ja-thə-pə-dei: ကြာသပတေး

thus *prep* thọ-hpyi'-ywei သို့ဖြစ်၍

thwart *v* kaṇ-de ကန့်သည်၊ ta:-hsi:-de တားဆီးသည်

tical *n* ja'-tha: ကျပ်သား

tick *n* ✡ hmwa: မွှား

ticket *n* le'-hma' လက်မှတ်

tickle *v* kə-lị-hto:-de, gə-lị-hto:-de ကလိထိုးသည် (~ a child); ya:-jị-ya:-jị-hpyi'-te ယားကျိယားကျိ ဖြစ်သည် (hair ~s the neck)

tide *n* di-yei ဒီရေ

tidy *adj* shin:-lin:-dẹ ရှင်းလင်းသော (~ room); tha'-ya'-tẹ သပ်ရပ်သော (~ clothing)

tidy up *v* thaṇ-shin:-de သန့်ရှင်းသည်

tie₁ *v* si:-de စည်းသည်၊ to'-te တုပ်သည်

tie₂ *n* le-zi: လည်စည်း (neck~); than-yɔ:-zin-jo: သံယောဇဉ်ကြိုး (~ to a place)

tier *n* hsiṇ ဆင့်

tie up *v* cho'-hnaun-de ချုပ်နှောင်သည် (~ with rope); ngwei-hmyo'-te ငွေမြှုပ်သည် (~ money)

tiffin box *n* hswe-jain ဆွဲချိုင့်

tiger *n* 🐾 ja: ကျား

tight *adj* ja'-te ကျပ်သော

tightrope *n* jo:-dan: ကြိုးတန်း

tights *n* ə-tha:-ka'-baun:-bi အသားကပ်ဘောင်းဘီ

tile *n* jwei-bya: ကြွေပြား (floor ~); o'-ju' အုတ်ကြွပ် (roof ~)

till *prep* (ə)-hti (အ)ထိ

tilt *v* saun:-de စောင်းသည်၊ tein:-de တိမ်းသည်

tilt back *v* hlan-de လှန်သည်

tilt up *v* mɔ:-de မော့သည်

timber *n* pyin pျဉ်

time₁ *v* ə-chein-hma'-te အချိန်မှတ်သည် (~ the racer); chein-kai'-te ချိန်ကိုက်သည် (~ our arrival)

time₂ *n* ə-chein အချိန် (out of ~); hki' ခေတ်၊ ka-la ကာလ (in those ~s); ə-hka အခါ (at that ~); jein ကြိမ် (only one ~) ။။ *every time* ə-hka-dain: အခါတိုင်း ။။ *at all times, at any time* ə-chein-mə-ywei အချိန်မရွေး ။။ *at this time, for the time being* la'-tə-lɔ:

လတ်တလော ။။ *from time to time* yan-hpan-yan-hka ရံဖန်ရံခါ ။။ *be in time* ə-chein-mi-de အချိန်မီသည် ။။ *some time ago* tə-lɔ:-ga တစ်လောက ။။ *kill time* ə-pyin:-hpyei-de အပျင်းဖြေသည် ။။ *be a long time* ja-de ကြာသည်

timetable *n* ə-chein-zə-ya: အချိန်ဇယား

tin *n* than-byu သံဖြူ (metal); than-bu: သံဘူး (~ of sardines)

tinea *n* 🌿 pwei: ပွေး

tingle *v* jin-de ကျဉ်သည် ။။ *feel your spine tingle* jɔ:-chan-de ကျောချမ်းသည်

tinkle *v* tə-chwin-chwin-myi-de တချွင်ချွင်မြည်သည်

tiny *adj* thei:-kwei:-de သေးကွေးသော

tip₁ *v* tein:-de တိမ်းသည် (slant)

tip₂ *n* ə-hpya: အဖျား၊ htei' ထိပ် (end); le'-tɔ-zə-ga လက်တို့ စကား (hint); kun:-bo ကွမ်းဖိုး၊ mon-bo: မုန့်ဖိုး (money); ə-hmai'-pon-ji အမှိုက်ပုံကြီး (dump)

tipitaka *n* 📖 ti-pi-tə-ka တိပိဋက

tire₁ *v* mɔ:-thwa:-de မောသွားသည်

tire₂ *n* ta-ya တာယာ

tired *adj* ngai'-tẹ ငိုက်တေ့ (sleepy); mᴐ:-dẹ မောသော၊ pin-pan:-dẹ ပင်ပန်းသော (exhausted)

tired of *adj* nyi:-ngwei-dẹ ငြီးငွေ့သော

tiresome *adj* nyi:-ngwei-zə-ya-kaun:-dẹ ငြီးငွေ့စရာကောင်းသော

tissue *n* ti-shu: တစ်ရှူး (paper)

title *n* gaun:-zin ခေါင်းစဉ် (heading); pain-hsain-gwiṇ ပိုင်ဆိုင်ခွင့် (ownership)

to *prep* ko ကို၊ hsi ဆီ၊ htan ထံ၊ thọ သို့ (toward); (cə)-htị (အ)ထိ (until); aun အောင်၊ yan ရန်၊ ə-twe' အတွက် (in order ~)

toad *n* 🐸 hpə-byo' ဖားပြုပ်

toast *v* kin-de ကင်သည် (~ bread)

toast *n* paun-moṇ-gin ပေါင်မုန့်ကင်

toaster *n* paun-moṇ-kin-ze' ပေါင်မုန့်ကင်စက်

tobacco *n* 🌿 hsei: ဆေး၊ ba-ji:-ni:-ya: ဘာဂျီးနီးယား

-to-be *suff* laun: လောင်း

today *n* di-neị ဒီနေ့

toddler *n* ma'-ta'-pyei: မတ်တတ်ပြေး (small child)

toddy *n* htə-yei ထန်းရည်

toe *n* chi-chaun: ခြေချောင်း (~ of foot); hpə-na'-u: ဖိနပ်ဦး (~ of shoe)

toenail *n* chi-dhe: ခြေသည်း

toes *n* chi-bya: ခြေဖျား

tofu *n* pe:-pya ပဲပြား

together *adv* ə-tu-du အတူတူ၊ wain: ဝိုင်း

toilet *n* ein-dha အိမ်သာ

toilet paper, toilet tissue, toilet roll *n* ti'-shu:-lei' တစ်ရှူးလိပ်

toilet water *n* ə-hmwei:-yei အမွှေးရည်

token *n* to-kin တိုကင်

tolerance *n* hkan-nain-yi ခံနိုင်ရည်၊ thi:-hkan-hmụ သည်းခံမှု

tolerant *adj* sei'-shei-dẹ စိတ်ရှည်သော

tolerate *v* thi:-hkan-de သည်းခံ

toll *n* gei'-jei ဂိတ်ကြေး၊ bein:-gun ဘီးခွန် (pay the ~); pye'-si:-hson:-shon:-hmụ ပျက်စီးဆုံးရှုံးမှု (take a ~)

tomato *n* 🥗 hkə-yan:-jin ခရမ်းချဉ်

tomb *n* o'-gu အုတ်ဂူ

tomboy *n* yau'-kə-sha, yau'-jə-sha ယောက်ျားလျာ (girl who acts like a boy)

tomorrow *n* mə-ne'-hpyan မနက်ဖြန် ။။ *the day after tomorrow* thə-be'-hka သန်ဘက်ခါ

ton *n* tan တန်

tone *n* ə-than အသံ ။။ *creaky tone* the'-than သက်သံ၊ than-do သံတို ။။ *low tone* te'-than တက်သံ၊ than-shei သံရှည် ။။ *high tone* jə-dhan ကျသံ၊ than-lei: သံလေး၊ nein-dhan နိမ့်သံ

tongs *n* than-hnya' သံညှပ်

tongue *n* sha လျှာ

tonic *n* a:-zei: အားဆေး

tonight *adv* (di)-nyə-jə-hma (ဒီ) ညကျမှ

tonight *n* di-nyə ဒီည

tonsils *n* ♀ pə-thị ပသိ၊ a-dhi: အာသီး

tonsillitis *n* ♀ pə-thị-yaun-na ပသိရောင်နာ

too₁ *prep* le: လည်း (also)

too₂ *adv* ə-lun အလွန်၊ ə-yan: အရမ်း၊ a:-ji: အားကြီး (excessively)

tool *n* kə-rị-ya ကိရိယာ

tooth *n* thwa: သွား ။။ *baby tooth, milk tooth* nge-dhwa: ငယ်သွား ။။ *false teeth* an-ka'

အံကပ် ။။ *wisdom tooth* an-zon: အံဆုံး

toothache *n* ♀ thwa:-kai'-chin: သွားကိုက်ခြင်း

toothbrush *n* dhə-bu'-tan သွားပွတ်တံ

toothpaste *n* thwa:-tai'-hsei: သွားတိုက်ဆေး

toothpick *n* thwa:-ja:-hto:-dan သွားကြားထိုးတံ

top₁ *adj* htei'-tan: ထိပ်တန်း၊ htei'-hson: ထိပ်ဆုံး

top₂ *n* htei' ထိပ် (highest part); ə-hpon: အဖုံး (lid); jin ဂျင် (toy)

topaz *n* o'-thə-hpə-ya: ဥဿဖရား

topic *n* ə-jaun:-ə-ya အကြောင်း အရာ

topple *v* pyo-le:-de ပြိုလဲသည်

torch *n* da'-mi: ဓာတ်မီး (electric ~, flashlight); mi:-shu:-dain မီးရှူးတိုင် (flaming ~)

torn *adj* pye-nei-dẹ ပြဲနေသော (~ shirt); sei'-hnə-hkwạ-hpyi'-tẹ စိတ်နှစ်ခွဖြစ်သော (~ between)

tornado *n* lei-hsin-hnə-maun: လေဆင်နှာမောင်း

torso *n* ko-de ကိုယ်ထည်

tortoise *n* ❀ lei' လိပ်

torture *n* hnyin:-hse:-de
ညှင်းဆဲသည်၊ hnei'-se'-te
နှိပ်စက်သည်

toss *v* pyi'-te ပစ်သည်၊ hka'-te
ခတ်သည် (~ a ball); suṇ-de
စွန့်သည် (throw away); lu:-lein-
de လူးလိမ့်သည် (~ and turn)

tot *n* ə-ne:-nge အနည်းငယ် (small
amount); hkə-lei:-nge
ကလေးငယ် (small child)

total *n* sụ-sụ-paun: စုစုပေါင်း၊ ə-
paun: အပေါင်း

totally *adv* ə-pyei-ə-wạ အပြည့်
အဝ (completely); ə-pya'-ə-tha'
အပြတ်အသတ် (defeated ~)

touch₁ *v* hti-de ထိသည် (don't
~!); yin-niṇ-de ရင်နှင့်သည် (a
~ing story)

touch₂ *n* ə-hti-ə-twei အထိ
အတွေ့ (contact); ne:-ne:
နည်းနည်း (small amount) ။။ **get in
touch** hse'-thwe-de ဆက်
သွယ်သည် ။။ **be out of touch**
wei:-de ဝေးသည်

touch and go *adj* thi-thi-gə-lei:
သိသိကလေး

touched *adj* sei'-mə-hnaṇ-de
စိတ်မနှံ့သော (~ in the head); yin-
niṇ-dẹ ရင်နှင့်သော (~ by your
words)

touch up *v* hmon:-de မှုန်းသည်

touchy *adj* thein-mwei-dẹ
သိမ်မွေ့သော (delicate); sei'-hti-
hkai'-zei-de စိတ်ထိခိုက်စေသော
(a ~ issue for us)

tough *adj* ə-jan:-hkan-dẹ
အကြမ်းခံသော (durable); hke'-tẹ
ခက်သော (difficult); ma-dẹ
မာသော (≠ tender)

tour₁ *v* hkə-yi:-hlẹ-de ခရီး
လှည့်သည်

tour₂ *n* hkə-yi:-zin ခရီးစဉ်

tourist *n* hkə-yi:-dhe ခရီးသည်

tournament, tourney *n* pyain-
bwe: ပြိုင်ပွဲ

tout₁ *v* zei:-hkɔ-de ဈေးခေါ်သည်

tout₂ *n* shwei-jo ရွှေကြိုး

tow *v* chei'-hswe:-de ချိတ်
ဆွဲသည်

toward(s) *prep* thọ သို့ (go ~); ə-
twe' အတွက် (contribute ~)

towel *n* tə-be' တဘက်၊ pə-wa
ပဝါ

tower *n* sin စင် ။။ **clock tower** na-
yi-zin နာရီစင် ။။ **watchtower**
hmyɔ-zin မျှော်စင်

town *n* 🌐 myọ မြို့

township *n* 🌐 myọ-ne မြို့နယ်

‖‖ *sub-township* myọ-ne-gwe:
မြို့နယ်ခွဲ

toxic *adj* ə-hsei'-hpyi'-tẹ
အဆိပ်ဖြစ်သော

toxin *n* ə-hsei' အဆိပ်

toy *n* gə-za:-sə-ya ကစားစရာ

trace₁ *v* chi-ya-kau'-te ခြေရာ
ကောက်သည် (~ him to Paris); hta'-
ku:-de ထပ်ကူးသည် (~ a drawing)

trace₂ *n* chi-ya-le'-ya ခြေရာ
လက်ရာ၊ ə-yei'-ə-ngwei
အရိပ်အငွေ့

trachea *n* ♈ lei-byun လေပြွန်

trachoma *n* ♈ mye'-hkan:-sa'
မျက်ခမ်းစပ်

tracing paper *n* yei-pa:-se'-ku
ရေပါးစက္ကူ၊ hsi-sein-se'-ku
ဆီစိမ်စက္ကူ

track₁ *v* chi-ya-kau'-te ခြေရာ
ကောက်သည်၊ chi-ya-hkan-lai'-
te ခြေရာခံလိုက်သည် (~ to); hta'-
ku:-de ထပ်ကူးသည် (~ an outline)

track₂ *n* lan: လမ်း (small road);
chi-ya ခြေရာ (mark of a foot);
bein:-ya ဘီးရာ (tyre (tire) ~s);
than-lan: သံလမ်း (railroad ~)

track and field *n* pyei:-hkon-
pyi' ပြေးခုန်ပစ်

tract *n* ne-myei နယ်မြေ (stretch

of land); lan:-jaun: လမ်းကြောင်း
(respiratory ~); sa-dan: စာတမ်း
(religious ~) ‖‖ *village tract*
🌐 ywa-o'-sụ ရွာအုပ်စု

tractor *n* htun-ze' ထွန်စက်

trade₁ *v* yaun:-we-de
ရောင်းဝယ်သည် (do business); le:-
de လဲသည် (exchange)

trade₂ *n* 🏮 ə-yaun:-ə-we
အရောင်းအဝယ်၊ kon-thwe-yei:
ကုန်သွယ်ရေး (business); le:-jin:
လဲခြင်း (exchange); ə-lo'-ə-kain
အလုပ်အကိုင် (line of work)

trade fair *n* kon-si-pya-bwe:
ကုန်စည်ပြပွဲ

trademark *n* kon-də-zei'
ကုန်တံဆိပ်၊ ə-hma'-də-zei'
အမှတ်တံဆိပ်

trader *n* kon-dhe ကုန်သည်

tradition *n* ə-sin-ə-la အစဉ်
အလာ၊ hton:-zan ထုံးစံ၊ də-lei
ဓလေ့

traditional *adj* ə-yo:-swe:-dẹ
အရိုးစွဲသော၊ shei:-yo:-hsan-dẹ
ရှေးရိုးဆန်သော

traffic *n* ka:-mya:-hmụ ကားများမှု
(many cars); ə-thwa:-ə-la
အသွားအလာ (movement); kon-
ku:-jin: ကုန်ကူးခြင်း (trade)

traffic circle *n* ə-wain: အဝိုင်း

traffic jam *n* yin-jɔ:-pei'-hsọ-hmụ ယာဉ်ကြောပိတ်ဆို့မှု၊ lan:-pei'-hsọ-hmụ လမ်းပိတ်ဆို့မှု

traffic light, traffic signal *n* mi:-pwaiṇ မီးပွိုင့်

traffic police *n* yin-dein:-ye: ယာဉ်ထိန်းရဲ

tragedy *n* ə-hpyi'-hso: အဖြစ်ဆိုး (disaster); yin-niṇ-zə-ya-za'-lan: ရင်နင့်စရာဇာတ်လမ်း (drama)

trail₁ *v* chi-ya-hkan-lai'-te ခြေရာခံလိုက်သည် (~ the suspect); (ə-hmyin)-tan:-de (အမွီး)တန်းသည် (the tail ~s behind); nau'-ja-jan-de နောက်ကျကျန်သည် (the children ~ the adults)

trail₂ *n* tɔ:-lan: တောလမ်း

trailer *n* nau'-twe: နောက်တွဲ (~ behind a truck); sə-hkan:-chạ-yin စခန်းချယာဉ် (live in a ~); yo'-shin-nə-mu-na ရုပ်ရှင်နမူနာ (movie ~)

train₁ *v* thin-pei:-de သင်ပေးသည်

train₂ *n* (mi:)-yə-hta: (မီး)ရထား

trainee *n* pyin-nya-thin ပညာသင်၊ thin-dan:-dha: သင်တန်းသား

training *n* (ko-le'-jaṇ-hkain-

yei:)-lei-jin-hkan: (ကိုယ်လက် ကြံ့ခိုင်ရေး)လေ့ကျင့်ခန်း (physical ~); thin-dan: သင်တန်း (class)

training camp *n* lei-jin-yei:-sə-khan: လေ့ကျင့်ရေးစခန်း

trait *n* ə-jɔ: အကြော၊ zạ ဇ

traitor *n* thi'-sa-bau' သစ္စာ ဖောက်၊ pə-hsei'-yo: ပုဆိန်ရိုး

tram *n* da-yə-hta: တရထား

tramp₁ *v* lei:-lei:-kan-gan-shau'-te လေးလေးကန်ကန်လျှောက်သည်

tramp₂ *n* kə-lei-kə-chei ကလေကချေ

trample *v* hsin-nin:-de ဆင်နင်းသည်

trance *n* bə-win-jạ-hmụ ဘဝင်ကျမှု

tranquil *adj* nyein:-ei:-dẹ ငြိမ်းအေးသော

tranquilizer *n* thwei:-nyein:-zei: သွေးငြိမ်းဆေး၊ ei'-hsei: အိပ်ဆေး

transaction *n* kei:-sạ ကိစ္စ

transcribe *v* sa-ku:-de စာကူးသည်

transcript *n* ku:-yei:-je' ကူးရေးချက်၊ yei:-ku:-dẹ-sa ရေးကူးသောစာ

transfer *v* pyaun:-shwẹi-de ပြောင်းရွှေ့သည် (move); hlwẹ-de

လွဲသည် (~ money)

transform *v* ku:-pyaun:-de ကူးပြောင်းသည်

transfuse *v* ⚕ thwei:-thwin:-de (သွေး)သွင်းသည်

transient *adj* ya-yi ယာယီ၊ hki'-tၟ ခေတ္တ

transit *n* ə-ku:-ə-than: အကူးအသန်း

transition *n* ə-ku:-ə-pyaun: အကူးအပြောင်း (change); ku:-pyaun:-hse:-ka-lၟ ကူးပြောင်းဆဲ ကာလ (time of change); zə-ga:-jei' စကားချိတ်

translate *v* ba-dha-pyan-de ဘာသာပြန်သည်

translation *n* ba-dha-pyan-jin: ဘာသာပြန်ခြင်း (process of trans-lating); ba-dha-pyan-sa-o' ဘာသာပြန်စာအုပ် (translated book); ba-dha-pyan-je' ဘာသာပြန်ချက် (What's the ~?)

translator *n* ba-dha-pyan ဘာသာပြန်

transmission *n* gi-ya-on ဂီယာ အုံ (automatic ~); hto'-hlwin:-jin: ထုတ်လွှင့်ခြင်း (broadcast)

transmit *v* pọ-de ပို့သည်၊ ku:-de ကူးသည် (~ message); ku:-se'-te ကူးစက်သည် (~ disease); ə-than-hlwin̥-de အသံလွှင့်သည် (broadcast)

transmitter *n* ə-than-hlwin̥-ze' အသံလွှင့်စက်

transparent *adj* ji-dၟ ကြည်သော

transplant₁ *v* kau'-sai'-te ကောက်စိုက်သည် (~ rice); myei-chၟ-de မြေချသည်၊ pyaun:-shwei̥-sai'-te ပြောင်းရွှေ့စိုက်သည် (~ into the garden)

transplant₂ *n* ⚕ ə-sa:-hto:-kụ-thၟ-hmụ အစားထိုးကုသမှု (heart ~)

transport *v* tin-hsaun-de တင်ဆောင်သည်၊ pọ-hsaun-de ပို့ဆောင်သည်၊ the-hsaun-de သယ်ဆောင်သည်

transport(ation) *n* the-yu-pọ-hsaun-yei: သယ်ယူပို့ဆောင်ရေး

transvestite *n* gan-du: ဂန္ဓး

trap₁ *v* htaun-hpan:-de ထောင် ဖမ်းသည်

trap₂ *n* htaun-chau' ထောင် ချောက်

trash *n* ə-hmai' အမှိုက်

travel₁ *v* hkə-yi:-htwe'-te ခရီး ထွက်သည်

travel₂ *n* hkə-yi:-thwa:-jin: ခရီးသွားခြင်း ။။ ***travel allowance, travel expenses*** hkə-yi:-zə-yei' ခရီးစရိတ် ။။ ***travel permit*** hkə-yi:-thwa:-gwiṇ ခရီးသွားခွင့်

traveler, traveller *n* hkə-yi:-dhe ခရီးသည်

travelogue *n* hkə-yi:-thwa:-hsaun:-ba ခရီးသွားဆောင်းပါး၊ hkə-yi:-thwa:-sa-o' ခရီးသွားစာအုပ်

tray *n* lin-ban: လင်ပန်း

treachery, treason *n* nain-gan-də-thi'-sa-hpau'-hmụ နိုင်ငံတော်သစ္စာဖောက်မှု

treasure *n* thai' သိုက်

treasurer *n* ngwei-dein: ငွေထိန်း၊ ban-da-so: ဘဏ္ဍာစိုး

treasury *n* ngwei-tai' ငွေတိုက်၊ ban-da-tai' ဘဏ္ဍာတိုက်

treat *v* ⚕ kụ-thạ-de ကုသသည် (disease); pyụ-zụ-de ပြုစုသည် (take care of); də-ga-hkan-de ဒကာခံသည် (~ you to a meal)

treatment *n* ⚕ kụ-thạ-hmụ ကုသမှု (medical ~); ə-pyụ-ə-sụ အပြုအစု၊ hse'-san-hmụ ဆက်ဆံမှု (manner of dealing)

treaty *n* 🌐⚖ sa-jo' စာချုပ်၊ 🌐⚖ thə-bo:-tu-nyi-je' သဘောတူညီချက်

tree *n* 🌿 thi'-pin သစ်ပင်

trek *v* taun-te'-te တောင်တက်သည်

trellis *n* sin စင်

tremble *v* ton-de တုန်သည်

tremendous *adj* e-ya-mạ ဧရာမ (very large); ə-yan:-kaun:-dẹ အရမ်းကောင်းသော (very good)

tremor *n* hlo'-chin: လှုပ်ခြင်း

trench *n* jin: ကျင်း

trend *n* u:-ti-ya-lan:-jaun: ဦးတည်ရာလမ်းကြောင်း (economic ~); la:-ya လားရာ (fashion)

trendy *adj* hki'-hsan-dẹ ခေတ်ဆန်သော

trespass *v* ju:-jə-de ကျူးကျော်သည်

trial *n* ⚖ ə-hmụ-si'-chin: အမှုစစ်ခြင်း (in court); ✲ ə-san: အစမ်း (test)

triangle *n* tə-rị-gan တြိဂံ

tribe *n* ə-myo:-za' အမျိုးဇာတ်

tribunal *n* ⚖ hkon-yon: ခုံရုံး

tributary *n* 🌐 myi'-le'-te' မြစ်လက်တက် (river)

tribute *n* 🌐 💠 pə-na ပဏ္ဏာ (pay ~ to an emperor); chi:-jụ:-gon-pyụ-jin: ချီးကျူးဂုဏ်ပြုခြင်း (show of respect)

trick *n* nya-lon: ညာလုံး၊ tə-hpe'-hlẹ-jin: တစ်ဖက်လှည့်ခြင်း၊ ə-lein အလိမ်

trickle *v* yo-si:-de ယိုစီးသည်

tricky *adj* nyan-mya:-dẹ ဉာဏ်များသော၊ ma-ya-mya:-dẹ မာယာများသော (manipulative); hlẹ-kwe'-shị-dẹ လှည့်ကွက်ရှိသော (unpredictable)

trifle *n* mə-hso-sə-lau' မဆိုစလောက်

trigger *n* maun:-hkə-lo' မောင်းခလုတ်

trim₁ *v* tha'-te သတ်သည် (edge); thi-de သီသည် (cut a little); ə-hmun:-tin-de အမွမ်းတင်သည် (decorate)

trim₂ *n* ə-na: အနား

trio *n* thon:-hkụ-ə-sụ သုံးယောက်၊ ခုၢ စသည့် အစု

trip₁ *v* hkə-lo'-tai'-te ခလုတ်တိုက်သည် (stumble); chi-hto:-de ခြေထိုးသည် (~ sb)

trip₂ *n* hkə-yi: ခရီး

triplets *n* thon:-hmwa-bu: သုံးမွှာဖွား

tripod *n* hkwin ခွင်၊ thon:-jaun:-dau' သုံးချောင်းထောက်

trishaw *n* sai'-ka: ဆိုက်ကား

triumph *n* ə-nain အနိုင်

trivia *n* ə-thei:-ə-hmwa: အသေးအမွှား၊ mə-hso-zə-lau' မဆိုစလောက်

trivial *adj* tein-dẹ တိမ်သော၊ no'-te နုပ်သော

trivialities, triviality *n* ə-no'-ə-so' အနုပ်အစုတ်၊ ə-lei-na'-tə: အလေ့နာတော

trolley *n* le-tun:-hle လက်တွန်းလှည်း (cart); da'-yə-hta: ဓာတ်ရထား (~ car, ~bus)

troop *n* ♪ ta'-sụ တပ်စု

trophy *n* hpə-la: ဖလား

tropics *n* ə-pu-bain:-zon အပူပိုင်းဇုန်

trouble₁ *v* do'-hkạ-pei:-de ဒုက္ခပေးသည်

trouble₂ *n* ə-hke'-ə-hke: အခက်အခဲ (difficulty); bei: ဘေး (danger); ə-hnaun-ə-she' အနှောင့်အယှက် (bother); do'-hkạ ဒုက္ခ (suffering)

troublemaker *n* lu-zo: လူဆိုး

troupe *n* za'-ə-hpwẹ ဇာတ်အဖွဲ့

trousers *n* baun:-bi ဘောင်းဘီ

truck *n* ka: ကား၊ kon-tin-ka: ကုန်တင်ကား

true *adj* ho'-te ဟုတ်သော၊ hman-de မှန်သော၊ hman-kan-de မှန်ကန်သော (correct); də-ge တကယ့် (real); bə-gə-di ပကတိ (original); thi'-sa-shị-de သစ္စာရှိသော (faithful) ‖‖ *come true* pyeị-de (ဆုတောင်း)ပြည့်သည်

trump card *n* nain-gwe' နိုင်ကွက်

trumpet *n* ♪ htə-ran:-pe' ထရမ်းပက်

trunk *n* nau'-hkan: (ပစ္စည်းထည့်ရန်)နောက်ခန်း (~ of car, boot); ko-de ကိုယ်ထည့် (~ of body); pin-zi ပင်စည် (~ of tree); hnə-maun: နှာမောင်း (elephant's ~); thi'-ta သေတ္တာ (box)

trust₁ *v* yon-ji-de ယုံကြည်သည် (believe); sei'-cha-de စိတ်ချသည် (be sure of)

trust₂ *n* yon-ji-hmụ ယုံကြည်မှု

trustee *n* ဪ gɔ:-pə-gạ ဂေါ်ပက

truth *n* ə-hman အမှန်

try *v* jo:-za:-de ကြိုးစားသည် (make an effort); san:-ji-de စမ်းကြည့်သည် (test); myi:-de မြည်းသည် (taste)

tub *n* yei-zi ရေစည် (wash~); yei-cho:-gan ရေချိုးကန် (bath~)

tube *n* ji-dau' ကျည်တောက် (cylinder); pai' ပိုက် (flexible tubing); tau' တောက် (~ of toothpaste); ju' ကျွတ် (inner ~); ti-bi တီဗွီ (tv)

tuberculosis *n* ♀ ti-be-yɔ:-ga တီဘီရောဂါ

tube well *n* ə-wi-zị-dwin: အဝီစိတွင်း

tuck *v* hnya'-te ညှပ်သည် (~ under arm); jai'-te ကျိုက်သည် (~ longyi into itself)

Tuesday *n* in-ga-neị အင်္ဂါနေ့

tug *v* hswe:-de ဆွဲသည်

tugboat *n* ⚓ hswe:-thin:-bɔ: ဆွဲသင်္ဘော

tug-of-war *n* lun-hswe:-bwe: လွန်ဆွဲပွဲ

tuition *n* jaun:-lạ-gạ ကျောင်းလခ (school fee); sa-pyạ-jin: စာပြခြင်း (instruction)

tulip *n* ❀ ju:-li' ကျူးလစ်

tumble *v* lein-jạ-de လိမ့်ကျသည်

tumbler *n* yei-gwe' ရေခွက်

tummy *n* bai' ဗိုက်

tumor, tumour *n* ♀ a-jeị အကျိတ်

tune *n* ♪ te:-dhwa: တေးသွား

tunnel *n* hlain-gaun: လိုဏ်ခေါင်း

turban *n* gaun:-baun: ခေါင်းပေါင်း

turkey *n* ♣ je'-hsin ကြက်ဆင်

turmeric *n* ꧂ hsə-nwin: နနွင်း

turn₁ *v* kwei̯-de ကွေ့သည်၊ cho:-de ချိုးသည် (~ at the next corner); le-de လည်သည် (the wheel ~s); hlan-de လှန်သည် (~ the page)

turn₂ *n* ə-kwei̯ အကွေ့ (a left ~); ə-hlȩ အလှည့် (your ~ in a game)

turn against *v* be'-pyan-de ဘက်ပြန်သည်

turn around *v* pyan-kwei̯-de ပြန်ကွေ့သည် (the cars ~); pyan-hlȩ-de ပြန်လှည့်သည် (~ and look)

turn away *v* hlwe-de လွှဲသည်

turn down *v* shȯ-de လျှော့သည် (reduce); pe-de ပယ်သည် (decline)

turn in *v* ei'-ya-win-de အိပ်ရာ ဝင်သည်

turn off *v* pei'-te ပိတ်သည်

turn on *v* hpwin̯-de ဖွင့်သည်

turn over *v* hlan-de လှန်သည် (~ a stone); a'-hnan̯-de အပ်နှံသည် (~ a job)

turnover *n* ə-hno'-ə-thein: အနှုတ်အသိမ်း

turn up *v* tin-de တင်သည် (~ the volume, increase); pȯ-pau'-te ပေါ် ပေါက်သည် (appear); hkau'-te ခေါက်သည် (~ your sleeves)

turpentine *n* htin:-shu:-zi

turtle *n* ꩜ lei' လိပ်

tusk *n* ə-swe အစွယ်

tutor₁ *v* thin-pei:-de သင်ပေးသည်

tutor₂ *n* hsə-ya ဆရာ

tv *n* ti-bi တီဗွီ

tweezers *n* za-gə-na ဇာဂနာ၊ mwei:-hnya' မွေးညှပ်

twelve *n* hse-hni' ဆယ့်နှစ်

twenty-one *n* ban-la' ဗန်လတ် (card game)

twice *n* hnə-hka နှစ်ခါ

twilight *n* nei-win-hpyo:-hpya̯ နေဝင်ဖြိုးဖျ

twin(s) *n* ə-hmwa အမွှာ

twine *n* si:-jo: စည်းကြိုး

twist₁ *v* hlȩ-de လှည့်သည် (turn); ji'-te ကျစ်သည် (turn ends); ywȩ-de ရွဲ့သည် (distort); ə-jo:-mye'-te အကြောမျက်သည် (sprain)

▮▮ *twist sb's words* zə-ga:-hpan-hto:-de စကားဖန်ထိုးသည်

twist₂ *n* ə-lein အလိမ်၊ ə-kau'-ə-kwei̯ အကောက်အကွေ့

two *n* hni' နှစ်

tycoon *n* thə-htei:-ji: သူဌေးကြီး

type₁ *v* sa-yai'-te စာရိုက်သည်

type₂ *n* myo: မျိုး (kind)

typewriter *n* le'-hnei'-se' လက်
နှိပ်စက်

typhoid *n* ☩ tai'-hpwai'
တိုက်ဖွိုက်

typical *adj* pon-hman ပုံမှန်

typist *n* sa-zi စာစီ

typo(graphical error) *n* ə-jạ-ə-
nạ အက္ခရာအနာ၊ ə-jạ-ə-pau'
အက္ခရာအပေါက်

tyrannize *v* ə-nain-jiṇ-de
အနိုင်ကျင့်သည်

tyrant *n* 🌐 the'-u:-hsan-pain
သက်ဦးဆံပိုင်၊ 🌐 o'-so:-dhu
အုပ်စိုးသူ

tyro *n* le'-thin လက်သင်

U - u ယူ

ugly *adj* ə-yo'-hso:-de အရုပ်
ဆိုးသော (≠ beautiful)

uh-uh *exp* hiṇ-in ဟင့်အင်

ulcer *n* ☩ hpe'-hkwe'-na ဖက်
ခွက်နာ (open sore); ☩ ə-sa-ein-
yaun-chin: အစာအိမ်ရောင်ခြင်း
(gastric ~); ☩ u-nan-yan-pau'-
chin: အူနံရံပေါက်ခြင်း (intestinal ~)

ultimate *adj* ə-hson:-zun
အဆုံးစွန်

ultraviolet rays *n* ☀ hkə-yan:-
lun-yaun-ji ခရမ်းလွန်ရောင်ခြည်

umbilical cord *n* ☩ che'-jo:
ချက်ကြိုး

umbrella *n* hti: ထီး

umpire *n* dain-lu-ji: ဒိုင်လူကြီး

UN *n* 🌐 kụ-lạ-thə-me'-gạ
ကုလသမဂ္ဂ (United Nations)

un- *pref* ạ အ

unabridged *adj* ə-je အကျယ်

unanimous *adj* tə-sei'-tə-wun:-
de:-dẹ တစ်စိတ်တစ်ဝမ်း
တည်းသော

unavoidable *adj* mə-lwe:-mə-
kin:-dha မလွဲမကင်းသာ၊ mə-
hwle:-mə-shaun-dha မလွဲ
မရှောင်သာ

unaware(s) *adj* ə-hma'-tə-mẹ
အမှတ်တမဲ့

unbalanced *adj* sei'-mə-hman
စိတ်မမှန် (emotionally ~); tə-hpe'-
si:-nin:-hpyi'-tẹ တစ်ဖက်စီးနင်း
ဖြစ်သော (unequal); tə-hpe'-saun:-
nin:-hpi'-tẹ တစ်ဖက်စောင်း
နင်းဖြစ်သော (unevenly distributed)

unbearable *adj* ə-hkan-yạ-hke'-
tẹ အခံရခက်သော၊ mə-hkan-nain-
dẹ မခံနိုင်သော

unbelievable *adj* mə-yon-ji-
nain-lau'-tẹ မယုံကြည်နိုင်
လောက်သော

unbelievably *adv* aṇ-mə-hkan: အုံမခန်း

unbiased *adj* ə-myin-ji-dẹ အမြင်ကြည့်သော

uncertain *adj* wei-wa:-dẹ ဝေဝါးသော၊ mə-thei-ja-dẹ မသေချာသော၊ mə-yei-ya-dẹ မရေရာသော

uncertainty *n* mə-thei-ja-hmụ မသေချာမှု၊ mə-yei-ya-hmụ မရေရာမှု

uncivilized *adj* yain:-dẹ ရိုင်းသော

uncle *n* u:-lei: ဦးလေး

uncomfortable *adj* mə-the'-tha-dẹ မသက်သာသော၊ ə-nei-ja'-tẹ အနေကျပ်သော (an ~ chair); a:-na-zə-ya-kaun:-dẹ အားနာစရာ ကောင်းသော (an ~ situation) kə-thi-kə-aun-hpyi'-thɔ: ကသိကအောက်ဖြစ်သော (~ in such company)

uncommon *adj* sha:-pa:-dẹ ရှားပါးသော (rare); htu:-hsan:-dẹ ထူးဆန်းသော (unusual)

unconditional *adj* ə-jwin:-mẹ-dẹ အကြွင်းမဲ့သော

unconscious₁ *adj* mei-myɔ:-dẹ မေ့မျောသော

unconscious₂ *n* mə-thị-zei' မသိစိတ်

uncontrollable *adj* ə-so:-mə-yạ-dẹ အစိုးမရသော၊ htein:-mə-yạ-dẹ ထိန်းမရသော

uncooked *adj* sein:-dẹ စိမ်းသော

uncoöperative *adj* ka'-tẹ ကတ်သော

uncover *v* hpɔ-pya-de ဖော် ပြသည် (reveal)

undecided *adj* chi-don-chạ-don-hpyi'-tẹ ချီတုံချတုံဖြစ်နေသော (unable to decide); mə-hson:-hpya'-yạ-thei: မဆုံးဖြတ်ရသေး (≠ resolved, ≠ settled)

under *prep* au'-hma အောက်မှာ

underclothes, underclothing *n* ə-twin:-gan အတွင်းခံ၊ au'-khan အောက်ခံ

undercover *adj* shọ-hwe'-tẹ, hlyọ-hwe'-tẹ လျှို့ဝှက်သော

undercut *v* zei:-au'-chạ-bi:-yaun-de ဈေးအောက်ချ၍ ရောင်းသည် (~ the competition)

underdeveloped *adj* mə-hpwẹ-hpyo:-dẹ မဖွံ့ဖြိုးသော၊ au'-jạ-nau'-jạ-dẹ အောက်ကျ နောက်ကျသော

underdog *n* ə-hnein-gan အနှိမ်ခံ

underestimate *v* shọ-twe'-te

လျှော့တွက်သည်

undergo v hkan-ya̱-de ခံရသည်၊ hkan-de ခံသည်

undergraduate adj bwe̱-jo ဘွဲ့ကြို၊ bwe̱-mə-ya̱-thei:-de̱ ဘွဲ့မရသေးသော

underground adj myei-au' မြေအောက် (buried); jei'-kain: ကျိတ်ကိုင်း၊ myei-au' မြေအောက်၊ yu-ji ယူဂျီ (secret)

underline v myin:-tha:-hta:-de မျဉ်းသားထားသည်

underlying adj au'-twin-shi̱-de̱ အောက်တွင်ရှိသော (~ rock layer); hpyi'-pwa:-zei-de̱ ဖြစ်ပွား စေသော (~ disease)

undermine v au'-chei-ga̱-hlai'-sa:-de (ရေစသည်)အောက်ခြေက လိုက်စားသည် (erode); hti̱-hkai'-zei-de ထိခိုက်စေသည်၊ yo'-yɔ̱-zei-de ယုတ်လျော့စေသည် (weaken)

underneath prep au' အောက်

underpay v lo'-hka̱-yɔ̱-pei:-de လုပ်ခလျော့ပေးသည်

undersea adj pin-le-au' ပင်လယ် အောက်

undershirt n su'-je စွပ်ကျယ်၊ ə-twin:-gan-ein:-ji အတွင်းခံအကျို

understand v na:-le-de နားလည်သည်၊ thə-bɔ:-pau'-te သဘောပေါက်သည်

understanding n na:-le-hmṵ နားလည်မှု (comprehension; agreement); ə-thi̱-tə-ya: အသိတရား (knowledge)

understate v shɔ̱-pyɔ:-de လျှော့ပြောသည် (~ the difficulties)

understated adj tho-thei'-te̱ သိုသိပ်သော (~ style)

undertake v le'-hkan-hsaun-ywe'-te လက်ခံဆောင်ရွက်သည်၊ ta-wun-yu-de တာဝန်ယူသည် (attempt); gə-di̱-pyṵ-de ကတိ ပြုသည် (guarantee, promise)

undertaker n thṵ-ba̱-ya-za သုဘရာဇ

undertaking n gə-di̱-hkan-wun-je' ကတိခံဝန်ချက် (formal promise); ə-lo'-tə-ya' အလုပ် တစ်ရပ် (task)

underwear n ə-twin:-gan-ə-wu'-ə-sa: အတွင်းခံအဝတ်အစား

underwrite v də-ga-hkan-de ဒကာခံသည် (support)

undies n ə-twin:-gan-baun-bi အတွင်းခံဘောင်းဘီ

undo v hpyo'-te ဖြုတ်သည်၊ hpyei-

de ဖြေသည် (untie); pye'-pye-zei-
de ပျက်ပြယ်စေသည် (cancel,
reverse)

undone *adj* hpyo'-hta:-de
ဖြုတ်ထားသော (unfastened); mə-
pyi:-de မပြီးသော (not finished)

undress *v* ə-wu'-ə-sa:-chu'-te
အဝတ်အစားချွတ်သည်

unduly *adv* lun-ke:-zwa လွန်
ကဲစွာ၊ ə-lun-ə-lun အလွန့်အလွန်

uneasy *adj* ə-nei-ja'-te အနေ
ကျပ်သော၊ zə-no:-zə-naun-hpyi'-
te စနိုးစနောင့်ဖြစ်သော

unemployed *adj* ə-lo'-le'-mə-
hpyi'-te အလုပ်လက်မဲ့ဖြစ်သော၊ ə-
lo'-mə-shi-de အလုပ်မရှိသော

unemployment *n* ə-lo'-le'-mə-
u:-yei အလုပ်လက်မဲ့ဦးရေ (~ is
rising)

unequal *adj* mə-nyi-hmyạ-de
မညီမျှသော၊ mə-tu-nyi-de မတူ
ညီသော၊ (~ amounts); mə-hmyạ-
tạ-de မမျှတသော (~ partnership);
mə-nain-de မနိုင်သော (~ to the
task)

uneven *adj* jan:-de ကြမ်းသော
(rough, an ~ surface); mə-tu-nyi-
de မတူညီသော (unequal); tə-hpe'-
saun:-nin: တစ်ဖက်စောင်းနင်း

(unbalanced); sei'-mə-chạ-de
စိတ်မချသော၊ mə-hman-de
မမှန်သော (inconsistent, ~ quality)

unexpected *adj* mə-htin-de
မထင်သော

unfair *adj* mə-hmyạ-tạ-de
မမျှတသော (~ distribution); tə-ya:-
me-de တရားမဲ့သော (arbitrary);
be'-lai'-te ဘက်လိုက်သော
(biased)

unfaithful *adj* hpau'-pya:-de
ဖောက်ပြားသော၊ thi'-sa-me-de
သစ္စာမဲ့သော

unfamiliar *adj* sein:-de
စိမ်းသော၊ mə-thi-de မသိသော

unfit *adj* mə-thin-tə-de
မသင့်တော်သော (not suitable, ~
for rice farming); mə-kai'-nyi-de
မကိုက်ညီသော (not qualified, ~ to
drive); mə-ma-de မမာသော၊ a:-
mə-shi-de အားမရှိသော (in poor
condition, ~ and unhealthy)

unfixed *adj* ə-shin အရှင်
(moveable); mə-pyin-yạ-thei:-de
မပြင်ရသေးသော (not repaired)

unfortunate *adj* kan-mə-kaun:-
de ကံမကောင်းသော (unlucky); ə-
chei-ə-nei-mə-pei:-de အခြေ
အနေမပေးသော (unfavorable); mə-

tɔ-dẹ mətɔ်thɔ (an ~ remark)

unfortunately *adv* kan-mə-kaun:-lọ ကံမကောင်းလို့၊ naun-tə-yə-zwa နောင်တရစွာ၊ ə-hsin-mə-thiṇ-lọ အဆင်မသင့်လို့ (regrettably)

unhappy *adj* sei'-nyi'-tẹ စိတ်ညစ်သော၊ wun:-ne:-dẹ ဝမ်းနည်းသော

unharmed *adj* mə-htị-hkai'-tẹ မထိခိုက်သော

unhealthy *adj* nei-mə-kaun:-dẹ နေမကောင်းသော၊ mə-jan:-mə-ma-dẹ မကျန်းမမာသော (~ child); jan:-mə-yei:-nẹ-mə-nyi-nyu'-tẹ ကျန်းမာရေးနှင့်မညီညွတ်သော (~ food, ~ habits)

unhurriedly *adv* ei:-ei:-hsei:-zei: အေးအေးဆေးဆေး

uniform₁ *adj* tu-nyi-dẹ တူညီသော (of ~ size); tə-pon-zan-de:-hpyi'-tẹ တစ်ပုံစံတည်းဖြစ်သော (~ in appearance)

uniform₂ *n* wu'-son ဝတ်စုံ (nurse's ~)

unify *v* nyi-nyu'-sei-de ညီညွတ်စေသည် (~ standards); si:-lon:-de စည်းလုံးသည် (~ the team)

unintelligible *adj* lon:-htwei:- dẹ လုံးထွေးသော (~ speech); na:-mə-le-nain-dẹ နားမလည်နိုင်သော (impossible to understand)

unintentionally *adv* mə-tɔ-tə-hsạ မတော်တဆ

union *n* ə-si:-ə-yon: အစည်းအရုံး၊ ə-hpwẹ-ə-si: အဖွဲ့အစည်း (organisation); 🌏 pyi-daun-zụ ပြည်ထောင်စု (country); thə-me'-gạ သမဂ္ဂ (labor ~, student ~, European ~); paun:-si:-jin: ပေါင်းစည်းခြင်း (being joined)

unique *adj* ə-tu-mə-shị အတူမရှိ၊ htu:-hsan:-dẹ, htu:-zan:-dẹ ထူးဆန်းသော

unisex *adj* ja:-mə-mə-ywei: ကျားမမရွေး (~ shirt)

unison *n* ‖ ‖ ‖ *in unison* pyain-tu ပြိုင်တူ

unit *n* hkụ ခု (item); yu-ni' ယူနစ် (of measure); o'-sụ အုပ်စု (group, team); ♯ ta'-hpwẹ တပ်ဖွဲ့

unite *v* si:-lon:-de စည်းလုံးသည်၊ thein:-yon:-de သိမ်းရုံးသည်

United Kingdom *n* 🌏 yu-nai'-te'-kin:-dan: ယူနိုက်တက်ကင်းဒမ်း

United Nations *n* 🌏 kụ-lạ-thə-me'-gạ ကုလသမဂ္ဂ

United States of America *n*

🌏 ə-mei-ri-kan-pyi-daun-zụ-
nain-gan အမေရိကန်ပြည်ထောင်စု
နိုင်ငံ

unity *n* si:-lon:-nyi-nyu'-yei:
စည်းလုံးညီညွတ်ရေး

universal *adj* ə-jwin:-mẹ-dẹ
အကြင်းမဲ့သော

universal time *n* gə-rin:-ni'-
san-dɔ-jein ဂရင်းနစ်စံတော်ချိန်

universe *n* se'-jə-wə-la
စကြဝဠာ

university *n* te'-kə-tho
တက္ကသိုလ်

unjust *adj* mə-tə-ya: မတရား၊ tə-
hpe'-si:-nin:-dẹ တစ်ဖက်စီး
နင်းသော

unknowingly *adv* ə-hmụ-mẹ-ə-
hma'-mẹ အမှုမဲ့အမှတ်မဲ့

unknown *adj* mə-thị-dẹ (အမျိုး
အမည်)မသိသော (unfamiliar;
unidentified); mə-thei-jạ-dẹ
မသေချာသော (uncertain)

unless *conj* hmạ-tha မှသာ၊ pa-
hmạ ပါမှ

unlike *adj* mə-tu မတူ

unlikely *adj* hpyi'-hpọ-ne:-dẹ
ဖြစ်ဖို့နည်းသော

unlock *v* thọ-hpwiṇ-de သော့ဖွင့်
(~ lock, ~ the door)

unlucky *adj* ə-jaun:-mə-hlạ-dẹ
အကြောင်းမလှသော (~ sign); kan-
mə-kaun:-dẹ ကံမကောင်းသော
(~ person)

unnatural *adj* thə-ba-wạ-mə-jạ
သဘာဝမကျ၊ htu:-cha:-dẹ
ထူးခြားသော

unnecessary *adj* ə-lo-mə-shị
အလိုမရှိ

unofficially *adv* ə-lu'-thə-bɔ:
အလွတ်သဘော

unpack *v* hto'-te (ပစ္စည်းကို
အိတ်က)ထုတ်သည် (~ my bags)

unplug *v* pə-la'-hpyo'-te ပလပ်
ဖြုတ်သည် (~ the refrigerator); jo:-
hpyo'-te ကြိုးဖြုတ်သည် (~ the
phone, ~ the DVD drive); shin:-de
(ပိုက်)ရှင်းသည်၊ pwin:-aun-lo'-te
ပွင့်အောင်လုပ်သည် (~ the pipe)

unpredictable *adj* mə-hman:-
nain-dẹ မမှန်းနိုင်သော၊ shoṇ-ji-
hna'-chi ရှုံ့ချည်နင်ချည်

unrealistic *adj* le'-twei-mə-
hsan-dẹ လက်တွေ့ မဆန်သော
(impractical); hpyi'-nain-chei-ne:-
dẹ ဖြစ်နိုင်ခြေနည်းသော (unlikely);
thə-ba-wạ-mə-jạ-dẹ သဘာဝ
မကျသော (unnatural)

unreasonable *adj* mə-tan-tə-hsạ-hpyi'-tẹ မတန်တဆဖြစ်သော၊ mə-lə-yɔ-nyi-dẹ မလျော်ညီသော (unfair, ~ request)

unreliable *adj* sei'-mə-chạ-yạ-dẹ စိတ်မချရသော၊ ə-chei-mə-hkain-dẹ အခြေမခိုင်သော၊ a:-mə-ko:-nain-dẹ အားမကိုးနိုင်သော

unruly *adj* htein:-cho'-lọ-hke'-tẹ ထိန်းချုပ်လို့ခက်သော၊

unseemly *adv* ə-myin-mə-tɔ အမြင်မတော်

unspeakable *adj* hso:-wa:-lun:-dẹ ဆိုးဝါးလွန်းသော

unstable *adj* gə-zə:-dẹ ကစားသော၊ tə-hlo'-hlo'-hpyi'-tẹ တလှုပ်လှုပ်ဖြစ်သော

unthinkingly *adv* ə-hma'-tə-mẹ အမှတ်တမဲ့

untie *v* hpyei-de ဖြေသည်

until *prep* mə-tain-gin မတိုင်ခင်၊ ə-htị အထိ

unused *adj* ə-lu' အလွတ် (free); ə-thon:-mə-pyu-yạ-thei:-dẹ အသုံးမပြုရသေးသော (new)

unusual *adj* hsan:-thi'-tẹ ဆန်းသစ်သော

unwell *adj* mə-jan:-mə-ma မကျန်းမမာ

unwilling *adj* hso'-kan-gan-

hpyi'-tẹ ဆုတ်ကန့်ကန့်ဖြစ်သော၊ nyin:-hsan-dẹ ငြင်းဆန်သော

up *adv* ə-pɔ အပေါ်၊ ə-hte' အထက်

up-and-coming *adj* te'-thi'-sạ တက်သစ်စ

upcountry *n* ə-nya အညာ၊ ə-hte'-dei-thạ အထက်ဒေသ

update *v* ə-hsin-hmi-aun-lo'-te အဆင့်မီအောင်လုပ်သည်

upgrade *v* ə-hsin-hmyin-de အဆင့်မြှင့်သည်

upheaval *n* ə-yei:-dɔ-bon အရေးတော်ပုံ (national ~); ə-pyaun:-ə-le: အပြောင်းအလဲ (changes)

uphold *v* paṇ-bo:-pei:-de ပံ့ပိုးပေးသည်

upon *prep* ə-pɔ အပေါ် (on top of); hmạ မှ (at a time, signal, etc)

upper *adj* ə-hte' အထက်

upright *adj* ma'-ta' မတ်တတ်၊ tẹ-ma' တည့်မတ်သော (straight up); yo:-hpyaun-dẹ ရိုးဖြောင့်သော (sincere)

uprising *n* 🌐 ə-yei:-dɔ-bon အရေးတော်ပုံ

uproar *n* hsu-nyan-ji: ဆူညံခြင်း၊ tɔ-yon:-yon:-hpyi'-chin: တရန်းရုန်းဖြစ်ခြင်း

ups and downs *n* ə-neiṇ-ə-
myiṇ အနိမ့်အမြင့်

upset *v* sei'-nau'-sei-de
စိတ်နောက်စေသည်

upside down *adj* u:-sau' ဦး
စောက်၊ byaun:-byan ပြောင်းပြန်၊
zau'-hto: ဇောက်ထိုး

upstairs *n* ə-pɔ-da' အပေါ်ထပ်

upstream *n* ə-hsan အဆန်

up till, up to *prep* hti̱ ထိ၊ ə-hti̱
အထိ

up-to-date *adj* hki'-hmi-de̱
ခေတ်မီသော

up until *prep* hti̱ ထိ၊ ə-hti̱ အထိ

upward *adv* ə-pɔ-go အပေါ်ကို

urban *adj* myo̱-ne̱-hsain-de̱
မြို့နှင့်ဆိုင်သော

urge *v* hno:-zɔ-de နှိုးဆော်သည်၊
tai'-tun:-de တိုက်တွန်းသည်

urgent *adj* ə-yei:-ji:-de̱
အရေးကြီးသော၊ ə-lyin-lo-de̱
အလျင်လိုသော

urgently *adv* ə-yei:-tə-ji:
အရေးတကြီး၊ ə-hsɔ:-tə-lyin
အဆောတလျင်၊ yei:-ji:-tho'-pya
ရေးကြီးသုတ်ပျာ

urge on *v* hlon-zɔ-de
လှုံ့ဆော်သည်

urinate *v* hsi:-thwa:-de

ဆီးသွားသည်

urine *n* hsi: ဆီး

us *pron* dɔ̱ တို့

usage *n* hton-zan ထုံးစံ (custom);
ə-thon: အသုံး (~ of things); ə-
thon:-ə-hnon: အသုံးအနှုန်း
(grammar and ~)

use *v* thon:-de သုံးသည်၊ kain-de
ကိုင်သည်၊ ə-thon:-pyu-de အသုံး
ပြုသည်၊ thon:-swe:-de သုံးစွဲသည်
။။။ *be used to* yo:-de ရိုးသည်၊ ə-
jin-ya̱-de အကျင့်ရသည်၊ ə-tha:-
ja̱-de အသားကျသည်

useful *adj* ə-thon:-ja̱-de̱
အသုံးကျသော၊ ə-thon:-win-de̱
အသုံးဝင်သော

useless *adj* ə-lə-ga အလကား၊ ə-
thon:-mə-ja̱-de̱ အသုံးမကျသော

user *n* thon:-dhu သုံးသူ

use up *v* kon-de ကုန်သည်

usual *adj* pon-hman ပုံမှန်၊ tha-
man သာမန်၊ hka-dain:-lo
ခါတိုင်းလို

usually *adv* hka-dain: ခါတိုင်း၊
mya:-thɔ:-a:-hpyiṇ
များသောအားဖြင့်

utensil *n* sa:-o:-sa:-hkwe'
စားအိုးစားခွက်၊ ə-thon:-ə-hsaun
အသုံးအဆောင်

uterus *n* ♆ thə-ein သားအိမ်

utility *n* ə-thon:-jə-hmu̱ အသုံး
ကျမှု (usefulness); yei-mi:-zə-
yei' ရေမီးစရိတ် (~ bill)

utilize *v* ə-thon:-jạ-de
အသုံးကျသည်

utmost *n* ə-sun:-gon အစွမ်းကုန်၊
ə-hson:-zun အဆုံးစွန်

utter *v* pyɔ:-de ပြောသည်

U-turn *n* gə-nge-gwei̯ ဂယက်ကွေ့

UV *n* ❋ hkə-yan:-lun-yaun-ji
ခရမ်းလွန်ရောင်ခြည်

V - v bi, vi ဗီ၊ ဗွီ

vacancy *n* ə-lo အလို (job ~); ə-
lu' အလွတ် (hotel ~)

vacant *adj* ə-lu' အလွတ်၊ li'-la'-
tẹ လစ်လပ်သော၊ a:-de အားသော

vacate *v* hsin:-pei:-de ဆင်း
ပေးသည်၊ hpe-pei:-de ဖယ်
ပေးသည်

vacation *n* lo'-the'-hkwiṇ
လုပ်သက်ခွင့် (holiday); jaun:-pei'-
ye' ကျောင်းပိတ်ရက် (school
closing)

vaccinate *v* ♆ ka-kwe̯-zei:-pei:-
de ကာကွယ်ဆေးပေးသည်

vaccine *n* ♆ ka-kwe̯-zei:
ကာကွယ်ဆေး

vacuum₁ *v* hpon-so'-te ဖုန်
စုပ်သည် (hoover)

vacuum₂ *n* ❋ lei-ha-ne လေဟာ
နယ်

vacuum cleaner *n* hpon-so'-se'
ဖုန်စုပ်စက်

vacuum flask *n* da'-bu:
ဓာတ်ဘူး

vagina *n* mein:-mạ-in-ga မိန်းမ
အင်္ဂါ၊ yɔ:-nị̄ ယောနိ

vague *adj* mə-yei-ya-dẹ
မရေရာသော၊ mə-pya'-tha:-dẹ
မပြတ်သားသော

vaguely *adv* zə-wei-zə-wa
ဇဝေဇဝါ

vain *adj* ə-chi:-hni:-dẹ အချည်း
နှီးသော (useless); bə-la ဗလာ (~
promises); gon-mau'-tẹ ဂုဏ်
မောက်သော၊ thwei:-ji:-dẹ သွေး
ကြီးသော (conceited) ‖‖ *be in vain*
ə-ya-mə-htin အရာမထင်၊ ə-lə-
ga: အလကား

valid *adj* le'-hkan-htai'-tẹ
လက်ခံထိုက်သော (~ point); tə-ya:-
win-dẹ တရားဝင်သော (~
contract)

valley *n* taun-ja: တောင်ကြား၊
chaiṇ-hwun ချိုင့်ဝှမ်း

valor, valour *n* tha'-tị̄ သတ္တိ

valuable *adj* ə-hpo:-tan-dẹ အဖိုးတန်သော

valuables *n* ə-hpo:-tan-pyi'-si: အဖိုးတန်ပစ္စည်း

value₁ *v* tan-bo:-hta:-de တန်ဖိုး ထားသည် (~ your advice); tan-bo:-hpya'-te တန်ဖိုးဖြတ်သည် (~ the house)

value₂ *n* tan-bo: တန်ဖိုး၊ ə-hpo: အဖိုး

valve *n* ba: ဗား

van *n* kon-tin-ka: ကုန်တင်ကား (delivery ~); baun-moṇ-ka: ပေါင်မုန့်ကား

vanilla *n* thi'-hkwạ သစ်ခွ

vanish *v* pyau'-kwe-de ပျောက်ကွယ်သည်

vanity *n* thwei:-ji:-jin: သွေးကြီးခြင်း၊ man-ma-nạ မာန်မာန (pride); hman-tin-gon မှန်တင်ခုံ (dresser)

vapor, vapour *n* da'-ngwei ဓာတ်ငွေ့

variable₁ *adj* pyaun:-le:-nain-de ပြောင်းလဲနိုင်သည်

variable₂ *n* kein:-shin ကိန်းရှင်

variation *n* pyaun:-le:-jin: ပြောင်းလဲခြင်း၊ cha-na:-jin: ခြားနားခြင်း၊ ə-to:-ə-shọ အတိုး

အလျှော့

variety *n* ə-myo:-zon အမျိုးစုံ

various *adj* ə-myo:-myo:-hpyi'-tẹ အမျိုးမျိုးဖြစ်သော၊ kwe:-pya:-dẹ ကွဲပြားသော

varnish *n* ba:-ni' ဗားနစ်၊ ə-yaun-tin-zi အရောင်တင်ဆီ

vary *v* kwe:-pya:-de ကွဲပြားသည်၊ pyaun ပြောင်းလဲ

vase *n* pan:-o: ပန်းအိုး

VCD *n* bi-si-di ဗီစီဒီ

vegetable *n* hin:-dhi:-hin:-ywe' ဟင်းသီးဟင်းရွက်

vegetarian₁ *adj* the'-tha'-lu' သက်သတ်လွတ်

vegetarian₂ *n* the'-tha'-lu'-tha-ma: သက်သတ်လွတ်သမား

vegetation *n* chon-nwe-pei'-paun: ချုံနွယ်ပိတ်ပေါင်း

vehicle *n* yin ယာဉ်

veil *n* mye'-hhna-hpon:-pə-wa မျက်နှာဖုံးပဝါ

vein *n* thwei:-jɔ: သွေးကြော

velocity *n* ə-shein အရှိန်၊ ə-lyin အလျင်

velvet *n* gə-di-ba ကတ္တီပါ

vendor *n* zei:-dhe ရောင်းသည်

venerable *adj* lei:-za:-lau'-tẹ လေးစားလောက်သော (a ~ poet); ə-shin အရှင် (the ~ abbot)

venison *n* hsa'-tha: ဆတ်သားၤ
thə-min-dha: သမင်သား

venom *n* ə-hsei' အဆိပ် (snake ~)

vent *n* lei-bau' လေပေါက်

ventilate *v* lei-win-zei-de
လေဝင်စေသည်

venture *v* suṇ-za:-de စွန့်စားသည်
‖‖ *joint venture* hpe'-sa'-lo'-
ngan: ဖက်စပ်လုပ်ငန်း

Venus *n* ✷ thau'-ja-jo သောကြာ
ဂြိုလ်ၤ 🌑 bi:-na'(s) ဗီးနပ်စ်ၤ thau'-
ja-je သောကြာကြယ်

verandah *n* wə-yan-da ဝရန်တာ

verb *n* kə-rị-ya ကြိယာ ‖‖ *com-
pound verb* paun-sa'-kə-rị-ya
ပေါင်းစပ်ကြိယာ

verbal *adj* hno' နှုတ်(ပြောဖြစ်
သော)

verdict *n* ə-meiṇ အမိန့်ၤ ⚖ si-yin-
je' (အပြစ်ရှိမရှိ)စီရင်ချက်

verify *v* si-si'-te စိစစ်သည်ၤ thei-
cha-thị-aun-lo'-te သေချာသိ
အောင်လုပ်သည်

versatile *adj* swe-son-yạ-de
စွယ်စုံရသော (with different skills);
be'-son ဘက်စုံ (with different
functions)

verse *n* kə-bya ကဗျာၤ lin-ga

လင်္ကာ (poetry); ə-pai' အပိုဒ်
(stanza)

version *n* mu မူၤ mu-gwe: မူကွဲ

vertebra *n* ♆ jɔ:-yo:-ə-hsi'
ကျောရိုးအဆစ်

vertical₁ *adj* daun-lai'-hpyi'-tẹ
ဒေါင်လိုက်ဖြစ်သောၤ htaun-ma'-tẹ
ထောင်မတ်သော

vertical₂ *n* myin:-ma' မျဉ်းမတ်

vertigo *n* ə-mu:-ə-mɔ အမူး
အမော်

very *adv* tə-a: တစ်အားၤ ə-lun
အလွန်ၤ ə-yan: အရမ်းၤ thei' သိပ်ၤ ə-
mya:-ji: အများကြီး

vessel *n* ⚓ yei-yin ရေယာဉ်ၤ thin:-
bɔ: သင်္ဘော (ship); sə-yi:-o:
စရည်းအိုး (container) ‖‖ *blood
vessel* thwei:-jɔ: သွေးကြော

vest *n* su'-je စွပ်ကျယ်ၤ ə-twin:-
gan-ein:-ji အတွင်းခံအင်္ကျီ (under-
shirt); ko-ja'-ein:-ji ကိုယ်ကျပ်
(လက်ပြတ်)အင်္ကျီ (waistcoat)

vet₁ *v* sị-zi'-te စိစစ်သည်ၤ hsan:-
si'-te ဆန်းစစ်သည်

vet₂ *n* tə-rei'-hsan-hsei:-kụ-hsə-
ya-wun တိရစ္ဆာန်ဆေးကုဆရာဝန်

veteran *n* ⚔ si'-hmụ-dan:-haun
စစ်မှုထမ်းဟောင်းၤ si'-pyan စစ်ပြန်
(ex-soldier); wa-yiṇ-dhu ဝါရင့်သူ

(old hand)

veterinarian n tə-rei'-hsan-hsei:-ku-hsə-ya-wun တိရစ္ဆာန် ဆေးကုဆရာဝန်

veto n vi-to ဗီတို၊ ə-hson:-sun-nyin:-pe-hmu အဆုံးစွန်ငြင်းပယ်မှု

vex v do'-hkə-pei:-de ဒုက္ခ ပေးသည်၊ ə-hnaun-ə-she'-hpyi'-te အနှောင့်အယှက်ဖြစ်သည်

via prep kə-nei ကနေ၊ nε nε့၊ hpyiṇ ဖြင့် (~ e-mail); hmə-tə-hsiṇ (~ Rome) မှတစ်ဆင့်

vibrant adj hlo'-sha:-te'-jwə-dε လှုပ်ရှားတက်ကြွသော (lively); tau'-pə-dε တောက်ပသော (bright)

vibrate v ton-hka-de တုန်ခါသည်

vibration n ton-hka-hmu တုန်ခါမှု

vice n ə-jiṇ-hso: အကျင့်ဆိုး၊ du-zə-yai' ဒုစရိုက် (bad habit); mə-kaun:-hmu မကောင်းမှု (evil); gai' ကိုက်၊ hnya' ညှပ်၊ (gripping tool)

vice- adj du ဒု၊ dutiyə ဒုတိယ၊ du ဒု

vice versa adv ə-pyan-ə-hlan အပြန်အလှန်

vicinity n ə-ni:-ə-na:-wun:-jin အနီးအနားဝန်းကျင်၊ ə-na:-tə-wai' အနားတဝိုက်

vicious adj pyin:-htan-dε

ပြင်းထန်သော၊ jan:-dan:-de ကြမ်းတမ်းသော ye'-se'-te ရက်စက်သော ။။။ **be caught in a vicious circle** jin-le-de kyiṇ လည်သည်၊ than-dhə-ya-le-de သံသရာလည်သည်

vicious circle v do'-hka-than-dhə-ya ဒုက္ခသံသရာ

victim n tha:-gaun သားကောင် (~ of); yi'-kaun ယစ်ကောင် (sacrifice); do'-hkə-dhe ဒုက္ခသည် (~ of disaster); wei-də-na-shin ဝေဒနာရှင် (of a disease)

victimise v tə-hpe'-si:-nin:-hse'-hsan-de တစ်ဖက်သီးနှင်း ဆက်ဆံသည်၊ tha:-gaun-lo'-te သားကောင်လုပ်သည်

victor n aun-nain-dhu အောင်နိုင်သူ

victorious adj ə-nain-yə-dε အနိုင်ရသော၊ aun-nain-dε အောင်နိုင်သော

victory n ə-nain အနိုင်၊ aun-bwe: အောင်ပွဲ

video n vi-di-yo ဗီဒီယို

video game n ti-bi-gein: တီဗီဂိမ်း၊ vi-di-yo-gein: ဗီဒီယိုဂိမ်း

videotape v vi-di-yo-yai'-te ဗီဒီယိုရိုက်သည်

a b c d e f g h i j k l m n o p q r s t u v w x y z

vie *v* pyain-hsain-de ပြိုင်
ဆိုင်သည်၊ shin-de ယှဉ်သည်၊

Vietnam 🌐 *n* vi-ye'-nan
ဗီယက်နမ်

view₁ *v* ji-de ကြည့်သည်၊ shu̱-
myin-de ရှုမြင်သည်

view₂ *n* shu̱-gin: ရှုခင်း (a beautiful
~); shu̱-gwin: ရှုကွင်း (in ~); ə-
htin-ə-myin ထင်မြင်ချက်၊ ə-yu-ə-
hsa̱ အယူအဆ (opinion)

viewer *n* pə-rei'-tha' ပရိသတ်
(audience member)

vigilant *adj* no:-ja:-de
နိုးကြားသည်

vigorous *adj* thwei:-a:-kaun-de̱
သွေးအားကောင်းသော၊ than-ma-
de̱ သန်မာသော

villa *n* yei:-tha ရိပ်သာ၊ tɔ:-ein-ji:
တောအိမ်ကြီး

village *n* jei:-ywa ကျေးရွာ

village head 🌐 *n* dhə-ji: သူကြီး

village tract 🌐 *n* ywa-o'-su̱
ရွာအုပ်စု

villager *n* ywa-dha: ရွာသားး၊
ywa-dhu ရွာသူ

Vinaya ▥ *n* wi̱-nə-ya̱ ဝိနယ၊ wi̱-
ni: ဝိနည်း

vine 🌿 *n* ə-nwe အနွယ်၊ nwe-bin
နွယ်ပင်

vinegar *n* sha-lə-ka-yei
ရှာလကာရည်

vinyl *n* bə-nain ဗီနိုင်း

violation *n* cho:-hpau'-hmu̱
ချိုးဖောက်မှု

violate *v* ချိုးဖောက်သည် (~ an
agreement); baun-jɔ-de ဘောင်
ကျော်သည် (~ the law); ju:-lun-de
ကျူးလွန်သည် (~ a border); mə-tə-
ya:-jin̠-de မတရားကျင့်သည်၊ hti̱-
pa:-de ထိပါးသည် (assault)

violence *n* ə-jan:-ni: အကြမ်း
နည်း

violent *adj* jan:-tan:-de̱ ကြမ်း
တမ်းသော (~ attack); pyin-htan-
de̱ ပြင်းထန်သော (a ~ wind); yon̠-
yin:-de̱ ရှန့်ရင်းသော (rough)
  ‖‖ *use violence* ə-jan:-hpe'-te
အကြမ်းဖက်သည်

violet *n* hkə-yan:-yaun
ခရမ်းရောင်

violin *n* 🎵 tə-yɔ: တယော

vipassana ▥ *n* wi̱-pa'-thə-na
ဝိပဿနာ

viper 🐍 *n* mwei-pwei မြွေပွေး
  ‖‖ *green viper* 🐍 mwei-zein:
မြွေစိမ်း

virgin₁ *adj* than̠-zin-de̱
သန့်စင်သော (pristine); ə-pyo-

hpyi'-tẹ အပျိုဖြစ်သော (chaste)

virgin₂ *n* ♀ ခ-pyo-zin အပျိုစင်

virgin land *n* myei-yain: မြေရိုင်း

virtual *adj* lụ-ni:-pa:-hpyi'-tẹ လုနီးပါးဖြစ်သော (~ perfection); nau'-kwe-hpyi'-tẹ နောက်ကွယ် ဖြစ်သော (~ ruler)

virtual reality *n* ခ-si'-htin-yạ-hmụ အစစ်ထင်ရမှု

virtue *n* ခ-lein-ma အလိမ္မာ

virtuous *adj* thei'-hka-shị-dẹ သိက္ခာရှိသော၊ kaun:-mun-dẹ ကောင်းမွန်သော

virus *n* ☠ bain:-ra' ဗိုင်းရပ်(စ်)

visa *n* pyi-win-gwịn-le'-hma' ပြည်ဝင်ခွင့်လက်မှတ်၊ vi-za ဗီဇာ

vise *n* gai' ကိုက် (gripping tool)

Vishnu *n* bei'-thခ-no: ဗိသ္ဏိုး

visible *adj* pခ-lwin-dẹ ပေါ်လွင်သော၊ myin-tha-dẹ မြင်သာသော

visibly *adv* ခ-htin:-dha: အထင်း သား၊ ခ-htin-ခ-sha: အထင်အရှား

vision *n* ခ-lin: အလင်း၊ mye'-sị မျက်စိ (eyesight); ခ-myခ-ခ-myin-ji: အမြှော်အမြင်ကြီး (~ for the future); ခ-myin အမြင် (~ of god)

visionary *n* ခ-myခ-ခ-myin-ji:-dhu အမြှော်အမြင်ကြီးသူ

visit *v* le-pa'-te လည်ပတ်သည်၊ ခ-le-thwa:-de အလည်သွားသည်

visitor *n* ẹ-dhe ဧည့်သည်

viss *n* pei'-tha ပိဿာ

visual *adj* ခ-myin-nẹ-hsain-dẹ အမြင်နှင့်ဆိုင်သော

visualise *v* myin-yaun-ji-de မြင်ယောင်ကြည့်သည်

vital *adj* mခ-shị-mခ-hpyi'-tẹ မရှိမဖြစ်သော၊ ခ-che'-ခ-cha-hpyi'-tẹ အချက်အချာသော၊ ခ-dị-kạ-jạ-dẹ အဓိကကျသော၊ (essential); te'-jwạ-dẹ တက် ကြွသော (lively)

vitamin *n* vi-ta-min ဗီတာမင်

vocabulary *n* wခ:-ha-rạ ဝေါဟာရ

vocal *adj* ခ-than-nẹ-hsain-dẹ အသံနှင့်ဆိုင်သော (voice); zခ-ga:-mya:-dẹ စကားများသော (talkative)

vocal chords *n* ခ-than-jo: အသံကြိုး

vocalist ♪ *n* ခ-hso-dခ အဆိုတော်၊ hsain:-nau'-hta ဆိုင်းနောက်ထ၊ tei:-than-shin တေးသံရှင်

vocation *n* sei'-pa-dẹ-ခ-lo' စိတ်ပါသောအလုပ်၊ wa-dhခ-na-pa-dẹ-ခ-lo' ဝါသနာပါသောအလုပ်

vocational education *n* the'-mwei:-wan:-jaun:-pyin-nya သက်မွေးဝမ်းကျောင်းပညာ

voice *n* ə-than အသံ (sound); thə-bɔ:-da: သဘောထား၊ hlon̥-hsɔ-hmu̥ လှုံ့ဆော်မှု (opinion)

voicebox *n* zi̥ ဇီ၊ ə-than-o: အသံအိုး

voiced *adj* gɔ:-dhḁ ဃောသ

void₁ *adj* kin:-me̥-de̥ ကင်းမဲ့သော (empty); pye'-pye-de̥ ပျက်ပြယ်သော (not binding)

void₂ *n* hin:-lin:-byin ဟင်းလင်းပြင်၊ bə-la-(hpyi'-hmu̥) ဗလာ(ဖြစ်မှု)၊ thon-nyḁ သုည၊ na'-hti̥ နတ္ထိ

volcano *n* mi:-daun မီးတောင်

volleyball *n* bɔ-li-bɔ: ဘော်လီဘော

volt *n* bo̥ ဗို့

voltage *n* bo̥-a: ဗို့အား

volume *n* ə-twe: အတွဲ (book); ə-than အသံ (sound level); pə-ma-nḁ ပမာဏ (amount); htu̥-de ထုထည် (3-dimensional space)

voluntarily *adv* sei'-lo-le'-yḁ စိတ်လိုလက်ရ၊ mi̥-mi̥-hsan-dḁ-ə-lyau' မိမိဆန္ဒအလျောက်၊ myi'-ta-hpyin̥ မေတ္တာဖြင့်

volunteer₁ *v* ə-ni'-na-hkan-de အနစ်နာခံသည် (sacrifice oneself); sei-tə-na-hpyin̥-ku-nyi-de စေတနာဖြင့်ကူညီသည်၊ sei-tə-nḁ-wun-htan:-de စေတနာ့ဝန်ထမ်းသည် (~ in Africa)

volunteer₂ *n* sei-tə-nḁ-wun-dan: စေတနာ့ဝန်ထမ်း

vomit *v* an-de အန်သည်

vote₁ *v* me:-pei:-de မဲပေးသည်

vote₂ *n* me: မဲ ॥॥ ***put to a vote*** me:-hkwe:-de မဲခွဲသည် ॥॥ ***win the vote*** me:-nain-te မဲနိုင်သည်

voter *n* me:-hsan-dḁ-shin မဲဆန္ဒရှင်

votive₁ *adj* hlu-hpo̥ (ဘုရား၊ နတ်၊ စသည်)လှူဖို့

votive₂ *n* hpə-yaun:-dain ဖယောင်းတိုင်(အသေးစား)

voucher *n* hpya'-pain: ဖြတ်ပိုင်း

vow₁ *v* gə-di̥-pyu̥-de ကတိပြုသည်

vow₂ *n* gə-di̥ ကတိ

voyage *n* hkə-yi: ခရီး

vowel *n* thə-rḁ သရ

vulgar *adj* yain:-de̥ ရိုင်းသော၊ au'-tan:-jḁ-de̥ အောက်တန်းကျသော

vulnerability *n* a:-ne:-je' အားနည်းချက်၊ je'-gaun: ချက်ကောင်း၊

pyɔ-gwe' ပျော့ကွက်

vulture ✿ n lin:-ta̞, lə-da̞ လင်းတ

W - w də-bə-lu ဒဗလူ

Wa n wa̞ ဝ

wade v hmei:-de မွေးသည်

wag v hnan̞-de (အမြီး)နှံ့သည်

Wagaung n wa-gaun ဝါခေါင်

wage v tai'-te (စစ်)တိုက်သည် (~ war)

wages n lo'-hka̞ လုပ်ခ

wager₁ v laun:-de လောင်းသည်၊ hto:-de ထိုးသည်

wager₂ n laun:-jei: လောင်းကြေး

wagon n hle: လှည်း (cart); twe: တွဲ (railway carriage)

waist n hka: ခါး

wait₁ v saun̞-de စောင့်သည် ။။ *lie in wait* chaun:-de ချောင်းသည်

wait₂ n ja-jein ကြာချိန်၊ saun̞-nei-jin: စောင့်နေခြင်း (a long ~)

waiter, waitress, waitstaff n zə-bwe:-do: စားပွဲထိုး

waive v ⚔ sun̞-hlu'-te စွန့် လွှတ်သည်

wake (up) v no:-de နိုးသည် (~ at dawn); hno:-de နှိုးသည် (~ her up)

walk₁ v lan:-shau'-te လမ်း လျှောက်သည်၊ thwa:-de (ခြေလျှည်) သွားသည်

walk₂ n zin:-jan စင်ကြို့၊ lu-thwa:-lan: လူသွားလမ်း

walk off with v ə-li'-tho'-te အလစ်သုတ်သည် (steal)

walkie-talkie n zə-ga:-pyɔ:-ze' စကားပြောစက်

walking stick n taun-hwei: တောင်ဝှေး၊ le'-kai'-to' လက် ကိုင်တုတ်

wall n nan-yan နံရံ ။။ *brick wall* o'-yo: အုတ်ရိုး ။။ *wooden wall* pyin-ka ပျဉ်ကာ ။။ *bamboo wall* htə-yan ထရံ ။။ *city wall* myo̞-yo: မြို့ရိုး ။။ *wall to wall* hkan:-lon:-pyei̞ ခန်းလုံးပြည့်

wallah n wa-la: ဝါလား၊ thə-ma: သမား၊ the သည်

wallet n pai'-hsan-ei' ပိုက်ဆံ အိတ်

wallow v lu:-de လူးသည်

wallpaper n nan-yan-ka'-se'-ku နံရံကပ်စက္ကူ

walnut n ⚘ thi'-ja: သစ်ကြား

wander v hlə-le-de လှည့် လည်သည် (~ around); sei'-kə-za:-de စိတ်ကစားသည် (mind ~s)

wane v hso'-te ဆုတ်သည် (the moon ~s); yo'-yɔ̞-de ယုတ်

လျော့သည် (decline gradually)

waning moon *n* lạ-zo' လဆုတ်

want₁ *v* lo-jin-de လိုချင်သည်

want₂ *n* ə-lo-hsan-dạ အလိုဆန္ဒ

wanting *adj* lo-nei-de လို
နေသည်၊ chọ-ywin:-de
ချို့ယွင်းသည်

war *n ✦* si' စစ် ။။ *civil war* pyi-
dwin:-si' ပြည်တွင်းစစ်

ward *n* hsaun ဆောင် (hospital ~);
ya'-kwe' ရပ်ကွက် (city ~); o'-
htein:-gan အုပ်ထိန်းခံ (≠
guardian)

wardrobe *n* bi-do ဘီရို

ware *n* ə-hte အထည်

warehouse *n* go-daun ဂိုဒေါင်၊
kon-yon ကုန်ရုံ

warfare *n ✦* si'-hkin: စစ်ခင်းခြင်း

warm *adj* nwei-dẹ နွေးသော၊ pu-
dẹ ပူသော

warm clothing *n* ə-nwei:-de
အနွေးထည်

warmly *adv* yin:-yin:-hni:-hni:
ရင်းရင်းနှီးနှီး (speak ~); hlai'-hlai'-
hle:-hle: လှိုက်လှိုက်လှဲလှဲ
(welcome ~)

warmth *n* ə-nwei:-da'
အနွေးဓာတ်၊ ə-ngwei ə-ngẹ

warn *v* thə-dị-pei:-de

သတိပေးသည်

warning *n* ə-mein:-jɔ-nya-za
အမိန့်ကြော်ငြာစာ (written ~); thə-
dị thọ သတိ (give a ~) ။။ *without
warning* yo'-hkə-ne: ရုတ်ခနဲ

warp *v* tuṇ-lei'-te တွန့်လိပ်သည်၊
yon:-de ရုန်းသည်

warped *adj* hkwin-dẹ ခွင်သော၊
lein-hpe-dẹ လိမ်ဖဉ်သော

warrant₁ *v* htai'-te ထိုက်သည်

warrant₂ *✦ n* wə-yan: ဝရမ်း

warrant officer *✦ n* ə-ya-gan-
bo အရာခံဗိုလ်

warrior *✦ n* thə-ye: သူရဲ

warship *✦ n* si'-thin:-bɔ:
စစ်သင်္ဘော၊ tai'-thin:-bɔ:
တိုက်သင်္ဘော

wart ❦ *n* jwe'-nọ ကြွက်နို့၊ nga:-
mye'-sị ငါးမျက်စိ

wash *v* hsei:-de ဆေးသည် (~ the
dishes); shɔ-hpu'-te လျှော်
ဖွပ်သည် (~ clothes); gaun:-shɔ-
de ခေါင်းလျှော်သည် (~ my hair);
thi'-te (မျက်နှာ)သစ်သည် (~ my
face)

washable *adj* yei-shɔ-khan-de
ရေလျှော်ခံသည်

washer *n* wa-sha ဝါရှာ

washing *n* ə-wu' (လျှော်ဖို့)

အဝတ် (laundry)

washing up *n* bə-gan (ဆေးဖို့) ပန်းကန် (dishes)

washroom *n* yei-ein ရေအိမ်

wash up *v* bə-gan-hsei:-de ပန်းကန်ဆေးသည် (~ the dishes); kan:-tin-de ကမ်းတင်သည် (~ on shore)

wasp ✿ *n* pə-du ပျားတူ၊ nə-je-gaun နကျယ်ကောင်

waste₁ *v* hpyon:-de ဖြုန်းသည်၊ ə-lə-ga:-hpyi'-te အလကားဖြစ်သည်

waste₂ *n* ə-lei-ə-lwiṇ အလေ အလွင့် (unusable material); ə-nyi'-ə-jei: အညစ်အကြေး (unwanted material) ။။ *go to waste* lei-lwiṇ-de လေလွင့်သည်၊ ə-lə-ha'-tha'-အလဟဿဖြစ်သည်

wasted *adj.* ə-chi:-hni:-hpyi'-tẹ အချည်းနှီးဖြစ်သော၊ ə-ho:-thị-kan-hpyi'-tẹ အဟောသိကံဖြစ်သော

wastefully *adv* hpei'-tə-we'-sin-tə-we' ဖိတ်တစက်စဉ်တစက်

watch₁ *v* ji:-de ကြည့်သည် (look at); htein:-de ထိန်းသည် (take care of)

watch₂ *n* le'-pa'-na-yi လက်ပတ်နာရီ

watch out *v* dhə-dị-hta:-de

သတိထားသည်

water *n* yei ရေ ။။ *distilled water* mo:-yei မိုးရေ ။။ *sea water, salt water* ye-ngan ရေငန်

water buffalo *n* ✿ jwe: ကျွဲ

watercolor *n* yei-zei: ရေဆေး

waterfall *n* ye-də-gun ရေတံခွန်

Water Festival *n* thə-jan, thin:-jan သင်္ကြန်

waterfront *n* kan:-na: ကမ်းနား

water hyacinth *n* ✿ bei-da ဗေဒါ

watermelon *n* ✿ hpə-ye: ဖရဲ

waterproof *adj* yei-zein-hkan-dẹ ရေစိမ်ခံသော

water pump *n* yei-ze' ရေစက်

watery *adj* je:-dẹ ကျဲသည်

watt *n* wa' ၀စ်

wave₁ *v* yan:-de ယမ်းသည်၊ le'-pya-de လက်ပြသည်

wave₂ *n* hlain: လှိုင်း

wax *n* hpə-yaun ဖယောင်း

waxing moon *n* lạ-zan: လဆန်း

way *n* lan: လမ်း (route); ni:-lan နည်းစနစ် (method); hton:-zan ထုံးစံ (custom) ။။ *by the way* zə-ga:-mə-za' စကားမစပ် ။။ *in the way* kaṇ-laṇ-kaṇ-laṇ ကန့်လန့်ကန့်လန့် ။။ *lose one's way* mye'-si:-le-de မျက်စိလည်သည်၊ lan:-

lwe:-de လမ်းလွဲသည် ။။ *make way* lan:-hpe-de လမ်းဖပသည် ။။ *the middle way* ⌨ myi'-zi-ma̱-pa̱-di-ba̱-da မဇ္ဈိမပဋိပဒါ ။။ *way of life* lu-nei-hmṵ-bon-zan လူနေမှုပုံစံ ။။ *way out* htwe'-pau' ထွက်ပေါက် ။။ *on the way* lan:-jon-de လမ်းကြုံသည် (the shop is ~); lan:-hkṵ-la'-hma လမ်းခုလပ်မှာ (the letter is ~)

Wazo *n* wa-zo ဝါဆို

WC *n* ein-dha အိမ်သာ (water closet)

we *pron* jun-nɔ-dɔ̣ ကျွန်တော်တို့၊ jun-ma̱-dɔ̣ ကျွန်မတို့၊ dɔ̣ tó့ တို့

weak *adj* a:-ne:-de အားနည်းသော

weak point *n* a:-ne:-je' အားနည်းချက်

weakness *n* a:-ne:-je' အား နည်းချက် (deficiency); a:-pyɔ̣-jin: အားပျော့ခြင်း (lack of strength); pyɔ̣-gwe' ပျော့ကွက် (~ for sthg)

wealth *n* da̱-na̱ ဓန

wealthy *adj* chan:-tha-de ချမ်းသာသော၊ tha̱-htei:-hpyi'-te̱ သူဌေးဖြစ်သော

weapon *n* lc'-ne' လက်နက်

wear *v* wu'-te ဝတ်သည် (~ a shirt); si:-de စီးသည် (~ shoes); hsaun:-de ဆောင်းသည် (~ a hat); ta'-te တပ်သည် (~ glasses); pan-de ပန်သည် (~ in the hair)

wear away *v* tai'-sa:-de တိုက်စားသည်

wear off *v* pyei-de ပြေသည်

wear out *v* hnyo:-nun:-ze-de ညှိုးနွမ်းစေသည်

weary *adj* pin-pan:-de̱ ပင်ပန်းသော

weather *n* ya-dhi-ṵ-dṵ ရာသီဥတု

weatherproof *adj* mo:-lon-lei-lon မိုးလုံလေလုံ

weave *v* ye'-te ရက်သည်

web *n* kun-ye' ကွန်ရက် (network); piṇ-gu-ein ပင့်ကူအိမ် (of spider); 🖥 we'-(ba') ဝက်(ဘ်) (world wide ~)

wedding *n* min-ga̱-la-zaun မင်္ဂလာဆောင်

wedge *n* tha' သပ် (drive in a ~); hmyauṇ မြှောင့် (of orange, etc; shape)

wedge in *v* hnya'-te ညှပ်သည်

Wednesday *n* bo'-da̱-hu:-neị ဗုဒ္ဓဟူးနေ့

weed *n* paun:-pin ပေါင်းပင်

week *n* pa' ပတ်

weekday *n* ja:-ye' ကြားရက်

weekend *n* sə-nei-tə-nin:-gə-nwe-nei့ စနေတနင်္ဂနွေနေ့

weekly₁ *adv* ə-pa'-sin အပတ်စဉ်

weekly₂ *n* ja-ne ဂျာနယ်

weep *v* ngo-de ငိုသည်

weigh *v* chein-de ချိန်သည် (sthg); lei:-de လေးသည် (be a certain weight)

weigh down *v* hpi-de ဖိသည်

weight *n* ə-lei:-ֵjein အလေးချိန်

weir *n* hse ဆည်၊ ta-tə-man တာတမံ

weird *adj* pau'-pau'-sha-sha-hpyi'-de့ ပေါက်ပေါက်ရှာရှာ ဖြစ်သော

welcome *v* jo-hso-de ကြိုဆိုသည် ။။ *you're welcome* ya̱-ba-de ရပါတယ်

welfare *n* the'-tha-chaun:-chi̱-yei: သက်သာချောင်းချိရေး

well₁ *adv* kaun:-gaun: ကောင်းကောင်း (speak ~); nei-kaun: နေကောင်း (be ~, get ~)

well₂ *n* yei-dwin: ရေတွင်း

well₃ *exp* ke: ကဲ

well-behaved *adj* lein-ma-de့ လိမ္မာသော

well being *n* the'-tha-chaun-chi̱-yei: သက်သာချောင်ချိရေး၊ ə-chei-ə-nei-kaun:-jin: အခြေအနေ ကောင်းခြင်း (physical ~)

well done *adj* ə-je' အကျက် (~ meat)

well known *adj* jɔ-ja:-de̱ ကျော်ကြားသော

well off, well-to-do *adj* chan:-tha-de̱ ချမ်းသာသော

west *n* 🧭 ə-nau' အနောက် ။။ *the West* ə-nau'-tain: အနောက်တိုင်း

wet *adj* so-de̱ စိုသော

whale *n* 🐳 wei-la̱-nga: ဝေလငါး

what₁ *pron* ta တာ၊ e:-da အဲဒါ (~ I said) ။။ *what have you* ba-twei-nya-twei ဘာတွေ(ညာတွေ)

what₂ *adj* ba ဘာ (~ are you doing?); be ဘယ် (~ time is it) ။။ *what's-his-name* hə-wa ဟဝါ

what₃ *exp* ha̱ ဟ၊ ba-le:-ha̱ ဘာလဲဟ

whatever *pron* ba-be:-hpyi'-hpyi' ဘာပဲဖြစ်ဖြစ်

wheat *n* jon ဂျုံ

wheel *n* bein: ဘီး

wheelchair *n* tun:-hle: တွန်းလှည်း

when *adv* be-dọ ဘယ်တော့ (~ will we arrive?); ton: တုန်း (~ he was a child); tẹ-ə-hka သောအခါ (~ I eat, ~ you see me)

whenever *conj* ə-hka-dain: အခါတိုင်း

where₁ *adv* be-hma ဘယ်မှာ၊ ə-be အဘယ်၊ myi-thi-nei-ya မည်သည်နေရာ

where₂ *conj* jạ-dọ ကျတော့ (~ some like it)

where₃ (from) *prep* be-gạ ဘယ်က

where₄ (to) *prep* be-go ဘယ်ကို

whereabouts *n* shị-dẹ-nei-ya ရှိတဲ့နေရာ၊ wun:-jin ဝန်းကျင်

wherever *adv* be-hma-mə-hso ဘယ်မှာမဆို၊ be-hma-hpyi'-hpyi' ဘယ်မှာဖြစ်ဖြစ်

whether...or *prep* hpyi'-sei...hpyi'-sei ဖြစ်စေ...ဖြစ်စေ၊ hpyi'-hpyi'...hpyi'-hpyi' ဖြစ်ဖြစ်...ဖြစ်ဖြစ်

which *pron* be ဘယ်၊ myi မည်

whichever *pron* ba-be:-hpyi'-hpyi' ဘာပဲဖြစ်ဖြစ်

while₁ *n* hkə-nạ ခဏ၊ hki'-tạ ခေတ္တ

while₂ *conj* yin: ရင်း၊ sin စဉ်၊ hse: ဆဲ၊ ka ကာ၊ nẹ-ə-hmyạ နှင့်အမျှ (~ he was sleeping); pei-mẹ ပေမဲ့၊ thɔ-le: သော်လည်း (~ I know I should)

whim *n* sei-yu:-pau'-chin: စိတ်ရူးပေါက်ခြင်း (sudden desire)

whine₁ *v* tə-i-i-ji-jạ-de တအီအီ ဂျီကျသည် (complain childishly); u-de အူသည် (the pump ~d)

whine₂ *n* su:-shạ-dẹ-nyi:-dhan စူးရှသောညည်းသံ

whinge *v* tə-i-i-ji-jạ-de တအီအီ ဂျီကျသည်

whip₁ *v* yai'-te (ကျာပွတ်ဖြင့်) ရိုက်သည် (~ a horse); cha-gə-ne:-hlẹ-de ချာခနဲလှည့်သည် (~ around to see what happened)

whip₂ *n* ja-pu' ကျာပွတ်

whirl *v* cha-gə-ne:-hlẹ-de ချာခနဲလှည့်သည်၊ pa'-cha-hlẹ-de ပတ်ချာလှည်သည်

whirlpool *n* (yei)-we: (ရေ)ဝဲ၊ we:-gə-dọ ဝဲကတော့

whirlwind *n* lei-gə-dọ လေကတော့၊ lei-bwei လေပွေ

whiskers *n* hno'-hkan:-mwei: နှုတ်ခမ်းမွေး

whiskey *n* wi-sə-ki ဝီစကီ

whisper₁ *v* ti:-to:-pyɔ:-de တီးတိုးပြောသည်

whisper₂ *n* lei-dhan လေသံ

whistle₁ *v* lei-chun-de လေ ချွန်သည် (with lips, tongue) le'-kwin:-hmo'-te လက်ကွင်း မှုတ်သည် (with cupped hands)

whistle₂ *n* pi-pi ပီပီ (instrument); lei-jun-dhan လေချွန်သံ (sound)

white *n* ə-hpyu အဖြူ (colour); bo ဗိုလ် (person); ə-ka အကာ (~ of an egg); mye'-hpyu-hlwa မျက်ဖြူ(လွှာ) (~ of the eye)

whitewash *n* hton: ထုံး

who *pron* be-thu ဘယ်သူ၊ yau' ယောက်

whoa *int* ho: ဟိုး

whoever *pron* be-thu-mə-hso ဘယ်သူမဆို

whole *adj* tə...lon: တစ်...လုံး၊ a:-lon: အားလုံး lon:-lon:-lya:-lya: လုံးလုံးလျားလျား

wholeheartedly *adv* hlai'-hlai'-hle:-hle လှိုက်လှိုက်လှဲလှဲ (sincerely); ko-yɔ:-sei'-pa ကိုယ်ရောစိတ်ပါ

wholesale *adj* le'-ka: လက်ကား ‖‖ *wholesale price* hpau'-the-zei: ဖောက်သည်ဈေး ‖‖ *sell wholesale* hpau'-the-chạ-de ဖောက်သည်ချသည်

wholesome *adj* ə-ha-yạ-shị-dẹ အဟာရရှိသော (~ food); yo:-tha:-dẹ ရိုးသားသော (~ fun)

wholistic *adj* be'-son ဘက်စုံ

wholly *adv* lon:-lon: လုံးလုံး၊ ə-jwin:-mẹ အကွင်းမဲ့၊ ə-pyei-ə-son အပြည့်အစုံ

whom *pron* be-thu-go ဘယ်သူကို

whooping cough *n* ☙ je'-hnya-chaun:-zo: ကြက်ညှာချောင်းဆိုး

whose *pron* be-thu ဘယ်သူ

why *adv* ba-hpyi'-lọ ဘာဖြစ်လို့၊ ba-jaun̥ ဘာကြောင့် ‖‖ *why don't* (you, we, etc) pa-on ပါ(ဦး၊ အုံး)

wicked *adj* hso:-wa:-dẹ ဆိုးဝါးသော

wicker *n* jein ကြိမ်

wide open *adj* hin:-lin:-dẹ ဟင်းလင်းသော

widespread *adj* pyaṇ-hnaṇ-dẹ ပြန့်နှံ့သော

widow *n* ♀ mo'-hso:-mạ မုဆိုးမ

widower *n* ♂ mo'-hso:-bo မုဆိုးဖို

width *n* ə-nan အနံ

wife *n* zə-ni: ဇနီး၊ mə-ya: မယား၊ ə-myo:-thə-mi: အမျိုးသမီး

wild *adj* yain:-dẹ ရိုင်းသော (≠ tame); tɔ:-hsan-dẹ တောဆန်သော (≠ domesticated)

wildlife *n* dhə-ba-wə-tɔ:-yain:-tə-yei'-hsan သဘာဝတောရိုင်းတိရစ္ဆာန်

will₁ *v* sei'-hsaun-de စိတ်ဆောင်သည် (~ the phone to ring); leiŋ လိမ့် (it ~ happen)

will₂ *n* sei' စိတ် (determination); thei-dan:-za သေတမ်းစာ (testament)

willful *adj* tə-min တမင်၊ yu'-tə̣ ရွတ်သော (deliberate); gaun:-ma-dę̣ ခေါင်းမာသော (stubborn)

willing *adj* thə-bɔ:-tu-dę̣ သဘောတူသည်

wilt *v* hnyo:-de ညှိုးသည်

win *v* nain-de နိုင်သည်၊ aun-de အောင်သည်

wind₁ *v* kau'-kwei-de ကောက်ကွေ့သည် (the path ~s through the forest); yi'-te ရစ်သည် (~ string); thɔ-pei:-de သော့ပေးသည် (~ a watch) ။။ **wind around** pa'-te ပတ်သည်

wind₂ *n* le လေ (moving air); i: အီး (gas)

window *n* bə-din:-pau' ပြတင်းပေါက်

window screen *n* chin-zə-ga ခြင်ဇကာ

windscreen, windshield *n* le-ka-hman လေကာမှန်

wind up *v* ə-pi:-tha'-te အပြီးသတ်သည် (finish); yi'-te ရစ်သည်၊ ja'-te ကြပ်သည် (tease)

wine *n* wain ဝိုင်

wing *n* taun-pan တောင်ပံ (bird ~, plane ~); tɔ:-ję တိုးချဲ့ (the new ~)

winter *n* hsaun: ဆောင်း

wipe *v* tho'-te သုတ်သည်

wipe out *v* chei-de ချေသည်၊ tho'-thin-de သုတ်သင်သည်

wire *n* (wain-ya)-jo: ဝိုင်ယာကြိုး

wisdom *n* nyan ဉာဏ်၊ ə-thi̥-ə-lein-ma အသိအလိမ္မာ၊ pyin-nya ပညာ

wisdom tooth *n* an-zon: အံဆုံး

wise *adj* pyin-nya-shi̥-dę̣ ပညာရှိသော

wish₁ *v* hsu-taun:-de ဆုတောင်းသည် ။။ **as one wishes** sei'-jai' စိတ်ကြိုက် ။။ **wish for** taun:-tə̣-de တောင့်တသည် ။။ **wish sb well** myi'-ta-hta:-de မေတ္တာထားသည်

wish₂ *n* hsu-daun: ဆုတောင်း၊ hsan-də̣ ဆန္ဒ ။။ **a wish comes true** hsu-daun:-pyei̥-de ဆုတောင်းပြည့်သည်

wit *n* nyan-zun: ဉာဏ်စွမ်း

witch *n* son: စုန်း

witchcraft *n* hmɔ မှော်

with *prep* nε̣-(ə-tu) နဲ့(အတူ)၊ tə-gwə̣ တကွ၊ pyiṇ ဖြင့်၊ ə-laiʔ အလိုက်

with a *adv* gə-ne: ခနဲ

withdraw *v* hsoʔ-hkwa-de ဆုတ်ခွာသည် (move away from); thein:-de သိမ်းသည် (~ support); ngwei-hto'-te (ငွေ)ထုတ်သည် (~ from bank account); hno'-htwe'-te နုတ်ထွက်သည် (~ from a group); yo'-thein:-de ရုပ်သိမ်းသည် (retract); ⚡si'-hso'-te စစ်ဆုတ်သည် (~ from the front)

withdrawal *n* hto'-chin: ထုတ်ခြင်း (~s from the bank); ✚ hsei:-htə-jin: ဆေးထခြင်း (~ symptoms); hno'-htwe'-chin: နုတ်ထွက်ခြင်း၊ yo'-thein:-jin: ရုပ်သိမ်းခြင်း (~ from a struggle)

wither *v* hnyo:-de ညှိုးသည်

withhold *v* htein-chan-de ထိမ်ချန်သည်

within *adv* twin တွင်း၊ (ə)-twin: (အ)တွင်း

without *adv* mε̣ မဲ့၊ kin: ကင်း၊ mə...be: မ...ဘဲ

withstand *v* hkan-de ခံသည်

witless *adj* nyan-ne:-dε̣ ဉာဏ်နည်းသော

witness₁ *v* mye'-myin-ko-twei-hpyi'-te မျက်မြင်ကိုယ်တွေ့ဖြစ်သည် (see); the'-thei-pyụ-de သက်သေပြုသည် (~ a document)

witness₂ *n* the'-thei သက်သေ

wit *n* ə-kin: အကင်း၊ ‖ *be at wits' end* gaun:-chau'-te ခေါင်းခြောက်သည်

wits *n* ə-kin: အကင်း (alertness); nyan-shwin-jin: ဉာဏ်ရွှင်ခြင်း (cleverness)

witty *adj* (ha-thạ)-nyan-shwin-dε̣ (ဟာသ)ဉာဏ်ရွှင်သော

wizard *n* zɔ ဇော်၊ wei'-za ဝိဇ္ဇာ

wobble *v*. də-yein:-də-yain:-hpyi'-te ဒယိမ်းဒယိုင်ဖြစ်သည်

wok *n* de-o: ဒယ်အိုး

wolf *n* ✿ wun-pə-lwei ဝံပုလွေ

woman *n* mein:-mạ မိန်းမ၊ ə-myo:-dhə-mi အမျိုးသမီး (*pl* women)

womanise *v* ə-pyo-(ə-pa:)-laiʔ-te အပျော်(အပါး)လိုက်သည်

womb *n* ✚ thə-ein သားအိမ်

wonder₁ *v* thị-jin-de သိချင်သည် (want to know); aṇ-ɔ:-de အံ့

ကြည်သည် (be amazed)

wonder₂ *n* aṇ-bwe အံ့ဖွယ် (sthg remarkable); aṇ-tə-pa: အံ့တစ်ပါး (awe)

wonderful *adj* aṇ-ɔ:-zə-ya-kaun:-dẹ အံ့သြစရာကောင်းသော၊ ə-lun-kaun:-dẹ အလွန်ကောင်းသော

wonton *n* hpe'-hto' ဖက်ထုပ်

woo *v* po:-pan:-de ပိုးပန်းသည်

wood *n* thi'-tha: သစ်သား (material); tɔ: တော (forest)

woodcarving *n* ba-bụ ပန်းပု

woodcutter *n* thi'-hko'-thə-ma: သစ်ခုတ်သမား

wooden *adj* thi'-(tha:) သစ်(သား)

wood(s) *n* thi'-tɔ: သစ်တော၊ tɔ:-dan: တောတန်း

wool *n* tho:-hmwei သိုးမွေး

word *n* zə-gə-lon: စကားလုံး (written ~); hkun: ခွန်း (spoken ~); gə-dị ကတိ (promise); wɔ:-ha-rạ ဝေါဟာရ (vocabulary); ə-hkɔ အခေါ် (a ~ for)

word-for-word *adv* lon:-kau' လုံးကောက်

work₁ *v* lo'-te လုပ်သည်

work₂ *n* ə-lo'-(ə-kain) အလုပ် (အကိုင်) (job); lo'-ngan: လုပ်ငန်း

(line of work)

worker *n* lo'-tha: လုပ်သား၊ ə-lo'-tha-ma: အလုပ်သမား

workmanship *n* le'-ya လက်ရာ

work out *v* lei-jiṇ-gan:-lo'-te လေ့ကျင့်ခန်းလုပ်သည် (~ at a gym); ə-hpyei-hto'-te အဖြေ ထုတ်သည် ə-hpyei-sha-hpwei-de အဖြေရှာဖွေသည် (~ a solution)

workplace *n* lo'-ngan:-gwin လုပ်ငန်းခွင်

workshop *n* ə-lo'-yon အလုပ်ရုံ၊ wa'-shọ ဝပ်ရှော့ (garage); lo'-ngan:-hswei:-nwei:-bwe: လုပ်ငန်းဆွေးနွေးပွဲ (meeting)

world *n* gə-ba ကမ္ဘာ၊ lɔ-kạ လောက

worldwide *adj* gə-bạ ကမ္ဘာ၊ gə-ba-lon:-hsain-ya ကမ္ဘာလုံးဆိုင်ရာ

worm *n* ☙ ti-gaun တီကောင် (earth~); ☘ than-(gaun) သန်(ကောင်) (intestinal ~)

worn out *adj* nun:-yị-dẹ နွမ်း ရိသော (~ by hard work); haun:-nun:-dẹ ဟောင်းနွမ်း (~ from long use)

worried *adj* sei:-pu-dẹ စိတ် ပူသော

worry₁ *v* so:-yein-de စိုးရိမ်သည်

worry₂ *n* thɔ-kạ သောက

worsen *v* ə-chei-pye'-te အခြေ ပျက်သည်

worship *v* ko:-kwe-de ကိုး ကွယ်သည်

worst *n* ə-hso:-zon: အဆိုးဆုံး ∥∥ **if worst comes to worst** ə-hso:-zon:-hpyi'-la-yin အဆိုးဆုံးဖြစ်လာ၇င်

worth₁ *v* (ə-hpo:)-htai'-te (အဖိုး) ထိုက်သည် (~ 1000); jo:-na'-te ကျိုးနပ်သည် (~ doing)

worth₂ *n* tan-bo: တန်ဖိုး

worthless *adj* tan-bo:-mẹ-dẹ တန်ဖိုးမဲ့သော

worthwhile *adj* ə-jo:-shị-dẹ အကျိုးရှိသော

worthy *adj* htai'-tan-dẹ ထိုက်တန်သော

would *v* > *see:* **will** ကို ကြည့်

wound₁ *v* htị-hkai'-te ထိခိုက်သည် (injure)

wound₂ *adj* yi:-pa'-hta:-dẹ ရစ်ပတ်ထားသော (~ tightly)

wound₃ *n* dan-ya ဒဏ်ရာ၊ ə-na အနာ (injury)

woven *adj* ye'-hta:-de ယက်ထားသည်

wow *exc* ə-mə-lei: အမလေး

wrap₁ *v* hto'-te ထုပ်သည်၊ pa'-te ပတ်သည်

wrap₂ *n* chon-de ချို့ထည်၊ tə-be' တဘက် (clothing); ဖက်ထုပ်မုန့် တစ်မျိုး (sandwich)

wrap around *v* pa'-hta:-te ပတ်ထားသည်

wrap up *v* hto'-te ထုပ်သည် (package); ə-hson:-tha'-te အဆုံးသတ် (finish)

wrath *n* dɔ-dhạ ဒေါသ

wreath *n* pan:-gwei ပန်းခွေ

wreck₁ *v* hpye'-hsi:-de ဖျက်ဆီးသည်

wreck₂ *n* ka:-tai'-hmụ ကား တိုက်မှု (car crash); thin:-bɔ:-bye'-chin: သင်္ဘောပျက်ခြင်း (shipwreck); lei-yin-pye'-jạ-hmụ လေယာဉ် ပျက်ကျမှု (air crash)

wrench *n* gwa Šဝ၊ gə-nan:-le'-mạ ကန့်လက်မ (spanner); ə-jɔ:-mye' အကြောမျက်ခြင်း (sprain)

wrestle *v* nə-ban:-lon:-de နပန်းလုံးသည်

wrestling match *n* nə-pan:-tha'-pwe: နပန်းသတ်ပွဲ

wring *v* hnyi'-te ညှစ်သည်

wrinkle *n* ə-tuṇ အတွန့်၊ ə-tuṇ-ə-lei' အတွန့်အလိပ်၊ ə-yei:-ə-jaun:

အရေးအကြောင်း (on skin)

wrist *n* le'-kau:-wu' လက်
ကောက်ဝတ်

wristwatch *n* (le'-pa')-na-yi
လက်ပတ်နာရီ

write *v* sa-yei:-de စာရေးသည်

writer *n* sa-yei:-hsa-ya-(ma)
စာရေးဆရာ(မ)

writing *n* sa စာ

wrong₁ *adj* hma:-ywin:-de
မှားယွင်းသော ။ ***go wrong, be
wrong*** lwe:-de လွဲသော

wrong₂ *n* a-hma: အမှား (error);
ma-ta-ya:-hmu မတရားမှု
(injustice)

wrongful *adj* ⚖ ma-ta-ya:
မတရား

Wunpawng *n* ka-chin ကချင်

X—x e' အက်(က်စ်)

xenophobia *n* 🌐 nain-gan-ja:-
dha:-mon:-wa-da နိုင်ငံခြားသား
မုန်းဝါဒ

xerox *n* mei'-tu မိတ္တူ။

x-ray₁ *v* da'-hman-yai'-te
ဓာတ်မှန်ရိုက်သည်

x-ray₂ *n* da'-hman ဓာတ်မှန်

xylophone *n* 🎵 pa-ta-la:
ပတ္တလား

Y—y wain ဝိုင်

yam 🌿 *n* ka-du-u ကဒူဥ၊ ga-zun:-
u ကန်ဇွန်းဥ၊ myau'-u မျောက်ဥ

yard *n* kai' ကိုက် (3 feet); win:
ဝင်း၊ chan ခြံ (compound)

yardstick *n* kai'-tan ကိုက်တံ

yarn *n* jo: ကြိုး၊ chi ချည်

yawn *v* than:-de သမ်းသည်

year *n* hku-hni' ခုနှစ်

yearly *adv* hni'-pa'-le နှစ်
ပတ်လည်၊ hni'-sin နှစ်စဉ်

year round *adj* hse-hna-la-ya-
thi ဆယ့်နှစ်လရာသီ

yeast *n* ta-hsei: တဆေး

yell *v* o-hi'-te အော်ဟစ်သည်

yellow *n* a-wa-yaun အဝါရောင်

yen *n* yan: ယန်း၊ ¥

yes *exp* hka-mya ခင်ဗျာ၊ shin ရှင်
(as a response); ho'-ke ဟုတ်ကဲ့
(to agree)

yesterday *n* ma-nei-ga မနေ့က

yet *adv* bi: ပြီး ။ ***not … yet***
ma…thei: မ…သေး

yield₁ *v* u:-za:-pei:-de ဦးစား
ပေးသည်၊ a-shon:-pei:-de အရှုံး
ပေးတယ်

yield₂ *n* a-htwe' အထွက်

yoga *n* yo:-ga ယောဂ

yoghurt, yogurt *n* dein-jin ဒိန်ချဉ်

yogi *n* yɔ:-gi ယောဂီ

yolk *n* ə-hni' အနှစ်

you *pron* hkə-mya: ခင်ဗျား၊ shin ရှင်၊ thin သင်

young₁ *adj* nge-dẹ ငယ်သော

young₂ *n* ə-kaun-nge အကောင် ငယ် (animal babies)

your *adj* thiṇ သင့်

yours *pron* thiṇ သင့်၊ thin-i̥ သင်၏

yourself, yourselves *pron* thiṇ-go-thin သင့်ကိုသင်

youth *n* lu-nge လူငယ် (young person); nge-ywe ငယ်ရွယ် (age)

youthful *adj* nṵ-(pyo)-dẹ နု (ပျို)သော

Z–z ze' ဇက်

zany *adj* gau'-tẹ ဂေါက်သော

zeal *n* sei'-a:-than-hmṵ စိတ်အားသန်မှု

zebra *n* ✿myin:-ja: မြင်းကျား

zebra crossing *n* lu-ku:-myin:-ja: လူကူးမျဉ်းကျား

zedi *n* ▱ zei-di စေတီ

Zen *n* ▱ zin ဇင်

zero *n* thon-nya သုည

zero in *v* pyi'-hma'-hta:-de ပစ်

မှတ်ထားသည်

zest *n* a:-te'-chin: အားတက်ခြင်း (enthusiasm); hkun ခွံ (citrus peel)

zigzag *n* kwei̥-kau'-chin: ကွေ့ ကောက်ခြင်း၊ mwei-lein-mwei-kau' မွွေလိမ်မွေ့ကောက်

zinc *n* thu' သွပ်

zip₁ *v* zi'-hswe:-de ဇစ်ဆွဲသည်

zip₂ zipper *n* zi' ဇစ်

zit *n* we'-chan ဝက်ခြံ

zodiac *n* hse-hnə-ya-thi-yo' ဆယ့်နှစ်ရာသီရုပ်

zone *n* zon ဇုန်

zoo *n* tə-rei'-hsan-ṵ-yin တိရစ္ဆာန်ဥယျာဉ်၊ tə-rei'-hsan-yon တိရစ္ဆာန်ရုံ

zoology *n* tha'-tə-bei-də သတ္တဗေဒ

zoom *v* ə-myan-thwa:-de အမြန် သွားသည်

zoom (lens) *n* te-li တယ်လီ

က ကကြီး kạ-ji:

က$_1$ (kạ) *v* dance; [always neg] be a certain amount

က$_2$ (kạ) *n* the first letter in the Myanmar script

က$_3$ (kạ) *part* suffix to sentence subject; from; at (time in past); if

ကကြီးကကြောင်လုပ် (gə-ji-gə-jaun-lo') *v* be difficult

ကကြီး (kạ-ji:) *n* name of the letter က

ကချလာ (kə-chə-la) *n* good-for-nothing; (piece of) junk, rubbish

ကချော်ကချွတ် (kə-chɔ-kə-chu') *adv* sloppily

ကချင် (kə-chin) *n Kachin*

ကစား (gə-za:) *v* play

ကစားကွင်း (gə-za:-gwin:) *n* amusement park

ကစွန်း (gə-zun:) *n* 🌿 water convolvulus, an edible plant growing in damp soil

ကစွန်းဥ (gə-zun:-ụ) 🌿 sweet potato

ကဆုန် (kə-hson) *n Kahson,* second month of the lunar calendar

ကဆုန်ပေါက် (kə-hson-pau') *v* gallop

ကညွတ် (kə-nyu') *n* 🌿 asparagus

ကဏန်း (gə-nan:) *n* 🐾 crab

ကဏန်းလက်မ (gə-nan:-le'-mạ) *n* crab's claw; spanner (Br), wrench (Am)

ကတိ (gə-dị) *n* promise

ကတိတည် (gə-dị-ti) *v* keep a promise

ကတိပျက် (gə-dị-pye') *v* break a promise

ကတိပြု (gə-dị-pyụ) *v* promise

ကတော့ (gə-dɔ̣) *n* funnel; cone

ကတော် (gə-dɔ) *n* wife of a respected person

ကတို့ (gə-dọ) *n* ⚓ ferry

ကတိုး (gə-do:) *n* 🐾 musk deer; musk

ကတောက်ကဆတ်ဖြစ်(gə-dau'-gə-hsa'-hpyi'-te) *v* quarrel, have a row, argue

ကတည်းက (gə-de:-gạ) *part* since

ကတုံး (gə-don:) *n* shaven head

ကတွတ် (gə-du') *n* sluice;

🐝 kind of fig

ကထိက (kə-hti̥-kḁ) n lecturer

ကထိန် (kə-htein) n 🪷 Kahtain

ကနဦး (kə-nə-u:) n the beginning

ကနား (kə-na:) n pavilion

ကနုကမာ (kə-nu̥-kə-ma) n oytershell; mother-of-pearl

ကနေ (kḁ-nei) part from; via

ကနေ့ (gə-nei) n ☛ today

ကပြား (kḁ-bya:) n person whose parents are of two different nationalities, mix

ကဖီး (kə-hpi:) n cafe, teashop

ကဗျာ (gə-bya) n 🖊 poem, poetry, verse

ကမကထလုပ် (kə-mḁ-kə-htḁ-lo') v supervise; lead an undertaking

ကမာ (kə-ma) n 🐚 oyster

ကမောက်ကမ (kə-mau'-kə-mḁ) adv out of control; in disorder

ကမန်းကတန်း (gə-man:-gə-dan:) adv hurriedly

ကယား (kə-ya:) n Kayah

ကရဝိက် (kə-rə-wei') n karaweik

ကရား (hkə-ya:) n kettle

ကရုဏာ (gə-yu̥-na) n karuna,

compassion

ကရင် (kə-yin) n Kayin, Karen

ကလိ (kə-li̥) v annoy; tease

ကလိထိုး (gə-li̥-hto:, kə-li̥-hto:) v tickle

ကလီစာ (kə-li-za) n organs, innnards (food); inner parts

ကလေး₁ (kə-lei:, hkə-lei:) n child, youth

ကလေး₂ (kə-lei:, gə-lei:) part suffix to noun, affection or understatement; suffix to an animal's young

ကလေးထိန်း (kə-lei:-dein:) n nanny, au pair

ကလေးပျက် (kə-lei:-pye') v 🔱 have a miscarriage, abort a foetus

ကလေးအထူးကုဆရာဝန် (hkə-lei:-ə-htu:-ku̥-hsə-ya-wun-(win)) n ⚕ paediatrician, pediatrician

ကလက် (kə-le') v be frivolous; clash

ကလောင်နာမည် (kə-laun-na-me) n 🖊 pen name, nom de plume, pseudonym

ကလပ် (kə-la') n small circular tray on a pedestal; club;

clutch

ကလိမ်ကျ (kə-lein-ja) v lie; scam; be untrustworthy

ကဝိ (kə-wi̧) n wise man; poet

ကဝေ (kə-wei) n wise woman; enchantress

ကသိ (kə-thi̧) v be hectic

ကသည်း (kə-the:) n Khasi

ကသိုဏ်း (kə-thain:) n 🕮 object of intense mental concentration in a type of meditation

ကာ₁ (ka) v screen; shield; cover

ကာ₂ (ka) n ⚔ shield

ကာ₃ (ka) part while

ကာကွယ် (ka-gwe) v defend, protect (~ your family); prevent (~ disease)

ကာကွယ်ဆေး (ka-gwe-zei:) n ⚕ vaccine, immunisation

ကာကွယ်ရေး (ka-gwe-yei:) n 🌏 ⚔ defence; ⚔ [inf] militia

ကာတွန်း (ka-tun:) n cartoon; carton, case

ကာနယ် (ka-ne) n ⚔ colonel

ကာမ (ka-ma̧) n 🕮 pleasure; the five senses which give pleasure

ကာမစိတ် (ka-ma̧-sei') n lust, sexual desire

ကာမျှနှင့်၊ ကာမျှဖြင့် (ka-hmya̧-(nȩ, ka-hmya̧-hpyiņ) part by simply -ing

ကာယ (ka-ya̧) n physique, build

ကာယကံရှင် (ka-ya̧-gan-shin) n the principal person affected, the person to whom sthg happens

ကာရိုက်ကြိယာ (ka-rai'-kə-ri̧-ya) n [gram] causative verb

ကာရန် (ka-yan) n 🎵 rhyme; [orth] rhyme, the part of a syllable that follows the initial letter of a syllable

ကာလ (ka-la̧) n time, period

ကာလပေါ် (ka-la̧-bo) v be current, be contemporary

ကာလသား (ka-la̧-dha:) n young single man, bachelor

ကာလသားရောဂါ (ka-la̧-dha:-yɔ:-ga) n ⚕ sexually transmitted infection, STI

ကား₁ (ka:) v spread out; exaggerate

ကား₂ (ka:) n car; lorry, truck; bus; painting, movie

ကားစင် (ka:-zin) n ✝ cross

ကားဂိတ် (ka:-gei') n bus terminal, bus station

ကားပစ္စည်း (ka:-pyi'-si:) n spare parts

ကိရိယာ (kə-rḷ-ya) n tool, instrument

ကီလို (ki-lo) n kilo(gram)

ကု(သ) (kṵ-(tha)) v treat; cure; heal

ကုဋေ (gə-dei) n ten million

ကုဗ (kṵ-ba) n cube

ကုမုဒြာ (kṵ-mo'-dra) n ✿ mythical white water lily which blooms in the moonlight

ကုလသမဂ္ဂ (kṵ-lḁ-tha-me'-gḁ) n 🌐 United Nations Organisation

ကုလား (kə-la:) n person of South Asian ethnic origin

ကုလားထိုင် (kə-lə-htain) n chair

ကုလားပဲ (kə-lə-be:) n ✿ lentil, dhal

ကုလားအုတ် (kə-lə-o') n 🐫 camel

ကုသိုလ် (kṵ-tho) n ⚅ good deed, which makes merit; merit from a good deed

ကု(ညီ) (ku-nyi) v help, aid

ကူပွန် (ku-pun) n coupon

ကူး (ku:) v cross; copy

ကူးစက် (ku-se') v spread, transmit; ⚕ infect

ကူးတို့ (gə-dọ) n ⚓ ferry

ကူးသန်း (ku:-than:) v travel; go across; trade

ကူးသန်းရောင်းဝယ်ရေး (ku:-than:-yaun:-we-yei:) n commerce

ကေဒါ (kei-da) n 🌐 cadre

ကဲ₁ (ke:) v overdo; add more; oversee; direct; ✷flirt

ကဲ₂ (ke:) n quality; mood, atmosphere

ကဲ₃ (ke:) int ☞ right, well

ကဲ့ (kẹ) v remove gradually

ကဲ့ရဲ့ (kẹ-yẹ) v disapprove (of); criticise, reprimand

ကဲ့သို့ (kẹ-dhọ) part like, as

ကော (kɔ:) part also, and; emphatic particle

ကောလာဟလ (kɔ:-la-hə-lḁ) n rumour

ကောလိသိန်း (kɔ:-lḷ-thein) n ✿ ginseng

ကောလိပ် (kɔ:-lei') n college

ကော့ (kɔ̣) v curl up; be smoothened

ကော်₁ (kɔ) v lever up; ✷make a

က ခ ဂ ဃ င စ ဆ ဇ ဈ ည ဋ ဌ ဍ ဎ ဏ တ ထ ဒ ဓ န ပ ဖ ဗ ဘ မ ယ ရ လ ဝ သ ဟ ဠ အ

lucky strike, have a stroke of luck

ကော်₂ (kɔ) *n* glue; starch (for cloth); synthetic material such as celluloid, plastic

ကော်ဆဲ (kɔ-hse:) *v* swear at

ကော်ဇော (kɔ-zɔ:) *n* carpet

ကော်ပြား (kɔ-bya:) *n* celluloid film

ကော်ပြန့်ကြော် (kɔ-pyaṇ-jɔ) *n* fried spring rolls, fried pan rolls

ကော်ပြန့်စိမ်း (kɔ-pyaṇ-sein:) *n* fresh spring rolls

ကော်ပြန့်လိပ် (kɔ-pyaṇ-lei') *n* spring rolls

ကော်ဖီ (kɔ-hpi) *n* coffee

ကော်ဖတ် (kɔ-ba') *n* sandpaper

ကော်မတီ (kɔ-mə-ti) *n* committee

ကော်ရော် (kɔ-yɔ) *v* respect, venerate

ကော်လာ (kɔ-la) *n* collar

ကို₁ (ko) *n* (older) brother; (older ♂) cousin

ကို₂ (ko) *part* polite title for a young man the same age or older than oneself; suffix to object of verb; suffix to

indirect object; to; per; as regards; even

ကိုကိုး (ko-ko:) *n* cocoa

ကိုကင်း (ko-kin:) *n* cocaine

ကိုရင် (ko-yin) *n* 📖 novice

ကိုရန် (ko-ran) *n* ☪ Quran, Koran

ကိုလိုနီ (ko-lo-ni) *n* 🌏 colony

ကိုလိုနီလက်သစ်ဝါဒ (ko-lo-ni-le'-thi'-wa-dạ) *n* 🌏 neo-colonialism

ကိုလိုနီဝါဒ (ko-lo-ni-wa-dạ) *n* 🌏 colonialism

ကိုး₁ (ko:) *v* refer to; rely on

ကိုး₂ (ko:) *n* nine, 9

ကိုး₃ (ko:) *part* emphatic suffix; ☞ sentence ending indicating disappointment

ကိုးကန့် (ko:-gaṇ) *n* 🌏 Kokaing

ကိုးကွယ် (ko:-gwe) *v* believe in; worship; revere

ကိုးရိုးကားရား (ko:-yo:-ka:-ya:) *adv* awkwardly; contrarily

ကက်ဆက် (ke'-hse') *n* cassette deck, tape deck, cassette player

ကက်ပတိန် (ke'-pə-tein) *n* ⚓ captain

ကက်သလစ် (ke'-thə-li') *n*

-ɔ ̊ ̊ ̱ ̤ ၔ ̀ ၔ-ɔ ၔ-ɔ̂ ̊

✝ Roman *Catholic*

ကုက္ကို (ko'-ko) *n* ✿ kokko, Indian siris, East Indian walnut, kind of large tree

ကောက်₁ (kau') *v* be bent, be curved; sulk; be dishonest; bend down and pick up; collect

ကောက်₂ (kau') *n* ✿ rice plant

ကောက်ကျစ် (kau'-ji') *v* be crooked, be dishonest

ကောက်ချက် (kau'-che') *n* conclusion

ကောက်စိုက် (kau'-sai') *v* transplant rice seedlings

ကောက်ညှင်း (kau'-hnyin:) *n* sticky rice

ကောက်နုတ် (kau'-hno') *v* excerpt

ကောက်ရိုး (kau'-yo:) *n* rice straw

ကိုက်₁ (kai') *v* bite; ache, hurt; agree (with); fit (with); be tight

ကိုက်₂ (gai') *n* yard, 0.92 metre; vise, vice

ကိုက်ခဲ (kai'-hke:) *v* bite down on; ache

ကိုက်လန် (kai'-lan) *n* Chinese kale, dark green leafy vegetable

ကင် (kin) *v* grill, broil, barbecue; toast

ကင်ဆာ (kin-hsa) *n* cancer

ကင်ဆယ် (kin-hse) *n* cancelled

ကင်ပွန်း (kin-bun:, kin-mun:) *n* ✿ acacia tree

ကင်ပွန်းတပ် (kin-bun:-ta', kin-mun:-ta') *v* name, christen

ကင်မရာ (kin-mə-ra) *n* camera

ကင်း₁ (kin:) *v* be without; avoid

ကင်း₂ (kin:) *n* ⚔ patrol, scout; guard, sentry; 🦂 general term for scorpions, centipedes and millipedes

ကင်းစီး (kin:-si:) *n* [orth] the Myanmar symbol ᷅, ᷆

ကင်းစင် (kin:-sin) *v* be clear

ကင်းစင် (kin:-zin) *n* ⚔ watchtower

ကင်းစောင့် (kin:-zauɲ) *v* do sentry duty

ကင်းလွတ် (kin:-lu') *v* be freed of; be exempt from

ကောင် (kaun) *n* animal; 🐾 thing, one; classifier for animals and some spirits

ကောင်စီ (kaun-si) *n* council

ကောင်စစ်ဝန်ရုံး (kaun-si'-wun-yon:, kaun-si'-win-yon:) *n* 🌐 consulate

ကောင်တာ (kaun-ta) *n counter*

ကောင်မလေး (kaun-mạ-lei:) *n* girl

ကောင်လေး (kaun-lei:) *n* boy

ကောင်း (kaun:) *v* be good, be nice; be fine

ကောင်းကင် (kaun:-kin) *n* sky

ကောင်းကင်ဘုံ (kaun:-kin-bon) *n* ☪ ✝ heaven, paradise

ကောင်းစားရေး (kaun:-za:-yei:) *n* welfare, prosperity

ကောင်းမွန် (kaun:-mun) *v* be good

ကိုင် (kain) *v* hold, handle; use; answer (phone); keep (accounts)

ကိုင်း (kain:) *v* bend over, stoop

ကိုင်း (kain:, gain:) *n* land formed by siltation; frame; branch

ကိုင်း (kain:) *part* well

ကိုင်းဖြူမြီး (kain:-byu-mi:) *n* ✿ citronella grass

ကိစ္စ (kei'-sạ) *n* business, case, issue

ကိစ္စဝိစ္စ (kei'-sạ-wei'-sạ) *n* various matters, issues, affairs

ကဏ္ဍ (kan-dạ, gan-dạ) *n* section

ကတ်₁ (ka') *v* be difficult; complicate; despise

ကတ်₂ (ka') *n card*

ကတ်ကြေး (ka'-ji:) *n* scissors

ကတ္တရာစေး (ka'-tə-ya-zi:) *n* tar

ကတ္တရာလမ်း (ka'-tə-ya-lan:) *n* tarred road, paved road

ကတ္တား (ka'-ta:) *n* [gram] subject

ကတ္တီပါ (gə-di-ba) *n* velvet

ကတ်သီးကတ်သတ် (ka'-thi:-ka'-tha') *adv* with difficulty; perversely

ကိတ် (kei') *n* cake, ✷ Ketu, the ninth of the nine planets

ကုတ်₁ (ko') *v* scratch, claw; lever, prise, pry; strive

ကုတ်₂ (ko') *n* lever; *coat*

ကန်₁ (kan) *v* designate; define; kick; prop

ကန်₂ (kan) *n* lake, pond; tank, pool

ကန်ကျောက် (kan-jau') *v* kick

ကန်စွန်း (gə-zun:) *n* ✺ water convolvulus, an edible plant

growing in damp soil

ကန်စွန်းဥ (gə-zun:-ṵ) *n* ✤ sweet potato

ကန္တာရ (kan-ta-ṛa, gan-da-ya) *n* desert, dry region

ကန်တော့ (gə-dɔ̰) *v* pay one's respects with the palms pressed together and raised to the forehead; present a gift to a superior

ကန်ပေါင် (kan-baun) *n* river bank, embankment

ကန့် (kaṇ) *v* block; divide, split, partition; bolt; prise, pry, lever

ကန့်ကွက် (kaṇ-gwe') *v* object; protest

ကန့်လန့် (gə-laṇ) *n* bolt or bar (of door)

ကန့်လန့် (kaṇ-laṇ) *adv* contrarily; across; horizontally

ကန့်သတ် (kaṇ-tha') *v* restrict; limit; be controlled

ကန်း (kan:) *v* go barren, dry up; be blind; be deaf

ကိန္နရာ (kein-nə-ra, kein-nə-ya) *n Kinnara*, mythical bird-woman, symbol of constancy in love

ကိန္နရီ (kein-nə-ri, kein-nə-yi) *n Kinnari*, mythical man-bird, symbol of constancy in love

ကိန်း (kein:) *n* [math] number; predestined event; probability

ကုန်₁ (kon) *v* be finished, end; run out, be used up; spend

ကုန်₂ (kon) *n* goods, merchandise

ကုန်₃ (kon) *part* suffix a noun to show plurality, totality, or extremity

ကုန်ကျ (kon-jạ) *v* cost

ကုန်ကျစရိတ် (kon-jạ-zə-yei') *n* expenses, costs; prices

ကုန်ကြမ်း (kon-jan:) *n* ✤ raw material(s)

ကုန်ချော (kon-jɔ:) *n* finished product; ✤ manufactured goods

ကုန်စည်ပြပွဲ (kon-zi-pyạ-bwe:) *n* trade fair

ကုန်စိမ်း (kon-zein:) *n* perishable fruits and vegetables

ကုန်မာ (kon-ma) *n* ✤ durable goods, durables

ကုန်သည် (kon-dhe) *n* trader

ကုန်သည်ကြီး (kon-dhe-ji:) *n* merchant

က ခ ဂ ဃ င စ ဆ ဇ ဈ ည ဋ ဌ ဍ ဎ ဏ တ ထ ဒ ဓ န ပ ဖ ဗ ဘ မ ယ ရ လ ဝ သ ဟ ဠ အ

ကုန်သွယ်ရေး (kon-thwe-yei:) *n* trade and commerce

ကုန်း (kon:) *v* bend; be curved; be hunched

ကုန်း (kon:, gon:) *n* hill; dry land; back; saddle (for riding)

ကုန်းကြောင်းရေကြောင်း (kon:-jaun:-yei-jaun:) *n* surface route

ကုန်းချော (gon:-chɔ:) *v* make trouble, cause trouble

ကုန်းပိုး (gon:-po:) *v* carry on the back; (ride or carry) pick-a-back, (ride or carry) piggyback

ကုန်းပတ် (kon:-ba') *n* ⚓ deck

ကုန်းဘောင် (kon:-baun) *n* Konbaung, the last Burman dynasty

ကပ် $_1$ (ka') *v* come or be close to, approach; stick (to, on)

ကပ် $_2$ (ka') *n* epoch; era; time of disaster

ကပ်စေးစေး (ka'-si:-si:) *v* be sweaty, be clammy

ကပ်စေးနှဲ (ka'-si:-ne:) *n* miser, stingy person, cheapskate, tightwad; toffee

ကပ်ရောဂါ (ka'-yɔ:-ga) *n* epidemic

ကပ်ရပ် (ka'-ya') *v* sponge, live at another's expense

ကုပ် (ko') *v* droop; cringe; (of hands) clench; grasp; nab

ကုပ်လုပ် (ko'-lo') *v* try hard, work hard

ကံ (kan) *n* *kamma, karma*; luck, fortune; [gram] direct object

ကံစမ်းမဲ (kan-zan:-me:) *n* lucky draw, raffle

ကမ္ဘောဇ (kam-bɔ-za̤) *n* Kambawza, southern Shan State

ကမ္ဗလာ (gə-bə-la) *n* orange

ကမ္ဘာ (gə-ba) *n* world

ကမ္ဘာစစ် (gə-ba-si') *n* world war

ကမ္မ (kam-ma̤) *n* *kamma, karma*; luck, fortune; [grammar] direct object

ကံ့ကော် (ga̤n-gɔ) *n* *gangaw*, Ceylon ironwood

ကမ်း $_1$ (kan:) *v* pass; give; distribute; offer; suggest, propose

ကမ်း $_2$ (kan:) *n* (river, stream) bank, (sea, ocean, lake) shore, (ravine, cliff) edge, brink

ကမ်းခြေ (kan:-jei) *n* coast,
beach

ကမ်းနား (kan:-na:) *n* water-
front, strand

ကမ်းရိုးတန်း (kan:-yo:-dan:) *n*
coastline

ကမ်းလှမ်း (kan:-hlan:) *v* nego-
tiate; make overtures;
propose, offer

ကုမ္ပဏီ (kon-pə-ni) *n company*

ကုံကုမံ (gon-gə-man) *n* ✕ saf-
fron

ကုံး (kon:) *v* string (flowers,
beads); thread (needle)

ကယ်(ဆယ်) (ke-(hse)) *v* save,
rescue

ကိုယ် (ko) *n* body; the self,
oneself

ကိုယ်ကိုယ်တိုင် (ko-ko-dain) *adv*
by oneself, alone

ကိုယ်ကိုယ်၌က (ko-ko-hnai'-
kạ) *pron* 📖 on one's own, by
oneself

ကိုယ်ကျိုး (ko-jo:) *n* self-interest

ကိုယ်ကျိုးကြည့် (ko-jo:-ji) *v* be
selfish; seek one's own
advantage

ကိုယ်ကျိုးစွန့် (ko-jo:-sun) *v* act

selflessly

ကိုယ်ကျင့်တရား (ko-jin̰-tə-ya:) *n*
morals, morality

ကိုယ်ချင်းစာ (ko-jin:-sa) *v*
sympathise

ကိုယ်စား (ko-za:) *adv* on behalf
of; instead of

ကိုယ်စားလှယ် (ko-zə-le) *n*
representative, delegate;
agent

ကိုယ်တိုင် (ko-dain) *adv* in
person, oneself

ကိုယ်တွေ့ (ko-dweḭ) *n* personal
experience

ကိုယ်ထိလက်ရောက် (ko-dḭ-le'-
yau') *adv* [neg] (do, commit,
attack) physically

ကိုယ်နှိုက်က၊ ကိုယ်၌က (ko-
hnai'-kạ) *adv* 📖 on one's
own, oneself

ကိုယ်ရေးကိုယ်တာ (ko-yei:-ko-
da) *n* personal affairs

ကိုယ်ရေးရာဇဝင် (ko-yei:-ya-zə-
win) *n* CV (curriculum vitae)
(Br), resume (Am)

ကိုယ်ရောစိတ်ပါ (ko-yɔ:-sei'-pa)
adv wholeheartedly

ကိုယ်လုံးတီး (ko-lon:-di:) *v* be
naked, be nude

က ခ ဂ ဃ င စ ဆ ဇ ဈ ည ဋ ဌ ဍ ဎ ဏ တ ထ ဒ ဓ န ပ ဖ ဗ ဘ မ ယ ရ လ ဝ သ ဟ ဠ အ

ကိုယ်ဝန် (ko-wun, ko-win) n
♥ pregnancy
ကိုယ်ဝန်ဆောင် (ko-wun-hsaun)
v ♥ be pregnant, be
expecting
ကိုယ်ဝန်ပျက် (ko-wun-pye') v
♥ have a miscarriage
ကျ (ja) v fall; drop; descend;
decline; come down; fail (≠
pass an exam); cost; arrive;
(of work, duty) be assigned;
(of permission) be granted;
be in a certain state; (of
coffee, tea) be strong; (of
animals) give birth
ကျဆုံး (ja-hson:) v ⚔ be killed in
action, fall (in battle)
ကျတော့ (ja-dɔ) part when you
consider, as for, in the case
of
ကျန (ja-na) v be exact; to be
properly done
ကျပန်း (ja-ban:) adv casually;
spontaneously, without
planning
ကျရာ (ja-ya) adv whatever
ကျသံ (ja-dhan) n high tone,
e.g., –း ၆-၁
ကျား₁ (ja:) v be striped; be

chequered
ကျား₂ (ja:) n ☙ tiger; draughts,
checkers; buttress; men's,
abbreviation of ယောက်ျား
ကျားကွက် (ja:-gwe') n che-
quers, chequered pattern
ကျားထိုး (ja:-hto:) v play
draughts, play checkers
ကျားသစ် (jə-thi') n ☙ leopard
ကျိခွဲ (ji-chwe:) v be slimy, be
greasy
ကျီ (ji) n granary
ကျီစား (ji-za:) v tease; joke,
play pranks
ကျီးကန်း (ji:-gan:) n ☙ crow
ကျူ (ju) n ❀ reed used for
weaving mats
ကျူရှင် (ju-shin) n after-school
classes, cram school (inf);
private tuition
ကျူး (ju:) v go beyond;
transgress
ကျူးကျော် (ju:-jɔ) v trespass;
⚔ invade; pass
ကျူးလွန် (ju:-lun) v violate
(law, principle); commit
(crime, sin)
ကျေ (jei) v be settled; be
fulfilled

–၁ ၞ ၞ ိ ါ ၆– ဲ ၆–၁ ၆–၆ ို

ကျေနပ် (jei-na') *v* be satisfied

ကျေအေး (jei-ei:) *v* subside, come to peace

ကျေး (jei:) *n* ❀ parrot; ❀ parakeet, budgerigar; village

ကျေးဇူး (jei:-zu:) *n* good deed; gratitude

ကျေးဇူးတင် (jei:-zu:-tin) *v* thank

ကျေးဇူးရှင် (jei:-zu:-shin) *n* benefactor

ကျေးလက် (jei:-le') *n* hamlet, small village, rural area

ကျဲ (je:) *v* be sparse; be widely spaced; be watery

ကျော₁ (jɔ:) *v* surpass; be ahead of sb; be clean; be smooth

ကျော₂ (jɔ:) *n* back

ကျောကပ် (jɔ:-ka') *adv* on both sides (of sheet of paper), double-sided, back-to-back

ကျောပိုးအိတ် (jɔ:-bo:-ei') *n* backpack, rucksack

ကျော် (jɔ) *v* go over; overtake, pass; be over; be famous

ကျော်လွန် (jɔ-lun) *v* be late; be overdue

ကျို (jo) *v* boil

ကျို့ (jọ) *v* be submissive; be humble

ကျိုး₁ (jo:) *v* break; violate, break (rules); be creased

ကျိုး₂ (jo:) *n* effect, consequence; benefit

ကျိုးကြောင်း (jo:-jaun:) *n* circumstances, particulars; causes

ကျိုးနပ် (jo:-na') *v* [after ရ] be worth (doing)

ကျက် (je') *v* (of food) be done; (of wound) heal; (of text, lesson) study, memorise, learn by heart; be familiar

ကျောက် (jau') *n* stone, rock; jewel, gem, precious or semi-precious stone; pox

ကျောက်ကပ် (jau'-ka') *n* kidney

ကျောက်ကျော (jau'-jɔ:) *n* agar jelly

ကျောက်ခဲ (jau'-hke:) *n* rock, stone

ကျောက်ချ (jau'-cha) *v* ⚓ anchor; overstay; hang out in (inf)

ကျောက်ချဉ် (jau'-chin) *n* ❀ alum crystal

ကျောက်ဂွမ်း (jau'-gun:) *n* ❀ asbestos

ကျောက်စာ (jau'-sa) *n* stone

inscription

ကျောက်စိမ်း (jau'-sein:) *n* jade

ကျောက်ဆူး (jau'-hsu:) *n* ⚓ anchor

ကျောက်တိုင် (jau'-tain) *n* stone pillar; obelisk

ကျောက်ပျဉ် (jau'-pyin) *n* grindstone

ကျောက်ပွင့် (jau'-pwin̂) *n* snow fungus, silver ear fungus, white jelly fungus

ကျောက်ဖြူ (jau'-hpyu) *n* alabaster; ♱ chickenpox

ကျောက်မီးသွေး (jau'-mi:-dhwei:) *n* coal

ကျောက်မိုင်း (jau'-main:) *n* quarry

ကျောက်မျက်ရတနာ (jau'-mye'-yə-də-na) *n* gem(stone), jewel

ကျောက်သင်ပုန်း (jau'-thin-bon:) *n* slate; blackboard

ကျောက်သွေး (jau'-thwei:) *v* cut or polish a gem

ကျိုက် (jai') *v* gulp, drink; tuck up one's longyi

ကျဉ် (jin) *v* be good at, be skilled in; pan for gold; feel mpain; be decayed

ကျဉ်လည် (jin-le) *v* be caught in

a vicious circle; be good at, be skilled in

ကျဉ့် (jin̂) *v* practise; train

ကျဉ့်ဝတ် (jin̂-wu') *n* morals, moral code; rules of conduct

ကျဉ့်သုံး (jin̂-thon:) *v* practise; observe (tradition)

ကျဉ်း₁ (jin:) *v* display, lay out, spread; deploy ✵; rinse; sharpen

ကျဉ်း₂ (jin:) *n* pit, hole; trench; ⚓ dock (for receiving ships); trough; measure of 100 cubic feet

ကျဉ်းပ (jin:-pə) *v* hold (a meeting, a dance); celebrate (an anniversary, a success), throw (a party)

ကျောင်း (jaun:) *n* 📖 monastery; temple; school

ကျောင်းနေဖက် (jaun-nei-be') *n* classmate, schoolmate

ကျောင်းသား (jaun:-tha:) *n* ♂ student, pupil, schoolboy

ကျောင်းသူ (jaun:-thu) *n* ♀ student, pupil, schoolgirl

ကျောင်းအုပ် (jaun:-o') *n* principal (of school), headmaster, headmistress

ကျိုင်း (jain:) *n* ✿ locust

ကျစ် (ji') *v* twist (into rope); be compact; hold onto

ကျစ်ဆံပြီး (ji'-hsan-mi:) *n* plait, braid

ကျဉ်₁ (jin) *v* tingle, feel pins and needles (fig); (esp of waist) be slender

ကျဉ်₂ (jin) *n* ✿ large biting ant

ကျဉ်း (jin:) *v* be narrow; be cramped, be small; [math] cancel

ကျည် (ji) *n* section of bamboo; cartridge; shell; round

ကျည်ဆံ (ji-hsan) *n* bullet

ကျည်တောက် (ji-dau') *n* section of bamboo (with one open end)

ကျိတ် (jei') *adv* in secret, secretly

ကျန် (jan) *v* remain; be left behind

ကျန်ရစ် (jan-yi') *v* remain; be left behind; be left out

ကျန်း (jan:) *v* be strong; be healthy

ကျန်းမာ (jan:-ma) *v* ⚕ be healthy; be fit

ကျန်းမာရေး (jan:-ma-yei:) *n* ⚕

health

ကျိန် (jein) *v* curse; swear

ကျိန်း₁ (jein:) *v* sting; chafe

ကျိန်း₂ (jein:) *n* predestined event; probability

ကျပ်₁ (ja') *v* be crowded; be packed; tighten; (of clothing, shoes, etc) be tight; be uncomfortable; be difficult; be broke

ကျပ်₂ (ja') *n* kyat; tical, 0.016 kg

ကျပ်ခိုး (ja'-hko:) *n* soot

ကျပ်ချွတ် (ja'-chu') *v* be brand-new

ကျပ်သား (ja'-tha:) *n* tical, 0.016 kg

ကျိပ် (jei') *part* classifier for counting tens of people or divinities

ကျုပ် (jo') *pron* I

ကျုံ့ (joṇ) *v* shrink, contract

ကျမ်း (jan:) *n* treatise, authoritative book; 📖 ☾ ✝ scripture; thesis

ကျုံး₁ (jon:) *v* gather up, scoop

ကျုံး₂ (jon:) *n* moat; corral

ကျယ် (je) *v* be wide; be spacious; be loud

ကျယ်ပြန့် (je-pyaṇ) v be broad, be wide and flat; (of knowledge, experience etc) be wide, be broad; (of attitude, views, etc) be liberal, be flexible

ကြ (ja) part particle suffixed to verb to show plurality

ကြာ₁ (ja) v take a long time; (of time) elapse, pass

ကြာ₂ (ja) n ⚘ lotus

ကြာစွယ် (ja-zwe) n lotus root

ကြာဆံ (ja-zan) n rice thread, thin rice noodle

ကြာသပတေး (ja-dhə-bə-dei:) n Thursday

ကြား₁ (ja:) v hear

ကြား₂ (ja:) n interval, interim, gap

ကြားခံ (ja:-gan) n buffer

ကြားနေ (ja:-nei) v stay neutral

ကြားဖြတ် (ja:-bya') adj interim; provisional

ကြိယာ (kə-rị-ya) n [gram] verb

ကြိယာဝိသေသန (kə-rị-ya-wị-thei-thə-na) n [gram] adverb

ကြီး₁ (ji:) v be large, be big; be grand; be high, be great; increase; be older; to grow up, to be raised

ကြီး₂ (ji:) part particle suffixed to words for emphasis

ကြီးကြပ် (ji:-ja') v supervise

ကြီးပွား (ji:-bwa:) v prosper, do well; thrive

ကြေ (jei) v be crumbled, be crushed; be crumpled; be digested

ကြေညာ (jei-nya) v announce; notify

ကြေး (jei:) n copper, brass, or bronze; money; price

ကြေးစည် (jei:-zi, ji:-zi) n ▭ triangular flat brass gong

ကြေးနီ (jei:-ni, ji:-ni) n copper

ကြေးနန်း (jei:-nan:, ji:-nan:) n telegraph, wire, telegram

ကြေးမုံ (jei:-mon) n mirror

ကြဲ (je:) v scatter, cast

ကြော (jɔ:) v wash, clean

ကြော့ (jɔ̣) v look smart, be well-dressed

ကြော် (jɔ) v fry (in oil); shout

ကြော်ငြာ (jɔ-nya) v advertise, publicise

ကြို (jo) v meet sb on arrival, go to welcome sb; welcome (sthg)

ကြိုကြိုကြားကြား (jo-jo-ja:-ja:) *n* out of the way place; nooks and crannies

ကြိုတင် (jo-tin) *adv* in advance; ahead of

ကြို့ (jo) *v* belch, burp (inf)

ကြို့တက် (jo-te') *v* hiccough, hiccup

ကြို့ထိုး (jo-hto:) *v* hiccough, hiccup

ကြိုး (jo:) *n* rope; cord; string, thong

ကြိုးကြာ (jo:-ja) *n* 🦅 saurus crane

ကြိုးကြားကြိုးကြား (jo:-ja:-jo:-ja:) *adv* off and on, intermittently

ကြိုးစား (jo:-za:) *v* try, strive

ကြိုးတံတား (jo:-də-da:) *n* suspension bridge

ကြက်₁ (je') *v* stretch taut

ကြက်₂ (je') *n* 🐾 chicken

ကြက်ခြေ (je'-chei) *n* cross(mark)

ကြက်ဆူ (je'-hsu) *n* 🌿 castor-oil (plant); 🌿 jatropha

ကြက်ဆင် (je'-hsin) *n* 🦃 turkey

ကြက်ညှာချောင်းဆိုး (je'-hnya-chaun:-zo:) *n* ⚕ whooping cough, pertussis

ကြက်တူရွေး (je'-tu-ywei:) *n* 🦜 parrot

ကြက်တော (je'-tɔ:) *n* 🦜 parakeet

ကြက်တောင်ရိုက် (je'-daun-yai') *v* play badminton

ကြက်ပွဲ (je'-pwe:) *n* cockfight

ကြက်မောက် (je'-mau') *n* 🌿 cockscomb; 🌿 rambutan

ကြက်လျှာ (je'-sha) *n* triangular shape; pennant, triangualar flag

ကြက်လျှာစွန်း (je'-sha-zun:) *n* triangle, triangular block

ကြက်သီးထ (je'-thein:-hta) *v* get goose pimples (Br) get goose bumps (Am)

ကြက်ဟင်းခါး (je'-hin:-ga:) *n* 🌿 bitter gourd

ကြက်သွန်နီ (je'-thun-ni) *n* 🌿 shallot

ကြက်သွန်ဖြူ (je'-thun-byu) *n* 🌿 garlic

ကြက်သွန်မြိတ် (je'-thun-mei') *n* onion tops, green onions, spring onions

ကြောက် (jau') *v* fear; be scared, be afraid

ကြောက်မက် (jau'-me') *v* be terrified

ကြိုက်₁ (jai') *v* like, be pleased with

ကြိုက်₂ (jai') *part* while

ကြင်နာ (jin-na) *v* be kind, be compassionate

ကြောင်₁ (jaun) *v* be odd; discordant; be disconnected; be dazed, be confused; be out of touch, act strangely; feel shy, feel odd; be cowardly

ကြောင်₂ (jaun) *n* ❀ cat

ကြောင်တောင် (jaun-daun) *adv* in public, in broad daylight

ကြောင်တောင်တောင် (jaun-taun-taun) *adv* in a daze; confusedly, disconcertedly

ကြောင်မျက်ရွဲ (jaun-mye'-ywe:) *n* cat's eye

ကြောင်လိမ်လှေကား (jaun-lein-hlei-ga:) *n* spiral stairs

ကြောင်လျှာ (jaun-sha) *n* ❀ Indian trumpet

ကြောင်အိမ် (jaun-ein) *n* larder, meat safe, cupboard for storing food

ကြောင့်(မို့(လို့)) (jaun̲-(mo̲-(lo̲))) *part* because of, due to, on account of

ကြောင့်ကြ (jaun̲-ja) *v* worry, be anxious

ကြောင်း (jaun:) *n* route; cause, circumstance; reason, purpose; line; tradition; way, means

ကြောင်းတူသံကွဲ (jaun:-du-than-gwe:) *n* synonym

ကြိုင် (jain) *v* be fragrant

ကြဉ် (jin) *v* avoid, shun

ကြည် (ji) *v* be clear; be transparent; be bright

ကြည်ညို (ji-nyo) *v* respect, admire

ကြည့် (ji̲) *v* look (at), watch; look up (in dictionary); observe; take care of

ကြည့်ရှု (ji̲-shu̲) *v* look (at); take care of

ကြည်း (ji:) *n* land

ကြည်းတပ် (ji:-da') *n* ⚔ army

ကြတ် (ja') *n* ◼ eclipse; mirage, apparition

ကြိတ် (jei') *v* grind, mill; crush; work hard at sthg

ကြပ် (ja') *v* supervise; wind up

ကြပ်မတ်မှု (ja'-ma'-hmu̲) *n* management

ကြံ₁ (jan) *v* think; scheme, plot

ကြံ₂ (jan) *n* ❀ sugarcane

ကြံစည် (jan-zi) *v* think; plan, formulate; plot, scheme, attempt

ကြံဖန် (jan-hpan) *v* devise, improvise; contrive

ကြံရည် (jan-yei) *n* cane juice

ကြံသကာ (jan-dhə-ga,-jan-də-ga) *n* molasses

ကြမ္မာ (jə-ma) *n karma, kamma*; fate

ကြံ့₁ (jan) *v* be strong, be sturdy; be steadfast

ကြံ့₂ (jan) *n* ☙ rhinoceros, rhino

ကြံ့ခိုင် (jan-hkain) *v* be strong, be sturdy; be steadfast

ကြံ့ခိုင်ရေးနှင့်ဖွံ့ဖြိုးရေးအသင်း (jan-hkain-yei:-hniṇ-hpuṇ-hpyo:-yei:-ə-thin:) *n* USDA, Union Solidarity and Development Association

ကြမ်း (jan:) *v* be coarse, be rough; be unprocessed

ကြမ်း (jan:) *n* floor

ကြမ်းခင်း (jan:-gin:) *n* floor

ကြမ်းတမ်း (jan:-dan:) *v* be violent, be harsh

ကြမ်းပိုး (jə-bo:) *n* ☙ bedbug

ကြမ်းပြင် (jan:-byin) *n* floor (of house, ocean, etc.)

ကြိမ် (jein) *n* cane, rattan

ကြိမ်နှုန်း (jein-hnon:) *n* frequency

ကြိမ်လုံး (jein-lon:) *n* cane, length of cane

ကြိမ်း (jein:) *v* challenge, boast; scold; threaten; be afraid

ကြုံ (jon) *v* meet or happen by chance; be opportune; be thin, be skinny

ကြုံကြိုက် (jon-jai') *v* meet or happen by chance; be opportune

ကြုံသလို (jon-dhə-lo) *adv* without planning

ကြယ် (je) *n* star

ကြယ်ငါး (je-nga:) *n* ☙ starfish

ကြယ်စု (je-zṵ) *n* 🌠 constellation

ကြယ်တံခွန် (je-də-gun) *n* 🌠 comet

ကြယ်ပျံ (je-byan) *n* 🌠 shooting star, falling star

ကြယ်သီး (je-dhi:, ji-dhi:) *n* button; stud

ကွ₁ (gwạ) *v* be bow-legged, be bandy-legged

ကွ₂ (kwạ) *part* ☙ sentence ending particle, conveying a

feeling of friendship and camaraderie among men

ကွာ₁ (kwa) v come off; be far, be distant; differ; divorce

ကွာ₂ (kwa) part ☛ particle at the end of a sentence to give it a friendly tone; used between friends and from senior to junior

ကွာဟချက် (kwa-ha-je') n gap; difference; discrepancy

ကွေ (kwei) v be separated, be parted

ကွေ့₁ (kwei) v turn

ကွေ့₂ (gwei) n curve, turn; 🌐 gulf, bay

ကွေး (kwei:) v bend, be bent; curve; be curved

ကွဲ (kwe:) v be broken (into pieces); split; be separated; separate; explode, burst; differ; vary

ကွဲပြား (kwe:-pya:) v differ, vary

ကွဲလွဲ (kwe:-lwe:) v differ, vary

ကွက် (kwe') n square, chequered design; facet (of gem); spot, place

ကွက်တိ (kwe'-ti) adv exactly,

precisely, spot on

ကွက်လပ် (kwe'-la') n space, blank (space)

ကွင်း (gwin:) n circle; ring; loop; bracket, parenthesis (pl. parentheses); field

ကွင်းဆက် (gwin:-ze') n link

ကွန်ပါ (kun-pa) n compass (device for showing direction, device for drawing a curve)

ကွန်ပျူတာ (kun-pyu-ta) n 🖥 computer

ကွန်ပျူတာရိုက် (kun-pyu-ta-yai') v 🖥 type, enter (data), keyboard

ကွန်မြူနစ် (kun-myu-ni') n 🌐 communist

ကွန့် (kun) v embellish, elaborate; overdo

ကွပ် (ku') v supervise; control; discipline; suppress

ကွပ်ကဲ (ku'-ke:) v administer, manage, supervise; ⚔ command

ကွမ်း (kun:, kwan:) n 🌿 betel vine; betel quid

ကွမ်းယာ (kun-ya, kwan:-ya) n betel quid

ကွမ်းရွက် (kun-ywe', kwan:-

‐ာ   ႁ   ◌ႚ   ◌   ္   ◌ၞ   ေ‐   ◌ႂ   ေ‐ာ   ေ‐ာ်   ◌ု

ywe') n ✤ leaves of the betel vine; betel leaf

ကွမ်းသီးပင် (kun:-dhi:-bin, kwan:-dhi:-bin) n ✤ areca palm

ကွမ်းသွေး (kun:-dhwei:, kwan:-dhwei:) n betel spit

ကွယ် (kwe) v hide, conceal; be hidden; obstruct

ကွယ် (kwe) part term of familiarity suffixed to verbs, used to persuade politely

ကွယ်ရာ (kwe-ya) n out of sight

ကွယ်လွန် (kwe-lun) v die, pass away

ကျွေး(မွေး) (jwei:-(mwei:)) v serve food to; support

ကျွဲ (jwe:) n ✤ water buffalo

ကျွဲကော (jwe:-go:) n ✤ pomelo

ကျွတ်₁ (ju') v be free (from restrictions); (of period, course) be over; come off; (of hair, feathers) fall out; take off

ကျွတ်₂ (ju') n ✤ small land leech; inner tube

ကျွတ်လွတ် (ju'-lu') v get away (with), be free of

ကျွန် (jun) n ⚓ slave; serf

ကျွန်တော်၊ ကျွန်ုပ် (jun-dɔ, jə-nɔ, jə-no') pron ♂ I; me

ကျွန်မ (jə-ma) pron ♀ I

ကျွန်း (jun:) n ✤ teak; island

ကျွန်းစု (jun:-zu) n 🌏 archipelago, island chain

ကျွန်းဆွယ် (jun:-zwe) n 🌏 peninsula

ကျွမ်း (jwan:, jun:) v be familiar with; be skilled at; be burnt up; be terminal

ကျွမ်းကျင် (jun:-jin, jwan:-jin) v know well; be good at

ကျွမ်းထိုး (jun:-hto:) v somersault; do a flip

ကျွမ်းသမား (jun:-thə-ma:) n acrobat; gymnast

ကြွ (jwa) v (of holy or respected persons) come or go; be lively; be active

ကြွရောက် (jwa-yau') v (of holy or respected persons) arrive, come

ကြွား (jwa:) v boast; show off

ကြွေ₁ (jwei) v (of dead leaves, ripe fruit, etc) fall, drop

ကြွေ₂ (jwei) n cowrie shell; enamel; ceramic; tile

ကြေပြား (jwei-bya:) *n* tile

ကြွေး (jwei:) *n* debt

ကြွေးဆပ် (jwei:-hsa') *v* repay a debt

ကြွေးရှင် (jwei:-shin) *n* creditor

ကြွက် (jwe') *n* 🐾 mouse, rat; muscle

ကြွက်တက် (jwe'-te') *v* have a muscle cramp

ကြွက်ထောင်ချောက် (jwe'-htaun-jau') *n* mousetrap

ကြွက်နို့ (jwe'-no) *n* ⚕ wart

ကြွက်သား (jwe'-tha:) *n* muscle

ကြွင်း (jwin:) *v* remain

ကြွပ်₁ (ju') *v* be crispy, be crunchy; be brittle

ကြွပ်₂ (ju') *n* callus, hardened skin

ကြွယ်(ဝ) (jwe-(wa)) *v* be rich

ခ ခခွေး hkə-gwei:

ခ₁ (hkə) *n* the second letter in the Myanmar script

ခ₂ (hkə) *v* fall

ခခွေး (hkə-gwei:) *n* name of the letter ခ

ခဏ (hkə-na̱) *n* moment

ခဏခဏ (hkə-na̱-hkə-na̱) *adv* often

ခနဲ (hkə-ne:) *part* suffix to a verb, denoting an abrupt happening, or in the manner of the verb

ခမောက် (hkə-mau') *n* hat made of bamboo or straw, with a broad brim

ခမည်း (hkə-me:) *n* protective amulet

ခမန်း (hkə-man:) *part* very nearly, almost

ခမျာ (hkə-mya) *part* poor thing, poor dear

ခရာ₁ (hkə-ya) *v* behave endearingly

ခရာ₂ (hkə-ya) *n* ♫ bugle

ခရီး (hkə-yi:) *n* trip

ခရီးစဉ် (hkə-yi:-zin) *n* tour, journey; itinerary

ခရီးထွက် (hkə-yi:-htwe') *v* travel; be away

ခရီးလမ်းညွှန်စာအုပ် (hkə-yi:-lan:-hnyun-sa-o') *n* guide book

ခရီးသည် (hkə-yi:-dhe) *n* tourist; passenger

ခရီးသွားခွင့် (hkə-yi:-thwa:-kwin) *n* travel permit

ခရု (hkə-yụ) n 🐚 clam, shellfish

ခရေ (hkə-yei) n 🌼 starflower

ခရေပွင့် (hkə-yei-bwiṇ) n asterisk, *

ခရိုင် (hkə-yain) n 🌐 district

ခရစ် (hkə-ri') n ✝ Christ

ခရစ္စမတ် (hkə-ri'-sə-ma') n ✝ Christmas

ခရစ်ယာန် (hkə-ri'-yan) n ✝ Christian

ခရမ်း (hkə-yan:) n 🌱 eggplant aubergine; purple

ခရမ်းချဉ် (hkə-yan:-jin) n 🌱 tomato

ခလောက် (hkə-lau') n wooden bell

ခလုတ် (hkə-lo') n switch, button, key; obstacle

ခါ₁ (hka) v shake; refuse; clean

ခါ₂ (hka) n time, period; moment; number of times; 🐾 partridge

ခါချဉ် (hka-jin) n 🐜 large red ant

ခါတိုင်း (hka-dain:) adv usually; always

ခါနီး (hka-ni:) part nearly, about to, just before

ခါး₁ (hka:) v be bitter

ခါး₂ (hka:) n waist; lower back

ခါးပိုက်နှိုက် (gə-bai'-hnai') v pick (sb's) pocket

ခါးပတ် (gə-ba') n belt

ခု₁ (hkụ) v prop up; be a help

ခု₂ (hkụ) n unit, general classifier; now, the present

ခုခံအား (hkụ-gan-a:) n immunity, resistance

ခုတင် (gə-din) n bed

ခုန (hkụ-nạ) adv just now, a moment ago

ခုနှစ် (hkun-hni') n seven

ခုနှစ် (hkụ-hni') n year

ခု (hku) n 🐛 caterpillar; 🐙 jellyfish

ခူး (hku:) v pick (flowers); serve (rice)

ခဲ₁ (hke:) v solidify, congeal, gel; freeze; bite (down on)

ခဲ₂ (hke:) n stone, rock, lump; lead; graphite

ခဲ₃ (hke:) part never; rarely, hardly ever

ခဲအို (hke:-o) n brother-in-law

ခဲ့ (hkẹ) part particle suffixed to verbs to show definitiveness, or past

ခဲ့ရင် (hkẹ-yin) part if only

ခေါ် (hkɔ) *v* name; be called; call; bring along; fetch

ခို$_1$ (hko) *v* take shelter; cling to

ခို$_2$ (hko) *n* ❀ pigeon

ခိုလှုံခွင့် (hko-hlon-gwiṇ) *n* asylum

ခိုး (hko:) *v* steal; abduct; pirate, copy; smoke

ခိုးချ (hko:-chạ) *v* cheat (on an exam), crib; plagiarise

ခိုးပြေး (hko:-pyei:) *v* elope

ခိုးမှု (hko:-hmụ) *n* theft

ခက်$_1$ (hke') *v* be difficult

ခက်$_2$ (hke') *n* twig (branch), classifier for branches; problem (trouble)

ခက်ဆစ် (hke'-hsi') *n* glossary

ခက်ရင်း (hkə-yin:) *n* fork

ခေါက်$_1$ (hkau') *v* knock; fold

ခေါက်$_2$ (hkau') *n* classifier for trips

ခေါက်ဆွဲ (hkau'-hswe:) *n* noodles

ခေါက်ရိုး (hkau'-yo:) *n* crease

ခိုက် (hkai') *v* touch (sthg); reach (a level)

ခင်$_1$ (hkin) *v* like

ခင်$_2$ (khin) *n* ♫ reed; ♫ zither; skein of yarn

ခင်$_3$ (hkin) *part* (with neg. verb) before

ခင်ပွန်း (hkin-bun:) *n* husband

ခင်ဗျာ (hkə-mya) *n* polite response used by men, yes

ခင်ဗျား (hkə-mya:) *pron* [formal] you

ခင်မင် (hkin-min) *v* have affection for

ခင်း (hkin:) *v* spread (concrete); set (table)

ခင်းကြီးခင်းငယ် (hkin:-ji:-hkin:-nge) *n* matters great and small

ခေါင်$_1$ (hkaun) *v* be desolate; be remote; be scarce

ခေါင်$_2$ (hkaun) *n* ridge of roof

ခေါင်မိုး (hkaun-mo:) *n* roof

ခေါင်ရည် (hkaun-yei) *n* alcoholic drink made of fermented rice

ခေါင်း (gaun:) *n* head; leader; cavity, hollow

ခေါင်းကိုက် (gaun:-kai') *v* have a headache

ခေါင်းခါ (gaun:-hka) *v* shake one's head

ခေါင်းငိုက်စိုက် (gaun:-ngai'-hsai')

v ☛ hang one's head

ခေါင်းငှ့ံခံ (gaun:-ngon̩-hkan) v bear, take without objection

ခေါင်းစား (gaun:-sa:) v be perplexed, be stumped

ခေါင်းစီး (gaun:-zi:) n title, heading, name

ခေါင်းစဉ် (gaun:-zin) n headline; title

ခေါင်းဆောင်₁ (gaun:-hsaun) v lead

ခေါင်းဆောင်₂ (gaun:-zaun) n leader

ခေါင်းညိတ် (gaun:-nyei') v nod one's head

ခေါင်းတိုင် (hkaun:-dain) n chimney

ခေါင်းတုံး (gə-don:) n shaven head

ခေါင်းပေါင်း (gaun:-baun:) n gaung-baung, turban

ခေါင်းမာ (gaun:-ma) v be stubborn

ခေါင်းမူး (gaun:-mu:) v be giddy, be dizzy

ခေါင်းယမ်း (gaun:-yan:) v shake one's head

ခေါင်းလောင်း (hkaun:-laun:) n bell

ခိုင်₁ (hkain) v last, be durable; be strong; be stable

ခိုင်₂ (hkain) n bunch (fruit); spray (flowers)

ခိုင်မာ (hkain-ma) v be firm

ခိုင်း (hkain:) v ask, command, order; compare

ခတ် (hka') v beat, strike (sthg, wing); play (caneball); put on (handcuffs); impose (fine)

ခုတ် (hko') v chop (wood, meat, etc); run (machine)

ခေတ် (hki') n period, times

ခေတ်စား (hki'-sa:) v be popular, be in fashion

ခေတ်ပေါ် (hki'-po) v be modern, be contemporary

ခေတ်မီ (hki'-hmi) v be modern, be up-to-date

ခန္တီ (hkan-ti) n patience, forbearance

ခန္ဓာကိုယ် (hkan-da-ko) n the body

ခန့်₁ (hkaṇ) v assign (a task); appoint (to a position); estimate, guess (amount)

ခန့်₂ (hkaṇ) part about, around, round, approximately

ခန့်ခွဲ (hkaṇ-hkwe:) v manage

ကခဂဃငစဆဇဈညဋဌဍဎဏတထဒဓနပဖဗဘမယရလဝသဟဠအ

and delegate duties

ခန်း₁ (hkan:) v dry up, evaporate

ခန်း₂ (hkan:) n room (in a house, hotel); flat, apartment (in a building); compartment (in a train, ship); chapter; episode (in written works); act (in play) scene (in movie)

ခန်းမ (hkan:-ma) n hall

ခုန် (hkon) v jump, leap; bounce

ခပ်₁ (hka') v serve (soup, etc); draw (water)

ခပ်₂ (hka') part somewhat, rather, quite

ခံ₁ (hkan) v accept, collect (donations); receive (tax); enjoy (luxury); endure (hardship); be victimised; catch

ခံ₂ (hkan) part undergo, suffix similar to the passive

ခံစား (hkan-za:) v experience, feel; suffer, endure

ခံစားခွင့် (hkan-za:-gwiṇ) n (fringe) benefit

ခံတပ် (hkan-da') n ⚔ fort

ခံတွင်း (gə-dwin:) n mouth

ခံတွင်းတွေ့ (gə-dwin:-tweị) v regain one's appetite

ခံတွင်းပျက် (gə-dwin:-pye') v lose one's appetite

ခံရ (hkan-ya) part undergo, suffix similar to the passive

ခံဝန်ချုပ် (hkan-wun-jo') n ⚖ (bail) bond

ခံ့ (hkaṇ) v be imposing

ခမ်းနား (hkan:-na:) v be grand

ခုံ (hkon) n table (dining ~); (writing) desk; chair (a ~ to sit on); stand (a book ~); ⚖ bench

ခုံဖိနပ် (hkon-hpə-na') n wooden sandals

ခုံမင် (hkon-min) v be fond of

ခုံမြင့်ဖိနပ် (hkon-myiṇ-hpə-na') n high-heeled shoes

ခုံး (hkon:) v bulge, be convex

ခုံးကောင် (gon:-gaun) n 🦪 clam; scallop

ခယ်မ (hke-ma) n sister-in-law

ချ (cha) v put down; bring down, lower; drop; do

ချမှတ် (cha-hma') v make, set, establish

ချာ (cha) v be stupid, be dumb, be an idiot

ချာတိတ် (cha-tei') *n* affectionate term for boy- or girlfriend

ချာချာလည် (cha-cha-le) *v* go around and around, get nowhere; go around in circles, not be able to find; have a spinning head

ချာလပတ်လည် (cha-lə-ba'-le) *v* go around and around, get nowhere; go around in circles, not be able to find; have a spinning head

ချား (cha:) *n* Ferris wheel; carousel, merry-go-round

ချားရုဟတ် (cha:-yə-ha') *n* Ferris wheel

ချီ₁ (chi) *v* carry, hold; bring; fetch

ချီ₂ (chi) *part* suffix to a number: by the, in the

ချီး (chi:) *v* praise; honour; cheer

ချီးမွမ်း (chi:-mun:) *v* praise, speak well of, commend

ချု₁ (chu) *v* siphon, draw off (fluid); pick (with a pole)

ချု₂ (chu) *n* (jingle) bell

ချုချာ (chu-ja) *v* be sickly

ချေ₁ (chei) *v* refute; answer (an accusation); pay (for goods received); settle (bill); sneeze

ချေ₂ (ji) *n* ❖ muntjac, barking deer

ချေပ (chei-pa) *v* respond; refute; argue

ချေဖျက် (chei-hpye') *v* cancel; annul (agreement, marriage); prove wrong; attack; dispute

ချေး₁ (chi:) *v* borrow; lend

ချေး₂ (chi:, ji:) *n* faeces (Br), feces (Am); dirt, filth

ချေးပါ (chi:-pa) *v* defecate

ချေးများ (ji:-mya:) *v* be grimy, be filthy; be full of excuses; be choosy, be picky; complain excessively

ချဲ₁ (che:) *v* space (out), spread out, scatter; ❖ fight, argue with

ချဲ₂ (che:) *n* (illegal) Thai lottery

ချဲ့ (chẹ) *v* enlarge, make larger (picture); exaggerate (story); amplify (sound); scale up (activities)

ချော₁ (chɔ:) *v* be smooth, be fine; be good-looking, be

pretty ♀, be handsome ♂

ချော₂ (chɔ:) n relay

ချောဆွဲ (chɔ:-hswe:) v sieze by force, commandeer (vehicle); requisition

ချောမော (chɔ:-mɔ:) v be smooth

ချောမွေ့ (chɔ:-mwei) v (of a process, surface) be smooth

ချော့ (chɔ) v coax (to do sthg); soothe, calm (sb who is upset)

ချော်₁ (chɔ) v slip; be slippery; miss (a target)

ချော်₂ (chɔ) n lava

ချို₁ (cho) v be sweet (sugary); (of price) be cheap, be inexpensive; (of intensity) abate, decrease

ချို₂ (jo) n horn; antler

ချိုချဉ် (cho-chin) n sweets, candy

ချိုလိမ် (cho-lein) n baby soother, pacifier

ချို့ (chɔ) v be (physically or mentally) handicapped; be insufficient; be inadequate; be deficient

ချို့တဲ့ (chɔ-tẹ) v be poor; be

weak, be feeble; be deficient

ချို့ယွင်း (chɔ-ywin:) v have shortcomings, have drawbacks; be missing (sthg)

ချိုး₁ (cho:) v break (a bone); pick (fruit); bend (a rod); turn (a corner); fold (paper); cut (a deck of cards); crack (joints); bathe, shower

ချိုး₂ (jo:) n ♥ dove, pigeon; crust; addict

ချက်₁ (che') v cook; distill; refine; shine

ချက်₂ (che') n central point; navel, belly button; click; blow, stroke; blow, stroke; point; cheque, check

ချက်ကျ (je'-ja) v be effective; be apt

ချက်ကြိုး (che'-jo:) n umbilical cord

ချက်ချင်း (che'-chin:) adv at once, immediately

ချောက် (jau') n ravine

ချောက်ကျ (jau'-ja) v be in trouble

ချောက်ချား (chau'-cha:) v be badly shaken; know very well

ချင် (chin) part suffix to verb:

⎯ ◌ꞈ ◌ꞈ ◌ ◌ ⎯ ⎯ ⎯ ⎯ ◌

want

ချင်မှ (chin-hma) *part* suffix to a repeated verb to indicate doubt: probably will not

ချင့် (chin) *v* measure; calculate; estimate

ချင့်စဖွယ် (chin-zə-hpwe) *part* 📖 particle suffixed to a verb to denote desireability

ချင်း₁ (chin:) *n* Chin

ချင်း₂ (jin:) *n* 🌿 ginger

ချင်း₃ (chin:) *part* one after another, one by one, one at a time; suffix to a doubled verb to show simultaneous action; among, between

ချောင်₁ (chaun) *v* have plenty of room; be slack, be loose

ချောင်₂ (jaun) *n* corner, nook

ချောင်ခို (jaun-hko) *v* stay out of sight, lie low

ချောင်ချိ (chaun-ji) *v* be comfortable, live well

ချောင်း₁ (chaun:) *v* peek, peep, look from a hidden place

ချောင်း₂ (chaun:) *n* brook, stream, creek, small river; sthg long and thin; cough

ချောင်းဆိုး (chaun:-hso:) *v* cough

ချောင်းဟန့် (chaun:-han) *v* clear one's throat

ချိုင့်₁ (chain) *v* be concave, be dented

ချိုင့်₂ (jain) *n* depression (in a surface); food carrier, tiffin box

ချိုင့်ဝှမ်း (jain-hwan:) *n* valley

ချိုင်း (jain:) *n* armpit

ချိုင်းထောက် (jain:-dau') *n* crutches

ချစ် (chi') *v* love; be burnt

ချစ်ကြည်ရေး (chi'-ji-yei:) *n* 🌐 goodwill, friendship

ချစ်တီး (chi'-ti:) *n* Chettyar

ချစ်သူ (chi'-thu) *n* boyfriend ♂; girlfriend ♀

ချဉ် (chin) *v* be sour; (of food) go off, spoil

ချဉ်ပေါင် (chin-baun) *n* 🌿 roselle, rosella

ချဉ်ဖတ် (chin-ba') *n* pickle, hot and sour pickled vegetable mix

ချဉ်း (chin:) *v* approach, come near; abridge

ချည်₁ (chi) *v* bind, tie, fasten

ချည်₂ (chi) *n* thread, yarn; cotton (cloth)

ချည်₃ (chi) *part* suffix to a pair of verbs showing alternating action

ချည်ထိုး (chi-hto:) *v* knit, crochet, tat

ချည်ထည် (chi-de) *n* cotton cloth

ချည့် (chị) *v* be infirm, be weakened

ချည်း (chi:) *part* only, just, alone

ချိတ်₁ (chei') *v* mount, hang (on the wall); fasten

ချိတ်₂ (jei') *n* hook; hanger; safety pin; ❧ boyfriend ♂, girlfriend ♀

ချိတ်ဆက် (chei'-hse') *v* link up, connect, join

ချန် (chan) *v* leave behind; leave out; set aside, save

ချန်ပီယံ (chan-pi-yan) *n* champion

ချိန်₁ (chein) *v* weigh; aim (at); aim (for)

ချိန်₂ (chein) *n* balance, scales

ချိန်စက် (chein-se') *v* weigh, check that two things have equal weight; consider carefully

ချိန်ဆ (chein-hsa) *v* consider

ချိန်ရွယ် (chein-ywe) *v* aim (at)

ချိန်း (chein:) *v* make an appointment

ချိန်းကြိုး (chein:-jo:) *n* chain (of bicycle)

ချိန်းထား (chein:-hta:) *v* have an appointment, be busy

ချပ်₁ (cha') *v* be flat; tuck in

ချပ်₂ (cha') *n* plank, board; ♪ castanets; classifier for flat objects

ချပ်ရပ် (cha'-ya') *v* (of clothing) fit well; (of stomach) be flat

ချုပ် (cho') *v* bind, restrict; restrain, detain, confine; sew, stitch; control; sign contract; abridge, condense

ချုပ်ချယ် (cho'-che) *v* restrict, be oppressive

ချုပ်စာ (cho'-sa) *n* food which causes constipation or retention of urine

ချမ်း (chan:) *v* be cold, feel cold, feel chilly

ချမ်းမြေ့ (chan:-myei) *v* be serene, have peace of mind

ချမ်းသာ (chan:-dha) *v* be well-to-do, be wealthy, be rich

ချုံ (chon) n ❀ shrub, bush

ချုံ့ (choṇ) v reduce, shrink; summarise

ချုံး (chon:) v scale down, scale back; look run down, be worn

ခြ (chạ) n ❀ termite

ခြား (cha:) v keep apart; differ

ခြူ (chu:) n stylised lion with a flowing mane

ခြေ₁ (chei) v crumple; pulverize, crush

ခြေ₂ (chi, chei) n leg; foot; ❀ paw

ခြေကျင် (chi-jin) adv on foot

ခြေချင်းဝတ် (chi-jin:-wu') n ankle

ခြေချောင်း (chi-jaun:) n toe

ခြေချုပ် (chi-jo') n ⚖ restriction order

ခြေထိုး (chi-hto:) v trip (sb) up

ခြေထောက် (chi-dau') n leg; foot

ခြေနင်း (chi-nin:) n (bicycle) pedal; (motorcycle) footrest; footwear

ခြေဖနောင့် (chi-bə-nauṇ) n heel

ခြေဖမိုး (chi-bə-mo:) n instep, arch

ခြေဖျား (chi-bya:) n toes

ခြေဖဝါး (chi-bə-wa:) n sole

ခြေမျက်စိ (chi-mye'-si̱) v ankle (bone)

ခြေမြန်တပ် (chi-myan-ta') n ⚔ light infantry

ခြေရာ (chi-ya) n footprint

ခြေလျင် (chi-jin) adv on foot, by foot

ခြေလျင်တပ် (chi-lyin-ta') n ⚔ infantry

ခြေသလုံး (chi-dhə-lon:) n calf

ခြေသည်း (chi-dhe:) n (human) toenail; (animal) claw

ခြေအိတ် (chi-ei') n sock, stocking

ချို့ခြို (cho:-jan) v be economical, be thrifty, be frugal

ခြောက်₁ (chau') v frighten, scare; be dry

ခြောက်₂ (chau') n six

ခြိုက် (chai') v be dented, be concave

ခြင် (chin) n ❀ mosquito

ခြင်ဆေး (chin-zei:) n mosquito repellent

ခြင်ဆေးခွေ (chin-zei:-gwei) n mosquito coil

ခြင်ထောင် (chin-daun) n mos-

quito net, bednet	whole, generally

ခြသေ့ (chin-dhei) *n* ☸ lion
ခြင်း₁ (chin:) *n* basket
ခြင်း₂ (chin:) *part* suffix to verb to form noun
ခြင်းခတ် (chin:-hka') *v* play caneball
ခြင်းတောင်း (chin:-daun:) *n* basket
ခြင်းလုံး (chin:-lon:) *n* chinlon, caneball, sepak takraw
ခြင်းဝိုင်း (chin:-wain:) *n* circle of caneball players
ခြစ် (chi') *v* scrape; shred (vegetables), shave (ice); strike (a match)
ခြည် (chi) *n* ray
ခြံ (chan) *n* garden; orchard; fence
ခြံထွက် (chan-dwe') *n* produce from one's own garden
ခြမ်း (chan:) *n* side; part; half; classifier for halves
ခြိမ်း (chein:) *v* threaten; thunder
ခြိမ်းခြောက် (chein:-chau') *v* threaten
ခြုံ (chon) *v* cover; wrap
ခြုံငုံ (chon-ngon) *adv* on the

ခြယ် (che) *v* paint; decorate, adorn
ခြယ်လှယ် (che-hle) *v* hold the reins, control, maniuplate
ခွ₁ (hkwa.) *v* sit astride, straddle
ခွ₂ (hkwa.) *n* fork (of tree, path, etc), crotch; spanner, wrench; catapult, slingshot; difficult situation
ခွကျ (gwa-ja) *v* have difficulties
ခွစီး (hkwa.-si:) *v* ride (astride animal)
ခွာ₁ (hkwa) *v* depart; peel
ခွာ₂ (hkwa) *n* hoof
ခွေ₁ (hkwei) *v* coil, curl up
ခွေ₂ (gwei) *n* coil; spiral; hoop, ring, band; classifier for coiled things, tapes, CDs
ခွေ့ (hkwei) *v* butt; gore
ခွေး (hkwei:) *n* ☸ dog
ခွေးခြေ (hkwei:-chi) *n* stool
ခွဲ (hkwe:) *v* divide; separate, split; operate
ခွဲခြား (hkwe:-ja:) *v* discriminate
ခွဲစိတ်ကုဆရာဝန် (hkwe:-sei'-ku.-sə-ya-wun) *n* ☤ surgeon
ခွဲထွက် (hkwe:-htwe') *v* sepa-

rate from

ခွဲဝေ (hkwe:-wei) *v* share, pass out

ခွက် (hkwe') *n* cup, glass; bowl; classifier for cups of liquid

ခွင် (hkwin) *n* field (of study), area (of interest); tripod, stand

ခွင့် (hkwiṇ) *n* permission; right; leave

ခွင့်ပြု (hkwiṇ-pyụ) *v* give permission, excuse

ခွင့်ပြုမိန့် (hkwiṇ-pyụ-meiṇ) *n* permit

ခွင့်လွှတ် (kwiṇ-hlu') *v* excuse, forgive, pardon

ခွန် (hkun) *n* tax, duty; strength

ခွန်း (hkun:) *n* spoken words; classifier for spoken words

ခွပ် (hku') *v* (of birds) fight

ခွံ (hkun) *n* skin, peel, shell; empty box, tin, etc

ခွံ့ (hkuṇ) *v* spoonfeed

ချွေ (chwei) *v* scrimp, use sparingly

ချွေး (chwei:) *n* sweat

ချွေးထွက် (chwei:-htwe') *v* sweat, perspire

ချွေးပြန် (chwei:-pyan) *v* sweat

ချွေးမ (chwei:-mạ) *n* daughter-in-law

ချွဲ1 (chwe:) *v* be sticky; be slimy; speak charmingly

ချွဲ2 (chwe:) *n* mucus, phlegm

ချွတ် (chu') *v* remove, take off; clean

ချွန် (chun) *v* sharpen

ချွန်း (chun:) *n* hooked goad used to drive an elephant; diamonds (card suit)

ခြွေ (chwei) *v* pluck; strip; thresh

ခြွင်း (chwin:) *v* omit, leave out

ခြွင်းချန် (chwin:-chan) *v* omit, leave out

ခြွင်းချက် (chwin:-je') *n* exception

ဂ ဂငယ် gạ-nge

ဂ (gạ) *n* the third letter in the Myanmar script

ဂငယ် (gạ-nge) *n* name of the letter ဂ

ဂဏန်း (gə-nan:) *n* number

ဂဏန်းတွက် (gə-nan:-twe') *v* calculate

ဂဏန်းသချႍာ (gə-nan:-thin-cha) *n* arithmetic

ဂမုန်း (gə-mon:) *n* ※ term for some plants with aromatic roots, such as lotus, ginger, orchid

ဂယက် (gə-ye') *n* ripples, small waves; repercussions

ဂရုစိုက် (gə-yu-sai') *v* be careful; pay attention; take care

ဂရင်ဂျီနာ (gə-yin-ji-na) *n* ♥ fistula

ဂလိုဘယ်လိုက်ဇေးရှင်း (gə-lo-be-lai'-zei:-shin:) *n* 🝔 🌎 globalisation

ဂဝံကျောက် (gə-wun-jau') *n* laterite

ဂဟေ (gə-hei) *n* soldering; welding

ဂဟေဆော် (gə-hei-hsɔ) *v* weld, solder

ဂဟေဆက် (gə-hei-hse') *n* solder; weld together

ဂဠုန် (gə-lon) *n* garuda

ဂါထာ (ga-hta) *n* Pali verse; 🝔 mantra; charm

ဂါဝန် (ga-wun) *n* gown, dress, frock

ဂီတ (gi-ta) *n* ♪ music

ဂီတာ (gi-ta) *n* ♪ guitar

ဂီယာ (gi-ya) *n* gear

ဂီယာကြီး (gi-ya-ji:) *n* low gear

ဂီယာထိုး (gi-ya-hto:) *v* shift gears

ဂီယာလေး (gi-ya-lei:) *n* high gear

ဂုဏဝန် (gu-na-wun) *n* respected person

ဂူ (gu) *n* cave, grotto; tomb

ဂေဟာ (gei-ha) *n* house

ဂေါတမ (gɔ-də-ma) *n* 🝔 Gautama Buddha

ဂေါ်ပြား (gɔ-bya:) *n* spade; shovel; dustpan

ဂေါ်ဖီထုပ် (gɔ-bi-do') *n* ※ cabbage

ဂေါ်ဖီပန်း (gɔ-bi-pan:) *n* ※ cauliflower

ဂေါ်မိတ် (gɔ-mei') *n* zircon

ဂေါ်မုတ် (gɔ-mo') *n* variety of garnet tinged with yellow

ဂေါ်ရခါး (gɔ-rə-hka:) *n* Gurkha; ※ chayote

ဂေါ်လီ (gɔ-li) *n* marble (glass ball)

ဂိုဒေါင် (go-daun) *n* godown, warehouse, store(house)

ဂိုး (go:) *n* goal

ဂိုးစည်း (go:-zi:) *n* goal line

ဂေါက် (gau') *n* golf; ♥ gout

ဂေါက်ကွင်း (gau'-kwin:) *n* golf course, golf links

ဂေါက်ရိုက် (gau'-yai') *v* play golf

ဂေါက်သီး (gau'-thi:) *n* golf ball

ဂန္ဓိ (gan-dį, gan-htį) *n* glossary

ဂုဏ် (gon) *n* prestige; honour

ဂုဏ်ထူး (gon-du:) *n* distinction, honours

ဂုဏ်ထူးဆောင် (gon-du:-zaun) *n* sthg honorary

ဂုဏ်ပြု (gon-pyụ) *v* honour

ဂုဏ်သိက္ခာ (gon-thei'-hka) *n* integrity; dignity

ဂိုဏ်း (gain:) *n* [relig] sect; ◉ faction; group, circle, school; gang

ဂိုဏ်းဝင် (gain:-win) *n* member (of a sect, gang, etc)

ဂိတ် (gei') *n* gate, entrance; terminal (for bus); stand, rank (of taxis)

ဂန္ထဝင် (gan-də-win) *n* classic

ဂန်ဒူး (gan-du:) *n* male transvestite; gay, male homosexual

ဂန္ဓမာ (gan-də-ma) *n* ✿ chrysan-

themum

ဂုန်နီ (gon-ni) *n* gunny, burlap

ဂုန်လျှော် (gon-shɔ) *n* ✿ jute; jute fibre

ဂျာနယ် (ja-ne) *n journal*, weekly

ဂျာနယ်လစ် (ja-ne-li') *n journalist*

ဂျား (ja:) *part* pitcher, jar; classifier for pitchers of beer

ဂျူးမြစ် (ju:-myi') *n* ✿ edible root with a light garlic-like flavour

ဂျက် (je') *n* ➺ bolt

ဂျိုက် (jai') *n jack*

ဂျိုက်သိုး (jai'-tho:) *n* rubella, German measles

ဂျင် (jin) *n* top (spinning toy); expert; gin

ဂျင်ကလိ (jin-gə-lị) *n* sharpened metal dart, shot from a catapult

ဂျိန်ဖော့ (jein-hpɔ̣) *n Jinghpaw*

ဂျပ် (ja') *n* backstrap loom

ဂျုံ (jon) *n* ✿ wheat

ဂြိုဟ် (jo) *n* 🪐 planets

ဂြိုဟ်ကျ (jo-jạ) *v* cause trouble; be in trouble

ဂြိုဟ်တု (jo-dụ) *n* satellite;

satellite dish

ဝ္ဂကျ (gwa-ja̱) v be difficult

ဂွေး (gwei:) n 🦐 shrimp used in making shrimp paste; 🌿 hog plum

ဂွေးဥ (gwei:-ṵ) n testicle(s)

ဂွမ်း (gun:) n cotton wool

ဂျွတ် (ju') n 🩺 jock itch

ဃ ဃကြီး ga̱-ji:

ဃ (ga̱) n the fourth letter in the Myanmar script

ဃကြီး (ga̱-ji:) n name of the letter ဃ

င င ngạ

c_1 (ngạ) n the fifth letter in the Myanmar script

c_2 (ngạ) part prefix to a man's name; used in teasing to ascribe a quality to a person

ငချေိပ် (nga-chei') n 🌿 black sticky rice

ငရဲ (nga-ye:) n hell

ငရဲမီး (nga-ye:-mi:) n hellfire; strong acid

ငရုတ် (nga-yo') n 🌿 chilli pepper

ငရုတ်ကောင်း (nga-yo'-kaun:) n 🌿 (black or white) pepper

ငရုတ်ဆုံ (nga-yo'-hson) n mortar and pestle

ငလျင်လှုပ် (nga-lyin-hlo') v (of earth) quake

ငါ (nga) pron I

ငါသိင်ါတတ် (nga-thi̱-nga-ta') n know-it-all

ငါ့ (nga̱) pron my

ငါး (nga:) n five; 🐟 fish

ငါးကျပ်တိုက် (nga:-ja'-tai') n smoked fish

ငါးချဉ် (nga-chin) n pickled fish

ငါးခြောက် (nga-chau') n dried fish

ငါးပိ (nga-pi) n ngapi, fermented fishpaste

ငါးပိရည် (nga-pi-yei) n ngapi sauce

ငါးပြတိုက် (nga:-pya̱-dai') n aquarium

ငါးဖမ်း (nga:-hpan:) v catch fish (with net or trap)

ငါးမန်း (nga-man:) n 🐟 shark

ငါးမန်းတောင် (nga-man:-daun) n shark fin; propeller

ငါးမုန့်(ကြော်) (ngə-moṇ-(jɔ)) n fried fish-flavoured rice crackers

ငါးမျက်စိ (ngə-mye'-si̱) n ♈ wart; (on foot) corn

ငါးမျှား (nga:-hmya:) v fish (with hook)

ငါးရှဉ့် (ngə-shin̥) n ☙ eel

ငါးလက်ထုံ (ngə-le'-hton) n ☙ stingray

ငါးလိပ်ကျောက် (ngə-lei'-jau') n ☙ ray

ငါးဝန် (ngə-wun) n ☙ whale

ငါးသလောက် (ngə-thə-lau') n ☙ hilsa

ငါးသေတ္တာ (nga:-thi'-ta) n sardines

ငါးသန် (ngə-than) n ☙ fry, very small fish

ငေး (ngei:) v gaze, stare

ငဲ့ (ngę) v tilt one's head; sympathise

ငဲ့ကြည့် (ngę-ji̱) v look over one's shoulder; take into consideration

ငော့ (ngɔ) v push out (one's chin); blame; be sarcastic

ငို (ngo) v cry

ငိုရှိုက် (ngo-shai') v sob

ငေါက် (ngau') v tell off, scold

ငိုက် (ngai') v nod (because of sleepiness); drowse

ငင် (ngin) v pull, draw

ငိုင် (ngain) v be glum, brood

ငေါင် (ngaun) v be pensive, be lost in thought

ငတ် (nga') v starve

ငတ်မွတ် (nga'-mu') v starve

ငတ်မွတ်မှု (nga'-mu'-hmu̱) v starvation; famine

ငုတ် (ngo') n stump

ငုတ်တုတ် (ngo'-to') adv in a sitting position; still, without moving; despite

ငန် (ngan) v be salty

ငန်း (ngan:) n ☙ swan; ☙ goose (pl. geese); ☙ name of several kinds of venomous snake

ငုပ် (ngo') v dive (into deep water); submerge; be latent

ငံပြာရည် (ngan-pya-yei) n fish sauce

ငံ့ (ngan̥) v pause; wait for

ငမ်း (ngan:) v crave

ငမ်းငမ်းတက် (ngan:-ngan:-te') v crave intensely; be strongly tempted by

ငုံ (ngon) v keep in the mouth

ငုံ့ (ngon̥) v bow head

ငုံး (ngon:) n 🐦 quail

ငယ် (nge) v be young; be junior; be small

ငယ်ထိပ် (nge-dei') n fontanelle

ငယ်ဘြူ (nge-byu) n 🏛 monk who joined the *sangha* as a young bachelor

ငယ်သွား (nge-dhwa:) n baby tooth, milk tooth

ငြီးငွေ့ (nyi:-ngwei) v be bored with, be tired of, be fed up with

ငြီးစော်နံ (nyi:-zɔ-nan) v be nauseating

ငြူစူ (nyu-zu) v be annoyed; grudge (sb sthg)

ငြိုး (nyo:) v bear a grudge; resent

ငြင်း (nyin:) v disobey; reject, refuse, decline; argue; dispute

ငြင်းကွယ် (nyin:-kwe) v deny; hide sthg

ငြင်းခုံ (nyin:-hkon) v argue; dispute; debate

ငြင်းဆို (nyin:-hso) v refute; reject, refuse; disobey

ငြမ်း (nyan:) n scaffolding

ငြိမ် (nyein) v be still; be quiet, be calm

ငြိမ့် (nyein̥) v be elated

ငြိမ်း (nyein:) v (of fire) die (out); put out, extinguish; (of problems, etc) be settled; (of services, etc) be free

ငြိမ်းချမ်း (nyein:-jan:) v be peaceful

ငြိမ်းချမ်းရေး (nyein:-jan:-yei:) n 🌏 ☮ peace

ငွေ (ngwei) n silver; money

ငွေကိုင် (ngwei-gain) n cashier

ငွေကုန် (ngwei-kon) v spend money

ငွေချေ (ngwei-chei) v make payment; pay off, pay up

ငွေချေး (ngwei-chi:) v borrow money; lend money

ငွေစိုက် (ngwei-sai') v front sb money, make a short-term loan

ငွေညှစ် (ngwei-hnyi') v (of money) extort, (of person) blackmail

ငွေတု (ngwei-tu) n 💰 counterfeit money

ငွေထိန်း (ngwei-dein:) n treasurer

ငွေပန်းထိမ် (ngwei-bə-dein) n

silversmith

ငွေဖေါ် (ngwei-hpɔ) v 🏦 liquid-
ate

ငွေဖေါင်းပွမှု (ngwei-hpaun:-bwạ-
hmụ) n 🏦 inflation

ငွေဖြူ (ngwei-byu) n clean
money

ငွေမည်း (ngwei-me:) n illicit
income

ငွေရင်းငွေနှီး (ngwei-yin:-ngwei-
hni:) n 🏦 monetary invest-
ment, capital

ငွေရည်စိမ် (ngwei-yei-zein) n
silverplate

ငွေလဲ (ngwei-le:) v change
money

ငွေလဲနှုန်း (ngwei-le:-hnon:) n
exchange rate

ငွေ့ (ngweị) n fumes; steam

ငှာ (hnga) n possession,
belonging, thing

ငှာ (hnga) part suffix to
noun; for (the sake of)

ငှား (hnga:) v borrow, hire,
rent; lend, loan, let

ငှဲ့ (hngẹ) v pour (out)

ငှက် (hnge') n 🐦 bird

ငှက်ကုလားအုတ် (hnge'-kə-lə-o')
n 🐦 ostrich

ငှက်ခတ် (hnge'-hka') v catch
birds

ငှက်ပိတုန်း (hnge'-bə-don:) n 🐦
sunbird

ငှက်ပျော (ngə-pyɔ:, hngə-pyɔ:)
n 🍌 banana

ငှက်ပျောဖူး (ngə-pyɔ:-bu:, hngə-
pyɔ:-bu:) n 🍌 banana bud;
tapering part of the spire
of a pagoda

ငှက်ပျောဖက် (ngə-pyɔ:-be',
hngə-pyɔ:-be') n banana leaf
wrapping or plate

ငှက်ပျောအူ (ngə-pyɔ:-u, hngə-
pyɔ:-u) n edible pith of
banana trunk

ငှက်ဖျား (hnge'-hpya:) n
malaria

ငှက်သိုက် (hnge'-thai') n (bird's)
nest

ငြိမ်း (hnyein:) v (of fire) put
out, extinguish

စ စလုံး sạ-lon:

စ₁ (sạ) n the sixth letter in
the Myanmar script

စ₂ (sạ) v start

စကား (zə-ga:) n word, phrase;

က ခ ဂ ဃ င စ ဆ ဇ ဈ ည ဋ ဌ ဍ ဎ ဏ တ ထ ဒ ဓ န ပ ဖ ဗ ဘ မ ယ ရ လ ဝ သ ဟ ဠ အ

(spoken) language

စကားကား (zə-ga:-ka:) *v* exaggerate

စကားခံ (zə-ga:-hkan) *v* tell what will happen; introduce

စကားချီ (zə-gə-chi) *n* introduction

စကားချီး (zə-gə-chi:) *n* introduction

စကားခြောက် (zə-ga:-chau') *v* threaten sb

စကားချပ် (zə-gə-cha') *n* parenthesis

စကားစပ် (zə-gə-za') *exp* in that case, by the way

စကားဆက် (zə-ga:-hse') *n* context

စကားဆုံး (zə-ga:-hson:) *n* all that is to be said

စကားညှပ် (zə-ga:-hnya') *n* parenthesis, digression

စကားတင် (zə-ga:-tin) *v* say or promise something that has not been realised

စကားထာ (zə-gə-hta) *n* riddle

စကားထောက် (zə-ga:-htau') *v* prompt

စကားနာ (zə-gə-na) *n* blame

စကားနာထိုး (zə-gə-na-hto:) *v* gripe, grumble

စကားနှင်း (zə-ga:-nin:) *v* imply

စကားနိုင် (zə-ga:-nain) *v* have the last word; win in a contest of words (rightly or wrongly)

စကားနိုင် (zə-gə-nain) *n* the last word

စကားနိုင်လု (zə-gə-nain-lụ) *n* try to get the last word

စကားပုံ (zə-gə-bon) *n* saying, proverb

စကားပြေ (zə-gə-byei) *n* ✍ prose

စကားပြေဟန် (zə-gə-pyei-han) *n* literary style

စကားပြော (zə-ga:-pyɔ:) *v* talk, speak

စကားပြေဟန် (zə-ga:-pyei-han) *n* ✍ literary style

စကားပြန် (zə-gə-byan) *n* interpreter

စကားဖာ (zə-ga:-hpa) *v* correct oneself

စကားမစပ် (zə-ga:-mə-sa') *adv* by the way, incidentally

စကားများ (zə-ga:-mya:) *v* argue, quarrel; be outspoken, be vocal

စကားရည်လုပွဲ (zə-gə-yi-lṵ-bwe:) *n* debate

စကားလိမ် (zə-gə-lein) *n* language game in which parts of consecutive syllables are exchanged

စကားလုံး (zə-gə-lon:) *n* word; vocabulary

စကားလွှဲ (zə-ga:-hlwe:) *v* change the subject

စကားဝိုင်း (zə-gə-wain:) *n* discussion group

စကားဝှက် (zə-gə-hwe') *n* password; riddle; code

စကားသွင်း (zə-ga:-thwin:) *v* convince, persuade

စကားဦး (zə-gə-u:) *n* prologue, introduction

စကားအိုး (zə-ga:-o:) *n* chatter-box

စကေး (sə-kei:) *n* scale

စကောကရင် (zə-gɔ:-kə-yin) *n* Sgaw Karen

စကောဝက်ဖြစ် (zə-gɔ:-zə-gə̰-hpyi') *v* fall in between

စကြဝတေးမင်း (se'-ja-wə-dei:-min:) *n* Ⓜ cakkavattin, universal monarch

စကြဝဠာ (se'-ja-wə-la) *n* universe

စကြာ (se'-ja) *n* chakra; pinwheel, toy windmill; swastika

စခန်း (sə-hkan:) *n* camp

စတိ (zə-dḭ) *n* token

စတီး (sə-ti:) *n* steel

စတုဂံ (sə-tṵ-gan) *n* rectangle

စတုရန်း (sə-tṵ-yan:) *n* square

စတုတ္ထ (zə-do'-htḛ) *n* fourth

စတော်ဘယ်ရီ (sə-tɔ-be-ri) *n* ✿ strawberry

စတိုးဆိုင် (sə-to:-hsain) *n* shop, store

စတင် (sḛ-tin) *v* begin, start

စတိုင် (sə-tain) *n* style

စတိတ်ရှိုး (sə-tei'-sho:) *n* stageshow

စနေ (sə-nei) *n* Saturday

စနိုးစနောင့် (zə-no:-zə-nauṇ) *adv* with a feeling of uneasiness or suspicion, uneasily

စနောင့်စနင်း (zə-nauṇ-zə-nin:) *adv* uneasily, with a feeling of uneasiness or suspicion

စနစ် (sə-ni') *n* system; method

စနစ်ကျ (sə-ni'-ja) *v* be systematic

စနစ်တကျ (sə-ni'-də-ja) *adv*

systematically

စပါး (zə-ba:) *n* ※ rice (plant);
(unhusked) rice

စပါးကြီး (zə-bə-ji:) *n* ☙ python

စပါးခင်း (zə-ba:-gin:) *n* rice
paddies, paddy fields, rice
fields

စပါးဒိုင် (zə-ba:-dain) *n* rice
buying centre

စပါးနှံ (zə-bə-hnan) *n* ※ ear of
rice

စပါးလင် (zə-bə-lin) *n* ※ lemon-
grass

စပေါ် (zə-bɔ) *n* deposit

စပယ်ရာ (sə-pe-ya) *n* driver's
assistant; bus conductor

စပယ်ရှယ် (sə-pe-she) *adj* special

စပျစ် (zə-byi') *n* ※ grape

စဖွယ် (sə-hpwe) *part* -able,
-ible

စမူဆာ (sə-mu-hsa) *n* samosa

စမုန်စပါး (sə-mon-zə-ba:) *n*
※ anise

စရာ (sə-ya) *part* -able, -ible

စရိုက် (za-yai') *n* character,
nature

စရိတ် (za-yei') *n* cost

စရန် (sə-yan) *n* deposit;
advance

စလင်း (sə-lin:, thə-lin:) *n* quartz

စလောင်း (sə-laun:) *n* lid;
satellite dish

စလုံး₁ (sə-lon:) *n* the name of
the letter စ

စလုံး₂ (sə-lon:) *part* all, the
whole

စသည် (sə-thi) *part* et cetera,
etc

စာ₁ (sa) *v* sympathise with;
compare with

စာ₂ (sa) *n* writing; text; lesson;
food; meal; ☙ sparrow

စာကလေး (sa-gə-lei:) *n*
☙ sparrow

စာကူး (sa-ku:) *v* copy

စာကြောင်း (sa-jaun:) *n* line of
writing, line of print

စာကြည့် (sa-ji) *v* read

စာကြည့်တိုက် (sa-ji-dai') *n*
library

စာကြမ်း (sa-jan:) *n* draft

စာခိုး (sa-hko:) *v* cheat, crib,
plagiarise

စာခေါင်း (sa-gaun:) *n* title;
headline

စာချော (sa-jɔ:) *n* final draft

စာချိုး (sa-cho:) *v* satirise

စာချုပ် (sa-jo') *n* contract

စာခြောက်ရုပ် (sa-jau'-yo') *n* scarecrow

စာစီ (sa-si) *v* write

စာဆို(တော်) (sa-zo-(dɔ)) *n* poet, writer

စာတိုက် (sa-dai') *n* post office

စာတန်း (sa-dan:) *n* line (of text, type, etc); essay

စာတမ်း (sa-dan:) *n* paper; thesis

စာတွေ့ (sa-dwei) *n* theoretical knowledge

စာတွဲ (sa-dwe:) *n* file

စာထည့် (sa-htɛ) *v* post a letter, send mail

စာနာစိတ် (sa-na-zei') *n* consideration, sympathy

စာနယ်ဇင်း (sa-ne-zin:) *n* newspapers, journals, and magazines

စာပေ (sa-pei) *n* literature; press; bookseller

စာပေးစာယူသင်တန်း (sa-bei:-sa-yu-thin-dan:) *n* correspondence course

စာပို့ (sa-pọ) *v* send letter; deliver letter; report

စာပစ် (sa-pyi') *v* send an anonymous letter of accusation

စာပိုဒ် (sa-bai') *n* paragraph

စာမတတ်သူ (sa-mə-ta'-thu) *n* illiterate (person)

စာမေးပွဲ (sa-mei:-bwe:) *n* examination, test

စာမျက်နှာ (sa-mye'-hna) *n* page

စာရေး₁ (sa-yei) *v* write

စာရေး₂ (sə-yei) *n* clark, clerk

စာရေးဆရာ(မ) (sa-yei:-hsə-ya-(ma)) *n* writer, author

စာရင်း (sə-yin:) *n* list

စာရင်းကိုက် (sə-yin:-kai') *v* (of accounts, bill, lists, etc) agree, be correct

စာရင်းကိုင် (sə-yin:-gain) *n* accountant, bookkeeper

စာရင်းရှင်း (sə-yin:-shin:) *v* audit and certify accounts

စာရင်းသွင်း (sə-yin:-thwin:) *v* enter

စာရွက် (sa-ywe') *n* piece of paper

စာရွက်စာတမ်း (sa-ywe'-sa-dan:) *n* documents

စာလုံးပေါင်း (sə-lon:-baun:) *n* spelling

စာသင် (sa-thin) *v* teach, learn

စာအိတ် (sa-ei') *n* envelope

စား (sa:) *v* eat; do sthg for a

living; [math] divide; exceed

စားစရာ (sa:-zə-ya) n food

စားဆော်ဒါ (sa:-hsɔ-da) n baking soda; baking powder

စားတော်ဆက် (sa:-dɔ-ze') n restaurant

စားတော်ပဲ (zə-dɔ-be:) n ❀ chickpea, garbanzo bean

စားပွဲ (zə-bwe:) n table; desk

စားပွဲထိုး (zə-bwe:-do:) n waiter ♂, waitress ♀

စားလမ်း (sa:-lan:) n opportunity for corruption

စိစစ် (sị-zi') v check carefully, examine; censor

စီ₁ (si) v line up, queue; put in row

စီ₂ (si) n the letter C

စီ₃ (si) part suffix to classifier: each, per; one by one

စီစဉ် (si-zin) v plan, arrange

စီမံ (si-man) v manage; organise; plan

စီမံကိန်း (si-man-gein:) n plan; project

စီမံခန့်ခွဲ (si-man-hkaṇ-hkwe:) v administer; manage

စီမံခန့်ခွဲမှု (si-man-hkaṇ-hkwe:-hmụ) n management

စီရင် (si-yin) v arrange, organise; execute

စီး (si:) v ride (~ a bicycle); take (transport, ~ the bus), go by; wear (~ shoes); flow (in a stream or current)

စီးကရက် (si:-kə-re') n cigarette

စီးပိုး (si:-po:) v take advantage of, use, exploit

စီးပွား (si:-bwa:) n business; prosperity

စီးပွားကျ (si:-bwa:-jạ) v ❀ go into recession

စီးပွားတက် (si:-bwa:-te') v ❀ improve (economically)

စီးပွားပျက်ကပ် (si:-bwa:-pye'-ka') n ❀ depression

စီးပွားရေး (si:-bwa:-yei:) n ❀ economy; business

စု₁ (sụ) v gather, collect

စု₂ (sụ) n group, set; share

စုစုပေါင်း (sụ-zụ-baun:) n total

စုစည်း (sụ-zi:) v collect and organise

စုဆောင်း (sụ-zaun:) v gather, collect (~ stamps); ⚘ recruit

စုပြို (sụ-pyon) adv en masse, all at one time

စုရုံး (su̱-yon:) *v* assemble

စူ (su̱) *v* bulge, stick out

စူး₁ (su:) *v* prickle, be pricked; be cursed

စူး₂ (su:) *n* drill

စူးစိုက် (su:-sai') *v* concentrate

စူးစမ်း (su:-zan:) *v* investigate

စူးသွား (su:-thwa:) *n* drill bit

စေ (sei) *part* particle at end of sentence indicating a wish or command; suffix to a verb indicating cause

စေကာမူ (sei-ka-mu) *part* however

စေစား (sei-za:) *v* use; apply

စေတနာ (sei-də-na) *n* goodwill

စေတနာရှင် (sei-də-na-shin) *n* benefactor; wellwisher

စေတနာ့ဝန်ထမ်း (sei-də-na̱-wun-dan:) *n* volunteer

စေတီ (zei-di) *n* 🏯 stupa, pagoda

စေရန် (sei-yan) *part* in order to

စေလွှတ် (sei-hlu') *v* send

စေ့₁ (sei̱) *v* come up to a specified number, time, or standard

စေ့₂ (si̱) *n* seed, kernel; bead

စေ့₃ (sei̱) *part* suffix to a noun:

each; particle at end of sentence indicating a wish or command; suffix to a verb indicating cause

စေင (si̱-ngḁ) *v* be enough

စေ့စပ် (sei̱-za') *v* negotiate; reconcile; settle; propose; be thorough

စေ့ဆော် (sei̱-hsɔ) *v* urge; provoke; motivate

စေး (sei:, si:) *v* be sticky; be clammy

စေးနဲ (si:-hne:) *v* be sticky; be mean, be stingy

စေးပျစ် (sei:-pyi') *v* be gummy

စဲ (se:) *v* stop, cease

စော₁ (sɔ:) *v* be early; be eager; be famous; contemplate

စော₂ (sɔ:) *part* 👑 particle prefixed to the name of members of a Shan royal family; particle prefixed to the name of a Karen man

စော်ကား (sɔ-ga:) *v* insult

စော်ဘွား (sɔ-bwa:) *n* 🌐 👑 Shan ruler, saohpa

စို (so) *v* be wet; (of colour) be bright

စိုထိုင်း (so-htain:) *v* be humid

စို့₁ (sọ) v become moist, become damp; ooze

စို့₂ (sọ) n ✂ sprout; chisel; peg

စို့₃ (zọ) part sentence ending for a suggestion, let's

စိုး (so:) v fear, worry; control, manage, rule, govern

စိုးမိုး (so:-mo:) v dominate

စိုးရိမ် (so:-yein) v worry

စိုးလို့ (so:-lọ) part expression used after a description of sthg sb is worried may happen: in case

စက်₁ (se') v sleep; compare

စက်₂ (se') n drop; spot; machinery, mill, sthg mechanical; circle; wheel

စက္ကူ (se'-ku) n paper

စက္ကူလိပ် (se'-ku-lei') n roll of tissue, toilet roll

စက္ကန့် (se'-kaṇ) n second

စက်ကွင်း (se'-kwin:) n target; circle of danger

စက်ချုပ် (se'-cho') v sew

စက်တော်(ရာ) (se'-tɔ-(ya) n ⚐ Buddha's footprint

စက်ဆုပ် (se'-hso') v detest, be disgusted by

စက်တင်ဘာ (se'-tin-ba) n September

ember

စက်နှိုး (se'-hno:) v start an engine

စက်ပြင် (se'-pyin) n repairman, mechanic

စက်ဘီး (se'-bein:) n bicycle

စက်မှု(လက်မှု) (se'-hmụ-(le'-hmu)) n industry

စက်ရုံ (se'-yon) n factory; workshop

စောက် (sau') v be steep

စိုက် (sai') v plant; put up; loan; land

စိုက်ကြည့် (sai'-ji) v stare

စိုက်ထူ (sai'-htu) v put up

စိုက်ပျိုးရေး (sai'-pyo:-yei:) n agriculture

စင်₁ (sin) v be clean, be pure

စင်₂ (sin) n stage; platform; shelf, rack; altar

စင်္ကြံ (zin:-jan) n walk; path; corridor, hallway; (station) platform

စင်စစ် (sin-zi') adv actually

စင်တီဂရိတ် (sin-ti-gə-rei') n centigrade

စင်ရော် (zin-yɔ) n ⚐ seagull

စင်း (sin:) n classifier used in counting some large long,

narrow things

စင်းလျှော (zin:-shɔ:) *n* slope, incline

စောင် (saun) *n* blanket, rug, covers; classifier for documents, letters, etc

စောင်ရန်း (saun-yan:) *n* fence

စောင့် (saun̲) *v* wait for; keep guard

စောင့်ကြပ် (saun̲-ja') *v* guard; oversee

စောင့်စား (saun̲-za:) *v* look forward to

စောင့်ရှောက် (saun̲-shau') *v* look after, care for

စောင့်သုံး (saun̲-thon:) *v* observe

စောင်း₁ (saun:) *v* slant, slope; lean; tilt

စောင်း₂ (saun:) *n* slope; side; ♪ harp

စောင်းကောက် (saun:-gau') *n* ♪ Burmese harp

စောင်းခတ် (saun:-hka') *v* ♪ play the harp

စောင်းချိတ် (saun:-chei') *v* (in speech) insinuate, imply

စိုင် (sain) *n* lump, mass; ❧ wild ox, banteng

စိုင်း (sain:) *v* do as one likes

စစ်₁ (si') *v* strain; filter; be real; be pure; inspect, examine

စစ်₂ (si') *n* ⚔ war

စစ်ကား (si'-ka:) *n* war movie

စစ်ကြောင်း (si'-jaun:) *n* ⚔ column

စစ်ခုံရုံး (si'-hkon-yon:) *n* ⚔⚖ court martial, military tribunal

စစ်ချက် (si'-che') *n* ⚖ deposition; findings

စစ်စီ (si'-si) *v* be thrifty, be frugal, be economical; be stingy

စစ်ဆေး (si'-hsei:) *v* inspect, check, examine; interrogate

စစ်ဆေးရေးကိတ် (si'-hsei:-yei:-gei:) *n* checkpoint

စစ်ဆင်ရေး (si'-hsin-yei:) *n* ⚔ military operation

စစ်ဆိုင်းအလံ (si'-hsain:-ə-lan) *n* ⚔ flag of truce, white flag

စစ်တရားခံ (si'-tə-ya-hkan) *n* ⚔⚖ war criminal

စစ်တရားရုံး (si'-tə-ya:-yon:) *n* ⚔⚖ court martial, military tribunal

စစ်တလင်း (si'-tə-lin:) *n* ⚔

ကခဂဃငစဆဇဈညဋဌဍဎဏတထဒဓနပဖဗဘမယရလဝသဟဠအ

battlefield; ♪ parade ground

စစ်တုရင် (si'-tu̱-yin, si'-bə-yin) *n* Burmese chess

စစ်တိုက် (si'-tai') *v* ♪ wage war, fight

စစ်တမ်း (si'-tan:) *n* analysis

စစ်တမ်းကောက် (si'-dan:-kau') *v* collect data, (conduct) survey; analyse

စစ်ပြေငြိမ်း (si'-pyei-nyein:) *v* ♪ make peace

စစ်ပြေး (si'-pyei:) *v* ♪ desert

စစ်ပြင် (si'-pyin) *v* ♪ prepare for war

စစ်ပြန် (si'-pyan) *n* ♪ (war) veteran

စစ်ဗိုလ် (si'-bo) *n* ♪ officer

စစ်မျက်နှာ (si'-mye'-hna) *n* ♪ front

စစ်မြေပြင် (si'-myei-byin) *n* ♪ battlefield, battleground

စစ်မှုထမ်း (si'-hmu̱-dan:) *n* ♪ military personnel

စစ်မှုထမ်းဟောင်း (si'-hmu̱-dan:-haun:) *n* ♪ veteran, retired military

စစ်ရဲ (si'-ye:) *n* ♪ military police

စစ်လက်နက်ပစ္စည်း (si'-le'-ne'-

pyi'-si:) *n* ♪ ordnance

စစ်သား (si'-tha:) *n* ♪ ♂ soldier

စစ်သံမှူး (si'-than-hmu:) *n* 🌐 ♪ military attache

စစ်သည် (si'-thi) *n* soldier

စစ်သုံ့ပန်း (si'-thoṇ-ban:) *n* ⚒ ♪ prisoner of war

စစ်ဥပဒေ (si'-u̱-bə-dei) *n* ♪ ⚒ military law; martial law

စည် (sin) *v* line up, put in order; be flung out; be spilled

စည် (sin) *part* while

စည့် (sin) *n* glaze

စဉ်း₁ (sin:) *v* mince

စဉ်း₂ (sin:) *n* scales

စဉ်းစား (sin:-za:) *v* think, consider; figure

စဉ်းတီတုံး (sin:-hni-don:) *n* cutting board, chopping block

စဉ်းလဲ (sin:-le:) *v* be crooked, be unfair

စည်₁ (si) *v* be well-attended; (of a place, festival, party) be popular

စည်₂ (si) *n* ♫ big drum; barrel (of water), keg (of beer), drum (of oil)

စည်ပင် (si-bin) *v* prosper

စည်ပင်သာယာရေး (si-bin-tha-ya-yei:) *n* development committee (of towns and cities), municipal corporation

စည်း₁ (si:) *v* bundle, tie together

စည်း₂ (si:) *n* bundle, bunch; classifier for bundles; discipline; ethics; ♪ timing bells; beat; fence; line; sandbank

စည်းကမ်း (si:-kan:) *n* rules, regulations; discipline, (self)-control, restraint

စည်းကမ်းချက် (si:-kan:-je') *n* condition, term

စည်းကမ်းသတ်မှတ် (si:-kan:-tha'-hma') *v* set rules, establish discipline

စည်းကျော် (si:-jɔ) *v* cross the line, do sthg one shouldn't do; interfere

စည်းကြပ် (si:-ja') *v* supervise

စည်းချ (si:-cha̱) *v* cordon off an area

စည်းခြား (si:-cha:) *v* keep separate

စည်းစောင့် (si:-sauṇ) *v* follow rules

စည်းတား (si:-ta:) *v* draw a line;

draw a line, set a rule

စည်းစိမ် (si:-zein) *n* riches, wealth; luxury

စည်းမျဉ်း (si:-myin:) *n* rules, regulations

စည်းမျဉ်းသတ်မှတ် (si:-myin:-tha'-hma') *v* set rules, set limits, set regulations

စည်းရုံး (si:-yon:) *v* organise

စည်းလုံး (si:-lon:) *v* unite

စည်းလုံးညီညွတ်ရေး (si:-lon:-nyi-nyu'-yei:) *n* unity, harmony

စိတ်₁ (sei') *v* slice, cut into pieces

စိတ်₂ (sei') *n* mind, heart; will; slice, piece

စိတ်ကစား (sei'-gə-za:) *v* be unable to concentrate; (of head) spin; (of mind) wander

စိတ်ကူး₁ (sei'-ku:) *v* think; plan, intend

စိတ်ကူး₂ (sei'-ku:) *n* thought, idea

စိတ်ကူးစိတ်သန်း (sei'-ku:-sei'-than:) *n* thought, idea

စိတ်ကူးဉာဏ် (sei'-ku:-nyan) *n* idea, imagination

စိတ်ကူးယဉ် (sei'-ku:-yin) *v* daydream, fantasize

စိတ်ကောက် (sei'-kau') v sulk; be annoyed, be cross

စိတ်ကောင်း (sei'-kaun:) v be good-natured

စိတ်ကုန် (sei'-kon) v be fed up, be annoyed

စိတ်ကြီး (sei'-ji:) v be proud; be inflexible

စိတ်ကြီးဝင် (sei'-ji:-win) v be conceited

စိတ်ကြိုက် (sei'-jai') adv as one likes, as one wishes

စိတ်ကြွဆေး (sei'-jwa-zei:) n ☿ amphetamine

စိတ်ချ (sei'-cha) v have one's mind at ease; trust, believe

စိတ်ငယ် (sei'-nge) v be depressed, be dejected, be despondent

စိတ်စော (sei'-sɔ:) v be eager, be excited

စိတ်ဆိုး (sei'-hso:) v be angry

စိတ်ညစ် (sei'-nyi') v be depressed

စိတ္တဇ (sei'-da-za) n [in comb] abstract; mental

စိတ်တူ (sei'-tu) v have the same opinion; agree; approve

စိတ်တို (sei'-to) v be impatient, lose patience

စိတ်တင်း (sei'-tin:) v harden one's heart, steel oneself; keep one's spirit up

စိတ်တိုင်းကျ (sei'-tain:-ja) v be to one's liking

စိတ်ထ (sei'-hta) v be angry; arouse

စိတ်ထား (sei'-hta:) n attitude; temperment, mentality

စိတ်ထင့် (sei'-htin) v have misgivings

စိတ်ဓာတ် (sei'-da') n spirit(s), morale

စိတ်ဓါတ်ကျ (sei'-da'-ja) v be in low spirits

စိတ်နာ (sei'-na) v be offended, resent, have bitter feelings

စိတ်နု (sei'-nu) v be immature; be small-minded

စိတ်နိုင် (sei'-nain) n resist temptation

စိတ်နှလုံး (sei'-hna-lon:) n heart, mind

စိတ်ပညာ (sei'-pyin-nya) n psychology

စိတ်ပါ (sei'-pa) v be willing, be interested

စိတ်ပူ (sei'-pu) v be worried

–ာ ◌ ◌ ◌ိ ◌ို ေ– ◌ဲ ေ–ာ ေ–ာ် ◌ို

စိတ်ပျက် (sei'-pye') v disappointed, disheartened

စိတ်ဖိစီး (sei'-hpi-zi:) v be under pressure, be stressed

စိတ်မကောင်း (sei'-mə-kaun:) v be sad; be insane

စိတ်များ (sei'-mya:) v be full of worries

စိတ်မြန် (sei'-myan) v be impulsive

စိတ်မှတ်ကြီး (sei'-hma'-ji:) v have a grievance

စိတ်ရောဂါ (sei'-yɔ:-ga) n ⚕ mental illness

စိတ်ရောက် (sei'-yau') v (of mind) be on

စိတ်ရှိ (sei'-shi) v have mind to (do sthg)

စိတ်ရှည် (sei'-shei) v be patient

စိတ်လျှော့ (sei'-shɔ) v give up

စိတ်ဝင်စား (sei'-win-za:) v be interested in

စိတ်အေး (sei'-ei:) v feel calm

စုတ်₁ (so') v tear, rip; be torn, be ripped; chant

စုတ်₂ (so') n paintbrush; ⌗ time associated with good signs; marriage

စန္ဒကူး (san-də-gu:) n ⚘ sandalwood

စန္ဒရား (san:-də-ya:) n ♪ piano

စန္ဒာ (san-da) n moon

စန့် (saṇ) v stretch out

စန်း (san:) n good luck; popularity; ⌗ moon

စန်းကျ (san:-ja) v fall out of favour, lose popularity

စန်းတင် (zan:-tin) v praise

စန်းထ (san:-hta) v be on a roll; become popular

စန်းပွင့် (san:-pwiṇ) v be popular; be well-known

စိန် (sein) n diamond; ❋ arsenic; ✝ Saint

စိန်ခေါ် (sein-hkɔ) v challenge

စိန်ပြေးတမ်း (sein-pyei:-dan:) n tag

စိန်ပြို(ဟော့) (sein-pi-(heị)) exp (in children's games) Ready? Go!; Tag, you're it!

စုန် (son) v go downstream

စုန်း (son:) n witch

စပ် (sa') v (sauce, spice, food) be hot; (eyes, skin, wound) smart, sting; adjoin; join; blend; ✍ compose poetry; be related to

စပ်စု (sa'-su̱) v be curious

စပ်ဆိုင် (sa'-hsain̠) v be connected with

စပ်တူလုပ် (sa'-tu-lo') v work in partnership

စပ်လျဉ်း၍ (sa'-hlyin:-ywei̠) adv in connection with, in regard to

စိပ် (sei') v be close; be frequent; chant; tell (beads)

စုပ် (so') v suck; absorb

စံ (san) n standard; model

စံကား (zə-ga:) n ✻ champac, tree with sweet-smelling flowers

စံချိန် (san-jein) n record

စံညွှန်း (san-hnyun:) n specification

စံနှုန်း (san-hnon:) n standard, norm

စံပယ် (zə-be) n ✻ jasmine

စံပြ (san-bya) n model

စမ်း₁ (san:) v feel, grope (for); try (out), test

စမ်း₂ (san:) n spring

စမ်းကြည့် (san:-ji̠) v try (out)

စမ်းသပ် (san:-tha') v feel, grope; try, test, experiment, check

စိမ် (sein) v soak

စိမ့် (sein̠) v seep, ooze; feel a chill; (taste) rich

စိမ်း (sein:) v be green (in colour); (of fruit, vegetables) be green, be unripe; be raw, be uncooked; not be friendly, be estranged

စိမ်းစားဥ (sein:-za:-u̱) n ✻ jicama, yam bean

စိမ်းပြာရေညှိ (sein:-bya-yei-hnyi̠) n spirulina

စိမ်းလန်း (sein:-lan:) v be green and lush

စုံ₁ (son) v be complete; be even (number)

စုံ₂ (son) n couple, pair; set

စုံစမ်း (son-zan:) v investigate, enquire

စုံညီ (son-nyi) v meet

စုံတွဲ (son-dwe:) n (romantic) couple; ♪ duet

စုံထောက် (son-dau') n detective

စွာ₁ (swa) v be impudent; be aggressive

စွာ₂ (swa) part ▧ suffix to verb, to form an adverb

စွဲ (swe:) v attach firmly; carry (in the hand); be

constantly on one's mind; be addicted to; &accuse, take to court.

စွဲချက် (swe:-je') n & charge

စွဲဆို (swe:-hso) v & prosecute

စွဲလမ်း (swe:-lan:) v be obsessed by

စွက် (swe') v add (more); meddle

စွင့် (swiṇ) v be lofty; listen carefully

စွတ် (su') v soak; be wet; drag; drag

စွတ် (su') adv thoughtlessly

စွန်₁ (sun) v be more than; ♥ have a sty in one's eye

စွန်₂ (sun) n ☙ kite; kite (fly a ~)

စွန်တာနီ (sun-tan-ni) n ✾ red bean

စွန်တာပြာ (sun-tan-bya) n ✾ blue bean

စွန်ပလွံ (sun-bə-lun) n ✾ date

စွန့် (suṇ) v throw away; give up, relinquish, let go of, abandon, renounce; disown; dare

စွန့်စား (suṇ-za:) v take risks

စွန့်လွှတ် (suṇ-hlu') v give up, relinquish; disown

စွန်း (sun:) v be stained; be contaminated; be in excess

စွပ် (su') v slip on (~ socks, gloves, hood)

စွပ်ပြုတ် (su'-pyo') n soup

စွံ (sun) v be a success; be hot, be lucky in love

စွမ်း (swan:, sun:) v be able, have the capability

စွမ်းဆောင်ရည် (sun:-hsaun-yi) n efficiency

စွမ်းရည် (swan:-yi) n ability, skill; quality; talent

စွယ် (swe) n fang; tusk

စွယ်စုံ (swe-zon) n versatile talent

စွယ်စုံကျမ်း (swe-zon-jan:) n encyclopaedia, encyclopedia

စွယ်တော် (swe-dɔ) n ⊞ eye-tooth of the Buddha

စွယ်သွား (swe-dhwa:) n eye-tooth, canine tooth

ဆ ဆလိမ် hsạ-lein

ဆ (hsạ) n the seventh letter in the Myanmar script; number of times; touch, dexterity

ဆတော် (zə-dɔ) n 🏠 head monk at a Buddhist monastery; senior monk

ဆနွင်း (hsə-nwin:) n 🌿 turmeric

ဆနွင်းမကင်း (hsə-nwin:-mə-kin:) n sweet made with wheat flour, and cut into diamond shapes

ဆရာ (hsə-ya) n ♂ teacher; sb from whom one learns; mentor; ♂ expert in an art or trade, master; employer

ဆရာကြီး (hsə-ya-ji:) n ♂ head-master, principal; term of respect for a person of skill, integrity, age, etc; 🏠 ♀ term of address for the head or senior nuns of a Buddhist nunnery

ဆရာတော် (hsə-ya-dɔ, za-dɔ) n 🏠 head monk at a Buddhist monastery; senior monk

ဆရာမ (hsə-ya-mạ) n ♀ teacher; sb from whom one learns; mentor; expert in an art or trade; employer

ဆရာမကြီး (hsə-ya-mạ-ji:) n headmistress, principal; 🌸 ♀ expert in a particular field

ဆရာမွေး (hsə-ya-mwei:) v seek or receive patronage, get support through the prestige of one's teacher

ဆရာလုပ် (hsə-ya-lei:) n 🏠 term of address for a Buddhist nun

ဆရာလုပ် (hsə-ya-lo') v order people around

ဆရာဝန် (hsə-ya-wun, hsə-ya-win) n ⚕ physician, medical doctor

ဆလံ (hsə-lan) n salaam

ဆလိုက် (hsə-lai') n search-light, spotlight, floodlight; slide

ဆလတ် (hsə-la') n 🌿 lettuce

ဆလိမ် (hsạ-lein) n name of the letter ဆ

ဆလွန်းကား (hsə-lun:-ka:) n saloon car, (small, enclosed) sedan

ဆာ₁ (hsa) v be hungry, be thirsty; (of limbs) be limp and weak

ဆာ₂ (hsa) n ♂ Sir (title of knighthood, or address to higher rank, esp in military)

ဆာလောင် (hsa-laun) v be

−ၥ ၜ ၜ ႇ ႋ ၔ− ႂ ၔ−ၥ ၔ−ၟ ၞ

hungry, be starving, be famished

ဆား (hsa:) *n* salt

ဆားခါး (hsa-hka:) *n* magnesium sulphate, used as a laxative

ဆားငန်သီး (hsa:-ngan-dhi:) *n* fruit preserved by soaking in salt water and drying

ဆီ₁ (hsi) *n* (edible) oil or fat; petroleum; [inf] (body) fat

ဆီ₂ (hsi) *part* to, from, particle indicating movement toward or away from a person

ဆီချက် (hsi-je') *n* oil with crispy garlic or onion; cooked oil; rice noodles served with cooked oil

ဆီစက် (hsi-ze') *n* oil mill

ဆီဆေး (hsi-zei:) *n* oil paint, oils

ဆီထမင်း (hsi-htə-min:) *n* sticky rice cooked with oil and turmeric

ဆီထွက်သီးနှံ (hsi-dwe'-thi:-hnan) *n* oil-producing nuts and seeds

ဆီပြန် (hsi-byan) *n* meat or fish and spices cooked in oil and water until water boils off,

leaving oil pooled on top

ဆီဘူး (hsi-bu:) *n* base of the tail of cooked poultry

ဆီမီးခွက် (hsi-mi:-gwe') *n* oil lamp

ဆီမန်း (hsi-man:) *n* oil over which mantras have been recited

ဆီလျော် (hsi-yɔ, hsi-lyɔ, hsi-lə-yɔ) *v* be suitable, be appropriate

ဆီသတ် (hsi-tha') *v* add onions, garlic, or other seasoning to hot oil

ဆီအုန်း (hsi-on:) *n* ⚘ oil palm

ဆီအုန်းဆီ (hsi-on:-zi) *n* palm oil

ဆီး₁ (hsi:) *v* bar, obstruct, block; wear

ဆီး₂ (hsi:) *n* urine; (zi:) ⚘ plum

ဆီး₃ (hsi:) *adv* immediately on meeting

ဆီးကျိတ် (hsi:-jei') *n* ⚕ prostate

ဆီးကြို (hsi:-jo) *v* welcome sb

ဆီးချူ (hsi:-chu) *v* ⚕ draw off urine with a catheter

ဆီးချို (hsi:-jo) *n* ⚕ diabetes

ဆီးချုပ် (hsi:-cho') *v* ⚕ retain urine

ဆီးစစ် (hsi:-si') v ⚕ test urine

ဆီးနိတ် (hsi:-nei') n 🌐 senate, legislative body

ဆီးပူဈောင်းကျ (hsi:-bu-nyaun:-ja) n ⚕ gonorrhoea

ဆီးပေါက် (hsi:-pau') v urinate, pee (inf)

ဆီးသွား (hsi:-thwa:) v urinate, pee (inf)

ဆု (hsụ) n prize, award; reward; wish; prayer

ဆုတောင်း (hsụ-taun:) v wish; pray

ဆုတောင်းပြည့် (hsụ-taun:-pyei) v have one's wish come true; have one's prayer answered

ဆုတံဆိပ် (hsụ-də-zei') n medal

ဆုတံပေး (hsụ-pei:) v reward; award

ဆူ₁ (hsu) v boil, bubble; be noisy; scold; be plump

ဆူ₂ (hsu) part classifier for sacred things

ဆူညံ (hsu-nyan) v be noisy, be loud

ဆူဆေးပြား (hsu-zei:-bya:) n ⚕ effervescent tablet

ဆူး (hsu:) n thorn 🌿; spike

ဆူးကြိုး (hsu:-jo:) n barbed wire

ဆူးတောင် (hsu:-daun) n 🐟 fin

ဆူးပန်း (hsu:-ban:) n 🌿 safflower

ဆူးပုပ် (hsu:-bo') n 🌿 thorny bush with edible leaves

ဆေး₁ (hsei:) v wash, rinse; clean

ဆေး₂ (hsei:) n ⚕ medicine, drug; tobacco; also first element in some artificial substances

ဆေးကု (hsei:-kụ) v treat

ဆေးကြော (hsei:-jo:) v wash; inspect; interrogate

ဆေးကြမ်း (hsei:-jan:) n ⚕ drug with harsh side effects

ဆေးခတ် (hsei:-hka') v add poison or potion; disinfect

ဆေးခန်း (hsei:-gan:) n ⚕ clinic, ⚕ dispensary

ဆေးခြောက် (hsei:-jau') n 🌿 marijuana

ဆေးခွင့် (hsei:-hkwiṇ) n medical leave

ဆေးစာ (hsei:-za) n ⚕ prescription

ဆေးစစ် (hsei:-si') v ⚕ have a (medical) checkup

ဆေးစွဲ (hsei:-swe:) v be addicted to drugs

－ၥ   ˙   ˚   ―ိ   ―ူ   ၜ―   ˋ   ၜ―ၥ   ၜ―ၥ်   ˚ိ

ဆေးဆရာ (hsei:-hsə-ya) n ⚕ indigenous health practitioner

ဆေးဆိုး (hsei:-hso:) v dye

ဆေးဆိုင် (hsei:-zain) n ⚕ pharmacy, chemist's

ဆေးညွှန်း (hsei:-hnyun:) n ⚕ directions for use of medicine

ဆေးတိုက် (hsei:-tai') v ⚕ give medicine, medicate

ဆေးတောင့် (hsei:-dauṇ) n ⚕ capsule

ဆေးတပ် (hsei:-da') n ⚕ ⚕ medical corps

ဆေးတံ (hsei:-dan) n pipe

ဆေးထိုး (hsei:-hto:) v tattoo; ⚕ inject (medicine or drugs)

ဆေးထိုးပြွတ်, ဆေးထိုးပြွန် (hsei:-hto:-byu', hsei:-hto:-byun) n ⚕ syringe

ဆေးထိုးအပ် (hsei:-hto:-a') n ⚕ (hypodermic) needle

ဆေးပေါ့လိပ် (hsei:-bɔ-lei') n cheroot

ဆေးမတိုး (hsei:-mə-to:) v ⚕ develop resistance

ဆေးမင်ကြောင် (hsei:-hmin-jaun) n tattoo

ဆေးယဉ်ပါးမှု (hsei:-yin-ba:-hmụ) n ⚕ drug resistance

ဆေးရုံ (hsei:-yon) n ⚕ hospital

ဆေးလက်မှတ် (hsei:-le'-hma') n ⚕ medical certificate

ဆေးလိပ် (hsei:-lei') n cigarette, cheroot, cigar

ဆေးဝါး (hsei:-wa:) n ⚕ medicine; drug; charm

ဆေးသကြား (hsei:-dhə-ja:) n 🌿 stevia; artificial sweetener

ဆဲ₁ (hse:) v swear at, curse

ဆဲ₂ (hse:) part while, still

ဆဲဆဲ (hse:-hse:) v going to

ဆောလျင်စွာ (hsɔ:-lin-zwa) adv immediately, at once

ဆော့ (hsɔ) v play

ဆော် (hsɔ) v beat sthg, strike sthg

ဆော်ဒါ (hsɔ-da) n soda water

ဆို (hso) v say, tell

ဆိုထုံး (hso-hton:) n saying, proverb

ဆိုပါစို့ (hso-ba-zọ) exp let's say, supposing

ဆိုရိုးစကား (hso-yo:-zə-ga:) n saying, proverb

ဆိုရင် (hso-yin) part if

ဆိုလို (hso-lo) v mean

ဆိုလိုရင်း (hso-lo-yin:) n main

message, essence, gist

ဆိုလျှင် (hso-yin, hso-hlyin) *part* if, in case

ဆိုဖာ (hso-hpa) *n* sofa

ဆိုရှယ်လစ် (hso-she-li') *adj* 🌐 *socialist*

ဆို့ (hsọ) *v* block, obstruct, choke

ဆိုး (hso:) *v* be bad; dye

ဆိုးဆေး (hso:-zei:) *n* dye; stain

ဆိုးရွား၊ ဆိုးဝါး (hso:-ywa:, hso:-wa:) *v* be very bad; be wicked

ဆက်₁ (hse') *v* join; make a telephone call

ဆက်₂ (hse') *adv* go on, carry on, keep on; continuously

ဆက်ကြေး (hse'-jei:) *n* 🛕 🌐 tribute; protection money; money demanded

ဆက်စပ် (hse'-sa') *v* be connected to

ဆက်ဆက် (hse'-hse') *adv* without fail

ဆက်ဆံ (hse'-hsan) *v* have relationship with

ဆက်တိုက် (ze'-tai') *adv* continuously

ဆက်လက် (hse'-le') *adv* continue to, keep on

ဆက်သွယ် (hse'-thwe) *v* communicate

ဆက်သွယ်မှုနည်းပညာ (hse'-thwe-hmụ-ni:-pyin-nya) *n* information technology

ဆောက်₁ (hsau') *v* build

ဆောက်₂ (hsau') *n* chisel

ဆောက်လုပ် (hsau'-lo') *v* construct

ဆောက်လုပ်ရေး (hsau'-lo'-yei:) *n* construction

ဆိုက်₁ (hsai') *v* meet, come together; coincide; arrive, visit; come in

ဆိုက်₂ (hsai') *n* size

ဆိုက်ကား (hsai'-ka:) *n* sidecar, cycle rickshaw

ဆင်₁ (hsin) *v* decorate; assemble; resemble

ဆင်₂ (hsin) *n* 🐘 elephant

ဆင်ခြေထောက်ရောဂါ (hsin-chi-dau'-yɔ:-ga) *n* ⚕ elephantiasis

ဆင်ခြေဖုံး (hsin-jei-bon:) *n* suburb

ဆင်ခြင် (hsin-jin) *v* consider; restrain

ဆင်ဆာ (hsin-hsa) *n* censor

ဆင်တူ (hsin-tu) *v* be similar;

−� ⚬ ⚬ ︱ ︳ ၄− ⸱ ၄−ၢ ၄−ၣ ⚬ ︱

be identical

ဆင်ထူး (hsin-du:) *n* elephant fetter

ဆင်လုံး (hsin-lon:) *n* lie

ဆင်ဦးစီး (hsin-u:-zi:) *n* mahout

ဆင့်₁ (hsin) *v* stack

ဆင့်₂ (hsin) *n* status; grade, standard, level; phase, stage; tier

ဆင့်₃ (hsin) *adv* in a row, straight, one after another

ဆင့်ကဲဆင့်ကဲ (hsin-ge:-hsin-ge:) *adv* one after another; gradually

ဆင့်ကဲဖြစ်စဉ် (hsin-ge:-hpyi'-sin) *n* evolution

ဆင့်ပွား (hsin-pwa:) *v* reproduce, replicate

ဆင့်ပွားအနက် (hsin-bwa:-ə-ne') *n* connotation

ဆင်း₁ (hsin:) *v* descend; come down; fall, decline; flow; leave (work, school)

ဆင်း₂ (hsin:) *n* appearance; form

ဆင်းရဲ (hsin:-ye:) *v* be poor

ဆောင်₁ (hsaun) *v* carry

ဆောင်₂ (hsaun) *n* room; ♥ ward; chamber, hall; hostel

ဆောင်ပုဒ် (hsaun-bo') *n* motto; slogan

ဆောင်ရွက် (hsaun-ywe') *v* carry out

ဆောင့် (hsaun) *v* collide, bang (into); jolt; stamp (foot)

ဆောင်း₁ (hsaun:) *v* cover one's head; wear (hat, etc)

ဆောင်း₂ (hsaun:) *n* cool season; winter

ဆောင်းပါး (hsaun:-ba:) *n* article, story (in newspaper, magazine, etc)

ဆိုင်₁ (hsain) *v* concern; be relevant, have to do with

ဆိုင်₂ (hsain) *n* shop, store, stall

ဆိုင်ရာ (hsain-ya) *v* sb concerned, sthg concerned

ဆိုင်း₁ (hsain:) *v* hang, suspend (by rope, string, etc); wait; delay

ဆိုင်း₂ (hsain:) *n* ♪ traditional orchestra; signature

ဆိုင်းထိုး (hsain:-hto:) *v* sign

ဆိုင်းဘုတ် (hsain:-bo') *n* sign

ဆစ် (hsi') *n* joint, node

ဆစ်ဖလစ် (hsi'-hpə-li') *n* ♥ *syphilis*

ဆည် (hse, hsi) v dam (stream, river, etc); hold back (tears)

ဆည်တမံ (hse-tə-man) n dam

ဆည်မြောင်း (hse-myaun:) n irrigation canal

ဆဋ္ဌ (hsa'-hta) adj [in comb] sixth, hex(a)

ဆဋ္ဌမ (hsa'-htə-mạ) n sixth

ဆတ်₁ (hsa') v be brittle, be easy to break; be quick- or short-tempered; smack, slap

ဆတ်₂ (hsa') n ✿ sambur, a kind of deer

ဆတ်ဆော့ (hsa'-hsɔ) v slip, say the wrong thing

ဆတ်တင့်င့် (hsa'-tə-ngaṇ-ngaṇ) adv in suspense

ဆိတ်₁ (hsei') v be quiet; pinch

ဆိတ်₂ (hsei') n ✿ goat

ဆိတ်₃ (hsei') part particle suffixed to verb to indicate dare

ဆုတ် (hso') v back up, move backward, reverse; wane (moon); tear, rip

ဆန်₁ (hsan) v go upstream; be similar to

ဆန်₂ (hsan) n uncooked rice

ဆန်ကော (zə-gɔ:) n round

bamboo tray

ဆန်ခါ (zə-ga) n sieve; filter

ဆန်ခတ် (hsan-hka') n [orth] mark made inside the ◌ to form the ◌

ဆန္ဒ (hsan-dạ) n desire, wish; opinion, view

ဆန္ဒခံယူပွဲ (hsan-dạ-hkan-yu-bwe:) n 🌐 referendum; poll

ဆန္ဒစော (hsan-dạ-sɔ:) v be overeager, be impatient

ဆန္ဒပြ (hsan-dạ-pya) v 🌐 demonstrate

ဆန္ဒမဲ (hsan-dạ-me:) n 🌐 vote; ballot

ဆန္ဒမဲပေး (hsan-dạ-me:-pei:) v 🌐 vote

ဆန်မှုန့် (hsan-hmoṇ) n rice flour

ဆန်လုံးညို (hsan-lon:-nyo) n brown rice, unpolished rice, wholegrain rice

ဆန်လုံးတီး (hsan-lon:-di:) n brown rice, unpolished rice, wholegrain rice

ဆန့် (hsaṇ) v stretch out, extend

ဆန့်ကျင် (hsaṇ-jin) v oppose; contradict

ဆန့်ကျင်ဘက် (hsaṇ-jin-be') n

−၁ ◌ ◌ ိ ီ ေ− ဲ ေ−ာ ေ−� ု

opponent; opposition 🌐 ;
contradiction

ဆန်း (hsan:) v be new; be
unusual; be strange; be
extraordinary; wax (moon)

ဆန်းစစ် (hsan:-si') v analyse,
examine

ဆန်းပြား (hsan:-pya:) v be
different; be devious

ဆန်းသစ် (hsan:-thi') v be new,
be fresh

ဆပ်₁ (hsa') v repay, pay (a
debt)

ဆပ်₂ (hsa') n ✽ Italian millet

ဆပ်ကပ် (hsa'-ka') n circus

ဆပ်ပြာ (hsa'-pya) n soap

ဆပ်ပြာမြှုပ် (hsa'-pya-hmyo') n
suds, lather

ဆပ်ပြာမွှေး (hsa'-pya-hmwei:) n
bath soap, scented soap

ဆိပ် (hsei') n ⚓ port; ☠ poison

ဆိပ်ကမ်း (hsei'-kan:) n ⚓ port,
harbour; wharf, jetty

ဆုပ်₁ (hso') v grip, grasp, hold;
clench

ဆုပ်₂ (hso') n handful

ဆံ (hsan) n hair

ဆံထုံး (zə-don:) n bun

ဆံပင် (zə-bin) n hair

ဆံပွင့် (hsan-pwiṇ) v have a few
white hairs

ဆံသ (hsan-tha) v cut hair

ဆံ့ (hsaṇ) v hold, have room
for, fit

ဆမ်း (hsan:) v drizzle, sprinkle

ဆိမ့် (hseiṇ) v (of food, taste)
be rich, be creamy

ဆုံ₁ (hson) v meet

ဆုံ₂ (hson) n crossing, inter-
section; mortar and pestle

ဆုံကျည် (hson-ji) n mortar

ဆုံချက် (hson-je') n focal point

ဆုံဆို့နာ (hson-zọ-na) n ⚕
diptheria

ဆုံး (hson:) v come to an end

ဆုံးဖြတ် (hson:-hpya') v decide

ဆုံးမ (hson:-ma) v tell (a child)
what to do or not to do,
instruct; give guidance

ဆယ်₁ (hse) v save, rescue; fish
out, take out of water

ဆယ်₂ (hse) n ten

ဆယ်ကျော်သက် (hse-jɔ-the') n
the teens, teenage years

ဆယ့်နှစ်ရာသီ (hsẹ-hnə-ya-dhi)
n lunar months

ဆယ့်နှစ်ရာသီ (hsẹ-hnə-ya-dhi)
adv all year round

ဆွ (hswạ) v loosen, turn up; incite, agitate

ဆွေ (hswei) n friend; relative

ဆွေမျိုး (hswei-myo:) n relatives

ဆွေမျိုးစပ် (hswei-myo:-sa') v be related to

ဆွေမျိုးတော် (hswei-myo:-tɔ) v be related to

ဆွေး (hswei:) v decay, rot; grieve

ဆွေးနွေး (hswei:-nwei:) v discuss

ဆွဲ (hswe:) v drag, pull; drive

ဆွဲချိုင့် (hswe:-jaiṇ) n food carrier, tiffin box

ဆွဲခြင်း (hswe:-jin:) n shopping basket

ဆွဲဆောင် (hswe:-hsaun) v attract; entice; persuade

ဆွံ့ (hsuṇ) v be crippled; stutter

ဆွတ် (hsu') v pick, pluck; wet

ဆွမ်း (hsun:, hswan:) n 🕮 food offered to monks or the Buddha

ဆွမ်းကပ် (hsun:-ka', hswan:-ka') v 🕮 offer food at an altar or to monks

ဆွမ်းစဉ် (hsun:-zin, hswan:-zin) n

🕮 offer food to monks for seven days from the death of a person

ဆွမ်းပင့် (hsun:-piṇ, hswan:-piṇ) v 🕮 invite monks to a meal

ဆွမ်းအုပ် (hsun:-o', hswan:-o') n 🕮 large bowl for offering food to monks

ဆွယ် (hswe) v append

ဆွယ်တာ (hswe-ta) n *sweater*, jumper

ဇ ဇကွဲ zạ-gwe:

ဇ (zạ) n the eighth letter in the Myanmar script; trait

ဇကွဲ (zạ-gwe:) n name of the letter ဇ

ဇနီး (zə-ni:) n wife

ဇယား (zə-ya:) n table, schedule

ဇယားချ (zə-ya:-chạ) v enter (data in a form)

ဇယော်ဇယာ (zə-yɔ-zə-ya) adv any old way, however

ဇရာ (zə-ya) n old age

ဇရပ် (zə-ya') n wayside rest-house

ဇလား (zə-la:) n open wooden

ー၁　ံ　ဲ　ိ　ု　ေ　ဲ　ော　ေ ်　ိ

box

ဇလုံ (zə-lon) *n* basin

ဇဝေဇဝါ (zə-wei-zə-wa) *adv* uneasily, doubtfully; vaguely

ဇာ (za) *n* lace; netting

ဇာထိုး (za-hto:) *v* crochet (lace), tat

ဇာဂနာ (za-gə-na) *n* tweezers, pincers

ဇာတာ (za-ta) *n* ✳ horoscope

ဇာတိ (za-tị) *n* hometown; birthplace

ဇာတိဖွါလ် (za-dei'-hpo) *n* ❀ nutmeg

ဇိ (zị) *n* Adam's apple

ဇိဝ (zi-wạ) *n* life; soul

ဇီးကွက် (zi:-gwe') *n* ☙ spotted owl

ဇူလိုင် (zu-lain) *n* July

ဇေယျ (zei-yạ) *n* success; victory

ဇော (zɔ:) *n* eagerness; fervour, fervor

ဇော် (zɔ) *n* alchemist; wizard; expert

ဇော်ဂျီ (zɔ-ji) *n* alchemist who possesses supernatural powers

ဇက် (ze') *n* nape (back of

neck); ⚓ ferry

ဇက်ကြိုး (ze'-jo:) *n* reins

ဇောက် (zau') *n* depth

ဇောက်ထိုး (zau'-hto:) *adv* head first; upside down

ဇင် (zin) *n* 📺 Zen; jeans

ဇစ် (zi') *n* zip

ဇာတ် (za') *n* 📺 *jataka* stories; drama (based on jataka stories); existence; caste

ဇာတ်ညွှန်း (za'-hnyun:) *n* script; scenario

ဇာတ်တိုက် (za'-tai') *v* rehearse; prearrange

ဇာတ်ပျက် (za'-pye') *n* one who has lost caste; black sheep

ဇာတ်ပွဲ (za'-pwe:) *n* zat drama, play

ဇာတ်လမ်း (za'-lan:) *n* plot, story

ဇာတ်သွင်း (za'-thwin:) *v* initiate sb into a religion, etc

ဇန်နဝါရီ (zan-nə-wa-ri) *n* January

ဇုန် (zon) *n* zone

ဇိမ် (zein) *n* luxury

ဇိမ်ကျ (zein-jạ) *v* enjoy sthg

ဇိမ်ခံ (zein-hkan) *v* live a life of luxury; enjoy

ဇယ် (ze) *n* counter, man, gamepiece

ဇွဲ (zwe:) *n* persistance, perseverance, determination

ဇွဲသန် (zwe:-than) *v* be persistant, persevere, be determined

ဇွဲနပဲ (zwe:-nə-be:) *n* persistance, perseverance, determination

ဇွတ် (zu') *adv* forcibly, by force

ဇွန် (zun) *n* June

ဇွန်း (zun:) *n* spoon

ဈ ဈမျဉ်းဆွဲ zą-myin:-zwe:

ဈ (zą) *n* the ninth letter in the Myanmar script

ဈာပန (za-pə-ną) *n* cremation; funeral

ဈမျဉ်းဆွဲ (zą-myin:-zwe:) *n* name of the letter ဈ

ဈေး (zei:) *n* market; price

ဈေးကြီး (zei:-ji:) *v* be expensive

ဈေးကြို (zei:-jo) *n* wholesale market

ဈေးကွက်စီးပွားရေး (zei:-gwe'-si:-bwa:-yei:) *n* 🔰 market economy

ဈေးချို (zei:-cho) *v* (of goods) be inexpensive

ဈေးချုပ် (zei:-chyo') *v* (of price) set, agree on

ဈေးစကား (zei:-zə-ga:) *n* bargaining, haggling; gossip

ဈေးဆိုင်₁ (zei:-hsain) *v* deal, bargain

ဈေးဆိုင်₂ (zei:-zain) *n* shop or stall in a market

ဈေးဆစ် (zei:-hsi') *v* haggle, bargain

ဈေးတင် (zei:-tin) *v* raise prices; overcharge

ဈေးတန်း (zei:-dan:) *n* row of shops at market, fair, etc

ဈေးနှုန်း (zei:-hnon:) *n* price in terms of weight or number

ဈေးပေါ (zei:-po:) *v* (of goods) be cheap, be a good value

ဈေးဖိုး (zei:-bo:) *n* shopping money

ဈေးမှန် (zei:-hman) *n* fair price

ဈေးရောင်း (zei:-yaun:) *v* sell (goods at retail level)

ဈေးလျှော့ (zei:-shɔ) *v* discount, give sb a discount, reduce the price

ဈေးဝယ် (zei:-we) *v* shop, go

shopping

ဈေးသက်သာ (zei:-the'-tha) v
be at a good price

ဈေးသည် (zei:-dhe) v shop-
keeper; vendor in market

ဈေးဦးပေါက် (zei:-u:-pau') v
make the first sale of the day

ဈာန် (zan) n *jhana*

ဉ ဉကလေး nyạ-gə-lei:
ဉငယ် nyạ-nge

ဉ၊ ဉ (nyạ) n tenth letter of Pali

ဉကလေး (nyạ-gə-lei:) n name
of the letter ဉ

ဉငယ် (nyạ-nge) n name of the
letter ဉ

ဉာဏ (nya-nạ) n intellect,
wisdom

ဉာဏ် (nyan) n mind; intellect

ဉာဏ်ကြီးရှင် (nyan-ji:-shin) n
great mind, wise man

ဉာဏ်စမ်း (nyan-san:) v test
(sb's) wisdom or knowledge

ဉာဏ်တုံး (nyan-ton:) v be slow,
be dumb

ဉာဏ်ပွင့် (nyan-pwiṇ) v (of
mind) expand

ဉာဏ်မိ (nyan-hmi) v

comprehend, grasp

ဉာဏ်သမား (nyan-dhə-ma:) n
confidence man; one who
relies on own reasoning

ည္ (nya') n ▭ announcement
made at the opening of a
Buddhist ritual

ည ညကြီး nyạ-ji:

ည (nyạ) n tenth letter in the
Myanmar script; evening,
night

ညကြီး (nyạ-ji:) n name of the
letter ည

ညစာ (nyạ-za) n dinner

ညနေ (nyạ-nei) n afternoon

ညလုံးပေါက် (nyạ-lon:-bau') n
the whole night

ည $_1$ (nya) v lie

ည $_2$ (nya) n right

ညား (nya:) v meet with; marry

ညိ (nyị) v catch (fire)

ညီ $_1$ (nyi) v be level; be tidy; be
united

ညီ $_2$ (nyi) n younger brother or
male cousin

ညီညွတ်ရေး (nyi-nyu'-yei:) n
unity (of purpose)

ကခဂဃငစဆဇဈညဋဌဍဎဏတထဒဓနပဖဗဘမယရလဝသဟဠအ

ညီနောင် (nyi-naun) *n* brothers; male cousins

ညီပုလေး (nyi-pṵ-lei:) *n* little finger, pinkie

ညီမ (nyi-ma̰, nyə-ma̰) *n* younger sister or ♀ cousin

ညီမျှ (nyi-hmya̰) *v* be equal (to)

ညီမျှခြင်း (nyi-hmya̰-jin:) *n* equality; equal sign, equals sign, '='

ညီလာခံ (nyi-la-gan) *n* conference

ညီအစ်ကို (nyi-ə-ko) *n* brothers; male cousins

ညို (nyo) *v* be brown; be grey

ညို့သက္ကျည်း (nyo̰-dhə-ji:) *n* shin

ညက် (nye') *v* grind, etc to a powder or paste; (of skin) be smooth; (of style, etc) suave, smooth

ညင်သာ (nyin-tha) *v* be smooth; be polite

ညင်း (nyin:) *v* be soft, be gentle

ညောင် (nyaun) *n* ✲ banyan

ညောင်း (nyaun:) *v* (of body, limbs, muscles) be stiff, ache

ညောင်းကျရောဂါ (nyaun:-ja̰-yɔ:-ga) *n* ⚕ gonorrhoea

ညစ် (nyi') *v* be dirty

ညစ်ညမ်း (nyi'-nyan:) *v* be dirty; pollute

ညဉ့် (nyḭ, nyin̰) *n* night

ညည်း (nyi:) *v* complain, grumble

ညည်း (nyi:) *pron* you

ညိတ် (nyei') *v* nod

ညပ် (nya') *v* be wedged in

ညံ (nyan) *v* be noisy

ညံကျက် (nyan-jwe') *v* be very noisy

ည့ံ (nya̰n) *v* be inferior, be bad

ည့ံသက် (nya̰n-the') *v* be soft and delicate

ညွတ် (nyu') *v* droop, hang down; fall for

ညွတ်တွား (nyu'-twa:) *v* stoop with respect

ညွန် (nyun) *n* marsh, swamp

ညွန့် (nyun̰) *v* taper upward; be the best

ညွန့် (nyun̰) shoot; tendril; apex, peak

ညွန့်ပေါင်း (nyun̰-baun:) *n* 🌐 coalition; anthology

ညှာ₁ (hnya) *v* be considerate; be lenient

ညှာ₂ (hnya) ✲ base of stalk

–၁   ႋ   ႋ   ိ   ို   ေ–   ဲ   ေ–၁   ေ–ာ်   ့

ညှာတာ (hnya-ta) *v* be considerate; favour; be lenient, be tolerant

ညှိ (hnyi̱) *v* make even, level; compare; co-ordinate; light (a fire, a lamp); catch fire

ညှိနှိုင်း (hnyi̱-hnain:) *v* confer, consult; co-ordinate

ညှီ (hnyi) *v* stink

ညှီစို့စို့ (hnyi-so̱-so̱) *v* (of smell) be nauseating

ညှော် (hnyɔ) *v* smell acrid or pungent

ထွာ (hnyo) *n* measure of distance from extended thumb and forefinger

ညှို့ (hnyo̱) *v* hypnotise; charm, attract; seduce

ညှို့ (hnyo̱) *n* ♪ harpstring(s); bow string

ညှိုး (hnyo:) *v* wither, wilt

ညှင်း (hnyin:) *n* ☤ kind of fungal infection that creates patches on the skin; clubs (card suit)

ညှောင့် (hnyaun̠) *v* ✴ disturb, bother

ညှစ် (hnyi') *v* squeeze

ညှင်း (hnyin:) *v* torture, ill-treat

ညှပ် (hnya') *v* clamp; hold, tuck; snip, cut, clip

ညှပ် (hnya') *n* pincers, tweezers, tongs

ညွတ် (hnyu') *v* bend down, sag

ညွတ်(ကွင်း) (hnyu'-(kwin:)) *n* noose; snare

ညွှန် (hnyun) *v* point out; direct

ညွှန်ကြား (hnyun-ja:) *v* direct, supervise

ညွှန်ကြားချက် (hnyun-ja:-je') *n* directive, order; instructions

ညွှန်ကြားရေးမှူး (hnyun-ja:-yei:-hmu:) *n* director

ညွှန်ကြားရေးမှူးချုပ် (hnyun-ja:-yei:-hmu:-jo') *n* director general

ညွှန်း (hnyun:) *v* indicate; refer to, make reference to

ၕ ၕသန်လျင်းချိတ် ṭa̱-tə-lin:-jei'

ၕ (ṭa̱) *n* the eleventh letter in the Myanmar script

ၕသန်လျင်းချိတ် (ṭa̱-tə-lin:-jei') *n* name of the letter ၕ

ဌ ဌဝမ်းဘဲ hta-win-be:

ဌ (hta) *n* the twelfth letter in the Myanmar script

ဌဝမ်းဘဲ (hta-win-be:) *n* name of the letter ဌ

ဌာန (hta-na) *n* place; department

ဌာန် (htan) *n* [linguistics] place of articulation

ဍ ဍရင်ကောက် da-yin-gau'

ဍ (da) *n* the thirteenth letter in the Myanmar script

ဍရင်ကောက် (da-yin-gau') *n* name of the letter ဍ

ဎ ဎရေမှုတ် da-yei-hmo'

ဎ (da) *n* fourteenth letter of the Myanmar script

ဎရေမှုတ် (da-yei-hmo') *n* name of the letter ဎ

ဏ ဏကြီး na-ji:

ဏ (na) *n* the fifteenth letter of the Myanmar script

ဏကြီး (na-ji:) *n* name of the letter ဏ

တ တဝမ်းပူ ta-win:-bu

တ₁ (ta) *n* the sixteenth letter of the Myanmar script

တ₂ (ta) *v* long for; recall

တ₃ (ta-) *n* short form of number တစ်

တ₄ (ta, ta-) *part* affix or infix used to form adverbs

တကာ (ta-ga) *part* particle suffixed to nouns to indicate 'every'

တကူးတက (ta-gu:-ta-ga) *adv* going out of one's way to, particularly, on purpose

တကူးတကန့် (ta-gu:-ta-gan) *adv* going out of one's way to, particularly, on purpose

တကောင်း (ta-gaun:) *n* jug, pitcher, carafe

တကယ်(တမ်း) (ta-ge-(dan:))

adv really, actually; definitely

တကယ်လို့(များ) (də-ge-lọ-
(mya:)) *adv* in case, if

တကယ့် (də-gẹ) *v* be real, be
true

တကွ (də-gwạ) *adv* with, by, in

တချို့ (tə-chọ) *pron* some

တခြား (tə-cha:) *adj* different,
other, another

တစိမ်း (də-zein:) *n* stranger

တဆေး (tə-hsei:) *n* yeast

တညင်း (də-nyin:) *n* ❀ djenkol,
jenkol, tree with strong-
smelling edible seeds

တတိယ (ta'-tị-ya) *adj* third

တနင်္ဂနွေ(နေ့) (tə-nin:-gə-nwei-
(neị)) *n* Sunday

တနင်္လာ(နေ့) (tə-nin:-la-(neị)) *n*
Monday

တပိုတပါး₁ (də-bo-də-ba:) *n*
somewhere (else)

တပိုတပါး₂ (də-bo-də-ba:) *adv*
away

တပို့တွဲ (də-bọ-dwe:) *n* Dabo-
dwe

တပေါင်း (də-baun:) *n* Dabaung

တပည့် (də-bẹ) *n* student,
pupil; protege; follower

တပည့်တော် (də-bẹ-dɔ) *pron*

🔲 I, me (when speaking with
monks)

တဖြေးဖြေး၊ တဖြည်းဖြည်း (tə-
byei:-byei:) *adv* slowly;
gradually

တဘက် (də-be') *n* towel;
shawl

တမာ (tə-ma) *n* ❀ neem tree,
margosa tree

တမင်(သက်သက်) (tə-min-(the'-
the')) *adv* deliberately;
specially

တမန် (tə-man) *n* courier,
messenger, emissary;
🌐 diplomat, envoy

တမန်တော် (tə-man-dɔ) *n*
messenger; ☪ ✝ prophet(ess)

တမြန်နေ့ (tə-myan-neị) *n* day
before yesterday

တမြန်နှစ် (tə-myan-hni') *n* year
before last

တမြန်မနေ့ (tə-myan-mə-neị) *n*
the day before yesterday

တမြန်မနှစ် (tə-myan-mə-hni') *n*
year before last

တယော (tə-yɔ:) *n* ♪ violin,
fiddle; ❀ small tree of tidal
swamps

တယောက်ယောက် (tə-yau'-yau')

pron someone, somebody

တရား၁ (tə-ya:) *v* be just, be fair

တရား၂ (tə-ya:) *n* justice, fairness; moral principles; nature, law

တရားခံ (tə-yə-hkan) *n* ⚖ accused, defendant

တရားစွဲ (tə-ya:-swe:) *v* ⚖ file a (law)suit, sue

တရားထိုင် (tə-ya:-htain) *n* ⚙ meditate

တရားမကြောင်း (tə-yə-mə-jaun:) *n* ⚖ due process

တရားမမှု (tə-yə-mə-hmu̞) *n* ⚖ civil suit

တရားရုံး (tə-ya:-yon:) *n* ⚖ court

တရားလို (tə-yə-lo) *n* ⚖ plaintiff

တရားဝင် (tə-ya:-win, tə-yə-win) *v* be legal; be official; be legitimate

တရားသူကြီး (tə-ya:-dhu-ji:) *n* ⚖ judge

တရားဟော (tə-ya:-hɔ:) *v* [relig] preach

တရုတ် (tə-yo') *n, adj* 🌐 Chinese

တရုတ်နှင်းသီး (tə-yo'-hnin:-dhi:) *n* 🌿 loquat

တရုတ်အပ်စိုက်ပညာ (tə-yo'-a'-sai'-pyin-nya) *n* ☤ acupuncture

တလင်း (tə-lin:) *n* (area of) bare earth

တလဲ (tə-le:) *n* 🌿 pomegranate

တလွဲ (tə-lwe:) *adv* mistakenly, accidentally

တဝမ်းပူ (tạ-win:-bu) *n* name of the letter တ

တာ၁ (ta) *n* embankment; period of the water festival

တာ၂ (ta) *part* ● particle suffixed to verb or phrase to form noun; sentence or phrase ending particle for declaration or emphasis

တာတေ (ta-tei) *n* nasty person, devil, terror

တာယာ (ta-ya) *n* tyre, tire

တာရာ (ta-ya) *n* 🌟 constellation

တာရိုး (ta-yo:) *n* dike, bund

တာရှည် (ta-shei) *v* be long, be prolonged

တာဝန် (ta-wun, ta-win) *n* duty, responsibility

–ာ ဲ ဳ ိ ီ ေ– ဲ ေ–ာ ေ–ာ် ု

တာဝန်ခံ (ta-wun-gan) *n* person in charge, responsible person; officer-in-charge

တား (ta:) *v* forbid, prohibit; rule (line on paper), draw a line

တားဆီး (ta:-hsi:) *v* block, prevent

တားဆေး (ta:-hsei:) *n* ☤ birth control pills, the Pill, contraceptive pills

တားမြစ် (ta:-myi') *v* forbid, prohibit

တိကျ (ti̥-jḁ) *v* be exact, be precise; be accurate

တိပိဋက (ti̥-pi̥-tə-kḁ) *n* 📖 *Tipitika*

တိရစ္ဆာန် (tə-rei'-hsan) *n* animal

တိရစ္ဆာန်ရုံ (tə-rei'-hsan-yon) *n* zoo

တိရစ္ဆာန်ဥယျာဉ် (tə-rei'-hsan-u̥-yin) *n* zoo

တိ (ti) *n* 🪱 (earth)worm

တိထွင် (ti-htwin) *v* invent

တီး (ti:) *v* 🎵 play, beat (drum, gong, etc); honk (horn)

တီးတိုးပြော (ti:-do:-pyɔ:) *v* whisper, talk in low tones

တီးလုံး (ti:-lon:) *n* 🎵 tune or melody (without singing),

instrumental

တု (tu̥) *v* imitate; be like; be artificial, be imitation, be false, be fake, be artificial

တု₁ (tu) *v* be the same; be alike, resemble

တု₂ (tu) *n* chopsticks; hammer; nephew ♂

တူညီ (tu-nyi) *v* be the same, be equal; become equal

တူမ (tu-mḁ) *n* niece ♀

တူရိယာ (tu-ri̥-ya) *n* 🎵 (musical) instrument

တူး (tu:) *v* dig; be burnt, be scorched

တူးတူးခါးခါး (tu:-du:-hka:-ga:) *adv* extremely

တေ (tei) *v* beat, pound; be unruly

တေဇ၊ တေဇာ (tei-zḁ, tei-za) *n* power

တေး₁ (tei:) *v* note, remember

တေး₂ (tei:) *n* 🎵 song

တဲ (te:) *n* hut, shack; stall

တဲတဲ (te:-te:) *adv* nearly; almost

တဲ့ (te̥) *part* adjectival particle suffixed to verb or phrase; suffix to phrase to report

အ

speech

တော (tɔː) *n* jungle, forest

တောကြောင် (tɔː-jaun) *n* 🐾 wildcat; bandit, robber

တောခို (tɔː-hko) *v* 🌏 go underground; be a guerrilla

တောတန်း (tɔː-dan:) *n* woods

တောရကျောင်း (tɔː-yạ-jaun:) *n* 🛕 monastery far from the nearest town

တောဝင် (tɔː-win) *v* go into the forest to become a hermit

တော့ (tọ) *part* suffix to verb to indicate finality; suffix to negated verbs to express a change; nearly, almost, about to: verb suffix indicating nearness in time, etc; but, however; at least, as for; when, at the time (in the future); because, since, as; infix between repeated verbs to qualify an agreement

တော်₁ (tɔ) *v* be enough, be sufficient, be suitable; be related; be clever, be good at

တော်₂ (tɔ) *part* suffix to noun to show respect for sacredness or royalty

တော်စပ် (tɔ-sa') *v* be related

တော်တော် (tɔ-dɔ) *adv* moderately, pretty, fairly; quite, rather

တော်တော်တန်တန် (tɔ-dɔ-tan-dan) *adv* somewhat

တော်လှန် (tɔ-hlan) *v* 🌏 rebel, revolt

တော်လှန်ရေး (tɔ-hlan-yei:) *v* 🌏 revolution; rebellion

တော်ဝင် (tɔ-win) *v* 👑 royal

တော်သလင်း (tɔ-dhə-lin:) *n* Tawthalin

တို (to) *v* be short (in length or time, ≠ long)

တိုလီမိုလီ၊ တိုလီမုတ်စ (to-li-mo-li, to-li-mo'-sạ) *n* odds and ends, bits and pieces; this and that

တိုရှေ (to-shei) *n* dosa

တိုဟူး (to-hu:) *n* yellow Shan tofu

တို့₁ (tọ) *v* touch lightly; dab; dip (in sauce)

တို့₂ (dọ) *pron* we

တို့₃ (dọ) *part* suffix to pronouns or nouns indicating persons, to denote a groups of persons with some relationship

တိုး (to:) *v* push, shove; advance; (of sound volume) lower; (of sound) be soft, be faint

တိုးတိုးတိတ်တိတ် (to:-to:-tei'-tei') *adv* quietly; secretly; sneakily, on the sly

တိုးတက် (to:-te') *v* improve; progress; develop

တက်₁ (te') *v* climb; get into; increase; go to (~ school); (muscle ~) cramp, spasm

တက်₂ (te') *n* ⚓ oar, paddle

တက္ကစီ (te'-kə-si) *n* taxi

တက်ကြွ (te'-jwạ) *v* be enthusiastic, be active

တက်ချက် (te'-che') *v* ⚕ have seizures

တက္ကသိုလ် (te'-kə-tho) *n* university

တောက် (tau') *v* blaze, flare; be bright; glitter, sparkle; ⚕ be nauseated, be affected by a toxic substance; flick; sprinkle; cluck

တောက်ခေါက် (tau'-hkau') *v* click the tongue

တောက်တီးတောက်တဲ့ (tau'-ti:-tau'-tẹ) *n* nonsense

တောက်တဲ့ (tau'-tẹ) *n* 🐾 (forest) gecko

တောက်တောက်ကြော် (tau'-tau'-jɔ) *n* fried minced meat

တောက်ပ (tau'-pạ) *v* be bright, be brilliant, be shining

တောက်လျှောက် (dau'-shau') *adv* nonstop, continuously

တိုက်₁ (tai') *v* hit, strike; bump; transport, ship; give sthg to drink, or medicine to take

တိုက်₁ (tai') *n* building made of brick, cement, stone, etc; 🌏 continent

တိုက်ခိုက် (tai'-hkai') *v* hit, strike; attack, fight

တိုက်ခန်း (tai'-hkan:) *n* flat, apartment

တိုက်ငယ် (tai'-nge) *n* 🌏 sub-continent

တိုက်စား (tai'-sa:) *v* erode

တိုက်ဆိုင် (tai'-hsain) *v* coincide

တိုက်တွန်း (tai'-tun:) *v* urge, push; encourage

တိုက်ပွဲ (tai'-pwe:) *n* ⚔ battle; combat

တိုက်ဖျက် (tai'-hpye') *v* eradicate

တိုက်ဖွိုက် (tai'-hpwai') *n*

℣ typhoid

တိုက်ရိုက် (tai'-yai') *adj direct*

တင်₁ (tin) *v* put on, place on

တင်₂ (tin) *n* hips; buttocks, backside (inf); panniers

တင်ကျီး (din-ji:) *n* ℀ cormorant

တင်ကြို (tin-jo) *v* anticipate

တင်စား (tin-za:) *v* ⚑ use a metaphor or simile

တင်စီး (tin-zi:) *v* boss sb around, be overbearing; impose oneself

တင်ပါ၊ တင်ပါ့ (tin-ba, tin-ba̰) *n* ⚏ yes (when speaking with a monk)

တင်ပါး (tin-ba:) *n* hips

တင်ပို့ (tin-po̰) *v* export

တင်ပို့ကုန် (tin-po̰-kon) *n* export(s), goods for export

တင်ပြ (tin-pya̰) *v* submit, present, turn in

တင်မြှောက် (tin-hmyau') *v* 🌐 appoint, elect

တင့် (tiṇ) *v* be becoming, be flattering; be proper, be suitable

တင့်ကား (tiṇ-ka:) *n* ⚔ tank

တင်း₁ (tin:) *v* be tight; make taut; harden; stand firm; be

short

တင်း₂ (tin:) *n* basket, unit of measure for grain

တင်းကုပ် (tin:-go') *n* shed

တင်းကျပ် (tin:-ja') *v* strict

တင်းတိပ် (tin:-dei') *n* freckles

တင်းမာ (tin:-ma) *v* be hard; be tense

တောင်₁ (taun) *v* be hard, be stiff

တောင်₂ (taun) hill, mountain; south; cubit (45 cm)

တောင်₃ (taun) *part* even though

တောင်ကလပ် (taun-kə-la') *n* tableland, flat topped mountain or hill

တောင်ကြား (taun-ja:) *n* valley

တောင်ကြားလမ်း (taun-ja:-lan:) *n* pass

တောင်ကြော (taun-jɔ:) *n* ridge

တောင်စောင်း (taun-zaun:) *n* hillside

တောင်ဇလပ် (taun-zə-la') *n* ℀ rhododendron

တောင်တန်း (taun-dan:) *n* range of hills or mountains

တောင်ပံ (taun-ban) *n* wing

တောင်ပြန်လေ (taun-pyan-lei) *n* monsoon wind; evening wind from the mountains

−ာ   ့   ့   ̲   ̲   ေ−   ̀   ေ−ာ   ေ−ာ်   ့

တောင်ယာ (taun-ya:) *n* hillside farming

တောင်ရိုး (taun-yo:) *n* Taungyoe

တောင်လဲ (taun-le:) *v* (of hillside) collapse

တောင်ဝှေး (taun-hwei:) *n* cane, walking stick

တောင်သူ (taun-dhu) *n* farmer

တောင့်₁ (taun) *v* be stiff; be stout; be well endowed; be supported

တောင့်₂ (taun) *n* cylinder, pod

တောင်း₁ (taun:) *v* ask for, request; be short

တောင်း₂ (taun:) *n* basket

တောင်း₃ (taun:) *part* suffix to a verb for emphasis

တောင်းဆို (taun:-hso) *v* demand

တောင်းပန် (taun:-ban) *v* apologise

တိုင်₁ (tain) *v* request; complain (to); inform, report

တိုင်₂ (tain) *n* post, pole, column

တိုင်₃ (tain) *part* until, till

တိုင်ကီ (tain-ki) *n* tank, barrel, drum; mug

တိုင်ကြား (tain-ja:) *v* complain (to)

တိုင်ပင် (tain-pin) *v* consult, discuss

တိုင်အောင် (tain-aun) *part* till, until

တိုင်း₁ (tain:) *v* measure, gauge; insult

တိုင်း₂ (tain:) *n* 🌐 division; ⚔ regional command

တိုင်း₃ (tain:) *part* every, whichever, whenever: suffix to noun to include every instance

တိုင်းပြည် (tain:-pyi) *n* 🌐 country

တိုင်းမှူး (tain:-hmu:) *n* ⚔ (regional) commander

တိုင်းရင်းဆေး (tain:-yin:-zei:) *n* ⚕ traditional medicine

တိုင်းရင်းသား (tain:-yin:-dha:) *n* member of an indigenous ethnic group

တစ်₁ (ti') *v* cut, chop; be stuck

တစ်₂ (ti') *n* one

တစ်ကိုယ်ရေသန့်ရှင်းရေး (də-go-yei-than-shin:-yei:) *n* personal hygiene

တစ်ခါ (tə-hka) *adv* once

တစ်ခါတည်း (tə-hka-de:) *adv* (only) once; ● right now,

immediately, at once

တစ်ခါမှ (tə-hka-hma) adv never

တစ်ခါသုံး (tə-hka-thon:) v be disposable, be single-use

တစ်...ချင်း (tə-...chin:) part singly, alone

တစ်ခွန်းဆိုင် (tə-hkun:-hsain) n fixed price shop

တစ်ခွန်းဈေး (tə-hkun:-zei:) n fixed price

တစ်စတစ်စ (də-zə-də-zə) adv bit by bit

တစ်စိတ်တစ်ဒေသ (də-zei'-də-dei-tha) adv partly

တစ်စပ်တည်း (də-za'-hte:) adv together, all in one

တစ်စုံတစ်ခု (də-zon-tə-hku̥) pron something, anything

တစ်စုံတစ်ရာ (də-zon-tə-ya) pron something, anything

တစ္ဆေ (tə-hsei) n ghost

တစ်ဆင့် (tə-hsin̄) adv via

တစ်ဆစ်ချိုး (tə-hsi'-cho:) n hairpin turn; turning point

တစ်ဆိတ် (tə-hsei') n a little

တစ်ဆယ် (tə-hse) n ten

တစ်...တည်း (tə-...de:) part only, just, alone

တစ်ထပ်တည်း (tə-hta'-hte:) adv

uniformly

တစ်နေ့နေ့ (tə-nei̠-nei̠) adv someday, one day

တစ်နေ့က (tə-nei̠-ga̠) n the day before yesterday

တစ်နည်းအားဖြင့် (tə-ni:-a:-hpyin̄) part in other words

တစ်ပါး (də-ba:) part except, other than

တစ်ပေါက်တစ်လမ်း (də-bau'-tə-lan:) n means different from usual, other means

တစ်ပင်တိုင် (də-bin-dain) adj solo; single

တစ်ပိုင်းတစ်စ (də-bain:-də-zə) v be incomplete

တစ်ပန်းရှုံး (də-ban:-shon:) v be at a disadvantage

တစ်ပန်းသာ (də-ban:-tha) v get an advantage

တစ်ပြိုင်နက် (də-byain-ne') adv simultaneously

တစ်ဖက် (tə-hpe') adv on the other (side)

တစ်ဖက်တစ်လမ်း (tə-hpe'-tə-lan:) adv against; as a sideline

တစ်မည်ကောင်း (tə-me-gaun:) n best option

တစ်မတ် (tə-ma') n one fourth,

one quarter

တစ်ယူသန် (tə-yu-than) *n*
bigot; extremist

တစ်ယောက်တစ်ပြန် (tə-yau'-də-
byan) *adv* by turns

တစ်ယောက်တစ်လဲ (tə-yau'-tə-
le:) *adv* in turn, in rotation

တစ်ရေး (tə-yei:) *n* uninter-
rupted sleep

တစ်ရံတစ်ခါ (tə-yan-tə-hka) *adv*
sometimes

တစ်ရှူး (ti'-shu:) *n* tissue

တစ်လောက (tə-lɔ:-ga) *adv*
recently

တစ်လမ်းမောင်း (tə-lan:-maun:)
n one-way traffic

တစ်...လုံး (tə-...-lon:) *part* the
whole ...

တစ်လှည့်စီ (tə-hle̯-zi) *adv*
alternating

တစ်ဝက် (tə-we') *n* half

တစ်သက် (tə-the') *n* lifetime

တစ်အား (tə-a:) *adv* very

တစ်ဦးဆိုင်နာမ် (tə-u:-zain-nan)
n [gram] proper noun

တည် (ti, te) *v* be in a certain
place; exist, continue; build

တည်ငြိမ် (ti-nyein) *v* be serene,
be tranquil

တည်ဆောက် (ti-hsau') *v* build,
construct

တည်ထောင် (ti-daun) *v* found,
establish

တည်ပုဒ် (ti-bo', te-bo') *n* entry

တည်မြဲ (ti-mye:) *v* be steady;
be stable

တည့် (te̯, ti̯) *v* be straight; (of
people) be compatible, get
on together

တည့်တည့် (te̯-te̯) *adv* straight;
right

တည်း (te:) *v* stay (in, at), put
up (at)

တည်းခိုခန်း (te:-hko-gan:) *n*
small hotel, guesthouse,
pension

တတ်₁ (ta') *v* know; be clever;
be skilled

တတ်₂ (ta') *part* suffix to a verb
to indicate knowledge, skill,
qualification, capability;
suffix to a verb to indicate
habit, trait, tendency

တတ်နိုင် (ta'-hnain) *v* be able
to, can; manage; afford

တိတ် (tei') *v* be silent, be
quiet; die (down)

တိတ်တဆိတ် (tei'-tə-hsei') *adv*

secretly; silently, quietly

တိတ္ထိ (tei'-hti) n heretic

တုတ်₁ (to') v (of a person) be stocky; ♪ sound, strike; ✦eat; build (a dike)

တုတ်₂ (to') n ✿ threadworm; rod, stick; hyphen

တန်₁ (tan) v be worth; deserve, be worthy of; fit; be appropriate for; stop, cease

တန်₂ (tan) n ton

တန်ခူး (də-gu:) n Dagu

တန်ခိုး (də-go:) n power

တန်ဆာ (də-za) n ornament; tool, instrument

တန်ဆာပလာ (də-za-bə-la) n tool, instrument

တန်ပြန် (tan-pyan) v retaliate, counterattack; counteract

တန်ဖိုး (tan-bo:) n cost, price; value, worth

တန့် (taṇ) v stop short, halt

တန်း₁ (tan:) v stretch out, lay out (straight); head straight for

တန်း₂ (tan:) n row, column, line; class, year, standard (in school); bar, rod, rope, wire, string, etc placed at a certain

height

တန်းစား (tan:-sa:) n [in comb] class

တန်းစီ (tan:-si) v queue (up), line up; be arranged in a row

တန်းတန်း (tan:-dan:) adv straight

တန်းလျား (tan:-ya:) n long, low building; ⚔ barracks

တုန် (ton) v tremble, shake

တုန်လှုပ် (ton-hlo') v tremble, shake

တုန်း (ton:) part while; still; when (in the past)

တုန်းက (don:-gạ) adv ago

တပ်₁ (ta') v fix, attach, install; put on, wear (glasses)

တပ်₂ (ta') n ⚔ armed forces, military; ⚔ stockade

တပ်ကြပ် (ta'-ja') n ⚔ corporal

တပ်ကြပ်ကြီး (ta'-ja'-ji:) n ⚔ sergeant

တပ်ခွဲ (ta'-hkwe:) n ⚔ company

တပ်စု (ta'-sụ) n ⚔ platoon

တပ်မ (ta'-mạ) n ⚔ division

တပ်မတော် (ta'-mə-dɔ) n ⚔ Myanmar ational armed forces

တပ်မဟာ (ta'-mə-ha) n ⚔ brigade

–ၥ ိ ီ ့ ု ူ ေ– ဲ ေ–ာ ေ–ာ် ့ု

တပ်မြေ (ta'-myei) *n* ⚔ canton-
ment area

တပ်ရင်း (ta'-yin:) *n* ⚔ bat-
talion

တပ်သား (ta'-tha:) *n* ⚔ private

တိပ် (tei') *n* [in comb] tape

တုပ် (to') *v* tie; bind; sting

တုပ်ကွေး (to'-kwei:) *n* ⚕ influ-
enza, flu

တုပ်ကွေးကြီး (to'-kwei:-ji:) *n*
⚕ dengue fever

တံ (tan) *n* rod, stick

တံခါး (də-ga:) *n* gate, door

တံခွန် (də-gun) *n* pennant;
streamer

တံငါ (tə-nga) *n* fisherman

တံဆိပ် (də-zei') *n* brand,
trademark; stamp, seal;
badge; medal

တံဆိပ်ခေါင်း (də-zei'-gaun:) *n*
(postage) stamp

တံဆိပ်တုံး (də-zei'-ton:) *n* seal

တံတား (də-da:) *n* bridge

တံတောင် (də-daun) *n* elbow

တံတွေး (də-dwei:, zə-dwei:) *n*
spit; saliva

တံမြက်စည်း (də-bye'-si:) *n*
broom

တမ်း (tan:) *n* tradition; norm;

standard

တိမ်₁ (tein) *v* be shallow; be
superficial; be trivial; allow
sediment to settle

တိမ်₂ (tein) *n* cloud; ⚕ cataract

တိမ်ကော (tein-gɔ:) *v* (of lake,
etc) silt up

တိမ်ဆွဲ (tein-hswe:) *v* ⚕ have a
cataract

တိမ်း (tein:) *v* tilt, incline, tip;
bend; sway; veer, swerve;
avoid; deviate

တိမ်းမှောက် (tein:-hmau') *v* (of
car) roll (over), (of boat)
capsize, (of train) derail

တိမ်းရှောင် (tein:-shaun) *v*
avoid, stay clear of, stay
away from

တုံ₁ (ton) *v* stop, halt

တုံ₂ (ton) *part* suffix to a verb
for emphasis, esp recurring
action

တုံကင် (ton-kin) *n* hand pump

တုံ့ (toṇ) *v* give sth in return;
turn back; falter

တုံ့ပြန် (toṇ-pyan) *v* requite;
respond; retaliate

တုံ့ပြန်မှု (toṇ-pyan-hmụ) *n*
response

တုံး$_1$ (ton:) *v* cut, chop; shave

တုံး$_2$ (ton:) *n* log, piece of wood, stick; hyphen, dash; classifier for lumps, blocks, etc

တုံး$_3$ (ton:) *part* [inf] final marker for open questions

တုံးတုံးချ (don:-don:-chạ) *v* make a clear decision; have one's mind relieved, be reassured

တုံးပေကတ်သတ် (don:-pei-ka'-tha') *adv* tirelessly; doggedly; stubbornly; single-mindedly

တုံးလုံး (ton:-lon:) *adv* (lying) at full length, stretched out; naked, nude

တယ်$_1$ (te) *part* 👄 final marker of declarative sentence

တယ်$_2$ (te) *adv* very, extremely

တယ်$_3$ (te) *int* expression of annoyance, outrage, anger

တယ်လီဖုန်း (te-li-hpon:) *n* *telephone*

တြိဂံ (trị-gan) *n* triangle

တွား (twa:) *v* crawl, creep

တွားသွားကောင် (twa:-thwa:-gaun) *n* 🐾 reptile

တွားသွားသတ္တဝါ (twa:-thwa:-dhə-də-wa) *n* 🐾 reptile

တွေ (twei) *part* 👄 particle suffixed to noun to indicate diversity, plurality, every

တွေ့ (twei̜) *v* see (a person), meet; meet; come across, find; experience

တွေ့ကြုံ (twei̜-jon) *v* come across, meet, encounter; experience

တွေ့ဆုံ (twei̜-hson) *v* meet, get together

တွေး (twei:) *v* think; reflect

တွေးခေါ် (twei:-hkɔ) *v* imagine; think

တွေးမြှော် (twei:-hmyɔ) *v* plan carefully; think ahead

တွဲ (twe:) *v* link (to); attach (to); pair (with)

တွဲဖက်$_1$ (twe:-hpe') *v* become partners, make a partnership, partner with (inf); do sthg jointly

တွဲဖက်$_2$ (twe:-hpe') *n* partner, associate

တွက် (twe') *v* calculate, compute; reckon, enumerate; figure, reckon; nudge, push sideways

တွက်ကတ် (twe'-ka') *v* be

unwilling to do sthg (because others also refused)

တွင်₁ (twin) *v* be known as, be called, be named; be accepted; do well, make progress, get on

တွင်₂ (twin) *n* lathe

တွင်₃ (twin) *part* at, in, on; within, inside

တွင်ခုံ (twin-gon) *n* lathe

တွင်း₁ (twin:) *n* pit, hole (in the ground)

တွင်း₂ (twin:) *part* suffix to a place: in, at, within, inside; suffix to a time: within, during

တွင်းထွက်ပစ္စည်း (twin:-dwe'-pyi'-si:) *n* 🔸 mineral resources

တွင်းအောင်း (twin:-aun:) *v* hibernate

တွတ် (tu') *v* talk incessantly; nag

တွတ်ထိုး (tu'-hto:) *v* chatter

တွန့် (tuṇ) *v* wrinkle; crease; warp; curl

တွန်း (tun:) *v* push; urge

တွန်းလှည်း (tun:-hle:) *v* push-cart, wheelbarrow; wheelchair; gurney

တွန်းအားပေး (tun:-a:-pei:) *v* encourage; prod; exhort

တွယ် (twe) *v* stick to, cling to; be attached to; 🔸attack

တွယ်ကပ် (twe-ka') *v* cling, stick (fast); hang on, sponge on

တွယ်ချိတ် (twe-jei') *n* safety pin

ထ ထဆင်ထူး htạ-hsin-du:

ထ₁ (htạ) *n* the seventeenth letter in the Myanmar script

ထ₂ (htạ) *v* get up; rise; stand; rise, come up, arise; mis-behave, act up; appear (on surface); (of disease) act up, reappear; sprout

ထဆင်ထူး (htạ-hsin-du:) *n* name of the letter ထ

ထဘီ (htə-mein) *n* sarong, women's *longyi*

ထမနဲ (htə-mə-ne:) *n* snack of sticky rice, oil, sesame, and peanuts

ထမင်း (htə-min:) *n* (cooked) rice

ထမင်းကြော် (htə-min:-jɔ) *n* fried rice

ထမင်းကြမ်း (htə-min:-jan:) *n*

leftover rice

ထမင်းချိုး (htə-min:-jo:) *n* crust of browned rice at the bottom of the pot

ထမင်းချက် (htə-min:-je') *n* cook

ထမင်းချိုင့် (htə-min:-jaiṇ) *n* food carrier, tiffin box

ထမင်းချဉ် (htə-min:-jin) *n* Shan dish of spiced rice, tomatoes

ထမင်းနဲ (htə-mə-ne:) *n* snack made of sticky rice, sesame, and peanuts

ထမင်းပေါင်း (htə-min:-baun:) *n* rice served with fried vegetables (and meat) in one dish

ထမင်းရည် (htə-mə-yei) *n* rice water, water drained off from cooked rice

ထရံ (htə-yan) *n* matting for walls

ထာဝရ (hta-wə-rạ, hta-wə-yạ) *adv* always, forever

ထား$_1$ (hta:) *v* put, place, set (sthg on); set aside, put aside, keep

ထား$_2$ (hta:) *part* suffix to verb, to indicate a continuous effect; particle indicating prior action, with influence to present

ထိ$_1$ (htị) *v* touch; suffer; make a point

ထိ$_2$ (htị) *part* to, till, until, up to

ထိခိုက် (htị-hkai') *v* be hit *or* struck with force, be injured, be wounded; be touched

ထိရောက် (htị-yau') *v* (of style, way, etc) be effective, be telling; (of action) work, be effective

ထီ (hti) *n lottery*

ထီထိုး (hti-hto:) *v* play the lottery

ထီပေါက် (hti-pau') *v* win the lottery

ထီး$_1$ (hti:) *n* umbrella; parasol (to protect from sun)

ထီး$_2$ (hti:) *part* particle suffixed to some animals to denote the male

ထီးထီး (hti:-di:) *adv* alone

ထီးနန်း (hti:-nan:) *n* throne; kingship, monarchy

ထု$_1$ (htụ) *v* hammer, strike; thump, pound; beat; carve; engrave

ထု₂ (dụ) *n* thickness; mass

ထု (htu) *v* help a person (stand) up; put up (a post, pole, etc); be thick, be dense

ထူး₁ (htu:) *v* be extraordinary; be special; be different, be strange; reply, answer

ထူး₂ (htu:) *v* elephant fetters; sinkhole

ထူးခြား (htu:-ja:) *v* be distinctive

ထူးချွန် (htu:-jun) *v* be brilliant

ထူးဆန်း (htu:-zan:, htu:-hsan:) *v* be strange, be curious; be uncommon

ထေ (htei) *v* recover a loss, recoup

ထေရဝါဒ (htei-rạ-wa-dạ) *n* ⬚ Theravada Buddhism

ထေ့ (htei̩) *v* be sarcastic, be snide

ထဲ (hte:) *part* in, inside; among, (in) between; while, during

ထောပတ် (htɔ:-ba') *n* butter

ထောပတ်သီး (htɔ:-ba'-thi:) *n* 🌿 avocado

ထော် (htɔ) *v* protrude, stick out

ထို (hto) *pron & adj* ⬚ that, this

ထိုနည်းတူ(စွာ) (hto-ni:-du-(zwa)) *adv* ⬚ in the same way, similarly

ထိုနည်းအတူ (hto-ni:-ə-du) *adv* ⬚ in the same way, similarly

ထိုအခါ (hto-ə-hka) *part* at that time, just then; ⬚ because of (this)

ထို့ကြောင့် (hto̩-jaun) *adv* for that reason, that is why

ထို့ထက် (hto̩-de') *adv* more than that

ထို့နောက် (hto̩-nau') *adv* later, afterward

ထို: (hto:) *v* hit, punch (with a fist), strike (with a jabbing motion); poke, jab, ram; stab (with sthg sharp); pierce, skewer; drill; play (board games such as draughts, chess); stick out, thrust out, stretch out, extend (one's tongue, one's hand, one's foot); (of certain insects) bite; be bitten (by insects); be eaten (by moths, ants); pin (between); pick (one's teeth); carry, pack (a gun); dive, plunge (head first), turn (somersaults); fill up with; inject, pump; throw (a beam of light, a searchlight on sthg), project (film, slides); cast, throw (a glance, a look); be lit (by a beam of light); thrust; cast (a shadow); wait on, serve; be a certain hour, be (a certain) o'clock; build, put up; sign; mark; bet, wager

ထိုးကြိတ် (hto:-jei') v beat sb up, get in a fight

ထိုးဆေး (hto:-zei:) n ☤ injectable medicine, injection

ထိုးဖောက် (hto:-hpau') v pierce; break through

ထိုးမုန့် (hto:-moṇ) n toffee-like sweet made of sticky rice, sugar, coconut and oil

ထက်₁ (hte') v be sharp, be keen; (of temper) be short; be effective, be powerful

ထက်₂ (hte') part above, over, upon; superior to; (more) than, -er

ထက်မနည်း (hte'-mə-ne:) part 📖 not less than, at least

ထက်မြက် (hte'-mye') v be

sharp, be keen; be effective, be powerful

ထက်ဝက် (hte'-we') n half

ထက်သန် (hte'-than) v be eager, be enthusiastic

ထောက်₁ (htau') v prop up, support; kneel; support, aid, maintain

ထောက်₂ (htau') n classifier for counting stages of journey

ထောက်ကွက် (htau'-kwe') n foible, weak point

ထောက်ခံ (htau'-hkan) v support; agree; recommend

ထောက်ခံစာ (htau'-hkan-za) n letter of recommendation, official statement

ထောက်ပံ့ (htau'-paṇ) v support, subsidise

ထောက်လှမ်း (htau'-hlan:) v investigate, inquire

ထောက်လှမ်းရေး (htau'-hlan:-yei:) n intelligence; espionage

ထိုက်₁ (htai') v be worth, have (a certain) value; deserve

ထိုက်₂ (htai') part suffix to verb to denote that sthg is proper, deserving, fitting, suitable, worthy, deserving

−ာ   ̣   ̤   ̱   ̰   ေ−   ̣   ေ−ာ   ေ−ာ်   ̣

ထင် (htin) v be visible, be seen; think, guess

ထင်စား (htin-za:) v think (probable), expect; hope

ထင်မြင် (htin-myin) v visualise; think, believe

ထင်မှတ် (htin-hma') v regard as; believe

ထင်ရှား (htin-sha:) v be distinct; be well-known; be conspicuous, be evident

ထင့် (htiṇ) v have misgivings, be uneasy

ထင်း₁ (htin:) v be visible distinctly, be well-defined; be conspicuous, be evident

ထင်း₂ (htin:) n firewood

ထင်းခွေ (htin:-hkwei) v gather firewood

ထင်းပေါက် (htin:-bau') n kindling

ထင်းရှူး (htin:-shu:) n ⚘ pine, fir

ထောင်₁ (htaun) v stand, set upright; hold upright, raise up; set up, found (business, organisation); lay a trap

ထောင်₂ (htaun) n thousand; prison; jail, gaol

ထောင်ကျ (htaun-ja) v be sent to

prison or jail, gaol

ထောင်ချ (htaun-cha) v imprison; jail, gaol

ထောင်ချောက် (htaun-jau') v trap, snare; booby-trap

ထောင်ထား (htaun-hta:) v rebel

ထောင်ဒဏ် (htaun-dan) n (prison) sentence

ထောင့် (dauṇ) n corner; angle; diamond (playing card suit)

ထောင့်ကျဉ်း (dauṇ-jin:) n acute angle

ထောင့်ကျယ် (dauṇ-je) n obtuse angle

ထောင့်မှန် (dauṇ-hman) n right angle

ထောင့်ဖြတ်မျဉ်း (dauṇ-bya'-myin:) n diagonal (line)

ထောင်း (htaun:) v pound, crush

ထိုင် (htain) v sit

ထိုင်ခုံ (htain-gon) n chair, stool, seat, bench

ထိုင်း (htain:) v be damp, be moist, be slightly wet; be dull, be slow; be dull, be bored; be heavy or slow

ထိုင်း (htain:) adj Thai

ထိုင်းနိုင်ငံ (htain:-nain-gan) n

🌎 Thailand

ထစ်₁ (hti') v cut

ထစ်₂ (hti') n indentation, notch

ထည်₁ (hte) v be grand

ထည်₂ (hte) n material; form; cloth, material, fabric, textile; classifier for pieces of clothing and other textiles

ထည့် (hte) v put in, insert, include; 🖥 save (on a computer disk)

ထိတ်₁ (htei') v be alarmed, get a fright; be scared

ထိတ်₂ (htei') n shackles, fetters, chains; stocks

ထုတ် (hto') v take out; put out; extract, excerpt; remove, produce

ထုတ်ကုန် (hto'-kon) n export(s)

ထုတ်နုတ် (hto'-hno') v extract, excerpt

ထုတ်ပေး (hto'-pei:) n issue, pay out, give out

ထန် (htan) v (of weather) be stormy; (of speech) be stern; (of poison, current) be strong

ထန်း (htan:) n 🌿 toddy palm, tall palm with fan-shaped

leaves

ထန်းရည် (htə-yi, htə-yei, htan:-yei) n toddy palm sap; drink made from toddy sap

ထန်းလက် (htə-le') n frond or leaf of a toddy palm

ထန်းလျက် (htə-nye') n jaggery, palm sugar

ထိန် (htein) v be shining, beam

ထိန်း (htein:) v babysit, mind (a child), look after (a child); control; restrain

ထိန်းချုပ် (htein:-cho') v control; restrain, hold in check

ထိန်းသိမ်း (htein:-thein:) v control, restrain; preserve, conserve; detain; maintain

ထပ်₁ (hta') v stack, pile, arrange in layers; repeat; add to

ထပ်₂ (hta') n classifier for floors of a building, layers

ထပ်ကာတလဲလဲ (hta'-hka-tə-le:-le:) adv repeatedly, again and again, over and over again

ထပ်ကာထပ်ကာ (hta'-hka-hta'-hka) adv repeatedly, again and again, over and over again

–၁   ⸰   ⸰   ႃ   ူ   ေ–   ဲ   ေ–ာ   ေ–ာ်   ို

ထပ်ခိုး (hta'-hko:) *n* loft, mezzanine

ထပ်ဆင့် (hta'-hsiṇ) *adv* again

ထပ်တူ (hta'-tu) *adv* of the same kind, like, identically

ထပ်တရာ (hta'-tə-ya) *n* flat round bread with many layers fried on a griddle; ✺ marigold; high quality topaz

ထပ်မံ (hta'-man) *part* (over) again

ထိပ် (htei') *n* crown (of head); summit, top, peak; highest part; best, first; tip (of finger, toe); edge; end (of road)

ထိပ်ကင်နာ (htei'-ka'-na) *n* ✹ sinusitis

ထိပ်တိုက်တွေ့ (htei'-tai'-twei) *v* meet face-to-face

ထိပ်တန်း (htei'-tan:) *n* first place, first row; top

ထိပ်သီး (htei'-thi:) *n* person who is top in a field

ထုပ်₁ (hto') *v* pack (up), wrap (up); bind

ထုပ်₂ (hto') *n* packet, parcel, bag

ထံ₁ (htan) *n* vicinity, place nearby

ထံ₂ (htan) *part* to

ထမ်း₁ (htan:) *v* carry (on the shoulder or on the back); serve

ထမ်း₂ (htan:) *n* classifier used to count loads with a shoulder pole

ထမ်းစင် (htan:-zin) *n* stretcher, litter

ထမ်းဆောင် (htan:-hsaun) *v* serve (in government); pay (taxes)

ထမ်းပိုး (də-bo:) *n* shoulder pole, (shoulder) yoke; double the original amount

ထိမ် (htein) *v* conceal, cover up, hide (sthg); keep back

ထိမ်းမှတ် (htein:-hma') *v* mark out, set up, place as a memorial

ထုံ (hton) *v* be numb, be numbed; be dull, be stupid; infuse

ထုံကျဉ် (hton-jin) *v* be numb, be numbed, be insensitive

ထုံဆေး (hton-zei:) *n* ✹ local anaesthetic

ထုံ့ (htoṇ) *v* tie (a knot); bind, tie

ထုံး₁ (hton:) v (tie a) knot

ထုံး₂ (hton:) n tradition, custom; lime

ထုံးကျောက် (hton:-ɟau') n limestone

ထုံးစံ (hton:-zan) n tradition, custom, way

ထုံးဓာတ် (hton:-da') n calcium

ထယ် (hte) n plough, plow

ထွာ (htwa) n quarter of a yard, about 22 cm

ထွား (htwa:) v (of a person) be large; be stout; be chubby

ထွေ (htwei) v be upset, feel unsettled, be perturbed; be complicated; be tipsy

ထွေး₁ (htwei:) v spit out; wrap, swaddle; hold in the arms; be tangled, be mixed

ထွေး₂ (htwei:) n tangled mass

ထွေးပိုက် (htwei:-pai') v hug, embrace

ထွက် (htwe') v go out, come out; be published; produce, yield; leave, go, depart, exit (Am); take off; resign, quit

ထွက်ကုန် (htwe'-kon) n product (of a place); export

ထွက်ချက် (htwe'-che') n

statement made in court

ထွက်ခွာ (htwe'-hkwa) v leave, depart, go

ထွက်ငွေ (htwe'-ngwei) n expense, expenditure

ထွက်ပေါက် (htwe'-pau') n way out, exit (Am); outlet; escape

ထွက်ပြေး (htwe'-pyei:) v flee, run away, escape

ထွင် (htwin) v clear (bush, weeds, undergrowth); bone; invent, create; start sthg new

ထွင်လုံး (htwin-lon:) n story, fiction, creation

ထွင်း (htwin:) n carve; drill, bore

ထွတ် (htu') v be the topmost, be supreme, be great

ထွန်₁ (htun) v harrow, till

ထွန်₂ (htun) n harrow

ထွန်ကြိစ် (htun-ji') n rake

ထွန်စက် (htun-ze') n tractor

ထွန်း (htun:) v light (a lamp); shine (a light)

ထွန်းကား (htun:-ga:) v be prominent

ထွန်းပေါက် (htun:-pau') v be distinguished

3 အထွေး da-dwei:	**ဒါန** (da-na̱) *n* benevolence, giving, charity; donation
3 (da̱-dwei:) *n* the eight-eenth letter in the Myanmar script	**ဒါနဲ့** (da-nɛ̰) *part* ◆ (and) so; by the way
ဒကာ (də-ga) *n* 📖 ♂ donor, sponsor	**ဒါဖြင့်** (da-hpyiṇ) *part* in that case; and so
ဒကာမ (də-gə-ma̱) *n* 📖 ♀ donor, sponsor	**ဒါယကာ** (da-yə-ka) *n* 📖 ♂ donor
ဒညင်း (də-nyin:) *n* 🌿 djenkol, jenkol, tree with strong-smelling edible seeds	**ဒါယိကာမ** (da-yə-ka-ma̱) *n* 📖 ♀ donor
ဒထွေး (da̱-dwei:) *n* name of the letter 3	**ဒါလောက်** (da-lau') *part* this much, to this extent; (neg) so much
ဒရိုင်ဗါ၊ ဒရိုင်ဘာ (də-rain-ba) *n* driver	**ဒါရိုက်တာ** (da-rai'-ta) *n director*
ဒရမ် (də-ran) *n* 🎵 drum	**ဒါထက်** (da̱-de') *part* more than that; by the way
ဒရမ်မာ (də-ran-ma) *n* 🎵 drummer	**ဒိ**₁ (di) *n* tide
ဒသမ (da̱-thə-ma̱, da'-thə-ma̱) *n* [math] (decimal) point, decimal; the tenth	**ဒိ**₂ (di) *pron* ◆ here, this place
ဒါ (da) *pron* ◆ this, that	**ဒိဇင်ဘာ** (di-zin-ba) *n December*
ဒါကြောင့်(မို့) (da-jauṇ-(mo̰)) *part* that's why	**ဒီဇယ်** (di-ze) *n diesel*
ဒါဆိုရင် (da-hso-yin) *part* in that case	**ဒီတော့** (di-dɔ̰) *part* then, in that case
ဒါထက် (da-de') *part* more than that; by the way	**ဒီနေ့** (di-neḭ) *n* today
	ဒီမိုကရေစီ (di-mo-kə-rei-si) *n* ☸ democracy
	ဒီမှာ (di-hma) *adv* here
	ဒီရေ (di-yei) *n* tide
	ဒီလို (di-lo) *part* like this

ဒု₁ (dụ) *n* thickness

ဒု₂ (dụ) *part* abbreviation for number two, second, deputy, vice-

ဒုစရိုက် (dụ-zə-yai') *n* vice, evil

ဒုတိယ (dụ-tị-yạ) *adj* second

ဒုတိယတပ်ကြပ် (dụ-tị-yạ-ta'-ja') *n ⚔* lance corporal

ဒုတိယဗိုလ် (dụ-tị-yạ-bo) *n ⚔* second lieutenant

ဒုတိယဗိုလ်ချုပ်ကြီး (dụ-tị-yạ-bo-jo'-ji:) *n* [army] lieutenant general; [air force] vice admiral

ဒုတိယဗိုလ်မှူးကြီး (dụ-tị-yạ-bo-hmu:-ji:) *n ⚔* [army] lieutenant colonel; [air force] commodore

ဒုဝါး (dụ-wa:) *n ⚙ duwa*

ဒူး (du:) *n* knee

ဒူးဆစ် (du:-hsi') *n* knee (joint)

ဒူးထောက် (du:-htau') *v* kneel

ဒူးရင်း (du:-yin:) *n ✿* durian

ဒူးဝါး (du:-wa:) *n ⚙ duwa*

ဒေဝ (dei-wạ) *n ⚙* celestial being

ဒေဝါလီခံ (dei-wa-li-hkan) *v ⚖* plead bankruptcy

ဒေဝီ (dei-wi) *n ⚙* goddess;

♛ queen

ဒေသ (dei-thạ) *n ⚙* region

ဒေသခံ (dei-thạ-gan) *n* person native to or living in a certain region

ဒေသစွဲ (dei-thạ-zwe:) *n* regional bias; localism

ဒေါ (dɔ:) *n ☯* anger

ဒေါသ (dɔ:-dhạ) *n* anger

ဒေါသထွက် (dɔ:-dhạ-htwe') *v* be angry, get mad

ဒေါ်ရင်းကောင် (dɔ̣-yin:-gaun) *n ✺* cicada

ဒေါ် (dɔ) *part* title prefixed to an older woman's name

ဒေါ်လာ (dɔ-la) *n* dollar

ဒိုဘီ (do-bi) *n* dhobi, launderer

ဒို့ (dọ) *pron* I; we; my; our

ဒိုး (do:) *n ♫* drum (traditional)

ဒုက္ခ (do'-hkạ) *n ☸ dukkha*; trouble, hardship

ဒုက္ခသည် (do'-hkạ-dhe) *n* refugee, displaced person, disaster victim

ဒုက္ခိတ (do'-hkị-tạ) *n* disabled person; refugee

ဒေါက် (dau') *n* prop, buttress, support; bar, spoke

–ၟ ̊ ̊ ̗ ̗ ၜ– ̖ ၜ–ၟ ၜ–ၟ ̊

ဒေါက်တာ (dau'-ta) *n* doctor

ဒေါက်ဖိနပ် (dau'-hpə-na') *n* high heels

ဒင်္ဂါး (din:-ga:) *n* coin

ဒေါင် (daun) *n* height; build

ဒေါင့်သန်းနာ (dauṇ-dhan:-na) *n* ☥ anthrax

ဒေါင်း (daun:) *n* ❀ peacock ♂, peahen ♀

ဒိုင် (dain) *n* trading centre, buying centre; wholesaler; (gambling) banker, dealer, house

ဒိုင်ခွက် (dain-gwe') *n* (watch, clock) face, (telephone, gauge, etc) dial

ဒိုင်လူကြီး (dain-lu-ji:) *n* referee, umpire

ဒိဌ (dei'-hta) *adv* with one's own eyes; surely, certainly

ဒိဌိ (dei'-hti̞) *n* belief; false belief, heresy

ဒဏ် (dan) *n* punishment, penalty; ☥ injury, wound; damage

ဒဏ်ခံ (dan-hkan) *n* buffer

ဒဏ်ငွေ (dan-ngwei) *n* ⚖ fine

ဒဏ်ရာ (dan-ya) *n* ☥ wound, injury

ဒဏ်ရိုက် (dan-yai') *v* ⚖ fine

ဒဏ္ဍာရီ (dan-da-yi) *n* myth; legend; fable

ဒန် (dan) *n* aluminium, aluminum

ဒန့်သလွန် (daṇ-də-lun, daṇ-dhə-lun) *n* ❀ drumstick tree

ဒန်း (dan:) *n* swing; ❀ henna

ဒိန်ချဉ် (dein-jin) *n* yoghurt

ဒုန်း (don:) *n* thud

ဒံပေါက် (dan-bau') *n* biryani

ဒုံးပျံ (don:-byan) *n* rocket

ဒုံးယိမ်း (don:-yein:) *n* traditional Kayin dance

ဒယ် (de) *n* cooking pan, frying pan, wok

ဒြပ် (də-ra') *n* matter, substance; mass

ဒွိဟဖြစ် (dwi̞-ha̞-hpyi') *n* be in doubt, be of two minds

ဒွေးတော် (dwei:-bɔ) *n* couple, pair; pair of stacked consonants, such as ္မ, ္လ

ဓ ဓအောက်ခြိုက် da̞-au'-chai'

ဓ (da̞) *n* the nineteenth letter in the Myanmar script

ဓန (də-na̞) *n* property; wealth

ဓနိ (də-nị) *n* *dhani*, nipa palm

ဓနိရည် (də-nị-yei) *n* alcoholic drink made from nipa palm

ဓနု (də-nụ) *n* *Danu*

ဓလေ့ (də-leị) *n* custom, tradition

ဓအောက်ခြိုက် (dạ-au'-chai') *n* name of the letter ဓ

ဓာတုပစ္စည်း (da-dụ-pyi'-si:) *n* ⚛ chemical, chemicals

ဓာတုဗေဒ (da-dụ-bei-dạ) *n* chemistry

ဓား (da:) *n* *dah*; knife; sword

ဓားစာခံ (də-za-gan) *n* hostage; scapegoat

ဓားပြ (də-myạ) *n* bandit, robber, dacoit

ဓားသွား (da:-thwa:) *n* (knife-, sword-) blade

ဓူဝံ (du-wun) *n* North Star, Polaris, polestar

ဓာတ် (da') *n* element; mineral; essence, force

ဓာတ်ခဲ (da'-hke) *n* battery

ဓာတ်ခွဲခန်း (da'-hkwe:-gan:) *n* laboratory

ဓာတ်စာ (da'-sa) *n* ⚕ (therapeutic) diet

ဓာတ်ဆီ (da'-hsi) *n* fuel

ဓာတ်တော် (da'-tɔ) *n* 🕮 relics of the Buddha

ဓာတ်ပုံ (da'-pon) *n* photograph

ဓာတ်ဘူး (da'-bu:) *n* thermos, vacuum flask

ဓာတ်မီး (da'-mi:) *n* torch, flashlight

ဓာတ်မြေဩဇာ (da'-myei-ɔ:-za) *n* (chemical) fertiliser

ဓာတ်မှန် (da'-hman) *n* ⚕ x-ray

ဓာတ်လိုက် (da'-lai') *v* get a (an electric) shock

ဓာတ်လုံး (da'-lon:) *n* alchemical mixture that gives one supernatural powers

ဓမ္မ (də-mạ) *n* 🕮 *dhamma*, *dharma*, the Law; 🕮 teachings of the Buddha; the truth

ဓမ္မတာ (də-mə-da) *n* law of nature; menstruation

ဓမ္မဓိဋ္ဌာန်ကျ (də-mạ-dei'-htan-jạ) *v* be unbiased, be objective

ဓမ္မာရုံ (də-ma-yon) *n* 🕮 community hall, used for religious and ceremonial purposes

န နငယ် nạ-nge

န$ (nạ) *n* the twentieth letter in the Myanmar script

နဂါး (nə-ga:) *n* naga, mythical giant serpent-like creature; dragon

နဂါးငွေ့တန်း (nə-gə-ngwei̯-dan:) *n* 🟦 the Milky Way

နဂို (nə-go) *n* sthg inborn, intrinsic, original, inherent

နငယ် (nạ-nge) *n* name of the letter န

နငယ်အမြီးတို (nạ-nge-ə-mi:-to) *n* name of the ၉

နနွင်း (hsə-nwin:, nə-nwin:) *n* 🌿 turmeric

နပန်းလုံး (nə-ban:-lon:) *v* wrestle

နဖူး (nə-hpu:) *n* forehead, brow

နဖူးစာ (nə-hpu:-za) *n* destiny (of a couple)

နမူနာ (nə-mu-na) *n* sample; example

နယုန် (nə-yon) *n* Nayon

နရန်း (nə-yan:) *n* handrail

နဝမ (nə-wə-mạ) *n* ninth

နဝရတ်(ကိုးသွယ်) (nə-wə-ra'-(ko:-dhwe)) *n* the nine precious stones

နာ (na) *v* hurt, ache; be hurt, feel pain; be ill; obey

နာဂ (na-gạ) *n* Naga

နာတာရှည် (na-da-shei) *n* ⚕ chronic illness

နာနတ် (na-na') *n* 🌿 pineapple

နာနတ်ပွင့် (na-na'-pwiṇ) *n* 🌿 star anise

နာမ (na-mạ) *n* name

နာမဝိသေသန (na-mạ-wị-thei-thə-nạ) *n* adjective

နာမည် (na-myi, nan-me) *n* name

နာမည်ကြီး (nan-me-ji:) *v* be famous (for sthg), be well-known

နာမည်ဆိုး (nan-me-hso:) *v* be notorious, be infamous

နာမည်တု (nan-me-dụ) *n* alias, false name

နာမည်ရင်း (nan-me-yin:) *n* real name, original name

နာယက (na-yə-kạ) *n* patron; advisor

နာရီ (na-yi) *n* clock; watch; hour, o'clock

နာရီစင် (na-yi-zin) *n* clock tower

နာရီထိုး (na-yi-hto:) v (of a clock) strike the hour; be a certain hour

နာရေးကြော်ငြာ (na-yei:-jɔ-nya) n obituary

နား₁ (na:) v rest, stop for a while

နား₂ (na:) n ear; neighbourhood, nearby area; border; hem

နားကိုက် (na:-kai') v have an earache

နားကပ် (nə-ga') n (stud) earring

နားကြားလွဲ (na:-ja:-lwe:) v mishear; misunderstand

နားကြပ် (nə-ja') n ♥ stethoscope; earphone(s), headphone(s); hearing aid

နားကွင်း (nə-gwin:) n (hoop) earring

နားငြီး (na:-nyi:) v be bored (by), be sick (of), be tired (of) (hearing sthg)

နားစည် (na:-se) n eardrum

နားဆွဲ (nə-hswe:) n drop earrings

နားထောင် (na:-htaun) v listen (to); obey, listen (to)

နားပန် (nə-ban) n (pierced) earring; earlobe

နားပြည်ယို (na:-pyi-yo) v ♥ have pus drain from the ear

နားပွင့် (nə-bwin̠) n (rosette) earring; head of a pin, nail, etc

နားဖာချေး (nə-hpa-ji:) n earwax

နားယဉ် (na:-yin) v be familiar with, be used to hearing

နားရွက် (nə-ywe') n (outer) ear

နားလေး (na:-lei:) v be hard of hearing

နားလည် (na:-le) v understand; know; comprehend

နားလည်မှု (na:-le-hmṵ) n understanding, comprehension; understanding, (informal, unofficial, tacit) agreement

နားဝင် (na:-win) v accept, be convinced

နားအူ (na:-u) v be deafened; (of ears) ring

နိဂုံး (nḭ-gon:) n conclusion, epilogue; hamlet, small village

နိဒါန်း (nḭ-dan:) n introduction, preface, foreword

နိမိတ် (nə-mei') n (visual) omen, sign of what is to

−ၥ ˚ ˳ ႞ ႞ ၆− ˸ ၆−ၥ ၆−ၥ ˚

come

နီ (ni) *v* be red

နီညို (ni-nyo) *v* be brown

နီတိ (ni-tị) *n* maxim; (piece of) advice

နီလာ (ni-la) *n* sapphire

နီး₁ (ni:) *v* be near, be close

နီး₂ (ni:) *part* next to, adjacent to

နီးကပ်၊ နီးစပ် (ni:-ka', ni:-sa') *v* be very near; be next to

နီးနီးနားနား (ni:-ni:-na:-na:) *adv* nearby, close

နီးပါး (ni:-ba:) *part* nearly, almost

နု (nụ) *v* be soft, be delicate; be youthful; be tender; (of colour) be light, be pale

နုနာ (nu-na) *n* ☤ Hansen's disease, leprosy

နူး (nu:) *v* be tender; be cooked until soft; soften; be clever

နူးညံ့ (nu:-nyaṇ) *v* (of texture) be soft, be smooth

နေ₁ (nei) *v* live, reside; stay, remain

နေ₂ (nei) *n* sun

နေ₃ (nei) *part* suffix to a verb

to show continuous action, -ing

နေကာမျက်မှန် (nei-ka-mye'-hman) *n* sunglasses

နေကောင်း (nei-kaun:) *v* be well, be healthy

နေကျ (nei-ja) *part* usually, normally

နေကြာ (nei-ja) *n* ✿ sunflower

နေကြစ်၊ နေကြတ် (nei-ji', nei-ja') *v* (of the sun) be eclipsed

နေထိုင် (nei-htain) *v* live; settle

နေထွက် (nei-dwe') *n* sunrise

နေနိုင် (nei-nain) *v* stand, bear

နေပါစေ (nei-ba-zei) *exp* let it be, don't bother

နေပူမိ (nei-pu-mị) *v* ☤ have sunstroke

နေပြည်တော် (nei-pyi-dɔ) *n* ♔ royal city; capital of Burman monarch, seat of the government (of Burman monarch)

နေမှုစရိတ် (nei-hmụ-zə-yei') *n* living expenses

နေရာ (nei-ya) *n* place, site, location, spot

နေရာတကျ (nei-ya-də-ja) *adv* rightly

နေရပ် (nei-ya') *n* home, residence; (home) address

နေလှန်း (nei-hlan:) *v* dry in the sun

နေဝင် (nei-win) *n* sunset

နေသာ (nei-tha) *v* be sunny; be comfortable; be bearable

နေသားကျ (nei-dha:-ja) *v* get used to

နေအိမ် (nei-ein) *n* home, house, residence

နေ့ (nei) *n* day

နေ့ခင်း (nei-gin:) *n* afternoon

နေ့ချင်း (nei-jin:) *adv* within the day, in one day

နေ့စား (nei-sa:) *n* system of paying wages by the day; day labourer

နေ့စဉ် (nei-zin) *adv* daily, every day

နေ့စွဲ (nei-zwe:) *n* day (of the week)

နေ့ရည်ရက်များ (nei-shei-ye'-mya:) *adv* for a long time

နေ့ရည်လများ (nei-shei-la-mya:) *adv* for a long time

နေ့လယ် (nei-le) *n* midday

နေ့လယ်စာ (nei-gin:-za) *n* lunch

နဲ့ (ne) *part* and; with, by; don't, particle paired with မ and verb to create negative imperative

နဲ့တကွ (ne-tə-kwa) *adv* along with, including

နဲ့တမျှ (ne-tə-hmya) *adv* equal to

နော၁ (nɔ:) *pron* polite prefix for a young Karen woman's name

နော၂ (nɔ:) *part* suffix to a verb to indicate polite request, assumption of approval, or emphasis

နော် (nɔ) *part* suffix to a verb for emphasis, to soften a request, or seek agreement

နိုတရီ (no-tə-ri) *n* ⚖ notary (public)

နိုဝင်ဘာ (no-win-ba) *n* November

နို့ (nɔ) *n* breast; milk

နို့ကန်း (nɔ-kan:) *v* stop lactating

နို့ခဲ (nɔ-ge:) *n* type of fresh cheese

နို့ခွဲ (nɔ-hkwe:) *v* wean (a child)

နို့စိမ်း (nɔ-zein:) *n* evaporated milk; raw milk

နို့ဆီ (nɔ-zi) *n* (sweetened)

−၁ ့ ့ ိ ီ ေ− ဲ ေ−ာ ေ−ာ် ့

condensed milk

နို့တိုက် (noౖ-tai') v (of mother) nurse, breastfeed

နို့ထမင်း (noౖ-də-min:) n rice pudding

နို့ပုံ (noౖ-bon) n nipple (of baby bottle)

နို့ပြတ် (noౖ-pya') v be weaned

နို့ဖြတ် (noౖ-hpya') v wean (a child)

နို့ဘူး (noౖ-bu:) n baby bottle

နို့မှုန့် (noౖ-hmoౖn) n powdered milk; powdered coffee whitener, non-dairy creamer

နို့လိုက် (noౖ-lai') v (of nursing mother, breast, etc) have plenty of milk

နို့လိမ် (noౖ-lein) n pacifier, soother

နို့သီး (noౖ-dhi:) n (of humans) nipple

နို့အကျက် (noౖ-ə-je') n (pasteurised) milk

နို့အုံသား (noౖ-on-dha:) n breast meat

နိုး (no:) v wake up, awake

နိုးကြား (no:-ja:) v awaken

နက် (ne') v be deep; be dense; be black

နက္ခတ် (ne'-hka') n ⭐ stars

နက္ခတ္တဗေဒ (ne'-hka'-tə-bei-dạ) n ⭐ astronomy

နက်ဂတစ် (ne'-gə-ti') n negative

နက်နဲ (ne'-ne:) v profound

နက်ဖြန် (ne'-hpyan) n tomorrow

နောက်₁ (nau') v tease; be cloudy, be muddy; be translucent; be troubled

နောက်₂ (nau') n back; past (time), time gone by; future

နောက်ကျ (nau'-jạ) v be late

နောက်ကျော (nau'-jɔ:) n back (of body)

နောက်ကွယ် (nau'-kwe) adv behind one's back; in the background

နောက်ခံ (nau'-hkan) n background

နောက်ချန် (nau'-chan) v stay back, remain behind

နောက်ဆက် (nau'-hse') n suffixed particle; joint at the base of the skull

နောက်ဆက်တွဲ (nau'-hse'-twe:) n (of books, etc) appendix, addendum, annex, supplement; (of events) sequel

နောက်ဆုတ် (nau'-hso') v back

က ခ ဂ ဃ င စ ဆ ဇ ဈ ည ဋ ဌ ဍ ဎ ဏ တ ထ ဒ ဓ န ပ ဖ ဗ ဘ မ ယ ရ လ ဝ သ ဟ ဠ အ

up, go backward, move backward; reverse (car)

နောက်ဆုံး (nau'-hson:) *n* last (one); end

နောက်ဆုံးပိတ် (nau'-hson:-bei') *n* (very) last

နောက်ထပ် (nau'-hta') *adv* additionally; again, any more

နောက်နေ့ (nau'-nei̯) *n* next day

နောက်နောက်က (nau'-nau'-ka̯) *adv* previously

နောက်နောင် (nau'-naun) *n* the future

နောက်ပိုး (nau'-po:) *v* court, woo

နောက်ပိုင်း (nau'-pain:) *n* rear, back; (of novel, movie, etc) second part; end

နောက်ပိုင်း (nau'-pain:) *part* after(ward)

နောက်ပစ် (nau'-pyi') *n* [orth] vowel sign ဲ

နောက်ပစ်လဲ (nau'-pyi'-le:) *v* fall over backward

နောက်ပြီး (nau'-pi:) *part* then; and; afterward

နောက်ပြန် (nau'-pyan) *adv* backwards

နောက်ပွား (nau'-pwa:) *n* new-

comer; new generation

နောက်ဖြစ် (nau'-hpyi') *n* past (events)

နောက်ဘဝ (nau'-ba̯-wa̯) *n* next life

နောက်မယား (nau'-ma̯-ya:) *n* wife of marriage after the first

နောက်မိန်းမ (nau'-mein-ma̯) *n* wife of marriage after the first

နောက်မှ (nau'-hma̯) *adv* later

နောက်ယောက်ျား (nau'-yau'-ja:) *n* husband of marriage after the first

နောက်လိုက် (nau'-lai') *n* follower, subordinate

နောက်လင် (nau'-lin) *n* husband of marriage after the first

နောက်လွယ် (nau'-lwe) *n* basket or bag carried by a strap across the shoulder or forehead

နောက်အိမ်ထောင် (nau'-ein-daun) *n* marriage after the first

နင် (nin) *pron* [inf] you

နင့် (nin̯) *pron* [inf] your; [inf] you

နင်း (nin:) v step on (to); tread on; walk on body

နင်းကြမ်း (nin:-jan:) n (bridge, boat) deck

နင်းနယ် (nin:-ne) v walk on the body, as a form of massage

နင်းနိပ် (nin:-hnei') v walk on the body, as a form of massage

နောင် (naun) n future, later, afterward

နောင်ကြဉ့် (naun-jin) v have learnt a lesson (through experience)

နောင်ဆိုရင် (naun-so-yin) exp in the future, from now on

နောင်တရ (naun-da-ya) v regret, be remoreseful

နောင်ဘဝ (naun-ba-wa) n next life

နောင်ရေး (naun-yei:) n future (events)

နိုင်₁ (nain) v win; beat; domineer; overpower; manage

နိုင်₂ (nain) part title prefixed to the name of an older Mon man

နိုင်ငံ (nain-gan, nain-ngan) n 🌐 country, land; sphere

နိုင်ငံခြား (nain-gan-ja:) n abroad, overseas, foreign country

နိုင်ငံခြားရေးဝန်ကြီးဌာန (nain-gan-ja:-yei:-wun-ji:-hta-na) n 🌐 Ministry of Foreign Affairs

နိုင်ငံတကာ (nain-gan-da-ga) n 🌐 international sphere

နိုင်ငံတော် (nain-gan-da) n 🌐 [formal] country

နိုင်ငံတော်ငြိမ်ဝပ်ပိပြားမှုတည်ဆောက်ရေးကောင်စီ (nain-gan-da-nyein:-wu'-pi-pya:-hmu-ti-hsau'-yei:-kaun-si) n 🌐 State Law and Order Restoration Council, SLORC

နိုင်ငံတော်သီချင်း (nain-gan-da-tha-chin:) n 🌐 national anthem

နိုင်ငံတော်အလံ (nain-gan-da-a-lan) n 🌐 national flag

နိုင်ငံတော်အေးချမ်းသာယာရေးနှင့်ဖွံ့ဖြိုးရေးကောင်စီ (nain-gan-da-ei:-chan:-tha-ya-yei:-hnin-hpun-hpyo:-yei-kaun-si) n State Peace and Development Committee (SPDC)

နိုင်ငံရေး (nain-gan-yei:) n 🌐 politics

က ခ ဂ ဃ င စ ဆ ဇ ဈ ည ဋ ဌ ဍ ဎ ဏ တ ထ ဒ ဓ န ပ ဖ ဗ ဘ မ ယ ရ လ ဝ သ ဟ ဠ အ

နိုင်ငံရေးခိုလှုံခွင့် (nain-gan-yei:-hko-hlon-gwin̪) *n* 🌏 political asylum

နိုင်ငံရေးလမ်းစဉ် (nain-gan-yei:-lan:-zin) *n* 🌏 (political) platform; goals

နိုင်ငံသား (nain-gan-dha:) *n* 🌏 citizen

နိုင်ထက်စီးနင်း (nain-de'-si:-nin:) *adv* domineeringly; arbitrarily

နိုင်ဖတ် (nain-ba') *n* someone one can beat every time

နိုင်ရာစား (nain-ya-za:) *v* exploit

နစ် (ni') *v* sink; drown

နစ်နာကြေး (ni'-na-jei:) *n* compensation

နစ်နာချက် (ni'-na-je') *n* grievance

နစ်မြုပ် (ni'-myo') *v* sink; be submerged; drown

နိစ္စ (nei'-sa̱) *n* permanence, constancy

နည်း₁ (ne:) *v* be small, be little; be less

နည်း₂ (ni:) *n* system; manner, way, method, process, procedure

နည်းစနစ် (ni:-sa̱-ni') *n* technique, way, method, procedure

နည်းနည်း (ne:-ne:) *n* a little, a bit, a spot, a touch

နည်းနည်းချင်း (ne:-ne:-jin:) *adv* little by little

နည်းပညာ (ni:-pyin-nya) *n* technology; (technical, practical) skill

နည်းပါး (ne:-ba:) *v* be scant; (be just a, only a) little, few

နည်းလမ်း (ni:-lan:) *n* system; way, method, process, procedure; ways

နည်းလမ်းကျ (ni:-lan:-ja̱) *v* be just, be right

နည်းလမ်းတကျ (ni:-lan:-ta̱-ja̱) *adv* systematically

နတ် (na') *n* nat, spirit; nut (≠ bolt)

နတ်ကတော် (na'-ga̱-dɔ) *n* sb chosen by a *nat* as a wife; (spirit) medium

နတ်ကိုး (na'-ko:) *v* make offerings to *nat*; believe in *nats*, worship *nats*, be an animist

နတ်ကျ (na'-ja̱) *v* be possessed by a *nat*

နတ်စင် (na'-sin) *n* nat shrine

နတ်စိမ်း (na'-sein:) *n* nat of a

person who died a violent
death

နတ်ဆိုင်း (na'-hsain:) *n* musical
group which plays at nat
celebrations

နတ်တော် (nə-dɔ) *n Nadaw*

နတ်ထိန်း (na'-htein:) *n* chief
(spirit) medium

နတ်ပူး (na'-pu:) *v* be possessed
by a *nat*

နတ်ပြည် (na'-pyi) *n* heavens

နတ်ပွဲ (na'-pwe:) *n* nat festival

နတ်ဘုံ (na'-bon) *n* nat world

နတ်သမီး (na'-thə-mi:) *n* female
nat; ✷ prostitute

နတ်သား (na'-tha:) *n* male *nat*

နတ်သုဓာ (na'-tho'-da) *n* food
eaten by *nats*, ambrosia;
sweet drink with ice cream,
cake, milk

နုတ် (hno') *v* extract, pull out;
remove; subtract

နုတ်ထွက် (hno'-htwe') *v* resign;
back out

နုတ်ပယ် (hno'-pe) *v* expel,
remove

နန့် (nan̰) *v* wag (tail), jiggle;
flirt

နန်း (nan:) *n* ♛ palace; filigree

နန်းကထဲ (nan:-kə-htḛ) *n* snack
made of sticky rice, sugar,
and coconut milk

နန်းကြီး (nan:-ji:) *n* thick rice
noodle

နန်းစဉ် (nan:-zin) *v* ♛ belong to
the royal family by tradition

နန်းစံ (nan:-san) *v* ☺ ♛ reign,
rule as monarch

နန်းဆန် (nan:-hsan) *v* be in a
courtly style

နန်းပြား (nan:-bya:) *n* wide, flat
rice noodle

နပ်₁ (na') *v* (of boiled food)
fully cooked, done; be sharp,
be smart; be worth

နပ်₂ (na') *n* meal

နိပ် (nei') *v* good

နုပ် (no') *v* be small, be tiny;
be trivial

နိဗ္ဗာန် (nei'-ban) *n* Ⓜ *nirvana*,
nibbana; ✝ ☾ heaven; [in
comb] charity, benevolent

နိဗ္ဗာန်ဈေး (nei'-ban-zei:) *n* free
food stall

နိဗ္ဗာန်ယာဉ် (nei'-ban-yin) *n*
hearse

နံ₁ (nan) *v* stink, smell

နံ₂ (nan) *n* flank, side; rib

နံကထိုင် (nan-kə-htain) *n* kind of Indian sweet, similar to shortcake

နံကြားထောက် (nan-ja:-htau') *v* guess; make a decision at random

နံနက် (mə-ne', nan-ne') *n* morning, a.m.

နံနံစေ့ (nan-nan-sei) *n* coriander

နံနံပင် (nan-nan-bin) *n* ✹ coriander, cilantro

နံပါတ် (nan-ba') *n* number; size

နံပါတ်ပြား (nan-ba'-pya:) *n* number plate, licence plate

နံပြား (nan-pya:) *n* nan, baked flatbread

နံရံ (nan-yan) *n* wall

နံရိုး (nan-yo:) *n* rib

နံ့သာဖြူ (nə-dhə-hpyu) *n* ✹ sandalwood

နံး (nan:) *v* smell; kiss; nuzzle

နာမ် (nan) *n* [gram] noun

နာမ်စား (nan-za:) *n* [gram] pronoun

နိမ့် (nein) *v* be lower; be shorter; decline, fall

နိမ့်သံ (nein-than) *n* high tone, e.g., -ာ: ြ-ာ

နံ (non) *v* be inadequate; be

dull, be stupid, be slow

နန်း (non:) *v* be tired

နယ်₁ (ne) *v* tread on; mix (i.e., curry with rice); knead

နယ်₂ (ne) *n* ✹ territory

နယ်ချဲ့ (ne-chẹ) *v* ✹ colonise

နယ်စည်း (ne-si:) *n* ✹ border

နယ်စပ် (ne-sa') *n* ✹ border; border area

နယ်မြေ (ne-myei) *n* (industrial) site, estate; (university, institute) campus

နွား (nwa:) *n* ✹ (head of) cattle; ✹ bull ♂; ✹ cow ♀; ✹ ox, ✹ steer

နွားကန် (nə-gan) *n* switch

နွားကျောင်းသား (nwa:-jaun:-dha:) *n* cattleherd, cowhand, cowboy

နွားထီး (nə-hti:) *n* ✹ bull; ✹ bullock, ox, steer

နွားပွဲ (nwa:-bwei:) *n* cattle market

နွားမ (nə-mạ) *n* ✹ cow

နွားလဝို့ (nwa:-lə-bọ) *n* cattle's hump

နွေ (nwei) *n* hot season

နွေး (nwei:) *v* be warm

နွမ်း (nun:, nwan:) *v* wilt; be

exhausted

နွယ် (nwe) *n* 🌿 vine, climbing
plant

နမြော (hnə-myɔ:) *v* regret the
loss of sthg, miss sthg; be
stingy, be mean

နလုံး (hnə-lon:) *n* heart

နလုံးခုန် (hnə-lon:-hkon) *v* (of
heart) beat fast, pound

နလုံးခုန်နှုန်း (hnə-lon:-hkon-
hnon:) *n* ⚕ heart rate

နှာ၊ နှာခေါင်း (hna), (hnə-hkaun:)
n nose

နှာချေ (hna-chei) *v* sneeze

နှာစေး (hna-si:) *v* have a
running nose

နှာမောင်း (hnə-maun:) *n* (ele-
phant, etc) trunk

နှီး (hni:) *n* split-bamboo strips

နှေး (hnei:) *v* be slow

နှဲ (hne:) *n* ♫ traditional wind
instrument

နှော (hnɔ:) *v* mix, merge

နှိုး (hno:) *v* wake (sb up),
awaken (sb); start (up)

နှိုးစက်(နာရီ) (hno:-ze' (na-yi))
n alarm (clock)

နှိုက်₁ (hnai') *v* put hand into
bag, pocket, etc; pull sthg

out of a bag, pocket, etc;
pick (sb's pocket)

နှိုက်₂ (hnai') *part* 📖 suffix
used to show time or place,
at

နှိုက်နှိုက်ချွတ်ချွတ် (hnai'-hnai'-
chu'-chu') *adv* in detail, fully,
thoroughly

နှင့် (hnin) and, together with;
with, by; because of; with,
to; and, right after; because
of, what with; 📖 particle
suffixed to a negative verb to
form imperative

နှင်း (hnin:) *n* fog, mist; dew;
snow; frost

နှင်းဆီ (hnin:-zi) *n* 🌿 rose

နှောင့်(ယှက်) (hnaun-(she')) *v*
bother, disturb, interrupt,
annoy

နှိုင်း (hnain:) *v* compare

နှစ်₁ (hni') *v* immerse

နှစ်₂ (hni') *n* two; year

နှစ်ချုပ် (hni'-cho') *n* annual
summary, report, etc; yearbook

နှစ်ခြိုက် (hni'-chai') *v* like

နှစ်ခြင်း (hni'-chin:) *n* ✝ Baptist

နှစ်ပတ်လည် (hni'-pa'-le) *adj*
annual, yearly

နှုတ် (hno') *n* mouth; speech

နှုတ်ခမ်း (hnə-hkan:) *n* lip, lips; lip, rim, brim

နှုတ်ခမ်းနီ (hnə-hkan:-ni) *n* lipstick

နှုန်း (hnon:) *n* rate

နှပ်ညှစ် (hna'-hnyi') *n* blow one's nose

နှပ် (hna') *v* cook sthg well

နှိပ် (hnei') *v* press, push (button, switch, key, etc); massage; attack, insult, humiliate

နှိပ်စေ့ (hnei'-si) *n* press stud (Br), snap (Am)

နှိပ်စက် (hnei'-se') *v* torture, torment; persecute; mistreat, ill-treat, be cruel to

နှံ့ (hnan) *v* spread widely; be everywhere, be all over

နှမ်း (hnan:) *n* sesame

နှိမ် (hnein) *v* humiliate, demean; suppress

နှိမ့် (hnein) *v* lower

ဟ ပစောက် pa̧-zau'

ပ₁ (pa̧) *n* the twenty-first letter in the Myanmar script

ပ₂ (pa̧) *v* not have, get rid of

ပ₃ (pa̧) *n* outside

ပ₄ (pa̧) *part* suffix to a noun: outside, other than, apart from = အပ

ပကတိ (bə-gə-di̧) *n* original condition, pristine condition, normal state, true state

ပခုံး (pə-hkon:) *n* shoulder

ပစောက် (pa̧-zau') *n* name of the letter ဟ

ပညာ (pyin-nya) *n* learning; education; knowledge

ပညာရေး (pyin-nya-yei:) *n* education

ပဋိ (pə-ti̧) *part* anti-

ပဋိဇီဝဆေး (pə-ti̧-zi-wa-hsei:) *n* antibiotics

ပဌမ ပထမ (pə-htə-ma̧) *n* first

ပထဝီနိုင်ငံရေး (pə-htə-wi-nain-gan-yei:) *n* geopolitics

ပထဝီဝင် (pə-htə-wi-win) *n* geography

ပထွေး (pə-htwei:) *n* stepfather

ပဒေါင် (bə-daun) *n* Padaung, an ethnic group living mainly in Shan State and near the Thai – Myanmar border

ပမာဏ (pə-ma-ṇa) *n* amount

ပယင်း (pə-yin:) *n* amber

ပရိဘောဂ (pə-rḭ-bɔ:-ga̰) *n* furniture

ပရိသတ် (pə-rei'-tha') *n* audience

ပရုတ် (pə-yo') *n* camphor

ပလူ (pə-lu) *n* ❀ flying termite

ပလေကတ် (pə-lei-ka') *n* light cotton longyi

ပလက်ဖောင်း (pə-le'-hpaun:) *n* pavement, sidewalk

ပလောင် (pə-laun) *n* Palaung

ပလတ် (pə-la') *n* (electrical) *plug*

ပလတ်စတာ (pə-la'-sə-ta) *n* (sticking) *plaster*, adhesive bandage, bandaid; plaster of Paris, gypsum

ပလတ်စတစ် (pə-la'-sə-ti') *n* *plastic*, plastics

ပလုံ (pə-lon) *n* bubble

ပလွေ (pə-lwei) *n* ♪ flute

ပဝါ (pə-wa) *n* scarf; stole, kerchief; [in comb] cloth, towel, kerchief

ပသိ (pə-thḭ) *n* ❤ tonsil

ပသိရောင်နာ (pə-thḭ-yaun-na) *n* ❤ tonsillitis

ပသျှူး (pə-shu:) *n* 🔺 Malay

ပသျှူးကြော် (pə-shu:-jɔ) *n* Malaysian-style fried noodles

ပအိုဝ့် (pə-o̰) *n* Pa-o

ပါ₁ (pa) *v* be (together) with; have with one; come (along) with, accompany; include, be included in, be included with

ပါ₂ (pa) *part* polite suffix to verb: please; suffix to a noun: belonging to, included in

ပါက (pa-ka̰) *part* if

ပါစေ (pa-zei) *part* suffix to verb in a blessing, hope, wish, suggestion

ပါဆယ် (pa-hse) *n* parcel; something to take away, take out, to go

ပါတီ (pa-ti) *n* (political, social) *party*

ပါတိတ် (pa-tei') *n* batik (fabric)

ပါမှ (pa-hma̰) *part* suffix to a verb to indentify conditions: only when, not until, only if, not ... unless

ပါရဂူ (pa-rə-gu) *n* specialist; Doctor of Philosophy, Ph.D.

ပါရစေ (pa-ya̰-zei) *part* used to end a sentence which is a

wish for sb

ပါရမီ (pa-rə-mi) *n* talent; genius

ပါရန် (pa-yan) *part* (in order) to

ပါလီမန် (pa-li-man) *n* 🌐 parliament

ပါဝင် (pa-win) *v* participate (in); be included (in)

ပါဠိ (pa-li̠) *n* Pali

ပါ့ (pa̠) *part* particle suffixed to verb for emphasis

ပါ့မယ် (pa̠-me) *part* certainly will, will surely

ပါး₁ (pa:) *v* be thin, be light, be flimsy; be sparse, be few; (of business, sales) be slow; sharp, astute, shrewd, smart

ပါး₂ (pa:) *n* cheek

ပါး₃ (pa:) *part* classifier used to count sacred items and respected persons, respected spirits and some concepts

ပါးကွက် (bə-gwe') *n* thicker layer of *thanaka* on the cheek

ပါးချိုင့် (pə-chain̠) *n* dimple

ပါးချိတ်ရောင်နာ (pə-chei'-yaun-na) *n* 🍃 mumps

ပါးစပ် (bə-za') *n* mouth

ပါးနပ် (pa:-na') *v* be clever, be intelligent

ပါးရှား (pa:-sha:) *v* be scarce; be rare

ပိ (pi̠) *v* be flattened, be pressed down; be neat

ပိဋကတ် (bi̠-də-ga') *n* 🎋 pitikas

ပိတောက် (bə-dau') *n* 🌿 padauk, gum-kino

ပိတုန်း (bə-don:) *n* 🐝 bumblebee; carpenter bee

ပီ (pi) *v* be perfect (of its type); (of speech, pronunciation, voice) be clear, be good

ပီတိ (pi-ti̠) *n* delight, joy

ပီပီ₁ (pi-pi) *n* whistle

ပီပီ₂ (pi-bi) *adv* distinctly

ပီသ (pi-tha̠) *v* be real, be true; be pure

ပီလား (bi-la:) *n* 🦀 horseshoe crab; long woven rainhood

ပီလောပီနံ (pə-lɔ:-pi-nan) *n* 🌿 cassava (root); tapioca (pearls)

ပု (pu̠) *v* (of person, etc) be short, (of building) be low; duck one's head

ー⊃ ◌ဴ ◌ဵ ◌ိ ◌ီ ေ— ◌ဲ ေ—ာ ေ—ာ် ◌ု

ပုခက် (pə-hke') *n* cradle; hammock

ပုဂံ (bə-gan) *n* 🌏 Bagan

ပုစွန် (bə-zun) *n* 🦐 shrimp, prawn

ပုဆိုး (pə-hso:) *n* men's sarong

ပုဆိန် (pə-hsein) *n* ax(e)

ပုဆိန်ရိုး (pə-hsein-yo:) *n* axe-handle; traitor

ပုတီး (bə-di:) *n* (string of) beads; 📿 rosary

ပုတီးစိပ် (bə-di:-sei') *v* 📿 say prayers, counting with a a string of beads

ပုရပိုက် (pə-rə-bai') *n parabaik*, accordion-fold manuscript or book

ပုရစ် (pə-yi') *n* 🦗 cricket

ပုရွက်ဆိတ် (pə-ywe'-hsei') *n* 🐜 ant

ပုလဲ (pə-le:) *n* pearl

ပုလင်း (pə-lin:) *n* glass container, bottle, jar

ပုသိမ် (pə-thein) *n* 🌏 Pathein

ပူ₁ *v* (of weather, coffee, fire) be hot; be heated; be worried about

ပူ₂ (pu) *v* bulge, swell in the middle

ပူဇော် (pu-zɔ) *v* worship, show respect for the divine

ပုတုတု: (pu-tu-tu:) *n* affectionate term for a small baby

ပူတင်း (pu-tin:) *n pudding*, custard

ပူဒီနာ (pu-si-nan) *n* 🌿 mint

ပူပင် (pu-bin) *v* be worried, be vexed

ပူဖောင်း (bu-baun:) *n* bubble; balloon

ပူရီ (pu-ri) *n puri*, Indian fried bread

ပူရှိမ်း (pu-shein:) *v* tingle, as mint and menthol

ပူး₁ (pu:) *v* be close together; bring together

ပူး₂ (pu:) *n* 🐹 guinea pig

ပူးပေါင်း (pu:-baun:) *v* combine, join together, merge

ပေ₁ (pei) *v* be dirty, be soiled

ပေ₂ (pei) *n* 🌿 talipot palm, leaves of which can be prepared for writing; palm leaf manuscript; foot, twelve inches, one-third of a yard, 30.48 centimetres

ပေကြိုး (pei-jo:) *n* tape measure, measuring tape

ပေစာ (pei-za) *n* palm-leaf manuscript

ပေတံ (pei-dan) *n* ruler

ပေသီး (pei-dhi:) *n* edible fruit of the talipot palm

ပေး₁ (pei) *v* give, turn over to; settle, pay (bill, account)

ပေး₂ (pei) *part* for; on behalf of: particle suffixed to a verb to show that sthg is done for sb or to affect sthg; particle suffixed to a verb to make a request; prefix to a verb indicating that sthg is allowed: let

ပေးကမ်း (pei:-kan:) *v* give away

ပေးငွေ (pei:-ngwei) *n* expenses

ပေးစား (pei:-za:) *v* arrange sb's marriage

ပဲ₁ (pe:) *n* 🌱 pulses, legumes, collective term for beans, peas, lentils, etc; something flashy or over-expressive

ပဲ₂ (pe:) *part* even, very; only, just; really; at least, at any rate; indeed, after all

ပဲကြာဆံ (pe:-ja-zan) *n* bean threads

ပဲကြီး (pe:-ji:) *n* 🌿 lablab, large

yellow flat bean

ပဲခူး (bə-go:) *n* 🌐 Bago

ပဲဆီ (pe:-zi) *n* peanut oil

ပဲတီ(စိမ်း) (pe:-di (sein:)) *n* 🌿 mung bean

ပဲတောင့်ရှည် (pe:-daun̲-shei) *n* 🌿 very long green bean

ပဲနီကလေး (pe:-ni-gə-lei:) *n* 🌿 red lentil

ပဲနို့ (be:-no̲) *n* soymilk, soya milk

ပဲပင်ပေါက် (pe:-bin-bau') *n* bean sprouts

ပဲပြား (pe:-bya:) *n* tofu

ပဲပြုတ် (pe:-byo') *n* boiled chickpeas

ပဲ့₁ (pẹ) *n* ⚓ stern

ပဲ့₂ (pẹ) *v* (of a piece) be chipped off; (of plate, etc) be chipped; (of team, association, group, etc) split, splinter, break up

ပဲ့ချိတ် (pẹ-jei') *n* ⚓ motorboat

ပဲ့တင်သံ (pẹ-tin-dhan) *n* echo, repercussion, reverberation

ပေါ (po:) *v* be plentiful, be abundant; be cheap, be inexpensive; be silly, be foolish

ပေါဇစ်တစ် (pɔ:-zi'-ti') *n positive* (film, electrical charge, test results, etc)

ပေါရာဏ (pɔ:-ra-nạ) *n* archaic word

ပေါ့₁ (pɔ̣) *v* be light; be mild, be bland; be careless, not be serious

ပေါ့₂ (pɔ̣) *part* of course, obviously, naturally

ပေါ့ကျ (pɔ̣-jạ) *n* strong, bitter-sweet tea with milk

ပေါ့စိမ့် (pɔ̣-seiṇ) *n* light tea with extra milk

ပေါ်₁ (pɔ̀) *v* float, be floating; surface, emerge, appear, come out; be prominent; be noticeable, be visible, show; be in season; come on the market, become available

ပေါ်₂ (pɔ̀) *part* on (top of); over, above; towards ; concerning

ပေါ်တာ (pɔ̀-ta) *n* ✄ porter (inf)

ပို₁ (po) *v* exceed, be extra, be more than (is) needed, be in excess; be unnecessary; overdo

ပို₂ (po) *part* additionally, in addition, more

ပိုကာ (po-ka) *n* variation of rummy; joker (card)

ပိုပိုလိုလို (po po-lo-lo) *adv* just in case

ပိုမို (po-mo) *v* be extra; overdo

ပိုလီယို (po-li-yo) *n* ✺ polio

ပို့ (pọ) *v* send; post; be piled up; support

ပို့ဆောင် (pọ-hsaun) *v* carry, transport

ပိုး₁ (po:) *v* carry (on the back); add on; reinforce; court, woo

ပိုး₂ (po:) *n* ✤ bug, insect, beetle; ✤ pest; ✺ germ; silk

ပိုး₃ (po:) *n* Pwo (Karen)

ပိုးကောင် (po:-kaun) *n* ✤ insect, pest, bug (inf); ✤ silkworm

ပိုးစာ (po:-za) *n* ✾ mulberry tree

ပိုးထည် (po:-de) *n* silk (cloth)

ပိုးဖလံ (po:-hpạ-lan) *n* ✤ moth

ပိုးဖျင် (po:-hpyin) *n* raw silk

ပိုးရိုင်း (po:-yain:) *n* raw silk

ပိုးလောက်လမ်း (po:-lau'-lan:) *n* ✤ mosquito larva

ပိုးသတ်ဆေး (po:-tha'-hsei:) *n* insecticide

ပိုးဟပ် (po:-ha') *n* ✤ cockroach

ပက် (pe') *v* splash, spatter

က ခ ဃ င စ ဆ ဇ ဈ ည ဋ ဌ ဍ ဎ ဏ တ ထ ဒ ဓ န ပ ဖ ဗ ဘ မ ယ ရ လ ဝ သ ဟ ဠ အ

ပက်ပင်း (pe'-pin:) *adv* (encounter, run into, meet, come, etc) face-to-face

ပက်လက် (pe'-le') *adv* (lie, be, etc) on one's back, face up

ပက်လက်ကုလားထိုင် (pe'-le'-kə-lə-htain) *n* sling chair; deck chair

ပေါက်₁ (pau') *v* be broken, have a puncture, be pierced; burst; explode (of bomb, etc) go off; win; sprout; grow; understand

ပေါက်₂ (pau') *n* hole, puncture, opening; drop, spot, dot

ပေါက်ဂဏန်း (pau'-gə-nan:) *n* winning lottery number

ပေါက်စ (pau'-sạ) *n* baby

ပေါက်စီ (pau'-si) *n* Chinese steamed dumpling

ပေါက်ဈေး (pau'-zei:) *n* current price

ပေါက်တူး (pau'-tu:) *n* hoe; mattock

ပေါက်ပေါက် (pau'-pau') *n* popcorn; puffed rice

ပိုက်₁ (pai') *v* carry close to the chest, cradle in arms; accept

ပိုက်₂ (pai') *n* net; pipe; tube,

hose; drinking straw

ပိုက်ဆံ (pai'-hsan) *n* money

ပုဂ္ဂလိက (po'-gə-lị-kạ) *adj* personal; private

ပုဂ္ဂိုလ် (po'-go) *n* person, individual; personage

ပင်₁ (pin) *n* ✿ plant, tree

ပင်₂ (pin) *part* even, indeed, actually, in fact

ပင်ကို(ယ်) (pin-go) *n* origin; nature

ပင်စိမ်း (pin-zein:) *n* ✿ basil

ပင်တိုင် (pin-dain) *n* regular; main

ပင်နီ (pin-ni) *n* ✿ cotton plant with reddish fibres or; cloth woven from it

ပင်ပန်း (pin-pan:) *v* be tired

ပင်မုည့် (pin-hmẹ) *n* ✿ passionfruit

ပင်လယ် (pin-le) *n* 🌏 sea, ocean

ပင်လယ်ကမ်းခြေ (pin-le-kan:-jei) *n* seashore; beach

ပင်လယ်ကွေ့ (pin-le-gwẹị) *n* 🌏 gulf

ပင်လယ်ဓားပြ (pin-le-də-mya) *n* pirate

ပင်လယ်အော် (pin-le-ɔ) *n* 🌏

bay

ပင့် (piṇ) v raise; support, help

ပင့်ကူ (piṇ-gu) n 🕷 spider

ပင့်ကူအိမ် (piṇ-gu-ein) n spider-web

ပင်းယ (pin:-ya) n ⚛ Pinya dynasty

ပေါင်၁ (paun) v add (on); pawn

ပေါင်၂ (paun) n thigh; border, frame

ပေါင်၃ (paun) n pound

ပေါင်ချိန် (paun-jein) n weight (in pounds)

ပေါင်ဒါ (paun-da) n talcum powder

ပေါင်မုန့် (paun-moṇ) n bread

ပေါင်း၁ (paun:) v add; mix, collect and unite; be friends with; associate with; steam

ပေါင်း၂ (paun:) part in all, in total, combined, altogether

ပေါင်းကူး (paun:-gu:) arch

ပေါင်းစုံ (baun:-zon) adv of all sorts

ပေါင်းစပ်နာမ် (paun:-sa'-nan) n [gram] compound noun

ပေါင်းဆုံ (paun:-hson) v come together, merge, integrate

ပေါင်းရေ (paun:-yei) n distilled

water

ပိုင် (pain) v own, possess; be very good (at); have a right to

ပိုင်ခွင့် (pain-gwiṇ) n right (to); [in comb] authority (to)

ပိုင်ဆိုင် (pain-hsain) v own; have authority over

ပိုင်ဆိုင်ခွင့် (pain-hsain-gwiṇ) n title (e.g., to a piece of property)

ပိုင်ရှင် (pain-shin) n owner

ပိုင်း၁ (pain:) v divide (up), split, cut (in two); split

ပိုင်း၂ (pain:) n part, section, half; area; period

ပစ်၁ (pyi') v throw; throw away, throw out, dispose of; shoot, fire

ပစ်၂ (pyi') part particle used to show that sthg is done without effort, restraint, care, etc

ပစ္စည်း (pyi'-si:) n parts, accessories; things; one's property, possessions; [gram] particle

ပစ်တိုင်းထောင် (pyi'-tain:-daun) n toy which springs back up

က ခ ဂ ဃ င စ ဆ ဇ ဈ ည ဋ ဌ ဍ ဎ ဏ တ ထ ဒ ဓ န ပ ဖ ဗ ဘ မ ယ ရ လ ဝ သ ဟ ဠ အ

when knocked down

ပုစ္ဆာ (po'-hsa) n question; riddle; problem

ပဉ္စမ (pyin-sa-ma) n fifth

ပဉ္ဇင်း (ba-zin:) n 📖 fully ordained monk

ပုဏ္ဏား (pon-na:) n Brahman, Brahmin

ပုဏ္ဏားမ (pon-na:-ma) n Brahmanee, Brahmini

ပတ်₁ (pa') n wrap around, wind around, go around; circle

ပတ်₂ (pa') n week; cycle; ♪ drum

ပတ္တမြား (ba-da-mya:) n ruby

ပတ်တီး (pa'-ti:) n ⚕ bandage, dressing

ပတ်(ပတ်)လည် (pa'-(pa')-le) adv (all) around, surrounding

ပတ်ဝန်းကျင် (pa'-wun:-jin) n environment; surroundings

ပတ်ဝန်းကျင်ထိန်းသိမ်းရေး (pa'-wun:-jin-htein:-thein:-yei:) n (environmental, ecological) conservation, environmental protection

ပတ်သက် (pa'-the') v have to do with, be connected with

ပိတ် (pei') v close, shut; cover (up); block; shut down, be over; turn off, shut off, switch off

ပိတ်စ (pei'-sa) n cotton; cloth, material, fabric

ပိတ်ရက် (pei'-ye') n holiday

ပုတ် (po') n pat, tap, slap, hit

ပုတ်သင်ညို (po'-thin-nyo) n ❀ garden blue lizard

ပုဒ် (po') n classifier for counting short pieces writing, e.g., paragraphs, songs, poems, articles, etc

ပုဒ်ကလေး (po'-hka-lei:) n 'ı' mark

ပုဒ်ကြီး (po'-ji:) n 'ıı' mark

ပုဒ်ဖြတ် (po'-hpya') n 'ı' mark

ပုဒ်မ (po'-ma) n ⚖ section (of an act); 'ıı' mark

ပန် (pan) v wear (in one's hair or ear); request

ပန်ကာ (pan-ka) n (electric) fan; mechanical fan; ⚓ propeller

ပန်း₁ (pan:) v be tired; be tiring

ပန်း₂ (pan:) n flower, blossom; pattern, design; traditional

−ၥ ့ ့ ႆ ႊ ၔ ၖ ၖ−ၥ ၖ−ၓ ့

arts, crafts, and skills; tails (of coin)

ပန်းကန် (bə-gan) n dish; plate, bowl

ပန်းချီ (bə-ji) n painting

ပန်းခြံ (pan:-jan) n park; flower garden

ပန်းတိုင် (pan:-dain) n winning post; goal, destination

ပန်းထိမ် (bə-dein) n goldsmith

ပန်းနာ (pan:-na) n ✚ asthma

ပန်းပု (bə-bu) n woodcarving, woodwork

ပန်းရန် (pə-yan) n masonry

ပန်းရောင် (pan:-yaun) n pink

ပန်းသီး (pan:-dhi:) n ❀ apple

ပန်းသေး (pan:-dhei:) n Chinese Muslim

ပိန် (pein) v be thin, be skinny

ပိန္နဲ (pein:-ne:) n ❀ jackfruit

ပိန်း (pein:) n ❀ taro

ပုန်ကန် (pon-kan) v 🌐 ⚔ rebel

ပုန်း (pon:) v hide

ပပ် (pa') n (of skin) be chapped

ပုပ် (po') v rot, decay; ferment

ပံ့ (paṇ) v help, aid

ပိမ့် (peiṇ) n ✚ rash (of small hard bumps on the skin)

ပုံ₁ (pon) v pile (up); be numerous, be many, be a lot

ပုံ₂ (pon) n form, shape, figure; example, model, pattern; type, kind; heap, pile; part, portion

ပုံကြမ်း (pon-jan:) n rough sketch; outline

ပုံစံ (pon-zan) n model, standard, pattern; kind; style; appearance; impression; form, questionnaire

ပုံစံကျ (pon-zan-jạ) v be in good style, look right, look good; be made or done properly

ပုံဆွဲ (pon-hswe:) v draw, sketch; design

ပုံတူ (pon-du) n portrait

ပုံနှိပ် (pon-hnei') v print

ပုံပြင် (pon-byin) n fable, (folk)tale

ပုံမှန် (pon-hman) v be regular, be usual

ပုံသေနှုန်း (pon-dhei:-hnon:) n fixed price, flat rate

ပုံး (pon:) n bucket, pail

ပုံးရည်ကြီး (pon:-yei-ji:) n paste made from fermented beans

ပယ် (pe) *v* reject, exclude, disqualify; decline

ပလ္လင် (pə-lin) *n* throne

ပိဿာ (pei'-tha) *n viss*, unit of weight equal to 100 ကျပ် (ticals), 1.63 kg, 3.6 pounds

ပျာ (pya) *v* be flustered

ပျား (pya:) *n* 🐝 bee

ပျားတူ (bə-du) *n* 🐝 hornet, wasp

ပျားရည် (pya:-yei) *n* honey

ပျားအုံ (pya:-on) *n* beehive

ပျူ (pyu) *n* 🏛 Pyu

ပျော့ (pyɔ) *v* be soft

ပျော့ကွက် (pyɔ-gwe') *n* weak point, vulnerability

ပျော် (pyɔ) *v* be happy, have fun, have a good time, enjoy oneself; melt, thaw; dissolve

ပျော်ပါး (pyɔ-ba:) *v* enjoy oneself

ပျို (pyo) *v* be tender; be young

ပျို့ (pyọ) *v* feel sick (to one's stomach), be nauseated

ပျိုး (pyo:) *v* sow, plant (seeds); start

ပျက် (pye') *v* be destroyed, be ruined, be wrecked; be disturbed; break down; be broken

ပျက်စီး (pye'-si:) *v* be ruined, be destroyed, be wrecked; be lost; die, pass away

ပျောက် (pyau') *v* disappear; lose (sthg); be gone, be missing; (of disease) be cured

ပျင်း (pyin:) *v* be lazy; be bored

ပျင်းစရာကောင်း (pyin:-zə-ya-kaun:) *v* be boring

ပျစ် (pyi') *v* be thick, be viscous

ပျဉ် (pyin) *n* plank; timber, lumber

ပျဉ်ထောင် (pyin-daun) *n* wooden house

ပျဉ်းကတိုး (pyin:-gə-do:) *n* 🌿 kind of ironwood

ပုံ (pyan) *v* fly

ပုံ့ (pyaṇ) *v* spread, diffuse

ပျမ်းမျှ (pyan:-hmyạ) *n* average

ပြ₁ (pya) *v* show, display, exhibit; indicate

ပြ₂ (pya) *n* tower in a palace wall, or distance between them; (Mandalay) length of a city block

ပြ₃ (pya) *part* verb suffix

indicating that sthg is done
in public, to demonstrate,
show or explain, or to call
attention to

ပြတိုက် (pya-dai') *n* museum

ပြပွဲ (pya̱-bwe:) *n* exhibition,
show, fair

ပြတင်းပေါက် (ba̱-din:-bau') *n*
window

ပြာ₁ (pya) *v* be blue; (of vision,
eyes) be dazzled; be blinded

ပြာ₂ (pya) *n* ash

ပြာခွက် (pya-gwe') *n* ashtray

ပြား₁ (pya:) *v* be flat; vary

ပြား₂ (pya:) *n* pya, one-
hundredth of a kyat; small
flat bottle; pill, tablet

ပြီ (pi) *part* -ing; already, yet

ပြီး₁ (pi:) *v* finish, be done;
complete (sthg); be immune
to (disease); be resistant to
(medicine, disease)

ပြီး₂ (pi:) *part* suffix to a verb
indicating completion, similar
to past tense in English;
after(wards), and, also

ပြီးမြောက် (pi:-myau') *v* come to
a successful conclusion

ပြု (pyu̱) *v* do; look after, care

for, take care of

ပြုပြင် (pyu̱-byin) *v* improve,
reform; repair

ပြေ (pyei) *v* be satisfied; be
relieved; (of poison, alcohol,
etc) wear off

ပြေလည် (pyei-le) *v* be
resolved; be reconciled

ပြေး (pyei:) *v* run; go fast; be
iridescent

ပြဲ (pye:) *v* be torn, be ripped

ပြော (pyɔ:) *v* talk; speak; say
(sthg to sb); tell (sb sthg)

ပြောပြ (pyɔ:-pya̱) *v* explain

ပြို (pyo) *v* collapse; slide, slip

ပြက် (pye') *v* joke, tell jokes,
kid

ပြက္ခဒိန် (pye'-ga̱-dain) *n*
calendar

ပြောက် (pyau') *n* drop; spot,
dot

ပြင်₁ (pyin) *v* prepare, get ready;
correct; repair; alter

ပြင်₂ (pyin) *part* outside; other
than, besides, as well

ပြင်သစ် (pyin-thi') *n* 🌐 French

ပြင်း (pyin:) *v* be intense, be
strong

ပြင်းထန် (pyin:-htan) *v* be

severe, be violent

ပြောင် (pyaun) *v* be bare, (of head) be bald; be shiny; be blank; joke, send up

ပြောင်း₁ (pyaun:) *v* move, shift; change, replace

ပြောင်း₂ (pyaun:) *n* tube; ✿ maize, corn; ✿ millet

ပြောင်းပြန် (byaun:-byan) *adv* opposite; backward(s); the wrong way around; conversely

ပြောင်းဖူး (pyaun:-bu:) *n* ✿ corn(cob)

ပြိုင် (pyain) *v* compete (with, against)

ပြိုင်ပွဲ (pyain-bwe:) *n* game, competition, contest, match, tournament

ပြိုင်ဖက် (pyain-be') *n* rival, adversary, competitor

ပြစ်ဒဏ်ချ (pyi'-dan-chạ) *v* ⚖ sentence, condemn

ပြစ်မှု (pyi'-hmụ) *n* ⚖ crime, offence, violation, charge

ပြည် (pyi) *n* 🌐 [inf] country; unit of measure for grain; ☤ pus

ပြည်ကြီးငါး (pyi-ji:-nga:) *n* ☙ squid

ပြည်တွင်း (pyi-dwin:) *v* 🌐 be local, be internal; 💰 be domestic

ပြည်တွင်းစစ် (pyi-dwin:-si') *n* 🌐 ⚔ civil war

ပြည်ထဲရေး (pyi-de:-yei:) *n* 🌐 home affairs, domestic affairs

ပြည်ထောင်စု (pyi-daun-zụ) *n* 🌐 union

ပြည်နယ် (pyi-ne) *n* 🌐 state, province

ပြည်နှင်ဒဏ် (pyi-hnin-dan) *n* ⚖ deportation

ပြည်ပ (pyi-pạ) *v* 🌐 be foreign; be external

ပြည်သူပြည်သား (pyi-dhu-pyi-dha:) *n* 🌐 people; citizens

ပြည့် (pyeị) *v* be whole; be full; be filled

ပြည့်စုံ (pyeị-zon) *v* perfect, complete, optimal

ပြည့်တန်ဆာ (pyị-də-za) *n* sex worker, prostitute

ပြတ် (pya') *v* snap, break; end

ပြတ်ပြတ်သားသား (pya'-pya'-tha:-dha:) *adv* decisively

ပြုတ် (pyo') *v* detach; be detached; (of joints, etc)

─ ─ ◌ ◌ ─ ─ ေ─ ─ ေ─ာ ေ─ာ် ◌

dislocate; be dismissed (from job); boil (eggs)

ပြန်₁ (pyan) v return, go back, go home; reply; reflect; sweat

ပြန်₂ (pyan) part over again; resume

ပြန်ကြား (pyan-ja:) v report, inform; reply, answer

ပြန်ပေးဆွဲ (pyan-bei:-hswe:) v kidnap, abduct

ပြန်ပြော (pyan-pyɔ:) v talk back; repeat; tell (to others)

ပြန်လည် (pyan-le) adv again; in retaliation, in reaction; in return

ပြန်လှန် (pyan-hlan) adv again, once more; in return

ပြန့် (pyan) v spread, become widespread, extend; be smooth

ပြုံး (pyon:) v smile

ပြဿနာ (pya'-thə-na) n problem, trouble

ပွ (pwa) v spread; swell; be puffy

ပွား (pwa:) v increase (in number), proliferate, replicate

ပွေး (pwei) n ✿ mole;

✿ ringworm

ပွဲ (pwe:) n festival, celebration, party; show

ပွဲစား (pwe:-za:) n broker; dealer

ပွင့်₁ (pwin) v bloom, blossom; open, be open; (of light, radio, fan) be on

ပွင့်₂ (pwin) n (classifier for) flower, star

ပွိုင့် (pwain) n point

ပွတ် (pu') v rub; smooth; scour, scrub

ပွတ်ခုံ (pu'-hkon) n lathe

ပြွတ် (pyu') n ✚ syringe; tube

ပြွန် (pyun) n tube, pipe; ✚ syringe

ဖ ဖဦးထုပ် hpa-o'-hto'

ဖ₁ (hpa) n the twenty-second letter in the Myanmar script

ဖ₂ (hpa) n [in comb] male (animal) (suffix)

ဖခင် (hpa-gin) n father

ဖနောင့် (hpə-naun) n heel

ဖယောင်း (hpə-yaun:) n wax

ဖယောင်းတိုင် (hpə-yaun:-dain) n candle

ဖရဲသီး (hpə-ye:-dhi:) *n* 🍉 water-melon

ဖရိုဖရဲ (hpə-yo-hpə-ye:) *adv* in a mess

ဖရုံသီး (hpə-yon-dhi:) *n* 🍉 pumpkin

ဖလား (hpə-la:) *n* bowl; cup

ဖလင် (hpə-lin) *n* film

ဖလံ (hpə-lan) *n* 🦋 moth

ဖလှယ် (hpə-le) *v* exchange

ဖဝါး (hpə-wa:) *n* palm (of the hand); sole (of the foot)

ဖဦးထုပ် (hpa̩-o'-hto') *n* the name of the letter ဖ

ဖာ (hpa) *v* mend, patch

ဖား (hpa:) *n* 🐸 frog

ဖားပြုပ် (hpə-byo') *n* 🐸 toad

ဖားဥ (hpa:-u̩) *n* frogspawn; mildew

ဖိ (hpi̩) *v* press, flatten

ဖိနပ် (hpə-na') *n* footwear, any kind of shoe, sandal, slipper in general

ဖိနပ်ပေါက် (hpə-na'-pau') *v* have blisters

ဖီး (hpi:) *n* 🍌 bunch of bananas

ဖု (hpu̩) *n* lump, bump

ဖူး₁ (hpu:) *v* worship

ဖူး₂ (hpu:) *n* 🌱 bud; (corn) cob

ဖူး₃ (hpu:) *part* ever; never

ဖူးသွား (hpu:-thwa:) *v* make a pilgrimage

ဖေဖေ (hpei-hpei) *n* papa; daddy

ဖေဖော်ဝါရီ (hpei-hpə-wa-ri) *n* February

ဖဲ (hpe:) *n* (playing) cards; (game of) cards; satin

ဖဲထုပ် (hpe:-do') *n* deck of cards

ဖဲရိုက် (hpe:-yai') *v* play cards

ဖဲဝေ (hpe:-wei) *v* deal (the cards)

ဖဲ့ (hpe̩) *v* break off

ဖဲ့ထွက် (hpe̩-htwe') *v* break away

ဖော (hpɔ:) *v* be swollen; 🌱 have oedema, have edema; be bloated

ဖော့ဖျက် (hpɔ̩-bye') *n* rubber, eraser

ဖော် (hpɔ) *v* reveal, expose; state; dig up, dig out

ဖော်ပြ (hpɔ-pya̩) *v* show, reveal; express

ဖို (hpo) *part* male (suffix); one of a pair of opposites

ဖို့ (hpo̩) *part* for, to

ဖိုး (hpo:) *part* prefix to a

man's name

ဖက်₁ (hpe') v hug, embrace; go together

ဖက်₂ (hpe') n leaf used to wrap things; one of a pair; (be') side, team; match

ဖက်စပ်လုပ်ငန်း (hpe'-sa'-lo'-ngan:) n 🏭 joint venture

ဖက်ထုပ် (hpe'-hto') n wonton, potsticker

ဖက်ရှင် (hpe'-shin) n *fashion*, style, vogue

ဖောက် (hpau') v bore, drill, put a hole in; open; betray; ferment

ဖောက်ပြန် (hpau'-pyan) v change, be erratic, become different, act odd

ဖောက်ဖျက် (hpau'-hpye) v violate (agreement), break (rule); disobey

ဖောက်သည် (hpau'-the) n regular customer

ဖင် (hpin) n bottom (of bottle, etc); bottom, bum, butt

ဖောင် (hpaun) n ⚓ raft

ဖောင်း (hpaun:) v bulge, swell

ဖိုင် (hpain) n *file*, folder, binder; *file*, dossier

ဖတ်₁ (hpa') v read

ဖတ်₂ (hpa') n solid part (of soup, juice)

ဖတ်စာ (hpa'-sa) n reader, textbook

ဖိတ် (hpei) v invite; spill

ဖုတ်₁ (hpo') v bake, roast

ဖုတ်₂ (hpo') n zombie, ghost

ဖန်₁ (hpan) v have a sharp tannic flavour

ဖန်₂ (hpan) n (blown) glass

ဖန်ဆင်း (hpan-zin:) v create

ဖန်တီး (hpan-di:) v invent, create; improvise

ဖိန့် (hpein) v bluff

ဖိန်းနွဲ့ခါ (hpein:-nwe:-ga, hpə-nwe:-ga) n in three days' time

ဖုန် (hpon) n dust

ဖုန်စုပ် (hpon-so') v hoover, vacuum

ဖုန်စုပ်စက် (hpon-so'-se') n hoover, vacuum cleaner

ဖုန်း (hpon:) n *phone*

ဖုန်းကိုင် (hpon:-kain) v answer the phone, pick up the phone

ဖုန်းကိုင်ထား (hpon:-kain-hta:) v hold (the line)

ဖုန်းချ (hpon:-chạ) v hang up, ring off

ကခဂဃငစဆဇဈညဋဌဍဎဏတထဒဓနပဖဗဘမယရလဝသဟဠအ

ဖုန်းလာ (hpon:-la) v (of phone)
ring; (of person) have a
phone call

ဖမ်း (hpan:) v catch, capture;
arrest

ဖုံး (hpon:) v cover, put a lid
on; conceal

ဖုံးကွယ် (hpon:-kwe) v withhold,
conceal (information,
evidence)

ဖယ် (hpe) v push aside; give
way

ဖျာ (hpya) n mat

ဖျား၁ (hpya:) v have a fever

ဖျား၂ (hpya:) n tip, end

ဖျော် (hpyɔ) v dissolve (in
water); make, brew (coffee,
tea)

ဖျော်ရည် (hpyɔ-yei) n (fruit)
juice

ဖျက် (hpye') v destroy, ruin,
wreck, spoil; delete, erase;
spoil (child)

ဖျက်ဆီး (hpye'-hsi:) v destroy,
ruin, wreck, spoil; spoil
(child)

ဖျောက်ဖျက် (hpyau'-hpye') v
eradicate, eliminate, remove
completely

ဖျင် (hpyin) n hand-woven cloth

ဖျစ် (hpyi') v squeeze (between
thumb and fingers)

ဖျဉ်းစွဲ (hpyin:-swe:) v ☥ have
(o)edema

ဖျတ်ခနဲ (hpya'-hkə-ne:) adv
suddenly; in a flash

ဖျတ်လတ် (hpya'-la') v be quick,
be nimble

ဖျန်း (hpyan:) v (of water)
sprinkle, splash; ☥ (of
Anglicans) baptise

ဖြားယောင်း (hpya:-yaun:) v
mislead, deceive

ဖီး (hpi:) v comb, brush (hair)

ဖီးဖြန်း (hpyi:-hpyan:) v bluff,
pretend

ဖြ(ဒ်) (hpyu) n fuse

ဖြူ၁ (hpyu) v be white; (of skin)
be fair; (of person) be
honest, be sincere

ဖြူ၂ (hpyu) n ☙ porcupine

ဖြူး၁ (hpyu:) v sprinkle

ဖြူး၂ (hpyu:) n fuse

ဖြေ (hpyei) v untie, undo,
open, loosen; answer,
respond to

ဖြေဆေး (hpyei-zei:) n ☥ anti-
dote

-၁ ‌ိ ‌ု ‌ိ ‌ု ေ- ‌ဲ ေ-ာ ေ-ာ် ‌ို

ေဖြရှင်း (hpyei-shin:) v explain; solve (problems)

ဖဲ (hpye:) v gape, open wide (of eyes, mouth, etc); tear (paper, cloth, etc)

ဖျို (hpyo) v demolish, destroy

ဖျိုး (hpyo:) v be abundant, be plentiful

ဖြင့် (hpyin) part with, by

ေဖြာင့် (hpyaun) v straighten, be straight; be straightforward

ဖြစ် (hpyi') v be, exist; become; happen, occur

ဖြစ်ကောင်းဖြစ်မယ် (hpyi'-kaun:-hypi'-me) adv probably

ဖြစ်ချင်ဖြစ်မယ် (hpyi'-chin-hpyi'-me) adv maybe

ဖြစ်စေ...ဖြစ်စေ (hpyi'-sei...hpyi'-sei) part 🔖 whether ... or; either ... or

ဖြစ်နိုင် (hpyi'-nain) v maybe so, could be

ဖြစ်မြောက် (hpyi'-myau') v succeed; accomplish

ဖြည့် (hpyei) v fulfil, satisfy; add

ဖြည့်စွက် (hpyei-swe') v add (to make up for a shortfall), refill, fill up; supplement; revise, extend

ဖြည့်ဆည်း (hpyei-zi:) v fulfil a need, provide

ဖြည်းဖြည်း (hpyei:-byei:) adv slowly

ဖြတ် (hpya') v cut, sever; break off; cross, go across, go past

ဖြတ်လမ်း (hpya'-lan:) n shortcut

ဖြုတ် (hpyo') v undo, take off, unfasten; close down, shut down; dismiss

ဖြုတ်ခနဲ (hpyo'-hkə-ne) adv suddenly; in a flash

ဖြန့် (hpyaṇ) v spread, spread out; distribute

ဖြုန်း (hpyon:) v waste, squander

ဖြုန်းခနဲ (byon:-gə-ne) adv suddenly, unexpectedly, instantly

ဖွား (hpwa:) v give birth (to); be born (at a certain time, place)

ဖွားဖွား (hpwa:-hpwa:) n grandma, granny

ဖွားလက်မှတ် (hpwa:-le'-hma') n birth certificate

ဖွဲ (hpwe:) n bran; rice husk, chaff

ဖွဲ့ (hpwẹ) v form, found (organization, union, club)

က ခ ဂ ဃ င စ ဆ ဇ ဈ ည ဋ ဌ ဍ ဎ ဏ တ ထ ဒ ဓ န ပ ဖ ဗ ဘ မ ယ ရ လ ဝ သ ဟ ဠ အ

ဖွင့် (hpwin̰) v open (door, window, mouth); switch on, turn on (light, computer)

ဖွင့်ပွဲ (hpwin̰-bwe:) n opening, premiere

ဖွတ် (hpu') n ❀ monitor (lizard)

ဖွတ်တက် (hpu'-te') v jinx, cause bad luck

ဖွပ် (hpu') v wash (clothing)

ဖွံ့ဖြိုး (hpun̰-hpyo:) v be prosperous; be developed

ဖွယ်ရာ (hpwe-ya) part for, to, -able

ဗ ဗထက်ခြိုက် ba̰-lə-chai'

ဗ (ba̰) n the twenty-third letter in the Myanmar script

ဗထက်ခြိုက် (ba̰-lə-chai') n name of the ဗ

ဗမာ (bə-ma) n Burman, Bama, Bamar, Burma member of the largest ethnic group in Myanmar

ဗမာစကား (bə-ma-zə-ga:) n (spoken) Burmese

ဗမာစာ (bə-ma za) n (written) Burmese

ဗယာကြော် (bə-ya-jɔ) n fried ground yellow beans and spices, similar to falafel

ဗလ (bə-la̰) n strength

ဗလာ (bə-la) n blank, nothing

ဗလာစာအုပ် (bə-la-sa-o') n copybook, exercise book, blank book

ဗလီ (bə-li) n ☪ mosque

ဗလုံ (bə-lon) n bubble

ဗဟုသုတ (bə-hṵ-thṵ-da̰) n (general) information; knowledge, wide experience

ဗဟို (bə-ho) v be central

ဗဟိုချက် (bə-ho-je') n centre, center

ဗာဒံ (ban-da̰) n ❀ Indian almond

ဗာလချောင်(ကြော်) (bə-lə-chaun-(jɔ)) n spicy fried condiment made from dried shrimp, garlic, onions and chilli oil

ဗား (ba:) n valve

ဗိလတ်မြေ (bḭ-la'-myei) n cement

ဗိလတ်ရည် (bḭ-la'-yei) n soft drinks, fizzy drinks

ဗိသုကာ (bḭ-thṵ-ka) n architect

ဗိ (bi, bwi) n the letter V

－ာ ◌ု ◌ူ ◌ိ ◌ီ ေ－ ◌ဲ ေ－ာ ေ－ာ် ◌ို

ဗိတာမင် (bi-ta-min) *n vitamin*

ဗိရို (bi-do) *n bureau*, cupboard, wardrobe

ဗီလား (bi-la:) *n* ♣ horseshoe crab, king crab; long woven rainhood

ဗေဒ (bei-da) *n veda*, knowledge, science

ဗေဒါ (bei-da) *n* ✾ water hyacinth

ဗေဒင် (bei-din) *n* ✠ fortune telling, astrology

ဗေဒင်ဟော (bei-din-hɔ:) *v* ✠ tell sb's fortune

ဗို့အား (bo-a:) *n voltage*

ဗောက် (bau') *n dandruff*

ဗိုက် (pai') *n* stomach, belly

ဗိုက်ချ (bai'-cha) *v* trim a fat stomach, reduce one's waistline

ဗိုက်ကြီး (bai'-ji:) *v* [inf] be pregnant

ဗိုက်ဆာ (bai'-hsa) *v* be hungry

ဗိုက်မကောင်း (bai'-mə-kaun:) *v* have diarrhoea; have a stomachache

ဗုဒ္ဓ (bo'-da) *n* ☷ the Buddha

ဗုဒ္ဓဘာသာ (bo'-da-ba-dha) *n* ☷ Buddhism; Buddhist

ဗုဒ္ဓဟူး (bo'-də-hu:) *n* Wednesday; (the planet) Mercury

ဗန်းစကား (ban:-zə-ga:) *n* slang

ဗုံ (bon) *n* ♪ double-headed drum

ဗုံး (bon:) *n* ⚔ *bomb*, mine, shell

ဗုံးပေါက် (bon:-pau') *v* (of a bomb) explode

ဗိုလ် (bo) *n* ⚔ [army, air force] lieutenant; ⚔ ⚓ [navy] sub-lieutenant; ✦white person

ဗိုလ်ကျ (bo-ja) *v* bully, be bossy

ဗိုလ်ကြီး (bo-ji:) *n* ⚔ [army, air force] captain; ⚔ ⚓ [navy] lieutenant

ဗိုလ်ချုပ် (bo-jo') *n* ⚔ [army, air force] major general; ⚔ ⚓ [navy] rear admiral

ဗိုလ်ချုပ်ကြီး (bo-jo'-ji:) *n* ⚔ [army, air force] general; ⚔ ⚓ [navy] admiral

ဗိုလ်ချုပ်မှူးကြီး (bo-jo'-hmu:-ji:) *n* ⚔ senior general

ဗိုလ်စားပဲ (bo-za:-be:) *n* ✾ green bean, French bean

ဗိုလ်မှူး (bo-hmu:) *n* ⚔ [army, air force] major; ⚔ ⚓ [navy] lieutenant commander

က ခ ဂ ဃ င စ ဆ ဇ ဈ ည ဋ ဌ ဍ ဎ ဏ တ ထ ဒ ဓ န ပ ဖ ဗ ဘ မ ယ ရ လ ဝ သ ဟ ဠ အ

ဗိုလ်မှူးကြီး (bo-hmu:-ji:) n
   ⚔ [army, air force] colonel;
   ⚔ ⚓ [navy] captain

ဗိုလ်မှူးချုပ် (bo-hmu:-jo') n
   ⚔ [army, air force] bridadier
   general; ⚔ ⚓ [navy] commo-
   dore

ဗိုလ်လို (bo-lo) adv [inf] (speak)
   in English; (dress) in Western
   style clothing

ဗျာ၊ ဗျာ၊ ဗျား (bya, bya, bya:)
   part polite form used by men,
   yes (to show that sb has
   one's attention); excuse me
   (to indicate one has not
   understood)

ဗျူဟာ (byu-ha) n ⚔ unit;
   ⚔ military operations
   planning tactics; systematic
   arrangement

ဗျူဟာဆင် (byu-ha-hsin) v
   ⚔ deploy troops for battle

ဗျူး (byu:) v interview

ဗျို၊ ဗျို့ (byo, byo) part or
   response used esp by men, to
   show attention; word called
   out to get attention, hallo

ဗျည်း (byi:) n consonant

ဗြိတိသျှ (bri-ti-sha) adj

🌐 British

ဗြိတိန်(နိုင်ငံ) (bri-tein-(nain-
   ngan)) n 🌐 Britain

ဗြောက် (byau') n firecracker;
   🔫 pistol, revolver; ♫ clapper

ဗြဟ္မာ (bya-ma) n [cosm]
   Brahma

ဗွီ (bwi) n the letter V

ဗွက် (bwe') n (puddle of) mud

ဘ   ဘကုန်း ba-gon:

ဘ₁ (ba) n the twenty-fourth
   letter in the Myanmar script

ဘ₂ (ba) n father

ဘကုန်း (ba-gon:) n the name of
   the letter ဘ

ဘကြီး (ba-ji:) n uncle

ဘရိတ် (ba-rei) n brake

ဘရိတ်အုပ် (ba-rei-o') v brake,
   step on the brake(s)

ဘရန်ဒီ (ba-ran-di) n brandy

ဘလောက် (ba-lau') n block

ဘဝ (ba-wa) n life

ဘဲ (ba-we:) n 🐙 octopus

ဘာ (ba) pron what, which

ဘာ...ညာ... (ba...nya...) part
   affix indicating that there is

more which is unsaid: and so
on, and the like, and all that,
this and that

ဘာကြောင့် (ba-jaun) *adv* why

ဘာဂျာ (ba-ja) *n* ♫ harmonica;
♫ concertina

ဘာဂျာတံခါး (ba-ja-də-ga:) *n*
scissor gate, accordian gate

ဘာပဲဖြစ်ဖြစ် (ba-pe:-hpyi'-hpyi')
pron whatever

ဘာပြုလို့ (ba-pyụ-lọ) *adv* why,
how come

ဘာဖြစ်လို့ (ba-hpyi'-lọ) *adv* why,
how come

ဘာမဆို (ba-mə-hso) *n* any-
thing (at all)

ဘာမှ (ba-hmạ) *n* [with neg
verb] anything, nothing

ဘာမျှ (ba-hmyạ) *n* [with neg
verb] anything, nothing

ဘာလို့ (ba-lọ) *adv* why

ဘာလုပ်(ဖို့) (ba-lo'-(hpọ)) *adv*
why, what for

ဘာသာ (ba-dha) *n* language;
religion; subject (of study)

ဘီလိယက် (bị-lị-ye') *n*
billiards; snooker

ဘီလပ်မြေ (bị-la'-myei) *n*
cement

ဘီလပ်ရည် (bị-la'-yei) *n* fizzy
drink (Br), soft drink (Am),
pop (Am)

ဘီလျက် (bị-lye') *n billiards*;
snooker

ဘီ (bi) *n* the letter *B*

ဘီစကွတ် (bi-sə-ku') *n biscuit*

ဘီယာ (bi-ya) *n beer*

ဘီရို (bi-do) *n bureau*, cup-
board, wardrobe

ဘီလူး (bə-lu:, bi-lu:) *n* mythical
monster with a human-like
form, ogre

ဘီး₁ (bi:) *n comb*

ဘီး₂ (bein:) *n wheel*

ဘီးခွန် (bein:-gun) *n toll*

ဘီးပတ်ကြိုး (bein:-pa'-jo:) *n*
transmission belt

ဘုရား (hpə-ya:) *n* 🕮 the
Buddha; god, deity;
🕮 Buddha image; 🕮 pagoda,
stupa, chedi

ဘုရားကျောင်း (hpə-ya:-jaun:) *n*
♰ church

ဘုရားစင် (hpə-ya:-zin) *n* 🕮
shrine to the Buddha, altar

ဘုရားပွဲတော် (hpə-ya:-bwe:-
(dɔ)) *n* 🕮 pagoda festival

ဘုရားဖူး (hpə-ya:-hpu:) *v*

worship at a pagoda; make a pilgrimage

ဘုရားလူကြီး (hpə-ya:-lu-ji:) n pagoda trustee

ဘုရားသခင် (hpə-ya:-thə-hkin) n God

ဘုရင် (bə-yin) n king, monarch

ဘုရင်ခေတ် (bə-yin-hki') n feudal times, feudal period

ဘုရင်မ (bə-yin-ma) n queen (regent or regnant), monarch

ဘူတာ(ရုံ) (bu-ta-(yon)) n railway station; train station

ဘူဖေး (bu-hpei:) n buffet

ဘူး₁ (bu:) n kind of light-green gourd; container, jar

ဘူး₂ (bu:) part verb suffix for the end of a negative sentence; infix used in a negative question

ဘေး (bei:) n side; danger; disaster; harm

ဘေးကပ် (bei:-ka') v keep to one side

ဘေးတွေ့ (bei:-twei.) v be in danger, be at risk

ဘေးထိ (bei:-hti.) n be harmed,

come to harm

ဘေးမှာ (bei:-hma) adv beside

ဘဲ₁ (be:) n duck; young man, bloke, guy

ဘဲ₂ (be:) part without; before; although; not even

ဘဲဥ (be:-u.) n duck egg

ဘဲဥပုံ (be:-u.-bon) n oval; ellipse

ဘော (bɔ:) n ball

ဘောကွင်း (bɔ:-gwin:) n football field

ဘောလုံး (bɔ:-lon:) n inflated ball, esp football

ဘောလုံးကန် (bɔ:-lon:-kan) n play football, play soccer

ဘော်ဒါ (bɔ-da) n boarder; friend, mate

ဘော်ဒါကျောင်း (bɔ-da-jaun:) n boarding school

ဘော်လီ (bɔ-li) n woman's fitted undergarment, chemise

ဘော်လီဘော (bɔ-li-bɔ:) n volleyball

ဘိုး (hpo:) n grandfather

ဘိုးဘွားရိပ်သာ (bo:-bwa:-yei'-tha) n home for the elderly

ဘက် (be') n direction, area; side

－ၚ ့ ့ ႘ ႘ ၚ－ ႘ ၚ－ ၚ－ၚ ့

ဘက်စုံ (be'-son) v be holistic; be versatile; be comprehensive

ဘက်ညီ (be'-nyi) v (of sides, contest, etc) be even

ဘက်တံ (be'-dan) n bat; racket, raquet

ဘက်လိုက် (be'-lai') v be partial, be unfair, be biased

ဘက်ထရီ (be'-hta-ri) n battery

ဘောက်ချာ (bau'-cha) n receipt

ဘင်း (bin:) n bhang; marijuana

ဘောင် (baun) n frame; border

ဘောင်ဝင် (baun-win) v be acceptable, be within the understood limits

ဘောင်သွင်း (baun-thwin:) v frame (picture)

ဘောင်းဘီ (baun:-bi) n trousers, pants; underwear, shorts, boxers; knickers, panties

ဘောင်းဘီတို (baun:-bi-do) n shorts

ဘောင်းဘီရှည် (baun:-bi-shei) n trousers, (long) pants, slacks

ဘဏ် (ban) n bank

ဘတ်စ်ကား (ba'-sə-ka:) n bus; coach

ဘိန်း (bein:) n ❀ poppy; ☘ opium

ဘိန်းစား (bein:-za:) n opium addict, heroin addict

ဘိန်းဖြူ (bein:-byu) n ☘ heroin

ဘိန်းမည်း (bein:-me:) n ☘ opium

ဘိန်းမုန့် (bein:-moṇ) n rice flour pancake with peanuts and coconut

ဘိန်းရှူ (bein:-shu) n smoke opium

ဘုန်း (hpon:) n ▦ power or benefit from the accumulated merit of deeds in past lives; power, influence; glory

ဘုန်းကြီး (hpon:-ji:) n ▦ monk; ♱ minister, priest, preacher

ဘုန်းကြီးကျောင်း (hpon:-ji:-jaun:) n ▦ monastery

ဘုံ (bon) n ▦ realm, plane of existence; ⚘ communal property

ဘုံကျောင်း (bon-jaun:) n Chinese temple

ဘယ်₁ (be) n left

ဘယ်₂ (be) part which; where

ဘယ်က (be-gạ) pron where

(from)

ဘယ်ကို (be-go) *adv* where (to)

ဘယ်တော့ (be-dɔ) *adv* when (in the future)

ဘယ်တော့မှ (be-dɔ-hma) *adv* [with neg verb] never

ဘယ်တုန်းက (be-don:-ga) *pron* when (in the past)

ဘယ်နှ (be-hna-) *part* how many

ဘယ်နှယ့် (be-hnę) *part* how

ဘယ်မှ (be-hma) *part* [with neg verb] not any

ဘယ်မျှ (be-hmya) *part* [with neg verb] not any

ဘယ်လို (be-lo) *adv* ☛ how, in what way; what kind

ဘယ်လိုလဲ (be-lo-le:) *exp* What's going on?

ဘယ်လောက် (be-lau') *part* how much, how many; how, how very, so much

ဘယ်သူ (be-dhu) *pron* who

ဘယ်သူမဆို (be-dhu-mə-hso) *pron* whoever, whomever, anybody, anyone

ဘယ်သန် (be-than) *v* be left-handed

ဘယ်သံ (be-dhan) *n* ♪ bass

ဘယ်အထိ (be-ə-hti) *adv* to what extent, until what point, until when

ဘွား (bwa:) *n* grandmother

ဘွဲ့ (bwę) *n* (university) degree; title, award; ♪ kind of classical song

ဘွဲ့ရ (bwę-ya) *n* university graduate

ဘွိုင်ကောက် (bwain-kau') *n* boycott

မ   မ ma

မ₁ (ma) *n* the twenty-fifth letter in the Myanmar script; name of the letter မ

မ₂ (ma) *v* lift; assist, help

မ₃ (ma) *part* suffix to a noun to show that sthg is the main; original; female, women's; negative prefix to verb

မ₄ (ma) *n* polite title for a young (esp Burman) woman near the same age as the speaker

မက (mə-ka) *adv* more than (a

certain amount), over; not
only

မကောင်းဆိုးဝါး (mə-kaun:-hso:-
wa:) *n* evil spirits; vice, evil

မဂဏန်း (mə-gə-nan:) *n* even
number

မကြာခဏ (mə-ja-hkə-nạ) *adv*
often, frequently

မ...ခင် (mə-...gin) *part* before

မစင် (mə-sin) *n* faeces (Br),
feces (Am), excrement

မဆလ (mạ-hsə-lạ) *n* 🏛 🌐
Burma Socialist Programme
Party, BSPP

မဆလာ (mə-hsə-la) *n* masala

မဆို (mə-hso) *part* any, what-
ever

မ...တ... (mə-...tə-(da)...) *part*
somewhat, partially (infix
with duplicated verb)

မတရား (mə-tə-ya:) be unfair,
be wrong

မတော်တဆ (mə-tɔ-tə-hsạ) *adv*
without meaning to, acciden-
tally, unintentionally

မတော်လို့ (mə-tɔ-lọ) *exp* sorry,
pardon me

မနာလို (mə-na-lo) *v* be jealous;
be envious

မနာလိုဝန်တို (mə-na-lo-wun-
to) *adv* jealously

မနေ့က (mə-nei-gạ) *n* yesterday

မနောပွဲ (mə-nɔ:-bwe:) *n* Manau,
festival of the *Wunbawng*
(Kachin) people

မနက် (mə-ne') *n* ◆ morning

မနက်ခင်း (mə-ne'-hkin:) *n*
morning

မနက်ဖြန် (mə-ne'-hpyan) *n*
tomorrow

မနက်သွားညပြန် (mə-ne'-thwa:-
nyạ-byan) *adv* returning the
same day

မနှစ်က (mə-hni'-kạ) *n* ◆ last
year

မပြတ် (mə-pya') *adv* always,
continuously

မ...ဘူး (mə-...bu:) *part* particles
used to negate a verb

မ...ဘဲ (mə-...be:) *part* without

မ...မီ (mə-...mi) *part* before

မယား (mə-ya:) *n* wife

မယုံသက်ါ (mə-yon-thin-ga) *n*
doubt

မရမက (mə-yạ-mə-kạ) *adv* by
any means

မရမနေ (mə-yạ-mə-nei) *adv*
perserveringly, persistently

ကခဂဃငစဆဇဈညဋဌဍဎဏတထဒဓနပဖဗဘမယရလဝသဟဠအ

မရိုမသေ (mə-yo-mə-thei) *adv* disrespectfully

မရန်း (mə-yan:) *n* 🌿 marian plum

မရန်းရောင် (mə-yan:-yaun) *n* magenta

မရွေး (mə-ywei:) *adv* at any, of any kind

မရွေးမုန့် (mə-ywei:-moṇ) *n* popped rice and palm sugar snack

မရှိဆင်းရဲ (mə-shị-hsin:-ye:) *n* the poor

မရှိသလောက် (mə-shị-thə-lau') *n* almost none, very few, very little

မရှေးမနှောင်း (mə-shei:-mə-hnaun:) *adv* almost at the same time

မလေးမစား (mə-lei:-mə-sa:) *adv* disrespectfully

မလေး (mə-lei:) *adj & n* 🌐 Malay

မလေးရှား (mə-lei:-sha:) *adj* 🌐 Malaysian

မလေးရှား (mə-lei:-sha:) *n* 🌐 Malaysia

မလိုင် (mə-lain) *n* cream

မသာ (mə-tha) *n* corpse, body, mortal remains; funeral

မသာချ (mə-tha-chạ) *v* take the body to the cemetery

မသာပို့ (mə-tha-pọ) *v* attend a funeral

မ...သေး (mə-...thei:) *part* not yet

မသင်္ကာ (mə-thin-ga) *v* suspect, have doubts about

မဟာ (mə-ha) *adj* great, noble

မဟာဂီတ (mə-ha-gi-tạ) *n* ♪ collection of classical songs, used to teach musicians

မဟူရာ (mə-hu-ya) *n* name for some semi-precious stones, including tourmaline and chalcedony

မဟုတ်ကဟုတ်က (mə-ho'-kạ-ho'-kạ) *n* nonsense

မဟုတ်ဘဲနဲ့ (mə-ho'-be:-nẹ) *exp* impossible, that can't be, you're joking

မအီမသာ (mə-i-mə-tha) *adv* unwell, out of sorts; uneasy, unsatisfied

မအိပ်မနေ (mə-ei'-mə-nei) *adv* industriously

မာ (ma) *v* be hard, be firm; be healthy

‍—�143 ‍— ‍— ‍— ‍— ‍— ‍— ‍— ‍— ‍—

မာတိကာ (ma-ti̯-ka) n table of contents

မာန (ma-na̯) n vanity, conceit; arrogance; pride

မာနကြီး (ma-na̯-ji:) v be haughty, be arrogant

မာနမရှိ (ma-na̯-mə-shi̯) v be easy(-going)

မာယာ (ma-ya) n trickiness, cunning, deceit

မာယာများ (ma-ya-mya:) v be tricky, be manipulative, be deceitful

မာလကာ (ma-lə-ka) n ❀ guava

မိ₁ (mi̯) v catch; get caught

မိ₂ (mi̯) part by chance, by mistake, by accident

မိကျောင်း (mi̯-jaun:) n ♣ crocodile

မိခင် (mi̯-gin) n mother

မိနစ် (mi̯-ni') n minute

မိဖုရား (mi̯-bə-ya:) n ♚ queen, wife of a king

မိဘ (mi̯-ba̯) n parents

မိဘမဲ့ကလေး (mi̯-ba̯-me̯-hkə-lei:) n orphan

မိမိ (mi̯-mi̯) pron one's (own); oneself

မိသားစု (mi̯-dha:-zu̯) n family

မိ (hmi) v be within reach, within a time; reach a level

မီတာ (mi-ta) n (esp electric) *meter; metre, meter* (100 cm)

မီး (mi:) n fire; light; power, electricity

မီးကင် (mi:-kin) v roast, grill

မီးကြိုး (mi:-jo:) n (electric or power) cord, cable

မီးခလုတ် (mi:-hkə-lo') n light switch, electric switch

မီးခဲ (mi:-ge:) n ember, live coal

မီးခိုး (mi:-go:) n smoke

မီးခိုးရောင် (mi:-go:-yaun) n grey, gray

မီးခေါင်း (mi:-gaun:) n light socket

မီးခြစ် (mi:-ji') n (cigarette) lighter; match, book of matches, box of matches

မီးစက် (mi:-ze') n generator

မီးတောင် (mi:-daun) n (active) volcano

မီးတိုင် (mi:-dain) n torch, flashlight; lamp post, streetlight

မီးထွန်းပွဲ (mi:-htun:-bwe:) n *Thadingyut* light festival

မီးပူ (mi:-bu) n iron

မီးပူတိုက် (mi:-bu-tai') v iron (laundry, clothing, etc)

မီးပန်း (mi:-ban:) n fireworks

မီးပုံ (mi:-bon) n bonfire

မီးပုံး (mi:-bon:) n (paper) lantern; hot air balloon

မီးပွိုင့် (mi:-pwain) n traffic light, traffic signal

မီးဖို (mi:-bo) n kitchen; burner; cooker, hob

မီးဖိုချောင် (mi:-bo-jaun) n kitchen

မီးရထား (mi:-yə-hta:) n train; railway, railroad

မီးရှူးမီးပန်း (mi:-shu:-mi:-ban:) n fireworks

မီးရှို့ (mi:-shọ) v set fire to, commit arson; burn

မီးလုံး (mi:-lon:) n lightbulb

မီးလှုံ (mi:-hlon) v warm oneself by a fire

မီးသီး (mi:-dhi:) n lightbulb

မီးသတ်တပ်ဖွဲ့ (mi:-dha'-ta'-bwe) n fire brigade

မီးသတ်ဘူး (mi:-dha'-bu:) n fire extinguisher

မီးသတ်သမား (mi:-dha'-thə-ma:) n firefighter

မီးသွေး (mi:-dhwei:) n charcoal

မီးအိမ် (mi:-ein) n lantern

မုချ (mo'-chạ) adv inevitably, certainly

မုဆိုး (mo'-hso:) v (professional) hunter

မုဆိုးဖို (mo'-hso:-bo) n widower

မုဆိုးမ (mo'-hso:-mạ) n widow

မုဒိတာ (mu-dị-ta) n happiness at sb else's success or prosperity

မုဒိမ်း (mə-dein:) n ⚡ rape

မုနိ (mụ-nị) n saint, holy man

မုသား (mụ-dha:) n falsehood, lie

မူ (mu) n basis; behaviour, way; policy; principle

မူကြို (mu-jo) abbr preschool

မူကြမ်း (mu-jan:) n draft

မူကွဲ (mu-gwe:) n version

မူတည် (mu-ti) v depend (on)

မူရင်း (mu-yin:) n original

မူလ (mu-lạ) n origin; principal thing, main thing

မူလတန်း (mu-lạ-dan:) n primary school

မူဝါဒ (mu-wa-dạ) n policy

မူး (mu:) v (be, feel) giddy, dizzy, lightheaded; be drunk, be high

မူးယစ် (mu:-yi') v be drunk, be intoxicated, be high

မူးယစ်ဆေးဝါး (mu:-yi'-hsei:-wa:) n (recreational) drug, illegal drug

မေမေ (mei-mei) pron mum, mummy, mom, mommy

မေ့ (mei) v forget

မေ့ကျန် (mei-jan) v forget, leave behind

မေ့ဆေး (mei-zei:) n general anaesthetic

မေး₁ (mei:) v ask

မေး₂ (mei:) n jaw

မေးခိုင်ရောဂါ (mei:-hkain-yɔ:-ga) n ♀ tetanus

မေးခွန်း (mei:-gun:) n question

မေးစေ့ (mei:-zi) n chin

မဲ (me:) n 🌐 vote (to be cast); 🌐 ballot (to be marked); lot

မဲကောက် (me:-kau') v 🌐 collect votes

မဲခွဲ (me:-hkwe:) v 🌐 vote on, decide by vote

မဲဆန္ဒ (me:-hsan-da̰) n 🌐 vote

မဲဆန္ဒရှင် (me:-hsan-da̰-shin) n 🌐 voter

မဲပေး (me:-pei:) v 🌐 (cast a) vote

မဲ့ (mḛ) part without

မော (mɔ:) v be tired

မောဟ (mɔ:-ha̰) n ignorance

မော့ (mɔ̰) v look up

မော် (mɔ) v tilt one's face up; be proud of

မော်ကွန်း (mɔ-gun:) n historical records; (permanent) record

မော်ကွန်းတိုက် (mɔ-gun:-dai') n archive

မော်တော် (mɔ-tɔ) n ⚓ motor-boat

မော်နာ (mɔ-na) n ♀ mumps

မိုဟာမက် (mo-ha-me') n ☾ Mo-hammed

မို့(လို့) (mo̰-(lo̰)) part because, as

မိုး (mo:) n sky; rain

မိုးကာ (mo:-ga) n tarpaulin

မိုးကာအကျႌ (mo:-ga-in:-ji) n raincoat, overcoat

မိုးကောင်းကင် (mo:-kaun:-gin) n sky

မိုးကျ (mo:-ja̰) v (of rainy season) begin

မိုးကြိုး (mo:-jo:) n thunderbolt

မိုးချုန်း (mo:-chon:) v thunder

မိုးချုန်းသံ (mo:-chon:-dhan) n thunder

မိုးချုပ် (mo:-cho') *v* get dark; be late (in the day, in the night)

မိုးစဲ (mo:-se:) *v* stop raining

မိုးတိတ် (mo:-tei') *v* stop raining

မိုးတွင်း (mo:-dwin:) *n* rainy season

မိုးမိ (mo:-mi̞) *v* get caught in the rain

မိုးရာသီ (mo:-ya-thi) *n* rainy season

မိုးရေ (mo:-yei) *n* rainwater; distilled water

မိုးလုံလေလုံ (mo:-lon-lei-lon) *adj* weatherproof, all-weather

မိုးသောက် (mo:-thau') *n* dawn, daybreak

မက်ထရစ်₁ (me'-htə-ri') *adj* metric

မက်ထရစ်₂ (me'-htə-ri') *n* matriculation exam

မက်မန်း (me'-man:) *n* 🌿 damson (plum)

မောက် (mau') *v* be overflowing; be heaped up

မောက်ချ (mau'-cha̞) *n* –ါ symbol

မိုက် (mai') *v* be dark; be stupid, be foolish, misbehave; ● be cool

မဂ္ဂဇင်း (me'-gə-zin:) *n magazine*

မင် (hmin) *n* ink

မင်ကြောင် (hmin-jaun) *n* tattoo

မင်္ဂလာ (min-gə-la) *n* (source of) good fortune

မင်္ဂလာဆောင် (min-gə-la-zaun) *n* wedding, marriage ceremony

မင်္ဂလာပါ (min-gə-la-ba) *exp* formal greeting, esp in schools and to audience, crowd, etc

မင်္ဂလာလက်ဖွဲ့ (min-gə-la-le'-hpwȩ) *n* wedding present

မင်း₁ (min:) *n* 🌍 👑 king

မင်း₂ (min:) *pron* you (inf)

မင်းကွတ် (min:-gu') *n* 🌿 mangosteen

မင်းဆက် (min:-ze') *n* 👑 dynasty

မင်းသမီး (min:-dhə-mi:) *n* 👑 princess; ♀ star (of movie, performance)

မင်းသား (min:-dha:) *n* 👑 prince; ♂ star (of movie, performance)

မောင်₁ (maun) *n* younger *or* little brother (of a woman)

မောင်₂ (maun) *part* polite title
for a younger man

မောင်နှမ (maun-hnə-ma) *n*
brothers and sisters; cousins

မောင်လေး (maun-lei:) *pron* you

မောင်း₁ (maun:) *v* run, operate;
drive away

မောင်း₂ (maun:) *n* upper arm;
lever, bar; gong

မောင်းဆိုင်း (maun-zain:) *n*
♪ graduated gongs

မောင်းတံ (maun-dan) *n* lever

မောင်းထုတ် (maun-hto') *v* drive
out; drive away

မိုင် (main) *n* mile, 1.6 km

မိုင်နှုန်း (main-hnon:) *n* miles per
hour

မိုင်း (main:) *n* mine, quarry, pit;
♪ mine; bomb

မိုင်းကွင်း (main:-gwin:) *n*
♪ minefield

မည် (myi) *pron* 🔲 who; which

မည်သူ (myi-dhu) *pron* 🔲 who

မည်သူမဆို (myi-dhu-mə-hso)
pron 🔲 anyone, whoever

မည်သူမျှ (myi-dhu-hmyạ) *pron*
🔲 [neg] no one, anyone

မည်သည် (myi-dhi) *pron*
🔲 what; where

မည်း (me:) *v* be dark; be black;
(of skin) be tan; be dark

မဏ္ဍပ် (man:-da') *n* temporary
stage, dais

မတ်₁ (ma') *v* be upright, be
standing

မတ်₂ (ma') *n* husband's
younger brother

မတ်₃ (ma') *n* quarter, fourth

မတ်ခွက် (ma'-hkwe') *n* mug

မတ်တင်း (ma'-tin:) *n* three-
quarters, three-fourths

မတ်တတ် (ma'-ta') *adv* upright,
standing straight

မတ်တတ်ရပ် (ma'-ta'-ya') *v*
stand (up), be standing

မိတ် (mei') *n* 🌿 prickly heat,
heat rash

မိတ်ကပ် (mei'-ka') *n* make-up,
cosmetics

မိတ်ဆက် (mei'-hse') *v* intro-
duce

မိတ်ဆွေ (mei'-hswei) *n* friend

မိတ္တူ (mei'-tu) *n* copy

မိတ်ပေါက် (mei'-pau') *v* 🌿 (of
prickly heat, heat rash) break
out

မုတ်ခွံ (mo'-hkun) *n* mother-of-
pearl

မုတ်ဆိတ် (mo'-hsei') *n* beard

မုတ်ဆိတ်ရိတ် (mo'-hsei'-yei') *v* shave

မုတ်သုံလေ (mo'-thon-lei) *n* monsoon

မေတ္တာ (myi'-ta) *n* metta, love, loving kindness

မန်ကျည်း (mə-ji:) *n* ☙ tamarind

မန္တရား (man:-də-ya:) *n* mantra

မန္တာန် (man-dan) *n* mantra

မန္တလေး (man:-də-lei:) *n* ⊙ Mandalay

မန်နေဂျာ (man-nei-ja) *n* manager

မာန် (man) *n* pride, arrogance

မိန့်ခွန်း (mein-gun:) *n* speech

မိန်းကလေး (mein:-hkə-lei:) *n* girl; young woman

မိန်းမ (mein:-mạ) *n* woman; [inf] wife

မိန်းမလျာ (mein:-mə-sha) *n* man with the spirit and habits of a woman; effeminate man

မုန်ညင်း (mon-nyin:) *n* ☙ mustard

မုန်တိုင်း (mon-dain:) *n* storm, cyclone

မုန်လာ (mon-la) *n* ☙ radish

မုန်လာထုပ် (mon-la-do') *n* ☙ cabbage

မုန်လာဥ (mon-la-ụ) *n* radish

မုန်လာဥနီ (mon-la-ụ-ni) *n* ☙ carrot

မုန့် (moṇ) *n* snack

မုန့်တီ (moṇ-di) *n* fish soup with rice noodles

မုန့်နှစ် (moṇ-hni') *n* batter; dough

မုန့်ဖိုး (moṇ-bo:) *n* pocket money, allowance; tip, gratuity

မုန့်ဖက်ထုပ် (moṇ-hpe'-hto') *n* steamed dumpling of sugar and coconut in sticky-rice dough

မုန့်ဖတ် (moṇ-ba') *n* rice noodles

မုန့်မှုန့် (moṇ-hmoṇ) *n* rice flour

မုန့်ဟင်းခါး (moṇ-hin:-ga:) *n* mohinga, spicy fish soup with rice noodles

မုန်း (mon:) *v* hate; detest

မယ်₁ (me) *n* girl, young woman, miss

မယ်₂ (me) *part* sentence final marker indicating future

များ₁ (mya:) *v* be many, be much; be excessive, be too much; be usual

များ₂ (mya:) *part* plural marker

မျော (myɔ:) *v* float, drift; faint

မျို (myo) *v* swallow

မျိုး (myo:) *n* kind, type, sort; category, class; relative; (of people) ethnic group; people; nation; (of plants, animals) variety, strain

မျိုးချစ်စိတ် (myo:-chi'-sei') *n* ☺ patriotism

မျိုးစေ့ (myo:-zei, myo:-zi̥) *n* seed (for planting)

မျိုးစပ် (myo:-sa') *n* cross, hybrid

မျိုးစုံ (myo:-zon) *part* various kinds

မျိုးဆက် (myo:-ze') *n* later generations; next generation

မျိုးနွယ် (myo:-nwe) *n* family; caste

မျိုးရိုး (myo:-yo:) *n* heredity, lineage

မျိုးရိုးလိုက် (myo:-yo:-lai') *v* be hereditary

မျက် (mye') *v* sprain, twist (ankle, wrist, etc)

မျက်ကန်း (mye'-kan:) *n* blind person

မျက်ကပ်မှန် (mye'-ka'-hman) *n* contact lens

မျက်ကြည်(လွှာ) (mye'-ji-(hlwa)) *n* ☤ cornea

မျက်ခမ်းစပ် (mye'-hkan:-za') *n* ☤ trachoma

မျက်ခုံး (mye'-hkon:) *n* eyebrow

မျက်ခွံ (mye'-hkun) *n* eyelid

မျက်စိ (mye'-si̥) *n* eye; vision, (eye)sight

မျက်စိကုဆရာ (mye'-si̥-ku̥-hsə-ya) *n* ☤ eye specialist

မျက်စိကျ (mye'-si̥-ja) *v* admire

မျက်စိကျယ် (mye'-si̥-je) *v* be sleepless; have wide experience

မျက်စိကြောင် (mye'-si̥-jaun) *v* have insomnia

မျက်စိစွန် (mye'-si̥-sun) *v* ☤ have a sty in one's eye

မျက်စိနီ (mye'-si̥-ni) *v* have bloodshot eyes

မျက်စိနောက် (mye'-si̥-nau') *v* be annoying

မျက်စိပွင့် (mye'-si̥-pwin̥) *v* be enlightened

မျက်စိမမြင် (mye'-si̥-mə-myin) *v* be blind

မျက်စိမှိတ် (mye'-si̥-hmei') *v* close one's eyes; go against one's better judgment

မျက်စိရိုင်း (mye'-sị-yain:) v look bizarre to, be jarring

မျက်စိရှုပ် (mye'-sị-sho') v be disturbing, be annoying (to see)

မျက်စိလည် (mye'-sị-le) v be lost, get lost, lose one's way

မျက်စိလျှမ်း (mye'-sị-shan:) v overlook, not see

မျက်စောင်းထိုး (mye'-saun:-hto:) v be diagonally opposite; (at corner) be catty-corner, be kitty-corner; give sb a dirty look; covet

မျက်ဆ (mye'-hsạ) v make a rough guess

မျက်ဆန် (mye'-hsan) n iris and pupil

မျက်တောင်ခတ် (mye'-taun-hka') v blink; flicker

မျက်တွင်းကျ (mye'-twin:-jạ) v be hollow-eyed; have sunken eyes

မျက်တွင်းချောင် (mye'-twin:-chaun) v be hollow-eyed; have sunken eyes

မျက်ထား (mye'-hta:) n look, expression

မျက်နှာ (mye'-hna) n face; direction; prestige, standing

မျက်နှာကောင်းရ (mye'-hna-gaun:-yạ) v gain prestige, gain recognition

မျက်နှာကြက် (mye'-hna-je') n ceiling

မျက်နှာချင်းဆိုင် (mye'-hna-chin:-hsain) v face; confront

မျက်နှာချင်းဆိုင် (mye'-hnə-jin:-zain) adv opposite, across from

မျက်နှာပူ (mye'-hna-pu) v be embarrassed, blush

မျက်နှာပေး (mye'-hnə-bei:) n (facial) expression, look on one's face

မျက်နှာပိုးသတ် (mye'-hnə-bo:-tha') v put on a straight face

မျက်နှာပိုးသတ်ထား (mye'-hnə-bo:-tha'-hta:) v keep a straight face

မျက်နှာပေါက် (mye'-hnə-bau') n (facial) features

မျက်နှာပန်း (mye'-hnə-ban:) n façade; appearance

မျက်နှာပန်းပွင့် (mye'-hnə-ban:-pwiṇ) v be popular

မျက်နှာပန်းလှ (mye'-hnə-ban:-hlạ) v be attractive; have a

－ၥ ̊ ̊ ̗ ̗ ၁－ ̗ ၁－ ၁－ဉ် ̊

good image; (come out, across) looking good, make a good impression, make a favourable impression; be good for one's image

မျက်နှာပန်းသာ (mye'-hnə-ban:-tha) v be attractive; have a good image; (come out, across) looking good, make a good impression, make a favourable impression; be good for one's image

မျက်နှာပုပ် (mye'-hnə-po') n frown, scowl

မျက်နှာပျက် (mye'-hna-pye') v lose one's composure; lose face

မျက်နှာပြင် (mye'-hnə-byin) n surface

မျက်နှာပြောင် (mye'-hna-byaun) v be shameless, not consider others' opinions

မျက်နှာပြောင်တိုက် (mye'-hnə-byaun-tai') v have the nerve (to)

မျက်နှာပွင့် (mye'-hna-pwiṇ) v be popular

မျက်နှာဖုံး (mye'-hnə-hpon:) n (book, etc) cover, jacket;

mask, veil

မျက်နှာမကောင်း (mye'-hna-mə-kaun:) v look sad

မျက်နှာမူ (mye'-hna-mu) v face (a direction, thing, etc)

မျက်နှာမဲ့ (mye'-hna-mẹ) v be without friends or connections, be an ordinary person

မျက်နှာများ (mye'-hna-mya:) v flirt, date many people

မျက်နှာရ (mye'-hna-yạ) v make one's name

မျက်နှာရွေး (mye'-hna-ywei:) v choose one's friends (i.e., to gain advantage)

မျက်နှာရှိ (mye'-hna-shị) v have respect, have prestige, have standing (in society)

မျက်နှာလိုက် (mye'-hna-lai') v show favouritism, be biased toward

မျက်နှာလုပ် (mye'-hna-lo') v curry favour

မျက်နှာသစ် (mye'-hna-thi') v wash one's face

မျက်ဖြူ(လွှာ) (mye'-hpyu-(hlwa)) n the white of the eye, ☙ sclera

မျက်မြင် (mye'-myin) exp as is,

i.e., without repairs, alterations, etc

မျက်မြင်သက်သေ (mye'-myin-the'-thei) *n* eyewitness

မျက်မှောက်ခေတ် (mye'-hmau'-hki') *n* the present time

မျက်မှောင် (mye'-hmaun) *n* the place between the eyebrows

မျက်မှန် (mye'-hman) *n* (eye)glasses

မျက်မှန်ချွတ် (mye'-hman-chu') *v* take off one's glasses

မျက်မှန်တပ် (mye'-hman-ta') *n* put on one's glasses; wear glasses

မျက်ရည် (mye'-yei) *n* tear

မျက်ရည်ကျ (mye'-yei-ja) *v* cry, weep

မျက်ရည်ယိုဗုံး (mye'-yei-yo-bon:) *n* tear gas (cannister)

မျက်လုံး (mye'-lon:) *n* eye; eyeball

မျက်သား (mye'-tha:) *n* white of the eye, ❦ sclera

မျောက် (myau') *n* ❦ monkey; heads (of coin)

မျောက်ပန်းလှန် (myau'-pan:-hlan) *v* flip *or* toss a coin

မျဉ်း (myin:) *n* line

မျဉ်းကြောင်း (myin:-jaun:) *n* line

မျဉ်းစောင်း (myin:-zaun:) *n* diagonal line; slash, stroke

မျဉ်းပြိုင် (myin:-byain) *n* parallel lines

မျဉ်းမတ် (myin:-ma') *n* perpendicular (line); vertical line

မြ (mya) *n* emerald

မြား (hmya:) *n* arrow

မြီး (mi:) *n* tail

မြီးရေ (myi:-shei) *n* kind of rice-noodle snack

မြူ (myu) *n* haze

မြူနီစီပယ် (myu-ni-si-pe) *n* *municipal* corporation

မြေ (myei) *n* earth, ground; soil, earth, dirt

မြေကြီး (myei-ji:) *n* earth, land mass; earth, soil, dirt

မြေကွက် (myei-gwe') *n* lot, (plot, parcel, piece of) land

မြေခွေး (myei-gwei:) *n* ❦ fox

မြေခွေးမြီး (myei-hkwei:-mi:) *n* ✽ fishtail palm

မြေစေး (myei-zei:) *n* clay

မြေစိုက်ကြိုး (myei-zai'-jo:) *n* earth (wire), ground (wire)

မြေတိုက်ခန်း (myei-dai'-hkan:) *n* cellar, basement

မြေထည် (myei-de) *n*
earthenware, pottery

မြေပဲ (myei-be:) *n* peanut

မြေပဲဆံ (myei-be:-zan) *n*
(shelled) peanut

မြေပဲတောင့် (myei-be:-daun) *n*
peanut (in the shell)

မြေပဲလိပ် (myei-be:-lei') *n* kind
of flaky peanut sweet

မြေပုံ (myei-bon) *n* map

မြေပုံဘုရား (myei-bon-hpə-ya:)
n 🏛 terracotta votive tablet

မြေဖြူ (myei-byu) *n* chalk

မြေမြှုပ် (myei-hmyo') *v* bury

မြေလတ် (myei-la') *n*
🌏 midlands

မြေသြဇာ (myei-ɔ:-za) *n*
fertiliser

မြေး (myei:) *n* grandchild

မြဲ (mye:) *v* be firm; be
permanent; be fixed

မြော (myɔ:) *v* 🌾 be comatose

မြော် (myɔ) *v* consider, think
over; discern

မြော်မှန်း (myɔ-hman:) *v* hope
for

မြို့(ခမီ) (mə-ro-(hkə-mi)) *n Mro-
Khami*

မြို့ (myo) *n* city; town

မြို့တော် (myo-dɔ) *n* 🌏 capital
(city)

မြို့ထဲ (myo-de:) *n* city centre,
downtown

မြို့နယ် (myo-ne) *n* 🌏 township

မြို့နယ်ခွဲ (myo-ne-hkwe:) *n*
🌏 sub-township

မြို့ပတ်လမ်း (myo-ba'-lan:) *n*
ring road; boundary road

မြို့ရိုး (myo-yo:) *n* city wall

မြို့သစ် (myo-thi') *n* 🌏 satellite
town

မြက်₁ (mye') *v* be sharp

မြက်₂ (mye') *n* 🌿 grass

မြက်ခင်း (mye'-hkin:) *n* lawn,
turf

မြက်ခုတ် (mye'-hko') *v* mow
the lawn, cut the grass

မြက်မွှေး (mye'-hmwei:) *n*
🌿 citronella

မြက်ရိတ် (mye'-yei') *v* mow
(grass, lawn)

မြက်လျှော (mye'-shɔ:) *n*
🐍 grass snake

မြောက်₁ (myau') *v* raise,
elevate, lift; be raised (up),
be elevated, be high, be
lifted; gain

မြောက်₂ (myau') *n* 🌏 north

မြောက်₃ (myau') *part* particle
indicating an ordinal number;
verb suffix indicating success,
completion, etc

မြင် (myin) *v* see; perceive

မြင်ကွင်း (myin-gwin:) *n* scope,
field of vision

မြင်လွှာ (myin-hlwa) *n* ⚕ retina

မြင့် (myin) *v* be high; be tall

မြင့်မြတ် (myin-mya') *v* (of rank,
honour) distinguished,
eminent, exalted

မြင်း (myin:) *n* ⚘ horse; ⚘ pony

မြင်းကလေး (myin:-gə-lei:) *n*
foal; ♂ colt, ♀ filly

မြင်းကျား (myin:-ja:) *n* ⚘ zebra

မြင်းခွာ (myin:-hkwa) *n* (horse)
hoof

မြင်းခွာရွက် (myin:-hkwa-ywe')
n ⚘ gotu kola, plant with
round, edible leaves, often
made into salads and juice

မြင်းစားဂျုံ (myin:-za:-jon) *n*
⚘ oats

မြင်းပွဲ (myin:-bwe:) *n* horserace

မြင်းဖု (myin:-bu) *n* cyst ⚕ (on
the skin or scalp)

မြင်းမြီး (myin:-mi:) *n* horsehair,
hair from a horse's tail;

horsehair whisk

မြင်းမိုရ် (myin:-mo) *n* [cosm]
Mount Meru

မြှောင်း (myaun:) *n* ditch, drain;
gutter; trench; canal

မြစ် (myi') *n* river; root, origin;
great-grandchild

မြစ်ကမ်း (myi'-kan:) *n* river-
bank, riverside

မြစ်ကျဉ်း (myi'-jin:) *n* 🌏
narrows, defile

မြစ်ဆိပ် (myi'-hsei') *n* landing

မြစ်ဆုံ (myi'-hson) *n* 🌏
confluence

မြစ်ဝ (myi'-wạ) *n* 🌏 mouth of
a river

မြစ်ဝကျွန်းပေါ် (myi'-wạ-jun:-pɔ)
n 🌏 river delta

မြည် (myi) *v* make a sound,
make a noise, call

မြည်း₁ (myi:) *v* sample, taste,
try (food or drink); snack, eat
sthg with drinks

မြည်း₂ (myi:) *n* ⚘ donkey, ass

မြတ် (mya') *v* 💰 make a profit;
be noble, be exalted

မြတ်နိုး (mya'-no:) *v* love,
cherish, adore

မြိတ်₁ (myei') *n* fringe

မြိတ်₂ (bei’) *n* 🌏 Myeik

မြန် (myan) *v* fast, quick, rapid

မြန်မာ (myə-ma) *n* Myanmar 📖 , Burmese

မြန်မာနိုင်ငံ(တော်) (myan-ma-nain-gan-(dɔ)) *n* 🌏 Myanmar

မြုပ် (myo’) *n* sink; be submerged

မွ (mwa̱) *v* be soft; be flaky

မွေ့ (mwei̱) *v* enjoy

မွေ့ရာ (mwei̱-ya) *n* mattress

မွေး₁ (mwei:) *v* (of mother) give birth, have a baby; keep (a pet); raise (animals); bring up

မွေး₂ (mwei:) *n* hair; fur; feathers

မွေးချင်း (mwei:-jin:) *n* all the children in a family

မွေးစာရင်း (mwei:-zə-yin:) *n* birth certificate

မွေးစား (mwei:-za:) *v* adopt, foster (a child)

မွေးတိုင်းကိုယ် (mwei:-dain:-ko) *n* birthday suit, nudity

မွေးနေ့ (mwei:-nei̱) *n* birthday

မွေးနံ (mwei:-nan) *n* day of the week on which one was born

မွေးပုလဲ (mwei:-pə-le:) *n* cultured pearl

မွေးဖွား (mwei:-hpwa:) *v* (of mother) give birth, have a baby

မွေးမြူ (mwei:-myu) *v* (of animals) breed, raise

မွေးရပ် (mwei:-ya’) *n* birthplace

မွေးလက်မှတ် (mwei:-le’-hma’) *n* birth certificate

မွေးသက္ကရာဇ် (mwei:-the’-gə-ri’) *n* birthdate

မွဲ (mwe:) *v* be poor; be dull

မွတ် (mu’) *v* be smooth; (of speaking) fluent

မွတ်စလင် (mu’-sə-lin) *n* ☪ Muslim

မွန်₁ (mun) *v* be very fine

မွန်₂ (mun) *n* 🌏 Mon

မွန်းစောင်း (mun:-saun:) *n* afternoon

မွန်းတည့် (mun:-tḛ) *v* be noon

မွမ်း (mun:) *v* adorn, decorate

မွမ်းမံ (mun:-man) *v* make better, enhance

မွမ်းမံသင်တန်း (mun:-man-thin-dan:) *n* refresher course

မှ (hma̱) *part* from; by, near ; of the; only, not until, not except, per; particle marking subject of sentence

မှတ်ဆင့် (hmą-tə-hsiṇ) *adv* via, through

မှတပါး (hmą-də-ba:) *part* apart from, other than, except(ing)

မှပဲ (hmą-pe:) *part* only (...) when, not until; only (...) if, not ... unless ...

မှဖြင့် (hmą-hpyiṇ) *part* if, when; what if

မှ(...)မ (hmą-mə-) *part* not even; or if not

...မှ မ...ဘဲ (...hmą-mə-...be:) *part* without (even)

မှသာ (hmą-tha) *part* only when, not until

မှာ₁ (hma) *v* let sb know; order, ask for

မှာ₂ (hma) *part* at, by, in, on, per; particle marking for subject of sentence; particle marking future

မှား (hma:) *v* be wrong, be incorrect, be mistaken, be false; (of a person) make a mistake

မှား (hma:) *part* mistakenly

မှီ (hmi) *v* lean against; depend on

မှီခို (hmi-hko) *v* depend on (sb)

မှီး (hmi:) *v* base on, adapt

မှု (hmụ) *part* suffix to a verb to form an abstract noun, or name of crime

မှုခင်း (hmụ-gin:) *n* ⚖ (court, criminal, legal, etc) case; crime, incident

မှူး (hmu:) *part* suffix to noun to form title of authority: officer

မှေး (hmei:) *v* (of eyes) half close; (of person) have narrow eyes; catnap, sleep lightly for a little while; lean lightly on *or* against sthg

မှဲ့ (hmẹ) *n* mole, beauty mark

မှော် (hmɔ) *n* magic, sorcery, witchcraft

မှို (hmo) *n* mushroom (usu edible), toadstool (if poisonous); mould, mold

မှက် (hme') *n* 🪰 horsefly

မှက္ခရု (hme'-hkə-yụ) *n* 🐦 thrush

မှောက် (hmau') *v* lie face down; turn sthg face down; overturn, flip, roll (car), capsize (boat)

မှောက်လျှားထိုး (hmau'-ya:-hto:) v lie on one's stomach, lie face down

မှင် (hmin) n bristle, stiff hair

မှောင် (hmaun) v be dark, be gloomy

မှောင်ခို (hmaun-go) n illegal trade, smuggling, black market trade; smuggler; black-marketeer

မှောင့် (hmaun) v worry, disturb, annoy, bother

မှိုင် (hmain) v mope, brood

မှိုင်း (hmain:) n smoke, fumes

မှိုင်းခံ (hmain:-hkan) v smoke (fish, meat, etc)

မှည့် (hmẹ) v (of fruit) be ripe; (of child) name

မှတ် (hma') v notice, take note of; note (down), write down

မှတ်ချက် (hma'-che') n note, remark, comment

မှတ်စု (hma'-su) n notes

မှတ်ဉာဏ် (hma'-nyan) n memory

မှတ်တိုင် (hma'-tain) n bus stop; signpost

မှတ်တမ်း (hma'-tan:) n record, register

မှတ်ထား (hma'-hta:) v remember

မှတ်ပုံတင် (hma'-pon-tin) n registration card, ID card

မှတ်မိ (hma'-mị) v remember; recognise

မှတ်သား (hma'-tha:) v note

မှိတ် (hmei') v (of eyes) shut, close

မှိတ်တုတ်မှိတ်တုတ် (hmei'-to'-hmei'-to') adv blinking; flickering

မှုတ်₁ (hmo') v blow; ♪ play

မှုတ်₂ (hmo') n serving spoon, ladle

မှန်₁ (hman) v be right, be correct, be true; be real

မှန်₂ (hman) n glass; mirror

မှန်ကား (hman-ga:) n car

မှန်ကန် (hman-kan) v be right, be true, be correct

မှန်တံခါး (hman-dǝ-ga:) n (glass of a) window; glass door

မှန်နန်းတော် (hman-nan:-dɔ) n ⚖♛ the glass palace

မှန်ပြောင်း (hman-byaun:) n telescope; binoculars, field glasses

က ခ ဂ ဃ င စ ဆ ဇ ဈ ည ဋ ဌ ဍ ဎ ဏ တ ထ ဒ ဓ န ပ ဖ ဗ ဘ မ ယ ရ လ ဝ သ ဟ ဠ အ

မှန်ဘီလူး (hman-bə-lu:) *n* lens; magnifying glass

မှန်မီးအိမ် (hman-mi:-ein) *n* lantern

မှန်ရောင်ဟင်းချို (hman-yaun-hin:-jo) *n* clear soup, consomme

မှန်လုံ(ကား) (hman-lon-(ka:)) *n* (high quality) coach

မှန်သမျှ (hman-thə-mya) *part* all that are really

မှန်း₁ (hman:) *v* estimate, gauge, guess; aim; intend

မှန်း₂ (hman:) *part* [often neg] (the fact) that

မှန်းချက် (hman:-je') *n* estimate, guess

မှိန် (hmein) *v* fade, dim

မှိန်း (hmein:) *v* doze, drowse

မှုန် (hmon) *v* be dim; be indistinct; be smooth

မှုန်ဝါး (hmon-wa:) *v* be blurry, be hazy; be doubtful

မှုန့် (hmoṇ) *n* flour; powder

မှုန်း (hmon:) *v* pulverize

မြွေ (mwei) *n* snake

မြွေစိမ်း (mwei-zein:) *n* green viper

မြွေစိမ်းမြီးချောက် (mwei-zein:-mi:-ɟau') *n* bamboo pit-viper

မြွေဆိပ် (mwei-hsei') *n* (snake) venom

မြွေဆိပ်ဖြေဆေး (mwei-hsei'-hpyei-zei:) *n* antivenin, antivenom, antiserum

မြွေနားပင်းပိတ် (mwei-nə-bin:-bei') *n* kind of viper

မြွေပတုံ (mwei-bə-don) *n* kind of non-venomous snake

မြွေပါ (mwei-ba) *n* mongoose

မြွေပေါက် (mwei-pau') *v* (of snake) strike

မြွေပုပ်မ (mwei-bo'-ma) *n* kind of non-venomous water snake

မြွေပြဒါး (mwei-bə-da:) *n* sunbeam snake, a non-venomous snake

မြွေပွေး (mwei-bwei:) *n* viper, esp Russell's viper

မြွေလက်ပပ် (mwei-le'-pa') *n* whip snake

မြွေသူတော် (mwei-thu-dɔ) *n* kind of non-venomous snake

မြွေဟောက် (mwei-hau') *n* cobra

မွက် (mwe', mywe') *v* address an audience, give a speech

မျှ₁ (hmya) *v* share, distribute

equally; be even, be equal

မျှ₂ (hmya̱) *part* as much as; about; even

မျှတ (hmya̱-ta̱) *v* be fair, be just

မျှား (hmya:) *v* fish (with hook and bait); lure

မျှော (hmyɔ:) *v* set adrift, set afloat

မျှောစာ (hmyɔ:-za) *n* memo, circular

မျှော့ (hmyɔ̱) *n ❀* leech

မျှော် (hmyɔ) *v* expect

မျှော်လင့် (hmyɔ-liṇ) *v* hope

မျှင် (hmyin) *n ❀* very small sea creature, used to make fishpaste

မျှစ် (hmyi') *n* bamboo shoot

မျှစ်ချဉ် (hmyi'-chin) *n* pickled bamboo shoots

မြွေး (hmyei:, hmei:) *n* film; membrane

မြွောက် (hmyau') *v* elevate, raise; flatter; multiply; elect

မြွောက်ပေး (hmau'-pei:) *v* flatter; encourage

မြှင့်တင် (hmyiṇ-tin) *v* raise, elevate

မြှောင့် (hmyauṇ) *n* sharp edge; point

မြှုပ် (hmyo') *v* submerge; bury; embed; invest

မွှား (hmwa:) *n ❀* tick

မွှေ (hmwei) *v* stir

မွှေ့ (hmwei̱) *v* spin, twirl

မွှေး (hmwei:) *v* be fragrant, smell (good); smell (sthg)

မွှတ် (hmu') *v* whirl, spin fast; (of speaking) be fluent

မြွှာ (hmwa) *n* segment (of sthg round, e.g., orange); twins; multiple births

ယ   ယပက်လက် ya̱-pe'-le'

ယ (ya̱) *n* the twenty-sixth letter in the Myanmar script

ယခု (ya̱-hku̱) *adv* now, currently

ယခုချက်ချင်း (ya̱-hku̱-che'-chin:) *adv* immediately, at once

ယခုထိ (ya̱-hku̱-hti̱) *adv* up till now, until now

ယခုန(က) (ya̱-hku̱-na-(ga̱)) *adv* just now

ယခုနေ့ (ya̱-hku̱-nei̱) *n 📖* today

ယခုအခါ (ya̱-hku̱-ə-hka) *n* just now

ယခင် (yə-hkin) *adv* before, in the past

ယခင်ယခင်(က) (yə-hkin̠-yə-hkin-(gạ)) *adv* at some time in the past

ယတြာ (yə-də-ya) *n* ✳ ritual, donation, or other action done to avert misfortune, bring luck, or to fulfil a wish

ယတြာကျေ (yə-də-ya-jei) *v* ✳ be an effective ritual

ယတြာချေ (yə-də-ya-chei) *v* ✳ perform ယတြာ, perform a ritual to prevent misfortune or to fulfil wish

ယနေ့ (yə-nei̠) *n* today

ယပက်လက် (yạ-pe'-le') *n* the name of the letter ယ

ယမင်း (yə-min:) *n* beautiful young woman

ယမန်နေ့ (yə-man-nei̠) *n* 📖 yesterday

ယမန်နှစ် (yə-man-hni') *n* 📖 last year

ယာ (ya) *n* field used to grow crops other than rice; hillside field; betel quid; right, right-hand side

ယာယီ (ya-yi) *adj* temporary

ယား (ya:) *n* itch; tickle; be ticklish

ယားနာ (ya:-na) *n* skin disease, itchiness

ယုဇန (yụ-zə-nạ) *n* ⚘ mock orange, boxwood, honey bush

ယုယ (yụ-yạ) *v* take (good) care of, care for

ယူ₁ (yu) *v* take; pick (sthg) up; bring

ယူ₂ (yu) *n* the letter U

ယူဆ (yu-hsa) *v* think, have the opinion

ယူကလစ် (yu-kə-li') *n* ⚘ gum tree (Br), *eucalyptus* (Am)

ယူလာ (yu-la) *v* bring

ယူသွား (yu-thwa:) *v* take

ယေဘုယျ (yei-bon-ya̠) *adv* generally, in general

ယေရှု (yei-shụ) *n* ✝ *Jesus*

ယောဂ (yɔ:-gạ) *n* yoga

ယောဂီ (yɔ:-gi) *n* 🪔 yogi

ယောဂီရောင် (yɔ:-gi-yaun) *n* dark brown

ယို₁ (yo) *v* leak; drip

ယို₂ (yo) *n* candied fruit; jam

ယိုးဒယား (yo:-də-ya:) *n* 🌏 ☯ Thailand, ⌂ Ayutthaya

ယောက် (yau') *n* serving

spoon, ladle; person

ယောက်ျား (yau'-ja:) n man, male; husband

ယောက်ျားလျှာ (yau'-kə-sha, yau'-jə-sha) n tomboy ♀; masculine woman; lesbian; woman with the spirit and habits of a man

ယောက္ခမ (yau'-hkə-ma̲) n parents-in-law

ယောက်ဖ (yau'-hpa̲) n brother-in-law

ယောက်မ₁ (yau'-ma̲) n wooden spoon

ယောက်မ₂ (yaun:-ma̲) n sister-in-law

ယင် (yin) n ✿ fly

ယင်ပေါင် (yin-baun) n ✿ pelican

ယင်ရဲ (yin-ye:) n annoying fly

ယင်း₁ (yin:) n bamboo sun-blind

ယင်း₂ (yin:) pron that; it

ယင်းလိပ် (yin:-lei') n chick

ယောင် (yaun) v speak, act, etc absent-mindedly; be fake

ယောင်မှား (yaun-hma:) v make a mistake

ယောင်ဝါးဝါး (yaun-wa:-wa:) adv vaguely, dimly, hazily

ယိုင် (yain) v lean, incline; sway

ယစ် (yi') v be drunk, be intoxicated; be high

ယစ် (yi') n sacrifice

ယဉ် (yin) v (of people) be nice, be charming, be gracious; (of animals) be tame; become accustomed to

ယဉ်ကျေးမှု (yin-jei:-hmu̲) n politeness; culture

ယဉ်စွန်းတန်း (yin-zun:-dan:) n 🌏 tropic

ယာဉ် (yin) n vehicle

ယာဉ်ထိန်း(ရဲ) (yin-dein:-(ye:)) n traffic police

ယာဉ်မောင်း (yin-maun:) n driver

ယာဉ်ရပ် (yin-ya') n car park

ယုတ် (yo') v be less, be fewer, fall short (of); decrease; be nasty

ယန္တရား (yan:-də-ya:, yan:-nə-ya:) n machine, machinery

ယန်း (yan:) n 💰 yen

ယုန် (yon) n ✿ rabbit; ✿ hare

ယပ် (ya') n fan

ယပ်ခတ် (ya'-hka') v fan

ယပ်တောင် (ya'-taun) n fan

ယမ်း₁ (yan:) v wave (hand, arm, flag, etc)

ယှမ်း₂ (yan:) *n* gunpowder

ယိမ်း₁ (yein:) *v* sway; lean

ယိမ်း₂ (yein:) *n* a kind of dance in unison by a group of dancers in rows

ယုံ (yon) *v* believe, trust

ယုံကြည် (yon-ji) *v* believe, trust, have faith (in)

ယုံမှား (yon-hma:) *v* doubt, be unsure; be misled

ယုန့် (yon) *v* shrink, contract

ယွင်း (ywin:) *v* be wrong, err; be disturbed

ယွန်း₁ (yun:) *v* go; shift *or* change (time); change course

ယွန်း₂ (yun:) *n* lacquer, lacquerware

ယွန်းထည် (yun:-de) *n* lacquerware

ယွန်းပန်းချီ (yun:-bə-ji) *n* art of painting on lacquer

ယွန်းအစ် (yun:-i') *n* lacquerware box

ယွမ် (ywan) *n* 🐎 yuan

ယှက် (she') *v* clasp hands; intertwine

ယှဉ် (shin) *v* be side by side; compete; compare

ယှဉ်တွဲ (shin-twe:) *v* be hand in

hand

ယှဉ်ပြိုင် (shin-pyain) *v* compete

ယှဉ်ဖက် (shin-be') *n* rival, competitor

ရ ရကောက် yạ-gau'

ရ₁ (yạ) *n* the twenty-seventh letter in the Myanmar script

ရ₂ (yạ) *v* get, receive, acquire; earn, gain; reach; marry; have (a child)

ရ₃ (yạ) *part* have to, must, be obliged to; be able to, can, have the chance to, have the *or* an opportunity to, have the possibility to; be allowed to; may

ရကား (yạ-ga:) *part* 📖 because, since

ရကောက် (yạ-gau') *n* the name of the letter ရ

ရခိုင် (rə-hkain, yə-hkain) *n* Rakhine; Arakan △

ရတနာ (yə-də-na) *n* gem, jewel, precious stone

ရတနာပုံ (yə-də-na-pon) *n* △

🌐 Yadanapon, the last capital of the Burman kingdom

ရတနာသုံးပါး (ya-də-na-thon:-ba:) n ⬜ the three objects of *Theravada* Buddhist veneration, the Buddha, the *Dharma*, and the *sangha*

ရတု (yə-du) n season; anniversary

ရထား (yə-hta:) n train

ရနံ့ (yə-nan) n scent, smell

ရမန် (yə-man) n ⚖ remand

ရမယ်ရှာ (yə-me-sha) v find pretext (to blame sb, etc); look for sb to blame

ရရစ် (yə-yi') n ⑤ symbol

ရဝမ် (rə-wan) n Rawang

ရသာ (yə-tha, rə-dha) n pleasure; feeling

ရသစာပေ (yə-tha-sa-pei, rə-dha-sa-pei) n literature, including poetry, descriptive essays, and fiction

ရသေ့ (yə-thei) n *rishi*, holy man who chooses seclusion, hermit

ရဟတ် (yə-ha') n rotor, rotating vanes; Ferris wheel

ရဟန္တာ (yə-han:-da) n ⬜ arhat

ရဟန်း (yə-han:) n ⬜ monk

ရာ₁ (ya) n [in comb] place, site; mark left by; hundred

ရာ₂ (ya) part when, while; whatever or wherever is; thing or place that does; should, ought to, must be; as, because; amount to, mean

ရာက (ya-kạ) part stop and; from

ရာခိုင်နှုန်း (ya-gain-hnon:) n per cent, percentage

ရာစု (ya-zụ) n century

ရာဇ၊ ရာဇာ (ya-zạ) n ⚜ monarch, ruler

ရာဇဝင် (ya-zə-win) n chronicle; history

ရာဇဝတ် (ya-zə-wu') n ⚖ crime

ရာဇဝတ်မှု (ya-zə-wu'-hmụ) n ⚖ criminal case

ရာဇဝတ်သား (ya-zə-wu'-tha:) n person charged with a criminal offence

ရာဇာ (ya-za) n ⚜ monarch, ruler

ရာထူး (ya-du:) n ⚡ rank; post

ရာထူးချ (ya-du:-cha) v dismiss; demote

ရာထူးတိုး (ya-du:-to:) v promote; be promoted

ရာထူးပြုတ် (ya-du:-pyo') v be dismissed

ရာထူးလျော (ya-du:-shɔ:) v demote (sb); be demoted (to)

ရာနှန်း (ya-hnon:) n per cent, percentage

ရာနှန်းပြည့် (ya-hnon:-byei̯) n one hundred per cent

ရာဖြတ် (ya-bya') n appraiser

ရာဖြတ် (ya-hpya') v appraise, value

ရာဘာ (ra-ba) n rubber

ရာဘာကွင်း (ra-ba-gwin:) n rubber band

ရာမဒန် (ra-mə-dan) n Ꮯ Ramadan

ရာမဇန် (ra-mə-zan) n Ꮯ Ramadan

ရာသီ (ya-dhi) n season; term; ✵ sign of the zodiac

ရာသီမှန် (ya-thi-hman) v (of ♀ menstruation) be regular

ရာသီရုပ် (ya-thi-yo') n ✵ signs of the zodiac

ရာသီဥတု (ya-thi-ṵ-dṵ) n weather; climate

ရာဟု (ya-hṵ) n ✵ Rahu

ရိ (yḭ) v taunt, provoke; be soft and spongy

ရိနာ (yḭ-na) n ⚕ gonorrhoea

ရိကော်ဒါ (rə-kɔ-da) n tape recorder

ရုရှ (ru-shḁ) n 🌐 Russia

ရုရှား (rṵ-sha:) n 🌐 Russia

ရုပ (yu-pḁ) n appearance, looks

ရူး (yu:) v be mentally disturbed, be insane, be mad △, be crazy △, be demented △

ရူးရူးမူးမူး (yu:-yu:-mu:-mu:) adv madly, unreasonably

ရေ₁ (yei, yi) v count

ရေ₂ (yei) n water; 💰money; skin

ရေ₃ (yei) part said after a name or pronoun when calling someone

ရေကစား (yei-gə-za:) v pour water over people in the water festival

ရေကာတာ (yei-ka-da) n dam

ရေကူး (yei-ku:) v swim

ရေကူးကန် (yei-ku:-gan) n swimming pool

ရေကူးဝတ်စုံ (yei-ku:-wu'-son) n

－ၥ ႞ ႍ ႞ ႞ ၁ ႞ ၁ ၁ ၁ ႞

swimming costume (Br),
bathing suit, swim suit (Am)

ရေကန် (yei-gan) n pond, lake;
reservoir; cistern, tank

ရေကျက်အေး (yei-je'-ei:) n
cooled boiled water

ရေကျောက် (yei-jau') n
chicken pox

ရေကြီး (yei-ji:) v flood

ရေကြောင်း (yei-jaun:) n water
route

ရေခဲ (yei-ge:) n ice

ရေခဲမုန့် (yei-ge:-mon) n ice
cream

ရေခဲသေတ္တာ (yei-ge:-thi'-ta) n
refrigerator, fridge

ရေခံ (yei-gan) n longyi used to
bathe in

ရေချို (yei-jo) n fresh water

ရေချိုး (yei-cho:) v bathe, take a
shower, have a bath

ရေချိုးခန်း (yei-cho:-gan:) n
bathroom; shower

ရေချိုးဆိပ် (yei-cho:-zei') n
bathing spot

ရေခွက် (yei-gwe') n glass,
tumbler

ရေငတ် (yei-nga') v be thirsty

ရေငန် (yei-ngan) n salt water,

sea water; brackish water

ရေစက် (yei-ze') n drop of
water; ⚬ past merit gained
together, bringing the merit
makers together in future
lives; water pump

ရေစက်ချ (yei-se'-cha) v
⚬ pour water on the ground
or cup at the completion of a
ritual

ရေစစ်₁ (yei-si') v strain water,
i.e., pass through a piece of
cloth or a fine screen to
remove sand, insects, etc;
filter water, i.e., pass through
a fine filter to remove
bacteria, etc; drain (liquid off
of food); (of low tide) recede

ရေစစ်₂ (yei-zi') n strainer,
cloth or fine screen used to
strain sand, insects, etc out
of water; water filter

ရေစုန် (yei-zon) adv downstream

ရေစိမ်ခံ (yei-sein-hkan) v be
waterproof; have endurance

ရေဆေး (yei-zei:) n water-
colour(s)

ရေဆင်နှာမောင်း (yei-hsin-hna-
maun:) n waterspout

ေရဆန် (yei-zan) *adv* upstream

ေရဆိပ် (yei-zei') *n* place to bathe on riverbank; landing (for river boats)

ေရညှိ (yei-hnyi) *n* ¥ moss; algae

ေရတို (yei-do) *n* the short term

ေရတက် (yei-te') *v* (of tide, river, etc) rise

ေရတံခါး (yei-də-ga:) *n* locks, sluice gate; floodgate

ေရတံခွန် (yei-də-gun) *n* falls, waterfall

ေရတပ် (yei-da') *n* ✈ ⚓ navy, naval forces

ေရတိမ် (yei-dein) *n* ⚓ shallows; ¥ glaucoma

ေရတွက် (yei-twe') *v* count; calculate

ေရတွင်း (yei-dwin:) *n* well

ေရဒီယို (rei-di-yo) *n* *radio*

ေရဒီယမ် (rei-di-yan) *n* ✵ *radium*

ေရနံ (yei-nan) *n* oil, petroleum

ေရနံဆီ (yei-nan-zi) *n* paraffin, kerosene

ေရေနွး (yei-nwei:) *n* oolong tea; warm water, hot water

ေရေနွးကြမ်း (yei-nwei:-jan:) *n* oolong tea

ေရေနွးဖြူ (yei-nwei:-byu) *n* hot water

ေရေနွးအိုး (yei-nwei:-o:) *n* kettle; boiler

ေရပူစမ်း (yei-bu-san:) *n* hot spring

ေရပန်း (yei-ban:) *n* fountain; (water) sprinkler; showerhead

ေရမိုးချိုး (yei-mo:-cho:) *v* bathe

ေရေမြာင်း (yei-myaun:) *n* ditch, gutter, drain

ေရေမြွ (yei-mwei) *n* 🐾 water snake

ေရမြှုပ် (yei-hmyo') *n* sponge; (natural) sponge; bubble

ေရေမွှး (yei-hmwei:) *n* perfume, cologne

ေရယုန် (yei-yon) *n* ¥ herpes

ေရရှည် (yei-shei) *n* the long term

ေရလည် (yei-le) *v* become clear; grasp, understand, comprehend

ေရဝဲနာ (yei-we:-na) *n* rash caused by skin being constantly in dirty water

ေရဝက် (yei-we') *n* 🐾 dugong

ေရသေရဲ (yei-thə-ye) *n* 🐾 octopus

ー၁ ့ ့ ့ ့ ေ- ့ ေ-၁ ေ-ာ် ့

ရေသူမ (yei-dhu-mạ) *n* mermaid

ရေသွန်း (yei-thun:) *v* 🏺 pour water as part of a ritual

ရေအိုး (yei-o:) *n* (drinking) water pot

ရေး₁ (yei:) *v* write; draw; paint

ရေး₂ (yei:) *part* suffix to a verb to form an abstract noun

ရေးရာ (yei:-ya) *n* affairs, matters

ရဲ₁ (ye:) *v* be brave; be bright red

ရဲ₂ (ye:) *n* police

ရဲ₃ (ye:) *part* dare to

ရဲစခန်း (ye:-sə-hkan:) *n* police station

ရဲတိုက် (ye:-dai') *n* 🏰 castle

ရဲဘော် (ye:-bɔ) *n* ⚔ soldier; comrade

ရဲဘက် (ye:-be') *n* ⚒ convict in a labour camp; ⚔ soldier

ရဲမေ (ye:-mei) *n* ♀ police officer

ရဲယို (ye:-yo) *n* 🌿 Indian mulberry

ရဲရင့် (ye:-yin̲) *v* be daring, be courageous

ရဲ့ (ye̲) *part* suffix to a noun to indicate possession, -'s; suffix to verb for emphasis, or

to express doubt

ရော₁ (yɔ:) *v* mix, blend (esp of food); join (up); put together

ရော₂ (yɔ:) *part* particle used when listing; as well as; as for

ရောဂါ (yɔ:-ga) *n* ⚕ disease, illness, condition

ရောဂါကူး (yɔ:-ga-ku:) *v* ⚕ infect; get infected; transmit disease, transmit germs

ရောဂါကင်း (yɔ:-ga-kin:) *v* ⚕ be free of disease

ရောဂါစွဲ (yɔ:-ga-swe:) *v* ⚕ have a (certain) disease

ရောဂါထ (yɔ:-ga-htạ) *v* ⚕ (of disease, condition, etc) flare up

ရောဂါပိုး (yɔ:-ga-bo:) *n* ⚕ germ

ရောထွေး (yɔ:-htwei:) *v* be confused; be jumbled, be mixed up, be muddled

ရောနှော (yɔ:-hnɔ:) *v* mix, mingle

ရော့ (yɔ̲) *int* [inf] here you are, here you go

ရိုသေ (yo-thei) *v* respect

ရိုး₁ (yo:) *v* honest; naive; unsophisticated (neg); plain, ordinary, usual, (be the) regular, simple; (of a thing) be used to

ရိုး₂ (yo:) *n* custom; line, lineage); bone; handle; shaft (e.g., of a tool); stalk, stem (of a plant)

ရိုးဖြောင့် (yo:-hpyaun) *v* honest, upright, good, decent

ရိုးမ (yo:-ma) *n* range of mountains *or* hills

ရိုးရာ (yo:-ya) *n* customs, traditional rites, rituals, etc; animism; tradition

ရိုးရာလိုက် (yo:-ya-lai') *v* observe traditional rites

ရိုးရိုး (yo:-yo:) *adv* honestly, clearly, simply, plainly; informally

ရိုးရိုးတန်း (yo:-yo:-dan:) *n* second class (on train, ship, etc)

ရိုးရိုးတန်းတန်း (yo:-yo:-tan:-dan:) *adv* sincerely, simply, straightforwardly

ရိုးရိုးသားသား (yo:-yo:-tha:-dha:) *adv* honestly; honourably

ရိုးသား (yo:-tha:) *v* be honest, be honourable

ရက်₁ (ye') *v* weave

ရက်₂ (ye') *n* day

ရက်₃ (ye') *part* suffix to verb: be heartless (enough), be inconsiderate (enough)

ရက်ကန်း (ye'-kan:) *n* loom

ရက်ခြာ (ye'-cha) *adv* every other day, every second day, on alternate days

ရက်ခြား (ye'-cha:) *adv* every other day, every second day, on alternate days

ရက်စက် (ye'-se') *n* be cruel, be pitiless

ရက်စွဲ (ye'-swe:) *n* date

ရက်ဆက် (ye'-hse') *adv* day after day; days in a row

ရက်တို (ye'-to) *v* be only a few days, be a short time

ရက်တိုး (ye'-to:) *v* extend (deadline, etc), give extra time

ရက်ပိုင်း (ye'-pain:) *n* a few days; a matter of days

ရက်ရော (ye'-yɔ:) *v* be generous

ရက်ရှည် (ye'-shei) *n* a long time

ရက်လည် (ye'-le) *v* complete a

─ာ ိ ီ ဴ ဵ ေ– ဲ ေ–ာ ေ–ာ် ို

day, be a certain number of days

ရက်လွန် (ye'-lun) *v* be overdue

ရက်သတ်(မှတ်) (ye'-tha'- (hma')) *v* set a date, fix a date (for sthg to happen)

ရောက် (yau') *v* arrive (at), reach, get to; come; be (at); amount to

ရိုက် (yai') *v* hit, strike, beat; play (certain games); type; take picture, take a photo, photograph, shoot (photo, video, etc)

ရိုက်ခတ် (yai'-hka') *v* strike against each other, knock together

ရင်₁ (yin) *n* chest

ရင်₂ (yin) *part* if, when

ရင်ကျပ် (yin-ja') *v* be short of breath

ရင်ခုန် (yin-hkon) *v* (of heart) beat, pound

ရင်ဆိုင် (yin-hsain) *v* confront, face

ရင်ထိုး (yin-do:) *n* brooch

ရင်နာ (yin-na) *v* ♥ have a pain in the chest

ရင်ပြင် (yin-byin) *n* plaza,

square, place

ရင်ဖုံး(အင်္ကျီ) (yin-bon:-(in:-ji)) *n* jacket, shirt or blouse with an asymmetrical front flap

ရင်ဘတ် (yin-ba') *n* chest

ရင်သား (yin-dha:) *n* breast(s)

ရင်အောင့် (yin-aun.) *v* have a dull pain in the chest

ရင့် (yin.) *v* be mature; have experience; look older than one's age; (of colour) deep, dark

ရင့်သီး (yin.-thi:) *v* be rude, be insulting

ရင်း₁ (yin:) *v* 🪙 invest (in sthg); be close, be very friendly; be closely related

ရင်း₂ (yin:) *n* source, root, base, origin

ရင်း₃ (yin:) *part* while, at the same time as

ရင်းငွေ (yin:-ngwei) *n* 🪙 investment; capital

ရင်းနှီးငွေ (yin:-hni:-ngwei) *v* 🪙 investment

ရင်းမြစ် (yin:-myi') *n* root, origin

ရင်းရင်းနှီးနှီး (yin:-yin:-hni:-hni:) *adv* warmly

က ခ ဂ ဃ င စ ဆ ဇ ဈ ည ဋ ဌ ဍ ဎ ဏ တ ထ ဒ ဓ န ပ ဖ ဗ ဘ မ ယ ရ လ ဝ သ ဟ ဠ အ

ရောင်₁ (yaun) v swell

ရောင်₂ (yaun) n colour, color; glow, light

ရောင်ခြည် (yaun-ji) n rays, beams

ရောင်စဉ် (yaun-zin) n spectrum

ရောင်စုံ (yaun-zon) v be multi-coloured, be colourful

ရောင်ပြေး (yaun-byei:) n iri-descence, shimmer

ရောင်ပြန် (yaun-byan) n reflec-tion

ရောင်ပြန်ဟပ် (yaun-byan-ha') v reflect

ရောင့် (yaun) v swell

ရောင့်ရဲ (yaun-ye:) v be contented

ရောင်း (yaun:) v sell

ရောင်းချ (yaun:-cha̱) v sell, put on the market

ရောင်းစား (yaun:-sa:) v sell (for a living); sell off, sell because one needs the money

ရောင်းဈေး (yaun:-zei:) n (selling, sale, etc) price

ရောင်းရင်း (yaun:-yin:) n old friend

ရောင်းလိုအား (yaun:-lo-a:) n 🐾 supply

ရောင်းအား (yaun:-a:) n 🐾 supply

ရိုင်း (yain:) v be rude, be impolite; be wild

ရစ်₁ (yi') v wind (around); have stomach cramps; try to start a fight, make things difficult

ရစ်₂ (yi') n 🐦 pheasant; stripe

ရစ်₃ (yi') part suffix to a verb, indicating sthg remains behind

ရည်₁ (yi) v aim at

ရည်₂ (yei, yi) n liquid, juice, fluid; quality, characteristic

ရည်ညွှန်းစာပေ (yi-hnyun:-sa-pei) n reference works

ရည်မှန်း (yi-hman:) v aim at, intend; be meant for, be intended for; hope for

ရည်ရွယ် (yi-ywe) v aim at, intend; be meant for, be intended for; hope for

ရည်းစား (yi:-za:) n boyfriend ♂, girlfriend ♀

ရည်းစားထား (yi:-za:-hta:) v have a boyfriend, have a girlfriend

ရိတ် (yci') v reap, harvest (crops, rice, wheat, maize,

−ၥ ° ° ၞ ၟ ၕ− ˋ ၕ−ၥ ၕ−ၥ် °ၞ

etc); mow, cut (grass, hay, etc); shave

ရုတ်ခနဲ (yo'-hkə-ne:) *adv* suddenly, all of a sudden

ရုတ်တရက် (yo'-tə-ye') *adv* suddenly, unexpectedly, out of the blue

ရုတ်ရုတ်ရက်ရက် (yo'-yo'-ye'- ye') *adv* in a troubled state; in chaos, in turmoil

ရန်₁ (yan) *v* put beside; keep (sthg) in reserve

ရန်₂ (yan) *n* fight, hostility, conflict; pair

ရန်₃ (yan) *part* (in order) to, (so as) to

ရန်ငြိုး (yan-hnyo:) *n* grudge, spite, resentment

ရန်စ (yan-sạ) *v* provoke, start a fight

ရန်တိုက် (yan-tai') *v* incite hatred, sow discord

ရန်တုံ့ပြန် (yan-toṇ-pyan) *v* retaliate, take revenge

ရန်တွေ့ (yan-twei) *v* criticise, complain

ရန်ပုံငွေ (yan-bon-ngwei) *n* fund

ရန်သူ (yan-dhu) *n* enemy

ရှန်း (yon:) *v* struggle free

ရှန်းကန် (yon:-kan) *v* thrash, struggle

ရပ်₁ (ya') *v* stop, halt, pause, stand still; discontinue; request; stand

ရပ်₂ (ya') *n* place; field (of study); classifier for concepts

ရပ်ကွက် (ya'-kwe') *n* 🌏 ward, quarter, neighbourhood

ရပ်ခံ (ya'-hkan) *v* request

ရပ်တည် (ya'-ti) *v* exist; survive, keep going; stand by

ရိပ်₁ (yei') *v* hint (at), allude (to)

ရိပ်₂ (yei') *n* shade, shadow; refuge; protection; reflection; sign

ရိပ်မိ (yei'-mị) *v* get a hint

ရိပ်သာ (yei'-tha) *n* haven, peaceful retreat

ရုပ်₁ (yo') *v* withdraw, pull back

ရုပ်₂ (yo') *n* physical form; matter, material; appearance, looks; [in comb] figure

ရုပ်ထု (yo'-htụ) *n* statue, sculpture

ရုပ်ပြ (yo'-pyạ) *v* be illustrated

ရုပ်မြင်သံကြား (yo'-myin-than- ja:) *n* television

ရုပ်ရှင် (yo'-shin) *n* film, movie

ရုပ်သေး (yo'-thei:) *n* marionette *or* puppet show; puppet

ရုပ်သေးရုပ် (yo'-thei:-yo') *n* marionette; puppet

ရံ (yan) *v* surround, encircle

ရံဖန်ရံခါ (yan-hpan-yan-hka) *adv* from time to time, sometimes

ရမ် (ran) *n* rum

ရုံ₁ (yon) *n* general term for building, shelter, hall; ❀ bush

ရုံ₂ (yon) *part* just, only

ရုံး₁ (yon:) *v* gather, meet

ရုံး₂ (yon:) *n* office; court

ရုံးချိန်း (yon:-jein:) *n* office hours; ⚖ court date

ရုံးပဒီ (yon:-bə-di) *n* ❀ okra, ladies' finger

ရုံးပိတ်ရက် (yon:-pei'-ye') *n* holiday

ရုံးသုံး (yon:-dhon:) *n* official usage

ရယ်₁ (yi) *v* laugh; smile

ရယ်₂ (ye) *part* suffix to nouns when listing or counting

ရယ်စရာကောင်း (yi-zə-ya-kaun:) *v* amusing, funny; ridiculous; ludicrous

ရွ₁ (ywạ) *v* be crisp(y), be crunchy

ရွ₂ (ywạ) *n* 🐛 mite

ရွရွ (ywạ-ywạ) *adv* delicately, gently

ရွာ₁ (ywa) *v* rain, (of rain) fall

ရွာ₂ (ywa) *n* village

ရွာသား (ywa-dha:) *n* ♂ villager

ရွာသူ (ywa-dhu) *n* ♀ villager

ရွာသူကြီး (ywa-dhə-ji:) *n* 🌍 village head(man)

ရွာအုပ်စု (ywa-o'-sụ) *n* 🌍 village tract

ရွေ့₁ (ywei̯) *v* move, have moved

ရွေ့၊ ရွေ့₂ (ywei̯) *part* and; while; because

ရွေး (ywei:) *v* choose, select; be picky; sort; redeem (sthg pawned); ransom (a kidnap victim)

ရွေးကောက် (ywei:-kau') *v* select; 🌍 elect

ရွေးကောက်ပွဲ (ywei:-kau'-bwe:) *n* 🌍 election, poll

ရွေးခန့် (ywei:-hkaṇ) *v* appoint

ရွေးချယ် (ywei:-che) *v* choose, select

ရွေးထုတ် (ywei:-hto') *v* pick

၁ ̍ ̍ ̣ ̣ ေ ̈ ေ ̣ ̍

(out), choose, single out

ရဲ့ (ywẹ) v be distorted; be sarcastic; be contrary; be perverse

ရွက်₁ (ywe') v carry, balance (on the head)

ရွက်₂ (ywe') n leaf ✵; sail ⚓; sheet (of paper, etc); door

ရွက်ထည်တဲ (ywe'-hte-te:) n tent

ရွက်လှေ (ywe'-hlei) n ⚓ sailing boat

ရွက်လွှင့် (ywe'-hlwiṇ) v ⚓ set sail

ရွတ် (yu') v recite

ရွံ (yun) v flinch at, be disgusted by

ရွံ့ (yuṇ) v be timid, be afraid, be frightened, be cowardly

ရွယ်₁ (ywe) v aim, point; intend

ရွယ်₂ (ywe) n age group

ရှ (shạ) v cut (lightly, superficially); chafe

ရှာ₁ (sha) v search (for), look for, seek; look up

ရှာ₂ (sha) part poor thing, dear

ရှာတွေ့ (sha-tweị) v find

ရှာဖွေ (sha-hpwei) v search, look for

ရှာလကာရည် (sha-lǝ-ka-yei) n vinegar

ရှား (sha:) v be rare, be scarce; be expensive

ရှားစောင်း (sha:-zaun:, shǝ-zaun:) n ✵ euphorbia, cactus (pl. cacti)

ရှားပါး (sha:-pa:) v be rare, be scarce, uncommon, infrequent

ရှိ (shị) v be, exist; have

ရှိခိုး (shị'-hko:) v [relig] pray (to), give homage to, pay obeisance to, worship

ရှိပါစေ (shị-ba-zei) exp leave it like that; never mind, let it be

ရှု (shụ) v look (at), view, see

ရှုခင်း (shụ-gin:) n scenery, scene; view

ရှုထောင့် (shụ-dauṇ) n point of view, angle

ရှူ (shu) v breathe, inhale; smoke; inhale (drugs, etc)

ရှူဆေး (shu-zei:) n inhalant

ရှူး (shu:) n hiss; taper, diminish

ရှူးရှူးပေါက် (shu:-shu:-pau') n pee

ရှေ့ (shei̲) *n* be in front; be the next *or* following one; be the future; be later

ရှေ့က(နှစ်လုံး)ပေါက် (shei̲-ka̲-(hna̲-lon:)-pau') *n* ":" symbol indicating high tone

ရှေ့ဆီး (shei̲-zi:) *n* -: symbol indicating high tone

ရှေ့ဆက် (shei̲-ze') *n* prefix; the (near) future

ရှေ့ဆောင် (shei̲-zaun) *n* leader

ရှေ့တိုး (shei̲-to:) *v* advance, go forward

ရှေ့တန်း (shei̲-dan:) *n ⚔* front, frontline

ရှေ့ထိုး (shei̲-hto:) *n '◌ိ' symbol used in ေ-ိ combination

ရှေ့နေ (shei̲-nei) *n ⚖* lawyer, attorney, barrister, solicitor

ရှေး (shei:) *n* past

ရှေးကျ (shei:-ja̲) *v* be ancient, be antiquated

ရှေးထုံး(ရှေးနည်း) (shei:-hton:-(shei:-ni:)) *n* tradition; precedent

ရှေးဟောင်း (shei:-haun:) *v* be antique; be ancient

ရှေးဟောင်းပစ္စည်း (shei:-haun:-pyi'-si:) *n* antique

ရှေးဦးသူနာပြု (shei:-u:-thu-na̲-byu̲) *n ✚* first aid

ရှို့ (sho̲) *v* burn, set fire (to), ignite

ရှိုးထုတ် (sho:-hto') *v* be dressed up, be decked out

ရှက် (she') *v* be embarrassed; be ashamed; be shy

ရှောက် (shau') *n ✿* lemon; ✿ kaffir lime

ရှောက်ရွက် (shau'-ywe') *n* kaffir lime leaf

ရှိုက် (shai') *v* breathe in; sob

ရှင်₁ (shin) *v* live, be alive

ရှင်₂ (shin) *n* owner, master

ရှင်₃ (shin) *part* ♀ respectful word at the end of a sentence, showing one has heard, that the speaker has one's attention, etc; ♀ excuse me?; ⛩ title for a monk or ♂ noble

ရှင်ပြု (shin-byu̲) *n* ⛩ initiation of a boy into the *sangha* as a novice

ရှင်ဘုရင် (shin-bə-yin) *n* 🌍 ♔ king, monarch

ရှင်သန် (shin-than) *v* thrive, flourish; survive

ရှင့်၁ (shin) *pron* ♀ you; your (inf)

ရှင့်၂ (shin) *part* ♀ respectful term at the end of a sentence, showing one has heard, that the speaker has one's attention, etc

ရှင်း (shin:) *v* clean, clear; clear, be neat; settle, pay (bill, account, charges, etc); solve; explain

ရှင်းတမ်း (shin:-dan:) *n* clarification, statement

ရှင်းပြ (shin:-pya) *v* explain

ရှင်းလင်း (shin:-lin:) *v* clean, clear; be clear; solve; clarify; be free of

ရှင်းလင်းချက် (shin:-lin:-je') *n* explanation, clarification

ရှောင် (shaun) *v* avoid, keep away from, stay away from

ရှောင်ကြဉ် (shaun-jin) *v* refrain (from), abstain from

ရှစ် (shi') *n* eight

ရှစ်ဆယ် (shi'-hse) *n* eighty

ရှစ်မျက်နှာ (shi'-mye'-hna) *n* the eight directions

ရှဉ့် (shin) *n* ❦ squirrel

ရှည် (shei) *v* long, tall

ရှန်ကာ (shan-ka) *n* ⚕ chancre

ရှိန်၁ (shein) *v* be warm

ရှိန်၂ (shein) speed, velocity; tempo; momentum; force; (degree of) intensity

ရှိန်း (shein:) *v* intensify, become stronger; (of feelings) be strong, be fervent

ရှုပ်ကောင် (sha'-kaun) *n* ❦ cockle

ရှုပ်အကျီ (sha'-in:-ji) *n* shirt

ရှုပ် (sho') *v* be confused; be complicated; be busy; be messy

ရှုပ်ပွေ (sho'-pwei) *v* be disorganised, be in disorder; interfere

ရှမ်း (shan:) *n* Shan, Tai Yai, Tai Long

ရှမ်းနံနံ (shan:-nan-nan) *n* ❦ herb used as a garnish

ရှမ်းဘောင်းဘီ (shan:-baun:-bi) *n* Shan trousers, loose trousers tied at the waist

ရှိမ်း (shein:) *v* be hot; be amazed

ရှုံ့ (shon) *v* be wrinkled; shrink, contract

ရှုံး (shon:) *v* lose, be defeated; be beaten; fail

ရှယ် (she) *n* sthg spe*cial*

ကခဂဃင စဆဇဈည ဋဌဍဎဏ တထဒဓန ပဖဗဘမ ယရလဝသဟဠ အ

ရှို း (shwi:) *v* fake it, pretend, pose

ရွှေ (shwei) *n* gold

ရွှေကျင် (shwei-jin) *v* pan for gold

ရွှေချို (shwei-ji) *n* snack made from brown wheat flour

ရွှေငါး (shwei-nga:) *n* ☸ goldfish

ရွှေထမင်း (shwei-htə-min:) *n* sweet snack made with sticky rice and palm sugar

ရွှေပဲ (shwei-pe:) *n* ❀ mange tout, snow pea, sugar pea

ရွှေဖရုံ (shwei-hpə-yon) *n* ❀ kind of pumpkin

ရွှေရည်စိမ် (shwei-yei-sein) *n* gold plate

ရွှေ့ (shwei) *v* move sthg, shift; postpone

ရွှေ့ဆိုင်း (shwei-hsain:) *v* postpone, reschedule

ရွဲ (shwe:) *v* be soaked

ရွှင် (shwin) *v* be happy

ရွှံ့ (shuṇ) *n* mud, clay

ရွှံ့မီးတောင် (shuṇ-mi:-daun) *n* mud volcano

လ   လ   lạ

လ₁ (lạ) *n* month; moon; the the twenty-eighth letter in the Myanmar script; the name of the letter လ

လကြတ် (lạ-ja') *v* (of the moon) be eclipsed

လကွယ် (lạ-gwe) *n* new moon

လချုပ် (lạ-jo') *n* monthly report, monthly summary

လခြမ်း (lạ-jan:) *n* crescent moon

လစာ (lạ-za) *n* (monthly) salary

လစဉ် (lạ-zin) *adv* monthly

လဆုတ် (lạ-zo') *n* waning period of the moon, between the full moon and the new moon

လဆန်း (lạ-zan:) *v* beginning of the month; waxing of the moon, between the new moon and full moon

လဗို့ (lə-bọ) *n* hump

လပြည့် (lạ-byei) *n* full moon

လမုန့် (lạ-moṇ) *n* (Chinese) mooncake

လသာ (lạ tha) *v* (of night) be

–ာ   ိ   ီ   ‗   ‗   ေ–   ဲ   ေ–ာ   ေ–ာ်   ို

moonlit

လမှ (lə-mṵ) *n* 🌿 mangrove

လာ₁ (la) *v* come

လာ₂ (la) *part* begin, start; become

လာအို (la-o) *n* 🌐 Laos

လား₁ (la:) *n* 🐎 mule; 🐾 stud

လား₂ (la:) *part* sentence ending for a yes-or-no question

လားဟူ (la:-hu) *n* Lahu

လီဆူ (li-hsu) *n* Lisu

လီတာ (li-ta) *n* litre, liter

လီဗာ (li-ba) *n* lever (used to work a machine); accelerator (of car)

လု (lṵ) *v* take, snatch, grab

လုလင် (lṵ-lin) *n* unmarried young man

လူ (lu) *n* person; human

လူကြီး (lu-ji:) *n* adult, grown-up; elderly person, older person; elder, leader; sb with high rank

လူကြီးမင်းများ (lu-ji:-min:-mya:) *exp* ladies and gentlemen

လူကြမ်း (lu-jan:) *n* tough, yob, rowdy; villain

လူကြို့ (lu-jon) *n* sb going to a place where one needs to

send sthg, sb who can carry sthg

လူငယ် (lu-nge) *n* young person (from about 20 to 35 or 40)

လူစားထိုး (lu-za:-hto:) *v* replace sb, substitute

လူစိတ် (lu-zei') *n* humane feelings, humanity

လူစိမ်း (lu-zein:) *n* stranger

လူဆိုး (lu-zo:) *n* criminal, delinquent; bad character, troublemaker

လူတန်းစား (lu-dan:-za:) *n* (social) class

လူထု (lu-dṵ) *n* the masses

လူနာ (lu-na) *n* ⚕ patient

လူနာတင်ကား (lu-na-din-ka:) *n* ⚕ ambulance

လူပျို (lu-byo) *n* single man, bachelor; young man

လူပျိုနာ (lu-pyo-na) *n* ⚕ sexually transmitted infection

လူပျိုပေါက် (lu-byo-bau') *n* ♂ teenager, adolescent

လူပြက် (lu-bye') *n* comic, comedian

လူပြောင် (lu-byaun) *n* clown, buffoon

လူမမာ (lu-mə-ma) *n* ☿ person in ill health; invalid

လူမိုက် (lu-mai') *n* fool; tough, bully; henchman

လူများစု (lu-mya:-zụ) *n* majority

လူမျိုး (lu-myo:) *n* ethnic group; people; nation; race

လူမျိုးကြီးဝါဒ (lu-myo:-ji:-wa-dạ) *n* ☯ nationalism; ethnocentrism

လူမှုရေး (lu-hmụ-yei:) *n* social affairs, social activities; family obligations

လူယုံ (lu-yon) *n* trusted person, confidante

လူရိုး (lu-yo:) *n* honest person; naive person

လူရင်း (lu-yin:) *n* sb one can rely on

လူရိုင်း (lu-yain:) *n* barbarian, uncivilised person

လူရွှင်တော် (lu-shwin-dɔ) *n* comedian

လူလည် (lu-le) *n* shrewd person, tricky person; astute person

လူလတ် (lu-la') *n* person of about 40 – 50

လူသား (lu-dha:) *n* humanity, humankind

လူသေမှု (lu-dhei-hmụ) *n* ⚖ manslaughter

လူသတ်မှု (lu-dha'-hmụ) *n* ⚖ homicide, murder,

လူဦးရေ (lu-u:-yei) *n* population

လူ့အဖွဲ့အစည်း (lụ-ə-hpwẹ-ə-si:) *n* society

လူး (lu:) *v* daub; put on; toss, writhe

လေ₁ (lei) *n* air; wind; (empty) words; gas, flatulence; style of speaking, singing, etc

လေ₂ (lei) *part* infix between the verb and သလား, မလား, သည်လား, or မည်လား to show a wondering question: could it be that, I wonder whether, I wonder if; ☞ particle used to end a sentence in a friendly tone: don't you know, you see, don't you think, I mean; particle used to end a friendly suggestion: why don't, what about

လေကောင်းလေသန့် (lei-gaun:-lei-dhaṇ) *n* fresh air

လေကျင့်ထိုး (lei-jiṇ-hto:) *v* ☿

have heartburn, have sharp
pains in the chest

လေကျစ် (lei-ji') v ♦ have a
stomach pains because of
gas, have gas

လေကြောင်း (lei-jaun:) n flight
path, (air)route; airways,
aviation company

လေကွယ် (lei-kwe) n lee, place
protected from wind

လေချဉ်တက် (lei-jin-te') n
burp, belch

လေချွန် (lei-chun) v whistle

လေစိမ်း (lei-zein:) n draught,
draft

လေဆာရောင်ခြည် (lei-za-yaun-
ji) n ✣ *laser* (beam)

လေဆေး (lei-zei:) n ♦ antacid;
medicine for gas

လေဆင်နှာမောင်း (lei-hsin-hnə-
maun:) n tornado

လေဆိပ် (lei-zei') n airport

လေသည်း (lei-nyin:) n breeze

လေတပ် (lei-da') n ⚔ air force

လေနာ (lei-na) n ♦ flatulence

လေပူ (lei-bu) n ♦ heartburn

လေပေါက် (lei-bau') n vent

လေပွေ (lei-bwei) n whirlwind

လေပြွန် (lei-byun) n air duct;

♦ windpipe, trachea

လေဖြတ် (lei-hpya') v ♦ have a
stroke

လေယူလေသိမ်း (lei-yu-lei-
dhein:) n regional accent

လေယာဉ် (lei-yin) n airplane,
aircraft

လေယာဉ်ပျံ (lei-yin-byan) n
airplane, plane

လေယာဉ်မောင် (lei-yin-maun) n
♂ flight attendant

လေယာဉ်မယ် (lei-yin-me) n ♀
flight attendant

လေရောဂါ (lei-yɔ:-ga) n ♦
disease caused by excessive
gas

လေလံ (lei-lan) n auction

လေလွင့် (lei-lwiṇ) v go to
waste

လေ့₁ (lei) n habit

လေ့₂ (lei) part suffix to verb to
indicate that sthg is usual,
normal

လေး₁ (lei:) v be heavy; slow,
boring; dull

လေး₂ (lei:) n four; bow

လေး₃ (lei:) part little, small

လေးခွ (lei:-gwạ) n catapult,
slingshot

လေးစား (lei:-za:) v respect

လေးညှင်းပွင့် (lei:-hnyin:-bwiṇ) n 🌿 clove

လေးထောင့် (lei:-dauṇ) n rectangle

လေးနက် (lei:-ne') v be deep, be profound; be serious

လေးဖက်နာ (lei:-be'-na) n ⚕ arthritis

လေးမျက်နှာ (lei:-mye'-hna) n four cardinal directions

လဲ₁ (le:) v fall (down); change

လဲ₂ (le:) part ☛ particle used to end an open question

လဲလှယ် (le:-hle) v exchange (sthg for sthg else); change; replace

လော (lɔ:) v rush sb, hurry sb, hustle sb; hasten

လောက (lɔ:-kạ) n world; society, community

လောကနတ် (lɔ:-kạ-na') n peacemaking nat

လောကီ (lɔ:-ki) n mundane world, secular world

လောလောဆယ် (lɔ:-lɔ:-hse) adv for now, at present

လောလောလတ်လတ် (lɔ:-lɔ:-la'-la') adv at once, immediately, right now

လို₁ (lo) v want, desire, wish for; need, require; lack; be short of

လို₂ (lo) part in, into (a language); like, as, the same way as; wish to

လိုငွေ (lo-ngwei) n 💰 deficit

လိုတရ (lo-tạ-ya) v get what one wishes for

လိုရင်း (lo-yin:) n point, essence

လိုလား (lo-la:) v like

လိုလို (lo-lo) part rather like, as if; almost, just about

လိုလိုချင်ချင် (lo-lo-jin-jin) adv willingly

လိုလိုလားလား (lo-lo-la:-la:) adv willingly

လိုအပ် (lo-a') v 📖 require, need

လိုအပ်ချက် (lo-a'-che') n requirement, necessity

လို့ (lọ) part because, as a result of, ... and so; ☛ marker for end of reported speech; named, called; particle used in questions for emphasis; I wonder

လို့ကောင်း (lọ-kaun:) part be

enjoyable to, be good to

လှိုရ (lo̱-ya̱) *part* suffix to verb: be allowed, be possible; be feasible

လှိုရှိရင် (lo̱-shi̱-yin) *part* if

လက် (le') *n* arm (including hand); hand; finger; sleeve; handiwork; ⅍ frond; classifier for some tools

လက်ကား (le'-ka:) *n* wholesale

လက်ကောက် (le'-kau') *n* bracelet, bangle

လက်ကိုင် (le'-kain) *n* handle, (hand)grip; handlebars

လက်ကိုင်ပဝါ (le'-kain-pa̱-wa) *n* handkerchief

လက်ကိုင်ဖုန်း (le'-kain-hpon:) *n* mobile phone

လက်ကျန် (le'-jan) *n* balance, remainder; remnant

လက်ကြီး (le'-ji:) *v* be extravagant, be a spendthrift

လက်ကွက် (le'-kwe') *n* 🖮 keyboard; 🖮 (keyboard) layout

လက်ခ (le'-hka̱) *n* fee, charge (for)

လက်ခနဲ (le'-hka̱-ne:) *adv* in a flash, for an instant

လက္ခဏာ (le'-hka̱-na) *n* sign,

mark, indication; signs and symptoms (of disease); ⅍ lines of the palm

လက္ခဏာပြ (le'-hka̱-na-pya̱) *v* ⅍ (of disease) have signs, show symptoms

လက်ခံ (le'-hkan) *v* accept; receive

လက်ခေါက် (le'-hkau') *n* knuckle(s)

လက်ခုပ် (le'-hko') *n* cupped hands; amount that can be held in cupped hands

လက်ခုပ်တီး (le'-hko'-ti:) *v* clap (one's hands); applaud

လက်ခုံ (le'-hkon) *n* back of the hand

လက်ချည္မႇ (le'-cha̱-nyi) *v* do in unison

လက်ချိုး (le'-cho:) *v* crack one's knuckles

လက်ချောင်း (le'-chaun:) *n* finger

လက်ချိတ် (le'-chei') *v* hold hands

လက်ချပ် (le'-cha') *n* ♪ castanets

လက်ငင်း (le'-ngin:) *n* (payment in) cash

လက်စ (le'-sa̱) *n* unfinished

work; tendency to; trace, clue

လက်စလက်န (le'-sạ-le'-nạ) *n* trace, clue

လက်စားချေ (le'-sa:-chei) *v* avenge (sthg, a wrong done); revenge (oneself)

လက်စွဲ (le'-swe:) *n* manual, handbook

လက်စွပ် (le'-su') *n* ring

လက်ဆေးကန် (le'-hsei:-kan) *n* hand basin, sink

လက်ဆောင် (le'-hsaun) *n* gift, present

လက်ဆစ် (le'-hsi') *n* wrist; knuckle

လက်ဆိပ်ရှိ (le'-hsei'-shị) *v* have a knack for, have a way with

လက်ဆုပ် (le'-hso') *n* clenched hand

လက်ဆွဲ (le'-hswe:) *n* [in comb] portable, hand

လက်ဆွဲနှုတ်ဆက် (le'-hswe:-hno'-hse) *v* shake hands

လက်ညှိုးထိုး (le'-hnyo:-hto:) *v* point one's finger

လက်တို (le'-to) *n* short-sleeved shirt

လက်တွေ့ (le'-twei) *n* practical

or personal experience

လက်တွဲ (le'-twe:) *v* hold hands, join hands, work together

လက်ထောက် (le'-htau') *n* assistant

လက်ထိတ် (le'-htei') *n* handcuffs, cuffs

လက်ထပ် (le'-hta') *v* marry, get married

လက်ထိပ် (le'-htei') *n* fingertip

လက်နက် (le'-ne') *n ⚔* weapon, arm

လက်နှိပ်စက် (le'-hnei'-se') *n* typewriter

လက်ပိုက် (le'-pai') *v* fold arms (across chest)

လက်ပတ်နာရီ (le'-pa'-na-yi) *n* (wrist)watch

လက်ပမ်း (le'-pan:) *n* wrestling

လက်ပြ (le'-pyạ) *v* wave (one's hand)

လက်ပြတ် (le'-pya') *n* sleeveless shirt, jacket; (arm) amputee

လက်ဖနောင့် (le'-hpạ-naun) *n* heel of the hand

လက်ဖမိုး (le'-hpạ-mo:) *n* back of the hand

လက်ဖဝါး (le'-hpạ-wa:) *n* palm

‒ၣ ၴ ၴ ◌ိ ◌ို ၔ‒ ◌ဲ ၔ‒ာ ၔ‒ၟ ◌ို

(of the hand)

လက်ဖက် (lə-hpe') *n* tea plant, *Camellia sinensis*; pickled tea leaves

လက်ဖက်ခြောက် (lə-hpe'-chau') *n* tea (leaves), esp oolong tea

လက်ဖက်ရည် (lə-hpe'-yei) *n* (black) tea (with milk and sugar)

လက်ဖက်သုပ် (lə-hpe'-tho') *n* pickled tea salad

လက်ဖျား (le'-hpya:) *n* fingers; fingertips

လက်ဗွေ (le'-bwei) *n* finger-print

လက်မ (le'-ma̲) *n* thumb; inch, 2.54 cm, one-twelfth of a foot; claw, pincer (of crab, lobster)

လက်မဲ့ (le'-me̲) *adv* empty-handed

လက်မောင်း (le'-maun:) *n* arm

လက်မှု (le'-hmu̲) *n* handiwork, handicraft

လက်မှတ် (le'-hma') *n* ticket; signature; certificate

လက်မှတ်ထိုး (le'-hma'-hto:) *v* sign (one's name)

လက်ယာ (le'-ya) *n* the right, right-hand side

လက်ယာရစ် (le'-ya-yi') *adv* clockwise

လက်ယား (le'-ya:) *v* be eager to do sth, be itching to

လက်ရာ (le'-ya) *n* handprint; fingerprint; handiwork; craftsmanship, workmanship

လက်ရေး (le'-yei:) *n* hand-writing

လက်ရက်ထည် (le'-ye'-hte) *n* hand-woven cloth, hand-loomed cloth

လက်ရောက် (le'-yau') *adv* in person, personally

လက်ရောက်မှု (le'-yau'-hmu̲) *n* ⚖ assault

လက်ရန်း (le'-yan:) *n* handrail

လက်ရွေး (le'-ywei:) *n* the pick, sb or sth hand-picked

လက်ရွေးစင် (le'-ywei:-zin) *n* (of people) the elite; (esp of things) choice, selection

လက်ရှိ (le'-shi̲) *v* be present, be on hand; be current

လက်လီ (le'-li) *n* retail

လက်လုပ် (le'-lo') *v* be hand-made; be homemade

က ခ ဂ ဃ င စ ဆ ဇ ဈ ည ဋ ဌ ဍ ဎ ဏ တ ထ ဒ ဓ န ပ ဖ ဗ ဘ မ ယ ရ လ ဝ သ ဟ ဠ အ

လက်လွန် (le'-lun) v get out of hand, be out of one's control; overdo

လက်လှမ်း (le'-hlan:) v reach (for sthg)

လက်လှမ်းမီ (le'-hlan:-hmi) v be within one's reach

လက်လျှော့ (le'-shọ) v stop trying, give up

လက်ဝါး (le'-wa:) n palm (of the hand); handbreadth

လက်ဝဲ (le'-we:) n the left, left-hand side

လက်ဝဲရစ် (le'-we:-yi') adv anti-clockwise, counterclockwise

လက်ဝဲဝါဒ (le'-we:-wa-dạ) n 🌏 leftism

လက်ဝင် (le'-win) v be delicate, require skill, need care

လက်ဝှေ့ (le'-hwei) n boxing

လက်ဝှေ့ထိုး (le'-hwei-hto:) v box

လက်သမား (le'-thə-ma:) n carpenter, builder, joiner

လက်သီး (le'-thi:) n fist

လက်သီးထိုး (le'-thi:-hto:) v punch

လက်သင့် (le'-thin) v be convenient, be handy

လက်သည် (le'-the) n ⚕ traditional birth attendant; [in cards] dealer

လက်သည်း (le'-the:) n fingernail, thumbnail

လက်သည်းညှပ် (le'-the:-hnya') n fingernail clippers

လက်သည်းပုပ် (le'-the:-po') n ingrown nail

လက်သုတ်ပဝါ (le'-tho'-pə-wa) n serviette, (table) napkin

လက်သုပ် (le'-tho') n mix of noodles, raw vegetables, nuts, spices, cooked oil, bean powder, etc served cold

လက်အိတ် (le'-ei') n glove; mitten

လောက်₁ (lau') v be enough, be sufficient; be adequate

လောက်₂ (lau') part about; as, as good as, as much as

လောက်စာ (lau'-sa) n shot, pellet to be used with a catapult, slingshot, or pellet bow

လောက်လေး (lau'-lei:) n pellet bow; catapult, slingshot

လောက်လမ်း (lau'-lan:) n 🦟 mosquito larva

လိုက်₁ (lai') v follow; be (involved) in, join; hunt; chase, pursue, go after

လိုက်₂ (lai') part simply, just; by; suffix to verb to indicate sthg is done completely, decisively, thoroughly; suffix to verb to encourage sb to do sthg

လိုက်ကာ (lai'-ka) n curtain, drapery; (folding) screen

လိုက်ချီး (lai'-chi:) n ❀ lychee

လိုက်တာ (lai'-ta) part How ...!

လိုက်နာ (lai'-na) v obey, follow; observe, conform to

လိုက်ပို့ (lai'-pọ) v send sb off, take sb someplace; go with, accompany, take (sb) to

လိုက်ပြေး (lai'-pyei:) v elope

လိုက်ဖက် (lai'-hpe') v match, go with

လိုက်လျော (lai'-lyɔ:, lai'-yɔ:) v agree to, go along with

လင် (lin) n husband

လင်ပန်း (lin-ban:) n tray

လင်မယား (lin-mə-ya:) n married couple, husband and wife

လင်း (lin:) v be bright; be clear

လင်းကွင်း (lə-gwin:, lin:-gwin:) n

♪ cymbals

လင်းနို့ (lin:-nọ) n ☘ bat

လင်းပိုင် (lə-bain, lin:-bain) n ☘ dolphin

လင်းရှူး (lin:-shu:) n ☘ porpoise

လိင် (lein) n sex, gender; feature

လောင် (laun) v burn; burn up; be burnt

လောင်စာ (laun-za) n fuel

လောင်း₁ (laun:) v pour (over); water (plants, etc); bet, wager, gamble

လောင်း₂ (laun:) part [in comb] future, soon-to-be, ...-to-be

လောင်းကစား (laun:-gə-za:) n gambling, gaming

လိုင်ချီး (lain-chi:) n ❀ lychee

လိုင်စင် (lain-sin) n licence

လိုင်း (lain:) n line; (bus) route; career

လိုင်းကား (lain:-ka:) n (public) bus

လိုင်းခွဲ (lain:-gwe:) n (telephone) extension

လစ် (li') v slip out; slip, lapse, lose; be missing, be absent; ☛ steal; lose (consciousness), pass out, faint, black out

လည် (le) v visit; spin, rotate, revolve, go around (inf); (of engine, mill, etc) run; go around in circles; revert to; regain (consciousness), come to

လည်ကုပ် (le-go') n nape (of the neck)

လည်ချောင်း (le-jaun:) n throat

လည်ချောင်းကွဲ (le-jaun:-kwe:) v ¥ have a sore throat

လည်ေစ့ (le-zei, le-zi) n Adam's apple; collar button

လည်ပို့ (le-bo, lə-bo) n hump

လည်ပင်း (le-bin:) n neck

လည်ပင်းကြီးရောဂါ (le-bin:-ji:-yɔ:-ga) n ¥ goitre, goiter

လည်ပင်းညှစ် (le-bin:-hnyi') v strangle, choke

လည်ပတ် (le-pa') v spin, revolve, rotate, go around (inf); (of engine, mill, etc) run; circulate

လည်း (le:) part too, also, as well, in addition; both ... and ...; either ... or ...

လည်းေကာင်း၊ ၎င်း (lə-gaun:) part both ... and ..., ... and ...; this, the same, the

aforementioned, the ... mentioned above

လှိုဏ်ေခါင်း (hlain-gaun:) n tunnel

လတ် (la') v be medium; be fresh

လတ်ဆတ် (la'-hsa') v be fresh

လတ်တေလာ (la'-tə-lɔ:) adv suddenly; presently, currently

လန့် (laɲ) v be startled, be alarmed; have or get a shock

လန်း (lan:) v (of plants) be fresh; (of looks, face, etc) fresh; (of spirit, person, etc) be refreshed

လန်းဆန်း (lan:-hsan:) v (of plants) be fresh; (of looks, face, etc) fresh; (of spirit, person, etc) be refreshed

လပ် (la') v be vacant

လိပ်$_1$ (lei') v roll sthg up; be rolled up, be in a roll; curl up

လိပ်$_2$ (lei') n ✿ turtle, tortoise

လိပ်ကျောက် (lei'-jau') n ✿ ray; skate

လိပ်ေခါင်း (lei'-gaun:) n ¥ haemorrhoids, hemorrhoids, piles

လိပ်ခွံ (lei'-hkun) n shell of a turtle or tortoise; tortoiseshell

လိပ်စာ (lei'-sa) *n* address

လိပ်ပြာ (lei'-pya) *n* 🦋 butterfly;
spirit, soul

လုပ် (lo') *v* do; work (as);
behave, act; make

လုပ်ကိုင် (lo'-kain) *v* do (for a
living), be occupied as, work
(as)

လုပ်ကြည့် (lo'-ji) *v* attempt, try

လုပ်ခ (lo'-hka̱) *n* pay, wages;
fee, charge

လုပ်ငန်း (lo'-ngan:) *n* work,
business, field, line

လုပ်ငန်းခွင် (lo'-ngan:-gwin) *n*
workplace

လုပ်စား (lo'-sa:) *v* do (for a
living)

လုပ်ဆောင် (lo'-hsaun) *v* do,
carry out

လုပ်ထုံးလုပ်နည်း (lo'-hton:-lo'-
ni:) *n* method, procedure

လုပ်ပိုင်ခွင့် (lo'-pain-gwin̠) *n*
authority (to act)

လုပ်သား (lo'-tha:) *n* worker

လုပ်အား (lo'-a:) *n* labour

လုပ်အားပေး (lo'-a:-pei:) *v* con-
tribute labour, work on a
project without pay,

volunteer

လာဘ် (la') *n* bribe

လာဘ်ခေါ် (la'-hkɔ) *v* do sthg
for good luck; demand a bribe

လာဘ်ထိုး (la'-hto:) *v* bribe

လမ်း (lan:) *n* road, street, way,
track, path; way, means,
method; route

လမ်းကြား (lan:-ja:) *n* narrow
road; alley

လမ်းကြို (lan:-jon) *v* be on the
way

လမ်းခွ (lan:-gwa̱) *n* fork (in the
road)

လမ်းကွဲ₁ (lan:-kwe:) *v* part
(ways), separate

လမ်းကွဲ₂ (lan:-gwe:) *n* fork (in
the road)

လမ်းစဉ် (lan:-zin) *n* way,
procedure, process; course (to
be followed)

လမ်းဆုံ (lan:-zon) *n* crossing,
intersection, junction

လမ်းဆုံး₁ (lan:-hson:) *v* (of
journey, road, etc) end; reach
the limit

လမ်းဆုံး₂ (lan:-zon:) *n* end of
the line; impasse

လမ်းညွှန် (lan:-hnyun) *v* give

direction; instruct

လမ်းညွှန် (lan:-hnyun) *n* manual, guide, directions, instructions

လမ်းထိပ် (lan:-htei') *n* corner, top of road

လမ်းပေး (lan:-pei:) *v* give way, yield

လမ်းပိတ်ဆို့မှု (lan:-pei'-hso-hmu) *n* heavy traffic; traffic jam

လမ်းပြ₁ (lan:-pya) *v* give directions (to someplace); guide, advise

လမ်းပြ₂ (lan:-bya) *n* guide

လမ်းဖယ် (lan:-hpe) *v* make way

လမ်းဘေး (lan:-bei:) *n* roadside, streetside

လမ်းမ (lan:-ma) *n* main road

လမ်းလွဲ (lan:-lwe:) *v* get lost, lose one's way

လမ်းလျှောက် (lan:-shau') *v* walk; go on foot

လမ်းလွှဲ (lan:-hlwe:) *n* detour, diversion

လမ်းသွယ် (lan:-dhwe) *n* small road leading off a large road

လိမ် (lein) *v* lie, deceive sb, tell sb a lie; cheat, scam; twist

လိမ္မာ (lein-ma) *v* be well-behaved, be a good child; be smart, be intelligent

လိမ်လည်မှု (lein-le-hmu) *n* ⚖ fraud

လိမ္မော် (lein-mo) *n* 🍊 orange

လိမ့် (lein) *v* roll, flip

လိမ်း (lein:) *v* (of paint, lotion, medicine, *thanakha*) apply, put on

လိမ်းဆေး (lein:-zei:) *n* ⚕ topical medicine, ointment, balm, lotion

လုံ (lon) *v* be (fully) covered; be sealed; be enveloped; be protected, be safe

လုံချည် (lon-ji) *n* *longyi*, sarong

လုံခြုံ (lon-jon) *v* be secure, be safe

လုံခြုံရေး (lon-jon-yei:) *n* security; guard

လုံမ (lon-ma) *n* young woman, girl

လုံး₁ (lon:) *v* be round, be spherical; roll into a ball; wrestle; be slurred

လုံး₂ (lon:) *n* lump, rounded object; all, the whole

လုံးချော (lon:-jo:) *n* cabochon,

−ၥ ◌ူ ◌ု ◌ိ ◌ီ ေ− ◌ဲ ေ−ာ ေ−ာ် ◌ို

highly polished gem with no
facets

လုံးချင်း (lon:-jin:) v be word for
word; be separate

လုံးလုံး (lon:-lon:) adv entirely,
completely; fully, as much as;
throughout

လုံးဝ (lon:-wa̰) adv [esp neg]
(not) at all, absolutely

လယ် (le) n (rice) paddy, paddy
field; middle

လယ်ယာ (le-ya) n farmland

လယ်သမား (le-dhə-ma:) n rice
farmer

လျော့ (yɔ̰) v lessen, diminish;
be short, not be up to full
measure; be slack

လျော် (yɔ) v be proper;
compensate, recompense

လျော်ကြေး (yɔ-jei:) n compen-
sation, recompense, indem-
nity

လျက်₁ (ye') v lick

လျက်₂ (ye', lye') part while,
-ing; and; in spite of, despite

လျက်ဆား (ye'-hsa:) n powder-
ed traditional digestive
medicine

လျင် (hlin, lyin) v be fast, be

quick; be ahead

လျင်မြန် (lyin-myan) v be fast,
be quick

လျောင်း (lyaun:) v recline, lie
(full length) on one's side

လျောင်းတော်မူ (lyaun:-dɔ-mu)
n 🏛 reclining Buddha

လျစ်လျူရှု (li'-lyu-shṵ-de) v
neglect; ignore; overlook;
turn a blind eye to

လွဲ (lwe:) v miss; get lost; be
wrong; differ; be displaced;
miss (≠ hit)

လွဲချော် (lwe:-chɔ) v miss (the
mark); be wrong, go wrong

လွဲရင် (lwe:-yin) part ● except,
apart from

လွဲလို့ (lwe:-lo̰) part ● except,
apart from

လွင် (lwin) v happy, bright,
cheerful

လွင့် (lwiṇ) v be blown away,
blow off; be stray

လွတ် (lu') v be free from. be
free of; be exempt; be free;
be empty; miss (≠ hit)

လွတ်ငြိမ်း (lu'-nyein:) v be free
from (worry, anger, debt,
etc); be exempt (from taxes,

fees, etc); be pardoned (for crime, etc); be immune (from prosecution)

လွတ်မြောက် (lu'-myau') v be freed, be liberated, get one's freedom

လွတ်လပ် (lu'-la') v be independent, be free

လွတ်လပ်ရေး (lu'-la'-yei:) n independence, freedom

လွန် (lun) v be extreme; be over; be more than; go beyond

လွန်း (lun:) part so much; too much, very, over-

လွမ်း (lun:, lwan:) v miss (sb)

လွယ် (lwe) v be easy, be simple; carry hanging from the shoulder

လွယ်ကူ (lwe-ku) v be easy, be simple

လွယ်အိတ် (lwe-ei') n cloth shoulder bag

လှ (hla) v good-looking, fine, attractive; pretty ♀, lovely ♀; handsome ♂; favourable

လှပ (hla-pa) v beautiful, lovely, gorgeous

လှီး (hli:) v slice, cut (up)

လှူ (hlu) v donate, give (away)

လှေ (hlei) n ⚓ boat

လှေကား (hlei-ga:) n stair, steps, stairway, staircase; ladder

လှဲ (hle:) v lie down, recline

လှော် (hlɔ) n ⚓ row, paddle; roast

လှိုက်လှဲ (hlai'-hle:) v be warm; be hearty; be whole-hearted

လှောင် (hlaun) v store up; tease

လှောင်အိမ် (hlaun-ein) n cage

လှိုင် (hlain) v be plentiful

လှိုင်း (hlain:) n wave

လှိုင်းတို (hlain:-do) n [radio] short wave

လှိုင်းထ (hlain:-hta) v (of sea, ocean, etc) be rough

လှိုင်းလတ် (hlain:-la') n [radio] medium wave

လှည့် (hlẹ) v move around sthg, circle sthg; turn, rotate, spin; make a tour; deceive

လှည့်ပတ် (hlẹ-pa') adv indirectly

လှည်း၁ (hle:) v sweep

လှည်း၂ (hle:) n cart

လှန် (hlan) v turn over

လှန့် (hlaṇ) v startle; frighten,

scare

လှုန်း (hlan:) v dry (in the sun)

လှုပ် (hlo') v move; shake

လှုပ်ရှား (hlo'-sha:) v move; be active; be excited

လှုပ်ရှားမှု (hlo'-sha:-hmu̞) n activity, movement; 🌐 movement (social ~)

လှမ်း₁ (hlan:) v (take a) step; reach out; hand; be far

လှမ်း₂ (hlan:) part from a distance, out, across, over

လှိမ့် (hlein̞) v roll; cheat

လှုံ (hlon) v bask; warm oneself

လှယ် (hle) v exchange; barter

လျှာ (sha) n tongue

လျှာရှည် (sha-shei) v be long-winded

လျှော (shɔ:) v slide down, slip down; lose; ✝die

လျှောစီး (shɔ:-si:) v ski; skate; slide

လျှော့ (shɔ̞) v lessen, reduce, decrease; give up, ease off, let up; loosen

လျှော့ဈေး (shɔ̞-zei:) n discount, sale

လျှော့ပေး (shɔ̞-pei:) v loosen, give slack; give in; relent

လျှော် (shɔ) v wash

လျှော်ဖွပ် (shɔ-hpu') v wash, launder, do the laundry

လျှို (sho) v insert, put in; hide, conceal

လျှို့ဝှက် (sho̞-hwe') v hide (sthg), conceal, keep sthg secret; be confidential, be classified

လျှို့ဝှက်ချက် (sho̞-hwe'-che') n secret

လျှောက်₁ (shau') v walk; apply

လျှောက်₂ (shau') part indiscriminately, thoughtlessly, at random

လျှောက်လွှာ (shau'-hlwa) n application, petition

လျှင် (hlyin) part 📖 if (in the future), when

လျှပ်စီး (sha'-si:, hlya'-si:) n lighting (flash), sheet lightning

လျှပ်စီးလက် (sha'-si:-le', hlya'-si:-le') v (of lightning) flash

လျှပ်စစ် (hlya'-si') n electricity, electric power; [in comb] electric, electrical

လျှံ (shan) v overflow, run over; spill over

လျှမ်း (shan:) *v* be careless

လွ (hlwạ) *n* saw

လွာ (hlwa) *n* layer; tier; floor, level, story, storey

လွဲ (hlwe:) *v* transfer (money); rock (cradle), swing (arms); detour; turn away

လွှင့် (hlwiṇ) *v* toss up; spread; broadcast

လွှတ် (hlu') *v* send (on an errand); free, release; launch

လွှတ်တော် (hlu'-tɔ) *n* 🏛 highest legislative body, parliament

လွှမ်း (hlwan:) *v* spread over; overwhelm

လွှမ်းမိုး (hlwan:-mo:) *v* influence; overwhelm; supersede

ဝ   ဝ wạ

ဝ₁ (wạ) *v* fat, chubby, plump; have enough, be full

ဝ₂ (wạ) *n* the twenty-ninth letter in the Myanmar script; the name of the letter ဝ Wa; 🌿 elephant foot yam

ဝဆွဲ (wạ-hswe:) *n* ◌ symbol

ဝတုတ် (wạ-to') *n* fat person

ဝရန်တာ (wə-ran-da) *n* balcony, verandah

ဝလုံး (wạ-lon:) *n* the name of the letter ဝ

ဝဥ (wạ-ụ) *n* 🌿 elephant foot yam

ဝါ₁ (wa) *v* be yellow

ဝါ₂ (wa) *n* 🌧 rainy-season retreat; year in the *sangha*; 🌿 cotton

ဝါကျ (we'-jạ) *n* [gram] sentence

ဝါစင်္ဂ (wa-zin-gạ) *n* [gram] part of speech

ဝါဆို (wa-zo) *n* *Wazo*

ဝါတွင်း (wa-dwin:) *n* 🌧 period of the rainy season retreat, from *Wazo* to *Thadingyut*

ဝါဒ (wa-dạ) *n* ideology; policy; system of belief

ဝါဒီ (wa-di) *part* -ist, sb who follows or supports a certain ideology, policy, belief

ဝါသနာ (wa-dhə-na) *n* interest; hobby; talent

ဝါး₁ (wa:) *v* chew

ဝါး₂ (wa:) *n* 🌿 bamboo; ♪ bamboo clappers; handsbreadth

ဝါးကပ် (wə-ga') *n* bamboo

matting

ဝါးရုံ (wə-yon) *n* clump of bamboo

ဝါးလုံး (wə-lon:) *n* bamboo pole

ဝိနယ (wị-nə-yạ) *n* *Vinaya*

ဝိပဿနာ (wị-pa'-thə-na) *n* vipassana

ဝိသေသန (wị-thei-thə-nạ) *n* [gram] qualifier

ဝိသဇ္ဇနီ (wị-thi'-zə-ni) *n* ':' symbol, indicating high tone

ဝေ (wei) *v* hand out, distribute; share; be luxuriant

ဝေဒနာ (wei-də-na) *n* pain, suffering

ဝေဖန် (wei-ban) *v* criticise

ဝေလငါး (wei-lạ-nga:) *n* whale

ဝေ့ (weị) *n* whirl around

ဝေး (wei:) *v* be far, be distant

ဝေးလံ (wei:-lan) *v* be far away, be distant

ဝဲ$_1$ (we:) *v* have an accent, speak with an accent; soar, hover

ဝဲ$_2$ (we:) *n* left (side); scabies

ဝေါခနဲ (wɔ:-gə-ne:) *adv* suddenly, with a roar

ဝေါဟာရ (wɔ:-ha-rạ) *n* word; (technical) term; vocabulary

ဝက် (we') *n* half; pig

ဝက်ခေါက် (we'-hkau') *n* pork rind

ဝက်ခြံ (we'-chan) *n* pimple, spot; zit; pigsty; dock

ဝက်ရူးပြန်ရောဂါ (we'-yu:-pyan-yɔ:-ga) *n* epilepsy

ဝက်ဝံ (we'-wun) *n* bear

ဝက်သား (we'-tha:) *n* pork

ဝက်သက် (we'-the') *n* measles

ဝက်အူ (we'-u) *n* pig's intestines; screw; bolt

ဝက်အူချောင် (we'-u-chaun) *v* (of screw, bolt) be loose

ဝက်အူချောင်း (we'-u-jaun:) *n* (pork) sausage

ဝက်အူရစ် (we'-u-yi') *n* thread, threading (of screw, hole)

ဝက်အူလှည့် (we'-u-hlẹ) *n* screwdriver

ဝိုက်$_1$ (wai') *v* detour, go around; curve; encircle

ဝိုက်$_2$ (wai') *n* nearby area; curve

ဝိုက်ချ (wai'-chạ) *n* [orth] –ၥ symbol

ဝဂ် (we') *n* set

ဝင် (win) *v* enter, go in(to), come in(to); become part of

ဝင်ပါ (win-gə-ba) *n* maze, labyrinth

ဝင်ကုန် (win-gon) *n* import

ဝင်ကြေး (win-ɟei:) *n* entrance *or* admission fee

ဝင်ငွေ (win-ngwei) *n* income

ဝင်စား (win-za:) *v* ⋐ incarnate as, reincarnate

ဝင်စွက် (win-swe') *v* interfere, meddle

ဝင်ပေါက် (win-bau') *n* entrance

ဝင်း₁ (win:) *v* be bright, be shining, be brilliant

ဝင်း₂ (win:) *n* compound; grounds, campus

ဝိုင် (wain) *n* wine; the letter Y

ဝိုင်ယာ (wain-ya) *n* [in comb] wire

ဝိုင်း₁ (wain:) *v* be circular, be round; gather around

ဝိုင်း₂ (wain:) *n* group

ဝိုင်း₃ (wain:) *adv* together, collectively

ဝိုင်းဝန်း (wain:-wun:) *adv* (work, etc) together

ဝစ္စ(နှစ်လုံး)ပေါက် (wi'-sạ-(hnə-

lon:)-pau') *n* [orth] ':' symbol, indicating high tone

ဝိဇ္ဇာ (wei'-za) *n* knowledge; wisdom; master, expert

ဝတ်₁ (wu') *v* wear, put on

ဝတ်₂ (wu') *n* responsibility, duty

ဝတ်စုံ (wu'-son) *n* set of clothes; uniform; suit

ဝတ်စုံ (wu'-son-pyei) *adv* in full uniform; suited up

ဝတ္ထု (wu'-htụ, wi'-htụ) *n* matter, object, thing; fiction, story

ဝတ္ထုတို (wu'-htụ-do, wi'-htụ-do) *n* (short) story

ဝတ္ထုရှည် (wu'-htụ-shei, wi'-htụ-shei) *n* novel

ဝတ်မှုန် (wu'-hmon) *n* ⚘ pollen

ဝိတ် (wei') *n* weight

ဝိတ်မ (wei'-mạ) *v* lift weights

ဝိတ်လျှော့ (wei'-shọ) *v* diet or exercise to lose weight

ဝန် (wun) *n* burden, load; responsibility; minister

ဝန်ကြီး (wun-ɟi:) *n* ⚫ minister

ဝန်ကြီးချုပ် (wun-ɟi:-ɟo') *n* ⚫ prime minister

ဝန်ကြီးဌာန (wun-ɟi:-hta-nạ) *n*

🌐 ministry

ဝန်ခံ (wun-hkan) v admit, confess

ဝန်ခံချက် (wun-gan-je') n confession

ဝန်ဆောင်မှု (wun-hsaun-hmṵ) n service

ဝန်ထမ်း (wun-dan:) n employee

ဝန်း (wun:) v be circular; encircle

ဝန်းကျင် (wun:-jin) n surroundings; environment

ဝန်းဝိုင်း (wun:-wain:) v be circular; co-operate, do together

ဝပ် (wu') v crouch; take cover

ဝပ်ရှော့ (wa'-shọ) n (car, auto, etc) workshop, garage

ဝံသာနု (wun-tha-nṵ) n 🌐 nationalist; patriot

ဝံ့ (wuṇ) v dare

ဝမ်း (wun:, wan:) n stomach, belly (inf); bowels

ဝမ်းကိုက် (wun:-kai', wan:-kai') v ☤ have dystentery; have gas, have cramps

ဝမ်းကျ (wun:-ja̰, wan:-ja̰) n ☤ diarrhoea

ဝမ်းကျစ် (wun:-ji', wan:-ji') v ☤ be constipated

ဝမ်းကွဲမောင်နှမ (wun:-gwe:-maun-hnə-ma̰, wan:-gwe:-maun-hnə-ma̰) n cousins

ဝမ်းချုပ် (wun:-cho', wan:-cho') v ☤ be constipated

ဝမ်းဆွဲ (wun:-zwe:, wan:-zwe:) n ☤ birth attendant

ဝမ်းနာ (wun:-na, wan:-na) v ☤ have a stomachache; ☤ (of woman about to give birth) be in labour

ဝမ်းနည်း (wun:-ne:, wan:-ne:) v be sorry; be sad; regret

ဝမ်းနုတ် (wun:-hno', wan:-hno') v ☤ take a laxative

ဝမ်းပိတ် (wun:-pei', wan:-pei') v ☤ (of diarrhoea) stop

ဝမ်းပျက် (wun:-pye', wan:-pye') v ☤ have diarrhoea

ဝမ်းမြောက် (wun:-myau', wan:-myau') v be glad

ဝမ်းရေး (wun:-yei:, wan:-yei:) n livelihood; sustenance

ဝမ်းရောဂါ (wun:-yɔ:-ga, wan:-yɔ:-ga) n ☤ cholera

ဝမ်းရစ် (wun:-yi', wan:-yi') v ☤ have cramps

ဝမ်းလျှားထိုး (wun:-ya:-hto:, wan:-ya:-hto:) v lie on one's

ကခဂဃငစဆဇဈညဋဌဍဎဏတထဒဓနပဖဗဘမယရလဝသဟဠအ

stomach, lie face down

ဝမ်းလျှော (wun:-shɔ:, wan:-shɔ:)
v ☤ have diarrhoea

ဝမ်းသာ (wun:-tha, wan:-tha) v
be glad, be happy

ဝမ်းသာအားရ (wun:-tha-a:-
ya̱, wan:-tha-a:-ya̱) adv with
great satisfaction or pleasure

ဝမ်းသွား (wun:-thwa:, wan:-
thwa:) v defecate; ☤ have
diarrhoea

ဝယ် (we) v buy, purchase

ဝယ်လိုအား (we-lo-a:) n 🏛 de-
mand

ဝယ်အား (we-a:) n 🏛 demand

ဝှက် (hwe') v hide, conceal

သ သ tha̱

သ₁ (tha̱) n the thirtieth letter
in the Myanmar script, the
name of the letter သ

သ₂ (tha̱) part abbreviated form
of particles သော၊ သည်၊
သည့်; suffix to some verbs for
euphonic effect

သကြား (dha̱-ja:) n sugar

သကြားလုံး (dhə ja:-lon:) n

sweets, hard candy

သကြီး (tha̱-ji:) n name of the
သ

သခင် (thə-hkin) n lord, master

သခွား (thə-hkwa:) n 🍃 cucum-
ber

သခွားမွှေး (thə-hkwa:-hmwei:) n
🍃 honeydew melon; 🍃 musk-
melon

သဇင် (dhə-zin) n 🍃 kind of
orchid

သတိ (dhə-di̱) n awareness,
attention; warning; memory;
consciousness

သတိထား (dhə-di̱-hta:) v notice;
pay attention; be careful

သတိပေး (dhə-di̱-pei:) v warn,
caution; remind

သတိပြု (dhə-di̱-pyu̱) v be aware
of, notice

သတိမေ့ (dhə-di̱-mei̱) v forget;
☤ faint, pass out, black out

သတိရ (dhə-di̱-ya̱) v remember;
miss (sb), be thinking of;
☤ come to, come around,
regain consciousness

သတိလစ် (dhə-di̱-li') v ☤ faint,
pass out, black out; forget

သတို့သမီး (dhə-do̱-tha̱-mi:) n

bride

သတို့သား (dhə-do̱-tha:) *n* bride-
groom

သတင်း (dhə-din:) *n* news;
information

သတင်းစာ (dhə-din:-za) *n*
newspaper

သတင်းထောက် (dhə-din:-dau') *n* investigative reporter;
correspondent

သတင်းပို့ (dhə-din:-po̱) *v* report

သနား (thə-na:) *v* pity, feel for

သနပ် (thə-na') *n* chutney

သနပ်ခါး (thə-nə-hka:) *n* thanakha, a tree whose bark
and roots are made into a
paste used to protect the skin

သပိတ် (dhə-bei') *n* monk's
bowl; strike; demonstration

သပိတ်မှောက် (dhə-bei'-hmau') *v*
strike; boycott; demonstrate

သပြေ (dhə-byei) *n* ✿ eugenia
tree, new shoots of which
have a reddish or pink tint

သဖွတ် (dhə-bu') *n* ✿ loofa(h),
luffa

သဘာဝ (dhə-ba-wa̱) *n* nature

သဘာဝကျ (dhə-ba-wa̱-ja̱) *v* be
natural; be realistic

သဘော (dhə-bɔ:) *n* nature;
trait, characteristic;
temperament; attitude;
sense, meaning; wish

သဘောကောင်း (dhə-bɔ:-kaun:) *v* be good-natured, be nice

သဘောကျ (dhə-bɔ:-ja̱) *v* like;
be pleased

သဘောတူ (dhə-bɔ:-tu) *v* agree, concur

သဘောတူစာချုပ် (dhə-bɔ:-tu-sa-jo') *n* (written) agreement,
contract

သဘောတူညီချက် (dhə-bɔ:-tu-nyi-je') *n* treaty, convention

သဘောထား₁ (dhə-bɔ:-hta:) *v* think, consider, regard

သဘောထား₂ (dhə-bɔ:-da:) *n* attitude; opinion; position

သဘောထားကြီး (dhə-bɔ:-hta:-ji:) *v* be generous, forgiving

သဘောထားသေး (dhə-bɔ:-hta:-thei:) *v* be petty, be mean

သဘောပေါက် (dhə-bɔ:-pau') *v* realise; understand, get (inf)

သဘောလွယ် (dhə-bɔ:-lwe) *v* be accepting, be flexible

သဘောသဘာဝ (dhə-bɔ:-dhə-ba-wa̱) *n* sense, meaning

သဘင် (dhə-bin) *n* assembly, gathering; ceremony

သမ (thə-mạ) *part* ♀ practitioner (of trade, sport, art, trade)

သမထ (thə-mə-htạ) *n* meditation to attain tranquility

သမာဓိ (thə-ma-dị) *n* concentration (of mind); integrity, honesty; fairness

သမား (thə-ma:) *n* ♂ practitioner (of trade, sport, hobby, art, trade); ⚕ traditional medical practitioner

သမားရိုးကျ (thə-ma:-yo:-jạ) *n* the conventional, the traditional

သမီး (thə-mi:) *n* daughter

သမီးရည်းစား (thə-mi:-yi:-za:) *n* couple (before marriage)

သမံတလင်း (thə-man-də-lin:) *n* concrete floor

သမက် (thə-me') *n* son-in-law

သမဂ္ဂ (thạ-me'-gạ) *n* association, union

သမင် (thə-min) *n* 🦌 deer

သမင်ရက် (thə-min-ye') *n* ⚕ disorder in which the skin develops smooth white patches

သမိုင်း (thə-main:) *n* history

သမိုင်းဝင် (thə-main:-win) *v* be historic

သရ (thə-rạ) *n* [gram] vowel

သရတွဲ (thə-rạ-dwe:) *n* diphthong or triphthong, combined vowels

သရဖူ (thə-rə-hpu) *n* ♛ crown

သရေ (thə-yei) *n* glory; nobility; honour; draw, tie

သရေကျ (thə-yei-jạ) *v* draw (a match), be a tie

သရဲ (thə-ye:) *n* ghost

သရော် (thə-yɔ) *v* mock, ridicule; satirise

သရက် (thə-ye') *n* 🌿 mango

သရက်ပြင် (thə-ye'-pyin) *n* snack made of dried mango pulp

သရက်ရွက် (thə-ye'-ywe') *n* 🌿 mango leaf; ⚕ spleen

သရုပ် (thə-yo') *n* form

သရုပ်ဆောင်₁ (thə-yo'-hsaun) *v* act, play a part

သရုပ်ဆောင်₂ (thə-yo'-hsaun) *n* actor ♂, actress ♀

သရုပ်ဖေါ် (thə-yo'-hpɔ) *v* portray, describe, illustrate

သလဲ (thə-le:) *n* 🌿 pomegran-

−ာ   ဲ   ံ   ြ   ှ   ေ−   ့   ေ−ာ   ေ−�515   ို

ate; sand

သလင်း(ကျောက်) (thə-lin:-(jau')) n quartz, crystal

သလိပ် (thə-lei') n phlegm, mucus; sputum

သဝေထိုး (thə-wei-hto:) n ေ-symbol

သဝန်တို (thə-wun-to) v be jealous

သာ₁ (tha) v exceed, be more than; excel, be good at; be better than; (of sun, moon) shine, be bright; be peaceful, be pleasant

သာ₂ (tha) part only

သာဂု (tha-gu) n ❀ sago; tapioca; tapioca pudding

သာဒု (tha-dụ) int ⬚ word of approval said after a dona-tion, blessing, good deed

သာတူညီမျှ (tha-du-nyi-hmyạ) adv fairly, justly

သာမည (tha-myin-nyạ) v be ordinary, be average

သာမန် (tha-man) v be ordinary, be normal, be average

သာယာ (tha-ya) v be pleasant, be nice

သာလဲ (tha-le:) n ❀ paper mul-

berry

သာသနာ (tha-dhə-na) n reli-gious teachings; ⬚ era, sasana

သာသနာပြု (tha-dhə-na-pyụ) v be a missionary

သာသနာ့ရိပ်သာ (tha-dhə-nạ-yei'-tha) n ⬚ retreat, meditation or religious centre

သား₁ (tha:) n son; member of some group

သား₂ (tha:) part emphatic suffix

သားကြီး (tha:-ji:) n eldest son, firstborn son

သားကြောဖြတ် (tha:-jɔ:-hpya') v ⚕ sterilise

သားဆက်ခြားခြင်း (tha:-hse'-cha:-jin:) n ⚕ birth spacing

သားပျက် (tha:-pye') v ⚕ miscarry

သားဖျက် (tha:-hpye') v ⚕ abort (a foetus)

သားဖြတ် (tha:-hpya') v ⚕ steri-lise

သားဖွားခန်း (tha:-hpwa:-gan:) n ⚕ maternity ward

သားရေ (thə-yei) n leather; hide, (animal) skin

သားရေကြိုး (thə-yei-jo:) n strip

of rubber; leather strap

သားရေကွင်း (thə-yei-gwin:) *n* rubber band

သားရေပတ်ကြိုး (thə-yei-pa'-jo:) *n* drive belt

သားလောင်း (tha:-laun:) *n* ♥ embryo

သားလျှော (tha:-sho:) *v* abort, ♥ miscarry

သားသမီး (tha:-dhə-mi:) *n* children

သားအိမ် (thə-ein) *n* ♥ womb, uterus

သိ (thi̱) *v* know

သိကြား (dhə-ja:) *n* Hindu god *Indra,* who figures in Buddhist scriptures as *Sakka*

သိသာ (thi̱-dha) *v* be clear, be evident; be obvious

သိသွား (thi̱-thwa:) *v* find out

သီ (thi) *v* string (beads, flowers, etc); skewer

သီချင်း (thə-chin:) *n* ♪ song

သီတ (thi-ta̱) *n* cool; cold

သီလ (thi-la̱) *n* 🏵 precepts; morals, principles

သီလစောင့် (thi-la̱-saun̪) *v* 🏵 keep the precepts

သီလရှင် (thi-la̱-shin) *n* 🏵 nun

သီဟ (thi-ha̱) *n* ♣ lion

သီဟိုဠ် (thi-ho) *n* 🌿 cashew; 🌐 Ceylon

သီအိုရီ (thi-o-ri) *n theory*

သီး (thi:) *v* be separate, be distinct; bear fruit

သီးခြား (thi:-ja:) *v* be separate; be independent

သီးစုံချဉ်ရည် (thi:-zon-chin-yei) *n* sour soup with vegetables

သီးနှင့် (thi:-nin̪) *v* be very rude, be crude

သီးသီး (thi:-dhi:) *adv* alone, only, separately

သီးသန့်₁ (thi:-than̪) *v* be reserved; be special; be separate

သီးသန့်₂ (thi:-than̪) *adv* especially, specially, particularly

သုခ (thu̱-hka̱) *n* happiness, delight; pleasure

သုခမိန် (thu̱-hkə-mein) *n* learned man, wise man, sage

သုည (thon-nya̱) *n* [math] zero, naught, 0

သုတ (thu̱-ta̱) *n* knowledge, learning

သုတေသန (thu̱-tei-thə-na̱) *n* research

သူ₁ (thu) *pron* he ♂, she ♀; you

သူ₂ (thu) *part* suffix to noun, to indicate one who does, -er

သူကောင်း (thu-gaun:) *n* man of good character; gentleman

သူကြီး (thə-ji:) *n* village head-(man)

သူခိုး (thə-hko:) *n* thief

သူငယ် (thə-nge) *n* child

သူငယ်ချင်း (thə-nge-jin:) *n* friend

သူငယ်အိမ် (thə-nge-ein) *n* pupil (of the eye)

သူစိမ်း (thu-zein:, də-zein:) *n* stranger

သူဌေး (thə-htei:) *n* rich *or* wealthy person; boss

သူတော် (thu-dɔ) *n* ♥ assistant to a monastery

သူတော်ကောင်း (thu-dɔ-gaun:) *n* virtuous person

သူတော်စင် (thu-dɔ-zin) *n* [relig] saint

သူတောင်းစား (thə-daun:-za:) *n* beggar

သူတစ်ပါး (thu-də-ba:) *n* the other person, party, etc

သူနာ (thu-na) *n* ♥ patient, sick person

သူနာပြု (thu-na-byṵ) *n* ♥ nurse

သူပုန် (thə-bon) *n* ⊕ ⚔ insurgent; rebel

သူများ (thu-mya:) *pron* they; others

သူရ (thu-rṵ) *n* bravery, courage; ⚔ medal given for courage

သူရဲကောင်း (thə-ye:-gaun:) *n* hero

သူရိယ (thu-rḭ-yṵ) *n* sun

သေ (thei) *n* (of person) die, pass away; (of body) be paralysed

သေချာ (thei-ja) *v* be certain, be sure; be thorough

သေချာပေါက် (thei-ja-pau') *adv* surely, certainly, for sure

သေစာရင်း (thei-sə-yin:) *n* death certificate

သေဆုံး (thei-hson:) *v* die, pass away

သေတမ်းစာ (thei-dan:-za) *n* ⚖ will

သေဒဏ် (thei-dan) *n* ⚖ death sentence

သေနတ် (thə-na') *n* gun, firearm

သေရည်(သေရက်) (thei-yi-(thei-ye')) *n* (alcoholic) drink

သေး₁ (thei:) *v* be small, be little

သေး₂ (thei:) *part* yet (with neg), still

သေးပေါက် (thei:-pau') *v* urinate, pee (inf), piss △

သေးသေးတင် (thei:-dhei:-tin) *n* [orth] ÷

သဲ (the:) *n* sand

သဲရေကျ (the:-yei-ja̱) *v* be a waste, be in vain

သဲရှင် (the:-shin) *n* quicksand

သဲလွန်စ (the:-lun-za̱) *n* clue, hint

သဲဝဲ (the:-we:) *n* 🐾 athlete's foot, a fungal skin infection

သဲသောင် (the:-dhaun) *n* sand-bank; beach

သော (thɔ:) *part* 📖 suffix to a verb to form an adjectival construction; sufix to verb to express a wish

သောကြာ (thau'-ja) *n* Friday; 🏹 Venus

သောကြောင့် (thɔ:-jauṉ) *part* 📖 because, as; seeing that

သောအခါ (thɔ:-ə-hka) *part* 📖 when, in the event

သော့ (thɔ̱) *n* lock; key

သော့ခလောက် (thɔ̱-gə-lau') *n* padlock

သော့ခတ် (thɔ̱-hka') *v* lock (up)

သော့ချောင်း (thɔ̱-jaun:) *n* key

သော့ဖွင့် (thɔ̱-hpwiṉ) *n* unlock

သော့လုံး (thɔ̱-lon:) *n* lock

သော် (thɔ) *part* 📖 if, when

သော်တာ (thɔ-da) *n* 📖 moon

သို (tho) *v* stock up (on), store

သိုလှောင် (tho-hlaun) *v* store, keep

သိုလှောင်ရုံ (tho-hlaun-yon) *n* store(house), warehouse

သိုသိပ် (tho-thei') *v* suppress; be modest; be understated

သို့ (thọ) *part* 📖 suffix to noun to mark direction; in a similar way, like, as; in (this) way

သို့ပေမဲ့ (dhọ-bei-mẹ) *part* 📖 however

သို့မဟုတ် (dhọ-mə-ho') *part* or

သို့အတွက် (dhọ-ə-twe') *part* for the reason that

သိုး₁ (tho:) *v* (of food) be stale

သိုး₂ (tho:) *n* 🐑 sheep

သက် (the') *v* be slightly bitter; descend

သက်₂ (the') *n* life; age; breath;

−ာ   ◌ၩ   ◌ၟ   ◌ိ   ◌ု   ေ−   ◌ဲ   ေ−ာ   ေ−ၟ   ◌ိ

Thet ethnic group

သက္ကတ (the'-kə-tạ) *n* Sanskrit

သက္ကရာဇ် (the'-kə-yi') *n* year

သက်ကယ် (the'-ke) *n* ✹ kind of grass used for thatch

သက်ဆိုင် (the'-hsain) *v* be concerned (with); be relevant (to)

သက်ဆိုင်ရာ (the'-hsain-ya) *n* (person, department, thing) concerned, relevant, responsible

သက်တော်စောင့် (the'-tɔ-zauṇ) *n* bodyguard

သက်တံ (the'-tan) *n* rainbow

သက်တမ်း (the'-tan:) *n* life, lifespan; validity

သက်တမ်းတိုး (the'-tan:-to:) *v* extend, renew

သက်သာ (the'-tha) *v* be better, get relief (from illness, pain); be relieved; be easy; be inexpensive

သက်သေ (the'-thei) *n* ⚖ witness

သက်သေခံ (the'-thei-hkan) *v* ⚖ give evidence

သက်သေခံကတ် (the'-thei-gan-ka') *n* identity card, ID card

သက်သေခံပစ္စည်း (the'-thei-gan-pyi'-si:) *n* ⚖ evidence

သက်သေပြ (the'-thei-pyạ) *v* prove

သက်သက် (the'-the') *adv* just, only, exclusively; separately; individually; deliberately, on purpose, intentionally

သက်သက်မဲ့ (the'-the'-mẹ) *adv* arbitrarily; meaninglessly

သက်သောင့်သက်သာ (the'-thaun-the'-tha) *adv* in comfort, comfortably

သက်သတ်လွတ် (the'-tha'-lu') *v* (of food, diet) be vegetarian

သက်သံ (the'-than) *n* creaky tone, e.g., အါ အ္

သိက္ခာ (thei'-hka) *n* dignity, propriety, practice of morality

သုက်ရည် (tho'-yei) *n* semen

သောက် (thau') *v* drink; smoke

သောက်ဆေး (thau'-hsei:) *n* ⚕ oral medicine, pills, tablets

သောက်ရေ (thau'-yei) *n* drinking water

သိုက် (thai') *n* hidden treasure; treasure trove; prophecy; nest

သင်₁ (thin) *v* teach, train; learn, study

သင်₂ (thin) *pron* you

သက်ဘ (thin-ga) *n* doubt, suspicion

သက်ဘရှင်း (thin-ga-shin:) *v* dispel doubt, dispel suspicion

သက်တ (thin-kei-ta) *n* sign, symbol; mark

သက်န်း (thin-gan:) *n* ⬛ monks robe

သင်ကြား (thin-ja:) *v* teach, train; learn, study

သကြန် (dhə-jan, thin:-jan) *n* the Water Festival

သင်ခန်းစာ (thin-gan:-za) *n* lesson

သချ (thin-cha) *n* number, amount; mathematics, maths

သချိုင်း(ကုန်း) (thin:-jain:-(gon:)) *n* cemetery, graveyard

သင်တန်း (thin-dan:) *n* class; training course

သင်တုန်းဓား (thin-don:-da:) *n* cutthroat razor, straight razor

သင်ပေး (thin-pei:) *n* teach, train, instruct

သင်ပုန်း (thin-bon:) *n* chalkboard, blackboard; slate

သင်ပုန်းကြီး (thin-bon:-ji:) *n* primer

သင်ပြ (thin-pya) *v* teach, train; demonstrate, show

သင်ဖျာ (thin-hpya) *n* mat made from the smooth outer part of a reed

သင်္ဘော (thin:-bɔ:) ⚓ ship, (large) boat, vessel; 🌿 papaya

သင်္ဘောဆေး (thin:-bɔ:-zei:) *n* boat enamel (paint)

သင်္ဘောသား (thin:-bɔ:-dha:) *n* ⚓ sailor, ship's crew, crew member

သင်ယူ (thin-yu) *v* learn, be trained

သင်ရိုး (thin-yo:) *n* course, class

သင့်₁ (thin) *v* be proper, be appropriate, be suitable, be right (for); be favourable; get on well; agree; be affected by

သင့်₂ (thin) *pron* your

သင့်₃ (thin) *part* should, ought to

သင့်တော် (thin-tɔ) *v* be proper, be right (for)

သင့်တင့် (thin-tin) *v* be proper, be right for

သင်း (thin:) *v* be fragrant, be aromatic; be scorched; castrate

−ာ ◌ု ◌ူ ◌ိ ◌ီ ေ− ◌ဲ ေ−ာ ေ−ာ် ◌ို

သိဂီ (thein-gi) *n* kind of high-quality gold

သောင်တင် (thaun-tin) *v* run aground; be stranded

သောင်း (thaun:) *n* ten thousand

သောင်းကျန်းသူ (thaun:-jan:-thu) *n* ⚔ 🌐 insurgent, rebel

သိုင်း (thain:) *n* martial arts

သိုင်းကား (thain:-ga:) *n* martial arts movie

သစ်₁ (thi') *v* be new; be unused; wash (face)

သစ်₂ (thi') *n* wood; timber, lumber; 🐆 leopard

သစ်ကိုင်း (thi'-gain:) *n* (tree) branch, (tree) limb

သစ်ကြား (thi'-ja:) *n* 🌿 walnut

သစ်ကြံ့ပိုး (thi'-jə-bo:) *n* 🌿 cinnamon

သစ်ခေါက် (thi'-hkau') *n* (tree) bark

သစ်ချ (thi'-cha) *n* 🌿 chestnut

သစ်ခွ (thi'-hkwą) *n* 🌿 orchid; vanilla

သစ္စာ (thi'-sa) *n* truth; loyalty; fidelity; oath

သစ္စာဖောက် (thi'-sa-bau') *n* traitor

သစ်တော (thi'-tɔ:) *n* forest, wood(s)

သစ်တော် (thi'-dɔ) *n* 🌿 pear

သစ်တောက် (thi'-tau') *n* 🐦 woodpecker

သစ်တုံး (thi'-ton:) *n* (cut or uncut) log

သစ်ပင် (thi'-pin) *n* tree

သစ်သား (thi'-tha:) *n* wood; timber, lumber

သစ်သီး(ဝလံ) (thi'-thi:-(wə-lan)) *n* fruit

သည်₁ (the) *n* suffix to an kind of work, action, condition, etc, -er

သည်₂ (thi) *pron* this

သည်₃ (thi) *part* marker for subject of sentence; particle indicating the end of a declarative sentence

သည့် (thị) *part* suffix to a verb or verb phrase to form adjectival phrase

သည်းကြိုး (the:-jo:) *n* (on a sandal) strap, thong

သည်းခံ (thi:-hkan) *v* tolerate; bear

သည်းခြေရည် (thi:-jei-yei) *n* ⚕ bile

သည်းခြေအိတ် (thi:-jei-ei') *n* ⚕

gall bladder

သတ် (tha') v kill; (of fire, light) extinguish; finish off

သတ္တပတ် (tha'-də-pa') n week

သတ္တမ (tha'-tə-ma) n seventh

သတ္တဝါ (dhə-də-wa, tha'-tə-wa) n living being, living creature

သတ္တိ (tha'-ti) n courage, bravery

သတ္တု (tha'-tu) n metal; mineral

သတ်မှတ် (tha'-hma') v specify (kind, method); fix (time, place); nominate (sb for sthg); recognise

သတ်သတ် (tha'-tha') adv separately, exclusively, apart

သုတ်₁ (tho') v (of table) wipe; paint, brush on; (of butter, jam) spread; pinch, (of purse, bag) snatch

သုတ်₂ (tho') n group, batch; ⚏ sutta

သုတ်သုတ် (tho'-tho') v briskly, smartly

သေတ္တာ (thi'-ta) n box, chest; tin

သဒ္ဒါ (dhə-da) n grammar

သန် (than) v be strong; be healthy, thrive; be good at

သန်ကောင် (than-gaun) n ☤ parasitical worm

သန္တာ (than-da) n coral

သန်ဘက်ခါ (dhə-be'-hka) n day after tomorrow

သန့် (than) v be clean, be pure; be pretty

သန့်စင် (than-sin) v be clean, be pure; be innocent

သန့်ရှင်း (than-shin:) v be clean; clean (up), tidy up

သန့်ရှင်းရေး (than-shin:-yei:) n cleanliness; sanitation, hygiene

သန်း (than:) n million; ⚘ louse (pl. lice)

သန်းခေါင် (dhə-gaun) n midnight

သိန်း (thein:) n hundred thousand

သိပ် (tha') v pet, stroke; wipe; whittle

သိပ်ရပ် (tha'-ya') v be neat, be tidy

သိပ်₁ (thei') v compress; stuff, cram; rest (to stop sweating); put to bed, put to sleep; (of dust) settle, subside

သိပ်₂ (thei') adv very

သိပ္ပံ (thei'-pan) n science

သိပ္ပံနည်းကျ (thei'-pan-ni:-ja̱) v be scientific

သုပ် (tho') v mix, toss (salad, certain soups)

သမ္ဘန် (than-ban) n ⚓ sampan

သမ္မတ (tha̱-ma̱-da̱) n 🌐 president

သမ္မတနိုင်ငံ (tha̱-ma̱-da̱-nain-gan) n 🌐 republic

သမ္မာကျမ်း (tha̱-ma-jan:) n ✝ Bible

သံ (than) n sound, voice; iron; nail; 🌐 embassy

သံကြိုး (than-jo:) n chain; cable

သံချေး (than-ji:) n rust

သံချပ် (than-ja') n ♫ satirical antiphonal song; ⚔ armour

သံချပ်ကာတပ် (than-ja'-ka-ta') n ⚔ armoured force

သံဃာ (than-ga) n 🕉 sangha, the Buddhist Order of monks

သံစို့ (than-so̱) n cold chisel; iron peg

သံဆူးကြိုး (than-hsu:-jo:) n barbed wire

သံဆန်ခါ (than-za̱-ga) n wire mesh, wire screen

သံညှပ် (than-hnya') v mouse-trap

သံတူကြောင်းကွဲ (than-du-jaun:-gwe:) n homonym, homophone

သံတို (than-do) n creaky tone, e.g., sound of အီး၊ အု

သံတံခါး (than-da̱-ga:) n grille protecting window or door

သံနုတ် (than-hno') n pliers

သံပရာ (than-ba̱-ya, than-ma̱-ya) n 🍋 lime

သံပရို (than-ba̱-yo, than-ma̱-yo) n 🍋 lemon

သံပူပေါက် (than-bu-pau') n ⚕ cauterise

သံပန်း (than-pan:) n decorative metal grille (usu for door, window)

သံဖိနပ် (than-hpa̱-na') n bracket to fit a housepost in a concrete base

သံဖြူ (than-byu) n tin

သံမှူး (than-hmu:) n 🌐 attache, counsellor, secretary

သံမှို (than-hmo) n rivet; (push)pin, tack

သံယောဇဉ် (than-yɔ:-zin) n emotional attachment, bond, tie

သံယုတ် (than-yo') n [orth]

က ခ ဂ ဃ င စ ဆ ဇ ဈ ည ဋ ဌ ဍ ဎ ဏ တ ထ ဒ ဓ န ပ ဖ ဗ ဘ မ ယ ရ လ ဝ သ ဟ ဠ အ

medial (consonant)

သံရပ် (than-ya') *n* glottal stop, e.g., sound of အတ်၊ အက်၊ အစ်

သံရုံး (than-yon:) *n* 🌐 embassy

သံရှည် (than-shei) *n* low tone, i.e., sound of အီး အ္ဂ

သံလေး (than-lei:) *n* high tone, i.e., sound of အီး၊ အ္ဂး

သံလိုက် (than-lai') *n* magnet

သံလွင် (than-lwin) *n* low tone, i.e., sound of အီ၊ အာ၊ 🌿 olive; Salween (River)

သံသယ (than-dha-ya̱) *n* doubt, suspicion

သံသရာ (than-dha-ya) *n* 📖 *samsara*, cycle of rebirths

သံအမတ် (than-ə-ma') *n* 🌐 ambassador

သမ်း (than:) *v* yawn

သိမ်₁ (thein) *v* small; slender; shrunk

သိမ်₂ (thein) *n* 📖 sima, ordination hall

သိမ်မွေ့ (thein-mwei̱) *v* delicate, fragile; well-behaved, gentle; subtle; delicate

သိမ်း₁ (thein:) *v* keep, save for; pack (up); collect, take away,

confiscate

သိမ်း₂ (thein:) *n* 🦅 falcon

သုံ့ပန်း (thon̠-ban:) *n* ⚔ prisoner of war, POW

သုံး₁ (thon:) *v* use

သုံး₂ (thon:) *n* three

သုံးစွဲ (thon:-swe:) *v* use

သုံးဆောင် (thon:-hsaun) *v* use; [fml] (of food, esp when inviting) eat, have, take

သုံးဆယ် (thon:-ze) *n* thirty

သုံးထပ်သား (thon:-da'-tha:) *n* three-layer plywood

သုံးဘီး(ကား) (thon:-bein:-(ka:)) *n* kind of small three-wheeled car

သုံးရေ (thon:-yei) *n* water for household use

သုံးသပ် (thon:-dha') *v* consider; evaluate, analyse; review

သယ် (the) *v* carry, transport

သယ်ဆောင် (the-hsaun) *v* carry, transport

သွား₁ (thwa:) *v* go; depart, leave; proceed

သွား₂ (thwa:) *n* tooth (pl. teeth)

သွားကြားထိုးတံ (thwa:-ja:-hto:-dan) *n* toothpick

သွားချေး (thə-chi:) *n* plaque (on teeth)

သွားချေးကျောက် (thə-chi:-jau') *n* tartar

သွားစိုက် (thwa:-sai') *v* put in a crown, put in a false tooth

သွားတု (thwa:-dṵ) *n* bridge; (full set of) dentures, false teeth

သွားတိုက် (thwa:-tai') *v* clean teeth, brush teeth

သွားတိုက်ဆေး (thwa:-dai'-hsei:) *n* toothpaste

သွားပုံ (thwa:-pon) *n* dentures, false teeth

သွားပွတ်တံ (dhə-bu'-tan) *n* toothbrush

သွားဖုံး (thə-hpon:) *n* gums

သွားရည် (thə-yei, thə-yi) *n* saliva

သွားရည်ခံ (thə-yei-gan) *n* bib

သွားရည်စာ (thə-yei-za) *n* snack

သွားရည်ယို (thə-yei-yo) *v* (of mouth) water; (of child, patient) drool, dribble

သွေး₁ (thwei:) *v* grind; sharpen; sharpen, develop (mind, senses)

သွေး₂ (thwei:) *n* blood

သွေးကျ (thwei:-jḁ) *v* ⚕ feel symptoms of low blood pressure

သွေးကြော (thwei:-jɔ:) *n* blood vessel, vein, artery

သွေးကြွ (thwei:-jwḁ) *v* be excited, be keyed up

သွေးခုန်နှုန်း (thwei:-hkon-hnon:) *n* pulse (rate)

သွေးချိန် (thwei:-chein) *v* take blood pressure

သွေးခြည်ဥ (thwei:-jei-ṵ) *v* be bruised

သွေးခြည်ဥ (thwei:-jei-ṵ) *n* blood blister

သွေးခဲ (thwei:-zei:) *n* ⚕ clotted blood

သွေးစစ် (thwei:-si') *v* ⚕ have a blood test

သွေးစည်း (thwei:-si:) *v* be united

သွေးစမ်း (thwei:-san:) *v* ⚕ take sb's pulse

သွေးဆေး (thwei:-zei:) *n* blood purifying tonic

သွေးဆောင် (thwei:-hsaun) *v* persuade, convince, win over

သွေးဆုံးကိုင် (thwei:-zon:-kain) *v* ⚕ have symptoms of menopause

သွေးတိုး (thwei:-to:) v ☤ have high blood pressure

သွေးတက် (thwei:-te') v ☤ have symptoms of high blood pressure; ☤ have blood poisoning

သွေးထိမ် (thwei:-htein) v skip one's period (inf), have amenorrhoea ☤

သွေးပေါ် (thwei:-pɔ) v menstruate, have one's period

သွေးပေါင် (thwei:-paun) v ☤ bleeding before birth, haemorrhage, hemorrhage

သွေးပေါင်ကျ (thwei:-baun-jạ) v ☤ (of blood pressure) drop

သွေးပေါင်ချိန် (thwei:-baun-chein) v ☤ take blood pressure

သွေးရည်ကြည် (thwei:-yei-(yi)-ji) n ☤ serum

သွေးလွန် (thwei:-lun) v ☤ bleed, haemorrhage, hemorrhage

သွေးလွန်တုပ်ကွေး (thwei:-lun-to'-kwei:) n ☤ denge haemorrhagic fever, denge hemorrhagic fever

သွေးလှူ (thwei:-hlu) v ☤ donate

blood

သွေးလှူဘဏ် (thwei:-hlu-ban) n blood bank

သွေးဝမ်း (thwei:-wun:) n ☤ dysentery

သွေးသွင်း (thwei:-thwin:) v ☤ give a blood transfusion

သွေးသွန် (thwei:-thun) v ☤ have menorrhagia, have abnormally heavy menstruation; have post-partum bleeding

သွေးအားကောင်း (thwei:-a:-kaun:) v be vigorous

သွေးအားနည်း (thwei:-a:-ne:) v ☤ have anaemia, have anemia

သွေးအေး (thwei:-ei:) v in a calm state of mind

သွေးအုပ်စု (thwei:-o'-sụ) n blood type, blood group

သွက် (thwe') v be quick, be swift; (of sales) be brisk; be lively, be active

သွင်း (thwin:) v put into; introduce, bring in

သွင်းကုန် (thwin:-gon) n import

သွတ် (thu') v put in, insert; enclose (in)

သွန် (thun) v pour; empty; spill

သွန်း (thun:) v pour (liquid);

cast (metal)

သွပ် (thu') *n* zinc; galvanised metal sheet, often used as roofing

သျတ္တရ (sha'-tə-rạ) *n* treatise

သျှမ်း (shan:) *n* ♙ Shan

ဟ ဟ hạ

ဟ₁ (hạ) *n* the thirty-first letter in the Myanmar script; the name of the letter ဟ

ဟ₂ (hạ) *v* open; be ajar, leave ajar; have a space between

ဟ₃ (hạ) *int* what!

ဟထိုး (hạ-hto:) *n* ◌ symbol

ဟလဝါ (ha-lə-wa) *n* sticky halva-like sesame-rice sweet, typical of Pathein

ဟရွါ (hə-hwa) *n* ◌ word used instead of a word or name one does not know, wishes to avoid, or wishes to leave unsaid

ဟာ₁ (ha) *v* be omitted, be missing; be lacking; feel empty

ဟာ₂ (ha) *pron* subject marker; possessive marker; infix between repeated pronoun to indicate that sthg was done by oneself

ဟာသ (ha-thạ) *n* comedy, humour; sthg funny

ဟု (hụ) *part* suffix to name, word indicated: called, known as; suffix to reported speech; (believing) that; as such

ဟုက (hu-kạ) *part* if

ဟုရွေ့ (hu-ywei) *part* suffix to name, word indicated: called, known as; suffix to reported speech; (believing) that; as such

ဟုလို (hu-lo) *part* read as, take as, interpret as meaning

ဟော (ho:) *v* preach; give a talk, speech, lecture; foretell

ဟောခနဲ (ho:-gə-ne:) *adv* gushing, pouring, in a rush

ဟောပြောပွဲ (ho:-pyo:-bwe:) *n* public lecture, talk

ဟောဒီ (ho:-di) *pron* ◌ this

ဟော် (ho) *n* ♟ the seat of a Shan ruler, palace

ဟော်လန်₁ (ho-lan) *n* 🌏 Holland

ဟော်လန်₂ (ho-lan) *adj* 🌏

Dutch

ဟို (ho) *pron* ➡ that

ဟိုတယ် (ho-te) *n* hotel

ဟိုဒင်း (ho-din:) *pron* ➡ that

ဟိုဟာ (ho-ha) *pron* ➡ that

ဟောက် (hau') *v* snore (while asleep); ➡ tell off, scold; roar

ဟင် (hin) *part* final marker of a question or inquiry, esp by women: hm?

ဟင်္သာ (hin:-tha) *n* ❀ Brahminy duck, ruddy sheldrake, symbol of the Mon monarchy

ဟင့်အင် (hiṇ-in) *int* expression of disagreement or refusal: no, uh-uh, hunh-uh

ဟင့်အင်း (hiṇ-in:) *int* ➡ no way, forget it

ဟင်း (hin:) *n* (cooked dish of) meat, fish, vegetables, to be eaten with rice

ဟင်းချို (hin:-jo) *n* broth, thin clear soup

ဟင်းချိုမှုန့် (hin:-jo-hmoṇ) *n* monosodium glutamate, MSG, seasoning powder

ဟင်းနုနယ် (hin:-nu-ne) *n* ❀ amaranth, a plant with edible leaves

ဟင်းနှစ် (hin:-hni') *n* thick gravy or sauce

ဟင်းဖတ် (hin:-ba') *n* meat, fish, vegetable in a soup

ဟင်းရည် (hin:-yei) *n* broth (of soup)

ဟင်းရွက် (hin:-ywe') *n* leafy vegetables

ဟင်းသီးဟင်းရွက် (hin:-dhi:-hin:-ywe') *n* (green) vegetables

ဟောင် (haun) *v* (of dog) bark

ဟောင်ကောင် (haun-kaun) *n* 🌏 Hong Kong

ဟောင်ကောင်နှစ်လွှာ (haun-kaun-hnə-hlwa) *n* two-floor flat, with internal stairs

ဟောင်း (haun:) *v* old; outdated, out-of-date; old, former, previous; past; second-hand, used

ဟိုင်း (hain:) *n* ⚩❀ tuskless elephant

ဟစ် (hi') *v* shout, yell

ဟတ်ချိုး (ha'-cho:) *n* achoo, sound of a sneeze

ဟုတ် (ho') *v* be true, be right, be correct

ဟုတ်ကဲ့ (ho'-kẹ) *int* reply used to confirm, that's right *or*

−ာ ု ူ ိ ီ ေ ဲ ော ော် ို

true, correct; word used to
confirm understanding of a
question, request, etc

ဟုတ်ပါ့ (ho'-pạ) *int* that's right

ဟုတ်ပါ့(မ)လား (ho'-pạ-(mə)-
la:) *int* really, is that right, is
that so (implying doubt)

ဟုတ်ရဲ့လား (ho'-yẹ-la:) *int*
really, is that right, is that so
(implying doubt)

ဟုတ်လား (ho'-la:) *int* honestly?
really?

ဟန် (han) *n* gesture; posture,
pose, position, attitude;
appearance; pretense

ဟန်ကျ (han-jạ) *v* succeed, do
well; be suitable, be fitting

ဟန်ချက် (han-je') *n* centre of
gravity; balancing point

ဟန်ချက်ထိန်း (han-je'-htein:) *v*
balance, keep one's balance

ဟန်ဆောင် (han-hsaun) *v* pose,
pretend, fake

ဟန်ထား (han-hta:) *n* position,
posture, attitude

ဟန်ပါပါ (han-pa-pa) *adv*
grandly; convincingly

ဟန်ပန် (han-pan) *n* style,
manner

ဟန်ပြ (han-pya) *v* display, show
off, model

ဟန်ရ (han-yạ) *v* be proper, be
fitting

ဟန်လုပ် (han-lo') *v* affect
modesty; be pretentious

ဟိန္ဒီ (hein-di) *n* Hindi

ဟိန္ဒူ (hein-du) *n* Hindu

ဟပ် (ha') *v* bring surfaces
together; rhyme; match; bite,
snap; reflect

ဟွန်ဒီ (hun-di) *n* money transfer
service; hundi

ဟွန်း (hun:) *n* horn

ဟွန်းတီး (hun:-ti:) *v* honk,
sound horn

ဟွန်းပေး (hun:-pei:) *v* honk at

---

၉ ၉ကြီး lạ-ji:

၉ကြီး (lạ) *n* the thirty-second
letter in the Myanmar script

၉ကြီး (lạ-ji:) *n* the name of the
letter ၉

အ အ ạ

အ₁ (ạ) *v* be dumb, be mute; be

stupid; be a dud

အ₂ (ạ) *n* the thirty-third letter in the Myanmar script; the name of the letter အ

အ₃ (ə-) *part* prefix to verb, to form a noun; infix in double verb, forming an adverb; prefix to classifier in multiples of 10; (ạ) prefix negating some words

အက (ə-kạ) *n* dance, dancing

အကအခုန် (ə-kạ-ə-hkon) *n* dance, dancing

အကာ (ə-ka) *n* fence; partition; protection, shield; white (of an egg)

အကူအညီ (ə-ku-ə-nyi) *n* help, assistance, aid

အကဲဖြတ် (ə-ke:-hpya') *v* assess, appraise, evaluate

အကို (ə-ko) *n* older brother; older male cousin

အကိုးအကား (ə-ko:-ə-ka:) *n* reference

အကောက်ခွန် (ə-kau'-hkun) *n* ☻ Customs

အကိုက်အခဲ (ə-kai'-ə-hke:) *n* aches and pains

အကိုက်အခဲပျောက်ဆေး (ə-kai'-

ə-hke-pyau'-hsei:) *n* ☿ pain-killer, analgesic

အကင် (ə-kin) *n* grill, barbe-cue; roasted food, grilled food, barbecued food

အကောင် (ə-kaun) *n* (dead) body, corpse

အကောင်အထည်ဖော် (ə-kaun-ə-hte-hpɔ) *v* implement, carry out

အကောင်းသား (ə-kaun:-dha:) *exp* it would have been better (if I had); it would be better (if)

အကိုင်အတွယ် (ə-kain-ə-twe) *n* management

အကန့်အသတ် (ə-kaṇ-ə-tha') *n* limit, bound; restriction, limitation

အကုန် (ə-kon) *n* (it) all, everything; expenses; end, termination

အကုန်ခံ (ə-kon-hkan) *v* cover expenses, bear costs; waste

အကုန်လုံး (ə-kon-lon:) *n* (it) all, everything

အကုန်အကျ (ə-kon-ə-jạ) *n* expenses

အကယ် (ə-ke) *adv* 📖 in fact, in

အ—၁   ◌ှ   ◌ှ   ◌ိ   ◌ိ   ေ—   ◌ဲ   ေ—၁   ေ—ၵ်   ◌ို

reality; definitely

အကယ်၍ (ə-ke-ywẹ) *part* 📖 if, when

အကျ (ə-jạ) *n* fall; drop; descent; decline; failure (in examinations), fail; casualty (in military action), the fallen

အကျရည် (ə-jạ-yei) *n* black tea (before milk and sugar is added)

အကျအပေါက် (ə-jạ-ə-pau') *n* misprint, typo (inf), typographical error

အကျား (ə-ja:) *n* stripes

အကျောပေး (ə-jɔ:-pei:) *v* give a handicap

အကျိုး (ə-jo:) *n* effect, consequence; benefit, advantage

အကျိုးခံစားခွင့် (ə-jo:-hkan-za:-gwiṇ) *n* fringe benefit

အကျိုးငှာ (ə-jo:-hnga) *part* for the good of

အကျိုးဆက် (ə-jo:-ze') *n* consequence, result

အကျိုးဆောင် (ə-jo:-zaun) *n* agent, broker; secretary (of an organisation)

အကျိုးထူး (ə-jo:-htu:) *v* do good; have a good result

အကျိုးထူး (ə-jo:-du:) *n* good result, favourable outcome, reward

အကျိုးနပ် (ə-jo:-na') *v* be worthwhile, be worth (time, effort)

အကျိုးအကြောင်း (ə-jo:-ə-jaun:) *n* circumstances; particulars; pros and cons

အကျင့် (ə-jiṇ) *n* habit; trait; practice

အကျင့်ပျက် (ə-jiṇ-pye') *v* be corrupt

အကျင့်ရ (ə-jiṇ-yạ) *v* be used to, be accustomed to

အကျဉ်းကျ (ə-jin:-jạ) *v* be imprisoned, be detained

အကျဉ်းချ (ə-jin:-chạ) *v* imprison, detain

အကျဉ်းချုပ်₁ (ə-jin:-cho') *v* condense, shorten, abridge

အကျဉ်းချုပ်₂ (ə-jin:-jo') *n* condensed version; summary

အကျဉ်းထောင် (ə-jin:-daun) *n* prison

အကျဉ်းသား (ə-jin:-dha:) *n* ♂ prisoner, convict

အကျဉ်းသူ (ə-jin:-dhu) *n* ♀ cprisoner, convict

အကျဉ်းအကျပ် (ə-jin:-ə-ja') *n* difficulty, adversity; crisis

အကျိတ် (ə-jei') *n* ♼ gland; ♼ tumour, tumor, lump

အကျပ် (ə-ja') *n* difficulty; coercion, force

အကျပ်အတည်း (ə-ja'-ə-te:) *n* difficult situation; crisis

အကျုံးဝင် (ə-jon:-win) *v* include

အကျယ် (ə-je) *n* extent, area, size; unabridged version

အကျယ်ချုပ် (ə-je-jo') *n* ⚖ house arrest

အကျယ်တဝင့် (ə-je-də-win̲) *adv* at length, in detail

အကြား (ə-ja:) *n* break, gap; (sense of) hearing

အကြားအမြင် (ə-ja:-ə-myin) *n* (general) knowledge; clairvoyance

အကြီး (ə-ji:) *n* the bigger one, the larger one; the older one; aunt

အ...ကြီး (ə...ji:) *v* be a big ...er

အကြီးအကဲ (ə-ji:-ə-ke:) *n* sb in authority, leader

အကြီးအကျယ် (ə-ji:-ə-je) *adv* extensively, greatly, dramatically

အကြီးအမှူး (ə-ji:-ə-hmu:) *n* sb in authority, leader

အကြေး (ə-jei:) *n* scales

အကြေးခွံ (ə-jei:-gun) *n* scales

အကြေးထိုး (ə-jei:-hto:) *v* remove scales

အကြော (ə-jɔ:) *n* streak, line, thread; nerves; channels running through the body; ways, habits

အကြောကိုင် (ə-jɔ:-kain) *n* have tense muscles; massage a tense muscle

အကြောဆေး (ə-jɔ:-zei:) *n* ♼ injectible (medicine)

အကြောဆွဲ (ə-jɔ:-hswe:) *v* have muscle contractions; be carried away by, be preoccupied by

အကြောတက် (ə-jɔ:-te') *v* have a stiff neck, have an aching back

အကြောတင်း (ə-jɔ:-tin:) *v* have stiff muscles

အကြောထုံ (ə-jɔ:-hton) *v* ♼ become numb

အကြောထုံး (ə-jɔ:-hton:) *v* ♼ (of veins) become varicose; (of muscles) swell

−ာ ိ ီ ‌ ‍ ေ− ဲ ေ−ာ ေ−ာ် ို

အကြောမျက် (ə-jɔː-mye') v
sprain, twist, wrench

အကြောလိုက် (ə-jɔː-lai') n have
a twitch

အကြောသေ (ə-jɔː-thei) v ⚕ be
paralysed

အကြော် (ə-jɔ) n fritter, fried
snack, fried dish

အကြော်အလှော် (ə-jɔ-ə-hlɔ) n
fried food, roasted food

အကြို (ə-jo) v be preliminary,
come before

အကြိုနေ့ (ə-jo-nei) n eve (of
an important event)

အကြိုအကြား (ə-jo-ə-ja:) n
nook and cranny, small,
narrow places, everywhere

အကြောက် (ə-jau') n fear,
fright; sense of fear

အကြိုက် (ə-jai') n taste, liking;
approval; sthg that one likes

အကြောင်တိုက် (ə-jaun-tai') v
talk, act, etc outrageously,
shamelessly

အကြောင်ရိုက် (ə-jaun-yai') v
pretend, fool

အကြောင့်ကြ (ə-jauṇ-ja) n
anxiety; concern

အကြောင်း (ə-jaun:) n line;

mark; information, facts;
cause, origin; circumstance,
conditions; route; means;
reason, purpose

အကြောင်းကြား (ə-jaun:-ja:) v
report (sthg), inform (sb)

အကြောင်းကြောင်း (ə-jaun:-jaun:)
adv for certain reasons, for
various reasons

အကြောင်းခံ (ə-jaun:-gan) n root,
(fundamental or underlying)
cause

အကြောင်းတရား (ə-jaun:-tə-ya:)
n caufse, circumstance

အကြောင်းထူး (ə-jaun:-du:) n
extraordinary circumstances

အကြောင်းပြ (ə-jaun:-pya) v
argue one's case; show
causes; assert oneself; justify
oneself; rationalise

အကြောင်းပြချက် (ə-jaun:-pya-
je') n excuse, justification,
rationalisation

အကြောင်းပြု (ə-jaun:-pyu) v base
on (sthg)

အကြောင်းပြန် (ə-jaun:-pyan) v
make a report

အကြောင်းမလှ (ə-jaun:-mə-hla)
v be unlucky

က ခ ဂ ဃ င စ ဆ ဇ ဈ ည ဋ ဌ ဍ ဎ ဏ တ ထ ဒ ဓ န ပ ဖ ဗ ဘ မ ယ ရ လ ဝ သ ဟ ဠ အ

အကြောင်းမဲ့ (ə-jaun:-mẹ) *adv*
indiscriminately, arbitrarily,
for no reason

အကြောင်းရင်း (ə-jaun:-yin:) *n*
root, (fundamental) cause

အကြောင်းရှာ (ə-jaun:-sha) *v*
look for the causes (of); find
excuses (for)

အကြောင်းအရာ (ə-jaun:-ə-ya) *n*
subject (matter), topic, issue

အကြည်အညို (ə-ji-ə-nyo) *n*
reverence

အကြတ် (ə-ja') *n* 🪐 eclipse;
middle days of the Thingyan
water festival

အကြပ် (ə-ja') *n* supervisor;
management

အကြံ (ə-jan) *n* idea, thought;
advice; plan, design

အကြံကုန် (ə-jan-kon) *v* run out
of ideas

အကြံကြီး (ə-jan-ji:) *v* be
ambitious

အကြံဉာဏ် (ə-jan-nyan) *n*
advice

အကြံပေး (ə-jan-pei:) *v* advise

အကြံပေး (ə-jan-bei:) *n* consul-
tant; advisor, counsellor

အကြံအစည် (ə-jan-ə-si) *n* idea;

advice; scheme, design

အကြံအဖန် (ə-jan-ə-hpan) *n*
scheme, idea; machination

အကြမ်း (ə-jan:) *n* sthg rough,
sthg unprocessed; force,
violence; (rough) draft,
outline; oolong tea

အကြမ်းခံ (ə-jan:-hkan) *v* (of
things) be sturdy, be durable,
be tough, be heavy-duty

အကြမ်းနည်း (ə-jan:-ni:) *n*
violence, force. coercion

အကြမ်းဖက် (ə-jan:-hpe') *v* use
violence, use force, use
violent means; terrorise 🌐

အကြမ်းဖက်သမား (ə-jan:-hpe'-
thə-ma:) *n* sb who uses
violence; terrorist 🌐

အကြိမ် (ə-jein) *n* occasion,
frequency, number of times

အကြိမ်ကြိမ်အဖန်ဖန် (ə-jein-jein-
ə-hpan-ban) *adv* repeatedly

အကွာအဝေး (ə-kwa-ə-wei:) *n*
distance

အကွေ့ (ə-kwẹ) *n* curve, bend,
twist

အကွေး (ə-kwei:) *n* curve, bend

အကွဲကွဲ (ə-kwe:-gwe:) *adv*
differently, in different ways

အကွဲအရ (ə-kwe:-ə-shạ) *n* cuts and abrasions

အကွက် (ə-kwe') *n* square, chequer; facet (of cut gem); spot; space; opportunity

အကွက်ကောင်း (ə-kwe'-kaun:) *n* right moment, perfect moment

အကွက်ကျ (ə-kwe'-jạ) *v* be exact, be accurate; be appropriate; be advantageous

အကွက်ချောင်း (ə-kwe'-chaun:) *v* wait for the right moment

အကွက်ဆင် (ə-kwe'-hsin) *v* plot, scheme

အကွက်တွေ့ (ə-kwe'-twei) *v* find an opportunity

အကွက်ရှာ (ə-kwe'-sha) *v* look for an opening, look for a chance

အကွက်လည် (ə-kwe'-le) *v* become clear, become understandable; (of problems) clear up

အကွင်း (ə-kwin:) *n* circle, ring, hoop; loop

အကွပ် (ə-ku') *n* hem, edging

အကွယ် (ə-kwe) *n* cover, hidden place; shelter; hideaway

အကျမ်း (ə-jwan:) *n* familiarity

အကျမ်းတဝင် (ə-jwan:-də-win) *adv* familiarly, closely

အကျမ်းဝင် (ə-jwan:-win) *v* be friends (with), be close (to)

အကြွားအဝါ (ə-jwa:-ə-wa) *n* boast, bragging

အကြွေ (ə-jwei) *n* fallen fruit, leaves, flowers, etc; (small) change, small notes

အကြွေလဲ (ə-jwei-le:) *v* change (a large note), give sb change (for)

အကြွေအမ်း (ə-jwei-an:) *v* give sb change

အကြွေး (ə-jwei:) *n* credit, deferred payment; selling on credit; buying on credit

အကြွေးဆပ် (ə-jwei:-hsa') *v* pay back, repay, pay off; complete a task

အကြွေးတင် (ə-jwei:-tin) *v* be in debt

အကြွေးတောင်း (ə-jwei:-taun:) *v* ask for a loan

အကြွင်း (ə-jwin:) *n* remainder, rest

အကြွင်းမဲ့ (ə-jwin:-mẹ) *adv* completely, wholly, totally,

entirely, fully, unconditionally; without exception

အကြွင်းအကျန် (ə-jwin:-ə-jan) *n* (of food) leftovers

အခ (ə-hkạ) *n* payment, fee, charge (for services)

အခမဲ့ (ə-hkạ-mẹ) *v* be free (of charge), be complimentary

အခါ (ə-hka) *n* time; occasion

အခါတိုင်း (ə-hka-dain:) *part* every time, whenever

အခါမီ (ə-hka-hmi) *adv* in time

အခါမဲ့ (ə-hka-mẹ) *v* be unseasonal

အခါလည် (ə-hka-le) *v* complete one cycle

အခါး (ə-hka:) *n* bitter taste; sthg bitter

အခါးခြောက် (ə-hka:-chau') *n* oolong tea (leaves)

အခါးရည် (ə-hka-yei) *n* oolong tea

အခု (ə-hkụ) *n* now, presently

အခုထိ (ə-hkụ-htị) *adv* until now, up to now

အခုန (ə-hkụ-nạ) *n* just now, a moment ago

အခုလို (ə-hkụ-lo) *adv* just like now

အခဲ (ə-hke:) *n* solid mass, lump

အခေါ် (ə-hkɔ) *n* word (for), name (of), term; call

အခေါ်အပြော (ə-hkɔ-ə-pyɔ:) *n* being on speaking terms

အခေါ်အဝေါ် (ə-hkɔ-ə-wɔ) *n* technical term, jargon

အခိုး (ə-hko:) *n* theft, robbery; smoke

အခက် (ə-hke') *n* twig; difficulty, predicament

အခက်အခဲ (ə-hke'-ə-hke:) *n* difficulty, trouble, problem

အခေါက် (ə-hkau') *n* bark; (pork) rind; fold; time

အခေါက်ခေါက်အခါခါ (ə-hkau'-hkau'-ə-hka-ga) *adv* constantly, repeatedly

အခင်း (ə-hkin:) *n* flooring; sthg laid out to sit or lie on

အခင်းဖြစ် (ə-hkin:-hpyi') *v* argue, quarrel, have a row

အခေါင် (ə-hkaun) *n* highest point, top; summit; roof

အခေါင်း (ə-hkaun:) *n* cavity, inside; coffin

အခိုင် (ə-hkain) *n* stalk; bunch (of fruit), spray (of flowers)

အခိုင်အခံ့ (ə-hkain-ə-hkaṇ) *adv*

firmly

အခိုင်အမာ (ə-hkain-ə-ma) *adv*
firmly, steadfastly; irrefutably

အခန့်မသင့် (ə-hkaṇ-mə-thiṇ) *v*
be inappropriate, be not
suitable

အခန့်သင့် (ə-hkaṇ-thiṇ) *adv* by
chance, by luck, with good
fortune

အခန်း (ə-hkan:) *n* room; flat,
apartment; chapter; act;
scene

အခံ (ə-hkan) *n* base, founda-
tion, support

အခမ်းအနား (ə-hkan:-ə-na:) *n*
ceremony, celebration

အခမ်းအနားမှူး (ə-hkan:-ə-na:-
hmu:) *n* master of ceremonies

အခုံး (ə-hkon:) *n* convex
surface

အချ (ə-chạ) *n* act of setting
sthg down, laying sthg down,
etc

အချာ (ə-cha) *n* centre, hub,
middle; key person, actor,
party

အချေးဆပ် (ə-chi:-hsa') *v* pay,
repay, pay back (loan, debt)

အချော (ə-chɔ:) *n* sthg smooth,

sthg fine; finished product;
fair copy, final draft

အချောသပ် (ə-chɔ:-tha') *v* give
final touch

အချို (ə-cho) *n* sweetness; sthg
sweet; sthg without chilli

အချိုခြောက် (ə-cho-jau') *n* black
tea (leaves)

အချိုပွဲ (ə-cho-bwe:) *n* sthg
sweet; sweet, pudding,
dessert

အချိုမှုန့် (ə-cho-hmoṇ) *n*
monosodium glutamate, MSG,
seasoning agent

အချို့ (ə-cho) *pron* some;
several; certain, particular

အချိုး (ə-cho:) *n* proportion;
ratio; manner

အချိုးကျ (ə-cho:-jạ) *v* be well-
proportioned; split equally

အချိုးညီခြင်း (ə-cho:-nyi-jin:) *n*
symmetry

အချိုးပြေ (ə-cho:-pyei) *v*
conform

အချိုးအစား (ə-cho:-ə-sa:) *n*
proportion; ratio

အချိုးအဆ (ə-cho:-ə-hsạ) *n*
proportion; gradation,
graduation

အချက် (ə-che') *n* cooking; centre, item, point, topic; strike

အချက်ကျ (ə-che'-ja̰) *v* be exact, be precise; be to the point

အချက်ပေး (ə-che'-pei:) *v* signal

အချက်ပြ (ə-che'-pya̰) *v* give a sign

အချက်အပြုတ် (ə-che'-ə-pyo') *n* cookery, cuisine, cooking

အချက်အလက် (ə-che'-ə-le') *n* information; fact, datum, data (pl)

အချင့် (ə-chiṇ) *n* estimation; measurement; judgment

အချင်း (ə-chin:) *n* diameter; quality; ♥ placenta, after-birth

အချင်းချင်း (ə-chin:-jin:) *adv* among (those of the same group, side, etc)

အချင်းတို့ (ə-chin:-do̰) *n* my friends

အချင်းပွား (ə-chin:-pwa:) *v* quarrel, argue

အချင်းများ (ə-chin:-mya:) *v* quarrel, argue

အချင်းဝက် (ə-chin:-we') *n* radius

အချောင် (ə-chaun) *n* the easy way

အချောင်ခို (ə-chaun-hko) *v* shirk

အချောင်နှိုက် (ə-chaun-hnai') *v* exploit (a situation)

အချောင်လိုက် (ə-chaun-lai') *v* do sthg the easy way; be an opportunist

အချောင်သမား (ə-chaun-dhə-ma:) *n* opportunist

အချောင်း (ə-chaun:) *n* pole, stick, rod

အချိုင့် (ə-chaiṇ) *n* dip, hollow, dimple, depression

အချိုင့်သား (ə-chaiṇ-dha:) *adv* in style

အချစ် (ə-chi') *n* love; beloved

အချစ်တော် (ə-chi'-dɔ) *n* favourite, favorite; pet

အချဉ် (ə-chin) *n* acidity; sourness; sucker, mark

အချဉ်တည် (ə-chin-te) *v* pickle (vegetables); take sb in, fool sb

အချဉ်ပေါက် (ə-chin-pau') *v* (of food) be fermented; (of feelings) sour; (of situation) hate

အချဉ်ဖောက် (ə-chin-hpau') *v*

ferment, pickle; brew

အချဉ်ဖမ်း (ə-chin-hpan:) v
sucker sb, make a fool of sb

အချိတ် (ə-chei') n wavy pattern
typical; insinuation,
innuendo

အချိတ်အဆက် (ə-chei'-ə-hse')
n connection, joint; joint
effort

အချိန် (ə-chein) n time; weight

အချိန်ကိုက် (ə-chein-kai') v
coincide; set; synchronise

အချိန်ကုန် (ə-chein-kon) v lose
time, waste time; spend time

အချိန်ကျ (ə-chein-ja) v (of
time, moment) come, arrive;
be due

အချိန်စာရင်း (ə-chein-sə-yin:)
n schedule, timetable

အချိန်စီး (ə-chein-si:) v be
heavy

အချိန်ဆွဲ (ə-chein-hswe:) v
delay, put off; prolong

အချိန်ဇယား (ə-chein-zə-ya:) n
schedule, timetable

အချိန်တိုက် (ə-chein-tai') v set
the time, set the clock

အချိန်ပို (ə-chein-bo) n free
time; overtime

အချိန်ပိုင်း (ə-chein-bain:) v be
part-time

အချိန်ပုပ် (ə-chein-po') v lose
time

အချိန်ပြည့် (ə-chein-pyei) adv
full-time

အချိန်မတော် (ə-chein-mə-tɔ) n
bad time, wrong time

အချိန်မရွေး (ə-chein-mə-ywei:)
adv at all times, at any time

အချိန်မီ (ə-chein-hmi) adv in
time

အချိန်မှုတ် (ə-chein-hma') v time

အချိန်မှန် (ə-chein-hman) v be
punctual, be on time

အချိန်ရ (ə-chein-ya) v have
time

အချိန်လွန် (ə-chein-lun) v be too
late to do sthg

အချိန်အခါ (ə-chein-ə-hka) n
time

အချပ် (ə-cha') n layer, sheet,
plate; slice; card

အချုပ် (ə-cho') n gist; lock-up;
⚖ detention while not under
sentence; sewing

အချုပ်ကျ (ə-cho'-ja) v ⚖ be in
custody

အခြား (ə-cha:) pron other

အခြားမဲ့ (ə-cha:-mẹ) *adv*
throughout; seamlessly;
completely

အခြေ (ə-chei) *n* foundation;
basis

အခြေကျ (ə-chei-jạ) *v* be
settled, be established

အခြေခံ (ə-chei-gan) *n* basis,
foundation

အခြေချ (ə-chei-chạ) *v* settle
down

အခြေစိုက် (ə-chei-sai') *v* settle
down (in), reside

အခြေပြု (ə-chei-pyụ) *v* be based
on, start from; settle down in

အခြေအနေ (ə-chei-ə-nei) *n*
situation, circumstances

အခြောက် (ə-chau') *n* sthg
which is dry or dried; ♂ gay
(inf)

အခြောက်ခံ (ə-chau'-hkan) *v* dry
sthg, dehydrate

အခြောက်တိုက် (ə-chau'-tai') *v*
be dry; without a reason

အခြောက်အခြမ်း (ə-chau'-ə-
chan:) *n* dry provisions

အခြင်း (ə-chin:) *n* happening,
event

အခြမ်း (ə-chan:) *n* half (of

sthg); segment; part

အခွေ (ə-hkwei) *n* coil

အခွဲ (ə-hkwe:) *n* half; portion;
segment

အခွဲအစိတ် (ə-hkwe:-ə-sei') *n*
division; ♥ surgery

အခွက် (ə-hkwe') *n* small hole

အခွင် (ə-hkwin) *n* area, region

အခွင့် (ə-hkwiṇ) *n* permission;
chance, opportunity

အခွင့်ကောင်း (ə-hkwiṇ-gaun:) *n*
good opportunity

အခွင့်တောင်း (ə-hkwiṇ-taun:) *n*
ask permission (to)

အခွင့်ထူး (ə-hkwiṇ-du:) *n*
privilege

အခွင့်ထူးခံ (ə-hkwiṇ-du:-gan) *v*
be privileged

အခွင့်ပေး (ə-hkwiṇ-pei:) *v* grant
permission

အခွင့်လွှတ် (ə-hkwiṇ-hlu') *n*
forgive; pardon

အခွင့်သာ (ə-hkwiṇ-tha) *v* be
favourable

အခွင့်သင့် (ə-hkwiṇ-thiṇ) *v* (of
timing, moment) be good; (of
circumstances) allow, permit

အခွင့်အခါ (ə-hkwiṇ-ə-hka) *n*
right time

−ၥ   ၞ   ၞ   ႃ   ႃ   ၐ−   ႄ   ၐ−ၥ   ၐ−ၡ   ၞ

အခွင့်အရေး (ə-hkwiṇ-ə-yei:) *n* chance, opportunity; right

အခွင့်အရေးယူ (ə-hkwiṇ-ə-yei:-yu) *v* take advantage

အခွင့်အရေးရှာ (ə-hkwiṇ-ə-yei:-sha) *v* look for one's own advantage

အခွင့်အရေးသမား (ə-hkwiṇ-ə-yei:-dhə-ma:) *n* opportunist

အခွင့်အလမ်း (ə-hkwiṇ-ə-lan:) *n* opportunity, chance

အခွင့်အာဏာ (ə-hkwiṇ-a-na) *n* authority, power

အခွန် (ə-hkun) *n* 🐎 tax, duty

အခွန်ကောက် (ə-hkun-kau') *v* 🐎 levy a tax; collect taxes

အခွန်ဆောင် (ə-hkun-hsaun) *v* 🐎 pay taxes, pay duty

အခွန်ထမ်း (ə-hkun-dan:) *n* 🐎 taxpayer

အခွန်ဘဏ္ဍာ (ə-hkun-ban-da) *n* 🐎 revenue

အခွန်အကောက် (ə-hkun-ə-kau') *n* 🐎 tax, duty, revenue, public moneys

အခွံ (ə-hkun) *n* skin, peel, shell, bark, rind

အခွံခွာ (ə-hkun-hkwa) *v* peel, shell, shuck

အချဲ (ə-chwe:) *n* slime; mucus, phlegm; wheedling

အချွန် (ə-chun) *n* sharp tip, point

အချွန်း (ə-chun:) *n* sharp tip, point

အဝတိ (a̱-gə-dị) *n* bias, partiality

အငူ (ə-ngu) *n* cape, headland; protrusion

အငေါ့ (ə-ngɔ̣) *n* snide comment, sarcastic comment

အငို (ə-ngo) *n* weeping, crying

အငိုက် (ə-ngai') *n* unguarded moment

အငိုက်မိ (ə-ngai'-mị) *v* be caught with one's guard down, be taken by surprise

အငတ် (ə-nga') *n* hunger (for food); starvation; thirst (for water)

အငတ်ခံ (ə-nga'-hkan) *v* starve oneself, fast

အငတ်ခံဆန္ဒပြ (ə-nga'-hkan-hsan-da̱-pya̱) *v* go on hunger strike

အငတ်ဘေး (ə-nga'-bei:) *n* famine, starvation

အငုတ် (ə-ngo') *n* stump; stubble

အငန် (ခ-ngan) *n* saltiness; savoury food; sthg salty

အငုံ (ခ-ngon) *n* ❀ flower bud

အငယ် (ခ-nge) *n* sb or sthg younger, smaller, or junior

အငြိုး (ခ-nyo:) *n* grudge

အငြိုးထား (ခ-nyo:-hta:) *v* bear a grudge

အငြင်း (ခ-nyin:) *n* argument, dispute; disagreement

အငြင်းပွား (ခ-nyin:-pwa:) *v* argue, dispute

အငြင်းသန် (ခ-nyin:-than) *v* be argumentative

အငြိမ့် (ခ-nyein.) *n* ♪ *anyeint*, variety performance

အငြိမ့်သား (ခ-nyein.-dha:) *adv* well off, in comfort

အငြိမ်း (ခ-nyein:) *n* peace and comfort

အငြိမ်းစား (ခ-nyein:-za:) *n* pensioner; sb who lives comfortably without working

အငွေ့ (ခ-ngwei.) *n* vapour; fumes; smoke; steam

အငွေ့ပြန် (ခ-ngwei.-pyan) *v* (give off) steam; evaporate

အငှား (ခ-hnga:) *n* sthg borrowed, hired, or rented

အငှားချ (ခ-hnga:-cha.) *v* lease, hire out

အငှားလိုက် (ခ-hnga:-lai') *v* work for hire; rent

အစ (ခ-sa.) *n* beginning, start; source, origin; loose end, free end; bit, fragment

အစကနဦး (ခ-sa.-kခ-nခ-u:) *n* outset, beginning

အစစ (ခ-sa.-za.) *n* all, everything

အစစအရာရာ (ခ-sa.-za.-ခ-ya-ya) *n* all, everything

အစပျိုး (ခ-sa.-pyo:) *v* initiate, introduce

အစပျောက် (ခ-sa.-pyau') *v* disappear, vanish (without a trace); lose all track (of)

အစဖော် (ခ-sa.-hpo) *v* give a hint; jog sb's memory

အစဖျောက် (ခ-sa.-hpyau') *v* erase all evidence

အစသတ် (ခ-sa.-tha') *v* wind up, conclude, finish

အစသိမ်း (ခ-sa.-thein:) *v* wind up, conclude, finish

အစအန (ခ-sa.-ခ-na.) *n* small piece, bit, fragment; trace, sign; glimpse

-ာ   ့   ံ   ိ   ီ   ေ-   ဲ   ေ-ာ   ေ-ာ်   ို

အစဉ်အရင်း (ə-sạ-ə-yin:) *n* the very beginning

အစာ (ə-sa) *n* food; stuffing, filling

အစာကြေ (ə-sa-jei) *v* have a good digestion; (of food) be digestible

အစာငတ်ခံ (ə-sa-nga'-hkan) *v* starve oneself, go without food, fast

အစာငတ်ခံဆန္ဒပြ (ə-sa-nga'-hkan-hsan-dạ-pya) *v* go on hunger strike

အစာပြွန် (ə-sa-byun) *n* ♀ esophagus

အစာဟောင်းအိမ် (ə-sa-haun:-ein) *n* ♀ colon

အစာအာဟာရ (ə-sa-ə-ha-rạ) *n* nourishment

အစာအိမ် (ə-sa-ein) *n* ♀ stomach

အစား (ə-sa:) *n* food; eating; kind, type; division; substitute

အစားစား (ə-sa:-sa:) *n* all kinds, all categories, all classes

အစားစားအဝဝ (ə-sa:-sa:-ə-wạ-wạ) *n* all categories, all classes, all kinds

အစားထိုး (ə-sa:-hto:) *v* substitute; replace

အစားနည်း (ə-sa:-ne:) *v* be a light eater

အစားပေး (ə-sa:-pei:) *v* compensate (in kind)

အစားပုပ် (ə-sa:-po') *v* be a glutton, be gluttonous

အစားများ (ə-sa:-mya:) *v* be a big eater; eat too much

အစားမှား (ə-sa:-hma:) *v* mix incompatible foods

အစားအစာ (ə-sa:-ə-sa) *n* food

အစားအသောက် (ə-sa:-ə-thau') *n* food; eating

အစီရင်ခံ (ə-si-yin-hkan) *v* submit a report

အစီရင်ခံစာ (ə-si-yin-hkan-za) *n* report

အစီအစဉ် (ə-si-ə-sin) *n* sequence, order; plans, programme, agenda; arrangement, measure

အစီးအပွား (ə-si:-ə-bwa:) *n* prosperity

အစီအမံ (ə-si-ə-man) *n* plan, scheme

အစီအရင် (ə-si-ə-yin) *n* plan, preparation, arrangement

အစု (ə-sụ) *n* group, collection; share, quota; set

အစုစု (ə-sụ-zụ) *n* collection, accumulation

အစုအပုံ (ə-sụ-ə-pon) *n* mass; pile

အစုအဝေး (ə-sụ-ə-wei:) *n* congregation, collection

အစူးအစမ်း (ə-su:-ə-san:) *n* inquiry, enquiry

အစေခံ (ə-sei-gan) *n* servant

အစေ့ (ə-sei̯, ə-si̯) *n* seed; stone, pit; bead, pellet

အစေး (ə-si:, ə-sei:) *n* latex, gum, resin

အစေးကပ် (ə-si:-ka', ə-sei:-ka') *v* be on friendly terms

အစောကြီး (ə-sɔ:-ji:) *n* very early (in the) morning

အစို (ə-so) *n* sthg wet, sthg soaked; raw meat or fish

အစိုပြန် (ə-so-pyan) *v* become moist, become damp

အစိုးမရ (ə-so:-mə-yạ) *v* be unpredictable; be non-permanent

အစိုးရ (ə-so:-yạ) *n* 🌏 government; regime

အစိုးရိမ် (ə-so:-yein) *n* anxiety, worry

အစက် (ə-se') *n* drop; speck, dot

အစောက် (ə-sau') *n* steepness; depth; height

အစင် (ə-sin) *n* cleanliness, purity; accuracy

အစင်းကြောင်း (ə-sin:-jaun:) *n* stripe; scratch

အစောင့် (ə-saun̥) *n* guard, watchman; guardian spirit

အစစ် (ə-si') *n* the real thing (inf), sthg true; investigation

အစစ်ခံ (ə-si'-hkan) *v* be questioned, be subject to enquiry; ⚖ give a deposition, make a sworn statement

အစစ်ခံချက် (ə-si'-hkan-je') *n* ⚖ deposition, sworn statement, testimony

အစစ်အကြော (ə-si'-ə-jɔ:) *n* questioning, interrogation

အစစ်အမှန် (ə-si'-ə-hman) *n* truth; reality, sthg genuine

အစဉ်₁ (ə-sin) *n* order, series, sequence; consistency; continuity; succession; tradition

အစဉ်₂ (ə-sin) *adv* always; permanently

-ာ ့ ့ ိ ီ ေ- ဲ ေ-ာ ေ-် ို

အစဉ်မပြတ် (ə-sin-mə-pya') adv
continuously

အစဉ်လိုက် (ə-sin-lai') v
observe tradition; be in order

အစဉ်သဖြင့် (ə-sin-thə-hpyiṇ)
adv in the usual way

အစဉ်အဆက် (ə-sin-ə-hse') n
succession

အစဉ်အတိုင်း (ə-sin-ə-tain:) adv
always, continuously

အစဉ်အလာ (ə-sin-ə-la) n
course of events; tradition,
convention

အစည်း (ə-si:) n bundle, bunch

အစည်းအကြပ် (ə-si:-ə-ja') n
discipline

အစည်းအရုံး (ə-si:-ə-yon:) n
association, organisation

အစည်းအဝေး (ə-si:-ə-wei:) n
meeting, conference

အစည်းအဝေးမှတ်တမ်း (ə-si:-ə-
wei:-hma'-tan:) n minutes

အစိတ် (ə-sei') n part, piece;
25

အစိတ်စိတ် (ə-sei'-sei') adv in
pieces

အစိတ်သား (ə-sei'-tha:) n 25
ticals, about 0.4 kg

အစိတ်အပိုင်း (ə-sei'-ə-pain:) n

portion, part, piece

အစုတ် (ə-so') n tear, rip;
shreds, scraps

အစပ် (ə-sa') n sthg hot, sthg
spicy; hot sauce; hot peppers,
chilli; spiciness, hotness;
edge; border

အစမ်း (ə-san:) n test, experi-
ment; trial

အစမ်းခန့်ကာလ (ə-san:-hkaṇ-ka-
lə) n probation

အစမ်းအသပ် (ə-san:-ə-tha') n
experiment; examination

အစိမ်း (ə-sein:) n green; raw
food, uncooked food; unripe
fruit, green fruit; novice,
newbie, tyro, inexperienced
person; US dollars

အစိမ်းကြော် (ə-sein:-jɔ) n fried
mixed vegetables

အစုံ (ə-son) n couple, pair;
even number; wide variety,
many kinds, all kinds; sthg
complete

အစုံစမ်း (ə-son-zan:) v [inf]
digging; research

အစုံအစေ့ (ə-son-ə-seị) adv
including all

အစုံအစမ်း (ə-son-ə-san:) n

investigation, inquiry

အစွဲ (ə-swe:) *n* obsession; deep feeling or belief, strong attachment

အစွန် (ə-sun) *n* remote area, outskirts; edge

အစွန်း (ə-sun:) *n* stain, smear; taint; protrusion; extremity, remote area

အစွန်းထွက် (ə-sun:-htwe') *v* project, stick out (inf); be immoderate, be extreme

အစွန်းရောက် (ə-sun:-yau') *v* be radical, be an extremist

အစွန်းအစ (ə-sun:-ə-sa̱) *n* trace, sign

အစွပ် (ə-su') *n* sheath, cover, case, cap; ✸ condom

အစွမ်း (ə-swan:) *n* ability; strength; power

အစွမ်းအစ (ə-swan:-ə-sa̱) *n* aptitude, potential; ability, capability

အစွယ် (ə-swe) *n* tusk; fang; eyetooth, canine tooth

အဆ (ə-hsa̱) *n* multiple; fold; estimate; gauge

အဆာ (ə-hsa) *n* hunger; flaw; lack; filling, stuffing

အဆာခံ (ə-hsa-hkan) *v* be filling, be substantial

အဆာပြေ (ə-hsa-byei) *n* snack, bite to eat

အဆာသွတ် (ə-hsa-thu') *v* fill, stuff

အဆီ (ə-hsi) *n* fat, grease, sthg oily; essence

အဆီးအတား (ə-hsi:-ə-ta:) *n* obstacle, barrier

အဆူး (ə-hsu:) *n* thorn (of plant); spike

အဆို (ə-hso) *n* statement; point of view; ✍ written statement

အဆိုတော် (ə-hso-dɔ) *n* ♪ singer, vocalist

အဆို့ (ə-hso̱) *n* plug, stopper; cork

အဆိုး (ə-hso:) *n* evil, badness; sthg bad

အဆိုးကျ (ə-hso:-ja̱) *v* be blamed (for sthg)

အဆိုးချ (ə-hso-cha̱) *v* blame (sb for sthg)

အဆက် (ə-hse') *n* connection; contact; joint; sequel; continuation; descendant

အဆက်ဆက် (ə-hse'-hse') *n*

sthg which happens in succession, sthg which is part of a series

အဆက်ပြတ် (ə-hse'-pya') *v* be disconnected; lose contact; be estranged

အဆက်ဖြတ် (ə-hse'-hpya') *v* disconnect; break off relations

အဆက်မပြတ် (ə-hse'-mə-pya') *adv* continuously; always, constantly

အဆက်အစပ် (ə-hse'-ə-sa') *n* connection; relevance; interrelationship

အဆက်အနွယ် (ə-hse'-ə-nwe) *n* relations, relatives

အဆက်အသွယ် (ə-hse'-ə-thwe) *n* connection, contact; communication

အဆောက်အဦ (ə-hsau'-ə-u) *n* building, structure

အဆောက်အအုံ (ə-hsau'-ə-on) building, structure; extent

အဆင် (ə-hsin) *n* design, pattern; condition

အဆင်တန်ဆာ (ə-hsin-də-za) *n* jewellery, jewelry

အဆင်ပြေ (ə-hsin-pyei) *v* be all right, be fine; go smoothly, go well; be convenient; be appropriate, be good (for); get on (with)

အဆင်သင့် (ə-hsin-thin) *adv* in readiness, prepared

အဆင့် (ə-hsiṇ) *n* status, position; grade, standard, level; phase

အဆင့်ဆင့် (ə-hsiṇ-hsiṇ) *adv* in stages, in phases; step by step

အဆင့်မြင့် (ə-hsiṇ-myiṇ) *v* be advanced, be high level; be high quality

အဆင့်ရှိ (ə-hsiṇ-shi) *v* have a certain level of intelligence, education, status

အဆင့်အတန်း (ə-hsiṇ-ə-tan:) *n* class; standard; status; level

အဆင်း (ə-hsin:) *n* way down; slope (down), decline; leaving school or work; getting off; appearance

အဆောင် (ə-hsaun) *n* annex (to a building); hostel

အဆိုင်း (ə-hsain:) *n* packet of gold leaf; (work) shift

အဆစ် (ə-hsi') *n* joint; node;

က ခ ဂ ဃ င စ ဆ ဇ ၛ ည ဋ ဌ ဍ ဎ ဏ တ ထ ဒ ဓ န ပ ဖ ဗ ဘ မ ယ ရ လ ဝ သ ဟ ဠ အ

bargaining

အဆုတ် (ə-hso') *n* backward movement; ♥ lungs

အဆုတ်နာ (ə-hso'-na) *n* ♥ lung disease, esp tuberculosis

အဆုတ်ပွရောဂါ (ə-hso'-pwạ-yɔ:-ga) *n* ♥ pneumonia

အဆုတ်ယောင်ရောဂါ (ə-hso'-yaun-yɔ:-ga) *n* ♥ pneumonia

အဆုတ်ရောဂါ (ə-hso'-yɔ:-ga) *n* ♥ respiratory infection

အဆန် (ə-hsan) *n* upstream movement; ℀ kernel, nut, grain; (bell) clapper; mark inside ∘

အဆန်း (ə-hsan:) *n* sthg new, sthg unusual, sthg strange

အဆိပ် (ə-hsei') *n* poison, venom; toxin

အဆိပ်တက် (ə-hsei'-te') *v* (of poison) take effect

အဆိပ်ဖြေဆေး (ə-hsei'-hpyei-hsei:) *n* ♥ antivenom, antivenin, antitoxin, antiserum

အဆိပ်မိ (ə-hsei'-mị) *v* be poisoned

အဆိပ်သင့် (ə-hsei'-thịn) *v* be poisoned

အဆိပ်အတောက် (ə-hsei'-ə-

tau') *n* poisoning

အဆုပ် (ə-hso') *n* handful of food, ball of food

အဆုပ်လိုက် (ə-hso'-lai') *adv* in masses, in bunches

အဆိမ့် (ə-hsein) *n* richness, creaminess; rich food

အဆုံး (ə-hson:) *n* end, conclusion; most distant point; final thing; loss

အ...ဆုံး (ə-...hson:) *part* most ..., ...-est, affix surrounding a verb to indicate superlative

အဆုံးခံ (ə-hson:-hkan) *v* bear a loss, suffer a loss; sacrifice

အဆုံးသတ် (ə-hson:-tha') *v* (bring to an) end, conclude

အဆုံးအဖြတ် (ə-hson:-ə-hpya') *n* decision, ⚖ ruling; resolution

အဆုံးအမ (ə-hson:-ə-mạ) *n* instruction, guidance

အဆွေး (ə-hswei:) *n* decay, rot, corrosion; grief

အဆွဲ (ə-hswe:) *n* (act of) pulling; attraction; sthg suspended

အဆွဲအငင် (ə-hswe:-ə-ngin) *n* symbols written underneath

∘— ∘ ∘ — ◌ ◌ ၄— ◌ ၄—၁ ၄—၄ ∘

an initial character, i.e., $\frac{}{\circ}$၊
$\overline{}$၊ $\overline{}$

အဆွယ် (ə-hswe) n extension, annex, sthg added on; enticement

အဆွယ်အပွား (ə-hswe-ə-pwa:) n offshoot, sthg which is secondary; supporters, followers

အညာ (ə-nya) n lie, deception; upriver, upcountry

အညာမိ (ə-nya-mị) v be fooled, be taken in

အညာသား (ə-nya-dha:) n sb from the Burman heartland

အညာသူ (ə-nya-dhu) n ♀ sb from the Burman heartland

အညီ (ə-nyi) adv equally; in compliance with

အညီအညွတ် (ə-nyi-ə-nyu') adv by consensus; in line with; collectively

အညီအမျှ (ə-nyi-ə-hmyạ) adv equally

အညို (ə-nyo) n brown; drab colour, grey

အညိုအမည်း (ə-nyo-ə-me:) n bruise

အညိုရောင်နယ်မြေ (ə-nyo-yaun-

ne-myei) n 🌐 brown area

အညောင်းကိုင် (ə-nyaun:-kain) v be stiff from lack of movement

အညောင်းဆန့် (ə-nyaun:-hsaṇ) v stretch

အညောင်းမိ (ə-nyaun:-mị) v be stiff from lack of movement

အညစ်အကြေး (ə-nyi'-ə-jei:) n dirt; grime; rubbish, waste

အညံ့ (ə-nyaṇ) n poor quality; sthg of inferior quality

အညံ့ကျောက် (ə-nyaṇ-jau') n red semiprecious stone

အညံ့ဆီး (ə-nyaṇ-zi:) n alamandine spinel

အညံ့ပန်း (ə-nyaṇ-ban:) n balas, red form of spinel

အညွန့် (ə-nyuṇ) n tendril, tender new stems and leaves; potential; promise; the best

အညွန့်ခူး (ə-nyuṇ-hku:) v exploit (sb)

အညွန့်တက် (ə-nyuṇ-te') v achieve prosperity; add sthg unnecessary; be argumentative

အညှီ (ə-hnyị) n slime, film of algae

အညှော် (ə-hnyɔ) *n* acrid cooking smells

အညှော်တိုက် (ə-hnyɔ-tai') *v* deliberately cook foods with acrid smells to annoy

အညှော်မိ (ə-hnyɔ-mi̱) *v* be ill from breathing in acrid cooking fumes

အညှို (ə-hnyo) *n* distance between the tips of the extended thumb and forefinger

အညှို့ (ə-hnyo̱) *n* hypnotism; seduction

အညှောက် (ə-hnyau') *n* 🌿 sprout

အညွှန်း (ə-hnyun:) *n* directions (for use); prescription; index; reference

အဏုကြည့်ကိရိယာ (ə-nu̱-ji̱-kə-ri̱-ya) *n* microscope

အဏုကြည့်မှန်ဘီလူး (ə-nu̱-ji̱-hman-bə-lu:) *n* microscope

အဏုမြူ (ə-nu̱-myu) *n* ⚛ atom

အဏုမြူဗုံး (ə-nu̱-myu-bon:) *n* ☢ atom bomb

အတာ (ə-ta) *n* distance, extent; duty

အတားအဆီး (ə-ta:-ə-hsi:) *n* obstruction, obstacle, barrier

အတိ (ə-ti̱) *adv* exactly, precisely

အတိအကျ (ə-ti̱-ə-ja̱) *adv* definitely; precisely

အတိအလင်း (ə-ti̱-ə-lin:) *adv* openly, plainly

အတီး (ə-ti:) *n* 🎵 music; 🎵 musician

အတု (ə-tu̱) *n* copy, imitation; counterfeit

အတုခိုး (ə-tu̱-hko:) *v* pirate, copy (illegally)

အတူ (ə-tu) *adv* along with, together with; just like

အတူတကွ (ə-tu-də-gwa̱) *adv* together with

အတူတူ (ə-tu-du) *adv* (just) the same; together

အတေး (ə-tei:) *n* grudge, resentment; notation

အတောမသတ် (ə-tɔ:-mə-tha') *v* go on and on

အတောအတွင်း (ə-tɔ:-ə-twin:) *exp* meanwhile, during, while

အတော် (ə-tɔ) *n* sthg right, sthg fitting

အတော် (ə-tɔ) *adv* quite

အတော်ကြီး (ə-tɔ-ji:) *adv* very

−ာ   ̣o   ̤o   ̖ ̣   ̤ ̣   ေ−   ̀   ေ−ာ   ေ−ာ်   ̣o

အတော်အတန် (ə-tɔ-ə-tan) *adv*
fairly

အတော်အသင့် (ə-tɔ-ə-thiṇ) *adv*
to some degree, more than
normal

အတို (ə-to) *n* the short one,
something short

အတိုကောက် (ə-to-gau') *n* ab-
breviation; acronym; initials

အတိုကောက်မှတ်စု (ə-to-gau'-
hma'-sṇ) *n* brief notes, gist

အတိုချုပ် (ə-to-cho') *v* abbre-
viate; summarise, condense

အတိုချုပ် (ə-to-cho') *adv* briefly

အတိုအစ (ə-to-ə-sə) *n* frag-
ments, (bits and) pieces;
remnants, odds and ends

အတိုအထွာ (ə-to-ə-htwa) *n*
miscellany

အတို့ (ə-to) *n* vegetables for
dipping

အတိုး (ə-to:) *n* 🪙 interest

အတိုးချ (ə-to:-cha) *v* loan
money with interest

အတိုးအဆုတ် (ə-to:-ə-hso') *n*
fluctuation; give and take

အတိုးအလျှော့ (ə-to:-ə-shɔ) *n*
variation, change; flexibility

အတက် (ə-te') *n* rise, ascent;

advance; 🌱 sprout, shoot

အတိုက်အခံ (ə-tai'-ə-hkan) *n*
opposition

အတိုက်အခိုက် (ə-tai'-ə-hkai') *n*
⚔ clash, fighting

အတင်း₁ (ə-tin:) *n* gossip

အတင်း₂ (ə-tin:) *adv* by force,
forcibly, against one's will;
harshly, violently

အတင်းပြော (ə-tin:-pyɔ:) *v*
gossip; spread rumours

အတင်းအကျပ် (ə-tin:-ə-ja') *adv*
by force, forcibly, against
one's will

အတင်းအကြပ် (ə-tin:-ə-ja') *adv*
determinedly, resolutely

အတင်းအဓမ္မ (ə-tin:-ə-də-mə)
adv under duress; by force,
forcibly

အတောင် (ə-taun) *n* feather;
wing; fin; cubit (18 inches)

အတောင်စုံ (ə-taun-son) *v* (of
bird) be full-fledged

အတောင်ပံ (ə-taun-ban) *n* wing

အတောင့် (ə-taun) *n* capsule,
pod, bar, any hollow cylinder

အတိုင်ပင်ခံ (ə-tain-bin-gan) *n*
consultant, advisor

အတိုင်း₁ (ə-tain:) *n* measurement (of length or area); pattern, template

အတိုင်း₂ (ə-tain:) *part* as, like

အတိုင်းမသိ (ə-tain:-mə-thị) *adv* immeasurably, incalculably

အတိုင်းသား (ə-tain:-dha:) *adv* plainly, clearly

အတိုင်းအဆ (ə-tain:-ə-hsạ) *n* measurement; estimate; reasonable amount

အတိုင်းအဆမရှိ (ə-tain:-ə-hsạ-mə-shị) *adv* without limits or constraints

အတိုင်းအတာ (ə-tain:-ə-ta) *n* extent, scope

အတိုင်းအရှည် (ə-tain:-ə-shei) *n* extent; size, measure; measurement

အတည် (ə-ti) *adv* definitely

အတည်တကျ (ə-ti-də-jạ) *adv* permanently, lastingly; definitely

အတည်ပေါက် (ə-ti-pau') *adv* seriously; with a straight face

အတည်ပြု (ə-ti-pyụ) *v* confirm

အတတ် (ə-ta') *n* skill, craft; art; knowledge; technique; action

အတတ်ဆန်း (ə-ta'-hsan:) *v* be out of the ordinary, be

strange; be non-traditional, not be routine

အတတ်ပညာ (ə-ta'-pyin-nya) *n* education; knowledge; skill, craft; art

အတတ်ပညာရှင် (ə-ta'-pyin-nya-shin) *n* expert; technician

အတိတ် (ə-tei') *n* the past; sign, omen

အတိတ်ကောက် (ə-tei'-kau') *v* interpret an omen or sign

အတိတ်ရ (ə-tei'-yạ) *v* be destined, be predetermined

အတုတ်အခွန် (ə-to'-ə-hkun) *n* 🐘 tax, duty

အတန် (ə-tan) *adv* little, somewhat; sufficiently

အတန်ကြာ (ə-tan-ja) *adv* for some time

အတန်ငယ် (ə-tan-nge) *adv* somewhat, little

အတန်အသင့် (ə-tan-ə-thin) *adv* moderately; more than usual

အတန်တန် (ə-tan-dan) *adv* repeatedly; successively

အတန့် (ə-taṇ) *n* band, stripe, bar

အတန်း (ə-tan:) *n* row; (in school) grade, form, class,

standard

အတပ် (ə-ta') *adv* exactly,
definitely

အတပ်ပြော (ə-ta'-pyɔ:) *v* tell
exactly, tell all about

အတပ်ဟော (ə-ta'-hɔ:) *v* make
precise predictions

အတပ်အကြပ် (ə-ta'-ə-ja') *adv*
exactly, definitely

အတံ (ə-tan) *n* rod, stick, bar

အတိမ်အနက် (ə-tein-ə-ne') *n*
depth; intensity; importance,
seriousness

အတိမ်းအစောင်း (ə-tein:-ə-saun:)
n error, slip, mistake; devi-
ation, abberation; swaying
motion

အတုံ₁ (ə-ton) *n* return, response

အတုံ₂ (ə-ton) *adv* in kind; in
return

အတုံအပြန် (ə-ton-ə-pyan) *adv*
reciprocally; back and forth

အတုံအလှည့်₁ (ə-ton-ə-hlẹ) *n*
reciprocity; retaliation

အတုံအလှည့်₂ (ə-ton-ə-hlẹ) *adv*
reciprocally; in retaliation

အတုံး (ə-ton:) *n* log; sthg blunt;
big piece, block

အတုံးအခဲ (ə-ton:-ə-hke:) *n* big

piece, block, chunk

အတွေ့ (ə-twei) *n* physical
sensation, touch, feeling;
meeting

အတွေ့အကြုံ (ə-twei-ə-jon) *n*
experience

အတွေ့အထိ (ə-twei-ə-htị) *n*
touch, feeling

အတွေး (ə-twei:) *n* thought,
idea; thinking, opinion

အတွေးထောင့် (ə-twei:-daun) *n*
angle

အတွေးပေါက် (ə-twei:-pau') *v*
have an idea, come to mind

အတွေးအခေါ် (ə-twei:-ə-hkɔ) *n*
thought, idea; thinking

အတွေးအချင့် (ə-twei:-ə-chin) *n*
estimation, appreciation

အတွေးအတော (ə-twei:-ə-tɔ:) *n*
deliberation, thought

အတွေးအထင် (ə-twei:-ə-htin) *n*
opinion, view

အတွေးအမြင် (ə-twei:-ə-myin) *n*
angle, point

အတွဲ (ə-twe:) *n* cluster, bunch;
couple, pair; volume

အတွဲလိုက် (ə-twei:-lai') *adv* in
bunches, in clusters

အတွဲအဖက် (ə-twe:-ə-hpe') *n*

က ခ ဂ ဃ င စ ဆ ဇ ဈ ည ဋ ဌ ဍ ဎ ဏ တ ထ ဒ ဓ န ပ ဖ ဗ ဘ မ ယ ရ လ ဝ သ ဟ ဠ အ

complement

အတွက်₁ (ə-twe') *n* arithmetic; calculation

အတွက်₂ (ə-twe') *part* because of, on account of; for, (in order) to; as a result of

အတွက်ကြောင့် (ə-twe'-jauṇ) *part* because of

အတွက်မရှိ (ə-twe'-mə-shị) *adv* without a reason

အတွက်အချက် (ə-twe'-ə-che') *n* arithmetic; calculation, reckoning

အတွက်အဆ (ə-twe'-ə-hsa) *n* careful thinking

အတွင်း₁ (ə-twin:) *n* the inside (of sthg), interior; duration, length of time

အတွင်း₂ (ə-twin:) *adv* within

အတွင်း₃ (ə-twin:) *part* within, inside; during

အတွင်းကျကျ (ə-twin:-ja-ja) *adv* thoroughly, through and through, fully

အတွင်းကျိတ် (ə-twin:-jei') *adv* secretly, covertly

အတွင်းကြေကြေ (ə-twin:-jei-jei) *v* be bruised

အတွင်းခံ (ə-twin:-gan) *n*

underclothes, underwear

အတွင်းခံအကျႍ (ə-twin:-gan-in:-ji) *n* vest, undershirt

အတွင်းခန်း (ə-twin:-gan:) *n* interior room

အတွင်းစကား (ə-twin:-zə-ga:) *n* inside information

အတွင်းစာ (ə-twin:-za) *n* internal document, confidential letter

အတွင်းဆေး (ə-twin:-zei:) *n* ⚕ oral medicine

အတွင်းဆိုး (ə-twin:-zo:) *n* inborn bad nature

အတွင်းမီး (ə-twin:-mi:) *n* internal tensions in a community

အတွင်းရေး (ə-twin:-yei:) *n* private matter; confidential matter; internal memorandum

အတွင်းရေးမှူး (ə-twin:-yei:-hmu:) *n* secretary (of an organisation)

အတွင်းရေးအတွင်းဝန် (ə-twin:-yei:-ə-twin:-wun) *n* private secretary

အတွင်းရန် (ə-twin:-yan) *n* treachery, betrayal; enemy within

အတွင်းလူ (ə-twin:-lu) *n* sb

－ၥ－　 ‌ၟ　 ‌ၞ　 ‌ႃ　 ‌ႄ　 ၄－　 － ⟶　 ၄－ၥ　 ၄－ၟ　 ‌ၞ

trusted

အတွင်းလူနာ (ə-twin:-lu-na) *n* ✚ inpatient

အတွင်းလိပ်ခေါင်း (ə-twin:-lei'-gaun:) *n* ✚ haemorrhoids, hemorrhoids

အတွင်းသား (ə-twin:-dha:) *n* confidant; inner part of sthg

အတွင်းသိ (ə-twin:-thị) *n* insider

အတွင်းသိအစဉ်းသိ (ə-twin:-thị-ə-sin:-thị) *n* sb who is familiar with one's affairs

အတွင်းအပြင် (ə-twin:-ə-pyin) *n* ins and outs

အတွန့် (ə-tuṇ) *n* crease, wrinkle; pleat

အတွန့်တက် (ə-tuṇ-te') *v* be argumentative

အတွန့်အလိပ် (ə-tuṇ-ə-lei') *n* wrinkle; ruffle

အထ(အန)ကောက် (ə-htạ-(ə-nạ)-kau') *v* misconstrue, deliberately misunderstand

အထမြောက် (ə-htạ-myau') *v* accomplish, achieve, amount to

အထာ (ə-hta) *n* nature

အထာကျ (ə-hta-jạ) *v* settle into

အထာပေး (ə-hta-pei:) *v* hint,

give a hint

အထာပေါက် (ə-hta-pau') *v* get a feel for, get the hang of, get a knack for

အထားမှား (ə-hta:-hma:) *v* lose, misplace

အထားအသို (ə-hta:-ə-tho) *n* placement, arrangement; [grammar] word order

အထိ₁ (ə-htị) *n* touch, (physical) contact

အထိ₂ (ə-htị) *part* to, till, until, up to

အထိနာ (ə-htị-na) *v* have a setback

အထိအတွေ့ (ə-htị-ə-tweị) *n* touch; experience

အထီး (ə-hti:) *n* (esp of animals) the male (one); males; solitude

အထီးကျန် (ə-hti:-jan) *v* be alone, be solitary, be lonely

အထီးကျန် (ə-hti:-jan) *n* loner, sb who prefers to be alone; sb without companions, friends, etc

အထီးတည်း (ə-hti:-di:) *n* loner, sb who prefers to be alone; sb with no companions, friends, etc

အထု (ə-htu) *n* pounding, hammering; thickness, depth, mass

အထုအထောင်း (ə-htu̯-ə-htaun:) *n* pounding, hammering

အထု (ə-htu) *n* thickness; numskull, dummy

အထူး₁ (ə-htu:) *n* sthg special, sthg extraordinary; sthg different, sthg unusual

အထူး₂ (ə-htu:) *adv* especially, particularly

အထူးဆု (ə-htu:-zu̯) *n* special award, special prize

အထူးတဆန်း (ə-htu:-tə-hsan:) *n* sthg strange, odd

အထူးတဆန်း (ə-htu:-tə-hsan:) *adv* strangely, oddly

အထူးတလည် (ə-htu:-tə-le) *adv* specially, unusually; exceptionally

အထူးတန်း (ə-htu:-dan:) *n* first class; sb in a position which gives them an advantage over others

အထူးထူးအပြားပြား (ə-htu:-du:-ə-pya:-bya:) *adv* diversely, variously

အထူးပြု (ə-htu:-pyu̯) *v* specialise in; characterise

အထူးသဖြင့် (ə-htu:-thə-hpyiṇ) *adv* especially

အထူးထုတ် (ə-htu:-do') *n* special edition

အထူးအကဲ (ə-htu:-ə-ke:) *n* sthg extraordinary

အထူးအဆန်း (ə-htu:-ə-hsan:) *n* sthg strange

အထူးအထွေ (ə-htu:-ə-htwei:) *n* sthg unusual, sthg new

အထေ့ (ə-htei̯) *n* mild sarcasm; chaffing

အထေ့အငေါ့ (ə-htei̯-ə-ngɔ̣) *n* mild sarcasm; chaffing

အထဲ (ə-hte:) *part* in, inside; among; while, during; as well as

အထဲခံ (ə-hte:-gan) *n* lining, underlay

အထက် (ə-hte') *n* place above; point above or over sthg; higher status; upriver, upcountry

အထက်ဆင် (ə-hte'-hsin) *n* band of black cotton sewn to the waist of a *htamein*

အထက်တန်း (ə-hte'-tan:) *n*

first class (in train, ship): last
two standards in school,
ninth and tenth standards

အထက်တန်းကျ (ə-hte'-tan:-ja)
v be the top of the line, be
first rate

အထက်တန်းကျောင်း (ə-hte'-tan:-
jaun:) *n* high school

အထက်ပါအတိုင်း (ə-hte'-pa-ə-
dain:) *n* abovementioned,
aforementioned

အထက်ပြန်အောက်ပြန် (ə-hte'-
pyan-au'-pyan) *adv* alter-
nately

အထက်ပွဲ (ə-hte'-pwe:) *n* offer-
ing made to spirits of a
higher realm

အထက်ဖျား (ə-hte'-hpya:) *n* tip,
very top

အထက်လူကြီး (ə-hte'-lu-ji:) *n*
superior

အထက်လမ်း (ə-hte'-lan:) *n*
white magic

အထက်လွှာ (ə-hte'-hlwa) *n* elite

အထက်လွှတ်တော် (ə-hte'-hlu'-
tɔ) *n* 🌐 upper house of
legislature

အထက်ဝါ (ə-hte'-wa) *n* upper
part

အထက်သား (ə-hte'-tha:) *n* sb
from upcountry

အထက်အောက် (ə-hte'-au') *n*
next older and younger
brothers and sisters

အထက်အောက်ရှိသေမှု (ə-hte'-
au'-yo-thei-hmṵ) *n* respect
for elders and superiors,
respect for hierarchy

အထောက် (ə-htau') *n* support,
strut, prop; help; assistant;
proof; reference

အထောက်မတန် (ə-htau'-mə-tan)
adv undeservedly; excessively,
overly

အထောက်အကူ (ə-htau'-ə-ku)
n help, aid, assistance, support

အထောက်အခံ (ə-htau'-ə-hkan) *n*
support, backing

အထောက်အထား (ə-htau'-ə-
hta:) *n* evidence, proof;
reference

အထိုက်အလိုက် (ə-htai'-ə-lai')
adv in keeping with; fairly,
decently

အထိုက်အလျောက် (ə-htai'-ə-
lyau') *n* fairly, decently

အထင် (ə-htin) *n* guess;
estimation; opinion;

က ခ ဂ ဃ င စ ဆ ဇ ဈ ည ဋ ဌ ဍ ဎ ဏ တ ထ ဒ ဓ န ပ ဖ ဗ ဘ မ ယ ရ လ ဝ သ ဟ ဠ အ

assumption

အထင်ကရ (ə-htin-gə-yạ) *adv* (appear) distinctly, prominently

အထင်ကြီး (ə-htin-ji:) *v* think highly of sb or sthg; overestimate

အထင်ခံ₁ (ə-htin-hkan) *v* be suspected of; be mistaken for

အထင်ခံ₂ (ə-htin-hkan) *adv* openly

အထင်မှား (ə-htin-hma:) *v* be mistaken, misjudge, misunderstand

အထင်လွဲ (ə-htin-lwe:) *v* be mistaken, misjudge, misunderstand

အထင်သေး (ə-htin-thei:) *v* look down on sb; have a low opinion of sb or sthg; underestimate

အထင်အမြင် (ə-htin-ə-myin) *n* opinion, (point of) view

အထင်အရှား (ə-htin-ə-sha:) *adv* noticeably, distinctly

အထင်းသား (ə-htin:-dha:) *adv* noticeably, distinctly

အထိုင် (ə-htain) *n* base, foundation

အထိုင်ကျ (ə-htain-jạ) *v* fit tightly; be settled

အထိုင်ချ (ə-htain-chạ) *v* fit sthg

အထစ်₁ (ạ-hti') *v* stutter, stammer

အထစ်₂ (ə-hti') *n* indentation, nick, notch

အထစ်အငေါ့ (ə-hti'-ə-ngọ) *n* stammer, stutter, speech impediment; problem

အထည် (ə-hte) *n* substance, matter; cloth, fabric, material; ware

အထည်ကိုယ် (ə-hte-go) *n* substance

အထည်ကြီးပျက် (ə-hte-ji:-bye') *n* rich person who has fallen on hard times

အထည်ကြမ်း (ə-hte-jan:) *n* coarse material, rough material

အထည်ချော (ə-hte-jɔ:) *n* fine cloth, fine material

အထည်ပျက် (ə-hte-bye') *n* gold in a form other than coins or bullion

အထိတ်တလန့် (ə-htei'-tə-lan̠) *adv* with a sudden fright

အထိန်း (ə-htein:) n guard, guardian; governess ♀; tutor ♂; sthg which governs

အထပ် (ə-hta') n layer, level, stratum; floor, story; ply

အထပ်ခိုး (ə-hta'-hko:) n loft, mezzanine, (extra level within an area)

အထပ်သား (ə-hta'-tha:) n plywood

အထုပ် (ə-hto') n packet, package, bundle

အထုပ်အထည် (ə-hto'-ə-hte) n stock of valuables; material resources; incriminating evidence

အထံ (ə-htan) n presence; place

အထမ်းသမား (ə-htan:-dhə-ma:) n porter, stevedore

အထမ်းသည် (ə-htan:-dhe) n pedlar, peddler

အထိမ်းအမှတ် (ə-htein:-ə-hma') n sign, mark; monument; indication, signal; symbol

အထုံ (ə-hton) n predisposition

အထုံပါ (ə-hton-pa) v be in the habit of; have a talent

အထုံအပိုင်း (ə-hton̩-ə-pain:) n part, section

အထုံးအဖွဲ့ (ə-hton:-ə-hpwẹ) n knot; snag

အထုံးအမြိတ် (ə-hton:-ə-mei') n hair knot and tassel; (relationship of) dependency

အထွာ (ə-htwa) n handspan

အထွေထွေ (ə-htwei-dwei) n variety, miscellany, assortment; [in comb] general

အထွေထွေဗဟုသုတ (ə-htwei-dwei-bə-hu-thụ-tạ) n general knowledge

အထွေထွေရွေးကောက်ပွဲ (ə-htwei-dwei-ywei:-kau'-pwe:) n 🌏 general election

အထွေထွေအတွင်းရေးမှူး (ə-htwei-dwei-ə-twin:-yei:-hmu:) n 🌏 general secretary

အထွေထွေအတွင်းရေးမှူးချုပ် (ə-htwei-dwei-ə-twin:-yei:-hmu:-jo') n 🌏 secretary general

အထွေထွေအလာလာ (ə-htwei-dwei-ə-la-la) n variety

အထွေအထူး (ə-htwei-ə-htu:) n sthg of importance

အထွေး₁ (ə-htwei:) n tangle (of)

အထွေး₂ (ə-htwei:) n youngest

child

အထွေးထွေးအရောရော (ə-htwei:-htwei:-ə-yɔ:-yɔ:) *adv* confusedly

အထွက် (ə-htwe') *n* exit, way out; act of leaving

အထွက်စုံ (ə-htwe'-son) *v* run its course

အထွတ် (ə-htu') *n* summit; highest point

အထွတ်အထိပ် (ə-htu'-ə-htei') *n* peak; sb who is in the highest position

အထွတ်အမြတ် (ə-htu'-ə-mya') *n* sthg holy

အထွန့်တက် (ə-htun̩-te') *v* be argumentative

အဒေါ် (ə-dɔ) *n* aunt

အဓလေ့ (ə-də-lei) *n* custom, tradition

အဓိက (ə-dị-ka̩) *n* most important thing

အဓိကရ (ə-dị-gə-ya̩) *v* be conspicuous, be prominent

အဓိကရုဏ်း (ə-dị-kə-yon:) *n* dispute; riot

အဓိပတိ (ə-dị-pə-dị) *n* 🌐 head of state

အဓိဋ္ဌာန် (ə-dei'-htan) *n*

pledge, vow

အဓိပ္ပာယ် (ə-dei'-be) *n* sense, meaning, purpose

အဓိပ္ပာယ်ကောက် (ə-dei'-be-kau') *v* interpret sthg

အဓိပ္ပာယ်ပါ (ə-dei'-be-pa) *v* be meaningful

အဓိပ္ပာယ်ပေါက် (ə-dei'-pe-pau') *v* understand

အဓိပ္ပာယ်မရှိ (ə-dei'-be-mə-shị) *v* be absurd; not make sense; be senseless

အဓိပ္ပာယ်ရှိ (ə-dei'-pe-shị) *v* make sense, be meaningful; be sensible, be logical; have a purpose

အဓမ္မ (a̩-də-ma̩) *n* unlawfulness; injustice

အဝုန့် (ə-dun̩) *n* duration; distance

အဝုန့်ရှည် (ə-dun̩-shei) *v* endure, have a long life

အနာ (ə-na) *n* 💉 sore, lesion, ulcer, wound

အနာကြီးရောဂါ (ə-na-ji:-yɔ:-ga) *n* 💉 Hansen's disease, leprosy

အနာခံ (ə-na-hkan) *v* bear pain; sacrifice

အနာဂတ် (ə-na-ga') *n* the

--১ ｡° ｡° ｣ ｣｣ ၆— ∸ ၆—၁ ၆—ၣ ｡°

future

အနာစက် (ə-nə-ze') n ☤ impetigo

အနာစိမ်း (ə-nə-zein:) n ☤ abscess; boil

အနာစိမ်းပေါက် (ə-nə-zein:-pau') v ☤ have boils, have abscesses

အနာဆိုး (ə-nə-zo:) n ☤ serious illness

အနာတကြီး (ə-na-də-ji:) adv with bitter feelings

အနာတရ (ə-na-də-ya̱) n hurt

အနာပဆုပ် (ə-na-pə-hso') n ☤ carbuncle

အနာဖေး (ə-na-hpei:) n ☤ scab

အနာဖက်ခွက် (ə-na-hpe'-hkwe') n ☤ ulcer (on the skin)

အနာမြို့ (ə-na-myon) n ☤ (dormant) sore; asymptomatic disease

အနာယဉ်း (ə-na-yin:) n ☤ kind of infectious disease with high fever

အနာရင်း (ə-na-yin:) v ☤ (of a sore, etc) fester

အနာရွတ် (ə-na-yu') n scar

အနာရှိန် (ə-nə-shein) n ☤ fever from septicaemia

အနာဟောင်း (ə-na-haun:) n old injury

အနာအဆာ (ə-na-ə-hsa) n sore; defect, flaw, fault

အနား₁ (ə-na:) n rest; break; nearby area, neighbourhood; border, edge; side

အနား₂ (ə-na:) part near, nearby

အနားကွပ် (ə-na:-ku') v hem; edge; bind

အနားညီ (ə-na:-nyi) v be equilateral, (of sides, edges) be the same length

အနားပတ် (ə-na:-pa') n border; hem; turnup, cuff

အနားပြိုင်စတုဂံ (ə-na:-byain-sə-tu̱-gan) n parallelogram

အနားပေး (ə-na:-pei:) v give (sb, sthg) a rest; retire (sb)

အနားယူ (ə-na:-yu) v (have a) rest; retire

အနားရ (ə-na:-ya̱) v get a rest, get a break

အနားသား (ə-na:-dha:) n edge; (of cloth, material, fabric) selvedge; (of bread) crust

အနားသတ် (ə-na:-tha') v border, limit; demarcate; trim

အနိယတ (ə-ni̱-yə-ta̱) v be

က ခ ဂ ဃ င စ ဆ ဇ ဈ ည ဋ ဌ ဍ ဎ ဏ တ ထ ဒ ဓ န ပ ဖ ဗ ဘ မ ယ ရ လ ဝ သ ဟ ဠ အ

uncertain, be doubtful ; be common, be ordinary

အနိ (ə-ni) *n* red

အနိရောင် (ə-ni-yaun) *n* (the colour) red

အနိအောက်ရောင်ခြည် (ə-ni-au'-yaun-chi) *n* ❋ infrared ray

အနီး၁ (ə-ni:) *n* nearness, proximity

အနီး၂ (ə-ni:) *part* near, close to

အနီးကပ် (ə-ni:-ka') *adv* close by, nearby

အနီးကပ်သင်တန်း (ə-ni:-ka'-thin-dan:) *n* crash course

အနီးမှုန် (ə-ni:-hmon) *v* be far-sighted, be long-sighted

အနီးအနား (ə-ni:-ə-na:) *n* (local) area, vicinity

အနီးအပါး (ə-ni:-ə-pa:) *n* proximity, closeness

အနု (ə-nu) *n* sthg tender, sthg soft; tenderness, softness; mildness; something mild; sthg young

အနုစာပေ (ə-nu-sa-pei) *n* literature

အနုစိတ် (ə-nu-sei') *adv* in detail

အနုဆေး (ə-nu-zei:) *n* love

potion

အနုဆုပ် (ə-nu-zo') *n* sweet snack

အနုညာတ၁ (ə-non-nya-tạ) *v* be permitted, be consented to

အနုညာတ၂ (ə-non-nya-tạ) *n* a nobody, a nonentity

အနုနည်း (ə-nu-ni:) *n* non-violence, peaceful means

အနုပညာ (ə-nu-pyin-nya) *n* fine arts

အနုပညာရှင် (ə-nu-pyin-nya-shin) *n* artist

အနုပညာသည် (ə-nu-pyin-nya-the) *n* artist

အနုပညာဆန် (ə-nu-pyin-nya-hsan) *v* (of sthg) be artistic

အနုပညာမြောက် (ə-nu-pyin-nya-myau') *v* be art

အနုမာန (ə-nu-ma-nạ) *n* guess, conjecture; inference; generalisation

အနုမောဒနာ (ə-nu-mɔ-də-na) *n* happiness at sb else's good work

အနုမြူ (ə-nu-myu) *n* ❋ atom

အနုလောမ (ə-nu-lɔ:-mạ) *n* method of thinking, studying, reading, etc in orderly

–၁ ့ ့ ‒ ‒ ၆– ‒ ၆–၁ ၆–၆ ့

progression

အနုအယဉ် (ə-nṵ-ə-yin) v be young and graceful

အနုအရင့် (ə-nṵ-ə-yin̰) n light and dark; level of maturity

အနူးအညွတ် (ə-nu:-ə-nyu') adv respectfully, deferentially

အနေ (ə-nei) n situation, state; position; stay; behaviour

အနေကန် (ə-nei-kan) n more than one; sthg indefinite, sthg undefined

အနေကျ (ə-nei-ja) v be settled; be used to, be accustomed to

အနေကျပ် (ə-nei-ja') v feel constrained; be uneasy, be uncomfortable

အနေကျူ (ə-nei-joṇ) v feel cramped, feel confined

အနေခက် (ə-nei-hke') v feel uneasy; feel embarrassed

အနေတော် (ə-nei-dɔ) n right proportion; right moment

အနေနဲ့ (ə-nei-nḛ) part as, in the capacity of

အနေဖြင့် (ə-nei-hpyin̰) part as, in the capacity of

အနေသာကြီးပါ (ə-nei-dha-ji:-

ba) exp what do I care

အနေအထား (ə-nei-ə-hta:) n attitude, posture; position, location; condition

အနေအထိုင် (ə-nei-ə-htain) n behaviour; living

အနို့ (ə-nọ) n (teapot, kettle) spout

အနက်₁ (ə-ne') n black; sthg black; depth; meaning

အနက်₂ (ə-ne') part among, out of, in, from

အနက်ကောက် (ə-ne'-kau') v interpret; infer, construe

အနက်ပေး (ə-ne'-pei:) v define

အနက်ပြန် (ə-ne'-pyan) n translate

အနက်ပွား (ə-ne'-pwa:) n extended meaning

အနက်ဖော် (ə-ne'-hpɔ) v explain thoroughly; find hidden meaning

အနက်ဖွင့် (ə-ne'-hpwin̰) v define

အနက်ရင်း (ə-ne'-yin:) n literal meaning; denotation

အနက်အဓိပ္ပါယ် (ə-ne'-ə-dei'-be) n meaning, definition

အနောက် (ə-nau') n 🌐 west;

back

domineer, tyrannise

အနောက်တောင် (ə-nau'-taun) n 🌏 south-west

အနိုင်တိုက် (ə-nain-tai') v defeat, beat, win over

အနောက်တောင်ရာသီလေ (ə-nau'-taun-ya-dhi-lei) n 🌏 seasonal south-westerly wind, monsoon

အနိုင်နိုင် (ə-nain-nain) adv barely

အနောက်တိုင်း (ə-nau'-tain:) n 🌏 the West, the western world

အနိုင်ပေး (ə-nain-pei:) v give up, concede; declare sb the winner

အနောက်တိုင်းဝတ်စုံ (ə-nau'-tain:-wu'-son) n European clothing, suit, dress

အနိုင်ယူ (ə-nain-yu) v win, be victorious, beat

အနောက်နိုင်ငံ (ə-nau'-nain-ngan) n 🌏 western countries

အနိုင်ရ (ə-nain-ya) v win, triumph, be victorious

အနောက်မြောက် (ə-nau'-myau') n 🌏 north-west

အနိုင်လု (ə-nain-lu) v contend, compete

အနင့်သား (ə-niṇ-dha:) adv extremely, excessively

အနိုင်အထက် (ə-nain-ə-hte') adv by force

အနင်း (ə-nin:) n massage (kneading with the feet)

အနိုင်နိုင်ငံ (ə-nain-nain-gan) n various countries

အနင်းခံ (ə-nin:-hkan) v have a massage in which the feet are used

အနစ်နာခံ (ə-ni'-na-hkan) v make a sacrifice, suffer for the sake of others

အနင်းအနှိပ် (ə-nin:-ə-hnei') n massage

အနိစ္စ (ə-nei'-sa) n 🕉 impermanence

အနိုင် (ə-nain) n win; victory; winnings

အနိစ္စရောက် (ə-nei'-sa-yau') v (of person) die, pass away

အနည် (ə-ne) n sediment; dregs

အနိုင်ကျင့် (ə-nain-jiṇ) v bully;

အနည်ထ (ə-ne-hta) v become turbid

အနည်ထိုင် (ə-ne-htain) *v* (of sediment, dregs, etc) settle

အနည်း (ə-ne:) *n* some, a few

အနည်းငယ် (ə-ne:-nge) *n* just a little; a few

အနည်းဆုံး (ə-ne:-zon:) *adv* at (the) least, at any rate

အနည်းနဲ့အများ (ə-ne:-nę-ə-mya:) *adv* more or less, on average

အနည်းနည်း (ə-ni:-ni:) *adv* variously

အနည်းအကျဉ်း (ə-ne:-ə-jin:) *n* a little, some

အနတ္တ (ə-na'-tạ) *n* ⬚ insubstantiality, non-self

အနုတ် (ə-hno') *n* [maths] subtraction; removal, reduction

အနုတ်လက္ခဏာ (ə-hno'-le'-hkə-na) *n* minus sign, '-'; negative, minus

အနုတ်ကြမ်း (ə-hno'-jan:) *v* be in high demand

အနုတ်လက္ခဏာပြ (ə-hno'-le'-hkə-na-pya) *v* have a deficit, be in the red, have losses

အနုတ်အသိမ်း (ə-hno'-ə-thein:) *n* turnover, sales; demand

အနန္တ (ə-nan-dạ) *n* infinity,

eternity

အနပ်လွန် (ə-na'-lun) *v* be overcooked; be too clever

အနပ် (ə-no') *n* small change, small bills

အနပ်စုတ်ကုပ်စုတ် (ə-no'-so'-go'-so') *n* sb who has hit hard times, someone in miserable conditions; trash, junk, rubbish

အနပ်အစုတ် (ə-no'-ə-so') *n* trivia

အနပ်အဖွဲ (ə-no'-ə-hpwe:) *n* trivia

အနံ (ə-nan) *n* rib; breadth, width

အနံကြီးကွင်းကျယ် (ə-nan-ji:-kwin:-je) *n* large-size *longyi*

အနံ့ (ə-naṇ) *n* smell, scent, odour

အနံ့ခံ (ə-naṇ-hkan) *v* smell

အနံ့ထွက် (ə-naṇ-htwe') *v* stink, smell

အနံ့သတ် (ə-naṇ-tha') *v* aromatise

အနံ့အသက် (ə-naṇ-ə-the') *n* stink, smell, stench

အနိမ့် (ə-nein) *n* lowness; lowliness, humbleness

အနိုင့်အကျ (ə-nein̠-ə-jạ) n low rank, low position

အနိုင့်အမြင့် (ə-nein̠-ə-myin̠) n ups and downs

အနွေးထည် (ə-nwei:-de) n warm clothing, winter clothing

အနွေးဓာတ် (ə-nwei:-da') n warmth

အနွံတာခံ (ə-nun-da-hkan) adv with toleration

အနွံအနာ (ə-nun-ə-na) n hardship

အနွယ် (ə-nwe) n ※ vine, climbing plant; bloodline, clan

အနီး (ə-hni:) n nappy, napkin, diaper

အနေး (ə-hnei:) n the slow one

အနေးအမြန် (ə-hnei:-ə-myan) adv sooner or later

အနေးယာဉ် (ə-hnei:-yin) n slow-moving vehicle

အနှောင်အဖွဲ့ (ə-hnaun-ə-hpwẹ) n bond, tie

အနှောင့်မလွတ်အသွားမလွတ် (ə-hnaun̠-mə-lu'-ə-thwa:-mə-lu') adv compromise sb

အနှောင့်အယှက် (ə-hnaun̠-ə-she') n disturbance, annoy-

ance, trouble; interference

အနှောင်း (ə-hnaun:) n younger one; later; latter part

အနှိုင်း (ə-hnain:) n comparison; ☞ sthg to be compared with

အနှိုင်းခံ (ə-hnain:-gan) n ☞ subject of comparison

အနှိုင်းမဲ့ (ə-hnain:-mẹ) v be incomparable

အနှစ် (ə-hni') n (egg)yolk; essence, substance, meaning; thick sauce

အနှစ်ကျ (ə-hni'-jạ) v be stable, be stabilised

အနှစ်ချုပ် (ə-hni'-cho') v condense, shorten, abridge

အနှစ်ချုပ် (ə-hni'-cho') n summary, synopsis

အနှစ်နှစ်အလလ (ə-hni'-hni'-ə-lạ-lạ) adv for a very long time

အနှစ်သာရ (ə-hni'-tha-yạ) n essence, substance

အနှစ်အရသာ (ə-hni'-ə-yạ-dha) n flavour, flavor, essence

အနှန်း (ə-hnon:) n (act of) comparison

အနှပ် (ə-hna') n braising; deception

အနှံ (ə-hnan) n ※ ear, spike

အနှံ့ (ə-hnaṇ) *adv* everywhere, all over

အနှံ့အစပ် (ə-hnaṇ-ə-sa') *adv* in every single place

အနှံ့အပြား (ə-hnaṇ-ə-pya:) *adv* everywhere, all over

အနှမ်း (ə-hnan:) *n* tinge; sb who is slightly mentally ill

အပ₁ (ə-pa̱) *n* outside, exterior; sthg or somewhere beyond; exception

အပ₂ (ə-pa̱) *part* outside, other than, save

အပထား (ə-pa̱-hta:) *v* 📖 leave sthg aside

အပမှီ (ə-pa̱-hmi) *v* be possessed by evil spirits

အပယိက (ə-pa̱-yi̱-ka̱) *v* be superficial

အပါအဝင် (ə-pa-ə-win) *part* as well as, and ... too

အပါး (ə-pa:) *n* sthg which is thin, flimsy, light; clever person; vicinity

အပါးခို (ə-pa:-hko) *v* shirk

အပူ (ə-pu) *n* heat; warmth; temperature; worry, trouble, grief

အပူကပ် (ə-pu-ka') *v* pester, press

အပူကျိတ် (ə-pu-jei') *n* ⚕ boil

အပူကြီး (ə-pu-ji:) *v* ⚕ have a high fever; be under stress

အပူချိန် (ə-pu-jein) *n* temperature

အပူငပ် (ə-pu-ngo') *v* ⚕ have heatstroke, have sunstroke

အပူငွေ့ (ə-pu-ngwei̱) *n* ⚕ body temperature; radiant heat

အပူစာ (ə-pu-za) *n* food which increases the heat in the body

အပူတိုက် (ə-pu-tai') *v* apply heat (to); pester, hassle

အပူထုတ် (ə-pu-hto') *n* hold pressure points to release heat

အပူပေး (ə-pu-pei:) *v* apply heat

အပူပိုင်းဇုန် (ə-pu-bain:-zon) *n* 🌐 tropics

အပူပြန် (ə-pu-pyan) *v* radiate heat

အပူမိ (ə-pu-mi̱) *v* ⚕ have heatstroke; be grieving

အပူရှာ (ə-pu-sha) *v* trouble oneself

အပူရှိန် (ə-pu-shein) *n* intensity of heat

က ခ ဂ ဃ င စ ဆ ဇ ဈ ည ဋ ဌ ဍ ဎ ဏ တ ထ ဒ ဓ န ပ ဖ ဗ ဘ မ ယ ရ လ ဝ သ ဟ ဠ အ

အပူလောင် (ə-pu-laun) v be seared, be scorched

အပူလှိုင်း (ə-pu-hlain:) v heat wave

အပူလျှပ် (ə-pu-sha') v ♈ have sunstroke

အပူဝင် (ə-pu-win) v ♈ have heatstroke, have sunstroke

အပူအပင် (ə-pu-ə-pin) n anxiety, worry

အပေးအကမ်း (ə-pei:-ə-kan:) n giving

အပေးအယူ (ə-pei:-ə-yu) n give-and-take; mutual understanding; bribery

အပေါ (ə-pɔ:) n fool

အပေါစား (ə-pɔ:-za:) n sthg cheap; sthg inexpensive

အပေါ့ (ə-pɔ) n sthg which is light; sthg which is mild or bland

အပေါ့သွား (ə-pɔ-thwa:) v (take a) pee (inf)

အပေါ်₁ (ə-pɔ) n place above

အပေါ်₂ (ə-pɔ) part suffix to noun or pronoun to show a conditional relationship: on

အပေါ်စီး (ə-pɔ-zi:) n upper hand; vantage point

အပေါ်ထပ် (ə-pɔ-da') n upstairs, upper floor

အပေါ်ယံ (ə-pɔ-yan) n outer surface

အပို (ə-po) n excess, extra; surplus

အပိုကြေး (ə-po-jei:) n surcharge, additional fee

အပိုထွက်ပစ္စည်း (ə-po-dwe'-pyi-si:) n by-product

အပိုပစ္စည်း (ə-po-pyi'-si:) n spare; accessories

အပိုအလျှံ (ə-po-ə-shan) n surplus, oversupply

အပိုး (ə-po:) n demeanour

အပိုးကျိုး (ə-po:-jo:) v be well-behaved

အပိုးသေ (ə-po:-thei) v be well-behaved

အပိုးသတ် (ə-po:-tha') v behave, restrain oneself

အပေါက် (ə-pau') n hole, puncture; opening; opportunity

အပေါက်ဆိုး (ə-pau'-hso:) v speak rudely

အပေါက်တည့် (ə-pau'-tę) v go well

အပေါက်ရှာ (ə-pau'-sha) v find

a way; do in detail

arms and legs, limbs

အပေါက်အစ (ə-pau'-ə-sạ) *n*
opportunity; pretext

အပေါင်း (ə-paun:) *n* [maths]
addition; total; plus (sign);
companions; steamed food

အပေါက်အလမ်း (ə-pau'-ə-lan:)
n opportunity, prospect

အပေါင်းဆံ့ (ə-paun:-hsạn) *v* be
able to get on with others

အပင် (ə-pin) *n* ✿ plant; tree;
sthg long and thin

အပေါင်းပါ (ə-paun:-ba) *n*
colleagues, associates

အပင်ပေါက် (ə-pin-pau') *v*
✿ sprout

အပေါင်းလက္ခဏာ (ə-paun:-le'-
hkə-na) *n* plus (sign), '+'

အပင်း (ə-pin:) *n* block; deaf
person; group

အပေါင်းလက္ခဏာပြ (ə-paun:-le'-
hkə-na-pya) *v* show a profit,
be in the black

အပင်းဆို့ (ə-pin:-hsọ) *v* choke
(on)

အပေါင်းအပါ (ə-paun:-ə-pa) *n*
colleagues, associates

အပေါင် (ə-paun) *n* leg; frame;
sthg which has been pawned
or mortgaged

အပေါင်းအဖော် (ə-paun:-ə-hpɔ)
n colleagues; comrades,
friends

အပေါင်ခံ (ə-paun-hkan) *v* lend
money by giving a mortgage

အပေါင်းအသင်း (ə-paun:-ə-thin:)
n group, companions, friends

အပေါင်ဆိုင် (ə-paun-zain) *n*
pawnshop

အပိုင်₁ (ə-pain) *n* possession;
acknowledged ownership

အပေါင်ဆုံး (ə-paun-hson:) *v* be
unable to redeem mortgaged
property

အပိုင်₂ (ə-pain) *adv* outright;
for good, for keeps; in full
control

အပေါင်ထား (ə-paun-hta:) *v*
pawn (sthg)

အပိုင်စီး (ə-pain-si:) *v* misappro-
priate; take possession (by
force)

အပေါင်အနှံ (ə-paun-ə-hnan) *n*
property which has been
pawned or mortgaged

အပိုင်ပြော (ə-pain-pyɔ:) *v* predict

အပေါင်အလက် (ə-paun-ə-le') *n*

အပိုင်အနိုင် (ə-pain-ə-nain) *adv* by force, compulsorily; masterfully, skillfully

အပိုင်း (ə-pain:) *n* part, division, section; sector; segment, fraction, fragment; responsibility

အပိုင်းကိန်း (ə-pain:-gein:) *n* [maths] fraction

အပိုင်းဂဏန်း (ə-pain:-gə-nan:) *n* [maths] fraction

အပိုင်းပိုင်း (ə-pain:-bain:) *adv* into small pieces

အပိုင်းအခြား (ə-pain:-ə-cha:) *n* demarcation

အပိုင်းအစ (ə-pain:-ə-sa̰) *n* fragments, (bits and) pieces

အပတ် (ə-pa') *n* week; cycle of events; turn

အပတ်စေ့ (ə-pa'-sḭ) *v* complete a cycle or circuit

အပတ်စဉ် (ə-pa'-sin) *adv* weekly; regularly

အပတ်ပြေ (ə-pa'-pyei) *v* be resolved

အပတ်ရေ (ə-pa'-yei) *n* number of turns

အပတ်လည် (ə-pa'-le) *v* come to a clear understanding

အပိတ် (ə-pei') *n* closing

အပိတ်အဆို့ (ə-pei'-ə-hso̰) *n* obstruction

အပိတ်အပင် (ə-pei'-ə-pin) *n* prohibition

အပိုဒ် (ə-pai') *n* 🎓 paragraph; (of song, poem) 🎵 verse, stanza; ✎ clause

အပန်းကြီး (ə-pan:-ji:) *v* find sthg difficult

အပန်းတကြီး (ə-pan:-də-ji:) *adv* painstakingly

အပန်းပြေ (ə-pan:-pyei) *v* feel rested, be refreshed

အပန်းဖြေ (ə-pan:-hpyei) *v* rest, relax, refresh

အပုပ် (ə-po') *n* carrion, rotting flesh; sthg fermented

အပုပ်ခံ (ə-po'-hkan) *v* aged or fermented meat or fish

အပုပ်ချ (ə-po'-cha̰) *v* ⚕ purge, use a laxative

အပုပ်ရက် (ə-po'-ye') *n* ✳ unlucky period

အပိမ့် (ə-pein̰) *n* rash

အပုံ (ə-pon) *n* heap, mound, pile

အပုံကြီး (ə-pon-ji:) *n* a great many

အပယ်ခံ (ə-pe-gan) *n* outcast

အပျော့ (ə-byɔ̰) *n* softness, malleability, pliability, flexibility; sthg seen as insigificant

အပျော့ဆွဲ (ə-pyɔ̰-zwe:) sb who influences other by tactful means

အပျော်₁ (ə-pyɔ) *n* fun, amusement, pleasure

အပျော်₂ (ə-pyɔ) *adv* purely for fun, as a hobby

အပျော်တမ်း (ə-pyɔ-dan:) *n* amateur, hobbyist

အပျော်အပါးလိုက် (ə-pyɔ-ə-pa:-lai') *v* go along for fun; have a good time, party, go out; womanise

အပျော်အပြက် (ə-pyɔ-ə-pye') *n* joke; teasing

အပျို (ə-pyo) *n* unmarried woman; ♀ virgin

အပျိုကြီး (ə-pyo-ji:) *n* older unmarried woman

အပျိုစင် (ə-pyo-zin) *n* virgin

အပျိုပေါက် (ə-pyo-bau') *n* teenage girl, adolescent

အပျိုဖော်ဝင် (ə-pyo-bɔ-win) *v* ♀ reach puberty

အပျက် (ə-pye') *n* damage, deterioration; ruin; sthg broken, sthg damaged

အပျက်သဘော (ə-pye'-thə-bɔ:) *n* destructive intent

အပျက်အစီး (ə-pye'-ə-si:) *n* damage; death

အပျောက်ရိုက် (ə-pyau'-yai') *v* cheat out of

အပျင်းကြီး (ə-pyin:-ji:) *v* be very lazy

အပျင်းပြေ (ə-pyin:-byei) *v* kill time; relieve boredom

အပျစ် (ə-pyi') *n* sthg viscous; a thick liquid

အပျဉ် (ə-pyin) *n* sthg flat

အပြာ (ə-pya) *n* blue; pornography

အပြား (ə-pya:) *n* sthg flat; variety; range

အပြီး₁ (ə-pi:) *n* the end, the last

အပြီး₂ (ə-pi:) *part* after, for good, finally

အပြီးတိုင် (ə-pi:-tain) *adv* completely, totally, to the end

အပြီးသတ် (ə-pi:-tha') *v* conclude, finish, end

အပြီးအငြိမ်း (ə-pi:-ə-nyein:) *adv*

once and for all; fully; all
expenses included, inclusive

အပြီးအပိုင် (ə-pi:-ə-pain) *adv*
outright; totally, for good

အပြီးအပြတ် (ə-pi:-ə-pya') *adv*
once and for all, definitely

အပြုအစု (ə-pyụ-ə-sụ) *n* care,
attention

အပြုအပြင် (ə-pyụ-ə-pyin) *n*
decoration; beautification;
discipline, reform

အပြုအမူ (ə-pyụ-ə-mu) *n*
manners; behaviour

အပြေအပြစ် (ə-pyei-ə-pyi') *adv*
smoothly

အပြေအလည် (ə-pyei-ə-le) *adv*
in full

အပြေး (ə-pyei:) *adv* rushing

အပြေးပြိုင် (ə-pyei:-byain) *v*
race

အပြေးပြိုင်ပွဲ (ə-pyei:-byain-bwe:)
n race

အပြော₁ (ə-pyɔ:) *n* talk, speech;
expanse

အပြောကျယ် (ə-pyɔ:-je) *v* be
broad, be wide

အပြောကြီး (ə-pyɔ:-ji:) *v* be
boastful

အပြောပါ (ə-pyɔ:-pa) *v* be

persuasive

အပြောပိုင် (ə-pyɔ:-pain) *v* be
eloquent, be articulate

အပြောအဆို (ə-pyɔ:-ə-hso) *n*
way of speaking; reproach

အပြက် (ə-pye') *n* joke

အပြက်အပြက် (ə-pye'-ə-pye')
adv in fun, not seriously, just
joking

အပြောက် (ə-pyau') *n* spot,
speckle

အပြင်₁ (ə-pyin) *n* plane, flat
surface; outside, exterior

အပြင်₂ (ə-pyin) *part* except,
other than, save, apart from

အပြင်တိမ် (ə-pyin-tein) *n* ☤
cataract

အပြင်ပန်း (ə-pyin-ban:) *n*
surface, exterior

အပြင်လူ (ə-pyin-lu) *n* outsider

အပြင်လူနာ (ə-pyin-lu-na) *n* ☤
outpatient

အပြင်...လည်း (ə-pyin-...le:)
part not only ... but...

အပြင်လမ်း (ə-pyin-lan:) *n* 🔭
outermost ecliptic, path of
the sun's motion at the
December solstice

အပြင်း₁ (ə-pyin:) *n* strength;

intensity; potency

အပြင်း₂ (ə-pyin:) adv intensely; violently; at full speed

အပြင်းအထန် (ə-pyin:-ə-htan) adv intensely; severely; violently; at full speed; with force

အပြောင်အပြက် (ə-pyaun-ə-pye') n joke; teasing

အပြောင်းအရွှေ့ (ə-pyaun:-ə-shwej) n transfer, move

အပြောင်းအလဲ (ə-pyaun:-ə-le:) n change, alteration

အပြိုင်အဆိုင်₁ (ə-pyain-ə-hsain) n rival; contemporary

အပြိုင်အဆိုင်₂ (ə-pyain-ə-hsain) adv together; in competition

အပြစ် (ə-pyi') n wrong, misdeed; [relig] sin; guilt; defect

အပြစ်ကင်း (ə-pyi'-kin:) v be innocent, be not guilty

အပြစ်ကျ (ə-pyi'-ja) v be blamed; ⚖ be convicted

အပြစ်ကြီး (ə-pyi'-ji:) v be terrible, be grievous

အပြစ်ချ (ə-pyi'-cha) v blame

အပြစ်ဆို (ə-pyi'-hso) v reproach; blame

အပြစ်တင် (ə-pyi'-tin) v blame sb

အပြစ်ဒဏ် (ə-pyi'-dan) n punishment; penalty; ⚖ sentence

အပြစ်ပေး (ə-pyi'-pei:) v punish; ⚖ convict (of), sentence (to)

အပြစ်ပြော (ə-pyi'-pyɔ:) v blame; reproach

အပြစ်မဲ့ (ə-pyi'-mɛ̣) v be innocent, be not guilty

အပြစ်ယူ (ə-pyi'-yu) v be offended by

အပြစ်ရှာ (ə-pyi'-sha) v find fault, be critical

အပြစ်လွတ် (ə-pyi'-lu') v be innocent, be not guilty

အပြစ်သား (ə-pyi'-tha:) n [relig] sinner

အပြစ်အဆာ (ə-pyi'-ə-hsa) n fault, defect

အပြည်ပြည် (ə-pyi-byi) n many countries

အပြည်ပြည်ဆိုင်ရာ (ə-pyi-byi-hsain-ya) adj international

အပြည့်₁ (ə-pyei) n state of being filled, full, or whole

အပြည့်₂ (ə-pyei) adv fully, completely

အပြည့်အကျပ် (ə-pyei-ə-ja') adv

crowded with

အပြည့်အစုံ (ə-pyeị-ə-son) *adv*
completely

အပြည့်အနှက် (ə-pyeị-ə-hne')
adv to capacity

အပြည့်အမောက် (ə-pyeị-ə-mau')
v be heaping, be overfilled

အပြည့်အလျှမ်း (ə-pyeị-ə-shan:)
v be filled, be plenty

အပြည့်အဝ (ə-pyeị-ə-wạ) *adv*
totally

အပြည့်အသိပ် (ə-pyeị-ə-thei')
adv to capacity, densely
crowded

အပြတ်₁ (ə-pya') *n* sthg which
has been cut off; severance;
discontinuance; decision

အပြတ်₂ (ə-pya') *adv* sharply,
in one stroke

အပြတ်ငြင်း (ə-pya'-nyin:) *v*
categorically deny

အပြတ်ပြော (ə-pya'-pyɔ:) *v*
state unconditionally

အပြတ်ဖြတ် (ə-pya'-hpya') *v*
quit for good

အပြတ်သာ (ə-pya'-tha) *v* be
distinctly better than

အပြတ်အတောက် (ə-pya'-ə-
tau') *adv* discontinuously

အပြတ်အသား (ə-pya'-ə-tha:)
adv precisely

အပြတ်အသတ် (ə-pya'-ə-tha')
adv completely, totally;
visibly

အပြုတ်₁ (ə-pyo') *n* boiling;
boiled food

အပြုတ်₂ (ə-pyo') *adv* (wipe
out, root out) completely

အပြုတ်တိုက် (ə-pyo'-tai') *v*
demolish

အပြန် (ə-pyan) *n* return;
reverse; inversion; the
opposite, the contrary; times,
repetitions, -fold

အပြန်တစ်ရာ (ə-pyan-tə-ya) *n*
100 times, a hundred-fold

အပြန်ပြန်အထပ်ထပ် (ə-pyan-
byan-ə-hta'-hta') *adv* over
and over again; back and
forth

အပြန်ပြန်အလှန်လှန် (ə-pyan-
byan-ə-hlan-hlan) *adv* over
and over again; back and
forth

အပြန်အလှန် (ə-pyan-ə-hlan)
adv reciprocally; mutually

အပြုံလိုက် (ə-pyon-lai') *adv* in
droves, in a horde

အပြုံး (ə-pyon:) *n* smile

အပွ (ə-pwạ) *n* sthg crumbly, sthg soft

အပွေး (ə-pwei:) *n* ❀ (outer) bark

အပွင့် (ə-pwiṇ) *n* ❀ bloom, flower, blossom; suit (of playing cards); pip, spot; grain; ✤ star; pattern

အဖ (ə-hpạ) *n* father; ✿ cock, rooster

အဖာ (ə-hpa) *n* patch

အဖာအထေး (ə-hpa-ə-htei:) *n* patch

အဖိ (ə-hpi) *n* lean-to, shed; bunch

အဖိချ (ə-hpi-chạ) *v* build an annex or lean-to

အဖီး (ə-hpi:) *n* weal; ❀ bunch of bananas

အဖု (ə-hpụ) *n* lump on a surface or string, etc: knot, knob, boss; ❀ boil; ❀ lump, papule

အဖုအထစ် (ə-hpụ-ə-hti') *n* irregularity; hindrance

အဖုအပိန့် (ə-hpụ-ə-peiṇ) *n* ⚕ rash

အဖူး (ə-hpu:) *n* lump,

swelling; ❀ bud

အဖူးရောင် (ə-hpu:-yaun) *v* swell, be lumpy with swellings

အဖူးအညွန့် (ə-hpu:-ə-nyuṇ) *n* ❀ bud

အဖေ (ə-hpei) *n* father

အဖေး (ə-hpei:) *n* ⚕ scab

အဖေးတက် (ə-hpei:-te') *v* ⚕ scab over

အဖော (ə-hpɔ:) *n* ⚕ oedema, edema

အဖော် (ə-hpɔ) *n* companion

အဖော်မဲ့ (ə-hpɔ-mẹ) *v* be all alone

အဖော်ရ (ə-hpɔ-yạ) *v* have a companion, have company

အဖို (ə-hpo) *n* male (of a species); ❀ male tree; ⚛ positive pole

အဖိုအမ (ə-hpo-ə-mạ) *n* counterparts, two parts of a whole

အဖို့₁ (ə-hpọ) *n* part, share, portion

အဖို့₂ (ə-hpọ) *part* for, (in order) to

အဖိုး (ə-hpo:) *n* cost, price; value, worth

အဖိုးကြီး (ə-hpo:-ji:) v be expensive, be dear

အဖိုးချို (ə-hpo:-cho) v be inexpensive, be cheap

အဖိုးတန် (ə-hpo:-tan) v be precious, be valuable

အဖိုးထိုက် (ə-hpo:-htai') v be worth; be precious, be valuable

အဖိုးနည်းဝန်ပါ (ə-hpo:-ne:-wun-pa) v be inexpensive but useful

အဖိုးသားနား (ə-hpo:-tha:-na:) cost, price; value, worth

အဖိုးအခ (ə-hpo:-ə-hkạ) n fee, charge

အဖက် (ə-hpe') n mate, match, partner; sb of equal standing

အဖက်တန် (ə-hpe'-tan) v [usu neg] be of equal social status

အဖက်လုပ် (ə-hpe'-lo') v treat sb as a social equal

အဖတ် (ə-hpa') n reading; solid part of sth

အဖတ်ဆယ် (ə-hpa'-hse) v salvage, redeem

အဖတ်တင် (ə-hpa'-tin) v have sth to show for one's efforts; (of children in a family)

survive

အဖိတ်အစဉ် (ə-hpei'-ə-sin) n waste; loss of life

အဖုတ် (ə-hpo') n baking, roasting; baked goods; clump

အဖန် (ə-hpan) n bitter, tannic taste; oolong tea; frequency

အဖန်ခြောက် (ə-hpan-jau') n oolong tea (leaves)

အဖန်တလဲလဲ (ə-hpan-tə-le:-le:) adv over and over

အဖန်တစ်ရာ (ə-hpan-tə-ya) adv repeatedly

အဖန်ဖန် (ə-hpan-ban) adv repeatedly

အဖမ်း (ə-hpan:) n catch; arrest

အဖမ်းအဆီး (ə-hpan:-ə-hsi:) n ⚖ arrest (of people), apprehension; ⚖ seizure (of things, goods, contraband)

အဖုံဖုံ (ə-hpon-bon) adv variously

အဖုံး (ə-hpon:) n lid, cap, top; cover

အဖျား (ə-hpya:) n 🌡 fever; end, tip; 🌐 source, head, headwaters (of river)

အဖျားခတ် (ə-hpya:-hka') v sideswipe; have a minor

effect

အဖျားတိုင်း (ခ-hpya:-tain:) v ⚕ take (sb's) temperature

အဖျားဖြတ်ဆေး (ခ-hpya:-hpya'-hsei:) n ⚕ medicine which lowers a fever, febrifuge

အဖျားရှူး (ခ-hpya:-shu:) v taper off; fizzle out, thin out

အဖျားဝင် (ခ-hpya:-win) v ⚕ be feverish

အဖျားသတ် (ခ-hpya:-dha') n end, conclusion

အဖျားအနာ (ခ-hpya:-ခ-na) n ⚕ illness, sickness

အဖျားအနား (ခ-hpya:-ခ-na:) n end portion; fringe; distant relative

အဖျော် (ခ-hpyɔ) n (fruit) juice; entertainment

အဖျော်ရည် (ခ-hpyɔ-yei) n (fruit) juice

အဖျက် (ခ-hpye') n destruction, erasure; sabotage; subversion

အဖျက်သဘော (ခ-hpye'-thခ-bɔ:) n destructive intention; negative attitude, aggressive mind, aggressive streak

အဖျက်အဆီး (ခ-hpye'-ခ-hsi:) n destruction, act of destroying

အဖျင်း (ခ-hpyin:) n sthg worthless, sthg inferior, junk; ✹ underdeveloped grain; good-for-nothing

အဖျင်းဆုံး (ခ-hpyin:-zon:) adv at (the) least, at any rate

အဖျဉ်း (ခ-hpyin:) n ⚕ spleen

အဖြာဖြာ (ခ-hpya-bya) v be various

အဖြီး (ခ-hpyi:) n bluff

အဖြူ (ခ-hpyu) n (the colour) white; sthg colourless; sthg undyed

အဖြေ (ခ-hpyei) n answer, reply, response; solution; result

အဖြေထုတ် (ခ-hpyei-hto') v answer, solve; try to answer (question); try to solve (problem)

အဖြေမှန်ရှာ (ခ-hpyei-hman-sha) v try to find the right thing to do

အဖြောင့် (ခ-hpyauṇ) n straightness; directness, straightforwardness; honesty

အဖြောင့်သမား (ခ-hpyauṇ-dhခ-ma:) n honest person

အဖြစ် (ခ-hpyi') n way things happen, way things develop;

event, incident; circum-
stances, conditions;
existence, life

အဖြစ်ဆိုး (ə-hpyi'-hso:) n
predicament; tragedy;
misfortune

အဖြစ်ရှိ (ə-hpyi'-shị) v be
(generally) competent, be
able

အဖြစ်လဲ (ə-hpyi'-le:) v
metamorphose

အဖြစ်သနစ် (ə-hpyi'-thə-ni') n
way things happen, way
things develop; event,
incident; circumstances

အဖြစ်အပျက် (ə-hpyi'-ə-pye') n
event, incident; occurence

အဖြည့် (ə-hpyeị) n comple-
ment; addition

အဖြည့်ကံ (ə-hpyeị-kan) n
[gram] object complement

အဖြည့်ခံ (ə-hpyeị-gan) n comp-
lement; filler; stand-in

အဖြတ်အတောက် (ə-hpya'-ə-
tau') n deduction; pruning;
censorship; punctuation;
phrasing

အဖြတ်အရပ် (ə-hpya'-ə-ya') n
punctuation

အဖြန်း (ə-hpyon:) n waste
(matter); stone not of gem
quality

အဖွဲ့ (ə-hpwę) n group, organi-
sation, team, association;
committee, board

အဖွဲ့ချုပ် (ə-hpwę-jo') n
federation, league

အဖွဲ့ခွဲ (ə-hpwę-gwe:) n branch
(of an organisation, associ-
ation, etc); sub-committee

အဖွဲ့ဝင် (ə-hpwę-win) n member

အဖွဲ့အစည်း (ə-hpwę-ə-si:) n
group, organisation,
association

အဖွင့် (ə-hpwiṇ) n opening,
beginning

အဘ (ə-bạ) n father

အဘိဓာန် (ə-bị-dan, ə-bei'-dan)
n dictionary, lexicon

အဘေး (ə-bei:) n great grand-
father

အဘေးမ (ə-bei:-mạ) n great
grandmother

အဘိုး (ə-hpo:) n grandfather

အဘိုးကြီး (ə-hpo:-ji:) n old man

အဘိုးအဘွား (ə-hpo:-ə-hpwa:)
n grandparents

အဘက်ဘက် (ə-hpe'-hpe') n all

$-$ ၁ $\frac{\circ}{}$ $\frac{\circ}{}$ $\frac{}{\text{ိ}}$ $\frac{}{\text{ု}}$ ၆$-$ $\frac{}{}$ ၆$-$၁ ၆$-$ၣ် $\frac{\circ}{\text{ို}}$

angles, all sides, all aspects

အဘယ် (ə-be) *part* 📖 which

အဘယ်ကဲ့သို့ (ə-be-kẹ-thọ) *part* 📖 how; what kind

အဘယ်ကြောင့် (ə-be-jauṇ) *part* 📖 why, for what reason

အဘယ်ကြောင့်ဖြစ်စေ (ə-be-jauṇ-hpyi'-sei) *part* however

အဘယ်သူ (ə-be-dhu) *pron* who

အဘွား (ə-hpwa:) *n* grand-mother

အဘွားကြီး (ə-hpwa:-ji:) *n* old woman

အမ (ə-mạ) *n* older sister

အမကြီး (ɔ-mạ-ji:) *n* oldest girl in a family

အမလေး (ə-mə-lei:) *int* oh!

အမအစ (ə-mạ-ə-zạ) *n* help, aid

အမာ (ə-ma) *n* sthg hard

အမာခံ (ə-ma-gan) *n* solid part of sthg; hard core

အမိ (ə-mị) *n* mother

အမာရွတ် (ə-ma-yu') *n* ⚕ scar

အမိအရ (ə-mị-ə-yạ) *adv* solidly, tightly

အမီ (ə-hmi) *part* in time for

အမီးဘား (ə-mi:-ba:) *n* ⚕ amoeba

အမူအကျင့် (ə-mu-ə-jiṇ) *n* manners; behaviour

အမူအယှ (ə-mu-ə-yu) *n* behaviour, conduct

အမူအရာ (ə-mu-ə-ya) *n* expression, gesture; behaviour

အမူးမူးအရူးရူး (ə-mu:-mu:-ə-yu:-yu:) *adv* drunkenly, muzzily

အမူးသမား (ə-mu:-dhə-ma:) *n* drunkard

အမူးအမော် (ə-mu:-ə-mɔ) *n* dizziness

အမူးအရူး (ə-mu:-ə-yu:) *adv* crazily

အမေ (ə-mei) *n* mother

အမေ့ကောက် (ə-meị-kau') *v* take advantage of sb's forgetfulness

အမေ့မဲ့အလျော့လျော့ (ə-meị-meị-ə-yɔ-yɔ) *adv* forgetfully, absent-mindedly

အမေး (ə-mei:) *n* question, query

အမေးပုစ္ဆာ (ə-mei:-po'-hsa) *n* problem, question; riddle, puzzle

အမေးအစမ်း (ə-mei:-ə-san:) *n* enquiry; investigation

က ခ ဂ ဃ င စ ဆ ဇ ဈ ည ဋ ဌ ဍ ဎ ဏ တ ထ ဒ ဓ န ပ ဖ ဗ ဘ မ ယ ရ လ ဝ သ ဟ ဠ အ

အမေးအမြန်း (ə-mei:-ə-myan:)
n interrogation, questioning

အမဲ (ə-me:) *n* prey; game;
quarry; meat, esp beef

အမဲဆီ (ə-me:-zi) *n* tallow,
beef fat, drippings; grease,
lubricant

အမဲလိုက် (ə-me:-lai') *v* hunt
(for game)

အမဲသား (ə-me:-dha:) *n* beef

အမောခံ (ə-mɔ:-hkan) *v* have
stamina

အမောဆို့ (ə-mɔ:-hsọ) *v* run out
of breath

အမောပြေ (ə-mɔ:-byei) *n* sthg
refreshing, refreshment,
recreation

အမော် (ə-mɔ) *n* 🌏 promon-
tory, outcropping; rapids

အမိုး (ə-mo:) *n* roof; canopy

အမိုးအကာ (ə-mo:-ə-ka) *n*
walls and roof of a building;
shelter

အမောက် (ə-mau') *n* crest;
comb

အမိုက် (ə-mai') *n* darkness;
stupidity; fool, idiot

အမိုက်အမဲ (ə-mai'-ə-me:) *n*
ignoramus

အမင်္ဂလာ (ạ-min-gə-la) *n* sthg
inauspicious

အမည် (ə-myi) *n* name; title

အမည်ကွဲ (ə-myi-gwe:) *n* other
name

အမည်ခံ₁ (ə-myi-hkan) *v* as-
sume a name; be awarded a
title

အမည်ခံ₂ (ə-myi-hkan) *n*
nominal status; sb who has a
title only; figurehead

အမည်တပ် (ə-myi-ta') *v* name;
designate, specify

အမည်နာမ (ə-myi-na-mạ) *n*
name

အမည်ပြောင် (ə-myi-pyaun) *n*
nickname

အမည်မသိ (ə-myi-mə-thị) *v* be
anonymous

အမည်မှည့် (ə-myi-hmẹ) *v* name

အမည်ရင်း (ə-myi-yin:) *n*
original name

အမည်ဝှက် (ə-myi-hwe') *n*
pseudonym

အမည်း (ə-me:) *n* black

အမည်းစက် (ə-me:-ze') *n*
stigma

အမတ် (ə-ma') *n* 🌏 member of
parliament (MP) or other

legislature

အမတ်ရွေး (ə-ma'-ywei:) v
🌐 elect, select (member of a
legislature)

အမတ်လောင်း (ə-ma'-laun:) n
🌐 candidate (for a
legislature); nominee

အမိန့် (ə-mein) n order, com-
mand; ⚖ verdict; sentence

အမိန့်ကျ (ə-mein-ja̰) v issue;
⚖ be sentenced

အမိန့်ကြော်ငြာစာ (ə-mein-jɔ-
nya-za) n notice, notification

အမိန့်ခံ (ə-mein-hkan) v refer to
higher authorities for orders

အမိန့်ချ (ə-mein-cha̰) v decree,
command, sanction, etc;
⚖ sentence

အမိန့်စာ (ə-mein-za) n written
order

အမိန့်ထုတ် (ə-mein-hto') v
🌐 enact (laws, etc)

အမိန့်နာခံ (ə-mein-na-hkan) v
follow an order, obey an
order

အမိန့်ပေး (ə-mein-pei:) v
command, order

အမိန့်ပြန် (ə-mein-pyan) v issue
an order

အမိန့်ပြန်တမ်း (ə-mein-pyan-
dan:) n government order

အမိန့်ရှိ (ə-mein-shḭ) v [fml]
speak, utter

အမိန့်လိုက်နာ (ə-mein-lai'-na) v
follow an order, obey an
order

အမိန့်အရ (ə-mein-ə-ya̰) adv by
order

အမိန့်အာဏာ (ə-mein-a-na) n
order, command; decree,
promulgation; authority

အမုံ (ə-mon) n 🌺 bud

အမယ် (ə-me) n mother;
woman

အမယ်လေး (ə-me-lei:) exp oh!

အများ (ə-mya:) n majority;
greater amount

အများကြီး (ə-mya:-ji:) adv very;
too much; too many

အများတကာ (ə-mya:-də-ga) n
(most) people, others

အများနည်းတူ (ə-mya:-ni:-du)
adv in the same way as
others, like everyone else

အများပိုင် (ə-mya:-pain) adj
🏛 public (property, etc)

အများအစား (ə-mya:-ə-sa:) adv
in large numbers

အများအပြား (ə-mya:-ə-pya:) *n* many

အများအားဖြင့် (ə-mya:-a:-hpyiṇ) *adv* 🕮 generally, in general

အမျိုး (ə-myo:) *n* kind, sort, type; variety; race

အမျိုးစုံ (ə-myo:-zon) *n* all kinds, a variety

အမျိုးဆက် (ə-myo:-ze') *n* genealogy; ✂ hybrid

အမျိုးတော် (ə-myo:-tɔ) *v* be related to

အမျိုးမျိုး (ə-myo:-myo:) *n* many kinds, many ways

အမျိုးလိုက် (ə-myo:-lai') *v* be hereditary

အမျိုးသမီး (ə-myo:-dhə-mi:) *n* woman; [in comb] women's; wife, ♀ spouse

အမျိုးသား (ə-myo:-dha:) *n* man; [in comb] men's; husband, ♂ spouse; [in comb] national

အမျိုးသားစိတ် (ə-myo:-dha:-sei') *n* 🌐 nationalism

အမျိုးသားရေး (ə-myo:-dha:-yei:) *n* 🌐 national affairs

အမျိုးအစား (ə-myo:-ə-sa:) *n* kind, type, sort; brand

အမျိုးအရိုး (ə-myo:-ə-yo:) *n* heredity, family; [comb] genetic

အမျက် (ə-mye') *n* knot (in wood); flaw (in gemstone); fury, rage, anger; gem

အမျက်ကျောက် (ə-mye'-jau') *n* gem(stone), jewel, precious stone

အမျက်ထား (ə-mye'-hta:) *v* bear a grudge

အမြီး (ə-mi:) *n* tail, tail end

အမြီးနှံ့ (ə-mi:-hnaṇ) *v* wag one's tail; fawn

အမြီးအမောက်မတည့် (ə-mi:-ə-mau'-mə-tẹ) *v* be incongruous; be contradictory

အမြဲ (ə-mye:) *adv* always

အမြဲတစေ (ə-mye:-də-zei) *adv* always

အမြဲတမ်း (ə-mye:-dan:) *adv* always

အမြဲလိုလို (ə-mye:-lo-lo) *adv* almost every time

အမြဲအစွဲ (ə-mye:-ə-zwe:) *adv* firmly

အမြော်အမြင် (ə-myɔ-ə-myin) *n* vision, foresight

အမြှောက် (ə-myau') *n* ⚔ artillery

−ာ ိ ီ ဲ ဳ ေ− ဲ ေ−ာ ေ−ာ် ို

အမြောက်ကြီး (ə-myau'-ji:) *n*
♪ heavy artillery

အမြောက်ဆံ (ə-myau'-hsan) *n*
♪ (artillery) shell

အမြောက်အမြား (ə-myau'-ə-
mya:) *n* multitude

အမြင် (ə-myin) *n* sight, percep-
tion; appearance; opinion,
view

အမြင်ကတ် (ə-myin-ka') *v* not
be able to stand the sight of

အမြင်ကျဉ်း (ə-myin-jin:) *v* be
narrow-minded

အမြင်ကျယ် (ə-myin-je) *v* be
broad-minded

အမြင်ကြည် (ə-myin-ji) *v* be
unbiased

အမြင်ပေါက် (ə-myin-pau') *v*
perceive, discern, be
enlightened

အမြင်မတော် (ə-myin-mə-tɔ) *v*
be inappropriate; be
unseemly

အမြင်မှား (ə-myin-hma:) *v* mis-
understand; get the wrong
idea

အမြင်မှန်ရ (ə-myin-hman-ya̱) *v*
see the light

အမြင့် (ə-myin) *n* height,
elevation

အမြင့်ခုန် (ə-myin-hkon) *n* high
jump

အမြှောင် (ə-myaun) *n* 🌏
coastal strip

အမြိုင်သား (ə-myain-dha:) *adv*
(live) grandly, in style

အမြစ် (ə-myi') *n* root; gizzard;
[orth] ◌ှ symbol

အမြစ်တွယ် (ə-myi'-twe) *v* take
root; be rooted

အမြစ်ပြတ် (ə-myi'-pya') *v* be
eradicated; be completely
cured

အမြစ်ဖြတ် (ə-myi'-hpya') *v* get
rid of, eradicate, root out

အမြည်း (ə-myi:) *n* snack,
starter, hors-d'oeuvre,
appetizer; taste

အမြတ် (ə-mya') *n* sthg noble;
🐚 profit; benefit

အမြတ်ကြီးစား (ə-mya'-ji:-za:) *n*
profiteer

အမြတ်စား (ə-mya'-sa:) *n*
profit (from), take profit

အမြတ်တနိုး (ə-mya'-tə-no:) *adv*
with reverence

အမြတ်တနိုးထား (ə-mya'-tə-no:-
hta:) *v* treasure, cherish

အမြတ်ထုတ် (ə-mya'-hto') v 🐾 ☻ exploit

အမြတ်ထွက် (ə-mya'-htwe') v benefit

အပြိတ် (ə-mei) n fringe

အမြန် (ə-myan) n sthg urgent; sthg fast

အမြန်ချောပို့ (ə-myan-chɔ:-pọ) v send by express mail

အမြန်ရထား (ə-myan-yə-hta:) n express train

အမြုံ (ə-myon) n ⚕ sb infertile, sb sterile

အမွေ (ə-mwei) n inheritance, legacy

အမွေခံ₁ (ə-mwei-hkan) v ⚖ inherit

အမွေခံ₂ (ə-mwei-gan) n heir

အမွေခွဲ (ə-mwei-hkwe:) n divide an inheritance

အမွေဆက်ခံပိုင်ခွင့် (ə-mwei-hse'-kan-pain-gwiṇ) n ⚖ right to inherit

အမွေဆိုင် (ə-mwei-zain) n ⚖ sb with a a right to claim an inheritance; ⚖ joint inheritance, shared inheritance

အမွေထိန်း (ə-mwei-dein:) n ⚖ administrator; executor

အမွေပြတ် (ə-mwei-bya') n ⚖ cutting out of a will

အမွေဖြတ် (ə-mwei-hpya') v ⚖ disinherit

အမွေး (ə-mwei:) n hair, fur; feathers

အမွေးအတောင် (ə-mwei:-ə-taun) n plumage, feathers

အမွေးအမှင် (ə-mwei:-ə-hmin) n bristle

အမွန် (ə-mun) n first, foremost; goodness, excellence

အမွမ်း (ə-mun:) n decoration

အမှာ (ə-hma) n message; foreword, introduction; instruction, order

အမှာစာ (ə-hma-za) n memorandum; requisition order

အမှာအထား (ə-hma-ə-hta:) n instruction

အမှား (ə-hma:) n error, mistake, fault; wrong

အမှားစောင့် (ə-hma:-sauṇ) v wait to pounce on a false move

အမှားဖမ်း (ə-hma:-hpan:) v try to catch sb out

အမှားမှားအယွင်းယွင်း (ə-hma:-hma:-ə-ywin:-ywin:) adv

-၁ ◌ူ ◌ု ◌ိ ◌ီ ေ- ◌ဲ ေ-၁ ေ-ာ် ◌ို

mistakenly, erronously;
blunderingly

အမှားအယွင်း (ə-hma:-ə-ywin:)
n error, mistake, fault; wrong

အမှီ (ə-hmi) *n* backrest;
backing, support

အမှီတံကဲ (ə-hmi-də-ge:) *n* sthg
to depend on

အမှု (ə-hmụ) *n* (court) case,
lawsuit

အမှုစစ် (ə-hmụ-si') *v* (of
court) hear *or* try a case

အမှုဆင် (ə-hmụ-hsin) *v* frame
sb

အမှုဆောင် (ə-hmụ-zaun) *n*
executive

အမှုဆောင်အဖွဲ့ (ə-hmụ-zaun-ə-
hpwẹ) *n* executive committee

အမှုဆောင်အရာရှိ (ə-hmụ-zaun-
ə-ya-shị) *n* executive officer

အမှုဆိုင် (ə-hmụ-hsain) *v* go
to court

အမှုတင် (ə-hmụ-tin) *v* (of
police) bring a case to court

အမှုတွဲ (ə-hmụ-dwe:) *n* co-
defendant; proceeding (of
court); case file

အမှုထမ်း (ə-hmụ-dan:) *n*
government servant,

government employee

အမှုမထား (ə-hmụ-mə-hta:) *v*
disregard, forget about

အမှုလိုက် (ə-hmụ-lai') *v*
conduct a case

အမှုအခင်း (ə-hmụ-ə-hkin:) *n*
crime; lawsuit; affairs

အမှူး (ə-hmu:) *n* director,
head, commander, officer

အမှိုက် (ə-hmai') *n* waste,
rubbish, garbage, trash

အမှိုက်ပစ် (ə-hmai'-pyi') *v* take
out the rubbish, trash,
garbage

အမှိုက်သိမ်း (ə-hmai'-thein:) *n*
(of waste) collect; be
collected

အမှင် (ə-hmin) *n* bristle, stiff
hair

အမှောင် (ə-hmaun) *n* darkness

အမှည့် (ə-hmẹ) *n* ripeness;
sthg ripe

အမှတ် (ə-hma') *n* mark; sign;
point; number, cipher; marks,
grades; points; memory,
recollection; impression;
awareness

အမှတ်ကြီး (ə-hma'-ji:) *v* have
a long memory of an insult

က ခ ဂ ဃ င စ ဆ ဇ ဈ ည ဋ ဌ ဍ ဎ ဏ တ ထ ဒ ဓ န ပ ဖ ဗ ဘ မ ယ ရ လ ဝ သ ဟ ဠ အ

အမှတ်စဉ် (ə-hma'-sin) *n* serial number

အမှတ်တမဲ့ (ə-hma'-tə-mẹ) *adv* inadvertently, accidentally; unawares

အမှတ်တရ (ə-hma'-də-yạ) *adv* in memory of

အမှတ်တံဆိပ် (ə-hma'-də-zei') *n* symbol; trademark, logo; label

အမှတ်မထင် (ə-hma'-mə-htin) inadvertently, accidentally

အမှတ်ရ (ə-hma'-yạ) *v* remember, recollect, recall

အမှတ်သင်္ကေတ (ə-hma'-thin-kei-tạ) *n* symbol

အမှတ်အသား (ə-hma'-ə-tha:) *n* mark, sign; point; observation; records

အမှန်$_1$ (ə-hman) *n* truth; reality; fact; sthg certain; sthg real

အမှန်$_2$ (ə-hman) *adv* certainly, really

အမှန်စင်စစ် (ə-hman-sin-si') *adv* actually, in fact

အမှန်တရား (ə-hman-tə-ya:) *n* truth

အမှန်တကယ် (ə-hman-də-ge) *adv* in truth, in reality

အမှန်အတိုင်း (ə-hman-ə-tain:) *adv* truthfully

အမှန်အမှားခွဲခြား (ə-hman-ə-hma:-hkwe:-cha:) *v* tell right from wrong, analyse

အမှန်းအဆ (ə-hman:-ə-hsạ) *n* guess, conjecture; estimate

အမှုန် (ə-hmon) *n* dimness; fine particle

အမှုန့် (ə-hmoṇ) *n* powder

အမျှ (ə-hmyạ) *n* equal amount *or* quantity; share

အမျှင် (ə-hmyin) *n* thread, string, fibre

အမြှေး (ə-hmei:-(ə-hmyei:)) *n* film; membrane

အမြှောက် (ə-hmyau') *n* [math] multiplication; flattery

အမြှောင့် (ə-hmyauṇ) *n* wedge, slice, section; point

အမြှုပ် (ə-hmyo') *n* froth, foam; bubbles

အမြှုပ်ထ (ə-hmyo'-htạ) *v* bubble, froth

အမွှေး (ə-hmwei:) *n* fragrance

အမွှေးတိုင် (ə-hmwei:-dain) *n* incense stick

အမွှေးရည် (ə-hmwei:-yei-(yi))

n perfume; cologne

အမွှမ်းတင် (ə-hmun:-tin) *v* eulogise, praise (sb) highly

အမြွှာ (ə-hmwa) *n* segment, piece; child in a multiple birth

အမြွှာပူး (ə-hmwa-pu:) *n* child in a multiple birth; ※ twin-bodied fruit

အယူ (ə-yu) *n* belief, conviction; opinion, view

အယူခံ₁ (ə-yu-hkan) *v* ⚖ appeal (a decision of a lower court)

အယူခံ₂ (ə-yu-gan) *n* ⚖ appeal

အယူခံဝင် (ə-yu-gan-win) *v* ⚖ (enter an) appeal

အယူအဆ (ə-yu-ə-hsa̱) *n* opinion, view

အယောင် (ə-yaun) *n* appearance, likeness

အယောင်ပြ (ə-yaun-pya̱) *v* hint, indicate

အယောင်ယောင်အမှားမှား (ə-yaun-yaun-ə-hma:-hma:) *adv* confusedly

အယဉ် (ə-yin) *n* gracefulness, daintiness; tamed animal; current; continuity

အယုတ် (ə-yo') *n* deficiency,

shortfall; sthg low, inferior

အယုံ (ə-yon) *n* belief, trust

အရ₁ (ə-ya̱) *n* acquisition, sthg obtained; gain; yield; result, consequence; meaning, significance

အရ₂ (ə-ya̱) *adv* persistently, so as to get

အရ₃ (ə-ya̱) *part* according to, in accord(ance) with; in terms of, from the viewpoint of

အရသာ (ə-ya̱-dha) *n* flavour, taste; sthg pleasant

အရာ (ə-ya) *n* mark, impression; track, line; thing, item, object; matter; matter, issue, business, concern; status; position; hundreds

အရာကျ (ə-ya-ja̱) *v* be demoted; be dismissed

အရာခံဗိုလ် (ə-ya-gan-bo) *n* ⚔ warrant officer

အရာထင် (ə-ya-htin) *v* have a result

အရာမထင် (ə-ya-ma̱-htin) *v* be in vain

အရာရာ (ə-ya-ya) *n* everything

အရာရှိ (ə-ya-shi̱) *n* 🌐 government official; officer; ✚ commissioned officer

အရိယာ (ə-ri̱-ya) *n* sb who is saintly

အရူး (ə-yu:) *n* sb who is mentally disturbed, maniac, lunatic

အရူးအမူး (ə-yu:-ə-mu:) *adv* maniacally, like mad, madly

အရေ (ə-yei) *n* skin; hide

အရေခြံ1 (ə-yei-chon) *v* do sthg in the guise of, under the pretext of; pose as

အရေခြံ2 (ə-yei-jon) *n* fraud, imposter, phony

အရေခွံ (ə-yei-hkun) *n* skin

အရေပြား (ə-yei-bya:) *n* skin

အရေအတွက် (ə-yei-ə-twe') *n* quantity, number

အရေး (ə-yei:) *n* writing; matter, business, affair

အရေးကိစ္စ (ə-yei:-kei'-sa̱) *n* matter, affair, business; crisis

အရေးကြီး (ə-yei:-ji:) *v* be important

အရေးကြုံ (ə-yei:-jon) *v* come to a crisis

အရေးတကြီး (ə-yei:-də-ji:) *adv*

urgently

အရေးတော်ပုံ (ə-yei:-dɔ-bon) *n* 🌐 uprising; revolution

အရေးထား (ə-yei:-hta:) *v* care about

အရေးပါ (ə-yei:-pa) *v* be significant

အရေးပေါ် (ə-yei:-bɔ) *n* emergency

အရေးယူ (ə-yei:-yu) *v* take action, handle, deal with; prosecute

အရေးအခင်း (ə-yei:-ə-hkin:) *n* matter, affair; unrest, riot

အရဲစွန့် (ə-ye:-sun̲) *v* dare, (take) risk

အရောဝင် (ə-yɔ:-win̲) *v* be familiar

အရိုအသေ (ə-yo-ə-thei) *n* respect

အရိုး (ə-yo:) *n* bone; stem, stalk; handle; tradition

အရိုးကျ (ə-yo:-ja̱) *v* be traditional

အရိုးခံ (ə-yo:-gan) *n* innocence; sincerity; sthg traditional

အရိုးစု (ə-yo:-zu̱) *n* skeleton

အရိုးပျော့နာ (ə-yo:-byɔ̲-na) *n* rickets

အရက် (ə-ye') *n* alcohol; spirits, liquor

အရက်ပြန် (ə-ye'-pyan) *n* rubbing alcohol

အရက်ဖြူ (ə-ye'-hpyu) *n* clear colourless alcohol

အရက်သမား (ə-ye'-thə-ma:) *n* alcoholic, heavy drinker

အရောက်အပေါက် (ə-yau'-ə-pau') *n* visit

အရိုက်အနှက် (ə-yai'-ə-hne') *n* beating

အရင် (ə-yin) *part* before, previous

အရင့်အမာ (ə-yiṇ-ə-ma) *n* advanced stage; maturity

အရင်း (ə-yin:) *n* base, root; 🏦 capital, principal; close blood relation

အရင်းခံ (ə-yin:-gan) *n* root, basis, foundation; deciding element or factor

အရင်းစိုက် (ə-yin:-sai') *v* invest; put up capital

အရင်းတိုင်း (ə-yin:-dain:) *adv* as is, in current condition; at cost

အရင်းမြှုပ် (ə-yin:-hmyo') *v* 🏦 invest

အရင်းရှင် (ə-yin:-shin) *n* 🌏 🏦 capitalist

အရင်းအနှီး (ə-yin:-ə-hni:) *n* 🏦 capital

အရင်းအမြစ် (ə-yin:-ə-myi') *n* root, base, source

အရောင် (ə-yaun) *n* colour; glow

အရောင်ပြေး (ə-yaun-pyei:) *v* be iridescent

အရောင်ဟပ် (ə-yaun-ha') *v* reflect, mirror

အရောင်းအဝယ် (ə-yaun:-ə-we) *n* trade, commerce

အရိုင်း (ə-yain:) *n* sthg wild, undomesticated, uncultivated; sthg in its natural state

အရစ် (ə-yi') *n* ring; (of screw, bolt, etc) thread; ⌐ symbol; instalment; ♪ stripe

အရစ်ကျ (ə-yi'-ja) *adv* in instalments

အရစ်ဖော် (ə-yi'-pɔ) *v* rethread

အရည် (ə-yei) *n* liquid, juice, fluid; quality

အရည်ပျော် (ə-yei-pyɔ) *v* melt; be dissolved

အရည်ဖျော် (ə-yei-hpyɔ) *v*

dissolve; liquidise

အရည်ရွှမ်း (ə-yei-shun:) *v* be juicy

အရည်လည် (ə-yei-le) *v* become clear, become comprehensible; come to understand

အရည်အချင်း (ə-yei-ə-chin:) *n* competence; ability; qualification

အရည်အချင်းမီ (ə-yei-ə-chin:-mi) *v* be qualified

အရည်အသွေး (ə-yei-(yi)-ə-thwei:) *n* colour; competence; ability; qualification; quality

အရုဏ် (a-yon) *n* dawn

အရုဏ်ကျင်း (a-yon-jin:) *v* (of dawn) break

အရုဏ်တက် (a-yon-de') *n* crack of dawn, break of day, daybreak

အရုဏ်ဦး (a-yon-u:) *n* first light of dawn

အရန် (ə-yan) *n* reserve; pair

အရန်သင့် (ə-yan-dhiṇ) *adv* in readiness, prepared

အရန်အတား (ə-yan-ə-ta:) *n* guardrail, safety rail

အရပ် (ə-ya') *n* height; place, neighbourhood, quarter; sthg civilian; point of the compass

အရပ်စကား (ə-ya'-zə-ga:) *n* everyday language; local gossip

အရပ်ဘက် (ə-ya'-be') *n* civil department

အရပ်ရပ် (ə-ya'-ya') *n* everywhere; all things

အရပ်လူကြီး (ə-ya'-lu-ɉi:) *n* ward leader, head of a quarter

အရပ်ဝတ်အရပ်စား (ə-ya'-wu'-ə-ya'-sa:) *n* civilian clothes, plainclothes

အရပ်သား (ə-ya'-tha:) *n* civilian; resident

အရပ်သူ (ə-ya'-thu) *n* ♀ resident

အရပ်သုံးစကား (ə-ya'-thon:-zə-ga:) *n* plain language, everyday language

အရိပ် (ə-yei') *n* shadow (of sthg); shade; refuge, protection; reflection; sign, indication; hint

အရိပ်ပြအကောင်ထင် (ə-yei'-pyạ-ə-kaun-htin) *v* get the hint

အရိပ်သန်း (ə-yei'-than:) *v* allude to

အရိပ်အကဲ (ə yei'-ə-ke:) *n*

mood

အရိပ်အခြည် (ə-yei'-ə-chi) *n*
sign, indication

အရုပ် (ə-yo') *n* doll; puppet;
marionette; picture; toy;
puppet

အရုပ်ကြိုးပြတ် (ə-yo'-jo:-pya')
adv (be) disheartened; utterly
exhaustedly

အရုပ်ဆိုး (ə-yo'-hso:) *v* be ugly;
have a bad image

အရံ (ə-yan) *n* sth which
surrounds or encloses;
retinue, attendants

အရမ်း (ə-yan:) *adv* very

အရမ်းမဲ့ (ə-yan:-mẹ) *adv*
thoughtlessly

အရွက် (ə-ywe') *n* leaf, blade;
sheet; note

အရွတ် (ə-yu') *n* tendon; gristle

အရွယ် (ə-ywe) *n* age (group),
generation; size

အရွယ်ရောက် (ə-ywe-yau') *v*
come of age

အရွယ်အစား (ə-ywe-ə-sa:) *n*
size

အရှအနာ (ə-sha-ə-na) *n* cuts,
wounds; the wounded

အရှေ့ (ə-shei) *n* area in front;

east

အရှေ့တောင် (ə-shei-taun) *n*
🌏 south-east

အရှေ့တောင်အာရှ (ə-shei-taun-a-
sha) *n* 🌏 South-east Asia

အရှေ့တိုင်း (ə-shei-tain:) *n* 🌏
the East, the Orient

အရှေ့မြောက် (ə-shei-myau') *n*
🌏 north-east

အရှက် (ə-she') *n* shame;
humiliation; sense of shame;
shyness

အရှက်ကွဲ (ə-she'-kwe:) *n* be
ashamed, be embarrassed

အရှက်ခွဲ (ə-she'-hkwe:) *v*
shame sb, humilate sb

အရှက်တကွဲ (ə-she'-də-gwe:) *adv*
embarrassingly

အရှက်ပြေ (ə-she'-pyei) *adv*
trying to save face

အရှက်အကြောက် (ə-she'-ə-
jau') *n* sense of propriety;
sense of shame

အရှိက် (ə-shai') *n* solar plexus;
indrawn breath

အရှင် (ə-shin) *n* sth alive;
sth movable, sth unfixed;
sth flexible; master, lord;
owner

အရှင်ဘုရား (ə-shin-hpə-ya:) *n* 📖 you; he

အရှင်မရှိ (ə-shin-mə-shị) *v* be ownerless; be stray

အရှည် (ə-shei) *n* length (of time); distant future, long term; length, distance

အရှည်ကြည့် (ə-shei-ji̇̀) *v* take a long view, look at the long term

အရှိန် (ə-shein) speed; momentum; force; ※ acceleration; effect

အရှိန်ကောင်း (ə-shein-kaun:) *v* make good progress

အရှိန်ပျက် (ə-shein-pye') *v* lose speed, lose momentum

အရှိန်လွန် (ə-shein-lun) *v* overshoot; get out of hand

အရှိန်သတ် (ə-shein-tha') *v* slow down; control, check

အရှုပ် (ə-sho') *n* entanglement

အရှုပ်အထွေး (ə-sho'-ə-htwei:) *n* confusion

အရှုပ်အရှင်း (ə-sho'-ə-shin:) *n* problem

အရှုံး (ə-shon:) *n* defeat; failure; loss

အရှုံးပေး (ə-shon:-pei:) *v* surrender, give up

အရှုံးအနိုင် (ə-shon:-ə-nain) *n* outcome, result

အရှုံးအမြတ် (ə-shon:-ə-mya') *n* outcome, 🍲 profit and loss

အလကား (ə-lə-ga:) *adv* (for) free; for nothing, uselessly; not seriously

အလဟဿ (ə-lə-ha'-tha) *adv* to waste, for nothing

အလား (ə-la:) *part* 📖 as if, like, in the manner of

အလားတူ (ə-la:-tu) *adv* similarly

အလားအလာ (ə-la:-ə-la) *n* future; potential; prospect

အလီပေါင်း (ə-li-baun:) *n* multiplication

အလေ (ə-lei) *n* waste

အလေ့ (ə-leị) *n* custom, way; habit

အလေ့ကျ (ə-leị-ja) *n* ※ natural growth (not cultivated)

အလေ့အကျင့် (ə-leị-ə-jiǹ̥) *n* training, practice

အလေး (ə-lei:) *n* weight, amount sthg weighs; weight; weights for lifting

အလေးချိန် (ə-lei:-jein) *n* weight, amount sthg weights

အလေးတူ (ə-lei:-tu) v be of equal weight

အလေးထား (ə-lei:-hta:) v respect, give special consideration

အလေးပေး (ə-lei:-pei:) v emphasise; favour, favor

အလေးပြု (ə-lei:-pyṵ) v give special consideration to; ⚔ salute

အလေးမ (ə-lei:-mạ) v lift weights

အလဲအလှယ် (ə-le:-ə-hle) n change; exchange

အလောတကြီး (ə-lɔ:-də-ji:) adv hurriedly, in a rush

အလို₁ (ə-lo) n wish, want, desire; need; meaning, idea; (job) vacancy

အလိုကျ (ə-lo-jạ) adv to one's satisfaction

အလိုကြီး (ə-lo-ji:) v be greedy

အလိုဆန္ဒ (ə-lo-hsan-dạ) n wish, want, desire

အလိုလို (ə-lo-lo) adv automatically, by itself, naturally

အလိုလိုက် (ə-lo-lai') v spoil, indulge

အလို့ငှာ (ə-lo-hnga) part for

အလိုက် (ə-lai') part according to, depending on, by, (along) with

အလင်္ကာ (ə-lin-ga) n 🖹 poetry; prosody; rhetorical composition; ornament

အလင်း (ə-lin:) n light, illumination; sight, vision

အလင်းတန်း (ə-lin:-dan:) n ray of light

အလင်းပေါက် (ə-lin:-pau') v gain insight, understand with clarity, perceive the meaning

အလင်းပေါက် (ə-lin:-pau') adv until dawn

အလင်းပွင့် (ə-lin:-pwin̥) v be enlightened

အလင်းရောင် (ə-lin:-yaun) n light, illumination

အလောင်း (ə-laun:) n future sthg, sthg which will come into being; gambling; corpse

အလောင်းအစား (ə-laun:-ə-sa:) n gambling; funeral feast

အလစ် (ə-li') n unguarded moment

အလတ် (ə-la') n sthg fresh

အလုတ် (ə-lo') n bite of food, mouthful of food

အလိပ် (ə-lei') *n* roll

အလုပ် (ə-lo') *n* activity; task, job; business; work, job, employment

အလုပ်ကြပ် (ə-lo'-ja') *n* supervisor

အလုပ်ကြမ်း (ə-lo'-jan:) *n* unskilled, manual, or hard labour

အလုပ်ခေါ် (ə-lo'-hkɔ) *n* advertise for a job

အလုပ်ခေါင်း (ə-lo'-gaun:) *n* foreman

အလုပ်ခန့် (ə-lo'-hkaṇ) *v* hire, employ, appoint

အလုပ်ခွင် (ə-lo'-hkwin) *n* worksite

အလုပ်စခန်း (ə-lo'-sə-hkan:) *n* worksite; labour camp

အလုပ်ဆင်း (ə-lo'-hsin:) *v* go to work; be finished

အလုပ်ထုတ် (ə-lo'-hto') *v* fire, dismiss

အလုပ်ပါး (ə-lo'-pa:) *v* have little work

အလုပ်ပိတ်ရက် (ə-lo'-pei'-ye') *n* holiday, day off

အလုပ်ပြုတ် (ə-lo'-pyo') *v* lose one's job, be dismissed, be sacked, be fired

အလုပ်ဖြစ် (ə-lo'-hpyi') *v* get work done

အလုပ်ဖြုတ် (ə-lo'-hpyo') *v* fire (inf), sack (inf), dismiss

အလုပ်များ (ə-lo'-mya:) *v* be busy, have a lot of work

အလုပ်ရုံ (ə-lo'-yon) *n* factory, workshop

အလုပ်ရှင် (ə-lo'-shin) *n* employer

အလုပ်ရှုပ် (ə-lo'-sho') *v* be very busy; be overwhelmed

အလုပ်လက်မဲ့ (ə-lo'-le'-mę) *n* the unemployed, the jobless

အလုပ်သမား (ə-lo'-thə-ma:) *n* employee, worker

အလုပ်အကိုင် (ə-lo'-ə-kain) *n* work, job, employment; occupation

အလံ (ə-lan) *n* flag

အလိမ် (ə-lein) *n* lie; fraud, trick, scam; twist, turn

အလိမ္မာ (ə-lein-ma) *n* decency; virtue; knowledge, experience

အလိမ္မာကြီး (ə-lein-ma-ji:) *v* be self-interested, be selfish

အလုံအလောက် (ə-lon-ə-lau') *adv* sufficiently, enough

—ာ ိ ီ ﹦ ﹦ ေ— ဲ ေ—ာ ေ—ာ် ို

အလုံး (ə-lon:) *n* ball, sphere; lump

အလုံးအခဲ (ə-lon:-ə-hke:) *n* solid, lump

အလယ် (ə-le) *n* middle, centre

အလယ်ကောင် (ə-le-gaun) *n* in between, among(st)

အလယ်တန်း (ə-le-dan:) *n* middle school

အလျား (ə-ya:, ə-lya:) *n* length

အလျားခုန် (ə-ya:-hkon, ə-lya:-hkon) *n* long jump

အလျော့အတင်း (ə-shọ-ə-tin:) *n* adjustment; flexibility

အလျော် (ə-yɔ) *n* compensation; payoff

အလျောက် (ə-yau', ə-lyau') *part* 📖 to the same extent as; since, because, as

အလျင်₁ (ə-yin, ə-lyin) *n* (the) past; speed, velocity

အလျင်₂ (ə-yin, ə-lyin) *part* 📖 before, preceding, previous

အလျင်ကျ (ə-yin- jạ) *v* be ahead, be earlier

အလျဉ် (ə-lyin) *n* progression; succession; flow

အလျဉ်မီ (ə-lyin-mi) *v* (esp of

money) be just in time

အလျဉ်းသင့် (ə-lyin:-thịɳ) *v* be opportune, be the right time

အလွဲ (ə-lwe:) *n* discrepancy, mistake, error; miss; wrong

အလွဲလွဲ (ə-lwe:-lwe:) *adv* wrongly, erroneously, mistakenly

အလွဲသုံးစား (ə-lwe:-thon:-za:) *v* misuse, abuse; misappropriate

အလွဲသုံးစားမှု (ə-lwe:-thon:-za:-hmụ) *n* misappropriation; embezzlement

အလွတ်₁ (ə-lu') *n* sthg free; sthg blank; sthg loose

အလွတ်₂ (ə-lu') *adv* by heart; without justification; without evidence; without reason; without reference

အလွတ်ပြော (ə-lu'-pyɔ:) *v* speak unofficially, speak off the record

အလွတ်ရန်း (ə-lu'-yon:) *v* get away from; abandon

အလွတ်သဘော (ə-lu'-dhə-bɔ:) *adv* informally; unofficially

အလွန်₁ (ə-lun) *n* time or place beyond, post-

အလွန်₂ (ə-lun) *adv* very, so

အလွန်အလွန် (ə-luṇ-ə-lun) *adv* overly, unduly, excessively, too much

အလွမ်းပြေ (ə-lun:-pyei, ə-lwan:-pyei) *adv* in remembrance of sb, in memory of sb

အလွယ် (ə-lwe) *n* what is easy, what is simple

အလွယ်တကူ (ə-lwe-də-gu) *adv* easily, simply, with no trouble

အလှ₁ (ə-hla) *n* beauty, loveliness

အလှ₂ (ə-hla) *adv* for show; for decoration

အလှကုန် (ə-hla-kon) *n* beauty supplies, cosmetics

အလှထား (ə-hla-hta:) *v* keep sthg for show or decoration (not for use)

အလှပြင် (ə-hla-pyin) *v* beautify, decorate; put on make-up, etc

အလှပြင်ဆိုင် (ə-hla-pyin-zain) *n* beauty parlour

အလှအပ (ə-hla-ə-pa) *n* beauty, loveliness

အလှူ (ə-hlu) *n* donation, contribution

အလှူခံ (ə-hlu-hkan) *v* solicit donations, ask for donations; accept donations

အလှူဒါန (ə-hlu-da-na) *n* donation, contribution

အလှူပွဲ (ə-hlu-bwe:) *n* ⑩ novitiation ceremony

အလှူအတန်း (ə-hlu-ə-tan:) *n* donation, contribution

အလှိုင်း (ə-hlain:) *n* lie, bluff; multitude; sheaf

အလှိုင်းတကြီး (ə-hlain:-də-ji:) *adv* greatly; intensely

အလှည့် (ə-hle̞) *n* (sb's) turn; trick, deception; twist

အလှည့်ကျ (ə-hle̞-ja̞) *adv* in turn, one after another

အလှည့်ရောက် (ə-hle̞-yau') *v* be sb's turn

အလှမ်း (ə-hlan:) *n* step, pace, stride; reach, distance

အလှမ်းမီ (ə-hlan:-mi) *v* be accessible, be within reach

အလှမ်းဝေး (ə-hlan:-wei:) *v* be distant, be far

အလှယ်လှယ် (ə-hle-hle) *adv* variously; in a variety of ways

အလျှော့ပေး (ə-sho̞-pei:) *v* give

in; accommodate

အလျှော့အတင်း (ə-shɔ-ə-tin:) n (room for) adjustment, flexibility

အလွှာ (ə-hlwa) n sheet; layer

အလွှာလွှာ (ə-hlwa-hlwa) adv in a stack

အဝ₁ (ə-wạ) n opening, mouth; ⚙ 🌍 Ava

အဝ₂ (ə-wạ) adv one's fill

အဝဝအသီးသီး (ə-wạ-wạ-ə-thi:-dhi:) n everything

အဝါ (ə-wa) n yellow

အဝါးဝါ (ə-wa:-wạ) v be experienced

အဝီစိတွင်း (ə-wi-zḭ-dwin:) n tubewell

အဝေး (ə-wei:) n afar, far, (long) distance

အဝေးကြည့်မျက်မှန် (ə-wei:-jḭ-mye'-hman) n glasses for short-sightedness

အဝေးမှုန် (ə-wei:-hmon) n short-sightedness

အဝက် (ə-we') n half

အဝင် (ə-win) n entrance

အဝင်ဝ (ə-win-wạ) n entrance

အဝင်အထွက် (ə-win-ə-htwe') n movement

အဝင်အပါ (ə-win-ə-pa) part as well as, including, and ... too

အဝိုင်း (ə-wain:) n circle; circle (of people); roundabout, traffic circle

အဝတ် (ə-wu') n clothing, clothes; cloth

အဝတ်အစား (ə-wu'-ə-sa:) n clothing, clothes

အဝန်း (ə-wun:) n circumference

အဝယ်တော် (ə-we-dɔ) n buyer

အဝယ်ဒိုင် (ə-we-dain) n buying centre

အဝယ်လိုက် (ə-we-lai') v be in demand, sell well

အဝယ်အခြမ်း (ə-we-ə-chan:) n purchase

အဟုန် (ə-hwan) n momentum; power; intensity

အဟွမ်း (ə-hwan:) n low-lying area

အသနားခံ (ə-thə-na:-hkan) v ⚖appeal for clemency

အသနားခံစာ (ə-thə-na:-hkan-za) n ⚖appeal for clemency

အသာ (ə-tha) adv tenderly, softly, gently; on the quiet; easily

အသာစီး (ə-tha-zi:) n upper

hand

အသာနေ (ə-tha-nei) v stay out;
be unconcerned

အသာပေး (ə-tha-pei:) v give an
advantage

အသား (ə-tha:) n flesh, muscle;
meat; skin, complexion;
substance

အသားကျ (ə-tha:-jạ) v settle;
become firm; become used to

အသားကြီး (ə-tha:-ji:) v be
proud

အသားစား (ə-tha:-za:) v be
carnivorous

အသားဆေး (ə-tha:-zei:) n ☤
intramuscular injection

အသားတင် (ə-dhə-din) n
🐝 net, nett

အသားထိုးဆေး (ə-tha:-hto:-zei:)
n ☤ intramuscular injection

အသားဓာတ် (ə-tha:-da') n
protein

အသားပါ (ə-tha:-pa) v be
meaningful, have substance

အသားပေး (ə-tha:-pei:) v
emphasise

အသားပို (ə-thə-bo) n ☤ polyp

အသားမာ (ə-thə-ma) n corn;
callus

အသားယူ (ə-thə-yu) v take
advantage of (a woman)

အသားလွတ် (ə-thə-lu') adv
without cause

အသားဝါရောဂါ (ə-thə-wa-yɔ:-
ga) n ☤ jaundice, hepatitis

အသိ (ə-thị) n perception;
notice; knowledge;
acquaintance

အသိဉာဏ် (ə-thị-nyan) n
intelligence

အသိပညာ (ə-thị-pyin-nya) n
knowledge, learning

အသိပေး (ə-thị-pei:) v inform

အသိအမှတ်ပြု (ə-thị-ə-hma'-
pyụ) v recognise,
acknowledge

အသိအလိမ္မာ (ə-thị-ə-lein-ma)
n wisdom

အသီး₁ (ə-thi:) n fruit

အသီး₂ (ə-thi:) adv variously

အသီးသီး (ə-thi:-dhi:) adv
separately; differently

အသီးအသီး (ə-thi:-ə-thi:)
separately; differently

အသုဘ (ạ-thụ-bạ) n funeral

အသုဘချ (ạ-thụ-bạ-chạ) v bring
a body to a cemetery

အသေ₁ (ə-thei) n death

-ာ ◌ ◌ ့ ◌ႂ ေ- ◌ဲ ေ-ာ ေ-ာ် ◌ို

အသေ₂ (ə-thei) *adv* rigidly, inflexibly

အသေခံ (ə-thei-hkan) *v* die for; risk one's life for

အသေတွက် (ə-thei-twe') *v* consider sthg dead certain

အသေယူ (ə-thei-yu) *v* have fixed ideas

အသေအပျောက် (ə-thei-ə-pyau') *n* mortality, casualty

အသေး (ə-thei:) *n* sthg small, fine, thin, etc

အသေးစိတ် (ə-thei:-zei') *n* details; minutiae

အသို (ə-tho) *n* sthg stale

အသက် (ə-the') *n* life, lifetime; age

အသက်စွန့် (ə-the'-suṇ) *v* risk one's life

အသက်ပြည့် (ə-the'-pyeị) *v* reach a certain age

အသက်မွေး (ə-the'-mwei:) *v* make a living

အသက်မွေးဝမ်းကျောင်း (ə-the'-mwei:-wun:-jaun:) *n* living, livelihood, career

အသက်ရှု (ə-the'-shu) *v* breathe

အသက်ရှုကျပ် (ə-the'-shu-ja') *v* be short of breath

အသက်သာခို (ə-the'-tha-hko) *v* shirk

အသက်အာမခံ (ə-the'-a-ma̠-gan) *n* life insurance

အသိုက် (ə-thai') *n* nest

အသိုက်အဝန်း (ə-thai'-ə-wun:) *n* clique, (closed) group

အသင့် (ə-thiṇ) *adv* ready, in readiness; appropriately

အသင့်ပြင် (ə-thiṇ-pyin) *adv* prepare, ready

အသင့်အတင့် (ə-thiṇ-ə-tiṇ) *adv* appropriately, moderately, fairly

အသင်း (ə-thin:) *n* group, organisation

အသင်းခွဲ (ə-thin:-gwe:) *n* faction, splinter group

အသင်းချုပ် (ə-thin:-jo') *n* main group; headquarters

အသင်းဝင် (ə-thin:-win) *v* become a member

အသိုင်းအဝိုင်း (ə-thain:-ə-wain:) *n* circle (of family, friends, etc)

အသစ် (ə-thi') *n* sthg new

အသစ်စက်စက် (ə-thi'-se'-se') *n* sthg in mint condition

အသစ်အဆန်း (ə-thi'-ə-hsan:) *n*

novelty

အသည်း (ə-the:) n ♥ liver; heart (a broken ~)

အသည်းကြီးနာ (ə-the:-ji:-na) n ♥ enlarged liver

အသည်းယား (ə-the:-ya:) v be itching to do sth

အသည်းအသန် (ə-the:-ə-than) adv critically, seriously, severely (ill); extremely, strongly

အသတ် (ə-tha') n killing; devowelising marker ် ; spelling

အသတ်အလတ် (ə-tha'-ə-la') n spelling, orthography

အသုတ် (ə-tho') n some number of people; number of times

အသုပ် (ə-tho') n mixed salad dish, typically with oil, onions, garlic, peanuts, chilli and some base such as rice, noodles, leaves, fish, etc, sometimes with soup

အသံ (ə-than) n sound, noise; voice; tone

အသံကြိုး (ə-than-jo:) n vocal chords

အသံထွက် (ə-than-dwe') n pronunciation

အသံပေး (ə-than-pei:) v call out, make a sound to get sb's attention

အသံဖမ်းစက် (ə-than-hpan:-se') n recorder; (radio, telephone) receiver

အသံလုံ (ə-than-lon) v have a clear and steady voice; be soundproof

အသံလွှင့် (ə-than-hlwin) v broadcast

အသံလွှင့်စက် (ə-than-hlwin-se') n (radio) transmitter

အသံဝါ (ə-than-wa) n ♪ bass

အသံဝဲ (ə-than-we:) v have an accent

အသံဝင် (ə-than-win) v lose one's voice, be hoarse

အသံသွင်း (ə-than-thwin:) v record

အသံအိုး (ə-than-o:) n ♥ larynx, voicebox

အသုံး (ə-thon:) n use, usage

အသုံးကျ (ə-thon:-ja) v be useful, be of use

အသုံးခံ (ə-thon:-hkan) v be durable

အသုံးချ (ə-thon:-cha) v make

−၁   ၚ   ၟ   ̗   ̤   ၔ−   ́   ၔ−၁   ၔ−၅   ̧

use of, put to use; exploit, use

အသုံးစရိတ် (ə-thon:-zə-yei') *n* expenses

အသုံးစေ့စပ် (ə-thon:-sei̯-za') *v* be thrifty, be economical

အသုံးဝင် (ə-thon:-win) *v* be useful, be of use

အသုံးအဆောင် (ə-thon:-ə-hsaun) *n* utensils, gear, kit; requisites, necessities, essentials

အသုံးအနှုန်း (ə-thon:-ə-hnon:) *n* (of words, phrases, etc) usage, expression

အသုံးအဖြုန်း (ə-thon:-ə-hpyon:) *n* squandering

အသွား (ə-thwa:) *n* going, way (to someplace); ♪ tune; (cutting) edge

အသွားအပြန် (ə-thwa:-ə-pyan) *n* round trip

အသွားအလာ (ə-thwa:-ə-la) *n* traffic; movement

အဟော (ə-ho:) *n* prediction, prophesy; preaching

အဟောင်း (ə-haun:) *n* sthg old; sthg ancient; former sthg

အဟုတ်တကယ် (ə-ho'-də-ge)

adv really, truly, surely

အဟုတ်အမှန် (ə-ho'-ə-hman) *n* the truth

အဟန့် (ə-han̯) *n* deterrent, hindrance

အဟန့်အတား (ə-han̯-ə-ta:) *n* obstacle, hindrance, impediment

အဟုန် (ə-hon) *n* power, momentum

အဟမ်း (ə-han:) *exp* ahem

အအ (ə-a̯) *n* mute

အဦး (ə-u:) *n* beginning; sthg first

အအေး (ə-ei:) *n* cold; cool; fizzy drink, soft drink

အအေးခံ (ə-ei:-hkan) *v* cool (sthg)

အအေးစာ (ə-ei:-za) *n* food which cools the body

အအေးမိ (ə-ei:-mi̯) *v* catch cold

အအိပ်ပုပ် (ə-ei'-po') *v* sleep heavily

အာ (a) *v* gape; widen; crack open

အာကာသ (a-ka-tha̯) *n* sky; ✽ space

အာခေါင် (a-gaun) *n* roof of the

mouth, palate

အာခေါင်ပျော့ (a-gaun-byọ) *n* soft palate

အာဆီယံ (a-hsi-yan) *n* 🌐 🏛 ASEAN

အာဇာနည် (a-za-ni) *n* person with outstanding courage of convictions; martyr

အာဏာ (a-na) *n* power, authority

အာဏာပိုင် (a-na-bain) *n* (sb in) authority

အာဏာရှင် (a-na-shin) *n* 🌐 dictator

အာဏာသိမ်း (a-na-thein:) *v* 🌐 stage a coup (d'etat)

အာတိတ် (a-tei') *n* 🌐 (the) *Arctic*

အာဒါလွတ် (a-da-lu') *n* 🌿 East Indian arrowroot

အာမခံ (a-mạ-gan) *n* insurance; surety, guaranty, collateral, security; guarantor

အာရုံ (a-yon) *n* attention

အာရုံကြော (a-yon-jɔ:) *n* nerve

အာရှ (a-shạ) *n* 🌐 Asia; Asian

အာလူး (a-lu:) *n* 🌿 potato

အာသီး (a-dhi:) *n* ⚕ tonsil

အာဟာရ (ə-ha-rạ) *n* food;

nutrition

အာဟာရချို့တဲ့ခြင်း (ə-ha-rạ-chọ-tẹ-jin:) *n* malnutrition

အား₁ (a:) *v* be free; be available; be vacant

အား₂ (a:) *n* strength; resources; (electric) charge

အား₃ (a:) *part* free to, at leisure to; marker for direct or indirect object

အားကစား (a:-gə-za:) *n* sports

အားကစားကွင်း (a:-gə-za:-gwin:) *n* stadium, arena

အားကောင်း (a:-kaun:) *v* be strong, be vigorous

အားကိုး (a:-ko:) *v* depend (on)

အားကျ (a:-jạ) *v* admire; take as a role model

အားငယ် (a:-nge) *v* despair; be dejected

အားစိုက် (a:-sai') *v* exert strength; try one's best, try one's hardest

အားဆေး (a:-zei:) *n* tonic; vitamins, supplement

အားထား (a:-hta:) *v* rely on, depend on

အားနာ (a:-na) *v* feel bad about, be sorry (for) (sthg beyond

one's control); be embarras-
sed by (one's failings, inabil-
ity to fulfil one's duty, act
according to one's stand-
ards); feel shy (about sthg
which may offend); be
restrained by feelings of
respect, propriety, or status

အားနည်း (a:-ne:) *v* be weak

အားနည်းချက် (a:-ne:-je') *n* weak
point, failing

အားပေး (a:-pei:) *v* support (a
cause); encourage (sb);
patronise (a business)

အားပေးမှု (a:-pei:-hmṵ) *n* 🔑
abetment; encouragement

အားဖြင့် (a:-hpyin̄) *part* by
according to, in terms of; as
a result of

အားမလိုအားမရ (a:-mə-lo-a:-mə-
yạ) *adv* exasperatedly

အားမွေး (a:-mwei:) *v* gather
one's strength

အားရ (a:-yạ) *v* be satisfied, be
gratified

အားရပါးရ (a:-yạ-pa:-yạ) *v*
enthusiastically

အားရဝမ်းသာ (a:-yạ-wun:-tha)
adv gladly

အားလုံး (a:-lon:) *pron* all,
everyone; everything, the
whole

အားသွင်း (a:-thwin:) *v* charge (a
battery, phone, etc)

အိ (ḭ) *v* be soft, be tender

၏ (ḭ) *part* 📖 's; sentence
ending particle for a
declarative sentence

ဤ၊ အီ (i) *pron* this

အီ (i) *v* (of food) be too rich,
be oily; be tired of, be sick
of; creak; the letter *e*

အီကြာကွေး (i-ja-kwei:) *n* fried
dough stick

အီးပါ (i:-pa) *v* defecate

အီးပေါက် (i:-pau') *v* break wind,
have gas, fart ⚠

ဥ₁ (ṵ) *v* lay (egg)

ဥ₂ (ṵ) *n* 🌱 egg, (fish) roe;
🌿 tuber, root

ဥပစာ (ṵ-bə-za) *n*
🔑 metaphorical expression,
figurative expression

ဥပဒေ (ṵ-bə-dei) *n* 🔑 law

ဥပမာ (ṵ-pə-ma) *n* example

ဥပေက္ခာ (ṵ-pe'-hka) *n* 📖
equinamity, detachment

ဥပုသ် (ṵ-po') *n* sabbath,

special day of religious observance or fasting

ဥယျာဉ် (u̯-yin, u:-yin) *n* garden; park; orchard

ဥရောပ (u̯-rɔ:-pa̯) *n* 🌏 Europe

ဥသျစ် (oʼ-shiʼ) *n* ✽ bael

ဥဩ (oʼ-ɔ:) *n* ✽ koel, bird with a loud call; siren

အူ₁ (u) *v* (of ear) buzz, ring; (of sound) boom, reverberate; 🐾 howl; be stupid

အူ₂ (u) *n* ✚ intestine; core

အူကျ (u̯-ja̯) *v* ✚ have a hernia

အူကြောင်ကြောင်ဖြစ် (u̯-jaun-jaun-hpyiʼ) *v* be bewildered, be confused

အူမကြီး (u̯-ma̯-ji:) *n* ✚ colon

အူရောင်ငန်းဖျား (u̯-yaun-ngan:-bya:) *n* ✚ typhoid, enteric fever

အူသိမ် (u̯-dhein) *n* ✚ small intestine

အူအတက် (u̯-ə-teʼ) *n* ✚ appendix

အူအတက်ပေါက် (u̯-ə-teʼ-pauʼ) *v* ✚ have appendicitis, have a burst appendix

ဦး₁ (u:) *v* be ahead; preempt

ဦး₂ (u:) *n* front part, head;

uncle, Mr

ဦး₃ (on:) *part* particle used to end a request

ဦးခေါင်း (u:-gaun:) *n* head

ဦးစားပေး (u:-za:-pei:) *v* give priority, prioritise

ဦးစီး (u:-zi:) *n* leader; head

ဦးစီးဌာန (u:-zi:-hta-na̯) *n* 🌏 directorate, department

ဦးဆောင် (u:-hsaun) *v* lead

ဦးတည် (u:-ti) *v* face a certain direction

ဦးတည်ချက် (u:-ti-jeʼ) *n* aim, goal, objective

ဦးထုပ် (oʼ-hto) *n* hat; cap; helmet; condom (inf)

ဦးနှောက် (on:-hnauʼ) *n* brain

ဦးနှောက်ခြောက် (on:-hnauʼ-chauʼ) *v* be baffled, be at wit's end

ဦးနှောက်စား (on:-hnauʼ-sa:) *v* be baffled, be at wit's end

ဦးပဉ္စင်း (u:-bə-zin:) *n* 🏛 monk

ကေ (ei-ka̯) *n* acre; [in comb] one, lone, single

ကေရာဇ် (ei-gə-riʼ) *n* 🌏 👑 king, monarch ♂, emperor

ဧပြီ (ei-pyi) *n* April

ရော (ei-ya) *v* be large, he

─၁ ̥ ̥ ̄ ̄ ၆− ̀ ၆−၁ ၆−၆ ̥

enormous

ရောဝတီ (ei-ya-wə-di) n 🌏 Ayeyarwady, Irrawaddy

ရေိယာ (ei-ri̯-ya) n area

အေး (ei:) v be cool; be cold; be peaceful; be calm

အေးစေ (ei:-zei) exp ♪ at ease

အေးအေးဆေးဆေး (ei:-ei:-hsei:-zei:) adv calmly; unhurriedly, at one's convenience

အဲဒါ (e:-da) pron that, what was just mentioned

အဲဒီ (e:-di) pron that

အဲဒီတော့ (e:-di-dɔ̰) exp (well) then

အဲဒီလို (e:-di-lo) adv in this way, in that way

အဲဒီလောက် (e:-di-lau') adv this much, that much

အော (ɔ:) v (of voice) be booming, be loud

သြဂုတ် (ɔ:-go') n August

သြဇာ (ɔ:-za) n power, authority, influence; ⚘ custard apple; nutrient; fertiliser

အော့အန် (ɔ̰-an) v ⚕ vomit, be sick

အော်₁ (ɔ) v shout, call (out)

အော်₂ (ɔ) n 🌐 bay

အော်ဒါမှာ (ɔ-da-hma) v place an order

အို (o) v (of people, animals) be old

အိုး (o:) n pot, pan

အိုးခွက်ပန်းကန် (o:-hkwe'-bə-gan) n household utensils

အိုးဝေ (o:-wei) n [ono] cry of the peacock

အိုးအိမ် (o:-ein) n house; household

အက်₁ (e') v crack

အက်₂ (e') n ⚒ act

အက္ခရာ (e'-hkə-ya) n script, alphabet, writing (system); letter, character

ဥက္ကာ (o'-ka) n ☄ meteor

ဥက္ကာခဲ (o'-ka-ge:) n ☄ meteorite

ဥက္ကဋ္ဌ (o'-kə-hta̰) n chair, chairman

အောက် (au') part less than, under, below; inferior to

အောက်ကမြစ် (au'-kə-myi') n [orth] ့ subscripted dot, indicating creaky tone

အောက်ကျ (au'-ja) v be degrading, be humiliating; be unfair and contemptible

အောက်ကျနောက်ကျ (au'-ja̱-nau'-ja̱) *adv* be backward

အောက်ခံ (au'-hkan) *n* base

အောက်ချင်း (au'-chin:) *n* 🐾 Indian pied hornbill

အောက်ခြေ (au'-chei) *n* base, foundation

အောက်ခြေမှတ်စု (au'-chei-hma'-su̱) *n* footnote

အောက်တိုဘာ (au'-to-ba) *n* *October*

အောက်မေ့ (au'-mei̱) *v* miss, long for; consider, think

အောက်လမ်း (au'-lan:) *n* black magic; dirty trick

အိုက် (ai') *v* feel or be too hot

အင် (in) *n* strength; basin; 🌿 tall timber tree with large leaves

အင်ကြင်း (in-jin:) *n* 🌿 kind of tall hardwood tree with bright red flowers

အင်မတန် (in-mə-tan) *adv* 👄 very

အင်အား (in-a:) *n* strength; power, force

အင်အားစု (in-a:-zu̱) *n* groups, forces

အင်ဥ (in-u̱) *n* round, edible mushroom

အင်္ကျီ (in:-ji, ein:-ji) *n* shirt, blouse ♀, jacket

အင်္ဂလိပ် (in:-gə-lei') *n* English (language, person, etc); white person

အင်္ဂါ (in-ga) *n* Tuesday; Mars; body part

အင်တာနက် (in-ta-ne') *n* 💻 Internet

အင်ပျဉ် (in-byin) *n* ⚕ hives, itching rash

အင်တုံ (in-ton) *n* earthenware pot

အင်း (in:) *n* (natural) lake, pond; ⌗ cabalistic figure in which numbers or characters are arranged

အောင်$_1$ (aun) *v* win; be successful; pass

အောင်$_2$ (aun) *part* to, so that, until; let's, how about

အောင်စ (aun-sa̱) *n* *ounce*, approximately 28 grammes, or 29 millilitres

အောင်ပွဲ (aun-bwe:) *n* victory, triumph, win

အောင်မြေ (aun-myei) *n* special place where one steps to

ensure success or victory

အောင်မြင် (aun-myin) v win; be successful

အောင့် (aun̄) v ache; hold one's breath

အောင်း (aun:) v be cooped up, be confined; hide; hibernate

အိုင်₁ (ain) v pool, puddle, collect

အိုင်₂ (ain) n pool, puddle, pond

အိုင်တီ (ain-ti) n IT (information technology)

အိုင်အိုဒင်း (ain-o-din:) n *iodine*

အိုင့် (ain̄) v be dented, be concave; bulge

အိုင်းနာ (ain:-na) n ⚕ open sore

အစ်₁ (i') n strangle; feel tight; extort money

အစ်₂ (i') n box with a lid; ☪ eid

အစ်ကို (ə-ko) n older brother

အစ္စလမ် (i'-sə-lan) n ☪ Islam, faith of the Muslims

အစ်မ (i'-ma) n older sister

အစ်မကြီး (i'-ma-ji:) n eldest girl in a family

ဥစ္စာ (o'-sa) n property, possession; thing

ည္ဇ္ကြီ (ę-jo) n guide; receptionist

ည္ဇ္ခံ (ę-hkan) v host, entertain guests

ည္ဇ္ခံပွဲ (ę-hkan-pwe:) n reception

ည္ဇ္ခန်း (ę-gan:) n front room, drawing room, parlour

ည္ဇ္စာရင်း (ę-zə-yin:) n 🌐 registration form for overnight guests

ည္ဇ္စာရင်းစစ် (ę-zə-yin:-si') v 🌐 (of local authorities) check for registration of overnight guests

ည္ဇ္စာရင်းတိုင် (ę-zə-yin:-tain) v 🌐 register overnight guests

ည္ဇ္ဝတ် (ę-wu') n hospitality

ည္ဇ္သည် (ę-dhe) n guest

အဋ္ဌမ (a'-hta-ma) adj eighth

အဏ္ဏဝါ (an-nə-wa) n sea, ocean

အတ္တ (a'-ta) n self

အတ္ထုပ္ပတ္တိ (a'-hto'-pa'-ti̇̄) n biography

အိတ် (ei') n bag, sack; pocket

အိတ်ကပ် (ei'-ka') n shirt pocket; patch pocket

အုတ် (o') n brick

အုတ်ကြွပ် (o'-ju') n (roofing)

tile

အုတ်ခဲ (oʼ-hke:) *n* brick

အုတ်ဂူ (oʼ-gu) *n* crypt, tomb, brick-lined grave

အုတ်ရိုး (oʼ-yo:) *n* brick wall

အန်₁ (an) *v* overflow; spill over; ♥ vomit, be sick; retch

အန်₂ (an) *n* strength, power; die, dice

အန်စာ(တုံး) (an-za-(doṇ:)) *n* die (pl. dice)

အန်ဆေး (an-zei:) *n* ♥ emetic

အန္တရာယ် (an-də-ye, an-nə-ye) *n* danger, harm; risk

အန္တာတိတ် (an-ta-tei') *n* ◯ Antarctic

အန်ဖတ် (an-ba') *n* ♥ vomit

အိန္ဒိယ (ein-di̇-ya) *n* ◯ India

ကျေ့ (ein-də-rei, ein-də-yei) *n* controlled behaviour; guarded speech, action, etc; modesty; composure

အုန်း (on:) *n* ❀ coconut

အုန်းခြစ် (on:-ji') *n* coconut scraper

အုန်းခွံ (on:-gun) *n* coconut husk

အုန်းငှက်ပျော (on:-hngə-byo:) *n* ❀ traveller's palm, traveller's tree

အုန်းဆံ (on:-zan) *n* coconut fibre

အုန်းနို့ (on:-no̤) *n* coconut milk, pressed from the coconut meat

အုန်းလက် (on:-le') *n* ❀ coconut frond

အုန်းရည် (on:-yei) *n* coconut milk, found inside a green coconut

အပ်₁ (a') *v* bring or place close together; enroll (in school); hand over (to parents); leave with, turn over to; assign (task, job); place order (with tailor)

အပ်₂ (a') *n* needle, pin

အပ်₃ (a') *part* should, ought to

အပ်ခေါင်း (a'-gaun:) *n* head of a pin; needle (of record player)

အပ်ချည် (a'-chi) *n* thread

အပ်ချုပ်စက် (a'-cho'-se') *n* sewing machine

အပ်ချုပ်ဆိုင် (a'-cho'-hsain) *n* tailor's shop, dressmakers

အပ်ငွေ (a'-ngwei) *n* deposit

အပ်စိုက်ကုနည်း (a'-sai'-ku̥-ni:) *n* ♥ acupuncture

အပ်နဖား (a'-nə-hpa:) *n* eye of

a needle

အိပ် (ei') v lie down; sleep

အိပ်ခန်း (ei'-hkan:) n bedroom; dormitory

အိပ်ငိုက် (ei'-ngai') v be sleepy, be drowsy

အိပ်ဆေး (ei'-hsei:) n 🩺 sedative, sleeping pill

အိပ်ပျော် (ei'-pyɔ) v sleep, fall asleep; be asleep

အိပ်ပျက် (ei'-pye') v lose sleep, not sleep well

အိပ်မက် (ei'-me') n dream

အိပ်မက်မက် (ei'-me'-me') v dream

အိပ်ရာ (ei'-ya) n bed, place where one sleeps

အိပ်ရေး (ei'-yei:) n sleep

အိပ်ရေးဝ (ei'-yei:-wa̱) v have enough sleep, have slept well

အုပ်₁ (o') v cover; hide, conceal, cover up; eat, gobble up

အုပ်₂ (o') n group; herd; grove; covered dish; bolt (of cloth)

အုပ်ချုပ် (o'-cho') v direct, manage

အုပ်စု (o'-su̱) n circle, group; bloc 🌐

အုပ်ဆောင်း (o'-hsaun:) n mesh cover (to protect food etc from flies, etc); lampshade

အံဆုံး (an-zon:) n wisdom tooth

အံဆွဲ (an-zwe:) n drawer

အံသွား (an-dhwa:) n molar

အံ့ဖွယ်သရဲ (an̠-bwe-thə-ye:) n sthg miraculous, sthg amazing

အံ့မခန်း (an̠-mə-hkan:) adv incredibly

အံ့အားသင့် (an̠-a:-thin̠) v be surprise, be astonished

အံ့သြ (an̠-ɔ:) v be amazed, be astounded

အမ်း (an:) v refund; give (back) change; be embarrassed

အိမ် (ein) n house; home; sheath, case

အိမ်ခြေ (ein-chei) n number of households

အိမ်စာ (ein-za) n homework

အိမ်တက် (ein-de') n move into a new house

အိမ်ထောင် (ein-daun) n marriage

အိမ်ထောင်ကျ (ein-daun-ja̱) v be married

အိမ်ထောင်စု (ein-daun-zṵ) *n* family; household

အိမ်ထောင်စုစာရင်း (ein-daun-zṵ-sə-yin:) *n* official form listing all people living in a residence

အိမ်ထောင်ပစ္စည်း (ein-daun-pyi'-si:) *n* household goods

အိမ်ထောင်ပြု (ein-daun-pyṵ) *v* marry, get married

အိမ်နီးချင်း (ein-ni:-jin:) *n* neighbour

အိမ်ဖော် (ein-bɔ) *n* house-keeper

အိမ်မြှောင် (ein-hmyaun) *n* ☙ gecko

အိမ်ရာ (ein-ya) *n* house; housing; plot of land

အိမ်သာ (ein-dha) *n* toilet, bathroom, WC, loo, lavatory, water closet; latrine

အိမ်သုံးစရိတ် (ein-dhon:-sə-yei') *n* household expenses

အုံ₁ (on) *v* gather, assemble; put a poultice over a swelling, wound; be dazed

အုံ₂ (on) *n* shelter or hut made of branches, leaves; nest of social insects: hive, vespiary,

(termite) mound; convex part of sthg

အုံ (oṇ) *v* become overcast

အုံး (on:) *n* pillow

အုံးစက် (on:-se') *v* sleep

-ၥ ၞ ၞ ၞ ၞ ၜ-ၥ ၞ ၜ-ၥ ၜ-ၭ ၞ

ə

ə အ *part* prefix to verb, to form a noun; infix in double verb, forming an adverb; prefix to classifier in multiples of 10; prefix negating some words

ə-ạ အအ *n* mute
ə-bạ အဘ *n* father
ə-be အဘယ် *part* 📖 which
ə-be-dhu အဘယ်သူ *pron* who
ə-be-ɉauṇ အဘယ်ကြောင့် *part* 📖 why, for what reason
ə-be-ɉauṇ-hpyi'-sei အဘယ်ကြောင့်ဖြစ်စေ *part* however
ə-be-kẹ-thọ အဘယ်ကဲ့သို့ *part* how; what kind
ə-bei: အဘေး *n* great grand-father
ə-bei:-mạ အဘေးမ *n* great grandmother
ə-bei'-dan အဘိဓာန် *n* diction-ary, lexicon
ə-bị-dan အဘိဓာန် *n* dictionary, lexicon
ə-byọ အပျော့ *n* softness, flexibility, pliability; sthg seen as insigificant

ə-cha အချာ *n* centre, hub, middle; key person, actor, party, etc
ə-chạ အချ *n* act of setting sthg down, laying sthg down, etc

ə-cha: အခြား *pron* other
ə-cha:-mẹ အခြားမဲ့ *adv* seam-lessly; completely; through-out
ə-chaiṇ အချိုင့် *n* dip, hollow, dimple, depression
ə-chaiṇ-dha: အချိုင့်သား *adv* in style
ə-chan: အခြမ်း *n* half (of sthg); segment; part
ə-chaun အချောင် *n* the easy way
ə-chaun-dhə-ma: အချောင်သမား *n* opportunist
ə-chaun-hko အချောင်ခို *v* shirk
ə-chaun-lai' အချောင်လိုက် *v* do sthg the easy way; be an opportunist
ə-chaun-hnai' အချောင်နှိုက် *v* exploit (a situation)
ə-chaun: အချောင်း *n* pole, stick, rod
ə-chau' အခြောက် *n* sthg which

is dry or dried; ☞ gay △

ə-chau'-ə-chan: အခြောက်အခြမ်း *n* dry provisions

ə-chau'-hkan အခြောက်ခံ *v* dry sthg, dehydrate

ə-chau'-tai' အခြောက်တိုက် *v* be dry; without a reason

ə-cha' အချပ် *n* layer, sheet, plate; slice; card

ə-chei အခြေ *n* foundation; basis

ə-chei-ə-nei အခြေအနေ *n* situation, circumstances

ə-chei-chạ အခြေချ *v* settle down

ə-chei-gan အခြေခံ *n* basis, foundation

ə-chei-jạ အခြေကျ *v* be settled, be established

ə-chei-pyụ အခြေပြု *v* be based on, start from; settle down (in)

ə-chei-sai' အခြေစိုက် *v* settle down (in), reside

ə-chein အချိန် *n* time, moment; weight

ə-chein-ə-hka အချိန်အခါ *n* time

ə-chein-bain: အချိန်ပိုင်း *v* be part-time

ə-chein-bo အချိန်ပို *n* free time; overtime

ə-chein-jạ အချိန်ကျ *v* (of time, moment) come, arrive; be due

ə-chein-kai' အချိန်ကိုက် *v* coincide; set; synchronise

ə-chein-kon အချိန်ကုန် *v* lose time, waste time; spend time

ə-chein-lun အချိန်လွန် *v* be too late to do sthg

ə-chein-mə-tɔ အချိန်မတော် *n* bad time, wrong time

ə-chein-mə-ywei: အချိန်မရွေး *adv* at all times, at any time

ə-chein-hman အချိန်မှန် *v* be punctual, be on time

ə-chein-hma' အချိန်မှတ် *v* time

ə-chein-hmi အချိန်မီ *adv* in time

ə-chein-po' အချိန်ပုပ် *v* lose time

ə-chein-pyeị အချိန်ပြည့် *v* be full-time

ə-chein-sə-yin: အချိန်စာရင်း *n* schedule, timetable

ə-chein-si: အချိန်စီး *v* be heavy

ə-chein-hswe: အချိန်ဆွဲ *v* delay, put off; prolong

ə-chein-tai' အချိန်တိုက် *v* set the time, set the clock

ə-chein-yạ အချိန်ရ *v* have time

ə-**chein-zə-ya:** အချိန်ဇယား *n*
schedule, timetable

ə-**chei'** အချိတ် *n* wavy pattern
typical; insinuation,
innuendo

ə-**chei'-ə-hse'** အချိတ်အဆက် *n*
connection, joint; joint effort

ə-**che'** အချက် *n* cooking;
centre, item, point, topic;
strike

ə-**che'-ə-le'** အချက်အလက် *n*
information, fact, datum,
data

ə-**che'-ə-pyo'** အချက်အပြုတ် *n*
cookery, cuisine, cooking

ə-**che'-jạ** အချက်ကျ *v* be exact,
be precise; be to the point

ə-**che'-pei:** အချက်ပေး *v* signal

ə-**che'-pyạ** အချက်ပြ *v* give a
sign

ə-**chi:-hsa'** အချေးဆပ် *v* repay,
pay, pay back (loan, debt)

ə-**chin** အချဉ် *n* acidity;
sourness; sucker, mark

ə-**chin-pau'** အချဉ်ပေါက် *v* be
fermented (food); (of feel-
ings) sour; hate (a situation)

ə-**chin-hpan:** အချဉ်ဖမ်း *v* sucker
sb, make a fool of sb

ə-**chin-hpau'** အချဉ်ဖောက် *v*
ferment, pickle; brew

ə-**chin-te** အချဉ်တည် *v* pickle
(vegetables); take sb in, fool
sb

ə-**chiṇ** အချဉ့် *n* estimation;
measurement; judgment

ə-**chin:₁** အချင်း *n* diameter;
placenta, afterbirth; quality

ə-**chin:₂** အခြင်း *n* happening,
event

ə-**chin:-dọ** အချင်းတို့ *n* my
friends

ə-**chin:-jin:** အချင်းချင်း *adv*
among (those of the same
group, side)

ə-**chin:-mya:** အချင်းများ *v*
quarrel, argue

ə-**chin:-pwa:** အချင်းပွား *v*
quarrel, argue

ə-**chin:-we'** အချင်းဝက် *n* radius

ə-**chi'** အချစ် *n* love; beloved

ə-**chi'-dọ** အချစ်တော် *n* favour-
ite, favorite; pet

ə-**cho** အချို *n* sweetness; sthg
sweet; sthg without chilli

ə-**cho-bwe:** အချိုပွဲ *n* sthg sweet;
sweet, pudding, dessert

ə-**cho-jau'** အချိုခြောက် *n* black

tea (leaves)

ə-cho-hmoṇ အချိုမှုန့် *n* mono-sodium glutamate, MSG, seasoning agent

ə-cho̱ အချို့ *pron* some; several; certain, particular

ə-cho: အချိုး *n* proportion; ratio; manner

ə-cho:-ə-sa: အချိုးအစား *n* proportion; ratio

ə-cho:-ə-hsa̱ အချိုးအဆ *n* proportion; gradation, graduation

ə-cho:-ja̱ အချိုးကျ *v* be well-proportioned; split equally

ə-cho:-nyi-jin: အချိုးညီခြင်း *n* symmetry

ə-cho:-pyei အချိုးပြေ *v* conform

ə-cho' အချုပ် *n* gist; lock-up; ⚖ detention while not under sentence; sewing

ə-cho'-ja̱ အချုပ်ကျ *v* ⚖ be in custody

ə-cho: အချော *n* sthg smooth, sthg fine; finished product; fair copy, final draft

ə-cho:-tha' အချောသပ် *v* give final touch

ə-chun အချွန် *n* sharp tip, point

ə-chun: အချွန်း *n* point, spike, spire

ə-chwe: အချွဲ *n* slime; mucus, phlegm; wheedling

ə-də-lei အဝလေ့ *n* custom, tradition

ə-de: အထဲ *part* in, inside; among; while, during; as well as

ə-dei'-be အဓိပ္ပာယ် *n* meaning, sense, purpose

ə-dei'-be-kau' အဓိပ္ပာယ်ကောက် *v* interpret sthg

ə-dei'-be-mə-shi̱ အဓိပ္ပာယ်မရှိ *v* be absurd; not make sense; be senseless

ə-dei'-be-pa အဓိပ္ပာယ်ပါ *v* be meaningful

ə-dei'-pe-pau' အဓိပ္ပာယ်ပေါက် *v* understand

ə-dei'-pe-shi̱ အဓိပ္ပာယ်ရှိ *v* make sense, be meaningful; be sensible, be logical; have a purpose

ə-dei'-htan အဓိဋ္ဌာန် *n* pledge, vow

ə-dhə-din အသားတင် *n* 🕸 net, nett

ə-di̱-gə-ya̱ အဓိကရ *v* be con-

n hn o oo p hp r s hs t ht u w hw y z '

spicuous, be prominent

ə-dị-kə-yon: အဓိကရုဏ်း *n* dispute; riot

ə-dị-kạ အဓိက *n* most important thing

ə-dị-pə-dị အဓိပတိ *n* 🌐 head of state

ə-dɔ အဒေါ် *n* aunt

ə-duṇ အခွန့် *n* duration; distance

ə-duṇ-shei အခွန့်ရှည် *v* endure, have a long life

ə-ei: အအေး *n* cold; cool; fizzy drink, soft drink

ə-ei:-hkan အအေးခံ *v* cool (sthg)

ə-ei:-mị အအေးမိ *v* catch cold

ə-ei:-za အအေးစာ *n* food which cools the body

ə-ei'-po' အအိပ်ပုပ် *v* sleep heavily

ə-ha-rạ အာဟာရ *n* food; nutrition

ə-ha-rạ-chọ-tẹ-jin: အာဟာရ ချို့တဲ့ခြင်း *n* malnutrition

ə-haṇ အဟန့် *n* deterrent, hindrance

ə-haṇ-ə-ta: အဟန့်အတား *n* obstacle, hindrance,

impediment

ə-han: အဟမ်း *exp* ahem

ə-haun: အဟောင်း *n* sthg old; sthg ancient; former sthg

ə-hon အဟုန် *n* power, momentum

ə-ho'-ə-hman အဟုတ်အမှန် *n* the truth

ə-ho'-də-ge အဟုတ်တကယ် *adv* really, truly, surely

ə-hɔ: အဟော *n* prediction, prophesy; preaching

ə-hmyei: အမြေး *n* film; membrane

ə-jạ အကျ *n* fall; drop; descent; decline; failure (in examinations), fail; casualty (in military action), the fallen

ə-jạ-ə-pau' အကျအပေါက် *n* misprint, typo (inf), typographical error

ə-jạ-yei အကျရည် *n* black tea (before milk and sugar is added)

ə-ja:₁ အကျား *n* stripes

ə-ja:₂ အကြား *n* break, gap; (sense of) hearing

ə-ja:-ə-myin အကြားအမြင် *n*

(general) knowledge; clairvoyance

ə-jai' အကြိုက် *n* taste, liking; approval; sthg that one likes

ə-jan အကြံ *n* idea, thought; advice; plan, design

ə-jan-ə-hpan အကြံအဖန် *n* scheme, idea; machination

ə-jan-ə-si အကြံအစည် *n* idea; advice; scheme, design

ə-jan-bei အကြံပေး *n* consultant; advisor, counsellor

ə-jan-ji အကြံကြီး *v* be ambitious

ə-jan-kon အကြံကုန် *v* run out of ideas

ə-jan-nyan အကြံဉာဏ် *n* advice

ə-jan-pei အကြံပေး *v* advise

ə-jan: အကြမ်း *n* sthg rough, sthg unprocessed; force, violence; (rough) draft, outline; oolong tea

ə-jan:-hkan အကြမ်းခံ *v* (of things) be sturdy, be durable, be tough, be heavy-duty

ə-jan:-ni: အကြမ်းနည်း *n* force, violence, coercion

ə-jan:-hpe' အကြမ်းဖက် *v* use violence, use force, use vio-

lent means; terrorise 🌏

ə-jan:-hpe'-thə-ma: အကြမ်းဖက် သမား *n* sb who uses violence; terrorist 🌏

ə-jaun-tai' အကြောင်တိုက် *v* talk, act, etc outrageously, shamelessly

ə-jaun-yai' အကြောင်ရိုက် *v* pretend, fool

ə-jauṇ-jạ အကြောင့်ကြ *n* anxiety; concern

ə-jaun: အကြောင်း *n* line; mark; information, facts; cause, origin; circumstance, conditions; route; means; reason, purpose

ə-jaun:-ə-ya အကြောင်းအရာ *n* subject (matter), topic, issue

ə-jaun:-du အကြောင်းထူး *n* extraordinary circumstances

ə-jaun:-gan အကြောင်းခံ *n* root, (fundamental or underlying) cause

ə-jaun:-ja အကြောင်းကြား *v* report (sthg), inform (sb)

ə-jaun:-jaun: အကြောင်းကြောင်း *adv* for certain reasons, for various reasons

ə-jaun:-mə-hlạ အကြောင်းမလှ *v*

be unlucky

ə-jaun:-mẹ အကြောင်းမဲ့ *adv* indiscriminately, arbitrarily, for no reason

ə-jaun:-pyạ အကြောင်းပြ *v* argue one's case; show causes; assert oneself; justify oneself; rationalise

ə-jaun:-pyạ-je' အကြောင်းပြချက် *n* excuse, justification, rationalisation

ə-jaun:-pyan အကြောင်းပြန် *v* make a report

ə-jaun:-pyụ အကြောင်းပြု *v* base on (sthg)

ə-jaun:-sha အကြောင်းရှာ *v* look for the causes (of); find excuses (for)

ə-jaun:-tə-ya: အကြောင်းတရား *n* cause, circumstance

ə-jaun:-yin: အကြောင်းရင်း *n* root, (fundamental) cause

ə-jau' အကြောက် *n* fear, fright; sense of fear

ə-ja'₁ အကျပ် *n* difficulty; coercion, force

ə-ja'₂ အကြတ် *n* 🌑 eclipse; middle days of the Thingyan water festival

ə-ja'₃ အကြပ် *n* supervisor; management

ə-ja'-ə-te: အကျပ်အတည်း *n* difficult situation; crisis

ə-je အကျယ် *n* extent, area, size; unabridged version

ə-je-də-win အကျယ်တဝင့် *adv* at length, in detail

ə-je-jo' အကျယ်ချုပ် *n* 🏠 house arrest

ə-jei: အကြေး *n* scales

ə-jei:-gun အကြေးခွံ *n* scales

ə-jei:-hto: အကြေးထိုး *v* remove scales

ə-jein အကြိမ် *n* occasion, frequency, number of times

ə-jein-jein-ə-hpan-ban အကြိမ် ကြိမ်အဖန်ဖန် *adv* repeatedly

ə-jei' အကျိတ် *n* gland; tumour, lump

ə-ji-ə-nyo အကြည်အညို *n* reverence

ə...ji: အ...ကြီး *v* be a big ...er

ə-ji:-ə-je အကီးအကျယ် *adv* extensively, greatly, dramatically

ə-ji:-ə-ke: အကီးအကဲ *n* sb in authority, leader

ə-ji:-ə-hmu: အကီးအမှူး *n* sb in

authority, leader

ə-jiṇ အကျင့် *n* habit; trait;
practice

ə-jiṇ-pye' အကျင့်ပျက် *v* be
corrupt

ə-jiṇ-yạ အကျင့်ရ *v* be used to,
be accustomed to

ə-jin:-ə-ja' အကျဉ်းအကျပ် *n* dif-
ficulty, adversity; crisis

ə-jin:-chạ အကျဉ်းချ *v* imprison,
detain

ə-jin:-cho' အကျဉ်းချုပ် *v* con-
dense, shorten, abridge

ə-jin:-daun အကျဉ်းထောင် prison

ə-jin:-dha: အကျဉ်းသား *n ♂* pri-
soner, convict

ə-jin:-dhu အကျဉ်းသူ *n ♀* pri-
soner, convict

ə-jin:-jạ အကျဉ်းကျ *v* be im-
prisoned, be detained

ə-jin:-jo' အကျဉ်းချုပ် *n* con-
densed version; summary

ə-jo အကြို *v* be preliminary,
come before

ə-jo-ə-ja: အကြိုအကြား *n* nook
and cranny, small, narrow
places, everywhere

ə-jo-neị အကြိုနေ့ *n* eve (of an
important event)

ə-jo: အကျိုး *n* effect, conse-
quence; benefit, advantage

ə-jo:-ə-jaun: အကျိုးအကြောင်း *n*
circumstances; particulars;
pros and cons

ə-jo:-du: အကျိုးထူး *n* good
result, favourable outcome,
reward

ə-jo:-hkan-za:-gwiṇ အကျိုးခံစား
ခွင့် *n* fringe benefit

ə-jo:-na' အကျိုးနပ် *v* be worth-
while, be worth (time, effort)

ə-jo:-hnga အကျိုးငှာ *part* for the
good of

ə-jo:-htu: အကျိုးထူး *v* do good;
have a good result

ə-jo:-zaun အကျိုးဆောင် *n*
agent, broker; secretary (of
an organisation)

ə-jo:-ze' အကျိုးဆက် *n* conse-
quence, result

ə-jon:-win အကျုံးဝင် *v* include

ə-jɔ အကြော် *n* fritter, fried
snack, fried dish

ə-jɔ-ə-hlɔ အကြော်အလှော် *n*
fried food, roasted food

ə-jɔ: အကြော *n* streak, line,
thread; nerves; channels
running through the body;

n hn o ɔ p hp r s hs t ht u w hw y z '

ways, habits

ə-jɔ:-kain အကြောကိုင် *n* have tense muscles; massage a tense muscle

ə-jɔ:-lai' အကြောလိုက် *n* have a twitch

ə-jɔ:-mye' အကြောမျက် *v* sprain, twist, wrench

ə-jɔ:-pei: အကျောပေး *v* give a handicap

ə-jɔ:-hswe: အကြောဆွဲ *v* have muscle contractions; be carried away by, be preoccupied by

ə-jɔ:-te' အကြောတက် *v* have a stiff neck, have an aching back

ə-jɔ:-thei အကြောသေ *v* ☤ be paralysed

ə-jɔ:-tin: အကြောတင်း *v* have stiff muscles

ə-jɔ:-hton အကြောထုံ *v* ☤ become numb

ə-jɔ:-hton: အကြောထုံး *v* ☤ (of veins) become varicose; (of muscles) swell

ə-jɔ:-zei: အကြောဆေး *n* injectible (medicine)

ə-jun:-win အကျွမ်းဝင် *v* be

friends (with), be close (to)

ə-jwa:-ə-wa အကွ္ဂားအဝါ *n* boast, bragging

ə-jwan: အကျွမ်း *n* familiarity

ə-jwan:-də-win အကျွမ်းတဝင် *adv* familiarly, closely

ə-jwan:-win အကျွမ်းဝင် *v* be friends (with), be close (to)

ə-jwei အကြွေ *n* fallen fruit, leaves, flowers, etc; (small) change, small notes

ə-jwei-an: အကြွေအမ်း *v* give sb change

ə-jwei-le: အကြွေလဲ *v* change (a large note), give sb change (for)

ə-jwei: အကြွေး *n* credit, deferred payment; selling on credit; buying on credit

ə-jwei:-hsa' အကြွေးဆပ် *v* pay back, repay, pay off; complete a task

ə-jwei:-taun: အကြွေးတောင်း *v* ask for a loan

ə-jwei:-tin အကြွေးတင် *v* be in debt

ə-jwin: အကျွင်း *n* rest, remainder

ə-jwin:-ə-jan အကျွင်းအကျန် *n*

(of food) leftovers

ə-jwin:-mẹ အကြွင်းမဲ့ *adv* completely, wholly, totally, entirely, fully, unconditionally; without exception

ə-ji: အကြီး *n* the bigger *or* larger one; the older *or* elder one; aunt

ə-ka အကာ *n* fence; partition; protection, shield; white (of an egg)

ə-kạ အက *n* dance, dancing

ə-kạ-ə-hkon အကအခုန် *n* dance, dancing

ə-kain-ə-twe အကိုင်အတွယ် *n* management

ə-kai'-ə-hke-pyau'-hsei: အကိုက် အခဲပျောက်ဆေး *n* ☥ painkiller, analgesic

ə-kai'-ə-hke: အကိုက်အခဲ *n* aches and pains

ə-kaṇ-ə-tha' အကန့်အသတ် *n* limit, bound; restriction, limitation

ə-kaun အကောင် *n* (dead) body, corpse

ə-kaun-ə-hte-hpɔ အကောင် အထည်ဖော် *v* implement, carry out

ə-kaun:-dha: အကောင်းသား *exp* it would have been better (if I had); it would be better (if)

ə-kau'-hkun အကောက်ခွန် *n* ☺ Customs

ə-ke အကယ် *adv* 📖 in fact, in reality; definitely

ə-ke-yweị အကယ်၍ *part* 📖 if, when

ə-ke:-hpya' အကဲဖြတ် *v* assess, appraise, evaluate

ə-kin အကင် *n* grill, barbecue; roasted food, grilled food, barbecued food

ə-ko အကို၊ အစ်ကို *n* older brother; older cousin ♂

ə-ko:-ə-ka: အကိုးအကား *n* reference

ə-kon အကုန် *n* (it) all, everything; expenses; end, termination

ə-kon-ə-jạ အကုန်အကျ *n* expenses

ə-kon-hkan အကုန်ခံ *v* cover expenses, bear costs; waste

ə-kon-lon: အကုန်လုံး *n* (it) all, everything

ə-ku-ə-nyi အကူအညီ *n* help, assistance, aid

ə-ku' အကွပ် *n* hem, edging

ə-kwa-ə-wei: အကွာအဝေး *n* distance

ə-kwe အကွယ် *n* cover, hidden place; shelter; hideaway

ə-kwe:-ə-shạ အကွဲအရှ *n* cuts and abrasions

ə-kwe:-gwe: အကွဲကွဲ *adv* differently, in different ways

ə-kwei အကွေ့ *n* curve, bend, twist

ə-kwei: အကွေး *n* curve, bend

ə-kwe' အကွက် *n* square, chequer; facet (of cut gem); spot; space; opportunity

ə-kwe'-chaun: အကွက်ချောင်း *v* wait for the right moment

ə-kwe'-jạ အကွက်ကျ *v* be exact, be accurate; be appropriate; be advantageous

ə-kwe'-kaun: အကွက်ကောင်း *n* right moment, perfect moment

ə-kwe'-le အကွက်လည် *v* become clear, become understandable; (of problems) clear up

ə-kwe'-sha အကွက်ရှာ *v* look for an opening, look for a chance

ə-kwe'-hsin အကွက်ဆင် *v* plot, scheme

ə-kwe'-twei အကွက်တွေ့ *v* find an opportunity

ə-kwin: အကွင်း *n* circle, ring, hoop; loop

ə-hka အခါ *n* time; occasion

ə-hka-dain: အခါတိုင်း *part* every time, whenever

ə-hka-le အခါလည် *v* complete one cycle

ə-hka-mẹ အခါမဲ့ *v* be unseasonal

ə-hka-hmi အခါမီ *adv* in time

ə-hkạ အခ *n* payment, fee, charge (for services)

ə-hkạ-mẹ အခမဲ့ *v* be free (of charge), be complimentary

ə-hka: အခါး *n* bitter taste; sthg bitter

ə-hka:-chau' အခါးခြောက် *n* oolong tea (leaves)

ə-hka:-yei အခါးရည် *n* oolong tea

ə-hkain အခိုင် *n* stalk; bunch (of fruit), spray (of flowers)

ə-hkain-ə-hkạn အခိုင်အခံ့ *adv* firmly

ə-hkain-ə-ma အခိုင်အမာ *adv*

firmly, steadfastly; irrefutably

ə-hkan အခံ *n* base, foundation, support

ə-hkaṇ-mə-thiṇ အခန့်မသင့် *v* be inappropriate, be not suitable

ə-hkaṇ-thiṇ အခန့်သင့် *adv* by chance, by luck, with good fortune

ə-hkan: အခန်း *n* room; flat, apartment; chapter; act; scene

ə-hkan:-ə-na: အခမ်းအနား *n* ceremony, celebration

ə-hkan:-ə-na:-hmu: အခမ်းအနား မှူး *n* master of ceremonies

ə-hkaun အခေါင် *n* highest point, top; summit; roof

ə-hkaun: အခေါင်း *n* cavity, inside; coffin

ə-hkau' အခေါက် *n* bark; (pork) rind; fold; time

ə-hkau'-hkau'-ə-hka-ga အခေါက် ခေါက်အခါခါ *adv* constantly, repeatedly

ə-hke: အခဲ *n* solid mass, lump

ə-hke' အခက် *n* twig; difficulty, predicament

ə-hke'-ə-hke: အခက်အခဲ *n* difficulty, trouble, problem

ə-hkin: အခင်း *n* flooring; sthg laid out to sit or lie on

ə-hkin:-hpyi' အခင်းဖြစ် *n* have a quarrel; occurrence,

ə-hko: အခိုး *n* theft, robbery; smoke

ə-hkon: အခုံး *n* convex surface

ə-hkɔ အခေါ် *n* word (for), name (of), term; call

ə-hkɔ-ə-pyɔ: အခေါ်အပြော *n* being on speaking terms

ə-hkɔ-ə-wɔ အခေါ်အဝေါ် *n* technical term, jargon

ə-hkụ အခု *n* now, presently

ə-hkụ-lo အခုလို *adv* just like now

ə-hkụ-na အခုန *n* just now, a moment ago

ə-hkụ-hti အခုထိ *adv* until now, up to now

ə-hkun₁ အခွန် *n* 🏛 🌐 tax, duty

ə-hkun₂ အခွံ *n* skin, peel, shell, bark, rind

ə-hkun-ə-kau' အခွန်အကောက် *n* 🏛 🌐 tax, duty, revenue, public moneys

ə-hkun-ban-da အခွန်ဘဏ္ဍာ *n* 🌐 🏛 revenue

ə-hkun-dan: အခွန်ထမ်း *n* taxpayer

ə-hkun-kau' အခွန်ကောက် *v* levy a tax; collect taxes

ə-hkun-hkwa အခွံခွာ *v* peel, shell, shuck

ə-hkun-hsaun အခွန်ဆောင် *v* pay taxes, duty

ə-hkwe: အခွဲ *n* half; portion; segment

ə-hkwe:-ə-sei' အခွဲအစိတ် *n* division; ☤ surgery

ə-hkwei အခွေ *n* coil

ə-hkwe' အခွက် *n* small hole

ə-hkwin အခွင် *n* area, region

ə-hkwiṇ အခွင့် *n* permission; chance, opportunity

ə-hkwiṇ-ə-hka အခွင့်အခါ *n* right time

ə-hkwiṇ-ə-lan: အခွင့်အလမ်း *n* opportunity, chance

ə-hkwiṇ-ə-yei: အခွင့်အရေး *n* chance, opportunity; right

ə-hkwiṇ-ə-yei:-dhə-ma: အခွင့် အရေးသမား *n* opportunist

ə-hkwiṇ-ə-yei:-sha အခွင့်အရေး ရှာ *v* look for one's own advantage

ə-hkwiṇ-ə-yei:-yu အခွင့်အရေးယူ

v take advantage

ə-hkwiṇ-a-na အခွင့်အာဏာ *n* authority, power

ə-hkwiṇ-du: အခွင့်ထူး *n* privilege

ə-hkwiṇ-du:-gan အခွင့်ထူးခံ *v* be privileged

ə-hkwiṇ-gaun: အခွင့်ကောင်း *n* good opportunity

ə-hkwiṇ-hlu' အခွင့်လွှတ် *n* forgive; pardon

ə-hkwiṇ-taun: အခွင့်တောင်း *n* ask permission (to)

ə-hkwiṇ-pei: အခွင့်ပေး *v* grant permission

ə-hkwiṇ-tha အခွင့်သာ *v* be favourable

ə-hkwiṇ-thiṇ အခွင့်သင့် *v* (of timing, moment) be good; (of circumstances) allow, permit

ə-lə-ga: အလကား *adv* (for) free; for nothing, uselessly; not seriously

ə-lə-ha'-tha အလဟဿ *adv* to waste, for nothing

ə-la: အလား *part* 🕮 as if, like, in the manner of

ə-la:-ə-la အလားအလာ *n* future; potential; prospect

ə-la:-tu အလားတူ *adv* similarly

ə-lai' အလိုက် *part* according to, depending on, by, (along) with

ə-lan အလံ *n* flag

ə-laun: အလောင်း *n* future sthg, sthg which will come into being; gambling; corpse

ə-laun:-ə-sa: အလောင်းအစား *n* gambling; funeral feast

ə-la' အလတ် *n* sthg fresh

ə-le အလယ် *n* middle, centre

ə-le-dan: အလယ်တန်း *n* middle school

ə-le-gaun အလယ်ကောင် *n* in between, among(st)

ə-le:-ə-hle အလဲအလှယ် *n* change; exchange

ə-lei အလေ *n* waste

ə-leị အလေ့ *n* custom, way; habit

ə-leị-ə-jiṇ အလေ့အကျင့် *n* training, practice

ə-leị-ja အလေ့ကျ *n* natural growth (not cultivated)

ə-lei: အလေး *n* weight, amount sthg weighs; weight; weights for lifting

ə-lei:-jein အလေးချိန် *n* weight, amount sthg weighs

ə-lei:-ma အလေးမ *v* lift weights

ə-lei:-pei: အလေးပေး *v* emphasise; favour, favor

ə-lei:-pyụ အလေးပြု *v* give special consideration to; salute

ə-lei:-tu အလေးတူ *v* be of equal weight

ə-lei:-hta: အလေးထား *v* respect, give special consideration

ə-lein အလိမ် *n* lie; fraud, trick, scam; twist, turn

ə-lein-ma အလိမ္မာ *n* decency; virtue; knowledge, experience

ə-lein-ma-ji: အလိမ္မာကြီး *v* be self-interested, be selfish

ə-lei' အလိပ် *n* roll

ə-li-baun: အလီပေါင်း *n* multiplication

ə-lin အလျဉ် *n* progression; succession; flow

ə-lin-ga အလင်္ကာ *n* poetry; prosody; rhetorical composition; ornament

ə-lin: အလင်း *n* light, illumination; sight, vision

ə-lin:-dan: အလင်းတန်း *n* ray of light

n hn o ɔ p hp r s hs t ht u w hw y z '

ə-lin:-pau'₁ အလင်းပေါက် *v* gain insight, understand with clarity, perceive the meaning

ə-lin:-pau'₂ အလင်းပေါက် *adv* until dawn

ə-lin:-pwiṇ အလင်းပွင့် *v* be enlightened

ə-lin:-yaun အလင်းရောင် *n* light, illumination

ə-li' အလစ် *n* unguarded moment

ə-lo အလို *n* wish, want, desire; need; meaning, idea; (job) vacancy

ə-lo-jạ အလိုကျ *adv* to one's satisfaction

ə-lo-ji: အလိုကြီး *v* be greedy

ə-lo-lai' အလိုလိုက် *v* indulge, spoil

ə-lo-lo အလိုလို *adv* automatically, by itself, naturally

ə-lo-hsan-dạ အလိုဆန္ဒ *n* wish, want, desire

ə-lọ-hnga အလို့ငှာ *part* for

ə-lon-ə-lau' အလုံအလောက် *adv* sufficiently, enough

ə-lon: အလုံး *n* ball, sphere; lump

ə-lon:-ə-hke: အလုံးအခဲ *n* solid, lump

ə-lo'₁ အလုတ် *n* bite of food, mouthful of food

ə-lo'₂ အလုပ် *n* activity; task, job; business; work, job, employment

ə-lo'-ə-kain အလုပ်အကိုင် *n* work, job, employment; occupation

ə-lo'-gaun: အလုပ်ခေါင်း *n* foreman

ə-lo'-jan: အလုပ်ကြမ်း *n* unskilled, manual, or hard labour

ə-lo'-ja' အလုပ်ကြပ် *n* supervisor

ə-lo'-hkaṇ အလုပ်ခန့် *v* hire, employ, appoint

ə-lo'-hkɔ အလုပ်ခေါ် *n* advertise for a job

ə-lo'-hkwin အလုပ်ခွင် *n* worksite

ə-lo'-le'-mẹ အလုပ်လက်မဲ့ *n* the unemployed, the jobless

ə-lo'-mya: အလုပ်များ *v* be busy, have a lot of work

ə-lo'-pa: အလုပ်ပါး *v* have little work

ə-lo'-pei'-ye' အလုပ်ပိတ်ရက် *n* holiday, day off

ə-lo'-pyo' အလုပ်ပြုတ် v lose one's job, be dismissed, be sacked, be fired

ə-lo'-hpyi' အလုပ်ဖြစ် v get work done

ə-lo'-hpyo' အလုပ်ဖြုတ် v fire (inf), sack (inf), dismiss

ə-lo'-sə-hkan: အလုပ်စခန်း n worksite; labour camp

ə-lo'-shin အလုပ်ရှင် n employer

ə-lo'-sho' အလုပ်ရှုပ် v be very busy; be overwhelmed

ə-lo'-hsin: အလုပ်ဆင်း v go to work; be finished

ə-lo'-thə-ma: အလုပ်သမား n employee, worker

ə-lo'-hto' အလုပ်ထုတ် v fire (inf), dismiss

ə-lo'-yon အလုပ်ရုံ n factory, workshop

ə-lɔ:-də-ji: အလောတကြီး adv hurriedly, in a rush

ə-lun₁ အလွန် n time or place beyond, post-

ə-lun₂ အလွန် adv very, so

ə-luṇ-ə-lun အလွန့်အလွန် adv overly, unduly, excessively, too much

ə-lun:-pyei အလွမ်းပြေ adv in

remembrance of sb, in memory of sb

ə-lu'₁ အလွတ် n sthg free; sthg blank; sthg loose

ə-lu'₂ အလွတ် adv by heart; without justification; without evidence; without reason; without reference

ə-lu'-dhə-bɔ: အလွတ်သဘော adv informally; unofficially

ə-lu'-pyɔ: အလွတ်ပြော v speak unofficially, speak off the record

ə-lu'-yon: အလွတ်ရုန်း v get away from; abandon

ə-lwan:-pyei အလွမ်းပြေ adv in remembrance of sb, in memory of sb

ə-lwe အလွယ် n what is easy, what is simple

ə-lwe-də-gu အလွယ်တကူ adv easily, simply, with no trouble

ə-lwe: အလွဲ n discrepancy, mistake, error; miss; wrong

ə-lwe:-lwe: အလွဲလွဲ adv wrongly, erroneously, mistakenly

ə-lwe:-thon:-za: အလွဲသုံးစား v misuse, abuse; misappropriate

ə-lwe:-thon:-za:-hmụ အလွဲသုံး
စားမှု *n* misappropriation;
embezzlement

ə-lya: အလျား *n* length

ə-lya:-hkon အလျားခုန် *n* long
jump

ə-lyau' အလျှောက် *part* 📖 to the
same extent as; since,
because, as

ə-lyin₁ အလျင် *n* (the) past;
speed, velocity

ə-lyin₂ အလျင် *part* 📖 before,
preceding, previous

ə-lyin₃ အလျဉ် *n* progression;
succession; flow

ə-lyin-mi အလျဉ်မီ *v* (esp of
money) be just in time

ə-lyin:-thiṇ အလျင်းသင့် *v* be
opportune, be the right time

ə-hlạ₁ အလှ *n* beauty,
loveliness

ə-hlạ₂ အလှ *adv* for show; for
decoration

ə-hlạ-ə-pạ အလှအပ *n* beauty,
loveliness

ə-hlạ-kon အလှကုန် *n* beauty
supplies, cosmetics

ə-hlạ-pyin အလှပြင် *v* beautify,

decorate; put on make-up,
etc

ə-hlạ-pyin-zain အလှပြင်ဆိုင် *n*
beauty parlour

ə-hlạ-hta: အလှထား *v* keep sth
for show or decoration (not
for use)

ə-hlain: အလှိုင်း *n* lie, bluff;
multitude; sheaf

ə-hlain:-də-ji: အလှိုင်းတကြီး *adv*
greatly; intensely

ə-hlan: အလှမ်း *n* step, pace,
stride; reach, distance

ə-hlan:-mi အလှမ်းမီ *v* be
accessible, be within reach

ə-hlan:-wei: အလှမ်းဝေး *v* be
distant, be far

ə-hle-hle အလှယ်လှယ် *adv*
variously; in a variety of ways

ə-hlẹ အလှည့် *n* (sb's) turn;
trick, deception; twist

ə-hlẹ-jạ အလှည့်ကျ *adv* in turn,
one after another

ə-hlẹ-yau' အလှည့်ရောက် *v* be
sb's turn

ə-hlu အလှူ *n* donation,
contribution

ə-hlu-bwe: အလှူပွဲ *n* 📖 noviti-
ation ceremony

ə-hlu-ə-tan: အလှူအတန်း donation, contribution

ə-hlu-da-nạ အလှူဒါန n donation, contribution

ə-hlu-hkan အလှူခံ v solicit donations, ask for donations; accept donations

ə-hlwa အလွှာ n sheet; layer

ə-hlwa-hlwa အလွှာလွှာ adv in a stack

ə-mə-lei: အမလေး int oh!

ə-ma အမာ n sthg hard

ə-ma-gan အမာခံ n solid part of sthg; hard core

ə-ma-yu' အမာရွတ် n ☤ scar

ə-mạ အမ၊ အစ်မ n older sister

ə-mạ-ə-zạ အမအစ n help, aid

ə-mạ-ji: အမကြီး၊ အစ်မကြီး n oldest girl in a family

ə-mai' အမိုက် n darkness; stupidity; fool, idiot

ə-mai'-ə-me: အမိုက်အမဲ n ignoramus

ə-mau' အမောက် n crest; comb

ə-ma' အမတ် n ☺ member of parliament (MP) or other legislature

ə-ma'-laun: အမတ်လောင်း n ☺ candidate (for a legislature);

nominee

ə-ma'-ywei: အမတ်ရွေး v ☺ elect, select (member of a legislature)

ə-me အမယ် n mother; woman

ə-me-lei: အမယ်လေး exp oh!

ə-me:₁ အမဲ n prey; quarry; game; meat, esp beef

ə-me:₂ အမည်း n black

ə-me:-dha: အမဲသား n beef

ə-me:-lai' အမဲလိုက် v hunt (for game)

ə-me:-ze' အမည်းစက် n stigma

ə-me:-zi အမဲဆီ n tallow, beef fat, drippings; grease, lubricant

ə-mei အမေ n mother

ə-mei̯-kau' အမေ့ကောက် v take advantage of sb's forgetfulness

ə-mei̯-mei̯-ə-yạ-yạ အမေ့မေ့ အလျော့လျော့ adv forgetfully, absent-mindedly

ə-mei: အမေး n question, query

ə-mei:-ə-myan: အမေးအမြန်း n interrogation, questioning

ə-mei:-ə-san: အမေးအစမ်း n enquiry; investigation

ə-mei:-po'-hsa အမေးပုစ္ဆာ n

problem, question; riddle, puzzle

ə-meiṇ အမိန့် *n* order, command; ⚖ verdict; sentence

ə-meiṇ-ə-yạ အမိန့်အရ *adv* by order

ə-meiṇ-a-na အမိန့်အာဏာ *n* order, command; decree, promulgation; authority

ə-meiṇ-chạ အမိန့်ချ *v* decree, command, sanction, etc; ⚖ sentence

ə-meiṇ-jạ အမိန့်ကျ *v* issue; ⚖ be sentenced

ə-meiṇ-jɔ-nya-za အမိန့်ကြော်ငြာ စာ *n* notice, notification

ə-meiṇ-hkan အမိန့်ခံ *v* refer to higher authorities for orders

ə-meiṇ-lai'-na အမိန့်လိုက်နာ *v* follow an order, obey an order

ə-meiṇ-na-hkan အမိန့်နာခံ *v* follow an order, obey an order

ə-meiṇ-pei: အမိန့်ပေး *v* command, order

ə-meiṇ-pyan အမိန့်ပြန် *v* issue an order

ə-meiṇ-pyan-dan: အမိန့်ပြန်တမ်း

n 🌏 government order

ə-meiṇ-shị အမိန့်ရှိ *v* [fml] speak, utter

ə-meiṇ-hto' အမိန့်ထုတ် *v* 🌏 ⚖ enact (laws, etc)

ə-meiṇ-za အမိန့်စာ *n* written order

ə-mei' အမြိတ် *n* fringe

ə-mị အမိ *n* mother

ə-mị-ə-yạ အမိအရ *adv* solidly, tightly

ə-mi: အမြီး *n* tail, tail end

ə-mi:-ə-mau'-mə-tẹ အမြီး အမောက်မတည့် *v* be incongruous; be contradictory

ə-mi:-ba: အမီးဗား *n* 🐛 amoeba

ə-mi:-hnaṇ အမြီးနှံ့ *v* wag one's tail; fawn

ə-mo: အမိုး *n* roof; canopy

ə-mo:-ə-ka အမိုးအကာ *n* walls and roof of a building; shelter

ə-mon အမုံ *n* 🌺 bud

ə-mɔ အမော် *n* promontory, outcropping; rapids

ə-mɔː-byei အမောပြေ *n* sthg refreshing, refreshment, recreation

ə-mɔː-hkan အမောခံ *v* have stamina

ə-mɔ:-hsọ အမောဆို့ v run out of breath

ə-mu-ə-jiṇ အမူအကျင့် n manners; behaviour

ə-mu-ə-ya အမူအရာ n expression, gesture; behaviour

ə-mu-ə-yu အမူအယူ n behaviour, conduct

ə-mu:-ə-mɔ အမူးအမော် n dizziness

ə-mu:-ə-yu: အမူးအရူး adv crazily

ə-mu:-dhə-ma: အမူးသမား n drunkard

ə-mu:-mu:-ə-yu:-yu: အမူးမူး အရူးရူး adv drunkenly, muzzily

ə-mun အမွန် n first, foremost; goodness, excellence

ə-mun: အမွမ်း n decoration

ə-mwei အမွေ n inheritance, legacy

ə-mwei-ə-sạ အမွေအစ n trace

ə-mwei-bya' အမွေပြုတ် n ⚖ cutting out of a will

ə-mwei-dein: အမွေထိန်း n ⚖ administrator; executor

ə-mwei-gan အမွေခံ n heir

ə-mwei-hkan အမွေခံ v ⚖ inherit

ə-mwei-hkwe: အမွေခွဲ n divide an inheritance

ə-mwei-hpya' အမွေဖြတ် v ⚖ disinherit

ə-mwei-hse'-kan-pain-gwiṇ အမွေဆက်ခံပိုင်ခွင့် n ⚖ right to inherit

ə-mwei-zain အမွေဆိုင် n ⚖ sb with a a right to claim an inheritance; ⚖ joint inheritance, shared inheritance

ə-mwei: အမွေး n hair, fur; feathers

ə-mwei:-ə-hmin အမွေးအမှင် n bristle

ə-mwei:-ə-taun အမွေးအတောင် n plumage, feathers

ə-mya: အများ n majority; greater amount

ə-mya:-ə-pya: အများအပြား n many

ə-mya:-ə-sa: အများအစား adv in large numbers

ə-mya:-a:-hpyiṇ အများအားဖြင့် adv 📖 generally, in general

ə-mya:-də-ga အများတကာ n (most) people, others

ə-mya:-ji: အများကြီး adv very;

too much; too many

ə-mya:-ni:-du အများနည်းတူ *adv* in the same way as others, like everyone else

ə-mya:-pain အများပိုင် *adj* 🏛 public (property, etc)

ə-myaiṇ-dha: အမြိုင်သား *adv* (live) grandly, in style

ə-myan အမြန် *n* sthg urgent; sthg fast

ə-myan-chɔ:-pọ အမြန်ချောပို့ *v* send by express mail

ə-myan-yə-hta: အမြန်ရထား *n* express train

ə-myaun အမြှောင် *n* 🌏 coastal strip

ə-myau' အမြှောက် *n* ⚔ artillery

ə-myau'-ə-mya: အမြှောက်အများ *n* multitude

ə-myau'-ji: အမြှောက်ကြီး *n* ⚔ heavy artillery

ə-myau'-hsan အမြှောက်ဆံ *n* ⚔ (artillery) shell

ə-mya' အမြတ် *n* sthg noble; 🏛 profit; benefit

ə-mya'-ji:-za: အမြတ်ကြီးစား *n* profiteer

ə-mya'-sa: အမြတ်စား *n* profit (from), take profit

ə-mya'-tə-no: အမြတ်တနိုး *adv* with reverence

ə-mya'-tə-no:-hta: အမြတ်တနိုးထား *v* treasure, cherish

ə-mya'-hto' အမြတ်ထုတ် *v* 🏛 🌏 exploit

ə-mya'-htwe' အမြတ်ထွက် *v* benefit

ə-mye: အမြဲ *adv* always

ə-mye:-ə-zwe: အမြဲအစွဲ *adv* firmly

ə-mye:-də-zei အမြဲတစေ *adv* always

ə-mye:-dan: အမြဲတမ်း *adv* always

ə-mye:-lo-lo အမြဲလိုလို *adv* almost every time

ə-mye' အမျက် *n* knot (in wood); flaw (in gemstone); fury, rage, anger; gem

ə-mye'-jau' အမျက်ကျောက် *n* gem(stone), jewel, precious stone

ə-mye'-hta: အမျက်ထား *v* bear a grudge

ə-myi အမည် *n* name; title

ə-myi-gwe: အမည်ကွဲ *n* other name

ə-myi-hkan₁ အမည်ခံ v assume a name; be awarded a title

ə-myi-hkan₂ အမည်ခံ n nominal status; sb who has a title only; figurehead

ə-myi-mə-thị အမည်မသိ v be anonymous

ə-myi-hmẹ အမည်မှည့် v name

ə-myi-na-mạ အမည်နာမ n name

ə-myi-pyaun အမည်ပြောင် n nickname

ə-myi-ta' အမည်တပ် v name; designate, specify

ə-myi-hwe' အမည်ဝှက် n pseudonym

ə-myi-yin: အမည်ရင်း n original name

ə-myi: အမြည်း n snack, starter, hors-d'oeuvre, appetizer; taste

ə-myin အမြင် n sight, perception; appearance; opinion, view

ə-myin-je အမြင်ကျယ် v be broad-minded

ə-myin-ji အမြင်ကြည် v be unbiased

ə-myin-jin: အမြင်ကျဉ်း v be narrow-minded

ə-myin-ka' အမြင်ကတ် v not be able to stand the sight of

ə-myin-mə-tɔ အမြင်မတော် v be inappropriate; be unseemly

ə-myin-hma: အမြင်မှား v misunderstand; get the wrong idea

ə-myin-hman-yạ အမြင်မှန်ရ v see the light

ə-myin-pau' အမြင်ပေါက် v perceive, discern, be enlightened

ə-myịn အမြင့် n height, elevation

ə-myịn-hkon အမြင့်ခုန် n high jump

ə-myi' အမြစ် n root; gizzard; [orth] ့ symbol

ə-myi'-pya' အမြစ်ပြတ် v be eradicated; be completely cured

ə-myi'-hpya' အမြစ်ဖြတ် v get rid of, eradicate, root out

ə-myi'-twe အမြစ်တွယ် v take root; be rooted

ə-myo: အမျိုး n kind, sort, type; variety; race

ə-myo:-ə-sa: အမျိုးအစား n kind, type, sort; brand

ə-myo:-ə-yo: အမျိုးအရိုး *n* heredity, family; [comb] genetic

ə-myo:-dhə-mi အမျိုးသမီး *n* woman; [in comb] women's; wife, ♀ spouse

ə-myo:-dha: အမျိုးသား *n* man; [in comb] men's; husband, ♂ spouse; [in comb] national

ə-myo:-dha:-sei' အမျိုးသားစိတ် *n* 🌐 nationalism

ə-myo:-dha:-yei: အမျိုးသားရေး *n* 🌐 national affairs

ə-myo:-lai' အမျိုးလိုက် *v* be hereditary

ə-myo:-myo: အမျိုးမျိုး *n* many kinds, many ways

ə-myo:-tɔ အမျိုးတော် *v* be related to

ə-myo:-ze' အမျိုးဆက် *n* genealogy; 🌿 hybrid

ə-myo:-zon အမျိုးစုံ *n* all kinds, a variety

ə-myon အမြို့ *n* sb infertile, sb sterile

ə-myɔ-ə-myin အမြော်အမြင် *n* vision, foresight

ə-hma အမှာ *n* message; foreword, introduction; instruction, order

ə-hma-ə-hta: အမှာအထား *n* instruction

ə-hma-za အမှာစာ *n* memorandum; requisition order

ə-hma: အမှား *n* error, mistake, fault; wrong

ə-hma:-ə-ywin: အမှားအယွင်း *n* error, mistake, fault; wrong

ə-hma:-hma:-ə-ywin:-ywin: အမှားမှားအယွင်းယွင်း *adv* mistakenly, erroneously; blunderingly

ə-hma:-hpan: အမှားဖမ်း *v* try to catch sb out

ə-hma:-sauɲ အမှားစောင့် *v* wait to pounce on a false move

ə-hmai' အမှိုက် *n* waste, rubbish, garbage, trash

ə-hmai'-pyi' အမှိုက်ပစ် *v* take out the rubbish, trash, garbage

ə-hmai'-thein: အမှိုက်သိမ်း *n* (of waste) collect; be collected

ə-hman₁ အမှန် *n* truth; reality; fact; sthg certain; sthg real

ə-hman₂ အမှန် *adv* certainly, really

ə-hman-ə-hma:-hkwe:-cha:

အမှန်အမှားခွဲခြား *v* tell right
from wrong, analyse

ə-hman-ə-tain: အမှန်အတိုင်း *adv*
truthfully

ə-hman-də-ge အမှန်တကယ် *adv*
in truth, in reality

ə-hman-sin-si' အမှန်စင်စစ် *adv*
actually, in fact

ə-hman-tə-ya: အမှန်တရား *n*
truth

ə-hman:-ə-hsa အမှန်းအဆ *n*
guess, conjecture; estimate

ə-hmaun အမှောင် *n* darkness

ə-hma' အမှတ် *n* mark; sign;
point; number, cipher; marks,
grades; points; memory,
recollection; impression;
awareness

ə-hma'-ə-tha: အမှတ်အသား *n*
mark, sign; point;
observation; records

ə-hma'-də-ya̯ အမှတ်တရ *adv* in
memory of

ə-hma'-də-zei' အမှတ်တံဆိပ် *n*
symbol; trademark, logo;
label

ə-hma'-ji: အမှတ်ကြီး *v* have a
long memory of an insult

ə-hma'-mə-htin အမှတ်မထင်

inadvertently, accidentally

ə-hma'-sin အမှတ်စဉ် *n* serial
number

ə-hma'-tə-me̯ အမှတ်တမဲ့ *adv*
inadvertently, accidentally;
unawares

ə-hma'-thin-kei-ta̯ အမှတ်
သင်္ကေတ *n* symbol

ə-hma'-ya̯ အမှတ်ရ *v* remember,
recollect, recall

ə-hme̯ အမှည့် *n* ripeness; sthg
ripe

ə-hmei: အမွှေး *n* film;
membrane

ə-hmi₁ အမှီ *n* backrest;
backing, support

ə-hmi₂ အမှီ *part* in time for

ə-hmi-də-ge အမှီတံကဲ *n* sthg to
depend on

ə-hmin အမှင် *n* bristle, stiff hair

ə-hmon အမှုန် *n* dimness; fine
particle

ə-hmon̯ အမှုန့် *n* powder

ə-hmu̯ အမှု *n* 🔨 (court) case,
lawsuit

ə-hmu̯-ə-hkin: အမှုအခင်း *n* 🔨
crime; 🔨 lawsuit; affairs

ə-hmu̯-dan: အမှုထမ်း *n*
government servant,

n hn o ɔ p hp r s hs t ht u w hw y z '

government employee

ə-hmụ-dwe: အမှုတွဲ *n* ⚖ co-defendant; ⚖ proceeding (of court); case file

ə-hmụ-laiʼ အမှုလိုက် *v* conduct a case

ə-hmụ-mə-hta: အမှုမထား *v* disregard, forget about

ə-hmụ-siʼ အမှုစစ် *v* ⚖ (of court) hear *or* try a case

ə-hmụ-hsain အမှုဆိုင် *v* go to court

ə-hmụ-hsin အမှုဆင် *v* frame sb

ə-hmụ-tin အမှုတင် *v* (of police) bring a case to court

ə-hmụ-zaun အမှုဆောင် *n* executive

ə-hmụ-zaun-ə-hpwẹ အမှုဆောင် အဖွဲ့ *n* executive committee

ə-hmụ-zaun-ə-ya-shị အမှုဆောင် အရာရှိ *n* executive officer

ə-hmu: အမှူး *n* director, head, ♪ commander, officer

ə-hmun:-tin အမွမ်းတင် *v* eulogise, praise (sb) highly

ə-hmwa အမွှာ *n* segment, piece; child in a multiple birth

ə-hmwa-pu: အမွှာပူး *n* child in a

multiple birth; ✵ twin-bodied fruit

ə-hmwei: အမွှေး *n* fragrance

ə-hmwei:-dain အမွှေးတိုင် *n* incense stick

ə-hmwei:-yei အမွှေးရည် *n* perfume; cologne

ə-hmyạ အမျှ *n* equal amount *or* quantity; share

ə-hmyauṇ အမြှောင့် *n* wedge, slice, section; point

ə-hmyauʼ အမြှောက် *n* [math] multiplication; flattery

ə-hmyei: အမြှေး *n* membrane; film

ə-hmyin အမျှင် *n* thread, string, fibre

ə-hmyoʼ အမြှုပ် *n* froth, foam; bubbles

ə-hmyoʼ-htạ အမြှုပ်ထ *v* bubble, froth

ə-nə-shein အနာရှိန် *n* ✚ fever from septicaemia

ə-nə-zein: အနာစိမ်း *n* ✚ boil; abscess

ə-nə-zein:-pauʼ အနာစိမ်းပေါက် *v* ✚ have boils, have abscesses

ə-nə-zeʼ အနာစက် *n* ✚ impetigo

ə-na အနာ *n* ✚ sore, lesion,

ulcer; wound

ə-na-ə-hsa အနာအဆာ *n* sore; defect, flaw, fault

ə-na-də-ji: အနာတကြီး *adv* with bitter feelings

ə-na-də-yạ အနာတရ *n* hurt

ə-na-ga' အနာဂတ် *n* the future

ə-na-haun: အနာဟောင်း *n* old injury

ə-na-ji:-yɔ:-ga အနာကြီးရောဂါ *n* ☤ Hansen's disease, leprosy

ə-na-hkan အနာခံ *v* bear pain; sacrifice

ə-na-myon အနာမြှို *n* ☤ (dormant) sore; asymptomatic disease

ə-na-pə-hsọ အနာပဆုပ် *n* ☤ carbuncle

ə-na-hpei အနာဖေး *n* ☤ scab

ə-na-hpe'-hkwe' အနာဖတ်ခွက် *n* ☤ ulcer (on the skin)

ə-na-yin:₁ အနာရင်း *v* ☤ (of a sore, etc) fester

ə-na-yin:₂ အနာယဉ်း *n* ☤ kind of infectious disease with high fever

ə-na-yu' အနာရွတ် *n* scar

ə-na-zo: အနာဆိုး *n* ☤ serious illness

ə-na:₁ အနား *n* rest; break; nearby area, neighbourhood; border, edge; side

ə-na:₂ အနား *part* near, nearby

ə-na:-byain-sə-tụ-gan အနားပြိုင် စတုဂံ *n* parallelogram

ə-na:-dha: အနားသား *n* edge; (of cloth, material, fabric) selvedge; (of bread) crust

ə-na:-ku' အနားကွပ် *v* hem; edge; bind

ə-na:-nyi အနားညီ *v* be equilateral, (of edges, sides) be the same length

ə-na:-pa' အနားပတ် *n* border; hem; turnup, cuff

ə-na:-pei အနားပေး *v* give (sb, sthg) a rest; retire (sb)

ə-na:-tha' အနားသတ် *v* border, limit; demarcate; trim

ə-na:-yạ အနားရ *v* get a rest, get a break

ə-na:-yu အနားယူ *v* (have a) rest; retire

ə-nain အနိုင် *n* win; victory; winnings

ə-nain-ə-hte' အနိုင်အထက် *adv* by force

ə-nain-jiṇ အနိုင်ကျင့် *v* domineer,

n hn o ɔ p hp r s hs t ht u w hw y z '

tyrannise; bully

ə-nain-lụ အနိုင်လု *v* contend, compete

ə-nain-nain အနိုင်နိုင် *adv* barely

ə-nain-nain-gan အနိုင်နိုင်ငံ *n* various countries

ə-nain-pei: အနိုင်ပေး *v* give up, concede; declare sb the winner

ə-nain-tai' အနိုင်တိုက် *v* defeat, beat, win over

ə-nain-yạ အနိုင်ရ *v* win, triumph, be victorious

ə-nain-yu အနိုင်ယူ *v* win, be victorous, beat

ə-nan အနံ *n* rib; breadth, width

ə-nan-dạ အနန္တ *n* infinity, eternity

ə-nan-ji:-kwin:-je အနံကြီးကွင်း ကျယ် *n* large-size *longyi*

ə-naṇ အနံ့ *n* smell, scent, odour

ə-naṇ-ə-the' အနံ့အသက် *n* stink, smell, stench

ə-naṇ-hkan အနံ့ခံ *v* smell

ə-naṇ-tha' အနံ့သတ် *v* aromatise

ə-naṇ-htwe' အနံ့ထွက် *v* stink, smell

ə-nau' အနောက် *n* 🌐 west; back

ə-nau'-myau' အနောက်မြောက် *n* 🌐 north-west

ə-nau'-nain-ngan အနောက်နိုင်ငံ *n* 🌐 western countries

ə-nau'-tain: အနောက်တိုင်း *n* 🌐 the West, the western world

ə-nau'-tain:-wu'-son အနောက် တိုင်းဝတ်စုံ *n* European clothing, suit, dress

ə-nau'-taun အနောက်တောင် *n* 🌐 south-west

ə-nau'-taun-ya-dhi-lei အနောက် တောင်ရာသီလေ *n* seasonal south-westerly wind, monsoon

ə-na'-lun အနပ်လွန် *v* be over-cooked; be too clever

ə-na'-tạ အနတ္တ *n* 🕮 insub-stantiality, non-self

ə-ne အနည် *n* sediment; dregs

ə-ne-htạ အနည်ထ *v* become turbid

ə-ne-htain အနည်ထိုင် *v* (of sediment, dregs, etc) settle

ə-ne: အနည်း *n* some, a few

ə-ne:-ə-jin: အနည်းအကျင်း *n* a little, some

ə-ne:-nẹ-ə-mya: အနည်းနဲ့အများ *adv* more or less, on average ə-ne:-nge အနည်းငယ် *n* just a little; a few

ə-ne:-zon: အနည်းဆုံး *adv* at (the) least, at any rate

ə-nei အနေ *n* situation, state; position; stay; behaviour

ə-nei-ə-hta: အနေအထား *n* attitude, posture; position, location; condition

ə-nei-ə-htain အနေအတိုင် *n* behaviour; living

ə-nei-dha-ji:-ba အနေသာကြီးပါ *exp* what do I care

ə-nei-dɔ အနေတော် *n* right proportion; right moment

ə-nei-jạ အနေကျ *v* be settled; be used to, be accustomed to

ə-nei-ja' အနေကျပ် *v* feel constrained; be uneasy, be uncomfortable

ə-nei-joṇ အနေကျုံ့ *v* feel cramped, feel confined

ə-nei-kan အနေကန် *n* more than one; sthg indefinite, sthg undefined

ə-nei-hke' အနေခက် *v* feel uneasy; feel embarrassed

ə-nei-nẹ အနေနဲ့ *part* as, in the capacity of

ə-nei-hpyiṇ အနေဖြင့် *part* as, in the capacity of

ə-neiṇ အနိမ့် *n* lowness; lowliness, humbleness

ə-neiṇ-ə-jạ အနိမ့်အကျ *n* low rank, low position

ə-neiṇ-ə-myiṇ အနိမ့်အမြင့် *n* ups and downs

ə-nei'-sạ အနိစ္စ *n* 💧 impermanence

ə-nei'-sạ-yau' အနိစ္စရောက် *v* (of person) die, pass away

ə-ne'₁ အနက် *n* black; sthg black; depth; meaning

ə-ne'₂ အနက် *part* among, out of, in, from

ə-ne'-ə-dei'-be အနက်အဓိပ္ပာယ် *n* meaning, definition

ə-ne'-kau' အနက်ကောက် *v* interpret; infer, construe

ə-ne'-pei: အနက်ပေး *v* define

ə-ne'-pwa: အနက်ပွား *n* extended meaning

ə-ne'-pyan အနက်ပြန် *n* translate

ə-ne'-hpɔ အနက်ဖော် *v* explain thoroughly; find hidden meaning

ə-ne'-hpwiṇ အနက်ဖွင့် *v* define

ə-ne'-yin: အနက်ရင်း *n* literal meaning; denotation

ə-ngai' အငိုက် *n* unguarded moment

ə-ngai'-mị အငိုက်မိ *v* be caught with one's guard down, be taken by surprise

ə-ngan အငန် *n* saltiness; savoury food; sthg salty

ə-nga' အငတ် *n* hunger (for food); starvation; thirst (for water)

ə-nga'-bei: အငတ်ဘေး *n* starvation, famine

ə-nga'-hkan အငတ်ခံ *v* starve oneself, fast

ə-nga'-hkan-hsan-dạ-pyạ အငတ် ခံဆန္ဒပြ *v* go on hunger strike

ə-nge အငယ် *n* sb or sthg younger, smaller, or junior

ə-ngo အငို *n* weeping, crying

ə-ngon အငုံ *n* ❀ flower bud

ə-ngo' အငုတ် *n* stump; stubble

ə-ngɔ အငေါ့ *n* snide comment, sarcastic comment

ə-ngu အငူ *n* cape, headland; protrusion

ə-ngwei အငွေ့ *n* vapour; fumes; smoke; steam

ə-ngwei-pyan အငွေ့ပြန် *v* (give off) steam; evaporate

ə-ni အနီ(ရောင်) *n* red

ə-ni-au'-yaun-chi အနီအောက် ရောင်ခြည် *n* ☀ infrared ray

ə-nị-yə-tạ အနိယတ *v* be uncertain, be doubtful ; be common, be ordinary

ə-ni:₁ အနီး *n* nearness, proximity

ə-ni:₂ အနီး *part* near, close to

ə-ni:-ə-na အနီးအနား *n* (local) area, vicinity

ə-ni:-ə-pa အနီးအပါး *n* proximity, closeness

ə-ni:-ka' အနီးကပ် *adv* close by, nearby

ə-ni:-ka'-thin-dan: အနီးကပ် သင်တန်း *n* crash course

ə-ni:-hmon အနီးမှုန် *v* be farsighted, be long-sighted

ə-ni:-ni: အနည်းနည်း *adv* variously

ə-niṇ-dha: အနင့်သား *adv* extremely, excessively

ə-nin: အနင်း *n* massage (kneading with the feet)

ə-nin:-ə-hnei' အနင်းအနှိပ် *n* massage

ə-nin:-hkan အနင်းခံ *v* have a massage in which the feet are used

ə-ni'-na-hkan အနစ်နာခံ *v* make a sacrifice, suffer for the sake of others

ə-nọ အနို့ *n* (teapot, kettle) spout

ə-non-nya-tạ₁ အနုညာတ *v* be permitted, be consented to

ə-non-nya-tạ₂ အနုညာတ *n* a nobody, a nonentity

ə-no' အနုပ် *n* small change, small bills

ə-no'-ə-hpwe: အနုပ်အဖွဲ *n* trivia

ə-no'-ə-so' အနုပ်အစုတ် *n* trivia

ə-no'-so'-go'-so' အနုပ်စုတ်ကုပ် စုတ် *n* sb who has hit hard times; trash, junk, rubbish

ə-nụ အနု *n* sthg tender, sthg soft; tenderness, softness; mildness; something mild; sthg young

ə-nụ-ə-yin အနုအယဉ် *v* be young and graceful

ə-nụ-ə-yiṇ အနုအရင့် *n* light and dark; level of maturity

ə-nụ-ji-hman-bə-lu: အဏုကြည့် မှန်ဘီလူး *n* microscope

ə-nụ-lɔ:-mạ အနုလောမ *n* method of thinking, studying, reading, etc in orderly progression

ə-nụ-ma-nạ အနုမာန *n* guess, conjecture; inference; generalisation

ə-nụ-mɔ-də-na အနုမောဒနာ *n* happiness at sb else's good work

ə-nụ-myu အဏုမြူ *n* ⚛ atom

ə-nụ-myu-bon: အဏုမြူဗုံး *n* ☢ atom bomb

ə-nụ-ni: အနုနည်း *n* non-violence, peaceful means

ə-nụ-pyin-nya အနုပညာ *n* fine arts

ə-nụ-pyin-nya-myau' အနုပညာ မြောက် *v* be art

ə-nụ-pyin-nya-shin အနုပညာရှင် *n* artist

ə-nụ-pyin-nya-hsan အနုပညာ ဆန် *v* (of sthg) be artistic

ə-nụ-pyin-nya-the အနုပညာသည် *n* artist

ə-nụ-sa-pei အနုစာပေ *n* literature

ə-nụ-sei' အနုစိတ် *adv* in detail

ə-nụ-zei: အနုဆေး *n* love potion

n hn o ɔ p hp r s hs t ht u w hw y z '

ə-nụ-zo' အနုဆွပ် *n* sweet snack

ə-nu:-ə-nyu' အနူးအညွတ် *adv* respectfully, deferentially

ə-nun-ə-na အနှံအနာ *n* hardship

ə-nun-da-hkan အနှံတာခံ *adv* with toleration

ə-nwe အနွယ် *n ℀* vine, climbing plant; bloodline, clan

ə-nwei:-da' အနွေးဓာတ် *n* warmth

ə-nwei:-de အနွေးထည် *n* warm clothing, winter clothing

ə-nya အညာ *n* lie, deception; upriver, upcountry

ə-nya-dha: အညာသား *n* sb from the Burman heartland

ə-nya-dhu အညာသူ *n ♀* sb from the Burman heartland

ə-nya-mị အညာမိ *v* be fooled, be taken in

ə-nyaṇ အညံ့ *n* poor quality; sthg of inferior quality

ə-nyaṇ-ban: အညံ့ပန်း *n* balas, red form of spinel

ə-nyaṇ-zi: အညံ့ဆီး *n* alamandine spinel

ə-nyaun:-kain အညောင်းကိုင် *v*

ə-nyaun:-mị အညောင်းမိ *v* be stiff from lack of movement

ə-nyaun:-hsaṇ အညောင်းဆန့် *v* stretch

ə-nyeiṇ အငြိမ့် *n ♪ anyeint*, variety performance

ə-nyeiṇ-dha: အငြိမ့်သား *adv* well off, in comfort

ə-nyein: အငြိမ်း *n* peace and comfort

ə-nyein:-za: အငြိမ်းစား *n* pensioner; sb who lives comfortably without working

ə-nyi အညီ *adv* equally; in compliance with

ə-nyi-ə-hmyạ အညီအမျှ *adv* equally

ə-nyi-ə-nyu' အညီအညွတ် *adv* by consensus; in line with; collectively

ə-nyin: အငြင်း *n* argument, dispute; disagreement

ə-nyin:-pwa: အငြင်းပွား *v* argue, dispute

ə-nyin:-than အငြင်းသန် *v* be argumentative

ə-nyi'-ə-jei: အညစ်အကြေး *n* dirt; grime; rubbish, waste

ə-nyo အညို *n* brown; drab colour, grey

ə-nyo-ə-me: အညိုအမည်း *n*

bruise

ə-nyo-yaun-ne-myei အညိုရောင်
နယ်မြေ *n* 🌐 brown area

ə-nyo: အငြိုး *n* grudge

ə-nyo:-hta: အငြိုးထား *v* bear a
grudge

ə-nyuṇ အညွန့် *n* tendril, tender
new stems and leaves;
potential; promise; the best

ə-nyuṇ-hku: အညွန့်ခူး *v* exploit
(sb)

ə-nyuṇ-te' အညွန့်တက် *v* add
sthg unnecessary; achieve
prosperity; be argumentative

ə-hnain: အနှိုင်း *n* comparison;
sthg to be compared with

ə-hnain:-gan အနှိုင်းခံ *n* subject
of comparison

ə-hnain:-mẹ အနှိုင်းမဲ့ *v* be
incomparable

ə-hnan အနှံ *n* 🌾 ear, spike

ə-hnaṇ အနှံ့ *adv* everywhere, all
over

ə-hnaṇ-ə-pya: အနှံ့အပြား *adv*
everywhere, all over

ə-hnaṇ-ə-sa' အနှံ့အစပ် *adv* in
every single place

ə-hnan: အနှမ်း *n* tinge; sb who
is slightly mentally ill

ə-hnaun-ə-hpwẹ အနှောင်အဖွဲ့ *n*
bond, tie

ə-hnauṇ-ə-she' အနှောင့်အယှက် *n*
disturbance, annoyance,
trouble; interference

ə-hnauṇ-mə-lu'-ə-thwa:-mə-lu'
အနှောင့်မလွတ်အသွားမလွတ် *adv*
compromise sb

ə-hnaun: အနှောင်း *n* younger
one; later; latter part

ə-hna' အနှပ် *n* braising;
deception

ə-hnei: အနှေး *n* the slow one

ə-hnei:-ə-myan အနှေးအမြန် *adv*
sooner or later

ə-hnei:-yin အနှေးယာဉ် *n* slow-
moving vehicle

ə-hnga: အငှား *n* sthg borrowed,
hired, or rented

ə-hnga:-chạ အငှားချ *v* lease,
hire out

ə-hnga:-lai' အငှားလိုက် *v* work
for hire; rent

ə-hni: အနှီး *n* nappy, napkin,
diaper

ə-hni' အနှစ် *n* (egg)yolk;
essence, substance, meaning;
thick sauce

ə-hni'-ə-yạ-dha အနှစ်အရသာ *n*

flavour, flavor, essence

ə-hni'-cho'₁ အနှစ်ချုပ် v condense, shorten, abridge

ə-hni'-cho'₂ အနှစ်ချုပ် n summary, synopsis

ə-hni'-jạ အနှစ်ကျ v be stable, be stabilised

ə-hni'-hni'-ə-lạ-lạ အနှစ်နှစ်အလလ adv for a very long time

ə-hni'-tha-yạ အနှစ်သာရ n essence, substance

ə-hnon: အနှုန်း n (act of) comparison

ə-hno' အနုတ် n [maths] subtraction; removal, reduction

ə-hno'-ə-thein: အနုတ်အသိမ်း n turnover, sales; demand

ə-hno'-jan: အနုတ်ကြမ်း v be in high demand

ə-hno'-le'-hkə-na အနုတ် လက္ခဏာ n minus sign, '-'; negative, minus

ə-hno'-le'-hkə-na-pyạ အနုတ် လက္ခဏာပြ v have a deficit, be in the red, have losses

ə-hnyau' အညှောက် n ⅛ sprout

ə-hnyị အညှိ n slime, film of algae

ə-hnyo အညှို n distance between the tips of the extended thumb and forefinger

ə-hnyọ အညှို့ n hypnotism; seduction

ə-hnyɔ အညှော် n acrid cooking smells

ə-hnyɔ-mi အညှော်မိ v be ill from breathing in acrid cooking fumes

ə-hnyɔ-tai' အညှော်တိုက် v deliberately cook foods with acrid smells to annoy

ə-hnyun: အညွှန်း n directions (for use); prescription; index; reference

ə-pa-ə-win အပါအဝင် part as well as, and ... too

ə-pạ₁ အပ n outside, exterior; sthg or somewhere beyond; exception

ə-pạ₂ အပ part outside, other than, save

ə-pạ-hmi အပမှို v be possessed by evil spirits

ə-pạ-hta: အပထား v 📖 leave sthg aside

ə-pạ-yị-kạ အပယိက v be

superficial

ə-pa: အပါး *n* sthg which is
thin, flimsy, light; clever
person; vicinity

ə-pa:-hko အပါးခို *v* shirk

ə-pain₁ အပိုင် *n* possession;
acknowledged ownership

ə-pain₂ အပိုင် *adv* outright; for
good, for keeps; in full
control

ə-pain-ə-nain အပိုင်အနိုင် *adv* by
force, compulsorily;
masterfully, skillfully

ə-pain-pyɔ: အပိုင်ပြော *v* predict

ə-pain-si: အပိုင်စီး *v* misappro-
priate; take possession (by
force)

ə-pain: အပိုင်း *n* part, division,
section; sector; segment,
fraction, fragment;
responsibility

ə-pain:-ə-cha: အပိုင်းအခြား *n*
demarcation

ə-pain:-ə-sə အပိုင်းအစ *n* frag-
ments, (bits and) pieces

ə-pain:-bain: အပိုင်းပိုင်း *adv* into
small pieces

ə-pain:-gə-nan: အပိုင်းဂဏန်း *n*
[maths] fraction

ə-pain:-gein: အပိုင်းကိန်း *n*
[maths] fraction

ə-pai' အပိုဒ် *n* ♬ paragraph; (of
song, poem) ♪ verse, stanza;
♣ clause

ə-pan:-də-ji: အပန်းတကြီး *adv*
painstakingly

ə-pan:-ji: အပန်းကြီး *v* find sthg
difficult

ə-pan:-pyei အပန်းပြေ *v* feel
rested, be refreshed

ə-pan:-hpyei အပန်းဖြေ *v* rest,
relax, refresh

ə-paun အပေါင် *n* leg; frame;
sthg which has been pawned
or mortgaged

ə-paun-ə-le' အပေါင်အလက် *n*
arms and legs, limbs

ə-paun-ə-hnan အပေါင်အနှံ *n*
property which has been
pawned or mortgaged

ə-paun-hkan အပေါင်ခံ *v* lend
money by giving a mortgage

ə-paun-hson: အပေါင်ဆုံး *v* be
unable to redeem mortgaged
property

ə-paun-hta: အပေါင်ထား *v* pawn
(sthg)

ə-paun-zain အပေါင်ဆိုင် *n* pawn-

n hn o ɔ p hp r s hs t ht u w hw y z '

shop

ə-paun: အပေါင်း *n* [maths] addition; total; plus (sign); companions; steamed food

ə-paun:-ə-pa အပေါင်းအပါ *n* colleagues, associates

ə-paun:-ə-hpɔ အပေါင်းအဖော် *n* colleagues; comrades, friends

ə-paun:-ə-thin: အပေါင်းအသင်း *n* group, companions, friends

ə-paun:-ba အပေါင်းပါ *n* colleagues, associates

ə-paun:-le'-hkə-na အပေါင်းလက္ခဏာ *n* plus (sign), '+'

ə-paun:-le'-hkə-na-pyạ အပေါင်းလက္ခဏာပြ *v* show a profit, be in the black

ə-paun:-hsaṇ အပေါင်းဆံ့ *v* be able to get on with others

ə-pau' အပေါက် *n* hole, puncture; opening; opportunity

ə-pau'-ə-lan: အပေါက်အလမ်း *n* opportunity, prospect

ə-pau'-ə-sạ အပေါက်အစ *n* opportunity; pretext

ə-pau'-sha အပေါက်ရှာ *v* find a way; do in detail

ə-pau'-hso: အပေါက်ဆိုး *v* speak rudely

ə-pau'-tẹ အပေါက်တည့် *v* go well

ə-pa' အပတ် *n* week; cycle of events; turn

ə-pa'-le အပတ်လည် *v* come to a clear understanding

ə-pa'-pyei အပတ်ပြေ *v* be resolved

ə-pa'-seị အပတ်စေ့ *v* complete a cycle or circuit

ə-pa'-sin အပတ်စဉ် *adv* weekly; regularly

ə-pa'-sị အပတ်စေ့ *v* complete a cycle or circuit

ə-pa'-yei အပတ်ရေ *n* number of turns

ə-pe-gan အပယ်ခံ *n* outcast

ə-pei:-ə-kan: အပေးအကမ်း *n* giving

ə-pei:-ə-yu အပေးအယူ *n* give-and-take; mutual understanding; bribery

ə-peiṇ အပိမ့် *n* ☤ rash

ə-pei' အပိတ် *n* closing

ə-pei'-ə-pin အပိတ်အပင် *n* prohibition

ə-pei'-ə-hsọ အပိတ်အဆို့ *n* obstruction

ə-pi:₁ အပြီး *n* the end, the last

ə-pi:₂ အပြီး *part* after, for good, finally

ə-pi:-ə-nyein အပြီးအငြိမ်း *adv* once and for all; fully; all expenses included, inclusive

ə-pi:-ə-pain အပြီးအပိုင် *adv* outright; totally, for good

ə-pi:-ə-pya' အပြီးအပြတ် *adv* once and for all, definitely

ə-pi:-tain အပြီးတိုင် *adv* completely, totally, to the end

ə-pi:-tha' အပြီးသတ် *v* conclude, finish, end

ə-pin အပင် *n* ⚘ plant; tree; sthg long and thin

ə-pin-pau' အပင်ပေါက် *v* ⚘ sprout

ə-pin: အပင်း *n* block; deaf person; group

ə-pin:-hsọ အပင်းဆို့ *v* choke (on)

ə-po အပို *n* excess, extra; surplus

ə-po-ə-shan အပိုအလျှံ *n* surplus, oversupply

ə-po-dwe'-pyi'-si: အပိုထွက် ပစ္စည်း *n* by-product

ə-po-jei: အပိုကြေး *n* surcharge,

additional fee

ə-po-pyi'-si: အပိုပစ္စည်း *n* spare; accessories

ə-po: အပိုး *n* demeanour

ə-po:-jo အပိုးကျိုး *v* be well-behaved

ə-po:-tha' အပိုးသတ် *v* behave, restrain oneself

ə-po:-thei အပိုးသေ *v* be well-behaved

ə-pon အပုံ *n* heap, mound, pile

ə-pon-ji: အပုံကြီး *n* a great many

ə-po' အပုပ် *n* carrion, rotting flesh; sthg fermented

ə-po'-chạ အပုပ်ချ *v* ⚕ purge, use a laxative

ə-po'-hkan အပုပ်ခံ *v* aged or fermented meat or fish

ə-po'-ye' အပုပ်ရက် *n* �unlucky period

ə-pɔ₁ အပေါ် *n* place above

ə-pɔ₂ အပေါ် *part* suffix to noun or pronoun to show a conditional relationship: on

ə-pɔ-da' အပေါ်ထပ် *n* upstairs, upper floor

ə-pɔ-yan အပေါ်ယံ *n* outer surface

ə-pɔ-zi: အပေါ်စီး *n* upper hand; vantage point

ə-pɔ̣ အပေါ့ *n* sthg which is light; sthg which is mild or bland

ə-pɔ̣-thwa: အပေါ့သွား *v* (take a) pee (inf)

ə-pɔ: အပေါ *n* fool

ə-pɔ:-za: အပေါစား *n* sthg cheap; sthg inexpensive

ə-pu အပူ *n* heat; warmth; temperature; worry, trouble, grief

ə-pu-ə-pin အပူအပင် *n* anxiety, worry

ə-pu-bain:-zon အပူပိုင်းဇုန် *n* 🌐 tropics

ə-pu-ji: အပူကြီး *v* 💉 have a high fever; be under stress

ə-pu-jein အပူချိန် *n* temperature

ə-pu-jei' အပူကျိတ် *n* 💉 boil

ə-pu-ka' အပူကပ် *v* pester, press

ə-pu-laun အပူလောင် *v* be seared, be scorched

ə-pu-hlain: အပူလှိုင်း *v* heat wave

ə-pu-mi̞ အပူမိ *v* 💉 have heatstroke; be grieving

ə-pu-ngo' အပူငုတ် *v* 💉 have heatstroke, have sunstroke

ə-pu-ngwei̞ အပူငွေ့ *n* 💉 body temperature; radiant heat

ə-pu-pei: အပူပေး *v* apply heat

ə-pu-pyan အပူပြန် *v* radiate heat

ə-pu-sha အပူရှာ *v* trouble oneself

ə-pu-sha' အပူလျှပ် *v* 💉 have sunstroke

ə-pu-shein အပူရှိန် *n* intensity of heat

ə-pu-tai' အပူတိုက် *v* apply heat (to); pester, hassle

ə-pu-hto' အပူထုတ် *n* hold pressure points to release heat

ə-pu-win အပူဝင် *v* 💉 have heatstroke, have sunstroke

ə-pu-za အပူစာ *n* food which increases the heat in the body

ə-pwa̞ အပွ *n* sthg crumbly, sthg soft

ə-pwei: အပွေး *n* 🌿 (outer) bark

ə-pwiṇ အပွင့် *n* 🌿 bloom, flower, blossom; suit (of playing cards); pip, spot; grain; ✦ star; pattern

ə-pya အပြာ *n* blue; pornography

ə-pya: အပြား *n* sthg flat; variety; range

ə-pyain-ə-hsain₁ အပြိုင်အဆိုင် *n* rival; contemporary

ə-pyain-ə-hsain₂ အပြိုင်အဆိုင် *adv* together; in competition

ə-pyan အပြန် *n* return; reverse; inversion; the opposite, the contrary; times, repetitions, -fold

ə-pyan-ə-hlan အပြန်အလှန် *adv* reciprocally; mutually

ə-pyan-byan-ə-hlan-hlan အပြန် ပြန်အလှန်လှန် *adv* over and over again; back and forth

ə-pyan-byan-ə-hta'-hta' အပြန် ပြန်အထပ်ထပ် *adv* over and over again; back and forth

ə-pyan-tə-ya အပြန်တစ်ရာ *n* 100 times, a hundred-fold

ə-pyaun-ə-pye' အပြောင်အပြက် *n* joke; teasing

ə-pyaun:-ə-le: အပြောင်းအလဲ *n* change, alteration

ə-pyaun:-ə-shwei̤ အပြောင်းအရွှေ့ *n* transfer, move

ə-pyau' အပြောက် *n* spot, speckle

ə-pyau'-yai' အပျောက်ရိုက် *v* cheat out of

ə-pya'₁ အပြတ် *n* sthg which has been cut off; severance; discontinuance; decision

ə-pya'₂ အပြတ် *adv* sharply, in one stroke

ə-pya'-ə-tau' အပြတ်အတောက် *adv* discontinuously

ə-pya'-ə-tha: အပြတ်အသား *adv* precisely

ə-pya'-ə-tha' အပြတ်အသတ် *adv* completely, totally; visibly

ə-pya'-nyin: အပြတ်ငြင်း *v* categorically deny

ə-pya'-pyɔ: အပြတ်ပြော *v* state unconditionally

ə-pya'-hpya' အပြတ်ဖြတ် *v* quit for good

ə-pya'-tha အပြတ်သာ *v* be distinctly better than

ə-pyei-ə-le အပြေအလည် *adv* in full

ə-pyei-ə-pyi' အပြေအပြစ် *adv* smoothly

ə-pyei̤₁ အပြည့် *n* state of being filled, full, or whole

ə-pyei̤₂ အပြည့် *adv* fully,

completely

ə-pyei̯-ə-ja' အပြည့်အကျပ် *adv* crowded with

ə-pyei̯-ə-mau' အပြည့်အမောက် *v* be heaping, be overfilled

ə-pyei̯-ə-hne' အပြည့်အနှက် *adv* to capacity

ə-pyei̯-ə-shan: အပြည့်အလျှမ်း *v* be filled, be plenty

ə-pyei̯-ə-son အပြည့်အစုံ *adv* completely

ə-pyei̯-ə-thei' အပြည့်အသိပ် *adv* to capacity, densely crowded

ə-pyei̯-ə-wa̱ အပြည့်အဝ *adv* totally

ə-pyei: အပြေး *adv* rushing

ə-pyei:-byain အပြေးပြိုင် *v* race

ə-pyei:-byain-bwe: အပြေးပြိုင်ပွဲ *n* race

ə-pye'₁ အပျက် *n* damage, deterioration; ruin; sthg broken, sthg damaged

ə-pye'₂ အပြက် *n* joke

ə-pye'-ə-pye' အပြက်အပြက် *adv* in fun, not seriously, just joking

ə-pye'-ə-si: အပျက်အစီး *n* damage; death

ə-pye'-thə-bɔ: အပျက်သဘော *n*

destructive intent

ə-pyi-byi အပြည်ပြည် *n* many countries

ə-pyi-byi-hsain-ya အပြည်ပြည် ဆိုင်ရာ *adj* international

ə-pyi̱₁ အပြည့် *n* state of being filled, full, or whole

ə-pyi̱₂ အပြည့် *adv* fully, completely

ə-pyi̱-ə-ja' အပြည့်အကျပ် *adv* crowded with

ə-pyi̱-ə-mau' အပြည့်အမောက် *v* be heaping, be overfilled

ə-pyi̱-ə-hne' အပြည့်အနှက် *adv* to capacity

ə-pyi̱-ə-shan: အပြည့်အလျှမ်း *v* be filled, be plenty

ə-pyi̱-ə-son အပြည့်အစုံ *adv* completely

ə-pyi̱-ə-thei' အပြည့်အသိပ် *adv* to capacity, densely crowded

ə-pyi̱-ə-thei' အပြည့်အသိပ် *adv* to capacity, densely crowded

ə-pyi̱-ə-wa̱ အပြည့်အဝ *adv* totally

ə-pyin₁ အပြင် *n* plane, flat surface; outside, exterior

ə-pyin₂ အပျဉ့် *n* sthg flat

ə-pyin₃ အပြင် *part* except, other

than, save, apart from

ə-pyin-ban: အပြင်ပန်း *n* surface, exterior

ə-pyin-tein အပြင်တိမ် *n* ☿ cataract

ə-pyin-lan: အပြင်လမ်း *n* ⚑ outermost ecliptic, path of the sun's motion at the December solstice

ə-pyin...le: အပြင်...လည်း *part* not only ... but...

ə-pyin-lu အပြင်လူ *n* outsider

ə-pyin-lu-na အပြင်လူနာ *n* ☿ outpatient

ə-pyin:₁ အပြင်း *n* strength; intensity; potency

ə-pyin:₂ အပြင်း *adv* intensely; violently; at full speed

ə-pyin:-ə-htan အပြင်းအထန် *adv* intensely; severely; violently; at full speed; with force

ə-pyin:-byei အပျင်းပြေ *v* kill time; relieve boredom

ə-pyin:-ji: အပျင်းကြီး *v* be very lazy

ə-pyi'₁ အပျစ် *n* sthg viscous; a thick liquid

ə-pyi'₂ အပြစ် *n* wrong, misdeed; [relig] sin; guilt; defect

ə-pyi'-ə-hsa အပြစ်အဆာ *n* fault, defect

ə-pyi'-ch အပြစ်ချ *v* blame

ə-pyi'-dan အပြစ်ဒဏ် *n* punishment; penalty; ⚖ sentence

ə-pyi'-jə အပြစ်ကျ *v* be blamed; ⚖ be convicted

ə-pyi'-ji: အပြစ်ကြီး *v* be terrible, be grievous

ə-pyi'-kin: အပြစ်ကင်း *v* be innocent, be not guilty

ə-pyi'-lu' အပြစ်လွတ် *v* be innocent, be not guilty

ə-pyi'-mẹ အပြစ်မဲ့ *v* be innocent, be not guilty

ə-pyi'-pei: အပြစ်ပေး *v* punish; ⚖ convict (of), sentence (to)

ə-pyi'-pyɔ: အပြစ်ပြော *v* blame; reproach

ə-pyi'-sha အပြစ်ရှာ *v* find fault, be critical

ə-pyi'-hso အပြစ်ဆို *v* reproach; blame

ə-pyi'-tha: အပြစ်သား *n* [relig] sinner

ə-pyi'-tin အပြစ်တင် *v* blame sb

ə-pyi'-yu အပြစ်ယူ *v* be offended by

ə-pyo အပျို *n* unmarried

n hn o ɔ p hp r s hs t ht u w hw y z '

woman; ♀ virgin

ə-pyo-bau' အပျိုပေါက် *n* teenage girl, adolescent

ə-pyo-bɔ-win အပျိုဖော်ဝင် *v* ♀ reach puberty

ə-pyo-ji: အပျိုကြီး *n* older unmarried woman

ə-pyo-zin အပျိုစင် *n* virgin

ə-pyon-lai' အပြိုလိုက် *adv* in droves, in a horde

ə-pyon: အပြုံး *n* smile

ə-pyo'₁ အပြွတ် *n* boiling; boiled food

ə-pyo'₂ အပြွတ် *adv* (wipe out, root out) completely

ə-pyo'-tai' အပြွတ်တိုက် *v* demolish

ə-pyɔ₁ အပျော် *n* fun, pleasure, amusement

ə-pyɔ₂ အပျော် *adv* purely for fun, as a hobby

ə-pyɔ-ə-pa:-lai' အပျော်အပါးလိုက် *v* go along for fun; have a good time, party, go out; womanise

ə-pyɔ-ə-pye' အပျော်အပြက် *n* joke; teasing

ə-pyɔ-dan: အပျော်တမ်း *n* amateur, hobbyist

ə-pyɔ-zwe: အပျော့ဆွဲ *sb* who influences other by tactful means

ə-pyɔ: အပြော *n* talk, speech; expanse

ə-pyɔ:-ə-hso အပြောအဆို *n* way of speaking; reproach

ə-pyɔ:-je အပြောကျယ် *v* be broad, be wide

ə-pyɔ:-ji: အပြောကြီး *v* be boastful

ə-pyɔ:-pa အပြောပါ *v* be persuasive

ə-pyɔ:-pain အပြောပိုင် *v* be eloquent, be articulate

ə-pyṵ-ə-mu အပြုအမူ *n* manners; behaviour

ə-pyṵ-ə-pyin အပြုအပြင် *n* decoration; beautification; discipline, reform

ə-pyṵ-ə-sṵ အပြုအစု *n* care, attention

ə-hpa အဖာ *n* patch

ə-hpa-ə-htei: အဖာအထေး *n* patch

ə-hpa̰ အဖ *n* father; ♣ cock, rooster

ə-hpan အဖန် *n* bitter, tannic taste; oolong tea; frequency ə-**hpan-ban** အဖန်ဖန် *adv* repeatedly

ə-**hpan-jau'** အဖန်ခြောက် *n* oolong tea (leaves)

ə-**hpan-tə-le:-le:** အဖန်တလဲလဲ *adv* over and over

ə-**hpan-tə-ya** အဖန်တစ်ရာ *adv* repeatedly

ə-**hpan:** အဖမ်း *n* catch; arrest

ə-**hpan:-ə-hsi:** အဖမ်းအသီး *n* ⚖ arrest (of people), apprehension; ⚖ seizure (of things, goods, contraband)

ə-**hpa'** အဖတ် *n* reading; solid part of sthg

ə-**hpa'-hse** အဖတ်ဆယ် *v* salvage, redeem

ə-**hpa'-tin** အဖတ်တင် *v* have sthg to show for one's efforts; (of children in a family) survive

ə-**hpei** အဖေ *n* father

ə-**hpei:** အဖေး *n* ☤ scab

ə-**hpei:-te'** အဖေးတက် *v* ☤ scab over

ə-**hpei'-ə-sin** အဖိတ်အစဉ် *n* waste; loss of life

ə-**hpe'** အဖက် *n* mate, match, partner; sb of equal standing

ə-**hpe'-lo'** အဖက်လုပ် *v* treat sb as a social equal

ə-**hpe'-hpe'** အဘက်ဘက် *n* all angles, all sides, all aspects

ə-**hpe'-tan** အဖက်တန် *v* [usu neg] be of equal social status

ə-**hpi** အဖီ *n* lean-to, shed; bunch

ə-**hpi-chạ** အဖီချ *v* build an annex or lean-to

ə-**hpi:** အဖီး *n* weal; ⚘ bunch of bananas

ə-**hpo** အဖို *n* male (of a species); ⚘ male tree; ⚛ positive pole

ə-**hpo-ə-mạ** အဖိုအမ *n* counterparts, two parts of a whole

ə-**hpọ**₁ အဖို့ *n* part, share, portion

ə-**hpọ**₂ အဖို့ *part* for, (in order) to

ə-**hpo:**₁ အဖိုး *n* cost, price; value, worth

ə-**hpo:**₂ အဘိုး *n* grandfather

ə-**hpo:-ə-hkạ** အဖိုးအခ *n* fee, charge

ə-**hpo:-ə-hpwa:** အဘိုးအဘွား *n* grandparents

ə-hpo:-cho အဖိုးချို *v* be inexpensive, be cheap

ə-hpo:-ji: အဖိုးကြီး *v* be expensive, be dear

ə-hpo:-ji: အဘိုးကြီး *n* old man

ə-hpo:-ne:-wun-pa အဖိုးနည်းဝန်ပါ *v* be inexpensive but useful

ə-hpo:-tan အဖိုးတန် *v* be precious, be valuable

ə-hpo:-tha:-na: အဖိုးသားနား cost, price; value, worth

ə-hpo:-htai' အဖိုးထိုက် *v* be worth; be precious, be valuable

ə-hpon-bon အဖုံဖုံ *adv* variously

ə-hpon: အဖုံး *n* lid, cap, top; cover

ə-hpo' အဖုတ် *n* baking, roasting; baked goods; clump

ə-hpɔ အဖော် *n* companion

ə-hpɔ-mɛ အဖော်မဲ့ *v* be all alone

ə-hpɔ-ya̧ အဖော်ရ *v* have a companion, have company

ə-hpɔ: အဖော *n* oedema, edema

ə-hpu̧ အဖု *n* lump on a surface or string, etc: knot, knob, boss; ⚕ boil; 🌿 lump, papule

ə-hpu̧-ə-pein̰ အဖုအပိန့် *n* ⚕ rash

ə-hpu̧-ə-hti' အဖုအထစ် *n* irregularity; hindrance

ə-hpu: အဖူး *n* lump, swelling; 🌿 bud

ə-hpu:-ə-nyun̰ အဖူးအညွန့် *n* 🌿 bud

ə-hpu:-yaun အဖူးရောင် *v* swell, be lumpy with swellings

ə-hpwa: အဘွား *n* grandmother

ə-hpwa:-ji: အဘွားကြီး *n* old woman

ə-hpwɛ̰ အဖွဲ့ *n* group, organisation, team, association; committee, board

ə-hpwɛ̰-ə-si: အဖွဲ့အစည်း *n* group, organisation, association

ə-hpwɛ̰-gwe: အဖွဲ့ခွဲ *n* branch (of an organisation etc); subcommittee

ə-hpwɛ̰-jo' အဖွဲ့ချုပ် *n* federation, league

ə-hpwɛ̰-win အဖွဲ့ဝင် *n* member

ə-hpwin̰ အဖွင့် *n* opening, beginning

ə-hpya-bya အဖြာဖြာ *v* be various

ə-hpya: အဖျား *n* 🌿 fever; end, tip; 🌐 source, head, headwaters (of river)

ə-hpya:-ə-na အဖျားအနာ *n* illness, sickness

ə-hpya:-ə-na: အဖျားအနား *n* end portion; fringe; distant relative

ə-hpya:-dha' အဖျားသတ် *n* end, conclusion

ə-hpya:-hka' အဖျားခတ် *v* sideswipe; have a minor effect

ə-hpya:-hpya-hsei: အဖျားဖြတ် ဆေး *n* ♉ medicine which lowers a fever, febrifuge

ə-hpya:-shu: အဖျားရှူး *v* taper off; fizzle out, thin out

ə-hpya:-tain: အဖျားတိုင်း *v* ♉ take (sb's) temperature

ə-hpya:-win အဖျားဝင် *v* ♉ be feverish

ə-hpyauṇ အဖြောင့် *n* straightness; directness, straightforwardness; honesty

ə-hpyauṇ-dhə-ma: အဖြောင့် သမား *n* honest person

ə-hpya'-ə-tau' အဖြတ်အတောက် *n* deduction; pruning; censorship; punctuation; phrasing

ə-hpya'-ə-ya' အဖြတ်အရပ် *n*

punctuation

ə-hpyei အဖြေ *n* answer, reply, response; solution; result

ə-hpyei-hman-sha အဖြေမှန်ရှာ *v* try to find the right thing to do

ə-hpyei-hto' အဖြေထုတ် *v* answer, solve; try to answer (question); try to solve (problem)

ə-hpyeị အဖြည့် *n* complement; addition

ə-hpyeị-gan အဖြည့်ခံ *n* stand-in; complement; filler

ə-hpyeị-kan အဖြည့်ကံ *n* [gram] object complement

ə-hpye' အဖျက် *n* destruction, erasure; sabotage; subversion

ə-hpye'-ə-hsi: အဖျက်အဆီး *n* destruction, act of destroying

ə-hpye'-thə-bɔ: အဖျက်သဘော *n* destructive intention; negative attitude, aggressive mind, aggressive streak

ə-hpyi အဖြီး *n* bluff

ə-hpyin:₁ အဖျင်း *n* sthg worthless, sthg inferior, junk; ✻ underdeveloped grain; good-for-nothing

ə-hpyin:₂ အဖျင်း *n* ♥ spleen

ə-hpyin:-zon: အဖျင်းဆုံး *adv* at (the) least, at any rate

ə-hpyi' အဖြစ် *n* way things happen, develop, etc; event, incident; circumstances, conditions; existence, life

ə-hpyi'-ə-pye' အဖြစ်အပျက် *n* event, incident; occurence

ə-hpyi'-le: အဖြစ်လဲ *v* metamorphose

ə-hpyi'-shị အဖြစ်ရှိ *v* be (generally) competent, be able

ə-hpyi'-hso: အဖြစ်ဆိုး *n* predicament; tragedy; misfortune

ə-hpyi'-thə-ni' အဖြစ်သနစ် *n* way things happen, develop, etc; event, incident; circumstances

ə-hpyon: အဖြုန်း *n* waste (matter); stone not of gem quality

ə-hpyɔ အဖျော် *n* (fruit) juice; entertainment

ə-hpyɔ-yei အဖျော်ရည် *n* (fruit) juice

ə-hpyu အဖြူ *n* (the colour) white; sthg colourless; sthg undyed

ə-rị-ya အရိယာ *n* sb who is saintly

ə-sa အစာ *n* food; stuffing, filling

ə-sa-ə-ha-rạ အစာအာဟာရ *n* nourishment

ə-sa-byun အစာပြွန် *n* ♥ esophagus

ə-sa-ein အစာအိမ် *n* stomach

ə-sa-haun:-ein အစာဟောင်းအိမ် *n* colon

ə-sa-jei အစာကြေ *v* have a good digestion; (of food) be digestible

ə-sa-nga'-hkan အစာငတ်ခံ *v* fast, starve oneself, go without food

ə-sa-nga'-hkan-hsan-dạ-pyạ အစာငတ်ခံဆန္ဒပြ *v* go on hunger strike

ə-sạ အစ *n* beginning, start; source, origin; loose end, free end; bit, fragment

ə-sạ-ə-nạ အစအန *n* small piece, bit, fragment; trace, sign; glimpse

ə-sạ-ə-yin: အစအရင်း *n* the very

beginning

ə-sạ-kə-nə-u: အစကနဦး *n* outset, beginning

ə-sạ-pyau' အစပျောက် *v* disappear, vanish (without a trace); lose all track (of)

ə-sạ-pyo အစပျိုး *v* initiate, introduce

ə-sạ-hpɔ အစဖော် *v* give a hint; jog sb's memory

ə-sạ-hpyau' အစဖျောက် *v* erase all evidence

ə-sạ-tha' အစသတ် *v* wind up, conclude, finish

ə-sạ-thein: အစသိမ်း *v* wind up, conclude, finish

ə-sạ-zạ အစစ *n* all, everything

ə-sạ-zạ-ə-ya-ya အစစအရာရာ *n* all, everything

ə-sa: အစား *n* food; eating; kind, type; division; substitute

ə-sa:-ə-sa အစားအစာ *n* food

ə-sa:-ə-thau' အစားအသောက် *n* food; eating

ə-sa:-mya: အစားများ *v* be a big eater; eat too much

ə-sa:-hma: အစားမှား *v* mix incompatible foods

ə-sa:-ne: အစားနည်း *v* be a light eater

ə-sa:-pei: အစားပေး *v* compensate (in kind)

ə-sa:-po' အစားပုပ် *v* be a glutton, be gluttonous

ə-sa:-hto: အစားထိုး *v* substitute; replace

ə-sa:-za: အစားစား *n* all kinds, all categories, all classes

ə-sa:-za:-ə-wạ-wạ အစားစားအဝဝ *n* all categories, all classes, all kinds

ə-san: အစမ်း *n* test, experiment; trial

ə-san:-ə-tha' အစမ်းအသပ် *n* experiment; examination

ə-san:-hkaṇ-ka-lạ အစမ်းခန့်ကာလ *n* probation

ə-sauṇ အစောင့် *n* guard, watchman; guardian spirit

ə-sau' အစောက် *n* steepness; depth; height

ə-sa' အစပ် *n* sthg hot, sthg spicy; hot sauce; hot peppers, chilli; spiciness, hotness; edge; border

ə-sei-gan အစေခံ *n* servant

ə-sei̯ အစေ့ *n* seed; stone, pit;

bead, pellet

ə-sei: အစေး *n* latex, gum, resin

ə-sei:-ka' အစေးကပ် *v* be on
friendly terms

ə-sein: အစိမ်း *n* green; raw
food, uncooked food; unripe
fruit, green fruit;
inexperienced person; US
dollars

ə-sein:-jɔ အစိမ်းကြော် *n* fried
mixed vegetables

ə-sei' အစိတ် *n* part, piece; 25

ə-sei'-ə-pain: အစိတ်အပိုင်း *n*
portion, part, piece

ə-sei'-sei' အစိတ်စိတ် *adv* in
pieces

ə-sei'-tha: အစိတ်သား *n* 25
ticals, about 0.4 kg

ə-se' အစက် *n* drop; speck, dot

ə-shạ-ə-nạ အရှအန *n* cuts,
wounds; the wounded

ə-shai' အရှိုက် *n* solar plexus;
indrawn breath

ə-shei အရှည် *n* length (of
time); distant future, long
term; length, distance

ə-shei-ji အရှည်ကြည့် *v* take a
long view, look at the long
term

ə-sheị အရှေ့ *n* area in front;
east

ə-sheị-myau' အရှေ့မြောက် *n* 🌏
north-east

ə-sheị-tain: အရှေ့တိုင်း *n* 🌏 the
East, the Orient

ə-sheị-taun အရှေ့တောင် *n* 🌏
south-east

ə-sheị-taun-a-shạ အရှေ့တောင်
အာရှ *n* 🌏 South-east Asia

ə-shein အရှိန် speed, velocity;
momentum; force; ❊ acceler-
ation; effect

ə-shein-kaun: အရှိန်ကောင်း *v*
make good progress

ə-shein-lun အရှိန်လွန် *v*
overshoot; get out of hand

ə-shein-pye' အရှိန်ပျက် *v* lose
speed, lose momentum

ə-shein-tha' အရှိန်သတ် *v* slow
down; control, check

ə-she' အရှက် *n* shyness; shame;
humiliation; sense of shame

ə-she'-ə-jau' အရှက်အကြောက် *n*
sense of propriety; sense of
shame

ə-she'-də-gwe: အရှက်တကွဲ *adv*
embarrassingly

ə-she'-kwe: အရှက်ကွဲ *n* be

ashamed, be embarrassed

ə-she'-hkwe အရှက်ခွဲ v shame
sb, humilate sb

ə-she'-pyei အရှက်ပြေ adv trying
to save face

ə-shin အရှင် n sthg alive; sthg
movable, sthg unfixed; sthg
flexible; master, lord; owner

ə-shin-mə-shi အရှင်မရှိ v be
ownerless; be stray

ə-shin-hpə-ya: အရှင်ဘုရား n
𝄞 you; he

ə-shon: အရှုံး n defeat; failure;
loss

ə-shon:-ə-mya' အရှုံးအမြတ် n
outcome, 🏵 profit and loss

ə-shon:-ə-nain အရှုံးအနိုင် n
outcome, result

ə-shon:-pei: အရှုံးပေး v
surrender, give up

ə-sho' အရှုပ် n entanglement

ə-sho'-ə-shin: အရှုပ်အရှင်း n
problem

ə-sho'-ə-htwei: အရှုပ်အထွေး n
confusion

ə-shɔ-ə-tin အလျှောအတင် n
(room for) adjustment,
flexibility

ə-shɔ-ə-tin: အလျှောအတင်း n

adjustment; flexibility

ə-shɔ-pei: အလျှောပေး v give in;
accommodate

ə-si-ə-man အစီအမံ n plan,
scheme

ə-si-ə-sin အစီအစဉ် n sequence,
order; plans, programme,
agenda; arrangement,
measure

ə-si-ə-yin အစီအရင် n plan,
preparation, arrangement

ə-si-yin-hkan အစီရင်ခံ v submit
a report

ə-si-yin-hkan-za အစီရင်ခံစာ n
report

ə-si အစေ့ n seed; stone, pit;
bead, pellet

ə-si:₁ အစေး n latex, gum, resin

ə-si:₂ အစည်း n bundle, bunch

ə-si:-ə-bwa: အစီးအပွား n
prosperity

ə-si:-ə-ja' အစည်းအကြပ် n
discipline

ə-si:-ə-wei: အစည်းအဝေး n
meeting, conference

ə-si:-ə-wei:-hma'-tan: အစည်း
အဝေးမှတ်တမ်း n minutes

ə-si:-ə-yon: အစည်းအရုံး n
association, organisation

ə-si:-ka' အေစးကပ် v be on friendly terms

ə-sin₁ အစဉ် n order, sequence, series; consistency; continuity; succession; tradition

ə-sin₂ အစင် n cleanliness, purity; accuracy

ə-sin₃ အစဉ် adv always; permanently

ə-sin-ə-la အစဉ်အလာ n tradition, convention; course of events

ə-sin-ə-hse' အစဉ်အဆက် n succession

ə-sin-ə-tain: အစဉ်အတိုင်း adv always, continuously

ə-sin-lai' အစဉ်လိုက် v observe tradition; be in order

ə-sin-mə-pya' အစဉ်မပြတ် adv continuously

ə-sin-thə-hpyin̩ အစဉ်သဖြင့် adv in the usual way

ə-sin:-jaun: အစင်းကြောင်း n stripe; scratch

ə-si' အစစ် n the real thing (inf), sthg true; investigation

ə-si'-ə-jo: အစစ်အကြော n questioning, interrogation

ə-si'-ə-hman အစစ်အမှန် n truth; reality, sthg genuine

ə-si'-hkan အစစ်ခံ v be questioned, be subject to enquiry; ⚖ give a deposition, make a sworn statement

ə-si'-hkan-je' အစစ်ခံချက် n ⚖ deposition, sworn statement, testimony

ə-so အစို n sthg wet, sthg soaked; raw meat or fish

ə-so-pyan အစိုပြန် v become moist, become damp

ə-so:-mə-ya̩ အစိုးမရ v be unpredictable; be non-permanent

ə-so:-ya̩ အစိုးရ n 🌏 government; regime

ə-so:-yein အစိုးရိမ် n anxiety, worry

ə-son အစုံ n couple, pair; even number; wide variety, many kinds, all kinds; sthg complete

ə-son-ə-san: အစုံအစမ်း n investigation, inquiry

ə-son-ə-sei̩ အစုံအဝေ့ adv including all

ə-son-ə-si̩ အစုံအဝေ့ adv including all

ə a b c ch d e g h i j j̩ k hk l hl m hm

ə-son-zan: အစုံစမ်း v [inf] digging; research

ə-so' အစုတ် n tear, rip; shreds, scraps

ə-sɔ:-ji: အစောကြီး n very early (in the) morning

ə-sụ အစု n group, collection; share, quota; set

ə-sụ-ə-pon အစုအပုံ n mass; pile

ə-sụ-ə-wei: အစုအဝေး n congregation, collection

ə-sụ-zụ အစုစု n collection, accumulation

ə-su:-ə-san: အစူးအစမ်း n inquiry, enquiry

ə-sun အစွန် n remote area, outskirts; edge

ə-sun: အစွန်း n stain, smear; taint; protrusion; extremity, remote area

ə-sun:-ə-sạ အစွန်းအစ n trace, sign

ə-sun:-htwe' အစွန်းထွက် v project, stick out (inf); be immoderate, be extreme

ə-sun:-yau' အစွန်းရောက် n be radical, be an extremist

ə-su' အစွပ် n sheath, cover, case, cap; ● condom

ə-swan: အစွမ်း n ability; strength; power

ə-swan:-ə-sạ အစွမ်းအစ n aptitude, potential; ability, capability

ə-swe အစွယ် n fang, eyetooth, canine tooth; tusk

ə-swe: အစွဲ n obsession; deep feeling or belief, strong attachment

ə-hsa အဆာ n hunger; flaw; lack; filling, stuffing

ə-hsa-byei အဆာပြေ n snack, bite to eat

ə-hsa-hkan အဆာခံ v be filling, be substantial

ə-hsa-thu' အဆာသွတ် v fill, stuff

ə-hsạ အဆ n multiple; fold; estimate; gauge

ə-hsain: အဆိုင်း n packet of gold leaf; (work) shift

ə-hsan အဆန် n upstream movement; kernel, nut, grain; (bell) clapper; mark inside ?

ə-hsan: အဆန်း n sthg new, sthg unusual, sthg strange

ə-hsaun အဆောင် n annex (to a building); hostel

ə-hsau'-ə-on အဆောက်အအုံ
building, structure; extent

ə-hsau'-ə-u အဆောက်အဦ *n*
building, structure

ə-hseiṇ အဆိမ့် *n* richness,
creaminess; rich food

ə-hsei' အဆိပ် *n* poison; venom;
toxin

ə-hsei'-ə-tau' အဆိပ်အတောက် *n*
poisoning

ə-hsei'-mị အဆိပ်မိ *v* be
poisoned

ə-hsei'-hpyei-hsei: အဆိပ်ဖြေ
ဆေး *n* ⚕ antivenom, anti-
venin, antitoxin, antiserum

ə-hsei'-te' အဆိပ်တက် *v* (of
poison) take effect

ə-hsei'-thiṇ အဆိပ်သင့် *v* be
poisoned

ə-hse' အဆက် *n* connection;
contact; joint; continuation;
sequel; descendant

ə-hse'-ə-nwe အဆက်အနွယ် *n*
relations, relatives

ə-hse'-ə-sa' အဆက်အစပ် *n*
connection; relevance;
interrelationship

ə-hse'-ə-thwe အဆက်အသွယ် *n*
connection, contact;

communication

ə-hse'-mə-pya' အဆက်မပြတ်
adv continuously; always,
constantly

ə-hse'-pya' အဆက်ပြတ် *v* be
disconnected; lose contact;
be estranged

ə-hse'-hpya' အဆက်ဖြတ် *v*
disconnect; break off
relations

ə-hse'-hse' အဆက်ဆက် *n* sthg
which happens in succession,
sthg which is part of a series

ə-hsi အဆီ *n* fat, grease, sthg
oily; essence

ə-hsi:-ə-ta: အဆီးအတား *n*
obstacle, barrier

ə-hsin အဆင် *n* design, pattern;
condition

ə-hsin-də-za အဆင်တန်ဆာ *n*
jewellery, jewelry

ə-hsin-pyei အဆင်ပြေ *v* go
smoothly, go well; be all
right. be fine; be convenient;
be appropriate, be good (for);
get on (with)

ə-hsin-thiṇ အဆင်သင့် *adv* in
readiness, prepared

ə-hsiṇ အဆင့် *n* status, position;

grade, standard, level; phase

ə-hsin-ə-tan: အဆင့်အတန်း *n* class; standard; status; level

ə-hsin-myiṇ အဆင့်မြင့် *v* be advanced, be high level; be high quality

ə-hsin-shị အဆင့်ရှိ *v* have a certain level of intelligence, education, status

ə-hsin-hsin အဆင့်ဆင့် *adv* in stages, in phases; step by step

ə-hsin: အဆင်း *n* way down; slope (down), decline; leaving school or work; getting off; appearance

ə-hsi' အဆစ် *n* joint; node; bargaining

ə-hso အဆို *n* statement; point of view; ⚖ written statement

ə-hso-dɔ အဆိုတော် *n* ♪ singer, vocalist

ə-hsọ အဆို့ *n* plug, stopper; cork

ə-hso: အဆိုး *n* evil, badness; sthg bad

ə-hso:-chạ အဆိုးချ *v* blame (sb for sthg)

ə-hso:-jạ အဆိုးကျ *v* be blamed

(for sthg)

ə-hson: အဆုံး *n* end, conclusion; most distant point; final thing; loss

ə-...-hson: အ...ဆုံး *part* most ..., -est, affix surrounding a verb to indicate superlative

ə-hson:-ə-mạ အဆုံးအမ *n* instruction, guidance

ə-hson:-ə-hpya' အဆုံးအဖြတ် *n* decision, ⚖ ruling; resolution

ə-hson:-hkan အဆုံးခံ *v* bear a loss, suffer a loss; sacrifice

ə-hson:-tha' အဆုံးသတ် *v* (bring to an) end, conclude

ə-hso'₁ အဆုတ် *n* backward movement; ☤ lungs

ə-hso'₂ အဆုပ် *n* handful of food, ball of food

ə-hso'-lai' အဆုပ်လိုက် *adv* in masses, in bunches

ə-hso'-na အဆုတ်နာ *n* lung disease, esp tuberculosis

ə-hso'-pwạ-yɔː-ga အဆုတ်ပွ ရောဂါ *n* ☤ pneumonia

ə-hso'-yaun-yɔː-ga အဆုတ် ယောင်ရောဂါ *n* ☤ pneumonia

ə-hso'-yɔː-ga အဆုတ်ရောဂါ *n* ☤ respiratory infection

n hn o ɔ p hp r s hs t ht u w hw y z '

ə-hsu: အဆူး *n* thorn (of plant); spike

ə-hswe အဆွယ် *n* extension, annex, sthg added on; enticement

ə-hswe-ə-pwa: အဆွယ်အပွား *n* offshoot, sthg which is secondary; supporters, followers

ə-hswe: အဆွဲ *n* (act of) pulling; attraction; sthg suspended

ə-hswe:-ə-ngin အဆွဲအငင် *n* symbols written underneath an initial character, i.e., ွ၊ ု၊ ူ

ə-hswei: အဆွေး *n* decay, rot, corrosion; grief

ə-ta အတာ *n* distance, extent; duty

ə-ta:-ə-hsi: အတားအဆီး *n* obstruction, obstacle, barrier

ə-tain-bin-gan အတိုင်ပင်ခံ *n* consultant, advisor

ə-tain:$_1$ အတိုင်း *n* measurement (of length or area); pattern, template

ə-tain:$_2$ အတိုင်း *part* as, like

ə-tain:-ə-shei အတိုင်းအရှည် *n* extent; size, measure; measurement

ə-tain:-ə-hsạ အတိုင်းအဆ *n* measurement; estimate; reasonable amount

ə-tain:-ə-hsạ-mə-shị အတိုင်းအဆမရှိ *adv* without limits or constraints

ə-tain:-ə-ta အတိုင်းအတာ *n* extent, scope

ə-tain:-dha: အတိုင်းသား *adv* plainly, clearly

ə-tain:-mə-thị အတိုင်းမသိ *adv* immeasurably, incalculably

ə-tai'-ə-hkai' အတိုက်အခိုက် *n* ✝ clash, fighting

ə-tai'-ə-hkan အတိုက်အခံ *n* opposition

ə-tan$_1$ အတန် *adv* little, somewhat; sufficiently

ə-tan$_2$ အတံ *n* rod, stick, bar

ə-tan-ə-thiṇ အတန်အသင့် *adv* moderately; more than usual

ə-tan-dan အတန်တန် *adv* repeatedly; successively

ə-tan-ja အတန်ကြာ *adv* for some time

ə-tan-nge အတန်ငယ် *adv* somewhat, little

ə-taṇ အတန့် *n* band, stripe, bar

ə-tan: အတန်း *n* row; (in school) grade, form, class, standard

ə-taun အတောင် *n* feather; wing; fin; cubit (18 inches)

ə-taun-ban အတောင်ပံ *n* wing

ə-taun-son အတောင်စုံ *v* (of bird) be full-fledged

ə-tauṇ အတောင့် *n* capsule, pod, bar, any hollow cylinder

ə-ta'₁ အတတ် *n* skill, craft; art; knowledge; technique; action

ə-ta'₂ အတပ် *adv* exactly, definitely

ə-ta'-ə-ja' အတပ်အကြပ် *adv* exactly, definitely

ə-ta'-hɔ: အတပ်ဟော *v* make precise predictions

ə-ta'-pyin-nya အတတ်ပညာ *n* education; knowledge; skill, craft; art

ə-ta'-pyin-nya-shin အတတ်ပညာ ရှင် *n* expert; technician

ə-ta'-pyɔ: အတပ်ပြော *v* tell exactly, tell all about

ə-ta'-hsan: အတတ်ဆန်း *v* be out of the ordinary, be strange; be non-traditional, not be routine

ə-tei: အတေး *n* grudge,

resentment; notation

ə-tein-ə-ne' အတိမ်အနက် *n* depth; intensity; importance, seriousness

ə-tein:-ə-saun: အတိမ်းအစောင်း *n* error, slip, mistake; deviation, abberation; swaying motion

ə-tei' အတိတ် *n* the past; sign, omen

ə-tei'-kau' အတိတ်ကောက် *v* interpret an omen or sign

ə-tei'-ya̰ အတိတ်ရ *v* be destined, be predetermined

ə-te' အတက် *n* rise, ascent; advance; sprout, shoot

ə-thə-bo အသားပို *n* ☤ polyp

ə-thə-lu' အသားလွတ် *adv* without cause

ə-thə-ma အသားမာ *n* corn; callus

ə-thə-na:-hkan အသနားခံ *v* ⚖ appeal for clemency

ə-thə-na:-hkan-za အသနားခံစာ *n* ⚖ appeal for clemency

ə-thə-wa-yɔ:-ga အသားဝါရောဂါ *n* ☤ jaundice

ə-tha အသာ *adv* tenderly, softly, gently; on the quiet;

easily

ə-tha-nei အသာနေ v stay out; be unconcerned

ə-tha-pei: အသာပေး v give an advantage

ə-tha-zi: အသာစီး n upper hand

ə-tha: အသား n flesh, muscle; meat; skin, complexion; substance

ə-tha:-da' အသားဓာတ် n protein

ə-tha:-jạ အသားကျ v settle; become firm; become used to

ə-tha:-ji: အသားကြီး v be proud

ə-tha:-pa အသားပါ v be meaningful, have substance

ə-tha:-pei: အသားပေး v emphasise

ə-tha:-hto:-zei: အသားထိုးဆေး n ⚕ intramuscular injection

ə-tha:-yu အသားယူ v take advantage of (a woman)

ə-tha:-za အသားစား v be carnivorous

ə-tha:-zei: အသားဆေး n ⚕ intramuscular injection

ə-thain:-ə-wain: အသိုင်းအဝိုင်း n circle (of family, friends, etc)

ə-thai' အသိုက် n nest

ə-thai'-ə-wun: အသိုက်အဝန်း n

clique, (closed) group

ə-than အသံ n sound, noise; voice; tone

ə-than-dwe' အသံထွက် n pronunciation

ə-than-jo: အသံကြိုး n vocal chords

ə-than-lon အသံလုံ v have a clear and steady voice; be soundproof

ə-than-hlwiṇ အသံလွှင့် v broadcast

ə-than-hlwiṇ-se' အသံလွှင့်စက် n (radio) transmitter

ə-than-o: အသံအိုး n ⚕ larynx, voicebox

ə-than-pei: အသံပေး v call out, make a sound to get sb's attention

ə-than-hpan:-se' အသံဖမ်းစက် n recorder; (radio) receiver

ə-than-thwin: အသံသွင်း v record

ə-than-wa အသံဝါ n ♪ bass

ə-than-we: အသံဝဲ v have an accent

ə-than-win အသံဝင် v lose one's voice, be hoarse

ə-tha' အသတ် n killing; devowelising marker ္;

spelling

ə-tha'-ə-la' အသတ်အလတ် *n*
spelling, orthography

ə-the: အသည်း *n* ⚕ liver; heart
(a broken ~)

ə-the:-ə-than အသည်းအသန် *adv*
critically, seriously, severely
(ill, etc); extremely, strongly

ə-the:-ji:-na အသည်းကြီးနာ *n*
⚕ enlarged liver

ə-the:-ya: အသည်းယား *v* be
itching to do sth

ə-thei₁ အသေ *n* death

ə-thei₂ အသေ *adv* rigidly,
inflexibly

ə-thei-ə-pyau' အသေအပျောက် *n*
mortality, casualty

ə-thei-hkan အသေခံ *v* die for;
risk one's life for

ə-thei-twe' အသေတွက် *v*
consider sth dead certain

ə-thei-yu အသေယူ *v* have fixed
ideas

ə-thei: အသေး *n* sth small,
fine, thin, etc

ə-thei:-zei' အသေးစိတ် *n*
details; minutiae

ə-the' အသက် *n* life, lifetime;
age

ə-the'-a-mạ-gan အသက်အာမခံ *n*
life insurance

ə-the'-mwei: အသက်မွေး *v* make
a living

ə-the'-mwei:-wun:-jaun: အသက်
မွေးဝမ်းကျောင်း *n* living, liveli-
hood, career

ə-the'-pyeị အသက်ပြည့် *v* reach
a certain age

ə-the'-shu အသက်ရှု *v* breathe

ə-the'-shu-ja' အသက်ရှုကျပ် *v*
⚕ be short of breath

ə-the'-suṇ အသက်စွန့် *v* risk
one's life

ə-the'-tha-hko အသက်သာခို *v*
shirk

ə-thị အသိ *n* perception;
notice; knowledge;
acquaintance

ə-thi:₁ အသီး *n* fruit

ə-thi:₂ အသီး *adv* variously

ə-thi:-ə-cha: အသီးအခြား
separately; differently

ə-thi:-ə-thi: အသီးအသီး
separately; differently

ə-thi:-dhi: အသီးသီး *adv*
separately; differently

ə-thiṇ အသင့် *adv* ready, in
readiness; appropriately

ə-thiṇ-ə-tiṇ အသင့်အတင့် *adv*
fairly, appropriately,
moderately

ə-thiṇ-pyin အသင့်ပြင် *adv*
prepare, ready

ə-thin: အသင်း *n* group,
organisation

ə-thin:-gwe: အသင်းခွဲ *n* faction,
splinter group

ə-thin:-jo' အသင်းချုပ် *n* main
group; headquarters

ə-thin:-win အသင်းဝင် *v* become
a member

ə-thi' အသစ် *n* sthg new

ə-thi'-ə-hsan: အသစ်အဆန်း *n*
novelty

ə-thi'-se'-se' အသစ်စက်စက် *n*
sthg in mint condition

ə-thị-ə-lein-ma အသိအလိမ္မာ *n*
wisdom

ə-thị-ə-hma'-pyụ အသိအမှတ်ပြု
v recognise, acknowledge

ə-thị-nyan အသိဉာဏ် *n*
intelligence

ə-thị-pei: အသိပေး *v* inform

ə-thị-pyin-nya အသိပညာ *n*
knowledge, learning

ə-tho အသို *n* sthg stale

ə-thon: အသုံး *n* use, usage

ə-thon:-ə-hnon: အသုံးအနှုန်း *n*
(of words, phrases, etc)
usage, expression

ə-thon:-ə-hpyon: အသုံးအဖြုန်း *n*
squandering

ə-thon:-ə-hsaun အသုံးအဆောင် *n*
utensils, gear, kit; requisites,
necessities, essentials

ə-thon:-chạ အသုံးချ *v* make use
of, put to use; exploit, use

ə-thon:-jạ အသုံးကျ *v* be useful,
be of use

ə-thon:-hkan အသုံးခံ *v* be
durable

ə-thon:-sei-za' အသုံးစေ့စပ် *v* be
thrifty, be economical

ə-thon:-win အသုံးဝင် *v* be
useful, be of use

ə-thon:-zə-yei' အသုံးစရိတ် *n*
expenses

ə-tho'₁ အသုပ် *n* mixed salad
dish, typically with oil,
onions, garlic, peanuts, chilli
and some base such as rice,
noodles, leaves, fish, etc,
sometimes with soup

ə-tho'₂ အသုတ် *n* some number
of people; number of times

ə-thwa: အသွား *n* going, way

(to someplace); ♪ tune;
(cutting) edge

ə-thwa:-ə-la အသွားအလာ *n*
traffic; movement

ə-thwa:-ə-pyan အသွားအပြန် *n*
round trip

ə-ti အတည် *adv* definitely

ə-ti-də-ja အတည်တကျ *adv*
permanently, lastingly;
definitely

ə-ti-pau' အတည်ပေါက် *adv*
seriously; with a straight face

ə-ti-pyu̱ အတည်ပြု *v* confirm

ə-ti̱ အတိ *adv* exactly, precisely

ə-ti̱-ə-ja အတိအကျ *adv*
definitely; precisely

ə-ti̱-ə-lin: အတိအလင်း *adv*
openly, plainly

ə-ti: အတီး *n* ♪ music; musician

ə-tin:₁ အတင်း *n* gossip

ə-tin:₂ အတင်း *adv* by force,
forcibly, against one's will;
harshly, violently

ə-tin:-ə-ja' အတင်းအကျပ် *adv* by
force, forcibly, against one's
will

ə-tin:-ə-ja' အတင်းအကြပ် *adv*
determinedly, resolutely

ə-tin:-a̱-də-ma̱ အတင်းအဓမ္မ *adv*

under duress; by force,
forcibly

ə-tin:-pyɔ: အတင်းပြော *v* gossip;
spread rumours

ə-to အတို *n* the short one,
something short

ə-to-ə-sa̱ အတိုအစ *n* fragments,
pieces; remnants, odds and
ends

ə-to-ə-htwa အတိုအထွာ *n*
miscellany

ə-to-cho'₁ အတိုချုပ် *v* abbrevi-
ate; summarise, condense

ə-to-cho'₂ အတိုချုပ် *adv* briefly

ə-to-gau' အတိုကောက် *n* abbre-
viation; acronym; initials

ə-to-gau'-hma'-su̱ အတိုကောက်
မှတ်စု *n* brief notes, gist

ə-to̱ အတို့ *n* vegetables for
dipping

ə-to: အတိုး *n* 🏦 interest

ə-to:-ə-hso' အတိုးအဆုတ် *n* fluc-
tuation; give and take

ə-to:-ə-sho̱ အတိုးအလျှော့ *n* vari-
ation, change; flexibility

ə-to:-cha̱ အတိုးချ *v* loan money
with interest

ə-toṇ₁ အတုံ့ *n* return, response

ə-toṇ₂ အတုံ့ *adv* in kind; in

return

ə-toṇ-ə-hlẹ₁ အတုံ့အလှည့် *n*
reciprocity; retaliation

ə-toṇ-ə-hlẹ₂ အတုံ့အလှည့် *adv*
reciprocally; in retaliation

ə-toṇ-ə-pyan အတုံ့အပြန် *adv*
reciprocally; back and forth

ə-ton: အတုံး *n* log; sthg blunt;
big piece, block

ə-ton:-ə-hke: အတုံးအခဲ *n* big
piece, block, chunk

ə-to'-ə-hkun အတုတ်အခွန် *n*
🪙 tax, duty

ə-tɔ₁ အတော် *n* sthg right, sthg
fitting

ə-tɔ₂ အတော် *adv* quite

ə-tɔ-ə-tan အတော်အတန် *adv*
fairly

ə-tɔ-ə-thiṇ အတော်အသင့် *adv* to
some degree, more than
normal

ə-tɔ-ji: အတော်ကြီး *adv* very

ə-tɔ:-ə-twin: အတောအတွင်း *exp*
meanwhile, during, while

ə-tɔ:-mə-tha' အတောမသတ် *v* go
on and on

ə-tu အတူ *adv* along with,
together with; just like

ə-tu-də-gwa အတူတကွ *adv*

together with

ə-tu-du အတူတူ *adv* (just) the
same; together

ə-tụ အတု *n* copy, imitation;
counterfeit

ə-tụ-hko: အတုခိုး *v* pirate, copy
(illegally)

ə-tuṇ အတွန့် *n* crease, wrinkle;
pleat

ə-tuṇ-ə-lei' အတွန့်အလိပ် *n*
wrinkle; ruffle

ə-tuṇ-te' အတွန့်တက် *v* be
argumentative

ə-twe: အတွဲ *n* cluster, bunch;
couple, pair; volume

ə-twe:-ə-hpe' အတွဲအဖက် *n*
complement

ə-twe:-lai' အတွဲလိုက် *adv* in
bunches, in clusters

ə-tweị အတွေ့ *n* physical
sensation, touch, feeling;
meeting

ə-tweị-ə-jon အတွေ့အကြုံ *n*
experience

ə-tweị-ə-htị အတွေ့အထိ *n*
touch, feeling

ə-twei: အတွေး *n* thought, idea;
thinking, opinion

ə-twei:-ə-chiṇ အတွေးအချင့် *n*

estimation, appreciation

ə-twei:-ə-hkɔ အတွေးအခေါ် *n* thought, idea; thinking

ə-twei:-ə-myin အတွေးအမြင် *n* angle, point

ə-twei:-ə-tɔ: အတွေးအတော *n* deliberation, thought

ə-twei:-ə-htin အတွေးအထင် *n* opinion, view

ə-twei:-dauṇ အတွေးထောင့် *n* angle

ə-twei:-pau' အတွေးပေါက် *v* have an idea, come to mind

ə-twe'₁ အတွက် *n* arithmetic; calculation

ə-twe'₂ အတွက် *part* because of, on account of; for, (in order) to; as a result of

ə-twe'-ə-che' အတွက်အချက် *n* arithmetic; calculation, reckoning

ə-twe'-ə-hsa အတွက်အဆ *n* careful thinking

ə-twe'-jauṇ အတွက်ကြောင့် *part* because of

ə-twe'-mə-shi အတွက်မရှိ *adv* without a reason

ə-twin:-yei:-hmu: အတွင်းရေးမှူး *n* secretary (of an organisation)

ə-twin:₁ အတွင်း *n* the inside (of sthg), interior; duration, length of time

ə-twin:₂ အတွင်း *adv* within

ə-twin:₃ အတွင်း *part* within, inside; during

ə-twin:-ə-pyin အတွင်းအပြင် *n* ins and outs

ə-twin:-dha: အတွင်းသား *n* confidant; inner part of sthg

ə-twin:-gan အတွင်းခံ *n* underclothes, underwear

ə-twin:-gan-in:-ji အတွင်းခံအင်္ကျီ *n* vest (Br), undershirt (Am)

ə-twin:-ja̱-ja̱ အတွင်းကျကျ *adv* thoroughly, through and through, fully

ə-twin:-jei-jei အတွင်းကြေကြေ *v* be bruised

ə-twin:-jei' အတွင်းကျိတ် *adv* secretly, covertly

ə-twin:-hkan: အတွင်းခန်း *n* interior room

ə-twin:-lei'-gaun: အတွင်းလိပ်ခေါင်း *n* ☤ haemorrhoids, hemorrhoids

ə-twin:-lu အတွင်းလူ *n* sb trusted

ə-twin:-lu-na အတွင်းလူနာ *n* ☤

inpatient

ə-twin:-mi: အတွင်းမီး n internal tensions in a community

ə-twin:-thị အတွင်းသိ n insider

ə-twin:-thị-ə-sin:-thị အတွင်းသိ အစဉ်းသိ n sb who is familiar with one's affairs

ə-twin:-yan အတွင်းရန် n treachery, betrayal; enemy within

ə-twin:-yei: အတွင်းရေး n private matter; confidential matter; internal memorandum

ə-twin:-yei:-ə-twin:-wun အတွင်း ရေးအတွင်းဝန် n private secretary

ə-twin:-zə-ga: အတွင်းစကား n inside information

ə-twin:-za အတွင်းစာ n internal document, confidential letter

ə-twin:-zei: အတွင်းဆေး n ✚ oral medicine

ə-twin:-zo: အတွင်းဆိုး n inborn bad nature

ə-hta အထာ n nature

ə-hta-jạ အထာကျ v settle into

ə-hta-pau' အထာပေါက် v get a feel for, get the hang of, get a knack for

ə-hta-pei: အထာပေး v hint, give

a hint

ə-htạ-(ə-nạ)-kau' အထ(အန) ကောက် v misconstrue, deliberately misunderstand

ə-htạ-myau' အထမြောက် v accomplish, achieve, amount to

ə-hta:-ə-tho အထားအသို n arrangement, placement; [grammar] word order

ə-hta:-hma: အထားမှား v lose, misplace

ə-htain အထိုင် n base, foundation

ə-htain-chạ အထိုင်ချ v fit sthg

ə-htain-jạ အထိုင်ကျ v fit tightly; be settled

ə-htai'-ə-lai' အထိုက်အလိုက် adv in keeping with; fairly, decently

ə-htai'-ə-lyau' အထိုက်အလျောက် n fairly, decently

ə-htan အထံ n presence; place

ə-htan:-dhə-ma: အထမ်းသမား n porter, stevedore

ə-htan:-dhe အထမ်းသည် n pedlar, peddler

ə-htau' အထောက် n support, strut, prop; help; assistant;

proof; reference

ə-htau'-ə-ku အထောက်အကူ *n*
help, aid, assistance, support

ə-htau'-ə-hkan အထောက်အခံ *n*
support, backing

ə-htau'-mə-tan အထောက်မတန်
adv undeservedly; excessively,
overly

ə-htau'-hta: အထောက်ထား *n*
evidence, proof; reference

ə-hta' အထပ် *n* layer, level,
stratum; floor, story; ply

ə-hta'-hko: အထပ်ခိုး *n* loft,
mezzanine, extra level
(within an area)

ə-hta'-tha: အထပ်သား *n*
plywood

ə-hte အထည် *n* substance,
matter; cloth, fabric,
material; ware

ə-hte-bye' အထည်ပျက် *n* gold in
a form other than coins or
bullion

ə-hte-go အထည်ကိုယ် *n*
substance

ə-hte-jan: အထည်ကြမ်း *n* coarse
material, rough material

ə-hte-ji:-bye' အထည်ကြီးပျက် *n*
rich person who has fallen on

hard times

ə-hte-jɔ: အထည်ချော *n* fine
material, cloth, etc

ə-hte: အထဲ *part* in, inside;
among; while, during; as well
as

ə-hte:-gan အထဲခံ *n* lining,
underlay

ə-hteị အထွေ့ *n* mild sarcasm;
chaffing

ə-hteị-ə-ngọ အထွေ့အငေ့ *n* mild
sarcasm; chaffing

ə-htein: အထိန်း *n* guard,
guardian; governess ♀; tutor
♂; sthg which governs

ə-htein:-ə-hma' အထိန်းအမှတ် *n*
sign, mark; monument;
indication, signal; symbol

ə-htei'-tə-laṇ အထိတ်တလန့် *adv*
with a sudden fright

ə-hte' အထက် *n* place above;
point above or over sthg;
higher status; upriver,
upcountry

ə-hte'-au' အထက်အောက် *n* next
older and younger brothers
and sisters

ə-hte'-au'-yo-thei-hmụ အထက်
အောက်ရိုသေမှု *n* respect for

n hn o ɔ p hp r s hs t ht u w hw y z '

elders and superiors, respect for hierarchy

ə-hte'-lan: အထက်လမ်း *n* white magic

ə-hte'-lu-ji: အထက်လူကြီး *n* superior

ə-hte'-hlu'-tɔ အထက်လွှတ်တော် *n* 🏛 upper house of legislature

ə-hte'-hlwa အထက်လွှာ *n* elite

ə-hte'-pa-(ə-dain:) အထက်ပါ (အတိုင်း) *n* abovementioned, aforementioned

ə-hte'-pwe: အထက်ပွဲ *n* offering made to spirits of a higher realm

ə-hte'-pyan-au'-pyan အထက်ပြန် အောက်ပြန် *adv* alternately

ə-hte'-hpya: အထက်ဖျား *n* tip, very top

ə-hte'-hsin အထက်ဆင် *n* band of black cotton sewn to the waist of a *htamein*

ə-hte'-tan: အထက်တန်း *n* first class (in train, ship); last two standards in school, ninth and tenth standards

ə-hte'-tan:-ja̱ အထက်တန်းကျ *v* be the top of the line, be

first rate

ə-hte'-tan:-ȷaun: အထက်တန်း ကျောင်း *n* high school

ə-hte'-tha: အထက်သား *n* sb from upcountry

ə-hte'-wa အထက်ဝါ *n* upper part

ə-hti₁ အထိ *n* touch, (physical) contact

ə-hti₂ အထိ *part* to, till, until, up to

ə-hti̱-ə-twei̱ အထိအတွေ့ *n* touch; experience

ə-hti̱-na အထိနာ *v* have a setback

ə-hti: အထီး *n* (esp of animals) the male (one); males; solitude

ə-hti:-di: အထီးတည်း *n* loner, sb who prefers to be alone; sb with no companions, friends, etc

ə-hti:-jan အထီးကျန် *v* be alone, be solitary, be lonely

ə-hti:-jan အထီးကျန် *n* loner, sb who prefers to be alone; sb without companions, friends, etc

ə-htin အထင် *n* guess; estimation; opinion; assumption

ə-htin-ə-myin အထင်အမြင် *n*
opinion, (point of) view

ə-htin-ə-sha: အထင်အရှား *adv*
noticeably, distinctly

ə-htin-gə-yạ အထင်ကရ *adv*
(appear) distinctly, prominently

ə-htin-ji: အထင်ကြီး *v* think
highly of sb or sthg; overestimate

ə-htin-hkan₁ အထင်ခံ *v* be
suspected of; be mistaken for

ə-htin-hkan₂ အထင်ခံ *adv* openly

ə-htin-lwe: အထင်လွဲ *v* be
mistaken, misjudge, misunderstand

ə-htin-hma: အထင်မှား *v* be
mistaken, misjudge, misunderstand

ə-htin-thei: အထင်သေး *v* look
down on sb; have a low
opinion of sb or sthg; underestimate

ə-htin:-dha: အထင်းသား *adv*
noticeably, distinctly

ə-hti' အထစ် *n* indentation,
nick, notch

ə-hti'-ə-ngẹ အထစ်အငေါ့ *n*

stammer, stutter, speech
impediment; problem

ə-hton အထုံ *n* predisposition

ə-hton-pa အထုံပါ *v* be in the
habit of; have a talent

ə-hton-ə-pain: အထုံအပိုင်း *n*
part, section

ə-hton:-ə-mei' အထုံးအမြိတ် *n*
hair knot and tassel; (relationship of) dependency

ə-hton:-ə-hpwẹ အထုံးအဖွဲ့ *n*
knot; snag

ə-hto' အထုပ် *n* packet,
package, bundle

ə-hto'-ə-hte အထုပ်အထည် *n*
stock of valuables; material
resources; incriminating
evidence

ə-htu အထု *n* thickness;
numskull, dummy

ə-htụ အထု *n* pounding, hammering; thickness, depth,
mass

ə-htụ-ə-htaun: အထုအထောင်း *n*
pounding, hammering

ə-htu:₁ အထူး *n* sthg special,
sthg extraordinary; sthg
different, sthg unusual

ə-htu:₂ အထူး *adv* especially,

particularly

ə-htu:-ə-ke: အထူးအကဲ *n* sthg
extraordinary

ə-htu:-ə-hsan: အထူးအဆန်း *n*
sthg strange

ə-htu:-ə-htwei အထူးအတွေ *n*
sthg unusual, sthg new

ə-htu:-dan: အထူးတန်း *n* first
class; sb in a position which
gives them an advantage over
others

ə-htu:-do' အထူးထုတ် *n* special
edition

ə-htu:-du:-ə-pya:-bya: အထူးထူး
အပြားပြား *adv* diversely,
variously

ə-htu:-pyu အထူးပြု *v* specialise
in; characterise

ə-htu:-tə-le အထူးတလည် *adv*
specially, unusually;
exceptionally

ə-htu:-tə-hsan:₁ အထူးတဆန်း *n*
sthg strange, odd

ə-htu:-tə-hsan:₂ အထူးတဆန်း *adv*
strangely, oddly

ə-htu:-thə-hpyiṇ အထူးသဖြင့် *adv*
especially

ə-htu:-zu အထူးဆု *n* special
award, special prize

ə-htuṇ-te' အထွန့်တက် *v* be
argumentative

ə-htu' အထွတ် *n* summit;
highest point

ə-htu'-ə-mya' အထွတ်အမြတ် *n*
sthg holy

ə-htu'-ə-htei' အထွတ်အထိပ် *n*
peak; sb who is in the
highest position

ə-htwa အထွာ *n* handspan

ə-htwei-ə-htu: အတွေအထူး *n*
sthg of importance

ə-htwei-dwei အတွေ့တွေ့ *n*
variety, miscellany, assort-
ment; [in comb] general

ə-htwei-dwei-ə-la-la အတွေ့တွေ့
အလာလာ *n* variety

ə-htwei-dwei-ə-twin:-yei:-hmu:
အတွေ့တွေ့အတွင်းရေးမှူး *n* ☯
general secretary

**ə-htwei-dwei-ə-twin:-yei:-hmu:-
jo'** အတွေ့တွေ့အတွင်းရေးမှူးချုပ်
n ☯ secretary general

ə-htwei-dwei-bə-hu-thu-tạ
အတွေ့တွေ့ဗဟုသုတ *n* general
knowledge

ə-htwei-dwei-ywei:-kau'-pwe:
အတွေ့တွေ့ရွေးကောက်ပွဲ *n*
general election

ə-htwei:₁ အထွေး *n* tangle (of)

ə-htwei:₂ အထွေး *n* youngest child

ə-htwei:-htwei:-ə-yɔ:-yɔ: အထွေးထွေးအရောရော *adv* confusedly

ə-htwe' အထွက် *n* way out, exit; act of leaving

ə-htwe'-son အထွက်စုံ *v* run its course

ə-u: အဦး *n* beginning; sthg first

ə-wa-(yaun) အဝါ(ရောင်) *n* yellow

ə-wa₁ အ *n* opening, mouth

ə-wa₂ အင်းဝ *n* 🜨 🌑 Ava

ə-wa₃ အဝ *adv* one's fill

ə-wa-wa-ə-thi:-dhi: အဝဝ အသီးသီး *n* everything

ə-wa:-wa အဝါးဝ *v* be experienced

ə-wain: အဝိုင်း *n* circle; circle (of people); roundabout, traffic circle

ə-we-ə-chan: အဝယ်အခြမ်း *n* purchase

ə-we-dain အဝယ်ဒိုင် *n* buying centre

ə-we-dɔ အဝယ်တော် *n* buyer

ə-we-lai' အဝယ်လိုက် *v* be in demand, sell well

ə-wei: အဝေး *n* afar, far, (long) distance

ə-wei:-ji-mye'-hman အဝေးကြည့် မျက်မှန် *n* glasses for short-sightedness

ə-wei:-hmon အဝေးမှုန် *n* short-sightedness

ə-we' အဝက် *n* half

ə-wi-zi-dwin: အဝီစိတွင်း *n* tube-well

ə-win အဝင် *n* entrance

ə-win-ə-pa အဝင်အပါ *part* as well as, including, and ... too

ə-win-ə-htwe' အဝင်အထွက် *n* movement

ə-win-wa အဝင်ဝ *n* entrance

ə-wun: အဝန်း *n* circumference

ə-wu' အဝတ် *n* clothing, clothes; cloth

ə-wu'-ə-sa: အဝတ်အစား *n* clothing, clothes

ə-hwan အဝှန် *n* momentum; power; intensity

ə-hwan: အဝှမ်း *n* low-lying area

ə-ya အရာ *n* mark, impression; track, line; thing, item, object; matter; matter, issue, business, concern; status; position; hundreds

ə-ya-jạ အရာကျ *v* be demoted; be dismissed

ə-ya-gan-bo အရာခံဗိုလ် *n* ⚔ warrant officer

ə-ya-mə-htin အရာမထင် *v* be in vain

ə-ya-shị အရာရှိ *n* 🌐 government official; officer; ⚔ commissioned officer

ə-ya-htin အရာထင် *v* have a result

ə-ya-ya အရာရာ *n* everything

ə-yạ₁ အရ *n* acquisition, sthg obtained; gain; yield; result, consequence; meaning, significance

ə-yạ₂ အရ *adv* persistently, so as to get

ə-yạ₃ အရ *part* according to, in accord(ance) with; in terms of, from the viewpoint of

ə-yạ-dha အရသာ *n* flavour, taste; sthg pleasant

ə-ya: အလျား *n* length

ə-ya:-hkon အလျားခုန် *n* long jump

ə-yain: အရိုင်း *n* sthg wild,

undomesticated, uncultivated; sthg in its natural state

ə-yai'-ə-hne' အရိုက်အနှက် *n* beating

ə-yan₁ အရံ *n* sthg which surrounds or encloses; retinue, attendants

ə-yan₂ အရန် *n* reserve; pair

ə-yan-ə-ta: အရန်အတား *n* guardrail, safety rail

ə-yan-dhiṇ အရန်သင့် *adv* in readiness, prepared

ə-yan: အရမ်း *adv* very

ə-yan:-mẹ အရမ်းမဲ့ *adv* thoughtlessly

ə-yaun₁ အယောင် *n* appearance, likeness

ə-yaun₂ အရောင် *n* colour; glow

ə-yaun-ha' အရောင်ဟပ် *v* reflect, mirror

ə-yaun-pyạ အယောင်ပြ *v* hint, indicate

ə-yaun-pyei: အရောင်ပြေး *v* be iridescent

ə-yaun-yaun-ə-hma:-hma: အယောင်ယောင်အမှားမှား *adv* confusedly

ə-yaun:-ə-we အရောင်းအဝယ် *n*

trade, commerce

ə-yau' အလျောက် *part* 📖 to the same extent as; since, because, as

ə-yau'-ə-pau' အေရာက်အပေါက် *n* visit

ə-ya' အရပ် *n* height; place, neighbourhood, quarter; sthg civilian; point of the compass

ə-ya'-be' အရပ်ဘက် *n* 🌏 civil department

ə-ya'-lu-ji: အရပ်လူကြီး *n* 🌏 ward leader, head of a quarter

ə-ya'-tha: အရပ်သား *n* civilian; resident

ə-ya'-thon:-zə-ga: အရပ်သုံးစကား *n* plain language, everyday language

ə-ya'-thu အရပ်သူ *n* ♀ resident

ə-ya'-wu'-ə-ya'-sa: အရပ်ဝတ် အရပ်စား *n* civilian clothes, plainclothes

ə-ya'-ya' အရပ်ရပ် *n* everywhere; all things

ə-ya'-zə-ga: အရပ်စကား *n* everyday language; local gossip

ə-ye:-suṇ အရဲစွန့် *v* dare, (take) risk

ə-yei₁ အရေ *n* skin; hide

ə-yei₂ အရည် *n* liquid, juice, fluid; quality

ə-yei-ə-chin: အရည်အချင်း *n* competence; ability; qualification

ə-yei-ə-chin:-mi အရည်အချင်းမီ *v* be qualified

ə-yei-ə-thwei: အရည်အသွေး *n* colour; competence; ability; qualification; quality

ə-yei-ə-twe' အရေအတွက် *n* quantity, number

ə-yei-bya: အရေပြား *n* skin

ə-yei-chon အရေခြုံ *v* do sthg in the guise of, under the pretext of; pose as

ə-yei-jon အရေခြုံ *n* imposter, fraud, phony

ə-yei-hkun အရေခွံ *n* skin

ə-yei-le အရည်လည် *v* become clear, become comprehensible; come to understand

ə-yei-pyo အရည်ပျော် *v* melt; be dissolved

ə-yei-hpyo အရည်ဖျော် *v* dissolve; 🔧 liquidise

ə-yei-shun: အရည်ရွှမ်း *v* be juicy

ə-yei: အရေး *n* writing; matter,

business, affair

ə-yei:-ə-hkin: အရေးအခင်း *n*
matter, affair; unrest, riot

ə-yei:-bo အရေးပေါ် *n* emergency

ə-yei:-də-ji: အရေးတကြီး *adv*
urgently

ə-yei:-də-bon အရေးတော်ပုံ *n*
🌐 uprising; revolution

ə-yei:-ji: အရေးကြီး *v* be im-
portant

ə-yei:-jon အရေးကြုံ *v* come to a
crisis

ə-yei:-kei'-sạ အရေးကိစ္စ *n* mat-
ter, affair, business; crisis

ə-yei:-pa အရေးပါ *v* be signi-
ficant

ə-yei:-hta: အရေးထား *v* care
about

ə-yei:-yu အရေးယူ *v* take
action, handle, deal with;
prosecute

ə-yei' အရိပ် *n* shadow (of
sthg); shade; refuge, protec-
tion; reflection; sign,
indication; hint

ə-yei'-ə-chi အရိပ်အခြည် *n* sign,
indication

ə-yei'-ə-ke: အရိပ်အကဲ *n* mood

ə-yei'-pyạ-ə-kaun-htin အရိပ်ပြ

အကောင်ထင် *v* get the hint

ə-yei'-than: အရိပ်သန်း *v* allude
to

ə-ye' အရက် *n* alcohol; spirits,
liquor

ə-ye'-pyan အရက်ပြန် *n* rubbing
alcohol

ə-ye'-hpyu အရက်ဖြူ *n* clear
colourless alcohol

ə-ye'-thə-ma: အရက်သမား *n*
alcoholic, heavy drinker

ə-yi-ə-chin:-mi အရည်အချင်းမီ *v*
be qualified

ə-yi-ə-thwei: အရည်အသွေး *n*
colour; competence; ability;
qualification; quality

ə-yin₁ အယဉ် *n* gracefulness,
daintiness; tamed animal;
current; continuity

ə-yin₂ အလျင် *n* (the) past;
speed, velocity

ə-yin₃ အရင် *part* before,
previous

ə-yin₄ အလျင် *part* 📖 before,
preceding, previous

ə-yin-jạ အလျင်ကျ *v* be ahead,
be earlier

ə-yiṇ-ə-ma အရင်အမာ *n*
advanced stage; maturity

ə-yin: အရင်း *n* base, root; 🐘 capital, principal; close blood relation

ə-yin:-ə-myi' အရင်းအမြစ် *n* root, base, source

ə-yin:-ə-hni: အရင်းအနှီး *n* 🐘 capital

ə-yin:-dain: အရင်းတိုင်း *adv* as is, in current condition; at cost

ə-yin:-gan အရင်းခံ *n* root, basis, foundation; deciding element or factor

ə-yin:-hmyo' အရင်းမြှုပ် *v* 🐘 invest

ə-yin:-sai' အရင်းစိုက် *v* invest; put up capital

ə-yin:-shin အရင်းရှင် *n* 🌏 🐘 capitalist

ə-yi' အရစ် *n* ring; (of screw, bolt, etc) thread; ⌐ symbol; instalment; ∦ stripe

ə-yi'-ja̱ အရစ်ကျ *adv* in instalments

ə-yi'-hpɔ အရစ်ဖော် *v* rethread

ə-yo-ə-thei အရိုအသေ *n* respect

ə-yo: အရိုး *n* bone; stem, stalk; handle; tradition

ə-yo:-byɔ̱-na အရိုးပျောနာ *n* ⚕ rickets

ə-yo:-gan အရိုးခံ *n* innocence; sincerity; sthg traditional

ə-yo:-ja̱ အရိုးကျ *v* be traditional

ə-yo:-zu̱ အရိုးစု *n* skeleton

ə-yon အယုံ *n* belief, trust

ə-yo'₁ အယွတ် *n* deficiency, shortfall; sthg low, inferior

ə-yo'₂ အရုပ် *n* doll; puppet; marionette; picture; toy; puppet

ə-yo'-jo:-pya' အရုပ်ကြိုးပြတ် *adv* (be) disheartened; utterly exhaustedly

ə-yo'-hso: အရုပ်ဆိုး *v* be ugly; have a bad image

ə-yɔ အလျော် *n* compensation; payoff

ə-yɔ:-win အရောဝင် *v* be familiar

ə-yu အယူ *n* belief, conviction; opinion, view

ə-yu-ə-hsa̱ အယူအဆ *n* opinion, view

ə-yu-gan အယူခံ *n* ⚖ appeal

ə-yu-gan-win အယူခံဝင် *v* ⚖ (enter an) appeal

ə-yu-hkan အယူခံ *v* ⚖ appeal (a decision of a lower court)

ə-yu: အရူး *n* sb who is mentally disturbed, maniac, lunatic

ə-yu:-ə-mu: အရူးအမူး *adv* maniacally, like mad, madly

ə-yu' အရွတ် *n* tendon; gristle

ə-ywe အရွယ် *n* age (group), generation; size

ə-ywe-ə-sa: အရွယ်အစား *n* size

ə-ywe-yau' အရွယ်ရောက် *v* come of age

ə-ywe' အရွက် *n* leaf, blade; sheet; note

a

a အာ *v* gape; widen; crack open

a-da-lu' အာဒါလွတ် *n* 🌾 East Indian arrowroot

a-dhi အာသီး *n* tonsil

a-gaun အာခေါင် *n* roof of the mouth, palate

a-gaun-byɔ̱ အာခေါင်ပျော့ *n* soft palate

a-ka-tha̱ အာကာသ *n* sky; ❊ space

a-lu: အာလူး *n* 🌾 potato

a-ma̱-gan အာမခံ *n* insurance; surety, guaranty, collateral, security; guarantor

a-na အာဏာ *n* power, authority

a-na-bain အာဏာပိုင် *n* (sb in) authority

a-na-shin အာဏာရှင် *n* 🌐 dictator

a-na-thein: အာဏာသိမ်း *v* 🌐 stage a coup (d'etat)

a-sha̱ အာရှ *n* 🌐 Asia; Asian

a-hsi-yan အာဆီယံ *n* 🌐 🏛 ASEAN

a-tei' အာတိတ် *n* 🌐 (the) *Arctic*

a-yon₁ အာရုဏ် *n* dawn

a-yon₂ အာရုံ *n* attention

a-yon-de' အာရုဏ်တက် *n* crack of dawn, break of day, daybreak

a-yon-jin: အာရုဏ်ကျင်း *v* (of dawn) break

a-yon-jɔ: အာရုံကြော *n* nerve

a-yon-u: အာရုဏ်ဦး *n* first light of dawn

a-za-ni အာဇာနည် *n* person with outstanding courage of convictions; martyr

a̱₁ အ *v* be dumb, be mute; be a dud; be stupid

a̱₂ အ *n* the thirty-third letter

in the Myanmar script; base
for vowels

ạ₃ အ *part* negating prefix to
some nouns: un-, in-

ạ-də-ma အဓမ္မ *n* unlawfulness;
injustice

ạ-gə-dị အဂတိ *n* bias, partiality

ạ-min-gə-la အမင်္ဂလာ *n* sthg
inauspicious

ạ-thụ-bạ အသုဘ *n* funeral

ạ-thụ-bạ-chạ အသုဘချ *v* bring a
body to a cemetery

ạ-hti'₁ အထစ် *v* stutter,
stammer

a:₁ အား *v* be free; be available;
be vacant

a:₂ အား *n* strength; resources;
(electrical) charge

a:₃ အား *part* free to, at leisure
to; marker for direct or
indirect object

a:-gə-za: အားကစား *n* sports

a:-gə-za:-gwin: အားကစားကွင်း *n*
stadium, arena

a:-jạ အားကျ *v* admire; take as a
role model

a:-kaun: အားကောင်း *v* be
strong, be vigorous

a:-ko: အားကိုး *v* depend (on)

a:-lon: အားလုံး *pron* all, every-
one; everything, the whole

a:-mə-lo-a:-mə-yạ အားမလို
အားမရ *adv* exasperatedly

a:-mwei: အားမွေး *v* gather one's
strength

a:-na အားနာ *v* feel bad about,
be sorry (for) (sthg beyond
one's control, etc); be
embarrassed by (one's
failings, inability to fulfil
one's duty, act according to
one's standards, etc); feel shy
(about sthg which may
offend, etc); be restrained by
feelings of respect, propriety,
status, etc

a:-ne: အားနည်း *v* be weak

a:-ne:-je' အားနည်းချက် *n* weak
point, failing

a:-nge အားငယ် *v* despair; be
dejected

a:-pei: အားပေး *v* support (a
cause); encourage (sb);
patronise (a business)

a:-pei:-hmụ အားပေးမှု *n* abet-
ment; encouragement

a:-hpyiṇ အားဖြင့် *part* by
according to, in terms of; as

a result of

a:-sai' အားစိုက် *v* exert strength; try one's best, try one's hardest

a:-thwin: အားသွင်း *v* charge (a battery, phone, etc)

a:-hta: အားထား *v* rely on, depend on

a:-yạ အားရ *v* be satisfied, be gratified

a:-yạ-pa:-yạ အားရပါးရ *v* enthusiastically

a:-yạ-wun:-tha အားရဝမ်းသာ *adv* gladly

a:-zei: အားဆေး *n* tonic; vitamins, supplement

ain₁ အိုင် *v* pool, puddle, collect

ain₂ အိုင် *n* pool, puddle, pond

ain-o-din: အိုင်အိုဒင်း *n* iodine

ain-ti အိုင်တီ *n* IT (information technology)

aiṇ အိုင့် *v* be dented, be concave; bulge

ain:-na အိုင်းနာ *n* ♥ open sore

ai' အိုက် *v* feel or be too hot

an₁ အန် *v* overflow; spill over; vomit, be sick; retch

an₂ အန် *n* strength, power; die, dice

an-ba' အန်ဖတ် *n* vomit

an-də-ye အန္တရာယ် *n* danger, harm; risk

an-dhwa: အံသွား *n* molar

an-nə-wa အက္ခဏဝါ *n* sea, ocean

an-nə-ye အန္တရာယ် *n* danger, harm; risk

an-ta-tei' အန္တာတိတ် *n* 🌐 Ant-arctic

an-za-(don:) အန်စာ(တုံး) *n* die (pl. dice)

an-zei: အန်ဆေး *n* ♥ emetic

an-zon: အံဆုံး *n* wisdom tooth

an-zwe အံဆွဲ *n* drawer

aṇ-a:-thiṇ အံ့အားသင့် *v* be surprise, be astonished

aṇ-bwe-thə-ye အံ့ဖွယ်သရဲ *n* sthg miraculous, sthg amazing

aṇ-mə-hkan: အံ့မခန်း *adv* incredibly

aṇ-ɔ အံ့သြ *v* be amazed, be astounded

an: အမ်း *v* refund; give (back) change; be embarrassed

aun₁ အောင် *v* win; be successful; pass

aun₂ အောင် *part* to, so that, until; let's, how about

aun-bwe: အောင်ပွဲ *n* victory, triumph, win

aun-myei အောင်မြေ *n* special place where one steps to ensure success or victory

aun-myin အောင်မြင် *v* win; be successful

aun-sa အောင်စ *n* ounce, approximately 28 grammes, or 29 millilitres

auṇ အောင့် *v* ache; hold one's breath

aun: အောင်း *v* be cooped up, be confined; hide; hibernate

au' အောက် *part* less than, under, below; inferior to

au'-chei အောက်ခြေ *n* base, foundation

au'-chei-hma'-su အောက်ခြေ မှတ်စု *n* footnote

au'-chin: အောက်ချင်း *n* ☸ Indian pied hornbill

au'-ja အောက်ကျ *v* be degrading, be humiliating; be unfair and contemptible

au'-ja-nau'-ja အောက်ကျ နောက်ကျ *adv* be backward

au'-ka-myi' အောက်ကမြစ် *n* [orth] ֊ subscribed dot,

indicating creaky tone

au'-hkan အောက်ခံ *n* base

au'-lan: အောက်လမ်း *n* black magic; dirty trick

au'-mei အောက်မေ့ *v* miss, long for; consider, think

au'-to-ba အောက်တိုဘာ *n* *October*

a'₁ အပ် *v* bring or place close together; enroll (in school); hand over (to parents); leave with, turn over to; assign (task, job); place order (with tailor)

a'₂ အပ် *n* needle, pin

a'₃ အပ် *part* should, ought to

a'-chi အပ်ချည် *n* thread

a'-cho'-se' အပ်ချုပ်စက် *n* sewing machine

a'-cho'-hsain အပ်ချုပ်ဆိုင် *n* tailor's shop, dressmakers

a'-gaun: အပ်ခေါင်း *n* head of a pin; needle (of record player)

a'-na-hpa: အပ်နဖား *n* eye of a needle

a'-ngwei အပ်ငွေ *n* deposit

a'-sai'-ku-ni: အပ်စိုက်ကုနည်း *n* ☥ acupuncture

a'-ta အတ္တ *n* self

a'-htə-mạ အဋ္ဌမ *adj* eighth

a'-hto'-pa'-tị အတ္ထုပ္ပတ္တိ *n* biography

b

bə-bụ ပန်းပု *n* woodcarving, woodwork

bə-də-mya: ပတ္တမြား *n* ruby

bə-daun ပဒေါင် *n* Padaung, an ethnic group living mainly in Shan State and near the Thai – Myanmar border

bə-dau' ပိတောက် *n* 🌿 *padauk*, gum-kino

bə-dein ပန်းထိမ် *n* goldsmith

bə-di: ပုတီး *n* (string of) beads; 📿 rosary

bə-di:-sei' ပုတီးစိပ် *v* 📿 say prayers, counting with a string of beads

bə-din:-bau' ပြတင်းပေါက် *n* window

bə-don: ပိတုန်း *n* 🐝 bumblebee; carpenter bee

bə-du ပျားတူ *n* 🐝 hornet, wasp

bə-gə-dị ပကတိ *n* original condition, pristine condition, normal state, true state

bə-gan₁ ပုဂံ *n* 🌏 Bagan

bə-gan₂ ပန်းကန် *n* dish; plate, bowl

bə-go: ပဲခူး *n* 🌏 Bago

bə-gwe' ပါးကွက် *n* thicker layer of *thanaka* on the cheek

bə-ho ဗဟို *v* be central

bə-ho-je' ဗဟိုချက် *n* centre, center

bə-hụ-thụ-dạ ဗဟုသုတ *n* (general) information; knowledge, wide experience

bə-ji ပန်းချီ *n* painting

bə-lə-chaun(jo) ဗာလချောင် (ကြော်) *n* spicy fried condiment made from dried shrimp, garlic, onions and chilli oil

bə-la ဗလာ *n* blank, nothing

bə-la-sa-o' ဗလာစာအုပ် *n* copybook, exercise book, blank book

bə-lạ ဗလ *n* strength

bə-lau' ဘလောက် *n block*

bə-li ဗလီ *n* ☪ mosque

bə-lon: ပလုံ *n* bubble

bə-lu: ဘီလူး *n* big, strong, wild mythical creature with a human-like form, ogre

bə-ma ဗမာ *n* Burman, Bama, Bamar, member of the largest ethnic group in Myanmar

bə-ma-zə-ga: ဗမာစကား *n* (spoken) Burmes

bə-ran-di ဘရန်ဒီ *n* brandy

bə-rei' ဘရိတ် *n* brake

bə-rei'-o' ဘရိတ်အုပ် *v* brake, step on the brake(s)

bə-wạ ဘဝ *n* life

bə-we: ဘဝဲ *n* ⬥ octopus

bə-ya-jɔ ဗယာကြော် *n* fried ball of ground yellow beans and spices, similar to falafel

bə-yin ဘုရင် *n* 🌐 ♂ king, monarch

bə-yin-hki' ဘုရင်ခေတ် *n* feudal times, feudal period

bə-yin-mạ ဘုရင်မ *n* ♛ ♀ queen (regent *or* regnant), monarch

bə-za' ပါးစပ် *n* mouth

bə-zin: ပဉ္စင်း *n* 🏛 fully ordained monk

bə-zun ပုစွန် *n* ⬥ shrimp, prawn

ba ဘာ *pron* what, which

ba-dha ဘာသာ *n* language; religion; subject (of study)

ba-jauṇ ဘာကြောင့် *adv* why

ba-ja ဘာဂျာ *n* ♪ harmonica;

♪ concertina

ba-ja-də-ga: ဘာဂျာတံခါး *n* scissor gate, accordian gate

ba-lọ ဘာလို့ *adv* why

ba-lo'-(hpọ) ဘာလုပ်(ဖို့) *adv* why, what for

ba-mə-hso ဘာမဆို *n* anything (at all)

ba-hmạ ဘာမှ *n* [with neg verb] anything, nothing

ba-hmyạ ဘာမျှ *n* [with neg verb] anything, nothing

ba-pe:-hpyi'-hpyi' ဘာပဲဖြစ်ဖြစ် *pron* whatever

ba-pyụ-lọ ဘာပြုလို့ *adv* why, how come

ba-hpyi'-lọ ဘာဖြစ်လို့ *adv* why, how come

bạ ဘ *n* father

bạ-gon: ဘကုန်း *n* the name of the ဘ

bạ-ji: ဘကြီး *n* uncle

bạ-lə-chai' ဗထက်ခြိုက် *n* the name of the ဗ

ba: ဗား *n* valve

bai' ဗိုက် *n* stomach, belly

bai'-jạ ဗိုက်ချ *v* trim a fat stomach, reduce one's waistline

bai'-ji: ဗိုက်ကြီး *v* [inf] be pregnant

bai'-mə-kaun: ဗိုက်မကောင်း *v* have diarrhoea; have a stomachache

bai'-hsa ဗိုက်ဆာ *v* be hungry

ban ဘဏ် *n* bank

ban-da ဗာဒံ *n* ※ Indian almond

ban:-zə-ga: ပန်းစကား *n* slang

ba...nya... ဘာ...ညာ... *part* affix indicating that there is more which is unsaid: and so on, and the like, and all that, this and that

baun ပေါင်၊ ဘောင် *n* frame; border

baun-thwin: ဘောင်သွင်း *v* frame (picture)

baun-win ဘောင်ဝင် *v* be acceptable, be within the understood limits

baun:-bi ဘောင်းဘီ *n* trousers, pants; underwear, shorts, boxers; knickers, panties

baun:-bi-do ဘောင်းဘီတို *n* shorts

baun:-bi-shei ဘောင်းဘီရှည် *n* trousers, (long) pants, slacks

paun:-zon ပေါင်းစုံ *adv* of all sorts

bau' ဘောက် *n* dandruff

bau'-cha ဘောက်ချာ *n* receipt

ba'-sə-ka: ဘတ်စကား *n* bus; coach

be₁ ဘယ် *n* left

be₂ ဘယ် *part* which; where

be-ə-hti ဘယ်အထိ *adv* to what extent, until what point, until when

be-dhan ဘယ်သံ *n* ♬ bass

be-dhu ဘယ်သူ *pron* who

be-dhu-mə-hso ဘယ်သူမဆို *pron* whoever, whomever, anybody, anyone

be-don:-ga ဘယ်တုန်းက *pron* when (in the past)

be-dɔ ဘယ်တော့ *adv* when (in the future)

be-dɔ-hma ဘယ်တော့မှ *adv* [with neg verb] never

be-ga ဘယ်က *pron* where (from)

be-go ဘယ်ကို *adv* where (to)

be-lau' ဘယ်လောက် *part* how, how very, so much; how much, how many

be-lo ဘယ်လို *adv* ☞ how, in what way; what kind

be-lo-le: ဘယ်လိုလဲ *exp* What's going on?

be-hma ဘယ်မှ *part* [with neg verb] not any

be-hmya ဘယ်မျှ *part* [with neg verb] not any

be-hnə ဘယ်နှ *part* how many

be-hne ဘယ်နှယ့် *part* how

be-than ဘယ်သန် *v* be left-handed

be:₁ ဘဲ *n* ☙ duck; ❀ young man, bloke, guy

be:₂ ဘဲ *part* without; before; although; not even

be:-ʉ ဘဲဥ *n* duck egg

be:-ʉ-bon ဘဲဥပုံ *n* oval; ellipse

bei-da ဗေဒါ *n* ❀ water hyacinth

bei-da ဗေဒ *n veda*, knowledge, science

bei-din ဗေဒင် *n* ✚ fortune telling, astrology

bei-din-hɔ: ဗေဒင်ဟော *v* ✚ tell sb's fortune

bei: ဘေး *n* side; danger; disaster; harm

bei:-ka' ဘေးကပ် *v* keep to one side

bei:-hma ဘေးမှာ *adv* beside

bei:-twei ဘေးတွေ့ *v* be in

danger, be at risk

bei:-hti ဘေးထိ *n* be harmed, come to harm

bein:₁ ဘီး *n* wheel

bein:₂ ဘိန်း *n* poppy; opium

bein:-byu ဘိန်းဖြူ *n* heroin

bein:-gun ဘီးခွန် *n* toll

bein:-me ဘိန်းမည်း *n* opium

bein:-moṇ ဘိန်းမုန့် *n* rice flour pancake with peanuts and coconut

bein:-pa'-jo: ဘီးပတ်ကြိုး *n* transmission belt

bein:-shu ဘိန်းရှူ *n* smoke opium

bein:-za ဘိန်းစား *n* opium addict, heroin addict

bei' မြိတ် *n* ❂ Myeik

be'₁ ဖက် *n* team, side; match

be'₂ ဘက် *n* direction, area; side

be'-dan ဘက်တံ *n* bat; racket, raquet

be'-lai' ဘက်လိုက် *v* be partial, be unfair, be biased

be'-nyi ဘက်ညီ *v* (of sides, contest, etc) be even

be'-son ဘက်စုံ *v* be holistic; be versatile; be comprehensive

be'-htə-ri ကက်ထရီ *n battery*

bi₁ ဗွီ၊ ၀ွီ *n* the letter V

bi₂ ဘီ *n* the letter B

bi-do ဗီရို၊ ဘီရို *n bureau*, wardrobe, cupboard

bi-la: ဗီလား *n* ☙ horseshoe crab, king crab; long woven rainhood

bi-lu: ဘီလူး *n* mythical monster with a human-like form, ogre

bi-ro ဗီရို၊ ဘီရို *n bureau*, wardrobe, cupboard

bi-sə-ku' ဘီစကွတ် *n biscuit*

bi-ta-min ဗီတာမင် *n vitamin*

bi-ya ဘီယာ *n beer*

bi̱-də-ga' ၀ိဋကတ် *n* ▥ *pitikas*

bi̱-la'-myei ဘိလပ်မြေ *n* cement

bi̱-la'-yei ဘိလပ်ရည် *n* fizzy drink, soft drink, (soda) pop

bi̱-li̱-ye' ဘိလျက် *n billiards*; snooker

bi̱-lye' ဘိလျက် *n billiards*; snooker

bi̱-thu̱-ka ဗိသုကာ *n* architect

bi:₁ ဘီး *n* comb

bin: ဘင်း *n* bhang; marijuana

bo ဗိုလ် *n* ✶ [army, air force] lieutenant; ✶⚓ [navy] sub-lieutenant; ♦ white person

bo-ja̱ ဗိုလ်ကျ *v* bully, be bossy

bo-ji: ဗိုလ်ကြီး *n* ✶ [army, air force] captain; ✶⚓ [navy] lieutenant

bo-jo' ဗိုလ်ချုပ် *n* ✶ [army, air force] major general; ✶⚓ [navy] rear admiral

bo-jo'-ji: ဗိုလ်ချုပ်ကြီး *n* [army, air force] general; [navy] admiral

bo-jo'-hmu:-ji: ဗိုလ်ချုပ်မှူးကြီး *n* ✶ senior general

bo-lo ဗိုလ်လို *adv* [inf] (speak) in English; (dress) in Western style clothing

bo-hmu: ဗိုလ်မှူး *n* ✶ [army, air force] major; ✶⚓ [navy] lieutenant commander

bo-hmu:-ji: ဗိုလ်မှူးကြီး *n* ✶ [army, air force] colonel; ✶⚓ [navy] captain

bo-hmu:-jo' ဗိုလ်မှူးချုပ် *n* ✶ [army, air force] bridadier general; ✶⚓ [navy] commodore

bo-za:-be ဗိုလ်စားပဲ *n* ❀ green bean, French bean

bo̱-a: ဗို့ အား *n* voltage

bo:-bwa:-yei'-tha ဘိုးဘွားရိပ်သာ *n* home for the elderly

bon₁ ဗုံ *n* ♪ double-headed drum

bon₂ ဘုံ *n* ⬚ realm, plane of existence; ⬚ communal property

bon-jaun: ဘုံကျောင်း *n* Chinese temple

bon: ဗုံး *n* ✦ bomb, mine, shell

bon:-pau' ဗုံးပေါက် *v* (of a bomb) explode

bo'-də-hu: ဗုဒ္ဓဟူး *n* Wednesday; (the planet) Mercury

bo'-dạ ဗုဒ္ဓ *n* ⬚ the Buddha

bo'-dạ-ba-dha ဗုဒ္ဓဘာသာ *n* ⬚ Buddhism; Buddhist

bɔ-da တော်ဒါ *n* boarder; friend, mate

bɔ-da-jaun: တော်ဒါကျောင်း *n* boarding school

bɔ-li တော်လီ *n* woman's fitted undergarment, chemise

bɔ-li-bɔ: တော်လီဘော *n* volleyball

bɔ: ဘော *n* ball

bɔ:-gwin: ဘောကွင်း *n* football field

bɔ:-lon: ဘောလုံး *n* inflated ball, esp football

bɔ:-lon:-kan ဘောလုံးကန် *n* play football, play soccer

bri-tein-(nain-ngan) ဗြိတိန်(နိုင်ငံ) *n* ⬚ Britain

bri-tị-shạ ဗြိတိသျှ *adj* ⬚ British

bu-baun: ပူဖောင်း *n* bubble; balloon

bu-ta-(yon) ဘူတာ(ရုံ) *n* railway station; train station

bu-hpei: ဘူဖေး *n* buffet

bu:₁ ဘူး *n* ❀ kind of light-green gourd; container, jar

bu:₂ ဘူး *part* verb suffix for the end of a negative sentence; infix used in a negative question

bwa: ဘွား *n* grandmother

bwain-kau' ဘွိုင်ကောက် *n* boycott

bwẹ ဘွဲ့ *n* (university) degree; title, award; ♪ kind of classical song

bwẹ-yạ ဘွဲ့ရ *n* university graduate

bwe' ဗွက် *n* (puddle of) mud

bwi ဗွီ *n* the letter V

byə-ma ဗြဟ္မာ *n* [cosm] Brahma

bya ဗျာ *part* polite form used by men, yes (to show that sb has one's attention); excuse

me (to indicate one has not
understood)

byạ ချ *part* word used by men,
yes (to show that sb has
one's attention); excuse me
(to indicate one has not
understood)

bya: ချား *part* polite form used
by men, yes (to show that sb
has one's attention); excuse
me (to indicate one has not
understood)

byaun:-byan ပြောင်းပြန် *adv*
opposite; backward(s); the
wrong way around; conversely

byau' ပြောက် *n* firecracker;
🔫 pistol, revolver; 🎵 clapper

byi: ဗျည်း *n* consonant

byo ဗျို့ *part* ♂ response used by
men, to show attention; word
called out to get attention,
hallo

byọ ဗျို့ *part* ♂ response used
especially by men, to show
attention; word called out to
get attention, hallo

byon:-gə-ne: ဖြုန်းခနဲ *adv*
suddenly, unexpectedly,
instantly

byu-ha ဗျူဟာ *n* ✦ unit; ✦ milit-
ary operations planning
tactics; systematic
arrangement

byu-ha-hsin ဗျူဟာဆင် *v* ✦ de-
ploy troops for battle

byu: ဗျူး *v* inter*view*

ch

cha ချာ *v* be stupid, be dumb,
be an idiot

cha-cha-le ချာချာလည် *v* go
around and around, get
nowhere; go around in circ-
les, not be able to find; have
a spinning head

cha-lə-ba'-le ချာလပတ်လည် *v*
go around and around, get
nowhere; go around in
circles, not be able to find;
have a spinning head

cha-tei' ချာတိတ် *n* affectionate
term for boy- or girlfriend

chạ₁ ချ *v* put down; bring
down, lower; drop; do

chạ₂ ခြ *n* 🐜 termite

chạ-hma' ချမှတ် *v* make, set,
establish

cha:₁ ချား *n* Ferris wheel; carousel, merry-go-round

cha:₂ ခြား *v* keep apart; differ

cha:-yə-ha' ချားရဟတ် *n* Ferris wheel

chaiṇ₁ ချိုင့် *v* be concave, be dented

chai' ခြိုက် *v* be dented, be concave

chan₁ ချန် *v* leave behind; leave out; set aside, save

chan₂ ခြံ *n* fence; garden; orchard

chan-dwe' ခြံထွက် *n* produce from one's own garden

chan-pi-yan ချန်ပီယံ *n champion*

chan:₁ ချမ်း *v* be cold, feel cold, feel chilly

chan:₂ ခြမ်း *n* side; part; half; classifier for halves

chan:-dha ချမ်းသာ *v* be well-to-do, be wealthy, be rich

chan:-myeị ချမ်းမြေ့ *v* be serene, have peace of mind

chaun ချောင် *v* have plenty of room; be slack, be loose

chaun-ji ချောင်ရှိ *v* be comfortable, live well

chaun:₁ ချောင်း *v* peek, peep, look from a hidden place

chaun:₂ ချောင်း *n* brook, stream, creek, small river; sthg long and thin; cough

chaun:-haṇ ချောင်းဟန့် *v* clear one's throat

chaun:-hso: ချောင်းဆိုး *v* cough

chau'₁ ခြောက် *v* frighten, scare; be dry

chau'₂ ခြောက် *n* six

chau'-cha: ချောက်ချား *v* be badly shaken; know very well

cha'₁ ချပ် *v* be flat; tuck in

cha'₂ ချပ် *n* plank, board; ♪ castanets; classifier for flat objects

cha'-ya' ချပ်ရပ် *v* (of clothing) fit; (of stomach) be flat

che ခြယ် *v* paint; decorate, adorn

che-le ခြယ်လှယ် *v* hold the reins, control, maniuplate

chẹ ချဲ့ *v* enlarge, make larger (picture); exaggerate (story); amplify (sound); scale up (activities)

che:₁ ချဲ *v* space (out), spread out, scatter; ✹fight sb, argue with sb

che:₂ ချဲ *n* (illegal) Thai lottery

chei₁ ချေ *v* refute; answer (an accusation, etc); pay (for goods received); settle (bill, etc); sneeze

chei₂ ချေ *v* crumple; pulverize, crush

chei₃ ချေ *n* leg; foot; (of animals) paw

chei-pa ချေပ *v* respond; refute; argue

chei-hpye' ချေဖျက် *v* cancel; annul (agreement, marriage); prove wrong; attack; dispute

chein₁ ချိန် *v* weigh; aim (at); aim (for)

chein₂ ချိန် *n* balance, scales

chein-se' ချိန်စက် *v* weigh, check that two things have equal weight; consider carefully

chein-hsa ချိန်ဆ *v* consider

chein-ywe ချိန်ရွယ် *v* aim (at)

chein:₁ ချိန်း *v* arrange to meet, make an appointment

chein:₂ ခြိမ်း *v* threaten; thunder

chein:-chau' ခြိမ်းခြောက် *v* threaten

chein:-jo ချိန်းကြိုး *n* chain (of bicycle)

chein:-hta: ချိန်းထား *v* have an appointment, be busy

chei' ချိတ် *v* hang (on a hook), mount (on the wall); fasten

chei'-hse' ချိတ်ဆက် *v* link up, connect, join

che'₁ ချက် *v* cook; distill; refine; shine

che'₂ ချက် *n* central point; navel, belly button; click; blow, stroke; click, blow, stroke; point; cheque, check

che'-chin: ချက်ချင်း *adv* immediately, at once

che'-jo ချက်ကြိုး *n* umbilical cord

chi₁ ချီ *v* carry, hold; bring; fetch

chi₂ ချည် *v* bind, tie, fasten

chi₃ ချီ *part* suffix to a number: by the, in the

chi₄ ခြေ *n* leg; foot; ❧ paw

chi₅ ချည် *n* thread, yarn; cotton (cloth)

chi₆ ခြည် *n* ray

chi₇ ချည် *part* suffix to a pair of verbs showing alternating action

chi-bə-mo: ခြေဖမိုး *n* instep, arch

chi-bə-nauṇ ခြေဖနောင့် *n* heel

chi-bə-wa: ခြေဖဝါး *n* sole

chi-bya: ခြေဖျား *n* toes

chi-dau' ခြေထောက် *n* leg; foot

chi-de ချည်ထည် *n* cotton cloth

chi-dhə-lon: ခြေသလုံး *n* calf

chi-dhe: ခြေသည်း *n* (human) toenail; (animal) claw

chi-ei' ခြေအိတ် *n* sock, stocking

chi-jaun: ခြေချောင်း *n* toe

chi-jin ခြေကျင်၊ ခြေလျင် *adv* on foot

chi-jin:-wu' ခြေချင်းဝတ် *n* ankle

chi-jo' ခြေချုပ် *n* ⚖ restriction order

chi-lyin-ta' ခြေလျင်တပ် *n* ⚔ infantry

chi-myan-ta' ခြေမြန်တပ် *n* ⚔ light infantry

chi-mye'-sị ခြေမျက်စိ *v* ankle (bone)

chi-nin: ခြေနင်း *n* (bicycle) pedal; footrest (of motorcycle); footwear

chi-hto:₁ ချည်ထိုး *v* knit, crochet, tat

chi-hto:₂ ခြေထိုး *v* trip (sb) up

chi-ya ခြေရာ *n* footprint

chị ချည့် *v* be infirm, be weakened

chi:₁ ချီး *v* praise; honour; cheer

chi:₂ ချေး *v* borrow; lend

chi:₃ ချေး *n* faeces, feces; dirt, filth

chi:₄ ချည်း *part* only, just, alone

chi:-mun: ချီးမွမ်း *v* praise, speak well of, commend

chi:-pa ချေးပါ *v* defecate

chin₁ ချင် *part* suffix to verb: want

chin₂ ချဉ် *v* be sour; (of food) go off, spoil

chin₃ ခြင် *n* 🦟 mosquito

chin-baun ချဉ်ပေါင် *n* 🌿 roselle, rosella

chin-ba' ချဉ်ဖတ် *n* pickle, hot and sour pickled vegetable mix

chin-daun ခြင်ထောင် *n* mosquito net, bednet

chin-dhei ခြင်္သေ့ *n* 🦁 lion

chin-hma ချင်မှ *part* suffix to a repeated verb to indicate doubt: probably will not

chin-zei: ခြင်ဆေး *n* mosquito repellent

chin-zei:-gwei ခြင်ဆေးခွေ *n*
mosquito coil

chin ချင့် *v* measure; calculate;
estimate

chin-zə-hpwe ချင့်စဖွယ် *part* 📖
particle suffixed to a verb to
denote desireability

chin:₁ ချဉ်း *v* approach, come
near; abridge

chin:₂ ချင်း *n* Chin

chin:₃ ခြင်း *n* basket

chin:₄ ချင်း *part* one after an-
other, one by one, one at a
time; suffix to a doubled verb
to show simultaneous action;
among, between

chin:₅ ခြင်း *part* suffix to verb to
form noun

chin:-daun: ခြင်းတောင်း *n* basket

chin:-hka' ခြင်းခတ် *v* play
caneball

chin:-lon: ခြင်းလုံး *n* chinlon,
caneball, sepak takraw

chin:-wain: ခြင်းဝိုင်း *n* circle of
ခြင်းလုံး (caneball) players

chi'₁ ချစ် *v* love; be burnt

chi'₂ ခြစ် *v* scrape; shred
(vegetables), shave (ice);
strike (a match)

chi'-ji-yei: ချစ်ကြည်ရေး *n* 🌏
goodwill, friendship

chi'-thu ချစ်သူ *n* girlfriend ♀;
boyfriend ♂

chi'-ti: ချစ်တီး *n* Chettyar

cho ချို *v* (of price) be cheap,
be inexpensive; (of intensity)
abate, decrease; sweet
(sugary)

cho-chin ချိုချဉ် *n* sweets, candy

cho-lein ချိုလိမ် *n* soother,
pacifier

cho ချို့ *v* be (physically or
mentally) handicapped; be
insufficient; be inadequate;
be deficient

cho-te ချို့တဲ့ *v* be poor; be
weak, be feeble; be deficient

cho-ywin: ချို့ယွင်း *v* have short-
comings, have drawbacks; be
missing, need, be lacking
(sthg)

cho: ချိုး *v* break (a bone); pick
(fruit); bend (a rod); turn (a
corner); fold (paper); cut (a
deck of cards); crack (joints);
bathe, shower

cho:-jan ချိုးခြံ *v* be economical,
be thrifty, be frugal

chon₁ ချုံ *n* % shrub, bush

chon₂ ခြုံ *v* cover; wrap

chon-ngon ခြုံငုံ *adv* on the whole, generally

choṇ ချုံ့ *v* reduce, shrink; summarise

chon: ချုံး *v* scale down, scale back; look run down, be worn

cho' ချုပ် *v* bind, restrict; detain, confine; sew, stitch; bind; control; sign contract; abridge, condense

cho'-che ချုပ်ချယ် *v* restrict, be oppressive

cho'-sa ချုပ်စာ *n* food which causes constipation or retention of urine

chɔ₁ ချော် *v* slip; be slippery; miss (a target)

chɔ₂ ချော် *n* lava

chɔ̣ ချော့ *v* coax (to do sthg); soothe, calm (sb who is upset)

chɔ:₁ ချော *v* be smooth, be fine; be good-looking, be pretty ♀, be handsome ♂

chɔ:₂ ချော *n* relay

chɔ:-mɔ: ချောမော *v* be smooth

chɔ:-mwei ချောမွေ့ *v* (of a

process, surface) be smooth

chɔ:-hswe: ချောဆွဲ *v* sieze by force, commandeer (vehicle, etc); requisition

chu₁ ချူ *v* siphon, draw off (fluid); pick (with a pole)

chu₂ ချူ *n* (jingle) bell

chu-ja ချူချာ *v* be sickly

chu: ခြူး *n* stylised lion figure with a flowing mane

chun ချွန် *v* sharpen

chun: ချွန်း *n* hooked goad used to drive an elephant; diamonds (card suit)

chu' ချွတ် *v* remove, take off; clean

chwe:₁ ချဲ *v* be sticky; be slimy; speak charmingly

chwe:₂ ချဲ *n* mucus, phlegm

chwei₁ ချွေ *v* scrimp, use sparingly

chwei₂ ခြွေ *v* pluck; strip; thresh

chwei: ချွေး *n* sweat

chwei:-ma ချွေးမ *n* daughter-in-law

chwei:-pyan ချွေးပြန် *v* sweat

chwei:-htwe' ချွေးထွက် *v* sweat, perspire

chwin: ချွင်း *v* omit, leave out

chwin:-chan ချွင်းချန် *v* leave out, omit

chwin:-je' ချွင်းချက် *n* exception

d

də-ba: တစ်ပါး *part* except, other than

də-bain:-də-zą တစ်ပိုင်းတစ်စ *v* be incomplete

də-ban:-shon: တစ်ပန်းရှုံး *v* be at a disadvantage

də-ban:-tha တစ်ပန်းသာ *v* get an advantage

də-baun: တပေါင်း *n* Dabaung

də-bau'-tə-lan: တစ်ပေါက်တစ် လမ်း *n* means different from usual, other means

də-bę တပည့် *n* student, pupil; protege; follower

də-bę-do တပည့်တော် *pron* ⚏ I, me (when speaking with monks)

də-be' တဘက် *n* towel; shawl

də-bin-dain တစ်ပင်တိုင် *adj* solo; single

də-bo-də-ba:₁ တပိုတပါး *n* somewhere (else)

də-bo-də-ba:₂ တပိုတပါး *adv* away

də-bọ-dwe: တပို့တွဲ *n* Dabodwe

də-bo ထမ်းပိုး *n* shoulder pole, (shoulder) yoke; double the original amount

də-byain-ne' တစ်ပြိုင်နက် *adv* simultaneously

də-bye'-si: တံမြက်စည်း *n* broom

də-da: တံတား *n* bridge

də-daun တံတောင် *n* elbow

də-dwei: တံထွေး *n* spit ; saliva

də-gə-mạ ဒကာမ *n* ⚏ ♀ donor, sponsor

də-ga₁ တက *part* particle suffixed to nouns to indicate 'every'

də-ga₂ ဒကာ *n* ⚏ ♂ donor, sponsor

də-ga: တံခါး *n* gate, door

də-gaun: တကောင်း *n* jug, pitcher, carafe

də-ge-(dan:) တကယ်(တမ်း) *adv* really, actually; definitely

də-ge-lọ-(mya:) တကယ်လို့(များ) *adv* in case, if

də-gę တကယ့် *v* be real, be true

də-go-yei-thaṇ-shin:-yei: တစ်ကိုယ်ရေသန့်ရှင်းရေး *n*

personal hygiene

də-go: တန်ခိုး *n* power

də-gu: တန်ခူး *n* Dagu

də-gu:-də-gạ တကူးတက *adv*
going out of one's way to,
particularly, on purpose

də-gu:-də-gaṇ တကူးတကန့် *adv*
going out of one's way to,
particularly, on purpose

də-gun တံခွန် *n* pennant;
streamer

də-gwạ တကွ *adv* with, by, in

də-lei ဓလေ့ *n* custom, tradition

də-mə-da ဓမ္မတာ *n* law of
nature; menstruation

də-ma-yon ဓမ္မာရုံ *n* 🕮
community hall, used for
religious and ceremonial
purposes

də-mạ ဓမ္မ *n* 🕮 dhamma,
dharma, the Law; 🕮 teach-
ings of the Buddha; the truth

də-mạ-dei'-htan-jạ ဓမ္မဝိဋ္ဌာန်ကျ *v*
be unbiased, be objective

də-mya ဓားပြ *n* bandit, robber,
dacoit

də-nạ ဓန *n* property; wealth

də-ni ဓနိ *n* *dhani*, nipa palm

də-ni-yei ဓနိရည် *n* alcoholic

drink made from nipa palm

də-nụ ဓနု *n* Danu

də-nyin: တညင်း၊ ဒညင်း *n* 🌿
djenkol, jenkol, tree with
strong-smelling edible seeds

də-rain-ba ဒရိုင်ဗာ၊ ဒရိုင်ဘာ *n*
driver

də-ran ဒရမ် *n* 🎵 drum

də-ran-ma ဒရမ်မာ *n* 🎵 drummer

də-ra' ဒြပ် *n* matter, substance;
mass

də-za တန်ဆာ *n* ornament; tool,
instrument

də-za-bə-la တန်ဆာပလာ *n* tool,
instrument

də-za-gan ဓားစာခံ *n* hostage;
scapegoat

də-zạ-də-zạ တစ်စတစ်စ *adv* bit
by bit

də-za'-hte: တစ်စပ်တည်း *adv*
together, all in one

də-zein: တစိမ်း၊ သူစိမ်း *n*
stranger

də-zei' တံဆိပ် *n* brand,
trademark; stamp, seal;
badge; medal

də-zei'-də-dei-thạ
တစ်စိတ်တစ်ဒေသ *adv* partly

də-zei'-gaun: တံဆိပ်ခေါင်း *n*

(postage) stamp

də-zei'-ton: တံဆိပ်တုံး *n* seal

də-zon-tə-hku̱ တစ်စုံတစ်ခု *pron* something, anything

də-zon-tə-ya တစ်စုံတစ်ရာ *pron* something, anything

da ဒါ *pron* ☛ this, that

da-de' ဒါထက် *part* more than that; by the way

da-du̱-bei-da̱ ဓာတုဗေဒ *n* chemistry

da-du̱-pyi'-si ဓာတုပစ္စည်း *n* ※ chemical, chemicals

da-jaun-(mọ) ဒါကြောင့်(မို့) *part* that's why

da-lau' ဒါလောက် *part* this much, to this extent; (neg) so much

da-na̱ ဒါန *n* benevolence, giving, charity; donation

da-nẹ ဒါနဲ့ *part* ☛ (and) so; by the way

da-hpyin ဒါဖြင့် *part* in that case; and so

da-rai'-ta ဒါရိုက်တာ *n* director

da-hso-yin ဒါဆိုရင် *part* in that case

da-yə-ka ဒါယကာ *n* ☷ ♂ donor

da-yə-ka-ma̱ ဒါယိကာမ *n* ☷ ♀

donor

da-yi̱-ka-ma̱ ဒါယိကာမ *n* ☷ ♀ donor

da̱ ၃ု ၊ ပ၊ ၃၊ ၆ *n* the thirteenth, fourteenth, eighteenth, and nineteenth letters in the Myanmar script

da̱-au'-chai' ဓအောက်ခြိုက် *n* the nineteenth letter in the Myanmar script

da̱-de' ဒါ့ထက် *part* more than that; by the way

da̱-dwei: ဒထွေး *n* the eighteenth letter of the Myanmar script

da̱-thə-ma̱ ဒသမ *n* [math] (decimal) point, decimal; the tenth

da̱-yei-hmo' ပရေမွတ် *n* the fourteenth letter of the Myanmar script

da̱-yin-gau' ဓရင်ကောက် *n* the thirteenth letter in the Myanmar script

da: ဓား *n* dah; knife; sword

da:-thwa: ဓားသွား *n* (knife-, sword-) blade

dain ဒိုင် *n* trading centre, buying centre; wholesaler;

(gambling) banker, dealer, house

dain-gwe' ဒိုင်ခွက် *n* (watch, clock) face, (telephone, gauge, etc) dial

dain-lu-ji: ဒိုင်လူကြီး *n* referee, umpire

dan ဒဏ် *n* punishment, penalty; injury, wound; damage

dan ဒန် *n* aluminium, aluminum

dan-bau' ဒံပေါက် *n* biryani

dan-da-yi ဒဏ္ဍာရီ *n* myth; legend; fable

dan-hkan ဒဏ်ခံ *n* buffer

dan-ngwei ဒဏ်ငွေ *n* ⚖ fine

dan-ya ဒဏ်ရာ *n* ⚕ wound, injury

dan-yai' ဒဏ်ရိုက် *v* ⚖ fine

daṇ-də-lun ဒဏ့်သလွန် *n* ✽ drumstick tree

daṇ-dhə-lun ဒဏ့်သလွန် *n* ✽ drumstick tree

dan: ဒန်း *n* swing; ✽ henna

daun ဒေါင် *n* height; build

dauṇ ထောင့် *n* corner; angle; diamond (playing card suit)

dauṇ-bya'-myin: ထောင့်ဖြတ်မျဉ်း *n* diagonal (line)

dauṇ-dhan:-na ဒေါင့်သန်းနာ *n* ⚕ anthrax

dauṇ-je ထောင့်ကျယ် *n* obtuse angle

dauṇ-jin: ထောင့်ကျဉ်း *n* acute angle

dauṇ-hman ထောင့်မှန် *n* right angle

daun: ဒေါင်း *n* ✵ peacock ♂, peahen ♀

dau' ဒေါက် *n* prop, buttress, support; bar, spoke

dau'-hpə-na' ဒေါက်ဖိနပ် *n* high heels

dau'-shau' တောက်လျှောက် *adv* nonstop, continuously

dau'-ta ဒေါက်တာ *n* doctor (Ph.D.)

da' ဓာတ် *n* element; mineral; essence, force

da'-bu: ဓာတ်ဘူး *n* thermos, vacuum flask

da'-hke ဓာတ်ခဲ *n* battery

da'-hkwe:-gan ဓာတ်ခွဲခန်း *n* laboratory

da'-lai' ဓာတ်လိုက် *v* get a (an electric) shock

da'-lon: ဓာတ်လုံး *n* alchemical mixture that gives one

supernatural powers

da'-mi: ဓာတ်မီး *n* flashlight, torch

da'-myei-ɔ:-za ဓာတ်မြေသြဇာ *n* (chemical) fertiliser

da'-hman ဓာတ်မှန် *n* x-ray

da'-pon ဓာတ်ပုံ *n* photograph

da'-sa ဓာတ်စာ *n* 🌑 (therapeutic) diet

da'-hsi ဓာတ်ဆီ *n* fuel

da'-thə-mạ ဒသမ *n* [math] (decimal) point, decimal; the tenth

da'-tɔ ဓာတ်တော် *n* 🕮 relics of the Buddha

de ဒယ် *n* cooking pan, frying pan, wok

dei-thạ ဒေသ *n* 🌑 region

dei-thạ-gan ဒေသခံ *n* local, person native to or living in a certain region

dei-thạ-zwe: ဒေသစွဲ *n* regional bias; localism

dei-wa-li-hkan ဒေဝါလီခံ *v* ⚖ 🏛 plead bankruptcy

dei-wạ ဒေဝ *n* 🕮 celestial being

dei-wi ဒေဝီ *n* 🕮 goddess; ♛ queen

dein-jin ဒိန်ချဉ် *n* yoghurt

dei'-htạ ဒိဋ္ဌ *adv* with one's own eyes; surely, certainly

dei'-htị ဒိဋ္ဌိ *n* belief; false belief, heresy

dhə-ba-wạ သဘာဝ *n* nature

dhə-ba-wạ-ja သဘာဝကျ *v* be natural; be realistic

dhə-bei' သပိတ် *n* monk's bowl; strike; demonstration

dhə-bei'-hmau' သပိတ်မှောက် *v* strike; boycott; demonstrate

dhə-be'-hka သန်ဖက်ခါ *n* day after tomorrow

dhə-bin သဘင် *n* assembly, gathering; ceremony

dhə-bon သူပုန် *n* 🌑 ⚔ insurgent; rebel

dhə-bɔ သဘော *n* nature; trait, characteristic; temperament; attitude; sense, meaning; wish

dhə-bɔ:-da သဘောထား *n* attitude; opinion; position

dhə-bɔ:-dhə-ba-wạ သဘော သဘာဝ *n* sense, meaning

dhə-bɔ:-ja သဘောကျ *v* like; be pleased

dhə-bɔ:-kaun: သဘောကောင်း *v*

be good-natured, be nice

dhə-bɔ:-lwe သဘောလွယ် *v* be accepting, be flexible

dhə-bɔ:-pau' သဘောပေါက် *v* realise; understand, get (inf)

dhə-bɔ:-tu သဘောတူ *v* agree, concur

dhə-bɔ:-tu-nyi-je' သဘော တူညီချက် *n* treaty, convention

dhə-bɔ:-tu-sa-jo' သဘောတူ စာချုပ် *n* (written) agreement, contract

dhə-bɔ:-hta: သဘောထား *v* think, consider, regard

dhə-bɔ:-hta:-ji: သဘောထားကြီး၊ *v* be generous, forgiving

dhə-bɔ:-hta:-thei: သဘောထား သေး *v* be petty, be mean

dhə-bu' သပွတ် *n* ❀ loofa(h), luffa

dhə-bu'-tan သွားပွတ်တံ *n* toothbrush

dhə-byei သပြေ *n* ❀ eugenia tree, new shoots of which have a reddish or pink tint

dhə-də-wa သတ္တဝါ *n* living being, living creature

dhə-da သဒ္ဒါ *n* grammar

dhə-daun:-za သူတောင်းစား *n*

beggar

dhə-din: သတင်း *n* news; information

dhə-din:-dau' သတင်းထောက် *n* investigative reporter; correspondent

dhə-din:-pọ သတင်းပို့ *v* report

dhə-din:-za သတင်းစာ *n* news-paper

dhə-dị သတိ *n* awareness, attention; warning; memory; consciousness

dhə-dị-li' သတိလစ် *v* ❦ faint, pass out, black out; forget

dhə-dị-mei သတိမေ့ *v* forget; ❦ faint, pass out, black out

dhə-dị-pei: သတိပေး *v* warn, caution; remind

dhə-dị-pyụ သတိပြု *v* be aware of, notice

dhə-dị-hta: သတိထား *v* notice; pay attention; be careful

dhə-dị-ya သတိရ *v* remember; miss; ❦ come to, regain consciousness

dhə-dọ-thə-mi: သတို့သမီး *n* bride

dhə-dọ-tha: သတို့သား *n* bride-groom

dhə-gə-yi' သက္ကရာဇ် *n* year

dhə-gaun သန်းခေါင် *n* midnight

dhə-ja:$_1$ သကြား *n* sugar

dhə-ja:$_2$ သိကြား *n* Hindu god *Indra*, who figures in Buddhist scriptures as *Sakka*

dhə-ja:-lon: သကြားလုံး *n* sweets, hard candy

dhə-jan သင်္ကြန် *n* the Water Festival

dhə-zin သဇင် *n* kind of orchid

dhọ-ə-twe' သို့အတွက် *part* for the reason that

dhọ-bei-mẹ သို့ပေမဲ့ *part* however

dhọ-mə-ho' သို့မဟုတ် *part* or

dhɔ:-jauṇ သောကြောင့် *part* because, as; seeing that

di$_1$ ဒီ *n* tide

di$_2$ ဒီ *pron* here, this place

di-dọ ဒီတော့ *part* then, in that case

di-lo ဒီလို *part* like this

di-mo-kə-rei-si ဒီမိုကရေစီ *n* *democracy*

di-hma ဒီမှာ *adv* here

di-neị ဒီနေ့ *n* today

di-yei ဒီရေ *n* tide

di-ze ဒီဇယ် *n diesel*

di-zin-ba ဒီဇင်ဘာ *n December*

din-ji တင်ကျီး *n* cormorant

din:-ga: ဒင်္ဂါး *n* coin

do-bi ဒိုဘီ *n dhobi*, launderer

dọ ဒို့ *pron* I; we; my; our

do: ဒိုး *n* ♫ drum (traditional)

don: ဒုန်း *n* thud

don:-byan ဒုံးပျံ *n* rocket

don:-don:-chạ တုံးတုံးချ *v* make a clear decision; have one's mind relieved, be reassured

don:-gạ တုန်းက *adv* ago

don:-pei-ka'-tha' တုံးပေကတ်သတ် *adv* tirelessly; doggedly; stubbornly; single-mindedly

don:-yein: ဒုံးယိမ်း *n* traditional Kayin dance

do'-hkạ ဒုက္ခ *n* *dukkha;* trouble, hardship

do'-hkạ-dhe ဒုက္ခသည် *n* refugee, displaced person, disaster victim

do'-hkị-tạ ဒုက္ခိတ *n* disabled person; refugee

dɔ ဒေါ် *part* title prefixed to an older woman's name

dɔ-la ဒေါ်လာ *n dollar*

dọ-yin:-gaun ဒေါ့ရင်းကောင် *n*

🐾 cicada

dɔ: ဒေါ *n* ☞ anger

dɔ:-dhạ ဒေါသ *n* anger

dɔ:-dhạ-htwe' ဒေါသထွက် *v* be angry

du-wa: ဒူဝါး *n* 🌐 duwa

du-wun ရွပ် *n* Polaris, North Star, polestar

dụ₁ ထု *n* thickness; mass

dụ₂ ဒု *n* thickness

dụ₃ ဒု *part* abbreviation for number two, second, deputy, vice-

dụ-tị-yạ ဒုတိယ *n* second

dụ-tị-yạ-bo ဒုတိယဗိုလ် *n* ⚔ second lieutenant

dụ-tị-yạ-bo-jo'-ji: ဒုတိယဗိုလ်ချုပ် ကြီး *n* ⚔ [army] lieutenant general; ⚔ [air force] vice admiral

dụ-tị-yạ-bo-hmu:-ji: ဒုတိယဗိုလ် မှူးကြီး *n* ⚔ [army] lieutenant colonel; ⚔ [air force] commodore

dụ-tị-yạ-ta'-ja' ဒုတိယတပ်ကြပ် *n* ⚔ lance corporal

dụ-zə-yai' ဒုစရိုက် *n* vice, evil

du: ဒူး *n* knee

du: ဒူးဆစ် *n* knee (joint)

du:-htau' ဒူးထောက် *v* kneel

du:-wa: ဒူးဝါး *n* 🌐 duwa

du:-yin: ဒူးရင်း *n* 🌿 durian

dwei:-bɔ ဒွေးတော် *n* couple, pair; pair of stacked consonants, such as မ္မ လ္လ

dwị-hạ-hpyi' ဒွိဟဖြစ် *n* be in doubt, be of two minds

e

ẹ-dhe ဧည့်သည် *n* guest

ẹ-gan: ဧည့်ခန်း *n* front room, drawing room, parlour

ẹ-jo ဧည့်ကြို *n* guide; receptionist

ẹ-hkan ဧည့်ခံ *v* host, entertain guests

ẹ-hkan-pwe: ဧည့်ခံပွဲ *n* reception

ẹ-wu' ဧည့်ဝတ် *n* hospitality

ẹ-zə-yin: ဧည့်စာရင်း *n* 🌐 registration form for overnight guests

ẹ-zə-yin:-si' ဧည့်စာရင်းစစ် *v* 🌐 (of local authorities) check for registration of overnight guests

ẹ-zə-yin:-tain ဧည့်စာရင်းတိုင် *v* 🌐 register overnight guests e:-da အဲဒါ *pron* that, what was just mentioned

e:-di အဲဒီ *pron* that

e:-di-dɔ̣ အဲဒီတော့ *exp* (well) then

e:-di-lau' အဲဒီလောက် *adv* this much, that much

e:-di-lo အဲဒီလို *adv* in this way, in that way

ei-gə-ri' ကေရာဒ် *n* 🌏 ☝ king, monarch ♂, emperor

ei-ka̠ ကေ *n* acre; [in comb] one, lone, single

ei-pyi ဧပြီ *n* April

ei-ri̠-ya ဧရိယာ *n* area

ei-ya ဧရာ *v* be large, be enormous

ei-ya-wə-di ဧရာဝတီ *n* 🌏 Ayeyarwady, Irrawaddy

ei: အေး *v* be cool; be cold; be peaceful; be calm

ei:-ei:-hsei:-zei: အေးအေးဆေးဆေး *adv* calmly; unhurriedly, at one's convenience

ei:-zei အေးဆေ *exp* ♪ at ease

ein အိမ် *n* house; home; sheath, case

ein-bɔ အိမ်ဖော် *n* housekeeper

ein-chei အိမ်ခြေ *n* number of households

ein-də-rei ကာ္ခြေ *n* controlled behaviour; guarded speech, action, etc; modesty; composure

ein-daun အိမ်ထောင် *n* marriage

ein-daun-ja̠ အိမ်ထောင်ကျ *v* be married

ein-daun-pyi'-si အိမ်ထောင်ပစ္စည်း *n* household goods

ein-daun-pyṵ အိမ်ထောင်ပြု *v* marry, get married

ein-daun-zṵ အိမ်ထောင်စု *n* family; household

ein-daun-zṵ-sə-yin: အိမ်ထောင်စုစာရင်း *n* form listing all people living in a residence

ein-de' အိမ်တက် *n* move into a new house

ein-dha အိမ်သာ *n* bathroom, toilet, loo, lavatory, water closet, WC; latrine

ein-dhon:-sə-yei' အိမ်သုံးစရိတ် *n* household expenses

ein-di̠-ya̠ အိန္ဒိယ *n* 🌏 India

ein-me' အိပ်မက် *n* dream

ein-me'-me' အိပ်မက်မက် *v* dream

ein-hmyaun အိမ်မြှောင် *n* 🦎

gecko

ein-ni:-jin: အိမ်နီးချင်း *n* neighbour, neighbor

ein-ya အိမ်ရာ *n* house; housing; plot of land

ein-za အိမ်စာ *n* homework

ein:-ji အင်္ကျီ *n* shirt, blouse ♀, jacket

ei'₁ အိပ် *v* lie down; sleep

ei'₂ အိတ် *n* bag, sack; pocket

ei'-ka' အိတ်ကပ် *n* shirt pocket, patch pocket

ei'-hkan: အိပ်ခန်း *n* bedroom; dormitory

ei'-me' အိပ်မက် *n* dream

ei'-me'-me' အိပ်မက်မက် *v* dream

ei'-ngai' အိပ်ငိုက် *v* be sleepy, be drowsy

ei'-pye' အိပ်ပျက် *v* lose sleep, not sleep well

ei'-pyɔ အိပ်ပျော် *v* sleep, fall asleep; be asleep

ei'-hsei: အိပ်ဆေး *n* ☥ sedative, sleeping pill

ei'-ya အိပ်ရာ *n* bed, place where one sleeps

ei'-yei: အိပ်ရေး *n* sleep

ei'-yei:-wạ အိပ်ရေးဝ *v* have

enough sleep, have slept well

e'₁ အက် *v* crack

e'₂ အက် *n* ✎ act

e'-hkə-ya အက္ခရာ *n* script, alphabet, writing (system); letter, character

g

gə-bə-la ကမ္ဘလာ *n* 🍊 orange

gə-ba ကမ္ဘာ *n* world

gə-ba-si' ကမ္ဘာစစ် *n* ⚔ world war

gə-bai'-hnai' ခါးပိုက်နှိုက် *v* pick (sb's) pocket

gə-ba' ခါးပတ် *n* belt

gə-bya ကဗျာ *n* 🎵 poem, poetry, verse

gə-de:-gạ ကတည်းက *part* since

gə-dei ကုဋေ *n* ten million

gə-di-ba ကတ္တီပါ *n* velvet

gə-din ခုတင် *n* bed

gə-dị ကတိ *n* promise

gə-dị-pye' ကတိပျက် *v* break a promise

gə-dị-pyụ ကတိပြု *v* vow, promise

gə-dị-ti ကတိတည် *v* keep a promise

gə-dọ ကတို့၊ ကူးတို့ *n* ⚓ ferry

gə-do: ကတိုး *n* ♣ musk deer; musk

gə-don: ကတုံး၊ ခေါင်းတုံး *n* shaven head

gə-dɔ ကတော် *n* wife of a respected person

gə-dɔ̰₁ ကတော့ *n* funnel; cone

gə-dɔ̰₂ ကန်တော့ *v* pay one's respects with the palms pressed together and raised to the forehead; present a gift to a superior

gə-du' ကတွတ် *n* sluice; ✿ kind of fig

gə-dwin: ခံတွင်း *n* mouth

gə-dwin:-pye' ခံတွင်းပျက် *v* lose one's appetite

gə-dwin:-twei̯ ခံတွင်းတွေ့ *v* regain one's appetite

gə-hei ဂဟေ *n* soldering, welding

gə-hei-hse' ဂဟေဆက် *v* solder, weld together

gə-hei-hsɔ ဂဟေဆော် *v* weld, solder

gə-ji-gə-jaun-lo' ကကြီကကြောင် လုပ် *v* be difficult

gə-lan̰ ကန့်လန့် *n* bolt or bar (of door)

gə-li̯-hto: ကလိထိုး *v* tickle

gə-lo-be-lai'-zei:-shin: ဂလိုဘယ် လိုက်ဇေးရှင်း *n* 🌐 🌍 globalisation

gə-lon ဂဠုန် *n* garuda

gə-man:-gə-dan: ကမန်းကတန်း *adv* hurriedly

gə-mon: ဂမုန်း *n* ✿ term for some plants with aromatic roots, such as lotus, ginger, orchid

gə-nan:₁ ကဏန်း *n* ♣ crab

gə-nan:₂ ဂဏန်း *n* number

gə-nan:-le'-ma̰ ကဏန်းလက်မ *n* crab's claw; spanner (Br), wrench (Am)

gə-nan:-thin-cha ဂဏန်းသချာ *n* arithmetic

gə-nan:-twe' ဂဏန်းတွက် *v* calculate

gə-ne: ခနဲ *part* suffix to a verb, denoting an abrupt happening, or in the manner of the verb

gə-nei̯ ကနေ့ *n* today

gə-wun-jau' ဝံကျောက် *n* laterite

gə-ye' ဂယက် *n* ripples, small waves; repercussions

gə-yin-ji-na ဂရင်ဂျီနာ *n* 🝰 fistula

gə-yṵ-na ကရုဏာ *n karuna*, compassion

gə-yṵ-sai' ဂရုစိုက် *v* be careful; pay attention, take care

gə-za: ကစား *v* play

gə-za:-gwin: ကစားကွင်း *n* amusement park

gə-zun: ကစွန်း၊ ကန်စွန်း *n* 🌿 water convolvulus, an edible plant growing in damp soil

gə-zun:-ṵ ကစွန်းဥ၊ ကန်စွန်းဥ *n* 🌿 sweet potato

ga-hta ဂါထာ *n* Pali verse; 📿 mantra; charm

ga-wun ဂါဝန် *n gown*, dress, frock

gạ ဂ ဃ *n* the third and fourth letters in the Myanmar script

gạ-ji: ဃကြီး *n* the fourth letter in the Myanmar script

gạ-nge ဂငယ် *n* the third letter in the Myanmar script

gain:₁ ကိုင်း *n* land formed by siltation

gain:₂ ဂိုဏ်း *n* [relig] sect; 🌐 faction; group, circle, school; gang

gain:-win ဂိုဏ်းဝင် *n* member (of a sect, gang, etc)

gai' ကိုက် *n* yard, 0.92 metre; vice, vise

gan-də-ma ဂန္ဓမာ *n* 🌿 chrysanthemum

gan-də-win ဂန္ထဝင် *n* classic

gan-dạ ကဏ္ဍ *n* section

gan-dị ဂဏ္ဍိ *n* glossary

gan-du ဂန်ဒူး *n* male transvestite; gay, male homosexual

gan-htị ဂဏ္ဌိ *n* glossary

gaṇ-gɔ ကံ့ကော် *n* 🌿 *gangaw*, Ceylon ironwood

gaun: ခေါင်း *n* head; leader; cavity, hollow

gaun:-baun: ခေါင်းပေါင်း *n gaung-baung*, light turban

gaun:-kai' ခေါင်းကိုက် *v* have a headache

gaun:-hka ခေါင်းခါ *v* shake one's head

gaun:-ma ခေါင်းမာ *v* be stubborn

gaun:-mu ခေါင်းမူး *v* be giddy, be dizzy

gaun:-ngai'-hsai' ခေါင်းငိုက်စိုက် *v*

◆ hang one's head

gaun:-ngon-hkan ခေါင်းငုံခံ *v*
bear, take without objection

gaun:-nyei' ခေါင်းညိတ် *v* nod
one's head

gaun:-sa: ခေါင်းစား *v* be
perplexed, be stumped

gaun:-hsaun ခေါင်းဆောင် *v* lead

gaun:-yan: ခေါင်းယမ်း *v* shake
one's head

gaun:-zaun ခေါင်းဆောင် *n* leader

gaun:-zi: ခေါင်းစီး *n* title,
heading, name

gaun:-zin ခေါင်းစဉ် *n* headline;
title

gau'₁ ဂေါက် *v* be strange, be
odd

gau'₂ ဂေါက် *n golf;* ♈ gout

gau'-kwin: ဂေါက်ကွင်း *n* golf
course, golf links

gau'-thi: ဂေါက်သီး *n* golf ball

gau'-yai' ဂေါက်ရိုက် *v* play golf

gei-ha ဂေဟာ *n* house

gei' ဂိတ် *n* gate, entrance;
terminal (for bus); stand,
rank (of taxis)

gi-ta ဂီတာ *n* ♪ guitar

gi-ta̞ ဂီတ *n* ♪ music

gi-ya ဂီယာ *n* gear, gear shift

gi-ya-ji: ဂီယာကြီး *n* low gear

gi-ya-lei: ဂီယာလေး *n* high gear

gi-ya-hto: ဂီယာထိုး *v* shift gears

go-daun ဂိုဒေါင် *n* godown,
warehouse, store(house)

go: ဂိုး *n* goal

go:-zi: ဂိုးစည်း *n* goal line

gon ဂုဏ် *n* prestige; honour

gon-du: ဂုဏ်ထူး *n* distinction,
honours

gon-du:-zaun ဂုဏ်ထူးဆောင် *n*
sthg honorary

gon-gə-man ကုံကုမံ *n* ✿ saffron

gon-ni ဂုန်နီ *n* gunny, burlap

gon-pyu̞ ဂုဏ်ပြု *v* honour

gon-sho ဂုန်လျှော် *n* ✿ jute; jute
fibre

gon-thei'-hka ဂုဏ်သိက္ခာ *n*
integrity; dignity

gon:-chɔ ကုန်းချော *v* make
trouble (btw people, etc)

gon:-gaun ခုံကောင် *n* ✿ clam;
scallop

gon:-po ကုန်းပိုး *v* carry on the
back; ride pick-a-back

gɔ-bi-do' ဂေါ်ဖီထုပ် *n* ✿ cabbage

gɔ-bi-pan: ဂေါ်ဖီပန်း *n* ✿ cauli-
flower

gɔ-bya: ဂေါ်ပြား *n* spade; shovel;

dustpan

gɔ-li ဂေါ်လီ *n* marble (glass ball)

gɔ-mei' ဂေါ်မိတ် *n* zircon

gɔ-mo' ဂေါ်မှတ် *n* variety of garnet tinged with yellow

gɔ-rə-hka: ဂေါ်ရခါး *n* Gurkha; ✻ chayote

gɔ:-də-ma̰ ဂေါတမ *n* ⬠ Gautama Buddha

gu ဂူ *n* cave, grotto; tomb

gṵ-na̰-wun ဂုဏဝန် *n* respected person

gun: ဝွမ်း *n* cotton wool

gwa̰₁ ကွ *v* be bow-legged, be bandy-legged

gwa̰₂ ခွ *n* fork (of tree, path), crotch; spanner, wrench; catapult, slingshot; difficult situation

gwa̰-ja̰ ခွကျ *v* have difficulties

gwei ခွေ *n* coil; spiral; hoop, ring, band; classifier for coiled things, tapes, CDs

gweḭ ကွေ့ *n* curve, turn; 🌎 gulf, bay

gwei: ခွေး *n* ✻ shrimp used in making shrimp paste; ✻ hog plum

gwei:-ṵ ခွေးဥ *n* testicle(s)

gwin: ကွင်း *n* circle; ring; loop; bracket, parenthesis (pl. parentheses); field

gwin:-ze' ကွင်းဆက် *n* link

h

hə-hwa ဟာဝါ *n* ☞ word used instead of a word or name one does not know, wishes to avoid, or wishes to leave unsaid

ha₁ ဟာ *v* (of sthg) be omitted, be missing; (of sthg) be lacking; (of sb) feel empty

ha₂ ဟာ *pron* subject marker; possessive marker; infix between repeated pronoun to indicate that sthg was done by oneself

ha-lə-wa ဟလဝါ *n* sticky halva-like sesame–rice sweet, typical of Pathein

ha-tha̰ ဟာသ *n* comedy, humour; sthg funny

ha̰₁ ဟ *v* open; be ajar, leave ajar; have a space between

ha̰₂ ဟ *n* the name of the ဟ

hạ₃ ဟ *int* What!

hạ-hto: ဟထိုး *n* ◌ symbol

hain: ဟိုင်း *n* 🐘 tuskless elephant

han ဟန် *n* gesture; posture, pose, position, attitude; appearance; pretense, appearance

han-jạ ဟန်ကျ *v* succeed, do well; be suitable, be fitting

han-je' ဟန်ချက် *n* centre of gravity; balancing point

han-je'-htein: ဟန်ချက်ထိန်း *v* balance, keep one's balance

han-lo' ဟန်လုပ် *v* affect modesty; be pretentious

han-pa-pa ဟန်ပါပါ *adv* grandly; convincingly

han-pan ဟန်ပန် *n* style, manner

han-pyạ ဟန်ပြ *v* display, show off, model

han-hsaun ဟန်ဆောင် *v* pose, pretend, fake

han-hta: ဟန်ထား *n* position, posture, attitude

han-yạ ဟန်ရ *v* be proper, be fitting

haun ဟောင် *v* (of dog) bark

haun-kaun ဟောင်ကောင် *n* 🌏 Hong Kong

haun-kaun-hnə-hlwa ဟောင် ကောင်နှစ်လွှာ *n* two-floor flat, with internal stairs

haun: ဟောင်း *v* old; outdated, out-of-date; old, former, previous; past; second-hand, used

hau' ဟောက် *v* snore (while asleep); tell off, scold; roar

ha' ဟပ် *v* bring surfaces together; rhyme; match; bite, snap; reflect

ha'-cho: ဟပ်ချိုး *n* achoo, sound of a sneeze

hein-di ဟိန္ဒီ *n* Hindi

hein-du ဟိန္ဒူ *n* Hindu

hin ဟင် *part* final marker of a question or inquiry, esp by women: hm?

hiṇ-in ဟင့်အင် *int* ☛ expression of disagreement or refusal: no, uh-uh, hunh-uh

hiṇ-in: ဟင့်အင်း *int* ☛ no way, forget it

hin: ဟင်း *n* (cooked dish of) meat, fish, vegetables, etc, to be eaten with rice

hin:-ba' ဟင်းဖတ် *n* meat, fish, vegetables in a soup

hin:-dhi:-hin:-ywe' ဟင်းသီး ဟင်းရွက် *n* (green) vegetables

hin:-jo ဟင်းချို *n* broth, thin clear soup

hin:-jo-hmoṇ ဟင်းချိုမှုန့် *n* monosodium glutamate, MSG, seasoning powder

hin:-nu̧-ne ဟင်းနုနယ် *n* 🌿 kind of amaranth with dark green edible leaves

hin:-hni' ဟင်းနှစ် *n* thick gravy or sauce

hin:-tha ဟသာ် *n* 🦆 Brahminy duck, ruddy sheldrake, symbol of the Mon monarchy

hin:-yei ဟင်းရည် *n* broth (of soup)

hin:-ywe' ဟင်းရွက် *n* leafy vegetables

hi' ဟစ် *v* shout, yell

ho ဟို *pron* ➡ that

ho-din: ဟိုဒင်း *pron* ➡ that

ho-ha ဟိုဟာ *pron* ➡ that

ho-te ဟိုတယ် *n* hotel

ho' ဟုတ် *v* be true, be right, be correct

ho'-kȩ ဟုတ်ကဲ့ *int* reply used to confirm, that's right *or* true, correct; word used to confirm

understanding of a question, request, etc

ho'-la: ဟုတ်လား *int* honestly? really?

ho'-pa̧ ဟုတ်ပါ့ *int* that's right

ho'-pa̧-la: ဟုတ်ပါ့လား *int* really, is that right, is that so (implying doubt)

ho'-pa̧-mə-la: ဟုတ်ပါ့မလား *int* really, is that right, is that so (implying doubt)

ho'-yȩ-la: ဟုတ်ရဲ့လား *int* really, is that right, is that so (implying doubt)

hɔ ဟော် *n* 🏯 the seat of a Shan ruler, palace

hɔ-lan₁ ဟော်လန် *n* 🌍 Holland

hɔ-lan₂ ဟော်လန် *adj* 🌍 Dutch

hɔ: ဟော *v* preach; give a talk, speech, lecture; foretell

hɔ:-di ဟောဒီ *pron* ➡ this

hɔ:-gə-ne: ဟောခနဲ *adv* gushing, pouring, in a rush

hɔ:-pyɔ:-bwe: ဟောပြောပွဲ *n* public lecture, talk

hu-ka̧ ဟူက *part* if

hu-lo ဟူလို *part* read as, take as, interpret as meaning

hu-ywei̧ ဟူ၍ *part* suffix to

name, word indicated: called,
known as; suffix to reported
speech; (believing) that; as
such

hụ ဟု *part* suffix to name, word
indicated: called, known as;
suffix to reported speech;
(believing) that; as such

hun-di ဟွန်ဒီ *n* money transfer
service; hundi

hun: ဟွန်း *n* horn

hun:-pei ဟွန်းပေး *v* honk at

hun:-ti: ဟွန်းတီး *v* honk, sound
horn

i

i₁ အီ *v* (of food) be too rich, be
oily; be tired of, be sick of;
creak; the letter *E*

i₂ ဤ *pron* this

i-ja-kwei: အီကြာကွေး *n* fried
dough stick

ị₁ အိ *v* be soft, be tender

ị₂ ၏ *part* ◎ 's, possessive
particle; ◎ sentence ending
particle for a declarative
sentence

i:-pa အီးပါ *v* defecate

i:-pau' အီးပေါက် *v* break wind,
have gas, fart △

in အင် *n* strength; basin; ※ tall
timber tree with large leaves

in-a: အင်အား *n* strength;
power, force

in-a:-zụ အင်အားစု *n* groups,
forces

in-byin အင်ပျဉ် *n* ♈ hives,
itching rash

in-ga အင်္ဂါ *n* Tuesday; body
part; Mars

in-jin: အင်ကြင်း *n* ※ kind of tall
hardwood tree with bright red
flowers

in-mə-tan အင်မတန် *adv* ◆ very

in-ta-ne' အင်တာနက် *n* ▯
Internet

in-ton အင်တုံ *n* earthenware pot

in-ụ အင်ဥ *n* round, edible
mushroom

in: အင်း *n* (natural) lake, pond;
※ cabalistic figure in which
numbers or characters are
arranged

in:-gə-lei' အင်္ဂလိပ် *n English*
person; white person; English
language

in:-ji အင်္ကျီ *n* shirt, blouse ♀,

ə a b c h d e g h i j j̣ k hk l hl m hm

jacket

i'₁ အစ် *n* strangle; feel tight; extort money

i'₂ အစ် *n* box (wth lid); Ⓔ eid

i'-ko အစ်ကို *n* older brother

i'-ma အစ်မ *n* older sister

i'-sə-lan အစ္စလမ် *n* Ⓔ Islam, faith of the Muslims

j

jə-ma ကြမ္မာ *n* karma, *kamma*; fate

jə-ma ကျွန်မ *pron* ♀ I

jə-no' ကျွန်ုပ် *pron* ♂ I; me

jə-nɔ ကျွန်တော် *pron* ♂ I; me

jə-thi' ကျားသစ် *n* 🐾 leopard

ja₁ ကြာ *v* take a long time; (of time) elapse, pass

ja₂ ကြာ *n* 🌺 lotus

ja-dhə-bə-dei: ကြာသပတေး *n* Thursday

ja-zan ကြာဆံ *n* thin rice noodle, rice thread

ja-zwe ကြာစွယ် *n* lotus root

jạ₁ ကျ *v* fall; drop; descend; decline; come down; fail (≠ pass an exam); cost; arrive; (of work, duty) be assigned; (of permission) be granted; be in a certain state; (of coffee, tea) be strong; (of animals) give birth

jạ₂ ကြ *part* particle suffixed to verb to show plurality

jạ-ban: ကျပန်း *adv* spontaneously, without planning; casually

jạ-dhan ကျသံ *n* high tone, e.g., –ား ၆–ာ

jạ-dɔ ကျတော့ *part* when you consider, as for, in the case of

jạ-nạ ကျန *v* to be exact; to be properly done

jạ-hson: ကျဆုံး *v* be killed in action

jạ-ya ကျရာ *adv* whatever

ja:₁ ကျား *v* be striped; be chequered

ja:₂ ကြား *v* hear

ja:₃ ကျား *n* 🐾 tiger; draughts, checkers; buttress; men's, abbreviation of ယောက်ျား

ja:-gwe' ကျားကွက် *n* chequers, chequered pattern

ja:-hto: ကျားထိုး *v* play draughts, play checkers

n hn o ɔ p hp r s hs t ht u w hw y z '

jain ကြိုင် *v* be fragrant

jain: ကျိုင်း *n* 🐾 locust

jai'₁ ကျိုက် *v* gulp, drink; tuck up one's longyi

jai'₂ ကြိုက် *v* like, be pleased with

jai'₃ ကြိုက် *part* while

jan₁ ကျန် *v* remain; be left behind

jan₂ ကြံ *v* think; scheme, plot

jan₃ ကြံ *n* 🌾 sugarcane

jan-dhə-ga ကြံသကာ *n* molasses

jan-hpan ကြံဖန် *v* devise, improvise; contrive

jan-yei ကြံရည် *n* cane juice

jan-yi' ကျန်ရစ် *v* remain; be left behind; be left out

jan-zi ကြံစည် *v* think; plan, formulate; plot, scheme, attempt

jaṇ₁ ကြံ့ *v* be strong, be sturdy; be steadfast

jaṇ₂ ကြံ့ *n* 🐾 rhinoceros, rhino

jaṇ-hkain ကြံ့ခိုင် *v* be strong, be sturdy; be steadfast

jaṇ-hkain-yei:-hniṇ-hpuṇ-hpyo:-yei:-ə-thin: ကြံ့ခိုင်ရေးနှင့် ဖွံ့ဖြိုးရေးအသင်း *n* Union Solidarity and Development Association, USDA

jan: ကျန်း *v* be strong; be healthy

jan: ကျမ်း *n* treatise, authoritative book; 📖 ☧ ☦ scripture; thesis

jan: ကြမ်း *v* be coarse, be rough; be unprocessed

jan: ကြမ်း *n* floor

jan:-byin ကြမ်းပြင် *n* floor (of house, ocean, etc.)

jan:-dan: ကြမ်းတမ်း *v* be violent, be harsh

jan:-gin: ကြမ်းခင်း *n* floor

jan:-ma ကျန်းမာ *v* ⚕ be healthy; be fit

jan:-ma-yei: ကျန်းမာရေး *n* ⚕ health

jaun₁ ကြောင် *v* be odd; be discordant; be disconnected; be dazed, be confused; be out of touch, act strangely; feel shy, feel odd; be cowardly

jaun₂ ကြောင် *n* 🐾 cat

jaun-daun ကြောင်တောင် *adv* in public, in broad daylight

jaun-ein ကြောင်အိမ် *n* larder, meat safe, cupboard for storing food

jaun-lein-hlei-ga: ကြောင်လိမ် လှေကား *n* spiral stairs

jaun-mye'-ywe: ကြောင်မျက်ရဲ *n* cat's eye

jaun-sha ကြောင်လျှာ *n* ※ Indian trumpet

jaun-taun-taun ကြောင်တောင် တောင် *adv* in a daze; confusedly, disconcertedly

jauṇ-jạ ကြောင့်ကြ *v* worry, be anxious

jauṇ-(mọ-(lọ)) ကြောင့်(မို့(လို့)) *part* because of, due to, on account of

jaun:₁ ကျောင်း *n* 🏛 monastery; temple; school

jaun:₂ ကြောင်း *n* route; cause, circumstance; reason, purpose; line; tradition; way, means

jaun:-du-than-gwe: ကြောင်း တူသံကွဲ *n* 🔀 synonym

jaun:-dha: ကျောင်းသား *n* ♂ student, pupil, schoolboy

jaun:-dhu ကျောင်းသူ *n* ♀ student, pupil, schoolgirl

jaun:-nei-be' ကျောင်းနေဖက် *n* classmate, schoolmate

jaun:-o' ကျောင်းအုပ် *n* principal (of school), headmaster, headmistress

jau'₁ ကြောက် *v* fear; be scared (of), be afraid (of)

jau'₂ ကျောက် *n* stone, rock; jewel, gem, precious or semi-precious stone; pox

jau'-chạ ကျောက်ချ *v* anchor; overstay; hang out in (inf)

jau'-chin ကျောက်ချဉ် *n* alum crystal

jau'-dain ကျောက်တိုင် *n* stone pillar; obelisk

jau'-gun: ကျောက်ဂွမ်း *n* ❄ asbestos

jau'-jɔ: ကျောက်ကျော *n* agar jelly

jau'-ka' ကျောက်ကပ် *n* kidney

jau'-hke: ကျောက်ခဲ *n* rock, stone

jau'-main: ကျောက်မိုင်း *n* quarry

jau'-me' ကြောက်မက် *v* be terrified

jau'-mi:-dhwei: ကျောက်မီးသွေး *n* coal

jau'-mye'-yə-də-na ကျောက်မျက် ရတနာ *n* gem(stone), jewel

jau'-pwiṇ ကျောက်ပွင့် *n* snow fungus, silver ear fungus, white jelly fungus

jau'-pyin ကျောက်ပျဉ် *n* thanakha grindstone

jau'-hpyu ကျောက်ဖြူ *n* alabaster; ♀ chickenpox

jau'-sa ကျောက်စာ *n* stone inscription

jau'-sein: ကျောက်စိမ်း *n* jade

jau'-hsu ကျောက်ဆူး *n* anchor

jau'-thin-bon: ကျောက်သင်ပုန်း *n* slate; blackboard

jau'-thwei: ကျောက်သွေး *v* cut or polish a gem

ja'₁ ကြတ် *n* 🔭 eclipse; mirage, apparition

ja'₂ ကျပ် *v* be crowded; be packed; tighten; (of clothing, shoes) be tight; be uncomfortable; be difficult; be broke

ja'₃ ကြပ် *v* supervise; wind up

ja'₄ ကျပ် *n* kyat; tical, 0.016 kg

ja'-hko: ကျပ်ခိုး *n* soot

ja'-ma'-hmu ကြပ်မတ်မှု *n* management

ja'-tha: ကျပ်သား *n* tical, 0.016 kg

je₁ ကျယ် *v* be wide; be spacious; be loud

je₂ ကြယ် *n* star

je-byan ကြယ်ပျံ *n* 🔭 shooting star, falling star

je-də-gun ကြယ်တံခွန် *n* 🔭 comet

je-dhi: ကြယ်သီး *n* button; stud

je-nga: ကြယ်ငါး *n* 🐟 starfish

je-pyaṇ ကျယ်ပြန့် *v* be broad, be wide and flat; (of knowledge, experience etc) be wide, be broad; (of attitude, views, etc) be liberal, be flexible

je-zụ ကြယ်စု *n* 🔭 constellation

je:₁ ကျဲ *v* be sparse; be widely spaced; be watery

je:₂ ကြဲ *v* scatter, cast

jei₁ ကျေ *v* be settled; be fulfilled

jei₂ ကြေ *v* be crumbled, be crushed; be crumpled; be digested

jei-ei: ကျေအေး *v* subside, come to peace

jei-na' ကျေနပ် *v* be satisfied

jei-nya ကြေညာ *v* announce; notify

jei:₁ ကျေး *n* 🐦 parrot; 🐦 parakeet, budgerigar; village

jei:₂ ကြေး *n* copper, brass, or

bronze; money; price

jei:-le' ကျေးလက် *n* hamlet, small village

jei:-mon ကြေးမုံ *n* mirror

jei:-nan: ကြေးနန်း *n* telegraph, wire, telegram

jei:-ni ကြေးနီ *n* copper

jei:-zi ကြေးစည် *n* 🔲 triangular flat brass gong

jei:-zu: ကျေးဇူး *n* good deed; gratitude

jei:-zu:-shin ကျေးဇူးရှင် *n* benefactor

jei:-zu:-tin ကျေးဇူးတင် *v* thank

jein₁ ကျိန် *v* curse; swear

jein₂ ကြိမ် *n* cane, rattan

jein-lon: ကြိမ်လုံး *n* cane, length of cane

jein-hnon: ကြိမ်နှုန်း *n* frequency

jein:₁ ကျိန်း *v* sting; chafe

jein:₂ ကျိန်း *n* predestined event; probability

jein:₃ ကြိမ်း *v* challenge, boast; scold; threaten; be afraid

jei'₁ ကျိတ် *adv* in secret, secretly

jei'₂ ကျိပ် *part* classifier for counting tens of people or divinities

jei'₃ ကြိတ် *v* grind, mill; crush; work hard at sthg

je'₁ ကျက် *v* (of food) be done; (of wound) heal; (of text, lesson, etc) study, memorise, learn by heart; be familiar

je'₂ ကြက် *v* stretch taut

je'₃ ကြက် *n* 🐤 chicken

je'-chei ကြက်ခြေ *n* cross(mark)

je'-daun-yai' ကြက်တောင်ရိုက် *v* play badminton

je'-hin:-ga: ကြက်ဟင်းခါး *n* 🌿 bitter gourd

je'-mau' ကြက်မောက် *n* 🐤 cockscomb; 🌿 rambutan

je'-hnya-chaun:-zo: ကြက်ညှာ ချောင်းဆိုး *n* 🌿 whooping cough, pertussis

je'-pwe ကြက်ပွဲ *n* cockfight

je'-sha ကြက်လျှာ *n* triangular shape; pennant, triangualar flag

je'-sha-zun: ကြက်လျှာစွန်း *n* triangle, triangular block

je'-hsin ကြက်ဆင် *n* 🐤 turkey

je'-hsu ကြက်ဆူ *n* 🌿 castor-oil (plant); 🌿 jatropha

je'-thein:-hta̲ ကြက်သီးထ *v* get goose pimples (Br) get goose bumps (Am)

je'-thun-byu ကြက်သွန်ဖြူ *n* 🌿 garlic

je'-thun-mei' ကြက်သွန်မြိတ် *n* onion tops, green onions, spring onions

je'-thun-ni ကြက်သွန်နီ *n* 🌿 shallot

je'-tɔ: ကြက်တော *n* 🐾 parakeet

je'-tu-ywei: ကြက်တူရွေး *n* 🐾 parrot

ji₁ ကျည် *n* section of bamboo; cartridge; shell; round

ji₂ ကြည် *v* be clear; be transparent; be bright

ji₃ ကျီ *n* granary

ji-dau' ကျည်တောက် *n* section of bamboo (open at one end)

ji-dhi: ကြယ်သီး *n* button; stud

ji-nyo ကြည်ညို *v* respect, admire

ji-hsan ကျည်ဆံ *n* ⚔ bullet

ji-za: ကျီစား *v* tease; joke, play pranks

ji ကြည့် *v* look (at), watch; look up (in dictionary); observe; take care of

ji-chwe: ကျိရွဲ *v* be slimy, be greasy

ji-shṵ ကြည့်ရှု *v* look (at); take care of

ji:₁ ကြီး *v* be large, be big; be grand; be high; be great; increase; be older; to grow up, to be raised

ji:₂ ကြည်း *n* land

ji:₃ ကြီး *part* particle suffixed to words for emphasis

ji:-bwa: ကြီးပွား *v* prosper, do well; thrive

ji:-da' ကြည်းတပ် *n* ⚔ army

ji:-gan: ကျီးကန်း *n* 🐾 crow

ji:-ja' ကြီးကြပ် *v* supervise

ji:-nan: ကြေးနန်း *n* telegraph

ji:-ni ကြေးနီ *n* copper

ji:-zi ကြေးစည် *n* ⬜ triangular flat brass gong

jin₁ ကျင် *v* be good at, be skilled in; pan for gold; feel pain; be decayed

jin₂ ကျဉ် *v* tingle, feel pins and needles (fig); (esp of waist) be slender

jin₃ ကြဉ် *v* avoid, shun

jin₄ ကျဉ် *n* 🐾 large biting ant

jin-le ကျင်လည် *v* be caught in a vicious circle; be good at, be skilled in

jin-na ကြင်နာ *v* be kind, be compassionate

jiṇ ကျင့် *v* practise; train

jiṇ-thon: ကျင့်သုံး *v* practise; observe (tradition, etc)

jiṇ-wu' ကျင့်ဝတ် *n* morals, moral code; rules of conduct

jin:₁ ကျင်း *v* display, lay out, spread; ✄ deploy; rinse; sharpen

jin:₂ ကျဉ်း *v* be narrow; be cramped, be small; [math] cancel

jin:₃ ကျင်း *n* pit, hole; trench; ⚓ dock (for receiving ships); trough; measure of 100 cubic feet

jin:-pạ ကျင်းပ *v* hold (meeting, dance, etc); celebrate (anniversary, success, etc), throw (party)

ji' ကျစ် *v* twist (into rope); be compact; hold onto

ji'-hsan-mi: ကျစ်ဆံမြီး *n* plait, braid

jo₁ ကျို *v* boil

jo₂ ကြို *v* meet sb on arrival, go to welcome sb; welcome (sthg)

jo-tin ကြိုတင် *adv* in advance; ahead of

jọ₁ ကျို့ *v* be humble; be submissive

jọ₂ ကြို့ *v* belch, burp (inf)

jo:₁ ကျိုး *v* break; violate, break (rules); be creased

jo:₂ ကျိုး *n* effect, consequence; benefit

jo:₃ ကြိုး *n* rope; cord; string, thong

jo:-də-da: ကြိုးတံတား *n* suspension bridge

jo:-jaun: ကျိုးကြောင်း *n* circumstances, particulars; causes

jo:-ja:-jo:-ja: ကြိုးကြားကြိုးကြား *adv* off and on, intermittently

jo:-na' ကျိုးနပ် *v* [after ရ] be worth (doing)

jo:-za: ကြိုးစား *v* try, strive

jon ကြုံ *v* meet or happen by chance; be opportune; be thin, be skinny

jon-dhə-lo ကြုံသလို *adv* without planning

jon-jai' ကြုံကြိုက် *v* meet or happen by chance; be opportune

joṇ ကျုံ့ *v* shrink, contract

jon:₁ ကျုံး *v* gather up, scoop

jon:₂ ကျုံး *n* moat; corral

jo' ကျုပ် *pron* I

jɔ₁ ကျော် *v* go over; overtake, pass; be over; be famous

jɔ₂ ကြော် *v* fry; shout

jɔ-lun ကျော်လွန် *v* be late; be overdue

jɔ-nya ကြော်ငြာ *v* advertise, publicise

jɔ̰ ကြော့ *v* look smart, be well-dressed

jɔ:₁ ကျော *v* surpass; be ahead of sb; be clean; be smooth

jɔ:₂ ကျော *n* back

jɔ:₃ ကြော *v* wash, clean

jɔ:-bo:-ei' ကျောပိုးအိတ် *n* backpack

jɔ:-ka' ကျောကပ် *adv* on both sides (of sheet of paper), double-sided, back-to-back

ju ကျူ *n* ❀ reed used for weaving mats

ju-shin ကျူရှင် *n* after-school classes, cram school (inf); private tuition

ju: ကျူး *v* go beyond; transgress

ju:-jɔ ကျူးကျော် *v* trespass; ⚔ invade; pass

ju:-lun ကျူးလွန် *v* violate (law, principle); commit (crime, sin)

jun ကျွန် *n* ⚗ slave; serf

jun-dɔ ကျွန်တော် *pron* ♂ I; me

jun:₁ ကျွမ်း *v* be familiar with; be skilled at; be burnt up; be terminal

jun:₂ ကျွန်း *n* ❀ teak; island

jun:-jin ကျွမ်းကျင် *v* know well; be good at

jun:-zụ ကျွန်းစု *n* 🌐 archipelago, island chain

jun:-zwe ကျွန်းဆွယ် *n* peninsula

ju'₁ ကြွပ် *v* be crispy, be crunchy; be brittle

ju'₂ ကျွတ် *v* be free (from restrictions); (of period course) be over; come off; (of hair, feathers) fall out; take off

ju'₃ ကျွတ် *n* ❀ small land leech; inner tube

ju'-lu' ကျွတ်လွတ် *v* get away (with), be free of

jwạ ကြွ *v* (of holy or respected persons) come or go; be lively

jwạ-yau' ကြွရောက် *v* (of holy or

ə a b ch d e g h i j j̣ k hk l hl m hm

respected persons) arrive,
come

jwa: ကြား v boast; show off

jwan: ကျွမ်း v be familiar with;
be skilled at; be burnt up; be
terminal

jwan:-jin ကျွမ်းကျင် v know well;
be good at

jwe-(wạ) ကြွယ်(ဝ) v be rich

jwe: ကျွဲ n ❀ water buffalo

jwe:-gɔ: ကျွဲကော n ❀ pomelo

jwei₁ ကြွေ v (of dead leaves,
ripe fruit, etc) fall, drop

jwei₂ ကြွေ n cowrie shell;
enamel; ceramic; tile

jwei-bya: ကြွေပြား n tile

jwei: ကြွေး n debt

jwei:-(mwei:) ကြွေး(မွေး) v serve
food to; support

jwei:-shin ကြွေးရှင် n creditor

jwei:-hsa' ကြွေးဆပ် v repay a
debt

jwe' ကြွက် n ❀ mouse, rat;
muscle

jwe'-nọ ကြွက်နို့ n ❦ wart

jwe'-te' ကြွက်တက် v have a
muscle cramp

jwe'-tha: ကြွက်သား n muscle

jwe'-htaun-jau' ကြွက်ထောင်

ချောက် n mousetrap

jwin: ကြွင်း v remain

j̱

jə-bo: ကြမ်းပိုး n ❀ bedbug

ja-ne ဂျာနယ် n journal, weekly

ja-ne-li' ဂျာနယ်လစ် n journalist

ja:₁ ဂျာ part pitcher, jug;
classifier for pitchers of beer

ja:₂ ကြား n interval, interim,
gap

ja:-bya' ကြားဖြတ် adj interim;
🌐 provisional

ja:-gan ကြားခံ n buffer

ja:-nei ကြားနေ v stay neutral

jaiṇ ချိုင့် n depression (in a
surface); food carrier, tiffin
box; jug, pitcher

jaiṇ-hwan: ချိုင့်ဝှမ်း n valley

jain: ချိုင်း n armpit

jain:-dau' ချိုင်းထောက် n
crutches

jai' ဂျိုက် n jack

jai'-tho: ဂျိုက်သိုး n ❦ rubella,
German measles

jaun ချောင် n corner, nook

jaun-hko ချောင်ခို v stay out of
sight, lie low

jau' ချောက် *n* ravine

jau'-ja̱ ချောက်ကျ *v* be in trouble

ja' ဂျပ် *n* backstrap loom

ja'-chu' ကျပ်ချွတ် *v* be brand-new

jein:-hpɔ̱ ဂျိန်းဖေ့ *n* Jinghpaw

jei' ချိတ် *n* hook; hanger; safety pin; boyfriend ♂, girlfriend ♀

je' ဂျက် *n* bolt

je'-ja̱ ချက်ကျ *v* be effective; be apt

ji ချေ *n* 🐾 muntjac, barking deer

ji: ချေး *n* faeces (Br), feces (Am); dirt, filth

ji:-mya: ချေးများ *v* be grimy, be filthy; be full of excuses; be choosy, be picky; complain excessively

jin ဂျင် *n* top (spinning toy); expert; gin

jin-gə-li̱ ဂျင်ကလိ *n* sharpened metal dart, shot from a catapult

jin: ချင်း *n* 🌿 ginger

jo₁ ချို *n* horn; antler

jo₂ ဂြိုဟ် *n* 🪐 planet

jo-du̱ ဂြိုဟ်တု *n* satellite; satellite dish

jo-ja̱ ဂြိုဟ်ကျ *v* cause trouble; be in trouble

jo-jo-ja:-ja: ကြိုကြိုကြားကြား *n* out of the way place; nooks and crannies

jo-te' ကြို့တက် *v* hiccough, hiccup

jo-hto: ကြို့ထိုး *v* hiccough, hiccup

jo: ချိုး *n* 🕊 dove, pigeon; crust; addict

jo:-ja ကြိုးကြာ *n* 🦤 saurus crane

jo:-na' ချိုးနပ် *v* [after ရ] be worth (doing)

jon ဂျုံ *n* 🌾 wheat

ju:-myi' ဂျူးမြစ် *n* 🌾 edible root with a light garlic-like flavour

jun:-thə-ma: ကျွမ်းသမား *n* acrobat; gymnast

jun:-hto: ကျွမ်းထိုး *v* somersault; do a flip

ju'₁ ဂျွပ် *n* ⚕ jock itch

ju'₂ ကြွပ် *n* callus, hardened skin

k

kə-chə-la ကချလာ *n* good-for-nothing; (piece of) junk, rubbish

kə-chin ကချင် *n* Kachin

kə-chɔ-kə-chu' ကချော်ကချွတ် *adv* sloppily

kə-lə-be: ကုလားပဲ *n* 🌱 lentil, dhal

kə-lə-o' ကုလားအုတ် *n* 🐪 camel

kə-lə-htain ကုလားထိုင် *n* chair

kə-la: ကုလား *n* person of South Asian ethnic origin

kə-laun-na-me ကလောင်နာမည် *n* pen name, *nom de plume*, pseudonym

kə-la' ကလပ် *n* small circular tray on a pedestal; club; clutch

kə-lei:₁ ကလေး *n* child, youth

kə-lei:₂ ကလေး *part* suffix to noun, to show affection or understatement; suffix to an animal's young

kə-lei:-dein ကလေးထိန်း *n* nanny, au pair

kə-lei:-pye' ကလေးပျက် *v* ⚕ have an miscarriage

kə-lein-jạ ကလိမ်ကျ *v* lie; scam; be untrustworthy

kə-le' ကလက် *v* be frivolous;

clash

kə-li-za ကလီစာ *n* organs, innnards (food); inner parts

kə-lị ကလိ *v* annoy; tease

kə-lị-hto: ကလိထိုး *v* tickle

kə-ma ကမာ *n* 🦪 oyster

kə-mạ-kə-htạ-lo' ကမကထလုပ် *v* supervise; lead an under-taking

kə-mau'-kə-mạ ကမောက်ကမ *adv* out of control; in disorder

kə-nə-u: ကနဦး *n* the beginning

kə-na: ကနား *n* pavilion

kə-nụ-kə-ma ကနုကမာ *n* oyster-shell; mother-of-pearl

kə-nyu' ကညွတ် *n* 🌱 asparagus

kə-hpi: ကဖီး *n* cafe, teashop

kə-rə-wei' ကရဝိက် *n* karaweik

kə-rị-ya₁ ကိရိယာ *n* tool, instrument

kə-rị-ya₂ ကြိယာ *n* [gram] verb

kə-rị-ya-wị-thei-thə-na ကြိယာ ဝိသေသန *n* [gram] adverb

kə-hson ကဆုန် *n* Kahson, second month of the lunar calendar

kə-hson-pau' ကဆုန်ပေါက် *v* gallop

kə-thain: ကသိုဏ်း *n* object of

n hn o ɔ p hp r s hs t ht u w hw y z '

intense mental concentration
in a type of meditation

kə-the: ကသည်း *n Khasi*

kə-thi ကသီ *v* be hectic

kə-htein ကထိန် *n* ⚅ *Kahtain*

kə-htị-kạ ကထိက *n* lecturer

kə-wei ကဝေ *n* wise woman;
enchantress

kə-wị ကဝိ *n* wise man; poet

kə-ya: ကယား *n Kayah*

kə-yin ကရင် *n* Kayin, Karen

ka₁ ကာ *v* screen; shield; cover

ka₂ ကာ *n 🗡* shield

ka₃ ကာ *part* while

ka-gwe ကာကွယ် *v* defend,
protect (~ your family);
prevent (~ disease)

ka-gwe-yei: ကာကွယ်ရေး *n*
🌐 *🗡* defence; *🗡* [inf] militia

ka-gwe-zei: ကာကွယ်ဆေး *n*
⚕ vaccine, immunisation

ka-lạ ကာလ *n* time, period

ka-lạ-bɔ ကာလပေါ် *v* be current,
be contemporary

ka-lạ-dha: ကာလသား *n* young
single man, bachelor

ka-lạ-dha:-yɔ:-ga ကာလသား
ရောဂါ *n* ⚕ sexually
transmitted infection, STI

ka-mạ ကာမ *n* ⚅ pleasure; the
five senses which give
pleasure

ka-mạ-sei' ကာမစိတ် *n* lust,
sexual desire

ka-hmyạ-hniṇ ကာမျှနှင့် *part* by
simply -ing

ka-ne ကာနယ် *n 🗡* colonel

ka-hmyạ-hpyiṇ ကာမျှဖြင့် *part* by
simply -ing

ka-rai'-kə-rị-ya ကာရိုက်ကြိယာ *n*
[gram] causative verb

ka-tun: ကာတွန်း *n* cartoon;
carton, case

ka-yə-gan-shin ကာယကံရှင် *n*
the principal person affected,
the person to whom sthg
happens

ka-yạ ကာယ *n* physique, build

ka-yan ကာရန် *n* rhyme; [orth]
rhyme, the part of a syllable
that follows the consonant

kə-rị-ya ကြိယာ *n* [gram] verb

kạ₁ က *v* dance; [always neg]
be at least

kạ₂ က *n* the first consonant in
the Myanmar script; dance

kạ₃ က *part* suffix to sentence
subject; from; at (time in

ə a b ch d e g h i j j̣ k hk l hl m hm

past); if

kạ-bya: ကပြား *n* person whose
parents are of two different
nationalities

kạ-ji ကကြီး *n* name of the က

kạ-nei ကနေ့ *part* from; via

ka:₁ ကား *v* spread out;
exaggerate

ka:₂ ကား *n* car; lorry, truck;
bus; painting, movie

ka:-gei' ကားဂိတ် *n* bus terminal, bus station

ka:-pyi'-si: ကားပစ္စည်း *n* spare
parts

ka:-zin ကားဝင် *n* ✝ cross

kain ကိုင် *v* hold, handle; use;
answer (phone); keep
(accounts)

kain:₁ ကိုင်း *v* bend over, stoop

kain:₂ ကိုင်း *n* land formed by
siltation; frame; branch

kain:₃ ကိုင်း *part* well

kain:-byu-mi: ကိုင်းဖြူမီး *n* ☘
citronella grass

kai' ကိုက် *v* bite; ache, hurt;
agree (with); fit (with); be
tight

kai'-hke: ကိုက်ခဲ *v* bite down
on; ache

kai'-lan ကိုက်လန် *n* Chinese
kale, dark green leafy
vegetable

kam-bɔ-zạ ကမ္ဘောဇ *n* southern
Shan State

kam-mạ ကမ္မ *n* 📖 *kamma,
karma*; luck, fortune; [gram]
direct object

kan₁ ကန် *v* designate; define;
kick; prop

kan₂ ကန် *n* lake, pond; tank,
pool

kan₃ ကံ *n* 📖 *kamma, karma*;
luck, fortune; [gram] direct
object

kan-baun ကန်ပေါင် *n* river bank,
embankment

kan-dạ ကဏ္ဍ *n* section

kan-jau' ကန်ကျောက် *v* kick

kan-ta-rạ,-gan-da-yạ ကန္တာရ *n*
desert, dry region

kan-zan:-me: ကံစမ်းမဲ *n* lucky
draw, raffle

kaṇ ကန့် *v* block; divide, split,
partition; bolt; prise, pry,
lever

kaṇ-gwe' ကန့်ကွက် *v* object;
protest

kaṇ-laṇ ကန့်လန့် *adv* contrarily;

across; horizontally

kaṇ-tha' ကန့်သတ် *v* restrict; limit; be controlled

kan:₁ ကန်း *v* go barren, dry up; be blind; be deaf

kan:₂ ကမ်း *v* pass; give; distribute; offer; suggest, propose

kan:₃ ကမ်း *n* (river, stream) bank, (sea, ocean, lake) shore, (ravine, cliff) edge, brink

kan:-jei ကမ်းခြေ *n* coast, beach

kan:-hlan: ကမ်းလှမ်း *v* negotiate; make overtures; propose, offer

kan:-na: ကမ်းနား *n* waterfront, strand

kan:-yo:-dan: ကမ်းရိုးတန်း *n* 🌏 coastline

kaun ကောင် *n* animal; one, ●thing; classifier for animals and some spirits

kaun-lei: ကောင်လေး *n* boy

kaun-mạ-lei: ကောင်မလေး *n* girl

kaun-si ကောင်စီ *n council*

kaun-si'-wun-yon: ကောင်စစ် ဝန်ရုံး *n* 🌏 consulate

kaun-ta ကောင်တာ *n counter*

kaun: ကောင်း *v* be good, be nice; be fine

kaun:-kin ကောင်းကင် *n* sky

kaun:-kin-bon ကောင်းကင်ဘုံ *n* ☾ ♱ heaven, paradise

kaun:-mun ကောင်းမွန် *v* be good

kaun:-za:-yei: ကောင်းစားရေး *n* welfare, prosperity

kau'₁ ကောက် *v* be bent, be curved; sulk; be dishonest; bend down and pick up; collect

kau'₂ ကောက် *n* 🌾 rice plant

kau'-che' ကောက်ချက် *n* conclusion

kau'-ji' ကောက်ကျစ် *v* be crooked, be dishonest

kau'-hno' ကောက်နုတ် *v* excerpt

kau'-hnyin: ကောက်ညှင်း *n* sticky rice

kau'-sai' ကောက်စိုက် *v* transplant rice seedlings

kau'-yo: ကောက်ရိုး *n* rice straw

ka'₁ ကပ် *v* be difficult; complicate; despise

ka'₂ ကပ် *v* come or be close to, approach; stick (to, on)

ka'₃ ကတ် *n card*

ka'₄ ကပ် *n* epoch; era; time of

disaster

ka'-ji: ကတ်ကြေး *n* scissors

ka'-sei:-ne: ကပ်စေးနဲ့ *n* miser, stingy person, cheapskate, tightwad; toffee

ka'-si:-ne: ကပ်စေးနဲ့ *n* miser, stingy person, cheapskate, tightwad; toffee

ka'-si:-si: ကပ်စေးစေး *v* to be sweaty, clammy

ka'-tə-ya-lan: ကတ္တရာလမ်း *n* tarred road

ka'-tə-ya-zi: ကတ္တရာစေး *n* tar

ka'-ta: ကတ္တား *n* [gram] subject

ka'-thi:-ka'-tha' ကတ်သီးကတ် သတ် *adv* with difficulty; perversely

ka'-ya' ကပ်ရပ် *v* sponge, live at another's expense

ka'-yɔ:-ga ကပ်ရောဂါ *n* ⚕ epidemic

ke-(ze) ကယ်(ဆယ်) *v* save, rescue

kẹ ကဲ့ *v* remove gradually

kẹ-dhọ ကဲ့သို့ *part* like, as

kẹ-yẹ ကဲ့ရဲ့ *v* disapprove (of); reprimand

ke:₁ ကဲ *v* overdo; add more; oversee; direct; ✆ flirt

ke:₂ ကဲ *n* quality; mood

ke:₃ ကဲ *int* ☞ right, well

kei-da ကေဒါ *n* 🌐 cadre

kein-nə-ra ကိန္နရာ *n Kinnara*, mythical bird-woman, symbol of constancy in love

kein-nə-ri ကိန္နရီ *n Kinnari*, mythical man-bird, symbol of constancy in love

kein: ကိန်း *n* [math] number; predestined event; probability

kei' ကိတ် *n* cake; ♃ the ninth of the nine planets

kei'-sạ ကိစ္စ *n* business, case, issue

kei'-sạ-wei'-sạ ကိစ္စဝိစ္စ *n* various matters, issues, affairs, etc

ke'-pə-tein ကက်ပတိန် *n* captain

ke'-hse' ကက်ဆက် *n* cassette deck, tape deck, cassette player

ke'-thə-li' ကက်သလစ် *n* ✝ Roman *Catholic*

ki-lo ကီလို *n* kilo(gram)

kin ကင် *v* grill, broil, barbecue; toast

kin-bun: ကင်ပွန်း *n* 🌿 acacia tree

kin-bun:-ta' ကင်ပွန်းကပ် *v*

name, christen

kin-mə-ra ကင်မရာ *n camera*

kin-mun: ကင်ပွန်း *n* ❀ acacia tree

kin-mun:-ta' ကင်ပွန်းတပ် *v* name, christen

kin-hsa ကင်ဆာ *n* ☤ *cancer*

kin-hse ကင်ဆယ် *n* cancelled

kin:₁ ကင်း *v* be without; avoid

kin:₂ ကင်း *n* ⚔ patrol, scout; guard, sentry; ❀ general term for scorpions, centipedes and millipedes

kin:-lu' ကင်းလွတ် *v* be freed of; be exempt from

kin:-sin ကင်းစင် *v* be clear

kin:-zauṇ ကင်းစောင့် *v* do sentry duty

kin:-zi ကင်းစီး *n* [orth] letter ⸗

kin:-zin ကင်းစင် *n* ⚔ watchtower

ko₁ ကိုယ် *n* body; the self, oneself

ko₂ ကို *part* polite title for a young man the same age or older than oneself; suffix to object of verb; suffix to indirect object; to; per; as regards; even

ko-dain ကိုယ်တိုင် *adv* in person,

oneself

ko-di̞-le'-yau' ကိုယ်ထိလက်ရောက် *adv* [neg] (do, commit, attack, etc) physically

ko-dwei̞ ကိုယ်တွေ့ *n* personal experience

ko-ji̞n-tə-ya: ကိုယ်ကျင့်တရား *n* morals, morality

ko-ji̞n-sa ကိုယ်ချင်းစာ *v* sympathise

ko-jo: ကိုယ်ကျိုး *n* self-interest

ko-jo:-ji̞ ကိုယ်ကျိုးကြည့် *v* be selfish; seek one's own advantage

ko-jo:-suṇ ကိုယ်ကျိုးစွန့် *v* act selflessly

ko-kin: ကိုကင်း *n* cocaine

ko-ko-dain ကိုယ်ကိုယ်တိုင် *adv* by oneself

ko-ko: ကိုကိုး *n* cocoa

ko-lo-ni ကိုလိုနီ *n* 🌏 *colony*

ko-lo-ni-le'-thi'-wa-dạ ကိုလိုနီ လက်သစ်ဝါဒ *n* 🌏 neo-colonialism

ko-lo-ni-wa-dạ ကိုလိုနီဝါဒ *n* 🌏 colonialism

ko-lon:-di: ကိုယ်လုံးတီး *v* be naked, be nude

ko-hnai'-kạ ကိုယ်နှိုက်က *adv* 📖 on one's own, (by) oneself

ko-hnai'-kạ ကိုယ်၌က *pron* 📖 on one's own, (by) oneself

ko-ran ကိုရန် *n* ☪ Quran, Koran

ko-wun ကိုယ်ဝန် *n* ⚕ pregnancy

ko-wun-pye' ကိုယ်ဝန်ပျက် *v* ⚕ have a miscarriage

ko-wun-hsaun ကိုယ်ဝန်ဆောင် *v* ⚕ be pregnant, be expecting

ko-yei:-ko-da ကိုယ်ရေးကိုယ်တာ *n* personal affairs

ko-yei:-ya-zə-win ကိုယ်ရေးရာဇဝင် *n* CV (curriculum vitae) (Br), resume (Am)

ko-yin ကိုရင် *n* ⚗ novice

ko-yo:-sei'-pa ကိုယ်ရောစိတ်ပါ *adv* wholeheartedly

ko-zə-le ကိုယ်စားလှယ် *n* representative, delegate; agent

ko-za: ကိုယ်စား *adv* on behalf of; instead of

ko:₁ ကိုး *v* refer to; rely on

ko:₂ ကိုး *n* nine, 9

ko:₃ ကိုး *part* emphatic suffix; ☞ sentence ending indicating disappointment

ko:-gạn ကိုးကန့် *n* 🌏 Kokaing

ko:-gwe ကိုးကွယ် *v* believe in; worship; revere

ko:-yo:-ka:-ya: ကိုးရိုးကားရား *adv* awkwardly; contrarily

kon₁ ကုန် *v* be finished, end; run out, be used up; spend

kon₂ ကုန် *n* goods, merchandise

kon₃ ကုန် *part* suffix a noun to show plurality, totality, or extremity

kon-dhe ကုန်သည် *n* trader

kon-dhe-ji: ကုန်သည်ကြီး *n* merchant

kon-jạ ကုန်ကျ *v* cost

kon-jạ-zə-yei' ကုန်ကျစရိတ် *n* expenses, costs; prices

kon-jan: ကုန်ကြမ်း *n* 🏭 raw material(s)

kon-jɔ: ကုန်ချော *n* finished product; 🏭 manufactured goods

kon-ma ကုန်မာ *n* 🏭 durable goods, durables

kon-pə-ni ကုမ္ပဏီ *n company*

kon-thwe-yei: ကုန်သွယ်ရေး *n* trade and commerce

kon-zein ကုန်စိမ်း *n* perishable fruits and vegetables

kon-zi-pyạ-bwei: ကုန်စည်ပြပွဲ *n*

trade fair

kon:₁ ကုန်း *v* bend; be curved; be hunched

kon:₂ ကုံး *v* string (flowers, beads, etc); thread (needle)

kon:₃ ကုန်း *n* hill; dry land; back; saddle (for riding)

kon:-ba' ကုန်းပတ် *n* ⚓ deck

kon:-baun ကုန်းဘောင် *n* ♜♙ Konbaung, the last Burman dynasty

kon:-jaun:-yei:-jaun: ကုန်း ကြောင်းရေကြောင်း *n* surface route

ko'₁ ကုတ် *v* scratch, claw; lever, prise, pry; strive

ko'₂ ကုပ် *v* droop; cringe; (of hands) clench; grasp; ☞ nab

ko'₂ ကုတ် *n* lever; coat

ko'-ko ကုက္ကိ *n* ✿ kokko, Indian siris, East Indian walnut, kind of large tree

ko'-lo' ကုပ်လုပ် *v* try hard

kɔ₁ ကော် *v* lever up; ✊make a lucky strike, have a stroke of luck

kɔ₂ ကော် *n* glue; starch (for cloth); flexible plastics such as celluloid, plastic, etc

kɔ-ba' ကော်ဖတ် *n* sandpaper

kɔ-bya ကော်ပြား *n* celluloid film

kɔ-la ကော်လာ *n* collar

kɔ-mə-ti ကော်မတီ *n* committee

kɔ-pyaṇ-jɔ ကော်ပြန့်ကြော် *n* fried spring rolls, fried pan rolls

kɔ-pyaṇ-lei' ကော်ပြန့်လိပ် *n* spring rolls

kɔ-pyaṇ-sein: ကော်ပြန့်စိမ်း *n* fresh spring rolls

kɔ-hpi ကော်ဖီ *n* coffee

kɔ-hse: ကော်ဆဲ *v* swear at

kɔ-yɔ ကော်ရော် *v* respect, venerate

kɔ-zɔ: ကော်ဇော *n* carpet

kọ ကော့ *v* curl up; be smoothened

kɔ: ကော *part* also, and; emphatic particle

kɔ:-la-hə-lạ ကောလဟာလ *n* rumour

kɔ:-lei ကောလိပ် *n* college

kɔ:-lị-thein ကောလိသိန် *n* ✿ ginseng

ku-(nyi) ကူ(ညီ) *v* help, aid

ku-pun ကူပွန် *n* coupon

kụ-bạ ကုဗ *n* cube

kụ-lạ-thạ-me'-gạ ကုလသမဂ္ဂ *n*

🌐 United Nations Organisation

kụ-mo'-də-ra ကုမုဒြာ *n* mythical white water lily which blooms in the moonlight

kụ-thạ ကုသ *v* treat; cure; heal

kụ-tho ကုသိုလ် *n* 𑀫 good deed, which makes merit; merit from a good deed

ku: ကူး *v* cross; copy

ku:-se' ကူးစက် *v* spread, transmit; ⚕ infect

ku:-than: ကူးသန်း *v* travel; go across; ⚕ trade

ku:-than:-yaun:-we-yei: ကူးသန်း ရောင်းဝယ်ရေး *n* commerce

kun-myu-ni' ကွန်မြူနစ် *n* 🌐 communist

kun-pa ကွန်ပါ *n* compass (device for showing direction, or drawing a curve)

kun-pyu-ta ကွန်ပျူတာ *n* 💻 computer

kun-pyu-ta-yai' ကွန်ပျူတာရိုက် *v* 💻 type, enter (data), keyboard

kuṇ ကွန့် *v* embellish, elaborate; overdo

kun: ကွမ်း *n* 🌿 betel vine; betel quid

kun:-dhi:-pin ကွမ်းသီးပင် *n* 🌿 areca palm

kun:-dhwei: ကွမ်းသွေး *n* betel spit

kun:-ya ကွမ်းယာ *n* betel quid

kwan:-ywe' ကွမ်းရွက် *n* 🌿 leaves of the betel vine; betel leaf

ku' ကွပ် *v* supervise; control; discipline; suppress

ku'-ke ကွပ်ကဲ *v* administer, manage, supervise; ⚔ command

kwa₁ ကွာ *v* come off; be far, be distant; differ; divorce

kwa₂ ကွာ *part* ◦ particle at the end of a sentence to give it a friendly tone; used between friends and from senior to junior

kwa-hạ-je' ကွာဟချက် *n* gap; difference; discrepancy

kwạ ကွ *part* ◦ sentence ending particle, conveying a feeling of friendship and camaraderie among men

kwan: ကွမ်း *n* 🌿 betel vine; betel quid

kwan:-dhi:-pin ကွမ်းသီးပင် *n* 🌿

areca palm

kwan:-dhwei: ကွမ်းသွေး *n* betel spit

kwan:-ya ကွမ်းယာ *n* betel quid

kwan:-ywe' ကွမ်းရွက် *n* ✗ leaves of the betel vine; betel leaf

kwe₁ ကွယ် *v* hide, conceal; be hidden; obstruct

kwe₂ ကွယ် *part* term of familiarity suffixed to verbs, to persuade politely

kwe-lun ကွယ်လွန် *v* die, pass away

kwe-ya ကွယ်ရာ *n* out of sight

kwe: ကွဲ *v* be broken (into pieces); split; be separated; separate; explode, burst; differ; vary

kwe:-lwe: ကွဲလွဲ *v* differ, vary

kwe:-pya: ကွဲပြား *v* differ, vary

kwei ကွေ *v* be separated, be parted

kweị ကွေ့ *v* turn

kwei: ကွေး *v* bend, be bent; curve; be curved

kwe' ကွက် *n* square, chequered design; facet (of gem); spot, place

kwe'-la' ကွက်လပ် *n* space,

blank (space)

kwe'-tị ကွက်တိ *adv* exactly, precisely, spot on

kwin-hlu' ခွင့်လွှတ် *v* excuse, forgive, pardon

hk

hkə-lau' ခလောက် *n* wooden bell

hkə-lei: ကလေး *n* child, youth

hkə-lei:-ə-htu:-kụ-hsə-ya-wun ကလေးအထူးကုဆရာဝန် *n* paediatrician (Br), pediatrician (Am)

hkə-lo' ခလုတ် *n* switch, button, key; obstacle

hkə-man: ခမန်း *part* very nearly, almost

hkə-mau' ခမောက် *n* hat made of bamboo or straw, with a broad brim

hkə-me: ခမည်း *n* protective amulet

hkə-mya₁ ခမျာ *part* poor thing, poor dear

hkə-mya₂ ခင်ဗျာ *n* polite response used by men, yes

hkə-mya: ခင်ဗျား *pron* [formal]

you

hkə-nạ ခဏ *n* moment

hkə-nạ-hkə-nạ ခဏခဏ *adv* often

hkə-ne: ခနဲ *part* suffix to a verb, denoting an abrupt happening, or in the manner of the verb

hkə-ri' ခရစ် *n* ✝ *Christ*

hkə-ri'-sə-ma' ခရစ္စမတ် *n* ✝ *Christmas*

hkə-ri'-yan ခရစ်ယာန် *n* ✝ *Christian*

hkə-ya₁ ခရာ *v* behave endearingly

hkə-ya₂ ခရာ *n* ♫ bugle

hkə-ya: ကရား *n* kettle

hkə-yain ခရိုင် *n* 🌐 district

hkə-yan: ခရမ်း *n* 🍆 aubergine, eggplant; purple

hkə-yan:-jin ခရမ်းချဉ် *n* 🍅 tomato

hkə-yei ခရေ *n* 🌼 starflower

hkə-yei-bwiṇ ခရေပွင့် *n* asterisk, *

hkə-yi: ခရီး *n* trip

hkə-yi:-dhe ခရီးသည် *n* tourist; passenger

hkə-yi:-lan:-hnyun-sa-o' ခရီး

လမ်းညွှန်စာအုပ် *n* guide book

hkə-yi:-thwa:-gwiṇ ခရီးသွားခွင့် *n* travel permit

hkə-yi:-htwe' ခရီးထွက် *v* travel; be away

hkə-yi:-zin ခရီးစဉ် *n* itinerary; tour, journey

hkə-yin: ခက်ရင်း *n* fork (~ and spoon)

hkə-yụ ခရု *n* 🐚 clam, shellfish

hka₁ ခါ *v* shake; refuse; clean

hka₂ ခါ *n* time, period; moment; number of times; 🐦 partridge

hka-dain: ခါတိုင်း *adv* usually; always

hka-jin ခါချဉ် *n* 🐜 large red ant

hka-ni: ခါနီး *part* nearly, about to, just before

hkạ₁ ခ *v* fall

hkạ₂ ခ *n* the second letter in the Myanmar script

hkạ-gwei ခခွေး *n* the name of the second letter in the Myanmar script

hka:₁ ခါး *v* be bitter

hka:₂ ခါး *n* waist; lower back

hkain₁ ခိုင် *v* last, be durable; be strong; be stable

hkain₂ ခိုင် *n* bunch (fruit); spray (flowers)

hkain-ma ခိုင်မာ *v* be firm

hkain: ခိုင်း *v* ask, command, order; compare

hkai' ခိုက် *v* touch (sthg); reach (a level)

hkan₁ ခံ *v* accept, collect (donations); receive (tax); enjoy (luxury); endure (hardship); be victimised; catch

hkan₂ ခံ *part* undergo, suffix similar to the passive

hkan-da-ko ခန္ဓာကိုယ် *n* the body

hkan-da' ခံတပ် *n* ⚔ fort

hkan-ti ခန္တီ *n* patience, forbearance

hkan-wun-jo' ခံဝန်ချုပ် *n* ⚖ (bail) bond

hkan-ya̰ ခံရ *part* undergo, suffix similar to the passive

hkan-za: ခံစား *v* experience, feel; suffer, endure

hkan-za:-gwiṇ ခံစားခွင့် *n* (fringe) benefit

hkaṇ₁ ခန့် *v* assign (a task); appoint (to a position);

estimate, guess (amount)

hkaṇ₂ ခံ့ *v* be imposing

hkaṇ₃ ခန့် *part* about, around, round, approximately

hkaṇ-hkwe: ခန့်ခွဲ *v* manage and delegate duties

hkan:₁ ခန်း *v* dry up, evaporate

hkan:₂ ခန်း *n* room (in a house, hotel); flat, apartment (in a building); compartment (in a train, ship); chapter; episode (in written works); act (in play) scene (in movie)

hkan:-ma̰ ခန်းမ *n* hall

hkan:-na ခမ်းနား *v* be grand

hkaun₁ ခေါင် *v* be desolate; be remote; be scarce

hkaun₂ ခေါင် *n* ridge of roof

hkaun-mo: ခေါင်မိုး *n* roof

hkaun-yei ခေါင်ရည် *n* alcoholic drink made of fermented rice

hkaun:-dain ခေါင်းတိုင် *n* chimney

hkaun:-laun: ခေါင်းလောင်း *n* bell

hkau'₁ ခေါက် *v* knock; fold

hkau'₂ ခေါက် *n* classifier for trips

hkau'-hswe: ခေါက်ဆွဲ *n* noodles

hkau'-yo: ခေါက်ရိုး *n* crease

hka'₁ ခတ် *v* beat, strike (sthg, wing, etc); put on (handcuffs); impose (fine)

hka'₂ ခပ် *v* serve (soup, etc); draw (water)

hka'₃ ခပ် *part* somewhat, rather, quite

hke-ma̱ ခပ်မ *n* sister-in-law

hke̱ ခဲ့ *part* particle suffixed to verbs to show definitiveness, or to indicate the past

hke̱-yin ခဲ့ရင် *part* if only

hke:₁ ခဲ *v* solidify, congeal, gel; freeze; bite (down on)

hke:₂ ခဲ *n* stone, rock, lump; lead; graphite

hke:₃ ခဲ *part* never; rarely, hardly ever

hke:-o ခဲအို *n* brother-in-law

hke'₁ ခက် *v* be difficult

hke'₂ ခက် *n* twig (branch), classifier for branches; problem (trouble)

hke'-hsi' ခက်ဆစ် *n* glossary

hkin₁ ခင် *v* like

hkin₂ ခင် *n* ♪ reed; ♪ zither; skein of yarn

hkin₃ ခင် *part* suffix to neg verb: before

hkin-bun: ခင်ပွန်း *n* [fml] husband

hkin-min ခင်မင် *v* have affection for

hkin: ခင်း *v* spread (concrete); set (table)

hkin:-ji:-hkin:-nge ခင်းကြီး ခင်းငယ် *n* matters great and small

hki' ခေတ် *n* period, times

hki'-hmi ခေတ်မီ *v* be modern, be up-to-date

hki'-po ခေတ်ပေါ် *v* be modern, be contemporary

hki'-sa: ခေတ်စား *v* be popular, be in fashion

hko₁ ခို *v* take shelter; cling to

hko₂ ခို *n* ❀ pigeon

hko-hlon-gwin ခိုလှုံခွင် *n* asylum

hko: ခိုး *v* steal; abduct; pirate, copy; smoke

hko:-cha̱ ခိုးချ *v* cheat (on an exam), crib; plagiarise

hko:-hmu̱ ခိုးမှု *n* theft

hko:-pyei ခိုးပြေး *v* elope

hkon₁ ခုန် *v* jump, leap; bounce

hkon₂ ခုံ *n* table (dining ~); (writing) desk; chair (a ~ to sit on); stand (a book ~);

n hn o ɔ p hp r s hs t ht u w hw y z '

  bench

hkon-min ခုံမင် *v* be fond of

hkon-myiṇ-hpə-na' ခုံမြင့်ဖိနပ် *n* high-heeled shoes

hkon-hpə-na' ခုံဖိနပ် *n* wooden sandals

hkon: ခုံး *v* bulge, be convex

hko' ခုတ် *v* chop (wood, meat, etc); run (machine)

hkɔ ခေါ် *v* name; be called; call; bring along; fetch

hku ခူ *n* ✿ caterpillar; ✿ jellyfish

hkụ₁ ခု *v* prop up; be a help

hkụ₂ ခု *n* unit, general classifier; now, the present

hkụ-gan-a: ခုခံအားး *n* immunity, resistance

hkụ-nạ ခုန *adv* just now, a moment ago

hkụ-nạ-(gạ) ခုန(က) *adv* just now

hkụ-hni' ခုနှစ် *n* year

hku: ခူး *v* pick (flowers); serve (rice)

hkun₁ ခွန် *n* ✿ ☯ tax, duty; strength

hkun₂ ခွန် *n* seven

hkun₃ ခွံ *n* skin, peel, shell; empty box, tin, etc

hkun-hni' ခုနစ် *n* seven

hkuṇ ခွံ့ *v* spoonfeed

hkun: ခွန်း *n* spoken words; classifier for spoken words

hku' ခွပ် *v* (of ♂ birds) fight

hkwa₁ ခွာ *v* depart; peel

hkwa₂ ခွာ *n* hoof

hkwạ₁ ခွ *v* sit astride, straddle

hkwạ₂ ခွ *n* fork (of tree, path, etc); spanner, wrench; catapult, slingshot; difficult situation

hkwạ-si: ခွစီး *v* ride (astride animal)

hkwe: ခွဲ *v* divide; separate, split; operate

hkwe:-ja ခွဲခြား *v* discriminate

hkwe:-sei'-kụ-sə-ya-wun ခွဲစိတ် ကုဆရာဝန် *n* ✚ surgeon

hkwe:-htwe' ခွဲထွက် *v* separate from

hkwe:-wei ခွဲဝေ *v* share, pass out

hkwei ခွေ *v* coil, curl up

hkweị ခွေ့ *v* butt; gore

hkwei: ခွေး *n* ✿ dog

hkwei:-chi ခွေးခြေ *n* stool

hkwe' ခွက် *n* cup, glass; bowl; classifier for cups of liquid

hkwin ခွင် *n* field (of study), area (of interest); tripod, stand

hkwiṇ ခွင့် *n* permission; right; leave

hkwiṇ-pyu ခွင့်ပြု *v* give permission, excuse

hkwiṇ-pyu-meiṇ ခွင့်ပြုမိန့် *n* permit

l

lə-bain လင်းပိုင် *n* dolphin

lə-bo လပို့၊ လည်ပို့ *n* hump

lə-gaun လည်းကောင်း၊ ၎င်း *part* both ... and ..., ... and ...; this, the same, the aforementioned, the ... mentioned above

lə-gwin: လင်းကွင်း *n* cymbals

lə-mu လမု *n* mangrove

lə-hpe' လက်ဖက် *n* tea plant, *Camellia sinensis*; pickled tea leaves

lə-hpe'-chau' လက်ဖက်ခြောက် *n* tea (leaves), esp oolong tea

lə-hpe'-tho' လက်ဖက်သုပ် *n* pickled tea salad

lə-hpe'-yei လက်ဖက်ရည် *n* (black) tea (with milk and sugar)

la₁ လာ *v* come

la₂ လာ *part* begin, start; become

la-o လာအို *n* Laos

lạ₁ လ *n* the name of the လ

lạ₂ လ *n* month; moon

lạ-byei လပြည် *n* full moon

lạ-byị လပြည့် *n* full moon

lạ-gwe လကွယ် *n* new moon

lạ-ja' လကြတ် *v* (of the moon) be eclipsed

lạ-jan: လခြမ်း *n* crescent moon

lạ-ji: ဂ္ဂကြီး *n* the name of the ဂ

lạ-jo' လချုပ် *n* monthly report, monthly summary

lạ-moṇ လမုန့် *n* (Chinese) mooncake

lạ-tha လသာ *v* (of night) be moonlit

lạ-za လစာ *n* (monthly) salary

lạ-zan: လဆန်း *v* waxing period of the moon, between the new moon and the full moon; beginning of the month

lạ-zin လစဉ် *adv* monthly

lạ-zo' လဆုတ် *n* waning period of the moon, between the full moon and the new moon

la:₁ လား *n* ♣ mule; ♣ stud

la:₂ လား *part* sentence ending for a yes-or-no question

la:-hu လားဟူ *n* Lahu

lain-sin လိုင်စင် *n* licence

lain-chi: လိုင်ချီး *n* ✽ lychee

lain: လိုင်း *n* line; (bus) route; career

lain:-gwe: လိုင်းခွဲ *n* (telephone) extension

lain:-ka: လိုင်းကား *n* (public) bus

lai'₁ လိုက် *v* follow; be (involved) in, join; hunt; chase, pursue, go after

lai'₂ လိုက် *part* simply, just; by; suffix to verb to indicate sthg is done completely, decisively, thoroughly; suffix to verb to encourage sb to do sthg

lai'-chi: လိုက်ချီး *n* ✽ lychee

lai'-ka လိုက်ကာ *n* curtain, drapery; (folding) screen

lai'-lyɔ လိုက်လျော *v* agree to, go along with. give permission to

lai'-na လိုက်နာ *v* obey, follow;

observe, conform to

lai'-pɔ လိုက်ပို့ *v* send sb off, take sb someplace; go with, accompany, take (sb) to

lai'-pyei လိုက်ပြေး *v* elope

lai'-hpe' လိုက်ဖက် *v* match, go with

lai'-ta လိုက်တာ *part* How ...!

lai'-yɔ လိုက်လျော *v* agree to, go along with. give permission to

laṇ လန့် *v* be startled, be alarmed; have *or* get a shock

lan:₁ လန်း *v* (of plants) be fresh; (of looks, face, etc) fresh; (of spirit, person, etc) be refreshed

lan:₂ လမ်း *n* road, street, way, track, path; way, means, method; route

lan:-bei: လမ်းဘေး *n* roadside, streetside

lan:-byạ လမ်းပြ *n* guide

lan:-dhwe လမ်းသွယ် *n* small road leading off a large road

lan:-gwạ လမ်းခွ *n* fork (in the road)

lan:-gwe: လမ်းကွဲ *n* fork (in the road)

lan:-ja: လမ်းကြား *n* narrow road; alley

lan:-jon လမ်းကြို *v* be on the way

lan:-kwe: လမ်းကွဲ *v* part (ways), separate

lan:-lwe: လမ်းလွဲ *v* get lost, lose one's way

lan:-hlwe: လမ်းလွှဲ *n* detour, diversion

lan:-ma လမ်းမ *n* main road

lan:-hnyun₁ လမ်းညွှန် *v* give direction; instruct

lan:-hnyun₂ လမ်းညွှန် *n* manual, guide, directions, instructions

lan:-pei: လမ်းပေး *v* give way, yield

lan:-pei'-hsǫ-hmu လမ်းပိတ်ဆို့မှု *n* heavy traffic; traffic jam

lan:-pyạ လမ်းပြ *v* give directions (to someplace); guide, advise

lan:-hpe လမ်းဖယ် *v* make way

lan:-shau' လမ်းလျှောက် *v* walk; go on foot

lan:-hsan: လန်းဆန်း *v* (of plants) be fresh; (of looks, face) fresh; (of spirit, person) be refreshed

lan:-hson: လမ်းဆုံး *v* (of journey, road, etc) end; reach the limit

lan:-htei' လမ်းထိပ် *n* corner, top of road

lan:-zin လမ်းစဉ် *n* way, procedure, process; course (to be followed)

lan:-zon လမ်းဆုံ *n* crossing, intersection, junction

lan:-zon: လမ်းဆုံး *n* end of the line, impasse

laun လောင် *v* burn; burn up; be burnt

laun-za လောင်စာ *n* fuel

laun:₁ လောင်း *v* pour (over); water (plants, etc); bet, wager, gamble

laun:₂ လောင်း *part* [in comb] future, soon-to-be, ...-to-be

laun:-gǝ-za: လောင်းကစား *n* gambling, gaming

lau'₁ လောက် *v* be enough, be sufficient; be adequate

lau'₂ လောက် *part* about; as, as good as, as much as

lau'-lan: လောက်လမ်း *n* ✿ mosquito larva

lau'-lei: လောက်လေး *n* pellet

bow; catapult, slingshot

lau'-sa လောက်စာ *n* shot, pellet
to be shot from catapult,
slingshot, or pellet bow

la'₁ လတ် *v* be medium; be
fresh

la'₂ လပ် *v* be vacant

la'₃ လာဘ် *n* bribe

la'-hkɔ လာဘ်ခေါ် *n* do sthg for
good luck; demand a bribe

la'-hsa' လတ်ဆတ် *v* be fresh

la'-tə-lɔ: လတ်တလော *adv*
suddenly; presently, currently

la'-hto လာဘ်ထိုး *v* bribe

le₁ လည် *v* visit; spin, revolve,
rotate, go around (inf); (of
engine, mill, etc) run; go
around in circles; revert to;
regain (consciousness), come
to

le₂ လယ် *n* (rice) paddy, paddy
field; middle

le-bin: လည်ပင်း *n* neck

le-bin:-ji:-yɔ:-ga လည်ပင်းကြီး
ရောဂါ *n* ♀ goitre, goiter

le-bin:-hnyi' လည်ပင်းညှစ် *v*
strangle, choke

le-bɔ လည်ဗို့ *n* hump

le-dhə-ma: လယ်သမား *n* rice

farmer

le-go' လည်ကုပ် *n* nape (of the
neck)

le-jaun: လည်ချောင်း *n* throat

le-jaun:-kwe လည်ချောင်းကွဲ *v*
have a sore throat

le-pa' လည်ပတ် *v* spin, revolve,
rotate, go around (inf); (of
engine, mill, etc) run;
circulate

le-ya လယ်ယာ *n* farmland

le-zei လည်စေ့ *n* Adam's apple;
collar button

le-zi လည်စေ့ *n* Adam's apple;
collar button

le:₁ လဲ *v* fall (down); change

le:₂ လဲ *part* ☞ particle used to
end an open question

le:₃ လည်း *part* too, also, as
well, in addition; both … and
…; either … or …

le:-hle လဲလှယ် *v* exchange
(sthg for sthg else); change;
replace

lei₁ လေ *n* air; wind; (empty)
words; gas, flatulence; style
of speaking, singing, etc

lei₂ လေ *part* infix between the
verb and သလား, မလား,

သည်လား:, or မည်လား: to show a wondering question: could it be that, I wonder whether, I wonder if; ● particle used to end a sentence in a friendly tone: don't you know, you see, don't you think, I mean; particle used to end a friendly suggestion: why don't, what about

lei-bau' လေပေါက် *n* vent

lei-bu လေပူ *n* ☤ heartburn

lei-bwei လေပွေ *n* whirlwind

lei-byun လေပြွန် *n* ☤ windpipe, trachea; air duct

lei-chun လေချွန် *v* whistle

lei-da' လေတပ် *n* ⚔ air force

lei-gaun:-lei-dhan လေကောင်း လေသန့် *n* fresh air

lei-ji' လေကျစ် *v* ☤ have a stomach pains because of gas, have gas

lei-jaun: လေကြောင်း *n* flight path, (air)route; airways, aviation company

lei-jin-te' လေချဉ်တက် *n* burp, belch

lei-jin-hto: လေကျဉ့်ထိုး *v* ☤ have heartburn, have sharp

pains in the chest

lei-kwe လေကွယ် *n* lee, place protected from wind

lei-lan လေလံ *n* auction

lei-lwin လေလွင့် *v* go to waste

lei-na လေနာ *n* ☤ flatulence

lei-nyin: လေညှင်း *n* breeze

lei-hpya' လေဖြတ် *v* ☤ have a stroke

lei-hsin-hnə-maun: လေဆင်နာ မောင်း *n* tornado

lei-yin လေယာဉ် *n* airplane, aircraft

lei-yin-byan လေယာဉ်ပျံ *n* airplane, plane

lei-yin-maun လေယာဉ်မောင် *n* ♂ flight attendant

lei-yin-me လေယာဉ်မယ် *n* ♀ flight attendant

lei-yɔ:-ga လေရောဂါ *n* ☤ disease caused by excessive gas

lei-yu-lei-dhein: လေယူလေသိမ်း *n* regional accent

lei-za-yaun-ji လေဆာရောင်ခြည် *n laser* (beam)

lei-zei: လေဆေး *n* ☤ antacid; medicine for gas

lei-zein: လေစိမ်း *n* draught,

draft

lei-zei' လေဆိပ် *n* airport

lei̲₁ လေ့ *n* habit

lei̲₂ လေ့ *part* suffix to verb to indicate that sthg is usual, normal

lei:₁ လေး *v* be heavy; slow, boring; dull

lei:₂ လေး *n* four; bow

lei:₃ လေး *part* little, small

lei:-be'-na လေးဖက်နာ *n* ⚕ arthritis

lei:-dau̲n လေးထောင့် *n* rectangle

lei:-gwa̲ လေးခွ *n* catapult, slingshot

lei:-mye'-hna လေးမျက်နှာ *n* four cardinal directions

lei:-ne' လေးနက် *v* be deep, be profound; be serious

lei:-hnyin:-bwi̲n လေးညှင်းပွင့် *n* ✿ clove

lei:-za: လေးစား *v* respect

lein₁ လိင် *n* sex, gender; feature

lein₂ လိမ် *v* lie, deceive sb, tell sb a lie; cheat, scam; twist

lein-le-hmu̲ လိမ်လည်မှု *n* 🔍 fraud

lein-ma လိမ္မာ *v* be well-

behaved, be a good child; be smart, be intelligent

lein-mɔ လိမ္မော် *n* 🍊 orange

lei̲n လိမ့် *v* roll, flip

lein: လိမ်း *v* (of paint, lotion, medicine, *thanakha*) put on, apply

lein:-zei: လိမ်းဆေး *n* ⚕ topical medicine, ointment, balm, lotion

lei'₁ လိပ် *v* roll sthg up; be rolled up, be in a roll; curl up

lei'₂ လိပ် *n* ⚘ turtle, tortoise

lei'-gaun လိပ်ခေါင်း *n* ⚕ haemorrhoids, hemorrhoids, piles

lei'-jau' လိပ်ကျောက် *n* ⚘ ray; skate

lei'-hkun လိပ်ခွံ *n* shell of a turtle or tortoise; tortoiseshell

lei'-pya လိပ်ပြာ *n* butterfly; spirit, soul

lei'-sa လိပ်စာ *n* address

le' လက် *n* arm (including hand); hand; finger; sleeve; handiwork; ⚘ frond; classifier for some tools

le'-bwei လက်ဗွေ *n* fingerprint

le'-cha̲-nyi လက်ချညီ *v* do in

unison

le'-chaun: လက်ချောင်း *n* finger

le'-cha' လက်ချပ် *n* ♪ castanets

le'-chei' လက်ချိတ် *v* hold hands

le'-cho: လက်ချိုး *v* crack one's knuckles

le'-ei' လက်အိတ် *n* glove; mitten

le'-jan လက်ကျန် *n* balance, remainder; remnant

le'-ji: လက်ကြီး *v* be extravagant, be a spendthrift

le'-ka: လက်ကား *n* wholesale

le'-kain လက်ကိုင် *n* handle, (hand)grip; handlebars

le'-kain-pə-wa လက်ကိုင်ပဝါ *n* handkerchief

le'-kain-hpon လက်ကိုင်ဖုန်း *n* mobile phone

le'-kau' လက်ကောက် *n* bracelet, bangle

le'-kwe' လက်ကွက် *n* 🖳 keyboard; 🖳 (keyboard) layout

le'-hkə-na လက္ခဏာ *n* sign, mark, indication; ☤ signs and symptoms (of disease); ⌗ lines of the palm

le'-hkə-na-pyą လက္ခဏာပြ *v* ☤ (of disease) show signs,

have symptoms

le'-hkə-ne: လက်ခနဲ *adv* in a flash, for an instant

le'-hką လက်ခ *n* fee, charge (for)

le'-hkan လက်ခံ *v* accept; receive

le'-hkau' လက်ခေါက် *n* knuckle, knuckles

le'-hkon လက်ခုံ *n* back of the hand

le'-hko' လက်ခုပ် *n* cupped hands; amount that can be held in cupped hands

le'-hko'-ti: လက်ခုပ်တီး *v* clap (one's hands); applaud

le'-li လက်လီ *n* retail

le'-lo' လက်လုပ် *v* be handmade; be homemade

le'-lun လက်လွန် *v* get out of hand, be out of one's control; overdo

le'-hlan: လက်လှမ်း *v* reach (for sthg)

le'-hlan:-hmi လက်လှမ်းမီ *v* be within one's reach

le'-mą လက်မ *n* thumb; inch, 2.54 cm, one-twelfth of a foot; claw, pincer (of crab, lobster)

le'-maun: လက်မောင်း *n* arm

le'-mẹ လက်မဲ့ *adv* empty-handed

le'-hma' လက်မှတ် *n* ticket; signature; certificate

le'-hma'-hto: လက်မှတ်ထိုး *v* sign (one's name)

le'-hmụ လက်မှု *n* handiwork, handicraft

le'-ne' လက်နက် *n ⚔* weapon, arm

le'-ngin: လက်ငင်း *n* (payment in) cash

le'-hnei'-se' လက်နှိပ်စက် *n* typewriter

le'-hnyo:-hto: လက်ညှိုးထိုး *v* point one's finger

le'-pai' လက်ပိုက် *v* fold arms (across chest)

le'-pan: လက်ပမ်း *n* wrestling

le'-pa'-na-yi လက်ပတ်နာရီ *n* (wrist)watch

le'-pyạ လက်ပြ *v* wave (one's hand)

le'-pya' လက်ပြတ် *n* sleeveless shirt, jacket; (arm) amputee

le'-hpə-mo: လက်ဖမိုး *n* back of the hand

le'-hpə-nauṇ လက်ဖနောင့် *n* heel of the hand

le'-hpə-wa: လက်ဖဝါး *n* palm (of the hand)

le'-hpya: လက်ဖျား *n* fingers; fingertips

le'-sạ လက်စ *n* unfinished work; tendency to; trace, clue

le'-sạ-le'-nạ လက်စလက်န *n* trace, clue

le'-sa:-chei လက်စားချေ *v* avenge (sthg, a wrong done); revenge (oneself)

le'-shị လက်ရှိ *v* be present, be on hand; be current

le'-shọ လက်လျှော့ *v* stop trying, give up

le'-su' လက်စွပ် *n* ring

le'-swe: လက်စွဲ *n* manual, handbook

le'-hsaun လက်ဆောင် *n* gift, present

le'-hsei:-kan လက်ဆေးကန် *n* hand basin, sink

le'-hsei'-shị လက်ဆိုပ်ရှိ *v* have a knack for, have a way with

le'-hsi' လက်ဆစ် *n* wrist; knuckle

le'-hso' လက်ဆုပ် *n* clenched

hand

le'-hswe: လက်ဆွဲ *n* [in comb] portable, hand

le'-hswe:-hno'-hse' လက်ဆွဲနှုတ်ဆက် *v* shake hands

le'-thə-ma: လက်သမား *n* carpenter, builder, joiner

le'-the လက်သည် *n* traditional birth attendant; [in cards] dealer

le'-the: လက်သည်း *n* fingernail, thumbnail

le'-the:-hnya' လက်သည်းညှပ် *n* fingernail clipper(s)

le'-the:-po' လက်သည်းပုပ် *n* ingrown nail

le'-thi: လက်သီး *n* fist

le'-thi:-hto: လက်သီးထိုး *v* punch

le'-thiṇ လက်သင့် *v* be convenient, be handy

le'-tho' လက်သုပ် *n* mix of noodles, raw vegetables, nuts, spices, cooked oil, bean powder, etc served cold

le'-tho'-pə-wa လက်သုတ်ပဝါ *n* serviette, (table) napkin

le'-to လက်တို *n* short-sleeved shirt

le'-twe: လက်တွဲ *v* hold hands,

join hands, work together

le'-twei လက်တွေ့ *n* practical or personal experience

le'-htau' လက်ထောက် *n* assistant

le'-hta' လက်ထပ် *v* marry, get married

le'-htei'₁ လက်ထိတ် *n* handcuffs, cuffs

le'-htei'₂ လက်ထိပ် *n* fingertip

le'-wa: လက်ဝါး *n* palm (of the hand); handbreadth

le'-we: လက်ဝဲ *n* the left, left-hand side

le'-we:-wa-dạ လက်ဝဲဝါဒ *n* 🌐 leftist

le'-we:-yi' လက်ဝဲရစ် *adv* anticlockwise, counterclockwise

le'-win လက်ဝင် *v* be delicate, require skill, need care

le'-hwei လက်ဝှေ့ *n* boxing

le'-hwei-hto လက်ဝှေ့ထိုး *v* box

le'-ya₁ လက်ယာ *n* the right, right-hand side

le'-ya₂ လက်ရာ *n* handprint; fingerprint; handiwork; craftsmanship, workmanship

le'-ya-yi' လက်ယာရစ် *adv* clockwise

n hn o ɔ p hp r s hs t ht u w hw y z '

le'-ya: လက်ယား *v* be eager to do sthg, be itching to

le'-yan: လက်ရန်း *n* handrail

le'-yau' လက်ရောက် *adv* in person, personally

le'-yau'-hmu လက်ရောက်မှု *n* 🗡 assault

le'-yei: လက်ရေး *n* handwriting

le'-ye'-hte လက်ရက်ထည် *n* hand-woven cloth, hand-loomed cloth

le'-ywei: လက်ရွေး *n* the pick, sb or sthg hand-picked

le'-ywei:-zin လက်ရွေးစင် *n* (of people) the elite; (esp of things) choice, selection

li-ba လီဗာ *n* lever (used to work a machine); accelerator (of car)

li-hsu လီဆူ *n* Lisu

li-ta လီတာ *n* litre, liter

lin လင် *n* husband

lin-ban လင်ပန်း *n* tray

lin-mə-ya: လင်မယား *n* married couple, husband and wife

lin: လင်း *v* be bright; be clear

lin:-bain လင်းပိုင် *n* 🐾 dolphin

lin:-gwin: လင်းကွင်း *n* ♪ cymbals

lin:-nọ လင်းနို့ *n* 🐾 bat

lin:-shu လင်းရှူး *n* 🐾 porpoise

li' လစ် *v* slip out; slip, lapse, lose; be missing, be absent; ☞ steal; lose (consciousness), pass out, faint

li'-lyu-shụ လျစ်လျူရှု *v* neglect; ignore; overlook; turn a blind eye to

lo₁ လို *v* want, desire, wish for; need, require; lack; be short of

lo₂ လို *part* in, into (a language); like, as, the same way as; wish to

lo-a' လိုအပ် *v* 📖 require, need

lo-a'-che' လိုအပ်ချက် *n* requirement, necessity

lo-la: လိုလား *v* like

lo-lo လိုလို *part* rather like, as if; almost, just about

lo-lo-jin-jin လိုလိုချင်ချင် *adv* willingly

lo-lo-la:-la: လိုလိုလားလား *adv* willingly

lo-ngwei လိုငွေ *n* 💰 deficit

lo-tạ-yạ လိုတရ *v* get what one wishes for

lo-yin: လိုရင်း *n* point, essence

lo လို့ *part* because, as a result of, ... and so; ◆ marker for end of reported speech; named, called; particle used in questions for emphasis; I wonder

lo̲-kaun: လို့ကောင်း *part* be enjoyable to, be good to

lo̲-shi̲-yin လို့ရှိရင် *part* if

lo̲-ya̲ လို့ရ *part* suffix to verb: be allowed, be possible; be feasible

lon လုံ *v* be (fully) covered; be sealed; be enveloped; be protected, be safe

lon-ji လုံချည် *n* longyi, sarong

lon-jon လုံခြုံ *v* be secure, be safe

lon-jon-yei: လုံခြုံရေး *n* security; guard

lon-ma̲ လုံမ *n* young woman, girl

lon:₁ လုံး *v* be round, be spherical; roll into a ball; wrestle; be slurred

lon:₂ လုံး *n* lump, rounded object; all, the whole

lon:-jin: လုံးချင်း *v* be word for word; be separate

lon:-jo လုံးချော *n* cabochon, highly polished gem with no facets

lon:-lon: လုံးလုံး *adv* completely, entirely; fully, as much as; throughout

lon:-wa̲ လုံးဝ *adv* [esp neg] (not) at all, absolutely

lo' လုပ် *v* do; work (as); behave, act; make

lo'-a: လုပ်အား *n* labour

lo'-a:-pei လုပ်အားပေး *v* contribute labour, work on a project without pay, volunteer

lo'-ji လုပ်ကြည့် *v* attempt, try

lo'-kain လုပ်ကိုင် *v* do (for a living), be occupied as, work (as)

lo'-hka̲ လုပ်ခ *n* pay, wages; fee, charge

lo'-ngan: လုပ်ငန်း *n* work, business, field, line

lo'-ngan:-gwin လုပ်ငန်းခွင် *n* workplace

lo'-pain-gwin̲ လုပ်ပိုင်ခွင့် *n* authority (to act)

lo'-sa: လုပ်စား *v* do (for a living)

n hn o ɔ p hp r s hs t ht u w hw y z '

lo'-hsaun လုပ်ဆောင် *v* do, carry out

lo'-tha: လုပ်သား *n* worker

lo'-hton:-lo'-ni: လုပ်ထုံးလုပ်နည်း *n* method, procedure

lɔ: လော *v* rush sb, hurry sb, hustle sb; hasten

lɔ:-ka လောက *n* world; society, community

lɔ:-ka-na' လောကနတ် *n* peacemaking *nat*

lɔ:-ki လောကီ *n* mundane world, secular world

lɔ:-lɔ:-la'-la' လောလော လတ်လတ် *adv* at once, immediately, right now

lɔ:-lɔ:-hse လောလောဆယ် *adv* for now, at present

lu လူ *n* person; human

lu-byaun လူပြောင် *n* clown, buffoon

lu-bye' လူပြက် *n* comic, comedian

lu-byo လူပျို *n* single man, bachelor; young man

lu-byo-bau' လူပျိုပေါက် *n* ♂ teenager, adolescent

lu-dan:-za: လူတန်းစား *n* (social) class

lu-dha: လူသား *n* humanity, humankind

lu-dha'-hmu လူသတ်မှု *n* murder, ⚖ homicide

lu-dhei-hmu လူသေမှု *n* ⚖ manslaughter

lu-du လူထု *n* the masses

lu-jan: လူကြမ်း *n* tough, yob, rowdy; villain

lu-ji: လူကြီး *n* adult, grown-up; elderly person, older person; elder, leader; sb with high rank

lu-ji:-min:-mya: လူကြီးမင်းများ *exp* ladies and gentlemen

lu-jon လူကြို *n* sb going to a place where one needs to send sthg, sb who can carry sthg

lu-la' လူလတ် *n* person of about 40 – 50

lu-le လူလည် *n* tricky person, shrewd person; astute person

lu-mə-ma လူမမာ *n* ☤ person in ill health; invalid

lu-mai' လူမိုက် *n* fool; tough, bully; henchman

lu-mya:-zu လူများစု *n* majority

lu-myo: လူမျိုး *n* ethnic group;

people; nation; race

lu-myo:-ji:-wa-dạ လူမျိုးကြီးဝါဒ *n* 🌐 nationalism; ethno-centrism

lu-hmụ-yei: လူမှုရေး *n* social affairs, social activities; family obligations

lu-na လူနာ *n* 💉 patient

lu-na-din-ka: လူနာတင်ကား *n* 💉 ambulance

lu-nge လူငယ် *n* young person (from about 20 to 35 or 40)

lu-pyo-na လူပျိုနာ *n* 💉 sexually transmitted infection

lu-shwin-dɔ လူရှင်တော် *n* comedian

lu-u:-yei လူဦးရေ *n* population

lu-yain: လူရိုင်း *n* barbarian, uncivilised person

lu-yin: လူရင်း *n* sb one can rely on

lu-yo: လူရိုး *n* honest person; naive person

lu-yon လူယုံ *n* trusted person, confidante

lu-za:-hto လူစားထိုး *v* replace sb, substitute

lu-zein: လူစိမ်း *n* stranger

lu-zei' လူစိတ် *n* humane

feelings, humanity

lu-zo: လူဆိုး *n* criminal, delinquent; bad character, troublemaker

lụ လု *v* take, snatch, grab

lụ-ə-hpwẹ-ə-si: လူ့အဖွဲ့အစည်း *n* society

lụ-lin လူလင် *n* unmarried young man

lu: လူး *v* daub; put on; toss, writhe

lun လွန် *v* be extreme; be over; be more than; go beyond

lun:₁ လွန်း *part* so much; too much, very, over-

lun:₂ လွမ်း *v* miss (sb)

lu' လွတ် *v* be free from, be free of; be exempt; be free; be empty; miss (≠ hit)

lu'-la' လွတ်လပ် *v* be independent, be free

lu'-myau' လွတ်မြောက် *v* be freed, be liberated, get one's freedom

lu'-nyein: လွတ်ငြိမ်း *v* be free from (worry, anger, debt, etc); be exempt (from taxes, fees, etc); be pardoned (for crime, etc); be immune (from

n hn o ɔ p hp r s hs t ht u w hw y z '

prosecution)

lwan: လွမ်း *v* miss (sb)

lwe လွယ် *v* be easy, be simple; carry hanging from the shoulder

lwe-ei' လွယ်အိတ် *n* cloth shoulder bag

lwe-ku လွယ်ကူ *v* be easy, be simple

lwe: လွဲ *v* miss; get lost; be wrong; differ; be displaced; miss (≠ hit)

lwe:-cho လွဲချော် *v* miss (the mark); be wrong, go wrong

lwe:-lo လွဲလို့ *part* ► except, apart from

lwe:-yin လွဲရင် *part* ► except, apart from

lwin လွင် *v* happy, bright, cheerful

lwiṇ လွင့် *v* be blown away, blow off; be stray

lyaun: လျောင်း *v* recline, lie (full length) on one's side

lyaun:-dɔ-mu လျောင်းတော်မူ *n* (M) reclining Buddha

lye' လျက် *part* while, -ing, and; in spite of, despite

lyin လျင် *v* be fast, be quick; be

ahead

lyin-myan လျင်မြန် *v* be fast, be quick

hl

hlạ လှ *v* good-looking, fine, attractive; pretty ♀, lovely ♀; handsome ♂; favourable

hlạ-pạ လှပ *v* beautiful, lovely, gorgeous

hlain-gaun: လှိုက်ခေါင်း *n* tunnel

hlain လှိုင် *v* be plentiful

hlain: လှိုင်း *n* wave

hlain:-do လှိုင်းတို့ *n* [radio] short wave

hlain:-la' လှိုင်းလတ် *n* [radio] medium wave

hlain:-htạ လှိုင်းထ *v* (of sea, ocean, etc) be rough

hlai'-hle: လှိုက်လှဲ *v* be warm; be hearty; be whole-hearted

hlan လှန် *v* turn over

hlaṇ လှန့် *v* startle; frighten, scare

hlan:₁ လှန်း *v* dry (in the sun)

hlan:₂ လှမ်း *v* (take a) step; reach out; hand; be far

hlan:₃ လှမ်း *part* from a

distance, out, across, over

hlaun လှောင် *v* store up; tease

hlaun-ein လှောင်အိမ် *n* cage

hle လှယ် *v* exchange; barter

hlẹ လှည့် *v* move around sthg, circle sthg; turn, rotate, spin; make a tour; deceive

hlẹ-pa' လှည့်ပတ် *adv* indirectly

hle:$_1$ လှဲ *v* lie down, recline

hle:$_2$ လှည်း *v* sweep

hle:$_3$ လှည်း *n* cart

hlei လှေ *n* ⚓ boat

hlei-ga: လှေကား *n* stair, steps, stairway, staircase; ladder

hleiṇ လှိမ့် *v* roll; cheat

hli: လှီး *v* slice, cut (up)

hlin လျင် *v* be fast, be quick; be ahead

hlon လှုံ *v* bask; warm oneself

hlo' လှုပ် *v* move; shake

hlo'-sha: လှုပ်ရှား *v* move; be active; be excited

hlo'-sha:-hmụ လှုပ်ရှားမှု *n* activity, movement; 🌐 movement (social ~)

hlɔ လှော် *n* ⚓ row, paddle; roast

hlu လှူ *v* donate, give (away)

hlu' လွှတ် *v* send (on an errand); free, release; launch

hlu'-tɔ လွှတ်တော် *n* 🌐 highest legislative body, parliament

hlwa လွှာ *n* layer; tier; floor, level, story, storey

hlwạ လွှ *n* saw

hlwan: လွှမ်း *v* spread over; overwhelm

hlwan:-mo: လွှမ်းမိုး *v* influence; overwhelm; supersede

hlwe: လွှဲ *v* transfer (money); rock (cradle), swing (arms); detour; turn away

hlwiṇ လွှင့် *v* toss up; spread; broadcast

hlya'-si: လျှပ်စီး *n* lighting (flash), sheet lightning

hlya'-si:-le' လျှပ်စီးလက် *v* (of lightning) flash

hlya'-si' လျှပ်စစ် *n* electricity, electric power; [in comb] electric, electrical

hlyin လျှင် *part* 📖 if (in the future), when

m

mə...be: မ...ဘဲ *part* without

mə...bu: မ...ဘူး *part* particles used to negate a verb

mə-dein: မုဒိမ်း *n* 🔍 rape

mə-ei'-mə-nei မအိပ်မနေ *adv* industriously

mə...gin မ...ခင် *part* before

mə-ha မဟာ *adj* great, noble

mə-ha-gi-tə မဟာဂီတ *n* ♪ collection of classical songs, used to teach musicians

mə-ho'-be:-nə မဟုတ်ဘဲနဲ့ *exp* impossible, that can't be, you're joking

mə-ho'-kə-ho'-kə မဟုတ်က ဟုတ်က *n* nonsense

mə-hu-ya မဟူရာ *n* name for some semi-precious stones, including tourmaline and chalcedony

mə-i-mə-tha မအီမသာ *adv* unwell, out of sorts; uneasy, unsatisfied

mə-ja-hkə-nə မကြာခဏ *adv* often, frequently

mə-ji: မန်ကျည်း *n* 🌿 tamarind

mə-kə မက *adv* more than (a certain amount), over; not only

mə-kaun:-hso:-wa: မကောင်းဆိုး ဝါး *n* evil spirits; vice, evil

mə-lain မလိုင် *n* cream

mə-lei: မလေး *adj&n* 🌏 Malay

mə-lei:-mə-sa: မလေးမစား *adv* disrespectfully

mə-lei:-sha: မလေးရှား *adj* 🌏 Malaysian

mə-lei:-sha: မလေးရှား *n* 🌏 Malaysia

mə...mi မ...မီ *part* before

mə-na-lo မနာလို *v* be jealous; be envious

mə-na-lo-wun-to မနာလိုဝန်တို *adv* jealously

mə-nei-gə မနေ့က *n* yesterday

mə-ne' နံနက်၊ မနက် *n* morning, a.m.

mə-ne'-hkin: မနက်ခင်း၊ နံနက် ခင်း *n* morning

mə-ne'-hpyan မနက်ဖြန် *n* tomorrow

mə-ne'-thwa:-nyə-byan မနက် သွားညပြန် *adv* returning the same day

mə-nɔ: မနော *n* Manau, festival of the *Wunbawng* (Kachin) people

mə-hni'-kə မနှစ်က *n* ➡ last year

mə-pya' မပြတ် *adv* always, continuously

mə-ro-(hkə-mi) မြို့(ခမိ) *n* Mro-

Khami

mə-shei:-mə-hnaun: မရွေး မနှောင်း *adv* almost at the same time

mə-shi̱-hsin:-ye: မရှိဆင်းရဲ *n* the poor

mə-shi̱-thə-lau' မရှိသလောက် *n* almost none, very few, very little

mə-sin မစင် *n* faeces (Br), feces (Am), excrement

mə-hsə-la မဆလာ *n* masala

mə-hso မဆို *part* any, whatever

mə...tə... မ...တ... *part* somewhat, partially (infix with duplicated verb)

mə-tə-ya မတရား be unfair, be wrong

mə-tha မသာ *n* corpse, body, mortal remains; funeral

mə-tha-cha̱ မသာချ *v* take the body to the cemetery

mə-tha-po̱ မသာပို့ *v* attend a funeral

mə...thei: မ...သေး *part* not yet

mə-thin-ga မသင်္ကာ *v* suspect, have doubts about

mə-tɔ-lo̱ မတော်လို့ *exp* sorry, pardon me

mə-tɔ-tə-hsa̱ မတော်တဆ *adv* accidentally, unintentionally, without meaning to

mə-ya̱-mə-ka̱ မရမက *adv* by any means

mə-ya̱-mə-nei မရမနေ *adv* perserveringly, persistently

mə-ya: မယား *n* wife

mə-yan: မရန်း *n* ❀ marian plum

mə-yan:-yaun မရန်းရောင် *n* magenta

mə-yo-mə-thei မရိုမသေ *adv* disrespectfully

mə-yon-thin-ga မယုံသင်္ကာ *n* doubt

mə-ywei: မရွေး *adv* at any, of any kind

mə-ywei:-mo̱ɲ မရွေးမုန့် *n* popped rice and palm sugar snack

ma မာ *v* be hard, be firm; be healthy

ma-lə-ka မာလကာ *n* ❀ guava

ma-na̱ မာန *n* vanity, conceit; arrogance; pride

ma-na̱-ji: မာနကြီး *v* be haughty, be arrogant

ma-na̱-mə-shḭ မာနမရှိ *v* be easy(-going)

ma-ṭi-ka မာတိကာ *n* table of contents

ma-ya မာယာ *n* trickiness, cunning, deceit

ma-ya-mya: မာယာများ *v* be tricky, be manipulative, be deceitful

ma̱₁ မ *n* the name of the မ

ma̱₂ မ *v* lift; assist, help

ma̱₃ မ *part* suffix to a noun to show that something is the main; original; female, women's; negative prefix to verb

ma̱₄ မ *n* polite title for a young (esp Burman) woman near the same age as the speaker

ma̱-gə-nan: မဂဏန်း *n* even number

ma̱-hsa-la̱ မဆလ *n* 🔺 🌐 Burma Socialist Programme Party, BSPP

main မိုင် *n mile*, 1.6 km

main-hnon: မိုင်နှုန်း *n* miles per hour

main: မိုင်း *n mine*, quarry, pit; ⚔ *mine*; bomb

main:-gwin: မိုင်းကွင်း *n* ⚔ mine-field

mai' မိုက် *v* be dark; be stupid, be foolish, misbehave; 🍃be cool

man မာန် *n* pride, arrogance

man-dan မန္တာန် *n* mantra

man-nei-ja မန်နေဂျာ *n manager*

man:-də-lei: မန္တလေး *n* 🌐 Mandalay

man:-də-ya: မန္တရား *n* mantra

man:-da' မဏ္ဍပ် *n* temporary stage, dais

maun₁ မောင် *n* younger *or* little brother (of a woman)

maun₂ မောင် *part* polite title for a younger man

maun-lei: မောင်လေး *pron* you

maun-hnə-ma̱ မောင်နှမ *n* brothers and sisters; cousins

maun:₁ မောင်း *v* run, operate; drive away

maun:₂ မောင်း *n* upper arm; lever, bar; gong

maun:-dan မောင်းတံ *n* lever

maun:-hto' မောင်းထုတ် *v* drive out; drive away

maun:-zain: မောင်းဆိုင်း *n* ♪ graduated gongs

mau' မောက် *v* be overflowing; be heaped up

mau'-chạ မောက်ချ *n* –ါ symbol

ma'₁ မတ် *n* quarter, fourth

ma'₂ မတ် *v* be upright, be standing

ma'₃ မတ် *n* husband's younger brother

ma'-hkwe' မတ်ခွက် *n mug*

ma'-ta' မတ်တတ် *adv* upright, standing straight

ma'-ta'-ya' မတ်တတ်ရပ် *v* stand (up), be standing

ma'-tin မတ်တင်း *n* three-quarters, three-fourths

me₁ မယ် *n* girl, young woman, miss

me₂ မယ် *part* sentence final marker indicating future

mẹ မဲ့ *part* without

me:₁ မဲ *n* 🔵 vote (to be cast); 🔵 ballot (to be marked); lot

me:₂ မည်း *v* be dark; be black; (of skin) be tan; dark

me:-kau'-bwe: မဲကောက်ပွဲ *n* 🔵 election

me:-pei မဲပေး *v* 🔵 (cast a) vote

me-hsan-dạ မဲဆန္ဒ *n* 🔵 vote

me:-hsan-dạ-shin မဲဆန္ဒရှင် *n* 🔵 voter

mei-mei မေမေ *pron* mum(my) (Br), mom(my) (Am)

mẹị မေ့ *v* forget

mẹị-jan မေ့ကျန် *v* forget, leave behind

mẹị-zei: မေ့ဆေး *n* ⚕ general anaesthetic

mei:₁ မေး *v* ask

mei:₂ မေး *n* jaw

mei:-gun: မေးခွန်း *n* question

mei:-hkain-yo:-ga မေးခိုင်ရောဂါ *n* ⚕ tetanus

mei:-zị မေးစေ့ *n* chin

meiṇ-gun: မိန့်ခွန်း *n* speech

mein:-hkə-lei မိန်းကလေး *n* girl; young woman

mein:-mə-sha မိန်းမလျှာ *n* man with the spirit and habits of a woman; effeminate man

mein:-mạ မိန်းမ *n* woman; [inf] wife

mei' မိတ် *n* ⚕ prickly heat, heat rash

mei'-ka မိတ်ကပ် *n make-up*, cosmetics

mei'-pau' မိတ်ပေါက် *v* ⚕ (of prickly heat, heat rash) break out

mei'-hsc' မိတ်ဆက် *v* introduce

mei'-hswei မိတ်ဆွေ *n* friend

mei'-tu မိတ္တူ *n* copy

me'-gə-zin မဂ္ဂဇင်း *n* magazine

me'-man မက်မန်း *n* ※ damson (plum)

me'-htə-ri'₁ မက်ထရစ် *adj* metric

me'-htə-ri'₂ မက်ထရစ် *n* matriculation exam

mi-ta မီတာ *n* (esp electric) *meter; metre, meter* (100 cm)

mi̯₁ မိ *v* catch; get caught

mi̯₂ မိ *part* by chance, by mistake, by accident

mi̯-bə-ya: မိဖုရား *n* ♛ queen, wife of a king

mi̯-ba̯ မိဘ *n* parents

mi̯-ba̯-me̯-kə-lei မိဘမဲ့ကလေး *n* orphan

mi̯-dha:-zu̯ မိသားစု *n* family

mi̯-dwei: မိထွေး *n* stepmother

mi̯-gin မိခင် *n* mother

mi̯-jaun မိကျောင်း *n* ☙ crocodile

mi̯-mi̯ မိမိ *pron* one's (own); oneself

mi̯-ni' မိနစ် *n* minute

mi:₁ မီး *n* fire; light; power, electricity

mi:₂ မြီး *n* tail

mi:-ban: မီးပန်း *n* fireworks

mi:-bo မီးဖို *n* kitchen; burner; cooker, hob

mi:-bo-jaun မီးဖိုချောင် *n* kitchen

mi:-bon မီးပုံ *n* bonfire

mi:-bon: မီးပုံး *n* (paper) lantern; hot air balloon

mi:-bu မီးပူ *n* iron

mi:-bu-tai' မီးပူတိုက် *v* iron (laundry, clothing, etc)

mi:-dain မီးတိုင် *n* torch, flashlight; lamp post, streetlight

mi:-daun မီးတောင် *n* (active) volcano

mi:-dha'-bu မီးသတ်ဘူး *n* fire extinguisher

mi:-dha'-ta'-bwe̯ မီးသတ်တပ်ဖွဲ့ *n* fire brigade

mi:-dha'-thə-ma: မီးသတ်သမား *n* firefighter

mi:-dhi မီးသီး *n* lightbulb

mi:-dhwei: မီးသွေး *n* charcoal

mi:-ein မီးအိမ် *n* lantern

mi:-gaun: မီးခေါင်း *n* light socket

mi:-ge မီးခဲ *n* ember, live coal

mi:-go: မီးခိုး *n* smoke

mi:-go:-yaun မီးခိုးရောင် *n* grey, gray

mi:-ji' မီးခြစ် *n* (cigarette) lighter; match, book of matches, box of matches

mi:-jo: မီးကြိုး *n* (electric or power) cord, cable

mi:-kin မီးကင် *v* roast, grill

mi:-hkə-lo' မီးခလုတ် *n* light switch, electric switch

mi:-lon: မီးလုံး *n* lightbulb

mi:-hlon မီးလှုံ *v* warm oneself by a fire

mi:-pwaiṇ မီးပွိုင့် *n* traffic light, traffic signal

mi:-shọ မီးရှို့ *v* set fire to, ⚖ commit arson; burn

mi:-shu:-mi:-ban: မီးရှူးမီးပန်း *n* fireworks

mi:-htun:-bwe: မီးထွန်းပွဲ *n* *Thadingyut* light festival

mi:-yə-hta: မီးရထား *n* train; railway, railroad

mi:-ze' မီးစက် *n* generator

min-gə-la မင်္ဂလာ *n* (source of) good fortune

min-gə-la-ba မင်္ဂလာပါ *exp* formal greeting, esp in schools and to audience, crowd, etc

min-gə-la-le'-hpwẹ မင်္ဂလာလက်ဖွဲ့ *n* wedding present

min-gə-la-zaun မင်္ဂလာဆောင် *n* wedding, marriage ceremony

min:$_1$ မင်း *n* 🌏 ☂ king

min:$_2$ မင်း *pron* you (inf)

min:-dhə-mi: မင်းသမီး *n* ☂ princess; ♀ star (of movie, performance)

min:-dha: မင်းသား *n* ☂ prince; ♂ star (of movie, performance)

min:-gu' မင်းကွတ် *n* ✿ mangosteen

min:-ze' မင်းဆက် *n* ☂ dynasty

mo-ha-me' မိုဟာမက် *n* ☪ Mohammed

mọ-(lọ) မို့(လို့) *part* because, as

mo: မိုး *n* sky; rain

mo:-chon: မိုးချုန်း *v* thunder

mo:-chon:-dhan မိုးချုန်းသံ *n* thunder

mo:-cho' မိုးချုပ် *v* get dark; be late (in the day, in the night)

mo:-dwin: မိုးတွင်း *n* rainy season

mo:-ga မိုးကာ *n* tarpaulin

mo:-ga-in:-ji မိုးကာအင်္ကျီ *n* raincoat, overcoat

mo:-jạ မိုးကျ *v* (of rainy season)

begin

mo:-jo: မိုးကြိုး *n* thunderbolt

mo:-kaun:-gin မိုးကောင်းကင် *n* sky

mo:-lon-lei-lon မိုးလုံလေလုံ *adj* weatherproof, all-weather

mo:-mị မိုးမိ *v* get caught in the rain

mo:-se: မိုးစဲ *v* stop raining

mo:-tei' မိုးတိတ် *v* stop raining

mo:-thau' မိုးသောက် *n* dawn, daybreak

mo:-ya-thi မိုးရာသီ *n* rainy season

mo:-yei မိုးရေ *n* rainwater; distilled water

mon-dain: မုန်တိုင်း *n* storm, cyclone

mon-la မုန်လာ *n* ✵ radish

mon-la-do' မုန်လာထုပ် *n* ✵ cabbage

mon-la-ụ မုန်လာဥ *n* radish

mon-la-ụ-ni မုန်လာဥနီ *n* ✵ carrot

mon-nyin: မုန်ညင်း *n* ✵ mustard

moṇ မုန့် *n* snack

moṇ-ba' မုန့်ဖတ် *n* rice noodles

moṇ-bo: မုန့်ဖိုး *n* pocket money, allowance; tip, gratuity

moṇ-di မုန့်တီ *n* fish soup with rice noodles

moṇ-hin:-ga မုန့်ဟင်းခါး *n* *mohinga*, spicy fish soup with rice noodles

moṇ-hmoṇ မုန့်မှုန့် *n* rice flour

moṇ-hni' မုန့်နှစ် *n* batter; dough

moṇ-hpe'-hto' မုန့်ဖက်ထုပ် *n* steamed dumpling of sugar and coconut in sticky-rice dough

moṇ: မုန်း *v* hate; detest

mo'-chạ မုချ *adv* inevitably, certainly

mo'-hkun မုတ်ခွံ *n* mother-of-pearl

mo'-hsei' မုတ်ဆိတ် *n* beard

mo'-hsei'-yei' မုတ်ဆိတ်ရိတ် *v* shave

mo'-hso: မုဆိုး *v* (professional) hunter

mo'-hso:-bo မုဆိုးဖို *n* widower

mo'-hso:-mạ မုဆိုးမ *n* widow

mo'-thon-lei မုတ်သုံလေ *n* monsoon

mɔ မော် *v* tilt one's face up; be proud of

mɔ-gun: မော်ကွန်း *n* historical records; (permanent) record

mɔ-gun:-dai' မော်ကွန်းတိုက် *n* archive

mɔ-na မော်နာ *n* ϒ mumps

mɔ-tɔ မော်တော် *n* ⚓ *motor*boat

mɔ̣ မော့ *v* look up

mɔ: မော *v* be tired

mɔ:-ha̱ မောဟ *n* ignorance

mu မူ *n* basis; behaviour, way; policy; principle

mu-gwe မူကွဲ *n* version

mu-jan မူကြမ်း *n* draft

mu-jo မူကြို *abbr* preschool

mu-la̱ မူလ *n* origin; principal thing, main thing

mu-la̱-dan: မူလတန်း *n* primary school

mu-ti မူတည် *v* depend (on)

mu-wa-da̱ မူဝါဒ *n* policy

mu-yin မူရင်း *n* original

mu̱-dha မုသား *n* falsehood, lie

mu̱-di̱-ta မုဒိတာ *n* happiness at sb else's success or prosperity

mu̱-ni̱ မုနိ *n* saint, holy man

mu: မူး *v* (be, feel) giddy, dizzy, lightheaded; be drunk, be high

mu:-yi' မူးယစ် *v* be drunk, be intoxicated, be high

mu:-yi'-hsei:-wa မူးယစ်ဆေးဝါး *n* (recreational) drug, illegal drug

mun₁ မွန် *v* be very fine

mun₂ မွန် *n* ☾ *Mon*

mun: မွမ်း *v* adorn, decorate

mun:-man မွမ်းမံ *v* make better, enhance

mun:-man-thin-dan: မွမ်းမံသင် တန်း *n* refresher course

mun:-saun မွန်းစောင်း *n* afternoon

mun:-te̱ မွန်းတည့် *v* be noon

mu' မွတ် *v* be smooth; (of speaking) fluent

mu'-sə-lin မွတ်စလင် *n* ☪ Muslim

mwa̱ မွ *v* be soft; be flaky

mwe: မွဲ *v* be poor; be dull

mwei မြွေ *n* ⚇ snake

mwei-bə-da မြွေပြဒါး *n* ⚇ sunbeam snake, a nonvenomous snake

mwei-bə-doṇ မြွေပတုံ့ *n* ⚇ kind of non-venomous snake

mwei-ba မြွေပါ *n* ⚇ mongoose

mwei-bo'-ma မြွေပုပ်မ *n* ⚇ kind of non-venomous water snake

mwei-bwei: မြွေပွေး *n* ⚇ viper, esp Russell's viper

mwei-hau' မြွေဟောက် *n* 🐍 cobra

mwei-le'-pa' မြွေလက်ပပ် *n* 🐍 whip snake

mwei-nə-bin:-bei' မြွေနားပင်းပိတ် *n* 🐍 kind of viper

mwei-pau' မြွေပေါက် *v* (of snake) strike

mwei-hsei' မြွေဆိပ် *n* (snake) venom

mwei-hsei'-hpyei-zei: မြွေဆိပ် ဖြေဆေး *n* 🌿 antivenin, antivenom, antiserum

mwei-thu-də မြွေသူတော် *n* 🐍 kind of non-venomous snake

mwei-zein: မြွေစိမ်း *n* 🐍 green viper

mwei-zein:-mi:-jau' မြွေစိမ်းမီးခြောက် *n* 🐍 bamboo pit-viper

mwei̜ မွေ့ *v* enjoy

mwei̜-ya မွေ့ရာ *n* mattress

mwei:₁ မွေး *v* (of mother) give birth, have a baby; keep (a pet); raise (animals); bring up

mwei:₂ မွေး *n* hair; fur; feathers

mwei:-dain:-ko မွေးတိုင်းကိုယ် *n* birthday suit, nudity

mwei:-jin: မွေးချင်း *n* all the children in a family

mwei:-le'-hma' မွေးလက်မှတ် *n* birth certificate

mwei:-myu မွေးမြူ *v* (of animals) breed, raise

mwei:-nan မွေးနံ *n* day of the week on which one was born

mwei:-nei̜ မွေးနေ့ *n* birthday

mwei:-pə-le: မွေးပုလဲ *n* cultured pearl

mwei:-hpwa: မွေးဖွား *v* (of mother) give birth, have a baby

mwei:-the'-gə-ri' မွေးသက္ကရာဇ် *n* birthdate

mwei:-ya' မွေးရပ် *n* birthplace

mwei:-zə-yin: မွေးစာရင်း *n* birth certificate

mwei:-za: မွေးစား *v* adopt, foster (a child)

mwe' မွက် *v* address an audience, give a speech

myə-ma မြန်မာ *n* Myanmar 📖, Burmese

mya မြ *n* emerald

mya:₁ များ *v* be many, be much; be excessive, be too much; be usual

mya:₂ များ *part* plural marker

myan မြန် *v* fast, quick, rapid

myan-ma-nain-gan-(dɔ) မြန်မာ နိုင်ငံ(တော်) *n* 🌏 Myanmar

myaun: မြောင်း *n* ditch, drain; gutter; trench; canal

myau'₁ မြောက် *v* raise, elevate, lift; be raised (up), be elevated, be high, be lifted; gain

myau'₂ မျောက် *n* 🐾 monkey; heads (of coin)

myau'₃ မြောက် *n* 🌏 north

myau'₄ မြောက် *part* particle indicating an ordinal number; verb suffix indicating success, completion, etc

myau'-pan:-hlan မျောက်ပန်းလှန် *v* flip *or* toss a coin

mya' မြတ် *v* 🐾 make a profit; be noble, be exalted

mya'-no: မြတ်နိုး *v* love, cherish, adore

mye: မြဲ *v* be firm; be permanent; be fixed

myei မြေ *n* earth, ground; soil, earth, dirt

myei-be: မြေပဲ *n* peanut

myei-be:-dauṇ မြေပဲတောင့် *n* peanut (in the shell)

myei-be:-lei' မြေပဲလိပ် *n* kind of flaky peanut sweet

myei-be:-zan မြေပဲဆံ *n* (shelled) peanut

myei-bon မြေပုံ *n* map

myei-bon-hpə-ya: မြေပုံဘုရား *n* 🏛 terracotta votive tablet

myei-byu မြေဖြူ *n* chalk

myei-dai'-hkan: မြေတိုက်ခန်း *n* cellar, basement

myei-de မြေထည် *n* earthenware, pottery

myei-gwei မြေခွေး *n* 🐾 fox

myei-gwe' မြေကွက် *n* lot, (plot, parcel, piece of) land

myei-ji: မြေကြီး *n* earth, land mass; earth, soil, dirt

myei-hkwei:-mi: မြေခွေးမြီး *n* 🌿 fishtail palm

myei-la' မြေလတ် *n* 🌏 midlands

myei-hmyo' မြေမြှုပ် *v* bury

myei-ɔ:-za မြေသြဇာ *n* fertiliser

myei-zai'-jo မြေစိုက်ကြိုး *n* earth (wire), ground (wire)

myei-zei: မြေစေး *n* clay

myei: မြေး *n* grandchild

myei' မြိတ် *n* fringe

mye'₁ မျက် *v* sprain, twist (ankle, wrist, etc)

mye'₂ မြက် *v* be sharp

mye'₃ မြက် *n* ✿ grass

mye'-ji-(hlwa) မျက်ကြည်(လွှာ) *n* ⚕ cornea

mye'-kan: မျက်ကန်း *n* blind person

mye'-ka'-hman မျက်ကပ်မှန် *n* contact lens

mye'-hkan:-za' မျက်ခမ်းစပ် *n* ⚕ trachoma

mye'-hkin: မြက်ခင်း *n* lawn, turf

mye'-hkon: မျက်ခုံး *n* eyebrow

mye'-hko' မြက်ခုတ် *v* mow the lawn, cut the grass

mye'-hkun မျက်ခွံ *n* eyelid

mye'-lon: မျက်လုံး *n* eye; eyeball

mye'-myin မျက်မြင် *exp* as is, i.e., without repairs, alterations, etc

mye'-myin-the'-thei မျက်မြင် သက်သေ *n* eyewitness

mye'-hman မျက်မှန် *n* (eye)glasses

mye'-hman-chu' မျက်မှန်ချွတ် *v* take off one's glasses

mye'-hman-ta' မျက်မှန်တပ် *n* put on one's glasses; wear glasses

mye'-hmaun မျက်မှောင် *n* the place between the eyebrows

mye'-hmau'-hki' မျက်မှောက် ခေတ် *n* the present time

mye'-hmwei: မြက်မွေး *n* ✿ citronella

mye'-hnə-ban: မျက်နှာပန်း *n* façade; appearance

mye'-hnə-ban:-hlạ မျက်နှာပန်းလှ *v* be attractive; have a good image; (come out, across) looking good, make a good impression, make a favourable impression; be good for one's image

mye'-hnə-ban:-pwiṇ မျက်နှာပန်း ပွင့် *v* be popular

mye'-hnə-ban:-tha မျက်နှာပန်း သာ *v* be attractive; have a good image; (come out, across) looking good, make a good impression, make a favourable impression; be good for one's image

mye'-hnə-bau' မျက်နှာပေါက် *n* (facial) features

mye'-hnə-bei: မျက်နှာပေး *n* (facial) expression, look on one's face

ə a b ch d e g h i j j k hk l hl m hm

mye'-hnə-bo:-tha' မျက်နှာပိုး
သတ် *v* put on a straight face

mye'-hnə-bo:-tha'-hta: မျက်နှာပိုး
သတ်ထား *v* keep a straight
face

mye'-hnə-byaun-tai' မျက်နှာ
ပြောင်တိုက် *v* have the nerve
(to)

mye'-hnə-byin မျက်နှာပြင် *n*
surface

mye'-hnə-gaun:-ya̱ မျက်နှာ
ကောင်းရ *v* gain prestige, gain
recognition

mye'-hnə-je' မျက်နှာကြက် *n*
ceiling

mye'-hnə-jin:-zain မျက်နှာချင်း
ဆိုင် *adv* opposite, across from

mye'-hnə-hpon: မျက်နှာဖုံး *n*
(book, etc) cover, jacket;
mask, veil

mye'-hna မျက်နှာ *n* face;
direction; prestige, standing

mye'-hna-byaun မျက်နှာပြောင် *v*
be shameless, not consider
others' opinions

mye'-hna-chin:-hsain မျက်နှာချင်း
ဆိုင် *v* face; confront

myc'-hna-lai' မျက်နှာလိုက် *v*
show favouritism, be biased

toward

mye'-hna-lo' မျက်နှာလုပ် *v* curry
favour

mye'-hna-mə-kaun: မျက်နှာ
မကောင်း *v* look sad

mye'-hna-me̱ မျက်နှာမဲ့ *v* be
without friends or connec-
tions, be an ordinary person

mye'-hna-mu မျက်နှာမူ *v* face (a
direction, thing, etc)

mye'-hna-mya: မျက်နှာများ *v*
flirt, date many people

mye'-hna-po' မျက်နှာပုပ် *n*
frown, scowl

mye'-hna-pu မျက်နှာပူ *v* be
embarrassed, blush

mye'-hna-pwiṇ မျက်နှာပွင့် *v* be
popular

mye'-hna-pye' မျက်နှာပျက် *v*
lose one's composure; lose
face

mye'-hna-shi̱ မျက်နှာရှိ *v* have
respect, have prestige, have
standing (in society)

mye'-hna-thi' မျက်နှာသစ် *v*
wash one's face

mye'-hna-ya̱ မျက်နှာရ *v* make
one's name

mye'-hna-ywei: မျက်နှာရွေး *v*

choose one's friends (i.e., to gain advantage)

mye'-hpyu-(hlwa) မျက်ဖြူ(လွှာ) *n* the white of the eye, ♼ sclera

mye'-saun:-hto: မျက်စောင်းထိုး *v* be diagonally opposite; (at corner) be catty-corner, be kitty-corner; give sb a dirty look; covet

mye'-sho: မြက်လျော *n* ♣ grass snake

mye'-si̱ မျက်စိ *n* eye; (eye)sight, vision

mye'-si̱-ja̱ မျက်စိကျ *v* admire

mye'-si̱-jaun မျက်စိကြောင် *v* have insomnia

mye'-si̱-je မျက်စိကျယ် *v* be sleepless; have wide experience

mye'-si̱-ku̱-hsə-ya မျက်စိကုဆရာ *n* ♼ eye specialist

mye'-si̱-le မျက်စိလည် *v* be lost, get lost, lose one's way

mye'-si̱-mə-myin မျက်စိမမြင် *v* be blind

mye'-si̱-hmei' မျက်စိမှိတ် *v* close one's eyes; go against one's better judgment

mye'-si̱-nau' မျက်စိနောက် *v* be annoying

mye'-si̱-ni မျက်စိနီ *v* have bloodshot eyes

mye'-si̱-pwin̠̱ မျက်စိပွင့် *v* be enlightened

mye'-si̱-shan: မျက်စိလျှမ်း *v* overlook, not see

mye'-si̱-sho' မျက်စိရှုပ် *v* be disturbing, be annoying (to see)

mye'-si̱-sun မျက်စိစွန် *v* ♼ have a sty in one's eye

mye'-si̱-yain: မျက်စိရိုင်း *v* look bizarre to, be jarring

mye'-hsa̱ မျက်ဆ *v* make a rough guess

mye'-hsan မျက်ဆန် *n* iris and pupil

mye'-taun-hka' မျက်တောင်ခတ် *v* blink; flicker

mye'-tha: မျက်သား *n* white of the eye, ♼ sclera

mye'-twin:-chaun မျက်တွင်းချောင် *v* be hollow-eyed; have sunken eyes

mye'-twin:-ja̱ မျက်တွင်းကျ *v* be hollow-eyed; have sunken eyes

mye'-hta: မျက်ထား *n* expression, look

mye'-yei မျက်ရည် *n* tear

mye'-yei-ją မျက်ရည်ကျ *v* cry, weep

mye'-yei-yo-bon: မျက်ရည်ယိုဗုံး *n* tear gas (cannister)

mye'-yei' မြက်ရိတ် *v* mow (grass, lawn)

myi₁ မည် *pron* 🕮 who; which

myi₂ မြည် *v* make a sound, make a noise, call

myi-dhi မည်သည် *pron* 🕮 what; where

myi-dhu မည်သူ *pron* 🕮 who

myi-dhu-mə-hso မည်သူမဆို *pron* 🕮 anyone, whoever

myi-dhu-hmyą မည်သူမျှ *pron* 🕮 [neg] no one, anyone

myi:₁ မြည်း *v* sample, taste, try (food or drink); snack, eat sthg with drinks

myi:₂ မြည်း *n* 🐴 donkey, ass

myi:-shei မြီးရှေ *n* kind of rice-noodle snack

myin မြင် *v* see; perceive

myin-gwin: မြင်ကွင်း *n* scope, field of vision

myin-hlwa မြင်လွှာ *n* ♈ retina

myiṇ မြင့် *v* be high; be tall

myiṇ-mya' မြင့်မြတ် *v* (of rank, honour) distinguished, eminent, exalted

myin:₁ မျဉ်း *n* line

myin:₂ မြင်း *n* 🐴 horse; 🐴 pony

myin:-bụ မြင်းဖု *n* cyst ♈ (on the skin or scalp)

myin:-bwe မြင်းပွဲ *n* horserace

myin:-byain မျဉ်းပြိုင် *n* parallel lines

myin:-gə-lei: မြင်းကလေး *n* 🐴 foal; 🐴 ♂ colt, 🐴 ♀ filly

myin:-ja မြင်းကျား *n* 🐴 zebra

myin:-jaun မျဉ်းကြောင်း *n* line

myin:-hkwa မြင်းခွာ *n* (horse) hoof

myin:-hkwa-ywe' မြင်းခွာရွက် *n* ✄ gotu kola, plant with round, edible leaves, often made into salads and juice

myin:-ma' မျဉ်းမတ် *n* vertical line; perpendicular (line)

myin:-mi: မြင်းမြီး *n* horsehair, hair from a horse's tail; horsehair whisk

myin:-mo မြင်းမိုရ် *n* [cosm] Mount Meru

myin:-za:-jon မြင်းစားဂျုံ *n* ✄ oats

myin:-zaun: မျဉ်းစောင်း *n* diagonal line; slash, stroke

myi' မြစ် *n* river; root, origin; great-grandchild

myi'-jin: မြစ်ကျဉ်း *n* 🌏 narrows, defile

myi'-kan: မြစ်ကမ်း *n* riverbank, riverside

myi'-hsei' မြစ်ဆိပ် *n* landing

myi'-hson မြစ်ဆုံ *n* 🌏 confluence

myi'-ta မေတ္တာ *n metta*, love, loving kindness

myi'-wą မြစ်ဝ *n* 🌏 mouth of a river

myi'-wą-jun:-pɔ မြစ်ဝကျွန်းပေါ် *n* 🌏 river delta

myo မျို *v* swallow

myọ မြို့ *n* city; town

myọ-ba'-lan: မြို့ပတ်လမ်း *n* ring road; boundary road

myọ-de: မြို့ထဲ *n* city centre, downtown

myọ-dɔ မြို့တော် *n* 🌏 capital (city)

myọ-ne မြို့နယ် *n* 🌏 township

myọ-ne-hkwe: မြို့နယ်ခွဲ *n* 🌏 sub-township

myọ-thi' မြို့သစ် *n* 🌏 satellite town

myọ-yo: မြို့ရိုး *n* city wall

myo: မျိုး *n* kind, type, sort; category, class; relative; (of people) ethnic group; people; nation; (of plants, animals) variety, strain

myo:-chi'-sei' မျိုးချစ်စိတ် *n* 🌏 patriotism

myo:-nwe မျိုးနွယ် *n* family; caste

myo:-sa' မျိုးစပ် *n* cross, hybrid

myo:-yo: မျိုးရိုး *n* heredity, lineage

myo:-yo:-lai' မျိုးရိုးလိုက် *v* be hereditary

myo:-zei မျိုးစေ့ *n* seed (for planting)

myo:-ze' မျိုးဆက် *n* later generations; next generation

myo:-zị မျိုးစေ့ *n* seed (for planting)

myo:-zon မျိုးစုံ *part* various kinds

myo' မြုပ် *n* sink, be submerged

myɔ မြော် *v* consider, think over; discern

myɔ-hman: မြော်မှန်း *v* hope for

myɔ:₁ မျော *v* float, drift; faint

myɔ:₂ မြော *v* 🏵 be comatose

myu မြူ *n* haze

myu-ni-si-pe မြူနီစီပယ် *n* *municipal* corporation

mywe' မြွက် *v* address an audience, give a speech

hm

hma₁ မှာ *v* let sb know; order, ask for

hma₂ မှာ *part* at, by, in, on, per; particle marking for subject of sentence; particle marking future

hmạ မှ *part* from; by, near ; of the; only, not until, not except, per; particle marking subject of sentence

hmạ-(...)-mə မှ(...)မ *part* not even; or if not

hmạ-də-ba မှတပါး *part* apart from, other than, except(ing)

hmạ-mə...be: ...မှ မ...ဘဲ *part* without (even)

hmạ-pe: မှပဲ *part* only (...) when, not until; only (...) if, not ... unless ...

hmạ-hpyiṇ မှဖြင့် *part* if, when; what if

hma-tə-hsiṇ မှတဆင့် *adv* via, through

hmạ-tha မှသာ *part* only when, not until

hma:₁ မှား *v* be wrong, be incorrect, be mistaken, be false; (of a person) make a mistake

hma:₂ မှား *part* mistakenly

hmain မှိုင် *v* mope, brood

hmain: မှိုင်း *n* smoke, fumes

hmain:-hkan မှိုင်းခံ *v* smoke (fish, meat, etc)

hman₁ မှန် *v* be right, be correct, be true; be real

hman₂ မှန် *n* glass; mirror

hman-bə-lu: မှန်ဘီလူး *n* lens; magnifying glass

hman-byaun: မှန်ပြောင်း *n* telescope; binoculars, field glasses

hman-də-ga: မှန်တံခါး *n* (glass of a) window; glass door

hman-ga: မှန်ကား *n* car

hman-kan မှန်ကန် *v* be right, be true, be correct

hman-lon-(ka:) မှန်လုံ(ကား) *n* (high quality) coach

n hn o ɔ p hp r s hs t ht u w hw y z '

hman-mi:-ein မှန်မီးအိမ် *n* lantern

hman-nan:-dɔ မှန်နန်းတော် *n* ⌂ ☝ the glass palace

hman-thə-myạ မှန်သမျှ *part* all that are really

hman-yaun-hin:-jo မှန်ရောင် ဟင်းချို *n* clear soup, consomme

hman:₁ မှန်း *v* estimate, gauge, guess; aim; intend

hman:₂ မှန်း *part* [often neg] (the fact) that

hman:-je' မှန်းချက် *n* estimate, guess

hmaun မှောင် *v* be dark, be gloomy

hmaun-go မှောင်ခို *n* illegal trade, smuggling, black market trade; smuggler; black-marketeer

hmauṇ မှောင့် *v* worry, disturb, annoy, bother

hmau' မှောက် *v* lie face down; turn sthg face down; overturn, flip, roll (car), capsize (boat)

hmau'-ya:-hto: မှောက်လျားထိုး *v* lie on one's stomach, lie face down

hma' မှတ် *v* notice, take note of; note (down), write down

hma'-che' မှတ်ချက် *n* note, remark, comment

hma'-mị မှတ်မိ *v* remember; recognise

hma'-nyan မှတ်ဉာဏ် *n* memory

hma'-pon-tin မှတ်ပုံတင် *n* registration card, ID card

hma'-sụ မှတ်စု *n* notes

hma'-tain မှတ်တိုင် *n* bus stop; signpost

hma'-tan: မှတ်တမ်း *n* record, register

hma'-tha မှတ်သား *v* note

hma'-hta: မှတ်ထား *v* remember

hmẹ₁ မှဲ့ *n* mole, beauty mark

hmẹ₂ မှည့် *v* (of fruit) be ripe; (of child) name

hmei: မှေး *v* (of eyes) half close; (of person) have narrow eyes; catnap, sleep lightly for a little while; lean lightly on *or* against sthg

hmein မှိန် *v* fade, dim

hmein: မှိန်း *v* doze, drowse

hmei' မှိတ် *v* (of eyes) shut, close

hmei'-to'-hmei'-to' မှိတ်တုတ် မှိတ်တုတ် *adv* blinking; flickering

hme' မှက် *n* ❀ horsefly

hme'-hkə-yụ မှက္ခရ *n* ❦ thrush

hmi₁ မိ *v* be within reach, within a time; reach a level

hmi₂ မှီ *v* lean against; depend on

hmi-hko မှီခို *v* depend on (sb)

hmi: မှီး *v* base on, adapt

hmin₁ မင် *n* ink

hmin₂ မှင် *n* bristle, stiff hair

hmin-jaun မင်ကြောင် *n* tattoo

hmo မှို *n* mushroom (usu edible), toadstool (if poisonous); mould, mold

hmon မှုန် *v* be dim; be indistinct; be smooth

hmon-wa: မှုန်ဝါး *v* be blurry, be hazy; be doubtful

hmoṇ မှုန့် *n* flour; powder

hmon: မှုန်း *v* pulverize

hmo'₁ မှုတ် *v* blow; ♪ play

hmo'₂ မှုတ် *n* serving spoon, ladle

hmɔ မှော် *n* magic, sorcery, witchcraft

hmụ မှ *part* suffix to a verb to

form an abstract noun, or name of crime

hmụ-gin: မှုခင်း *n* ⚖ (court, criminal, legal, etc) case; crime, incident

hmu: မှူး *part* suffix to noun to form title of authority: officer

hmu' မှွတ် *v* whirl, spin fast; (of speaking) be fluent

hmwa မွှာ *n* segment (of sthg round, e.g., orange); twins; multiple births

hmwa: မွှား *n* ❀ tick

hmwei မွှေ *v* stir

hmweị မွှေ့ *v* spin, twirl

hmwei: မွှေး *v* be fragrant, smell (good); smell (sthg)

hmyạ₁ မျှ *v* share, distribute equally; be even, be equal

hmyạ₂ မျှ *part* as much as; about; even

hmyạ-tạ မျှတ *v* be fair, be just

hmya:₁ မျှား *v* fish (with hook and bait); lure

hmya:₂ မြား *n* arrow

hmyauṇ မြှောင့် *n* sharp edge; point

hmyau' မြှောက် *v* elevate, raise; flatter; multiply; elect

hmyau'-pei: မြှောက်ပေး *v* flatter; encourage

hmyei: မြှေး *n* film; membrane

hmyin မျှင် *n* 🐚 very small sea creature, used to make fishpaste

hmyin̲-tin မြှင့်တင် *v* raise, elevate

hmyi' မျှစ် *n* bamboo shoot

hmyi'-chin မျှစ်ချဉ် *n* pickled bamboo shoots

hmyo' မြှုပ် *v* submerge; bury; embed; invest

hmyɔ မျှော် *v* expect

hmyɔ-lin̲ မျှော်လင့် *v* hope

hmyo̲ မျှော့ *n* 🐚 leech

hmyɔ မျှော *v* set adrift, set afloat

hmyɔ:-za မျှောစာ *n* memo, circular

n

nə-ban နားပန် *n* (pierced) earring; earlobe

nə-ban:-lon နပန်းလုံး *v* wrestle

nə-bwin̲ နားပွင့် *n* (rosette) earring; head of a pin, nail, etc

nə-dhə-hpyu နံ့သာဖြူ *n* 🌿 sandalwood

nə-dɔ နတ်တော် *n* Nadaw

nə-gə-ngwei̲-dan: နဂါးငွေ့တန်း *n* 🌌 the Milky Way

nə-ga: နဂါး *n* naga, mythical giant serpent-like creature; dragon

nə-gan နွားကန် *n* switch

nə-ga' နားကပ် *n* (stud) earring

nə-go နဂို *n* sthg inborn, intrinsic, original, inherent

nə-gwin နားကွင်း *n* (hoop) earring

nə-ja' နားကြပ် *n* 🩺 stethoscope; earphone(s), head-phone(s); hearing aid

nə-ma̲ နွားမ *n* 🐚 cow

nə-mei' နိမိတ် *n* (visual) omen, sign of what is to come

nə-mu-na နမူနာ *n* sample; example

nə-nwin: နနွင်း *n* 🌿 turmeric

nə-hpa-ji: နားဖားချေး *n* earwax

nə-hpu နဖူး *n* forehead, brow

nə-hpu:-za နဖူးစာ *n* destiny (of a couple)

nə-hswe: နားဆွဲ *n* drop earrings

nə-hti: နွားထီး *n* 🐚 bull; bullock,

ox, steer

nə-wə-mạ နဝမ *n* ninth

nə-wə-ra'-(ko:-thwe) နဝရတ်
(ကိုးသွယ်) *n* the nine precious
stones

nə-yan: နရန်း *n* handrail

nə-yon နယုန် *n* Nayon

nə-ywe' နားရွက် *n* (outer) ear

na နာ *v* hurt, ache; be hurt,
feel pain; be ill; obey

na-da-shei နာတာရှည် *n*
♆ chronic illness

na-gạ နာဂ *n* Naga

na-mạ နာမ *n* name

na-mạ-wị-thei-thə-nạ
နာမဝိသေသန *n* adjective

na-myi နာမည် *n* name

na-na' နာနတ် *n* ❀ pineapple

na-na'-pwiṇ နာနတ်ပွင့် *n* ❀ star
anise

na-yə-kạ နာယက *n* patron;
advisor

na-yei:-jɔ-nya နာရေးကြော်ငြာ *n*
obituary

na-yi နာရီ *n* clock; watch; hour;
o'clock

na-yi-hto: နာရီထိုး *v* (of a clock)
strike the hour; be a certain
hour

na-yi-zin နာရီစင် *n* clock tower

nạ ဏ န *n* fifteenth and
twentieth letters in the
Myanmar script

nạ-ji: ဏကြီး *n* the fifteenth
letter in the Myanmar script

nạ-nge နငယ် *n* the twentieth
letter in the Myanmar script

nạ-nge-ə-mi:-to နငယ်အမြီးတို *n*
name of ꩬ

na:₁ နား *v* rest, stop for a while

na:₂ နား *n* ear; neighbourhood,
nearby area; border; hem

na:-ja:-lwe: နားကြားလွဲ *v*
mishear; misunderstand

na:-kai' နားကိုက် *v* have an
earache

na:-le နားလည် *v* understand;
know; comprehend

na:-le-hmụ နားလည်မှု *n* under-
standing, comprehension;
understanding, (informal,
unofficial, tacit) agreement

na:-lei နားလေး *v* be hard of
hearing

na:-nyi: နားငြီး *v* be bored (by),
be sick (of), be tired (of)
(hearing sthg)

na:-pyi-yo နားပြည်ယို *v* ♆ have

pus drain from ear

na:-se နားစည် *n* eardrum

na:-htaun နားထောင် *v* listen (to); obey, listen (to)

na:-u နားအူ *v* be deafened; (of ears) ring

na:-win နားဝင် *v* accept, be convinced

na:-yin နားယဉ် *v* be familiar with, be used to hearing

nain₁ နိုင် *v* win; beat; over-power; domineer; manage

nain₂ နိုင် *part* title prefixed to the name of a Mon man

nain-ba' နိုင်ဖတ် *n* someone one can beat every time

nain-de'-si:-nin: နိုင်ထက်စီးနင်း *adv* domineeringly; arbitrarily

nain-gan-də-ga နိုင်ငံတကာ *n* 🌐 international sphere

nain-gan-dha: နိုင်ငံသား *n* 🌐 citizen

nain-gan-də နိုင်ငံတော် *n* 🌐 [formal] country

nain-gan-də-ə-lan နိုင်ငံတော်အလံ *n* 🌐 national flag

nain-gan-də-ei:-chan:-tha-ya-yei:-hniṇ-hpuṇ-hpyo:-yei-kaun-si နိုင်ငံတော်အေးချမ်းသာယာရေးနှင့်

ဖွံ့ဖြိုးရေးကောင်စီ *n* 🌐 State Peace and Development Committee (SPDC)

nain-gan-də-nyein:-wu'-pị-pya:-hmụ-ti-hsau'-yei:-kaun-si နိုင်ငံတော်ငြိမ်ဝပ်ပိပြားမှုတည် ဆောက်ရေးကောင်စီ *n* 🌐 State Law and Order Restoration Council, SLORC

nain-gan-də-thə-chin: နိုင်ငံတော် သီချင်း *n* national anthem

nain-gan-ja: နိုင်ငံခြား *n* abroad, overseas, foreign country

nain-gan-ja:-yei:-wun-ji:-hta-nạ နိုင်ငံခြားရေးဝန်ကြီးဌာန *n* 🌐 Ministry of Foreign Affairs

nain-gan-yei: နိုင်ငံရေး *n* 🌐 politics

nain-gan-yei:-hko-hlon-gwiṇ နိုင်ငံရေးခိုလှုံခွင့် *n* 🌐 political asylum

nain-gan-yei:-lan:-zin နိုင်ငံရေး လမ်းစဉ် *n* 🌐 (political) platform; goals

nain-ngan နိုင်ငံ *n* 🌐 country, land; sphere

nain-ya-za: နိုင်ရာစား *v* exploit

nan₁ နံ *v* stink, smell

nan₂ နံ *n* flank, side; rib

nan₃ နာမ် *n* [gram] noun

nan-ba' နံပါတ် *n number*; size

nan-ba'-pya နံပါတ်ပြား *n* number plate, licence plate

nan-ja:-htau' နံကြားထောက် *v* guess; make a decision at random

nan-kə-htain နံကထိုင် *n* kind of Indian sweet, similar to shortcake

nan-me နာမည် *n* name

nan-me-dụ နာမည်တု *n* alias, false name

nan-me-ji: နာမည်ကြီး *v* be famous (for sthg), be well-known

nan-me-hso: နာမည်ဆိုး *v* be notorious, be infamous

nan-me-yin: နာမည်ရင်း *n* real name, original name

nan-nan-bin နံနံပင် *n* ⚘ coriander, cilantro

nan-nan-zeị နံနံစေ့ *n* ⚘ coriander

nan-ne' နံနက် *n* morning, a.m.

nan-pya: နံပြား *n* nan, baked flatbread

nan-yan နံရံ *n* wall

nan-yo: နံရိုး *n* rib

nan-za: နာမ်စား *n* [gram] pronoun

naṇ နန့် *v* wag (tail), jiggle; flirt

nan:₁ နန်း *n* ♛ palace; filigree

nan:₂ နမ်း *v* smell; kiss; nuzzle

nan:-bya: နန်းပြား *n* wide, flat rice noodle

nan:-ji: နန်းကြီး *n* thick rice noodle

nan:-kə-htị နန်းကထိ *n* snack made of sticky rice, sugar, and coconut milk

nan:-san နန်းစံ *v* 🌏 ♛ reign, rule as monarch

nan:-hsan နန်းဆန် *v* be in a courtly style

nan:-zin နန်းစဉ် *v* ♛ belong to the royal family by tradition

naun နောင် *n* future, later, afterward

naun-bə-wạ နောင်ဘဝ *n* next life

naun-dạ-yạ နောင်တရ *v* regret, be remoreseful

naun-jin နောင်ကြည့် *v* have learnt a lesson (through experience)

naun-so-yin နောင်ဆိုရင် *exp* in the future, from now on

naun-yei: နောင်ရေး *n* future
(events)

nau'₁ နောက် *v* tease; be
cloudy, be muddy; be
translucent; be troubled

nau'₂ နောက် *n* back; past
(time), time gone by; future

nau'-bə-wạ နောက်ဘဝ *n* next
life

nau'-chan နောက်ချန် *v* remain
behind, stay back

nau'-ein-daun နောက်အိမ်ထောင်
n marriage after the first

nau'-jạ နောက်ကျ *v* be late

nau'-jɔ: နောက်ကျော *n* back (of
body)

nau'-kwe နောက်ကွယ် *adv*
behind one's back; in the
background

nau'-hkan နောက်ခံ *n* back-
ground

nau'-lai' နောက်လိုက် *n* follower,
subordinate

nau'-lin နောက်လင် *n* husband
of marriage after the first

nau'-lwe နောက်လွယ် *n* basket
or bag carried by a strap
across the shoulder or
forehead

nau'-mə-ya: နောက်မယား *n* wife
of marriage after the first

nau'-mein-mạ နောက်မိန်းမ *n*
wife of marriage after the
first

nau'-hmạ နောက်မှ *adv* later

nau'-naun နောက်နောင် *adv* in
the future

nau'-nau'-kạ နောက်နောက်က
adv previously

nau'-neị နောက်နေ့ *n* next day

nau'-pain:₁ နောက်ပိုင်း *n* rear,
back; (of novel, movie, etc)
second part; end

nau'-pain:₂ နောက်ပိုင်း *part*
after(ward)

nau'-pi: နောက်ပြီး *part* then;
and; afterward

nau'-po: နောက်ပိုး *v* court, woo

nau'-pwa: နောက်ပွား *n*
newcomer; new generation

nau'-pyan နောက်ပြန် *adv*
backwards

nau'-pyi' နောက်ပစ် *n* [orth]
vowel ̤

nau'-pyi'-le: နောက်ပစ်လဲ *v* fall
over backward

nau'-hpyi' နောက်ဖြစ် *n* past
(events)

nau'-hse' နောက်ဆက် *n* suffixed particle; joint at the base of the skull

nau'-hse'-twe: နောက်ဆက်တွဲ *n* (of books, etc) appendix, addendum, annex, supplement; (of events) sequel

nau'-hson: နောက်ဆုံး *n* last (one); end

nau'-hson:-bei' နောက်ဆုံးပိတ် *n* (very) last

nau'-hso' နောက်ဆုတ် *v* back up, move backward, go backward; reverse (car)

nau'-hta' နောက်ထပ် *adv* additionally; again, any more

nau'-yau:-ja: နောက်ယောက်ျား *n* husband of marriage after the first

na'$_1$ နပ် *v* (of boiled food) fully cooked, done; be sharp, be smart; be worth

na'$_2$ နတ် *n* nat, spirit; nut (≠ bolt)

na'$_3$ နပ် *n* meal

na'-bon နတ်ဘုံ *n* nat world

na'-gə-də နတ်ကတော် *n* sb chosen by a *nat* as a wife; (spirit) medium

na'-ja နတ်ကျ *v* be possessed by a *nat*

na'-ko: နတ်ကိုး *v* make offerings to *nat*; believe in *nats*, worship *nats*, be an animist

na'-pu: နတ်ပူး *v* be possessed by a *nat*

na'-pwe နတ်ပွဲ *n* nat festival

na'-pyi နတ်ပြည် *n* heavens

na'-sein: နတ်စိမ်း *n* nat of a person who died a violent death

na'-sin နတ်စင် *n* nat shrine

na'-hsain: နတ်ဆိုင်း *n* musical group which plays at nat celebrations

na'-thə-mi: နတ်သမီး *n* female nat; ✿ prostitute

na'-tha: နတ်သား *n* male nat

na'-tho'-da နတ်သုဓာ *n* food eaten by *nats*, ambrosia; sweet drink with ice cream, cake, milk

na'-htein: နတ်ထိန်း *n* chief နတ်ကတော် (medium)

ne$_1$ နယ် *v* tread on; mix (i.e., curry with rice); knead

ne₂ နယ် *n* 🌏 territory

ne-chȩ နယ်ချဲ့ *v* 🌏 colonise

ne-myei နယ်မြေ *n* (industrial) site, estate; (university, institute) campus

ne-sa' နယ်စပ် *n* 🌏 border; border area

ne-si: နယ်စည်း *n* 🌏 border

nȩ နဲ့ *part* and; with, by; particle paired with မ and verb to create negative imperative

nȩ-tə-kwạ နဲ့တကွ *adv* along with, including

nȩ-tə-hmyạ နဲ့တမျှ *adv* equal to

ne: နည်း *v* be small, be little; be less

ne:-ba: နည်းပါး *v* be scant; (be just a, only a) little, few

ne:-ne: နည်းနည်း *n* a little, a bit, a spot, a touch

ne:-ne:-jin: နည်းနည်းချင်း *adv* little by little

nei₁ နေ *v* live, reside; stay, remain

nei₂ နေ *n* sun

nei₃ နေ *part* suffix to a verb to show continuous action, -ing

nei-ba-zei နေပါစေ *exp* let it be,

don't bother

nei-dha:-jạ နေသားကျ *v* get used to

nei-dwe' နေထွက် *n* sunrise

nei-ein နေအိမ် *n* home, house, residence

nei-jạ နေကျ *part* usually, normally

nei-ja' နေကြတ် *v* (of the sun) be eclipsed

nei-ji' နေကြစ် *v* (of the sun) be eclipsed

nei-ja နေကြာ *n* 🌻 sunflower

nei-ka-mye'-hman နေကာမျက်မှန် *n* sunglasses

nei-kaun: နေကောင်း *v* be well, be healthy

nei-hlan: နေလှန်း *v* dry in the sun

nei-hla' နေလှပ် *v* expose briefly to the sun

nei-hmụ-zə-yei' နေမှုစရိတ် *n* living expenses

nei-nain နေနိုင် *v* stand, bear

nei-pu-mị နေပူမိ *v* have sunstroke

nei-pyi-dɔ နေပြည်တော် *n* 🏛 👑 royal city; capital of Burman monarch, seat of the

government (of Burman
monarch)

nei-tha နေသာ *v* be sunny; be
comfortable; be bearable

nei-htain နေထိုင် *v* live; settle

nei-win နေဝင် *n* sunset

nei-ya နေရာ *n* place, site,
location, spot

nei-ya-də-ja̱ နေရာတကျ *adv*
rightly

nei-ya' နေရပ် *n* home,
residence; (home) address

nei̱ နေ့ *n* day

nei̱-gin: နေ့ခင်း *n* afternoon

nei̱-jin: နေ့ချင်း *adv* within the
day, in one day

nei̱-le နေ့လယ် *n* midday

nei̱-le-za နေ့လယ်စာ *n* lunch

nei̱-sa နေ့စား *n* system of
paying wages by the day; day
labourer

nei̱-shei-la̱-mya: နေ့ရှည်လများ
adv for a long time

nei̱-shei-ye'-mya: နေ့ရှည်ရက်များ
adv for a long time

nei̱-zin နေ့စဉ် *adv* daily, every
day

nei̱-zwe နေ့စွဲ *n* day (of the
week)

nein̪ နိမ့် *v* be lower; be shorter;
decline, fall

nein̪-than နိမ့်သံ *n* high tone,
e.g., –း၊ ေ–ာ

nei' နိပ် *v* good

nei'-ban နိဗ္ဗာန် *n* ⊞ *nirvana*,
nibbana; ✝ ☾ heaven; [in
comb] charity, benevolent

nei'-ban-yin နိဗ္ဗာန်ယာဉ် *n*
hearse

nei'-ban-zei: နိဗ္ဗာန်ဈေး *n* free
food stall

nei'-sa̱ နိစ္စ *n* permanence,
constancy

ne' နက် *v* be deep; be dense;
be black

ne'-gə-ti' နက်ဂတစ် *n negative*

ne'-hka' နက္ခတ် *n* ✷ stars

ne'-hka'-ta̱-bei-da̱ နက္ခတ္တဗေဒ *n*
✷ astronomy

ne'-ne: နက်နဲ *v* profound

ne'-hpyan နက်ဖြန် *n* tomorrow

ngə င *part* prefix to a man's
name; used in teasing to
ascribe a quality to a person

ngə-chau' ငါးခြောက် *n* dried fish

ngə-chei' ငချိပ် *n* ✺ black sticky
rice

ngə-chin ငါးချဉ် *n* pickled fish

ngə-lei'-jau' ငါးလိပ်ကျောက် *n*
🐾 ray

ngə-le'-hton ငါးလက်ထုံ *n*
🐾 stingray

ngə-lyin-hlo လျှင်လှုပ် *v* (of
earth) quake

ngə-man: ငါးမန်း *n* 🐾 shark

ngə-man:-daun ငါးမန်းတောင် *n*
shark fin; propeller

ngə-moṇ-(jə) ငါးမုန့်(ကြော်) *n*
fried fish-flavoured rice
crackers

ngə-mye'-sị ငါးမျက်စိ *n* 🌱 wart;
(on foot) corn

ngə-pị-yei ငါးပိရည် *n* *ngapi*
fermented fish sauce

ngə-pị ငါးပိ *n* *ngapi*, fermented
fishpaste

ngə-pyɔ: ငှက်ပျော *n* 🍌 banana

ngə-pyɔ:-be' ငှက်ပျောဖက် *n* ba-
nana leaf wrapping or plate

ngə-pyɔ:-bu: ငှက်ပျောဖူး *n* 🍌 ba-
nana bud; 🏯 tapering part of
the spire of a pagoda

ngə-pyɔ:-u ငှက်ပျောအူ *n* edible
pith of banana trunk, banana
stem core

ngə-shiṇ ငါးရှဉ့် *n* 🐾 eel

ngə-thə-lau' ငါးသလောက် *n* 🐾

hilsa

ngə-than ငါးသန် *n* 🐾 fry, very
small fish

ngə-wun ငါးဝန် *n* 🐾 whale

ngə-ye: ငရဲ *n* hell

ngə-ye:-mi: ငရဲမီး *n* hellfire;
strong acid

ngə-yo' ငရုတ် *n* 🌶 chilli pepper

ngə-yo'-kaun: ငရုတ်ကောင်း *n*
🌶 (black or white) pepper

ngə-yo'-hson ငရုတ်ဆုံ *n* mortar
and pestle

nga ငါ *pron* I

nga-thị-nga-ta' ငါသိငါတတ် *n*
know-it-all

ngạ₁ င *n* the fifth letter in the
Myanmar script

ngạ₂ ငါ့ *pron* my

nga: ငါး *n* five; 🐾 fish

nga:-ja'-tai' ငါးကျပ်တိုက် *n*
smoked fish

nga:-hmya: ငါးမျှား *v* fish (with
hook)

nga:-pyạ-dai' ငါးပြတိုက် *n*
aquarium

nga:-hpan: ငါးဖမ်း *v* catch fish
(with net or trap)

nga:-thi'-ta ငါးသေတ္တာ *n*
sardines

ngain ငိုင် v be glum, brood

ngai' ငိုက် v nod (because of sleepiness); drowse

ngan ငန် v be salty

ngan-pya-yei ငံပြာရည် n fish sauce

ngaṇ ငံ့ v pause; wait for

ngan:₁ ငန်း n ❀ swan; ❀ goose (*pl.* geese); ❀ name of several kinds of venomous snake

ngan:₂ ငမ်း v crave

ngan:-ngan:-te' ငမ်းငမ်းတက် v crave intensely, be strongly tempted by

ngaun ငေါင် v be pensive, be lost in thought

ngau' ငေါက် v tell off, scold

nga' ငတ် v starve

nga'-mu ငတ်မွတ် v starve

nga'-mu'-hmụ ငတ်မွတ်မှု n starvation; famine

nge ငယ် v be young; be junior; be small

nge-byu ငယ်ပြို n ⬜ monk who joined the *sangha* as a young bachelor

nge-dei' ငယ်ထိပ် n fontanelle

nge-dhwa: ငယ်သွား n baby tooth, milk tooth

ngẹ ငဲ့ v tilt one's head; sympathise

ngẹ-ji ငဲ့ကြည့် v look over one's shoulder; take into consideration

ngei: ငေး v gaze, stare

ngin ငင် v pull, draw

ngo ငို v cry

ngo-shai' ငိုရှိုက် v sob

ngon ငုံ v keep in the mouth

ngoṇ ငုံ့ v bow head

ngon: ငုံး n ❀ quail

ngo'₁ ငုတ် n stump

ngo'₂ ငုပ် v dive (into deep water); submerge; be latent

ngo'-to' ငုတ်တုတ် adv in a sitting position; still, without moving; despite

ngọ ငေါ့ v push out (one's chin); blame; be sarcastic

ngwei ငွေ n silver; money

ngwei-bə-dein ငွေပန်းထိမ် n silversmith

ngwei-byu ငွေဖြူ n clean money, money of clear source

ngwei-chei ငွေချေ v make payment; pay off, pay up

ngwei-chi: ငွေချေး v borrow money; lend money

ngwei-dein: ငွေထိန်း *n* treasurer

ngwei-gain ငွေကိုင် *n* cashier

ngwei-kon ငွေကုန် *v* spend money

ngwei-le: ငွေလဲ *v* change money

ngwei-le:-hnon: ငွေလဲနှုန်း *n* exchange rate

ngwei-me: ငွေမည်း *n* illicit income

ngwei-hnyi' ငွေညှစ် *v* (of money) extort, (of person) blackmail

ngwei-hpaun:-bwa-hmu̱ ငွေဖေါင်းပွမှု *n* 🌸 inflation

ngwei-hpɔ ငွေဖေါ် *v* 🌸 liquidate

ngwei-sai' ငွေစိုက် *v* front sb money, make a short-term loan

ngwei-tu̱ ငွေတု *n* 🔧 counterfeit money

ngwei-yei-zein ငွေရည်စိမ် *n* silverplate

ngwei-yin:-ngwei-hni: ငွေရင်း ငွေနှီး *n* 🌸 monetary invest-ment, capital

ngwei̱ ငွေ့ *n* fumes; steam

ni နီ *v* be red

ni-la နီလာ *n* sapphire

ni-nyo နီညို *v* be brown

ni-ti̱ နီတိ *n* maxim; (piece of) advice

ni̱-dan: နိဒါန်း *n* introduction, preface, foreword

ni̱-gon: နိဂုံး *n* conclusion, epilogue; hamlet, small village

ni:₁ နီး *v* be near, be close

ni:₂ နီး *part* next to, adjacent to

ni:₃ နည်း *n* system; way, method, process, procedure; ways

ni:-ba: နီးပါး *part* nearly, almost

ni:-ka' နီးကပ် *v* be very near; be next to

ni:-lan: နည်းလမ်း *n* system; way, method, process, procedure; ways

ni:-lan:-ja̱ နည်းလမ်းကျ *v* be just, be right

ni:-lan:-tə-ja̱ နည်းလမ်းတကျ *adv* systematically

ni:-ni:-na:-na: နီးနီးနားနား *adv* nearby, close

ni:-pyin-nya နည်းပညာ *n* (technical, practical, etc) skill; technology

ni:-sə-ni' နည်းစနစ် *n* technique,

way, method, procedure

ni:-sa' နီးစပ် *v* be very near; be next to

nin နင် *pron* [inf] you

niṇ နင့် *pron* [inf] your; [inf] you

nin: နင်း *v* step on (to); tread on; walk on body

nin:-jan နင်းကြမ်း *n* (bridge, boat) deck

nin:-ne နင်းနယ် *v* walk on the body, as a form of massage

nin:-hnei' နင်းနှိပ် *v* walk on the body, as a form of massage

ni' နှစ် *v* sink; drown

ni'-myo' နှစ်မြှုပ် *v* sink; be submerged; drown

ni'-na-jei နှစ်နာကြေး *n* compensation

ni'-na-je' နှစ်နာချက် *n* grievance

no-tə-ri နိုတြီ *n* notary (public)

no-win-ba နိုဝင်ဘာ *n* November

no နို့ *n* breast; milk

no-ə-je' နို့အကျက် *n* (pasteurised) milk

no-bon နို့ပုံ *n* nipple (of baby bottle)

no-bu: နို့ဘူး *n* baby bottle

no-də-min နို့ထမင်း *n* rice

pudding

no-dhi: နို့သီး *n* (of humans) nipple

no-ge နို့ခဲ *n* type of fresh cheese

no-kan: နို့ကန်း *v* stop lactating

no-hkwe နို့ခွဲ *v* wean (a child)

no-lai' နို့လိုက် *v* (of nursing mother, breast, etc) have plenty of milk

no-lein နို့လိမ် *n* pacifier (Am), soother (Br)

no-hmoṇ နို့မှုန့် *n* powdered milk; powdered non-dairy creamer

no-on-dha: နို့အုံသား *n* breast meat

no-pya' နို့ပြတ် *v* be weaned

no-hpya' နို့ဖြတ် *v* wean (a child)

no-tai' နို့တိုက် *v* (of humans) nurse, breastfeed

no-zein နို့စိမ်း *n* raw milk

no-zi နို့ဆီ *n* (sweetened) condensed milk

no: နိုး *v* wake up, awake

no:-ja: နိုးကြား *v* awaken

non နုံ *v* be inadequate; be dull, be stupid, be slow

non: နုံး *v* be tired

no'₁ နုတ် *v* extract, pull out; remove; subtract

no'₂ နုပ် *v* be small, be tiny; be trivial

nɔ နော် *part* particle suffixed to a verb for emphasis, to soften a request, or seek agreement

nɔ:₁ နော် *pron* polite prefix for a young Karen woman's name

nɔ:₂ နော် *part* particle following a verb to indicate polite request, assumption of approval, or emphasis

nu-na နုနာ *n* Hansen's disease, leprosy

nu̱ နု *v* be soft, be delicate; be youthful; be tender; (of colour) be light, be pale

nu: နူး *v* be tender; be cooked until soft; soften; be clever

nu:-nyaṇ နူးညံ့ *v* (of texture) be soft, be smooth

nun: နွမ်း *v* wilt; be exhausted

nwa: နွား *n* (head of) cattle; bull ♂; cow ♀; ox, steer

nwa:-bwei: နွားပွဲ *n* cattle market

nwa:-jaun:-dha: နွားကျောင်းသား *n* cattleherd, cowhand, cowboy (Am)

nwa:-lə-bo̱ နွားလပို့ *n* cattle's hump

nwan: နွမ်း *v* wilt; be exhausted

nwe နွယ် *n* vine, climbing plant

nwei နွေ *n* hot season

nwei: နွေး *v* be warm

nyə-ma̱ ညီမ *n* younger sister or cousin

nya₁ ညာ *v* lie

nya₂ ညာ *n* right

nya-na̱ ညာဏ *n* intellect, wisdom

nya̱₁ ၠ *n* tenth letter in the Pali script

nya̱₂ ည *n* tenth letter of the Myanmar script

nya̱₃ ည *n* night

nya̱-gə-lei: ၠကလေး *n* tenth letter in the Pali script

nya̱-ji: ညကြီး *n* tenth letter in the Myanmar script

nya̱-lon:-bau' ညလုံးပေါက် *n* the whole night

nya̱-nei ညနေ *n* afternoon

nya̱-nge ၠ *n* tenth letter in the Pali script

nya̱-za ညစာ *n* dinner

nya: ညား *v* meet with; marry

nyan₁ ဉာဏ် *n* mind; intellect

nyan₂ ညံ *v* be noisy

nyan-dhǝ-ma: ဉာဏ်သမား *n* confidence man; one who relies on own reasoning

nyan-jwe' ညံကျွက် *v* be very noisy

nyan-ji:-shin ဉာဏ်ကြီးရှင် *n* great mind, wise man

nyan-hmi ဉာဏ်မီ *v* comprehend, grasp

nyan-pwiṇ ဉာဏ်ပွင့် *v* (of mind) expand

nyan-san: ဉာဏ်စမ်း *v* test (sb's) wisdom or knowledge

nyan-ton: ဉာဏ်တုံး *v* be slow, be dumb

nyaṇ ညံ့ *v* be inferior, be bad

nyaṇ-the' ညံ့သက် *v* be soft and delicate

nyan: ငြမ်း *n* scaffolding

nyaun ညောင် *n* ☙ banyan

nyaun: ညောင်း *v* (of body, limbs, muscles) be stiff, ache

nyaun:-jạ-yɔ:-ga ညောင်းကျရောဂါ *n* ⚕ gonorrhoea

nya'₁ ညတ် *n* 🕮 ritual announcement made at the opening of a Buddhist ritual

nya'₂ ညပ် *v* be wedged in

nyein ငြိမ် *v* be still; be quiet, be calm

nyeiṇ ငြိမ့် *v* be elated

nyein: ငြိမ်း *v* (of fire) die (out); put out, extinguish; (of problems, etc) be settled; (of services, etc) be free

nyein:-jan:-yei: ငြိမ်းချမ်းရေး *n* ☮ ✦ peace

nyein:-jan: ငြိမ်းချမ်း *v* be peaceful

nyei' ညိတ် *v* nod

nye' ညက် *v* grind, etc to a powder or paste; (of skin) be smooth; (of style, etc) suave, smooth

nyi₁ ညီ *v* be level; be tidy; be united

nyi₂ ညီ *n* younger brother or male cousin

nyi-ǝ-ko ညီအစ်ကို *n* brothers; male cousins

nyi-la-gan ညီလာခံ *n* conference

nyi-mạ ညီမ *n* younger sister or cousin

nyi-hmyạ ညီမျှ *v* be equal (to)

nyi-hmyạ-ịin: ညီမျှခြင်း *n* equal-

ity; equal sign, equals sign,
'='

nyi-naun ညီနောင် *n* brothers;
male cousins

nyi-nyu'-yei: ညီညွတ်ရေး *n*
unity (of purpose)

nyi-pu-lei: ညီပုလေး *n* little
finger, pinkie

nyi-zɔ-nan ငြီးစော်နံ *v* be
nauseating

nyi:[1] ညည်း *v* complain,
grumble

nyi:[2] ညည်း *pron* you

nyi:-ngwei ငြီးငွေ့ *v* be bored
with, be tired of, be fed up
with

nyin-tha ညင်သာ *v* be smooth;
be polite

nyiṇ ညင့် *n* night

nyin:[1] ငြင်း *v* disobey; reject,
refuse, decline; argue;
dispute

nyin:[2] ညင်း *v* be soft, be gentle

nyin:-kwe ငြင်းကွယ် *v* deny;
hide sthg

nyin:-hkon ငြင်းခုံ *v* argue;
dispute; debate

nyin:-hso ငြင်းဆို *v* refute;
reject, refuse; disobey

nyi' ညစ် *v* be dirty

nyi'-nyan: ညစ်ညမ်း *v* be dirty;
pollute

nyḭ[1] ညှိ *v* catch (fire)

nyḭ[2] ညှဉ့် *n* night

nyo ညို *v* be brown; be grey

nyo-dhə-ji: ညိုသကျည်း *n* shin

nyo: ငြိုး *v* bear a grudge; resent

nyu-zu ငြုံစု *v* be annoyed;
grudge (sb sthg)

nyun ညွှန် *n* marsh, swamp

nyuṇ[1] ညွှန့် *v* taper upward; be
the best

nyuṇ[2] ညွှန့် shoot; tendril; apex,
peak

nyuṇ-baun ညွှန့်ပေါင်း *n* ☯ coa-
lition; anthology

nyu' ညွှတ် *v* droop, hang down;
fall for

nyu'-twa: ညွှတ်တွား *v* stoop
with respect

hn

hnə-hkan: နှုတ်ခမ်း *n* lip, lips;
lip, rim, brim

hnə-hkan:-ni နှုတ်ခမ်းနီ *n* lipstick

hnə-hkaun: နှာခေါင်း *n* nose

hnə-lon: နှလုံး *n* heart

hnə-lon:-hkon နလုံးခုန် v (of heart) beat fast, pound

hnə-lon:-hkon-hnon: နလုံးခုန်နှုန်း n ⚕ heart rate

hnə-maun: နှာမောင်း n (elephant, etc) trunk

hnə-myɔ နမြော v regret the loss of sthg, miss sthg; be stingy, be mean

hna နှာ n nose

hna-chei နှာချေ v sneeze

hna-si: နှာစေး v ⚕ have a running nose, have a blocked nose

hnain: နှိုင်း v compare

hnai'₁ နှိုက် v put hand into bag, pocket, etc; pull sthg out of bag, pocket, etc; pick (sb's pocket)

hnai'₂ နှိုက်၊ ၌ part 📖 suffix used to show time or place

hnai'-hnai'-chu'-chu' နှိုက်နှိုက်ချွတ်ချွတ် adv in detail, fully, thoroughly

hnaṇ နှံ့ v spread widely; be everywhere, be all over

hnan: နှမ်း n 🌾 sesame

hnauṇ-(she') နှောင့်(ယှက်) v bother, disturb, interrupt,

annoy

hna' နှပ် v cook sthg well

hna'-hnyi' နှပ်ညှစ် n blow one's nose

hne: နဲ n 🎵 traditional wind instrument

hnei: နှေး v be slow

hnein နှိမ် v humiliate, demean; suppress

hneiṇ နှိမ့် v lower

hnei' နှိပ် v press, push (button, switch, key, etc); massage; attack, insult, humiliate

hnei'-se' နှိပ်စက် v torture, torment; persecute; mistreat, ill-treat, be cruel to

hnei'-sị နှိပ်စေ့ n press stud, snap

hngə-pyɔ ငှက်ပျော n 🌿 banana

hngə-pyɔ:-be' ငှက်ပျောဖက် n banana leaf wrapping or plate

hngə-pyɔ:-bu: ငှက်ပျောဖူး n 🌿 banana bud; 🏯 tapering part of the spire of a pagoda

hngə-pyɔ:-u ငှက်ပျောအူ n edible pith of banana trunk, banana stem core

hnga₁ ငှ n possession, belonging, thing

hnga₂ ငှာ *part* 📖 suffix to noun; for (the sake of) ...

hnga: ငှား *v* borrow, hire, rent; lend, loan, let

hngẹ ငှဲ့ *v* pour (out)

hnge' ငှက် *n* 🐦 bird

hnge'-bə-don ငှက်ပိတုန်း *n* 🐾 sunbird

hnge'-kə-lə-o' ငှက်ကုလားအုတ် *n* 🐾 ostrich

hnge'-hka' ငှက်ခတ် *v* catch birds

hnge'-hpya: ငှက်ဖျား *n* 🌿 malaria

hnge'-thai ငှက်သိုက် *n* (bird's) nest

hni: နှီး *n* split-bamboo strips

hniṇ နှင့် and, together with; with, by; because of; with, to; and, right after; because of, what with; 📖 particle suffixed to a negative verb to form imperative

hnin: နှင်း *n* fog, mist; dew; snow; frost

hnin:-zi နှင်းဆီ *n* 🌿 rose

hni'₁ နှစ် *v* immerse

hni'₂ နှစ် *n* two; year

hni'-chai နှစ်ခြိုက် *v* like

hni'-chin နှစ်ခြင်း *n* ✝ Baptist

hni'-cho' နှစ်ချုပ် *n* annual summary, report, etc; yearbook

hni'-pa'-le နှစ်ပတ်လည် *adj* annual, yearly

hno: နှိုး *v* wake (sb up), awaken (sb); start (up)

hno:-ze' (na-yi) နှိုးစက်(နာရီ) *n* alarm (clock)

hnon: နှုန်း *n* rate

hno'₁ နှုတ် *v* extract, pull out; remove; subtract

hno'₂ နှုတ် *n* mouth; speech

hno'-pe နှုတ်ပယ် *v* expel, remove

hno'-htwe' နှုတ်ထွက် *v* resign; back out

hnɔ: နှော *v* mix, merge

hnya₁ ညှာ *v* be considerate; be lenient

hnya₂ ညှာ 🌿 base of stalk

hnya-ta ညှာတာ *v* be considerate; favour; be lenient, be tolerant

hnyauṇ ညှောင့် *v* 🐾 disturb, bother

hnya'₁ ညှပ် *v* clamp; hold, tuck; snip, cut, clip

hnya'₂ ညှပ် *n* pincers, tweezers,

tongs

hnyein: ငြိမ်း *v* (of fire) put out, extinguish

hnyi ညှိ *v* stink

hnyi-sọ-sọ ညှိစို့စို့ *v* (of smell) be nauseating

hnyị ညှိ *v* make even, level; compare; co-ordinate; light (a fire, lamp, etc); catch fire

hnyị-hnain: ညှိနှိုင်း *v* confer, consult; co-ordinate

hnyin:₁ ညှင်း *n* ☥ kind of fungal infection that creates patches on the skin; clubs (card suit)

hnyin:₂ ညှင်း *v* torture, ill-treat

hnyi' ညှစ် *v* squeeze

hnyo ညှို *n* measure of distance from extended thumb and forefinger

hnyọ₁ ညှို့ *v* hypnotise; charm, attract; seduce

hnyọ₂ ညှို့ *n* ♪ harpstring(s); bow string

hnyo: ညှိုး *v* wither, wilt

hnyɔ ညှော့ *v* smell acrid or pungent

hnyun ညွှန် *v* point out; direct

hnyun-ja: ညွှန်ကြား *v* direct, supervise

hnyun-ja:-je' ညွှန်ကြားချက် *n* instructions; directive, order

hnyun-ja:-yei:-hmu: ညွှန်ကြား ရေးမှူး *n* director

hnyun-ja:-yei:-hmu:-jo' ညွှန်ကြားရေးမှူးချုပ် *n* director general

hnyun: ညွှန်း *v* indicate; refer to, make reference to

hnyu' ညွှတ် *v* bend down, sag

hnyu'-(kwin:) ညွှတ်(ကွင်း) *n* noose; snare

O

o အို *v* (of people, animals) be old

o: အိုး *n* pot, pan

o:-ein အိုးအိမ် *n* household; house

o:-hkwe'-bə-gan အိုးခွက်ပန်းကန် *n* household utensils

o:-wei အိုးဝေ *n* [ono] cry of the peacock

on₁ အုံ *v* gather, assemble; put a poultice over a swelling, wound; be dazed

on₂ အုံ *n* shelter or hut made of branches, leaves, etc; nest of social insects: hive, vespiary, (termite) mound; convex part of sthg

oṇ အုံ့ *v* become overcast

on:₁ အုန်း *n* ☘ coconut

on:₂ အုံး *n* pillow

on:₃ ဦး *part* particle used to end a request

on:-gun အုန်းခွံ *n* coconut husk

on:-ji' အုန်းခြစ် *n* coconut scraper

on:-le' အုန်းလက် *n* ☘ coconut frond

on:-nọ အုန်းနို့ *n* coconut milk, pressed from the coconut meat

on:-hnau' ဦးနှောက် *n* brain

on:-hnau'-chau' ဦးနှောက်ခြောက် *v* be baffled, be at wit's end

on:-hnau'-sa: ဦးနှောက်စား *v* be baffled, be at wit's end

on:-hngə-byɔ: အုန်းငက်ပျော *n* ☘ traveller's palm, traveller's tree

on:-se' အုံးစက် *v* sleep

on:-yei အုန်းရည် *n* coconut milk, found inside a green coconut

on:-zan အုန်းဆံ *n* coconut fibre

o'₁ အုပ် *v* cover; hide, conceal, cover up; eat, gobble up

o'₂ အုတ် *n* brick

o'₃ အုပ် *n* group; herd; grove; covered dish; bolt (of cloth)

o'-cho' အုပ်ချုပ် *v* direct, manage

o'-gu အုတ်ဂူ *n* crypt, tomb, brick-lined grave

o'-ju' အုတ်ကြွပ် *n* (roofing) tile

o'-kə-htạ ဥက္ကဋ္ဌ *n* chair, chairman

o'-ka ဥက္ကာ *n* 🌠 meteor

o'-ka-ge: ဥက္ကာခဲ *n* 🌠 meteorite

o'-hke: အုတ်ခဲ *n* brick

o'-ɔ: ဥသြ *n* 🐦 koel, bird with a loud call; siren

o'-sa ဥစ္စာ *n* property, possession; thing

o'-shi' ဥသျှစ် *n* ☘ bael

o'-sụ အုပ်စု *n* circle, group; bloc 🌐

o'-hsaun: အုပ်ဆောင်း *n* mesh cover (to protect food from flies); lampshade

o'-hto' ဦးထုပ် *n* hat; cap; helmet; condom (inf)

o'-yo: အုတ်ရိုး *n* brick wall

ɔ

ɔ₁ အော် *v* shout, call (out)

ɔ₂ အော် *n* 🌏 bay

ɔ-da-hma အော်ဒါမှာ *v* place an *order*

ɔ-an အော့အန် *v* ⚕ vomit, be sick

ɔ: အော *v* (of voice) be booming, be loud

ɔ:-go' သြဂုတ် *n* August

ɔ:-za သြဇာ *n* power, authority, influence; ⚘ custard apple; nutrient; fertiliser

p

pə-chaiṇ ပါးချိုင့် *n* dimple

pə-chei'-yaun-na ပါးချိတ်ရောင်နာ *n* ⚕ mumps

pə-hke' ပုခက် *n* cradle; hammock

pə-hkon ပခုံး *n* shoulder

pə-laun ပလောင် *n* Palaung

pə-la' ပလတ် *n* (electrical) *plug*

pə-la'-sə-ta ပလတ်စတာ *n* (sticking) *plaster*, adhesive bandage, bandaid; plaster of

Paris, gypsum

pə-la'-sə-ti' ပလတ်စတစ် *n* *plastic*, plastics

pə-le: ပုလဲ *n* pearl

pə-lei-ka' ပလေကတ် *n* light cotton longyi

pə-le'-hpaun: ပလက်ဖောင်း *n* pavement, sidewalk

pə-lin ပလ္လင် *n* throne

pə-lin: ပုလင်း *n* glass container, bottle, jar

pə-lon ပုလုံ *n* bubble

pə-lɔ:-pi-nan ပီလောပီနံ *n* tapioca (pearls); ⚘ cassava (root)

pə-lu ပလူ *n* 🐛 flying termite

pə-lwei ပလွေ *n* 🎵 flute

pə-ma-nạ ပမာဏ *n* amount

pə-ọ ပအိုဝ့် *n* Pa-o

pə-rə-bai' ပုရပိုက် *n* *parabaik*, accordion-fold manuscript or book

pə-rei:-tha' ပရိသတ် *n* audience

pə-rị-bɔ:-gạ ပရိဘောဂ *n* furniture

pə-shu: ပသျှူး *n* ⚓ Malay

pə-shu:-jɔ ပသျှူးကြော် *n* Malaysian-style fried noodles

pə-hsein ပုဆိန် *n* ax(e)

pə-hsein-yo: ပုဆိန်ရိုး *n* axe-handle; traitor

pə-hso: ပုဆိုး *n* men's sarong

pə-thein ပုသိမ် *n* 🌏 Pathein

pə-thị ပသိ *n* ⚕ tonsil

pə-thị-yaun-na ပသိရောင်နာ *n* ⚕ tonsillitis

pə-tị ပဋိ *part* anti-

pə-tị-zi-wạ-hsei: ပဋိဇီဝဆေး *n* ⚕ antibiotics

pə-htə-mạ ပဌမ၊ ပထမ *n* first

pə-htə-wi-nain-gan-yei: ပထဝီ နိုင်ငံရေး *n* 🌏 geopolitics

pə-htə-wi-win ပထဝီဝင် *n* geography

pə-htwei ပထွေး *n* stepfather

pə-wa ပဝါ *n* scarf; stole, kerchief; [in comb] cloth, towel, kerchief

pə-yan: ပန်းရန် *n* masonry

pə-yin: ပယင်း *n* amber

pə-yi' ပုရစ် *n* cricket

pə-yo' ပရုတ် *n* camphor

pə-ywe'-hsei' ပုရွက်ဆိတ် *n* 🐜 ant

pa₁ ပါ *v* be (together) with; have with one; come (along) with, accompany; include, be included in, be included with

pa₂ ပါ *part* polite suffix to verb: please; suffix to a noun: belonging to, included in

pa-kạ ပါက *part* if

pa-lị ပါဠိ *n* Pali

pa-li-man ပါလီမန် *n* 🌏 *parliament*

pa-hmạ ပါမှ *part* suffix to a verb to indentify conditions: only when, not until, only if, not … unless

pa-rə-gu ပါရဂူ *n* specialist; Doctor of Philosophy, Ph.D.

pa-rə-mi ပါရမီ *n* talent; genius

pa-hse ပါဆယ် *n* *parcel* ; something to take away, to go

pa-tei' ပါတိတ် *n* batik (fabric)

pa-ti ပါတီ *n* (political or social) *party*

pa-win ပါဝင် *v* participate (in); be included (in)

pa-yạ-zei ပါရစေ *part* used to end a sentence which is a wish for sb

pa-yan ပါရန် *part* (in order) to

pa-zei ပါစေ *part* suffix to verb in a blessing, hope, wish, suggestion

pạ₁ ပ *v* not have, get rid of

pạ₂ ပ *n* outside

pạ₃ ပ *part* suffix to a noun: outside, other than, apart from

pạ₄ ပဲ့ *part* particle suffixed to verb for emphasis

pạ-me ပါ့မယ် *part* certainly will, will surely

pạ-zau' ပစောက် *n* name of ပ

pa:₁ ပါး *v* be thin, be light, be flimsy; be sparse; be few; (of business, sales) be slow; sharp, astute, shrewd, smart

pa:₂ ပါး *n* cheek

pa:₃ ပါး *part* classifier used to count sacred items and respected persons, respected spirits and some concepts

pa:-na' ပါးနပ် *v* be clever, be intelligent

pa:-sha: ပါးရှား *v* be scarce; be rare

pain ပိုင် *v* own, possess; be very good (at); have a right to

pain-gwiṇ ပိုင်ခွင့် *n* right (to); [in comb] authority (to)

pain-shin ပိုင်ရှင် *n* owner

pain-hsain ပိုင်ဆိုင် *v* own; have authority over

pain-hsain-gwiṇ ပိုင်ဆိုင်ခွင့် *n* title (e.g., to a piece of property)

pain:₁ ပိုင်း *v* divide (up), split, cut (in two); split

pain:₂ ပိုင်း *n* part, section, half; area; period

pai'₁ ပိုက် *v* carry close to the chest, cradle in arms; accept

pai'₂ ပိုက် *n* net; pipe; tube; hose; drinking straw

pai'-hsan ပိုက်ဆံ *n* money

pan ပန် *v* wear (in one's hair or ear); request

pan-ka ပန်ကာ *n* (electric) fan; mechanical fan; ♣ propeller

paṇ ပ့ *v* help, aid

pan:₁ ပန်း *v* be tired; be tiring

pan:₂ ပန်း *n* flower, blossom; pattern, design; traditional arts, crafts, and skills; tails (of coin)

pan:-dain ပန်းတိုင် *n* winning post; goal, destination

pan:-dhei: ပန်းသေး *n* Chinese Muslim

pan:-dhi: ပန်းသီး *n* 🍎 apple

pan:-j̡an ပန်းခြံ *n* park; flower garden
pan:-na ပန်းနာ *n* ⚕ asthma
pan:-yaun ပန်းရောင် *n* pink
paun$_1$ ပေါင် *v* add (on); attach, pawn
paun$_2$ ပေါင် *n* thigh; pound
paun-da ပေါင်ဒါ *n* talcum *powder*
paun-j̡ein ပေါင်ချိန် *n* weight (in pounds)
paun-moṇ ပေါင်မုန့် *n* bread
paun:$_1$ ပေါင်း *v* add; mix, collect and unite; be friends with; associate with; steam
paun:$_2$ ပေါင်း *part* in all, in total, combined, altogether
paun:-gu: ပေါင်းကူး arch
paun:-sa'-nan ပေါင်းစပ်နာမ် *n* [gram] compound noun
paun:-hson ပေါင်းဆုံ *v* come together, merge, integrate
paun:-yei ပေါင်းရေ *n* distilled water
pau'$_1$ ပေါက် *v* be broken, have a puncture, be pierced; burst; explode, (of bomb) go off; win; sprout; grow; understand
pau'$_2$ ပေါက် *n* hole, puncture, opening; drop, spot, dot
pau'-gə-nan: ပေါက်ဂဏန်း *n* winning lottery number
pau'-pau' ပေါက်ပေါက် *n* popcorn; puffed rice
pau'-sạ ပေါက်စ *n* baby
pau'-si ပေါက်စီ *n* Chinese steamed dumpling
pau'-tu: ပေါက်တူး *n* hoe; mattock
pau'-zei: ပေါက်ဈေး *n* current price
pa'$_1$ ပတ် *n* wrap around, wind around, go around; circle
pa'$_2$ ပတ် *n* week; cycle; ♫ drum
pa'$_3$ ပပ် *n* (of skin) be chapped
pa'-le ပတ်လည် *adv* (all) around, surrounding
pa'-pa'-le ပတ်ပတ်လည် *adv* (all) around, surrounding
pa'-the' ပတ်သက် *v* have to do with, be connected with
pa'-ti: ပတ်တီး *n* ⚕ bandage, dressing
pa'-wun:-jin ပတ်ဝန်းကျင် *n* environment; surroundings
pa'-wun:-jin-htein:-thein:-yei: ပတ်ဝန်းကျင်ထိန်းသိမ်းရေး *n* (environmental, ecological)

conservation, environmental protection

pe ပယ် *v* reject, exclude, disqualify; decline

pę₁ ပဲ့ *v* (of a piece) be chipped off; (of plate, cup) be chipped; (of team, association, group, etc) split, splinter, break up

pę₂ ပဲ့ *n* ⚓ stern

pę-jei' ပဲ့ချိတ် *n* ⚓ motorboat

pę-tin-dhan ပဲ့တင်သံ *n* echo, repercussion, reverberation

pe:₁ ပဲ *n* pulses, legumes, collective term for beans, peas, lentils; sthg flashy or over-expressive

pe:₂ ပဲ *part* even, very; only, just; really; at least, at any rate; indeed, after all

pe:-bin-bau' ပဲပင်ပေါက် *n* bean sprouts

pe:-bya: ပဲပြား *n* tofu

pe:-byo' ပဲပြုတ် *n* boiled chickpeas

pe:-dauṇ-shei ပဲတောင့်ရှည် *n* ⚘ very long green bean

pe:-di-(sein:) ပဲတီ(စိမ်း) *n* ⚘ mung bean

pe:-ja-zan ပဲကြာဆံ *n* bean threads

pe:-ji: ပဲကြီး *n* ⚘ lablab, large yellow flat bean

pe:-ni-gə-lei: ပဲနီကလေး *n* ⚘ red lentil

pe:-nọ ပဲနို့ *n* soymilk, soya milk

pe:-zi ပဲဆီ *n* peanut oil

pei₁ ပေ *v* be dirty, be soiled

pei₂ ပေ *n* ⚘ talipot palm, leaves of which can be prepared for writing; palm leaf manuscript; foot, twelve inches, one-third of a yard (30.48 cm)

pei-dan ပေတံ *n* ruler

pei-dhi: ပေသီး *n* edible fruit of the talipot palm

pei-jo: ပေကြိုး *n* tape measure, measuring tape

pei-za ပေစာ *n* palm-leaf manuscript

pei:₁ ပေး *v* give, turn over to; settle, pay (bill, account)

pei:₂ ပေး *part* for; on behalf of: particle suffixed to a verb to show that sthg is done for sb or to affect sthg; particle suffixed to a verb to make a

request; prefix to a verb
indicating that sthg is
allowed: let

pei:-kan: ပေးကမ်း *v* give away

pei:-ngwei ပေးငွေ *n* expenses

pei:-za ပေးစား *v* arrange sb's
marriage

pein ပိန် *v* be thin, be skinny

peiṇ ပိန့် *n* 🌿 rash (of small
hard bumps on the skin)

pein: ပိန်း *n* 🌿 taro

pein:-ne: ပိန့် *n* 🌿 jackfruit

pei' ပိတ် *v* close, shut; cover
(up); block; shut down, be
over; turn off, shut off,
switch off

pei'-sạ ပိတ်စ *n* cotton; cloth,
material, fabric

pei'-tha ပိဿာ *n* viss, unit of
weight equal to 100 ကျပ်
(ticals), 1.63 kg, 3.6 pounds

pei'-ye' ပိတ်ရက် *n* holiday

pe' ပက် *v* splash, spatter

pe'-le' ပက်လက် *adv* (lie, be)
on one's back, face up

pe'-le'-kə-lə-htain ပက်လက်
ကုလားထိုင် *n* sling chair; deck
chair

pe'-pin: ပက်ပင်း *adv* (encounter,

run into, meet, come, etc)
face-to-face

pi₁ ပိ *v* be perfect (of its type);
(of speech, pronunciation,
voice) be clear, be good

pi₂ ပြီ *part* -ing; already, yet

pi-bi ပိပိ *adv* distinctly

pi-pi ပိပိ *n* whistle

pi-tha ပိသ *v* be real, be true;
be pure

pi-tị ပိတိ *n* delight, joy

pị ပိ *v* be flattened, be pressed
down; be neat

pi:₁ ပြီး *v* finish, be done;
complete (sthg); 🌿 be
immune to (disease); 🌿 be
resistant to (medicine,
disease)

pi:₂ ပြီး *part* suffix to a verb
indicating completion, similar
to past tense in English;
after(wards), and, also

pi:-myau' ပြီးမြောက် *v* come to a
successful conclusion

pin₁ ပင် *n* plant, tree

pin₂ ပင် *part* even, indeed,
actually, in fact

pin-dain ပင်တိုင် *n* regular; main

pin-go ပင်ကို(ယ်) *n* origin;

nature

pin-le ပင်လယ် *n* 🌐 sea, ocean

pin-le-də-myạ ပင်လယ်ဓားပြ *n* pirate

pin-le-gwei ပင်လယ်ကွေ့ *n* 🌐 gulf

pin-le-kan:-jei ပင်လယ်ကမ်းခြေ *n* seashore; beach

pin-le-ɔ ပင်လယ်အော် *n* 🌐 bay

pin-hmẹ ပင်မည့် *n* 🌿 passion-fruit

pin-ni ပင်နီ *n* 🌿 cotton plant with reddish fibres or; cloth woven from it

pin-pan: ပင်ပန်း *v* be tired

pin-zein: ပင်စိမ်း *n* 🌿 basil

piṇ ပင့် *v* raise; support, help

piṇ-gu ပင့်ကူ *n* 🕷 spider

piṇ-gu-ein ပင့်ကူအိမ် *n* spider-web

pin:-yạ ပင်းယ *n* 🏛 Pinya dynasty

po₁ ပို *v* exceed, be extra, be more than (is) needed, be in excess; be unnecessary; overdo

po₂ ပို *part* additionally, in addiIion, more

po-ka ပိုကာ *n* variation of

rummy; joker (card)

po-li-yo ပိုလီယို *n* 💉 polio

po-mo ပိုမို *v* be extra; overdo

po-po-lo-lo ပိုပိုလိုလို *adv* just in case

pọ ပို့ *v* send; post; be piled up; support

pọ-hsaun ပို့ဆောင် *v* carry, transport

po:₁ ပိုး *v* carry (on the back); add on; reinforce; court, woo

po:₂ ပိုး *n* 💉 bug, insect, beetle; pest; germ; silk

po:₃ ပိုး *n* Pwo (Karen)

po:-de ပိုးထည် *n* silk (cloth)

po:-ha' ပိုးဟပ် *n* 🐛 cockroach

po:-kaun ပိုးကောင် *n* 🐛 insect, pest, bug (inf); 🐛 silkworm

po:-lau'-lan: ပိုးလောက်လမ်း *n* 🐛 mosquito larva

po:-hpə-lan ပိုးဖလံ *n* 🐛 moth

po:-hpyin ပိုးဖျင် *n* raw silk

po:-tha'-hsei: ပိုးသတ်ဆေး *n* insecticide

po:-yain: ပိုးရိုင်း *n* raw silk

po:-za ပိုးစာ *n* 🌿 mulberry tree

pon₁ ပုံ *v* pile (up); be numerous, be many, be a lot

pon₂ ပုံ *n* Iorm, shape, figure;

example, model, pattern; type, kind; heap, pile; part, portion

pon-byin ပုံပြင် *n* fable, (folk)tale

pon-dhei-hnon: ပုံသေနှုန်း *n* fixed price, flat rate

pon-du ပုံတု *n* portrait

pon-jan: ပုံကြမ်း *n* rough sketch; outline

pon-kan ပုန်ကန် *v* 🌐 ⚔ rebel

pon-hman ပုံမှန် *v* be regular, be usual

pon-na: ပုဏ္ဏား *n* Brahman, Brahmin

pon-na:-mą ပုဏ္ဏားမ *n* Brahmanee, Brahmini

pon-hnei' ပုံနှိပ် *v* print

pon-hswe: ပုံဆွဲ *v* draw, sketch; design

pon-zan ပုံစံ *n* model, standard, pattern; kind; style; appearance; impression; form, questionnaire

pon-zan-ją ပုံစံကျ *v* be in good style, look right, look good; be made or done properly

pon:₁ ပုန်း *v* hide

pon:₂ ပုံး *n* bucket, pail

pon:-yei-ji: ပုံးရည်ကြီး *n* paste made from fermented beans

po'₁ ပုတ် *n* pat, tap, slap, hit

po'₂ ပုဒ် *n* classifier for counting short pieces writing, e.g., paragraphs, songs, poems

po'₃ ပုပ် *v* rot, decay; ferment

po'-gə-li̜-ka̜ ပုဂ္ဂလိက *adj* personal; private

po'-go ပုဂ္ဂိုလ် *n* person, individual; personage

po'-ji: ပုဒ်ကြီး *n* 'ıı' mark

po'-hkə-lei: ပုဒ်ကလေး *n* 'ı' mark

po'-ma̜ ပုဒ်မ *n* 🔖 section (of an act); 'ıı' mark

po'-hpya' ပုဒ်ဖြတ် *n* 'ı' mark

po'-hsa ပုစ္ဆာ *n* question; riddle; problem

po'-thin-nyo ပုတ်သင်ညို *n* 🦎 garden blue lizard

pɔ₁ ပေါ် *v* float, be floating; surface, emerge, appear, come out; be prominent; be noticeable, be visible, show; be in season; come on the market, become available

pɔ₂ ပေါ် *part* on (top of); over, above; towards ; concerning

pɔ-ta ပေါ်တာ *n ♂* porter (inf)

pɔ̰₁ ပေါ့ *part* of course, obviously, naturally

pɔ̰₂ ပေါ့ *v* be light; be mild, be bland; be careless, not be serious

pɔ̰-ja̰ ပေါ့ကျ *n* strong, bittersweet tea with milk

pɔ̰-zeiṇ ပေါ့ဆိမ့် *n* light tea with extra milk

pɔ: ပေါ *v* be plentiful, be abundant; be cheap, be inexpensive; be silly, be foolish

pɔ:-ra-na̰ ပေါရာဏ *n* archaic word

pɔ:-zi'-ti' ပေါဇစ်တစ် *n positive* (film, electric charge, test results)

pu₁ ပူ *v* (of weather, coffee, fire) be hot; be heated; be worried about

pu₂ ပူ *v* bulge, swell in the middle

pu-bin ပူပင် *v* be worried, be vexed

pu-ri ပူရီ *n puri*, Indian fried bread

pu-shein: ပူရှိမ်း *v* tingle, as mint and menthol

pu-si-nan ပူဒိနာ *n ✿* peppermint

pu-tin: ပူတင်း *n pudding,* custard

pu-tu-tu: ပူတူတူ *n* affectionate term for a small baby

pu-zɔ ပူဇော် *v* worship, show respect for the divine

pṵ ပု *v* (of person) be short, (of building) be low; duck one's head

pu:₁ ပူး *v* be close together; bring together

pu:₂ ပူး *n ✿* guinea pig

pu:-baun: ပူးပေါင်း *v* combine, join together, merge

pu' ပွတ် *v* rub; smooth; scour, scrub

pu'-hkon ပွတ်ခုံ *n* lathe

pwa̰ ပွ *v* spread; swell; be puffy

pwa: ပွား *v* increase (in number), proliferate, replicate

pwaiṇ ပွိုင့် *n point*

pwe: ပွဲ *n* festival, celebration, party; show; classifier for dishes of food ordered

pwe:-za ပွဲစား *n* broker; dealer

pwei: ပွေး *n ✿* mole; ♆ ringworm

pwiṇ₁ ပွင့် *v* bloom, blossom; open, be open; (of light, radio, fan) be on

pwiṇ₂ ပွင့် *n* classifier for flowers, stars; ✵ star

pya₁ ပျာ *v* be flustered

pya₂ ပြာ *v* be blue; (of vision, eyes) be dazzled; be blinded

pya₃ ပြာ *n* ash

pya-gwe' ပြာခွက် *n* ashtray

pya̱₁ ပြ *v* show, display, exhibit; indicate

pya̱₂ ပြ *n* tower in a palace wall, or distance between them; (Mandalay) length of a city block

pya̱₃ ပြ *part* verb suffix indicating that sthg is done in public, to demonstrate, show or explain, or to call attention to

pya̱-bwe: ပြပွဲ *n* exhibition, show, fair

pya̱-dai' ပြတိုက် *n* museum

pya:₁ ပြား *v* be flat; vary

pya:₂ ပျား *n* ✿ bee

pya:₃ ပြား *n* pya, one-hundredth of a kyat; small flat bottle;

pill, tablet

pya:-on ပျားအုံ *n* beehive

pya:-yei ပျားရည် *n* honey

pyain ပြိုင် *v* compete (with, against)

pyain-be' ပြိုင်ဖက် *n* rival, adversary, competitor

pyain-bwe: ပြိုင်ပွဲ *n* game, competition, contest, match, tournament

pyan₁ ပျံ *v* fly

pyan₂ ပြန် *v* return, go back, go home; reply; reflect; sweat

pyan₃ ပြန် *part* over again; resume

pyan-bei:-hswe: ပြန်ပေးဆွဲ *v* kidnap, abduct

pyan-ja: ပြန်ကြား *v* report, inform; reply, answer

pyan-le ပြန်လည် *adv* again; in retaliation, in reaction; in return

pyan-hlan ပြန်လှန် *adv* again, once more; in return

pyan-pyɔ ပြန်ပြော *v* talk back; repeat; tell (to others)

pyaṇ₁ ပျံ့ *v* spread, diffuse

pyaṇ₂ ပြန့် *v* spread, become widespread, extend; be

smooth

pyan:-hmyạ ပျမ်းမျှ *n* average

pyaun ပြောင် *v* be bare, (of head) be bald; be shiny; be blank; joke, send up

pyaun:₁ ပြောင်း *v* move, shift; change, replace

pyaun:₂ ပြောင်း *n* tube; ※ maize, corn; ※ millet

pyaun:-bu: ပြောင်းဖူး *n* corn(cob)

pyau'₁ ပျောက် *v* disappear; lose (sthg); be gone, be missing; (of disease) be cured

pyau'₂ ပြောက် *n* drop; spot, dot

pya' ပြတ် *v* snap, break; end

pya'-pya'-tha:-dha: ပြတ်ပြတ် သားသား *adv* decisively

pya'-thə-na ပြဿနာ *n* problem, trouble

pye: ပြဲ *v* be torn, be ripped

pyei ပြေ *v* be satisfied; be relieved; (of poison, alcohol) wear off

pyei-le ပြေလည် *v* be resolved; be reconciled

pyeị ပြည့် *v* be whole; be full; be filled

pyeị-zon ပြည့်စုံ *v* perfecl, complete, optimal

pyei: ပြေး *v* run; go fast; be iridescent

pye'₁ ပျက် *v* be destroyed, be ruined, be wrecked; be disturbed; break down; be broken

pye'₂ ပြက် *v* joke, tell jokes, kid

pye'-gə-dain ပြက္ခဒိန် *n* calendar

pye'-si: ပျက်စီး *v* be ruined, be destroyed, be wrecked; be lost; die, pass away

pyi ပြည် *n* 🌐 [inf] country; unit of measure for grain; ☤ pus

pyi-daun-zụ ပြည်ထောင်စု *n* 🌐 union

pyi-de:-yei ပြည်ထဲရေး *n* 🌐 home affairs, domestic affairs

pyi-dhu-pyi-dha: ပြည်သူ ပြည်သား *n* 🌐 people; citizens

pyi-dwin: ပြည်တွင်း *v* 🌐 be local, be internal; 🏛 be domestic

pyi-dwin:-si' ပြည်တွင်းစစ် *n* 🌐 ⚔ civil war

pyi-ji:-nga: ပြည်ကြီးငါး *n* ⚓ squid

pyi-ne ပြည်နယ် *n* 🌐 state, province

pyi-hnin-dan ပြည်နှင်ဒဏ် *n*
  🔍 deportation

pyi-pạ ပြည်ပ *v* 🌐 be foreign;
  be external

pyị ပြည့် *v* be whole; be full; be
  filled

pyị-də-za ပြည့်တန်ဆာ *n* sex
  worker, prostitute

pyị-zon ပြည့်စုံ *v* perfect,
  complete, optimal

pyin₁ ပြင် *v* prepare, get ready;
  correct; repair; alter

pyin₂ ပြင် *part* outside; besides,
  as well, other than

pyin₃ ပျဉ် *n* plank; timber,
  lumber

pyin-daun ပျဉ်ထောင် *n* wooden
  house

pyin-nya ပညာ *n* learning;
  education; knowledge

pyin-nya-yei: ပညာရေး *n*
  education

pyin-sə-mạ ပဉ္စမ *n* fifth

pyin-thi' ပြင်သစ် *n* 🌐 French

pyin:₁ ပျင်း *v* be lazy; be bored

pyin:₂ ပြင်း *v* be intense, be
  strong

pyin:-gə-do ပျဉ်းကတိုး *n* 🌿 kind
  of ironwood

pyin:-htan ပြင်းထန် *v* be severe,
  be violent

pyin:-zə-ya-kaun: ပျင်းစရာ
  ကောင်း *v* be boring

pyi'₁ ပစ် *v* throw; throw away,
  throw out, dispose of; shoot,
  fire

pyi'₂ ပျစ် *v* be thick, be viscous

pyi'₄ ပစ် *part* particle used to
  show that sthg is done
  without effort, restraint, care

pyi'-dan-chạ ပြစ်ဒဏ်ချ *v*
  🔍 sentence, condemn

pyi'-hmụ ပြစ်မှု *n* 🔍 crime,
  offence, violation, charge

pyi'-si: ပစ္စည်း *n* parts,
  accessories; things; one's
  property, possessions; [gram]
  particle

pyi'-tain:-daun ပစ်တိုင်းထောင် *n*
  toy which springs back up
  when knocked down

pyo₁ ပျို *v* be tender; be young

pyo₂ ပြို *v* collapse; slide, slip

pyọ ပျို့ *v* feel sick (to one's
  stomach), be nauseated

pyo: ပျိုး *v* sow, plant (seeds);
  start

pyon: ပြုံး *v* smile

pyo' ပြုတ် *v* detach; be detached;(of joints, etc) dislocate; be dismissed (from job); boil (eggs)

pyɔ ပျော် *v* be happy, have fun, have a good time, enjoy oneself; melt, thaw; dissolve

pyɔ-ba: ပျော်ပါး *v* enjoy oneself

pyɔ̇ ပျော့ *v* be soft

pyɔ̇-gwe' ပျော့ကွက် *n* weak point, vulnerability

pyɔ: ပြော *v* talk; speak; say (sthg to sb); tell (sb sthg)

pyɔ:-pyạ ပြောပြ *v* explain

pyu ပျူ *n* △ Pyu

pyụ ပြု *v* do; look after, care for, take care of

pyụ-byin ပြုပြင် *v* improve, reform; repair

pyun ပြွန် *n* syringe; tube, pipe

pyu' ပြွတ် *n* syringe; tube

hp

hpə-byo' ဖားပြုပ် *n* ☘ toad

hpə-la: ဖလား *n* bowl; cup

hpə-lan ဖလံ *n* ☘ moth

hpə-le ဖလှယ် *v* exchange

hpə-lin ဖလင် *n* film

hpə-nauṇ ဖနောင့် *n* heel

hpə-na' ဖိနပ် *n* footwear, any kind of shoe, sandal, slipper in general

hpə-na'-pau' ဖိနပ်ပေါက် *v* have blisters

hpə-nwe:-ga ဖိန်းနွဲ့ခါ *n* in three days' time

hpə-wa: ဝါး *n* palm (of the hand); sole (of the foot)

hpə-ya: ဘုရား *n* ⬜ the Buddha; god, deity; ⬜ pagoda, stupa, chedi; ⬜ Buddha image

hpə-ya:-bwe:-(dɔ) ဘုရားပွဲတော် *n* ⬜ pagoda festival

hpə-ya:-jaun: ဘုရားကျောင်း *n* ✝ church

hpə-ya:-lu-ji: ဘုရားလူကြီး *n* ⬜ pagoda trustee

hpə-ya:-hpu: ဘုရားဖူး *v* ⬜ worship at a pagoda; make a pilgrimage

hpə-ya:-thə-hkin ဘုရားသခင် *n* ✝ (Christian) God

hpə-ya:-zin ဘုရားစင် *n* ⬜ shrine to the Buddha, altar

hpə-yaun: ဖယောင်း *n* wax

hpə-yaun:-dain ဖယောင်းတိုင် *n*

candle

hpə-ye:-dhi: ဖရဲသီး *n* ✺ water-
melon

hpə-yo-hpə-ye: ဖရိုဖရဲ *adv* in a
mess

hpə-yon-dhi: ဖရုံသီး *n* ✺ pump-
kin

hpa ဖာ *v* mend, patch

hpạ ဖ *suff* [in comb] male
(animal)

hpạ-gin ဖခင် *n* father

hpạ-o'-hto' ဖဦးထုပ် *n* the name
of the ဖ

hpa: ဖား *n* ✹ frog

hpa:-ụ ဖားဥ *n* frogspawn;
mildew

hpain ဖိုင် *n* file, folder, binder;
file, dossier

hpan₁ ဖန် *v* have a sharp tannic
flavour

hpan₂ ဖန် *n* (blown) glass

hpan-byun ဖန်ပြွန် *n* ✳ test tube

hpan-di: ဖန်တီး *v* invent,
create; improvise

hpan-zin ဖန်ဆင်း *v* create

hpan: ဖမ်း *v* catch, capture;
arrest

hpaun ဖောင် *n* ⚓ raft

hpaun: ဖောင်း *v* bulge, swell

hpau' ဖောက် *v* bore, drill, put a
hole in; open; betray;
ferment

hpau'-pyan ဖောက်ပြန် *v* change,
be erratic, become different,
act odd

hpau'-hpye' ဖောက်ဖျက် *v*
violate (agreement), break
(rule); disobey

hpau'-the ဖောက်သည် *n* regular
customer

hpa'₁ ဖတ် *v* read

hpa'₂ ဖတ် *n* solid part (of soup,
juice)

hpa'-sa ဖတ်စာ *n* reader,
textbook

hpe ဖယ် *v* push aside; give way

hpẹ ဖဲ့ *v* break off

hpẹ-htwe' ဖဲ့ထွက် *v* break away

hpe: ဖဲ *n* (playing) cards; (game
of) cards; satin

hpe:-do' ဖဲထုပ် *n* deck of cards

hpe:-wei ဖဲဝေ *v* deal (the cards)

hpe:-yai' ဖဲရိုက် *v* play cards

hpei-hpə-wa-ri ဖေဖော်ဝါရီ *n*
February

hpei-hpei ဖေဖေ *n* papa; daddy

hpeiṇ ဖိန့် *v* bluff

hpein:-nwe:-ga ဖိန်းနွဲ့ခါ *n* in

three days' time

hpei' ဖိတ် *v* invite; spill

hpe'₁ ဖက် *v* hug, embrace; go together

hpe'₂ ဖက် *n* side, team; leaf used to wrap things; one of a pair; match

hpe'-shin ဖက်ရှင် *n fashion*, style, vogue

hpe'-sa'-lo'-ngan: ဖက်စပ်လုပ်ငန်း *n* 🐝 joint venture

hpe'-hto' ဖက်ထုပ် *n* wonton, potsticker

hpi ဖိ *v* press, flatten

hpi:₁ ဖြီး *v* comb, brush (hair)

hpi:₂ ဖီး *n* 🍌 bunch of bananas

hpin ဖင် *n* bottom (of bottle); bottom, bum, butt

hpo ဖို *part* male (suffix); one of a pair of opposites

hpọ ဖို့ *part* for, to

hpo:₁ ဖိုး *part* prefix to a man's name

hpo:₂ ဘိုး *n* grandfather

hpon ဖုန် *n* dust

hpon-so' ဖုန်စုပ် *v* hoover, vacuum

hpon-so'-se' ဖုန်စုပ်စက် *n* hoover, vacuum cleaner

hpon:₁ ဖုံး *v* cover, put a lid on; conceal

hpon:₂ ဖုန်း *n phone*

hpon:₃ ဘုန်း *n* 🕉 power or benefit from the accumulated merit of deeds in past lives; power, influence; glory

hpon:-chạ ဖုန်းချ *v* hang up, ring off

hpon:-ji ဘုန်းကြီး *n* 🕉 monk; ✝ minister, priest, preacher

hpon:-ji-jaun: ဘုန်းကြီးကျောင်း *n* 🕉 monastery

hpon:-kain ဖုန်းကိုင် *v* answer the phone, pick up the phone

hpon:-kain-hta: ဖုန်းကိုင်ထား *v* hold (the line)

hpon:-kwe ဖုံးကွယ် *v* withhold, conceal (information, evidence)

hpon:-la ဖုန်းလာ *v* (of phone) ring; (of person) have a phone call

hpo'₁ ဖုတ် *v* bake, roast

hpo'₂ ဖုတ် *n* zombie, ghost

hpɔ ဖော် *v* reveal, expose; state; dig up, dig out

hpɔ-pya ဖော်ပြ *v* show, reveal; express

hpɔ̰-bye'

hpye:

hpɔ̰-bye' ဖော့ဖျက် *n* rubber, eraser

hpɔ: ဖော *v* be swollen; ✚ have oedema, have edema; be bloated

hpṵ ဖု *n* lump, bump

hpu:₁ ဖူး *v* [relig] worship

hpu:₂ ဖူး *n* ❀ bud; cob

hpu:₃ ဖူး *part* ever; never

hpu:-thwa: ဖူးသွား *v* [relig] make a pilgrimage

hpuṇ-hpyo ဖွံ့ဖြိုး *v* be prosperous; be developed

hpu'₁ ဖွပ် *v* wash (clothing)

hpu'₂ ဖွတ် *n* ☘ monitor (lizard)

hpu'-te' ဖွတ်တက် *v* jinx, cause bad luck

hpwa: ဖွား *v* give birth (to); be born (at a certain time, place)

hpwa:-le'-hma' ဖွားလက်မှတ် *n* birth certificate

hpwa:-hpwa: ဖွားဖွား *n* grandma, granny

hpwe-ya ဖွယ်ရာ *part* for, to, -able

hpwḛ ဖွဲ့ *v* form, found (organization, union, club)

hpwe: ဖွဲ *n* bran; rice husk,

chaff

hpwiṇ ဖွင့် *v* open (door, mouth, window); switch on, turn on (light, computer)

hpwiṇ-bwe: ဖွင့်ပွဲ *n* opening, premiere

hpya ဖျာ *n* mat

hpya:₁ ဖျား *v* have a fever

hpya:₂ ဖျား *n* tip, end

hpya:-yaun: ဖျားယောင်း *v* mislead, deceive

hpyaṇ ဖြန့် *v* spread, spread out; distribute

hpyan: ဖျန်း *v* (of water) sprinkle, splash; ✟ (of Anglicans) baptise

hpyaun ဖြောင့် *v* straighten, be straight; be straightforward

hpyau'-hpye' ဖျောက်ဖျက် *v* eradicate, eliminate, remove completely

hpya' ဖြတ် *v* cut, sever; break off; cross, go across, go past

hpya'-hkə̰-ne ဖျတ်ခနဲ *adv* suddenly; in a flash

hpya'-lan: ဖြတ်လမ်း *n* shortcut

hpya'-la' ဖျတ်လတ် *v* be quick, be nimble

hpye: ဖြဲ *v* gape, open wide (of

ə a b c ch d e g h i j j̱ k hk l hl m hm

eyes, mouth); tear (paper, cloth)

hpyei ဖြေ *v* untie, undo, open, loosen; answer, respond to

hpyei-shin: ဖြေရှင်း *v* explain; solve (problems)

hpyei-zei: ဖြေဆေး *n* ☤ antidote

hpyei ဖြည့် *v* fulfil, satisfy; add

hpyei-swe' ဖြည့်စွက် *v* add (to make up for a shortfall), refill, fill up; supplement; revise, extend

hpyei-zi: ဖြည့်ဆည်း *v* fulfil a need, provide

hpyei:-byei: ဖြည်းဖြည်း *adv* slowly

hpye' ဖျက် *v* destroy, ruin, wreck, spoil; delete, erase; spoil (child)

hpye'-hsi: ဖျက်ဆီး *v* destroy, ruin, wreck, spoil; spoil (child)

hpyi:-hpyan: ဖြီးဖြန်း *v* bluff, pretend

hpyin ဖျင် *n* hand-woven cloth

hpyin ဖြင့် *part* with, by

hpyin:-swe: ဖျဉ်းစွဲ *v* ☤ have oedema, have edema

hpyi'₁ ဖျစ် *v* squeeze (between thumb and fingers)

hpyi'₂ ဖြစ် *v* be, exist; become; happen, occur

hpyi'-chin-hpyi'-me ဖြစ်ချင် ဖြစ်မယ် *adv* maybe

hpyi'-kaun:-hypi'-me ဖြစ်ကောင်း ဖြစ်မယ် *adv* probably

hpyi'-myau' ဖြစ်မြောက် *v* succeed; accomplish

hpyi'-nain ဖြစ်နိုင် *v* maybe so, could be

hpyi'-sei...hpyi'-sei ဖြစ်စေ... ဖြစ်စေ *part* 📖 whether...or; either...or

hpyo ဖျို *v* demolish, destroy

hpyo: ဖြိုး *v* be abundant, be plentiful

hpyon: ဖြန်း *v* waste, squander

hpyo' ဖြုတ် *v* undo, take off, unfasten; close down, shut down; dismiss

hpyo'-hkə-ne ဖြုတ်ခနဲ *adv* suddenly; in a flash

hpyɔ ဖျော် *v* dissolve (in water); make, brew (coffee, tea)

hpyɔ-yei ဖျော်ရည် *n* (fruit) juice

hpyu₁ ဖြူ *v* be white; (of skin) be fair; (of person) be honest, be sincere

hpyu₂ ဖြူ *n* 🐾 porcupine

hpyụ ဖြ(ဲ) *n* fuse

hpyu:₁ ဖြူး *v* sprinkle

hpyu:₂ ဖြူး *n* fuse

r

rə-kɔ-da ရီကော်ဒါ *n* tape
   recorder

rə-hkain ရခိုင် *n* Rakhine;
   Arakan ⌂

rə-wan ရဝမ် *n* Rawang

ra-ba ရာဘာ *n* rubber

ra-ba-gwin: ရာဘာကွင်း *n* rubber
   band

ra-mə-dan ရာမဒန် *n*
   ☪ Ramadan

ra-mə-zan ရာမဇန် *n*
   ☪ Ramadan

ran ရမ် *n* rum

rei-di-yan ရေဒီယမ် *n* ☀ radium

rei-di-yo ရေဒီယို *n* radio

ru-shạ ရုရှ *n* 🌏 Russia

ru-sha: ရုရှား *n* 🌏 Russia

s

sə-kei: စကေး *n* scale

sə-hkan: စခန်း *n* camp

sə-laun: စလောင်း *n* lid; satellite
   dish

sə-lin: စလင်း၊ သလင်း *n* quartz

sə-lon: စလုံး *part* all, the whole

sə-lon:-baun: စာလုံးပေါင်း *n*
   spelling

sə-mon-zə-ba: စမုန်စပါး *n* 🌿
   anise

sə-mu-hsa စမူဆာ *n* samosa

sə-nei စနေ *n* Saturday

sə-ni' စနစ် *n* system; method

sə-ni'-də-jạ စနစ်တကျ *adv*
   systematically

sə-ni'-jạ စနစ်ကျ *v* be
   systematic

sə-pe-she စပယ်ရှယ် *adj* special

sə-pe-ya စပယ်ရာ *n* driver's
   assistant; bus conductor

sə-hpwe စဖွယ် *part* -able, -ible

sə-tain စတိုင် *n* style

sə-tei'-sho: စတိတ်ရှိုး *n*
   stageshow

sə-ti: စတီး *n* steel

sə-to:-hsain စတိုးဆိုင် *n* shop,
   store

sə-tɔ-be-ri စတော်ဘယ်ရီ *n*
   🌿 strawberry

sə-tụ̣-gan စတုဂံ *n* rectangle

sə-tụ-yan: စတုရန်း *n* square

sə-ya ၀ရာ *part* -able, -ible

sə-yan ၀ရန် *n* deposit; advance

sə-yei: စာရေး *n* clark, clerk

sə-yin: စာရင်း *n* list

sə-yin:-gain စာရင်းကိုင် *n* accountant, bookkeeper

sə-yin:-kai' စာရင်းကိုက် *v* (of accounts, bill, lists) agree, be correct

sə-yin:-shin စာရင်းရှင်း *v* audit and certify accounts

sə-yin:-thwin: စာရင်းသွင်း *v* enter

sa₁ စာ *v* sympathise with; compare with

sa₂ စာ *n* writing; text; lesson; food; meal; ❀ sparrow

sa-bai: စာပိုဒ် *n* paragraph

sa-bei:-sa-yu-thin-dan: စာပေး စာယူသင်တန်း *n* correspondence course

sa-cho: စာချွဲး *v* satirise

sa-dai' စာတိုက် *n* post office

sa-dan:₁ စာတန်း *n* line (of text, type); essay

sa-dan:₂ စာတမ်း *n* paper; thesis

sa-dwe: စာတွဲ *n* file

sa-dwei̩ စာတွေ့ *n* theoretical knowledge

sa-ei' စာအိတ် *n* envelope

sa-gə-lei: စာကလေး *n* ❀ sparrow

sa-gaun: စာခေါင်း *n* title; headline

sa-ji̩ စာကြည့် *v* read

sa-ji̩-dai' စာကြည့်တိုက် *n* library

sa-jan: စာကြမ်း *n* draft

sa-jaun: စာကြောင်း *n* line of writing, line of print

sa-jau'-yo' စာခြောက်ရုပ် *n* scarecrow

sa-jo' စာချုပ် *n* contract

sa-jɔ: စာချော *n* final draft

sa-ku: စာကူး *v* copy

sa-hko: စာခိုး *v* cheat, crib, plagiarise

sa-mə-ta'-thu စာမတတ်သူ *n* illiterate (person)

sa-mei:-bwe: စာမေးပွဲ *n* examination, test

sa-mye'-hna စာမျက်နှာ *n* page

sa-na-zei' စာနာစိတ် *n* sympathy, consideration

sa-ne-zin: စာနယ်ဇင်း *n* newspapers, journals, and magazines

sa-pei စာပေ *n* literature; press; bookseller

n hn o ɔ p hp r s hs t ht u w hw y z '

sa-pọ စာပို့ *v* send letter; deliver letter; report

sa-pyi' စာပစ် *v* send an anonymous letter of accusation

sa-si စာစီ *v* write

sa-thin စာသင် *v* teach, learn

sa-htẹ စာထည့် *v* post a letter, send mail

sa-yei စာရေး *v* write

sa-yei:-hsɔ-ya စာရေးဆရာ *n* ♂ writer, author

sa-yei:-hsɔ-ya-mạ စာရေးဆရာမ *n* ♀ writer, author

sa-ywe' စာရွက် *n* piece of paper

sa-ywe'-sa-dan: စာရွက်စာတမ်း *n* documents

sa-zo-(dɔ) စာဆို(တော်) *n* poet, writer

sạ₁ ၀ *n* the sixth letter in the Myanmar script

sạ₂ ၀ *v* start

sạ-lon: စလုံး *n* the sixth letter in the Myanmar script, the name of the ၀

sạ-thi စသည် *part* et cetera, etc

sạ-tin စတင် *v* begin, start

sa: စား *v* eat; do sthg for a living; [math] divide; exceed

sa:-dɔ-ze' စားတော်ဆက် *n* restaurant

sa:-lan: စားလမ်း *n* opportunity for corruption

sa:-hsɔ-da စားဆော်ဒါ *n* baking soda; baking powder

sa:-zə-ya စားစရာ *n* food

sain စိုင် *n* lump, mass; ❀ wild ox, banteng

sain: စိုင်း *v* do as one likes

sain:-za:-ụ စိမ်းစားဥ *n* ❀ jicama, yam bean

sai' စိုက် *v* plant; put up; loan; land

sai'-jị စိုက်ကြည့် *v* stare

sai'-pyo:-yei: စိုက်ပျိုးရေး *n* agriculture

sai'-htu စိုက်ထူ *v* put up

san စံ *n* standard; model

san-byạ စံပြ *n* model

san-də-gu: စန္ဒကူး *n* ❀ sandalwood

san-da စန္ဒာ *n* moon

san-jein စံချိန် *n* record

san-hnon: စံနှုန်း *n* standard, norm

san-hnyun: စံညွှန်း *n* specification

saṇ စန့် *v* stretch out

san:₁ စန်း *n* moon; good luck; popularity

san:₂ စမ်း *v* feel, grope (for); try (out), test

san:₃ စမ်း *n* spring

san:-də-ya: စန္ဒရား *n* ♪ piano

san:-jạ စန်းကျ *v* lose popularity

san:-ji စမ်းကြည့် *v* try (out)

san:-pwiṇ စန်းပွင့် *v* be popular; be well-known

san:-tha' စမ်းသပ် *v* feel, grope; try, test, experiment, check

san:-htạ စန်းထ *v* be on a roll; become popular

saun စောင် *n* blanket, rug, covers; classifier for documents, letters

saun-yan: စောင်ရန်း *n* fence

sauṇ စောင့် *v* wait for; keep guard

sauṇ-ja' စောင့်ကြပ် *v* guard; oversee

sauṇ-shau' စောင့်ရှောက် *v* look after, care for

sauṇ-thon: စောင့်သုံး *v* observe

sauṇ-za: စောင့်စား *v* look forward to

saun:₁ စောင်း *v* slant, slope; lean; tilt

saun:₂ စောင်း *n* slope; side; ♪ harp

saun:-chei' စောင်းချွတ် *v* (in speech) insinuate, imply

saun:-gau' စောင်းကောက် *n* ♪ Burmese harp

saun:-hka' စောင်းခတ် *v* ♪ play the harp

sau' စောက် *v* be steep

sa' စပ် *v* (of sauce, spice, food) be hot; (of eyes, skin, wound) smart, sting; adjoin; join; blend; compose poetry; be related to

sa'-hlyin:-ywei စပ်လျဉ်း၍ *adv* in connection with, in regard to

sa'-sụ စပ်စု *v* be curious

sa'-hsain စပ်ဆိုင် *v* be connected with

sa'-tu-lo' စပ်တူလုပ် *v* work in partnership

se: စဲ *v* stop, cease

sei စေ *part* particle at end of sentence indicating a wish or command; suffix to a verb indicating cause

sei-də-na စေတနာ *n* goodwill

sei-də-na-shin စေတနာရှင် *n* benefactor; wellwisher

sei-də-na-wun-dan: စေတနာ့ ဝန်ထမ်း *n* volunteer

sei-ka-mu စေကာမူ *part* however

sei-hlu' စေလွှတ် *v* send

sei-yan စေရန် *part* in order to

sei-za: စေစား *v* use; apply

sei̯₁ စေ *v* come up to a specified number, time, or standard

sei̯₂ စေ *part* suffix to a noun: each; particle at end of sentence indicating a wish or command; suffix to a verb indicating cause

sei̯-hsɔ စေ့ဆော် *v* urge; provoke; motivate

sei̯-za' စေ့စပ် *v* negotiate; reconcile; settle; propose; be thorough

sei: စေး *v* be sticky; be clammy

sei:-pyi' စေးပျစ် *v* be gummy

sein₁ စိန် *n* diamond; arsenic; Saint

sein₂ စိမ် *v* soak

sein-hkɔ စိန်ခေါ် *v* challenge

sein-pi-(hei) စိန်ပြို(ဟေ့) *exp* (in children's games) Ready? Go!; Tab, you're it!

sein-pyei:-dan စိန်ပြေးတမ်း *n*

tag

sein̯ စိမ့် *v* seep, ooze; feel a chill; (taste) rich

sein: စိမ်း *v* be green (in colour); (of fruit, vegetables) be green, be unripe; be raw, be uncooked; not be friendly

sein:-bya-yei-hnyi̯ စိမ်းပြာရေညှိ *n* spirulina

sein:-lan: စိမ်းလန်း *v* be green and lush

sei'₁ စိတ် *v* slice, cut into pieces

sei'₂ စိပ် *v* be close; be frequent; chant; tell (beads)

sei'₃ စိတ် *n* mind, heart; will; slice, piece

sei'-cha̯ စိတ်ချ *v* have one's mind at ease; trust, believe

sei'-də-za̯ စိတ္တဇ *n* [in comb] abstract; mental

sei'-da' စိတ်ဓာတ် *n* spirit(s), morale

sei'-da'-ja̯ စိတ်ဓါတ်ကျ *v* be in low spirits

sei'-ei: စိတ်အေး *v* feel calm

sei'-gə-za: စိတ်ကစား *v* be unable to concentrate; (of head) spin; (of mind) wander

sei'-jai' စိတ်ကြိုက် *adv* as one likes, as one wishes

sei'-ji: စိတ်ကြီး *v* be proud; be inflexible

sei'-ji:-win စိတ်ကြီးဝင် *v* be conceited

sei'-jwạ-zei: စိတ်ကြွဆေး *n* ☤ amphetamine

sei'-kaun: စိတ်ကောင်း *v* be good-natured

sei'-kau' စိတ်ကောက် *v* sulk; be annoyed, be cross

sei'-kon စိတ်ကုန် *v* be fed up, be annoyed

sei'-ku:₁ စိတ်ကူး *v* think; plan, intend

sei'-ku:₂ စိတ်ကူး *n* thought, idea

sei'-ku:-nyan စိတ်ကူးဉာဏ် *n* idea, imagination

sei'-ku:-sei'-than: စိတ်ကူး စိတ်သန်း *n* thought, idea

sei'-ku:-yin စိတ်ကူးယဉ် *v* daydream, fantasize

sei'-mə-kaun: စိတ်မကောင်း *v* be sad; be insane

sei'-mya: စိတ်များ *v* be full of worries

sei'-myan စိတ်မြန် *v* be impulsive

sei'-hma'-ji: စိတ်မှတ်ကြီး *v* have a grievance

sei'-na စိတ်နာ *v* be offended, resent, have bitter feelings

sei'-nain စိတ်နိုင် *n* resist temptation

sei'-nge စိတ်ငယ် *v* be depressed, be dejected, be despondent

sei'-nụ စိတ်နု *v* be immature; be small-minded

sei'-nyi' စိတ်ညစ် *v* be depressed

sei'-hnə-lon: စိတ်နှလုံး *n* heart, mind

sei'-pa စိတ်ပါ *v* be willing, be interested

sei'-pu စိတ်ပူ *v* be worried

sei'-pye' စိတ်ပျက် *v* disappoint-ed, disheartened

sei'-pyin-nya စိတ်ပညာ *n* psychology

sei'-hpị-zi: စိတ်ဖိစီး *v* be under pressure, be stressed

sei'-shei စိတ်ရှည် *v* be patient

sei'-shị စိတ်ရှိ *v* have mind to (do sthg)

sei'-shǫ စိတ်လျှော့ *v* give up

sei'-sɔ: စိတ်စော *v* be eager, be excited

sei'-hso: စိတ်ဆိုး *v* be angry

sei'-tain:-ja စိတ်တိုင်းကျ *v* be to one's liking

sei'-tin: စိတ်တင်း *v* harden one's heart, steel oneself; keep one's spirit up

sei'-to စိတ်တို *v* be impatient, lose patience

sei'-tu စိတ်တူ *v* have the same opinion; agree; approve

sei'-hta̩ စိတ်ထ *v* be angry; arouse

sei'-hta: စိတ်ထား *n* attitude; temperment, mentality

sei'-htiṇ စိတ်ထင့် *v* have misgivings

sei'-win-za: စိတ်ဝင်စား *v* be interested in

sei'-yau' စိတ်ရောက် *v* (of mind) be on

sei'-yɔ:-ga စိတ်ရောဂါ *n* mental illness

se'₁ စက် *v* sleep; compare

se'₂ စက် *n* drop; spot; machinery, mill, sthg mechanical; circle; wheel

se'-bein: စက်ဘီး *n* bicycle

se'-cho' စက်ချုပ် *v* sew

se'-jə-wə-dei:-min: စကြ၀တေး မင်း *n* 🕮 *cakkavattin*, universal monarch

se'-ja စကြာ *n* chakra; pinwheel, toy windmill; swastika

se'-ja-wə-la စကြ၀ဠာ *n* universe

se'-kaṇ စက္ကန့် *n* second

se'-ku စက္ကူ *n* paper

se'-ku-lei စက္ကူလိပ် *n* roll of tissue, toilet roll

se'-kwin: စက်ကွင်း *n* target; circle of danger

se'-hmu̩-(le'-hmu̩) စက်မှု(လက်မှု) *n* industry

se'-hno စက်နှိုး *v* start an engine

se'-pyin စက်ပြင် *n* repairman, mechanic

se'-hso' စက်ဆုပ် *v* detest, be disgusted by

se'-tin-ba စက်တင်ဘာ *n* September

se'-tɔ-(ya) စက်တော်(ရာ) *n* 🕮 Buddha's footprint

se'-yon စက်ရုံ *n* factory; workshop

shə-zaun: ရှားစောင်း *n* 🌿 cactus (*pl.* cacti); 🌿 euphorbia

sha₁ ရှာ *v* search (for), look for, seek; look up

sha₂ လျှာ *n* tongue

sha₃ ရှာ *part* poor thing, dear

sha-lə-ka-yei ရှာလကာရည် *n* vinegar

sha-hpwei ရှာဖွေ *v* search, look for

sha-shei လျှာရှည် *v* be long-winded

sha-twei ရှာတွေ့ *v* find

sha ရှ *v* cut (superficially); chafe

sha: ရှား *v* be rare, be scarce; be expensive

sha:-pa ရှားပါး *v* be rare, be scarce, be uncommon; be infrequent (~ encounters)

sha:-zaun ရှားစောင်း *n* ❈ cactus (*pl.* cacti); euphorbia

shai' ရှိုက် *v* breathe in; sob

shan လျှံ *v* overflow, run over; spill over

shan-ka ရှန်ကာ *n* ⚕ chancre

shan:₁ လျှမ်း *v* be careless

shan:₂ ရှမ်း သျှမ်း *n* Shan, Tai Yai, Tai Long

shan:-baun-bi ရှမ်းဘောင်းဘီ *n* Shan trousers, loose trousers

tied at the waist

shan:-nan-nan ရှမ်းနံနံ *n* ❈ herb used as a garnish

shaun ရှောင် *v* avoid, keep away from, stay away from

shaun-jin ရှောင်ကြဉ် *v* refrain (from), abstain from

shau'₁ လျှောက် *v* walk; apply

shau'₂ ရှောက် *n* ❈ lemon; ❈ kaffir lime

shau'₃ လျှောက် *part* at random, indiscriminately, thoughtlessly

shau'-hlwa လျှောက်လွှာ *n* application, petition

shau'-ywe' ရှောက်ရွက် *n* kaffir lime leaf

sha'-in:-ji ရှပ်အင်္ကျီ *n* shirt

sha'-kaun ရှပ်ကောင် *n* ❖ cockle

sha'-si: လျှပ်စီး *n* lighting (flash), sheet lightning

sha'-si:-le' လျှပ်စီးလက် *v* (of lightning) flash

sha'-tə-rə သျှတ္တရ *n* treatise

she ရှယ် *n* sthg special

shei ရှည် *v* long, tall

shei ရှေ့ *n* (area in) front; following one, the future, later; presence

shei̯-dan: ရှေ့တန်း *n* ⚔ front, frontline

shei̯-gạ-hnə-lon:-pau' ရှေ့ကနှစ်လုံးပေါက် *n* '**:**' symbol indicating high tone

shei̯-gạ-pau' ရှေ့ကပေါက် *n* '**:**' symbol indicating high tone

shei̯-nei ရှေ့နေ *n* ⚖ lawyer, attorney, barrister, solicitor

shei̯-to: ရှေ့တိုး *v* advance, go forward

shei̯-hto: ရှေ့ထိုး *n* '◌ၖ' symbol used in ◌ၖ combination

shei̯-zaun ရှေ့ဆောင် *n* leader

shei̯-ze' ရှေ့ဆက် *n* prefix; the (near) future

shei̯-zi: ရှေ့ဆီး *n* '**:**' symbol indicating high tone

shei: ရှေး *n* past

shei:-haun: ရှေးဟောင်း *v* be antique; be ancient

shei:-haun:-pyi'-si: ရှေးဟောင်း ပစ္စည်း *n* antique

shei:-jạ ရှေးကျ *v* be ancient, be antiquated

shei:-hton:-(shei:-ni:) ရှေးထိုး (ရှေးနည်း) *n* tradition; precedent

shei:-u:-thu-na-byụ ရှေးဦးသူနာပြု *n* ✚ first aid

shein₁ ရှိန် *v* be warm

shein₂ ရှိန် speed, velocity; tempo; momentum; force; (degree of) intensity

shein:₁ ရှိန်း *v* intensify, become stronger; (of feelings, emotion) be fervent

shein:₂ ရှိမ်း *v* be hot; be amazed

she'₁ ယှက် *v* clasp hands; intertwine

she'₂ ရှက် *v* be embarrassed; be ashamed; be shy

shin₁ ယှဉ် *v* be side by side; compete; compare

shin₂ ရှင် *v* live, be alive

shin₃ ရှင် *n* owner, master

shin₄ ရှင် *part* ♀ respectful term at the end of a sentence, showing one has heard, that the speaker has one's attention; ♀ excuse me?; 📖 title for a monk or ♂ noble

shin-bə-yin ရှင်ဘုရင် *n* 🌏 ♟ king, monarch

shin-be' ယှဉ်ဖက် *n* rival, competitor

shin-pyain ယှဉ်ပြိုင် *v* compete

shin-byụ ရှင်ပြု *n* ⏳ initiation of a boy into the *sangha,* as a novice

shin-than ရှင်သန် *v* thrive, flourish; survive

shin-twe ယှဉ်တွဲ *v* be hand in hand

shịn₁ ရှင့် *pron* ♀ you; your (inf)

shịn₂ ရှင့် *part* ♀ respectful term at the end of a sentence, showing one has heard, that the speaker has one's attention

shịn₃ ရှဉ့် *n* 🐿 squirrel

shin: ရှင်း *v* clean, clear; be clear, be neat; settle, pay (bill, account, charges); solve; explain

shin:-dan ရှင်းတမ်း *n* clarification, statement

shin:-lin: ရှင်းလင်း *v* clean, clear; be clear; solve; clarify; be free of

shin:-lin:-je' ရှင်းလင်းချက် *n* explanation, clarification

shin:-pyạ ရှင်းပြ *v* explain

shi' ရှစ် *n* eight

shi'-hko: ရှိခိုး *v* [relig] pray (to), give homage to, pay obeisance to, worship

shi'-mye'-hna ရှစ်မျက်နှာ *n* the eight directions

shi'-se ရှစ်ဆယ် *n* eighty

shị ရှိ *v* be, exist; have

shị-ba-zei ရှိပါစေ *exp* leave it like that; never mind, let it be

sho လျှို *v* insert, put in; hide, conceal

shọ ရှို့ *v* burn, set fire (to), ignite

shọ-hwe' လျှို့ဝှက် *v* hide (sthg), conceal, keep sthg secret; be confidential, be classified

shọ-hwe'-che' လျှို့ဝှက်ချက် *n* secret

sho:-hto' ရှိုးထုတ် *v* be dressed up, be decked out

shọn ရှုံ့ *v* be wrinkled; shrink, contract

shon: ရှုံး *v* lose, be defeated; be beaten; fail

sho' ရှုပ် *v* be confused; be complicated; be busy; be messy

sho'-pwei ရှုပ်ပွေ *v* be disorganised, be in disorder; interfere

shɔ လျှော် *v* wash

shɔ-hpu' လျှော်ဖွပ် *v* wash, launder, do the laundry

shɔ̀ လျှော့ *v* lessen, reduce, decrease; give up, ease off, let up; loosen

shɔ̀-pei: လျှော့ပေး *v* loosen, give slack; give in; relent

shɔ̀-zei: လျှော့ဈေး *n* discount, sale

shɔ: လျှော *v* slide down, slip down; lose; ● die

shɔ:-si လျှောစီး *v* ski; skate; slide

shu ရှူ *v* breathe, inhale; smoke; inhale (smoke, fumes, drugs)

shu-zei: ရှူဆေး *n* inhalant

shṵ ရှု *v* look (at), view, see

shṵ-dauɴ ရှုထောင့် *n* point of view, angle

shṵ-gin: ရှုခင်း *n* scenery, scene; view

shu: ရှူး *n* hiss; taper, diminish

shu:-shu:-pau' ရှူးရှူးပေါက် *v* pee

shuɴ ရွှံ့ *n* mud, clay

shuɴ-mi:-dauɴ ရွှံ့မီးတောင် *n* mud volcano

shwe: ရွှဲ *v* be soaked

shwei ရွှေ *n* gold

shwei-jin ရွှေကျင် *v* pan for gold

shwei-ji ရွှေချီ *n* snack made from brown wheat flour

shwei-nga: ရွှေငါး *n* ● goldfish

shwei-pe ရွှေပဲ *n* ✿ mange tout, snow pea, sugar pea

shwei-hpə-yon ရွှေဖရုံ *n* ✿ kind of pumpkin

shwei-htə-min: ရွှေထမင်း *n* sweet snack made with sticky rice and palm sugar

shwei-yei-sein ရွှေရည်စိမ် *n* gold plate

shweɪ̰ ရွှေ့ *v* move sthg, shift; postpone

shweɪ̰-hsain: ရွှေ့ဆိုင်း *v* postpone, reschedule

shwi: ရှိုး *v* fake it, pretend, pose

shwin ရှင် *v* be happy

si₁ စီ *v* line up, queue; put in row

si₂ စည် *v* be well-attended; (of a place, festival, etc) be popular

si₃ စီ *n* letter C

si₄ စည် *n* ♪ big drum; barrel (of water), keg (of beer), drum (of oil)

si₅ စီ *part* suffix to classifier: each, per; one by one

si-bin စည်ပင် *v* prosper

si-bin-tha-ya-yei: စည်ပင်သာယာ ‌ရေး *n* 🌐 development committee (of towns and cities), municipal corporation

si-bwa:-pye'-ka' စီးပွားပျက်ကပ် *n* 🌐 depression

si-man စီမံ *v* manage; organise; plan

si-man-gein: စီမံကိန်း *n* plan; project

si-man-hkaṇ-hkwe: စီမံခန့်ခွဲ *v* administer; manage

si-man-hkaṇ-hkwe:-hmụ စီမံ ခန့်ခွဲမှု *n* management

si-yin စီရင် *v* arrange, organise; execute

si-zin စီစဉ် *v* plan, arrange

sị ‌စေ့ *n* seed, kernel; bead

sị-ngạ ‌စေ့ *v* be enough

sị-zi' စေ့စပ် *v* check carefully, examine; censor

si:₁ စီး *v* ride; take (transport), go by; wear (shoes); flow

si:₂ ‌စေး *v* be clammy, be sticky

si:₃ စည်း *v* bundle, lie together

si:₄ စည်း *n* bundle, bunch; classifier for bundles; discipline; ethics; ♩ timing bells; beat; fence; line; sandbank

si:-bwa: စီးပွား *n* business; prosperity

si:-bwa:-jạ စီးပွားကျ *v* 🌐 go into recession

si:-bwa:-te' စီးပွားတက် *v* 🌐 improve

si:-bwa:-yei: စီးပွားရေး *n* 🌐 economy; business

si:-chạ စည်းချ *v* cordon off an area

si:-cha စည်းခြား *v* keep separate

si:-ja' စည်းကြပ် *v* supervise

si:-jɔ စည်းကျော် *v* cross the line, do sth one shouldn't do; interfere

si:-kə-re' စီးကရက် *n cigarette*

si:-kan: စည်းကမ်း *n* rules, regulations; discipline, self-control, restraint

si:-kan:-je' စည်းကမ်းချက် *n* condition, term

si:-kan:-tha'-hma' စည်းကမ်း သတ်မှတ် *v* set rules, establish discipline

si:-lon: စည်းလုံး *v* unite

si:-lon:-nyi-nyu'-yei စည်းလုံး ညီညွတ်ရေး *n* unity, harmony

si:-myin စည်းမျဉ်း *n* rules, regulations

si:-myin:-tha'-hma' စည်းမျဉ်း သတ်မှတ် *v* set rules, set limits, set regulations

si:-hne စေးနဲ့ *v* be sticky; be stingy, be mean

si:-po: စီးပိုး *v* take advantage of, use, exploit

si:-saun စည်းစောင့် *v* follow rules

si:-ta: စည်းတား *v* draw a line; draw a line, set a rule

si:-yon: စည်းရုံး *v* organise

si:-zein စည်းစိမ် *n* riches, wealth; luxury

sin₁ စင် *v* be clean, be pure

sin₂ စည် *v* line up, put in order; be flung out; be spilled

sin₃ စင် *n* stage; platform; shelf, rack; altar

sin₄ စည် *part* while

sin-ti-gə-rei' စင်တီဂရိတ် *n* centigrade

sin-zi' စင်စစ် *adv* actually

siṇ စည့် *n* glaze

sin:₁ စဉ်း *v* mince

sin:₂ စဉ်း *n* scales

sin:₃ စင်း *part* classifier used in counting some large long, narrow things

sin:-le စဉ်းလဲ *v* be crooked, be unfair

sin:-hni-don စဉ်းတီတုံး *n* chopping block, cutting board

sin:-za စဉ်းစား *v* think, consider; figure

si'₁ စစ် *v* strain; filter; be real; be pure; inspect, examine

si'₂ စစ် *n ⚔* war

si'-bə-yin စစ်တုရင် *n* Burmese chess

si'-bo စစ်ဗိုလ် *n ⚔* officer

si'-che' စစ်ချက် *n ⚖* deposition; findings

si'-jaun စစ်ကြောင်း *n ⚔* column

si'-ka: စစ်ကား *n* war movie

si'-hkon-yon: စစ်ခုံရုံး *n ⚔⚖* court martial, military tribunal

si'-le'-ne'-pyi'-si စစ်လက်နက် ပစ္စည်း *n ⚔* ordnance

si'-myei-byin စစ်မြေပြင် *n ⚔* battlefield, battleground

si'-mye'-hna စစ်မျက်နှာ *n ⚔*

front

si'-hmu-dan:-haun: စစ်မှုထမ်း ဟောင်း *n ⚔* veteran, retired military

si'-hmụ-dan: စစ်မှုထမ်း *n ⚔* military personnel

si'-pyan စစ်ပြန် *n ⚔* (war) veteran

si'-pyei-nyein: စစ်ပြေငြိမ်း *v ⚔* make peace

si'-pyei: စစ်ပြေး *v ⚔* desert

si'-pyin စစ်ပြင် *v ⚔* prepare for war

si'-si စစ်စီ *v* be thrifty, be frugal, be economical; be stingy

si'-hsain:-ə-lan စစ်ဆိုင်းအလံ *n ⚔* flag of truce, white flag

si'-hsei: စစ်ဆေး *v* inspect, check, examine; interrogate

si'-hsei:-yei:-gei' စစ်ဆေးရေးဂိတ် *n* checkpoint

si'-hsin-yei: စစ်ဆင်ရေး *n ⚔* military operation

si'-tə-lin: စစ်တလင်း *n ⚔* battlefield; *⚔* parade ground

si'-tə-yə-hkan စစ်တရားခံ *n ⚔* ⚖ war criminal

si'-tə-ya:-yon: စစ်တရားရုံး *n ⚔*

⚖ court martial, military tribunal

si'-tai' စစ်တိုက် *v ⚔* wage war, fight

si'-tan: စစ်တမ်း *n* analysis

si'-tan:-kau' စစ်တမ်းကောက် *v* collect data, (conduct) survey; analyse

si'-tha: စစ်သား *n ⚔ σ* soldier

si'-than-hmu: စစ်သံမှုး *n 🌐 ⚔* military attache

si'-thi စစ်သည် *n ⚔* soldier

si'-thon:-ban: စစ်သုံ့ပန်း *n ⚔ ⚔* prisoner of war

si'-tụ-yin စစ်တုရင် *n* Burmese chess

si'-ụ-bə-dei စစ်ဥပဒေ *n ⚔ ⚖* military law; martial law

si'-ye: စစ်ရဲ *n ⚔* military police

so စို *v* be wet; (of colour) be bright

so-htain: စိုထိုင်း *v* be humid

so₁ စို *v* become moist, become damp; ooze

so₂ စို *n* 🌿 sprout; chisel; peg

so: စိုး *v* fear, worry; control, manage, rule, govern

so:-lọ စိုးလို့ *part* expression used after a description of sthg sb

is worried may happen, in
case

so:-mo: စိုးမိုး *v* dominate

so:-yein စိုးရိမ် *v* worry

son₁ ဆန် *v* go downstream

son₂ စုံ *v* be complete

son₃ စုံ *n* even (number);
couple, pair; set

son-dau' စုံထောက် *n* detective

son-dwe စုံတွဲ *n* (romantic)
couple; ♩ duet

son-nyi စုံညီ *v* meet

son-zan: စုံစမ်း *v* investigate,
enquire

son: ဆွန်း *n* witch

so'₁ ဆွတ် *v* tear, rip; be torn, be
ripped; chant

so'₂ ဆွပ် *v* suck; absorb

so'₃ ဆွတ် *n* paintbrush;
marriage

so-bwa: စော်ဘွား *n* 🌐 Shan
ruler, saohpa

so-ga: စော်ကား *v* insult

so:₁ စော *v* be early; be eager;
be famous; contemplate

so:₂ စော *part* particle prefixed
to the name of members of a
Shan royal family; particle
prefixed to the name of a

Karen man

su ဆူ *v* bulge, stick out

su₁ စု *v* gather, collect

su₂ စု *n* group, set; share

su-pyon စုပြို *adv en masse*, all
at one time

su-yon: စုရုံး *v* assemble

su-zaun: စုဆောင်း *v* gather,
collect (~ stamps); ✄ recruit

su-zi: စုစည်း *v* collect and
organise

su-zu-baun: စုစုပေါင်း *n* total

su:₁ ဆူး *v* prickle, be pricked; be
cursed

su:₂ ဆူး *n* drill

su:-sai' ဆူးစိုက် *v* concentrate

su:-thwa: ဆူးသွား *n* drill bit

su:-zan: ဆူးစမ်း *v* investigate

sun₁ ဆွန် *v* be more than; have a
sty in one's eye

sun₂ စွန် *n* 🐦 kite; kite (fly a ~)

sun₃ စွံ *v* be a success; be hot,
be lucky in love

sun-bə-lun စွန်ပလွံ *n* 🌿 date

sun-tan-bya စွန်တာပြာ *n* 🌿 blue
bean

sun-tan-ni စွန်တာနီ *n* 🌿 red
bean

suṇ စွန့် *v* throw away; give up,

let go of, abandon, relinquish, renounce; disown; dare

suṇ-hlu' စွန့်လွှတ် *v* relinquish; disown

suṇ-za: စွန့်စား *v* take risks

sun:₁ စွန်း *v* be stained; be contaminated; be in excess

sun:₂ စွမ်း *v* be able, have the capability

sun:-hsaun-yi စွမ်းဆောင်ရည် *n* efficiency

su'₁ စွတ် *v* soak; be wet; drag; drag

su'₂ စွတ် *adv* thoughtlessly

su'₃ စွပ် *v* slip on (~ socks, gloves, hood)

su'-pyo' စွပ်ပြုတ် *n* soup

swa₁ စွာ *v* be impudent; be aggressive

swa₂ စွာ *part* ⓛ suffix to verb, to form an adverb

swan: စွမ်း *v* be able, have the capability

swan:-yi စွမ်းရည် *n* ability, skill; quality; talent

swe စွယ် *n* fang; tusk

swe-dɔ စွယ်တော် *n* ⓜ eyetooth of the Buddha

swe-dhwa: စွယ်သွား *n* eyetooth,

canine tooth

swe-zon စွယ်စုံ *n* versatile talent

swe-zon-jan: စွယ်စုံကျမ်း *n* encyclopaedia, encyclopedia

swe: စွဲ *v* attach firmly; carry (in the hand); be constantly on one's mind; be addicted to; ⚖ accuse, take to court.

swe:-je' စွဲချက် *n* ⚖ charge

swe:-lan စွဲလမ်း *v* be obsessed by

swe:-hso စွဲဆို *v* ⚖ prosecute

swe' စွက် *v* add (~ more); meddle (in, with)

swiṇ စွင့် *v* be lofty; listen carefully

hs

hsə-hka: ဆားခါး *n* magnesium sulphate, used as a laxative

hsə-lai' ဆလိုက် *n* searchlight, spotlight, floodlight; slide

hsə-lan ဆလံ *n* salaam

hsə-la' ဆလတ် *n* ⚘ lettuce

hsə-lun:-ka: ဆလွန်းကား *n* *saloon car*, (small, enclosed) sedan

hsə-nwin: ဆနွင်း၊ နနွင်း *n*

✻ turmeric

hsə-nwin:-mə-kin: ဆန္နွင်းမကင်း *n* sweet made with wheat flour, and cut into diamond shapes

hsə-ya ဆရာ *n* ♂ teacher; sb from whom one learns; mentor; ♂ expert in an art or trade, master; employer

hsə-ya-dɔ ဆရာတော် *n* ⛩ head monk at a Buddhist monastery; senior monk

hsə-ya-ji: ဆရာကြီး *n* headmaster (Br), principal (Am); term of respect for a person of skill, integrity, age, etc; ⛩ term of address for the head or senior nuns of a Buddhist nunnery

hsə-ya-lei: ဆရာလေး *n* ⛩ term of address for a Buddhist nun

hsə-ya-lo' ဆရာလုပ် *v* order people around

hsə-ya-mạ ဆရာမ *n* ♀ teacher; sb from whom one learns; mentor; ♀ expert in an art or trade; ♀ employer

hsə-ya-mwei: ဆရာမွေး *v* seek or receive patronage, get

support through the prestige of one's teacher

hsə-ya-wun ဆရာဝန် *n* ⚕ medical doctor, physician

hsə-ya-mạ-ji: ဆရာမကြီး *n* headmistress, principal; ● ♀ expert in a particular field

hsa₁ ဆာ *v* be hungry, be thirsty; (of limbs) be limp and weak

hsa₂ ဆာ *n* Sir ♂ (title and term of address for someone of higher rank, esp in military)

hsa-laun ဆာလောင် *v* be hungry, be starving, be famished

hsạ ဆ *n* seventh letter in the Myanmar script; number of times; touch, dexterity

hsạ-lein ဆလိမ် *n* name of the *S*

hsa: ဆား *n* salt

hsa:-ngan-dhi: ဆားငန်သီး *n* fruit preserved by soaking in salt water and drying

hsain₁ ဆိုင် *v* concern; be relevant, have to do with

hsain₂ ဆိုင် *n* shop, store, stall

hsain-ya ဆိုင်ရာ *v* sb concerned,

sthg concerned

hsain:₁ ဆိုင်း v hang, suspend (by rope, string); wait; delay

hsain:₂ ဆိုင်း n ♪ traditional orchestra; signature

hsain:-bo' ဆိုင်းဘုတ် n sign

hsain:-hto: ဆိုင်းထိုး v sign

hsai'₁ ဆိုက် v meet, come together; coincide; arrive, visit; come in

hsai'₂ ဆိုက် n size

hsai'-ka: ဆိုက်ကား n *sidecar*, cycle rickshaw

hsan₁ ဆန် v be similar to; go upstream

hsan₂ ဆန် n uncooked rice

hsan₃ ဆံ n hair

hsan-dạ ဆန္ဒ n desire, wish; opinion, view

hsan-dạ-hkan-yu-bwe: ဆန္ဒခံယူပွဲ n 🌍 referendum; poll

hsan-dạ-me: ဆန္ဒမဲ n vote; ballot

hsan-dạ-me:-pei: ဆန္ဒမဲပေး v vote

hsan-dạ-pya ဆန္ဒပြ v 🌍 demonstrate

hsan-dạ-sɔ: ဆန္ဒစော v be over-eager, be impatient

hsan-hka' ဆန်ခတ် n [orth] mark made inside the ○ to form the ○

hsan-lon:-di: ဆန်လုံးတီး n brown rice, unpolished rice, wholegrain rice

hsan-lon:-nyo ဆန်လုံးညို n brown rice, unpolished rice, wholegrain rice

hsan-hmoṇ ဆန်မှုန့် n rice flour

hsan-pwiṇ ဆံပွင့် v have a few white hairs

hsan-thạ ဆံသ v cut hair

hsaṇ₁ ဆန့် v stretch out, extend

hsaṇ₂ ဆံ့ v hold, have room for, fit

hsaṇ-jin ဆန့်ကျင် v oppose; contradict

hsaṇ-jin-be' ဆန့်ကျင်ဘက် n opponent; opposition 🌍 ; contradiction

hsan:₁ ဆန်း v be new; be unusual; be strange; be extraordinary; (of moon) wax

hsan:₂ ဆမ်း v drizzle, sprinkle

hsan:-pya: ဆန်းပြား v be different; be devious

hsan:-si' ဆန်းစစ် v analyse, examine

hsan:-thi' ဆန်းသစ် *v* be new, be fresh

hsaun₁ ဆောင် *v* carry

hsaun₂ ဆောင် *n* room; ♀ ward; chamber, hall; hostel

hsaun-bo' ဆောင်ပုဒ် *n* motto; slogan

hsaun-ywe' ဆောင်ရွက် *v* carry out

hsauṇ ဆောင့် *v* collide, bang (into); jolt; (of foot) stamp

hsaun:₁ ဆောင်း *v* cover one's head; (of hat) wear

hsaun:₂ ဆောင်း *n* cool season; winter

hsaun:-ba: ဆောင်းပါး *n* article, story (in newspaper, magazine)

hsau'₁ ဆောက် *v* build

hsau'₂ ဆောက် *n* chisel

hsau'-lo' ဆောက်လုပ် *v* construct

hsau'-lo'-yei: ဆောက်လုပ်ရေး *n* construction

hsa'₁ ဆတ် *v* be brittle, be easy to break; smack, slap; be quick-tempered, be short-tempered

hsa'₂ ဆပ် *v* repay

hsa'₃ ဆတ် *n* ☙ sambur

hsa'₄ ဆပ် *n* ✵ Italian millet

hsa'-ka' ဆပ်ကပ် *n circus*

hsa'-pya ဆပ်ပြာ *n* soap

hsa'-pya-hmwei: ဆပ်ပြာမွှေး *n* bath soap, scented soap

hsa'-pya-hmyo' ဆပ်ပြာမြှုပ် *n* suds, lather

hsa'-htə-ma ဆဋ္ဌမ *adj* sixth

hsa'-tə-ngaṇ-ngaṇ ဆတ်တင့့်င့့် *adv* in suspense

hsa'-htḁ ဆဋ္ဌ *n* [in comb] sixth, hex(a)

hse₁ ဆယ် *v* save, rescue; fish out, take out of water

hse₂ ဆည် *v* (of stream, river) dam; (of tears) hold back

hse₃ ဆယ် *n* ten

hse₄ ဆည် *n* dam

hse-jɔ-the' ဆယ်ကျော်သက် *n* the teens, teenage years

hse-myaun: ဆည်မြောင်း *n* irrigation canal

hse-tə-man ဆည်တမံ *n* dam

hse-hnə-ya-dhi₁ ဆယ့်နှစ်ရာသီ *n* lunar months

hse-hnə-ya-dhi₂ ဆယ့်နှစ်ရာသီ *adv* all year round

hse:₁ ဆဲ *v* swear at

hse:₂ ဆဲ *part* while, still

hse:-hse: ဆဲဆဲ *v* going to

hsei:₁ ဆေး *v* wash, rinse; clean

hsei:₂ ဆေး *n* ⚕ medicine, drug; tobacco; also prefixed to some artificial substances

hsei:-bɔ-lei' ဆေးပေါ့လိပ် *n* cheroot

hsei:-dan ဆေးတံ *n* pipe

hsei:-dauṇ ဆေးတောင့် *n* ⚕ capsule

hsei:-da' ဆေးတပ် *n* ⚔⚕ medical corps

hsei:-dhə-ja: ဆေးသကြား *n* artificial sweetener; ✽ stevia

hsei:-hto:-a' ဆေးထိုးအပ် *n* ⚕ (hypodermic) needle

hsei:-hto:-byun ဆေးထိုးပြွန် *n* ⚕ syringe

hsei:-hto:-byu' ဆေးထိုးပြွတ် *n* ⚕ syringe

hsei:-gan: ဆေးခန်း *n* ⚕ clinic, ⚕ dispensary

hsei:-jɔ ဆေးကြော *v* wash; inspect; interrogate

hsei:-jan: ဆေးကြမ်း *n* ⚕ drug with harsh side effects

hsei:-jau' ဆေးခြောက် *n* ✽ marijuana

hsei:-ku ဆေးကု *v* ⚕ treat

hsei:-hka' ဆေးခတ် *v* disinfect; add poison or potion

hsei:-hkwiṇ ဆေးခွင့် *n* medical leave

hsei:-lei' ဆေးလိပ် *n* cigarette, cheroot, cigar

hsei:-le'-hma' ဆေးလက်မှတ် *n* medical certificate

hsei:-mə-to: ဆေးမတိုး *v* ⚕ develop resistance

hsei:-hmin-jaun ဆေးမင်ကြောင် *n* tattoo

hsei:-hnyun: ဆေးညွှန်း *n* ⚕ directions for usage of medicine

hsei:-si' ဆေးစစ် *v* ⚕ have a (medical) checkup

hsei:-swe: ဆေးစွဲ *v* be addicted to drugs

hsei:-hsə-ya ဆေးဆရာ *n* ⚕ indigenous medicine practitioner

hsei:-hso: ဆေးဆိုး *v* dye

hsei:-tai' ဆေးတိုက် *v* give medicine, medicate

hsei:-hto: ဆေးထိုး *v* tattoo; inject (medicine or drugs)

hsei:-wa: ဆေးဝါး *n* ⚕ medicine;

drug; charm

hsei:-yin-ba:-hmụ ဆေးယဉ်ပါးမှု *n* ⚕ drug resistance

hsei:-yon ဆေးရုံ *n* ⚕ hospital

hsei:-za ဆေးစာ *n* ⚕ prescription

hsei:-zain ဆေးဆိုင် *n* pharmacy, chemist's

hseiṇ ဆိမ့် *v* (of food, taste) be rich, creamy

hsei'₁ ဆိတ် *v* be quiet; pinch

hsei'₂ ဆိတ် *n* 🐐 goat

hsei'₃ ဆိပ် *n* ⚓ port; ⚕ poison

hsei'₄ ဆိတ် *part* suffix to verb to dare sb to do sthg

hsei'-kan: ဆိပ်ကမ်း *n* ⚓ harbour, port; wharf, jetty

hse'₁ ဆက် *v* join

hse'₂ ဆက် *adv* go on, carry on, keep on; continuously

hse'-jei: ဆက်ကြေး *n* 🏛 🌐 tribute; protection money; money demanded

hse'-le' ဆက်လက် *adv* continue to, keep on

hse'-sa' ဆက်စပ် *v* be connected to

hse'-hsan ဆက်ဆံ *v* have relationship with

hse'-hse' ဆက်ဆက် *adv* without fail

hse'-thwe ဆက်သွယ် *v* communicate

hse'-thwe-hmụ-ni:-pyin-nya ဆက်သွယ်မှုနည်းပညာ *n* information technology

hsi₁ ဆီ *n* (edible) oil or fat; petroleum; ◕ (body) fat

hsi₂ ဆီ *part* to, from, particle indicating movement toward or away from a person

hsi₃ ဆည် *v* dam (stream, river, etc); hold back (tears)

hsi-bu: ဆီဘူး *n* base of the tail of cooked poultry

hsi-byan ဆီပြန် *n* meat or fish and spices cooked in oil and water until water boils off, leaving oil pooled on top

hsi-dwe'-thi:-hnan ဆီထွက်သီးနှံ *n* oil-producing nuts and seeds

hsi-je' ဆီချက် *n* oil with crispy garlic or onion; cooked oil; rice noodles served with cooked oil

hsi-lə-yɔ ဆီလျော် *v* be suitable, be appropriate

hsi-man: ဆီမန်း *n* oil over which mantras have been recited

hsi-mi:-gwe' ဆီမီးခွက် *n* oil lamp

hsi-on: ဆီအုန်း *n* oil palm

hsi-on:-zi ဆီအုန်းဆီ *n* palm oil

hsi-tha' ဆီသတ် *v* add onions, garlic, or other seasoning to hot oil

hsi-hta-min: ဆီထမင်း *n* sticky rice cooked with oil and turmeric

hsi-yɔ ဆီလျော် *v* be suitable, be appropriate

hsi-zei: ဆီဆေး *n* oil paint, oils

hsi-ze' ဆီစက် *n* oil mill

hsi:₁ ဆီး *v* bar, obstruct, block; wear

hsi:₂ ဆီး *n* urine

hsi:₃ ဆီး *adv* immediately on meeting

hsi:-bu-nyaun:-ja ဆီးပူညောင်းကျ *n* gonorrhoea

hsi:-cho' ဆီးချုပ် *v* retain urine

hsi:-chu ဆီးချူ *v* draw off urine with a catheter

hsi:-jo ဆီးကြို *v* welcome sb

hsi:-jei' ဆီးကျိက် *n* prostate

hsi:-jo ဆီးချို *n* diabetes

hsi:-nei' ဆီးနိတ် *n* senate, legislative body

hsi:-pau' ဆီးပေါက် *v* urinate, pee (inf)

hsi:-si' ဆီးစစ် *v* test urine

hsi:-thwa: ဆီးသွား *v* urinate, pee (inf)

hsin₁ ဆင် *v* decorate; assemble; resemble

hsin₂ ဆင် *n* elephant

hsin-chi-dau'-yɔ:-ga ဆင်ခြေ ထောက်ရောဂါ *n* elephant-iasis

hsin-du ဆင်ထူး *n* elephant fetter

hsin-jei-bon: ဆင်ခြေဖုံး *n* suburb

hsin-jin ဆင်ခြင် *v* consider; restrain

hsin-lon: ဆင်လုံး *n* lie

hsin-hsa ဆင်ဆာ *n* censor

hsin-tu ဆင်တူ *v* be similar; be identical

hsin-u:-zi ဆင်ဦးစီး *n* mahout

hsin̠₁ ဆင့် *v* stack

hsin̠₂ ဆင့် *n* status; grade, standard, level; phase, stage; tier

hsin̠₃ ဆင့် *adv* in a row,

straight, one after another

hsiṇ-bwa:-ə-ne' ဆင့်ပွားအနက် *n* connotation

hsiṇ-ge:-hsiṇ-ge: ဆင့်ကဲဆင့်ကဲ *adv* one after another; gradually

hsiṇ-ke:-hpyi'-sin ဆင့်ကဲဖြစ်စဉ် *n* evolution

hsiṇ-pwa: ဆင့်ပွား *v* reproduce, replicate

hsin:₁ ဆင်း *v* descend; come down; fall, decline; flow; leave (work, school)

hsin:₂ ဆင်း *n* appearance; form

hsin:-ye ဆင်းရဲ *v* be poor

hsi' ဆစ် *n* joint, node

hsi'-hpǝ-li' ဆစ်ဖလစ် *n* ☿ syphilis

hso ဆို *v* say, tell

hso-ba-zǫ ဆိုပါစို့ *exp* let's say, supposing

hso-lo ဆိုလို *v* mean

hso-lo-yin ဆိုလိုရင်း *n* essence, gist, main message

hso-hlyin ဆိုလျှင် *part* if, in case

hso-hpa ဆိုဖာ *n* sofa

hso-she-li' ဆိုရှယ်လစ် *adj* 🌐 socialist

hso-hton: ဆိုထုံး *n* saying,

proverb

hso-yin ဆိုရင် *part* if, in case

hso-yo:-zǝ-ga: ဆိုရိုးစကား *n* saying, proverb

hsǫ ဆို့ *v* block, obstruct, choke

hso: ဆိုး *v* be bad; (of hair, cloth) dye

hso:-wa: ဆိုးဝါး *v* be very bad; be wicked

hso:-ywa: ဆိုးရွား *v* be very bad; be wicked

hso:-zei: ဆိုးဆေး *n* dye; stain

hson₁ ဆုံ *v* meet

hson₂ ဆုံ *n* crossing, inter-section; mortar and pestle

hson-ji ဆုံကျည် *n* mortar

hson-je' ဆုံချက် *n* focal point

hson-zǫ-na ဆုံဆို့နာ *n* ☿ diptheria

hson: ဆုံး *v* come to an end

hson:-ma ဆုံးမ *v* tell (child, etc) what to do or not to do, instruct; give guidance

hson:-hpya' ဆုံးဖြတ် *v* decide

hso'₁ ဆုတ် *v* back up, move backward, reverse; (of moon) wane; tear, rip

hso'₂ ဆုပ် *v* grip, grasp, hold; clench

hso'₃ ဆုပ် *n* handful

hsɔ ဆော် *v* beat sthg, strike sthg

hsɔ-da ဆော်ဒါ *n* soda water

hsɔ̣ ဆော့ *v* play

hsɔ:-lin-zwa ဆောလျင်စွာ *adv* immediately, at once

hsu₁ ဆူ *v* boil, bubble; be noisy; scold; be plump

hsu₂ ဆူ *part* word for counting sacred things

hsu-nyan ဆူညံ *v* be noisy, be loud

hsu-zei:-bya: ဆူဆေးပြား *n* effervescent tablet

hsu̱ ဆု *n* prize, award; reward; wish; prayer

hsu̱-də-zei' ဆုတံဆိပ် *n* medal

hsu̱-pei ဆုပေး *v* reward; award

hsu̱-taun ဆုတောင်း *v* wish; pray

hsu̱-taun:-pyei̱ ဆုတောင်းပြည့် *v* (one's) wish come true; (one's) prayer answered

hsu: ဆူး *n* thorn ✻; spike

hsu:-ban ဆူးပန်း *n* ✻ safflower

hsu:-bo' ဆူးပုပ် *n* ✻ thorny bush with edible leaves

hsu:-daun ဆူးတောင် *n* (fish) fin

hsu:-jo ဆူးကြိုး *n* barbed wire

hsuṇ ဆွံ့ *v* be crippled; stutter

hsun: ဆွမ်း *n* ⬚ food offered to monks or the Buddha

hsun:-ka' ဆွမ်းကပ် *v* ⬚ offer food at an altar or to monks

hsun:-o' ဆွမ်းအုပ် *n* ⬚ large bowl for offering food to monks

hsun:-piṇ ဆွမ်းပင့် *v* ⬚ invite monks to a meal

hsun:-zin ဆွမ်းစဉ် *n* ⬚ offer food to monks for seven days from the death of a person

hsu' ဆွတ် *v* pick, pluck; wet

hswa̱ ဆွ *v* loosen, turn up; incite, agitate

hswan: ဆွမ်း *n* ⬚ food offered to monks or the Buddha

hswan:-ka' ဆွမ်းကပ် *v* ⬚ offer food at an altar or to monks

hswan:-o' ဆွမ်းအုပ် *n* ⬚ large bowl for offering food to monks

hswan:-piṇ ဆွမ်းပင့် *v* ⬚ invite monks to a meal

hswan:-zin ဆွမ်းစဉ် *n* ⬚ offer food to monks for seven days from the death of a person

hswe ဆွယ် *v* append

hswe-ta ဆွယ်တာ *n* sweater (Am), jumper (Br)

hswe: ဆွဲ *v* drag, pull; drive

hswe:-jaiṇ ဆွဲချိုင့် *n* food carrier, tiffin box

hswe:-jin ဆွဲခြင်း *n* shopping basket

hswe:-hsaun ဆွဲဆောင် *v* attract; entice; persuade

hswei ဆွေ *n* friend; relative

hswei-myo: ဆွေမျိုး *n* relatives

hswei-myo:-dɔ ဆွေမျိုးတော် *v* be related to

hswei-myo:-sa' ဆွေမျိုးစပ် *v* be related to

hswei: ဆွေး *v* decay, rot; grieve

hswei:-nwei: ဆွေးနွေး *v* discuss

t

tə₁ တ *n* short form of number တစ်

tə₂ တ *part* affix or infix used to form adverbs

tə...lon: တစ်...လုံး *part* the whole ...

tə-a: တစ်အား *adv* very

tə-byei:-byei: တဖြေးဖြေး၊ တဖြည်းဖြည်း *adv* slowly; gradually

tə-cha: တခြား *adj* different, other, another

tə...chin: တစ်...ချင်း *part* singly, alone

tə-chọ တချို့ *pron* some

tə-hka တစ်ခါ *adv* once

tə-hka-de: တစ်ခါတည်း *adv* (only) once; ➤ right now, immediately, at once

tə-hka-hmạ တစ်ခါမှ *adv* never

tə-hka-thon: တစ်ခါသုံး *v* be disposable, be single-use

tə-hkun:-hsain တစ်ခွန်းဆိုင် *n* fixed price shop

tə-hkun:-zei: တစ်ခွန်းဈေး *n* fixed price

tə-lan:-maun: တစ်လမ်းမောင်း *n* one-way traffic

tə-le: တလဲ *n* 🌿 pomegranate

tə-lin: တလင်း *n* (area of) bare earth

tə-lɔ:-gạ တစ်လောက *adv* recently

tə-lwe: တလွဲ *adv* mistakenly, accidentally

tə-hlẹ-zi တစ်လှည့်စီ *adv* alternating

tə-ma တမာ *n* 🌿 neem, margosa

tə-man တမန် *n* courier, messenger, emissary; 🌎 diplomat, envoy

tə-man-dɔ တမန်တော် *n* messenger; ☾ ♱ prophet(ess)

tə-ma' တစ်မတ် *n* one quarter, one fourth

tə-me-gaun: တစ်မည်ကောင်း *n* best option

tə-min-(the'-the') တမင်(သက်သက်) *adv* deliberately; specially

tə-myan-mə-neị တမြန်မနေ့ *n* day before yesterday

tə-myan-mə-hni' တမြန်မနှစ် *n* year before last

tə-myan-neị တမြန်နေ့ *n* day before yesterday

tə-myan-hni' တမြန်နှစ် *n* year before last

tə-neị-gạ တစ်နေ့က *n* the day before yesterday

tə-neị-neị တစ်နေ့နေ့ *adv* someday, one day

tə-nga တံငါ *n* fisherman

tə-ni:-a:-hpyiṇ တစ်နည်းအားဖြင့် *part* in other words

tə-nin:-gə-nwei-(nei) ဟနင်္ဂနွေ(နေ့) *n* Sunday

tə-nin:-la-(nei) တနင်္လာ(နေ့) *n* Monday

tə-hpe' တစ်ဖက် *adv* on the other (side)

tə-hpe'-tə-lan: တစ်ဖက်တစ်လမ်း *adv* against; as a sideline

tə-rei'-hsan တိရစ္ဆာန် *n* animal

tə-rei'-hsan-ụ-yin တိရစ္ဆာန် ဥယျာဉ် *n* zoo

tə-rei'-hsan-yon တိရစ္ဆာန်ရုံ *n* zoo

tə-hse တစ်ဆယ် *n* ten

tə-hsei တစ္ဆေ *n* ghost

tə-hsei: တဆေး *n* yeast

tə-hsei' တစ်ဆိတ် *n* a little

tə-hsiṇ တစ်ဆင့် *adv* via

tə-hsi'-cho: တစ်ဆစ်ချိုး *n* hairpin turn; turning point

tə-the' တစ်သက် *n* lifetime

tə-hta-hte: တစ်ထပ်တည်း *adv* uniformly

tə...hte: တစ်...တည်း *part* only, just, alone

tə-u:-zain-nan တစ်ဦးဆိုင်နာမ် *n* [gram] proper noun

tə-we' တစ်ဝက် *n* half

tə-yə-hkan တရားခံ *n* ⚖ accused, defendant

tə-yə-lo တရားလို *n* ⚖ plaintiff

tə-yɔ-mə-jaun: ကရားမကြောင်း *n*

⚘ due process

tə-yə-mạ-hmụ တရားမမှု *n* ⚘ civil suit

tə-yə-win တရားဝင် *v* be legal; be official; be legitimate

tə-ya:₁ တရား *v* be just, be fair

tə-ya:₂ တရား *n* justice, fairness; moral principles; nature, law

tə-ya:-dhu-ji: တရားသူကြီး *n* ⚘ judge

tə-ya:-ho: တရားဟော *v* [relig] preach

tə-ya:-swe: တရားစွဲ *v* ⚘ file a (law)suit, sue

tə-ya:-htain တရားထိုင် *n* ⚏ meditate

tə-ya:-win တရားဝင် *v* be legal; be official; be legitimate

tə-ya:-yon: တရားရုံး *n* ⚘ court

tə-yan-tə-hka တစ်ရံတစ်ခါ *adv* sometimes

tə-yau'-də-byan တစ်ယောက် တစ်ပြန် *adv* by turns

tə-yau'-tə-le: တစ်ယောက်တစ်လဲ *adv* in turn, in rotation

tə-yau'-yau' တယောက်ယောက် *pron* someone, somebody

tə-yei: တစ်ရေး *n* uninterrupted

sleep

tə-yo' တရုတ် *n, adj* 🌏 Chinese

tə-yo'-a'-sai'-pyin-nya တရုတ် အပ်စိုက်ပညာ *n* acupuncture

tə-yo'-hnin:-dhi: တရုတ်နှင်းသီး *n* ❀ loquat

tə-yo: တယော *n* ♪ violin, fiddle; ❀ small tree of tidal swamps

tə-yu-than တစ်ယူသန် *n* bigot; extremist

ta₁ တာ *n* embankment; period of the water festival

ta₂ တာ *part* ➲ particle suffixed to verb or phrase to form noun; sentence ending particle for declaration or emphasis

ta-shei တာရှည် *v* be long, be prolonged

ta-tei တာတေ *n* nasty person, devil, terror

ta-win တာဝန် *n* duty, responsibility

ta-wun တာဝန် *n* duty, responsibility

ta-wun-gan တာဝန်ခံ *n* person in charge, responsible person; officer-in-charge

ta-ya₁ တာယာ *n* tyre, tire

ta-ya₂ တာရာ *n* constellation

ta-yo: တာရိုး *n* dike, bund

tạ₁ ၃ၡ တ *n* the eleventh and sixteenth letters in the Myanmar•script

tạ₂ တ *v* long for; recall

tạ-tə-lin:-jei' ၃ၡသန်လျင်းချိုတ် *n* the eleventh letter in the Myanmar script

tạ-win:-bu တဝမ်းပူ *n* the sixteenth letter in the Myanmar script

ta: တား *v* forbid, prohibit; rule (line on paper), draw a line

ta:-myi' တားမြစ် *v* forbid, prohibit

ta:-hsi: တားဆီး *v* block, prevent

ta:-zei: တားဆေး *n* ♀ contraceptive pills, the Pill, birth control pills

tain₁ တိုင် *v* request; complain (to); inform, report

tain₂ တိုင် *n* post, pole, column

tain₃ တိုင် *part* until, till

tain-aun တိုင်အောင် *part* till, until

tain-ja: တိုင်ကြား *v* complain (to)

tain-ki တိုင်ကီ *n* tank, barrel, drum; mug

tain-pin တိုင်ပင် *v* consult, discuss

tain:₁ တိုင်း *v* measure, gauge; insult

tain:₂ တိုင်း *n* 🌏 division; ⚔ regional command

tain:₃ တိုင်း *part* every, whichever, whenever: suffix to noun to include every instance

tain:-hmu: တိုင်းမှူး *n* ⚔ (regional) commander

tain:-pyi တိုင်းပြည် *n* 🌏 country

tain:-yin:-dha: တိုင်းရင်းသား *n* member of an indigenous ethnic group

tain:-yin:-zei: တိုင်းရင်းဆေး *n* traditional medicine

tai'₁ တိုက် *v* hit, strike; bump; transport, ship; give sthg to drink, give medicine to take

tai'₂ တိုက် *n* building made of brick, cement, stone, etc; 🌏 continent

tai'-hkai' တိုက်ခိုက် *v* hit, strike; attack, fight

tai'-hkan: တိုက်ခန်း *n* flat,

apartment

tai'-nge တိုက်ငယ် *n* 🌏 sub-continent

tai'-pwe: တိုက်ပွဲ *n ⚔* battle; combat

tai'-hpwai' တိုက်ဖွိုက် *n* typhoid

tai'-hpye' တိုက်ဖျက် *v* eradicate

tai'-sa: တိုက်စား *v* erode

tai'-hsain တိုက်ဆိုင် *v* coincide

tai'-tun: တိုက်တွန်း *v* urge, push; encourage

tai'-yai' တိုက်ရိုက် *adj direct*

tan₁ တန် *v* be worth; deserve, be worthy of; fit; be appropriate for; stop, cease

tan₂ တန် *n* ton

tan₃ တံ *n* rod, stick

tan-bo တန်ဖိုး *n* cost, price; value, worth

tan-pyan တန်ပြန် *v* retaliate, counterattack; counteract

taṇ တန့် *v* stop short, halt

tan:₁ တန်း *v* stretch out, lay out (straight); head straight for

tan:₂ တန်း *n* row, column, line; class, year, standard (in school); bar, rod, rope, wire, string, etc placed at a certain height

tan:₃ တန်း *n* tradition; norm; standard

tan:-dan တန်းတန် *adv* straight

tan:-sa: တန်းစား *n* [in comb] class

tan:-si တန်းစီ *v* queue (up), line up; be arranged in a row

tan:-ya: တန်းလျား *n* long, low building; ⚔ barracks

taun₁ တောင် *v* be hard, be stiff

taun₂ တောင် hill, mountain; south; cubit (45 cm)

taun₃ တောင် *part* even though

taun-ban တောင်ပံ *n* wing

taun-dan: တောင်တန်း *n* range of hills or mountains

taun-dhu တောင်သူ *n* farmer

taun-ja: တောင်ကြား *n* valley

taun-ja:-lan: တောင်ကြားလမ်း *n* pass

taun-jo တောင်ကြော *n* ridge

taun-kə-la' တောင်ကလပ် *n* tableland, flat topped mountain or hill

taun-le တောင်လဲ *v* (of hillside) collapse

taun-pyan-lei တောင်ပြန်လေ *n* monsoon wind; evening wind from the mountains

taun-hwei: တောင်ဝှေး *n* cane, walking stick

taun-ya တောင်ယာ *n* hillside farming

taun-yo: တောင်ရိုး *n* Taungyoe

taun-zə-la' တောင်ဇလပ် *n* ❀ rhododendron

taun-zaun တောင်စောင်း *n* hillside

tauṇ₁ တောင့် *v* be stiff; be stout; be well endowed; be supported

tauṇ₂ တောင့် *n* cylinder, pod

taun:₁ တောင်း *v* ask for, request; be short

taun:₂ တောင်း *n* basket

taun:₃ တောင်း *part* suffix to a verb for emphasis

taun:-ban တောင်းပန် *v* apologise

taun:-hso တောင်းဆို *v* demand

tau' တောက် *v* blaze, flare; be bright; glitter, sparkle; ❦ be nauseated, be affected by a toxic substance; flick; sprinkle; cluck

tau'-hkau' တောက်ခေါက် *v* click the tongue

tau'-pạ တောက်ပ *v* be bright, be brilliant, be shining

tau'-tau'-jɔ တောက်တောက်ကြော် *n* fried minced meat

tau'-tẹ တောက်တဲ့ *n* ☙ (forest) gecko

tau'-ti:-tau'-tẹ တောက်တီး တောက်တဲ့ *n* nonsense

ta'₁ တတ် *v* know; be clever; be skilled;

ta'₂ တပ် *v* fix, attach, install; put on, wear (glasses, etc)

ta'₃ တပ် *n* ✻ armed forces, military; ✻ stockade

ta'₄ တတ် *part* suffix to a verb to indicate knowledge, skill, qualification, capability; suffix to a verb to indicate habit, trait, tendency

ta'-ja' တပ်ကြပ် *n* ✻ corporal

ta'-ja'-ji: တပ်ကြပ်ကြီး *n* ✻ sergeant

ta'-hkwe တပ်ခွဲ *n* ✻ company

ta'-mə-dɔ တပ်မတော် *n* ✻ Myanmar national armed forces

ta'-mə-ha တပ်မဟာ *n* ✻ brigade

ta'-mạ တပ်မ *n* division

ta'-myei တပ်မြေ *n* ✻ cantonment area

ta'-hnain တတ်နိုင် *v* be able to, can; manage; afford

ta'-su̱ တပ်စု *n* ⚔ platoon

ta'-tha: တပ်သား *n* ⚔ private

ta'-ti̱-ya̱ တတိယ *n* third

ta'-yin: တပ်ရင်း *n* ⚔ battalion

te₁ တယ် *part* ⚬ final marker of declarative sentence

te₂ တယ် *adv* very, extremely

te₃ တယ် *int* expression of annoyance, outrage, anger

te₄ တည် *v* be in a certain place; exist, continue; build

te-bo' တည်ပုဒ် *n* entry

te-li-hpon: တယ်လီဖုန်း *n telephone*

te̱₁ တဲ့ *part* adjectival particle suffixed to verb or phrase; suffix to phrase to report speech

te̱₂ တည့် *v* be straight (on, ahead, etc); (of people) be compatible, get on together

te̱-de̱ တည့်တည့် *adv* straight; right

te:₁ တဲ *n* hut, shack; stall

te:₂ တည်း *v* stay (in, at), put up (at)

te:-hko-gan: တည်းခိုခန်း *n* small hotel, guesthouse, pension

te:-te: တဲတဲ *adv* nearly; almost

tei တေ *v* beat, pound; be unruly

tei-za တေဇာ *n* power

tei-za̱ တေဇ *n* power

tei:₁ တေး *v* note, remember

tei:₂ တေး *n* ♪ song

tein₁ တိမ် *v* be shallow; be superficial; be trivial; allow sediment to settle

tein₂ တိမ် *n* cloud; cataract

tein-gɔ တိမ်ကော *v* (of lake, etc) silt up

tein-hswe: တိမ်ဆွဲ *v* have a cataract

tein: တိမ်း *v* tilt, incline, tip; bend; sway; veer, swerve; avoid; deviate

tein:-hmau' တိမ်းမှောက် *v* (of car) roll (over), (of boat) capsize, (of train) derail

tein:-shaun တိမ်းရှောင် *v* avoid, stay clear of, stay away from

tei'₁ တိတ် *v* be silent, be quiet; die (down)

tei'₂ တိပ် *n* [in comb] *tape*

tei'-tə-hsei' တိတ်တဆိတ် *adv* secretly; silently, quietly

tei'-hti̱ တိတ္ထိ *n* heretic

te'₁ တက် *v* climb; get into;

increase; go to (~ school);
(muscle ~) cramp, spasm

te'₂ တက် *n* ⚓ oar, paddle

te'-che' တက်ချက် *v* ☤ have
seizures

te'-jwạ တက်ကြွ *v* be
enthusiastic, be active

te'-kə-si တက္ကစီ *n* taxi

te'-kə-tho တက္ကသိုလ် *n*
university

thə-chi: သွားချေး *n* plaque (on
teeth)

thə-chi:-jau' သွားချေးကျောက် *n*
tartar

thə-chin: သီချင်း *n* ♪ song

thə-din: သတင်း *n* news

thə-din:-za သတင်းစာ *n* news-
paper

thə-ein သားအိမ် *n* womb, uterus
☤

thə-ji: သူကြီး *n* village
head(man)

thə-hkin သခင် *n* lord, master

thə-hko သူခိုး *n* thief

thə-hkwa: သခွား *n* ❀ cucumber

thə-hkwa:-hmwei: သခွားမွှေး *n*
❀ honeydew melon; ❀ musk-
melon

thə-le: သလဲ *n* ❀ pomegranate;

sand

thə-lei' သလိပ် *n* ☤ phlegm,
mucus; sputum

thə-lin:-(jau') စလင်း၊ သလင်း
(ကျောက်) *n* quartz, crystal

thə-mə-dạ သမ္မတ *n* 🌐 presi-
dent

thə-mə-dạ-nain-gan သမ္မတနိုင်ငံ
n 🌐 republic

thə-mə-htạ သမထ *n* meditation
to attain tranquility

thə-ma-dị သမာဓိ *n* concentra-
tion (of mind); integrity,
honesty; fairness

thə-ma-jan: သမ္မာကျမ်း *n* ✝ the
Bible

thə-mạ သမ *part* ♀ practitioner
(of trade, sport, art, trade,
etc)

thə-ma: သမား *n* ♂ practitioner
(of trade, sport, hobby, art,
trade, etc); traditional
medical practitioner

thə-ma:-yo:-jạ သမားရိုးကျ *n* the
conventional, the traditional

thə-main: သမိုင်း *n* history

thə-main:-win သမိုင်းဝင် *v* be
historic

thə-man-də-lin: သမံတလင်း *n*

concrete floor

thə-me' သမက် *n* son-in-law

thə-mi သမီး *n* daughter

thə-mi:-yi:-za သမီးရည်းစား *n* couple (before marriage)

thə-min သမင် *n* 🦌 deer

thə-min-ye' သမင်ရက် *n* skin disorder in which smooth white patches appear on the skin

thə-nə-hka: သနပ်ခါး *n thanaka*, a tree whose bark and roots are made into a paste used to protect the skin

thə-na: သနား *v* pity, feel for

thə-na'₁ သေနတ် *n* gun, firearm

thə-na'₂ သနပ် *n* chutney

thə-nge သူငယ် *n* child

thə-nge-ein သူငယ်အိမ် *n* pupil (of the eye)

thə-nge-jin သူငယ်ချင်း *n* friend

thə-hpon သွားဖုံး *n* gums

thə-rə-hpu သရဖူ *n* crown

thə-rạ သရ *n* [gram] (spoken) vowel

thə-rạ-dwe: သရတွဲ *n* diphthong or triphthong, combined vowels

thə-htei: သူဌေး *n* rich or

wealthy person; boss

thə-wei-hto: သဝေထိုး *n* ‍ေ‍ symbol

thə-wun-to သဝန်တို *v* be jealous

thə-ye: သရဲ *n* ghost

thə-ye:-gaun သူရဲကောင်း *n* hero

thə-yei₁ သရေ *n* glory; nobility; honour; draw, tie

thə-yei₂ သွားရည် *n* saliva

thə-yei₃ သားရေ *n* hide, (animal) skin; leather

thə-yei-gan သွားရည်ခံ *n* bib

thə-yei-gwin: သားရေကွင်း *n* rubber band

thə-yei-jạ သရေကျ *v* draw (a match), be a tie

thə-yei-jo သားရေကြိုး *n* strip of rubber; leather strap

thə-yei-pa'-jo: သားရေပတ်ကြိုး *n* drive belt

thə-yei-yo သွားရည်ယို *v* (of mouth) water; (of child, patient) drool, dribble

thə-yei-za သွားရည်စာ *n* snack

thə-ye' သရက် *n* 🌿 mango

thə-ye'-pyin သရက်ပြင် *n* snack made of dried mango pulp

thə-ye'-ywe' သရက်ရွက် *n*

🍃 mango leaf; 💉 spleen

thə-yi သွားရည် *n* saliva

thə-yo' သရုပ် *n* form

thə-yo'-hpɔ သရုပ်ဖေါ် *v* portray, describe, illustrate

thə-yo'-hsaun₁ သရုပ်ဆောင် *v* act, play a part

thə-yo'-hsaun₂ သရုပ်ဆောင် *n* actor ♂, actress ♀

thə-yɔ သရော် *v* mock, ridicule; satirise

tha₁ သာ *v* exceed, be more than; excel, be good at; be better than; (of sun, moon) shine, be bright; be peaceful, be pleasant

tha₂ သာ *part* only

tha-dhə-na သာသနာ *n* religious teachings; 📖 era, *sasana*

tha-dhə-na-pyų သာသနာပြု *v* be a missionary

tha-dhə-nạ-yei'-tha သာသနာ့ ရိပ်သာ *n* 📖 retreat, meditation or religious centre

tha-du-nyi-hmyạ သာတူညီမျှ *adv* fairly, justly

tha-dụ သာဓု *int* 📖 word of approval said after a donation, blessing, good deed

tha-gu သာဂူ *n* 🍃 sago; tapioca, tapioca pudding

tha-le: သာလဲ *n* 🍃 paper mulberry

tha-man သာမန် *v* be ordinary, be normal, be average

tha-myin-nyạ သာမည *v* be ordinary, be average

tha-ya သာယာ *v* be pleasant, be nice

thạ₁ သ *n* name of the သ

thạ₂ သ *part* abbreviated form of particles သော၊ သည်၊ သည့်; suffix to some verbs for euphonic effect

thạ-ji: သကြီး *n* name of the ဿ

thạ-me'-gạ သမဂ္ဂ *n* association, union

tha:₁ သား *n* son; member of some group

tha:₂ သား *part* emphatic suffix

tha:-dhə-mi: သားသမီး *n* children

tha:-jɔ:-hpya' သားကြောဖြတ် *v* 💉 sterilise

tha:-ji သားကြီး *n* eldest son, firstborn son

tha:-laun: သားလောင်း *n* 💉 embryo

tha:-pye' သားပျက် *v* ⚕ miscarry

tha:-hpwa:-gan သားဖွားခန်း *n* ⚕ maternity ward

tha:-hpya' သားဖြတ် *v* ⚕ sterilise

tha:-hpye' သားဖျက် *v* ⚕ abort (a foetus)

tha:-shɔ: သားလျှော *v* ⚕ abort, miscarry

tha:-hse'-cha:-jin: သားဆက်ခြားခြင်း *n* birth spacing

thain: သိုင်း *n* martial arts

thain:-ga သိုင်းကား *n* martial arts movie

thai' သိုက် *n* hidden treasure; treasure trove; prophecy; nest

than₁ သန် *v* be strong; be healthy, thrive; be good at

than₂ သံ *n* sound, voice; iron; nail; 🌐 embassy

than-ə-ma' သံအမတ် *n* 🌐 ambassador

than-bə-ya သံပရာ *n* 🍋 lime

than-bə-yo သံပရို *n* 🍋 lemon

than-ban သမွန် *n* ⛵ sampan

than-bu-pau' သံပူပေါက် *n* ⚕ cauterise

than-byu သံဖြူ *n* tin

than-də-ga သံတံခါး *n* grille

protecting window or door

than-da သန္တာ *n* coral

than-dhə-ya သံသရာ *n* 📿 samsara, cycle of rebirths

than-dhə-yạ သံသယ *n* doubt, suspicion

than-do သံတို *n* creaky tone, e.g., sound of အိ, အု

than-du-jaun:-gwe: သံတူကြောင်းကွဲ *n* homonym, homophone

than-ga သံဃာ *n* 📿 sangha, the Buddhist Order of monks

than-gaun သန်ကောင် *n* ⚕ parasitical worm

than-ja' သံချပ် *n* ♪ satirical antiphonal song; ⚔ armour

than-ja'-ka-ta' သံချပ်ကာတပ် *n* ⚔ armoured force

than-ji: သံချေး *n* rust

than-jo: သံကြိုး *n* chain; cable

than-lai' သံလိုက် *n* magnet

than-lei: သံလေး *n* high tone, i.e., sound of အီး, အူး

than-lwin သံလွင် *n* low tone, i.e., sound of အီ' A; 🫒 olive; Salween (River)

than-mə-ya သံပရာ *n* 🍋 lime

than-mə-yo သံပရို *n* 🍋 lemon

than-hmo သံမှို *n* rivet;

(push)pin, tack

than-hmu: သံမှူး *n* 🌐 attache, counsellor, secretary

than-hno' သံနတ် *n* pliers

than-hnya' သံညှပ် *v* mousetrap

than-pan: သံပန်း *n* metal grille (on door, window)

than-hpə-na' သံဖိနပ် *n* bracket to fit a housepost in a concrete base

than-shei သံရှည် *n* low tone, i.e., sound of အီ၊ အူ

than-sọ သံစို့ *n* cold chisel; iron peg

than-hsu:-jo သံဆူးကြိုး *n* barbed wire

than-ya' သံရပ် *n* glottal stop, e.g., sound of အတ်၊ အက်၊ အစ်

than-yon: သံရုံး *n* 🌐 embassy

than-yo' သံယုတ် *n* [orth] medial (consonant)

than-yɔ:-zin သံယောဇဉ် *n* emotional attachment, bond, tie

than-zə-ga သံဆန်ခါ *n* wire mesh, wire screen

thaṇ သန့် *v* be clean, be pure; be pretty

thaṇ-shin: သန့်ရှင်း *v* be clean; clean (up), tidy up

thaṇ-shin:-yei သန့်ရှင်းရေး *n* cleanliness; sanitation, hygiene

thaṇ-sin သန့်စင် *v* be clean, be pure; be innocent

than:₁ သန်း *n* million; 🐛 louse (*pl.* lice)

than:₂ သမ်း *v* yawn

thaun-tin သောင်တင် *v* run aground; be stranded

thaun: သောင်း *n* ten thousand

thaun:-jan:-thu သောင်းကျန်းသူ *n* ⚔ 🌐 insurgent, rebel

thau' သောက် *v* drink; smoke

thau'-ja သောကြာ *n* Friday; ♀ Venus

thau'-hsei: သောက်ဆေး *n* 💊 oral medicine, pills, tablets

thau'-yei သောက်ရေ *n* drinking water

tha'₁ သတ် *v* kill; (of fire, light) extinguish; finish off

tha'₂ သပ် *v* pet, stroke; wipe; whittle

tha'-də-pa' သတ္တပတ် *n* week

tha'-hma' သတ်မှတ် *v* fix (time, place); nominate (sb for sthg); specify (kind, method); recognise

tha'-tə-mạ သတ္တမ *n* seventh

tha'-tə-wa သတ္တဝါ *n* living being, living creature

tha'-tha' သတ်သတ် *adv* separately, exclusively, apart

tha'-tị သတ္တိ *n* courage, bravery

tha'-tụ သတ္တု *n* metal; mineral

tha'-ya' သပ်ရပ် *v* be neat, be tidy

the₁ သည် *n* suffix to an kind of work, action, condition, -er

the₂ သယ် *v* carry, transport

the-hsaun သယ်ဆောင် *v* carry, transport

the: သဲ *n* sand

the:-dhaun သဲသောင် *n* sand-bank; beach

the:-jo သည်းကြိုး *n* (sandal ~) strap, thong

the:-lun-zạ သဲလွန့်စ *n* clue, hint

the:-shin သဲရှင် *n* quicksand

the:-we: သဲဝဲ *n* ⚕ athlete's foot, a fungal skin infection

the:-yei-jạ သဲရေကျ *v* be a waste, be in vain

thei သေ *n* (of person) die, pass away; (of body) be paralysed

thei-dan သေဒဏ် *n* ⚖ death sentence

thei-dan:-za သေတမ်းစာ *n* will

thei-ja သေချာ *v* be certain, be sure; be thorough

thei-ja-pau' သေချာပေါက် *adv* surely, certainly, for sure

thei-sə-yin: သေစာရင်း *n* death certificate

thei-hson: သေဆုံး *v* die, pass away

thei-yi-(thei-ye') သေရည် (သေရက်) *n* (alcoholic) drink

thei:₁ သေး *v* be small, be little

thei:₂ သေး *part* yet (with neg), still

thei:-dhei:-tin သေးသေးတင် *n* [orth] ⸗

thei:-pau' သေးပေါက် *v* urinate, pee (inf), piss ⚠

thein₁ သိမ် *v* small; slender; shrunk

thein₂ သိမ် *n* ⚏ sima, ordination hall

thein-gi သိမ်ဂီ *n* kind of high-quality gold

thein-mweị သိမ်မွေ့ *v* delicate, fragile; well-behaved, gentle; subtle; delicate

thein: သိန်း *n* hundred thousand

thein:₁ သိမ်း *v* keep, save for; pack (up); collect, take away, confiscate

thein:₂ သိမ်း *n* 🦅 falcon

thei'₁ သိပ် *v* compress; stuff, cram; rest (to stop sweating); put to bed, put to sleep; (of dust) settle, subside

thei'₂ သိပ် *adv* very

thei'-hka သိက္ခာ *n* dignity, propriety, practice of morality

thei'-pan သိပ္ပံ *n* science

thei'-pan-ni:- jạ သိပ္ပံနည်းကျ *v* be scientific

the'₁ သက် *v* be slightly bitter; descend

the'₂ သက် *n* life; age; breath; *Thet* ethnic group

the'-kə-tạ သက္ကတ *n* Sanskrit

the'-kə-yi သက္ကရာဇ် *n* year

the'-ke သက်ကယ်၊ သက်ငယ် *n* 🌿 kind of grass used for thatch

the'-hsain သက်ဆိုင် *v* be concerned (with); be relevant (to)

the'-hsain-ya သက်ဆိုင်ရာ *n* (person, department, thing) concerned, relevant, responsible

the'-tan သက်တံ *n* rainbow

the'-tan: သက်တမ်း *n* lifespan, life; validity

the'-tan:-to: သက်တမ်းတိုး *v* extend, renew

the'-tha သက်သာ *v* be better, get relief (from illness, pain); be relieved; be easy; be inexpensive

the'-than သက်သဲ *n* creaky tone, e.g., အီး အု

the'-thauṇ-the'-tha သက်သောင့် သက်သာ *adv* in comfort, comfortably

the'-tha'-lu' သက်သတ်လွတ် *v* (of food, diet) be vegetarian

the'-thei သက်သေ *n* 🖐 witness

the'-thei-gan-ka' သက်သေခံ ကတ် *n* identity card, ID card

the'-thei-gan-pyi'-si: သက်သေခံ ပစ္စည်း *n* 🖐 evidence

the'-thei-hkan သက်သေခံ *v* 🖐 give evidence

the'-thei-pyạ သက်သေပြ *v* prove

the'-the' သက်သက် *adv* just, only, exclusively; separately; individually; deliberately, on purpose, intentionally

the'-the'-mẹ သက်သက်မဲ့ *adv* arbitrarily; meaninglessly

the'-tɔ-zauṇ သက်တော်စောင့် *n* bodyguard

thi₁ သီ *v* string (beads, flowers); skewer

thi₂ သည် *pron* this

thi₃ သည် *part* 🕮 marker for subject of sentence; 🕮 particle indicating the end of a declarative sentence

thi-hạ သီဟ *n* 🐾 lion

thi-ho သီဟိုဠ် *n* 🌿 cashew; 🌐 Ceylon

thi-lạ သီလ *n* 🕮 precepts; morals, principles

thi-lạ-sauṇ သီလစောင့် *v* 🕮 keep the precepts

thi-lạ-shin သီလရှင် *n* 🕮 nun

thi-o-ri သီအိုရီ *n* theory

thi-tạ သီတ *n* cool; cold

thị₁ သိ *v* know

thị₂ သည့် *part* 🕮 suffix to a verb or verb phrase to form adjectival phrase

thị-dha သိသာ *v* be clear, be evident; be obvious

thị-thwa: သိသွား *v* find out

thi: သီး *v* be separate, be distinct; 🌿 bear fruit

thi:-dhi: သီးသီး *adv* alone, only, separately

thi:-ja သီးခြား *v* be separate; be independent

thi:-jei-ei' သည်းခြေအိတ် *n* ⚕ gall bladder

thi:-jei-yei သည်းခြေရည် *n* ⚕ bile

thi:-hkan သည်းခံ *v* tolerate; bear

thi:-niṇ သီးနင့် *v* be very rude, be crude

thi:-thaṇ₁ သီးသန့် *v* be reserved; be special; be separate

thi:-thaṇ₂ သီးသန့် *adv* especially, specially, particularly

thi:-zon-chin-yei သီးစုံချဉ်ရည် *n* sour soup with vegetables

thin₁ သင် *v* teach, train; learn, study

thin₂ သင် *pron* you

thin-bon: သင်ပုန်း *n* chalkboard, blackboard; slate

thin-bon:-ji: သင်ပုန်းကြီး *n* primer

thin-cha သချာ *n* number, amount; mathematics, maths

thin-dan: သင်တန်း *n* class; training course

thin-don:-da: သင်တုန်းဓား *n* cutthroat razor, straight razor

thin-ga သက်ာ *n* doubt, suspicion

thin-ga-shin: သက်ာရှင်း *v* dispel doubt, dispel suspicion

thin-gan: သက်န်း *n* 🕮 monks robe

thin-gan:-za သင်ခန်းစာ *n* lesson

thin-ja: သင်ကြား *v* teach, train; learn, study

thin-kei-ta သကေ်တ *n* sign, symbol; mark

thin-pei: သင်ပေး *n* teach, train, instruct

thin-pya သင်ပြ *v* teach, train; demonstrate, show

thin-hpya သင်ဖျာ *n* mat made from the smooth outer part of a reed

thin-yo: သင်ရိုး *n* course, class

thin-yu သင်ယူ *v* learn, be trained

thin₁ သင့် *v* be proper, be appropriate, be suitable, be right (for); be favourable; get on well; agree; be affected by

thin₂ သင့် *pron* your

thin₃ သင့် *part* should, ought to

thin-tin သင့်တင့် *v* be proper, be right for

thin-to သင့်တော် *v* be proper, be right (for)

thin: သင်း *v* be fragrant, be aromatic; be scorched; castrate

thin:-bo: သဘော် ⚓ ship, (large) boat, vessel; 🌿 papaya

thin:-bo:-dha: သဘော်သား *n* ⚓ sailor, ship's crew, crew member

thin:-bo:-zei: သဘော်ဆေး *n* boat enamel (paint)

thin:-jain:-(gon:) သချိုင်း(ကုန်း) *n* cemetery, graveyard

thin:-jan သကြန် *n* the Water Festival

thi'₁ သစ် *v* be new; be unused; wash (face)

thi'₂ သစ် *n* wood; timber, lumber; 🐆 leopard

thi'-cha သစ်ချ *n* 🌿 chestnut

thi'-do သစ်တော် *n* 🌿 pear

thi'-gain: သစ်ကိုင်း *n* (tree)

branch, (tree) limb

thi'-jə-bo: သစ်ကြံ့ပိုး *n* 🌿 cinnamon

thi'-ja: သစ်ကြား *n* 🌿 walnut

thi'-hkau' သစ်ခေါက် *n* (tree) bark

thi'-hkwạ သစ်ခွ *n* 🌿 orchid; vanilla

thi'-pin သစ်ပင် *n* 🌿 tree

thi'-sa သစ္စာ *n* truth; loyalty; fidelity; oath

thi'-sa-bau' သစ္စာဖောက် *n* traitor

thi'-ta သေတ္တာ *n* box, chest; tin

thi'-tau' သစ်တောက် *n* 🐦 woodpecker

thi'-tha: သစ်သား *n* wood; timber, lumber

thi'-thi:-(wə-lan) သစ်သီး(ဝလံ) *n* fruit

thi'-ton သစ်တုံး *n* (cut or uncut) log

thi'-tɔ သစ်တော *n* forest, wood, woods

tho သို *v* stock up (on), store

tho-hlaun သိုလှောင် *v* store, keep

tho-hlaun-yon သိုလှောင်ရုံ *n* store(house), warehouse

tho-thei' သိုသိပ် *v* suppress; be modest; be understated

thọ သို့ *part* 📖 suffix to noun to mark direction; in a similar way, like, as; in (this) way

tho:₁ သိုး *v* (of food) be stale

tho:₂ သိုး *n* 🐑 sheep

thon-nyạ သုည *n* [math] zero, naught, 0

thon-ban: သုံ့ပန်း *n* ⚔ prisoner of war, POW

thon:₁ သုံး *v* use

thon:₂ သုံး *n* three

thon:-bein:-(ka:) သုံးဘီး(ကား) *n* kind of small three-wheeled car

thon:-da'-tha: သုံးထပ်သား *n* three-layer plywood

thon:-dha' သုံးသပ် *v* consider; evaluate, analyse; review

thon:-swe: သုံးစွဲ *v* use

thon:-hsaun သုံးဆောင် *v* use; [fml] (of food, esp when inviting) eat, have, take

thon:-yei သုံးရေ *n* water for household use

thon:-ze သုံးဆယ် *n* thirty

tho'₁ သုတ် *v* (of table) wipe; paint, brush on; (of jam,

butter) spread; pinch, (of
purse, bag) snatch

tho'₂ သုပ် *v* (of ingredients of a
salad, or certain soups) mix,
toss

tho'₃ သုတ် *n* group, batch;
📖 sutta

tho'-tho' သုတ်သုတ် *v* briskly,
smartly

tho'-yei သုက်ရည် *n* semen

thɔ သော် *part* 📖 if, when

thɔ-da သော်တာ *n* 📖 moon

thɔ̣ သော့ *n* lock; key

thɔ̣-gə-lau' သော့ခလောက် *n*
padlock

thɔ̣-jaun: သော့ချောင်း *n* key

thɔ̣-hka' သော့ခတ် *v* lock (up)

thɔ̣-lon: သော့လုံး *n* lock

thɔ̣-hpwiṇ သော့ဖွင့် *v* unlock

thɔ: သော *part* 📖 suffix to a
verb to form an adjectival
construction, or express a
wish

thɔ:-ə-hka သောအခါ *part*
📖 when, in the event

thɔ:-jauṇ သောကြောင့် *part*
📖 because, as; seeing that

thu₁ သူ *pron* he ♂, she ♀; you

thu₂ သူ *part* suffix to noun, to

indicate one who does, -er

thu-də-ba: သူတစ်ပါး *n* the other
person, party

thu-dɔ သူတော် *n* 📖 assistant
to a monastery

thu-dɔ-gaun: သူတော်ကောင်း *n*
virtuous person

thu-dɔ-zin သူတော်စင် *n* [relig]
saint

thu-gaun: သူကောင်း *n* man of
good character; gentleman

thu-mya: သူများ *pron* they;
others; I

thu-na သူနာ *n* ☩ patient, sick
person

thu-na-byu သူနာပြု *n* ☩ nurse

thu-rạ သူရ *n* bravery, courage;
⚔ medal given for courage

thu-ri̩-ya သူရိယ *n* sun

thu-zein: သူစိမ်း *n* stranger

thu̩-hkə-mein သူခမိန် *n* learned
man, wise man, sage

thu̩-hkạ သုခ *n* happiness,
delight; pleasure

thu̩-tạ သုတ *n* knowledge,
learning

thu̩-tei-thə-nạ သုတေသန *n*
research

thun သွန် *v* pour; empty; spill

thun: သွန်း *v* pour (liquid); cast (metal)

thu'₁ သွတ် *v* put in, insert; enclose (in)

thu'₂ သွပ် *n* zinc; galvanised metal sheet, often used as roofing

thwa:₁ သွား *v* go; depart, leave; proceed

thwa:₂ သွား *n* tooth (pl. teeth)

thwa:-dai'-hsei: သွားတိုက်ဆေး *n* toothpaste

thwa:-dụ သွားတု *n* false tooth, bridge; (full set of) dentures

thwa:-ja:-hto:-dan သွားကြားထိုး တဲ့ *n* toothpick

thwa:-pon သွားပုံ *n* dentures, false teeth

thwa:-sai' သွားစိုက် *v* put in a crown, put in a false tooth

thwa:-tai' သွားတိုက် *v* clean teeth, brush teeth

thwei:₁ သွေး *v* grind; sharpen; sharpen, develop

thwei:₂ သွေး *n* blood

thwei:-a:-kaun: သွေးအားကောင်း *v* be vigorous

thwei:-a:-ne: သွေးအားနည်း *v* ☤ have anaemia, have anemia

thwei:-baun-chein သွေးပေါင်ချိန် *v* ☤ take blood pressure

thwei:-baun-ja သွေးပေါင်ကျ *v* ☤ (of one's blood pressure) drop

thwei:-chein သွေးချိန် *v* ☤ take blood pressure

thwei:-ei: သွေးအေး *v* in a calm state of mind

thwei:-ja သွေးကျ *v* ☤ feel symptoms of low blood pressure

thwei:-jei-ụ သွေးခြည်ဉ *v* be bruised

thwei:-jei-ụ သွေးခြည်ဉ *n* blood blister

thwei:-jɔ: သွေးကြော *n* blood vessel, vein, artery

thwei:-jwạ သွေးကြွ *v* be excited, be keyed up

thwei:-hkon-hnon: သွေးခုန်နှုန်း *n* ☤ pulse (rate)

thwei:-lun သွေးလွန် *v* ☤ bleed, haemorrhage, hemorrhage

thwei:-lun-to'-kwei: သွေးလွန် တုပ်ကွေး *n* ☤ dengue haemorrhagic fever, dengue hemorrhagic fever

thwei:-hlu သွေးလှူ *v* donate

blood

thwei:-hlu-ban သွေးလှူဘဏ် *n* ♥ blood bank

thwei:-o'-su သွေးအုပ်စု *n* ♥ blood type, blood group

thwei:-paun သွေးပေါင် *v* ♥ bleeding before birth, haemorrhage, hemorrhage

thwei:-pɔ သွေးပေါ် *v* menstruate, have one's period

thwei:-san: သွေးစမ်း *v* take sb's pulse

thwei:-si: သွေးစည်း *v* be united

thwei:-si' သွေးစစ် *v* have a blood test

thwei:-hsaun သွေးဆောင် *v* persuade, convince, win over

thwei:-te' သွေးတက် *v* have symptoms of high blood pressure; have blood poisoning

thwei:-thun သွေးသွန် *v* ♥ have menorrhagia, have abnormally heavy menstruation; ♥ have post-partum bleeding

thwei:-to: သွေးတိုး *v* ♥ have high blood pressure

thwei:-thwin: သွေးသွင်း *v* ♥ give a blood transfusion

thwei:-htein သွေးထိမ် *v* ♥ skip one's period (inf), have amenorrhoea

thwei:-wun: သွေးဝမ်း *n* ♥ dysentery

thwei:-yei-ji သွေးရည်ကြည် *n* ♥ serum

thwei:-yi-ji သွေးရည်ကြည် *n* serum

thwei:-zei:₁ သွေးစေး *n* clotted blood

thwei:-zei:₂ သွေးဆေး *n* blood purifing tonic

thwei:-zon:-kain သွေးဆုံးကိုင် *v* ♥ have symptoms of menopause

thwe' သွက် *v* be quick, be swift; (of sales, etc) be brisk; be lively, be active

thwin: သွင်း *v* put into; introduce, bring in

thwin:-gon သွင်းကုန် *n* import

ti₁ တီ *n* ☙ (earth)worm

ti₂ တည် *v* be in a certain place; exist, continue; build

ti-bo' တည်ပုဇ် *n* entry

ti-daun တည်ထောင် *v* found, establish

ti-mye: တည်မြဲ *v* be steady; be

stable

ti-nyein တည်ငြိမ် v be serene, be tranquil

ti-hsau' တည်ဆောက် v build, construct

ti-htwin တီထွင် v invent

ti တည့် v be straight (on, ahead); (of people) be compatible, get on together

ti-ja တိကျ v be exact, be precise; be accurate

ti-pi-ta-ka တိပိဋက n ⓌTipitika

ti: တီး v ♪ play (musical instrument); ♪ beat (drum, gong); honk (horn)

ti:-do:-pyo: တီးတိုးပြော v whisper, talk in low tones

ti:-lon: တီးလုံး n ♪ tune or melody (without singing), instrumental

tin₁ တင် v put on, place on

tin₂ တင် n hips; buttocks, backside (inf); panniers

tin-ba တင်ပါ n Ⓦ yes (when speaking with a monk)

tin-ba တင်ပါ့ n Ⓦ yes (when speaking with a monk)

tin-ba: တင်ပါး n hips

tin-jo တင်ကြို့ v anticipate

tin-hmyau' တင်မြှောက် v 🌐 appoint, elect

tin-po တင်ပို့ v export

tin-po-gon တင်ပို့ကုန် n export(s), good for export

tin-pya တင်ပြ v submit, present, turn in

tin-za: တင်စား v ⚞ use a metaphor or simile

tin-zi: တင်စီး v boss sb around, be overbearing; impose oneself

tin တင့် v be becoming, be flattering; be proper, be suitable

tin-ka: တင်ကား n ⚟ tank

tin:₁ တင်း v be tight; make taut; harden; stand firm; be short

tin:₂ တင်း n basket, unit of measure for grain

tin:-dei' တင်းတိပ် n freckles

tin:-go' တင်းကုပ် n shed

tin:-ja' တင်းကျပ် v strict

tin:-ma တင်းမာ v be hard; be tense

ti'₁ တစ် v cut, chop; be stuck

ti'₂ တစ် n one

ti'-shu: တစ်ရှူး n tissue

to တို *v* be short (in length or time, ≠ long)

to-hu: တိုဟူး *n* yellow Shan tofu

to-li-mo-li တိုလီမိုလီ *n* odds and ends, bits and pieces; this and that

to-li-mo'-sạ တိုလီမုတ်စ *n* odds and ends, bits and pieces; this and that

to-shei တိုရှေ *n* dosa

tọ₁ တို့ *v* touch lightly; dab; dip (in sauce)

tọ₂ တို့ *pron* we

tọ₃ တို့ *part* suffix to pronouns or nouns indicating persons, to denote a groups of persons with some relationship

to: တိုး *v* push, shove; advance; (of sound volume) lower; (of sound) be soft, be faint

to:-te' တိုးတက် *v* improve; progress; develop

to:-to:-tei'-tei' တိုးတိုးတိတ်တိတ် *adv* quietly; secretly; sneakily, on the sly

ton₁ တုန် *v* tremble, shake

ton₂ တုံ *v* stop, halt

ton₃ တုံ *n* heights

ton₄ တုံ *part* suffix to a verb for

emphasis, esp recurring action

ton-kin တုံကင် *n* hand pump

ton-hlo' တုန်လှုပ် *v* tremble, shake

tọn တုံ့ *v* give sthg in return; turn back; falter

tọn-pyan တုံ့ပြန် *v* requite; respond; retaliate

tọn-pyan-hmụ တုံ့ပြန်မှု *n* response

ton:₁ တုံး *v* cut, chop; shave

ton:₂ တုံး *n* log, piece of wood, stick; hyphen, dash; word used to count lumps, blocks

ton:₃ တုန်း *part* while; still, when (in the past)

ton:₄ တုံး *part* [inf] final marker for open questions

ton:-lon: တုံးလုံး *adv* (lying) at full length, stretched out; naked, nude

to'₁ တုပ် *v* (of a person) be stocky; ♪ sound, strike; eat (inf); build (a dike)

to'₂ တုပ် *n* ♣ threadworm; rod, stick; hyphen

to'₃ တုပ် *v* tie; bind; sting

to'-kwei: တုပ်ကွေး *n* ♥

influenza, flu

to'-kwei:-ji: တုပ်ကွေးကြီး *n* ⚕
dengue fever

tɔ₁ တော် *v* be enough, be
sufficient, be suitable; be
related; be clever, be good at

tɔ₂ တော် *part* suffix to noun to
show respect for sacredness
or royalty

tɔ-dhə-lin: တော်သလင်း *n*
Tawthalin

tɔ-dɔ တော်တော် *adv* moder-
ately, pretty, fairly; quite,
rather

tɔ-dɔ-tan-dan တော်တော်တန်တန်
adv somewhat

tɔ-hlan တော်လှန် *v* 🌐 rebel,
revolt

tɔ-hlan-yei: တော်လှန်ရေး *v* 🌐
revolution; rebellion

tɔ-sa' တော်စပ် *v* be related

tɔ-win တော်ဝင် *v* royal

tọ တော့ *part* suffix to verb to
indicate finality; suffixed to
negated verbs to express a
change; verb suffix indicating
nearness in time, etc: nearly,
almost, about to; but,
however; at least, as for;

when, at the time (in the
future); because, since, as;
infix between repeated verbs
to qualify an agreement

tɔ: တော n jungle, forest

tɔ:-dan: တောတန်း *n* woods

tɔ:-jaun တောကြောင် *n* 🐾
wildcat; bandit, robber

tɔ:-hko တောခို *v* 🌐 go
underground; be a guerrilla

tɔ:-win တောဝင် *v* go into the
forest to become a hermit

tɔ:-yạ-jaun: တောရကျောင်း *n*
🏯 monastery far from the
nearest town

tri-gan တြိဂံ *n* triangle

tu₁ တူ *v* be the same; be alike,
resemble

tu₂ တူ *n* chopsticks; hammer; ♂
nephew ♂

tu-mạ တူမ *n* ♀ niece ♀

tu-nyi တူညီ *v* be the same, be
equal; become equal

tu-rị-ya တူရိယာ *n* 🎵 (musical)
instrument

tụ တု *v* imitate; be like; be
artificial, be imitation, be
false, be fake, be artificial

tu: တူး *v* dig; be burnt, be

scorched

tu:-du:-hka:-ga: တူ့တူ့ခါးခါး *adv* extremely

tuṇ တွန့် *v* wrinkle; crease; warp; curl

tun:₁ တွင်း *n* pit, hole (in the ground)

tun:₂ တွန်း *v* push; urge

tun:-a:-pei: တွန်းအားပေး *v* encourage; prod; exhort

tun:-hle: တွန်းလှည်း *v* wheelbarrow, pushcart; wheelchair; gurney

tu' တွတ် *v* talk incessantly; nag

tu'-hto: တွတ်ထိုး *v* chatter

twa: တွား *v* crawl, creep

twa:-thwa:-dhə-də-wa တွားသွား သတ္တဝါ *n* ☙ reptile

twa:-thwa:-dha'-də-wa တွားသွား သတ္တဝါ *n* ☙ reptile

twa:-thwa:-gaun တွားသွားကောင် *n* ☙ reptile

twe တွယ် *v* stick to, cling to; be attached to; ☙ attack

twe-jei' တွယ်ချိတ် *n* safety pin

twe-ka' တွယ်ကပ် *v* cling, stick (fast); hang on, sponge on

twe: တွဲ *v* link (to); attach (to); pair (with)

twe:-hpe'₁ တွဲဖက် *v* become partners, make a partnership, partner with (inf); do sthg jointly

twe:-hpe'₂ တွဲဖက် *n* partner, associate

twei တွေ *part* ☙ particle suffixed to noun to indicate diversity, plurality, every

twei တွေ့ *v* see (a person), meet; meet; come across, find; experience CF ဆုံ; ကြုံ 1D: တွေ့မြင်.

twei-jon တွေ့ကြုံ *v* come across, meet, encounter; experience

twei-hson တွေ့ဆုံ *v* meet, get together

twei: တွေး *v* think; reflect

twei:-hkɔ တွေးခေါ် *v* imagine; think

twei:-hmyɔ တွေးမြှော် *v* plan carefully; think ahead

twe' တွက် *v* calculate, compute; reckon, enumerate; figure, reckon; nudge, push sideways

twe'-ka' တွက်ကတ် *v* refuse to do sthg (because others also refused)

twin₁ တွင် *v* be known as, be called, be named; be accepted; do well, make progress

twin₂ တွင် *n* lathe

twin₃ တွင် *part* at, in, on; within, inside

twin-gon တွင်ခုံ *n* lathe

twin:₁ တွင်း *n* pit, hole (in the ground)

twin:₂ တွင်း *part* suffix to a place: in, at, within, inside; suffix to a time: within, during

twin:-aun: တွင်းအောင်း *v* hibernate

twin:-dwe'-pyi'-si: တွင်းထွက် ပစ္စည်း *n* 🦯 mineral resources

ht

htə-le' ထန်းလက် *n* 🌿 frond of a toddy palm

htə-mə-ne: ထမနဲ၊ ထမင်းနဲ *n* snack made of sticky rice, sesame, and peanuts

htə-mə-yei ထမင်းရည် *n* rice water, water drained off from cooked rice

htə-mein ထဘီ *n* sarong, women's *longyi*

htə-min: ထမင်း *n* (cooked) rice

htə-min:-baun: ထမင်းပေါင်း *n* rice served with fried vegetables (and meat) in one dish

htə-min:-jain ထမင်းချိုင့် *n* food carrier, tiffin box

htə-min:-jan: ထမင်းကြမ်း *n* leftover rice

htə-min:-je' ထမင်းချက် *n* cook

htə-min:-jin ထမင်းချဉ် *n* Shan dish of spiced rice, tomatoes

htə-min:-jo: ထမင်းချိုး *n* crust of browned rice at the bottom of the pot

htə-min:-jɔ ထမင်းကြော် *n* fried rice

htə-nye' ထန်းလျက် *n* jaggery, palm sugar

htə-yan ထရံ *n* matting for walls

htə-yei ထန်းရည် *n* toddy, drink made from toddy sap

htə-yi ထန်းရည် *n* toddy, drink made from toddy sap

hta-nạ ဌာန *n* place; department

htạ₁ ထ *v* get up; rise; stand; rise, come up, arise; misbehave, act up; appear (on surface); (of disease) act up, reappear; sprout

hta̩$_2$ ဌ၊ ထ *n* the twelfth and seventeenth letters in the Myanmar script

hta̩-hsin-du: ထဆင်ထူး *n* the seventeenth letter in the Myanmar script

hta̩-win-be: ဌဝမ်းဘဲ *n* the twelfth letter in the Myanmar script

hta-wə-ra̩ ထာဝရ *adv* always, forever

hta:$_1$ ထား *v* put, place, set (sthg on); set *or* put aside, keep

hta:$_2$ ထား *part* suffix to verb, to indicate a continuous effect; particle indicating prior action, with influence to present

htain ထိုင် *v* sit

htain-gon ထိုင်ခုံ *n* chair, stool, seat, bench

htain:$_1$ ထိုင်း *v* be damp, be moist, be slightly wet; be dull, be slow; be dull, be bored; be heavy or slow

htain:$_2$ ထိုင်း *adj* Thai

htain:-nain-gan ထိုင်းနိုင်ငံ *n* Thailand

htai'$_1$ ထိုက် *v* be worth, have (a certain) value; deserve

htai'$_2$ ထိုက် *part* suffix to verb to denote that sthg is proper, deserving, fitting, suitable, worthy, deserving

htan$_1$ ဌာန် *n* [linguistics] place of articulation

htan$_2$ ထန် *v* (of weather) be stormy; (of speech, expression) be stern; (of poison, current) be strong

htan$_3$ ထံ *n* vicinity, place nearby

htan$_4$ ထံ *part* to

htan:$_1$ ထန်း *n* toddy palm, tall palm with fan-shaped fronds

htan:$_2$ ထမ်း *v* carry (on the shoulder or on the back); serve

htan:$_3$ ထမ်း *n* classifier used to count loads with a shoulder pole

htan:-hsaun ထမ်းဆောင် *v* serve (in government); pay (taxes)

htan:-yei ထန်းရည် *n* toddy,

drink made from toddy sap

htan:-zin ထမ်းစင် *n* ♆ stretcher, litter

htaun₁ ထောင် *v* stand, set upright; hold upright, raise up; set up, found (business, organisation, etc); lay a trap

htaun₂ ထောင် *n* thousand; prison; jail, gaol

htaun-chạ ထောင်ချ *v* ⚒ imprison; jail, gaol

htaun-dan ထောင်ဒဏ် *n* ⚒ (prison) sentence

htaun-jạ ထောင်ကျ *v* be sent to prison or jail, gaol

htaun-jau' ထောင်ချောက် *v* trap, snare; ⚒ booby-trap

htaun-hta: ထောင်ထား *v* 🌐 rebel

htaun: ထောင်း *v* pound, crush

htau'₁ ထောက် *v* prop up, support; kneel; support, aid, maintain

htau'₂ ထောက် *n* classifier for counting stages of journey

htau'-kwe' ထောက်ကွက် *n* foible, weak point

htau'-hkan ထောက်ခံ *v* support; agree; recommend

htau'-hkan-za ထောက်ခံစာ *n* letter of recommendation, official statement

htau'-hlan: ထောက်လှမ်း *v* investigate, inquire

htau'-hlan:-yei: ထောက်လှမ်းရေး *n* intelligence; espionage

htau'-paṇ ထောက်ပံ့ *v* support, subsidise

hta'₁ ထပ် *v* stack, pile, arrange in layers; repeat; add to

hta'₂ ထပ် *n* classifier for floors of a building, layers, etc

hta'-hka-hta'-hka ထပ်ကာ ထပ်ကာ *adv* repeatedly, again and again, over and over again

hta'-hka-tə-le:-le: ထပ်ကာ တလဲလဲ *adv* repeatedly, again and again, over and over again

hta'-hko: ထပ်ခိုး *n* loft, mezzanine

hta'-man ထပ်မံ *part* (over) again

hta'-hsiṇ ထပ်ဆင့် *adv* again

hta'-tə-ya ထပ်တရာ *n* flat round bread with many layers fried on a griddle; ✿ marigold;

high quality topaz

hta'-tu ထပ်တူ *adv* of the same kind, like, identically

hte₁ ထည် *v* be grand

hte₂ ထည် *n* material; form; cloth, material, fabric, textile; classifier for pieces of clothing and other textiles

hte₃ ထယ် *n* plow (Am), plough (Br)

htẹ ထည့် *v* put in, insert, include; save (on computer disk)

hte: ထဲ *part* in, inside; among, (in) between; while, during

htei ထေ *v* recover a loss, recoup

htei-ra̱-wa-da̱ ထေရဝါဒ *n* ⚙ Theravada Buddhism

hteị ထေ့ *v* be sarcastic, be snide

htein₁ ထိန် *v* be shining, beam

htein₂ ထိမ် *v* conceal, cover up, hide (sthg); keep back

htein: ထိန်း *v* babysit, mind (a child), look after (a child); control; restrain

htein:-cho' ထိန်းချုပ် *v* control; restrain, hold in check

htein:-hma' ထိမ်းမှတ် *v* mark out, set up, place etc as a memorial

htein:-thein: ထိန်းသိမ်း *v* control, restrain; preserve, conserve; detain; maintain

htei'₁ ထိတ် *v* be alarmed, get a fright; be scared

htei'₂ ထိတ် *n* shackles, fetters, chains; stocks

htei'₃ ထိပ် *n* crown (of head); summit, top, peak; highest part; best, first; tip (of finger, toe, etc); edge; end (of road)

htei'-ka'-na ထိပ်ကပ်နာ *n* ⚕ sinusitis

htei'-tai'-tweị ထိပ်တိုက်တွေ့ *v* meet face-to-face

htei'-tan: ထိပ်တန်း *n* first place, first row; top

htei'-thi: ထိပ်သီး *n* person who is top in a field

hte'₁ ထက် *v* be sharp, be keen; (of temper) be short; be effective, be powerful

hte'₂ ထက် *part* above, over, upon; superior to; (more) than, -er

hte'-mə-ne: ထက်မနည်း *part*
📖 not less than, at least

hte'-mye' ထက်မြက် *v* be sharp,
be keen; be effective, be
powerful

hte'-than ထက်သန် *v* be eager,
be enthusiastic

hte'-we' ထက်ဝက် *n* half

hti ထီ *n* lottery

hti-pau' ထီပေါက် *v* win the
lottery

hti-hto: ထီထိုး *v* play the lottery

hti₁ ထိ *v* touch; suffer; make a
point

hti₂ ထိ *part* to, till, until, up to

hti̱-hkai' ထိခိုက် *v* be hit *or*
struck with force, be injured,
be wounded; be touched

hti̱-yau' ထိရောက် *v* (of style,
way, etc) be effective, be
telling; (of action) work, be
effective

hti:₁ ထီး *n* umbrella; parasol (to
protect from sun)

hti:₂ ထီး *part* particle suffixed
to some animals to denote
the male

hti:-di: ထီးထီး *adv* alone

hti:-nan: ထီးနန်း *n* 🌀 🗡 throne;

kingship, monarchy

htin ထင် *v* be visible, be seen;
think, guess

htin-myin ထင်မြင် *v* visualise;
think, believe

htin-hma' ထင်မှတ် *v* regard as;
believe

htin-sha: ထင်ရှား *v* be distinct;
be well-known; be
conspicuous, be evident

htin-za: ထင်စား *v* think
(probable), expect; hope

hti̱n ထင့် *v* have misgivings, be
uneasy

htin:₁ ထင်း *v* be visible
distinctly, be well-defined; be
conspicuous, be evident

htin:₂ ထင်း *n* firewood

htin:-bau' ထင်းပေါက် *n* kindling

htin:-hkwei ထင်းခွေ *v* gather
firewood

htin:-shu: ထင်းရှူး *n* 🌲 pine, fir

hti'₁ ထစ် *v* cut

hti'₂ ထစ် *n* notch, indentation

hto ထို *pron & adj* 📖 that, this

hto-ə-hka ထိုအခါ *part* at that
time, just then; 📖 because of
(this) SYN ထိုအခိုက်

hto-ni:-ə-du ထိုနည်းအတူ *adv*

📖 in the same way, similarly

hto-ni:-du-(zwa) ထိုနည်းတူ(စွာ) *adv* 📖 in the same way, similarly

hto̞-de' ထို့ထက် *adv* more than that

hto̞-jauṇ ထို့ကြောင့် *adv* for that reason, that is why

hto̞-nau' ထို့နောက် *adv* later, afterward

hto: ထိုး *v* hit, punch (with a fist), strike (with a jabbing motion); poke, jab, ram; stab (with sthg sharp); pierce, impale, skewer; drill; play (board games such as draughts, chess); stick out, thrust out, stretch out, extend (one's tongue, one's hand, one's foot); (of certain insects) bite; be bitten (by insects); be eaten (by moths, ants); pin (between); pick (teeth); carry, pack (a gun); dive, plunge (head first), turn (somersaults); fill up with; inject, pump; throw (a beam of light, a searchlight on sthg), project (film, slides);

cast, throw (a glance, a look); be lit (by a beam of light); thrust; cast (a shadow); wait on, serve; be a certain hour, be (a certain) o'clock; build, put up; sign; mark; bet, wager, lay (a bet, money on)

hto:-jei' ထိုးကြိတ် *v* beat sb up, get in a fight

hto:-moṇ ထိုးမုန့် *n* toffee-like sweet made of sticky rice, sugar, coconut and oil

hto:-hpau' ထိုးဖောက် *v* pierce; break through

hto:-zei: ထိုးဆေး *n* ⚕ injectable medicine, injection

hton ထုံ *v* be numb, be numbed; be dull, be stupid; infuse

hton-jin ထုံကျဉ် *v* be numb, be numbed, be insensitive

hton-zei: ထုံဆေး *n* ⚕ local anaesthetic

hton̞ ထုံ့ *v* tie (a knot); bind, tie

hton:₁ ထုံး *v* (tie a) knot

hton:₂ ထုံး *n* tradition, custom; lime

hton:-da' ထုံးဓာတ် *n* calcium

hton:-jau' ထုံးကျောက် *n* limestone

hton:-zan ထုံးစံ *n* tradition, custom, way

hto'₁ ထုတ် *v* take out; put out; extract, excerpt; remove, produce

hto'₂ ထုပ် *v* pack (up), wrap (up); bind

hto'₃ ထုပ် *n* packet, parcel, bag

hto'-kon ထုတ်ကုန် *n* export(s)

hto'-hno' ထုတ်နုတ် *v* extract, excerpt

hto'-pei ထုတ်ပေး *n* issue, pay out, give out

htɔ ေထာ် *v* protrude, stick out

htɔ:-ba' ေထာပတ် *n* butter

htɔ:-ba'-thi: ေထာပတ်သီး *n* ✳ avocado

htu ထူ *v* help a person (stand) up; put up (a post, pole); be thick, be dense

htu̧ ထု *v* hammer, strike; thump, pound; beat; carve; engrave

htu:₁ ထူး *v* be extraordinary; be special; be different, be strange; reply, answer

htu:₂ ထူး *v* elephant fetters; sinkhole

htu:-ja: ထူးခြား *v* be distinctive

htu:-jun ထူးချွန် *v* be brilliant

htu:-hsan: ထူးဆန်း *v* be strange, be curious; be uncommon

htu:-zan: ထူးဆန်း *v* be strange, be curious; be uncommon

htun₁ ထွန် *v* harrow, till

htun₂ ထွန် *n* harrow

htun-ji: ထွန်ခြစ် *n* rake

htun-ze' ထွန်စက် *n* tractor

htun: ထွန်း *v* light (a lamp); shine (a light)

htun:-ga: ထွန်းကား *v* be prominent

htun:-pau' ထွန်းပေါက် *v* be distinguished

htu' ထွတ် *v* be the topmost, be supreme, be great

htwa ထွာ *n* quarter of a yard, about 22 cm

htwa: ထွား *v* (of a person) be large; be stout; be chubby

htwei ေထွ *v* be upset, feel unsettled, be perturbed; be complicated; be tipsy

htwei:₁ ေထွး *v* spit out; wrap, swaddle; hold in the arms; be tangled, be mixed

htwei:₂ ထွေး *n* tangled mass

htwei:-pai' ထွေးပိုက် *v* embrace, hug

htwe' ထွက် *v* go out, come out; be published; produce, yield; leave, go, depart, exit; take off; resign, quit

htwe'-che ထွက်ချက် *n* ⚖ statement made in court

htwe'-kon ထွက်ကုန် *n* product (of a place); export

htwe'-hkwa ထွက်ခွာ *v* leave, depart, go

htwe'-ngwei ထွက်ငွေ *n* expense, expenditure

htwe'-pau' ထွက်ပေါက် *n* way out, exit; outlet; escape

htwe'-pyei: ထွက်ပြေး *v* flee, run away, escape

htwin ထွင် *v* clear (bush, undergrowth, etc); bone; invent, create; start sthg new

htwin-lon: ထွင်လုံး *n* story, fiction, invention

htwin: ထွင်း *n* carve; drill, bore

u

u₁ အူ *v* (of ear) buzz, ring; (of sound) boom, reverbrate; ☙ howl; be stupid

u₂ အူ *n* 🐄 intestine; core

u-ə-te' အူအတက် *n* 🐄 appendix

u-ə-te'-pau အူအတက်ပေါက် *v* 🐄 have appendicitis, have a burst appendix

u-dhein အူသိမ် *n* 🐄 small intestine

u-ja အူကျ *v* 🐄 have a hernia

u-jaun-jaun-hpyi' အူကြောင်ကြောင်ဖြစ် *v* be bewildered, be confused

u-mə-ji အူမကြီး *n* 🐄 colon

u-yaun-ngan:-bya: အူရောင်ငန်းဖျား *n* 🐄 typhoid, enteric fever

ụ₁ ဉ *v* lay (egg)

ụ₂ ဉ *n* ☙ egg, (fish) roe; 🌿 tuber, root

ụ-bə-dei ဉပဒေ *n* ⚖ law

ụ-bə-za ဉပစာ *n* metaphorical expression, figurative expression

ụ-pə-ma ဉပမာ *n* example

ụ-pe'-hka ဉပေက္ခာ *n* 🕮 detachment, equinamity

ụ-po' ဥပုသ် *n* sabbath, special day of religious observance or fasting

ụ-rɔː-pạ ဥရောပ *n* 🌐 Europe

ụ-yin ဥယျာဉ် *n* garden; park; orchard

uː₁ ဦး *v* be ahead; preempt

uː₂ ဦး *n* front part, head; uncle, Mr

uː-bə-zin: ဦးပဥ္ဇင်း *n* 🏛 monk

uː-gaun: ဦးခေါင်း *n* head

uː-hsaun: ဦးဆောင် *v* lead

uː-ti ဦးတည် *v* face a certain direction

uː-ti-je' ဦးတည်ချက် *n* aim, goal, objective

uː-yin ဥယျာဉ် *n* garden; park; orchard

uː-za:-pei: ဦးစားပေး *v* give priority to, prioritise

uː-zi ဦးစီး *n* leader; head

uː-zi:-hta-nạ ဦးစီးဌာန *n* 🌐 directorate, department

W

wə-ga' ဝါးကပ် *n* bamboo matting

wə-lon ဝါးလုံး *n* bamboo pole

wə-ran-da ဝရန်တာ *n* balcony, verandah

wə-yon ဝါးရုံ *n* 🌿 clump of bamboo

wa₁ ဝါ *v* be yellow

wa₂ ဝါ *n* 🏛 rainy-season retreat; year in the *sangha*; 🌿 cotton

wa-dạ ဝါဒ *n* ideology; policy; system of belief

wa-dhə-na ဝါသနာ *n* interest; hobby; talent

wa-di ဝါဒီ *part* -ist, sb who follows or supports a certain ideology, policy, belief

wa-dwin: ဝါတွင်း *n* 🏛 period of the rainy season retreat, from *Wazo* to *Thadingyut*

wa-zin-gạ ဝါစင်္ဂ *n* [gram] part of speech

wa-zo ဝါဆို *n Wazo*

wạ₁ ဝ *v* fat, chubby, plump; have enough, be full

wạ₂ ဝ *n* the name of the ဝ; Wa; 🌿 elephant foot yam

wạ-hswe ဝဆွဲ *n* ⟋ symbol

wạ-lon: ဝလုံး *n* the name of the letter ဝ

wạ-to' ဝတုတ် *n* fat person

wạ-ụ ဝဥ *n* 🌿 elephant foot yam

wa:$_1$ ဝါး *v* chew

wa:$_2$ ဝါး *n* 🌿 bamboo; ♫ bamboo clappers; handsbreadth

wain ဝိုင် *n* *wine*; the letter *Y*

wain-ya ဝိုင်ယာ *n* [in comb] *wire*

wain:$_1$ ဝိုင်း *adv* together, collectively

wain:$_2$ ဝိုင်း *v* be circular, be round; gather around

wain:$_3$ ဝိုင်း *n* group

wain:-wun: ဝိုင်းဝန်း *adv* (work, etc) together

wai'$_1$ ဝိုက် *v* detour, go around; curve; encircle

wai'$_2$ ဝိုက် *n* nearby area; curve

wai'-chạ ဝိုက်ချ *n* [orth] –ာ symbol

wan: ဝမ်း *n* stomach, belly (inf); bowels

wan:-cho' ဝမ်းချုပ် *v* ⚕ be constipated

wan:-gwe:-maun-hnə-mạ ဝမ်းကွဲမောင်နှမ *n* cousins

wan:-ji' ဝမ်းကျစ် *v* ⚕ be constipated

wan:-jạ ဝမ်းကျ *n* ⚕ diarrhoea

wan:-kai' ဝမ်းကိုက် *v* ⚕ have dystentery; have gas, have cramps

wan:-myau' ဝမ်းမြောက် *v* be glad

wan:-na ဝမ်းနာ *v* ⚕ have a stomachache; (of woman about to give birth) be in labour

wan:-ne: ဝမ်းနည်း *v* be sorry; be sad; regret

wan:-hno' ဝမ်းနုတ် *v* ⚕ take a laxative

wan:-pei' ဝမ်းပိတ် *v* ⚕ (of diarrhoea) stop

wan:-pye' ဝမ်းပျက် *v* ⚕ have diarrhoea

wan:-shɔ: ဝမ်းလျှော *v* ⚕ have diarrhoea

wan:-tha ဝမ်းသာ *v* be glad, be happy

wan:-tha-a:-yạ ဝမ်းသာအားရ *adv* with great satisfaction *or* pleasure

wan:-thwa: ဝမ်းသွား *v* defecate; ⚕ have diarrhoea

wan:-ya:-hto: ဝမ်းလျားထိုး *v* lie on one's stomach, lie face down

wan:-yei: ဝမ်းရေး *n* livelihood; sustenance

wan:-yi' ဝမ်းရစ် *v* ✚ have cramps

wan:-yɔ:-ga ဝမ်းရောဂါ *n* ✚ cholera

wan:-zwe ဝမ်းဆွဲ *n* ✚ birth attendant

wa'-shọ ဝပ်ရှော့ *n* (car, auto, etc) *workshop*, garage

we ဝယ် *v* buy, purchase

we-a ဝယ်အား *n* 🏦 demand

we-lo-a ဝယ်လိုအား *n* 🏦 demand

we:₁ ဝဲ *v* have an accent, speak with an accent; soar, hover

we:₂ ဝဲ *n* left (side); ✚ scabies

wei ေ ဝေ *v* hand out, distribute; share; be luxuriant

wei-ban ဝေဖန် *v* criticise

wei-də-na ဝေဒနာ *n* pain, suffering

wei-lạ-nga: ဝေလငါး *n* 🐾 whale

weị ဝေ့ *n* whirl around

wei: ဝေး *v* be far, be distant

wei:-lan ဝေးလံ *v* be far away, be distant

wei' ဝိတ် *n* weight

wei'-mạ ဝိတ်မ *v* lift weights

wei'-shọ ဝိတ်လျှော့ *v* diet or exercise to lose weight

wei'-za ဝိဇ္ဇာ *n* knowledge; wisdom; master, expert

we'₁ ဝက် *n* half

we'₂ ဝက် *n* 🐾 pig

we'₃ ဝက် *n* set

we'-chan ဝက်ခြံ *n* pimple, spot; zit; pigsty; ⚓ dock

we'-jạ ဝါကျ *n* [gram] sentence

we'-hkau' ဝက်ခေါက် *n* pork rind

we'-tha: ဝက်သား *n* pork

we'-the' ဝက်သက် *n* ✚ measles

we'-u ဝက်အူ *n* pig's intestines; screw; bolt

we'-u-chaun ဝက်အူချောင် *v* (of screw, bolt) be loose

we'-u-jaun: ဝက်အူချောင်း *n* (pork) sausage

we'-u-hlẹ ဝက်အူလှည့် *n* screwdriver

we'-wun ဝက်ဝံ *n* 🐾 bear

we'-u-yi' ဝက်အူရစ် *n* thread, threading (of screw, hole)

we'-yu:-pyan-yɔ:-ga ဝက်ရူးပြန် ရောဂါ *n* ✚ epilepsy

wị-nə-yạ ဝိနယ *n* 📖 Vinaya

wị-pa'-thə-na ဝိပဿနာ *n* 📖 vipassana

wị-thei-thə-nạ ဝိသေသန *n* [gram] qualifier

wị-thi'-zə-ni ဝိသဇ္ဇနီ *n* ':' symbol, indicating high tone

win ဝင် *v* enter, go in(to), come in(to); become part of

win-bau' ဝင်ပေါက် *n* entrance

win-gə-ba ဝက်ပါ *n* maze, labyrinth

win-gon ဝင်ကုန် *n* import

win-jei ဝင်ကြေး *n* entrance *or* admission fee

win-ngwei ဝင်ငွေ *n* income

win-swe' ဝင်စွက် *v* interfere, meddle

win-za: ဝင်စား *v* be interested; ⬙ incarnate as; concentrate

win:₁ ဝင်း *v* be bright, be shining, be brilliant

win:₂ ဝင်း *n* compound; grounds, campus

wi'-sạ-hnə-lon:-pau' ဝစ္စနှစ်လုံး ပေါက် *n* [orth] ':' symbol, indicating high tone

wi'-sạ-pau' ဝစ္စပေါက် *n* [orth] ':' symbol, indicating high tone

wi'-htụ ဝတ္ထု *n* matter, object, thing; fiction, story

wi'-htụ-do ဝတ္ထုတို *n* (short) story

wi'-htụ-shei ဝတ္ထုရှည် *n* novel

wɔ:-gə-ne: ဝေါခနဲ *adv* suddenly, with a roar

wɔ:-ha-rạ ဝေါဟာရ *n* word; (technical) term; vocabulary

wun ဝန် *n* burden, load; responsibility; minister

wun-dan: ဝန်ထမ်း *n* employee

wun-gan-je' ဝန်ခံချက် *n* confession

wun-ji: ဝန်ကြီး *n* 🌐 minister

wun-ji:-jo' ဝန်ကြီးချုပ် *n* 🌐 prime minister

wun-ji:-hta-nạ ဝန်ကြီးဌာန *n* 🌐 ministry

wun-hkan ဝန်ခံ *v* admit, confess

wun-hsaun-hmụ ဝန်ဆောင်မှု *n* service

wun-tha-nụ ဝံသာနု *n* 🌐 nationalist; patriot

wuṇ ဝံ့ *v* dare

wun:₁ ဝန်း *v* be circular; encircle

wun:₂ ဝမ်း *n* stomach, ➤ belly; bowels

wun:-cho' ဝမ်းချုပ် *v* 🜍 be

n hn o ɔ p hp r s hs t ht u w hw y z '

constipated

wun:-gwe:-maun-hnə-ma̰ ဝမ်းကွဲ မောင်နှမ *n* cousins

wun:-jin ဝန်းကျင် *n* surroundings; environment

wun:-ji' ဝမ်းကျစ် *v* ⚕ be constipated

wun:-ja̰ ဝမ်းကျ *n* ⚕ diarrhoea

wun:-kai' ဝမ်းကိုက် *v* ⚕ have dystentery; have gas, have cramps

wun:-myau' ဝမ်းမြောက် *v* be glad

wun:-na ဝမ်းနာ *v* ⚕ have a stomachache; ⚕ (of woman about to give birth) be in labour

wun:-ne ဝမ်းနည်း *v* be sorry; be sad; regret

wun:-hno' ဝမ်းနုတ် *v* ⚕ take a laxative

wun:-pei' ဝမ်းပိတ် *v* ⚕ (of diarrhoea) stop

wun:-pye' ဝမ်းပျက် *v* ⚕ have diarrhoea

wun:-shɔ ဝမ်းလျှော *v* ⚕ have diarrhoea

wun:-tha ဝမ်းသာ *v* be glad, be happy

wun:-tha-a:-ya̰ ဝမ်းသာအားရ *adv* with great satisfaction *or* pleasure

wun:-thwa: ဝမ်းသွား *v* defecate; ⚕ have diarrhoea

wun:-wain: ဝန်းဝိုင်း *v* be circular; co-operate, do together

wun:-yei: ဝမ်းရေး *n* livelihood; sustenance

wun:-ya:-hto: ဝမ်းလျားထိုး *v* lie on one's stomach, lie face down

wun:-yi' ဝမ်းရစ် *v* ⚕ have cramps

wun:-yɔ:-ga ဝမ်းရောဂါ *n* ⚕ cholera

wun:-zwe: ဝမ်းဆွဲ *n* ⚕ birth attendant

wu'₁ ဝတ် *v* wear, put on

wu'₂ ဝပ် *v* crouch; take cover

wu'₃ ဝတ် *n* duty, responsibility

wu'-hmon ဝတ်မှုန် *n* ❀ pollen

wu'-son ဝတ်စုံ *n* set of clothes; uniform; suit

wu'-son-pyeḭ ဝတ်စုံပြည့် *adv* in full uniform; suited up

wu'-htṵ ဝတ္ထု *n* matter, object, thing; fiction, story

wu'-htṵ-do ဝတ္ထုတို *n* (short)

story

wu'-htu-shei ဝတ္ထုရှည် *n* novel

hw

hwe' ၀က် *v* hide, conceal

y

yə-də-na ရတနာ *n* gem, jewel, precious stone

yə-də-na-pon ရတနာပုံ *n* 🜨 🌐 Yadanapon, last royal capital

yə-də-na-thon:-ba: ရတနာသုံးပါး *n* 🕮 the three objects of *Theravada* Buddhist veneration, the Buddha, the *Dharma*, and the *sangha*

yə-də-ya ယတြာ *n* ✳ ritual, donation, or other action done to avert misfortune, bring luck, or to fulfil a wish

yə-də-ya-chei ယတြာချေ *v* ✳ perform ယတြာ, perform a ritual to prevent misfortune or to fulfil wish

yə-də-ya-jei ယတြာကျေ *v* ✳ be an effective ritual

yə-dụ ရတု *n* season; anniversary

yə-han: ရဟန်း *n* 🕮 monk

yə-han:-da ရဟန္တာ *n* 🕮 arhat

yə-ha' ရဟတ် *n* rotor, rotating vanes; Ferris wheel

yə-hkain ရခိုင် *n* Rakhine; Arakan 🜨

yə-hkin ယခင် *adv* before, in the past

yə-hkin̲-yə-hkin-(gạ) ယခင်ယခင် (က) *adv* at some time in the past

yə-hkụ ယခု *adv* now, currently

yə-hkụ-ə-hka ယခုအခါ *n* just now

yə-hkụ-che'-chin: ယခုချက်ချင်း *adv* immediately, at once

yə-hkụ-nạ-(gạ) ယခုန(က) *adv* just now

yə-hkụ-nei ယခုနေ့ *n* 🕮 today

yə-hkụ-htị ယခုထိ *adv* up till now, until now

yə-man ရမန် *n* ⚖ remand

yə-man-nei ယမန်နေ့ *n* yesterday

yə-man-hni' ယမန်နှစ် *n* 🕮 last year

yə-me-sha ရမယ်ရှာ *v* find

pretext (to blame sb, etc);
look for sb to blame

yə-min: ယမင်း *n* beautiful
young woman

yə-naṇ ရနံ့ *n* scent, smell

yə-neị ယနေ့ *n* 🕮 today

yə-theị ရသေ့ *n rishi*, holy man
who chooses seclusion,
hermit

yə-hta: ရထား *n* train

ya₁ ယာ *n* field used to grow
sthg other than rice; hillside
field; betel quid; right, right-
hand side

ya₂ ရာ *n* [in comb] place, site;
mark left by; hundred

ya₃ ရာ *part* when, while;
whatever *or* wherever is;
thing or place that does;
should, ought to, must be;
as, because; amount to, mean

ya-bya' ရာဖြတ် *n* appraiser

ya-dhi ရာသီ *n* season; term;
⚹ sign of the zodiac

ya-du: ရာထူး *n* ⚲ rank; post

ya-du:-chạ ရာထူးချ *v* dismiss;
demote

ya-du:-pyo' ရာထူးပြုတ် *v* be
dismissed

ya-du:-shɔ ရာထူးလျှော့ *v*
demote (sb); be demoted (to)

ya-du:-to ရာထူးတိုး *v* promote;
be promoted

ya-gain-hnon ရာခိုင်နှုန်း *n* per
cent, percentage

ya-hụ ရာဟု *n* ⚹ Rahu

ya-kạ ရာက *part* stop and; from

ya-hnon: ရာနှုန်း *n* percentage,
per cent

ya-hnon:-byeị ရာနှုန်းပြည့် *n* one
hundred per cent

ya-hpya' ရာဖြတ် *v* appraise,
value

ya-thi-hman ရာသီမှန် *v* (of ♀
menstruation) be regular

ya-thi-ụ-dụ ရာသီဥတု *n*
weather; climate

ya-thi-yo' ရာသီရုပ် *n* ⚹ signs of
the zodiac

ya-yi ယာယီ *adj* temporary

ya-zə-win ရာဇဝင် *n* chronicle;
history

ya-zə-wu' ရာဇဝတ် *n* ⚖ crime

ya-zə-wu'-hmụ ရာဇဝတ်မှု *n* ⚖
criminal case

ya-zə-wu'-tha: ရာဇဝတ်သား *n*
person charged with a
criminal offence

ya-za ရာဇာ *n* ☝ monarch, ruler

ya-zą ရာဇ *n* ☝ monarch, ruler

ya-zu̯ ရာစု *n* century

ya̯₁ ရ *v* get, receive, acquire; earn, gain; reach; marry; have (a child)

ya̯₂ ရ *part* have to, must, be obliged to; be able to, can, have the chance to, have the *or* an opportunity to, have the possibility to; be allowed to; may

ya̯-ga: ရကား *part* 🕮 because, since

ya̯-gau' ရကောက် *n* the name of the ရ

ya̯-tha̯ ရသ *n* pleasure; feeling

ya̯-tha̯-sa-pei ရသစာပေ *n* literature, including poetry, descriptive essays, and fiction

ya̯-yi' ရရစ် *n* ြ symbol

ya: ယား *n* itch; tickle; be ticklish

ya:-na ယားနာ *n* skin disease, itchiness

yain ယှိုင် *v* lean, incline; sway

yain: ရိုင်း *v* be rude, be impolite; be wild

yai' ရိုက် *v* hit, strike, beat; play (certain games); type; take a picture, take a photograph, shoot (photos, video, etc)

yai'-hka' ရိုက်ခတ် *v* strike against each other, knock together

yan₁ ရန် *v* put beside; keep (sthg) in reserve

yan₂ ရန် *n* fight, hostility, conflict; pair

yan₃ ရန် *part* (in order) to, (so as) to

yan₄ ရံ *v* surround, encircle

yan-bon-ngwei ရန်ပုံငွေ *n* fund

yan-dhu ရန်သူ *n* enemy

yan-hnyo ရန်ငြိုး *n* grudge, spite, resentment

yan-hpan-yan-hka ရံဖန်ရံခါ *adv* from time to time, sometimes

yan-sa̯ ရန်စ *v* provoke, start a fight

yan-tai' ရန်တိုက် *v* incite hatred, sow discord

yan-ton-pyan ရန်တုံ့ပြန် *v* retaliate, take revenge

yan-twei̯ ရန်တွေ့ *v* criticise, complain

yan:₁ ယန်း *n* 🔹 yen

yan:₂ ယမ်း *v* wave (hand, arm, flag, etc)

yan:₃ ယမ်း *n* gunpowder

yan:-də-ya: ယန္တရား *n* machine, machinery

yan:-nə-ya: ယန္တရား *n* machine, machinery

yaun₁ ယောင် *v* speak, act, etc absent-mindedly; be fake

yaun₂ ရောင် *v* swell

yaun₃ ရောင် *n* colour (Br), color (Am); glow, light

yaun-byan ရောင်ပြန် *n* reflection

yaun-byan-ha' ရောင်ပြန်ဟပ် *v* reflect

yaun-byei: ရောင်ပြေး *n* iridescence, shimmer

yaun-ji ရောင်ခြည် *n* rays, beams

yaun-hma: ယောင်မှား *v* make a mistake

yaun-wa:-wa: ယောင်ဝါးဝါး *adv* vaguely, dimly, hazily

yaun-zin ရောင်စဉ် *n* spectrum

yaun-zon ရောင်စုံ *v* be multi-coloured, be colourful

yauṇ ရောင့် *v* swell

yauṇ-ye ရောင့်ရဲ *v* be contented

yaun: ရောင်း *v* sell

yaun:-a: ရောင်းအား *n* 🔹 supply

yaun:-chạ ရောင်းချ *v* sell, put on the market

yaun:-lo-a: ရောင်းလိုအား *n* 🔹 supply

yaun:-mạ ယောက်မ *n* sister-in-law

yaun:-sa: ရောင်းစား *v* sell (for a living); sell off, sell because one needs the money

yaun:-yin: ရောင်းရင်း *n* old friend

yaun:-zei: ရောင်းဈေး *n* (selling, sale, etc) price

yau'₁ ယောက် *n* serving spoon, ladle; person

yau'₂ ရောက် *v* arrive (at), reach, get to; come; be (at); amount to

yau'-jə-sha ယောက်ျားလျာ *n* tomboy ♀; masculine woman; lesbian; woman with the spirit and manners of a man

yau'-kə-sha ယောက်ျားလျာ *n* tomboy ♀; masculine woman; lesbian; woman with the spirit and manners of a man

yau'-ja: ယောက်ျား *n* man, male; husband

yau'-hkə-mạ ယောက္ခမ *n* parents-in-law

yau'-mạ ယောက်မ *n* wooden spoon

yau'-hpạ ယောက်ဖ *n* brother-in-law

ya'₁ ယပ် *n* fan

ya'₂ ရပ် *v* stop, halt, pause, stand still; discontinue; request; stand

ya'₃ ရပ် *n* place; field (of study); classifier for concepts

ya'-kwe' ရပ်ကွက် *n* ⊕ ward, quarter, neighbourhood

ya'-hkan ရပ်ခံ *v* request

ya'-hka' ယပ်ခတ် *v* fan

ya'-taun ယပ်တောင် *n* fan

ya'-ti ရပ်တည် *v* exist; survive, keep going; stand by

ye ရယ် *part* suffix to nouns when listing or counting

yẹ ရဲ့ *part* suffix to a noun to indicate possession, -'s; suffix to verb for emphasis, or to express doubt

ye:₁ ရဲ *v* be brave; be bright red

ye:₂ ရဲ *n* police

ye:₃ ရဲ *part* dare to

ye:-be' ရဲဘက် *n* ⚖ convict in a labour camp; ⚔ soldier

ye:-bɔ ရဲတော် *n* ⚔ soldier; comrade

ye:-dai' ရဲတိုက် *n* ⌂ castle

ye:-mei ရဲမေ *n* ♀ police officer

ye:-sə-hkan: ရဲစခန်း *n* police station

ye:-yiṇ ရဲရင့် *v* be daring, be courageous

ye:-yo ရဲယို *n* ⚘ Indian mulberry

yei₁ ရေ *v* count

yei₂ ရေ *n* water; ✹money; skin

yei₃ ရည် *n* liquid, juice, fluid; quality, characteristic

yei₄ ရေ *part* said after a name or pronoun when calling someone

yei-ban: ရေပန်း *n* fountain; (water) sprinkler; shower head

yei-bon-yạ ယေဘုယျ *adv* generally, in general

yei-bu-san: ရေပူစမ်း *n* hot spring

yei-cho: ရေချိုး *v* bathe, take a shower, have a bath

yei-cho:-gan: ရေချိုးခန်း *n* bathroom; shower

yei-cho:-zei' ရေချိုးဆိပ် *n*

bathing spot

yei-də-ga: ရေတံခါး *n* locks, sluice gate; floodgate

yei-də-gun ရေတံခွန် *n* waterfall, falls

yei-da' ရေတပ် *n* ⚓ ⚓ navy, naval forces

yei-dein ရေတိမ် *n* ♥ glaucoma; ⚓ shallows

yei-dhu-ma ရေသူမ *n* mermaid

yei-do ရေတို *n* the short term

yei-dun: ရေတွင်း *n* well

yei-dwin: ရေတွင်း *n* well

yei-gə-za: ရေကစား *v* pour water over people in the water festival

yei-gan₁ ရေကန် *n* pond, lake; reservoir; cistern, tank

yei-gan₂ ရေခံ *n* *longyi* used to bathe in

yei-ge: ရေခဲ *n* ice

yei-ge:-mon ရေခဲမုန့် *n* ice cream

yei-ge:-thi'-ta ရေခဲသေတ္တာ *n* refrigerator, fridge

yei-gwe' ရေခွက် *n* glass, tumbler

yei-jaun: ရေကြောင်း *n* water route

yei-jau' ရေကျောက် *n* ♥ chicken

pox

yei-je'-ei: ရေကျက်အေး *n* cooled boiled water

yei-ji: ရေကြီး *v* flood

yei-jo ရေချို *n* fresh water

yei-ka-da ရေကာတာ *n* dam

yei-ku: ရေကူး *v* swim

yei-ku:-gan ရေကူးကန် *n* swimming pool

yei-ku:-wu'-son ရေကူးဝတ်စုံ *n* swimming costume (Br), bathing suit, swim suit (Am)

yei-le ရေလည် *v* become clear; grasp, understand, comprehend

yei-mo:-cho: ရေမိုးချိုး *v* bathe, take a shower, have a bath

yei-mwei ရေမြွေ *n* 🐍 water snake

yei-myaun: ရေမြောင်း *n* ditch, gutter, drain

yei-hmwei ရေမွှေး *n* perfume, cologne

yei-hmyo' ရေမြှုပ် *n* sponge; (natural) sponge; bubble

yei-nan ရေနံ *n* oil, petroleum

yei-nan-zi ရေနံဆီ *n* paraffin, kerosene

yei-ngan ရေငန် *n* salt water,

sea water; brackish water

yei-nga' ရေငတ် v be thirsty

yei-nwei: ရေနွေး n warm water, hot water; oolong tea

yei-nwei:-byu ရေနွေးဖြူ n hot water

yei-nwei:-jan: ရေနွေးကြမ်း n oolong tea

yei-nwei:-o: ရေနွေးအိုး n kettle; boiler

yei-hnyi ရေညှိ n 🌿 moss; algae

yei-o: ရေအိုး n (drinking) water pot

yei-sein-hkan ရေစိမ်ခံ v be waterproof; have endurance

yei-se'-chạ ရေစက်ချ v 🏛 pour water on the ground at the completion of a ritual

yei-shei ရေရှည် n the long term

yei-shụ ယေရှု n ✝ Jesus

yei-si'₁ ရေစစ် v strain water, i.e., pass through a piece of cloth or a fine screen to remove sand, insects, etc; filter water, i.e., pass through a fine filter to remove bacteria, etc; drain (liquid off of food); (of low tide) recede

yei-hsin-hnə-maun: ရေဆင်နှာ

 မောင်း n waterspout

yei-te' ရေတက် v (of tide, river, etc) rise

yei-thə-ye ရေသရဲ n 🐙 octopus

yei-thun: ရေသွန်း v 🏛 pour water as part of a ritual

yei-twe' ရေတွက် v count; calculate

yei-we:-na ရေဝဲနာ n 🌶 rash caused by skin being constantly in dirty water

yei-we' ရေဝက် n 🐾 dugong

yei-yon ရေယွန် n 🌶 herpes

yei-zan ရေဆန် adv upstream

yei-zei: ရေဆေး n water-colour(s)

yei-zei' ရေဆိပ် n place to bathe on riverbank; ⚓ landing (for river boats)

yei-ze' ရေတက် n drop of water; 🏛 past merit gained together, bringing the merit makers together in future lives; water pump

yei-zi' ရေစစ် n strainer, cloth or fine screen used to strain sand, insects, etc out of water; water filter

yei-zon ရေစုန် adv downstream

yei:₁ ရေး *v* write; draw; paint

yei:₂ ရေး *part* suffix to a verb to form an abstract noun

yei:-ya ရေးရာ *n* affairs, matters

yein:₁ ယိမ်း *v* sway; lean

yein:₂ ယိမ်း *n* a kind of dance in unison by a group of dancers in rows

yei'₁ ရိတ် *v* reap, harvest (crops, rice, wheat, maize, etc); mow, cut (grass, hay, etc); shave

yei'₂ ရိပ် *v* hint (at), allude (to)

yei'₃ ရိပ် *n* shade, shadow; refuge; protection; reflection; sign

yei'-mi ရိပ်မိ *v* get a hint

yei'-tha ရိပ်သာ *n* haven, peaceful retreat

ye'₁ ရက် *v* weave

ye'₂ လျက် *v* lick

ye'₃ ရက် *n* day

ye'₄ ရက် *part* suffix to verb: be heartless (enough), be inconsiderate (enough)

ye'₅ လျက် *part* while, -ing, and; in spite of, despite

ye'-cha ရက်ခြာ *adv* every other day, every second day, on alternate days

ye'-cha: ရက်ခြား *adv* every other day, every second day, on alternate days

ye'-kan: ရက်ကန်း *n* loom

ye'-le ရက်လည် *v* complete a day, be a certain number of days

ye'-lun ရက်လွန် *v* be overdue

ye'-pain: ရက်ပိုင်း *n* a few days; a matter of days

ye'-se' ရက်စက် *n* be cruel, be pitiless

ye'-shei ရက်ရှည် *n* a long time

ye'-swe ရက်စွဲ *n* date

ye'-hsa: လျက်ဆား *n* powdered traditional digestive medicine

ye'-hse' ရက်ဆက် *adv* day after day; days in a row

ye'-tha'-(hma') ရက်သတ်(မှတ်) *v* set a date, fix a date (for sthg to happen)

ye'-to ရက်တို *v* be only a few days, be a short time

ye'-to: ရက်တိုး *v* extend (deadline, etc), give extra time

ye'-yɔ: ရက်ရော *v* be generous

yi₁ ရေ *v* count

ə a b ch d e g h i j ǰ k hk l hl m ˙hm

yi₂ ရည် *v* aim at

yi₃ ရယ် *v* laugh; smile

yi₄ ရည် *n* liquid, juice, fluid; quality, characteristic

yi-hman: ရည်မှန်း *v* aim at, intend; be meant for, be intended for; hope for

yi-hnyun:-sa-pei ရည်ညွှန်းစာပေ *n* reference works

yi-ywe ရည်ရွယ် *v* aim at, intend; be meant for, be intended for; hope for

yi-zə-ya-kaun: ရယ်စရာကောင်း *v* amusing, funny; ridiculous; ludicrous

yị ရိ *v* taunt, provoke; be soft and spongy

yị-na ရိနာ *n* ♀ gonorrhoea

yi:-za ရည်းစား *n* boyfriend or, girlfriend ♀

yi:-za:-hta: ရည်းစားထား *v* have a boyfriend, have a girlfriend

yin₁ ယဉ် *v* (of people) be nice, be charming, be gracious; (of animals) be tame; become accustomed to

yin₂ ယင် *n* ♣ fly

yin₃ ယာဉ် *n* vehicle

yin₄ ရင် *n* chest

yin₅ ရင် *part* if, when

yin-auṇ ရင်အောင့် *v* ♀ have a dull pain in the chest

yin-baun ယင်ပေါင် *n* ♣ pelican

yin-ba' ရင်ဘတ် *n* chest

yin-bon:-(in:-ji) ရင်ဖုံး(အင်္ကျီ) *n* jacket, shirt or blouse with an asymmetrical front flap

yin-byin ရင်ပြင် *n* plaza, square, place

yin-dein:-(ye:) ယာဉ်ထိန်း(ရဲ) *n* traffic police

yin-dha: ရင်သား *n* breast(s)

yin-do: ရင်ထိုး *n* brooch

yin-ja' ရင်ကျပ် *v* be short of breath

yin-jei:-hmụ ယဉ်ကျေးမှု *n* culture; politeness

yin-hkon ရင်ခုန် *v* (of heart) beat, pound

yin-maun: ယာဉ်မောင်း *n* driver

yin-na ရင်နာ *v* ♀ have a pain in the chest

yin-hsain ရင်ဆိုင် *v* confront, face

yin-ya' ယာဉ်ရပ် *n* car park

yin-ye: ယင်ရဲ *n* ♣ annoying fly

yin-zun:-dan: ယဉ်စွန်းတန်း *n* tropic

n hn o ɔ ɔ p hp r s hs t ht u w hw y z '

yiṇ ရင့် *v* be mature; have experience; look older than one's age; (of colour) deep, dark

yiṇ-thi: ရင့်သီး *v* be rude, be insulting

yin:₁ ရင်း *v* 💰 invest (in sthg); be close, be very friendly; be closely related

yin:₂ ယင်း *n* bamboo sun-blind

yin:₃ ရင်း *n* source, root, base, origin

yin:₄ ယင်း *pron* that; it

yin:₅ ရင်း *part* while, at the same time as

yin:-lei' ယင်းလိပ် *n* chick

yin:-myi' ရင်းမြစ် *n* root, origin

yin:-ngwei ရင်းငွေ *n* 💰 investment; capital

yin:-hni:-ngwei ရင်းနှီးငွေ *v* 💰 investment

yin:-yin:-hni:-hni: ရင်းရင်းနှီးနှီး *adv* warmly

yi'₁ ယစ် *v* be drunk, be intoxicated; be high

yi'₂ ယစ် *n* sacrifice

yi'₃ ရစ် *v* wind (around); have stomach cramps; try to start a fight, make things difficult

yi'₄ ရစ် *n* 🦚 pheasant; stripe

yi'₅ ရစ် *part* suffix to a verb, indicating sthg remains behind

yo₁ ယို *v* leak; drip

yo₂ ယို *n* candied fruit; jam

yo-thei ရိုသေ *v* respect

yo:₁ ရိုး *v* honest; naive; un-sophisticated (neg); plain, ordinary, usual, (be the) regular, simple; (of a thing) be used to

yo:₂ ရိုး *n* custom; line(age); bone; handle; shaft (e.g., of a tool); stalk, stem (of a plant)

yo:-də-ya: ယိုးဒယား *n* 🌏 Thailand, ⚓ Ayutthaya

yo:-ma ရိုးမ *n* range of mountains *or* hills

yo:-hpyauṇ ရိုးဖြောင့် *v* honest, upright, good, decent

yo:-tha: ရိုးသား *v* be honest, be honourable

yo:-ya ရိုးရာ *n* customs, traditional rites, rituals, etc; tradition; animism

yo:-ya-lai' ရိုးရာလိုက် *v* observe traditional rites

yo:-yo: ရိုးရိုး *adv* honestly, clearly, simply, plainly; informally

yo:-yo:-dan: ရိုးရိုးတန်း *n* second class (on train, ship, etc)

yo:-yo:-tan:-dan: ရိုးရိုးတန်းတန်း *adv* sincerely, simply, straightforwardly

yo:-yo:-tha:-dha: ရိုးရိုးသားသား *adv* honestly; honourably

yon₁ ယုံ *v* believe, trust

yon₂ ယုန် *n* 🐇 rabbit; hare

yon₃ ရုံ *n* general term for building, shelter, hall; 🌿 bush

yon₄ ရုံ *part* just, only

yon-ji ယုံကြည် *v* believe, trust, have faith (in)

yon-hma ယုံမှား *v* doubt, be unsure; be misled

yoṇ ယှို့ *v* shrink, contract

yon:₁ ရှန်း *v* struggle free

yon:₂ ရုံး *v* gather, meet

yon:₃ ရုံး *n* office; court

yon:-bə-di ရုံးပတီ *n* 🌿 okra, ladies' finger

yon:-dhon: ရုံးသုံး *n* official usage

yon:-jein: ရုံးချိန်း *n* office hours; ⚖ court date

yon:-kan ရှန်းကန် *v* thrash, struggle

yon:-pei'-ye' ရုံးပိတ်ရက် *n* holiday

yo'₁ ယုတ် *v* be less, be fewer, fall short (of); decrease; be nasty

yo'₂ ရုပ် *v* withdraw, pull back

yo'₃ ရုပ် *n* physical form; matter, material; appearance, looks; [in comb] figure

yo'-hkə-ne: ရုတ်ခနဲ *adv* suddenly, all of a sudden

yo'-myin-than-ja: ရုပ်မြင်သံကြား *n* television

yo'-pyạ ရုပ်ပြ *v* be illustrated

yo'-shin ရုပ်ရှင် *n* film, movie

yo'-tə-ye' ရုတ်တရက် *adv* suddenly, unexpectedly, out of the blue

yo'-thei: ရုပ်သေး *n* marionette *or* puppet show; puppet

yo'-thei:-yo' ရုပ်သေးရုပ် *n* marionette; puppet

yo'-htụ ရုပ်ထု *n* statue, sculpture

yo'-yo'-ye'-ye' ရုတ်ရုတ်ရက်ရက် *adv* in a troubled state; in chaos, in turmoil yɔ လျော် v be proper; compensate, recompense

yɔ-jei: လျော်ကြေး n compensation, recompense, indemnity

yɔ̣1 ရေ့ int [inf] here you are, here you go

yɔ̣2 လျော့ v lessen, diminish; be short, not be up to full measure; be slack

yɔ:1 ရော v mix, blend (esp of food); join (up); put together

yɔ:2 ရော part particle used when listing; as well as; as for

yɔ:-ga ရောဂါ n ☩ disease, illness, condition

yɔ:-ga-bo: ရောဂါပိုး n ☩ germ

yɔ:-ga-kin: ရောဂါကင်း v ☩ be free of disease

yɔ:-ga-ku: ရောဂါကူး v ☩ infect; get infected; transmit disease, transmit germs

yɔ:-ga-swe: ရောဂါစွဲ v ☩ have a (certain) disease

yɔ:-ga-hta ရောဂါထ v ☩ (of disease, condition, etc) flare up

yɔ:-gạ ယောဂ n yoga

yɔ:-gi ယောဂီ n ⬚ yogi

yɔ:-gi-yaun ယောဂီရောင် n dark brown

yɔ:-hnɔ ရောနှော v mix, mingle

yɔ:-htwei: ရောထွေး v be confused; be jumbled, be mixed up, be muddled

yu1 ယူ v take; pick (sthg) up; bring

yu2 ယူ n letter u

yu-kə-li' ယူကလစ် n ✿ gum tree (Br), eucalyptus

yu-la ယူလာ v bring

yu-pạ ရူပ n appearance, looks

yu-hsạ ယူဆ v think, have the opinion

yu-thwa: ယူသွား v take

yụ-yạ ယုယ v take (good) care of, care for

yụ-zə-na ယုဇန n ✿ mock orange, boxwood, honey bush

yu: ရူး v be mentally disturbed, be insane, be mad △, be crazy △, be demented △

yu:-yu:-mu:-mu: ရူးရူးမူးမူး adv madly, unreasonably

yun ရွံ့ v flinch at, be disgusted by

yuṇ ရွံ့ v be timid, be afraid, be frightened, be cowardly

yun:₁ ယွန်း v go; shift or change (time); change course

yun:₂ ယွန်း n lacquer, lacquerware

yun:-bə-ji ယွန်းပန်းချီ n art of painting on lacquer

yun:-de ယွန်းထည် n lacquerware

yun:-i' ယွန်းအစစ် n lacquerware box

yu' ရွတ် v recite

ywa₁ ရွာ v rain, (of rain) fall

ywa₂ ရွာ n village

ywa-dhə-ji: ရွာသူကြီး n 🌏 village head(man)

ywa-dha: ရွာသား n ♂ villager

ywa-dhu ရွာသူ n ♀ villager

ywa-o'-sṵ ရွာအုပ်စု n 🌏 village tract

ywạ₁ ရွ v be crispy, be crisp, be crunchy

ywạ₂ ရွ n 🐛 mite

ywạ-ywạ ရွရွ adv delicately, gently

ywan ယွမ် n 💰 yuan

ywe₁ ရွယ် v aim, point; intend

ywe₂ ရွယ် n age group

ywẹ ရွဲ့ v be distorted; be sarcastic; be contrary; be perverse

ywei₁ ရွေ့ v move, have moved

ywei₂ ၍၊ ရွေ့ part and; while; because

ywei: ရွေး v choose, select; be picky; sort; redeem (sthg pawned); ransom (a kidnap victim)

ywei:-che ရွေးချယ် v choose, select

ywei:-kau' ရွေးကောက် v select; 🌏 elect

ywei:-kau'-bwe: ရွေးကောက်ပွဲ n 🌏 election, poll

ywei:-hkaṇ ရွေးခံ v appoint

ywei:-hto' ရွေးထုတ် v pick (out), choose, single out

ywe'₁ ရွက် v carry or balance (on the head)

ywe'₂ ရွက် n leaf 🌿; sail ⚓; sheet (of paper, etc); door

ywe'-hlei ရွက်လှေ n ⚓ sailing boat

ywe'-hlwiṇ ရွက်လွှင့် v ⚓ set sail

ywe'-hte-te: ရွက်ထည်တဲ n tent

ywin: ယွင်း v be wrong, err; be disturbed

Z

zə-bə-ji: စပါးကြီး *n* 🐍 python

zə-bə-lin စပါးလင် *n* 🌾 lemon-grass

zə-bə-hnan စပါးနှံ *n* 🌾 ear of rice

zə-ba: စပါး *n* 🌾 rice (plant); (unhusked) rice

zə-ba:-dain စပါးဒိုင် *n* rice buying centre

zə-ba:-gin: စပါးခင်း *n* rice paddies, paddy fields, rice fields

zə-be စံပယ် *n* 🌾 jasmine

zə-bin ဆံပင် *n* hair

zə-bɔ စဘော် *n* deposit

zə-bwe: စားပွဲ *n* table; desk

zə-bwe:-do: စားပွဲထိုး *n* waiter ♂, waitress ♀

zə-byi' စပျစ် *n* 🌾 grape

zə-dan စာတမ်း *n* paper; thesis, dissertation

zə-di̥ စတိ *n* token

zə-don: ဆံထုံး *n* bun, chignon

zə-do'-htạ စတုတ္ထ *n* fourth

zə-dɔ ဆရာတော် *n* 🏛 head monk at a Buddhist monastery; senior monk

zə-dɔ-be: စားတော်ပဲ *n* 🌾 kind of chickpea

zə-dwei: တံတွေး *n* spit; saliva

zə-gə-bon စကားပုံ *n* saying, proverb

zə-gə-byan စကားပြန် *n* interpreter

zə-gə-byei စကားပြေ *n* 🖉 prose

zə-gə-cha' စကားချပ် *n* parenthesis

zə-gə-chi စကားချီ *n* introduction

zə-gə-chi: စကားချီး *n* introduction

zə-gə-lein စကားလိမ် *n* language game in which parts of consecutive syllables are exchanged

zə-gə-lon: စကားလုံး *n* word; vocabulary

zə-gə-na စကားနာ *n* blame

zə-gə-na-hto: စကားနာထိုး *v* gripe, grumble

zə-gə-nain စကားနိုင် *n* the last word

zə-gə-nain-lụ စကားနိုင်လု *v* try to get the last word

zə-gə-hta စကားထာ *n* riddle

zə-gə-u: စကားဦး *n* prologue,

introduction

zə-gə-wain: စကားဝိုင်း *n* discussion group

zə-gə-hwe' စကားဂုက် *n* password; riddle; code

zə-gə-yi-lu-bwe: စကားရည်လုပွဲ *n* debate

zə-gə-za' စကားစပ် *exp* in that case, by the way

zə-ga ဆန်ခါ *n* sieve; filter

zə-ga:₁ စကား *n* word, phrase; (spoken) language

zə-ga:₂ စံကား *n* ※ champac, tree with sweet-smelling flowers

zə-ga:-chau' စကားခြောက် *v* threaten sb

zə-ga:-ka: စကားကား *v* exaggerate

zə-ga:-hkan စကားခံ *v* tell what will happen; introduce

zə-ga:-hlwe စကားလွှဲ *v* change the subject

zə-ga:-mə-sa' စကားမစပ် *adv* by the way, incidentally

zə-ga:-mya: စကားများ *v* argue, quarrel; be outspoken, be vocal

zə-ga:-nain စကားနိုင် *v* have the last word; win a contest of words (rightly or wrongly)

zə-ga:-nin: စကားနင်း *v* imply

zə-ga:-hnya' စကားညှပ် *n* parenthesis, digression

zə-ga:-o: စကားအိုး *n* chatterbox

zə-ga:-pyei-han စကားပြေဟန် *n* ℔ literary style

zə-ga:-pyei-han စကားပြေဟန် *n* ℔ literary style

zə-ga:-pyɔ: စကားပြော *v* talk, speak

zə-ga:-hpa စကားဖာ *v* correct oneself

zə-ga:-son: စကားဆုံး *n* all that is to be said

zə-ga:-hse' စကားဆက် *n* context

zə-ga:-tin စကားတင် *v* say empty words; say unwelcome things

zə-ga:-thwin: စကားသွင်း *v* convince, persuade

zə-ga:-htau' စကားထောက် *v* prompt

zə-gɔ: ဆန်ကော *n* round bamboo tray

zə-gɔ:-kə-yin စကောကရင် *n* Sgaw Karen

zə-gɔ:-zə-gạ-hpyi' စကောစကဖြစ် *v* fall in between

zə-la: ဇလား *n* open wooden box

zə-lon ဇလုံ *n* basin

zə-naun̠-zə-nin စနောင့်စနင်း *adv* with a feeling of uneasiness or suspicion, uneasily

zə-ni: ဇနီး *n* wife

zə-no:-zə-naun̠ စနိုးစနောင့် *adv* with a feeling of uneasiness or suspicion, uneasily

zə-wei-zə-wa ဇဝေဇဝါ *adv* uneasily, doubtfully; vaguely

zə-ya ဇရာ *n* old age

zə-ya: ဇယား *n* table, schedule

zə-ya:-chạ ဇယားချ *v* enter (data in a form)

zə-yai' စရိုက် *n* character, nature

zə-ya' ဇရပ် *n* wayside rest-house

zə-yei' စရိတ် *n* cost

zə-yɔ-zə-yạ ဇယောဇယ *adv* any old way, however

za ဇာ *n* lace; netting

za-dei'-hpo ဇာတိဖြူလ် *n* ✳ nutmeg

za-gə-na ဇာဂနာ *n* tweezers, pincers

za-pə-nạ ဈာပန *n* cremation; funeral

za-ta ဇာတာ *n* ✳ horoscope

za-tị ဇာတိ *n* hometown; birth-place

za-hto: ဇာထိုး *v* crochet (lace), tat

zạ ဈ ဈ *n* the eighth and ninth letters in the Myanmar script; trait

zạ-gwe ဈကွဲ *n* the eighth letter in the Myanmar script

zạ-myin:-zwe: ဈမျဉ်းဆွဲ *n* the ninth letter in the Myanmar script

zan ဈာန် *n* jhana

zan-nə-wa-ri ဇန်နဝါရီ *n* January

zan:-tin စန်းတင် *v* praise

zau' ဇောက် *n* depth

zau'-hto: ဇောက်ထိုး *adv* head first; upside down

za' ဇာတ် *n* ⬚ jataka stories; drama (based on jataka stories); existence; caste

za'-lan ဇာတ်လမ်း *n* plot, story

za'-hnyun ဇာတ်ညွှန်း *n* scenario; script

za'-pwe: ဇာတ်ပွဲ *n* zat drama,

play

za'-pye' ဇာတ်ပျက် *n* one who has lost caste; black sheep

za'-tai' ဇာတ်တိုက် *v* rehearse; prearrange

za'-thwin: ဇာတ်သွင်း *v* initiate sb into a religion, etc

ze ဝယ် *n* counter, man, gamepiece

zei-di စေတီ *n* 🏛 stupa, pagoda

zei-ya̱ ေ*v*လျ *n* success; victory

zei: ဈေး *n* market; price

zei:-bo ဈေးဖိုး *n* shopping money

zei:-cho ဈေးချို *v* (of goods) be inexpensive

zei:-chyo' ဈေးချုပ် *v* (of price) set, agree on

zei:-dan ဈေးတန်း *n* row of shops at market, fair, etc

zei:-dhe ဈေးသည် *v* shopkeeper; vendor in market

zei:-gwe'-si:-bwa:-yei: ဈေးကွက် စီးပွားရေး *n* 🏛 market economy

zei:-ji: ဈေးကြီး *v* be expensive

zei:-jo ဈေးကြို *n* wholesale market

zei:-hman ဈေးမှန် *n* fair price,

usual price

zei:-hnon: ဈေးနှုန်း *n* price in terms of weight or number

zei:-pɔ ဈေးပေါ *v* (of goods) be cheap, be a good value

zei:-shɔ̱ ဈေးလျှော့ *v* discount, give sb a discount, reduce the price

zei:-hsein ဈေးဆိုင် *v* deal, bargain

zei:-hsi' ဈေးဆစ် *v* haggle, bargain

zei:-the'-tha ဈေးသက်သာ *v* be at a good price

zei:-tin ဈေးတင် *v* raise prices; overcharge

zei:-u:-pau' ဈေးဦးပေါက် *v* make the first sale of the day

zei:-we ဈေးဝယ် *v* shop, go shopping

zei:-yaun: ဈေးရောင်း *v* sell (goods at retail level)

zei:-zə-ga: ဈေးစကား *n* bargaining, haggling; gossip

zei:-zain ဈေးဆိုင် *n* shop or stall in a market

zein ဇိမ် *n* luxury

zein-ja̱ ဇိမ်ကျ *v* enjoy sthg

zein-hkan ဇိမ်ခံ *v* live a life of

n hn o ɔ p hp r s hs t ht u w hw y z '

luxury; enjoy

ze' ဇက် *n* nape (back of neck); ⚓ ferry

ze'-jo: ဇက်ကြိုး *n* reins

ze'-tai' ဆက်တိုက် *adv* continuously

zi-wạ ဇီဝ *n* life; soul

zị ဇိ *n* Adam's apple

zi: ဆီး *n* 🍑 plum

zi:-gwe' ဇီးကွက် *n* 🦉 spotted owl

zin ဇင် *n* 🪑 Zen; jeans

zin-yɔ ဇင်ရော် *n* 🦅 seagull

zin:-jan စကြႍ *n* walk; path; corridor, hallway; (station) platform

zin:-shɔ စင်းလျော *n* slope, incline

zi' ဇစ် *n* zip

zɔ ၍ *part* sentence ending for a

suggestion, let's

zon ဇုန် *n* zone

zɔ ဇော် *n* alchemist; wizard; expert

zɔ-ji ဇော်ဂျီ *n* alchemist who possesses supernatural powers

zɔ: ဇော *n* eagerness; fervour, fervor

zu-lain ဇူလိုင် *n* July

zun ဇွန် *n* June

zun: ဇွန်း *n* spoon

zu' ဇွတ် *adv* forcibly, by force

zwe: ဇွဲ *n* persistence, perseverance, determination

zwe:-than ဇွဲသန် *v* be persistent, persevere, be determined

zwe:-nə-be: ဇွဲနပဲ *n* persistence, perseverance, determination